MÉMOIRES

DE LA

SOCIÉTÉ DES ANTIQUAIRES

DE PICARDIE.

DOCUMENTS INÉDITS

CONCERNANT LA PROVINCE.

TOME DIXIÈME.

HISTOIRE

DE

L'ABBAYE ET DE LA VILLE

DE

SAINT-RIQUIER

LES SAINTS. — LES ABBÉS. — LE MONASTÈRE ET L'ÉGLISE.
LA VILLE ET LA COMMUNE, etc.

Par l'Abbé HÉNOCQUE,

Doyen du Chapitre de la Cathédrale d'Amiens, ancien Supérieur du petit Séminaire de Saint-Riquier,
membre titulaire résidant de la Société des Antiquaires de Picardie.

TOME DEUXIÈME.

AMIENS,
A. DOUILLET et Cⁱᵉ, IMPRIMEURS DE LA SOCIÉTÉ DES ANTIQUAIRES DE PICARDIE,
Rue du Logis-du-Roi, 18

1883.

HISTOIRE DE SAINT-RIQUIER.

LIVRE IX.

CHAPITRE PREMIER.

L'ABBÉ EUSTACHE Ier, DE POLLEHOYE, TRENTE-NEUVIÈME ABBÉ.

(1297 à 1302.)

Élection de l'Abbé Eustache. — Privilèges et exemptions. — Appel de la ville de Saint-Riquier au futur Concile. — Engagement de l'Abbé Eustache pour ses bulles. — Nouveaux acquêts. — Confrérie de Saint-Nicolas.

Eustache de Pollehoye, prévôt de Saint-Riquier, fut élevé à la dignité abbatiale. L'histoire se tait sur la famille du successeur d'Odon, mais il n'y a point de témérité à suppléer à ce silence, quand on lit dans les Actes administratifs le nom d'Eustache de Pollehoye qui est désigné comme prévôt du monastère.

Jean de la Chapelle omet, à son ordinaire, le nom d'un Abbé qui ne fit que passer. L'auteur du *Gallia Christiana* l'annonce ainsi : « Eustache fut confirmé par Boniface VIII et recommandé au roi. (1) ». Est-ce distraction ? Est-ce nuance de style ? Ces mots renferment une idée contraire aux usages de l'Eglise Gallicane. Ordinairement le roi permettait l'élection et la confirmait. Le Pape n'intervenait que dans les contestations. Eustache fut-il proposé aux moines par Boniface et rejeté d'abord par une susceptibilité d'orgueil national ? Le laconisme de la phrase ouvre le champ à des conjectures qu'il n'est guère possible d'éclairer.

La chronique parle du vicaire général d'Eustache (2). C'est presque faire supposer un Abbé non résidant, occupé des affaires de l'Eglise au nom du Pape. Quand l'Abbé administrait par lui-même, avec le secours de son prieur et de son secrétaire, il lui était facile de suffire à toutes les vicissitudes de la sollicitude pastorale. On ne constate guère l'action d'un vicaire général que sous la commende.

On a aussi reproché au pape Boniface d'intervenir trop souvent dans la collation des bénéfices. C'était une des prérogatives de l'Eglise romaine à cette époque, surtout lors-

---

(1) *Gallia Christiana.* Tom. x. Pag. 1257. (2) D. Cotron. *Anno* 1300.

qu'ils devenaient vacants en cour de Rome ; ce qui arrivait, quand le titulaire mourait à Rome ou au service de l'Eglise. Depuis Philippe-le-Bel l'autorité du Pape a été bien restreinte en France, comme nous le dirons plus loin.

A l'exemple de ses prédécesseurs, l'abbé Eustache demanda au Souverain Pontife la confirmation des privilèges et immunités du monastère. Cette faveur lui fut octroyée par Boniface VIII. La Bulle donnée au palais de Latran, le 1er décembre, « faisant droit aux prières de ses chers fils, l'Abbé et le couvent de Saint-Riquier immédiatement soumis à l'Eglise romaine, leur conserva toutes les libertés et immunités à eux octroyées par les Papes ses prédécesseurs, leurs privilèges, leurs indulgences, avec exemption complète des exactions séculières, avec confirmation des biens et concessions des rois, des princes et des fidèles (1). »

Cette bulle générale fut suivie quelques jours après de deux autres. Par la première le Pape entendait les relever de leur négligence à user de leurs droits et empêcher toute prescription à ce sujet. Dans la seconde il protestait contre toutes les exactions séculières, les mettait à néant et frappait de censures ecclésiastiques les sacrilèges qui oseraient violer leurs droits et immunités. Nous avons déjà donné la teneur de bulles semblables, il suffit de les rappeler pour constater combien le chef de l'Eglise, qu'il s'appelle Innocent III, Grégoire IX ou Boniface VIII, avait à cœur de maintenir les milices spirituelles dans leur indépendance native.

Mais ici se ferme cette grande page d'histoire ecclésiastique. Sous Philippe-le-Bel, cette longue chaîne de témoignages sur la présence visible du Souverain Pontife dans l'Eglise de France se brise tout à coup, sans qu'il soit jamais possible de la continuer. Nous assistons à une véritable révolution dans l'ordre spirituel. Les légistes, qui ont perdu tant d'empereurs d'Allemagne, ont aussi aveuglé Philippe-le-Bel et l'ont poussé dans la révolte contre le vicaire de Jésus-Christ. On connaît cette page lamentable d'histoire ; ce n'est point le lieu de la refaire pour la millième fois. Les monastères, comme les autres institutions, commencent à être régis par des lois civiles plutôt qu'ecclésiastiques. Nous le constatons avec une profonde tristesse. Au lendemain du règne de saint Louis, la voix toute puissante de Rome est étouffée et les bulles, qui protégeaient contre une invasion brutale et impie, n'auront plus de sanction légale. Les termes de *couvent immédiatement soumis à l'Eglise* n'ont plus que la moitié de leur valeur. Les moines restent indépendants des Evêques ; mais ils sont asservis par le pouvoir laïque : ce qui est un double mal. Aussi allons-nous les voir décliner rapidement, languir pen-

---

(1) « Ja fut que nous et nos prédécesseurs, par simplesse ou ignorance de droit, eussions obmis et delaissé user au temps passé, de plusieurs privilèges, franchises, libertés et indulgences données par ses prédécesseurs Papes en notre dommage, lui incline à notre humble supplication, et pour nous rendre des dommages, il veut que puissions désormais des dits privilèges et indulgences user et posséder, mais que par prescription ou autrement ne légitimement ne deroge avec la clause *Nully.* » (*Cart. dé St.-Riq. Fol.* 3)

dant plusieurs siècles jusqu'à ce que la réforme de saint Maur leur rende quelque peu de cette sève primitive qui avait nourri des troncs si vigoureux.

Les démêlés entre le pape Boniface VIII et Philippe-le-Bel eurent leur retentissement même dans la ville de Saint-Riquier, à l'occasion de l'appel au futur concile contre le Pape (1303). L'appel de Saint-Riquier existe encore aux Archives, à Paris (1). A cette époque la ville de Saint-Riquier était mêlée à tous les mouvements politiques. Les bourgeois déclarèrent que leurs droits étaient violés par l'immixtion du Pape dans le temporel.

Cette pièce officielle nous montre avec quelle animosité la commune jalousait l'autorité ecclésiastique. Il y avait là un nouvel élément pour recommencer les luttes contre le monastère.

En trois ou quatre mois, on vit plus de sept cents actes d'Archevêques, d'Evêques, de Chapitres, de couvents d'hommes et de femmes de tous les ordres, d'Universités et de communautés de villes : on vit des provinces entières reproduire les lettres-circulaires d'appel lancées sur tous les points du royaume. Rien n'indique toutefois que les moines de Saint-Riquier aient renié leur maître et premier pasteur (2).

On lit dans les chroniques (3), d'après une lettre de Robert, cardinal de Sainte-Pudentienne, que l'abbé Eustache avait souscrit de sa propre main l'engagement de payer quatre mille florins d'or au Pape et au collège des Cardinaux et en outre 236 florins pour deux services ou hommages à leurs familiers. C'est la taxe accoutumée des bulles pontificales pour Saint-Riquier, ce qu'on appelait autrefois annate ou revenu de la première année d'un bénéfice réservé au Saint Siège apostolique et à sa collation. Les annates étaient payées à la Chambre apostolique pour l'entretien du Souverain Pontife, des Cardinaux, des Légats et Nonces apostoliques, des Evêques chassés de leurs sièges, des princes dépouillés de leurs états et pour les subventions aux guerres saintes. Les annates ne rappelaient-elles pas le marc d'or que les Souverains Pontifes avaient imposé au monastère de Saint-Riquier, immédiatement soumis au Saint

---

(1) *Trésor des Chartes*, Cart. 488, 511.

(2) Il est assez piquant d'entendre le jugement d'un célèbre historien protestant sur tous ces appels enthousiastes au futur concile. « C'est alors, dit Sismondi, que pour la première fois la nation et le clergé s'ébranlèrent pour défendre les libertés de l'Eglise Gallicane : avides de servitude ils appelaient liberté le droit de sacrifier jusqu'à leur conscience aux caprices de leurs maîtres et de repousser la protection qu'un chef étranger et indépendant leur offrait contre le tyran. Au nom de ces libertés de l'Eglise, on refusa au Pape le droit de prendre connaissance des taxes arbitraires que le roi levait sur le clergé, de l'emprisonnement arbitraire de l'Evêque de Pamiers, de la saisie arbitraire des revenus ecclésiastiques de Reims, de Châlons, de Laon, de Poitiers : on refusa au Pape le droit de diriger la conscience du roi, de lui faire des remontrances sur l'administration de son royaume, et de le punir par les censures et l'excommunication, lorsqu'il violait ses serments. » (*Histoire des Républiques italiennes*. Tom. IV. Pag. 141.)

Avides de servitudes ! Ces paroles étonneront plus d'une personne. Cependant Fleury appelle aussi les libertés gallicanes, « libertés à l'égard du Pape, servitudes à l'égard du roi. »

(3) D. Cotron. *Anno* 1300.

Siège et qu'il était difficile d'acquitter annuellement ? Nous serions portés à le supposer. Quoiqu'il en soit de l'origine de cette dette, nous pensons qu'elle était tombée sous la prohibition par laquelle Philippe-le-Bel se vengeait de la bulle *Clericis laicos*, en interdisant de transporter hors de France, ni or, ni argent monnayé ou en masse, ni joyaux, ni pierres précieuses, ni chevaux, ni vivres ou autres choses nécessaires à la guerre, sans sa permission par écrit. Le Pape, comme il le sentit bien, était frappé par cette ordonnance : « Ceux qui ont fait ces défenses, disait-il, avaient bien l'intention « de les étendre jusqu'à nous, à nos frères les Evêques et aux Ecclésiastiques, à nos « biens et aux leurs (1) ». Cette attaque à la liberté de l'Eglise était une imprudence et un abus d'autorité déjà frappé par les anathèmes des saints canons. Il fut ainsi impossible à Eustache, au milieu des graves démêlés dont nous parlions plus haut, de remplir ses obligations envers la cour romaine ; c'est pourquoi il signa une obligation qui fut soldée par ses successeurs, quand la mort de Boniface VIII, en 1303, puis l'élection de Clément V, eurent amené un changement dans les relations entre le roi et le Souverain Pontife (2).

Vers la même date on remarque que différentes sommes ont été payées par Mathieu de Bernières, vicaire général de l'Abbé, aux trésoriers du roi, aux intendants de ses finances et aux intendants militaires (3). On réclamait ces sommes pour droits de nouveaux acquêts ou d'amortissement et pour contributions de guerre. Un des griefs que l'histoire intente à Philippe-le-Bel, c'est un immense accaparement d'argent ramassé par tous les moyens, même les plus odieux, ou une extravagante dilapidation de ses fonds publics. « Le règne de Philippe-le-Bel, dit Bossuet, fut plein de séditions et de révoltes, parce que le peuple et le clergé furent fort chargés, à cause qu'on haussait et baissait les monnaies à contre-temps et même qu'on les fabriquait de bas aloi, ce qui causait de grandes pertes aux particuliers et ruinait tout commerce (4). »

Le pape Boniface reproche aussi au roi de France les exactions intolérables dont on frappait les églises du royaume pour des guerres civiles et injustes qu'il s'efforça d'arrêter, mais en vain.

Les droits de nouveaux acquêts ou d'amortissement dont il est ici question représentaient les diverses charges dont la propriété était grevée au moment de sa transmission par héritage ou par vente et dont le fisc royal bénéficiait. Ces redevances éteintes à perpétuité, lorsque la terre passait à l'état de main-morte, étaient compensées équivalemment au moment où le roi donnait ses lettres de confirmation pour cette espèce de contrat. L'impôt des nouveaux acquêts était calculé sur le tiers du prix d'acquisition ;

---

(1) *Histoire de l'Eglise Gallicane*. L'an 1297.

(2) L'Abbé de Saint-Germain-des-Prés devait aussi au Pape 16,000 florins et dix services pour les annates de son temps et de son prédécesseur qui n'avait pu satisfaire. Il obtint une modération et ne paia que la moitié. (*Histoire de Saint-Germain-des-Prés, page* 160).

(3) D. Cotron. *Anno* 1300.

(4) Rohrbacher. — *Histoire de l'Eglise universelle*. Livre LXXVII.

il paraît qu'il y avait eu des négligences ou des concessions sur ce chapitre des revenus royaux, car Philippe-le-Bel frappa de cette contribution toutes les propriétés acquises aux monastères depuis 40 ans, époque sans doute nécessaire pour la prescription.

On trouve dans une pièce de finances qui porte le nom de Pierre d'Hangest, alors bailly d'Amiens, que le couvent de Saint-Riquier a payé au roi 490 liv. pour les acquêts (1299).

Mathieu de Bernières donna à Jean Godin, maire et prévost d'Amiens, lieutenant du bailly, 100 liv. parisis auxquelles on était tenu pour les arrières-fiefs, du temps de maître Evrard Porion, collecteur des arrières-fiefs pour le roi (1300).

Une autre quittance (sans date) porte 468 liv. parisis pour les acquêts du monastère de Saint-Riquier en Ponthieu, jadis baillés à maître Evrard, dit Porion, commissaire des commandements du roi.

« Denis d'Aubigny, étant bailly d'Amiens, son lieutenant Maces Rocheraulx, rechut de dampt Eude Crouset, prévost de l'Eglise, 200 livre sparisis, dues au roi pour fiefs et arrières-fiefs et payées à Arras (1302). »

« Quelque chose qu'on ait payé pour le roi ou ses officiers collecteurs députés et ordenés pour les finances et nouveaux acquêts, sy ne devons aucune chose de che que est tenu de nous comme il appert par la bulle de Innocent III, *Nomine pignoris* (1). »

On paya encore, en 1302, à Regnault Leroy, intendant militaire, une autre somme non désignée, pour le passage des troupes ou l'ost de Flandres et de Vitry. C'est l'acquêt des contributions de guerre dont le Pape se plaint si vivement (2).

Il n'est plus question d'Eustache de Pollehoye après 1302.

C'est en 1302 que fut établie à Saint-Riquier une confrérie d'écoliers connue sous le nom de Confrérie de saint Nicolas, parce qu'elle faisait ses offices dans la chapelle de Saint-Nicolas. Ses statuts nous ont été conservés ; ses revenus et ses possessions lui ont valu quelque célébrité dans la ville de Saint-Riquier. Son histoire aura sa page dans notre ouvrage.

---

(1) *Cart. St.-Riq. Fol. 186. 187.*   (2) *Cart. St.-Riq. Ibid.*

CHAPITRE II.

JEAN II, DE FOUCAUCOURT, QUARANTIÈME ABBÉ.

(1303 à 1312.)

Eloge de l'Abbé Jean. — Association de prières avec les moines de Saint-Valery. — Annuités payées au Saint-Siège. — Le Calendrier et le Cérémonial du Monastère. — Bénédictions réservées et funérailles. — Procès des Templiers. Leurs crimes sacrilèges. — Luttes avec la commune. — Arrêt de 1312.

Jean de Foucaucourt, d'abord prieur de Leuilly, issu d'une noble famille du Santerre (1), était né au milieu des possessions de l'abbaye. Il s'appliqua constamment à maintenir son monastère dans les saines traditions que les moines les plus fervents lui avaient léguées, à lutter contre les désordres du temps et en particulier contre les entreprises ambitieuses des mayeurs et la turbulence des habitants. Sa fermeté soutint les droits anciens et contribua beaucoup à fixer la jurisprudence pour l'avenir. Un des premiers actes de Jean de Foucaucourt fut une Société de prières (2) entre le monastère de Saint-Riquier et celui de Saint-Valery gouverné alors par Jean de Crécy, probablement originaire de Saint-Riquier, où une famille de ce nom a laissé dans cette période quelques souvenirs de noblesse.

La ferveur des moines de Saint-Valery, nombreuse milice exercée sous l'abbé André, prédécesseur de Jean, aux rudes combats de la vie régulière, fut, dit l'acte d'association, le stimulant de cette pieuse confraternité. On convint des points suivants (3) : 1° Quand un brevet ou rouleau des morts annoncera le trépas d'un ou de plusieurs frères, on frappera la planche, ou, si on aime mieux, « la table sera pour ce sonnée » et on célèbrera trois messes le lendemain ou le plus tôt possible. 2° La seconde férie après le dimanche *Lætare, Jerusalem* (c'est le quatrième dimanche de Carême), ou le jour le plus près, on célèbrera une messe solennelle pour tous les défunts de l'autre monastère. 3° les chapitres seront communs. Quand l'Abbé du monastère associé viendra chez ses frères, il tiendra la place de l'Abbé au chapitre et pourra absoudre « des fautes et des péchiers, sauf la rigueur de l'ordre » sans altérer la vigueur de la règle.

On peut se demander si ces associations ont été permanentes. En principe elles devaient survivre à la cause de leur fondation, mais nous sommes porté à croire que

---

(1) Jehan de Foucaucourt et le Bon Pierre de Foucaucourt sont cités parmi les chevaliers du tournois de Ham en 1288. — De Cagny. *Histoire de l'arrondissement de Péronne.* Tom. I. Pag. 718

(2) D. Cotron. *Anno* 1302.

(3) *Cartul St -Riquier.* Fol. II.

ces liens se relâchaient après un certain temps, souvent par un concours de circonstances indépendantes de la volonté humaine. C'était une bonne fortune, quand on pouvait renouer de si salutaires relations avec d'autres monastères.

L'abbé Jean ratifia l'obligation créée par son prédécesseur envers le Saint-Siège et convint d'un terme pour des annuités des 800 florins. On fixa le dimanche des Rameaux de chaque année : on a plusieurs quittances de Robert, cardinal du titre de Sainte-Pudentienne, de Jean, cardinal du titre de Saint-Marcellin et Saint-Pierre, et d'Arnoult, cardinal du titre de Saint-Marcel (1).

Nous apprenons par quelques indications sommaires que le calendrier du monastère fut réformé ou fixé sous l'abbé Jean de Foucaucourt (1307). Cette révision du calendrier embrassa-t-elle aussi celle du Martyrologe, que les Bollandistes avaient en si grande estime, qu'ils crurent devoir le reproduire en entier dans leur grande collection de martyrologes (2). C'est ce qu'il nous est impossible de déterminer. Nous remarquerons seulement que les principes liturgiques établis en 1307 furent régulièrement respectés dans la suite des temps et un nouveau Cérémonial en 1711 en renouvela tous les points, ainsi que l'attestèrent les prieurs, sous-prieurs et senieurs du monastère.

L'abbé Jean de Foucaucourt fit écrire sur parchemin, illustrer et enluminer un magnifique missel (3). Nous avons aussi retrouvé un psautier très riche, appartenant à peu près à cette époque. Nous l'avons reconnu au calendrier de Saint-Riquier placé en tête. Ce volume avait été donné au chapitre d'Arras avec lequel les religieux de Saint-Riquier avaient formé une association de prières. Il appartient maintenant à la famille de la Houplière du Château-Neuf, commune de Quend (4).

Nous avons remarqué que les bulles d'exemption manquaient dans nos Archives après 1298. Ce n'est pas à dire cependant que tout rapport eût été interdit avec le Saint-Siège, surtout après Boniface VIII. Les abbayes immédiatement soumises à sa juridiction n'avaient encore perdu aucune de leurs prérogatives spirituelles. C'est pourquoi les Abbés continuèrent d'invoquer l'autorité du Saint Siège dans leurs différends avec le clergé séculier. Les décisions du Souverain Pontife tranchaient toujours les difficultés. Nous en avons plusieurs exemples sous Jean de Foucaucourt.

De temps immémorial, l'Abbé de Saint-Riquier s'était réservé le privilège de bénir et de distribuer à toute la ville les cierges de la Purification, les cendres imposées sur le front de l'homme pêcheur à l'entrée du Carême et les palmes de Pâques fleuries. Dans toutes les fondations des réserves étaient stipulées sur ces droits séculaires. Quand Robert de Fouilloy eut pris possession du siège épiscopal d'Amiens (1308), le curé de No-

---

(1) D. Cotron. *Anno* 1304. — Le premier de ces Cardinaux avait été Abbé de Cîteaux. C'était un prélat d'un très grand mérite. Arnoult de Chanteloup avait été Archevêque de Bordeaux.

(2) *Acta Sanct. Junii.* Tom. VI et VII

(3) D. Cotron. *Anno* 1309.

(4) Qui sait s'il ne vient pas de Guillaume de Villeroy, doyen d'Arras, que des relations feodales avaient lié d'amitié avec les moines ?

tre-Dame et les recteurs des autres églises réclamèrent ce privilège pour eux et il leur fut accordé, même avec le pouvoir d'excommunier les opposants ; cette concession causait, comme on peut le penser, un grave détriment à l'Abbé et au couvent de Saint-Riquier. Jean de Foucaucourt en appela au Souverain Pontife Clément V. Aussitôt le Pape envoya un mandat apostolique à l'Abbé du Mont Saint-Quentin, du diocèse de Noyon, au doyen du chapitre et à Hugues de Vinacourt, chanoine de Noyon, pour une enquête sur les plaintes de l'Abbé de Saint-Riquier. Il était recommandé aux commissaires apostoliques de citer d'autorité et sous menaces de censures ecclésiastiques ceux qu'ils croiraient devoir interroger, sans qu'il fût possible de se soustraire à cette obligation, ni d'appeler de leurs significations. « La sentence qu'ils porteront, dit le mandat, aura la même valeur que si le Pape lui-même avait prononcé. » La chronique ne rapporte pas la sentence ; mais des tentatives pour récupérer ce privilège dans la suite prouvent qu'elle fut favorable à l'abbaye. Une autre question analogue fut soulevée dans le même temps. Les religieux, par une coutume légitime et paisiblement observée de mémoire d'hommes et au-delà, disaient-ils, se réservaient les deux tiers des droits autorisés par l'Eglise sur les funérailles. Les membres des confréries de la ville contestèrent alors ces droits. On voit par là qu'elles ne tardèrent pas à lever la tête et à affirmer leur existence. Elles refusèrent au couvent toute participation au luminaire, aux draps et autres oblations des funérailles. L'Abbé ne consentit point à abandonner ses droits ni à se soumettre à cette injuste soustraction de ses revenus. Il porta aussi le différend au tribunal du Souverain Pontife (1309). Le doyen de Saint-Wulfran fut chargé d'enquêter sur ces difficultés et de porter une sentence définitive. On fit justice à l'Abbé de Saint-Riquier et le monastère, dit la chronique du xvii° siècle, est encore aujourd'hui en paisible possession de ces droits funéraires, sans que personne songe à réclamer ni à faire opposition (1).

Nos chroniques de Saint-Riquier se sont occupées du grand procès intenté par Philippe-le-Bel à l'ordre des Templiers, procès qui tint tout le monde catholique pendant plusieurs années sous le coup des émotions les plus poignantes, à la suite de révélations de faits abominables et sacrilèges qu'on n'aurait jamais osé soupçonner. D. Cotron a copié sans réflexion Jean de la Chapelle et indique l'an 1299 (2). Un semblable anachronisme sous la plume du curé d'Oneux ne serait qu'une bagatelle qu'il est presque inutile de signaler. Mais ce qui suit est plus curieux et peut-être complètement inédit. C'est, « observe cette chronique, une opinion accréditée qu'en une seule nuit et pour un crime énorme et leurs péchés secrets les églises et les chapelles des Templiers furent miraculeusement ruinées, comme si un tremblement de terre les avait ébranlées. Les ap-

(1) *Committimus* au doyen de Saint-Vulfran lui donnant puissance « de ordener sur ce que aucuns « gommeux de confrairies de cette ville voloient « avoir part ès funérailles et exequies comme de « draps qui se mettent sur les corps des morts « qu'on porte faire leur service aux Eglises.» (*Cart. St.-Riq. Fol.* 17, 19. — D. Cotron. *Anno* 1309.)

(2) D. Cotron. *Anno* 1299.

pareils de maçonnerie s'ouvrirent depuis le haut jusqu'en bas. Ces immenses lézardes sont encore visibles aujourd'hui (1). » Cette anecdote que nous tenons pour suspecte jusqu'à plus ample information, nous révèle toutefois le jugement de l'auteur, l'opinion de son temps et du pays. Ces faits que l'histoire contemporaine croit encore enveloppés d'un impénétrable mystère, nos pères les acceptaient comme la renommée les publiait. Pendant longtemps on a cru à des pratiques étranges et réprouvées par la morale chrétienne et on a applaudi, sinon au supplice des membres incriminés, du moins à la destruction d'un ordre si gravement compromis et digne du mépris public, dont la restauration eût été impossible au sein de la société chrétienne, si vivement blessée dans ses instincts les plus nobles et les plus religieux.

Un autre chroniqueur de Saint-Riquier, que nous croyons plus grave que Jean de la Chapelle et encore moins éloigné des faits, signale aussi la destruction des Templiers, sous l'année 1307. « Destruction des Templiers pour six mauvaises erreurs qu'ils te-« naient en leur ordre, lesquelles sont si horribles qu'elles ne sont point ici mises (2). »

On lit dans Formentin que le roi Edouard fit arrêter le maître du Temple d'Abbeville avec douze chevaliers. Quelques-uns furent envoyés à Paris, d'autres enfermés dans d'affreux cachots où six moururent de misère en peu de jours. Trois eurent l'adresse de se sauver, mais il en coûta la vie au maître et aux trois autres dont l'un fut brûlé sur la grande place d'Abbeville. Parmi les chevaliers interrogés on nomme Jean de Crotoy : cette famille paraît quelquefois parmi les feudataires de Saint-Riquier.

Un souvenir plus particulier se rattache dans notre histoire au célèbre procès des Templiers. Il paraît que Philippe-le-Bel, pour associer toute la France à cette immense procédure, appela des députés de diverses villes de son royaume (3). Un document déposé à la section historique des Archives impériales nous apprend, dit M. Prarond, que le mayeur et les échevins de la Ville de Saint-Riquier ont délégué deux bourgeois de leur commune, Laurent Maumarkie et Pierre le Pullois, pour assister à Tours au procès des Templiers, ennemis du Christ et de la foi chrétienne (4).

Les Templiers avaient à Abbeville la commanderie de Beauvoir et de nombreuses possessions aux environs de Saint-Riquier, des fermes même et des fiefs dépendants de l'abbaye. Leurs propriétés de Forêt-l'Abbaye, Brailly, Bellinval, l'abbaye d'Aimon,

---

(1) *Chron. Abbrev. Cap.* XLVIII. — D. Cotron. *Ibid.*
(2) *Chron. de Pierre le Prêtre.* Fol 8.
(3) « Le roi convoqua pour la fin de mai les États Généraux à Tours pour s'appuyer auprès du Pape de la décision de cette assemblée. La convocation s'adressait aux trois ordres. Le roi demandait de chaque ville insigne deux hommes d'une foi robuste, pour assister le roi au nom de la communauté dans les mesures qu'il serait opportun de prendre. Les députés étaient défrayés par les commettants. On proclama la culpabilité des Templiers et on les déclara dignes de mort. » (*Revue des Questions historiques.* — Janvier. 1872. Pag. 2.)

(4) *Histoire de Saint-Riquier, page* 53.
Ce document se trouve aux Archives nationales, Section historique, tom. 415, page 80. « Cette pièce est la seule de toutes celles qui soient connues où se trouve encore un fragment du sceau de la commune de Saint-Riquier. » (M. Prarond. *Ibid.*)

de Cramont, touchaient presque à la commune de Saint-Riquier. Ils fréquentaient donc souvent le pays ; leurs mauvaises mœurs et leurs scandales pouvaient se trahir dans leurs relations avec leurs vassaux et leurs fermiers. Rien d'étonnant que les principaux bourgeois d'une ville aussi importante que Saint-Riquier au xv° siècle aient été appelés à siéger parmi les juges, ou du moins à éclairer la justice sur les faits connus dans la contrée et sur les opinions populaires touchant cet ordre si gravement compromis.

Quoiqu'on ait dit de la cupidité de Philippe-le-Bel, sur la foi de Villani copié par tous les historiens ennemis de la papauté et de la royauté, il paraît certain que tous les biens des Templiers en France furent adjugés aux chevaliers hospitaliers de Saint-Jean de Jérusalem. Le décret du Pape et du Concile fut ponctuellement exécuté (1). C'est avec ces derniers que les Abbés traiteront désormais de leurs intérêts personnels toutes les fois que les circonstances l'exigeront.

Jean de Foucaucourt était mort quand cette grande question fut vidée au concile de Vienne en 1313. Jean de la Chapelle le suppose encore vivant en 1318 (2). Nous préférons la chronologie de D. Cotron et celle des frères de Sainte-Marthe dans le *Gallia Christiana* (3). Nous y lisons que le siège était vacant le dimanche après *Quasimodo* de 1313. Il y eut même un interrègne de plusieurs mois, pendant lequel on signale quelques faits de peu d'importance.

Cette erreur de Jean de la Chapelle rend douteuse l'assertion de D. Cotron, d'après laquelle Jean de Foucaucourt aurait fait la première procession du Saint Sacrement à Saint-Riquier (1312). C'est à la chronique abrégée que le savant prieur du xvii° siècle emprunte encore ce fait. Or les circonstances auxquelles il se rattache nous obligent à le reporter en 1315 sous Beauduin de Gaissart.

Nous placerons à la fin de ce chapitre ce que nous avons recueilli dans les chroniques et arrêts du temps sur les luttes de la commune et de l'abbaye.

Au milieu de l'agitation causée par les démêlés de Philippe-le-Bel avec le pape Boniface VIII, à la veille de l'appel au futur concile, tout était en grand émoi dans Saint-Riquier, et les laïcs, dit une pièce officielle de 1302 (4), étaient mal disposés pour les clercs : à plus forte raison jalousaient-ils les moines leurs seigneurs, dont ils supportaient si impatiemment le joug. Toutefois les auteurs, qui se sont efforcés d'élever ces contestations à la hauteur d'une guerre civile ou d'une insurrection populaire en permanence, se sont exagéré la portée des discordes : les récriminations aboutissent à des débats judiciaires et se terminent le plus souvent sans tumulte : de loin en loin

---

(1) « Les procès du Temple, grâce à la résistance du Pape, échappèrent au roi. En vain éleva-t-il chicane sur chicane. Tout ce qu'il put obtenir, ce fut de percevoir des sommes considérables pour avoir gardé les Templiers en prison. Leurs immenses propriétés territoriales passèrent sans exception aux Hospitaliers qui les ont gardées jusqu'au moment de leur suppression. » (*Rev. des Quest. historiq. Ibid.*)

(2) *Chron. Abbrev. Cap.* XLIX.

(3) D. Cotron. *Anno* 1312.

(4) *Statuts de la confrérie de Saint-Nicolas. — Archives de l'Église paroissiale.*

seulement on signale une heure d'effervescence, mais bientôt après tout rentre dans le calme. Ce qui ressort de tous ces arguments c'est le bon droit des Abbés et la légitimité de leurs réclamations. Loin d'être des oppresseurs du peuple et de le faire gémir sous un sceptre de fer, ils condescendent à ses aspirations par de nouvelles concessions. C'est le châtiment le plus fréquent de toutes ces manifestations d'indépendance.

En 1304, le mayeur nommé par la commune dans une assemblée tumultueuse des bourgeois n'eut pas les sympathies de l'Abbé. Avait-on à lui reprocher quelque tort dans les injures faites au froquier du monastère pendant l'exercice de ses fonctions ? Avait-il aussi, comme plusieurs autres bourgeois, accusé les Abbés de déloyauté ? Il est permis de le croire. On craignait du moins une année orageuse, puisqu'on demandait sa révocation au Parlement. On connaît l'article de la charte de 1126 qui laissait à l'Abbé comme au roi la faculté de révoquer et de repousser le maire nommé par les bourgeois, quand il n'aurait point son agrément. Jean de Foucaucourt usa cette année de cette prérogative. Non-seulement les bourgeois la contestèrent, se fondant sur une prescription suffisante, mais encore ils allèrent jusqu'à incriminer la loyauté des religieux et à faire planer sur eux le crime odieux de faux en écriture.

Le Parlement, les parties ouïes et la charte examinée, confirma la requête de l'Abbé et l'élection fut annulée. Outre la révocation du mayeur les moines demandaient une amende, soit pour l'injure de paroles dans l'allégation de fausse charte, soit pour les violences commises contre le moine froquier. On répondit que le procureur du mayeur, attestant par serment que ses clients, dans leurs dires téméraires, n'avaient point eu intention d'injurier les religieux, on ne poursuivrait point l'accusation sur la première plainte. On proposa une enquête pour le second grief (1).

Cette sentence ne pouvait satisfaire les désirs des bourgeois de Saint-Riquier. Ils revinrent à la charge, en 1306, et obtinrent une grande restriction à la charte de 1126. Il fut statué, dans les assises du *Mercredi après l'Invention de la Sainte Croix* (1306), que les seigneurs ayant château ne seraient ni reçus dans la commune sans l'assentiment du roi et de l'Abbé, ni élus maires, ni conservés dans leurs fonctions sans le même agrément, mais que pour les autres bourgeois ils pourraient être nommés par leurs co-jurés, selon leurs coutumes, et maintenus dans leur dignité, sans que l'Abbé eût le droit de faire d'opposition. C'est, d'après l'arrêt, un nouveau jugement, *novissimum judicium*, qui déroge aux anciens usages. *Sic emendatum.* Peu nous importe de peser ici les motifs : il est certain que la puissance souveraine pouvait ratifier une charte vieille de deux siècles, qu'elle pouvait aussi pour le bien public en rajeunir quelques articles. C'est ce qu'elle fit dans cet arrêt (2).

(1) D. Cotron. *Anno* 1304. — *Olim. Tom.* II. *Pag.* 469. Dans le registre manuscrit on a batonné la partie de l'arrêt relative aux amendes. On lit en marge le mot *vacat* — (*Note de l'éditeur de l'Olim.*)

Ceci n'infirme en rien les faits historiques et la valeur des plaintes de l'Abbé. — Cet arrêt est du lundi de la fête de saint André, 1304.

(2) *Olim. Tom.* II. *Pag.* 479.

Cette même année 1306 nous apporte deux autres édits du roi Philippe-le-Bel ou du Parlement. Le premier concerne les reliefs des fils émancipés des bourgeois et le second la justice, les surcens et les tailles.

I. Une question avait été soulevée par le mayeur et les échevins sur le quatrième article de l'arrêt de 1256 au sujet des fils des bourgeois. Le roi trancha la difficulté de la manière suivante : « Se désormais le fils d'un bourgeois était émancipé et
« mis hors de l'ostel de son père bourgeois et de sa famille, se il était requis par un
« bourgeois de prendre la bourgeoisie et se il la refusoit et persévéroit jusques à la
« mort de son père et depuis après le déchès de son père il venoit à succession pater-
« nelle, pour chaque journal qu'il relèvera, il en payera à notre volonté.

« *Item.* Se aucun bourgeois avait des enfans légitimes de sa femme et de sa pois-
« sance et en cet état il moroit et iceux enfans auparavant qu'ils requissent la saisine
« de leur succession se fissent bourgeois, ils ne paieront que 4 sols parisis pour chacun
« journal de droit de relief.

« *Item.* Se aucun bourgeois vend ou achète d'un forain non bourgeois, le bourgeois
« vendeur ou acheteur ne paiera que 4 sols parisis du journal pour issue et entrée ;
« mais le forain soit vendeur ou acheteur pour entrée et issue et pour relief il paiera le
« dit relief à notre volonté.

« *Item.* Iceux mayeur et échevins se avanchoient de assigner les étaux pour véndre
« les marchandises les trois jours de la franque fête, et il fut défendu à yceux mayeur
« et échevins ne plus faire telles choses iceux trois jours durant.

« Il fut accordé que des cens de Robert le Josne ou Pierre Farcy, iceux ne nous paie-
« roient que issues et entrées et reliefs qu'à l'usage de cette ville.

II. Charte en six articles, sur la justice d'aucunes maisons, surchens, tailles et autres plusieurs débats devant le prévost de Saint-Riquier.

« 1° Hôtel Philippe de Leures, homme lige, assis en la banlieue. Ce qui est en fief
« tenu noblement demeure en la juridiction de l'Abbé : ce qui est hors fief sera en
« juridiction d'iceux de la ville et bournes, et derrens en séparation s'en doivent faire.

« 2° La justice et juridiction de l'hostel Jeanne de Branquonne, femme de Lesceps,
« son mari, sera tenu de nous en hommage lige, et du four Nicolas de Hellencourt en
« la banlieue tout demeurera en mains comme la justice, comme l'amende.

« 4° et 5°. Les procès seront renvoyés en la cour de notre Eglise et les amendes dé-
« terminées par Jean de Monflières et Maître Mathieu Gaude. » (1).

La jurisprudence, comme on le voit, maintient à peu près constamment les droits du monastère. L'accusation d'empiètement serait absurde : on se conforme aux titres présentés par les procureurs des Abbés. Mais la passion d'indépendance dont sont possédés les corps municipaux ne recevra point en vain des échecs si humiliants, elle s'en vengera par l'agitation. En 1307, l'Abbé se plaignait de violences, d'injures en-

(1) *Cart. de Saint-Riquier.* Fol. 88, 44.

vers les moines et leurs gens. La requête dépourvue de certaines formalités fut renvoyée aux auteurs avec injonction de la recommencer. Malgré cette illégalité les faits sont acquis à l'histoire et la commune chargée d'une nouvelle flétrissure (1).

Les revenus ne suffisaient pas encore pour combler le déficit des dépenses ; les emprunts ne pouvaient être tentés sous un roi accusé de pressurer ses sujets et la matière contribuable. Il ne restait que la malétôte : toute détestée qu'elle fût, les bourgeois de Saint-Riquier furent réduits à la subir encore en 1310. « Par lettres patentes le roi donne
« congiet de lever aucune petite exactions et malétôte sur le peuple marchand et con-
« giet de tailler les sujets de petite taille pour quatre ans sur toutes marchandises et en
« spécifie en grand nombre. Mais jamais on n'excèdera de la livre plus d'une obole
« parisis, excepté en la taille où ceux qui ont plus doivent payer plus et elle ne nous
« nuit ne aide pour nous ne contre nous : elle fut par nous levée par nous garder
« contre eux. » (2).

On voit néanmoins par les arrêts du Parlement (3) qu'à cette même époque le bailli d'Amiens délégua des commissaires pour faire une enquête sur des injures, des violences et de graves excès dont le monastère avait encore été victime. Les auteurs, cette fois, étaient des nobles à la tête desquels marchait le chevalier Robert de Picquigny. Nous ne prétendons pas toutefois qu'ils agissaient pour le compte de la commune. Nous ignorons même sur quel point s'étaient jetées leurs attaques. L'enquête fut annulée pour illégalité dans l'audition des témoins et plusieurs autres défauts. De nombreux commissaires furent nommés ; quoiqu'on ne voie point la suite du procès, ce témoignage n'est pas moins à consigner dans notre histoire.

Des procès sans cesse renouvelés, des tendances de l'échevinage que le monastère ne pouvait favoriser, amenèrent un long arrêt du Parlement, en 1312. Pénétrant plus avant dans la question, à la suite des agitations de la chicane, ce Protée aux mille formes, plus menaçant au moment même où l'on croit l'avoir saisi et enlacé dans ses propres conclusions, l'arrêt 1312 de rédigé en français de l'époque et contenant 26 articles est reproduit dans les *Olim* : il tranche des questions pendantes aux Parlements, aux assises d'Amiens, à la prévôté de Saint-Riquier. Il ne s'agit dans ces querelles que de voirie, de conflits de justice, de cens et reliefs, de litiges déjà jugés en faveur des moines. Ces derniers, du reste, eurent presque toujours gain de cause. La cour ne retint que quelques articles pour les juger après enquête (4).

« C'est évidemment dans les XIIIᵉ et XIVᵉ siècles, dit M. Prarond, que les droits res-
« pectifs de la ville et de l'abbaye sont enfin fixés : un grand nombre d'accommode-
« ments entre les religieux et les échevins interviennent à cet égard : quelquefois les
« questions sont tranchées par les arrêts. » (5).

Cette remarque mérite quelques observations. Il nous semble que les droits respec-

(1) *Olim.* Tom. III. Pag. 229.
(2) *Cart. St.-Riquier.* Fol. 38.
(3) *Olim.* Tom. III. Pag. 561.
(4) *Olim.* Tome II. Page 561.
(5) *Histoire de Saint-Riquier.* Pag. 53.

tifs étaient définis depuis la charte de commune : nous assistons à des débats judiciaires, à des essais d'empiètement, à des actes arbitraires de quelques agents subalternes ; mais ce long arrêt ne nous apporte en somme aucun changement, aucune réforme ; on s'en réfère constamment au titre primordial, aux privilèges acquis et les Abbés sont maintenus ou réintégrés dans leurs droits. Heureusement que le monastère est régi par des hommes fermes : car autrement leur autonomie et leur seigneurie auraient été promptement submergées par le flot croissant des prétentions populaires. Tout aurait été absorbé dans la commune ; c'en était fait de la domination temporelle du couvent. Force était donc aux Abbés de se plaindre, d'invoquer la justice séculière, qui commence à dominer même sur les matières ecclésiastiques. Il devient de plus en plus évident que le plus beau rôle appartient aux chefs de la communauté religieuse, qu'ils ne demandent que l'exécution stricte et raisonnable des conventions anciennes. Quel que soit le jugement qu'on porte sur cette législation surannée, il ne leur appartenait pas de la réformer. Leur devoir aux yeux de la société civile, de l'Eglise, de leur conscience, c'était de faire respecter les contrats, les chartes, tous les droits acquis au monastère. Si nous sortons de ce cadre nous nous égarons dans des théories sans application. Vouloir rendre nos Abbés responsables d'un système opposé à nos idées modernes, c'est mettre des utopies à la place des réalités historiques. Soyons de notre temps ; louons nos institutions modernes ; nous en avons le droit, mais permettons à nos pères de rester aussi les hommes de leur temps : ne leur demandons compte, quand nous interrogeons leurs actes, que de leur moralité et de leur conformité aux règles de l'éternelle justice. Lorsqu'on juge les institutions communales du moyen-âge d'après ce principe, on est bien moins exposé à s'égarer dans de vaines et stériles déclamations.

« L'histoire de l'abbaye de Saint-Riquier, dit ici un jurisconsulte picard, aussi bien
« dans le développement de son pouvoir temporel que dans les points de contact de ce
« pouvoir avec celui de la commune, offre beaucoup d'analogie avec l'histoire de l'ab-
« baye de Corbie » (1). Rien d'étonnant ; les constitutions étant à peu près les mêmes, il doit s'ensuivre que les luttes avec les municipalités seront identiques. Nous n'avons pas l'intention d'établir les rapports et les différences des deux administrations, nous noterons seulement que la commune de Corbie plaida contre l'abbaye en 1310 et qu'elle fut supprimée. Le Beffroi ne fut pas rasé, mais on descendit le battant de la cloche communale et les bourgeois n'eurent plus d'autres privilèges que ceux qu'ils obtinrent personnellement et à titre singulier (2). Nous avons noté ailleurs que la commune de Saint-Valery avait été supprimée à la suite d'agressions sacrilèges contre les moines, double fait qui nous prouve que ces communes à leur origine avaient été spontanément établies par les moines et que tous leurs privilèges découlaient de la libéralité des Abbés, de leur bon vouloir envers leurs sujets.

(1) Bouthors. *Coutumes*. Tom. 1. Page 449.   (2) *Mémoires de la Société des Antiquaires de Pi-Tome* 11. Page 348.

Il ne faut pas croire que tout fut terminé par ce célèbre arrêt. On aurait promptement prescrit contre ces décisions, si le Parlement n'eût maintenu sa jurisprudence. Nous verrons les mêmes débats, ou peu s'en faut, sous Beauduin de Gaissart : l'issue en sera la même, sauf quelques concessions arrachées de guerre lasse aux Abbés ou à l'indulgence du Parlement.

CHAPITRE III.

BEAUDUIN DE GAISSART, QUARANTE-ET-UNIÈME ABBÉ.

(1312 à 1343.)

Éloge de l'Abbé Beauduin. — Les Abbés de la Province au Concile de Reims. — La procession du Saint-Sacrement à Saint-Riquier. — Accords de pacification avec l'abbaye de Valloires. — Les chevaliers de Saint-Jean de Jérusalem. — Les seigneurs de Bray. — La haute justice, les nouveaux acquêts. — Les Anglais au Crotoy. — Luttes avec la commune. — Thomas le Brailly. — Les immunités.

Beauduin de Gaissart, d'une noble famille de Saint-Riquier, fut élevé au gouvernement de l'abbaye après Jean de Foucaucourt. C'est le troisième Abbé du même nom ; il ne fut pas moins ferme ni moins vigilant que ses prédécesseurs. Il régna pendant trente-et-un ans, disent nos chroniques, et fit beaucoup de bien au monastère. Il soutint la lutte contre les prétentions ambitieuses de la commune et contre les seigneurs des environs : il ne laissa entamer aucune des prérogatives de son abbaye ; il paraissait sur la brèche aussitôt qu'un ennemi puissant faisait irruption dans la place ; et, après avoir repoussé vigoureusement les attaques, il rétablit toutes les franchises et libertés (1).

Le Pape Clément V confirma l'élection des moines, dit le *Gallia Christiana* (2), et recommanda le nouvel Abbé au roi Philippe-le-Bel. Cet acte de souveraine intervention devait sans doute lever bien des obstacles. Ce n'est pas sans raison qu'on le signale dans la circonstance.

La période que nous allons traverser abonde moins en faits religieux que les précédentes. La puissance séculière, en mettant la main sur l'Eglise et en élevant une barrière entre le Pape et le clergé, enlève le plus souvent à nos Annales leur caractère spécial, pour ne laisser que la bureaucratie d'une administration temporelle. Nous nous

---

(1) D. Cotron. *Anno* 1312. — *Chron. Abbrev. Cap.* XLIX. — Jean de la Chapelle a bouleversé la chronologie et l'histoire dans ce chapitre et le suivant.
(2) Tom. x, *pag.* 1257.

perdons dans le dédale des conflits, des réclamations pour droits lésés, pour justices et seigneuries contestées. C'est la physionomie de l'époque ; nous verrons le rôle que l'Église peut y jouer. Elle ne perd pas de sa dignité.

Signalons d'abord quelques faits qui se rattachent à l'histoire religieuse des abbayes. La querelle des exemptions monastiques avait soulevé de nouveaux orages au Concile de Vienne en 1313. On argumenta pour et contre sans amener une nouvelle solution. La question restait donc pendante et l'on pourra juger par le fait suivant de la susceptibilité des Abbés sur cette prérogative qu'ils croyaient inhérente à leur dignité.

Peu de temps après le Concile de Vienne, en 1318, les Abbés exempts de la province de Reims furent convoqués au Concile de Senlis par le métropolitain, Robert de Courtenay. On sait son zèle pour la défense des droits épiscopaux. Les Abbés se rendirent au Concile ; mais avant toute délibération ils adressèrent une protestation collective contre toute entreprise sur leurs exemptions, libertés et privilèges, sur les coutumes et observances des monastères et des lieux qui leur étaient soumis ; ils déclarèrent en outre qu'ils répondaient à l'invitation du Souverain Pontife et non à celle de l'Archevêque à qui ils ne reconnaissaient aucune juridiction sur leur monastère. « Ils se sont
» présentés, disaient-ils, non point pour faire acte de soumission à l'autorité métropo-
» litaine, mais parce qu'on doit traiter dans cette assemblée des questions qui intéres-
» sent la foi et qu'on fait intervenir pour la convocation du Concile un mandat spécial
» du Saint-Siège Apostolique. Comme ils ne voudraient pas que leur absence fût ob-
» jectée, pour infirmer les décisions du Concile, ils sont disposés à siéger, mais ils
» réclament à leurs frères une copie de la Commission Apostolique. »

Les Abbés renouvelèrent quatre fois leur protestation pour sauvegarder pleinement leurs libertés : ils prétendirent ne s'occuper des questions de foi que lorsqu'il leur aurait été justifié qu'ils y étaient obligés par le droit et par l'ordre du Saint-Siège Apostolique, ils déclinaient toute participation aux autres décrets du Concile. D'après certaines conjectures et probabilités, ils avaient quelque appréhension que l'Archevêque ne profitât de leur présence pour leur imposer les décrets du Concile, ou procéder contre eux par jugement ecclésiastique ; c'est pourquoi ils protestaient d'avance contre tout ce qui serait fait contre l'immunité de leur monastère, et ils en appelaient au Souverain-Pontife.

Ces protestations extraites des Actes du Concile étaient faites au nom des Abbés de Corbie, de Saint-Médard de Soissons, de Saint-Corneille de Compiègne, de Saint-Valery, de Saint-Riquier et de Saint-Wast d'Arras. On relate même que l'Abbé de Saint-Wast fut arrêté à la porte de la salle par la multitude qui l'empêchait de pénétrer dans l'intérieur du lieu des délibérations. L'Archevêque répondit qu'il protestait à son tour contre leurs prétentions ; qu'il avait convoqué les Abbés exempts à ce Concile en vertu d'un mandat apostolique, mais que sur les matières de foi qu'il allait traiter dans le Concile, il pouvait de sa propre autorité et sans commission apostolique convoquer les Abbés exempts. Ceux-ci de se récrier de nouveau et de demander acte de leur

CHAPITRE III. — L'ABBÉ BEAUDUIN DE GAISSART.

appel ; l'Archevêque leur répondit qu'il avait la copie de leur protestation et qu'il ferait en temps opportun tout ce que le droit prescrit. Cet incident n'ayant point d'autre suite, le Concile s'occupa des affaires pour lequel il était rassemblé (1).

La question des prérogatives spirituelles et temporelles du monastère sur toute la ville de Saint-Riquier donna lieu à plusieurs conflits entre l'Abbé Beauduin et le curé de Notre-Dame au sujet des processions du Saint-Sacrement (1330 et 1334).

Oudart, curé de Notre-Dame de Saint-Riquier s'était ingéré de faire la procession du Saint-Sacrement par la ville (2), malgré les moines et au préjudice de leurs privilèges.

---

(1) *Gall. Christ. Tom.* x. *Appendix. Pag.* 346.

(2) Nous avons signalé plus haut une erreur de la chronique abrégée au sujet de la première procession du Saint-Sacrement dans la ville de Saint-Riquier (page 10). En supposant qu'elle eût eu lieu en 1315, ce qui serait peut-être difficile à prouver par la seule assertion de Jean de la Chapelle, l'institution de cette grande solennité appartiendrait à Beauduin de Gaissart.

Nous devons au lecteur le récit de la chronique abrégée sur l'origine de la fête du Saint-Sacrement : c'est un nouveau trait de son érudition. « En 1313, dit Jean de la Chapelle, Philippe-le-Bel » réunit son armée à celle d'Edouard et les deux » rois prirent la croix, en s'engageant, par vœu so- » lennel, avec trois de leurs fils, à recouvrer les » lieux saints de Jérusalem ; ce qui ne put s'accom- » plir, parce qu'à l'instigation du démon, les An- » glais avaient formé le projet de s'emparer du » royaume de France en l'absence du roi Philippe : » il n'y a rien de plus avéré que la tradition de » cette conspiration. Aussitôt après que les princes » eurent violé leur vœu, il régna une famine uni- » verselle dans les deux royaumes. Un boisseau de » sel se vendoit 40 sols. Les hommes et les femmes » s'enflaient tout à coup sur les chemins où ils » mouraient, sans que personne pût leur porter se- » cours. C'est pourquoi un des hommes les plus » sages de ce temps, Giles Langustin donna le con- » seil de célébrer la Fête-Dieu, ce qui plut au Sou- » verain-Pontife, qui accorda même des indul- » gences aux chrétiens repentants. L'Eglise mili- » tante organisa donc cette fête pour le jeudi après » la Trinité. Ce fut la fin de la famine. A la stérilité » succéda une abondante récolte en blé, en vin, » en provisions de toute espèce. L'Abbé Jean de » Foucaucourt inaugura ainsi la procession du » *Corpus Christi.* » (*Chron. Abbrev. Cap.*XLIX.)

Quoiqu'il en soit de cette conspiration anglaise dont aucun auteur ne s'est occupé, la chronique se trompe grossièrement sur l'origine de la solennité du Saint-Sacrement, qu'on sait instituée par le Pape Urbain IV, en 1264, à la demande du clergé de Liège et sur les instances d'une religieuse favorisée de révélations célestes. Au concile de Vienne (1311 à 1313), elle fut prescrite par le Pape Clément V et rendue obligatoire par toute l'Eglise ; mais dans le décret il n'est point question de la procession. On ne s'accorde pas d'ailleurs sur l'origine de cette procession si solennelle et si populaire. Godescard (*Traité des Fêtes mobiles. Chapitre* II *de la Fête du Saint-Sacrement*) remarque qu'elle date du xiv⁵ siècle, mais qu'elle ne fut généralement adoptée en France et en Italie qu'après un laps de temps de plus de cent ans, à l'époque des conciles de Constance et de Bâle, où l'on voit que les Papes ont commencé à y attacher des indulgences comme à la fête du *Corpus Christi.* Nos cartulaires nous prouvent qu'en 1330 elle était parfaitement établie à Saint-Riquier. Le P. Ignace (*Histoire des Mayeurs*) fixe à l'an 1303 l'origine de cette procession à Abbeville, dans le Ponthieu et le Vimeu. On désirerait qu'il eût indiqué les documents où il a puisé ce renseignement.

Jean de la Chapelle a emprunté à Pierre le Prêtre ce qu'il dit de la famine de 1315 : ce dernier l'attribue à des pluies extraordinaires. « Les pauvres, dit-il, » mengèrent des herbes cuites sans sel et moroient » par les rues et sur les fumiers, vers et enflés de » faim. » Le même auteur remarque aussi que « le » sel fut tellement cher que les poures gens n'en » pouvoient avoir et que la carte de sel, mesure » de Paris qui sert à mesurer le vin, valoit ung » escu d'or. » (*Chronique de P. Le Prestre, fol.* 4).

L'histoire locale reproche au roi Edouard d'avoir aboli, en 1307, plusieurs salines du Ponthieu dans la vicomté de Rue, Crotoy et Waben. Ce fut, comme on le voit, une grande faute qui attira sur

L'Abbé Beauduin en appela immédiatement au Souverain Pontife. Jean XXII occupait alors le siège apostolique : il commit l'Abbé de Corbie pour l'information et le jugement de cette usurpation, lui donnant tous les pouvoirs exprimés en pareil cas. Il ressortit de l'enquête « que par anchienne et approuvée coutume et de droit il appartient au couvent
» de faire toutes les processions générales qui se font en la ville et on ne les peut faire
» sans nous. Même le jour de Dieu que nous appelons le jour du Saint-Sacrement, nous
» appartient porter le corps de Jésus-Christ. » Cependant quelques années après (1334), sur la prière de Jean de Cherchemont, Évêque d'Amiens, Beauduin se prêta à un accord d'après lequel la juridiction spirituelle de l'Abbé sur la ville fut encore reconnue ; car l'Abbé, en l'absence de l'Évêque d'Amiens, eut seul le droit de faire la procession par la ville, droit refusé au curé en présence de l'Abbé (1).

les Anglais la malédiction de leurs nouveaux sujets.

Ces pluies causèrent aux armées de Louis le Hutin des désastres que Pierre le Prêtre raconte ainsi dans sa chronique.

« Le roi Louis le Hutin, le lendemain de ses noces, partit pour la Flandre contre les Flamants qu'il hayoit fort, mais tant qu'il mist à aler, n'à séjourner, la pluie ne cessa oncques et jusqu'à la Saint-Remy, et tant qu'ils étoient en leurs pavillons et tentes, et mesmes le roy et les nobles de leur compaignie, jusques aux genoux en la boe et leurs chevaulx pareillement, et tous leurs vivres périssoient par les eaux, tant que le roi dist à ses gens : certainement Dieu est Flameng ; et fallit qu'ils se partissent, et fit ce dit roy bouter sus par tous ses pavillons logis et lieux et enfondrer les wuis (huis), ardoir coffres et charroy sans en povoir rien sauver et s'en vindrent toute nuit à Arras trois cens mille dont on volt pour lors tel ryme rymer :

Deux rois trois ducs et cinq marquis
Et XXXVI contes de prix
S'en sont tous tournés : pour le conte
De Flandres, n'esse pas grand honte ? »

(Chroniq. Ibid.)

(1) « Composition, ordenance et pacification sur
» les processions du jour du Sacrement et comment
» on doit porter le corps Jésus-Christ par la ville à
» la procession. Les lettres sont scellées de quatre
» sceaux, savoir de Jean, évêque d'Amiens, de
» l'Abbé de chéens et du couvent, du Prêtre et
» Curé de Saint-Riquier. »

» Question controversée étoit mute entre nous
» parties sur la procession qui se fait ordinaire-
» ment tous les ans par la ville de Saint-Riquier
» le jour du Sacrement, en laquelle on porte hono-
» rifiquement le corps Jésus-Christ, desquelles
» questions et prochés il fut ordené, comme il s'en
» suit, en apposant chacun ses conditions. »

« 1° Si l'Évêque d'Amiens était personnellement
» en cette ville de Saint-Riquier le jour du Saint-
» Sacrement et y lui plaisoit porter à procession
» le corps Jésus-Christ, il le porteroit et non autre
» lui present, et sy ne le voloit porter ou pooit, il
» le porroit commander par le Curé ou autre
» idoine. tel que lui plairoit ou que en sa présence
» le porteroit, et ne porrions faire procession par
» la ville autrement qu'en notre cloître et église.

« 2° Se l'Évêque d'Amiens était absent et que
» personnellement il ne pensist être ledit jour du
» Saint-Sacrement en cette ville, le Curé porroit
» faire sa procession ledit jour et porter le corps
» Jésus-Christ en son église et chimentière seule-
» ment, et si ledit Curé veut faire processionce dit
» jour hors de son église et chimentière, il le doit
» nottifier et faire savoir à nous Abbé et couvent à
» heure de Prime pour et adfin que l'Abbé et le
» couvent se préparachent. »

» 3° Et ce fait, ledit Curé doit venir tout droit en
» procession partant de son église, portant le corps
» Jésus-Christ et nous devons aller solennellement
» pour obvier au corps Jésus-Christ et audit Curé
» en procession et les rencontrer jusqu'à l'entrée
» et porte de notre église et monastère et doit
» mettre ledit Curé le corps Jésus-Christ qu'il a
» apporté sur le grand hôtel de notre église. »

« 4° Et incontinent sans grand intervalle, Mon-
» sieur l'Abbé doit prendre le corps Jésus-Christ et
» le porter en procession solennellement par tous

CHAPITRE III. — L'ABBÉ BEAUDUIN DE GAISSART.

Nous remarquons dans d'autres titres authentiques le zèle de Beauduin à maintenir les prérogatives de son abbaye. Le premier concerne la fondation de la chapelle de La Ferté, qui eut lieu en 1316. Dans ses lettres d'érection il fait valoir son droit de patronage, sa juridiction spirituelle et temporelle (1), stipule que tous les chapelains auxquels la dite chapellenie sera donnée « et le cappelain mercenaire, anchois qu'ils puissent
» recueillir les fruits de la dite chapelle et célébrer à la dite chapelle, seront tenus de
» faire serment à l'Abbé de Saint-Riquier, *ad sacra dei Evangelia*, qu'ils garderont
» bien et léalement les droitures appartenant au monastère et au curé de Notre-Dame
» de Saint-Riquier. »

Une chapelle fut érigée à Yaucourt en 1329. L'acte d'érection reconnut expressément la suzeraineté de l'Abbé de Saint-Riquier (2).

» les lieux là où on a coutume de le porter. »

« 5° Ledit Curé ira devant Monsieur à la ditte
» procession si bon lui semble, ou de suite ou
» contre et jouxte le dit Abbé et des plus prochains,
» soit à dextre ou à senestre, ou bon lui semble,
» et se bon lui semble incontinent qu'il ara mis
» le corps Jésus-Christ sur notre grand hotel, il ne
» vendra point à notre procession, et se il lui plait,
» il y vendra comme dit est. »

« 6° Et incontinent que Monsieur de chéens aura
» fait sa procession par la ville ès lieux accoutu-
» més, lui retourné à notre église, il doit remettre
» le corps Jésus-Christ sur notre grand hotel dé-
» votement comme il appartient. »

» 7° Et incontinent ledit Curé prend le corps
» Jésus-Christ et le couvent le doit convoyer jus-
» qu'à la porte de notre monastère et s'en retourne
» à Notre-Dame. »

« 8° Et se il advenoit que ledit Curé audit jour ne
» vausist faire sa procession que autour de son
» église et chimentière, Monsieur de chéens porra
» porter par la ville de lui seul et accompagné du
» couvent seulement le corps Jésus-Christ par la
» ville en procession, comme dit est, sans entrer en
» son église et chimentière. »

« 9° Et se par cas d'advention le dit Evêque et le
» dit Abbé étoient absens ou par fortune de mala-
» die ou autrement ne vausissent ou pausissent
» porter à procession ledit jour le corps Jésus-
» Christ ou par mort d'Abbé ou autrement, le Curé
» porra porter le corps Jésus-Christ à procession
» et faire icelle par la ville solennellement ès lieux
» accoutumés. »

« 10° Et pour la rentrance du corps Jésus-Christ
» chacun à qui il plaira, porra porter, faire porter
» torches, chierges, luminaires en notre église et

» par toute la ville et les remporter sans licence là
» où bon leur semblera sans impugnance, contra-
» riété ne autrement. » *Cart. S. Riq. Fol.* 22.—D. Cotron *Anno* 1331.

(1) *Cart. S. Riq. Fol.* 66.

La chapelle de la Ferté, dit D. Cotron, fondée pour acquit d'un vœu de Mathieu de Roye, était dédiée à la Trinité. Jusqu'à la Révolution les titulaires, comme on le verra dans les Actes, prêtèrent le serment prescrit. Toutefois cette chapelle n'existait plus ; elle avait été ruinée dans les guerres avec le château, mais le bénéfice était annexé à l'église paroissiale de Notre-Dame et les messes étaient célébrées dans la chapelle Saint-Jacques, à l'autel de saint Firmin. — D. Cotron. *Anno* 1316.

(2) On lit dans une lettre de Jean d'Yaucourt, écuyer, sieur dudit lieu « que damoiselle Jeanne
» La Puloise, jadis femme de Nicolas Leschopier,
» ante audit Jean, seigneur d'Yeucourt eut dévo-
» tion d'ordonner une chapelle au manoir d'Yeu-
» court pour canter perpétuellement, selon ce
» qu'elle avoit ordené ou devoit ordener et avoit
» intention de pourvoir et ordener certaines ren-
» tes, revenus convenables, pourquoi ledite capel-
» lerie puisse être desservie. Sur ce Jean d'Yeu-
» court avoit prié Enguerrand d'Yeucourt, son
» père, qui lui vaulsist bailler et délivrer chertaine
» pièche de terre pour faire asseoir ledite capelle
» perpétuellement. Ledit Enguerran, à la prière d'i-
» celle demiselle, lui assigna et délivra certaine
» pièche de terre entre la porte du manoir et la
» grange à l'avoine, laquelle pièche de terre fut
» bournée et en icelle terre la cappelle assise et
» édifiée et icelle ante pria Jean d'Yeucourt qui le
» vausist accorder perpétuellement, que icelle
» terre demeure toujours à ledite capelle et capel-

Cette chapelle, comme consolation chrétienne, fut justement accordée à une noble famille déshéritée des faveurs d'une église paroissiale. On sait que cette église, située de temps immémorial entre les deux villages de Bussu et Yaucourt, réunit les habitants pour les offices du dimanche et des solennités religieuses. Mais que de privations dans la semaine, pendant les rigueurs de l'hiver, surtout pour des âmes embrasées de l'amour des choses spirituelles ! Cette fondation remédia à ce mal pendant des siècles ; car la chapelle subsista longtemps.

Nous avons insinué que les monastères exempts ressentaient un funeste contre-coup des luttes engagées entre le pouvoir spirituel et le pouvoir temporel. Nous en trouvons la preuve dans l'absence totale des bulles protectrices du siècle précédent. Toutefois nous ne touchons pas encore aux jours de relâchement, et on les aurait conjurés, si la cupidité des ambitieux n'avait sans cesse convoité et envahi les biens monastiques. La sentinelle d'Israël n'était pas endormie : son regard inquiet regardait toujours le corps monastique et sa voix puissante ne cessait de stimuler les âmes engagées dans les sentiers étroits de la perfection. C'est ce que nous apprenons d'une célèbre constitution de réforme du saint Pontife Benoît XII, qui a marqué son passage sur le trône de saint Pierre par ses règlements en faveur de la discipline monastique de tout l'ordre de saint Benoît. Dans sa constitution de 1336, il renouvelle d'anciennes prescriptions sur le chapitre général. On devait cette institution à Cîteaux et à Cluni. Le Souverain Pontife voulant qu'elle soit rigoureusement exécutée dans les autres monastères de l'ordre, ordonne que les assemblées se tiendront tous les trois ans. La France est divisée en provinces bénédictines. Les métropoles de Reims et de Sens sont réunies ensemble. Des visiteurs désignés par les chapitres généraux inspecteront successivement tous les monastères, corrigeront les abus ou les dénonceront à l'assemblée générale.

» lerie et que en icelui lieu a perpétuité puisse être
» célébré l'office divin : icelui Jean à ce autorise,
» en l'honneur de Dieu, de sa glorieuse Mère et de
» tous les saints et saintes du paradis, spéciale-
» ment de Monsieur Saint Nicolas : il le vault,
» gréa et ottroya et consentit que ledit lieu, en le
» manière qu'il s'étend entre les bournes avec le
» dit édifice, suit demeuré à perpétuité à ledite ca-
» pelle et capellerie, sauf et réserve la justice et la
» seigneurie en le manière qu'il le tient en son
» fief et le droit de l'église de Saint-Riquier qui est
» le seigneur et à ce tenir obligea ses biens et hé-
» ritages présens et à venir : il supplia, en outre,
» Monsieur Bauduin Abbé et le couvent souverain
» dudit lieu et desquels il est tenu que, à ce don,
» gré et ottroy fait par son père et par lui
» icelle ante, ils vaulsistent mettre leur consente-
» ment et mettre leurs sceaux aux dites lettres
» avec le sien. Ce que fit l'Abbé et le couvent,

» vaulsist, ottroya, accorda et conferma, c'est à sa-
» voir que par ventes ne par relief ne pour chose
» que ledit Jean ou son successeur fissent, ledit
» Abbé et couvent ne put rien demander audit
» lieu, anchois, vaulsist que ledit lieu demeure à
» icelle chapelle et chapellerie perpétuellement
» sauf et réserve la justice audit Jean et ses suc-
» cesseurs et à l'Abbé et couvent la souveraineté
» comme seigneurs et ainsi qu'ils l'ont accoutu-
» mé. » *Cart. Fol.* 186.

M. Darsy (*Les Bénéfices d'Amiens*, Tome II, page 277) note ce qui suit pour le XVIIIe siècle :

« La chapelle possédait 16 journaux de terre à Gapennes : revenu 130 fr. Il se trouvait autrefois 32 journaux et 16 journaux ont été éclipsés depuis. — Charges : honoraires de 52 messes, 26 liv. — Réparation de la nef et du presbytère de Gapennes, 15 liv. Reste 89. — Titulaire en 1730 Me Antoine de Forcebras. »

Le Souverain Pontife, essayant de faire refleurir les études parmi les enfants de saint Benoît, prescrit encore d'envoyer les jeunes religieux aux universités. Pour qu'ils ne soient pas exposés à perdre l'esprit de Dieu dans la dissipation du monde et des études profanes, il les confie à des prieurs consommés en prudence et en piété et leur vie est réglée sur celle des couvents.

Il est presqu'inutile de remarquer que les principaux devoirs de la vie religieuse sont rappelés aux enfants de saint Benoît. Des règles très sages leur sont tracées pour l'administration des biens temporels. On oblige les supérieurs, quand ils entrent en charge, de jurer en face de l'église qu'ils n'aliéneront point et ne dissiperont point les biens des monastères (1).

Il paraîtrait, d'après un article de cette constitution, qu'il existait alors une grave dérogation aux prescriptions bénédictines des âges primitifs. Soit par dispense, soit par relâchement, l'abstinence de viande avait cessé dans beaucoup de monastères. Le Pape Benoît XII maintient cette mitigation, en n'imposant l'abstinence que les mercredis, vendredis et samedis de chaque semaine et en la laissant obligatoire tous les jours, pendant l'Avent et depuis la Septuagésime jusqu'à Pâques (2).

Cette bulle fut adressée aux Abbés de Saint-Denis et de Sainte-Colombe de Sens avec ordre de la publier dans un chapitre composé des deux provinces de Reims et de Sens. Ces Abbés exécutèrent ponctuellement les ordres du Saint-Père. Le 6 juin 1337, les religieux bénédictins s'assemblèrent au monastère de Saint-Germain-des-Prés dans la grande chapelle de Notre-Dame. On compta dans ce chapitre cent quatre Abbés, grand nombre de prieurs et d'autres députés, en tout, près de deux cents moines ayant droit de suffrage. Après les cérémonies ordinaires, c'est-à-dire après la grand'messe et le sermon, on fit pendant l'espace de deux jours la lecture de la bulle : puis l'Abbé de Saint-Denis en fit dresser des copies par des notaires apostoliques, pour la distribuer aux assistants, afin que chacun s'y conformât.

Les Annales Bénédictines mentionnent encore dans la suite quelques Chapitres Généraux dans lesquels l'élite de ce corps vénérable luttait contre le relâchement, l'ignorance, la dissipation des religieux mondains imposés aux monastères et aux couvents par l'ambition des familles. C'est ainsi qu'on se prêtait par de nouvelles constitutions à tous les progrès ou réformes compatibles avec l'esprit de la règle : car toujours immuable dans le dogme et la morale, la société religieuse, sous quelque forme qu'on nous la présente, se montre constamment disposée à plier les points variables de sa discipline aux besoins des temps : ce n'est qu'avec le désordre qu'elle refuse de transiger. Toutefois les règlements les plus sages ne sont suivis que dans les périodes de paix : le fléau

---

(1) *Histoire de l'Abbaye de Saint-Germain* (1336). — *Histoire de l'Eglise Gall.* (1336).

(2) On croit que cet article de la Bulle de Benoît XII ratifie une dispense déjà accordée par Clément IV et qu'il restreint cette dispense à quatre jours par semaine. On peut induire de là que l'abstinence du samedi n'était pas encore obligatoire par toute l'Eglise et que celle du mercredi était à peu près abolie.

de la guerre ne permettant pas d'appliquer le remède efficace de la réforme, tout disparaît dans cette tourmente : les ordres religieux, comme les autres institutions, sont frappés au cœur : c'est à tort qu'on leur reprocherait de ne point surnager au milieu du cataclysme universel des siècles suivants.

En acceptant la constitution du Pape Benoît XII, l'Abbé Beauduin ne pouvait que se confirmer dans son généreux dessein de défendre les libertés de son monastère. Les faits suivants que nous allons citer ou grouper, selon l'affinité des biens et des institutions plutôt que d'après l'ordre des temps, prouveront au lecteur que l'Abbé de Saint-Riquier était vraiment rempli de l'esprit que le Souverain-Pontife cherchait à ressusciter.

Avant de les signaler, nous noterons que l'Evangéliaire de saint Angilbert fut recouvert sous Beauduin de plaques d'argent dans lesquelles on enchâssa des reliques (1328). Plus tard ces plaques, bénites par l'attouchement du livre divin, furent elles-mêmes traitées avec le même respect que les reliques.

I. VALLOIRES. — Une possession calme et tranquille du domaine des Roches faisait presque oublier aux Cisterciens de Valloires une suzeraineté facile à porter. Cependant les titres subsistaient toujours et l'Abbé de Saint-Riquier n'aurait point souffert qu'on eût prescrit contre lui. Il revendiqua ses droits par toutes les voies de justice, mais sans succès, et on le força à employer des moyens extrêmes. Ainsi, en 1328, frère Enguerrand, Abbé de Valloires, voulant extraire des pierres sur sa propriété des Roches, fut obligé de reconnaître que c'était avec la permission des moines de Saint-Riquier qu'il faisait « une tonnelle à prendre des pierres, par grâce spéciale, sans préjudice pour le temps présent et à venir, sans qu'il pût acquérir droit de propriété et saisine contre les moines de Saint-Riquier qui avaient terrage et seigneurie (1). »

Que s'est-il passé après cet acte si clair ? On ne le dit pas, mais en 1330 « le jeudi
» après les Brandons, frère Bertremieu d'Argonnes, religieux et procureur de Valloires
» reconnaît ès-plaids du prévost de Saint-Riquier, lui suffisamment fondé, que les
» moines de Saint-Riquier ont toute justice en l'hôtel des Roches. »

En 1331, « grand procès pour bêtes prinses aux Roches. Ceux de Saint-Riquier s'é-
» toient dolus et complains en cas de nouvelleté des religieux de Valloires, parce qu'ils
» avoient prins bêtes à laisse sur leur juridiction des Roches. Pour ce, amende est infli-
» gée à ceux de Valloires et les bêtes sont rendues aux sergents de Saint-Riquier, pour
» qu'ils jugent et amendent le délit. » C'est aux Assises d'Amiens que ce débat fut terminé (2).

En 1337, autre amende contre les moines de Valloires pour usurpation de souveraineté par exercice de la justice. A la suite de ce dernier procès on rédigea de nouvelles lettres pour établir les droits de chaque partie (3).

---

(1) *Cart. St.-Riq., Fol.* 101.

(2) Au douzième siècle ces questions eussent été jugées en Cour ecclésiastique par un Chapitre d'É- vêques et d'Abbés, mais il n'est plus question d'immunité ecclésiastique depuis Philippe-le-Bel.

(3) Il est reconnu : « 1° Que les moines de Saint-

On voit par le contenu de ces lettres que les Cisterciens ont là une belle grange ou un hôtel avec manoir parfaitement enclos. A quelque distance, l'église de Notre-Dame de Troussencourt réveille dans l'esprit des religieux comme dans toute la contrée, le doux souvenir de la Vierge Marie, Mère de Dieu et Consolatrice des pécheurs et des malades.

La grange a disparu depuis longtemps, mais la rustique chapelle protège toujours les fertiles campagnes.

II. Chevaliers de Saint-Jean de Jérusalem. — Plusieurs procès étaient pendants. Les griefs étaient nombreux à Bellinval, à Yvrench, à Brailly, à Forêt-l'Abbaye, à La Motte-Buleux. Les serviteurs des deux ordres se querellaient et s'attribuaient des droits de souveraineté. Sur tous ces désaccords, il intervient (juin 1340) une pacification entre l'Abbé de Saint-Riquier et frère Guillaume de Mailly, grand prieur de France. Celui-ci en donne acte à Corbeil, sous le scel du prieuré, nommé *le Scel à l'Esgle* et en plein chapitre (1).

1° On plaidoit devant le prévost de Saint-Riquier sur une pièce de terre nommée le Courtil de Saint-Riquier qui devoit terrage et vilenie : la maison de Bellinval est déchargée de cette servitude pour quinze boisseaux de bled, « à 3 sols près du meilleur, à la mesure de Saint-Riquier et onze boisseaux d'avoine bonne, secque, loielle à brasser et à semer. »

2° On met fin à des débats, qui avaient obligé à faire exploiter par œuvre de justice 144 journaux de terre « pour lesquels ceux de Jérusalem ne payaient pas le terrage. »

3° D'autres terres étaient également exploitées par ordre de justice au Camp de Pierre, entre la Motte-Buleux et le moulin de Forêt-l'Abbaye, mais on s'en rapporta à la décision du roi qui déclara « la terre rentable, vilaine et sujette à terrage envers Saint-Riquier. »

4° Les chevaliers de Saint-Jean s'étaient plaints d'une usurpation des moines de Saint-Riquier sur leur juridiction. Un nommé Rogier Lenglet avait quitté leur maison de Beauvoir pour venir mourir dans un lieu soumis à la suzeraineté des moines et ceux-ci avaient pris certains legaulx, biens meubles, et autres biens. « Or, il est reconnu dans leurs constitutions que leurs sujets ou servants qui n'ont point d'enfants ne peuvent quitter leur hôtel ni aller mourir ailleurs sans un congé, pour lequel ils paient quatre deniers perisis, qu'ils ne peuvent léguer leurs biens meubles sans le même congé et le legs auto-

---

» Riquier porront prendre près de l'église de
» Trouchencourt du savelon tant qu'ils vauront pour
» leur hôtel de Noyères et pareillement prendre la
» pierre au marquais Dalbin et si on le peut facile-
» ment on porra faire une tonnelle pour le saquer
» hors dudit lieu et marquais, pour l'usage de
» l'hôtel de Noyères.

« 2° Et ceux de Saint-Riquier et ceux de Valoires
» pour leurs usages pourront prendre argile et
» terre pour torquier ès fiefs et arrière-fiefs te-
» nus d'eux et sans contredit.

« 3° Par exprès lesdits de Valloires ne pourront
» vendre, donner ne aliéner à autres lesdits ma-
» teros, pierre, savon, argile, si ce n'est par ac-
» cord avec le suzerain.

« 4° Pour tout différend ou contestation faudra
» retourner du tout à cette lettre, à ses sequelles
» et dépendances. » *Cart. de St.-Riq. Fol.* 161, 162.

(1) *Cart. St.-Riq. Fol.* 143.

risé ne doit pas excéder 5 sols, et c'est encore une faveur accordée aux maisons des anciens templiers. » Rogier Lenglet avait donc outrepassé ses droits et toutes ses dispositions étaient nulles. La question fut jugée par Maître Mahieu Gaude et Firmin d'Oisemont : les parties restèrent dans leur indépendance première.

5° Les moines de Saint-Riquier avaient entrepris sur les droits des chevaliers, en enterrant sans leur licence Maître Jean de Brailly dans le cimetière de Brailly et en emportant le drap, la cire, les oblations. « Ordre fut que rétablissement se feroit par signe de tout en la dite église et partant fut accordé. » Ce qui semble signifier que la cérémonie serait recommencée par le curé de Brailly, prêtre chevalier de leur ordre et qu'il recevrait toute la dépouille avec les oblations.

III. ARLEUX (1330 à 1336). — Les droits de justice du monastère à Arleux et à Bray étaient foulés aux pieds par les officiers de messire Jean de Châlons, seigneur de Nesle et de Bray. Ceux-ci ne voulaient pas reconnaître aux moines la prérogative seigneuriale de tenir des plaids en leur maison d'Arleux, d'y exercer leur juridiction, toutes les fois qu'il était nécessaire, sur les dépendances de la seigneurie d'Arleux et sur les lieux privilégiés de la ville de Bray. Ils allèrent jusqu'à mettre la main sur les officiers de justice de l'Abbé Beauduin ; ils les retinrent même en prison sous prétexte qu'ils usurpaient sur leur autorité et que la commune de Bray seule avait des titres fondés à exercer la justice sur cette circonscription territoriale : ils se montrèrent prêts pourtant à prouver leurs affirmations par lettres authentiques, mais en proposant à l'abbaye de reconnaître que l'exercice de sa juridiction était une concession bénévole des seigneurs de Bray et que c'était sous leur bon plaisir que les moines donnaient saisine et dessaisine et qu'ils prononçaient sentence en leurs plaids (1).

La question contentieuse fut mise aux mains du roi et déférée aux assises du Vermandois. Pendant l'enquête et les procédures écrites, le domaine de Bray passa entre les mains d'Engerger d'Amboise. Ce nouveau seigneur accepta l'héritage du procès avec sa terre et nomma un procureur pour poursuivre sa cause. On plaida aux assises ; après quoi il intervint une sentence dans laquelle il fut dit que les religieux avaient mieux prouvé leur saisine que le sieur de Bray et qu'il leur appartenait de tenir leurs plaids non-seulement à Arleux, mais aussi dans la maison du curé et dans les hôtelleries de Bray. Cette sentence d'assises fut rendue le 17 septembre par Robert de Charny, bailli du Vermandois, en présence de XI hommes-liges de la contrée et de XXI personnes.

La veille (16 septembre), une autre sentence d'assises, avait jugé avec le concours de XI hommes-liges et de XXXI personnes un différend, qui avait également rapport à la suzeraineté des Abbés de Saint-Riquier. Deux malfaiteurs, pris dans le moulin d'Arleux par les sergents du seigneur de Nesle et emmenés dans ses prisons, avaient été justiciés au préjudice de la seigneurie abbatiale, qu'on troublait dans sa légitime et

---

(1) *Cart. St-Riq.*, Fol. 116

immémoriale possession. On cassa cette sentence et on rétablit le couvent de Saint-Riquier dans toute sa saisine (1). Des lettres de Philippe de Valois confirmèrent ce jugement d'assisses et arrêtèrent du moins pour un temps des envahissements que la puissance séculière multipliait sur tous les points. On verra encore ailleurs combien l'Abbé Beauduin eut d'entreprises de ce genre à réprimer. L'histoire du temps nous montre cette tendance générale qui, révélée en 1330, dans une célèbre conférence entre Pierre de Cugnières et les principaux Évêques de France, ne fut pas comprimée, malgré les promesses de la cour. Cette plaie continua à ronger la juridiction temporelle de l'Église et finit par la tuer complètement.

L'autorité royale travaillait de son côté à diminuer l'exercice de la haute justice dans tous les bailliages immédiatement soumis à la couronne. Ainsi, en 1334, Jean de Domart, sergent royal à la prévôté de Saint-Riquier « notifie par copie que Galerand de Vaux, » bailli d'Amiens, fait faire défense aux religieux, de par le roi, d'user de haute jus- » tice ni eux ni leur bailli, ni leurs hommes, d'appeler par tierchances et quinzaines, » malfaiteurs, qu'ils ne les meissent point en défaut, qu'ils ne leur donnissent point » absolution en leur église ni en leur château de Drugy, maintenant en tout la haute » justice au commandement des sieurs des finances. » Toutefois cette défense ne regardait pas les villes de Feuquières, Huppy et Aumâtre en Vimeu, qui dépendaient du comté de Ponthieu. Valeran de Vaux écrit donc à Jean de Domart pour qu'il dise aux religieux « qu'ils doivent en jouir et posseder en icelles villes et leurs dépendances (2). » L'Abbé de Saint-Riquier répondit à Jean de Domart « qu'il se garderait bien de mesprendre. » C'était une protestation contre une usurpation ; ainsi le comprenait Beauduin et il voulut défendre ses droits par la raison et la conscience ; pour toute réponse, le sergent royal l'ajourna par devant le bailli, comme il appert par sa relation. Il dut nécessairement succomber.

IV. Nouveaux Acquêts. — L'Abbé Beaudoin eut, comme ses prédécesseurs, à payer une forte contribution pour nouveaux acquêts : non-seulement on exigeait la somme, mais on la faisait payer en parisis plutôt qu'en tournois, ce qui élevait l'impôt d'un quart. Des plaintes furent adressées au roi qui voulut bien les écouter et faire réparer l'injustice.

« Mandement royal sous le scel de la Baillie d'Amiens. Nous nous plaindîmes au roi » de ce que nous avions été condamnés par la cour envers lui et en parlement, et en » vertu d'icelle condamnation ledit receveur s'efforçoit nous faire payer forte monnoye » et nous n'avons été condamnés que pour monnoye *tonnus* (tournois); pourquoi le roi « et la cour ont déclaré que on nous laissast en paix, en payant cette monnoie courante » et se il avoit rechut forte monnoye, il nous le rendît et restitue incontinent à l'équi- » pollent le par dessus. »

(1) *Cart. St.-Riq. Ibid.* 117, 118.   (2) *Ibid. Fol.* 147.

En 1332, Bertremieu du Dracq « receveur de la baillie d'Amiens » fut chargé de relever les acquisitions par les gens d'Eglise et gens non nobles depuis 40 ans : selon les statuts du royaume, tout ce qui leur était advenu de fiefs ou arrière-fiefs par dons ou autrement, les eussent-ils mis hors leurs mains, était soumis au rôle des écritures et à la contribution imposée par le roi, mais les receveurs avaient la faculté de composer et d'appointer avec les détenteurs de nouveaux acquêts ; c'est ce que firent les moines de Saint-Riquier pour diverses acquisitions de fiefs ou manoirs, et les finances de ces parties s'élevèrent à 640 l. 17 s. On en reçut quittance. »

« Item à ycelle quittance y a confixée une Evangelisation, approbation donnée d'Oli-
» vier de Laye, chevalier, bailly d'Amiens en l'an 1344, la Vigile de Toussaints, Bertre-
» mieu de Dracq, jadis receveur de la baillie d'Amiens, à présent trésorier des guerres
» du roi. » (1).

V. CROTOY. — Le domaine de Mayoc et Crotoy attira la sollicitude de Beauduin pendant toute la durée de son administration. Ville mi-partie anglaise, par suite de la domination des rois de la Grande-Bretagne en Ponthieu, et mi-partie monastique, à cause des droits imprescriptibles du monastère, il était bien difficile qu'elle ne suscitât de temps en temps quelques embarras, et que des défiances réciproques ne tinssent constamment les esprits en éveil.

On remarque du reste que, dans cette période, l'administration anglaise ne fut pas trop tracassière. La lutte avec les rois de France n'avait pas encore aigri les esprits.

Cet ancien port des comtes du Ponthieu était devenu un port anglais, comme on le voit par les faits suivants. Ainsi, en 1326, Isabelle de France, fille de Philippe-le-Bel et femme d'Edouard II, roi d'Angleterre, s'embarquait au Crotoy avec quelques nobles du Ponthieu pour l'expédition ou plutôt la conjuration qui devait coûter la vie à son mari et donner la couronne à son fils, Edouard III, l'implacable vainqueur de Philippe VI à Crécy. En 1338, le roi anglais destinait les impôts exigés sur le vin et une maltôte, que la guerre rendait nécessaire, à réparer les fortifications du hâvre et port du Crotoy, et mettait 1,500 hommes de garnison en cette place. L'année suivante, 2,000 hommes débarquaient au Crotoy pour renforcer les garnisons du Ponthieu.

Cependant le Crotoy fut tranquille jusqu'en 1345 (2). Nous entrons alors dans une douloureuse période de la guerre de Cent Ans. On connaît les origines de cette longue guerre. Edouard III ne pardonnait pas à Philippe de Valois d'avoir exigé son hommage ; il l'accusait même de lui avoir ravi sa couronne de France qu'il réclamait du chef de sa mère, faisant semblant d'oublier que la loi salique avait toujours exclu les femmes du trône de France. Se croyant assez puissant pour se mesurer avec son rival, il prit même le titre de roi de France. Philippe VI ne voulut pas se laisser surprendre ; il rassembla

---

(1) *Cart. St.-Riq.*, Fol. 187, 188.

(2) En 1340, 1344, 1350, etc., Edouard permet aux marchands du royaume de Castille de négocier dans la ville du Crotoy, aussi bien que dans celles de Honfleur et d'Abbeville.

CHAPITRE III. — L'ABBÉ BEAUDUIN DE GAISSART.

promptement sa noblesse. La ville de Saint-Riquier fut un des principaux centres où se groupèrent ses bannerets et ses chevaliers. Les fleffés de la prévôté de Saint-Riquier y furent ajournés par lettres du 24 août 1337, pour le 11 septembre. On y vit paraître « Messire Hugues Quiéret, grand amiral de France et commandant la flotte française, à l'Ecluse ; le comte d'Aumale, lui troisième, à bannières ; Messire Pierre Bournel, chevalier, seigneur de Thiembrone, lui troisième ; Messire Jean d'Auxi, Messire Jean de Mailly, à bannières, Messire Robert de Boubers, Messire Aléaume de Boufflers, et beaucoup d'autres seigneurs dont il serait trop long de citer les noms (1). »

Jean de Change, sénéchal de Ponthieu, son lieutenant, et Berthemieux de Brais, après la funeste bataille de l'Ecluse, firent des courses sur l'Amiénois, aux environs de Saint-Riquier et de Doullens. Jean de Change entreprit même le siège de Drugy, mais une trêve entre les deux rois, sous la médiation du Pape, fit cesser les hostilités et lever le siège.

Notons ici un acte de rigueur des religieux envers certains habitants du Crotoy. Vexés par leur mauvais vouloir, les moines, selon la coutume du temps, firent enlever les portes des maisons à ceux qui n'avaient pas payé leur cens, mais sans avoir appelé les officiers de justice et les sergents. Le mayeur et les jurés de la ville réclamèrent contre l'illégalité et implorèrent le pardon des débiteurs. Beauduin se contenta d'une leçon si sévère et entra volontiers en composition (2).

Il nous reste à raconter les démêlés de l'Abbé avec la commune de Saint-Riquier. Après le concordat de 1312, les mêmes questions surgissent comme si la justice royale n'avait rien réglé. Dans une amiable transaction (1318) sur les ténements, la justice, les héritages des bourgeois jurés, le tonlieu, sur les gambages des brasseurs, etc. (3), entre autres points il est statué : 1° que les gens de condition roturière dépendants de l'Eglise ne jouiront plus du droit de bourgeoisie sans le consentement du couvent, lorsqu'ils possèdent des domiciles soumis au droit d'ostise ou hostisie (4) en dehors de la ville et de la banlieue ; en outre que leurs fiefs appartiendront aux religieux et leur feront retour, le cas y échéant, d'après l'article, *Si quis rusticus*, de la charte de 1126. Ceux qui ont été indument agrégés perdront leurs privilèges.

2° Pour ceux qui ont dans la commune des maisons ou des ténements soumis au cens abbatial, la connaissance des délits appartiendra au mayeur et aux jurés, mais l'arrêt sera exécuté par les religieux : si le cens n'est point payé, les portes et les fenêtres des maisons, les manivelles et les cordes des puits seront emportées, d'après la coutume généralement suivie en ce temps. C'est un souvenir de l'interdiction des feux et des maisons usitée chez les Romains (5).

(1) *Mémoires de la Société des Antiquaires, Tom.* xx, page 268.
(2) *D. Cotron. Anno.* 1339.
(3) *Cart. St-Riq. Fol.* 40. — D. Cotron. *Anno* 1318.

(4) Le Droit d'ostise ou hostisie est indiqué plus loin, page 33.
(5) « Mais si le tenancier déclarait avoir payé et s'il en faisait serment, il y serait reçu trois fois en sa vie. *Cart. St-Riq.* »

3° Les procès ou plaintes qui concernent les fiefs situés dans la ville ou la banlieue et le champart seront jugés par l'Abbé.

4° L'Abbé se réserve également le droit d'avoir dans la ville deux sergents.

5° Il accorde au mayeur et aux échevins toute juridiction sur les propriétés qu'ils pourront acquérir dans la ville. Les maraudeurs, volant au moment des récoltes dans la banlieue, seront jugés par le mayeur et les échevins (1).

Cet accord fut ratifié par Charles le Bel en 1323, la première année de son règne.

Cette même année le roi est obligé de nommer des arbitres pour terminer des différends soulevés au sujet des frocs de la ville. La permission du froquier fut reconnue nécessaire, après l'examen des chartes. Les arbitres étaient deux chanoines : Philippe de Meslie, chanoine de Chartres et Léon Mendacilain, chanoine de Langres.

Des arrêts de 1324 et 1325 nous apprennent qu'on cherche toujours à secouer le joug de l'abbaye. C'est une chicane de mauvais aloi, après tant de sentences, et on ne saurait trop admirer la patience des Parlements consentant à discuter « sur des vieils édifices » à raparelier, sur des huvelas ou appentis à élever sur froc si haut que nul à pied » ou à cheval ne se puisse bléchier, sur des estrainures à puch sur froc, sur des » huisures ou fenêtres entre deux portes. » Le roi ne dédaigne pas de ratifier, de confirmer toutes ces querelles de petite voirie avec la même solennité que les chartes publiques, qui décident de la fortune des plus puissantes familles. *Nos autem permissa omnia et singula in prœdictis litteris contenta, rata habentes et grata volumus et laudamus* (2).

Toutefois une disposition assez curieuse à noter pour le temps regarde la justice de la léproserie du Val (1323).

» Les mayeur et échevins aront le gouvernement, les corrections, les pugnitions et » institutions, destitutions, la connoissance de tout comme en leur ville et banlieue, » des malades, frères et sœurs dudit lieu, les porront corriger, pugnir à leur discré- » tion.

» Iceux mayeurs et échevins aront pareillement la connoissance, la commission, la » correction des maismes demourant en ladite maison à terme et à loyer, au pain et » au pot de l'ostel, des malfaits qui seroient l'un à l'autre dedans l'enclos des murs » dudit Val, sans main garnie, sans sang courant et plaie.

» Sy aront-ils pareillement de toutes les personnes touchant leurs loyers, et nous » arons la justice de tous autres cens et se ne porront ensaisiner l'un contre l'autre, » nonobstant que cet article derogue à ce qu'ils n'ont point de justice hors leur ban- » lieue. Si demoure la composition en sa vertu et pareillement fera cheste (3). »

---

(1) Voir M. Prarond (*Histoire de St-Riq.*, pag. 54), qui appelle ces droits seigneuriaux *droits prétendus par le couvent sur la ville.* Ce sont bien des droits primordiaux et séculaires.

(2) *Cart. St-Riq.* Fol. 41. — Autre lettre confirmative d'un second décret. Fol. 43.

(3) *Ibid.* Fol. 42.

Il est permis de se demander s'il restait en ce temps des lépreux au Val, après ce qu'on lit sous la date de 1321 dans Pierre Le Prestre et bien d'autres historiens plus modernes : « Au temps de Philippe le Long, Mil IIIe XXI, en France et ailleurs a une
» meisme heure du jour furent tous les lépreux prins et ars, et dist l'histoire qu'ils
» avoient emprins de empoisonner et envenimer toutes les eaux de xtienté pour faire
» morir le pœuple, affin qu'ils fussent seigneurs de tout le monde et desjà despartoient
» les ungs aux autres les seigneuries (1). »

L'édit que nous venons d'analyser semble s'adresser à une maison parfaitement organisée, trois ans après cette implacable exécution de la vindicte publique. Les maîtres, frères et sœurs sont à leur poste, tous justiciables de la commune. Ne faudrait-il pas conclure à une exagération de la rumeur populaire, dont Pierre Le Prestre fut un écho trop consciencieux ? Des auteurs plus réservés, tout en admettant le complot et la sévérité de la répression, rapportent que les lépreux non condamnés au feu furent renfermés dans les hôpitaux et que l'on proscrivit hors du royaume les Juifs leurs complices (2).

Quoi qu'il en soit de ce fait étrange, nous avons la preuve de la juridiction de la commune sur la léproserie ; le monastère cède dans cet acte une partie de ses droits.

Nous pensons du reste que la ville en avait de plus anciens et qu'on peut reconnaître aux mayeur et échevins de Saint-Riquier autant d'autorité qu'à ceux d'Abbeville. Or ceux-ci traitèrent en 1267 avec l'abbaye de Saint-Riquier pour le Val des lépreux d'Abbeville.

Le cartulaire de Saint-Riquier fait la remarque suivante au sujet d'une entreprise des chevaliers de Saint-Lazare au siècle suivant : « Ceux de Saint-Riquier pour le Val se
» pourroient aidier d'icelle lettre en montrant que les mayeur et échevins sont supé-
» rieurs et gouverneulx des maladreries chacun en sa ville *per argumentum à si-*
» *mili* (3). »

Une dernière remarque sur la charte de 1325, c'est que le château et la terre de Drugy sont encore une fois déclarés exempts de la juridiction des mayeurs et jurés de Saint-Riquier.

Cette tenacité à supplanter les moines dans leurs droits de seigneurie sur la ville, jointe à certaines idées d'indépendance, dont Pierre de Cugnières se fait l'interprète dans une assemblée mémorable du clergé et de la noblesse, nous expliquera jusqu'à un certain point l'attaque tumultueuse du monastère que nous allons raconter.

Beauduin de Gaissart, allié à la noble famille de Brailly, aussi feudataire du monas-

---

(1) *Chronique de Pierre le Pretre. Fol.* 4.
(2) *Histoire de l'Eglise gallicane* (1820). Formentin nous apprend que 7 Juifs furent convaincus de ce crime à Abbeville et condamnés au feu : il ajoute qu'on fit enfermer tous les ladres dans les maladreries, d'où il leur fut défendu de sortir sous peine d'être brûlés (*Histoire manuscrite de Ponthieu*).
(3) *Cart. de St-Riq. Fol.* 94

tère, avait un neveu qu'on nommait Thomas de Brailly et que la causticité populaire se plaisait à désigner sous le surnom de Thomas le Moiniot. Jeune, étourdi, trop favorisé peut-être par son oncle, il se faisait un mauvais renom dans la ville. Un nouveau trait de joyeuseté souleva tout le peuple contre lui. S'associant une vingtaine de bas officiers de l'abbaye, comme portiers, fourniers, messagers, chambellans, « il fit avec eux, dit une chronique, folie de carivari dans la ville, portant faux visage outre le gré du Maire. » On peut supposer aussi que cette mascarade n'était point complètement inoffensive et qu'elle pouvait insulter certains personnages en les jouant ou en les tournant en ridicule. Ce qui nous fait supposer une comédie de ce genre, c'est l'explosion d'indignation, c'est le tumulte causé par toute la ville. En effet on tomba sur le moiniot de Brailly, on le maltraita, on le frappa gravement. Le neveu de l'Abbé, surpris par cette violente attaque, courut au monastère pour s'y réfugier, comptant bien sur l'immunité de l'asile ; mais la colère ne raisonne plus et ne réfléchit plus sur les conséquences d'un grand sacrilège. Les pierres pleuvent donc sur lui de tous côtés : « il fut, dit la chronique, grièvement battu et navré. » Ce n'est point sans peine et sans danger que les domestiques de l'abbaye fermèrent la grande porte au milieu de ce tumulte et de cette nuée de projectiles meurtriers. On dit même qu'un religieux et plusieurs personnes du monastère furent aussi « battus et navrés. »

Cependant les mayeur et échevins, au lieu de calmer l'émotion et d'arrêter les plus ardents, se mirent à la tête du mouvement, en criant en leur patois : « As cloque, as cloque », et à l'instant la cloche du Beffroi sonna le tocsin. Les bourgeois se soulevèrent aussitot et accoururent avec l'arme que le hasard mettait sous la main, « qui avec des *dolores*, qui avec des cognées, qui avec des arbalétes, des arcs et toute espèce d'instruments propres à ébranler et à renverser. » Les uns lancent des pierres dans l'intérieur avec leurs arbalètes ; les autres frappent les portes à coup de hache ; d'autres plus furieux, de crier : « Détruisons ce monastère, tuons ces ribaux de moesnes : brûlons leurs privilèges. » Et ayant fait apporter force « paille et grande quantité d'estrains », ils y firent mettre le feu. Pendant tous ces préparatifs, quelques bourgeois se faufilèrent par l'église Saint-Nicolas et y trouvèrent une porte de communication avec le monastère. Ainsi maîtres de la place ils firent à la muraille un « petruis » ou brèche assez large pour donner passage à cinq personnes de front. Malgré la défense des officiers du roi, commis pour rétablir l'ordre, ils se répandirent en armes dans le monastère et se saisirent de Thomas de Brailly qu'ils conduisirent dans leur prison (1).

L'Abbé revenait alors de Drugy avec son chambellan et une voiture chargée d'objets précieux, renfermés dans des caisses et des sacs. On signale entre autres choses de riches harnais montés en argent. La foule renversa tout à terre et brisa ces objets précieux, conduisit le chambellan au mayeur « et de sa querette on fit rompre une autre « porte pour lui (l'Abbé) entrer au monastère, par forche d'y hurter. »

(1) D. *Cotron. Anno* 1330. — *Cart. St-Riq. Fol.* 43 et 44.

Ceci se passait en 1330. Des plaintes furent portées au roi par la commune et par l'Abbé. Les torts furent amendés et punis des deux côtés, mais la part de la commune fut bien plus lourde, comme on peut le conjecturer par la nature des délits. Tous ceux qui avaient participé à la mascarade furent emprisonnés au Beffroi de la ville et élargis aussitôt. Les uns furent condamnés à 60 livres d'amende, les autres à 10 livres, mais le Parlement condamna la commune à 1,000 livres d'amende envers l'abbaye et à tous les dommages et dépens, et à 2,000 livres envers le roi. La commune fut mise sous la main du roi, avec tous ses droits et revenus, jusqu'à pleine satisfaction (1).

Cette brutale invasion du monastère nous amène à parler du droit d'asile et d'immunité. La violation de ce privilège doit être signalée comme une circonstance extrêmement aggravante. Nous verrons plus loin que des délinquants, qui ont la chance de mettre le pied sur la porte du monastère, deviennent inviolables et ne peuvent être appréhendés par les recors, tant qu'ils restent sous la protection du monastère. On avait par conséquent, dans cette circonstance, commis un énorme sacrilège et la réparation appelait un châtiment exemplaire.

Ecoutons un savant historien sur le droit d'asile. « Bien que d'origine payenne, le
» clergé se montra toujours jaloux de le conserver. L'asile, d'après la loi de l'empereur
» Théodose le Jeune du 23 mai 431, comprenait non-seulement l'intérieur du temple,
» mais encore toute l'enceinte du lieu sacré dans lequel étaient situées les maisons, les
» galeries, les bancs, les jardins et les cours qui en dépendaient. Ce droit fut confirmé
» par les rois francs et les conciles. Ceux qui se réfugiaient dans les asiles se plaçaient
» sous la protection de l'Evêque, devenu pour ainsi dire responsable des violences qui
» leur seraient faites. Les voleurs, les adultères, les homicides mêmes n'en pouvaient
» être extraits et ne devaient être remis aux personnes qui les poursuivaient qu'après
» que celles-ci avaient juré sur l'Evangile qu'elles ne leur feraient subir ni la mort ni
» la mutilation.

« Dans les temps barbares où l'offensé se faisait lui-même justice, où souvent une
» vengeance terrible et prompte suivait un tort assez léger, où la force était la loi de
» tous et les sentiments d'humanités affaiblis et même éteints dans le cœur du plus
» grand nombre, il était bien que l'Eglise put accueillir et mettre en sûreté chez elle le
» malheureux, qui venait lui demander refuge, afin de donner à la colère le temps de se
» calmer ou de soustraire le faible et le pauvre à l'oppression de l'homme puissant. Les
» asiles qu'elle tenait continuellement ouverts étaient moins souvent alors des remparts pour l'impunité que des abris contre la persécution. Lorsque les lois eurent repris de l'empire et assuré à chacun son droit, les asiles des temples ne furent plus
» d'égale nécessité... » (2).

Ces réflexions sont très justes et très sages et nous montrent la mansuétude infinie de

(1) D. Cotron. *Ibid.*

(2) Guérard. *Cartulaire de Saint-Denis*, Tom. I, pag. xxvii.

l'Eglise. En livrant un criminel qui a embrassé ses autels et qui s'est confié à Jésus-Christ, son Sauveur avant de devenir son juge, elle croirait faire injure à son céleste époux : elle connaît le prix du remords, de la prière, à l'heure suprême où toutes les espérances s'évanouissent pour un criminel surpris et sans défense ; elle aidera par ses maternelles exhortations ce fils repentant à faire sa paix avec Dieu. C'est pourquoi les Conciles et les saints Évêques ont tenu si courageusement à défendre cette prérogative, utile au coupable et sans danger pour la société, puisque ce coupable ne pouvait quitter son asile sans retomber sous l'empire de la justice.

Le droit d'asile si longtemps conservé dans les pays catholiques n'est sacré qu'autant qu'on vénère la religion. Ce droit cesse du moment que l'Eglise n'est plus une mère pour la société. Quand on la soumet à l'omnipotence de l'Etat, on ne lui reconnaît plus la puissance de protéger la faiblesse, le malheur et le repentir. On le voit bien par la conduite des juges à l'époque même dont nous examinons les institutions. Un couapble s'était-il réfugié dans une église? on en gardait toutes les issues : le maire le sommait devant le portail de sortir de son asile. On le sommait de nouveau après sept jours, puis on le jugeait et on le condamnait comme contumace (1). Plus tard on y mit moins de cérémonie : on pénétra dans l'asile et on saisit le criminel pour le juger, sans égard aux lois ecclésiastiques.

Au siècle précédent, la commune n'aurait point seulement répondu au Parlement de sa forfaiture ; elle aurait dû demander pardon à l'Eglise de son sacrilège. Le Souverain-Pontife aurait versé des larmes amères sur la profanation des lieux saints et aurait imposé une réparation égale à l'outrage envers la religion. On ne dit pas quelle pénitence l'Eglise imposa à cette multitude d'excommuniés ; mais les satisfactions qu'elle put exiger ne changèrent pas les cœurs : on en eut une preuve l'année suivante dans la destruction des fourches de justice du monastère. La chronique attribue cette avanie à la haine et à la rancune. Philippe VI, sur la plainte de l'Abbé, humilia les séditieux de 1331, comme saint Louis avait humilié ceux de 1261, en les obligeant de rétablir les fourches de leurs propres mains et en personne, et de payer, outre les dommages causés à l'abbaye, une seconde amende au roi pour cette tentative de désordre. Le décret, assez semblable aux précédents, se conservait dans les Archives, où l'on n'a plus retrouvé ceux des *Olim*. Heureusement pour la postérité qu'il fut relevé à temps, car les rats, au dire de la chronique, l'avaient déjà à moitié dévoré. Le temps a achevé de le détruire (2).

De 1333 à 1338, le roi de France accorda une maltôte à Saint-Riquier. Ce fut encore l'occasion de nouvelles disputes. Un jugement rendu par Galeran de Vaux, bailly d'Amiens sur un procès intenté à Philippe de Lheure (1334), nous apprend que ce « fieffé » gentilhomme et vasseur de l'Abbaye fut desgagié et justicié par le mayeur et » les échevins pour payer maletotte pour vin bu à sa dépense et il fut ordené que gens

---

(1) Louandre. *Hist. d'Abbeville*, Tom. II, page 292.   (2) D. Cotron. *Anno* 1331.

» d'église et nobles gens ne paieraient pas maletotte pour le vin bu en leurs maisons
» et dépense sans marchandise et que ledit Philippe étoit gentilhomme et non marchand
» et partant absous d'icelle maletotte jusqu'au jour qu'il avoit impétré du roi ladite
» gentillesse; car l'entente du roi n'étoit pas de faire payer maletote aux gentilshommes.
» Le mandement impétré est obtenu à lettre dudit bailli (1). »

Une nouvelle composition (1336), entre l'Abbé Beauduin et les mayeurs met fin à plusieurs différends sur lesquels des jugements intervenus donnent toujours gain de cause aux Abbés.

1° On attaquait de nouveau Philippe de l'Heure pour le rendre justiciable de la commune : il est convenu, comme en 1306, que ses fiefs nobles, tenus de l'Eglise, ne dépendront que de la juridiction abbatiale, que ses terres tenues à cens seront soumises aux mayeurs et aux échevins.

2° La commune a le relief des possessions et des tènements qui lui sont donnés à cens, quand il échoit par décès ou donation entre vifs, mais en cas de vente les droits appartiendront au couvent.

3° Les terres mouvant du monastère qui passent d'un bourgeois à un non bourgeois sont soumises à la taille (2).

Le roi Philippe fit homologuer cette composition par le Parlement au mois de décembre 1336.

Beauduin régla de nouveau avec le mayeur les charges des ostisies envers la commune (1338). « On appelle ostise ou hostisie, dit la chronique, un genre de servage qui pèse sur les maisons. Celui qui les habite est obligé de défendre son maître et même de soutenir sa cause à main armée. » Il est fait souvent mention de ces hostisies dans les chartes sous le nom d'hostiches. « D'après les conventions, on concède aux ostellains la faculté d'entrer dans leur bourgeoisie, pour parler leur langage barbare, dit D. Cotron, mais à la condition qu'ils en demanderont la permission à l'Abbé (3). »

De nouvelles tentatives pour reculer les bornes de la banlieue montrent l'esprit d'envahissement du corps de l'échevinage. Ces bornes avaient été fixées au siècle précédent. On prétendit, en 1323, que la banlieue s'étendait jusqu'aux territoires de Cahours, de Nuelmont, de Gapennes, Coulonvillers et autres villages situés dans la même circonférence. Beauduin réclama contre cette audacieuse entreprise sur la justice du monastère. Le roi fit nommer pour arbitres Firmin de Coquerel, conseiller du roi, et Miquiel le Caisne, bail du Chapitre d'Amiens. Après une enquête qui dura plusieurs années, puisque la question ne fut réglée qu'en 1340, ces arbitres firent placer des bornes aux limites gardées de temps immémorial, « c'est-à-dire au *Pont-Hulin*, au *Banc de Niquant*, pour passer *vers Tanvoye, de dessus l'iaue* et autres lieux, et est spécifié très bien et prolixement. »

---

(1) *Cart. Saint-Riq. Fol.* 42.
(2) D. Cotron. *Anno* 1336.

(3) *Cartul. Ibid.* D. Cotron. *Anno* 1338.
Voir Ducange aux mots *Hospites* ou *Hostisia*.

Dans le même acte on régla quelques autres difficultés toujours jugées et toujours renaissantes sur la police « des frocs des rues, sur des pelles et des pics, pris dans la » rue, sur des arbres et des vignes coppées, sur du fumier trop long laissé dans la rue, » sur le mesurage des grains et les excès des maletotiers (1). » On voit, par cet arrêt comme par une multitude d'autres pareils, que les deux partis s'observaient continuellement et ne cessaient de se disputer la prééminence. Les juridictions intermédiaires n'étaient presque jamais crues. La voix seule du Parlement faisait autorité avec le secours d'un édit royal et de ses sergents.

On possède encore sous la date de 1343-1344 des lettres de composition entre le mayeur et les échevins, l'Abbé et le couvent, « confirmées par le roi et passées en Parlement par Jean Fauquet, procureur des moines et Toussaint Rayer, procureur de la commune. » Ces lettres regardent spécialement le moulin Angoulan situé au Brusle.

Après cette date les annales monastiques cessent à peu près d'enregistrer des édits royaux, des arrêts du Parlement et des jugements d'assise. La commune a-t-elle enfin consenti à jouir en paix des droits inscrits dans ses chartes et ses pacifications, ou bien les guerres qui vont suivre lui ont-elles donné assez d'embarras pour occuper toute l'activité des bourgeois les plus remuants ? Nous inclinons vers cette dernière hypothèse. Les divisions intestines s'apaisent en présence d'ennemis plus redoutables et plus dangereux : il y aura trop de larmes à verser, trop de secours à solliciter à la porte de l'abbaye pour oser continuer une querelle si déloyale. Les habitants de Saint-Riquier savaient mieux que nous encore combien la charité pardonne vite et avec quelle compassion le cœur du religieux s'apitoye sur les misères de son peuple.

Les démêlés de la commune avec le château de la Ferté nous sont moins connus ; il n'en reste que peu de traces. Les archives sont dispersées : à peine s'il est possible de recueillir quelques souvenirs. Nous avons cependant une transaction en dix articles de l'an 1323, « par conseil de bonnes gens après débat et controverse (2) ». En voici une courte analyse.

1° La seigneurie des fossés de la ville appartiendra aux seigneurs de la Ferté « depuis la dernière porte de Neuville dans les champs jusqu'à la porte Vincheneul et à l'estanke qu'on dit le Trenkie et dans tous les fossés qui joignent le châtel et l'enclos », mais la commune conserve le droit de les entretenir et d'y travailler.

2° La commune conserve toute seigneurie sur les fossés inférieurs depuis la poterne jusqu'à l'entrée de la Trenkie par devant le manoir desdits seigneurs jusqu'au moulin de Jean de Vincheneuil et jusques à la porte Saint-Benoît, à partir des vannes qu'on mettra en la dite trenkie, mais le droit de pêche reste aux seigneurs et les délinquants sont soumis à leur justice.

III. Les vannes dont il est parlé plus haut seront faites et gardées par la commune :

---

(1) *Cart. St.-Riq. Fol.* 45. — D. Cotron. *Anno* 1340.   (2) *Archives municipales de Saint-Riquier.*

la clef sera déposée au presbytère de l'église Notre-Dame, afin qu'on les ait sous la main dans les crues d'eau et qu'on puisse faciliter l'écoulement en ouvrant les vannes.

IV. Les seigneurs de la Ferté possèdent des fiefs et arrière-fiefs dans les terrains compris entre les doubles portes de la ville ; la justice appartiendra au seigneur de la Ferté dans l'intérieur des maisons et ténements et à la commune dans les rues, sur les frocs et jusque sur le seuil des habitations.

V. En dehors de la ville chaque partie jouira paisiblement de ses droits. Le mayeur et les échevins se chargent des réparations aux cauchies, au pavement et aux mauvais pas des rues, soit au-dedans, soit en-dehors des portes, entre les allées des murs, et de l'entretien du pont situé derrière la dernière porte de Vincheneuil, et du pont au-dessus de Patronville.

VI. Les mayeur et échevins ont droit d'asseoir des tailles sur tous les hommes couchans et levans et manans « sur les fiefs de la Ferté », compris entre les portes et sur tous les bourgeois fieffés de la châtellenie, quelque part qu'ils demeurent et de les contraindre par toutes voies à payer, sans opposition du seigneur. On note seulement quelques exemptions de ténements nobles et d'hommes liges de la Ferté.

VII. Les manans ès-fiefs et arrière-fiefs de la Ferté sont soumis à tous les règlements généraux et aux charges communes de la ville.

VIII. L'on permet aux seigneurs de la Ferté de faire annoncer par la ville leurs ventes et marchés, de crier les objets perdus par eux et leurs gens et non autre chose.

IX. Tous les fours à cuire pain, tartes, flans, gâteaux ou pâte, édifiés par la ville sans la permission du seigneur de la Ferté, seront abattus sans opposition de l'autorité communale.

X. Toutes les chartes et privilèges qui ne concernent point l'objet de la présente convention conservent toute leur force.

Les mayeur et échevins s'obligent à cette convention par toutes raisons de droit et de conscience : ils appellent tous les anathèmes et châtiments du ciel sur eux, s'ils sont jamais infidèles à leur serment et ferment d'une volonté bien déterminée toute issue à une interprétation fallacieuse.

En 1345, Pierre de Bouberch, sergent du roi à Saint-Riquier, réclame à l'échevinage d'Abbeville, en vertu d'un ordre du bailli d'Amiens, Jean de Mellessart, voleur et assassin, le conduit à Saint-Riquier, le juge et le fait pendre quelques jours après, mais il y eut abus et excès de pouvoir de la part du sergent royal de Saint-Riquier. Sur la plainte reconnue légitime des mayeur et échevins d'Abbeville, on contraignit Pierre de Bouberch à restituer le criminel par figure en présence de tout le corps de ville, c'est-à-dire de venir à la mairie avec un homme de paille « cauchié et vestu, fait à le saulanche (image) au plus près du condamné. » L'autorité d'Abbeville ainsi réintégrée dans ses droits fit son exécution en effigie (1).

---

(1) *Histoire d'Abbeville*. Tom. II, page 292.

On doit se demander ici en vertu de quel droit l'autorité royale de Saint-Riquier exerce sa juridiction sur Abbeville, capitale d'un comté anglais. La réponse sera facile en examinant l'histoire locale. Le Ponthieu était confisqué en 1345 et placé ès-mains du roi Philippe VI, mais il n'était sans doute pas possible d'instituer des tribunaux réguliers. C'est pourquoi le bailli d'Amiens et son lieutenant en la prévôté de Saint-Riquier représentent le roi dans l'exercice public de l'autorité et punissent à Abbeville, quand il est nécessaire. Nous pensons bien que c'est en vertu d'une délégation semblable d'appel que le prévôt de Saint-Riquier, en 1309, avait mis en liberté les mayeur et échevins d'Abbeville emprisonnés par l'anglais Roquelan, sénéchal du Ponthieu (1). Une étude plus approfondie des Archives révélera sans doute d'autres faits analogues.

CHAPITRE IV.

PIERRE II, DES ALLOUENGES, QUARANTE-DEUXIÈME ABBÉ.

(1343 à 1360.)

Notice sur cet Abbé et son administration. — Association de prières avec le monastère de Saint-Bertin. — Entreprise du Cardinal Guy de Boulogne sur Chevincourt. — La guerre de cent ans en Ponthieu. — La bataille de Crécy. — Faits particuliers aux environs de Saint-Riquier. — La peste noire. — L'Abbé Pierre aux Etats Généraux. — Démêlés avec le seigneur de Bray, avec la Commune de Saint-Riquier.

Pierre des Allouenges ou d'Allouagne fut d'abord moine de Saint-Bertin à Saint-Omer (2). Docteur en théologie dans l'Université de Paris, il avait reçu l'habit des mains de Henri de Condescure. Il eut de beaux exemples sous les yeux, car son maître fut un grand Abbé qui reçut 163 religieux, dont quatre furent Abbés comme lui, savoir : deux à Auchy-les-Moines et deux à Saint-Bertin. Pierre fut nommé Abbé de Saint-Bavon par Benoît XII. Il résigna cette abbaye entre les mains de Clément VI, après avoir été choisi pour gouverner celle de Saint-Riquier. Nous avons tout lieu de penser qu'il fut appelé en France par le Pape, moine aussi de Saint-Benoît au début de sa carrière ecclésiastique et également docteur en théologie (3). Alors la règle fondamentale de l'élection par la partie la plus saine de la communauté n'était que rarement appliquée et le Pape dans la plénitude de son pouvoir disposait des abbayes. On pourrait soutenir

(1) *Olim. Tom.* III, *page* 374.
(2) D. Cotron. *Anno* 1343.
(3) Clément VI (Pierre Roger) avait été moine à la Chaise-Dieu en Auvergne, docteur de l'université de Paris, puis archevêque de Rouen.

que les choix du Souverain-Pontife ne furent pas plus préjudiciables aux abbayes que l'élection : il n'en sera pas toujours de même, quand la recommandation de l'autorité royale prévaudra sur celle du Vicaire de Jésus-Christ.

Pierre des Allouenges, religieux distingué, puisqu'il est appelé maître en théologie, gouverna le monastère de Saint-Riquier pendant 17 ans, avec beaucoup de zèle et de sollicitude ; il fut cependant quelquefois absent. Ses statuts furent dignement appréciés, et il fut appelé à participer aux plus graves délibérations de l'Etat.

En 1346, Pierre des Allouenges paya à la Chambre Apostolique et au Collège des Cardinaux 194 florins d'or; c'est le cardinal Hubert qui a signé la quittance (1).

En cette même année, le Pape le nomma visiteur de Fécamp dont il avait été lui-même Abbé ; il lui avait associé Jean, évêque d'Avranches et Pierre, Abbé de Corneville au diocèse de Rouen. Cette visite avait pour objet d'examiner et de juger un différend entre les religieux et l'Abbé Nicolas de Verneuil ou de Nanteuil, que Clément VI avait, en 1343, transféré de l'abbaye de Saint-Médard de Soissons à celle de Fécamp. On accusait cet Abbé de dureté envers ses vassaux et ses moines. Les arbitres ne purent réconcilier Nicolas avec ses sujets. Le Souverain Pontife, après de vaines exhortations, fut obligé de l'interdire et de lui donner des vicaires (2).

Aléaume de Bristel qui laissa la réputation d'un sage et laborieux Abbé, ayant pris l'administration du monastère de Saint-Bertin en 1352, voulut resserrer les liens de charité fraternelle avec un des plus illustres enfants de sa glorieuse Mère ; et il proposa à Pierre une association de prières. Celui-ci accepta avec empressement : la lettre d'Aléaume fut communiquée au Chapitre de Saint-Riquier, car elle était conçue en termes très respectueux pour le Père de cette noble famille et pour le bienheureux Patron du monastère. « Iceux, dit le cartulaire, volant le salut de leurs frères trépassés et dési-
» rant pourvoir au jour de leur mort, sachent de vrai qu'en cette église de Saint-Riquier
» gist et repose le précieux corps de Monsieur saint Riquier, comme les anchiennes
» historiographes et de très anchien temps le mandent par exprès et même que en leur
» église y a reposé ; là où y a été requis durant ledit temps que ledit précieux corps y
» étoit en icelle leur église, y avoit observance régulière et même ayant souvenance et
» mémoire que de leur église et monastère naguère était issu un très notable religieux
» nommé Pierre, lequel était docteur en sainte théologie et Abbé de icelle église Saint-
» Riquier et qui avait vécu avec eux très louablement, pour lesquelles choses ils vo-
» loient avoir fraternité et société indissoluble. »

On avait posé à l'association de prières les conditions suivantes :

« 1° Chaque année, le 6 des calendes de mai (26 avril), les moines de Saint-Bertin célèbreront la déposition de Monsieur saint Riquier à XII lechons et le lendemain un service solennel pour les trépassés de cette église ou le plus tôt possible. »

(1) D. Cotron. *Anno* 1346. (2) *Gall. christ.* Tom. xi. Page 490

« 2° Toutes les fois qu'on enverra de Saint-Riquier à Saint-Omer un rolle pour les trépassés de nouvel, ils célébreront un obit solennel. »

« 3° Le IX octobre, à matines, vêpres et messe matutinale ils feront solennité de la translation de saint Riquier. »

« 4° Les moines de Saint-Riquier célébreront également la déposition saint Bertin, le V septembre, sa translation le XVI juillet et les mêmes offices pour les trépassés. »

Le cartulaire ajoute cette remarque : « Cette lettre est bien au propos que nous avons tout le corps de Monsieur saint Riquier, car ils congnoissent qu'il est chéens entier et sy ils l'ont eu en leur monastère (1). »

Pierre des Allouenges, à peine installé et dans un des premiers actes de son administration, vint se heurter contre la cupidité d'un cardinal tout puissant. Mais sa sagacité et sa fermeté le soutinrent durant une longue et périlleuse négociation dont il triompha heureusement.

L'administration de la prévôté du domaine de Chevincourt (2) avait été confiée, sous Beaudouin de Gaissart, à Dampt Adam de Brailly (1343). Pierre le rappela au monastère avec l'intention de confier à un autre religieux les mêmes fonctions. Mais le cardinal Guy de Boulogne vint se jeter à la traverse et mit la main sur la prévôté de Chevincourt; ainsi désignait-on quelquefois ce domaine dans le pays.

Faisons d'abord connaître ce grand compétiteur.

Gui de Boulogne était fils de Robert VII, comte de Boulogne et d'Auvergne, et de Marie de Flandre. Chanoine et chancelier de l'église d'Amiens dans sa jeunesse, il était devenu archevêque de Lyon ; Clément VI le fit cardinal du titre de sainte Cécile en 1348. Sa naissance et ses grandes qualités lui donnèrent beaucoup de crédit dans toutes les cours d'Europe et principalement dans celle d'Avignon. Pétrarque dit que les cardinaux de Taleyrand et de Boulogne étaient sur le pied de faire les papes, ce qui les élevait en quelque sorte au-dessus de la papauté même (3).

A cette époque les cardinaux privés de leurs bénéfices de Rome, puisque la cour pontificale résidait à Avignon, avaient l'habitude de cumuler leurs bénéfices en France, de s'attribuer des commendes, des prieurés, des dignités dans les chapitres. C'est un abus que le saint pape Innocent VI s'efforça de réformer dans la suite. Mais alors on laissait faire. Guy, à l'instar de ses collègues, demanda au Souverain Pontife, après sa promotion, la réserve, l'expectative et la provision de certains bénéfices dans la province de Reims, jusqu'à concurrence d'une somme déterminée, faveurs spéciales qui lui furent accordées et confirmées par le roi Philippe VI et desquels MM. du Parlement

---

(1) *Cart. St-Riq. Fol.* 12.

(2) « On sait que les chapitres et les abbayes établissaient des prévôts dans certains domaines éloignés de leur siège et qui demandaient une administration spéciale. En même temps que ces officiers géraient les biens, ils exerçaient aussi la justice. » (M. Darsy. *Bénéfices de l'Eglise d'Amiens.* Tom. I. Pag. 304.)

(3) *Histoire de l'Eglise Gallicane.* 1342

étaient juges, M⁰ Durant Cornuti archidiacre, vicaire exécuteur. Le procureur du cardinal de Boulogne, Beauduin de Barly, sieur Du Bos, vint à Chevincourt après le départ d'Adam de Brailly, afin de s'emparer de la soi-disant prévôté, qu'il supposait être un bénéfice perpétuel : il saisit la maison, en prit toutes les clefs d'intérieur et de clôture, y commit des officiers, au nom du roi, pour le gouvernement et l'administration des revenus et pour la perception des finances. Mais Jean Fauquet, procureur temporel de l'abbaye, fondé de pouvoirs spéciaux, fit toutes les oppositions de droit, garda très bien la possession réelle et « ne bailla les clefs à ouverture dudit lieu, sinon que comme » contraint, et opposa à tous exploits, là où il fut rechut par le sergent, et jour fut » assigné contre le cardinal Gui de Boulogne au bailliage de Senlis.

Jean Fauquet ne céda devant aucune représentation, ni devant les lettres de provision, ni devant les lettres de sauvegarde du roi Philippe à son cousin le cardinal de Boulogne, pour lui, ses gens familiers députés pour gardiens et conservateurs de son temporel, ni devant les menaces de ses sergents (1).

Quelque puissant que fût le cardinal de Boulogne, il ne pouvait empêcher l'action judiciaire de suivre son cours. Le roi nomma deux commissaires ecclésiastiques pour l'instruction de cette procédure bénéficiale, Pierre de Cros, doyen de Paris et Jean du Mont, prévost de l'église de Soissons. Ceux-ci, à ce qu'il paraît, comprirent promptement la cause. Sans se prononcer pour l'Abbé de Saint-Riquier avant le jugement, ils maintinrent les administrateurs spirituels et temporels qu'il avait nommés : ils mandèrent à Etienne du Maisniel et à Jean Fauquet de gouverner la maison et prévôté de Chevincourt au profit des religieux, jusqu'à ce qu'il fut autrement pourvu. En même temps ils destituèrent tous les officiers nommés par Messire Beauduin de Barly.

Pour arriver à la connaissance de la vérité sur le fait de la prévôté de Chevincourt, les commissaires royaux firent un mandement spécial, sous peine d'excommunication, dans lequel ils enjoignaient à tout prêtre et notaire d'entendre devant les juges délégués tous les témoins qu'il plairait aux religieux de produire, sans distinction de condition et sans exclusion quelconque. Le procureur du cardinal de Boulogne était invité à assister à tous interrogatoires, à interroger lui-même, à examiner la question sous toutes ses faces. De toute cette enquête, il resta établi que la seigneurie de Chevincourt, quoiqu'elle portât le nom de prévôté, n'était point bénéfice ni office perpétuel, mais pure temporalité, titre révocable *ad nutum Abbatis*. La sentence définitive et absolue fut conforme aux conclusions de l'enquête. Les juges, après avoir invoqué le saint nom de Dieu, prononcèrent en conscience que la maison de Chevincourt n'était point un bénéfice vacant, mais seulement un domaine monastique que l'Abbé pouvait faire diriger à volonté par des religieux, des séculiers, des fermiers, sans aucune obligation de service divin, d'où ils concluaient que la grâce accordée au cardinal de Boulogne ne s'étendait point sur elle. La sentence fut signée par Ive de Court, notaire apostolique et impérial.

(1) *Cart. St-Riq. Fol.* 131.

Quelle part Gui de Boulogne a-t-il pris à cette procédure ? Nous aimons à croire qu'il y resta assez étranger et que son vicaire Beauduin de Barly s'engagea seul dans cette téméraire entreprise, dont l'odieux retomba cependant sur un prince de l'Eglise Romaine (1).

On ne voit pas que le Pape soit intervenu dans cette cause éminemment canonique. C'est la confirmation évidente de nos assertions précédentes sur les empiètements du pouvoir temporel. Nous en recueillons des preuves à chaque instant.

La chronique signale une construction remarquable de Pierre des Allouenges, qu'elle nomme le palais de la Basse-Salle. C'est dans le palais ou l'hôtel de la Basse-Salle, que cet Abbé faisait habituellement sa demeure ; il le décora avec beaucoup de goût : entre autres travaux remarquables, on lui fait honneur d'avoir fait représenter les écussons et armoiries des feudataires ou vavasseurs et hommes-liges du monastère (2). L'idée était féconde. Les artistes du temps eurent une ample matière pour exercer leurs talents : car les fiefs étaient nombreux et les familles les plus remarquables de la contrée faisaient hommage à l'Abbé de Saint-Riquier. Est-ce en souvenir de ces splendeurs depuis longtemps effacées que les Annales se plaisent à énumérer les hommages, reliefs et dénombrements sous Pierre des Allouenges et ses successeurs ? On pourrait le supposer, tant sont nombreux les témoignages de la prééminence du monastère sur toute la contrée ! Nous ne chargerons point ce récit de ces détails ; nous donnerons ailleurs, autant que possible, les noms de ces nobles feudataires.

Pierre des Allouenges traversa les premières années de la guerre de cent ans entre les Français et les Anglais, cette période si désastreuse pour le Ponthieu et les pays voisins. On ne vivait plus qu'au milieu du trouble et de l'agitation ; on ne voyait que pleurs et gémissements, des factions domestiques, la domination de l'étranger, des insurrections populaires qui ensanglantaient le royaume, des batailles qui moissonnaient la fleur de la noblesse française et en tarissaient à jamais la source, des rois fugitifs ou prisonniers, les finances épuisées, toutes les forces de la monarchie tournées contre elle-même. La ville de Saint-Riquier n'était point étrangère à ces commotions : son monastère en ressentait nécessairement tous les contre-coups. Nous ne ferons que glaner quelques souvenirs : ils suffiront peut-être pour indiquer la part de notre pays à la tribulation commune.

Les Anglais avaient déjà fait quelques courses vers Saint-Riquier (1343). Mais dans

---

(1) « Extrait de sept lettres esquelles fut mention d'un cardinal nommé de Boulonne qui demandait aucun droit sur notre maison de Chevincourt · est ici relaté l'état et manière de procéder, non point que il nous touche, mais pour montrer au temps à venir quelle chose en pareil cas on doit faire. » *Cart. St.-Riq. Ibid.* Pauvres historiens, que vous seriez à plaindre, si les procureurs avaient eu seuls la garde des archives du monastère ! Nous accusons l'aridité de l'histoire pendant ces siècles. La nature est prise sur le fait. On ne songeait à garder que des titres et des sommiers, des témoins de la possession monastique.

(2) D. Cotron. *Anno* 1360

CHAPITRE IV. — L'ABBÉ PIERRE DES ALLOUENGES.

les années suivantes la querelle s'envenima ; ils furent chassés du Ponthieu que le roi Philippe VI avait confisqué. On leur reprit Abbeville et toutes les autres places : on les chassa du Crotoy, leur port de mer le plus important dans la contrée. Le comté de Ponthieu fut donné à Jacques de Bourbon, connétable de France, la fleur des chevaliers, prince d'une valeur et d'une prudence reconnue, très capable de défendre le comté contre son puissant ennemi.

Le roi d'Angleterre débarqua alors en France avec une armée de 40,000 hommes (1346). Après avoir essayé sur divers points, mais en vain, d'asseoir sa domination, toujours poursuivi par Philippe VI, il arriva au gué de Blanquetaque. On sait ses exploits en Normandie. De Saint-Denis à Calais son passage est également marqué par un long sillon de massacres et d'incendies. « Il chevauchait, dit Froissart, avec tout son » ost parmi le pays, ardant et exillant tout derrière lui (1) » La physionomie de cette guerre anglaise a été dessinée dans les histoires sous les traits les plus sombres et les plus hideux.

Toutes les milices communales, dans un rayon de plus de dix lieues, furent convoquées à Blanquetaque. On nomme en particulier celles d'Abbeville, de Montreuil, de Saint-Riquier, de Rue, du Crotoy ; elles allaient combattre sous les ordres de Messire Godemard de Fay, grand baron de Normandie, qui conduisait avec lui 1,000 hommes d'armes et 5,000 Genevois. « Et si exploita, dit Froissart, tant qu'il vint à Saint-Riquier- » en-Ponthieu, et de là au Crotoy où ledit passage sied ; et encore emmena-t-il, ainsi qu'il » chevauchoit celle part, grand'foison de gens du pays ; et manda les bourgeois d'Ab- » beville qu'ils vinssent là avec lui, pour aider à garder le passage. Si y vinrent moult » étoffement en arroi ; et furent audit passage au-devant des Anglois 12,000 hommes, » que uns, que autres, dont il y avoit bien 2,000 Tourniquiens (2). »

Messire Godemard et les siens défendirent vaillamment le passage (3). « Si y eut, je » vous dis, là fait mainte joûte et mainte belle expertise d'armes : car ceux qui là en- » voyés étoient pour garder et défendre le passage, étoient gens d'élite, et se tenoient » tous bien rangés sur le détroit du passage de la rivière. » Mais les archers d'Angleterre firent d'affreux ravages dans leurs rangs, et ils ne purent soutenir le choc, et le roi passa avec le prince de Galles et ses principaux seigneurs (4). Messire Godemard de Fay fut grièvement blessé et obligé de se retirer devant l'ennemi. Ce fut l'occasion d'une déroute complète, « et prirent les aucuns le chemin d'Abbeville, et les autres de

---

(1) Edouard brûla Poix et passant sous Airaines, il brûla tout le Vimeu : les flammes volaient jusqu'à Abbeville. Les Anglais se présentèrent aussi devant Picquigny, Longpré « où il y a bonnes cha- » noinies et riche ville et moult de biaux hôtels » qui furent ars et robées, et Fontaine, grosse ville » qu'ils ardirent et robèrent parce qu'elle n'était » pas fermée. »

(2) Froissart. *Tom.* 1. *Pag.* 230. *(Edition du Panthéon.)*

(3) Quelques auteurs ont accusé Godemard de Fay de trahison, mais nous croyons que c'est à tort.

(4) *Chroniques de Froissart*. Tom. 1, 241 et pages suivantes sur la bataille de Crécy.

» Saint-Riquier. Là eut grande occision et maint homme mort : car ceux qui étoient
» à pied ne pouvoient fuir : si en y eut grand foison de ceux d'Abbeville, de Montreuil,
» de Rue et de Saint-Riquier morts et pris, et dura la chasse plus d'une grosse lieue. »
C'était le jeudi 24 août, jour de saint Barthélemy.

Ce passage, d'après une lettre de Michel de Northburg, était défendu par 500 hommes d'armes et 3,000 canonniers dont 2,000 furent tués (1).

Pendant que les enfants de Centule mouraient à Blanquetaque pour défendre la patrie menacée, la ville ouvrait ses portes aux défenseurs du roi et repoussait les Anglais qui s'étaient déjà répandus en colonnes incendiaires jusqu'autour de ses murs. « Grand'
» foison de Français y eut à Saint-Riquier, dit Froissart, qui est une bonne ville fer-
» mée, communes et villages d'environ, pendant que le roi se logeait à Saint-Pierre
» d'Abbeville et dans la ville avec ses principaux officiers. » Le séjour de quelques détachements de l'armée française à Saint-Riquier s'explique très facilement. On ne doit pas oublier que cette armée accourait d'Amiens, qu'elle pouvait venir directement par les chemins de la rive droite de la Somme, que des courriers de Philippe avaient dû donner des ordres à quelques troupes ou bandes pour passer dans cette région et ne pas encombrer les chemins et les portes d'Abbeville. Les détachements logés à Saint-Riquier ou dans les villages voisins pouvaient, au premier ordre de Philippe, se concentrer sur Abbeville ou gagner Crécy par Domvast. C'est ce qui arriva, puisque toutes ces troupes participèrent à la bataille de Crécy.

On connaît les funestes conséquences de cette journée. La témérité française fournit au roi d'Angleterre l'occasion de remporter l'un de ses plus beaux triomphes.

La ville de Saint-Riquier recueillit quelques bandes des fugitifs et donna l'hospitalité à de nobles infortunes. Toutefois on n'eut aucune nouvelle le jour même de la catastrophe.

La bataille eut lieu le 26 du mois d'août. « Le dimanche au matin s'étoient partis
» d'Abbeville et de Saint-Riquier en Ponthieu les communautés de Rouen et de Beau-
» vais, qui rien ne savoient de la déconfiture qui avoit été faite le samedi : si trouvèrent,
» à mal étreine pour eux, en leur rencontre, ces Anglois qui chevauchoient, et se bou-
» tèrent entre eux et cuidèrent premier que ce fût de leurs gens. Sitôt que les Anglois
» les ravisèrent, ils leur coururent sus de grand'manière, et là de rechef eut grand'
» bataille et dure, et furent tantôt les François déconfits et mis en chasse ; et ne tinrent
» nul conroy. Sy en y eut morts sur les champs, que par haies, que par buissons, ainsi
» qu'ils fuyoient, plus de 7,000 ; et si il eût fait clair, il n'en eût jà pied échappé. »

Cette matinée ne fut pas seulement funeste à ces communes, mais à bien d'autres corps d'armée non engagés dans la bataille. « Aussi chevauchèrent cette matinée les

(1) Louandre. *Histoire d'Abbeville.* Tom. 1, *page* 224.

» Anglois quérans aventures ; sy trouvèrent et rencontrèrent plusieurs François qui
» s'étoient fourvoyés le samedi, et qui avoient cette nuit gési sur les champs et qui ne
» savoient nulle nouvelle de leur roi ni de leurs conduiseurs. Si entrèrent en pauvre
» étreine pour eux, quand ils se trouvèrent entre les Anglois : car ils n'en avoient nulle
» merci et mettoient tout à l'épée. Et me fut dit que de communautés et de gens de pied
» des cités et des bonnes villes de France, il y en eut mort, ce dimanche au matin, plus
» quatre fois que le samedi que la grosse bataille fut.

» Le lendemain, bien matin, se délogea ledit roi d'Angleterre et chevaucha devers
» Crécy en Ponthieu ; et ses deux maréchaux chevauchèrent en deux routes, l'une à
» destre et l'autre à senestre ; et vint l'un courir jusqu'aux portes d'Abbeville et puis se
» retourna vers Saint-Riquier, ardant et exillant le pays ; et l'autre au-dessous sur la
» Maye et vint courir jusqu'à la ville de Saint-Esprit de Rue. Si chevauchèrent ainsi
» jusques à heure de midi que leurs trois batailles se réunirent toutes ensemble. Si se
» logea ledit roi Edouard à tout son ost assez près de Crécy-en-Ponthieu. »

Edouard fit savoir à ceux du pays qu'il donnait trois jours de trêve pour chercher sur le champ de bataille et ensevelir les morts. L'imagination populaire a brodé depuis cette époque sur ces faits d'armes et ces massacres : elle a créé la légende des chapelles des *Trois Cents Corps* et de *Moriamini*. Il est possible que ces lieux révérés et fréquentés par le peuple aient abrités sous leurs pauvres dalles les restes malheureux des illustres combattants de Crécy ; mais il y a une objection sans réplique, c'est que ces chapelles ou domaines sont cités dans les chroniques de Saint-Riquier dès le commencement du xii⁰ siècle sous le nom de Troussencourt et de Moriamesnil. Elles doivent leur origine et leur nom à des fiefs nobles. C'est dans ces chapelles que les seigneurs réunissaient leurs colons et leurs serviteurs pour les offices des dimanches et des fêtes.

D'après Jean de la Chapelle, Philippe de Valois se serait réfugié à Doullens. Notre chroniqueur n'est pas mieux inspiré ici qu'ailleurs : on sait que ce monarque alla cacher les ignominies de l'unique fortune de la France derrière les murs du château de la Broye et que le lendemain il passait à Amiens (1).

(1) De grands événements comme la bataille de Crécy laissent un long souvenir dans les lieux où ils se sont passés. Le peuple ne peut s'imaginer que de pareilles catastrophes soient inopinées et que le ciel ne les ait révélées pour l'instruction des hommes. De là une opinion traduite en prophétie et transmise, dit-on, par une chronique de Saint-Riquier.

« J'ai leu, dit le P. Ignace (*Mayeurs d'Abbeville, page* 334), dans un ancien manuscrit, que long-temps auparavant la sanglante bataille de Crécy, une prédiction couroit par la voix du Peuple ; qu'en la plaine de *Bulecamp* se devoient combattre cinq Roys ensemble. C'estoit une chose bien difficile à croire, de voir tant de Roys en un mesme lieu, et en un mesme temps : quand on void tant de soleils, il y a tousiours éclipse : il n'y en doit avoir qu'un. Et néantmoins cette prédiction fut trouvée véritable, car le lieu où se donna cette furieuse bataille, se nommoit *Bulecamp* et cinq Roys s'y trouvèrent ensemble en mesme temps, à sçavoir :

I. Philippe de Valois, Roy de France,
II. Jean de Luxembourg, Roy de Bohême,
III. Charles, son fils, Roy des Romains, qui fut empereur par après.

L'année suivante le roi Philippe alla au secours de Calais, assiégé par Edouard, mais ne pouvant ni sauver Calais ni amener le roi à un combat particulier, « il se mit en chemin devers la cité d'Amiens et donna congiet à toutes les manières de gens d'armes et de communes ; il décampa le 2 août et s'arrêta quelque temps dans les environs. Le jour de la saint Louis il était à Saint-Riquier, où se rendirent grand nombre de seigneurs, suivant un compte de l'Abbé de Corbie de cette année (1). »

Au fléau de la guerre se réunirent en 1347 ceux de la peste et de la famine. On a dit que la peste noire, qui ravagea le monde vers cette époque et emporta le tiers des populations, fit peu de victimes en Ponthieu. Cependant Pierre Le Prêtre, abbé de Saint-Riquier, sous la rubrique de l'an 1349, confirme la tradition commune et raconte « que » la mortalité fut si grande qu'il mourut bien le tiers de la chrétienté. » Il ajoute ensuite » que cette peste fut suivie de la famine, « que le septier de blé, mesure d'Abbeville, » valait 10 livres. »

On connaît tous les malheurs du roi Jean II, fils de Philippe VI, sa longue captivité après la funeste bataille de Poitiers et les entreprises criminelles de Charles-le-Mauvais et de Jean de Picquigny, son plus grand conseil. Des Etats-Généraux furent convoqués pour sauver la France (1356) : ils la précipitèrent dans l'abîme. Pierre des Allouenges assistait à ces Etats. Quoiqu'il n'ait pas joué un des rôles les plus importants, il fut toutefois honoré d'une distinction spéciale, qui nous oblige à quelques courtes explications sur cette célèbre assemblée.

Les Etats étaient composés, pour l'ordre du clergé, d'un grand nombre d'Archevê-

---

IV. Le Roy des isles Baléares, maintenant nommées Maiorque et Minorque.
V. Edouard III, Roy d'Angleterre, qui gagna la victoire.

Le P. Ignace n'est pas ici fidèle interprète de la légende : Mazas en a mieux rendu le sens. « Pour » ne rien omettre de tout ce qu'on a dit au sujet de » la bataille de Crécy, nous parlerons, dit Louandre » citant Mazas (*Hist. d'Abbeville*. Tom. I. Pag. 251), » d'une circonstance assez particulière qui occupa » longtemps l'esprit des habitants de la Picardie, » du Ponthieu et de l'Artois. Une ancienne chro» nique latine, conservée dans les manuscrits de » l'abbaye de St.-Riquier, et qui fut composée l'an » 1200 (146 ans avant la bataille de Crécy), écrite » dans un style figuré et prophétique, disait que » l'an de grâce 1346 il apparaîtrait au-dessus de » Bulecamp cinq soleils : elle ajoutait qu'une » éclipse serait immanquablement le résultat de » la réunion de ces cinq astres. Les gens du pays » interprétèrent ainsi cette prédiction : Les cinq » soleils étaient cinq rois réunis dans les champs » de Crécy... l'éclipse était le désastre éprouvé par » les Français. La chronique de Tramecourt parle » de la même prédiction, et dit que les habitants » du Nord de la France avaient coutume d'appeler » Créci Bulecamp (Bulecamp aujourd'hui vallée des » Clercs) ; nous en ignorons le motif. »

Les souvenirs populaires rapportent aussi à ces passages lugubres des Anglais des déplacements de villages. Il est permis de le croire. Du reste ce n'est encore que le prélude des dévastations : nous serons obligés de rappeler bien d'autres actes barbares de ces guerres impitoyables.

D. Grenier note ce qui suit (*Tom.* XXVII. *Fol.* 124 ou 125). « *Sabbato post festum Sancti Bartholomei. Corpus comitis Flandriæ sepultus est in Centula S. Richarii monasterio annorum sex spatio.* — *Chronique de Ponthieu*, page 175. »

Louandre, en plaçant la sépulture du comte de Flandre dans l'église de Crécy, a donc été induit en erreur.

(1) D. Grenier cité par M. Prarond (*Histoire de St-Riquier*, page 58).

ques et d'Evêques, d'Abbés mîtrés et autres, sans compter les procureurs des chapitres, les doyens, archidiacres, dont la plupart étaient maîtres en divinité, en décrets ou seigneur ès-lois, c'est-à-dire docteurs en théologie ou en droit canon et civil. L'ordre de la noblesse et le Tiers-Etat avaient également de nombreux représentants. La réunion générale des Etats formait une assemblée de plus de 800 personnes. Comme ce grand nombre nuisait à la promptitude et à la facilité des délibérations, on arrêta que chaque ordre nommerait ses élus ou commissaires pour traiter des affaires de l'Etat. D'après Froissart, que nous croyons le mieux informé, ces élus étaient au nombre de douze dans chaque ordre. Le clergé fut représenté par six Evêques, trois Abbés et trois ecclésiastiques de second ordre. Pierre des Allouenges fut un des trois Abbés : il siégeait avec Jean de Sartenay, abbé de Ferrières, dont le monastère avait été ravagé par les soudards du temps, et Aléaume de Bristel, abbé de Saint-Bertin, son confrère et ami. Les noms de ces membres sont écrits au dos d'un rouleau de parchemin où sont contenus quatre-vingt-onze articles d'accusations contre Robert Lecoq, évêque de Laon (1).

Cette pièce comble une lacune importante et fixe encore mieux le jugement de l'histoire sur cette fameuse assemblée. Le parchemin ne porte le nom que de onze membres du clergé : il est probable que Robert Lecoq était le douzième ; comme il est accusé il ne figure plus parmi les élus. On ne voit sur cette liste que les noms de six nobles, mais plusieurs pouvaient être inscrits sur celle des communautés, comme Colart Le Caucheteur d'Abbeville, par exemple, récemment anobli.

Le royaume de France fut pour un temps gouverné par cette commission des Etats-Généraux.

» Ces trente-six personnes, dit Froissart, devoient être moult souvent à Paris ensem-
» ble et là parler et ordonner des besognes du royaume. Et toutes manières de chose se
» devoient déporter par ces trois Etats, et devoient obéir tous autres prélats, tous autres
» seigneurs, toutes communautés des cités et des bonnes villes à tout ce que ces trois
» Etats feroient et ordonneroient. Et toutefois à ce commencement il y eut plusieurs en
» cette élection qui ne plurent mie bien au duc de Normandie ni à son conseil (2). »

On connaît assez en effet Robert Lecoq, l'un des meneurs les plus incriminés, le prévost Etienne Marcel, Jean de Picquigny, l'âme damnée de Charles-le-Mauvais, roi de Navarre. Plusieurs autres commissaires étaient également attachés au parti de Navarre.

Les trente-six commissaires remplirent leur mission avec sévérité et sans aucune complaisance pour l'autorité royale. Persuadés qu'il y avait malversation dans les finances, ils exigèrent des comptes des deniers publics. « Mais quand tous ces maîtres con-
» seillers, dit Froissart (3), entendirent ce, ils ne se laissèrent mie trouver : si furent que
» sages : mais se partirent du royaume de France au plus tôt qu'ils purent, et s'en allèrent

---

(1) *Ecole des Chartes*. Première série. Tom. II. Pag. 385.

(2) *Chroniques*. Tom. I. Pag. 363.
(3) *Chroniques*. Ibid. Pag. 364.

» en autres nations demeurer, tant que ces choses fussent revenues en autre état. » Il y eut cependant des destitutions pour forfaitures.

Pour être juste, ajoutons que les partisans de Charles-le-Mauvais dominèrent trop dans ce conseil de réforme et qu'ils triomphèrent pour un temps. Les rancunes particulières furent plutôt écoutées que la justice ; car il y eut alors d'énormes attentats. L'autorité royale ne fut pas assez respectée : aussi quand elle reprit son ascendant, elle ne voulut plus souscrire aux décisions de l'assemblée des élus et la commission fut dissoute. L'Evêque de Laon se retira dans son diocèse, « car il voyoit bien, dit Froissart, » qu'il avoit tout gâté. »

C'est sans doute à cette époque que fut dressé l'acte d'accusation contre lui.

La présence de Pierre des Allouenges dans cette commission ne nous est révélée que par le document cité plus haut. Son élection nous prouve qu'il jouissait d'une grande considération dans les rangs du clergé. On ne dit pas quel rôle il joua dans ces tristes démêlés : docte et sage Abbé, il est à croire qu'il fut au nombre des modérateurs et qu'il ne se départit point des principes de sagesse dont il donna beaucoup d'exemples (1).

Les quelques faits que nous avons à analyser, avant de terminer ce chapitre, sont bien peu importants, après ces grands démêlés, mais ils éclairent l'histoire locale ; il n'est donc pas permis de les négliger.

Le privilège de la franche fête de saint Riquier, au mois d'octobre, n'était pas moins jalousé par les seigneurs de La Ferté que par les autorités communales. Le monastère eut, en 1349, un grand procès au Parlement avec Gaucher de Chatillon et Marguerite de Picquigny, dont le nom est bien connu dans l'histoire locale. Nous allons voir que les anciens usages y sont de nouveau consacrés.

1° La veille de saint Riquier, le 8 octobre au matin, on sonne la cloche de la ville, c'est le signal de la juridiction plénière du monastère qui durera jusqu'au lendemain de la fête, « au soleil couché et jour faillant », heure à laquelle la cloche de la ville avertit que toutes les autorités, un instant annulées, sont réintégrées dans leur puissance. Toutefois, le château de la Ferté, les manoirs, jardins et pourpris, le moulin la Motte et la maison du meunier ne sont pas soumis à la justice du vicomte de l'abbaye ; il est seulement défendu d'y faire foire publique et d'y étaler ou vendre des marchandises.

2° Pendant ces trois jours, le vicomte a justice vicomtière et au-dessous sur tous les fiefs et arrière-fiefs, même ceux de la Ferté. Ainsi ceux qui seroient pris pour cas criminel seroient conduits dans les prisons de la Ferté ; mais ce cas excepté, les malfaiteurs seront menés dans une prison désignée par l'Abbé, pour y être gardés pendant la

---

(1) C'est dans ces Etats-Généraux que furent créées les élections. Les Etats-Généraux résolurent d'accorder au roi des subsides, mais à la condition qu'ils nommeraient eux-mêmes les commissaires généraux. Ces répartiteurs des subsides furent chargés dans la suite de fixer l'impôt et de lever les deniers publics : ils se nommaient élus et le lieu du siège s'appelait élection. La ville de Saint-Riquier ressortissait à l'élection de Doullens.

fête. Quand la fête sera terminée, ils seront rendus aux officiers de la Ferté et jugés par eux. Les amendes de 60 sols appartiendront à l'abbaye seule et celles au-dessous au seigneur de la Ferté.

3° S'il arrive que des injures soient faites aux religieux ou à leurs officiers, les coupables seront constitués prisonniers en la prison de la Ferté, à la requête de l'Abbé. Le jugement, l'amende, la confiscation appartiendront aux seigneurs de la Ferté.

4° La cérémonie de la proclamation de la fête se fera aux portes du château de la Ferté, comme aux autres portes de la ville.

C'est un témoignage de considération auquel les Abbés veulent bien se soumettre. On sait quel parti on en a tiré quatre cents ans après contre le monastère.

5° Pour garder la haute justice sur leurs fiefs et arrière-fiefs, les seigneurs de la Ferté auront quatre sergents armés, qui seront constitués en présence des religieux ou de leurs officiers, après la proclamation de la solennité.

6° S'il arrivait aux hommes de la Ferté de se battre sur les fiefs ou arrière-fiefs de la Ferté, les gens de l'Abbé auraient le droit de les prendre et de les conduire dans la prison du château ; mais l'amende à laquelle ils seraient condamnés appartiendrait aussi au châtelain.

7° Pendant la franche fête, les seigneurs de la Ferté ne perdaient point leur prérogative de donner congé pour établir des fours (1).

Dans cette composition il y avait encore pour l'abbaye une reconnaissance du droit de garder les chemins (2) de ses fiefs, une reconnaissance aussi d'un droit commun et indivis de placer les seuils des portes sur les frocs, dans les fiefs et arrières-fiefs de la Ferté situés entre les deux portes de la ville. La redevance de 8 sols, fixée par la coutume était partagée entre les deux seigneuries. Cette transaction passée devant Toussaint Rayer, prévôt de Saint-Riquier, Pierre de Bouberch et Firmin de Cromont, auditeurs en cette ville, est confirmée l'année suivante par le roi Jean et homologuée par le Parlement (3). Elle est signée par le prieur Dom Henri de Brailly, chargée de la procuration de l'Abbé.

Nous avons vu que les Anglais avaient été chassés du Crotoy en 1345, comme du reste du Ponthieu ; mais, après le passage de Blanquetaque, en 1346, ils tombèrent sur la ville sans défense. « Les maréchaux du roi d'Angleterre, dit Froissart, chevauchèrent

---

(1) *Cart. St.-Riquier. Fol.* 62.— D. Cotron. *Anno* 1349.

(2) Et si poons poursuir les malfaiteurs délinquants et emportant nos biens sur les chemins réservés à yceux de la Ferté pour rataindre iceux malfaiteurs et emportans et avoir nos dommages et amendes, comme s'ils étoient présents en nos dits bois ou juridiction, à vue d'œil et à chaude trace, et sy porrons picquier, houer ou amender iceux chemins pour charier nos bois ou autres choses et s'y demoura la seigneurie de tous les chemins royaux à notre église en toutes les villes tenues de nous et aux droits de nos seigneuries et y arons toute justice et juridiction et non point le sieur de la Ferté.

(3) Dans les lettres du roi Gauthier de Châtillon, seigneur de la Ferté, est désigné sous le nom de « Noble homme, grand maître de l'hôtel de sa compagne et femme la royne, lui étant présent en personne et Jean de Bouberch, dit Mailly, procureur de Madame Marguerite de Picquigny, dame douairière de la Ferté. — *Cart. Ibid*.

» jusqu'au Crotoy, et prendirent la ville et l'ardirent toute et trouvèrent sur le port
» grande foison de nefs, barges et vaisseaux chargés de vin du Poitou qui étoient à
» marchands de Xaintonge et de La Rochelle : si en firent les maréchaux charier du
» meilleur en l'ost du roi d'Angleterre qui estoit logié à deux petites lieues de là. (1). »

Les privilèges et chartes de Mayoc et Crotoy périrent dans ce désastre, comme on l'apprend dans une lettre de Philippe, où il parle des franchises de Crotoy et de Mayoc, « perdues ou arses par la venue du roi d'Angleterre, notre ennemi, et de ses gens, au » mois d'août darrenier passé, où il donne aussi mandement à son ami et féal tréso- » rier des guerres, Jehan du Change, gouverneur de la dite contrée pour lui, lequel » appellera avec lui Toussaint Rayer, garde du scel de la baillie d'Amiens, établie en la » prévôté de Saint-Riquier, et autres à trouver ès-dits registres, si comme ils témoi- » gnent, un privilège a été ottroyé à la communauté de Mayoc dont la ville du Crotoy » est de la communauté d'icelle (2). » La charte fut retrouvée sous la date de 1209 et fut confirmée par Philippe VI à Maubuisson-les-Pontoise au mois de décembre 1346.

On voit par ce que nous montre Froissart sur le pillage du Crotoy que le port de cette ville était très fréquenté. Il existait alors un droit dont on n'attaque pas l'origine ; il paraît que, sur vingt-deux deniers que le comte de Ponthieu percevait sur les nefs à quilles venant en haulle, on en attribuait quatre au monastère de Saint-Riquier (3). L'Abbé se plaignit en 1355 à Jacques de Bourbon, comte de Ponthieu, que cette redevance n'était point payée par ses officiers. Celui-ci donna ordre à son sénéchal de faire une enquête très circonstanciée, d'appeler le conseiller du comte, le lieutenant de l'ancien sénéchal, les pairs et hommes liges du comté pour déposer sur les us et coutumes. Les droits du monastère furent reconnus dans cette enquête et confirmés par sentence du sénéchal, après quelque temporisation toutefois, comme on le voit dans une autre lettre du même comte, vidimée par les mayeur et échevins de Saint-Riquier en 1358. Dans cette lettre Jacques de Bourbon « prie le sénéchal de déclarer les droits des religieux, afin que par sa deffautte ne faille plus traire par devers lui (4). »

Le comte de Ponthieu fut aussi appelé à apaiser une autre querelle entre l'Abbé de Saint-Riquier et les mayeurs et échevins du Crotoy, au sujet des fortifications. Ceux-ci vouluient obliger les religieux à contribuer aux réparations et à l'entretien des murs de la ville du Crotoy. Ils se fondaient sur la co-propriété des religieux avec le comte de Ponthieu et ils disaient que jouissant de la moitié des rentes, des cens et revenus, ils ne pouvaient se dispenser de cette charge. Ils allèrent jusqu'à confisquer la levée des deniers et à les remettre entre les mains du comte. Les religieux représentèrent qu'ils étaient gens d'église, amortis au roy et déchargés de toute contribution de guerre. Le

---

(1) *Chron. Tome* 1, *page* 233.
D'après une lettre de Noitburgh, ce fut Hugues Spincer qui s'empara du Crotoy.

(2) Bretigny. *Ordonnances du roi. Tom.* v, *pag.* 581

— M Prarond. *Crotoy, page* 157.

(3) *Cart. St.-Riq. Fol.* 89.

(4) *Cart. St.-Riq. Ibid.*

château, en effet, avait été bâti sur leur domaine, mais à la condition de ne nuire en rien à leurs privilèges canoniques. La commune étant venue depuis cumuler les charges, les religieux en étaient plus grevés. Le comte de Ponthieu reconnut la valeur de ces raisons ; il fit restituer les revenus confisqués « comme mal prins et à mauvaise cause », et assura les religieux de sa protection, non-seulement pour le présent, mais encore pour l'avenir, en même temps qu'il les déclarait exempts et libres de telles exactions (1).

C'est en 1360 que fut jugée cette querelle, en l'absence de Pierre des Allouenges et l'année même de sa mort.

Les controverses entre l'Abbé et la commune ne se réveillent que deux fois sous le gouvernement de Pierre des Allouenges : elles avaient pour objet la franche fête de Saint-Riquier ; elles se terminèrent par d'amiables pacifications. Mais les guerres du temps causèrent d'autres embarras à la ville et à son administration. Les mayeurs se virent obligés d'adresser leurs plaintes au roi contre les excès des gens de guerre et d'implorer une sauvegarde pour leurs droits et privilèges. C'est ce que nous apprennent des lettres spéciales, adressées en 1350 par le roi Jean. Leur contenu nous dira les nouveaux dangers, dont sont menacées toutes les institutions sociales au milieu des troubles et des désordres de la guerre.

« Jean, par la grâce de Dieu, roi de France. Ecouter favorablement les justes requêtes de nos sujets, c'est faire usage des bonnes coutumes et rendre nos sujets plus prompts à accomplir leurs devoirs de fidélité. Nous faisons donc savoir à tous, tant présents qu'à venir, qu'à la prière de nos amés les mayeur, échevins et communauté de tous les bourgeois et habitants de notre ville de Saint-Riquier en Ponthieu, nos justiciables sans moyen et nos sujets, nous plaçons sous le bouclier de notre protection et notre sauvegarde spéciale eux, leurs personnes et tous leurs biens, pour la conservation de leurs droits et de ceux de toute la communauté et que nous donnons et députons des gardiens spéciaux aux dits mayeur, échevins, bourgeois et manans et à toute la dite communauté, à savoir Jean de Dommart, Pierre de Bouberch et Etienne Harnas, nos sergens dans la prévôté de Saint-Riquier, ordonnés au service de la dite prévôté, eux et tous leurs appariteurs et agens pour maintenir et conserver les dits suppliants dans leurs droits, la juste possession de leurs biens, us et coutumes, franchises, libertés et saisines dont ils sont accoutumés eux et leurs prédécesseurs de jouir de temps immémorial, pour les défendre eux et la devant dite communauté, de toutes injures, charges, violences, molestations, attaques à main armée, puissance de laïques et autres nouvelletés quelconques non dues, pour poser débat, s'il s'en élève quelqu'un en cas de nouvelleté entre les parties, remettre toute chose contentieuse entre nos mains par droit de supériorité, faire ressaisir les lieux contentieux, le cas échéant, ordonner les parties à jours fixes et compétents devant leurs juges ordinaires tant sur le principal que sur les récréances, les procédures, comme il sera raisonnable : donnons et accordons auxdits gardiens par

(1) *Cartul. St.-Riquier. Fol.* 88.

la teneur des présentes plein pouvoir de signifier notre présente sauvegarde, de la publier en tous lieux et notifier à toutes personnes qu'ils seront requis, défendre de notre part à ces mêmes personnes sous certaines peines à nous applicables qu'elles aient à relever toute forfaiture envers les dits suppliants, les biens et juridiction de leur ville et communauté, les rétablir en leur premier état, si quelque préjudice avoit été causé auxdits suppliants et de faire généralement toutes et chaque choses qu'on sait appartenir aux fonctions de gardiens spéciaux. Ne voulons pas néanmoins que les dits gardiens se mêlent en quelque manière que ce soit d'aucune information de cause : voulons et mandons à tous nos justiciers et à tous nos sujets d'obéir auxdits gardiens aux choses dessus dites. Les présentes lettres sont signées du sceau de notre Châtelet de Paris, en l'absence de notre grand sceau. » A Paris, l'an 1350, au mois de décembre. Par le Conseil, où était l'évêque de Laon, Tassin (1).

Le chapitre de Saint-Wulfran réclama et obtint également des lettres de sauvegarde. Il est probable que beaucoup d'autres villes et communautés cherchèrent aussi à se défendre contre d'injustes agressions et à rendre ainsi les chefs des armées responsables des délits de leurs sujets.

Nous remarquons que les lettres de sauvegarde de Saint-Riquier furent encore renouvelées en 1365.

La sauvegarde aurait été impuissante contre les excès de la Jacquerie, si l'on n'avait eu d'autres armes à opposer. On connaît assez ce nouveau fléau d'une guerre intestine. Des paysans armés et vêtus sur leur cuirasse d'une casaque nommée *jacques* couraient le pays, brûlant, pillant, massacrant les nobles et les riches. « Certes, dit Froissart, » oncques n'avint entre chrétiens et sarrasins telle forcenerie que ces gens faisoient ni » qui plus fissent de maux et de plus vilains faits et tels que créature ne devroit oser » penser, aviser ni regarder ; et cil qui plus en faisoit étoit le plus prisé et le plus grand » maître entre eux (2). » C'est aux environs de Beauvais que commença ce soulèvement populaire ; il s'étendit sur l'Amiénois et le Ponthieu et y causa d'affreux ravages. Les alentours de Saint-Riquier furent aussi envahis par ce fléau. On rapporte que les habitants d'Abbeville, dont ils ruinaient le commerce et l'industrie, leur firent une guerre d'extermination et qu'ils en massacrèrent un jour deux cents près de Saint-Riquier (3). Ce brigandage anéanti, le pays n'était pas pacifié. Jean de Picquigny y avait conduit les hordes indisciplinées du roi de Navarre. Tout le Ponthieu fut envahi et dévasté. On démolit tous les châteaux aux environs d'Abbeville, par exemple ceux de Long, d'Eaucourt, de Drucat, de Mautort, de Mareuil. On assiégea les navires dans Saint-Valery (4). Toutes les communes de la Picardie, de l'Artois et de la Flandre se

---

(1) *Ordonnance des rois. Tome* IV, *page* 26. L'original en latin sera reproduit aux pièces justificatives.

(2) *Chron. Tome* I. *page* 376.

(3) Louandre. *Hist. d'Abbeville. Tome* I, *page* 257.

(4) Nous avons de graves raisons d'affirmer que la ville de Saint-Riquier fut aussi visitée et ravagée par Jean de Picquigny et ses hordes sanguinaires. Des manuscrits que nous avons consultés

réunirent pour dissiper ce parti ; mais ces sauveurs ne laissèrent pas que d'obérer encore le pays. Leurs hommes d'armes occupaient le Ponthieu et les villes en furent très chargées, parce qu'il fallait les entretenir et leur procurer les provisions nécessaires. La paix de Brétigny mit fin à ces luttes fratricides, mais le Ponthieu retomba sous le joug des Anglais. La France entière paya la rançon de son roi et en outre des subventions pour l'entretien des ôtages emmenés par les Anglais. Des lettres du roi, du 11 mai 1361, portent que les villes de Corbie, de Saint-Riquier, Montreuil, Doullens, paieront une partie des dépenses faites par les ôtages d'Amiens qui sont en Angleterre. Montreuil fut imposé à 200 livres par an et Saint-Riquier à 100 livres (1). Saint-Riquier paya aussi 60 livres pour la rançon du roi.

C'est au milieu de ces tristes événements que Pierre des Allouenges trépassa à Paris. Il fut enterré dans l'église du collège fondé par le cardinal Lemoine et dans une chapelle dédiée à saint Firmin. Son nom, gravé sur une lame de cuivre adhérente à son tombeau, conserva longtemps son souvenir et rappelait qu'il avait été Abbé du monastère de Saint-Riquier (2).

CHAPITRE V

PHILIPPE DU FOSSÉ, QUARANTE-TROISIÈME ABBÉ.

(1360 à 1372.)

Assemblée des Moines Bénédictins des Métropoles de Reims et de Sens. — La maltôte au Crotoy. — Les Anglais chassés du Ponthieu. — Hommages. — Démêlés avec la commune de Saint-Riquier. — Philippe du Fossé, abbé de Fécamp. — Sa mort.

Philippe du Fossé était issu d'une noble famille de Bourgogne. Il succéda immédiatement à Pierre des Allouenges, non point par élection, mais plus probablement par parlent vers cette époque de maisons brûlées, ruinées par les ennemis. Ces paroles qui ne précisent rien de particulier ont leur explication dans cette longue suite de brigandages dans le Ponthieu. On ajoute que presque toutes les terres restèrent en friche et qu'il s'ensuivit une affreuse disette et une famine qui dura quatre ans.

(1) M. Prarond. *Histoire de Saint-Riquier*, page 59.
On avait demandé quarante ôtages pour l'exécution du traité de Brétigny. Amiens en envoya deux, tant en son nom qu'en celui des communes de Corbie, Saint-Riquier, Montreuil et Doullens. Pour payer les frais du séjour des ôtages, la ville de Saint-Riquier fut imposée à 100 livres ; elle en appela au Parlement qui réduisit cette contribution à 60 livres. On ne donne pas le chiffre qu'on exigea de la commune de Saint-Riquier pour la rançon du roi. — M. Delgove. *Histoire de la ville de Doullens*, page 61.

(2) D. Cotron. *Anno* 1360. *Chron. Abbrev. Cap.* LI.

provision du Souverain Pontife. Son nom est dans les actes de 1361. Un chapitre général réunit à Saint-Germain-des-Prés, en 1363, les Abbés Bénédictins des métropoles de Reims et de Sens. Cette assemblée essaya de parer aux malheurs des temps par des règlements opposés aux innovations ou aux abus. On statua que les jeunes religieux seraient envoyés aux études dans les Universités, que les moines prêtres célèbreraient la messe au moins trois fois la semaine, que tous les religieux mangeraient au réfectoire et coucheraient dans le dortoir commun. — Des religieux, plutôt par cupidité que par nécessité, exigeaient des indemnités pour leur entretien dans les voyages : on réprima de semblables atteintes au vœu de pauvreté. En outre, on soumit à la pénitence durant les repas les religieux frappés de quelque irrégularité et on les plaça au dernier rang.—Quand un moine sera transféré d'un bénéfice à l'autre, il sera obligé de donner un état exact de son revenu, de toutes ses dettes actives et passives.—Les brigues directes ou indirectes rendront inhabiles aux bénéfices. Un interdit de deux ans, dont l'absolution appartient au Chapitre général, en sera le châtiment.—Le moine chargé d'un emploi ou de l'administration des deniers du monastère devra présenter des comptes chaque année (1).

Ainsi l'Eglise et l'autorité monastique répondent à toutes les accusations de leurs ennemis. Ces salutaires règlements protestent contre les désordres, réveillent la voix intérieure de la conscience. De semblables assemblées, en 1373 et 1379, confirmèrent ces décrets, afin de porter remède aux maux signalés. Mais que pouvaient ces efforts des supérieurs ecclésiastiques contre la fureur des combats? La perturbation sociale paralyse toute initiative. Le relâchement accompagne malheureusement les guerres et combien elles furent fréquentes sur les frontières de l'Artois et du Ponthieu! Aussi malgré les essais de réforme, nous doutons de leur efficacité au monastère de Saint-Riquier pendant cette période de combats. Au milieu des agitations et des secousses dont nous entretiendrons nos lecteurs, nous ne pressentons que trop des orages intérieurs. L'esprit de discipline et de régularité, fruit d'une vie calme et recueillie, ne s'embrase jamais au foyer des discordes politiques et des incendies propagés par l'implacable vengeance des peuples, armés les uns contre les autres.

Nous lisons dans la chronique que l'Abbé Philippe envoya vers le Souverain Pontife, Urbain V, Pierre de Chissey ou Choisy, son procureur, pour lui offrir l'hommage de son filial dévouement (2). La chronique remarque que la visite se fit à Avignon, en deçà des monts, et que le procureur ne paya rien : ce dont l'archevêque d'Auch Arnaud, camérier du pape, lui donna des lettres testimoniales (1365).

Le sens précis de cette note nous échappe. Aurait-on empêché les monastères soumis au Saint-Siège de payer leur redevance accoutumée? La chronique aurait-elle voulu prendre acte d'une libéralité pour se dispenser en d'autres temps? Nous livrons cette réflexion aux savants qui exploreront nos Annales avec une science plus sûre que la nôtre.

(1) *Histoire de Saint-Germain-des-Prés*, page 159.   (2) D. Cotron. *Anno* 1365.

Nous avons vu au chapitre précédent comment les moines de Saint-Riquier avaient été déchargés par Jacques de Bourbon de toute participation aux dépenses de réparation des murs et du château du Crotoy ; mais lorsqu'après la paix de Brétigny (1360), les Anglais rentrèrent dans le Ponthieu et se rendirent de nouveau maîtres du Crotoy, la pacification imposée par le comte de Ponthieu, qui se trouvait évincé de ses possessions, n'eut plus de valeur aux yeux du mayeur et de ses assesseurs. « Par des moyens violents et iniques, disent les chroniques du monastère, la commune exigea des moines trois cents écus d'or et quatre hommes pour les travaux des fortifications : elle leur imposa en outre, pour la garde du château, une somme de cent florins d'or et quatre hommes. » L'Abbé Philippe et le couvent en appelèrent au Parlement, par l'intermédiaire de Nicolas de Portes, lieutenant du bailly d'Amiens, de Jean de Sarton et de Jean de Buigny, sergents du roi. Le Parlement condamna les agissements de la commune du Crotoy. Cependant il décida que la somme injustement exigée serait considérée comme un don qui ne pouvait créer de précédent pour l'avenir ni préjudice au monastère. Cette sentence pacifia pour toujours le différend (1).

Les Anglais, comprenant l'importance du port et du château du Crotoy, cherchèrent à s'attacher les habitants et la commune par des privilèges nombreux que les archives nous ont conservés (1361-1362). Tous les navires en destination d'Abbeville furent soumis à un droit de péage, qu'on employait à réparer le havre du Crotoy (2). C'est sans doute à cette même occasion qu'on imposa des droits de maltôte sur les vins que les moines faisaient venir par le Crotoy. Mais ceux-ci firent valoir leurs franchises et leurs droits sur la ville et on fut obligé de leur rendre les sommes exigées (3). En même temps on reconstruisit le château, on le fortifia par quatre grosses tours de grès. On éleva un donjon au centre. A la marée haute ce château était entièrement entouré d'eau. « C'est pourquoi le Crotoy était devenu, dit Pierre le Prêtre, une place imprenable. »

Cependant le roi Jean était mort à la tour de Londres. Le dauphin, son fils, se fit sacrer à Reims et commença à administrer le royaume de France en son propre nom, avec la ferme résolution de fermer les plaies de la patrie et de lui rendre son antique prospérité. Il est connu dans l'histoire sous le nom de Charles-le-Sage. Pierre-le-Prêtre le nomme Charles-le-Riche (4). « Par son bon sens, dit-il, il fit plusieurs de ses enne-
» mis ses amis : il constituoit bons officiers, il fréquentoit l'étude et les livres, il rému-
» néroit les bons. Le royaume, ruiné par les guerres, par l'excès des gens de campagne
» et par les Jacques bons hommes du Beauvoisis, il le remist sus tout en sens, en cler-
» gie comme en chevalerie et richesse. On dit qu'après ses grandes et belles entreprises
» et les dépenses extraordinaires, causées par les guerres de son règne, il laissa dans le
» Trésor une somme de 1,700,000 livres. Cette somme fut saisie par le duc d'Anjou
» qu'on accuse d'avarice et de rapacité. » Ainsi l'impression de cette sage et prévoyante

(1) D. Cotron. Anno 1361.
(2) M. Prarond. Rue et le Crotoy, pag. 159.
(3) Cart. Saint-Riq. Fol. 91.
(4) Chroniques, Folio 5.

administration vivait encore au temps de Pierre-le-Prêtre un siècle après la mort de Charles V, et c'est pour cela qu'il est appelé le Riche.

Charles V s'entoura de valeureux hommes d'armes : il eut la gloire de chasser les Anglais du Ponthieu. Après quelques années de trêve les hostilités avaient recommencé, afin de les châtier de leur déloyauté, de leurs tentatives ambitieuses. Des intelligences ménagées à Abbeville amenèrent la reddition de la capitale du comté. Les autres places comme Pont-Remi, Saint-Valery, la ville du Crotoy, etc. suivirent. Il ne leur resta que le château du Crotoy « et brièvement, dit Froissart, tout le pays et la comté de Pon-
» thieu furent délivrés des Anglois, ni oncques nul n'y en demeura qui pût grever le
» pays (1). » Toutefois, ils essayèrent par de nouvelles invasions de reconquérir le beau domaine du Ponthieu. Du château du Crotoy et de divers autres points ils venaient ravager les environs d'Abbeville et de Saint-Riquier. Un jour, partis des environs de Saint-Pol, ils se présentèrent devant Lucheux, « un très-bel châtel du comte de Saint-
» Pol, dit Froissart, si ardirent la ville, mais le château n'eut garde, puis passèrent outre
» en approchant Saint-Riquier en Ponthieu. Et ne cheminoient les dits Anglois le jour
» que trois ou quatre lieues : si ardoient et exilloient tout le plat pays où ils conver-
» soient (2). Ils pénétrèrent ensuite dans le Vimeu par le gué de Blanquetaque, mais ils furent contraints de retourner sur Rue et Montreuil.

Pour se garantir des surprises auxquelles il était exposé par ces courses incessantes, Philippe du Fossé mit le château de Drugy en état de défense (3). Les murs et les tours furent réparés et suffisamment fortifiés : on se tenait prêt pour les luttes prochaines (4).

De plusieurs pacifications avec la commune et de nombreux hommages, nous pouvons conclure que Philippe du Fossé gouverna son monastère avec sagesse et une ferme volonté de soutenir toutes ses prérogatives. Citons seulement ici deux hommages, celui de Guillaume de Canaples et celui de Jean de Nouvion, gardien de la fête de Saint-Riquier.

I. Dans son dénombrement et dans son aveu du 18 juillet 1365, Guillaume de Canaples, dit Lagan ou Legui, seigneur de Cahours, reconnaît « qu'il tient du monastère noblement en fief, par hommage de bouche et de main, service de ronchin, 60 sols p. de relief, plaid de quinzaine en quinzaine, quand il y sera ajourné suffisamment : « 1° le
» tonlieu de toutes denrées marchandes, qui tonlieu doivent, vendues et achetées au

---

(1) *Chroniques. Tome* 1. *Pag.* 566.

(2) *Ibid., page* 597.

(3) Louandre (*Histoire d'Abbeville. Tome* 1, *page* 430) remarque qu'en 1361 l'abbaye de Saint-Riquier donna quatre cents écus d'or pour la garde et les réparations du château de Drugy.

(4) Le fait suivant trouve ici sa place. Waleran de Rayneval, chevalier banneret, commandait seize chevaliers bacheliers, parmi lesquels on nomme le sire Jacques de Belloy et 26 écuyers, dont était Mathieu de Belloy. Cette troupe fut réunie à Saint-Riquier, le 1er mai 1363, dans la compagnie de Raoul de Rayneval, grand pannetier de France, en sus des trente hommes d'armes qu'il avait au service du roi (*Famille de Belloy*).

» samedi dedans les portes de Saint-Riquier, tous les samedis de l'an, se il n'esquiet en
» franque fête. »

« 2° Item 17 samedis en deux ans, de toutes coses vendues hors des portes de cette
» ville qui doivent tonlieu. » C'est ce qu'on appelait le 6ᵐᵉ marché ou le sixième des marchés.

« 3° Item doit avoir les amendes de 2 sols 6 deniers de ceux qui emportent ou re-
» cueillent ledit tonlieu (1). »

On connaît par là quels étaient les marchés de Saint-Riquier, au XIVᵉ siècle, et leur importance. Il y avait un marché chaque samedi, la foire de trois jours à la grande fête de saint Riquier en octobre, celle de saint Marcou, le 1ᵉʳ mai, et enfin celle de lendict ou du lundi de la Pentecôte. Les guerres ont ruiné tous ces marchés avec la ville au siècle suivant et il fallut en créer de nouveaux.

II. Jean, chevalier, seigneur de Nouvion, d'Oudainville et de Queux, fait hommage pour un fief de deux muids d'avoine qu'il doit payer pour la garde des trois jours de la fête de saint Riquier : on était obligé de lui fournir les choses nécessaires ; mais il participait aux amendes, s'il ne les recevait pas en entier, ce que la chronique nous laisse ignorer (2).

Le service des ces grands et puissants seigneurs, rappelons-le encore une fois, nous témoigne des hautes prérogatives de l'abbaye de Saint-Riquier, de sa dignité dans ces temps anciens. Que ce soit par ambition ou par nécessité qu'ils aient rempli de si humbles fonctions, léguées par les us et coutumes des âges précédents, peu importe ici. La prééminence seigneuriale reste entière, d'autant plus respectée que la religion consacrait alors de son sceau divin ce qui nous paraît aujourd'hui si vulgaire et ce que nous abandonnons à de pauvres bourgeois, dépourvus de toute autre ressource.

Philippe Du Fossé, à son arrivée à Saint-Riquier, avait eu à subir les exigences encore renaissantes de la commune. Comme les querelles épuisaient ordinairement tous les degrés de juridiction, on avait fait appointer en Parlement plusieurs causes dont nous allons analyser la pacification.

I. Les mayeurs exigeaient de grandes sommes d'argent pour entretenir les murs de la ville et les fortifier en prévision de nouvelles guerres. Il paraît que la commune avait obtenu du monastère quelques avances par manière de provision, jusqu'à ce que cette question fût réglée. Le Parlement ne voulait point obliger à restituer un prêt déjà consommé et dépensé ; il déclara que les mayeurs et les échevins l'avaient par forme de pardon et non autrement, mais que les religieux n'étaient point tenus à ces dépenses qu'on n'impose jamais aux gens d'église. On eut soin de stipuler, à la demande des religieux, que ce précédent ne leur porterait aucun dommage ou préjudice pour le présent ou pour l'avenir, qu'il ne dérogeait en rien à leurs privilèges, que le Parlement « conserve en leur forche et vérité. »

(1) *Cart. St-Riq. Fol.* 35.— D. Cotron. *Anno* 1363.   (2) D. Cotron. *Anno* 1370

II. Les moines ayant fait apporter dans leur enclos, c'est-à-dire dans l'enceinte du monastère, le poisson destiné au marché, afin de le choisir avant tous les autres, suivant la coutume, en le payant son prix, le mayeur et les échevins firent emprisonner « le
» serviteur qui l'avait été quérir à l'estal du marchand ; sur l'appellation du couvent,
» le procès fut mis jus (en bas), comme non avenu, nous demeurant en notre droit. »
» III. Les mayeur et échevins, pour rétablir leur forteresse ou leurs murs, avaient
» loué et emporté theraulx sur un hôtel soumis à la jurisdiction abbatiale ; ils furent
» obligés de confesser que le couvent avait justice foncière et vicomtière en ce lieu et
» qu'ils n'avaient fait cette entreprise qué par pure nécessité et indigence et pour seu-
» lement refaire la forteresse. »
» IV. On avait emprisonné le vicomte de l'abbaye, pour avoir transporté, sans bour-
» geois présent ou évoquié, aucuns biens meubles levés par lui. Tout fut mis à néant.
« V. A la fête de saint Riquier, en 1357, les mayeur et échevins avaient usurpé sur les droits de l'Abbé. Tout fut rétabli selon les us et coutumes anciennes. »
VI. Dans ces discords des paroles injurieuses avaient été prononcées contre l'Abbé et certains religieux. « Il fut ordené que iceux mayeur et échevins venroient en personne
» devant l'Abbé de l'Eglise et diroient ches mots : Monsieur, nous ne entendons point
» vous avoir injurié ne aucuns de votre Eglise et se ainsi était, veuliez le nous par-
» donner de votre grâce. Et par exprès nous devons de la bouche de Monsieur notre
» Abbé pardonner icelles injures et dépens compensés. »
VII. Les mayeur et échevins s'étaient aussi complaints des religieux « pour novelleté d'entreprises contre leurs forteresses. » Dans une partie de l'enceinte, du côté de la Ferté, les murs de la ville faisaient la clôture du domaine de l'abbaye. C'était à l'endroit de leur basse-cour, située alors à l'opposé de celle qu'ils possédaient dans les derniers temps. On avait, par ordre du célerier, enlevé des terreaux adossés contre ce mur, dont ils compromettaient l'existence et empêchaient les réparations. Par ce travail ils avaient rendu impossible l'accès à une tour opposée au château de la Ferté. Ces terreaux encombrant les allées des forteresses de la ville, il fut reconnu par le Parlement « que
» ce fait en ont les dits religieux, che a été pour le réparement et réédifiement du dit
» mur. » Ainsi les exploits, complaintes, tout fut mis à néant : « et porront les dits re-
» ligieux hauchier le dit mur et icelui refaire, ainsi que bon leur semblera, sauf qui
» seront tenus de faire un huys de la largeur des allées de la forteresse d'ycelle ville
» duquel ils aront la clef par devers eux, et se ainsi était que les dits mayeur et éche-
» vins fussent en nécessité de garder ou faire guet en la dite ville ou visiter les forte-
» resses ou pour autre nécessité d'ycelle ville et sans fraude, les dits religieux seront
» tenus d'ouvrir le dit huys, par quoi qu'on y puisse passer et repasser sans empêche-
» ment pour la nécessité devant dite et icelle durant (1). »

(1) *Cart. St.-Riq. Fol.* ,46, 47. La fin est inintelligible, parce que le copiste cite le latin sans le comprendre et le défigure horriblement.
Ce dernier article a pour titre : *pour les allées*

CHAPITRE V. — L'ABBÉ PHILIPPE DU FOSSÉ.

Une autre pacification, en 1362 (vieux style) ou au commencement de 1363, est confirmée par le roi Jean. Il est encore question du privilège de choisir le poisson avant de l'exposer en vente : les mayeur et échevins renoncent une nouvelle fois à leur querelle. On exempte aussi la léproserie du Val du droit de tonlieu sur les animaux et denrées que les frères et sœurs exposent sur le marché de la ville. C'est une nouvelle dérogation aux us et coutumes, semblable à celle que nous avons notée plus haut en 1325 (1).

Les mayeurs et échevins eurent occasion, en 1365, de faire renouveler leur charte de commune de 1189. Charles V, dans une *vidimus* du mois d'avril, transcrit intégralement le texte de la Paix ou Commune octroyée par Philippe-Auguste aux bourgeois de Saint-Riquier ; en même temps il confirme le contenu de cette charte et mande au bailli d'Amiens, à tous les justiciers et officiers royaux et leurs lieutenants présents et à venir de la maintenir, de réprimer toute atteinte aux privilèges, toute vexation ou molestation, de rétablir au besoin les mayeurs et échevins dans leurs droits (2).

La commune et l'abbaye vécurent en paix jusqu'en 1384. Ne serait-il pas à présumer que le réveil des querelles coïncide avec la gestion de mayeurs ou échevins plus turbulents ?

Après douze ans d'administration, Philippe du Fossé fut transféré à l'abbaye de Fécamp en Normandie (1372). C'est du moins ce qu'on lit dans la Chronique abrégée et dans le *Gallia Christiana*. Philippe du Fossé succéda à Jean de la Grange, nommé alors évêque d'Amiens et décoré plus tard de la pourpre romaine. Il mourut en 1381, après avoir gouverné cette église pendant neuf ans et fut enterré dans la nef de son église abbatiale près de l'endroit où se disait la messe du matin (4).

---

dessous notre grande cour contre les murs de la ville au lès (côté) de bas vers l'iaue. Ce qui fait conclure que la basse-cour était située entre le jardin abbatial actuel et le jardin des moines, comme on le voit en plusieurs autres titres.

« Si l'on en croyait ces accords fréquents, dit M. Prarond (*Histoire de Saint-Riquier*, page 60), il semblerait que des siècles de guerre on va passer à un siècle de paix. Ces accords ne prouvent au contraire que l'inextinguibilité des contestations. » Le lecteur ne pourrait-il pas répondre que les moteurs des discordes n'ont qu'à consulter les accords précédents et les coutumes locales et qu'aussitôt la paix sera stable. Est-ce que les Abbés n'ont pas constamment gain de cause ? Leur reprochera-t-on de soutenir des privilèges séculaires ? Fera-t-on un crime aux juges d'appliquer la loi et de faire triompher le bon droit ?

(1) D. Cotron. *Anno* 1363.

(2) *Ordonnance des Rois. Tom.* v. *Pag.* 548. — Voir tome I de cette histoire, page 467.

(3) *Gallia Christ. Tom.* xi. *Pag.* 212.

CHAPITRE VI.

HUGUES II, DE ROIGNY, QUARANTE-QUATRIÈME ABBÉ.

(1379 à 1393.)

Maux causés par le grand Schisme d'Occident. — Divers faits de justice féodale. — Charte de l'Abbé de Valloires pour la redevance d'anguilles. — Démêlés et pacifications avec la commune. — Mort de Hugues de Roigny.

Dans la suite chronologique des Abbés de Saint-Riquier nous voyons Hugues de Roigny succéder à Philippe du Fossé, mais seulement après un interrègne de six ans. L'abbaye de Saint-Riquier fut sans doute en régale pendant ce temps, à moins que Philippe du Fossé n'ait conservé simultanément les abbayes de Saint-Riquier et de Fécamp.

D. Cotron, en raison du grand nombre d'hommages en 1374, inclinerait à penser que Hugues de Roigny fut promu à cette époque. Mais dans un acte d'acquisition de fief en 1380, on lit que l'abbé Hugues était dans la première année de son gouvernement et qu'il administra pendant quatorze ans. Plusieurs auteurs, d'après cette indication, reconnaissent que son nom ne se lit dans les chartes qu'en 1379 (1).

Hugues de Roigny était, dit-on, parent de Philippe du Fossé et comme lui d'une noble famille de Bourgogne : il fut d'abord abbé de Saint-Seine au diocèse de Dijon : il fut transféré au monastère de Saint-Riquier sans élection, comme on peut le présumer, et par nomination du roi ou du Souverain-Pontife, à la recommandation du duc de Bourgogne. Son successeur à Saint-Seine fut Odon de Roigny qui fut envoyé auprès du duc de Bourgogne et à qui on assignait trois livres pour ses dépenses journalières (2). C'est tout ce que l'histoire nous apprend sur l'abbé Hugues de Roigny. Plusieurs actes administratifs nous prouvent que, par lui-même ou par les autorités préposées à la garde des intérêts monastiques, il défendit son Eglise contre les attaques et les empiètements du dehors, malgré la difficulté des temps.

Hugues de Roigny fut témoin et des premiers scandales du schisme d'Occident et des premiers troubles du règne de Charles VI. L'abbé Pierre Le Prêtre s'exprime ainsi sur les malheurs de la patrie : « En 1381 fut grand divisions entre le roi et le commun » de Paris et de ailleurs à cause de plusieurs impôts : il en résulta plusieurs grands » inconvénients et horribles meschiefs (3). »

(1) D. Cotron. *Anno* 1374. — *Chron. Abbrev. Cap.* LI. — *Gallia Christ. Tom.* x. *Pag.* 1258.

(2) *Gallia Christ. Ibid.*

(3) *Chron. Anno* 1381.

CHAPITRE VI. — L'ABBÉ HUGUES DE ROIGNY.

Jean de la Chapelle explique ainsi l'origine de ces divisions. « Il y eut dans le peuple
» de Paris et tout le royaume soulèvement général contre le roi pour l'impôt du ving-
» tième denier sur toutes les denrées ; l'exécution des ordres du roi se fit avec une grande
» violence : on payait le vingtième même sur le cresson. Le premier denier fut levé au
» commencement de mars 1381 et ce jour là il y eut massacre à Paris et grand nombre
» d'incarcérations. En ce temps le roi Philippe fit la guerre en Flandre et s'en rendit
» maître. La bataille de Rosebeck coûta la vie à 20,000 Français. Au retour de cette
» expédition le roi imposa une maltôte et un grand subside. Tous les riches furent
» réduits à la pauvreté et ne pardonnèrent jamais à Philippe cette iniquité. Ces deniers
» et cette maltôte furent employés à lever des hommes pour aller livrer une grande
» bataille au Mans. Le roi fut en ce lieu atteint d'une grande infirmité dont il ne put
» se remettre et dont il mourut pour le malheur de son royaume (1). »

Faut-il rejeter sur la chronique ou sur un copiste maladroit l'anachronisme qui place à cette époque sur le trône de France un roi du nom de Philippe ? Jean de la Chapelle pourrait porter cette bévue avec beaucoup d'autres. Admettons, pour ne point trop le charger, qu'il y a seulement erreur de nom.

Cette narration sur les troubles de Paris, quoique incomplète, n'est pas trop infidèle ; elle s'accorde assez avec l'histoire dont les principaux événements sont connus de nos lecteurs. La résistance en France n'était pas sans analogie avec les excès commis en Flandre et en Angleterre. « Or, regardez la grand'diablerie qui se commençoit à élever en France ; et tous prenoient pied et ordonnances sur les Gantois et disaient adonc les communautés par tout le monde, que les Gantois étoient bonnes gens, et que vaillamment ils se soutenoient en leurs franchises ; dont ils devoient de toutes gens être aimés et honorés (2). »

L'Eglise n'était pas moins en souffrance que la société civile. L'état monastique portait sa grande part de ces tribulations, séparé qu'il était des Souverains Pontifes, ses soutiens naturels, et même fortement entamé dans ses possessions temporelles par la dotation des cardinaux. En effet, le grand schisme avait fixé Clément VII à Avignon avec trente-six cardinaux, presque tous Français et réduits à tirer de la France des bénéfices suffisants pour soutenir leur rang. A la mort des titulaires ces cardinaux se mettaient en possession de certains bénéfices pour eux réservés par des expectatives, comme nous l'avons déjà vu en 1343. Les monastères étaient imposés de lourdes taxes, ce qui obligeait les Abbés à restreindre le nombre de leurs moines. Tel était l'envahissement des biens ecclésiastiques que le roi lui-même crut devoir s'y opposer par des règlements et fixer le nombre des religieux à conserver dans les monastères, afin d'y célébrer l'office divin et d'y exercer les œuvres de piété et de charité prescrites dans les constitutions (3) des ordres religieux. Il est bon de recueillir ces faits dans les his-

---

(1) *Chron. Abbrev. Cap.* LI.
(2) Froissart. *Chron. Tom.* II. *Pag.* 177.

(3) *Histoire de l'Eglise Gallicane en* 1381.

toires locales, afin de montrer comment en chaque siècle l'œuvre de Dieu est entravée et prouver que tous les abus ne sont pas à la charge des hommes voués à la pénitence. Les convoitises de l'ambition ne cessent de les troubler dans leur solitude et d'aggraver par mille vexations le renoncement complet à leurs héritages et aux domaines de la famille.

A cette cause temporaire de ruine pour les monastères ajoutons les dons au roi, les décimes exigés pour frais de guerre et autres nécessités publiques ; ajoutons encore la perte des récoltes, les ravages, destructions et pillages que la guerre traîne à sa suite sur tant de points du royaume, et nous nous ferons quelque idée des tribulations qui assiègent l'esprit d'un Abbé.

Cette plaie du grand schisme d'Occident, venant compliquer les guerres si désastreuses de l'Europe et les bouleversements intérieurs de la France sous un roi frappé d'une lamentable maladie, ne saurait trop attirer l'attention du lecteur : qu'il veuille bien écouter encore un trait des remontrances de l'Université de Paris au très chrétien et très zélé défenseur de la foi orthodoxe.

« Qu'y avait-il avant le schisme de plus florissant, de plus noble, de plus brillant, de plus riche que l'Eglise de France ? Et depuis, quelle servitude, quelle pauvreté ! Quels opprobres ! Et d'où viennent tant de misères ? C'est qu'on élève aux dignités de l'Eglise des hommes indignes, qui n'ont aucun sentiment de religion, de justice, de vertus, des hommes uniquement attentifs à satisfaire leurs passions. Les biens de l'Eglise et des monastères sont l'objet de leurs rapines : ils portent le ravage et la désolation partout ; ils mettent des taxes intolérables sur les ministres de l'Eglise et ils les font lever par des hommes impies et inhumains qui n'épargnent personne, qui exigent les payements par les voies de la censure et de la prison, qui enlèvent tout, sans laisser même de quoi subsister aux ecclésiastiques chargés du soin des peuples. De là tant de prêtres réduits à vivre d'aumônes ou à rendre les services les plus bas, tant de pauvreté dans les Eglises, dont on vend les ornements pour payer les taxes et dont on laisse tomber les édifices, parce qu'il ne reste plus rien pour les réparer. Que dirons-nous de la simonie que nous voyons régner ici avec tant d'empire ? Que dirons-nous du service divin diminué partout et dans plusieurs endroits absolument abandonné ? De la discipline ecclésiastique et des mœurs anciennes du christianisme tellement oubliées que, si les Saints Pères revenaient au monde, ils auraient peine à reconnaître l'Eglise qu'ils ont gouvernée et que Jésus-Christ a établie ? (1). »

Sous le gouvernement de Hugues de Roigny le Ponthieu ne fut guère épargné. Les Anglais maîtres du château et du port de Crotoy lançaient de tous côtés leurs colonnes incendiaires et sous leurs pas tout était meurtri. Il ne restait après eux que ruine et désolation. Enfin, en 1385, Charles VI, aidé des troupes communales d'Abbeville et de Saint-Valery, investit le château du Crotoy et le réduisit par la famine.

(1) *Histoire de l'Eglise Gallicane en* 1394.

Ce n'est pas la première fois que le roi Charles VI paraissait en Ponthieu ; il était à Crécy en 1391, à Hesdin, à Abbeville, en 1394, pendant des conférences engagées pour la paix entre les Français et les Anglais (1). Il visita deux fois Saint-Riquier vers cette époque, en 1391 et 1392. On le reconnaît par le livre des gîtes du roi, qui sont marqués à Saint-Riquier, le 8 juillet 1391 et le 17 août 1392. L'année suivante le past fixé à 100 livres fut exigé sur le couvent et sur la ville et recouvré par les maîtres d'hôtel qui suivaient la cour. Les moines réclamèrent en s'appuyant sur la charte de commune de 1126 qui laissait ces frais à la charge de la commune seule. Un procès s'engagea sur cette question. Le droit ancien fut reconnu et approuvé une nouvelle fois par lettres royales. Une somme de 50 livres indument payée fut restituée par le mayeur et les échevins avec les dommages et intérêts (2).

---

(1) Louandre. (*Hist. d'Abbeville. Tom* I. *Page* 272.)
Le cardinal Pierre de Lune, ambassadeur du pape Clément VII, plus connu sous le nom de Benoît XIII, accompagnait le roi Charles à Abbeville.

La lettre suivante du roi Charles VI sur une exemption de gabelle nous prouvera la vérité des détails de l'histoire sur cette époque néfaste.

A tous ceulx qui ces pñes lres verront ou orront, Jehan Plantehaie grenetier dĀms (Amiens), salut. Sacent tout que jay receu les lr̄es du roy nr̄os et de mess. les gēnaulx conseilliers sur le fait des aydes pour la guerre conten ceste fourme.

Charles, par la grace de Dieu roy de France. A noz amez les greneliers et contreroleurs de nr̄e grenier à sel establi à Āms, et à tous aultres a qui il puet et porra apptenir salut. Cōme selon les instrucōns et ordonān de par nous fée sur le fait de nr̄e gabelle aians cours ou pays de Pontieu les bourgois et habitans de la ville de Saint-Riquier qui sont enclavez en la conté de Pontieu et assez loing du grenie dĀms, aient acoustumez de prendre sel po le despens et gouvernement oud. pays de Pontieu p la main de nr̄e grenetier ilec, par poiant IIII s. por livre come font les habitans de lad. conté, afin que iceulx habitans de Saint-Riquier, lesquels ont esté moult grevez et endomagez pour le fait de nos gueres et aut̄ment en plusieurs manieres et qui sont en frontieres de nos anemis, feussent et soient gardez de plus grans charges et oppressions. Neantmoins si cōme entendu avons, vous les voulez constrainre à prendre sel oud. grenier dĀms, qui leur seroit trop somptueuse chose et grevable, et contre nos d. instrucōns. Pourquoy nous considerans plūs (plusieurs) et grans services quilz nous ont faiz et à nos gens et officiers passans par lad. ville, ou cas quil vous appra par le teneur desd. instrucōns que lesd. habitants doivent et aient acoustume prendre sel pour leur despēns et gouvernement oud. pays de Pontieu en la maniere que dit est, voulons et vous mandons et comandons expressēmt que iceulx habitans et chūn deulx laissiez et souffrez prendre sel en lad. conte de Pontieu par la fourme et maniere que selon nos instrucōns desd̄s ilz ont acoustume den joir et user ou temps passé, sans les molester contraindre ou perturber en aucune maniere au contraire, car ainsy nous plaist il estre faict et aud. habitans lavons ottroié et ottroions de grace ēspal par ces pñes non obstant quelconque ordōn, mandemens ou defences à ce contraire.—Donné à Paris le XXe jour de novembre, lan de grace mil III^c, IIII et quatre. Et de nr̄e regne le quind.

(Cartulaire de Doullens, f° 84, r°.)

Cette pièce a été extraite des archives de la prévôté de Saint-Riquier, le dernier jour d'avril 1409, et collationnée sur l'original par Colart Godard, prévôt de Saint-Riquier. Elle accompagnait plusieurs autres extraits de ces mêmes archives, demandés par le maire et les échevins de Doullens, pour constater le droit de ces derniers à l'exemption de la gabelle, comme jouissant des privilèges réservés au pays de Ponthieu.— Communiqué par M. Théodose Lefèvre, membre non résidant de la *Société des Antiquaires*.

(2) Un mandement du roi Charles, 17 aust 1392, contient que le roi vint de nouveau en cette ville et

Les officiers du roi et des seigneurs ne cessaient de battre en brèche la justice des couvents, de la circonscrire dans des bornes plus étroites. Les corps religieux résistèrent aussi longtemps qu'ils le purent, par respect pour leur propre dignité, et par zèle pour les intérêts spirituels de leurs Eglises, d'autant plus opprimées qu'elles étaient plus impuissantes à se défendre. C'est ainsi que le 10 juin 1379 tout le monastère fut en émoi à l'heure de midi pendant que la communauté prenait son repas. Un justiciable de la prévôté poursuivi par le prévôt-fermier et des sergents, au nombre de sept, s'était réfugié jusque dans l'église du monastère où il était venu prendre franchise. « Les officiers le » suivirent à toute badelaires, épées nues, jusqu'au grand hôtel et étaient yceux ser- » gents et prévost yvres, et tant que pour la noise deux religieux se levèrent et leur » vinrent remontrer leurs fautes et violences, et ja reçut de superhabundant un autre » sergent son épée nue, qui s'enforcha frapper le prévost de chéens et lequel prévost » desbatonna ledit sergent, en lui faisant rebouter son épée sans le frapper, et y eust » plusieurs détestables jureurs de la part d'yceux sergents (1). »

L'immunité était violée. La justice elle-même avait forfait à son mandat protecteur des us et coutumes ; mais, comme nous venons de le noter, on ne semblait chercher qu'une occasion favorable pour prescrire contre de semblables prérogatives. Au lieu d'être soumis à une amende, comme ils le méritaient pour leur sacrilège incartade, les sergents firent ajourner pour comparaître à Amiens devant le bailly, l'Abbé et le couvent dans l'espoir de les condamner. L'Abbé était absent pendant ce conflit et malade à Drugy. Mais il fit plaider sa cause devant le roi : les moines obtinrent « quittance et absolution dudit roi. » C'était la moindre chose.

La chronique signale, en 1383, un fait de haute justice sur Jean de Belleval, un des sujets ou feudataires du couvent à Huppy. Jean de Belleval avait été soupçonné d'avoir tué à Abbeville Jean Wangnier : il fut traduit aux assises du Ponthieu, devant la sénéchaussée d'Abbeville, en présence de six pairs du Ponthieu et du sénéchal Parcheval d'Amerval, chevalier, sieur de Blanc-Fossé. Il ne put se justifier suffisamment et pour ce crime il fut banni à son de cloche par les mayeurs et échevins d'Abbeville. La cause fut ensuite appelée devant le roi par un sergent royal. Jean de Belleval succomba encore devant le tribunal supérieur et en pleine assise du Parlement : par lettres du roi Charles VI (15 octobre 1384) il fut banni de la France et du royaume. Ses biens furent confisqués ainsi que ses fiefs et héritages. Le monastère rentra dans tous ses droits

fut son past qu'on disait lui être dû tauxé à cent livres et par ses maîtres d'hôtel fumes justiciés et contraints payer la moitié qui étoit cinquante livres, à l'encontre du maire et échevins qui refusèrent de payer la totalité, et ja fut que par nous fut montré le privilège dessus déclaré et dont ils nous contraindrent, et nous obtesmes le mandement en forme de complainte qui fut adressé au premier huissier ou sergent pour contraindre iceux mayeurs, bourgeois et habitans de nous restituer la dite somme de 50 livres par nous avancée avec les dépens, adressant au prevost de Saint-Riquier et qui fut exécuté par Colard le Bryois, lors sergent-prévôt de cette ville. *Cart. S.-Riq. Fol.* 27.

(1) *Cart. St-Riq. Fol.* 47. Le prévot-fermier s'appelait Guillaume le Vasseur et les sergents

sur le fief de Belleval à Huppy, mais ce fief fut racheté par Jean de Belleval son petit-fils en 1416 (1).

Le fait suivant (1389) touche de plus près à la justice de l'Abbé de Saint-Riquier. Un clerc de Feuquières, nommé Jean Trugel, se rendit coupable du crime de meurtre sur Pierre Engignon. On ne dit point pour quelle cause. Son titre de clerc le rendait justiciable de l'Evêque d'Amiens et de son officialité. C'est devant ce tribunal en effet qu'il fut cité à comparaître. Jean de Cambas, official d'Amiens, fit les poursuites nécessaires, à la requête du procureur du roi, du bailli d'Amiens, du promoteur de la cour spirituelle, du père et de la mère du défunt, du procureur du monastère de Saint-Riquier, qui leur fut adjoint, afin de garder le droit de la justice temporelle de l'Eglise de Saint-Riquier.

Nous avons dans cette formule la combinaison des juridictions ecclésiastiques au xive siècle. L'autorité royale les débordait de toutes parts et ne respectait plus que pour la forme le privilège de l'immunité ecclésiastique. La sentence fut du reste conforme aux saints canons. « Jean Trugel fut condamné au pain de misère et à l'iaue de tristesse en » prison et chartre perpétuelle, pour pleurer ses péchés, et ne plus jamais en commet- » tre de semblables, mais faire pénitence (2). »

Le procureur du monastère réclama une copie de la sentence « pour montrer que » se il n'eut été clerc, il eut été par notre justice de Feuquières exécuté (3). »

La justice de Chevincourt eut l'année suivante (1390) une aventure d'un autre genre avec la prévôté de Montdidier. Pierre de Hangest, écuyer et prévôt de cette ville, avait fait arrêter à Chevincourt, en l'hôtel même des religieux, un malfaiteur nommé Symonet Danel et l'avait conduit dans les prisons de Montdidier. Celui-ci confessa devant le prévôt plusieurs crimes pour lesquels il fut condamné à mort. Mais le prévôt du monastère ne manqua pas d'intervenir et de faire valoir ses droits de haute, moyenne et basse justice, pour réclamer le criminel « afin de le corriger et pugnir ; mais ledit Simon » se soumit volontairement et sortit juridiction à Montdidier : ainsi ne nous fut pas ren- » du, mais exécuté : pour lesquelles choses notre dit procureur requist instamment cette » lettre au dit juge, et de l'accord et consentement du procureur du roi nous fut baillé » que ce ne nous devait grever ne nuire à temps à advenir, mais nous confessoient no- » tre justice haute, basse et moyenne et que volontairement à ce s'étoit soumis le dit » Symonet (4). »

royaux Guillaume le Vasseur, Jacques de Hesdin, Hoste de Saint-Sauflieu, Colart le Bryois, Jean de Sarton, Jean Dellecourt.

Ce nom de prévôt-fermier nous indique une des phases de la prévôté, son titre précaire le plus accessible à la cupidité et à l'iniquité des jugements. C'est au xiiie siècle qu'on commença à vendre les prévôtés et à les mettre en ferme.

(1) *Cart. St-Riq. Fol.* 151.—*Nobiliaire de Ponthieu par M de Belleval (Famille de Belleval).*

(2) *Ut commissa doleat et commissa iterum et ulterius non committat, sed agat pœnitentiam.*

(3) *Cart. St-Riq. Fol.* 147.

(4) *Cart. St.-Riq. Fol.* 130.

On se complaint aussi, en 1391, contre les religieux de Saint-Corneille de Soissons d'une forfaiture d'un genre tout particulier. Par l'importance qu'on y attache, on peut juger de la susceptibilité des procureurs des monastères ou de la facilité qu'on avait à exciper d'un fait pour établir un droit. On émondait un gros tilleul sur la seigneurie des moines de Saint-Corneille : des branches ou peut-être une branche vint à choir sur la terre et seigneurie de Chevincourt. Les bûcherons de Saint-Corneille eurent l'audace de la relever, sans prendre congé du représentant du couvent de Saint-Riquier. « De ce on espérait faire question et prochès, lequel pour éviter fut mis en » l'ordenance de Monsieur Jean Machette qui décida que la branche de tilleul chuttée » sur notre juridiction serait débitée au prouffit de Saint-Corneille, mais que ce serait » sans nous porter préjudice en droit ni en propriété (1). »

La justice du couvent eut fort à souffrir à Bray des officiers de M. d'Offémont, alors seigneur de cette terre. Les générations et les familles se succèdent, emportées par le flot qui engloutit toutes les existences humaines dans l'océan des âges ; mais les traditions d'absolutisme sont indestructibles. La guerre se continue sous la même forme. Laissons de côté maints procès de pure police pour signaler un vrai conflit de juridiction. Depuis le loyer de leur maison d'Arleux, les officiers tenaient leurs plaids, donnaient saisine ou dessaisine dans la maison des Hôtelleries de Bray, soumise à leur juridiction aussi bien que le presbytère. Le bailli du couvent, son procureur, son greffier, les hommes-liges furent un jour emprisonnés pendant un plaid par les officiers de M. d'Offémont. Une autre fois, sans tenir compte d'un privilège séculaire, Jean de Masinguehen, écuyer, commis par le seigneur d'Offémont pour garder sa justice et juridiction, fit prendre un sergent du couvent, le jeta en prison où il le garda fort longtemps et d'où il ne lui permit de sortir qu' « après l'avoir amendé de forche de 60 » livres parisis d'amende et obligé par composition à une autre somme de 12 sols » pour autres choses. » Le crime du sergent était d'avoir usé d'un droit judiciaire en recevant un desinvestissement et une dessaisine. La question fut mise ès-mains du roi, rétablissement fait par signe et opposition baillée. Enfin intervint un accord qui sauvegarda tous les droits des religieux sur les hôtelleries de Bray et la maison du curé, et leur permit de tenir des plaids, toutes et quantes fois que besoin serait et qu'il leur plairait d'y exercer tous les actès judiciaires de leur seigneurie d'Arleux et environs (2).

La seigneurie d'Arleux nous offre encore un procès féodal que l'histoire doit rappeler (1393). Le fief d'Agnès de Chuignolles, dame de Boves, fut longtemps entre les mains des religieux, parce qu'on n'avait présenté ni relief ni homme féodal. En vain les religieux, pour faire fructifier cette terre, avaient cherché un feudataire : ils n'en trouvèrent pas. Ils furent obligés de s'adresser au roi et un mandement fut donné par le prévôt de Péronne, pour faire appeler et intimer les héritiers d'Agnès de Chuignolles en leur ordonnant de le relever ou d'y renoncer. Entre autres héritiers on appela Baudin de

(1) *Cart. St-Riq. Fol.* 134.   (2) *Ibid. Fol.* 116.

Wingles, écuyer, à qui ce fief appartenait en premier. Un terme était fixé « par les lettres royaux » et dans cet intervalle Baudin de Wingles mourut. Demoiselle Agnès de Wingles, sa sœur et héritière, veuve de Jean le Houssière, fut appelée à son tour et sommée de payer les dépenses auxquelles son frère avait été condamné, pour ne pas avoir relevé son fief en temps prescrit. Celle-ci mit des délais à payer ces amendes, en disant qu'elle avait renoncé à cette succession, ce qui n'empêcha pas les juges de la condamner au principal et aux dépens. Ainsi le voulait la loi féodale dont les religieux acceptaient toutes les charges et les bénéfices (1).

Signalons encore sous l'année 1391 une transaction importante avec l'abbaye de Valloires. Le 31 octobre 1391, frère Senault, abbé de Notre-Dame de Valloires, et tout son couvent se reconnaissent redevables à l'Abbé et au couvent de Saint-Riquier de 500 anguilles salées, vulgairement appelées ales. On devait payer cette redevance chaque année à la fête de saint Riquier au mois d'octobre. Il paraît qu'en 1391 la pêche fut infructueuse, c'est pourquoi on accorda aux religieux de Valloires un mois de répit : mais il fallut le consacrer par une charte. La chronique la donne en français du xiv° siècle.

« A tous ceux que ces présentes lettres verront et orront, frère Senault, Abbé de
» l'Esglise Nostre-Dame de Valloiles et tout li couvent de ce mesme lieu, salut en Notre
» Seigneur. Comme nous et notre Esglise soyons tenus en cinq cens de anguilles salées
» nommées ales cascun an de rente annuelle et perpétuelle par devers religieuses per-
» sonnes et honnestes l'Abbé et couvent de l'Esglise Saint-Riquier, lesdis anguilles ren-
» dus cascun an as le dite Esglise, au jour saint Riquier ou mois d'octobre, desquels
» payer nous ayons esté et encore sommes en défaulte d'avoir payé pour le dit jour
» S¹ Riquier dernier passé, pour ce que nous n'en avons pu recouvrer par argent ne
» autrement, et pour ce leur avons prié affectueusement et requis amoureusement
» qu'il leur plaisist nous donner grace et induce de les pourvoir pour autre payement
» jusques au mois en suivant le dit jour saint Ricquier, lequel cose ils nous ont ac-
» cordé de leur pure grace et courtoisie. Sachent tous que nous reconnaissons, volons
» et accordons que le grace et deport qu'ils nous ont accordé ne tourne à préjudice à
» eulx, a leur dite Esglise pour le temps passé, présent et à venir en aucune manière,
» et que de ce ne nous puissions aidier en cas de saisine ne aultrement, et avec ce recon-
» naissons devoir lesdits anguilles audit jour saint Riquier comme il est dit. En témoi-
» gnage de ce nous avons mis nos sceaulx à ces présentes lettres, le dernier jour du dit
» mois d'octobre l'an mil trois cent quatre-vingt et onze (2). »

Terminons ce chapitre par les démêlés du couvent avec la commune de Saint-Riquier. Pendant l'interrègne (dimanche 10 mai 1377), en faisant piquer et houer sur les frocqs des manoirs, les mayeur et échevins avaient laissé arracher des vignes attachées aux

---

(1) *Cart. de St-Riq. Fol.* 111. (2) D. Cotron. *Anno* 1391.— *Sigilla*, ajoute la chronique, *præ vetustate ceciderant.*

maisons de Jean Heudain Feure et de Colart de Coulonvillers. La justice seigneuriale était en cause, on exigea donc que ces arbres fussent replantés. Ce qui fut fait en grande cérémonie. Au jour prescrit, en présence du bailli et du procureur de l'abbaye, d'une grande quantité de religieux et d'autres officiers, « sur les lieux mêmes où les vignes avaient été ôtées et efraichiées, » Henri de Hangard, sergent, tant en son nom que comme procureur des mayeur et échevins, ayant leur procuration, replanta deux vignes en l'hôtel de Heudain et une en la maison de Colart de Coulonvillers, « comme » à notre droit et confessant que ce qu'il avait fait il ne le pooit faire et desquelles » choses notre procureur requit avoir lettres (1). »

Le dernier jour de juillet 1384 il y eut cinq bonnes compositions et profitables au monastère (2).

I. Les habitants de la banlieue, obligés à des cens envers les caritiers, refusaient de les acquitter, parce qu'ils étaient sujets de l'échevinage. Le vicomte de l'abbaye, pour les contraindre, fit enlever les portes et fenêtres de leurs maisons selon les us du temps. Les mayeur et échevins se plaignirent de cette entreprise sur leur juridiction; mais les moines leur prouvèrent très bien que les cens étaient de leur domaine et qu'ils usaient d'un droit légitime. Pour pacification on restreignit ce privilège aux cens donnés, hérités ou aumônés depuis l'an 1318. On arrêta que les mayeur et échevins prendraient connaissance des défauts de payement et rendraient justice, que les questions posées devant le prévost royal seraient retraites au tribunal de l'échevinage.

II. Jean de Saint-Blimond, homme-lige, demeurant sur le fief Thipetot ou Thiboutot, en la banlieue, refusait de payer une maltôte de deux décimes, imposée sur chaque lot de vin vendu à broc : on accorda qu'il serait soumis à ce droit, mais seulement à la condition que l'argent serait employé aux réparations et aux fortifications de la ville (3).

III. Non contents de réclamer leur maltôte, les mayeur et échevins voulaient exiger que Jean de Saint-Blimond, sujet des religieux seulement, leur payât le droit d'afforage pour le vin vendu en détail et à broc et une pinte de vin pour les malades du Val, ainsi qu'on l'imposait par toute la ville. En outre un religieux nommé Robert de Fayel ayant acheté et revendu une pièce de vin, on réclamait deux deniers de chaque lot. Ces demandes furent mises à néant.

IV. « On reconnaît aux religieux le droit de faire un pavement à Haymond-Porte et » un ruyot ou trenquie pour aller les iaues. » Mais les mayeur et échevins ayant placé une porte et barrière à la porte Saint-Nicolas sans congé, durent avouer qu'ils n'avaient pas le droit d'édifier sur la juridiction des religieux sans leur permission.

---

(1) *Cart. de St-Riq. Fol.* 55.
(2) *Ibid. Fol.* 48.
(3) On lit dans le recueil des coutumes: « par concordat fait avec les Abbés et religieux, en l'an 1384, est deub à la dite ville de Saint-Riquier pour chacun lot de vin vendu en icelle, mesme dans la maison de Jean de Hesdin (héritier, je crois, de Jean de Saint-Blimond), non obstant qu'en ladite maison l'afforage appartienne à l'abbaye et qu'il ne soit deub aucune pinte de vin au Val. »

V. Il fut déclaré que la pierre qui fait le seuil du premier portail ou de la clôture sous l'Arche, est terre sainte et bénite comme le reste de l'Eglise, « et est franchise, et se
» aucun délinquant vint à se mettre sur icelle pierre, jasoit que la porte fut close,
» si est-il à franchise et lieu béni, comme dedans et peut attendre franchement l'ouver-
» ture de notre Eglise. »

L'année suivante ce droit fut reconnu par acte scellé des sceaux de l'Abbé, du couvent et de la commune dans les circonstances suivantes. Un sergent de nuit, aux ordres du lieutenant du mayeur, vint prendre, sur la pierre au seuil du portail, Jeannin de Hesdin : coupable de quelque délit, il s'y était réfugié selon son droit « pour être
» en franchise comme en l'immunité de l'Eglise. » Les religieux portèrent plainte devant le bailli d'Amiens et il fut ordonné « que iceux sergent et lieutenant rétabliroient
» sur le seuil ou pierre de notre porte comme mal prins le dit Jeannin de Hesdin, se
» avoir le pooient en personne, ou un autre homme en son lieu, en déclarant que c'é-
» toit le immunité et franchise de l'Eglise et leurs quittames l'amende pécuniale, mais
» point les frais et dépens qu'ils se soumirent de payer au taux et tauxation du dit
» bailli d'Amiens (1). »

Nous nous sommes occupé plus haut de ce droit d'immunité des Eglises. C'est ici un dernier rayon de ces grands jours de bénédiction chrétienne et de miséricorde dont la société n'eut jamais à gémir ; car les prières et les exhortations des religieux finissaient par triompher de l'endurcissement du cœur et préparaient le coupable au repentir et à toutes les réparations qu'on pouvait lui imposer dans le calme de la réflexion.

La commune devait des reliefs pour certains ténements de la ville ou de la banlieue. Par composition amiable le couvent ne réclama que 2 s. à chaque mutation de la personne vivante, mourante et confisquante, mais il avait gardé le droit des ventes, des reliefs, d'issue et d'entrée. La somme était égale à celle prélevée par la commune (2).

La ville devait aussi relief pour les terres de la Commune et du Val, soumises à la seigneurie de Saint-Riquier. « Nous sommes tenus à prendre homme ou plusieurs,
» quand le cas y esquiet, qui relèvera les terres et appartenanches de la dite ville et
» des poures trépassés du Val, et en sera saisi au nom, en payant tel droit que de rai-
» son et porra confisquer les dites terres comme les siennes, et ycelui mort, les maire
» et échevins y en porront remettre un autre de pareille condition et ainsy donnée en
» homme ; mais depuis le jour et datte de icelle, s'ils acquestoient ou qu'on leur donnât
» aucunes terres ou possessions, ils en wideront leurs mains en dedans l'an et jour
» passé, se il nous plaît, par vente ou autrement (3). »

On voit dans les actes de reliefs successivement ou en même temps expédiés les noms de Raoul le Cappelier, de Willaume le Sellier, clerc et procureur, de Jean de Bouberch, de Riquier Scorion. Ce sont des membres de la prévôté ou de l'administration municipale.

(1) *Cart. de St-Riq. Fol.* 49, 50.— D. Cotron. *Anno* 1385.   (3) *Ibid. Fol.* 49.
(2) *Cart. de St-Riq. Fol.* 53.

Hugues de Roigny, d'après Jean de la Chapelle, mourut le 4 février 1393, et fut inhumé dans l'église de Saint-Riquier (1).

(1) *Chron. Abbrev. Cap.* LI.

LIVRE DIXIÈME

LES ABBÉS DU QUINZIÈME SIÈCLE.

CHAPITRE PREMIER.

GUISCARD DE SALES, QUARANTE-CINQUIÈME ABBÉ.

(1393 à 1410.)

Guiscard de Sales appelé de Cluny au gouvernement de l'abbaye de Saint-Riquier. — Il part pour la croisade de Hongrie avec le duc de Bourgogne. — Biens d'Angleterre perdus. — Répression de fraudes à Chevincourt. — Le curé de Saint-Riquier et les confrères de Saint-Nicolas arrêtés dans leurs empiètements. — L'Eglise de Noyelles réconciliée. — Droits d'afforage. — Guiscard de Sales procureur de Cluny en divers lieux. — Chapitre de Moines Bénédictins, — Fondation et mort de Guiscard de Sales.

Guiscard de Sales, étranger comme ses prédécesseurs à la province et au monastère, paraît imposé aux religieux et non canoniquement élu en chapitre. Un auteur de ce temps nous a tracé un triste tableau de la papauté d'Avignon. Le pape Clément s'était rendu esclave des hommes de la cour de France : il recevait d'eux, sans pouvoir se plaindre, les traitements les plus indignes : il fallait céder à leurs importunités : il distribuait les évêchés et les autres dignités de l'Eglise selon leurs vues et leurs désirs, en sorte que les seigneurs séculiers étaient plus pape dans le clergé que le pape Clément lui-même.

Remarquons surtout que depuis la maladie du roi les ducs de Berry et de Bourgogne gouvernaient tout en France, avec cette différence que le duc de Bourgogne, quoique le plus jeune, était plus habile que son frère et se donnait beaucoup plus d'autorité dans cette régence.

Le nom de Sales est cher à l'Eglise depuis qu'il a été illustré par un saint devenu le type ou le synonyme de la mansuétude chrétienne. Il n'est pas impossible que notre Abbé ait appartenu à la famille du saint Evêque de Genève. Mais nous ne saurions l'affirmer, parce que plusieurs terres ont porté ce nom.

Guiscard de Sales était né dans le Bourbonnais : moine et infirmier de Cluny il fut nommé Abbé de Saint-Pierre-sur-Dive au diocèse de Séez en 1390. Trois ans après il fut transféré à Saint-Riquier (1).

Jean de la Chapelle et après lui M. Prarond donnent à cet Abbé une très longue existence à Saint-Riquier, en lui comptant quarante-deux ans d'administration. Un instant d'examen sur la chronologie eût rectifié cette erreur.

On lit dans la chronique de D. Cotron que Guillaume, cardinal du titre de Saint-Etienne-au-Mont-Cœlius (2) et camérier de l'Eglise romaine, accorda à frère Guiscard, autrefois Abbé de Saint-Pierre-sur-Dive et actuellement Abbé de Saint-Riquier, un terme pour acquitter ses bulles. Les charges dont le monastère était grevé étaient prises en considération : mais le cardinal laissait toute l'obligation de la dette jusqu'à ce que l'Abbé eût trouvé le moyen de se libérer.

N'est-ce pas là une révélation sur la situation déplorable des bénéfices ecclésiastiques en France ? Nous avons déjà fait entendre les vives plaintes de l'Eglise : ces faits sont plus éloquents encore. Il paraît que les années suivantes ne furent pas plus abondantes pour le monastère, car Guiscard de Sales ne se libérait pas. On prononça même contre lui une sentence d'excommunication ; il offrit, le 29 mai 1398, huit cents florins d'or, dont François, archevêque de Narbonne et camérier du pape, lui donna quittance. Ce témoignage de bonne volonté suffit pour faire lever la sentence d'excommunication ; on lui accorda pour le reste un délai jusqu'à la fête de la Toussaint.

Le fait le plus saillant de la vie de Guiscard de Sales, celui qui se rapporte le plus à l'histoire générale de l'époque, c'est sa participation à la croisade de Hongrie en 1396-1397. Nous ne croyons pas nous écarter de notre sujet en nous arrêtant un instant sur cette expédition, si fatale à la chevalerie française, et en suppléant ainsi au silence de nos chroniques.

Bajazet déjà victorieux en plusieurs combats contre les chrétiens menaçait la Hongrie : il se vantait « de chevaucher si avant qu'il viendroit à Rome, et feroit son che- « val manger avoine sur l'autel saint Pierre à Rome, et là tiendroit son siège impé- « rial. » La noblesse française s'émut à cette nouvelle. « Donc se réveillèrent che- « valiers et écuyers qui se désiroient avancer parmi le royaume de France, » On parlait de conquérir la Turquie, la Syrie, de délivrer la Terre Sainte, Jérusalem, et le Saint Sépulcre des payens et de la subjection du Soudan et des ennemis de Dieu (3).

Le comte de Nevers, fils du duc de Bourgogne, fut le chef de cette expédition ; il était accompagné de la fleur de la noblesse française. On distinguait parmi les princes et grands seigneurs le sire Enguerrand de Coucy et Philippe d'Artois, comte d'Eu, conné-

---

(1) D Cotron. *Anno* 1393.
On a retrouvé une bulle du pape Clément VII, datée du mois de mars de la seizième année de son pontificat, portant mandement à l'Evêque d'Amiens de recevoir Guiscard, prêtre religieux pour Abbé de l'Eglise et abbaye de Saint-Riquier.

Le pape, ou si l'on aime mieux, l'antipape Clément VII (Robert de Genève), élu le 27 août 1378, mourut le 16 septembre 1394.

(2) D. Cotron. *Anno* 1394.

(3) Froissart. *Tom.* III. *Pag.* 226. 227.

table de France, les principaux conseillers du jeune et inexpérimenté comte de Nevers. La chronique nous apprend que Guiscard de Sales partit en la compagnie de ces deux illustres chevaliers (1). On sait qu'alors des clercs en grand nombre accompagnaient l'armée, soit pour assister les mourants et fortifier les combattants, soit pour célébrer l'office divin et implorer les grâces du ciel. Il est probable que Guiscard de Sales fut un des principaux chefs ecclésiastiques de cette croisade et que ses relations avec la maison de Bourgogne et les grandes familles de France le firent choisir pour cette importante et laborieuse mission.

On connaît la triste issue de cette entreprise : « Toute la force des seigneurs de « France, qui pour ce jour furent à la besogne de Nicopoli, fut là ruée jus et détruite.... « Là eut deux écuyers de Picardie, vaillans hommes, lesquels s'étoient trouvés à plu-« sieurs places de rencontres et de batailles, et en étoient partis et issus à leur honneur « et aussi firent-ils de la besogne de Nicopoli. » Ce furent Guillaume du Bus et le Borgne de Montquel (2). Mais leur trop grande vaillance causa leur mort (3).

Des auteurs attribuent les revers des nobles Français à leur vie licencieuse : ils devraient ajouter, pour être sincères, que l'expiation répara héroïquement ces désordres d'une jeunesse inconsidérée et que la crainte de Dieu, un instant étouffée par l'ardeur des combats, se réveilla en leur âme avec les aspirations de la foi la plus vive. Le récit de leur mort est une page à ajouter à l'histoire des martyrs. Les Français qui ne périrent pas dans le combat furent faits prisonniers. Bazajet ne réserva que vingt-cinq des principaux seigneurs, dont il espérait une forte rançon. Tous les autres furent cruellement massacrés.

Le seigneur de Coucy et le comte d'Artois avaient été soumis à la rançon, mais ils périrent dans les prisons. L'Abbé de Saint-Riquier n'avait point participé à la bataille. Il ne tomba point entre les mains des infidèles, et il se sauva au milieu des plus grands périls, comme on peut le conjecturer par ce passage du *Récit des faits de Jean Boucicault* (4). « Après ceste mortelle desconfiture, fut là grand pitié des chrestiens fran-« çois et autres qui estoient là allés pour servir le comte de Nevers et les autres sei-« gneurs, chevaliers et écuyers, si comme chappellains, clercs, varlets, paiges et aul-« tres gens qui ne s'armoient mie, et mesmement d'aulcuns gentilshommes qui eschap-« pèrent de la bataille. Si n'estoit pas petit l'esbahissement de eulx trouver en tel party « sans chef, entre les mains des Sarrasins. Si estoient comme brebis esparses sans pas-« teur entre les loups. Adonc prist à fuir, qui fuir put hastivement au fleuve de la « Dunoé (Danube) à refuge, comme si ce fust lieu de leur sauvement, comme gent es-

---

(1) D. Cotron. *Anno* 1397.

(2) Froissart. *Ibid.*, page 263.

(3) La noblesse du Ponthieu était aussi représentée par les sires de Rambures, de Picquigny, de Boulainvillers, de Mareuil et de Villers. Jacques de Heilly, gentilhomme picard, joua un grand rôle dans la négociation de la rançon des prisonniers. (Formentin. *Histoire manuscrite du Ponthieu.*)

(4) *Livre des faits* de Jean Boucicault. Édition du Panthéon, page 597.

« perdue et que peur de mort chassoit de péril en aultre. Là se fichèrent ès bateaux
« que ils trouvèrent, qui premier y put venir ; mais tant les chargeoient que à peu
« n'enfondroient, et que tous ne périssoient ensemble. Les autres, qui advenir n'y pou-
« voient, despouilloient leurs draps, et à nager se mettoient : mais la plus grand part
« en périt, pour ce que trop est ceste rivière large et courante. Si ne leur pouvoit durer
« haleine tant que ils fussent arrivés : et des noyés en y eut sans nombre. De ceulx
« qui eschappèrent en revint en France aulcuns gentilshommes et autres qui rapportè-
« rent les douloureuses nouvelles. »

De retour en Ponthieu Guiscard continua de consacrer son temps à l'administration du temporel et du spirituel de son abbaye. Divers actes de vigueur nous prouvent qu'il s'efforça de maintenir la discipline régulière et qu'il fut un fidèle administrateur du dépôt confié à sa sollicitude pastorale.

La paix conclue entre la France et l'Angleterre donnait à l'Abbé de Saint-Riquier la confiance de faire valoir ses droits sur les domaines situés en Angleterre : on avait sans doute à réclamer de nombreux arrérages, en même temps qu'on voulait sauvegarder l'avenir (1396). C'est pourquoi Guiscard de Sales chargea de sa procuration D. Jean Humbert et l'envoya chez nos voisins pour toucher les fruits et les arrérages. Mais les traditions libérales des rois Saxons étaient perdues et l'on n'était guère disposé à respecter leurs contrats. A peine arrivé en Angleterre avec son mandat, D. Humbert apprit qu'un édit du roi obligeait tous les étrangers à quitter l'Angleterre dans un temps déterminé et qu'après ce délai il y aurait peine capitale contre le délinquant. Il fut donc obligé de rentrer en France et depuis lors il fut impossible de toucher le moindre revenu de ces biens (1). Les nombreuses révolutions de cette époque en Angleterre et les guerres du siècle suivant n'expliquent que trop la cause de cette prescription.

Les habitants de Chevincourt, comptant peut-être sur l'impunité ou mal surveillés, se rendirent à cette époque (1399) coupables de délits. Plusieurs d'entre eux s'étaient permis de s'approprier et « d'encharier certains bois, bûches, fagots et laingnes que les « religieux avaient fait ordener pour leur usage dans le bois de Chevincourt. » Les religieux lésés dans leurs droits obligèrent les délinquants à comparaître en la prévôté de Compiègne, le 11 octobre 1399, pour rendre compte de leur conduite et se voir condamner à une amende. Ceux-ci demandèrent au procureur des religieux D. Thomas Quillet que le procès fut apaisé ; ils avouaient leur faute et se soumettaient à payer la somme de 28 florins d'or par chaque portion enlevée.

l'Abbé Guiscard ne les tint pas quittes à si bon marché. D'après une lettre de Jean de Tingry, prévôt de l'église de Saint-Riquier, du mois de janvier 1399, tous les auteurs du délit furent mandés à Drugy et en présence de plusieurs personnages, entre lesquels nous signalerons Dampt Jean Dufour, religieux de Cluny, Nicolas de Grou-

---

(1) D. Cotron. *Anno* 1396. On dit que l'abbé de Saint-Valery fut mieux avisé ; il vendit en 1391 toutes ses possessions d'Angleterre et put ainsi disposer de son capital.

chy, curé de Chevincourt, « ils se mirent chacun à genoux devant Monsieur Guiscard,
« lors Abbé et lui crièrent merchi, amendèrent le cas et promirent payer aux religieux
« vingt-huit flourins d'or pour nos dépens : avec se obligèrent de venir en nos plaids
« de Chevincourt et publiquement crier merchy du deffaut qu'ils avaient commis et le-
« quel mondit sieur leur pardonna par icelles conditions (1). »

Un autre méfait sur l'*âme* des raisins (2) de Chevincourt et la dîme des vendanges fut aussi déféré au tribunal du bailli temporel de l'église de Saint-Riquier.

En 1400, plusieurs habitants de Chevincourt avaient différé de payer la dîme de leurs vins et de délivrer l'âme de leurs raisins, après qu'ils les avaient foulés. D'après les us et coutumes locales, il ne leur était permis que de tenir une seule nuit les raisins sur le pressoir à leur profit et encore ne devaient-ils pas « plus fort chargier que de raison « pour écouler. » Le reste du vin à extraire appartenait au couvent. Or ils avaient tenu le raisin sur le pressoir plus d'une nuit sans faire savoir qu'ils étaient prêts à presser « au prouffit des religieux comme ils y étaient obligés, sans les chargier à outrange, et « ne les avaient point baillés âmes raisonnables ne prenables. » Finalement pour éviter une complainte ou un procès avec les religieux, les censitaires de ces dîmes et des droits de vendanges « vindent vers Monsieur l'Abbé, et présents le bailli Jean de Bou-
« berch, Maître Jean Vachier, archiprêtre de Parthenay, Dampt Guy Garbe, prieur du
« Saint-Esprit d'Abbeville, Jean de Montament, écuyer, Philippe Malet et autres, et
« se mirent à genoux et crient merchy, se obligèrent et jurèrent sur les saints Evan-
« giles dorénavant justement et loyallement payer leur dixmes desdits vins, venir vers
« les commis du monastère, le jour que ils fouleront ces roisins, sommer de venir le len-
« demain matin quérir leur âme, pour presser au prouffit des religieux et ne le tenir que
« une seule nuit, sans les chargier à outrage, ne contre raison, bailler leur âme raison-
« nable et prenable comme il est de droit, sans contredit ne sans cavilation ni triche-
« rie ou faulte, et en ce promettant il leur fut pardonné par mondit sieur l'Abbé qui en
« requit lettres authentiques audit bailli (3). »

Jean de la Chapelle appelle ce titre « une très bonne lettre et très prouffitable. »

Guiscard de Sales défendait ses prérogatives spirituelles et temporelles à Saint-Riquier aussi bien qu'à Chevincourt. Un seul acte d'empiètement étant souvent opposé comme un précédent valable, il fallait continuellement sauvegarder les principes. C'est ce qui explique l'acte de répression exercé contre le curé de Notre-Dame en 1397 et contre les confrères de Saint-Nicolas en 1399.

Pour obéir à un commandement de l'Evêque d'Amiens qui avait ordonné une procession générale pour être faite, pour le schisme et division, « et obtenir paix à notre « mère sainte Eglise », Pierre Randoulot, prêtre et curé de Notre-Dame, avait annoncé

---

(1) *Cartul. de St.-Riq., fol.* 131.
(2) L'âme du raisin, expression très pittoresque pour désigner la partie la plus substantielle du fruit de la vigne.
(3) *Cart. de St.-Riq. Fol.* 131.

sa procession « sans demander congiet et licence ne advertir l'Abbé,ce qui était contre « son privilège et sa seigneurie. » Pour cet acte d'indépendance on appela le curé de Notre-Dame devant le prévôt et par acte passé en présence des auditeurs royaux il reconnut qu'il ne devoit « ce faire sans le congiet, licence et autorité du couvent, et ac-« corda que ce ne porteroit préjudice en saisine. A sa requête fut mis comme non avenu « et lui reconnaissant contre notre droit avoir failli (1). »

Les confrères de la confrérie Dieu et Saint-Nicolas, à Saint-Riquier, étaient venus ensemble, la nuit de l'ordination de Saint-Nicolas, quérir le bâtonnier, par forme de procession, revêtus de leurs chappes et autres ornements, faisant porter la croix devant eux et l'eau bénite. Ces processions solennelles étaient très populaires dans ces temps de foi vive et de sincère croyance. Chaque corps tenait à les diriger et ordonner suivant ses goûts et sa dévotion. Aurait-on seulement oublié qu'il fallait « le congiet et licence du couvent ? » Aurait-on plutôt contrevenu à une défense positive ? La circonstance de la procession nocturne et de la répression le ferait supposer. Quoi qu'il en soit, les prévôts de la confrérie furent immédiatement assignés devant le bailli d'Amiens pour répondre « de la novelleté de plusieurs de leurs confrères, à savoir Messire Fremin le Cordier, Messire Philippe de Nuellemont, Messire Jean Hurtel, Messire Jean à l'Esteule, Messire Jean le Duc, Messire Robert Warin, Messire Pierre le Corier, Robert Langles et autres. »

On cite les noms des prêtres fauteurs ou principaux auteurs de ce désordre. Cette nomenclature nous prouve la présence d'un nombreux clergé dans la ville de Saint-Riquier ; nous en donnerons encore beaucoup d'autres preuves.

Les prévôts, — c'étaient Messires Jean le Duc et Enguerrand le Prévost, — reconnurent pour tous les autres, « en se faisant fort d'iceux, qu'ils avaient mal fait et qu'ils « ne le pooient faire outre la volonté des religieux sans congiet et licence et leur re-« connurent leurs droits, possessions et saisines, comme ils le demandaient et accor-« dent que ce qui était fait ne leur peut porter préjudice en saisine ne aultrement. Ils « engagent même à cet effet les biens temporels de la confrérie.

La pièce est ainsi désignée. « Les confrères ne peuvent aller quérir le bâtonnier par « forme de procession (1). »

Rapprochons de ces susceptibilités seigneuriales du couvent une autre réclamation contre l'Evêque d'Amiens lui-même (1405). L'église de « Noyères à la Cauchie » avait été polluée par effusion de sang humain. Jean Avantage, évêque d'Amiens, pour obéir aux prescriptions canoniques, voulait la réconcilier.

« Comme de raison était, dit la chronique, là où nous contredimes et y bailla contre-« dit Monsieur Guissart de Sales, Abbé, qui régna 17 ans. »

Le monastère affirmait sa juridiction temporelle sur cette église et même sa pro-

---

(1) *Ibid. Fol* 22. (2) *Cart. de St.-Riq. Fol.* 23. — D. Cotron. *Anno* 1398.

priété; ce qu'il prouvait par la redevance d'une censive: il ajoutait, ce qui étonnera plus d'un lecteur, qu'elle n'était ni consacrée ni bénite. Peut-on supposer une église privée de bénédiction? Il faudra bien l'admettre, puisque le fait est attesté, et reconnaître que le culte religieux s'exerçait, par une espèce de tolérance ou par nécessité, dans un oratoire spécial où l'on avait permis de dire la messe temporairement, en attendant une église canoniquement établie. Les religieux s'opposèrent à la réconciliation, parce qu'ils craignaient que la consécration ou bénédiction ne leur fit contester plus tard leur droit de propriété et leur juridiction. L'Evêque d'Amiens ne s'arrêta point à ce scrupule de seigneurs cauteleux : il déclara que la réconciliation aurait lieu et consentit qu'on rédigeât un acte dans lequel il serait spécifié que cette cérémonie expiatoire « ne « porteroit préjudice ne empêchement en propriété ne en saisine et que rien à leur « droit contraire n'en fût engendré (1). »

Quelques taverniers de Saint-Riquier contestaient le droit d'afforage des religieux : ceux-ci s'adressèrent au roi pour obtenir une nouvelle confirmation de leur privilège. C'est pourquoi le roi Charles VI, la XXVII° année de son règne, manda au premier « sergent à ce requis qu'il eût à protéger le droit clair et évident des religieux sur « les afforages de la ville et à contraindre les opposants sur chaque pièce de vin vendue « et distribuée en détail et à broche, devant une pinte de vin (2). » Les taverniers n'osèrent pas lutter contre l'autorité royale et ils payèrent, comme on doit le supposer, puisque les religieux jouirent paisiblement de leur droit dans la suite (1406).

Pierre Lengagneur, bourgeois d'Abbeville, acheta à Guillaume de Canaples son fief du tonlieu du marché de Saint-Riquier (1407). Pierre Lengagneur est un des person-

---

(1) *Cart. de St.-Riq.*, Fol. 175. — D. Cotron. *Anno* 1405.

« N'y aurait-il pas quelque rapport entre cette effusion de sang, suite sans doute d'une rixe dans l'église, et le fait suivant qui porte la même date? « Nous avons, dit le Cartulaire, à Noyères et sur ses fiefs toute justice et par exprès le jour et la nuit de saint Pierre et saint Paul, patrons du dit Noyères, nous avons seigneurie de faire corner, piper menestreux à la fête et faire toutes défenses, garder justice, faire cesser iceux menestreux quand bon nous semble, faire toutes défenses de porter bâtons invasibles, comme planchons et pieux, glaves, espées et tels dangereux bâtons, de les faire ôter aux rebelles et délinquants et même les constituer prisonniers. Ce qui fut fait à VI ou VII embartonnez. »

Il paraît que cette année les fêtes de Noyères menaçaient d'être turbulentes et qu'on redoutait des rixes, car on prit la précaution d'envoyer un religieux, D. Pierre Wacousins, avec deux sergents royaux. On ne s'était pas trompé. « Car violentement et furibondeusement vint un nommé Jean de Han, écuyer, qui demanda qui avait donné tel empêchement à ses gens : puis il vitupa Monsieur de cette église, les religieux, les officiers et notre justice en ses paroles de fait par menaces, fit cesser les menestreux décorant la solennité du dit jour et patron. »

L'Abbé porta sa plainte au bailli d'Amiens contre cette agression brutale. La cause fut jugée en présence des hommes-liges de la circonscription qui figurent au procès au nombre de onze, tous possesseurs de fiefs importants. « Ledit Jean de Hen se rapprocha de Monsieur l'Abbé et lui cria merchi, lui priant qu'on lui vausist pardonner ce qu'il avait mal fait le jour saint Pierre à Noyères lui et ses complices. Il reconnut que contre raison et contre droit il avait fait les dites insolences et nous rétablit publiquement et reconnut notre droit en tout et partout. Ainsi la fête de Noyères est nôtre. » — *Cart. de St. Riq. Fol.* 178.

(2) *Cart. de St.-Riq. Fol.* 144.

nages les plus marquants d'Abbeville à cette époque : on voit dans les Annales de la ville qu'il fut appelé cinq fois à diriger l'administration communale en qualité de mayeur. Ce fief fut acheté pour la somme de 10 livres et pour la durée de trois générations ou vies d'hommes (1).

La chronique nous fait connaître un autre fief dont il n'est question nulle part ailleurs. En rendant un pain de la valeur d'une maille, Lengagneur avait le droit de vendre du pain dans Abbeville et les faubourgs. Ce fief fut depuis acquis par la famille Lever, qui possédait la seigneurie de Caux et de la Vassorerie (2).

En 1404, Raimon de Cadoen, Abbé de Cluny, avait confié à l'Abbé de Saint-Riquier le gouvernement des doyennés « de Lacy? » *(Lessiacum)* et de Péronne (3). On n'a pas oublié que Guiscard de Sales fut d'abord moine de Cluny. Il était tout naturel que l'ordre demandât un service à l'un de ses enfants que son élévation n'avait pas rendu ingrat envers sa mère nourricière. Il faut sans doute entendre par ce mot de gouvernement la haute intendance ou l'administration des biens que l'ordre possédait dans ces doyennés.

Vers la fin de la vie de Guiscard de Sales (1410), le chapitre général des Abbés Bénédictins des provinces de Reims et Sens se réunit à Saint-Faron de Meaux : on fit quarante-deux règlements pour la restauration de la discipline régulière. C'est ainsi que les vrais enfants de saint Benoît protestaient contre les scandales et les désastres de ce siècle et montraient leur zèle pour la perfection et le maintien des institutions auxquelles ils avaient dévoué leur vie. Ces règlements furent-ils observés ? Bien des raisons nous obligent d'en douter en présence des calamités épouvantables qui fondent sur la France à cette époque (4).

---

(1) D. Cotron. *Anno* 1407.

D'après une note sans date de nos archives, la gestion de Pierre Lengagneur n'aurait pas été approuvée par les moines. Une pièce de ces archives parle d'un procès « où Jean Lingueil et Jean Boyer auraient vaqué dix-neuf jours à 7 livres tournois par jour, qui montent à VxxXIII livres payées par Dampt Thomas d'Arech. »

(2) D. Cotron. *Anno* 1407.

(3) *Gallia Christ.* Tom. IV, pag. 1157.

(4) *Histoire de l'abbaye royale de Saint-Germain-des-Prés*, pag. 168.

Citons Jean de la Chapelle dont nous accusons souvent l'impéritie et l'inexpérience. Mais ici il n'est que l'écho des accents douloureux de l'époque. « Au temps de l'abbé Guichard, on organisa des danses nocturnes à Paris dans le palais » royal de Saint Pol. Une nuit, le comte de Joigny, » le bâtard de Fois et Hugues de Grieuses furent » brûlés par des feux très subtils et moururent » sur place : les directeurs de ces jeux criminels » avaient espéré étouffer et brûler le roi qui se » trouvait là : mais les dames et les gentilshom- » mes présents qui n'étaient point du complot sau- » vèrent le roi, en éteignant les flammes qui dévo- » raient ses habits : ils le dépouillèrent de ses » vêtements embrasés et ils se virent eux-mêmes » environnés de feux qui détruisirent leurs pro- » pres habits. » D'après Froissart, ce complot n'était qu'une rumeur hasardée et répandue dans le public.

« A la suite de cet attentat, l'an du Seigneur » 1407, la veille de saint Laurent, Ranlot d'Auton- » ville mit à mort le duc d'Orléans dans la ville » même de Paris à la porte Baudes.

» On accusa de cet épouvantable attentat Jean, » duc de Bourgogne, qui venait de rentrer de la » guerre de Hongrie. Cette catastrophe fut la » cause et l'origine de maux qui se répandirent » sur le royaume, et causèrent sa ruine. Pestes, » guerres, famines, jamais on ne vit tant de fléaux » réunis ; jamais on n'entendit raconter de tels

CHAPITRE I. — L'ABBÉ GUISCARD DE SALES.

Guiscard de Sales ne fut point le témoin de ces maux. Sentant sa fin approcher et voulant pourvoir lui-même aux intérêts spirituels de son âme il fonda une messe à perpétuité. Tous les lundis, jusqu'à sa mort, on devait célébrer la messe de Saint-Esprit et après son trépas la messe de *Requiem*. Guiscard rendit son âme à Dieu le 10 avril 1410, laissant à ses religieux l'exemple de ses vertus et le fruit d'une sage et louable administration (1).

On ne perdit pas de temps pour procéder à l'élection de son successeur et devancer, s'il était possible, toutes les brigues. Le 14 avril 1410, immédiatement après les funérailles de Guiscard de Sales, la communauté se réunit au chapitre sous la présidence de Pierre de Wacousins, prieur claustral. Il ne manquait à cette assemblée que Pierre Hordesier ou Hordescourt, prieur de Bredenay, absent avec la permission du roi. On élut pour Abbé, d'un consentement unanime, Dom Thomas d'Arech, hôtellier et aumônier du monastère, moine d'une conduite exemplaire, très considéré dans toute la communauté où il avait rempli les premiers emplois, à la satisfaction générale. L'élection était très régulière, ainsi qu'il fut constaté dans un acte public rédigé par maître Hast de la Hune, clerc, et Pierre Chevalier, notaires publics. On avait appelé des témoins étrangers au monastère, Jean le Normand, Jacques le Petit et Jean de Bouberch. « Cependant, ajoute la chronique, Thomas d'Arech ne fut pas agréé ; on « ne saurait en assigner la vraie cause. On est réduit à de vagues conjectures (2). » On peut supposer que le duc de Bourgogne, alors tout puissant en France, aura demandé cette riche abbaye pour quelqu'une de ses créatures. En effet, après plus de six mois de vacances, ainsi qu'on le remarque dans les actes publics, on voit arriver Jean de Bouquetot.

» excès. L'Eglise militante, les nobles, le peuple,
» toute la société eut ses désastres et ses victimes
» et les cicatrices de ces plaies ne sont pas encore
» fermées. » — *Chron. Abbr. Cap.* LII.

Bien d'autres historiens confirment ce triste récit.

(1) D. Cotron. *Anno* 1410.

(2) D. Cotron. *Ibid.* Le tableau chronologique des Abbés, conservé à la trésorerie du monastère remarque que Thomas d'Arech fut exclu par ordre exprès du roi Charles VI. La recommandation primait alors l'élection. On sait qu'avant d'élire un Abbé, on était tenu de solliciter le consentement du roi ; ce qui lui donnait une grande prépondérance. Les commissaires délégués pour assister ou mieux pour présider aux élections adressaient aux moines des recommandations ou d'impérieuses suppliques en faveur des créatures ou des serviteurs que le roi ou ses courtisans voulaient récompenser. Comment le sujet recommandé aurait-il pu être exclu ? La pragmatique-sanction consacra dans la suite cette pratique et rendit les élections à peu près indépendantes du Saint-Siège. C'est pourquoi on l'appela la *Corruption française établie à Bourges.* Le concordat de 1517 fut proposé par la cour romaine comme un remède à cet abus scandaleux.

CHAPITRE II

JEAN DE BOUQUETOT, ABBÉ NOMMÉ, NON INTRONISÉ.

(1410 à 1411.)

Le nouvel Abbé qu'on imposait au monastère appartenait probablement à la classe des prélats, que les expectatives, les suppliques, les rôles en cour de Rome, les grades universitaires mettaient à la dévotion des princes et des rois et que les papes eux-mêmes se chargeaient quelquefois de récompenser de services rendus à l'Eglise. Jean de Bouquetot était originaire de Normandie, docteur en décrets, prieur de Pré, aujourd'hui Bonne-Nouvelle dans les faubourgs de Rouen (1), où l'on ne voit pas toutefois qu'il ait résidé ; car son nom est omis dans le catalogue des prieurs et c'est d'après les Archives de Saint-Riquier qu'on pourra le rétablir.

Ici Jean de la Chapelle n'est pas encore d'accord avec D. Cotron ; il dit que Jean de Bouquetot gouverna ce monastère pendant trente mois. Les bulles de Hugues Cuillerel lui donnent tort (2).

Après sa nomination vers la fin de l'an 1410, l'Abbé de Saint-Riquier partit pour Rome soit dans le dessein de presser l'expédition de ses bulles, soit pour acquitter les droits perçus par le Saint-Siège à la provision de chaque Abbé.

On sait que le concile de Pise avait essayé de mettre fin au schisme par l'élection du pape Alexandre V auquel succéda Jean XXIII. Ces deux papes furent reconnus en France ; c'est pourquoi les rapports avaient été rétablis avec l'Eglise romaine.

Quand Jean de Bouquetot fut arrivé à Rome, le pape Jean XXIII le transféra à Saint-Wandrille alors privé d'Abbé, ainsi qu'on le voit dans la bulle d'institution de Hugues Cuillerel, son successeur à Saint-Riquier (3).

---

(1) D. Cotron. *Anno* 1411.

(2) *Chron. Abbrev. Cap.* LIII.

(3) D. Cotron. *Anno* 1411. — Gilbert (*Description de l'Eglise de Saint-Riquier*, page 168) remarque que Jean XXIII abusant de son pouvoir transféra Jean de Bouquetot à Saint-Wandrille. Nous aimerions à connaître comment le pape a abusé de son pouvoir.

Nous devons ajouter que Jean de Bouquetot fut aussi nommé référendaire du pape Martin V et qu'il ne visita jamais son abbaye de Saint-Wandrille, parce qu'il était mal vu des Anglais ; il réprima cependant les prêtres de Caudebec, qui avaient défendu, avec l'autorisation du vicaire-général de Rouen, le sermon qu'on faisait habituellement le Vendredi-Saint devant la porte de l'église de Cauville. Dans un concile de Paris Jean de Bouquetot fut délégué au concile de Constance pour représenter la province de Rouen. On a dit aussi qu'il fut évêque de Bayeux ; mais s'il est vrai qu'il fut nommé, il n'a pas été confirmé et n'a jamais pris possession.

On nous a conservé cette épitaphe de D. Bouquetot.

CHAPITRE III

HUGUES III, CUILLEREL, QUARANTE-SIXIÈME ABBÉ.

(1411 à 1457.)

Bulles de provision canonique. — Notice sur cet Abbé. — Grands désastres de cette époque. — Les moines soumis aux subsides de guerre. — L'empereur Sigismond et le roi d'Angleterre à Saint-Riquier. — Siège mémorable de Saint-Riquier en 1421. Indemnités au monastère. — Jeanne d'Arc à Saint-Riquier. — La paix d'Arras. — Acquisition de l'Hôtel d'Abbeville. — Saint-Riquier soumis au duc de Bourgogne. — Le concile de Bâle. — Son privilège pour le monastère. — Jean d'Auxi capitaine de Saint-Riquier — Guerre des Anglais. — Pierre Le Prêtre, procureur de l'Abbé Hugues, qui lui résigne ensuite son abbaye et se retire à Paris. — Mort de Hugues Cuillerel. — Notice sur Nicolas Bourdon, prévôt de l'abbaye. — Bray et Crotoy.

Cet Abbé fut nommé par le pape Jean XXIII lui-même à la place de Jean de Bouquetot. Dans sa bulle de provision du 9 des ides d'avril 1412, on lit ce qui suit : « Il n'est
« rien qui nous intéresse plus vivement que les églises et les monastères confiés à nos
« soins par la Providence divine. Mais quand ces monastères, immédiatement soumis
« à l'Église romaine pour le temporel et le spirituel, sont privés de leurs pasteurs et
« pleurent les misères de leur veuvage, nous leur devons les soins de notre paternelle
« bienveillance. C'est à nous de leur procurer des ministres qui sachent gouverner
« utilement et saintement. Notre cher fils Jean, votre Abbé, a été promu par nous au
« gouvernement du monastère de Saint-Wandrille, de l'ordre de saint Benoît. Afin de
« ne point vous exposer aux maux d'une longue vacance, après avoir délibéré avec nos
« vénérables frères sur le choix d'une personne utile et convenable à votre monastère,
« nous avons jeté les yeux sur notre fils Hugues, prieur de Saint-Vigor, près Bayeux,
« du même ordre, bachelier en droit et revêtu de la dignité du sacerdoce. Nous savons
« de science certaine que ledit Hugues mérite d'excellents témoignages pour son zèle
« envers la religion, pour la pureté de sa vie, la gravité de ses mœurs, sa science des
« choses spirituelles, sa dextérité dans les affaires temporelles et beaucoup d'autres
« qualités. Nous l'avons donc, de l'assentiment de nos frères, institué Abbé de Saint-
« Riquier et lui avons donné la charge de gouverner le monastère tant au spirituel

Jean de Bouquetot je m'appelle,
Père et pasteur de Fontenelle,
Qui me fit de Rome venir
Les pouvoirs d'ornements bénir.
Puis tiré de ce monastère
Fut du pape référendaire,

Et au gré des bons et pieux
Un évêque de Bayeux.

Jean Bouquelot appartient à l'illustre famille d'Harcourt. Il en portait les armes de *gueules à deux fasces d'or* qu'il brisait d'un franc canton d'hermine. (*Neustria Pia, page* 180).

« qu'au temporel. Nous espérons fermement et nous sommes fortement convaincu
« que votre monastère, avec l'assistance de Dieu, prospèrera sous un administrateur
« aussi fidèle et prendra d'heureux accroissements tant au spirituel qu'au temporel.
« C'est pourquoi nous vous mandons par ces lettres apostoliques de le traiter avec hon-
« neur, de lui rendre le respect et l'obéissance qui lui sont dus, d'écouter ses avis et ses
« salutaires conseils avec humilité, de les exécuter avec courage. S'il en était autre-
« ment, nous sommes disposé à ratifier la sentence que votre Abbé porterait contre
« vous et nous la ferions observer intégralement jusqu'à pleine satisfaction (1).

Hugues Cuillerel était originaire de Poligny en Arbois, au comté de Bourgogne et neveu de Maître Jacques de Sosac, grand maître de la maison de Bourgogne qui fonda l'église collégiale de Saint-Hippolyte de Poligny. Hugues Cuillerel avait pris l'habit monastique dans l'ordre de Cluny, il fut prieur de Mimars près Lorry en Gâtinois, puis de Saint-Denis de la Châtre à Paris et ensuite de Saint-Vigor de Bayeux, ancienne abbaye, descendue alors à la condition de simple prieuré (2). S'il fallait en croire Jean de la Chapelle, Hugues aurait possédé plusieurs de ces prieurés en même temps (3).

Il serait difficile d'ajouter quelque chose à l'éloge que faisait de cet Abbé le pape Jean XXIII. Nous avons trop peu de détails sur son administration à Saint-Riquier, pour juger s'il soutint sa réputation. Pierre le Prêtre son successeur remarque qu'il résida beaucoup plus à Paris qu'à Saint-Riquier et que le monastère souffrit beaucoup de ses longues absences. Il est probable qu'il remplit quelque office de chapelain ou d'aumônier dans la maison du duc de Bourgogne.

L'an 1412, le 1er septembre (4), Hugues Cuillerel alors à Paris, rue Saint-Julien-le-Pauvre, choisit pour ses procureurs dom Jean Anselme, prieur claustral, dom Thomas d'Arech, aumônier et hôtellier et dom Robert Matiffas, tous trois religieux de Saint-Riquier et les chargea de prendre possession en son nom de la dignité abbatiale et du temporel de l'abbaye.

Divers actes nous prouvent, comme nous l'avons déjà remarqué, que l'administration royale, par ses prévôts, ses baillis et ses parlements, gouvernait pendant la vacance les biens des monastères soustraits à la juridiction épiscopale ou pontificale. On ne connaissait plus ni immunité ni juridiction ecclésiastique. Ainsi demoiselle Marie Couppe-Coulle légua par son testament deux pièces de terre, à la condition qu'on célèbrerait deux messes par semaine pour le repos de son âme ; mais la charge surpassant le revenu, on cessa de remplir les obligations imposées ; on eut tort sans doute, mais l'Eglise avait prévu ces vicissitudes : on devait alors s'adresser à l'autorité ecclésiastique. Nous voyons cependant que Jean de Matiffas, Jean de Bersaques et dame Marie sa femme, sans doute héritiers intéressés dans la question, portèrent plainte au roi pour deman-

---

(1) D. Cotron. *Anno* 1412.
(2) D. Cotron. *Ibid.*
(3) *Chron. Abbrev. Cap.* LIII.

(4) D. Cotron. *Anno* 1412. Au lieu du 1er septembre, Jean de la Chapelle indique le jour de Noel.

der redressement de cette irrégularité. On finit par un accord et l'on consentit de part et d'autre à la célébration d'une seule messe par semaine (1).

Par sentence de Philippe d'Auxi, seigneur de Dompierre et d'Estoui, bailli d'Amiens, (25 juin 1414), il est réglé que l'Abbé ou le trésorier peuvent traiter avec les parents pour le casuel des familles, sans la participation du curé auquel revient le tiers de ces droits (2). Est-il rien de plus dépendant de la législation ecclésiastique que des offrandes de cette nature? Le contraste est d'autant plus frappant que nous avons vu cent ans auparavant de semblables conflits portés au tribunal du Souverain-Pontife et réglés canoniquement. C'était là certainement une souffrance pour l'Eglise : asservie au pouvoir laïc, elle subissait toutes les exigences et tous les caprices des intérêts humains. Que les troubles civils mettent le pouvoir en d'indignes mains, il n'y a plus d'appel, plus de recours contre la violence et l'oppression. En vain l'on aurait espéré dans le concile de Constance. Cette célèbre assemblée, qui s'épuisait en luttes contre les papes et cherchait à émanciper l'Eglise de leur autorité, loin de se plaindre des servitudes que lui imposaient les officiers du roi, semblait courir au-devant.

Notons ici que Hugues Cuillerel, empêché d'assister au concile de Constance, avait fait représenter son monastère par un célèbre docteur de ce temps, Pasquier de Vaux. Une liste des membres du concile le désigne ainsi : « *Pascherius de Vallibus*, procureur de l'Abbé de Saint-Riquier en Ponthieu, de l'ordre de saint Benoît, diocèse d'Amiens (3). »

« Du temps de cet Abbé, dit la chronique de D. Cotron, c'est-à-dire de l'an 1412 à 1424, Edouard, roi d'Angleterre, et Jean sans Peur, duc de Bourgogne, aussi bien que Philippe son fils, causèrent des désastres épouvantables au royaume et l'affligèrent par d'affreuses calamités, en fomentant de mortelles inimitiés contre Charles VI, roi de France. Les guerres furent continuelles. Les provinces circonvoisines furent ravagées ; les armées mirent tout à feu et à sang. Les lieux saints eux-mêmes ne furent pas épargnés. » Ces tristes événements sont signalés aussi dans la chronique abrégée de Jean de la Chapelle (4).

De cette douloureuse histoire de nos discordes civiles, racontées assez longuement par Jean de la Chapelle et quelque peu par Pierre le Prêtre, nous ne toucherons que ce

---

(1) D. Cotron. *Anno* 1412.

(2) D. Cotron. *Anno* 1414.

(3) Le P. Labbe. *Conciles. Tom.* XII, *pag.* 188.
Pasquier de Vaux, originaire de Vaux, à trois lieues d'Evreux, fut docteur en droit canon et en droit civil, prieur de Grammont près Rouen, chanoine des églises de Rouen, Paris et Amiens, président à la Chambre des comptes de Rouen, chancelier du roi d'Angleterre sous le duc de Bedford, régent du royaume de France. Nommé évêque de Bayeux, puis de Meaux en 1435, il eut là pour compétiteur Philippe de Rulli, fils d'un président de Paris, à qui quelques chanoines avaient donné leurs suffrages. L'appui des Anglais, qui dominaient dans la ville, lui assura son siège. Mais peu de temps après la ville fut prise par les Français, et Pasquier s'enfuit en Normandie, parce qu'il ne consentit point à faire serment de fidélité au roi de France. On le transféra au siège de Lisieux.

(4) D. Cotron. *Anno* 1414.—*Chron. Abbrev. Cap.* LIII. Suo tempore infinita acciderunt mala et ipsorum non est numerus nisi apud homines infinitus.

qui se rapporte aux principaux personnages de notre monographie et nous prépare au mémorable siège de Saint-Riquier en 1421.

La barbare expédition d'Edouard, roi d'Angleterre, en Normandie et en Picardie (1415), aboutit à la funeste bataille d'Azincourt, où pour la troisième fois la noblesse de France fut moissonnée dans sa fleur, où dix mille gentilshommes trouvèrent leur tombeau. Là périrent, entre tant d'autres, Antoine de Brouilly, gouverneur de la ville de Saint-Riquier, Jacques et Charles de Châtillon, fils du seigneur de la Ferté, Vitart de Bours, Philippe d'Auxi, seigneur de Dompierre, bailli d'Amiens. Aléaume de Boufflers y fut fait prisonnier et mené en Angleterre. Ne pouvant fournir, durant sa captivité, la somme de cinq mille livres exigée pour sa rançon, il donna pour caution le précieux reliquaire du chef de saint Mauguille, patron de l'église de sa seigneurie de Boufflers et il revint en France pour chercher la somme convenue. Quand il eut soldé le prix de sa rançon, il retira son reliquaire et le rapporta dans son église (1).

Cette circonstance de la bataille d'Azincourt nous fait connaître une des dévotions de cette époque. Les seigneurs faisaient porter par des chapelains les reliques des saints, afin de s'assurer par ce témoignage de leur confiance une protection plus efficace. On ne peut expliquer autrement la présence du chef de saint Mauguille à la bataille d'Azincourt.

L'infortuné roi de France n'avait pas seulement le roi d'Angleterre à combattre. Par surcroît de malheur, le duc de Bourgogne menaçait la Picardie et le Ponthieu. Dans ses mandements royaux aux villes de Picardie, Charles VI se plaint des entreprises des Bourguignons, « lesquels, dit-il, contre notre volonté, ont assemblé gens de mauvaise
» vie et de perverse condition, et s'assemblent de jour en jour en très grand nombre, en
» courant et chevauchant par notre dit royaume, envahissant par force et de fait, tant
» par assauts comme autres voies subtiles, plusieurs villes et châteaux...... pillant de
» tout en tout iceux et icelles ; et qui plus est, comme meurtriers, accoutumés en leurs
» faux et pervers cœurs, éjouissant d'effusion de sang, ont meurtri et occisent, noient
» et mettent à mort de jour en jour les pauvres et simples gens, laboureurs, marchands,
» bourgeois et autres nos sujets demeurant et habitant ès dites villes et châteaux qui n'y
» pensoient et n'y pensent à nul mal (2). »

Le roi ordonna « de courir sus à ces ennemis rebelles et inobédients », de les arrêter, de les mettre à mort s'ils se défendaient, sans avoir rien à redouter de la justice. Il manda au bailli d'Amiens de faire publier le présent mandement dans toutes les bonnes villes, au son de la trompette, avec des menaces contre ceux qui refuseraient de l'exécuter.

« Lesquelles lettres, dit Monstrelet, furent solennellement publiées en la ville d'Amiens, et puis furent envoyées à tous les prévôts du bailliage d'Amiens.... Mais pour le doute et cremeur du dit duc de Bourgogne, lesdits prévosts, c'est à savoir, de Beauquesne, de

---

(1) Histoire des Mayeurs d'Abbeville, *page* 458. (2) Chronique de Monstrelet. *Edition Panthéon, page* 390.

Montreuil, de Saint-Riquier et de Dourlans ne l'osèrent publier fors tant seulement une fois en leurs plaids, où étoient peu de gens (1). »

Nous apprenons, du reste, par quelques anecdotes de l'histoire locale, que les dangers signalés n'étaient pas imaginaires. En 1416, sous l'administration du mayeur Jacques Roussel, Abbeville envoie ses arbalétriers à Saint-Riquier pour prêter main-forte à sa garnison et s'opposer aux tentatives du partisan Jean Duclau (2). On paie 4 sols à Jehan Petit, messager de Saint-Riquier, pour avoir apporté lettres « de par les moines et eschevins d'icelle ville, contenant que Jean Duclau, capitaine de gens d'armes avoit menacé de assaillir icelle ville et de la piller tellement qu'il en seroit mémoire, quatre ans après leur partement, et qu'on leur volsit envoier à aide et secours des arbalétriers de la ville. »

La présence de Jean Duclau avait répandu la consternation dans la contrée. Ce farouche Bourguignon avait même fait plusieurs prisonniers aux environs d'Abbeville, et c'est pour empêcher de nouveaux désastres qu'on se hâtait de fortifier la garnison. Les habitants de Saint-Riquier, épuisés par les veilles et le guet, firent dans ces circonstances critiques une tentative qu'ils n'avaient encore osé essayer jusque-là, malgré tous leurs empiétements sur les droits de l'abbaye : ils sommèrent les moines de s'associer à eux pour la garde de la ville ou du moins de les aider par quelques subsides. Ceux-ci opposèrent leurs privilèges de gens d'église, l'immunité dont ils avaient toujours joui, la sauvegarde dont les avaient entourés les conciles et les sacrés canons. Cette protestation contre toute entreprise contraire à leurs droits, n'empêcha point le mayeur et les capitaines de les citer devant le bailli d'Amiens, pour qu'ils eussent à fournir des hommes de garde pendant le jour et de guet pour la nuit. Les chefs militaires et civils demandaient en outre que le monastère contribuât aux gages du capitaine de la ville et aux réparations, « ce qui contient, dit la chronique, un grand cas de brouillis touchant le guet. » On fit ajourner quatre ou cinq religieux de cette église, comme dampt Nicolas Bourdon et autres. Il y eut tant de réclamations qu'à la fin ils obligèrent les moines à fournir dix hommes tant de jour que de nuit.

Sans avoir égard à l'appel du couvent, le capitaine et le mayeur prirent les censiers au corps, mirent le temporel de l'abbaye en la main du roi, clouèrent et scellèrent les greniers. Ce n'est qu'après bien des souffrances et des appels réitérés qu'on obtint la révision de la première sentence. Le Parlement, par une provision ou règlement dont l'exécution fit confiée à Jean de Tœuffles, écuyer, prévost du Vimeu, statua qu'en temps de guerre seulement et de péril imminent, les moines seraient tenus de fournir chaque jour un homme, à chacune des trois portes, pour les garder, et pour le guet de nuit, sur les murailles, cinq hommes, mais qu'ils seraient libres de racheter ce service de jour et de nuit, en remettant 5 sols parisis au capitaine de la ville ou à son commis. Les de-

---

(1) Monstrelet. *Ibid.,* page 392.   (2) M Prarond. *Histoire de Saint-Riquier, page* 64

mandes de subsides pour réparations et entretien des fortifications furent mises à néant et les moines en furent exceptés comme par le passé (1).

C'est au milieu de tous ces démêlés que la ville de Saint-Riquier offrit l'hospitalité à Sigismond, empereur d'Allemagne. Se croyant l'arbitre des destinées du monde catholique, parce qu'il dominait le concile de Constance et qu'il avait surpris une velléité de démission sur les lèvres de Pierre de Lune, qu'on appelait Benoît XIII dans son obédience, ce négociateur couronné voyageait de France en Angleterre, « ayant sur ses » armures une noire heucque en laquelle étoit une droite croix devant et derrière, de » couleur de cendre, sur laquelle avoit écrit en latin : *O que Dieu est misericors!* et aussi » étoient habillés et armés la plus grand'partie de ses gens, montés sur bons et legers » chevaux. (2) » Une prudente circonspection ayant engagé les Abbevillois à lui fermer leurs portes, l'empereur dirigea sa marche sur Saint-Riquier, dont les portes lui furent ouvertes courtoisement. Fut-il plus généreux qu'à Saint-Josse où on le reçut en procession (2), comme on l'eût fait pour la visite du roi de France, « où il ne donna ni offrit rien au glorieux ami de Dieu saint Josse » ? Les mémoires du temps ne nous l'apprennent point. Ce qui intéresse le plus l'histoire, c'est que Sigismond ne put rien conclure entre les deux cours et que la guerre continua avec plus d'acharnement.

Les menaces du roi avaient redoublé les fureurs du duc de Bourgogne. Pour détruire l'effet de son mandement, des lettres furent par son ordre expédiées dans la Picardie, autour de l'eau de la Somme jusqu'à la mer, et vers Crotoy et Montreuil. On y promettait en particulier l'allègement des impositions, gabelles, subsides et aides, « comme » requiert le noble royaume (3). » Ce dernier argument, à l'usage de tous les fauteurs de révolution, était suffisant pour rallier à la cause du Bourguignon des populations exaspérées par la recrudescence des impôts et exactions. Car en ces derniers temps on avait mis une grande taille sur tout le royaume de France, » dont le clergé et le pauvre » peuple furent, en diversesparties du royaume, moult oppressés. Si avoient peu qui les » défendissent et n'avoient autre recours sinon de crier misérablement à Dieu leur » Créateur vengeance pour les maux et griefs qu'on leur faisoit souffrir et endurer (4) ».

Des ambassadeurs du duc de Bourgogne allèrent à Montreuil, de là à Saint-Riquier, Abbeville, Amiens et Doullens, et dans chacune de ces villes ils firent lire publiquement les lettres-patentes adressées aux gouverneurs et aux communautés de ces bonnes villes. Après la lecture, l'un des envoyés du duc s'efforçait d'expliquer que son maître n'avait d'autre intention que d'assurer le bien du royaume et de la chose publique. « Finablement tant firent et procurèrent lesdits ambassadeurs que toutes icelles bonnes » villes firent alliances avec lesdits ambassadeurs, jurées solennellement, et de ce bail- » lèrent l'une partie à l'autre leurs lettres-patentes » (5).

(1) *Cart. de Saint-Riquier, folio* 50.
(2) Monstrelet. *Ibid.*, *page* 385.
(3) *Ibid.*, *page* 401.
(4) Monstrelet, *page* 387.
(5) Monstrelet, *page* 404.

D'après le traité proposé par le duc de Bourgogne, les villes confédérées s'engageaient à protéger le roi contre ceux qui l'oppressaient, à délivrer le royaume, « à punir les » détruiseurs de la noble mégnie de France et coupables de fausses trahisons, homici- » des, tyrannies et empoisonnements,... déloyauté, fureur, avarice (1) », à permettre l'entrée de leurs villes et places fortes au duc de Bourgogne et à ses gens qui payeraient leurs dépenses sans faire injure à personne. De son côté, Jean de Bourgogne promettait de prendre leur défense, de leur laisser toute liberté pour l'administration intérieure de leurs communautés et de ne leur imposer aucune garnison.

Ainsi la ville de Saint-Riquier reconnut le duc de Bourgogne pour son protecteur, aussi bien qu'Abbeville et les autres places fortes de la contrée. Mais les sires de Gamaches et d'Yaucourt restèrent fidèles au roi. Il s'ensuivit des luttes assez vives entre les deux partis. Le château d'Yaucourt fut assiégé par les bourgeois d'Abbeville, emporté et brûlé. Fort de ce traité qui le délivrait de grandes inquiétudes, le duc de Bourgogne se dirigea sur Paris, s'en fit ouvrir les portes par trahison et se rendit maître de la ville. « On s'empara, dit Jean de la Chapelle, dont le récit s'accorde avec celui des » autres historiens, du comte d'Armagnac, chancelier de France, de Remons de la » Guerre, des autres chefs qu'on retint prisonniers dans le palais, dans le Châtelet, sur » le Petit-Pont et dans le Temple. » On sait comment Tanneguy-Duchatel, prévôt de Paris, emporta le dauphin enveloppé d'un linceuil, dit Monstrelet, tout seulement, parvint à s'échapper avec son précieux dépôt et s'enfuit jusqu'à Vienne en Dauphiné.

Le 12 juin, les Parisiens, au nombre de soixante mille, sous la conduite du bourreau Capeluche, qui avait fait passer sa rage forcenée dans l'âme de ses partisans, se ruèrent sur les prisons, « embatonnés de vieils maillets, haches, cognées, massues et moult d'autres bâtons dissolus », et firent un massacre affreux des prisonniers, ducs, comtes, évêques, chanoines, abbés, maîtres-ès-arts, marchands, bourgeois. Tout fut immolé sans distinction, sans jugement, sans examen. Monstrelet porte à seize cents le nombre des victimes, parmi lesquelles on distingue plus spécialement le comte d'Armagnac et Remons de la Guerre. Traînés tout nus par les rues, par les places publiques et les carrefours, indignement mutilés, frappés à coup de pied par ces hordes inhumaines, leurs cadavres servirent pendant huit jours à la vengeance populaire et personne n'osait les ravir à ces atrocités ni les ensevelir. A cette cruelle occasion étaient présents les plus grands seigneurs du parti des bourguignons, jusqu'au nombre de mille combattants ou au-dessus, tous armés sur leurs chevaux, « pour défendre lesdits occiseurs, si besoin était (2). »

Jean de la Chapelle termine son récit par cette réflexion : « Hugues Cuillerel, Abbé » de Saint-Riquier, était présent à ces massacres. » Cette parole pourrait bien soulever le voile qui nous a caché la plus grande partie de l'existence de notre Abbé ; elle

---

(1) Monstrelet, *page* 400.

(2) *Chron. Abbrev. Cap.* LIII-LIV. — Monstrelet. *Ibid., page* 433, 436.

nous permet de supposer que c'était un Bourguignon, et même des plus ardents, et qu'il s'est mêlé à tous les événements politiques de l'époque. Est-ce ainsi qu'il voulait payer sa dette de reconnaissance envers son protecteur ? Nous souffrons de ce rôle attribué à Hugues Cuillerel et nous tenons en moindre estime cet Abbé dont le dévouement a donné de tels gages de servilisme, au mépris des lois de l'Eglise et de la morale chrétienne.

Le triomphe du duc de Bourgogne était complet ; mais il est une loi vengeresse que le coupable ne brave pas toujours impunément. Les émissaires de ce prince avaient frappé le duc d'Orléans ; il tomba lui-même à son tour dans le piège tendu par le dauphin et fut immolé sous ses yeux. Cet attentat devint le signal de nouvelles calamités. On foula aux pieds la loi salique, les constitutions séculaires de la France. Mais qui s'étonnerait du mépris d'une loi humaine, lorsque toutes les lois divines étaient anéanties par la force brutale ? Ici commence une nouvelle série de combats entre les partisans du dauphin, que nos annales nomment les *Hermineux* (1), (corruption du mot d'Armagnac) et les Bourguignons et Anglais réunis. Les partis se reforment sur de nouvelles bases. Toute la France est envahie par des bandes qui font métier de pillage et de massacre. « Tout le Ponthieu est moult travaillé par les partisans. » Les places fortes sont prises et reprises tour à tour. Ainsi Saint-Riquier comme Amiens, Abbeville et autres villes de Picardie, ouvrent leurs portes aux ambassadeurs de Charles VI et du roi d'Angleterre et leur font serment de fidélité (2).

Nous touchons à l'an 1421 et au siège de Saint-Riquier, dont les brillants faits d'armes ont fourni quelques belles pages aux guerres du Ponthieu et se lisent avec le plus vif intérêt dans les chroniques de Monstrelet et de Châtelain (3).

Des représailles entre Jacques d'Harcourt, dauphinois, et Edmond de Boubers, bourguignon, « moult préjudiciables à tout le pays de Ponthieu et environ » (4), furent une cause déterminante de ce siège. Jacques d'Harcourt, seigneur de Noyelles et gouverneur du Crotoy, avait pris au Hâvre un navire de blé frété par Edmond de Boubers; celui-ci fit brûler tous les vaisseaux et navires qu'il rencontra au Crotoy. Chacun des deux antagonistes fit des courses sur les terres et domaines de son ennemi, les ravagea et conduisit dans ses châteaux-forts tout ce qu'il put saisir de proie. Jacques d'Harcourt appela des auxiliaires de Compiègne et fit alliance avec plusieurs puissants seigneurs du Vimeu et du Ponthieu. Monstrelet nomme entre autres le sire de Rambures, Louis de Vaucourt, Le Bon de Saveuse, Philippe de Neufville, Perceval de Houdent, Pierre Quiéret, capitaine d'Airaines. Bientôt les dauphinois se trouvèrent maîtres des châteaux d'Airaines, de Pont-Remy, d'Eaucourt, de Mareuil, de Rambures, Gamaches, Saint-Valery et quelques autres châteaux moins importants. Ils convoitaient surtout Saint-

---

(1) D. Cotron. *Anno 1421.*
(2) Monstrelet, *page* 490.
(3) Monstrelet *page* 504 à 509. — Chastelain.

Chron. du duc Philippe. Edition Panthéon, page 80 à 85.
(4) *Chron Monstrelet*, page 502.

Riquier, « très-belle villette de guerre et forte assez, et povoit porter beaucoup d'an-
» nuys et de grands maulx à ceulx d'Abbeville à leur dos, et au pays d'Artois qui estoit
» riche et gras par devant. Sy n'estoient ceux de Sainct-Ricquier bien voulentiers ni
» prêts de les y bouter (1). »

Jacques d'Harcourt commença par occuper Drugy (2) et le château de La Ferté, que Monstrelet appelle une forte forteresse, et en confia la garde au bâtard de Belloy et à une garnison de soixante hommes d'armes. Sur ces entrefaites, le roi d'Angleterre traversa ces contrées pour se rendre à Paris et de là auprès du roi de France et de sa femme, la sœur de Charles VI. Il passa par Maintenay et brûla le château, la tour et le moulin de Jacques d'Harcourt. Il était trop près de la royale forêt de Crécy (3), pour se refuser une chasse au milieu de ses séculaires futaies. Le jour suivant, pendant que le duc de Bourgogne allait à Abbeville pour négocier son passage « avec toutes ses gens, ses chars, charettes et autres bagues », le roi Edouard vint coucher au monastère de Saint-Riquier dont l'Abbé soutenait si chaleureusement le parti des bourguignons. C'était vers la fête de la Saint-Jean, dit la chronique abrégée. Le bâtard de Belloy (4) ne se crut pas assez bien accompagné pour braver le vainqueur d'Azincourt ; il céda aux sommations des Anglais et leur rendit le château, dont la garde fut confiée à Nicaise de Boufflers, qui s'en vit chasser peu de temps après par les dauphinois. Pendant que le roi Edouard s'éloignait de Saint-Riquier et d'Abbeville, le seigneur d'Offemont et Ponton de Xantrailles se rendaient à l'appel de Jacques d'Harcourt avec douze cents chevaux, passaient la Somme à Blanquetaque pendant la nuit, et sous la conduite de l'audacieux gouverneur du Crotoy « qui leur fit chière et conjouissance très-bonne (5), » se dirigèrent sur Saint-Riquier, qu'ils voulaient occuper à tout prix. Quand on considère, dit un historien de ces guerres, l'acharnement avec lequel tous les partis sedis putaient cette ville et les ruines qu'y accumulèrent plusieurs siècles de guerre, on ne peut révoquer en doute que cette place ne fût regardée au Moyen-Age comme une des positions les plus importantes du Ponthieu. S'étant de nouveau présenté devant la ville, Jacques d'Harcourt dut parlementer pendant quelque temps pour en obtenir l'entrée ; enfin ses promesses et ses menaces triomphèrent de la résistance des bourgeois, et on lui permit d'en prendre possession au nom du dauphin.

Ces négociations nous font conclure que les habitants de Saint-Riquier n'avaient jusque-là aucune garnison ; ils se défendaient eux-mêmes, comptant sur les promesses du duc de Bourgogne ; ils ne se doutaient guère des suites de cette occupation ; ils avaient

---

(1) *Chron. Chastelain,* page 80.

(2) Monstrelet écrit tantôt Drongy, tantôt Durgy. Chatelain place Drugy sur l'Authie et le confond avec Dourier. Nous avons sans doute dans les chroniques de ces auteurs des récits de salon avec les nuances de détail qui en sont la conséquence.

(3) Monstrelet (*page* 504) écrit Crespy. C'est une erreur manifeste.

(4) Le bâtard de Belloy, de la famille de Belloy en Picardie.

(5) *Chron. de Chastelain. Ibid*

redouté les maux d'un siège: ils ne l'évitèrent pas ; ils eurent deux armées sur les bras au lieu d'une, et dans ces guerres où l'on ne connaissait plus la pitié, les alliés étaient aussi intraitables que les ennemis.

Maîtres de la ville, du château de la Ferté et de celui de Drugy appartenant à l'Abbé de Saint-Riquier, les Hermineux firent la chasse aux Bourguignons et se mirent à courir dans tout le pays à plusieurs lieues à la ronde. « Bien fut aise celluy de Harcourt » et souverainement les survenus, les seigneurs d'Auffemont et Potton, quand se trou- » vèrent logiés en ville si grasse et bonnes frontières pour devenir riches et drus ; et » faisoient batailles, rencontres, destrousses et entreprinses par cuer et par pensées, ainsi » que on faict des chasteaulx en Espaigne (1). » Hélas ! Ces beaux rêves ne se dissipèrent pas avec les illusions de la nuit. La ruine de Conchy-sur-Canche, l'incendie de l'église de ce grand village, où furent brûlés ceux qui s'y étaient réfugiés, la captivité des habitants emmenés prisonniers comme chétifs audit lieu de Saint-Riquier et bien d'autres vestiges de leur cruauté dans les lieux où ils passaient, nous prouvent qu'on faisait une guerre sans pitié ni merci. Potton de Xantrailles se fit rendre aussi le château de Dourier-sur-l'Authie « par force de langaige et de corruption (2) », ce qui jeta l'épouvante dans Montreuil et tous les lieux environnants.

Cependant le duc de Bourgogne, qui croyait avoir écrasé le parti des Hermineux, revenait de Mantes à Croissy, « près assez des marches où estoient venus ces nouveaux » hostes eulx nourrir et engrasser sans payer escot (3). » Quand il apprit le coup de main de Jacques d'Harcourt, la présence de si valeureux champions à Saint-Riquier, il en ressentit une vive contrariété, car « estoit le fier duc de Bourgogne criminel en courroux », sans plus balancer « il print conclusion en lui d'y pourvéoir prestement par puissance et de quérir ses ennemis en barbe, fust par siège ou par bataille (4). » Ayant assemblé son conseil, il fit connaître sa résolution bien arrêtée de reprendre la ville de Saint-Riquier aux dauphinois et il ordonna aux seigneurs et aux chefs de ses troupes de tout préparer pour un siège ; il enjoignit à toutes les bonnes villes du roi comme aux siennes de lui envoyer leurs arbalétriers et leurs canonniers ; il se rendit lui-même à Amiens, pour intéresser cette puissante ville à cette entreprise, lui demander l'exécution du traité conclu avec elle, réquisitionner des vivres et des munitions pour le siège et des bâteaux pour les transporter sur la Somme. Auxi-le-Château qui appartenait à son vassal et chambellan, le Ber d'Auxi, fut indiqué pour point central de la réunion des troupes : il y rassembla plus de six mille hommes.

Nommons parmi les principaux chefs, Jean de Luxembourg, le prince de Croy, le seigneur d'Auxi, Louis de Berghes, seigneur de Cohen, le sire de Commines, Le Borgne de Fosseux, Emond de Boubers, etc.

Le duc de Bourgogne se rendit lui-même à Auxi en passant par Doullens. Quand tous

(1) *Chronique de Chastelain*, page 81.   (3) *Ibid.*
(2) *Ibid.*   (4) *Ibid.*

les préparatifs furent achevés ; il y séjourna pendant trois jours pour se concerter sur l'exécution de ses desseins et laisser à Jean de Luxembourg le temps d'explorer le pays et les forces des Dauphinois, qu'il reconnut « gens entreprenans et de couraige et bien à doubter. » Quelques notes d'un trésorier du duc de Bourgogne renferment des détails intéressants sur les préparatifs du siège et la solde des chevaliers et hommes d'armes au service du duc de Bourgogne.

On voit, d'après les comptes de payement (1), qu'on avait fait amener des villages voisins d'Auxi des portes, des fenêtres, du marrien, couvertures de feurre et autres choses nécessaires pour faire *bollewers*, barrières et loges d'avant-garde. » Les bois des environs de Saint-Riquier devaient fournir gros mairrien et autres bois pour faire *chas,* engins et divers ouvrages de charpenterie.

L'artillerie était dirigée par Guillaume Houredie, troisième canonnier de la comtesse de Namur. Le duc fit conduire d'Amiens, sur quatre charriots à quatre chevaux chacun, « trois tonneaux et trois *handours* pleins de poudre, IIII^{xx}XI lanches ferées, L defferrées et XVI grosses pierres de canon. » Par son ordre, IV sols furent distribués aux compagnons qui avaient aidé à mettre hors de l'hôtel-de-ville d'Amiens sa grosse bombarde et on en remit XII à Jehan le Carron qui avait livré une volée neuve. Les Abbevillois reçurent l'ordre de diriger sur Saint-Riquier en toute hâte un charriot attelé de vingt chevaux, pour remuer la grosse bombarde qu'ils avaient envoyée au siège.

Jehan Sacquepée, gouverneur d'Arras, sur des injonctions pressantes, mit en marche tous les gens d'armes et de trait et toute l'artillerie qu'il avait rassemblés des différentes villes du Nord. On voyait encore parmi les engins de destruction, et les deux gros canons pesant chacun trois mille livres, prêtés par sa bonne ville de Bruges, et les deux énormes bombardes de Namur, du poids de huit mille livres, pour remplacer celle qu'il avait fait venir de Bins (ou Binche) en Hainaut, pesant dix mille livres et lançant des pierres de quatre cents livres ; car cette dernière bombarde avait éclaté en présence du duc à Arras, quand il l'éprouva à la porte Saint-Michel. On fut obligé de faire un charriot neuf, garni de ferronnerie pour conduire l'une des deux bombardes. On paya aussi deux cents cinquante écus de XL gros la pièce à celui qui avait amené la bombarde de Bins à Arras.

On porte encore en dépense trois francs pour un cent de fer, dont on fit les quatorze marteaux donnés aux maçons qui arrondissaient à Abbeville les pierres des canons, bombardes et vulglaires et « vingt sous, prix d'un quarteron d'achier, employé à acérer les dits marteaux afin que ilz fussent plus durs pour besoigner sur lesdictes pierres de canon » et enfin douze sous pour douze moyeux de roue sur lesquels on a arrondi ces pierres.

Remarquons enfin parmi les autres munitions de guerre XII^{xx} arcs à la main à IX s. chaque, CXII^{xx} de bon trait à arc à la main, à X s. chascune XII^c: III^c LXII^{xx} d'au-

---

(1) Picardie. *Tome* III, *page* 149. Notes de M. La Fons de Melicoq.

tres traits communs à arc à main, à IIII s. chascune douzaine ; 1 mille de grosses dondaines, servant à arbalestre, payées III f. II s. par chacun cent, valant XXXI fr. IIII sols parisis ; VI^m d'autres traits communs pour arbalestre à VIII fr. V s. IIII d. le millier. »

On lit aussi dans l'Histoire d'Abbeville que, pour l'aider dans cette entreprise, les bourgeois de cette ville prêtèrent au duc de Bourgogne, sur sa demande, deux mille écus d'or à la couronne de France, qu'il prit l'engagement de leur rembourser sur tous ses biens. Cette somme servit à payer les arbalétriers, pavoisiers, charpentiers, pionniers, manouvriers, canonniers et autres, envoyés au siège par la ville (1).

Après s'être pourvu des ressources nécessaires, l'ost de Bourgogne se mit en route pour le Pont-Remy, dont le château appartenait aux Dauphinois. « Si lui plaisoit ainsi, dit Chatelain, ou parce que son chemin ainsi s'adressoit. »

On voit, à cette remarque, que le chroniqueur, qui a recueilli tant d'anecdotes sur le siège de Saint-Riquier, ignore tout à fait la topographie du pays. Reconnaissons plutôt que le duc de Bourgogne avait besoin de dégager la Somme pour la sécurité du passage de son matériel ; car il avait alors douze grands bateaux descendant d'Amiens, chargé d'hommes et de munitions ; s'il eût fallu livrer bataille au passage, il voulait être là pour soutenir l'attaque ; en outre la possession de la forteresse le débarrassait de voisins inquiétants et c'est pour les intimider qu'il conduisit toute son armée à Pont-Remy.

Au départ d'Auxi, Philippe de Bourgogne fit une première étape à Yvrench, « gros village à une lieue de Saint-Riquier (2) ». Le lendemain 22 juillet, fête de sainte Madeleine, il passa à quelque distance de la ville, « en fier et vertueux arroy de prince (3) », assez loin pour se préserver des projectiles qu'on aurait pu lancer du haut des murs : il laissait à gauche, dit M. de Belleval, les fortifications de la ville (4). Dans le silence de l'histoire, nous opinons de préférence pour la plaine entre Neuville et Saint-Riquier et pour le chemin dit des Anglais. De là on arrive facilement à Buigny-l'Abbé et à Pont-Remy. A la vue de l'armée des Bourguignons et des bateaux « qui avalloient par la rivière de Somme, prêts pour combattre ladite ville et châtel,... les Dauphinois épouvantés avallèrent et troussèrent leurs bagues, et s'enfuirent incontinent au château d'Airaines,... et furent ars et brûlés ladite île et chatel (5) » et les châteaux de Mareuil et d'Eaucourt. Chastelain dit, au contraire, que les Dauphinois incendièrent eux-mêmes les deux châteaux d'Eaucourt et de Mareuil et qu'ils se sauvèrent à Saint-Riquier, soit pour y être plus en sûreté, soit pour prendre leur part d'un siège qui s'annonçait comme devant être fécond en coups de main et en coups d'épée.

Les chroniques se plaisent à raconter un épisode de ces guerres, tout à la

---

(1) *Histoire d'Abbeville*, Tom. 1, pag. 333.
Devérité (*Histoire du Ponthieu*, Tome 1, page 265), élève le chiffre de ce prêt à la somme de 11,116 livres et observe qu'il fut fourni par des cotisations particulières.

(2) Monstrelet (*page* 506). Il appelle ce village *Vivreux*, ancienne ortographe d'Ivrencheux.
(3) Chastelain, *page* 82.
(4) *La Grande Guerre*, *page* 403.
(5) Monstrelet, *page* 506.

fois barbares et chevaleresques ; c'est un défi ou une passe d'armes entre Saint-Riquier et Pont-Remy pendant le séjour du duc de Bourgogne à Pont-Remy (1). La guerre civile pesait fort à tous ces fiers paladins : ils regrettaient leurs joûtes et leurs tournois où se déployaient toute leur force et toute leur adresse. L'occasion leur parut trop favorable pour la manquer. Remarquons, en outre, que ces chevaliers et bannerets avaient longtemps combattu sous le même drapeau comme frères d'armes. Leurs luttes n'étaient que passagères. Quelquefois la cession ou la conquête d'un pays changeait la face de la guerre. Pour ne pas voir confisquer leurs fiefs, ils suivaient la fortune de la terre et marchaient sous les ordres des suzerains. D'autres fois des antipathies politiques déterminaient le choix du camp. C'est ainsi que Jacques d'Harcourt, d'abord chaud partisan de Philippe-le-Bon, avait à la tête de plusieurs seigneurs français abandonné ses étendards, « courchiés, dit Pierre Fenin, de l'alliance que le duc de Bourgogne avoit prins avec le roi d'Angleterre. »

En passant devant Saint-Riquier, « six gentils-hommes, par l'agréement de leur prince, » transmirent ung poursuivant en la dicte ville, requérir et semondre autres six » gentils-hommes, quels qu'ils fussent, pour rompre lances en l'honneur de leurs dames » encontre eulx à jour assigné. » La proposition fut volontiers acceptée pour le lendemain. Le champ clos fut choisi entre Pont-Remy et Saint-Riquier. Se présentèrent du parti des Bourguignons « montés et armés gentilment et bien en point pour être à leur jour, » et bien accompagnés en cas de trahison, Henri Lallemant, Lyonnel de Bournonville, le bâtard de Roubaix, de Raucourt et deux autres. Les tenants qui s'offrirent du côté des Dauphinois furent Guillaume d'Aubigny, Verduisant et quatre autres dont on ne cite pas les noms, aussi bien montés, bien armés et bien accompagnés. Il aurait été difficile de juger de quel côté « avoit le meilleur ne le plus fier contenement, tant les faisait bon voir trestous (2). »

Quand les capitaines eurent vu vers le soir que chacun s'était loyalement comporté dans cette joûte solennelle et qu'on n'avait aucun accident à déplorer, sans vouloir trop tenter la fortune « sur fiance de bon courage, » ils firent cesser les passes d'armes, « les firent touchier et parler gracieusement à visière tenue et retourna chacun paisiblement en son lieu, d'où il étoit parti. » Toutefois, ajoutent les chroniqueurs, il y en eut deux de chaque parti qui ne purent s'acquitter de ce qu'ils avaient entrepris.

Maître de la rivière de Somme, le duc de Bourgogne s'en alla attendre à Abbeville les milices de quelques villes, qui lui avaient promis assistance et vers la fin de juillet, « il print son partement pour Saint-Riquier. »

La chronique de Saint-Riquier (3), d'accord avec celle de Chatelain et de Monstrelet, rapporte que les Dauphinois pour concentrer leurs forces dans la ville et ne point lais-

---

(1) Monstrelet, Chatelain, Fenin.   (3) D. Cotron. *Anno* 1421.
(2) Chastelain, *page* 83.

ser à l'ennemi la chance d'occuper des positions avantageuses, incendièrent le château de Drugy, si magnifiquement bâti par Giles de Machemont, et le château de La Ferté, puis détruisirent plusieurs autres édifices en bois et en pierre dans les faubourgs de la ville. Mais, lorsque les chroniqueurs affirment que le duc de Bourgogne se logea dans le château de La Ferté, D. Cotron contredit leurs récits ; car il déclare que le duc de Bourgogne se renferma dans l'église Notre-Dame et qu'il couchait dans la chapelle Saint-Jacques. Il serait peut-être possible de concilier cette dissonance, en faisant observer que le prince ne put occuper le château de La Ferté que lorsque la muraille fut « résmise saine et entière, assez pour povoir porter garant encontre le traict (1) », et que jusque-là il établit son quartier-général dans l'église Notre-Dame.

Les seigneurs et les chevaliers, avec leurs hommes d'armes, établirent leur camp aux endroits qui leur furent désignés autour de la ville. Jean de Luxembourg gardait la porte Saint-Jean vers Auxi, et le seigneur de Croy, la porte de Saint-Nicolas sur la route d'Abbeville. La porte du Héron ou Hémon-Porte, au haut de la ville, restait libre. Ce fut une faute, au dire de Monstrelet et de Chastelain, car les assiégés pouvaient sortir, quand il leur plaisait, recevoir des courriers, des messagers de jour et de nuit. On ne comprend point cette tactique, surtout si l'on considère que l'enceinte de la ville était peu considérable et que l'armée du duc comptait six mille combattants, tant hommes d'armes qu'archers et arbalétriers, « toutes gens fais et duys de guerre. »

L'espionnage s'exerçait aussi sur une large échelle pendant ce siège mémorable, car des récompenses étaient promises à ceux qui viendraient révéler les projets de l'ennemi. On paya huit écus d'or à quatre femmes envoyées dans les villes de Crotoy, Saint-Valery et Noyelles pour s'enquérir si l'on préparait des secours ou des vivres pour Saint-Riquier. Qui sait si les mêmes intelligences n'étaient point favorisées dans la ville assiégée par la liberté de communiquer avec le dehors par Hémon-Porte ?

La place fut investie le dernier jour de juillet et le siège dura jusqu'au 29 août. « Or,
» faisoient les assiégeans fièrement leurs approches, et labouroient à toutes heures pour
» venir joindre à leurs murs, car plus en estoient près, plus en estoient asseurs, et les
» auttres plus grevés ; si y avait honneur, vous dis-je bien, très grand en approchier,
» car moult y faisoit périlleux, pour la cause que les champs sont beaucoup au descouvert
» entre la ville et que ceux de dedans estoient vaillans hommes, aigres et corageux et
» tous expers et reconfortés de péril (2). »

Les assiégés, au nombre de douze à quatorze cents combattants, sous les ordres du seigneur d'Offemont et de Potton de Xantrailles, deux des plus vaillants capitaines de ce temps, « firent merveilles d'armes » et opposèrent une courageuse résistance à toutes les entreprises de l'ennemi. Jacques d'Harcourt ne s'était pas enfermé dans la place avec eux, mais il les servait mieux par ses négociations que par ses armes.

(1) Chastelain. Page 84.   (2) Ibid.

« Chascun, dit Chastelain, qui se complait dans ces descriptions, en son endroict fit
» bien et le mieulx qu'il polt, l'ung en grevant par dehors, l'aultre en deffence par dedens.
» Et tiroient l'ung contre l'aultre fièrement, et faisoient tels estourmys que ce sembloient
» tonnoires et fouldres qui descendoient du ciel a tout lez. Et certainement beaucop
» leur donna à souffrir l'ost par les bombardes et aultres gros veuglaires qui leur desrom-
» poient leurs murs et leurs portes et adommageoient fort leur ville, et dedens tuoient
» gens et abattoient maisons. Et pareillement en tuoient-ils tous les jours de ceulx du de-
» hors. A qui le malheur escheoit, il le recevoit, et qui ne payoit le payaige de son corps,
» il eschappoit quicte pour l'aultrui.. (1) ».

Il serait trop long de raconter toutes les sorties des Dauphinois : plus d'une fois, ils tombèrent à l'improviste sur les Bourguignons et incendièrent leur camp et leurs provisions ; ils leur firent essuyer des pertes considérables. Parmi les prisonniers qu'ils ramenèrent dans leurs murs, on nomme Messire Hémon de Boubers, Henri Lallemant, Jehan de Courcelles, Jehan de Crèvecœur, d'Amelot ou d'Avelet, selon d'autres chroniques. « A vrai dire, ajoute Monstrelet, dans plusieurs de ces sorties, ils gagnèrent plus qu'ils ne perdirent. »

Cependant le siège trainait en longueur: rien n'indiquait que les Dauphinois fussent découragés et abattus. Les messages de Jacques d'Harcourt entretenaient leur confiance en leur promettant de prochains secours. Il leur annonçait qu'il avait des nouvelles de la Champagne, de la Brie, du Valois, de Compiègne et que l'on s'ébranlait pour venir combattre les Bourguignons et les forcer de s'éloigner. « Sy furent pour dire vray les-
» dicts assiégés tous resbaudis et resoulagiés de leurs continus labeurs ; et les portoient
» plus à doux quils n'avoient faict par avant. » (2).

Quand le duc Philippe de Bourgogne eut été informé qu'une armée se mettait en marche pour « venir combattre à son siège, » il prit le parti d'aller lui-même au-devant des Dauphinois, « et ce fait le vingt-neuvième jour du mois d'août et aussi dudit
» siège, ledit duc fit partir de son ost, environ à jour failli, Philippe de Saveuse et le
» seigneur de Crèvecœur, atout six vingts combattants, pour aller à Abbeville passer la
» rivière de Somme, et de là en Vimeu enquerre diligemment l'état et venue des dessus
» dits Dauphinois... Et entretemps, le duc de Bourgogne, le plus secrètement qu'il put,
» fit descendre, cueillir et trousser toutes les tentes de son siège, ensemble avecque
» autres bagues, et atteler chars et charrettes, et puis tirer, après qu'il eut fait bouter le
» feu par tous les logis, droit à Abbeville », où il étoit au soleil levant (3).

Les deux armées se rencontrèrent au moulin de Mons-en-Vimeu. Le jeune duc de Bourgogne, armé chevalier avant la bataille par messire Jean de Luxembourg, y remporta une belle et mémorable victoire, après avoir couru les plus grands dangers. Potton de Xantrailles, parti de Saint-Riquier cette nuit même avec onze de ses hommes d'armes, arriva à temps « pour être à cette besogne », mais après s'être dérobé aux mor-

---

(1) Chastelain. *Ibid.* (2) *Ibid.* (3) Monstrelet, *page* 508.

» tels coups de hache du terrible Jean Villain, noble chevalier flamand, il ne put se dé-
» barrasser des mains des Bourguignons et fut forcé de se constituer leur prisonnier. »
Si nous en croyons Olivier de la Marche, il se rendit au duc lui-même.

D'après Pierre-le-Prêtre, Philippe de Bourgogne serait allé en pèlerinage à Notre-Dame de Boulogne, pour y rendre grâce à Dieu de sa victoire. Les chroniques qui nous ont transmis le récit de ces combats, disent seulement « qu'il fit son oraison à l'église Notre-Dame d'Abbeville et y regracia son Créateur de sa bonne fortune. (1). »

Le duc se reposa pendant quelques jours pour panser les blessures qu'il avait reçues dans le combat. On le dissuada de reprendre le siège de Saint-Riquier. Sa victoire lui avait sans doute causé des pertes assez considérables pour ne point lui permettre de reprendre les hostilités avec l'espoir de réduire promptement la ville. La bataille de Mons termina la campagne et l'armée fut licenciée.

Le duc passa devant Saint-Riquier pour se rendre à Auxi et de là à Hesdin, où il dut séjourner quelque temps, afin de placer des garnisons en plusieurs lieux et de se préserver par là des attaques des Dauphinois. Il racheta aussi tous les capitaines Dauphinois à ses hommes d'armes et les envoya à Lille où il les retint prisonniers.

Cependant les Dauphinois continuaient leurs courses, autour de Saint-Riquier, sur les terres des Bourguignons, et leur faisaient payer cher la victoire de leur prince : ils ne laissaient ni trêve ni repos aux pauvres laboureurs. Au mois de novembre, le duc Philippe, vaincu par les prières et les larmes de ces malheureuses victimes des discordes civiles, commença à traiter sérieusement de la reddition de Saint-Riquier avec ses prisonniers fatigués, eux aussi, de leur inaction. Après des pourparlers entre les chefs des deux partis, il fut conclu que la ville de Saint-Riquier serait rendue au duc de Bourgogne, comme prix de la rançon des Dauphinois prisonniers à Lille, et que le duc paierait celle des Bourguignons que les hasards de la guerre avaient laissés ès-mains de leurs ennemis. A peine ce traité était-il connu que Emond de Boubers mourut d'épuisement et de langueur à Saint-Riquier. Peu s'en fallut que dans le premier mouvement de sa douleur, le duc de Bourgogne n'accusât les Dauphinois de l'avoir traité trop durement en prison et ne rompît le traité ; mais on l'apaisa et d'Offemont se justifia pleinement des soupçons qu'on avait élevés sur sa loyauté envers un ennemi vaincu.

L'échange des prisonniers eut lieu à Saint-Riquier, où Xantrailles et ses compagnons (2) vinrent de Lille avec un sauf-conduit. Le seigneur de Roubaix et le seigneur de Croy furent envoyés pour représenter le duc de Bourgogne. « Ils rendirent ce qu'ils avoient tenu et receurent ce que tenir désiroient (2). » D'Offemont partit avec ses troupes, alla passer la Somme à Blanquetaque et s'en retourna par le Vimeu, à Pierrefonds, à Crespy-en-Valois et autres forteresses qui lui étaient soumises. Les seigneurs de Roubaix et de Croy reçurent les serments des habitants de Saint-Riquier et donnèrent le commandement de la place à Le Borgne de Fosseux, chevalier, et à plusieurs vaillants

---

(1) Monstrelet, *page* 510   (2) Chastelain, *page* 96.

capitaines, tels que Nicole de Mailly et Ferry son frère, Nicaise de Boufflers, Jean de Domqueur avec tous leurs hommes d'armes, pour se défendre contre les entreprises de Jacques d'Harcourt. Ce dernier résistait seul aux armes victorieuses de l'Anglais et du Bourguignon; mais son étoile était à son déclin, car il n'avait plus que deux places en Ponthieu, Crotoy et Noyelles-sur-Mer.

Il nous reste à raconter le règlement d'un compte du siège de Saint-Riquier, d'après quelques indications du trésorier de Bourgogne (1).

Parmi les seigneurs des états de Philippe-le-Bon, nous remarquerons Messire de Commines, auquel étaient alloués IX^{e}LXXVII francs demy, pour le payement de X jours entiers de gage (du 16 au 26 août). Après lui avaient droit à cette somme VII^{xx} écuyers, hommes d'armes, IIII^{xx} VIII archers, un trompette et trois menestrels, ce qui représente IX^{xx}XV payes et demie, à XV fr. par mois, pour chaque paye.

Messire de Cohen (Louis de Berghes), chevalier, conseiller et chambellan du duc, réclamait IIe écus d'or, de XLII gros pièce, qui lui étaient dus pour la garnison de Rue et pour entretenir les gens d'armes qui la composaient, et le menaçaient de le quitter, si l'on ne faisait droit à leur demande.

Le Borgne de Fosseux reçut VIIe fr. pour gages et payements de dix jours (26 août au 4 septembre). C'était sa solde et celle de trois chevaliers bacheliers, de IIII^{xx}XII écuyers, III^{xx}XVIII archers et un trompette, en tout VII^{xx} paies.

A Messire Boort Quiéret, seigneur de Heuchin, chevalier, conseiller et chambellan du prince, le trésorier remettait V^e écus d'or, avec ordre de les distribuer à plusieurs gens d'armes et de trait qu'il avait mis sur pied par ordre du duc, pour conduire des vivres et autres ravitaillements à Abbeville : ainsi on voulait prévenir les suites de la famine et de la nécessité, mauvaises conseillères, qui auraient pu pousser à rendre obéissance aux Dauphinois de Saint-Riquier, Crotoy et autres lieux.

De nombreux corps de garde avaient été établis autour de Saint-Riquier. Ainsi nous voyons qu'Antoine le Galoiz, écuyer, obtenait VI^{xx} fr. « pour lui, VIII hommes d'armes et XII archiers de sa compagnie, avoir fait durant X jours (du 24 août au 2 septembre) les escouttes environ la ville de Saint-Riquier, Monseigneur estant logié auprès d'elle. »

Louis de Nesle, frère du sieur d'Offemont, prisonnier à la journée de Mons, fut racheté par le duc de Bourgogne, moyennant 11^m francs payés à Jehan de Luxembourg, seigneur de Beaurevoir.

Dans les récits des chroniques, il n'est nullement parlé du monastère de Saint-Riquier. On ignorerait les désastres qu'il subit, sans la note suivante communiquée au public par M. La Fons de Mélicoq.

« Près de trente ans après les événements dont nous venons de parler, Philippe-le-
» Bon accordoit (25 mars 1448, v. s.) à l'Abbé de Saint-Riquier, LX fr. à XXXII gros le
» fr. pour consideracion des grands dommaiges qui furent fais à l'église dudit Saint-

---

(1) Picardie. *Tome* III, *page* 148, etc. Notes de M. La Fons de Mélicoq.

» Riquier, tant ou corps ou à l'édifice d'icelle, comme autrement, au temps qu'il assist et
» mist le siège devant la ville dudit lieu de Saint-Riquier, qui lors estoit détenue et oc-
» cupée en rebellion, ou préjudice d'icellui Seigneur et de ses païs et seignouries, près
» et à l'environ, pour ycelle somme convertir et employer en achat de bois et merrien
» à édiffier, pour faire ung comble nécessaire en l'église de l'abbaye de Saint-Riquier,
» et couvrir une notable massonnerye pieça commencée (1). »

Ainsi l'église aurait souffert aussi bien que le monastère de ce terrible bombardement dont parlent les chroniques. Ce n'est pas à dire qu'elle fut renversée ou brûlée; mais on peut penser qu'elle fut ébranlée en plusieurs parties et qu'après quelque temps les grosses réparations, auxquelles contribua le duc de Bourgogne dans une si minime proportion, ont été nécessitées par suite des violentes secousses du siège. Qui sait, du reste, si cette offrande fut la seule, c'est peut-être une annuité d'un engagement de plus longue durée (2).

A ces conjectures faisons succéder une transaction d'une importance majeure pour la sécurité des moines et de leur Abbé contre le retour de pareilles menaces. Le 20 juillet 1423, dit la chronique, l'Abbé Hugues Cuillerel, à la vue des calamités causées par ces guerres d'extermination, s'assura un refuge à Abbeville, cité plus puissante, mieux fortifiée. D'autres communautés avaient donné l'exemple. Il suffit d'indiquer l'hôtel-refuge de Valloires, dès 1256, celui du Gard, etc. (3).

Faisons connaître sommairement cette nouvelle propriété acquise à différentes époques, à savoir de 1423 à 1448.

Les bâtiments de l'hôtel du refuge de Saint-Riquier faisaient d'abord partie du grand domaine de Saint-Pierre d'Abbeville, et en particulier du prieuré du Saint-Esprit, édifié dans les dépendances de ce monastère.

L'Abbé de Saint-Riquier racheta les maisons accensées par le prieuré, du consentement de Gui Garbe, prieur du Saint-Esprit, et avec pleine cession du prieur de Saint-Pierre : on paya 87 florins d'or nommés couronnes d'or et on donna homme vivant et mourant, avec charge de relief et un cens de 6 livres (4).

(1) *Picardie. Ibid*, page 155.

(2) Pierre Journé d'Abbeville a fait aussi plusieurs prêts pour le siège de Saint-Riquier ; il en est remboursé en 1426.

(3) D. Cotron. *Anno* 1423. — Louandre. *Histoire d'Abbeville*, tome I, page 422.

(4) On lit ce qui suit dans le Cartulaire de Saint-Riquier :

« 1406. Frère Guy Garbe, humble prieur et maître de la prioré du Saint-Esprit, de l'ordre de Cluny, donne à cens, sans rente aucune, à Jean Duwes dit Percheval, escuyer, sieur d'Offinicourt et à demoiselle Marie de Pys, sa femme, un ténement au-devant de l'église du Saint-Sépulcre. Le froc a 225 pieds environ de long, à partir du jardin de la priorué, et en largeur 126 pieds. La priorué du Saint-Esprit a une grande salle faite en pierre et aussi une chapelle, où Percheval peut aller entendre la messe par un huis spécial. »

Percheval devait payer 60 livres de réfection et 6 livres de cens. Robert de Moncourt, bachelier en théologie, prieur de Saint-Pierre, ratifia le bail.

1406. Jean Duwes, établi à Amiens, vend à Guillaume Leduin, au profit de Guyot Leduin, son

CHAPITRE III. — L'ABBÉ HUGUES CUILLEREL.

Peu de temps après le siège de Saint-Riquier, Henri V, l'ambitieux monarque d'Angleterre et le trop malheureux Charles VI disparaissaient de la scène politique et laissaient par testament et traité l'héritage de ce dernier à un jeune enfant de quelques mois. Toutes les dispositions avaient été prises pour exclure à jamais le dauphin. Mais Charles VII, dit le Père Ignace, « dauphin sans mer, seigneur sans terre, souverain sans
» sujets, capitaine sans soldats, ne fut pas prince sans cœur. » Il lutta courageusement contre les ennemis conjurés à sa perte. Réduit à la dernière extrémité, abandonné de sa noblesse et de ses domestiques, sans ressources et sans argent, tellement qu'en sa cour on ne remarquait plus rien de royal que son nom et sa livrée, le roi de Bourges, comme on l'appelait par raillerie, ne désespéra pas de sa cause ni de la protection divine (1). Il ne fut, toutefois, sauvé que par un miracle visible de la Providence.

Nous n'avons pas à tracer l'histoire de Jeanne d'Arc ; mais pourtant, puisque sa douce image resplendit sur nos chroniques, recueillons ce qu'elles disent sur son passage à Saint-Riquier, en faisant remarquer toutefois qu'elles se trompent en plaçant en 1423 des événements qui se passent en 1429 et 1430 (2).

« Les Anglais, dit Jean de la Chapelle, ayant fait le siège d'Orléans, il arriva une
» chose étonnante et pourtant vraie : une jeune fille nommée Jeanne, originaire de la
» Lorraine, vint trouver en armes et en grande puissance le roi Charles et lui tint ce
» langage: Cesse de craindre: quoique je ne sois qu'une jeune fille, je saurai combattre ;
» c'est Dieu qui m'envoie ici auprès de toi et au secours de la ville d'Orléans que je dé-

neveu, son acquette, moyennant VIIxx francs à 16 sous parisis de chacun franc, avec le consentement dudit Guy Garbe, prieur.

1421. Guillaume Leduin vend le ténement à Jean le Hure et à demoiselle Le Cumbure pour lors demeurant à Pont-Remy, qui le revendent à l'Abbé de Saint-Riquier, en 1424. Jean Louchart, bailli de l'abbaye, fut saisi au nom de l'Abbé et paya 6 livres de cens et institua homme vivant et mourant.

1437. Dom Guy Garbe, prieur du Saint-Esprit, bailloit à Fremin Leduin à cens, surcens ou rente « un grand tas de ténements situés sur la cauchie de la porte du Bos d'Abbeville, joignant à la chapelle du Saint-Esprit, à charge d'y mettre 100 francs de fourfait et de payer XII livres jusqu'à la dite mise et après X livres de chens par an. »

Cette même année, Emond de Rely acheta la totalité de ces ténements tenus de D. Robert Deshayes, prieur du Saint-Esprit. Dans ce lot se trouve l'hôtel du Porc-Sanglier, voisin de l'hôtel de Biencourt, que Hue d'Alliel, pour lors demeurant à Daours, vendit au monastère en 1448 On voit paraître dans ces contrats deux autres prieurs, dampt Louis à l'Espée et dampt Nicolas d'Auxi.

Outre ce ténement, les maisons situées sur la chaussée du Bois et aussi tenues du même prieuré, acquises par Emond de Rely et Jeanne de Houselle, sa femme, depuis mariée en secondes noces à Hue d'Alliel, furent vendues en 1448 à l'Abbé de Saint-Riquier. On paya, avec charge de donner homme vivant et 2 livres 8 deniers de relief et 10 livres de cens annuel ; mais on n'en fut saisi qu'en 1450 par le prieur du Saint-Esprit.

C'est sur l'emplacement du premier ténement qu'on bâtit à grands frais le refuge d'Abbeville. L'hôtel du Porc-Sanglier avec ses maisons ne fut pas d'abord occupé : car on voit en 1457 un bail de toutes ces maisons à Jacques Lotdevin pour 13 livres parisis de cens annuel et 60 livres de réparations en deux ans. — Autre bail en 1460 aux mêmes conditions, avec faculté de racheter 4 livres de cens en payant 80 livres. — (*Cartulaire de Saint-Riquier. Fol.* 163 à 166.)

(1) *Histoire des Mayeurs, page* 469.
(2) *Chron. Abbrev., Cap.* LVII.

» livrerai de tes ennemis, après les avoir mis en fuite, par l'assistance du Très-Haut. Je
» te conduirai à Rheims pour te faire sacrer Roi, et à Saint-Denis pour te faire couron-
» ner. J'accomplirai ma promesse ; garde-toi de douter d'aucune de mes paroles ; je te
» le répète, c'est Dieu qui m'envoie.

» Placée à la tête de l'armée, la Pucelle battit les Anglais, détruisit les bastilles éle-
» vées autour d'Orléans et mit l'ennemi en fuite. Elle fit prisonnier le comte Talbot et
» plusieurs autres chefs Anglais ; elle fit sacrer le roi Charles à Rheims ; elle lui soumit
» un grand nombre de villes, savoir : Auxerre, Troyes, Sens, Châlons, Provins, Rheims,
» Soissons, Laon, Noyon, Compiègne, Senlis, Saint-Denis, Beauvais et d'autres places
» murées et des châteaux où dominaient les Anglais. Mais le siège de Compiègne fut
» fatal à notre héroïne ; elle y tomba au pouvoir des Anglais qui la conduisirent à Rouen
» pour y être décapitée et brûlée. Dans le voyage de Compiègne à Rouen elle passa une
» nuit dans le château de Drugy, où elle fut visitée par dom Nicolas Bourdon, prévôt,
» dom Jean de la Chapelle, aumônier, et plusieurs autres religieux de cette église. On
» parlera d'elle éternellement, parce que la haine des Anglais était injuste. »

M. Jules Quicherat, citant textuellement ce passage, ajoute cette réflexion : « Très
» inexact quant au reste des faits, puisqu'il place l'apparition de la Pucelle en 1428 (1)
» et qu'il suppose qu'elle fut décapitée avant d'être brûlée, Jean de la Chapelle n'a de
» valeur que pour la circonstance qui concerne sa localité », le séjour à Drugy (2).

Jeanne d'Arc avait été vendue à Jean de Luxembourg, qui la fit conduire au château de Beaurevoir en Picardie, à quatre lieues de Cambray, afin de la soustraire aux Français. Elle resta quatre mois dans ce château avec la femme de Jean de Luxembourg, qui adoucit par ses soins le malheur de l'héroïne. Au commencement d'octobre on la conduisit à Arras ; de la ville d'Arras, elle fut transférée au château du Crotoy, en passant sans doute par Saint-Riquier. Jean de la Chapelle est le seul historien qui mentionne son séjour à Drugy (3).

Dom Grenier, en reproduisant la chronique de Jean de la Chapelle, affirme que la tour où la Pucelle fut renfermée dans le château de Drugy existait encore de son temps, qu'on y faisait voir la chambre où elle a couché. On répète la même chose aujourd'hui ; nous doutons toutefois que le rustique cellier où l'on conduit le voyageur, ait jamais été une tour. La construction ne l'indique nullement ; elle est trop moderne et trop peu caractéristique pour dater de si loin. On ne doit pas oublier que ce château avait été ruiné ; il ne fut rebâti qu'en 1457.

De tous nos revers et nos succès depuis 1422 jusqu'à la ruine de la puissance anglaise par Jeanne d'Arc et Charles-le-Victorieux, nous n'avons rien à revendiquer pour notre histoire. Les grands événements se passent loin du Ponthieu et toutes les hostilités dans

---

(1) Erreur d'impression ; lisez 1423.
(2) Procès de Jeanne d'Arc. tome v, page 359.

(3) Ajoutons cependant à ce récit quelques notes. « Le Père Ignace, dit M. J. Quicherat, paraît

ce pays se bornent à la reprise du Crotoy par les Anglais sur Jacques d'Harcourt en 1424.

Soumis par le duc de Bourgogne, ce farouche partisan envoya ses hommes d'armes combattre contre l'héritier de ses rois et en faveur de l'Anglais et de la marâtre Isabeau de Bavière.

» avoir eu à sa disposition divers documents sur Jeanne d'Arc, qui nous manquent aujourd'hui. Je le cite pour ce motif, quoique la bonne moitié de son récit soit faite avec la chronique de Jean de la Chapelle et les deux procès. Il est le seul auteur qui parle d'une visite des dames d'Abbeville à la Pucelle et qui trace l'itinéraire qu'on lui fit suivre, lorsqu'on la transféra du Crotoy à Rouen. Peut-être sera-t-il bon de se défier de son témoignage jusqu'à ce qu'on ait retrouvé des originaux qui le confirment. Le vœu de mourir en Picardie, dit ailleurs M. J. Quicherat, a tout l'air d'une broderie dont le P. Ignace a pris la matière dans le procès en réhabilitation. » (Tome v, pages 360, 362.)

» Dunois raconte que chevauchant entre lui et l'archevêque de Rheims, Jeanne, touchée des démonstrations du peuple à l'entrée du roi à Crespy, s'écria : Voici un bon peuple et je n'en ai pas encore vu qui tant se réjouit de la venue d'un si noble roi et plût à Dieu que je fusse assez heureuse, quand je devrai mourir, pour être ensevelie dans cette terre. (*Revue des Questions historiques*, octobre 1867, page 404.)

En faisant conduire la Pucelle à Rouen, le 13 janvier 1431 et la faisant mettre entre les mains de frère Jean Magistri, le P. Ignace se trompe, et son récit, dit M. J. Quicherat, est un tissu d'erreurs. Jeanne était à Rouen au moins dès le 28 décembre 1430. Elle ne fut pas livrée à Jean Magistri qui ne s'adjoignit comme juge qu'au mois de mars. (*Procès. Ibid. Page* 362, *en note*.)

Voici le récit du P. Ignace. « Les moines de Saint-Riquier avoient compassion de la voir persécutée, étant très innocente. Du chasteau de Drugy elle fut menée au chasteau de Crotoy, où par la Providence de Dieu elle entendoit souvent le saint Sacrifice de la Messe, qu'y célébroit en la chapelle du chasteau le chancelier de l'église cathédrale de Notre-Dame d'Amiens, nommé Maître Nicolas de Guenville, docteur ès-droits, homme fort notable, qui y estoit pour lors détenu prisonnier et qui luy administroit le sacrement de pénitence, et de la très sainte Eucharistie et disoit beaucoup de bien de cette vertueuse et très charitable fille. » (*Histoire des Mayeurs*, page 489.)

» Devérité (dans son *Histoire de Picardie*, tome i, page 267) rapporte qu'elle essaya de se sauver de cette forteresse, qu'elle se blessa en se précipitant d'une fenêtre et qu'elle resta dans la fosse. Nous sommes étonnés que l'auteur n'en dise mot. »

« Quelques dames de qualité, des damoiselles et des bourgeoises d'Abbeville, continue le Père Ignace, l'alloient voir comme une merveille de leur sexe et comme une âme généreuse inspirée de Dieu pour le bien de la France. Elles luy congratuloient d'avoir eu le bonheur de l'avoir veue si constante et si résignée à la volonté de Nostre-Seigneur, lui souhaittant toutes sortes de faveurs du Ciel. La Pucelle les remercioit cordialement de leur charitable visite, se recommandoit à leurs prières et les baisant amiablement leur disoit adieu. Ces vénérables personnes jettoient des larmes de tendresse prenant congé d'elle, et s'en retournoient de compagnie par batteau sur la rivière de Somme, comme elles estoient venues : car il y a cinq lieues d'Abbeville au Crotoy. Après que ces honnêtes dames furent parties, la Pucelle admirant leur franchise, leur candeur et leur naïveté, disoit : Ah ! que voici un bon peuple ! pleust à Dieu que je fusse si heureuse lorsque je finirai mes jours que je puisse estre enterrée en ce pays. »

« Quand vint l'ordre de la transférer à Rouen, Jeanne d'Arc dit adieu à ceux du chasteau du Crotoy qui regrettoient son départ, car elle les avoit grandement consolés. On void encore la chambre où elle couchoit, qui retient depuis ce temps-là quelque respect lorsqu'on y entre. » (*Histoire des Mayeurs. Ibid.*)

« La tradition de ce fait, ajoute M. J. Quicherat, subsiste encore dans le pays et elle a donné lieu de croire qu'une statue commémorative de la Pucelle fut sculptée au portail méridional de l'église de Saint-Riquier, construite en 1511. Cette attribution, assurément fausse, se trouve consignée dans l'un des volumes de

En 1429, quand les victoires de la merveilleuse guerrière de Domremy rendent du cœur aux Français et font trembler les usurpateurs, le duc de Bourgogne envoie à sa bonne ville d'Amiens deux ambassadeurs, l'évêque de Noyon et l'évêque d'Arras, pour leur porter des paroles d'affectueux dévouement « et eux entretenir de son parti comme » ses bons amis et voisins. » Les citoyens d'Amiens honorés par les messagers « de si » haut et puissant prince en eurent une grand joie, et dirent entre eux que seroit bon » de mettre la ville en sa garde et qu'il mit à néant toutes les aides et impositions. » Des ambassadeurs portèrent la réponse des Amiénois ; ils étaient accompagnés de ceux d'Abbeville, de Montreuil, de Saint-Riquier, de Doullens et autres villes : tous demandaient la remise des gabelles et impositions.

Le duc de Bourgogne, auxiliaire du roi anglais, ne pouvait prendre sur lui un tel engagement ; il leur promit « aide et assistance de ce impétrer devers le roi Henri. » Par cette réserve et ses lenteurs, il obtenait ce qu'il cherchait, la domination de ces villes et du pays. C'est pourquoi « il fit évoquer par toutes les marches de Picardie et aussi èspays à l'environ », tous ceux qui devoient le service militaire et qui avoient coutume de s'armer pour leur suzerain ; il leur commanda de se tenir prêts à recevoir ses ordres ; il eut en peu de temps un beau corps d'armée qu'il passa en montre à Beauquesne et fit serment à Messire Jacques de Brimeu, lieutenant ou maréchal du duc (1429). « Si se trahirent et tirèrent vers Abbeville et Saint-Ribier (*sic*) où ils furent moult grand espace de temps, attendant que ledit duc fut prêt et appareillé dont le pays fut moult grandement oppressé (1).

Beaucoup de ces guerriers ont combattu sans doute contre Jeanne d'Arc l'année suivante ; les autres ne tardèrent pas à défendre leur propre pays, car les Français devenaient de plus en plus entreprenants et gagnaient du terrain. Ces derniers reparurent en Vimeu, en Ponthieu ; ils y prirent et gardèrent plusieurs places. Un parti d'aventuriers, nommé les Ecorcheurs, y fit, dit le Bourguignon Monstrelet, « innumérables maux et dommages par feu et par épée. »

Il est permis d'exciter l'indignation contre des partisans sans aveu et sans moralité ; mais les corps d'armée eux-mêmes étaient aussi inhumains. Les habitants des campagnes, traqués de toutes parts, ne savaient où trouver asile ; tout le pays était ruiné. Enfin

» dom Grenier sur la Picardie (*Bibl. Nationale,* » *paquet* 4, n° 3). On y décrit ainsi la statue : elle » est représentée en habit de femme, avec un cha- » peau sur la tête. Elle tient de la main droite une » lance rompue en partie. Le bras gauche est » rompu. Elle est grande et bien faite. Elle est » belle de visage et paraît les yeux baissés et an- » nonçant une certaine tristesse. » (*Tome* v, *page* 358.)

Le jugement du savant auteur est le nôtre. On n'a point placé Jeanne d'Arc au portail de la Vierge ; c'est plutôt une des figures bibliques de Marie, comme Judith ou Debora.

« Il n'existe plus de vestige de l'ancien château du Crotoy, ni de la tour où la Pucelle fut prisonnière. Les sables ont couvert ce qui paraît rester des fondations et cela depuis un temps très-reculé. » (Le Brun des Charmettes. *Histoire de Jeanne d'Arc,* tome III, *page* 163.)

(1) *Chroniques de Monstrelet,* pag. 614, 615.

le duc de Bourgogne ouvrit les yeux, en souscrivant les conditions de la paix d'Arras (1435) ; il se sépara des Anglais et se réconcilia avec son roi qu'il reconnut pour son maître et seigneur (1).

On lui céda toutes les villes des deux rives de la Somme, savoir : Amiens, Abbeville, Montreuil, Doullens, Saint-Riquier, le Crotoy, Saint-Valery et en outre Péronne, Roye, Montdidier, etc., avec leurs revenus. Seulement le roi se réserva la souveraineté, la foi, l'hommage, et après la mort de Philippe, duc de Bourgogne, le ressort de la justice et la faculté pour lui et ses successeurs de racheter ces villes, moyennant une somme de 400,000 écus d'or (4,734,000 fr. de notre monnaie actuelle). On restait soumis au duc de Bourgogne, mais on redevenait Français. C'est pourquoi les populations accueillirent la nouvelle de ces négociations par des manifestations de joie universelle, des réjouissances prolongées pendant plusieurs jours et plusieurs nuits, des feux allumés dans tous les quartiers, et le son des cloches de toutes les églises. La domination anglaise était ruinée, et la France reprenait sa place dans la société chrétienne.

Le congrès d'Arras, le plus célèbre qu'on ait vu de mémoire d'homme, s'était rassemblé sous l'inspiration du Pape Eugène IV. Les Pères du Concile de Bâle y avaient aussi envoyé des légats et des députés avec les ambassadeurs de l'empereur et de huit rois ; car toute l'Europe était en souffrance, et l'Eglise elle-même attendait cette réconciliation et l'apaisement universel des esprits, pour opérer un rapprochement entre les Pères du Concile de Bâle et le Souverain-Pontife.

Avec la paix d'Arras coïncide un acte très curieux ; c'est un privilège du Concile de Bâle au monastère de Saint-Riquier pour la confirmation des immunités, indulgences et faveurs spirituelles accordées par la sainte Eglise et les pontifes romains. Cette pièce diplomatique est du 6 des calendes de mai 1435, au moment de la plus grande opposition au Pape Eugène IV.

« Le saint Concile de Bâle légitimement assemblé dans le Saint-Esprit, représentant
» l'Eglise universelle, à ses chers fils l'Abbé et les religieux de Saint-Riquier, salut et
» bénédiction du Tout-Puissant. Quand des demandes sont justes et convenables, l'é-
» quité aussi bien que l'ordre exigent que nous conduisions à bonne fin les affaires de
» l'Eglise universelle dont nous sommes chargés en vertu de notre ministère. Vous
» nous avez supplié humblement de vouloir confirmer et renouveler vos privilèges et
» d'ajouter par cet acte de notre bienveillance une nouvelle force aux indulgences,
» libertés, immunités, possessions, coutumes louables et prescrites, qui vous ont été
» concédées à vous et à votre monastère, en les confirmant et en les renouvelant. C'est
» pourquoi, nous qui travaillons de toutes nos forces à maintenir, à défendre les
» églises, leurs biens, leurs coutumes légitimement prescrites, les personnes ecclésias-
» tiques, nous avons favorablement accueilli votre demande : nous vous confirmons à
» vous et à votre monastère par le présent écrit et renouvelons toutes vos libertés, vos

(1) *Chroniques de Monstrelet*, page 703.

» grâces, vos immunités, vos prérogatives, vos coutumes louables et prescrites, vos
» indulgences, vos biens, vos privilèges et indults concédés et accordés par les pontifes
» romains, par lettres apostoliques ou autres, dans toute leur teneur, voulons que les
» présentes vous en assurent une jouissance pleine et entière, paisible et équitable.
» *Nulli ergo*, etc. »

Donné à Bâle, le 6 des calendes de mai 1435. — Le sceau en plomb est attaché à un double lacs de soie (1).

« Jugez par cette bulle, dit ici la chronique, quelle autorité le Concile de Bâle s'était
» arrogée. Au commencement il était œcuménique, mais à la fin il devint schismatique. »

C'est dans la période de ses décrets et séances schismatiques que le concile, s'attribuant toute domination sur l'Eglise, qu'il ne considère plus que comme une aristocratie chrétienne, se substitue ainsi aux pontifes romains et se mêle du gouvernement de l'Eglise.

Les Actes du Concile renferment, du reste, plusieurs privilèges semblables (2). « Tout
» le temps, dit un historien, se passait à taquiner le Pape, à multiplier les règlements
» de discipline, à discuter une infinité d'affaires : on eût dit que le Concile voulait ab-
» sorber toute l'administration de l'Eglise et de l'Empire et se transformer en Parle-
» ment perpétuel. Jamais on n'avait vu un Concile si long, faisant tant de bruit et si
» peu de fruit (3). »

On ne sait peut-être pas assez que ce fameux Concile, qui prétend représenter l'Eglise universelle, ne se composait que de 14 prélats aux premières sessions et de 32 dans sa plus grande splendeur. Mais si les évêques faisaient défaut, les ecclésiastiques du second ordre et les docteurs de l'Université de Paris y affluaient, et ces derniers étaient les plus ardents.

Le monastère de Saint-Riquier avait là un procureur, Thomas de Courcelles, maître en théologie, chanoine d'Amiens (4), dont le nom se trouve mêlé aux plus orageuses discussions. On s'explique par là et la supplique des moines et la réponse empressée des Pères de Bâle.

Un dernier mot sur ce privilège de Bâle. La grande force des prérogatives des monas-

---

(1) D. Cotron. *Anno* 1435.

(2) Par exemple, à Saint-Vast d'Arras, à plusieurs abbayes de l'ordre des Prémontrés, comme Saint-Jean d'Amiens, Dommartin, Saint-André-au-Bois. On dit que Jean Avantage, évêque d'Amiens, avait visité ces monastères, malgré leurs privilèges, que les moines en appelèrent au Concile de Bâle et qu'après des procédures assez longues, on les maintint dans leurs exemptions. Ne pourrait-on pas supposer que les moines de Saint-Riquier avaient éprouvé les mêmes difficultés?

(3) Rohrbacher. *Histoire de l'Eglise*, livre LXXII.

(4) Thomas de Courcelles joua un grand rôle au Concile de Bâle. Il fut un des docteurs les plus entreprenants du Concile : il fut nommé parmi les trente-deux électeurs désignés pour choisir un Pape. Après le Concile il remplit de hautes dignités D'abord curé de Saint-André-des-Arts à Paris, il devint peu de temps après doyen du Chapitre de Notre-Dame et proviseur de Sorbonne. Enéas Silvius, depuis Pape sous le nom de Pie II, loue sa modestie encore plus que sa doctrine. Sponde n'en parle pas aussi avantageusement.

tères exempts, c'est qu'ils s'appuyaient sur l'autorité incontestée du Souverain Pontife. Ils appartenaient à l'Eglise Romaine *sans intermédiaire*, ils étaient du domaine de saint Pierre. Les anathèmes de Rome ne manquaient pas de frapper les sacrilèges usurpateurs d'un héritage si sacré. Mais le Concile de Bâle, renié par le Pape Eugène IV et la majorité des évêques, contesté par plusieurs souverains, nullement indépendant de la puissance temporelle, quelle sanction pouvait-il assurer à des prérogatives dont il méconnaît l'origine? Il veut renouveler les anciens privilèges et il oublie de mentionner que le monastère est immédiatement soumis au Pontife romain. Les religieux pouvaient-ils présenter un titre vicieux dans la forme et sans valeur pour le fond? Ce seul acte suffirait pour juger l'incohérence d'idées des agitateurs de Bâle.

On lit dans la chronique que le 17 octobre 1435 l'Abbé de Saint-Riquier paya sept saluts d'or pour une once d'or à Guillaume Le Fèvre, chanoine d'Amiens, sous-collecteur apostolique, pour le terme de la saint-Jean(1). Est-ce pour le Concile de Bâle ainsi substitué aux droits du Pontife romain? On ne le dit pas. Il est probable que les moines de Saint-Riquier attachèrent plus d'importance aux lettres de sauvegarde données au monastère par le roi Charles VII en cette même année (2). En rentrant sous la domination de leur souverain légitime, ils voulaient s'assurer sa protection spéciale contre les entreprises des capitaines et autres gens d'armes dont ils souffraient si souvent. C'est pourquoi le roi prit le monastère sous sa garde spéciale, avec tous ses droits et prérogatives, et menaçait les agresseurs de tous ses châtiments. Robert de la Croix, Nicolas Legrand et plusieurs officiers et sergents du roi étaient désignés comme conservateurs de cette sauvegarde.

Après la paix d'Arras, le duc de Bourgogne confirma Jean d'Auxi dans la capitainerie de Saint-Riquier. Ce bienveillant protecteur de Pierre le Prêtre, successeur de Hugues Cuillerel, dont il sera parlé souvent, mérite une mention spéciale dans nos Annales.

Jean IV d'Auxi, fils de Philippe d'Auxi, seigneur de Dompierre et bailli d'Amiens, seigneur de Hangest, Fontaine, Famechon, Lameth (3), fut un des serviteurs les plus dévoués et les plus honorés du duc Philippe de Bourgogne et du comte de Charolais, son fils. Il était capitaine de Courtray en 1425, de Saint-Riquier en 1433, maître des eaux et forêts en la même année, charge dans laquelle il fut confirmé, en 1438, par le roi Charles, réconcilié avec son maître. Il assistait aux négociations d'Arras, dont il désirait vivement le succès: il contribua beaucoup à l'expulsion des Anglais du Ponthieu; il leur reprit Gamaches en 1436 et se distingua dans tous les combats contre eux. Nommé capitaine général des frontières de Picardie et du Ponthieu, il se rendit maître de la ville du Crotoy, en 1437, de concert avec Florimond de Brimeu, auquel il succéda aussi plus tard, en 1442, comme sénéchal de Ponthieu et capitaine d'Abbeville, avec la faculté de faire exercer ces charges par des officiers de son choix. Le duc de Bourgogne lui donna

---

(1) D. Cotron. *Anno* 1435.
(2) *Lettres de sauvegarde du 28 Juillet* 1436.—*Gallia Christ. Tom. x, pag.* 1153.

(3) Voir Carpentier, P. Anselme et les autres généalogistes.

encore en 1437 l'intendance des eaux et forêts du comté d'Artois et la capitainerie de Thérouanne. Il le fit son chambellan en 1440 et lui confia la garde de la personne du comte de Charolais, son fils. Cette mission, si chère au cœur d'un père, nous prouve l'excellence de ses services et la bonté de son cœur. Jean d'Auxi fut nommé chevalier de la Toison d'Or en 1445, logé dans l'hôtel du duc en 1446, et reçut 400 livres de pension en dédommagement de la perte qu'il subissait de l'incendie et de la démolition de son château d'Auxi par les Anglais. La capitainerie d'Oudenarde fut ajoutée à toutes ses charges. Après le rachat des villes des deux rives de la Somme, Jean d'Auxi passa au service de Louis XI, qui lui conserva tous ses titres et le pourvut de l'office de maître des arbalétriers de France, avec appointements de 2,000 livres. Il vivait encore en 1470.

Jean d'Auxi, marié à Jeanne de Flavy eut deux filles dont les alliances furent très illustres ; l'aînée, Isabeau, épousa Philippe de Crèvecœur, seigneur d'Esquerdes ou des Cordes, gouverneur de Picardie et ne laissa point de postérité : la seconde, Marie d'Auxi, épousa Jean de Bruges, seigneur de la Gruthuse, que nous verrons choisir sa sépulture dans l'église de Saint-Riquier. Les noms de ces puissants personnages reparaissent plus d'une fois dans l'histoire de Pierre le Prêtre.

Nous avons toute raison de croire que Jean d'Auxi fut capitaine de Saint-Riquier depuis 1433 jusqu'à sa mort (1). Ce n'est pas à dire qu'il y ait beaucoup résidé : mais des lieutenants actifs et courageux préservèrent la ville de toute attaque pendant cette période.

Dom Grenier parle d'un siège en 1446, mais il prononce, ce nous semble, un peu légèrement, sur un règlement de compte. « Le 15º jour de février 1446... Ledit jour a
» esté conclud... que on s'accordera avec Simon...., du procès qu'il a contre la ville sur
» le don de 6 livres pour le fait de Rouen et 20 escus pour le fait du prest du siège de
» Saint-Riquier, moyennant que chacun portera ses despens et sy ara ledit Simon
» pour tout 8 écus d'or (2). »

(1) Voici une quittance de Jean d'Auxi, capitaine de Saint-Riquier en 1446 (*Documents inédits par M. de Beauvillé. Tome* II, *page* 157).

« Nous, Jehan, seigneur et ber d'Auxi, conseiller et chambellan de Monseigneur le duc de Bourgogne et chambellan et garde de la personne de Monseigneur le comte de Charolais, seneschal et gouverneur du Ponthieu et cappitaine de Saint-Riquier, confessons avoir reçu contant de Jehan Froment dit Hacquelotte, receveur ordinaire du bailliage d'Amiens, la somme de trente-trois livres six sous huit deniers parisis, qui deub nous estoit, à cause de nos gaiges d'icelle capitainerie de Saint-Riquier, qui sont de cent livres parisis par an et par terme de Toussaint desrainement passé, de laquelle somme de XXXII livres VI sols VIII deniers, monnoie dite, et pour ledit terme avec tous aultres termes passés et précédents, nous nous tenons contens, et en quittons ledit recepveur et tous aul-

tres. Tesmoings nos scel et saing masnuel, ci mis. Amiens, le VIIIº jour de novembre, l'an mil IIIIº quarante-six.

On voit par cette quittance que le capitaine de Saint-Riquier était payé sur la caisse du roi ou du duc et que par conséquent il était à sa nomination et commandait les troupes du roi ou du seigneur suzerain, d'où il suit que les villes n'avaient de capitaine qu'autant qu'elles étaient gardées par des soldats étrangers à la population communale. Le capitaine concourait avec le mayeur à la défense de la cité, s'engageait, en entrant en charge, sous la foi du serment, à maintenir les franchises et privilèges, à ne mettre dans la ville aucune garnison plus forte que les bourgeois. Aux capitaines succédèrent les gouverneurs avec des pouvoirs plus étendus.

(2) M. Prarond. *Histoire de Saint-Riquier, page* 74.

CHAPITRE III. — L'ABBÉ HUGUES GUILLEREL.

On pourrait croire à un reliquat du siège de 1421, aussi bien qu'à ce siège de 1446, sur lequel tous les auteurs gardent le silence. Le prêteur Simon aurait été bien intolérant s'il avait suscité un procès à si court délai.

Mais si les habitants de Saint-Riquier ont vécu paisiblement à l'abri de leurs murs et sous la protection des hommes de Jean d'Auxi, la contrée fut plus durement éprouvée que jamais. Les Anglais, comme nous l'avons insinué, n'avaient point adhéré à la paix d'Arras et ils continuèrent leurs hostilités sur tous les points où ils pouvaient se maintenir. La garnison du Crotoy, réfugiée dans le fort, pendant que les Français étaient maîtres de la ville, ne cessait de rapiner et d'incendier ; pendant l'année 1437 surtout elle dévasta d'une manière effrayante tout le pays entre Saint-Riquier et l'Authie. Parmi les villages saccagés et brûlés, nous nommerons Marcheville, Ivrencheux, Nuémont, Bezencourt, le Boisle, Monstrelet ; on doit y ajouter les châteaux de La Broye et d'Auxi.

Malgré quelques échecs, surtout aux environs de Forêtmontier, les Anglais vinrent courir jusqu'à Pont-Remy, qu'ils cherchèrent à surprendre, mais ils furent eux-mêmes surpris dans le bois de Saint-Riquier et perdirent deux cents hommes tués ou prisonniers (1).

---

(1) Formentin. — *Histoire du Ponthieu.*

« A ceste même année 1437, dit Pierre le Prê-
» tre, Tallebot, ung capitaine anglais vint brûler
» et mettre en proye Auxi, Labroye et plusieurs
» aultres villes et fist un horrible dommaige au
» pays et sy estoit pour lors le duc Philippe à Abbeville et Madame la duchesse sa femme estoit à
» Hesdin et se n'y put remédier. »

On ne saurait aujourd'hui se faire une idée du désespoir des populations et de leur découragement au milieu de ces guerres sanguinaires. M. de Barante nous apprend que « tout le royaume jusqu'à la Loire était devenu comme une vaste solitude. Il n'y avait plus d'habitants que dans les bois et les forteresses ; encore les villes étaient bien plutôt des logis pour les gens de guerre que des demeures pour les citoyens. La culture était délaissée, hormis à l'entour des murailles, sous l'abri des remparts et à la portée de la sentinelle du clocher. Dès qu'elle voyait venir l'ennemi, les cloches étaient sonnées, les laboureurs en toute hâte rentraient dans les villes : les troupeaux aussitôt qu'ils entendaient le son du tocsin, avaient pris l'instinct de s'enfuir d'eux-mêmes et se pressaient aux portes pour se mettre en sûreté. » (*Histoire d'Abbeville. Tome* I, *page* 364).

La famine, dans des circonstances si critiques, ajoutait naturellement ses horreurs aux maux de la guerre. « En 1437, dit Jean de la Chapelle, il
» y eut disette absolue de récolte. Au mois de sep-
» tembre on ne trouva même pas de blé pour en-
» semencer les terres. La famine fut générale. Les
» bourgeois, les laboureurs et les mercenaires ne
» se procurèrent qu'avec peine du pain d'orge, de
» vesce, d'avoine ou de fève. Les sujets de l'Eglise
» étaient ruinés : on ne pouvait compter sur les
» revenus et les produits ordinaires. Cependant,
» grâce à Dieu, nul des habitants du lieu ou des
» étrangers réfugiés ne mourut de faim dans la
» ville de Saint-Riquier. Tous ceux qui vinrent
» implorer la charité du monastère furent sus-
» tentés. Le setier de blé se vendait dix francs,
» mais l'Abbé Hugues ne se laissa point tenter par
» l'espérance d'un bénéfice. Les pauvres de Jésus-
» Christ étaient son plus précieux trésor ; il eut
» pour eux toute la sollicitude d'un tendre Père. »

La chronique de Pierre le Prêtre confirme cette assertion. « Le septier de blé, mesure d'Abbeville se vendoit dix francs. Il y eut une grande mortalité. »

L'année précédente, dit encore Pierre le Prêtre, les Anglois avoient repoussé la médiation du Pape, en disant que quand ils auroient autant conquesté de pays au roi de France que le roi de France avoit conquesté sur eulx, il seroit temps de parler de cette matière. (*Chroniques*.) — En l'an 1435, le même

Le château du Crotoy, forteresse à peu près inexpugnable et toujours ravitaillée par la mer, resta aux Anglais jusqu'à 1451 et leur assura un asile inviolable après leurs tentatives les plus audacieuses.

En 1452, après la prise du château du Crotoy, la France fut délivrée de toute la domination anglaise. De toutes leurs conquêtes, il ne leur restait que Guisnes et Calais.

Ce fut un répit de vingt ans pour ces contrées, mais on eut bien des plaies à guérir, comme nous le verrons dans la suite de cette histoire. Il serait presque superflu d'ajouter que les monastères, malgré le silence des chroniques, participent largement à toutes ces catastrophes. Lors même qu'ils sont épargnés, leurs fermes et leurs domaines sont envahis : la source de leurs revenus se tarit, soit qu'on paie en nature, soit qu'on acquitte les baux en argent. La ruine des récoltes pèse autant sur eux que sur leurs tenanciers. La compassion les empêche d'exiger la rentrée des arrérages : ils aiment mieux vivre, comme le peuple, de privations et écouler leurs réserves dans le sein des pauvres. Qu'il y ait eu du relâchement dans les pratiques religieuses, diminution de l'esprit intérieur au milieu des alarmes et de ces bouleversements continuels, qui aurait droit de s'en étonner et de s'en plaindre ? L'humanité n'est pas assez intègre pour fortifier toutes les âmes contre les appréhensions vulgaires et faire des héros de tous les hommes voués à la perfection religieuse.

D. Cotron nous apprend que l'Abbé Hugues Cuillerel fut excommunié et frappé de suspense par l'évêque d'Amiens pour outrage au chancelier de l'église cathédrale et qu'il fut absous de ces censures ecclésiastiques le 29 décembre 1451 (1). Le conflit avait sans doute pour cause une question d'immunité.

Il nous reste peu de choses à dire sur l'Abbé Hugues Cuillerel. Nous noterons que l'abbaye fut plus souvent gouverné par D. Nicolas Bourdon, prieur claustral et prévôt de l'Eglise, que par l'Abbé qui habitait plutôt Paris que le monastère. Après la mort de ce prieur, dont nous ferons tout-à-l'heure l'éloge, la prévôté fut confiée à Pierre le Prêtre, selon le vœu de cet excellent maître, « vrai père et amy audit dampt Pierre le Prêtre (2) » dans sa première jeunesse.

C'était en 1452. Trois ans après, en 1455, Hugues Cuillerel, âgé de soixante-douze ans, donna le gouvernement de son église à son prévôt pour l'espace de quatre ans, à la condition qu'on lui rendrait à Paris trente écus d'or chaque mois et douze chapons. Pierre le Prêtre était chargé de l'administration des biens et du gouvernement des religieux et devait présenter ses comptes à l'Abbé Hugues ou à ses commis. Ainsi rassuré sur le sort de son abbaye, « s'en alla ledit Abbé, dit encore Pierre le Prêtre, demourer » à Paris, lequel s'étoit tenu audit lieu le plus de son temps. Mais deux ans après (1457), » pressé de donner son église à pension, il la résigna entre les mains de son prévôt

---

chroniqueur parlait ainsi des cruautés des Anglais qui désoloient le pays : « allant de nuit prendre et » copper les gorges et murdrir les gentilshommes » en leur lit. » *Chroniq. Chap.* xi, xii.

(1) D. Cotron. *Anno* 1451.

(2) *Chroniques de Pierre le Prêtre.*

» moyennant une pension de six cents écus ou de cinquante écus par mois. La cession
» fut ratifiée à Avignon par le légat du Saint-Siège fondé de pouvoir pour cette cession
» partielle de son bénéfice. »

« En cest an mil IIII^{e}LXII, Monseigneur Hugues, pensionnaire de l'église de Saint-
» Riquier finit de vye par mort ou chastel de Drugy près Saint-Riquier, appartenant à
» ladite église et fut porté honnourablement en terre à ladite église par l'Abbé Pierre et
» tout le couvent, et fut mis au chœur devant le grand hostel du milieu, lequel Abbé
» était âgé de LXXVII ans passés, et avoit été cinquante ans que Abbé que pension-
» naire d'icelle église. Dieu par son saint plaisir lui fasse pardon à l'âme (1) »

Les absences de Hugues Cuillerel furent très nuisibles au monastère. Sans accuser son prédécesseur, Pierre le Prêtre dut constater « qu'il avait fait en son temps comme « peu ou néant ouvrer. » Jugeons de là en quel déplorable état de délabrement il dut laisser ce monastère après un laps de 45 ans. Le cœur saignera au lecteur comme au jeune Abbé, quand on entendra dire « qu'il se hâta de recouvrir son église d'éteule au plus nécessaire. » Un autre abus de cet absentéisme, c'est la dilapidation des biens, c'est une gestion sans ordre, sans contrôle, sans autorité. On n'avait rendu aucun compte ; on n'avait rien vérifié ; tout languissait dans un déplorable abandon. Heureusement la Providence se chargea de réparer les fautes des années précédentes. Nous en avons la preuve dans le gouvernement de Pierre le Prêtre.

Hugues Cuillerel, en venant à Saint-Riquier, avait amené de Saint-Vigor de Bayeux un religieux nommé Nicolas Bourdon, à qui il conféra en 1427 la charge de prévôt, vacante depuis la mort de Guiscard de Sales et qu'il établit prieur claustral, l'année suivante, avec pouvoir de changer, de conseiller, d'informer, de corriger les délinquants.

Notons ici à la gloire de Nicolas Bourdon qu'il s'attacha à former de jeunes enfants avec le zèle et l'ardeur d'un maître de chapelle et que plusieurs de ses jeunes élèves embrassèrent la vie religieuse.

On voit dans les chroniques que Nicolas Bourdon acheta plusieurs maisons au nom d'Étienne Bourdon, son frère, curé de Mesnil-en-Luxeuil et qu'il en eut l'administration. Son vœu de pauvreté lui ayant interdit d'acheter en son nom, il est probable qu'il usa de ce moyen pour s'assurer une retraite, si le malheur des temps l'eût exposé à quitter son monastère.

« Nicolas Bourdon, dit Pierre le Prêtre, originaire de la basse Normandie, assez près
« du Mont Saint-Michel, fut en son temps un des notables religieux de l'ordre de saint
« Benoît. Bon chantre entre tous autres, il avait été en sa jeunesse en la cour de plu-
« sieurs princes, à gages en leurs chapelles et même fut à la chapelle du pape un
« espace. Il acquit, lui étant prevost de la dite église, les fiefs nommés Pollehoye que
« Messire Robinet de Licques, chevalier, avait vendus au seigneur de Thaunay, les-
« quels furent par bourse retenus et en paya le dit Bourdon mieux de wit cents livres

---

(1) *Chroniques de Pierre Le Prestre.* (1462.)

« parisis (800 liv.) et valait bien LX liv. de rente amortie. Il fit plusieurs biens à l'é-
« glise du dit Saint-Riquier, et entre les autres il fist tant qu'il y eust enfans vestus, qui
« avoient été à l'école de musique jusqu'au nombre de quatre ou de chinq, entre lesquels
« ledit Dampt Pierre estoit l'un, et par ce moyen esleva dans la dite église en manière
« d'une chapelle, et pour ce qu'il avoit infinie dévotion à la Vierge Marie et que en la
« dite église y a une chapelle, là où pour les gens du monde, à leur de VII heures soit
« yver, soit esté, l'on dit une messe haute, là où tout le couvent est tenu d'estre, à la-
« quelle messe jamais ne falloit, s'il n'estoit hors ou empescié nécessairement ou ma-
« lade, laquelle messe aux dimences et toutes les festes de l'an il faisoit chanter par
« ténor, contre-ténor et hautes voix le plus solempnellement qu'il estoit possible, et lui-
« même faisoit le ténor, car il avoit la plus belle voix de ténor que l'on eust sceu trou-
« ver en place, et sy sçavoit et avoit l'art de musique si en commandement que nul ne
« lui en savoit rien commender. Pareillement faisoit dire aux dimences et festes la
« grant messe de la dite église qui se dit entre IX et X heures (1). »

La dévotion de Nicolas Bourdon, dont le souvenir a tant pénétré Pierre Le Prêtre, ne se borna pas à chanter les louanges de Marie : elle le rendit poète : il composa en l'honneur de la mère de Dieu, des répons, des antiennes, des proses, entre autres celle-ci : *Ave, Gloriosior Millitad Virginem*, que les religieux, du temps de Jean de la Chapelle, chantaient encore avant prime, comme sous Nicolas Bourdon. Ces pièces ne sont pas parvenues jusqu'à nous.

Nicolas Bourdon vécut jusqu'à l'âge de 80 ans et mourut en 1452. « Dieu par sa
« grâce, ajoute Pierre le Prêtre, lui veulle pardonner ses défauts : il fut vrai père et
« ami au dit Dampt Pierre le Prêtre, tant qu'il vesquit et le demanda pour son succes-
« seur. L'Abbé son prélat trouva après sa mort, outre les dits fiefs, grant argent et plu-
« sieurs biens meubles avec plusieurs debtes qui lui estoient deues de son vivant.
« *Parcat sibi Deus.* »

On verra plus loin les faits principaux de l'administration temporelle du monastère dans les dernières années de Hugues Cuillerel. Il nous suffira d'ajouter ici quelques mots sur les villes de Bray et du Crotoy si cruellement éprouvées par les guerres.

En 1411, le duc de Bourgogne lança sur les bords de la Somme une armée de 60,000 hommes, dont les efforts se portèrent surtout sur la ville de Ham : tous les passages de la Somme ayant été explorés, la commune de Bray, tout entière aux préoccupations des rumeurs sinistres que les courriers recueillaient sur chaque point de leur visite, se concertèrent avec les religieux pour travailler à la défense de la ville. Il y avait en la ville et maison d'Arleux des arbres « qu'il était expédient d'abattre pour le bien commun et proffit du pays » ; le mayeur et les échevins demandèrent qu'on leur permit de les enlever, afin d'être préservés de pertes et dommages. On nomma pour arbitres des hommes d'état qui jurèrent solennellement de les estimer selon leur valeur et de

---

(1) *Chroniques de Pierre Le Prestre.* — Chron. Abbrev. Cap. LIX.

les faire servir à la défense de la ville. On convint ainsi d'une somme de 12 écus d'or, chacun écu de la valeur de 18 sols parisis. Cette somme devait être remise entre les mains de l'Abbé après son arrivée à Saint-Riquier. Il fut toutefois stipulé que, pour cet acte de condescendance, les mayeur et échevins de Bray n'auraient aucune seigneurie ni domination sur le couvent. C'est la conclusion sacramentelle de toutes les conventions (1).

Il serait difficile de redire tous les malheurs et toutes les vicissitudes du Crotoy sous l'Abbé Hugues. Les Anglais gardèrent le château jusqu'en 1452. Pendant le temps de cette occupation l'Abbé de Saint-Riquier loua la seigneurie de Mayoc à un Anglais nommé Bihen, capitaine de Rue. C'était un acte de sage administration, pour recueillir les revenus du domaine et le faire cultiver sans danger pour le fermier. Il ne peut être question ici des revenus de la ville du Crotoy, car il n'est pas probable que les Anglais, entrés en vainqueurs, aient consenti à les partager avec le couvent de Saint-Riquier. Cependant la commune semble garder son autonomie, même sous la domination étrangère, et quand il est possible d'empêcher une prescription ou de maintenir un droit, les échevins et les religieux ne manquent pas de réclamer. Mais l'effet de ces réclamations ? Il serait peut-être difficile de le constater. En outre il est bien à craindre que les droits anciens ne soient pas sortis intacts de toutes ces catastrophes politiques (2)

CHAPITRE IV.

PIERRE LE PRÊTRE, QUARANTE-SEPTIÈME ABBÉ.

(1457 à 1480).

Autobiographie de Pierre Le Prêtre. — Ses premières années et ses premières charges. — Hugues Cuilleret lui résigne son abbaye. Sa bénédiction par Ferry de Beauvoir dans l'église Notre-Dame. — Travaux de l'Abbé dans la crypte. — Louis XI rachète les villes données en 1435 au duc de Bourgogne. — Louis XI à Saint-Riquier en l'absence de l'Abbé. — Guerres en Ponthieu. Réclamations de Pierre Le Prêtre après l'occupation de Drugy par les soldats français. — Pierre Le Prêtre s'éloigne de Saint-Riquier et se réfugie à Saint-Omer. Il revient à Abbeville. — Le refuge de Saint-Riquier au pouvoir des Bourguignons. — Les Anglais, puis les Bourguignons à Saint-Riquier. — Fuite de Pierre Le Prêtre la nuit de la Toussaint. Sa maladie. Ses dernières dispositions. — Travaux à l'église et à l'hôtel abbatial. — Aumônes. — Pierre Le Prêtre se retire à Saint-Omer à la nouvelle de nouveaux préparatifs de guerre ; ce qui ne l'empêche pas de poursuivre ses travaux à l'église et au monastère. — Saint-Riquier pris et repris par les Bourguignons et les Français et ruiné en 1475. — Nouveaux travaux à l'église. — L'abbaye enlevée à Pierre Le Prêtre qui se met sous la protection du duc de Bourgogne. — Élection de Jacques d'Haudrechies. — Résignation de Pierre Le Prêtre en faveur d'Eustache Le Quieux. — Sa mort à Saint-Omer.

(1) *Cart. de St.-Riq. Fol.* 120.   (2) D. Cotron. *Anno* 1424.

Pierre le Prêtre va nous révéler lui-même les principaux événements de sa vie, soit dans des notes écrites au bas de sa chronique, soit dans la chronique même où il raconte ses travaux à l'église de Saint-Riquier. Jean de la Chapelle et D. Cotron ont le plus souvent traduit en latin ses naïfs récits. Nous les restituerons dans la langue et le style de l'auteur, pour la satisfaction de plusieurs de nos lecteurs qui apprendront ainsi à connaître notre chroniqueur (1). Toutefois, nous ne donnons pas toujours le

(1) La chronique de Pierre le Prêtre porte pour titre : *S'en suit une petite Chronique des faits tant de France, d'Angleterre, comme de Monseigneur le duc Phelippe de Bourgongne et Charles, comte de Charolois son fils, commenchant à l'an mil IIIIc XLIIII jusques à l'an mil IIIIc LXXVII*

Cette chronique, après la Révolution, faisait le plus bel ornement de la grande et riche Bibliothèque de M. De Lignieres de Bommy et plus tard de celle de M. De Lignières de Saint-Amand, son neveu, qui nous l'a très gracieusement communiquée pour recueillir les notes qui nous conviendraient. Depuis la mort de ce dernier la chronique de Pierre le Prêtre appartient à la Bibliothèque d'Abbeville.

Une note de M. le marquis le Ver insérée sur un des feuillets du livre nous donne les renseignements suivants : « La chronique de Pierre Le Prêtre commence par une liste chronologique des rois de France depuis Pharamond jusqu'à Louis XI. Vient ensuite un récit sommaire ou plutôt une simple indication des principaux événements survenus en France depuis l'an 1248 jusqu'à 1443, où l'on trouve quelques faits relatifs à l'histoire locale : mais ces faits ont très peu d'importance. L'auteur mentionne la bataille de Crécy, celles d'Azincourt, de Mons-en-Vimeu, sans donner aucun détail sur ces journées mémorables. De 1426 à 1435 il y a une lacune dans la chronique : il ne nomme même pas Jeanne d'Arc, quoiqu'elle eût été détenue pendant son enfance dans le château de Drugy, qu'il a lui-même fait restaurer. »

En suivant dans cette chronique le récit de faits généralement connus, on se demande si l'auteur au lieu de la composer lui-même ne les avait pas copiés sur quelques manuscrits dont il se sera trouvé en possession. M. le marquis de Belleval (*Mémoires de la Société d'Émulation d'Abb.*, tome 2, IIIe série, *page* 3). répond ainsi à cette question : « La chronique de Pierre Le Prêtre, après un sévère examen et une collation mot à mot des écrivains contemporains, doit être divisée en quatre parties, que le style, le langage et l'orthographe ne permettent pas de confondre entre elles. La première qui comprend de 1444 à 1448 n'est qu'une copie servile de certains chapitres de Monstrelet. La deuxième partie qui s'étend de 1448 à 1467, se retrouve textuellement dans Jacques du Clercq, avec une telle fidélité que les rubriques des chapitres ne sont même pas modifiées. De 1467 jusqu'à 1472, le compilateur suit pas à pas le récit du chroniqueur Jean, bâtard de Wavrin, seigneur de Forestel. A certains endroits il prend à son tour la parole et il intercale dans le texte de Wavrin de courts chapitres que l'on ne rencontrerait nulle part ailleurs. Wavrin s'arrête en 1472. C'est alors que l'idée vient à Pierre Le Prêtre de continuer son œuvre. l'écrivain se révèle · lui aussi il peut manier la plume et la parole, les événements l'inspirent. Le terrible duc de Bourgogne, Charles-le-Téméraire, remplit le Ponthieu de son nom et du bruit de ses exploits. Pierre Le Prêtre raconte les faits dont son pays natal est le théâtre. Ici le doute n'est plus possible. »

« Sa narration animée est celle d'un témoin oculaire. Ses descriptions sont celles d'un homme auquel l'aspect du pays est familier ; les jugements qu'il porte sur les personnages importants attestent qu'il a vécu auprès d'eux. La partie donc vraiment originale de la chronique, celle qui appartient à l'Abbé de Saint-Riquier, s'étend depuis 1472 jusqu'en 1477. Elle est contenue dans les cinq derniers chapitres du manuscrit. L'Abbé Pierre Le Prestre nous apprend lui-même qu'il « fit contre-escrire ce présent chronique et aultres et autres livres pour passer le temps qui lors étoit divers »

L'inspection du livre prouve que Pierre le Prestre s'est aidé de la main d'un secrétaire pour cette transcription de longue haleine. On le constate par des notes biographiques de sa propre écriture et signées de son nom : P̄re P̄bre. Ces notes commencent au folio 7 et en l'an 1248, époque de sa naissance. Nous les reproduirons à peu près intégralement.

texte même. Il ne serait pas assez intelligible pour beaucoup de nos lecteurs. Nous suivrons, en particulier pour la biographie de Pierre Le Prêtre, une copie plus moderne qui a été faite par M. Bommy, l'heureux conservateur du manuscrit (1).

Pierre le Prêtre était de noble famille. Son père Jean Le Prêtre était seigneur de la terre de Vacquerie-le-Bouc sur la rivière de Authie près le Fortel (2). C'était, disent nos chroniques, un homme probe et valeureux. Sa mère, dont on ne cite pas le nom, était aussi une respectable et sainte demoiselle. Nous avons dans la chronique de Pierre le Prêtre le nom de deux de ses frères, dont il sera souvent parlé, Jean-Philippe et Hue.

« En cest an mil IIIIe XVIII et XXIIe de février *in catedra Sancti Petri*, à heure
« de midy fut né Pierotin Le Prêtre, fils de Jehan, en un villaige nommé la Vacquerie-
« le-Bouc en la comté d'Artois, entre Bouberc-sur-Canche et Auxy en la conté d'Ar-
« tois aséz près de Fortel et de Bofflers. » $\overline{Pre}$ $\overline{Pbre}$ (3).

M. de Belleval réclame pour son travail le mérite d'une première publication : cet honneur lui appartient. Nous ferons remarquer toutefois que notre biographie de Pierre Le Prêtre était préparée longtemps avant l'année 1877 et que nous ne profitons de sa chronique que pour corriger quelques inexactitudes de copie : c'est au manuscrit de M. l'Abbé Fricourt que nous avons emprunté ce que nous citons de la chronique de Pierre Le Prêtre.

Le manuscrit de Pierre Le Prêtre, sur grand papier in-4°, contient 817 feuillets écrits et presque tous paginés. Les sommaires sont tracés en lettres rouges. L'ouvrage offre un specimen de belle écriture du xve siècle.

L'auteur s'arrête en 1477 au milieu d'un récit. « Son paraphe à la dernière ligne, dit M. Le Ver, est comme le sceau de la mort sur son œuvre. »

Il existe une copie de la chronique de Pierre Le Prêtre à la Bibliothèque Nationale. Mais le compilateur n'a reproduit que l'œuvre spéciale de l'Abbé de Saint-Riquier contenue dans ces derniers chapitres, en retranchant même ce qui concerne l'abbaye.

Les autres livres dont parle Pierre Le Prêtre sont tout-à-fait inconnus.

(1) On trouvera aux pièces justificatives le *fac simile* de la signature de Pierre Le Prêtre et d'une des notes de sa biographie.

(2) On lit dans la biographie de Pierre Le Prêtre par M. de Belleval (*Mémoires de la Société d'Émulation. Ibid., page* 10) : « Il n'appartient pas à une « noble race et de quelques vertus que D. Cotron « et Jean de la Chapelle aient jugé à propos de le « décorer, il est certain que Jean le Prêtre, père

« de notre Abbé, n'était rien moins que gentil-
« homme. C'était tout simplement un paysan qui
« habitait un village nommé Vacquerie-le-Bouc. »
Ce démenti, donné à des auteurs contemporains ou possesseurs de documents perdus aujourd'hui, est peut-être trop absolu. Le paysan du xve siècle était-il apte à remplir les fonctions dont la famille de notre Abbé paraît investie ? Qu'on admette, si l'on veut, que les ancêtres de Pierre Le Prêtre n'aient pas signalé leur nom par des faits mémorables, il n'en suit pas que cette famille n'ait pas appartenu à la petite noblesse d'Artois. La généalogie nobiliaire de notre Abbé nous fait défaut, nous pouvons cependant citer quelques noms qui nous révèlent de nobles alliances dans une famille Le Prêtre de cette époque et des siècles suivants. Ainsi Jeanne Le Prestre est citée dans les archives de Saint-Riquier sous le nom d'épouse de Jean de l'Hôpital. Ce dernier nom appartient à l'ancienne noblesse de Saint-Riquier. Deux siècles plus tard une autre Jeanne Le Prêtre est mariée à Jean de Hesdin, dont la noblesse n'est pas contestée.

Le sieur Le Prêtre, seigneur du petit Moismont, possède un fief tenu de la seigneurie de Villers-l'Hôpital. — (M. Prarond. *Notices sur Rue et Crécy, page* 548.)

On pourrait citer encore des procureurs, des baillis, des seigneurs de ce nom.

En 1452 un religieux de Forêt-Montier se nomme Mahieu Le Prestre.

(3) *Première note autobiographique de Pierre Le Prêtre*, en marge de l'année 1418.

Le 22 février 1418, ancien style, quand l'année commençait à Pâques, se rapporte à l'an 1419.

« En l'an mil IIII⁵ XXIIII Pierotin Le Prêtre eut tonsure cléricale en la ville d'Auxy
« au doyenné de Labroye et au diocèse d'Amiens lendemain de le saint Jehan-Bap-
« tiste, par Révérend Père en Dieu M⁹ʳ de Harcourt, évesque d'Amiens. *Pre Pbre.* » (1).

Le fils de Jean le Prêtre n'était pas âgé alors de six ans : mais l'Eglise permettait de donner la tonsure cléricale à sept ans ou même plutôt.

Remarquons cette particularité d'une enclave du diocèse d'Amiens dans le comté d'Artois. C'est la conséquence d'une vente de Marie de Ponthieu à Robert de France, comte d'Artois, en 1244.

Ayant perdu son père après cette première consécration à Dieu, notre jeune clerc fut confié aux soins particuliers de son frère aîné, dont la tendresse et le dévouement ne se démentirent en aucune circonstance. Cette famille était spécialement protégée par le seigneur d'Auxi, alors gouverneur de Saint-Riquier, dont le nom n'est prononcé qu'avec vénération par le bon et candide religieux. Enfant précoce, d'un esprit vif et subtil, d'un caractère doux et timide, Pierre le Prêtre présageait les plus heureuses dispositions, une aptitude innée pour les études et pour l'état ecclésiastiques. On se hâta de cultiver les talents que le ciel lui avait départis. Nous le suivons aux écoles d'Auxi, d'Hesdin, et spécialement à celle de Saint-Riquier où il étudia la musique religieuse sous Nicolas Bourdon (2).

C'est probablement dans cette période de sa vie d'écolier qu'il sentit naître et se développer sa vocation pour l'état monastique. Il fit profession à vingt ans.

« En l'an mil IIII⁵ XXXVIII (3) le jour saint Mor el XV de janvier, Pierotin le Pbre,
« lequel avoit ung frère nommé Jehan Pbre, serviteur de Mossgr d'Auxi, qui avoit tenu
« ledit Pierotin aux escoles depuis le trespas de son père jusqu'au dit an, tant au dit
« Auxi, Hesdin, comme ailleurs, fut par le moyen et à la requête de mondit seigneur
« d'Auxi religieux et abitué en l'église de Monseigneur Saint-Riquier-lès-Ponthieu, et
« le présenta monseigneur d'Auxi en personne le dit jour au capitre à Révérend Père
« en Dieu Monseigneur Hugues, lors Abbé, natif de Bourgongne, de la ville de Poli-
« gny-en-Arbois, en la présence de tout le couvent, et avec lui furent vestu ung nommé
« Hugues de Wignacourt, natif de Saint-Riquier et Jehannet Warin, natif de Drugy, à
« présent prieur de Bredenay. *Pre Pbre* (4). »

Que n'avons-nous la liste des moines ? nous verrions tout ce que la ville de Saint-Riquier fournissait de religieux à son monastère. Ces deux noms incidemment prononcés ont leur signification. Nous apprenons ainsi que la très illustre famille de Wignacourt, comme celle de Bouberch et tant d'autres, avait quelqu'un de ses représentants à Saint-Riquier aussi bien qu'à Abbeville, soit dans le gouvernement militaire, soit dans les fonctions judiciaires, que la noblesse de cette époque recherchait avec autant d'empressement que la carrière des armes.

(1) *Seconde note autobiographique de Pierre Le Prêtre.* 1424.
(2) Voir plus haut, page 108.
(3) C'est-à-dire en 1439. Nouveau style.
(4) *Troisième note autobiographique.* 1438.

CHAPITRE IV. — L'ABBÉ PIERRE LE PRÊTRE.

Après avoir satisfait aux épreuves imposées par la règle, Pierre le Prêtre fit sa profession solennelle : peu de temps après il fut pourvu des premières charges de son monastère : il fut élevé au sacerdoce aussitôt qu'il eut atteint l'âge prescrit par les canons.

« En cest an mil IIIIe XLI Pierotin Le Prestre, religieux de Saint-Riquier, lui estant
« diacre, eut par Monseigneur son prélat l'office de célerier de la dite église, qu'il exersa
« environ chincq ans aveuc un autre office qui lui fut baillié de par le couvent d'icelle
« église nommé Cariterie ou Caritier : et en l'an mil IIIIe XLII le dit Pierotin en son
« âge de XXIIII ans chanta sa première messe, le XVe jour de juing au monastère et
« église dont il estoit religieux et y eut à sa dite messe plusieurs notables gens, tant
« de la dite ville comme d'Auxy et d'ailleurs, à l'occasion de Monseigneur d'Auxy, son
« bon père, de son frère et d'autres de ses amis. Dieu par sa grâce leur veuille rendre
« en sa gloire les biens et honneurs qu'ils lui firent. $\overline{Pre}$ $P\overline{b}re$ (1).

« En cest an mil IIIIe XLVI (2) el nuit du XIIIe et nuit des rois, Dampt Pierre Le Pres-
« tre religieux delesa l'office de célerier et fut fait de par Monseigneur Hugues, Abbé de
« l'église de Saint-Riquier, son prélat, recepveur de la dite église et exerça ung an
« seulement aveuc l'office de caritier, qu'il avoit de par le couvent, desquels offices il
« rendit bon compte et le relica. $\overline{Pre}$ $P\overline{b}re$ (3). »

La famille et les protecteurs de Pierre le Prêtre avaient sur lui des vues plus hautes. Sa grande aptitude pour les affaires, prouvée par la dextérité avec laquelle il administrait le temporel de l'abbaye, les déterminent à lui faire prendre ses grades en droit canon et en théologie : on employa, pour vaincre la résistance de l'Abbé, la haute intervention du duc de Bourgogne, maître des villes du littoral de la Somme, du Ponthieu et de l'Amiénois. On sait, d'ailleurs, que les religieux capables de se préparer aux grades dans les Facultés étaient envoyés à Paris ou dans d'autres Universités, pour suivre les cours des docteurs les plus célèbres, et qu'ils prenaient, autant que possible, leur pension dans un monastère.

« En cest an mil IIIIe XLVII ou moys d'octobre, Dampt Pierre le Prestre, religieux
» de l'église de Saint-Riquier, obtint de son prélat licence de aler estudier à Paris, à
» la requeste de très haut et puissant prince Monseigneur le duc Phelippe de Bourgon-
» gne, qui en requist instamment au dit Abbé, lequel s'en excusoit à toute diligence, et
» aussi par le pourchas et ayde de Monseigneur d'Auxy, son bon père, et de maistre
» Jehan Le Prestre, frère du dit Dampt Pierre, serviteur de mondit seigneur d'Auxy :
» et tôt après fut le dit Dampt Pierre commis solliciteur en Parlement et Chastelet de
» la compté de Ponthieu par le dit duc Phelippe, aux gages de trente-deux livres parisis
» par an, et estoit le dit Dampt Pierre escolier de mon dit seigneur le duc.
» $\overline{Pre}$ $P\overline{b}re$ (4). »

---

(1) *Quatrième note autobiographique de Pierre Le Prêtre.* — Voir l'année 1441 de la Chronique.

(2) C'est-à-dire en 1447. Nouveau style.

(3) *Cinquième note autobiographique de Pierre Le Prêtre.* — Voir l'année 1446 de la Chronique.

(4) *Sixième note autobiographique. Fol.* 66.

« L'an mil IIIIe LI le XXIVe jour de mai, Dampt Pierre Le Prestre, religieux de l'é-
« glise de Saint-Riquier, fut fait baceler en décrets à Paris, après qu'il y eut estudié
« quatre ans, et fut son docteur Monsieur Maistre Jehan de Courcelles, arcediacre de
« Paris et chanoine et segne^r en Parlement. P̄re Pb̄re (1).

« En cest an mil IIIIe LII, Dampt Pierre Le Prestre, religieux de Saint-Riquier et bace-
« ler à Paris fut, à l'ayde et requeste de très hault et puissant prince Mons^{gr} le duc Phe-
« lippe de Bourgogne et au pourchas de Mons^{gr} d'Auxy, son bon père et de maistre
» Jehan, frère du dit Dampt Pierre, lequel résidait pour lors à Paris et ne sçavoit rien
» de la mort de Dampt Nicole Bourdon, lors prevost de la dite église, constitué prévost
» d'icelle église environ la Toussaint. P̄re Pb̄re (2). »

Nicolas Bourdon avait lui-même demandé Pierre Le Prêtre pour son successeur.
Tout conspirait, comme on le voit, à l'élévation du bon et naïf religieux. Il fut nommé
non-seulement prévôt, mais aussi prieur claustral (3). Jean de la Chapelle ne tarit
point sur l'éloge de Pierre Le Prêtre qu'il a dû connaître en sa jeunesse, puisqu'il rédigea son cartulaire sous son successeur, à la fin du siècle. « Le nouveau prévôt, dit-il,
était devenu un moine d'une grande valeur ; il était savant grammairien, savant docteur en décrets, musicien habile, bon père de famille, grand bâtisseur et très adroit administrateur. Malgré sa jeunesse il jouissait d'une considération universelle à laquelle
se joignait l'affection la plus dévouée. Pour toutes ces raisons et pour d'autres encore,
Hugues Cuillerel lui abandonna le gouvernement de son église et le nomma son vicaire
général au spirituel et au temporel (4). »

C'était en 1455. Le naïf autobiographe raconte ainsi son élévation et son administration.

« En cest an mil IIIIe cinquante chincq, Révérend Père en Dieu Monseigneur Hugues,
« Abbé de l'église Saint-Riquier, bailla le gouvernement de son église, à cause de son
« ancienesté, lequel avoit pour lors LXXII ans passés, à Dampt Pierre Le Prestre, reli-
« gieux, prévost de la dite église, pour la gouverner jusqu'à l'espace de quatre ans, et
» s'en alla ledit Abbé demourer à Paris, lequel s'estoit tenu oudit lieu le plus de son
» temps ; et lui en rendoit le dit prévost, chacun moys au commencement du dit moys,
» trente escus d'or et de pois avec une XIIe de chapons tous les moys, portés en la ville
» de Paris escus et chapons aux dépens du dit prévost ; et sy estoit le dit prévost
» tenu entretenir les religieux et couvent bien et hounourablement comme ils avoient
» acoustumés : aveuc estoit tenu payer tous les cerges (charges) fonsières, gages d'offi-
» ciers et autres cerges ; et du surplus de la valeur que la dite église valoit le dit prévost
» le devoit mettre et employer en réparations de la dite église et maisons d'icelle au plus
» nécessaire, et en rendre compte et relica à mondit seigneur ou ses commis : ce qu'il fist

---

(1) *Septième note autobiographique.* Fol. 67.
(2) *Huitième note autobiographique.* Fol. 68.
(3) *D. Cotron. Anno.* 1452.
(4) *Chron. Abbrév. Cap.* LIX.

» léalment par les comptes qui en furent fais. Mais le dit prévost n'eut le gouvernement
» que jusques à l'an LVII, à cause que mondit seigneur lui bailla la dite église à
» pension. P̄re P̄bre (1). »

« L'on peut voir ès années précédentes en cest présent libre, escript de la main du dit
« Dampt Pierre, comment il est venu à la dite abbaye et comment Monseigneur Hugues
« son prélat lui bailla le gouvernement de la dite église, en l'an cinquante chincq et
« pour ce qu'il étoit pressé (2) de bailler sa dite église à pension, il aima mieux la bailler
« au dit Dampt Pierre moyennant six cents écus d'or et de pois que le dit Dampt Pierre
« en payeroit chacun an, et c'est à savoir cinquante escus d'or au commencement et au
« premier jour de chacun moys : et furent envoyez pour passer la dite procuration en
« Avignon à tout pouvoir et exécution un gentilhomme nommé Baudin Roussel, maistre
« Philippe de Saint-Riquier, procureur en la consignation à Paris, Maistre Jehan Sal-
« mon, chanoine d'Abbeville, devers le cardinal Calixte (3), légat et ayant pouvoir de ce
« faire et fut en ung mesme jour passée pareille procuration de l'abbaye de Saint-Mard
« de Soissons, lesquels messagers alèrent et vindrent. P̄re P̄bre (4). »

Le cardinal Alain prêchait alors en France la croisade contre les Turcs : il leva les reliques de saint Vincent Ferrier en 1456. Il possédait, outre l'archevêché d'Avignon, les évêchés d'Uzès et de Carcassonne, l'abbaye de Saint-Jean-d'Angély et d'autres bénéfices qu'il tenait en commende (5).

On voit ici comment Hugues Cuillerel résigna son abbaye pour une pension : rien n'était plus commun dans ces temps que ces exécutions sommaires. Le droit d'élection assuré aux religieux par leur privilège fondamental était ainsi anéanti. Quand les choix étaient aussi heureux que celui de Hugues, les monastères n'avaient rien à perdre à cette transmission extraordinaire de l'autorité, mais trop souvent l'intrigue, l'ambition, la simonie poussaient des mercenaires : on pressurait les revenus, on s'engraissait du bénéfice, sans s'occuper des obligations de la charge. Nous n'accuserons point la famille de Pierre Le Prêtre d'avoir usé de violence sur le vieil Abbé pour obtenir sa résignation. Mais ce que nous lisons dans les notes biographiques de la chronique nous fait pressentir qu'on usa de toutes les influences pour circonvenir le Bourguignon, Hugues Cuillerel. Jean d'Auxy était tout puissant auprès du duc de Bourgogne. Ce grand prince n'avait qu'à adresser une lettre à Hugues, afin de lui recommander son vicaire général, dont il connaissait les rares qualités pour l'administration, les bonnes mœurs et la régularité exemplaire. On savait sans doute ce vieillard incapable de résister à une volonté ainsi manifestée.

« C'est ainsi, dit un historien (6), que les seigneurs et les princes se rendaient maîtres

---

(1) *Neuvième note autobiographique.* Fol. 121.
(2) On lit *professe* dans le texte. C'est probablement un *lapsus calami*.
(3) Le pape Calixte est ici confondu avec son légat le cardinal Alain.
(4) *Dixième note autobiographique.* Fol. 135.
(5) *Histoire de l'Eglise Gallicane.* Anno 1456.
(6) *Histoire de l'Eglise Gallicane.* Anno 1461.

des élections et des abbayes. Les moines, comme les évêques et les chapitres, étaient impuissants devant cette autorité toujours armée, toujours inclinée à disposer arbitrairement des bénéfices ecclésiastiques. »

Les notes de Pierre Le Prêtre nous révèlent un autre progrès de l'absolutisme. Autrefois le monastère était administré par l'Abbé et le couvent, c'est-à-dire les membres capitulants qui avaient voix délibérative. Au xv° siècle, il n'est nullement question du couvent. L'Abbé gouverne seul et ne rend aucun compte à ses frères. Le pouvoir séculier, juge suprême de toutes les causes bénéficiaires ou temporelles ecclésiastiques, a simplifié ce rouage administratif. La centralisation n'aime point les corps délibérants, qui opposent une réunion d'hommes disposés à protester et à contrôler ses arrêts. C'est pourquoi on ne tient plus à traiter qu'avec l'Abbé, qu'on a élevé avec l'espoir de le renverser plus facilement, s'il ne se montre pas assez flexible. Quelle oppression pour l'Eglise que la politique de ce xv° siècle ! Hélas ! l'heure de la rénovation est encore bien éloignée, et les guerres ruineuses pour l'Eglise ne sont pas encore terminées ! Par une bizarrerie que les habitudes d'orgueil et le servilisme humain peuvent seuls expliquer, l'exemption, si fortement entamée ou plutôt foulée aux pieds par l'autorité civile, se redresse menaçante en face de la juridiction épiscopale. Les scènes auxquelles nous allons assister ne sont peut-être que des formalités écrites dans les archives, mais elles nous montrent, toutefois, combien dans cette décadence de l'ordre monastique il reste encore de défiance envers les évêques. Leur intervention, si les moines avaient compris leur situation, ne pouvait alors que les protéger contre le despotisme administratif ; mais toutes ces questions d'indépendance spirituelle étaient trop obscurcies dans les esprits, pour qu'on eût recours à cette dernière planche de salut.

Pierre Le Prêtre fut bénit, dans l'église de Notre-Dame de Saint-Riquier, le 7 novembre 1457, par Ferry de Beauvoir (1), qui venait d'être élu évêque d'Amiens sur la recommandation du duc de Bourgogne, le très haut et très puissant protecteur de Pierre Le Prêtre.

Ces deux obligés du prince se rencontrèrent ainsi sur un terrain neutre. Le nouvel Abbé, malade depuis quelque temps, ne put supporter toutes les fatigues de la cérémonie ; ses forces le trahirent ; il tomba en syncope et on fut obligé de le reporter au monastère. Quand il fut revenu à lui, il prit le mieux qu'il put possession de sa dignité abbatiale. Lui-même, dans ses notes, va nous expliquer les diverses péripéties de sa maladie et de sa promotion.

« Le dit an mil IIII° LVII le premier jour d'octobre vénérable et religieuse personne
« Pierre Le Prestre,... fut prononcié et promeu Abbé de la dite église et abbaye de

---

(1) Ferry de Beauvoir, fils de Jean de Beauvoir et de Marie de Mailly, neveu de Jean de Mailly, fut élu par le chapitre le 14 janvier 1457.

« Saint-Riquier par le cardinal de Sainte-Praxède nommé Alain (1), légat de nostre
« Saint-Père le pape Calixte, en la tierce année du siège du dit pape (2).
 « En cest an mil IIII° LVII et le XVII° jour d'octobre el nuit saint Luc, le dit Dampt
« Pierre, prévost de l'église Saint-Riquier et ayant aussi le gouvernement d'icelle, à
« cause que ses gens et messagers n'estoient encore revenus d'Avignon, et ne savoit
« s'ils avoient besongniet, cheut en une terrible maladie et flèvre continue, laquelle ma-
« ladie lui dura plus de trois mois et si continuens quil nestoit médecin qui y peust ne
« sceut mettre remède, et sy envoya le dit prévost quérir à Amyens ung notable docteur
« en médecine, nommé Maistre Jacques de Lescarre, ung à Hesding, docteur aussi,
« nommé Jehan Renouard, ung autre à Abbeville, nommé Jehan de la Place, licencié
« en médecine et ung apothicaire au dit Abbeville, nommé Jehan de Haudrecies, les-
« quels furent longtemps à l'église du dit Saint-Riquier, puis les uns, puis les autres
« depuis qu'ils eurent convenu communément ensemble, lesquels ne sçavoient trouver
« manière ne remède nul au dit prévost,... et tant que finablement les dits médecins di-
« rent à ses frères et amis qu'ils ny sçavoient remède et le abandonnèrent. Mais par la
« grâce de Notre Seigneur qui tout peust, le dit prévost après cette douleur revint petit,
« à petit en santé, et au jour de sa bénédiction qui fut environ la Toussaint (3), petit
« après, l'on le mena à très grande difficulté à l'église ; non obstant n'estoit-il point
« ainsi en la grande maladie qu'il eut depuis, et lui esvanua et faillit le cœur en disant la
« messe pour Monseigneur l'évêque d'Amiens, en l'église paroissiale du dit Saint-Riquier
« au dehors de la ville, là où il l'avoit fallu mener, à cause que ladite église (*l'église abba-*
« *tiale*) est exempte du dit évesque et subjecte immédiate au Saint-Siège apostolique ;
« et à ceste cause les religieux, Abbé et couvent de ce lieu ne lessent jamais entrer nulz
« des dits évesques d'Amiens en la dite église la messe chanter... A sa promotion il
« donna son office de prévost à un sien religieux nommé Dampt Jacques de Hau-
« drecies, fils de Jehan (4), natif d'Abbeville, et sy lui donna la prévosté d'Escamon-
« ville séant en Normendie, près de Honfleur, appartenant à la dite église ; aveuc le fist
« prieur de son église et son vicaire ; car le dit Abbé avoit fort aimé le père du dit Hau-
« drecies en son temps ; et estoit le dit prévost licencié en droit, c'est à savoir le dit
« Haudrecies que le dit Abbé aimoit fort. » P̃re P̃bre (5).
 Jacques de Haudrechies, dont il est ici question, joua un grand rôle sous Pierre Le
Prêtre. Il était déjà aumônier quand son Abbé mit sur sa tête les dignités les plus importantes : il avait aussi fait ses études à Paris pendant son noviciat et il avait obtenu
la faculté de faire profession religieuse entre les mains de l'Abbé de Saint-Magloire ou
de Saint-Germain-des-Prés à Paris en 1453. Ce serait même à cette époque, d'après D.

---

(1) Alain de Coétivy, Archevêque d'Avignon et Evêque de Dol, créé cardinal en 1449, légat en France et en Bretagne. Il en a déjà été parlé page 115.

(2) Suite de la dixième note.

(3) Le 7 novembre.

(4) Il est probable que ce Jehan d'Haudrechies est différent de celui dont il est parlé plus haut.

(5) Suite de la dixième note.

Cotron, qu'il aurait été pourvu de la prévôté d'Escamonville. Mais c'est une erreur. Il vaudrait mieux dire qu'il fut alors nommé aumônier, à la place de Pierre Le Prêtre.

Jacques d'Haudrechies peut être compté au nombre des administrateurs les plus habiles et les plus actifs : il seconda puissamment Pierre Le Prêtre pendant ses maladies et le suppléa pendant ses absences assez prolongées. C'est à lui que fut confiée la direction des grands travaux entrepris par l'Abbé. Si l'on peut élever Pierre Le Prêtre au-dessus des autres Abbés pour ses libéralités et sa générosité envers le monastère, il faut reconnaître que, sans Jacques d'Haudrechies, ses vastes projets d'amélioration n'auraient pas été réalisés : malheureusement ces rares qualités ne surent pas le guérir d'un grand détaut qu'on excuse difficilement dans les religieux ; il était naturellement fier, et ce fut cet esprit de domination despotique qui le perdit, comme nous le verrons en son lieu.

La famille de Haudrechies possédait à Buigny-l'Abbé le fief de ce nom. Jacques le dégagea et le fit rentrer dans le domaine du monastère, en restituant la valeur à sa famille (1).

Le nouveau prieur du monastère joua son rôle dans la cérémonie de l'installation de son Abbé. Voici ce qu'on lit dans une pièce authentique conservée encore dans les archives de l'abbaye, au temps de D. Cotron. « Après la bénédiction (on ne dit pas « si c'est à l'église paroissiale ou à l'entrée du monastère), Dampt Jacques de Haudre- « chies, religieux, prévost de cette église, licencié en droit, comparut devant Monsieur « Ferry de Beauvoir, évêque d'Amiens et lui déclara à haulte et intelligible voix que « cette église de Saint-Riquier est exempte de lui et de tous autres prélats diocésains et « responsable au Saint-Siège apostolique sans moyen, dotée et aornée de plusieurs « grants libertés et franchises, tant au spirituel qu'au temporel, et pour ce que icelles « choses n'étoient point venues à l'aventure à sa connaissance et que à celle fin il n'en « pensist prendre ou acquérir droit de domination par la dite bénédiction en icelle « église, lui qui parloit pour tous les autres religieux présents et assistans proteste de- « vant témoins que ce ne put tourner au préjudice de cette église, ne par ce peut « acquérir droit de possession ; lequel M. Ferry, évêque, répondit que pour cet acte de « bénédiction il n'entendoit point l'avoir fait par jurisdiction ordinaire, ne aux droits et « libertés de cette église n'entendoit point déroguier (2),...

La protestation du prieur ne suffisait pas pour rassurer les moines de Saint-Riquier, elle ne regardait que la bénédiction : on en présenta une autre insérée dans le procès-verbal qui suit :

Raoul de Lessau « soi-fondant procureur du couvent » avant que l'Abbé entrât dans cette église en compagnie de l'évêque d'Amiens et fît les serments contenus sur la feuille de papier qu'il tenait en sa main, somma « le dit Monsieur l'évêque pour qu'il « lui déclarât si pour cette bénédiction qu'il avoit faite du dit Monsieur Pierre, Abbé, « ensemble de prendre en cette église son repas, il voloit prétendre aucun droit ou sei-

---

(1) D. Cotron. *Anno* 1459.   (2) D. Cotron. *Anno* 1457. *Cartul. S.-Riq. Fol.* 13.

« gneurie tant en visitation ou subjection que autrement,.... auxquelles significations
« et remontrances le dit Monsieur Ferry, évêque, de lui-même à haulte et intelligible
« voix, dit et déclara que par icelles bénédictions, entrées et repas prins ou à prendre,
« il n'entendoit ne voloit entendre que ce fut en aucune manière ou préjudice de cette
« église, ne en troublant icelle en libertés et franchises par quelconque manière que ce
« fut : et incontinent furent lus les serments au dit Monsieur Pierre, qui les jura et pro-
« mit garder en tout. Et depuis se approcha Maître Pierre de Ramburelles, maître ès
« arts, doyen de Saint-Vulfran en Abbeville, exécuteur de certaines bulles, données de
« Monsieur Alain, *tituli Sanctæ Praxedis* cardinal, et vulgairement appelé cardinal
« d'Avignon, en ce royaume de France légat, qui bailla au dit Monsieur Pierre la pos-
« session corporelle, réelle et propriétaire de cette église, et le assit en la cherre abba-
« tiale, et lui fit touchier les quatre cornes du grand autel, que incontinent fut par les
« religieux de cheens chanté le cantique *Te Deum laudamus* et que icelui fini le dit
« Monsieur Pierre à deux genoux, les mains jointes, les yeux dressés au ciel, remerchia
« Dieu notre créateur, sa bénite mère et Monsieur saint Riquier son patron (1). »

Après son installation, Pierre Le Prêtre appela un de ses frères nommé Hue Le Prêtre à l'administration du temporel de l'abbaye et lui confia l'office de bailly et de receveur. D. Cotron se trompe quand il dit que Jean Le Prêtre fut bailly de l'abbaye. Jean
Le Prêtre servait Jean d'Auxi ; il ne se démit pas de son emploi. Hue Le Prêtre avait
assez de capacité pour suffire à tout (2).

« En cest an LVII, ou mois de mars que le dit Abbé Pierre, nommé Abbé, estoit ung
« petit revenu en santé, il fist venir son frère Maître Jehan Le Prestre, lequel estoit
« plus âgé bien de XII ans. Aveuc avoit le dit Abbé ung autre frère nommé Hue Le
« Prestre, plus âgé de deux ans ou environ du dit Abbé, qui étoit le plus joesne de ses
« frères, et avoit un petit devant donné à son dit frère Hue, qui estoit ung bon et léal
« homme, comme l'on a peu voir par son gouvernement, le bailliage de la dite église, qui
« est un notable office et à bons gages ordinaires : lesquels furent assemblés avec le dit
« Abbé et tous ses religieux et aultres conseils de l'Eglise, pour savoir comment l'on
« pourroit gouverner et remettre sus l'église et les maisons d'icelle, qui estoient fort à
« ruine ; car l'Abbé Hugues, son prédécesseur, n'y avoit fait en son temps comme peu ou

---

(1) *Cartul. St.-Riq. Fol.* 13.
Etaient présents à ce : Jacques de Haudrechies, aumônier : Hugues de Pomereux, chantre, et les autres religieux : Messire Jean et Messire Jacques de Biauvoir, chevaliers : Enguerrand de Sarpe, Rasse de Boffles, Jean de Maisons, Firmin d'Alliel, écuyers : Maître Martin Malingre, bachelier en décrets : Robert d'Enguenehault, maître ès-arts : Antoine Gret, bachelier en théologie : Giles de Champs, Jean Salomon, Guillaume Mynart, bachelier en théologie : Baudouin Roussel, à ce témoins évoquiés et appelés et plusieurs autres en l'église paroissiale de Notre-Dame de Saint-Riquier. »

Ces deux actes furent rédigés par Maître Jean de Saint-Riquier, maître-ès-arts, licencié en droit apostolique et impérial, tabellion public, apostolique et impérial, notaire juré de la cour spirituelle de Paris et de la conservation des privilèges de l'Université de Paris.

(2) D. Cotron. *Anno* 1457.

« néant ouvrer. Et fut illec ordonné de faire ung estat pour sçavoir au vrai combien il
« faloit pour le gouvernement du monastère et pour réparer les vestiaires et autres
« nécessités, combien faloit pareillement pour l'entretenement du dit Abbé nouveau,
« avec le cerge qu'il avoit de son pensionnaire, qui estoit de six cents écus d'or, com-
« bien il faloit pour les cerges fonsiers deues par la dite église, combien il faloit tous
« les ans pour les gages des officiers et autres cerges, afin d'avoir avis combien l'on
« porroit employer en réparations. Et pour ce que du temps du dit Abbé Hugues qui
« avoit au dit jour esté Abbé de la dite église bien quarante-six ans passés, n'avoient esté
« rendus aulcuns comptes vérifiés, ni au couvent ny à autre, fut ordonné que principa-
« lement dans en an seroit rendu compte vérifié de tous les revenus de la dite église, en
« la présence de l'Abbé et du couvent, aveuc de tels commis que le dit Abbé y vouldroit
« commettre ; et fut ordonné officiers nouveaux, et principalement pour ce que le dit Hue
« Le Prestre étoit fort instruit en recepte et qu'il avoit esté longtemps receveur d'Auxi,
« une grosse revenu, là où il s'estoit hounourablement gouverné, il fut ordonné lors par
« le dit Abbé et son couvent recepveur de la dite église, pour le exercer aveuc le bail-
« liage. Et à la saison qui estoit pour ouvrer, ledit mars, mondit seigneur prend la charge
« de mener les ouvrages, lequel fist cette année paver toute l'église de grans carrels
« de Hollande, fist recouvrir d'esteulle et de plonc au plus nécessaire de la dite église
« avec autres ouvrages qui surveunoient de jour en jour. Commencha aussi à faire et
« réédifier le chastel de Drugy qui estoit fort à ruine. Dieu par sa grâce lui doinst force
« de entretenir de mieux en mieux. $\overline{Pre}$ $\overline{Pbre}$ (1). »

. Toute la carrière administrative de Pierre Le Prêtre se dessine dans ce fameux conseil. Les plaies de son église sont là sous ses yeux : la basilique de Saint-Riquier, le monastère, les fermes, tout est délabré, ruiné par les guerres et l'apathie de son prédécesseur. Il se sent capable de réparer tant de désastres, en y appliquant toutes les ressources libres de son monastère ; il y consacrera ses efforts, son activité, sa vie entière. Il périra peut-être à la peine, mais n'importe ; il tracera la voie à ses successeurs ; la providence fera le reste. La noble ambition de Pierre Le Prêtre ne comptait point avec les nouvelles guerres qui ont bouleversé son œuvre. Toutefois il ne sera point découragé, même après ces calamités imprévues. Une volonté énergique triomphera de cet obstacle ; quand ses immenses labeurs seront anéantis, il reprendra son œuvre avec la même confiance et la même sécurité.

« En cest an mil IIIIe LX l'Abbé Pierre fist faire le sépulcre qui est en la chappelle
« Notre-Dame, taillier et paindre en la place là où est le dit sépulcre posé : il fit faire
« pareillement l'oratoire en la dite chappelle et soubz icelle oratoire fist faire sa fosse
« pour le mettre, quand il définira de cest siècle, et fist pareillement paindre les miracles
« de Notre-Dame qui sont en la voûte haute, et tôt après fist faire les chayeles de la

Onzième note autob. Fol. CXXXVI.

« dite chappelle Notre-Dame, fist faire la table d'autel qui est en la dite chappelle, et
« environ cinq ou six ans après le fist paindre comme elle est de présent, lesquels ou-
« vrages, qui sont bien somptueux, coustèrent grants deniers. $\bar{Pre}\ \bar{Pbre}$ (1). »

Ainsi Pierre le Prêtre indique lui-même clairement ses premiers travaux : 1° le carrelage de l'église ; 2° les réparations les plus urgentes à la toiture ; 3° beaucoup d'autres travaux non détaillés ; 4° la première réparation du château de Drugy. L'Abbé laisserait presque entendre que depuis qu'il a été démantelé en 1421, on n'a point songé à le rétablir ; notre conjecture se changera presque en certitude, quand nous aurons entretenu nos lecteurs d'autres travaux plus importants ; 5° des embellissements considérables à la chapelle de Notre-Dame ; un tombeau sculpté et décoré magnifiquement, probablement la représentation du Christ au tombeau, comme on le voit encore dans certaines églises, un oratoire ou tombeau sous lequel il fit creuser sa fosse, des peintures murales sous la voûte, des stalles, une table d'autel fort riche, enfin des décorations somptueuses. Tout cela subsista jusqu'à la mort de Pierre Le Prêtre sans aucun changement, quoique l'église ait été dévasté et presque ruinée en 1475.

Dom Cotron, après avoir analysé à sa manière et avec quelque inexactitude, ces divers travaux, ajoute cette remarque : « L'oratoire de Pierre Le Prêtre fut détruit et dis-
« persé quelque temps après, quand Eustache Le Quieux, son successeur, entreprit de
« nouveau la restauration de l'église (2). »

On se demande après cette observation quelle chapelle de la sainte Vierge fut ainsi ornée par Pierre Le Prêtre : celle qui existe aujourd'hui a été bâtie par Eustache Le Quieux, et on a laissé celle de Pierre Le Prêtre dans son premier état ; on n'a enlevé que l'oratoire. Ne serait-il pas facile de conclure que cette chapelle, épargnée par le feu qui dévore l'église, épargnée par son successeur, est la même que la crypte de saint Gervin ? Il n'est point jusqu'à cette grande châsse de reliques reconnue par un notaire apostolique qui ne donne une base solide à notre conjecture. Cette chapelle, c'est sans contredit celle où Nicolas Bourdon chantait sa messe en musique, celle que le P. Ignace nomme Notre-Dame de la Voûte, et qu'une pièce authentique nomme encore *la Capelle* Notre-Dame. Tout ceci est conforme au récit de la chronique d'Hariulfe, où nous lisons que saint Gervin rassembla de tous cotés une grande quantité de reliques dont il donne même les noms.

Pierre Le Prêtre fit la dédicace de sa chapelle avec une grande solennité. Plusieurs prélats y furent convoqués. Dans les travaux exécutés pour renouveler l'autel on y trouva des nombreuses reliques qu'on fit reconnaître par un notaire apostolique et qu'on replaça sans doute dans le même endroit (3).

(1) *Douzième note autob. Fol.* CXL.
(2) D. Cotron. *Anno* 1460.
(3) *Cart. St.-Riq. Fol.* 26.
« Instrument en très grande marge de parchemin,

« signé J. Lambert, notaire apostolique, qui reprend
« la maniere comment on trouva grande quantité
« de reliques dedans le grand hôtel de la capelle
« Notre-Dame, quand Monsieur Pierre Le Prestre le

Nous apprenons encore par un minime détail de notre histoire que les Souverains Pontifes ne cessèrent, malgré l'indifférence des princes chrétiens, de s'opposer au flot toujours envahisseur du mahométisme. Le contre-coup de la prise de Constantinople (1453) ne se fit nulle part aussi vivement sentir qu'à Rome. La consternation des successeurs de Pierre ne fut pas de la défaillance ; ils profitèrent même de l'ébranlement général pour chercher à rallumer le feu sacré de la guerre sainte. Afin de préparer de nouvelles expéditions, ils levaient fréquemment des décimes sur les revenus des biens ecclésiastiques. En 1463 des collecteurs apostoliques se présentèrent à Saint-Riquier, au nom du pape Pie II, pour réclamer des subsides. Pierre le Prêtre, épuisé par ses travaux de restaurations, se vit dans un cruel embarras : il prit le parti d'envoyer à Rome Jacques de Haudrechies, Jehan le Bochu et d'autres députés, pour exposer l'état déplorable dans lequel l'avaient réduit les malheurs des derniers temps et les charges extraordinaires sous lesquelles il se voyait accablé, et pour demander au Souverain Pontife la remise ou du moins la modération de cette décime. La supplique était revêtue du sceau de l'Abbé et du couvent. La chronique nous laisse ignorer l'issue de cette ambassade ; elle nous apprend seulement qu'on paya à Quentin Gérard, receveur des deniers pontificaux, l'once d'or qu'on exigeait ordinairement comme reconnaissance des immunités du monastère et de sa soumission immédiate au Saint-Siège (1).

Les premières années de Pierre Le Prêtre furent assez calamiteuses. En 1457, « des « ouragans, chière année par toute la France et en plusieurs autres lieux mortalité. » L'année suivante 1458, sécheresse extraordinaire avec abondante récolte toutefois. En l'année 1460, grande disette. Les greniers de l'abbaye sont ouverts aux tenanciers et aux habitants des environs, les bourgeois de Saint-Riquier demandent à jouir des avantages qu'on faisait aux forains et aux étrangers. Les moines voulurent bien y consentir et à ce sujet intervint une requête des mayeur et échevins : « Pour nécessité qui « pour lors régnoit, iceux maieur et échevins, pour subvenir et aidier aucuns des habi-
« tants qui avoient nécessité de bled, vindrent vers nous, dépriant humblement que ils « eussent de nos bleds vendus aux forains et étrangiers marchands pour le prix que ils « étoient vendus, et sans que iceux maieur et échevins le fissent pour prendre sur nous « domination, ne que ils les peussent ne doivent arrester de nous garandir, purger et « despéchier à leurs dépens contre les marchands qui les avoient de nous achetés, et « si comprirent les pacifier et apaisier (2) »

« fit muer, et y sont dénomés les prélats présents
« à ce, et est mise en la layette de Saint-Riquier à
« l'espirituel, et pour ce que la ditte lettre est
« moult prolixe et que finalement on le peut trou-
« ver, on n'en fait pas mention. Il est escrit au
« dos : *Approbatio reliquiarum sanctorum in capsa.* »
(1) D. Cotron. *Anno* 1463.
(2) *Cart. de St.-Riq. Fol.* 56.
La pièce porte cette note au *verso* : *On ne peut* *empêcher de widier nos greniers.*

On ne comprend pas suffisamment par cette indication comment cet écrit devient une arme contre la commune. Faut-il supposer des vexations dont il ne reste pas de trace ? Pourtant les dissensions communales nous paraissent bien apaisées. Les préoccupations de la guerre étouffent les rivalités. Ce n'est qu'au sein de la paix qu'on combat pour les prééminences. Les chroniques ne nous

CHAPITRE IV. — L'ABBÉ PIERRE LE PRÊTRE.

Louis XI venait de succéder à Charles VII le Victorieux. Fils ingrat et conspirateur sous le règne précédent, prince dévot à sa manière, plus superstitieux que chrétien, s'imaginant que, par ses présents et ses offrandes multipliés aux pèlerinages les plus célèbres, il composerait avec le ciel comme avec les hommes, diplomate aux voies tortueuses et soupçonneux, il raviva par son ambition des querelles à peine éteintes et rouvrit les plaies saignantes de la France. Quoiqu'aux yeux de certains politiques le succès justifie les moyens, il n'en est pas moins vrai que sa mémoire n'a pas été bénie par les peuples et que son nom est resté odieux. La providence lui opposa dans Charles le Téméraire un adversaire non moins ambitieux, mais plus fougueux, capable des plus grands excès, qui perdit la partie et la vie, pendant que Louis XI sut toujours se tirer des mauvais pas. Les luttes de ces terribles joueurs offrent pour notre histoire quelques épisodes d'autant plus intéressants qu'ils nous sont souvent racontés par Pierre Le Prêtre lui-même ; on sent qu'il est bon Bourguignon, mais s'il exagère dans plusieurs des appréciations, sa candeur ne lui permet pas de dissimuler la vérité.

Le traité de 1435, par lequel Charles VII avait livré au duc de Bourgogne les places du littoral de la Somme, laissait au roi la faculté de les racheter pour 400,000 écus d'or. Louis XI, dont l'ambition rêvait sans cesse de nouveaux agrandissements, se hâta de ramasser ou d'emprunter la somme nécessaire, puis il notifia au duc de Bourgogne ses royales intentions. L'argent fut envoyé et pesé à Abbeville : on le porta ensuite à Hesdin où séjournait alors Philippe de Bourgogne ; on dit que Louis fit miroiter aux yeux des partisans du Bourguignon des espérances capables de faire tourner la tête ; on dit que le seigneur de Croy comblé des bienfaits de Philippe se laissa gagner. C'est même lui, au témoignage de Pierre le Prêtre, qui aurait procuré au roi le moyen de racheter les villes (1). Pour lever toutes les difficultés, Louis XI fit annoncer sa visite à son cousin de Bourgogne ; mais celui-ci ne se fiait point à la parole de son suzerain ni à ses cajoleries hypocrites : il s'enfuit précipitamment. Des complots contre sa sûreté servirent

---

signaient en effet qu'une entreprise de peu d'importance dont parlent les assises d'Amiens des 4 et 5 juillet 1461.

Philippe de Morvilliers, lieutenant du bailli d'Amiens, déclarait aux assises qu'un nommé Pierre de la Marque, serviteur du monastère, avait été constitué prisonnier par les mayeur et échevins pour un délit dont la correction appartenait à l'Abbé, et que sur le refus du mayeur de rendre le délinquant, on avait appelé aux assises, que le mayeur avait fini par se désister. Ainsi le procès fut mis à néant sans amendes, sans préjudice aux accords et compositions antécédentes, qui étaient maintenues. *Cart. de St.-Riq. Fol.* 56.

(1) *Chron.* Chap. 202.

« Pour la reddition des places, dit Chastelain, et « qui plus estoit dit, et de plus grande perte pour « ly (le duc de Bourgogne), c'estoit la noblesse du « pays laquelle y perdoit, et de laquelle au temps « de ses affaires s'estoit servi toujours jusqu'à « celle heure ; mès maintenant pour cause que le « roy les reprenoit en sa main comme proprié-« taire, il leur estoit force de eulx rendre à ly ar-« rière et de ly faire hommage, combien que mul-« titude d'yceulx avoient cuer fixe et rassis en « leur dilection première, là où infailliblement se « fussent rendus en l'estroit de l'affaire, si ils s'y « feussent trouvé. » — *Châtelain. Edition Panthéon, page* 267.

de prétexte à cette brusque disparition. On disait alors partout, ajoute Pierre le Prêtre, sans toutefois y ajouter foi, que le roi cherchait à détruire la maison de Bourgogne, mais « je qui ay mis par escript ce qui dit est, selon la renommée d'alors, ne croit pas « que le roi pensât oncques à faire à cette noble maison de Bourgogne si grande « iniquité. »

Après la restitution des villes, Louis XI remplaça tous les officiers établis par le duc de Bourgogne, quoiqu'il eût promis de les conserver. La ville de Saint-Riquier rentra ainsi sous la domination de la France : ses franchises et ses privilèges furent maintenues ; on dut prêter serment de fidélité au roi et en tirer copie. Ce qui causa un grand désagrément à notre Abbé ainsi qu'il le raconte lui-même.

« En cest an mil IIIIe LXIII environ XV jours en novembre, après que le roi eust
« remboursé les pays engagiés, lui estant à Abbeville manda tous les prélas du pays
« aveuc les cavaliers et nobles hommes, et illec leur fist faire serment de fidélité et en
« prendre et lever lettres, dont il en falloit envoyer une au Parlement, et les aultres
« retenir vers lui, qui coustoient largement à lever : et pour ce que aucuns disoient que
« n'estoit besoin d'en prendre lettres, l'Abbé de Corbie, l'Abbé de Saint-Riquier et
« aucuns autres n'en prendrent nulles à ceste fois ; mais il leur cousta largement ; car
« les secrétaires attendirent que le roi fut retourné en Touraine, et lors ils envoièrent
« mettre le temporel de toutes icelles Eglises en la main du roy, et fallut haste envoyer
« audit pays pour avoir autres lettres de chancelier ; et pour ce que le secrétaire estoit
« à Bordeaux, il fallut que le messagier de Saint-Riquier alast audit lieu, et y eust
« l'Eglise grand fret par négligence, et ledit serment passé, là où tous les évesques et
« Abbés desdits pays furent plus de trois sepmaines qu'ils ne povoient estre dispensés
« pour les autres affaires du roy, l'Abbé Pierre se partist le VIe jour de décembre et s'en
» alla à Cevincourt près Compiègne, là où il faisoit réparer une cense appartenant à
« ladite Eglise qui estoit comme désolée, laquelle cousta grand argent ; mais lui estant
« illec le roi vint à Saint-Riquier, assez près de Noel, et pour ce que aucuns hanvieux
« maintenoient que ledit Abbé s'en estoit parti d'effroy, le roy l'en renvoya quérir haste,
« et incontinent à toute diligence, vint tant qu'il cevaucha en un jour XXII lieues, et le
« lendemain vint à la porte ouvrir audit Saint-Riquier, mais il trouva le roy parti.
« *Pre Pbre.* (1).

On pourrait supposer d'après ce récit que le roi passa au moins trois jours à Saint-Riquier. S'il témoigna quelque mécontentement ou quelque surprise, on ne voit pas cependant qu'il ait gardé rancune à l'Abbé de son absence.

On a conservé le souvenir des pèlerinages de Louis XI aux chapelles dédiées à la sainte Vierge dans les environs d'Abbeville, entre autres à Notre-Dame de Foy près Canchy et à Notre-Dame de l'Heure ; il enrichit ce dernier sanctuaire d'ornements et de

---

(1) *Quatorzième note autob. Fol.* CIIII^{xx} II.

tableaux qu'on montre encore aujourd'hui aux visiteurs (1). Louis XI fit à cette époque divers séjours à Abbeville et surtout à Nouvion, où il se tint un espace de temps pour courir le cerf et le sanglier dans la forêt de Crécy, « car il estoit si passionné pour la
» chasse, dit Pierre Le Prêtre, qu'il avoit fait brûler en toute l'Isle de France tous les
» filets, pour qu'il y eût plus de gibier et qu'il pût chasser seul (2). »

Bientôt se forma la Ligue du Bien public sous l'inspiration du comte de Charolais et des seigneurs mécontents. La guerre recommença avec une nouvelle fureur. Le comte de Charolais, au commencement de cette guerre, s'approcha d'Abbeville pour exciter les habitants à la révolte; mais les bourgeois refusant de prendre part à la Ligue, il fut obligé de s'éloigner. Ces mouvements engagèrent les villes et les chefs militaires à une grande vigilance. Pierre Le Prêtre raconte en ces termes tous ses embarras à l'occasion de cette levée d'armes.

« En cest an Mil IIIIe LXV, le conte de Charolois étant en son voyage, l'Abbé de
» Saint-Ricquier estoit au chatel de Drugy, lequel il avoit fait réparer honnourablement
» de machonerie et carpenterie, et avoit faire alées tout autour, pour aler à couvert et
» combler wit tourelles estans esdittes à la suite, et à chascune sa banière et banerole
» de plonc et cuivre ; et avoit fait combler pareillement la grosse tour près de la grange,
» qui paravant n'estoit pas comblée, et si avoit fait faire trois montées de pierre, l'une
» pour monter au donjon où estoient les chambres du dit Abbé, et les deux autres pour
» monter ès deux autres tours, avec une montée de bos pour monter en la ditte grosse
» tour nouvelement comblée, avoit fait faire un puch dans la cour bien comblé et ri-
» chement ; et si avoit fait le dit Abbé lambrousier bien richement toutes les dittes
» chambres et tours; ce qui avoit cousté grant argent. Quand la guerre commença,
» sourdit grant clameur et furent contraints ledit Abbé et couvent y mettre gens de
» guerre à leurs dépens, ce qu'ils firent ; et sy faloit incessamment et depuis la guerre
» commencée qu'ils eussent tous les jours wit hommes au guet, en la ville de Saint-
» Ricquier à leurs despens, trois de jour, qui estoit ung à chaque porte, et chinc de
» nuit, ou paier au capitaine pour chacun jour VI sols parisis, pour faire faire ledit
» guet ; et avoient ceulx de la ville obtenu ce en Parlement, dès lan Mil IIIIe et XVI :
» cest appointé en cas de événement pareil, jusques à ce que le procès qui en estoit au
» dit Parlement fut décidé que ainsy y est. Et aussi pour gréver plus l'Eglise, ung
» nommé Le Besque de Tenremonde, recepveur de Ponthieu, obtint mandement du
» roy pour entrer à main armée oudit chastel de Drugy, aux dépens de l'église, et pour
» faire fournir ledit chastel d'artillerie, ce que ledit Abbé et couvent n'eussent seu four-
» nir nullement. Pourquoi après plusieurs remontrances faites audit Besque, auxquelles
» il ne voult oncques acquiescer, ledit Abbé et couvent boutèrent gens de guerre oudit

---

(1) Louandre, *Histoire d'Abbeville. Tome* I, *page* 368. — P. Ignace, *Histoire d'Abbeville, page* 540.

(2) *Chron. Chap.* CCII.—D'après Formentin, Louis XI aurait de nouveau visité Saint-Riquier en 1464 avec la reine. Cette assertion manque de preuves.

» chastel, et puis appelèrent en Parlement dudit Besque et de son mandement, et
» monta la chose en si grand flème que ledit Abbé fut contraint de se faire mener à
» Amiens, à force de gens de guerre, là où il fust plus de quatre mois, et tant que le
» conte de Charolois reut la possession des pays engagés ; et se tenoit ledit Abbé à
» l'hostel Maistre Martin Malingre, chanoine d'Amiens, lui et ses gens, qui estoit in-
» firme, porté par ladite Eglise. P̃re P̃bre (1). »

Le traité de Conflans, en 1465, rendit de nouveau les villes rachetées au comte de Charolais, à la condition qu'elles pourraient encore être récupérées par le roi de France pour 200,000 écus d'or, mais seulement après la mort de Charles-le-Téméraire. Des lettres patentes du roi lui furent données et son autorité fut solennellement reconnue dans toutes ces villes. Toutefois ce fut avec peine qu'on se soumit de nouveau au joug du Bourguignon (2). La convention ne ramena point la tranquillité que les peuples avaient tant besoin de désirer.

Cependant Pierre Le Prêtre eut le temps de régler ses comptes avec Le Besque de Tenremonde et ses soudards, dont la présence aux environs de Drugy inspirait toujours une grande terreur.

« En cest an Mil IIIIe LXVI s'en alla l'Abbé Pierre de Saint-Riquier contre le Besque
» de Tenremonde, duquel il avoit appelé en Parlement à Paris, touchant la capitainerie
» du chastel de Drugy que ledit Besque voloit maintenir par mandement du roi estre
» sienne, comme il est plus à plain contenu en cest libre en son lieu devant en l'an LXV ;
» et poursuivit ledit Abbé tellement qu'il fust prononcé par arrêt du Parlement que ledit
» Besque n'y avoit aucun droit, et que son dit mandement seroit de nulle valeur; et fut
» par ledit Abbé prins et levé ledit arrest du Parlement, qui est au trésor de ladite
» église ; et ce fait, ledit Abbé s'en revint à son église, laquelle commencheit fort à dimi-
» nuer par les grandes pertes qu'elle a supporté durant les guerres. P̃re P̃bre (3). »

La mort de Philippe-le-Bon en 1467 fut une des plus grandes calamités de ces temps si lugubres. Philippe, le plus grand et le plus fortuné des princes de la maison de Bourgogne, affable, populaire, libéral et même magnifique, sauva la France en se réconciliant avec elle par le traité d'Arras. Bien autre était le caractère de son fils, dont la bravoure féroce, l'opiniâtreté invincible, l'irréconciliable aversion pour Louis XI, l'ambition aveugle, renouvelèrent les scènes de désolation du commencement de ce siècle : on l'appelait l'intrépide, le terrible, le belliqueux, noms fastueux qui le perdirent lui-même, après l'avoir rendu le fléau de ses voisins.

Des soulèvements en France et la révolte des Liégeois, fomentée par les calculs d'une prudence trop cauteleuse, préparèrent l'incident de la prison de Péronne. Le traité con-

---

(1) *Quinzième note autob. Fol.* CCXIV.
(2) De Saint-Omer s'en alla le comte de Charolois à Boulogne, de Boulogne à Rue, à Abbeville, à Amiens, à Corbie, à Péronne en tous lesquels lieux il fut honorablement reçu, jassoire que plusieurs desdites villes rengagiées fussent bien des plaisieus qu'ils n'estoient plus au roi. »
(3) *Seizième note autob. Fol.* CCXLIV.

clu sous l'empire de la violence fut bientôt rompu. Alors Louis XI fit déclarer à son terrible ennemi la saisie des seigneuries du Vimeu, et les hostilités reprirent avec fureur. Les efforts des deux princes se concentrèrent surtout sur les bords de la Somme. La chronique de Pierre Le Prêtre raconte les diverses péripéties de cette guerre, la reddition de Saint-Quentin, de Roye, de Montdidier, les courses et les pillages aux environs de Péronne, Ham et Bapaume : nous omettons tous ces faits pour nous arrêter à Abbeville avec Philippe de Crèvecœur, seigneur d'Esquerdes ou des Cordes, le Pyrrhus de son siècle. Aucun seigneur ne l'emportait sur lui en considération. Nourri, dit Philippe de Commines, et mis en grand état par le duc Charles, il était gouverneur de Picardie, bailli d'Amiens, sénéchal du Ponthieu, capitaine du Crotoy, de Boulogne, de Hesdin, gouverneur de Péronne, Montdidier et Roye, chevalier de la Toison d'Or, distinction qu'il partageait avec les têtes couronnées. Ajoutons un souvenir qui se rapporte à cette histoire. Il avait épousé la fille de Jean d'Auxi, le grand protecteur de Pierre Le Prêtre. C'est pourquoi nous les voyons dans une si cordiale intimité avec notre Abbé.

« Le XIII° jour de janvier audit an LXX (1), Messire Philippe de Crèvecœur, sénéchal
» du Boullenois, qui avoit charge de trois mille combattans de bonnes gens d'armes du
» parti du duc de Bourgogne, estoit logié ès-faubourgs d'Abbeville qu'on dist Rou-
» vroy, pour doubte que les Français ne venissent à Abbeville et que elle leur fut ren-
» due, comme se furent rendus ceulx de Saint-Quentin, car le commun étoit plus pour
» le roi que pour le duc, et avoient refusé mettre ledit messire Phelippe dedans leur ville,
» disans qu'ils la garderoient bien et qu'ils ne vouloient avoir garnison de l'un party ne
» de l'aultre. Advint, eulx estant au dit Rouvroy, que X ou XII compagnons de cette
» route, dont Anthoine, bâtard d'Auxi (2) était le conduiseur de cette besongne, sen allè-
» rent dîner en la ville, du gré des portiers qui les cognoissoient et le dit batard ; et y
» aloient ainsi comme tous les jours, puis les ungs et les autres : et lors à l'heure que
» chascun disnoit en la ville, ils retournèrent à la porte et occupèrent et tindrent si court
» les portiers que messire Phelippe et toute sa compagnie, qui estoient advisé de leur
» entreprise, vindrent à ce point à cette porte qui étoit ouverte et entrèrent tous dedans
» en bonne ordonnance, et furent maistres de la ville à peu de contredit, de laquelle be-
» songne le duc de Bourgogne fut forment resjoy et non sans cause, car elle lui touchoit
» grandement (3). »

Pierre Le Prêtre ajoute ce qui suit dans sa biographie. « Incontinent que ledit mes-
» sire Phelippe fust maistre de la ditte ville d'Abbeville, il fit porter tous les batons de-
» fensables de tous ceux de ladite ville en seur lieu, à son plaisir, et tant que à grand
» peine leur demoura ung cousteau pour taillier leur pain, et sy leur fist oster toutes les
» clefs de la ville, cest assavoir des portes : oultre fist oster le battant de leur grosse

(1) C'est-à-dire 1471, nouveau style.
(2) Antoine d'Auxi, fils illégitime de Jean d'Auxi, le protecteur de Pierre, beau-frère de Philippe de Crèvecœur.

(3) Pierre Le Prêtre. *Chron. Fol.* 277.

» cloche. Et estoit pour lors l'Abbé de Saint-Riquier en leur ostel d'Abbeville, et Antoine
» d'Auxi et ces cevaux logeant aveuc lui ; léquel Anthoine ne leur en découvrit onc-
» ques rien du fait, et quand ledit Abbé vit le dangier et crier à l'arme; piteusement il
» eut sy grand freur et paour que oncques depuis ne porta parfaite santé. P̃re P̃re (1). »

Quand Philippe de Crèvecœur se fut établi à Abbeville, il ordonna à son de trompe aux bourgeois âgés de dix-huit ans au moins de prêter de nouveau serment au duc de Bourgogne. En même temps, pour intimider les mécontents, il fit abattre les maisons de deux cents bourgeois, qu'il soupçonnait être hostiles à son maître et même on exécuta plusieurs des principaux habitants sous les yeux du sénéchal.

Cependant Pierre Le Prêtre n'y tenait plus. L'aspect, l'idée seule des armes le jetait dans d'incroyables angoisses. Il nous fera lui-même l'histoire de ses frayeurs et de ses maladies avec une naïveté charmante.

« Le premier jour de février audit an LXX (2), ledit Abbé de Saint-Riquier se partit
» dudit lieu d'Abbeville en la compagnie de messire Phelippe de Crèvecœur et vindrent
» au chastel d'Auxi, et le lendemain de la Notre-Dame de Chandeleur, Madame d'Auxy,
» Madame d'Esquerdes, femme dudit messire Phelippe, maitre Jehan Le Prestre, frère
» dudit Abbé et ledit Abbé se partirent dudit chastel à tout partie de leurs biens, et se
» tirèrent à Saint-Omer, pour leur seureté, et fut pour lors ledit Abbé logier à l'ostel du
» nommé Jehan Storbet, lieutenant général de ladite ville, près de Saint-Bertin, et en-
» viron le XVᵉ jour de mars ensuivant, ledit Abbé alla disner avec messire Fery de
» Beauvoir, evesque d'Amiens, en son hostel, qui pour lors estoit pour sa seureté en la-
» dite ville ; mais en disnant il prit audit Abbé une maladie de goutte en ses genoux et
» en ses piés, dont il ne s'estoit oncques senti en sa vie, sy terrible que à très grant
» peine le ramena-t-on en son logis, là où il le fallut mettre au lit, et y fut plus de deux
» mois en grand martire et le falloit porter là où l'on le vouloit avoir. P̃re P̃re (3).

La chronique nous révèle ici une particularité intéressante sur l'évêque d'Amiens. Créature du duc de Bourgogne, il craignait le ressentiment de Louis XI et il s'était exilé après la reddition d'Amiens au roi de France (4).

Pierre Le Prêtre raconte ainsi ce changement imprévu de domination. « Environ
» l'entrée de février audit an, ceux d'Amiens sachant comment ceulx d'Abbeville avoient
» été surprins firent widier de leur ville le seigneur de Crevecœur, leur capitaine, et
» tous ceux qui voloient tenir le parti du duc de Bourgogne, et puis en ce même jour ils
» sen alèrent au-devant du comte de Dammartin et lui offrirent les clefs de la ville pour
» le roy, et les laissèrent entrer en leur ville environ deux mille combattants et firent

---

(1) *Dix-septième note autob. Fol.* CCLXXVII.
(2) L'an 1471. Nouveau style.
(3) *Dix-huitième note autob. Fol.* CCLXXVIII.
(4) Quand le roi Louis XI rentra dans la ville d'Amiens en 1471, il confisqua tous les biens de Ferry de Beauvoir qui se retira alors à Montreuil, situé à l'extrémité de son diocèse et soumis encore à Charles-le-Téméraire : il y mourut le 28 février 1473. On rapporta sa dépouille mortelle dans la cathédrale d'Amiens en 1489. Son tombeau existe encore dans le pourtour du chœur, sous les sculptures qui représentent l'entrée de saint Firmin à Amiens.

CHAPITRE IV. — L'ABBÉ PIERRE LE PRÊTRE.

» serment au roy, nonobstant promesse de serment qu'ils eussent fait au duc de Bour-
» gogne par le gré et commandement du roy (1). »

Après une absence de quinze mois, Pierre Le Prêtre revint à Auxi, puis à Abbeville.
« En cest an mil IIIIe LXXI, le premier jour de mai se partirent de Saint-Omer,
» Madame d'Auxi, Madame d'Esquerdes et ledit Abbé de Saint-Riquier qui avoient
» esté en ladite ville trois mois entiers et s'en retournèrent au pays, pour tant qu'il y
» avoit lors trèves entre le roy et le duc, qui avoit esté faictes devant Amiens, et se tint
» ledit Abbé en lostel de son frère à Auxi une espace ; et le jour du Sacrement ensui-
» vant, ou mois de juing, se vint logier Monseigneur d'Esquerdes et tout son estat au
» retour d'Amiens à lhostel de l'église de Saint-Riquier, là où il fut XV mois entiers,
» et ou mois de juillet ensuivant fit ledit sieur venir Madame d'Auxi et Madame d'Es-
» querdes, sa femme, ou chastel de Drugy aveuc tout leur estat, là où elles furent XIII
» mois entiers, et lors ledit Abbé n'avoit qu'une seule chambre en leur hostel à Abbe-
» ville, lequel hostel il avoit fait paravant reparer honnourablement et y faire de beaux
» édifices que ainsi y sont de present, qui avoient cousté plus de deux mille livres. Ou
» dit an ou mois de juillet, morut le pappe Paulus qui avoit régné VI ans et trois mois
» et à le saint Jacques apôtre, et XXV dudit mois, fut institué pappe Sixtus, cordelier de
» l'observance, qui règne à présent. *Pre Pbre* (2). »

Pendant cette trève un corps d'Anglais au service du duc de Bourgogne fut envoyé
tenir garnison à Saint-Riquier. Pierre Le Prêtre nous donne un échantillon de la vie
de garnison en pays étranger au XVe siècle.

« En cest an Mil IIIIe LXXI, ou mois d'octobre, les Anglais vindrent logier à Saint-
» Riquier pour eux yvernailler, et estoit leur capitaine un messire Georges Gret (3),
» et aveuc lui estoit un nommé Colopin, kaisier de guerre, son adjoint, et furent au
» long de lyver quil fist froid à merveille en la dite ville, pour quoi ils firent grant des-
» roy, au tour dudit Saint-Ricquier et en la ville, de bois en abattant arbres ès gardins et
» allées, là où ils le trouvoient, et tout le bos à carpenter et autrement qu'ils trouvoient
» en la ville portoient de nuit à l'escevinage de la dite ville, là où ils faisoient conti-
» nuellement grand guet de la nuit. Ils ardirent la tieulerie et chaufour de l'abbaye
» et plusieurs meschantes maisons de ladite ville. Entre les dites choses, lesdits Anglais
» durant lyver mengèrent comme tous les cas (4) de la ville, et disoient en leur langage
» quils les aimoyent mieux que conins (5), et sy prindrent par engins tous les lièvres,
» conins et perdris du pays environ ; car ils avoient gens à ce propices et qui savoyent

---

(1) Pierre Le Prêtre. *Chron. Chap.* CCLIX.
Charles-le-Téméraire, furieux de cet affront, s'en vengea en venant assiéger Amiens. Pierre le Prêtre raconte toutes les péripéties de ce siège, que Charles-le-Téméraire fut obligé de lever, après

avoir conclu une trève avec le roi Louis XI.
(2) *Dix-neuvième note autob. Fol.* CCIIIXXXVI.
(3) Georges Grey.
(4) Les chats.
(5) Les lapins.

» la manière de les prendre. En ceste année et audit yver, ceux de la garnison d'Abbe-
» ville firent un terrible desroy pour le froit, car ils ardirent en ladite ville d'Abbeville,
» comme les gouverneurs de la dite ville certifioyent, plus de XVIIe maisons que bonnes
» que malvaises, et incontinent que une maison estoit trouvée du party contraire la ty-
» roient jusce à que ce fut sans remède, quelque bonne quelle fut. Et oudit yver ceux de
» la garnison d'Abbeville et de Saint-Riquier firent merveilleux dommage au bois de
» l'abbaye dudit Saint-Riquier, qui siet entre Abbeville et ladite ville, car continuelle-
» ment y avoyent gens sans nombre de nuit et de jour, tant gens d'armes comme gens
» des communes, copant et abattant tous les plus beaux arbres qu'ils trouvoyent sans
» pitié et amenoyent lesdits gens de guerre cevaux qui cargoyent sur hocques qu'ils
» metoient sur leur seles : Dieu par sa grâce veuille recouvrer la dite Eglise et y remé-
» dier. *Pre Pbre* (1). »

Durant les trèves conclues à Amiens, puis renouvelées à Abbeville, Charles le Téméraire tint ses Etats-Généraux des Pays et y obtint de nouveaux subsides pour continuer
la guerre. Tous les projets de pacification ayant échoué, les deux rivaux confièrent les
destinées de leurs peuples aux chances douteuses des combats. Les premiers coups du
duc de Bourgogne tombèrent sur Nesle si tristement célèbre par l'affreuse boucherie
que firent ses hommes d'armes : puis il reprit Montdidier et Roye. Ayant échoué au
siège de Beauvais, il s'en vint en Ponthieu qu'il dévasta, marquant tout son passage
par le pillage et l'incendie.

Ces sinistres excursions jetèrent partout une terreur indicible. On craignait presque
autant ses amis que ses ennemis. Pierre Le Prêtre nous prouve une nouvelle fois dans
ses récits si naïfs que la pensée seule des combats ou du cliquetis des armes lui donnait
des spasmes et redoublait ses douleurs habituelles. Abbeville et Saint-Riquier étaient
trop remplis d'hommes d'armes ; il fallait s'éloigner à tout prix.

« En cest an le XV d'apvril, l'Abbé de Sainct-Riquier, nommé Pierre, s'estoit party de
» son abbeye et estoit venu soy tenir en la maison et avec son frère à Auxi, là où il
» fust jusqu'au XVe jour de juing, tant audit hostel de son frère comme au chastel, le
» dit jour se partist et sen alla demourer à Hesdin, en la maison d'un nommé Jehan
» Gargaut, assez près de l'église Saint-Martin et tost après Madame d'Auxi à tout son
» estat, et maître Jehan Le Prestre, frère dudit Abbé, vindrent audit Hesdin et demou-
» rèrent tous ensemble audit hostel (2). »

Il était temps : de hardis chevaliers se transportèrent tout à coup d'Amiens à Auxi
par un coup de main. Qu'on juge de la terreur du pauvre Abbé, s'il eût été témoin du
sac et de l'incendie de la ville d'Auxi, qu'il raconte lui-même tout au long (3).

---

(1) *Vingtième et dernière note marginale autob. Fol.*
cciiiixxviii.
Après cette note, et à partir de 1472, Pierre le
Prêtre n'emprunte plus son récit à d'autres manuscrits. Il raconte ce qu'il a appris par la renommée ou ses conversations avec les spectateurs
des événements. Sa vie et ses travaux font partie
du texte.
(2) *Chron. Fol.* cciiiixxx.
(3) *Chron. Ibid.*

Non contents de dévaster Auxi et les environs, ils se portèrent sur Hesdin, dont ils brûlèrent une porte et les faubourgs: tout le pays entre la Canche et l'Authie fut également ravagé et incendié, et cela sous les yeux du pauvre Abbé de Saint-Riquier, qui raconte lui-même ces excès des Français d'Amiens (1).

Pendant que Charles-le-Téméraire, après une menace contre Rouen, faisait brûler trois cents villages au pays de Caux, « oudit mois d'aoust vint une garnison de gens
» de guerre de par le duc audit Saint-Riquier, dont estoient chiefz les seigneurs de
» Conty, messire Phelippe le Prévost, chevalier, un nommé Bourlens de Luxembourg,
» qui firent beaucoup de pertes et de meschiefz à la ville et ou pays d'environ. Et cepen-
» dant oudit mois d'août le Marissal des Gueldres a toute une route de gens se vint
» bouter en l'église et abbeye dudit Saint-Riquier : et pour ce que luy ne ses gens n'en-
» tendoient point le langage, ils s'enfermoient soigneusement en la ditte abbeye, là où ils
» firent de la paisne et du travail assez ; lesquels y furent longuement et jusques ad ce
» que le duc retourna à Abbeville. Et si envoia ledit Abbé vers le duc pour obtenir pour
» qu'ils deslogeassent, ce qu'il obtint ; mais ledit marissal ny voult oncques obéyr. Et
» pendant quils estoient à la dite église une peste se frappa en eulx et en mourut si
» hastivement VII à VIII^{xx} qu'il les faloit bouter deux en une fosse et entre les aultres
» le neveu dudit marrissal y morut, dont il mena grand deul. Item cependant ung des
» gens dudit marissal menoit le meilleur cheval que ledit marissal eut à l'eauc, mais le
» dit cheval se tua tout roide à frapper sa teste contre une baille, et sen revint ledit
» serviteur à piet. L'on disoit que cestoit pugnicion divine et comme miracle, mais
» quelque chose qu'il en fust, il ne se partit oncques d'icelle église.

» Item pendant la messon dudit aoust, les gens dudit marissal firent grand dommage
» et grandes pertes au poure peuple ; car ils avoient grands sacqs qu'ils portoient aux
» champs et copoient seulement les espis de bleds qu'ils trouvoient en dixiaux, en garbes
» ou à soyer, s'ils n'en trouvoient nuls aultres, là où ils firent merveilleux dommage, et
» pareillement aux avaines ; et quand les poures gens, qui point ne les entendoient, les
» voloient rescourre, ils les battoient inhumainement et sy n'y avoit homme qui en
» osât parler (2). »

Cependant le fier duc de Bourgogne, d'étape en étape, regagnait humblement, avec une armée délabrée et au milieu d'escarmouches et de combats sans importance, le cœur de la Flandre. On le suit à Blangy, à Rambures, à Airaines, à Picquigny, où entre autres chevaliers, périt l'anglais Georges Grey, le capitaine que nous avons rencontré à Saint-Riquier, puis au Pont-de-Metz, à Moreuil où il fit brusler les terres du vidame d'Amiens, « lequel avait épousé la sœur de bas dudit duc, » à Falevy, à Chauny, à Ribemont, qui furent pillés et brûlés, à Saint-Quentin « où il y eut grand escarmusse et de

(1) *Chroniq. Fol.* cciiixxvii.
(2) *Chronique. Folio* 293. — Le secrétaire marque ici le folio 293 en chiffres arabes, parce que, dit-il, les pages ne sont plus numérotées. Il continue ensuite d'employer les chiffres arabes.

notables fais de guerre », enfin à Beaurevoir et à Bohain. On lui reprit la ville d'Eu où plusieurs chevaliers furent faits prisonniers, conduits à Dieppe et mis à rançon. « Tous
» les gens de guerre non nobles s'en alèrent franchement, un baston à la main, sans
» rien emporter (1). »

Saint-Valery et le château de Rambures furent obligés de capituler. Le seigneur de Crèvecœur, bailly d'Amiens, arriva la nuit de la Toussaint à Abbeville avec un grand nombre de guerriers, mais il était trop tard. « Il trouva audit lieu d'Abbeville les gens
» de guerre desdites villes en poure estat et en grant disette, car ils navoient denier et
» si estoient tous les maîtres prisonniers, et ne savoient comment rester en leur pays. »
Une trêve, à l'approche de l'hiver, mettant fin aux brigandages des deux partis, permit au duc de Bourgogne d'asseoir ses garnisons à Péronne, Corbie, Doullens et autres forts : pour lui il s'en vint à Abbeville.

Ici se place une nouvelle aventure de Pierre Le Prêtre. « Oudit an LXXII, la nuit de
» Toussains, quand ledit Pierre, Abbé de Saint-Riquier, qui sestoit tenu à Hesdin plus de
» quatre mois, là où il avoit été fort malade, fut adcertené desdites trèves entre le roy et
» le duc de Bourgogne, se partist dudit Hesdin, cuidant aller au Crotoy, cuidant chan-
» ger air, à cause que sa ditte église de Saint-Riquier y a seigneurie. Et pour ce que sa
» dite église estoit pleine de gens de guerre, comme dit est, il se fist mettre et porter en
» ung chariost branlant : mais quand il vint à la forest de Cressy, il rencontra les gens de
» guerre qui retournoient lors d'Eu et de Saint-Valery et dudit Rambures, dont il fut
» fort émerveillé et espouvanté ; et quand il vint à Domvast, qui est près de la dite fo-
» rest, il trouva les gens des villages fuyant merveilleusement et crians, *au bos, au bos.*
» Ledit Abbé se fit mettre hastivement par ses gens hors de son chariost, qui le mirent
» à très grant paine sur sa haquenée à cause de toutes ses gouttes, sen ala au bos et
» abandonna sondit chariot et toutes ses gens qui estoient fort furnis de ses bagages et
» de sa vaisselle, et ny demoura homme au dit chariot, et si passèrent plus de trois cents
» hommes de guerre au plus près, mais ils ny prindrent oncques la valeur d'ung denier,
» qui fut une grante grâce que Dieu fist audit Abbé (2). Mais même les dits gens de

(1) *Fol.* 294. — Voir dans la copie de M. de Belleval les récits de Pierre 'rêtre, qui sont étrangers à notre histoire.

(2) « Avare et poltron, » dit M. le Marquis de Belleval (*page* 27), tel était notre chroniqueur. » Ce jugement est sévère et quelque peu injuste. Pierre Le Prêtre avare ! il ne mérite pas ce reproche. Econome trop méticuleux peut être des revenus de son monastère, il n'eut que la passion de lui rendre sa première splendeur. Qui pourrait lui faire un crime d'une volonté constante d'embellir la maison de Dieu et d'élever pour ses successeurs des bâtiments assez solides pour résister aux tempêtes de l'ave-

nir ? S'il se montre économe, il ne prive pas du moins du nécessaire une communauté obligée par vœu à la pratique des austérités. Pierre Le Prêtre poltron ! Sur ce point il serait plus difficile de le justifier. Toutefois il ne pourrait mériter cette épithète qu'autant qu'il aurait failli à ses devoirs et à la responsabilité de sa charge. Est-il si coupable d'avoir prévenu l'arrivée d'ennemis, qui l'auraient exilé pour ses opinions politiques, puisqu'on le savait attaché de cœur à la maison de Bourgogne, à laquelle il devait sa haute position dans le cloître ? Habituellement souffreteux, il eut le tort d'épancher son âme et ses sentiments intimes dans une

» guerre, quand ils oyrent les gens des villages crier ainsi, *au bos*, cuidoient fermement
» que les Français les chassassent et ainsi s'enfuyoient *au bos* avec les bonnes gens qui
» cuidoient que ce fussent François, et quand tout fut appaisié, ledit Abbé se fit remes-
» tre en son dit chariot et s'en vint à Abbeville, là où il trouva ledit seigneur de Crève-
» cœur à tout environ de trois à quatre cents gens de guerre, pour aller au secours que
» dit est; mais ceux d'Abbeville lui avoient fermé la porte et fut plus de deux heures,
» ainçois qu'ils pussent entrer dedans; et lors ledit seigneur de Crèvecœur sen alla lo-
» gier de sa personne et son estat avec ledit Abbé à son hostel à Abbeville, appartenant
» à luy et à son église, et deux jours après, ledit seigneur de Crèvecœur se partit pour
» aller à Rue et à Monstreul à tous ses gens.

» Le duc estant à Abbeville, comme dist est, fut logié de sa personne en l'église et
» prioré de Saint-Pierre et séjourna en ladite ville un grant espace de temps, et plusieurs
» notables seigneurs en sa compaignie, entre lesquels étoient les seigneurs de Gazebecq
» et de Baussignies, Brabançons, logiés en l'ostel dudit Abbé d'Abbeville, lequel seigneur
» de Gazebecq y fut un grant espace, et jusques à son partement de la dite ville et qu'il
» eut congié du duc de retourner en son pays, lequel seigneur menoit un grant estat et
» faisoit mener avec lui trois chariots chargiés d'artillerie et d'autres bagues servant à
» la guerre (1). »

Le duc de Bourgogne après avoir assis ses garnisons sur la frontière s'en alla en Zé-
lande.

« En la dite année, le nuit de l'an, derrenier jour de décembre, il print une aspre et
» merveilleuse maladie audit Pierre, Abbé de Saint-Riquier, avec les goutes, qui lui tint
» longuement et ny véoit len remède de garison, par quoi par l'accord et voulenté de
» son couvent, ledit Abbé fit son ordonnance, et incontinent fit commencier et parfaire
» en sa dite église ung annuel de messe pour lame de luy et de tous ses bons amis, ung
» aultre annuel en ce mesme temps et jour aux Chartreux lez Abbeville et ung aultre
» annuel pareillement aux Cordeliers de l'observance en la dite ville d'Abbeville. Après
» consigna ledit Abbé et bailla comptant, en la main de son prieur et couvent, mille
» francs courans pour acheter rente héritable pour la fondacion d'une messe perpétuelle
» qu'ils estoient et seroient tenus de dire toutes les sepmaines au jour de mercredi, en
» la chapelle Notre-Dame en ladite église, incontinent la messe ordinaire ditte de la dite
» chapelle, laquelle se dist journellement, comme dessus est dit, et estoient tenus lesdits
» religieux de commencer ladite messe, incontinent ledit argent receut : ce qu'ils firent

chronique qu'il ne destinait pas sans doute au public. Sa jeunesse, écoulée loin des tumultes du monde, ne l'avait guère préparé aux agitations de ces années calamiteuses. Il n'était point trempé pour devenir un chevalier et se lancer dans les aventures : il partagea trop facilement la maladie de ses contemporains, énervés par les récits continuels des entreprises des partisans de cette époque, qui n'ont que trop joui de la triste réputation de soudards, toujours prêts à brûler les villages, à massacrer sans pitié les paisibles habitants des campagnes, à piller les monastères.

(1) *Chronique. Fol.* 294.

» et font; laquelle messe se doit dire du Saint-Esperit la vie dudit Abbé durant, et après
» sa mort de *Requiem :* doibvent chanter ladite messe solennellement à dyacre et soubz-
» dyacre, là où le couvent s'est obligié d'estre, comme il appert par la lettre que ledit
» Abbé a signée du prieur, prévost et couvent de la dite église, et par le consentement
» dudit couvent le prieur rechut les dits mille francs, pour les garder tant qu'ils aroient
» trouvé pour les employer. En ce mesme jour et avec, ledit Pierre délivra et assigna en
» la main dudit prieur et couvent aultres mille francs courans, qu'il ordonna estre em-
» ployés en ornemens pour la décoration de sa dite église, et incontinent ledit prieur
» nomma dampt Jacques de Haudrechies en la compagnie de religieuse et honnête per-
» sonne dampt Mathieu de Gand, prieur des Chartreux lez Abbeville. Se appartirent et
» alèrent à Bruges acheter lesdits ornemens, et eulx retournez le caresme ensuivant, le
» dit Abbé fit venir ung ouvrier de Saint-Aumer faisant cappes et ornemens, nommé
» Pierre Fin, auquel ledit Abbé fist decopper et taillier lesdits draps qui étoient bien
» riches et en fist faire XIIII ou XV que casubles, que tuniques, dolmatiques (1), cappes,
» que aultres draps servant à la dite église, et en ce temps ledit Abbé revint en santé
» petit à petit. Dieux par sa grâce lui doint de persévérer de bien en mieulx (2). »

« Ces ornements, dit dom Cotron, étoient en drap d'or, relevés de broderies et de
» couleur cramoisie. Aujourd'hui encore, on voit à la sacristie une chappe, une cha-
» suble et deux tuniques très riches en or et d'autres ornements en laine cramoisie avec
» le chiffre ou plutôt les armoiries de cet Abbé (3). »

« En ce dit an de carême et depuis le premier jour de febvrier, messire Josse De La-
» lain, ayant charge de cent lances estoit logié de sa personne et estat en lostel dudit
» Abbé à Abbeville, là où ledit Abbé estoit malade et y estoit Madame de Brezegue,
» femme dudit messire Josse et Madame de Beauvoir, sa sœur, logiés pareillement, qui
» estoit grant charge audit Abbé à cause de sa maladie, mais il ne le pouvoit amender
» à cause de la guerre, lesquels ne se partirent jusques au printemps (4). »

Il est permis de s'amuser des paniques et des doléances du pauvre Abbé podagre ; mais pourtant dans cette âme si accessible à la frayeur, quelle tenacité de volonté! quelle passion d'embellir son abbaye et de lui sacrifier le peu de ressources qu'il possède dans ces années de crise! On n'est séparé des horreurs d'une nouvelle invasion que par une trêve de courte durée, et cependant il fait travailler, consolider et créer de nouveaux édifices. Par tout le monastère les ouvriers sont à l'œuvre, les uns à l'église, les autres aux clottres ou aux grands murs de clôture sur la rue Saint-Jean, un plus grand nombre à la construction d'un nouveau palais abbatial. C'est lui-même qui nous l'apprend.

« En cest an LXXIII, XXIII° jour de juing et nuit de saint Jehan, ledit Pierre, Abbé
» de Saint-Riquier, se partist d'Abbeville et sen vint demourer à sa ditte église, là où
» il faisoit réparer de machonnerie les grands murs dautour de la dite église estant vers

---

(1) Dalmatiques.
(2) *Chronique. Fol.* 295.
(3) D. Cotron. *Anno* 1473.
(4) *Chronique. Fol.* 295.

CHAPITRE IV. — L'ABBÉ PIERRE LE PRÊTRE.

» la porte Saint-Jehan, près de la maison Renclus de Morliens, la porte de la basse-
» court à ce costé, les murs des grans gardins et du petit clottre vers la dite bassecourt,
» qui guère ne valoient: et à cause qu'il ne se povoit bonnement aidier pour sa ma-
» ladie, il fit conduire lesdits ouvrages par dampt Jacques de Haudrecies, prevost d'i-
» celle église, et les mises et payements se vérifioient devant ledit Abbé, qui les signoit.
» Et pour ce que ledit Abbé, lui estant prevost, par la licence de son prélat, avoit fait
» faire ung bel hostel et riche, qui lui avoit cousté plus de mille livres, lequel il amoit
» pour ce qu'il l'avoit fait faire à sa plaisance, et à cause que ledit hostel estoit trop petit
» pour entretenir l'estat de l'Abbé, entendant que ses successeurs si deussent logier
» après lui, en fist commencer en ceste ditte année un nouvel, joingnant aux grands
» murs de l'église tirant vers le beffroi de la ville, de IIII^{xx} à cent piés de long, joingnant
» tant que l'on y povoit entrer par bas et par hault de la dite maison, qu'il avoit fait
» faire, lui étant prévost, comme dist est : et y avoit en ladite maison nouvelle commen-
» cée par ledit Abbé six cheminées de pierre, ouvrée de morlure bien richement, et sy
» y avoit une moult riche montée de pierre pour servir à toutes les chambres ; laquelle
» maison estoit oncques très parfaite et de hucherie et de voyrrie ; mais ledit Abbé ne
» la put pas achever pour les grans guerres, par lesquels il convinst qu'il se partist
» pour tirer à Saint-Omer pour sa sceurté, et avoit cousté jusques à son partement mieux
» de mil et cincq cents livres. Dieux lui doint grâce de le parachever et les aultres ou-
» vrages aussi de bien en mieulx (1). »

Entre autres faits que raconte ici notre chroniqueur, nous lisons que Charles-le-Téméraire envoya à cette époque « deux cents lances de Bourguignons à Abbeville dont
» estoient les seigneurs de La Ferté et de Beauvoir dudit pays de Bourgongne, cappi-
» taines, lesquels y arrivèrent avant le XVe jour de janvier et y furent tout lyver et jus-
» ques au mois de juing ; et en ala à Saint-Riquier dix lances et à Rue dix lances desdits
» deux cents lances.

» En ce dit an LXXIII, le roi de France faisoit aussi tenir ses garnisons ès frontières
» de son royaume comme à Amiens, Saint-Quentin, Noyon, Compiengne et aultres,
» sans faire grant dommage aux pays du duc de Bourgongne à cause des trèves qui
» étoient entre eux.

» En ce dit an et es aultres précédens et depuis le commencement de la guerre, les
» dits religieux, Abbé et couvent, perdirent leurs revenus qu'ils avoient ès pays de
» France, sans en recouvrer un seul denier ; c'est à savoir Feuquières en Vymeu, qui
» est le plus gros membre qu'ils aient, Huppy et Oumâtres, estant esdits pays du roy.
» Perdoient aussi Cevincourt près Compiengne, ung gros village, là où ils ont leurs
» vignes, pressoir et vinageux de cens sur les habitants de la ville et aultres belles cen-
» sives qui leur étoit en grant perte ; car en bonne vinée ils y trouvoient leur provision

(1) *Ibid. Fol.* 296.

» de vin pour leur anée. En cest an fut très bonne vinée et télement que les vins de
» Somme et du pays environ en aulcuns tresles estoient si bons quilz sembloient estre
» vins de Paris ou de Bourgongne.

» En cest année commencèrent ung petit les monoies à monter comme un escu de
» XXIII solz monta à XXV solz et les autres monoies en suivant (1).

» En cest an LXXIII (2), environ le moys d'apvril commença le bled à monter tant
» que le meilleur monta jusqu'à XXX solz et au-dessus, mesure et sextiez d'Abbeville,
» qui fut grant ébahissement pour le poure peuple, et pour lors les greniers de l'église
» Saint-Riquier estoient pleins de bleds et en y avoit de provision de IIII à V ans : et
» pour ce que lesdits bleds étoient fort empiriés des calendres et que, ce neust été la
» cherté, l'on nen eust peut avoir issue ; ledit Abbé le mit à XXXIII solz la rasière, par
» quoi lon en mena grant nombre à Abbeville et ailleurs. Et pour ce que ledit Abbé véoit
» les poures gens de villages et principalement leurs subjects, il fist retenir de III à IV^c
» sextiers dudit bled qu'il fist distribuer aux plus poures en prenant sceureté d'eulx, au
» mieulx quil povoit, et leur creoit jusques après aoust en suivant, et tant qu'ils le peus-
» sent payer à leur aise, qui fut un grand allègement auxdits poures gens : car estoit
» grand pitié de les voir arriver journellement à la dite église, à tous leurs sacs, et plu-
» sieurs en y eust qui n'en payèrent depuis rien, car ils n'avoient de quoi payer (3). »

L'âme compatissante de Pierre Le Prêtre s'épanouit dans ces petits détails de vie intime. Pour nous, nous ferons remarquer que ces pauvres gens ne sont pas les mendiants
auxquels les religieux sont habitués de donner abondamment, mais des fermiers, des
ouvriers vivant honnêtement de leur travail, un instant pressés par la disette générale,
mais capables par leurs petites économies de rembourser une avance. Leur conscience
leur aurait fait un scrupule de demander l'aumône. C'est pourquoi ils créent des billets
remboursables à leur aise et même non remboursés ni exigés, quand ils sont venus se
plaindre de leur détresse et du mauvais état de leur chétive moisson.

« Et ledit an environ la Saint-Jehan se partirent les deux cents lances de Bourgue-
» gnons qui estoient et avoient esté depuis le moys de fevrier jusques audit jour à Ab-
» beville, à Saint-Riquier et à Rue, et s'en tirèrent au siège de Nus, entrepris par
» Charles-le-Téméraire, et le seigneur d'Esquerdes, capitaine général de Picardie, remit
» aultres garnisons esdites villes. »

« Oudit an à la my-aoust, fina de vie par mort le seigneur et ber d'Auxi, nommé
» Jehan, qui en son temps fut le plus renommé chevalier qui fust en la maison de Bour-
» gogne (4) : de son estat il eust en gouvernement le duc Charles de Bourgogne en son
» enfance, dès incontinent qu'il fust osté de la main de ses nourrices et fut son premier
» chambellan tant qu'ils vesquit. Il obtint de belles offices du duc Phelippe. Le duc
» Charles lui les confirma ; il fut premièrement et dès sa jeunesse capitaine de Saint-

(1) *Fol.* 297.
(2) 1474. Nouveau style. Pâques tombait le 20 avril.
(3) *Folio* 298.
(4) Voir plus haut, *page* 103.

» Riquier, et devant qu'il eust ledit duc Charles en son gouvernement ; puis, fut seneschal
» de Ponthieu, capitaine d'Abbeville et maistre des eaues et forêts de Picardie, capi-
» taine de Courtray, de Tenremonde, de Riplemonde en Flandres, qu'il tinst jusques à sa
» mort, et si tenoit, tant de par lui comme de par Madame sa feme, de IX à X^m francs
» de rente héritable. Dieu par sa grâce lui face pardon à l'âme et à tous les trépas-
» sés. »

Pierre Le Prêtre, comme on l'a vu, a nommé plus d'une fois Jean d'Auxi son bon père. Il lui devait, en effet, et sa vocation religieuse par une disposition secrète de la Providence, qui avait engagé le capitaine de Saint-Riquier à placer son petit Pierrotin à l'école monastique de Saint-Riquier, et sa dignité abbatiale par sa puissante recommandation auprès de Hugues Cuillerel et du duc de Bourgogne.

« Oudit an LXIIII et depuis le partement de Messire Josse de Lalain de l'ostel d'Ab-
» beville appartenant à ladite église de Saint-Riquier, le seigneur de Brimeu, fils du
» seigneur de Gazebet et capitaine de Nieuport, se revint logier lui et son état à l'ostel
» de ladite église, là où il y avoit écuries, VIII ou IX lits appartenant à ladite église et
» trois ou IIII chambres estoffées tant de saietes comme de toille blanche pour tendre
» autour de lits et aultre maisnage qu'il fist tout prendre par inventaire, disant qu'il en
» rendroit bon compte, fist attacher ses armes audit hostel et le tenoit comme sien, le-
» quel y fut luy ou ses gens jusques à la mort du duc Charles, sans que l'église en eut
» oncques aisement (1). »

La trêve allait expirer. De nouveaux préparatifs de guerre assombrissaient l'horizon du Ponthieu et de Picardie. Un nouvel orage s'annonçait par des rumeurs sinistres. Il n'en fallait pas tant pour troubler le pauvre Abbé valétudinaire. Créature des Bourguignons, dévoué partisan de leur cause, il redoutait et la guerre et la présence des Français. A tort ou à raison, il croyait ses jours menacés ; il quitta donc Saint-Riquier sans se douter qu'il ne lui serait pas donné de revoir sa chère église et que la Providence allait rompre le nœud gordien en faveur des Français. Domicilié à Saint-Omer, il ne cessa toutefois d'administrer son abbaye par son prévôt et prieur, Jacques d'Haudrechies, et tant que les événements politiques le permirent, il fit travailler, réédifier, orner son monastère et son église: admirable disposition de la Providence qui voulut ainsi soustraire ce timide Abbé à l'épouvantable catastrophe de Saint-Riquier, à la ruine de son église et de son monastère. Sa chronique est pleine de précieux détails sur ce sujet, détails qu'il tenait de sa correspondance avec son prieur.

« Oudit an et au mois de janvier (2), ledit Pierre, Abbé de cette église, ayant ou per-
» cepvant ce par ses amis et aultrement, lors étant à son église, se partist pour la sceu-
» reté de son corps et se fist charrier au chastel d'Auxi et tost après partist dillec et
» s'en tyra à Saint-Omer. Ne demoura guère que Madame d'Auxy la douagière ; Ma-

---

(1) *Fol.* 298 ? (2) 1475. Nouveau style.

» dame d'Esquerdes et Maistre Jehan Le Prestre, frère dudit Abbé, vindrent en laditte
» ville de Saint-Omer pour leur sceureté pareillement, et percepvoit len assez les pré-
» paratoires qui se faisoient du costé de France pour recommencier guerre ouverte.

« L'an mil IIII°LXXV, Pierre, Abbé de Saint-Riquier, voyant et percepvant les guerres
» qui sourdoient de plus fort en plus fort, voiant aussi qu'il etoit impotent et qu'il ne po-
» voit jamais paine daller par les champs, fut conseillé par son frère Maistre Jehan Le
» Prestre et aultres ses amys d'acheter une maison audit Saint-Omer, ce qu'il fist : et
» acheta une maison séant près du grand marché en la ditte rue, qui appartenoit lors à
» ung bourgeois de ladite ville, nommé Gilles de Carecy, auquel il en paya trois cents
» libres courants. Et si luy a ledit hostel cousté en réparations pour le approprier ainsi
» que elle est de présent, y compris les dreschoirs, tables, calitz, bancqz et aultres us-
» tensiles, mieux de trois cents et cinquante libres.

» Oudit an et moys et le XXIIII° jour de may, ledit Abbé Pierre acheta au mayeur et
» échevins de la ditte ville cent et cincq francs de rente héritable pour ladite église, au
» denier XX à tous rachats, et dont il leur paya comptant deux m et deux cents francs cou-
» rans, comme il appert plus à plain par les lettres que ledit Abbé a devers lui seellées du
» grand seel de ladite ville, à payer ladite rente dans un an oudit jour XXIIII may (1). »

Cependant les hostilités avaient recommencé. Roye, Corbie, Doullens, rentrent sous la domination de Louis XI. Pendant qu'on promène le fer et la flamme dans la Picardie, la ville de Saint-Riquier restait toujours au pouvoir et sous la garde des Bourguignons. Les Français, pressés de les chasser du pays, vinrent les sommer de rendre la ville et purent y entrer sans coup férir. Mais malgré leurs promesses ils la livrèrent aussi au pillage.

« En cest an (1475) au moys de mai, le seigneur de Picquigny, vidame d'Amiens, vint
» à Saint-Riquier à grosse armée, laquelle lui fut rendue par les gens de guerre qui s'en
» partirent, leurs corps et leurs biens saulfz, et ceulx de la ville devoient demourer à tous
» leurs biens en ladite ville et tous ceulx des villages qui y estoient, en faisant le ser-
» ment au roy, ce qu'ils firent ; mais incontinent qu'ils furent léens, ils commencèrent
» à pillier en aulcuns lieux et au partir ledit seigneur qui estoit logié en labeye fist
» chargier tous les biens meubles dudit Abbé, lits, coffres, bancqs, dreschoirs et aultre
» maisnage, tant qu'il n'y laissa jusques à ung seul passet ne scabelle, fist en oultre des-
» pendre les huys et fenestres du nouvel hostel que ledit Abbé avoit fait faire, qui en-
» coires n'étoit parfait et tout mena par charroy à Amiens ou là où bon lui sembla. Et au
» partir non obstant le serrement fait, tout le bestail qu'ils trouvèrent hors de la ville, ils
» l'emmenèrent et mesme dedans la ville prindrent plusieurs biens, disans que cestoit
» à gens qui n'avoient point fait serrement ou qui étoient du party contraire (2), et y fu-

---

(1) *Folio* 297.

(2) « Le vidame d'Amiens, entré par capitulation dans la ville de Saint-Riquier, en mars 1475, souffrit qu'elle fût livrée au pillage pendant dix jours, malgré le serment de fidélité que les bourgeois avaient fait au roi. L'abbaye subit le même sort. (M. Darsy. *Picquigny et ses Seigneurs*, page 58.)

« Il faut plaindre cet acte de violence et peut-

» rent lesdits Francoys depuis le lundi de Penthecouste qu'ils y entrèrent environ XI
» heures jusqu'à la nuit du Sacrement après vespres qu'ils partirent hastivement. Ainsy
» y furent dix jours entiers, et le lendemain jour du Sacrement, ledit seigneur vidame
» d'Amiens renvoia sa trompette audit Saint-Riquier signiffier aux bonnes gens qu'il
» estoit déplaisans de ce qu'on leur avoit osté et qu'il leur feroit tout rendre et qu'ils fus-
» sent toujours bons et léaulx au roy (1).

» Le vendredi donques, lendemain du Sacrement, ledit trompette se partit dudit Saint-
» Riquier, et incontinent le seigneur d'Esquerdes envoia d'Abbeville audit Saint-Riquier
» ung gentilhomme nommé Jehan de Courteville, et en sa compaignie Jacques de Cour-
» teheuse, le Borgne de Nortquelmes, Guillaume Cauvart et autres gentilshommes au
» nombre de XX ou XXV lances, lesquels vindrent sommer ceulx dudit Saint-Riquier
» qu'ils se rendissent au duc de Bourgogne. Et après plusieurs parlemens fais entre les
» dits gens de guerre et ceulx de la ville, ils mirent ledit de Courteville et sa compaignie
» dedans, firent sonner leurs cloches du beffroy et de l'église, alumèrent fus et firent
» grant chière, firent nouvel serement au duc de Bourgogne, nonobstant qu'ils eussent
» fait paravant serrement au roy qui en fust très mal content et aussi furent les capi-
» taines qui estoient à Amiens, comme ils leur monstrèrent, environ quinze jours
» après.

» Quand les Bourguegnons eurent esté environ trois sepmaines, peu plus peu moins,
» audit Saint-Riquier, ils furent adcertenez que les François venoient à grant puissance
» par le pays de Vimeu passer au Pont-Remy pour venir audit Saint-Riquier. Les dits
» Bourguegnons se partirent hastivement et tirèrent à Abbeville et ceulx du chastel de
» Drugy et du chastel de La Ferté pareillement, et demourèrent ceux de Saint-Riquier
» sans ayde. Et lors lesdits François, dont estoit chief ladmiral dé France, vindrent devant
» la dite ville, laquelle ne fist point de résistance : par quoy les François y entrèrent par un
» dimanche matin, et ledit jour au soir firent cryer à son de trompe que tous ceulx de
» ladite ville fussent lendemain à six heures du matin sur la hart, hommes, femmes et
» enfants, hors de la ville à la porte Nostre-Dame, pour aler là où lesdits François les
» vouldroient mener, ce qu'ils firent en grand doubte et crèmeur : car ils cuidoient tous
» morir. Et lendemain quand ils furent tous assemblés, lesdits François les firent tous
» mener et conduire jusques en la ville d'Amiens, et quand ils furent eslongiés environ
» d'une lieue, et que les Français eurent pillé la ville à leur aise et plaisir ils boutèrent
» le feu dedans, qui estoit jour de lundi, et ardirent au net ladite ville, tellement qu'il ny
» demoura que l'hostel-Dieu, une maison auprès appartenant au censier de Nœufville,
» nommé David Leschopier (2), l'hostel de Fransus et l'hostel de Tipetot, appartenant à

être excuser le malheureux vidame, judiciairement déclaré prodigue et incapable et placé sous tutelle, dès avant 1476. (Duchesne. *Généalogie de Chatillon*, *page* 607.)

(1) *Fol.* 300.

(2) Il descendait de Jean Lessopier, dit Grand-camp, châtelain de La Broye, qui reçut dans ce château Philippe de Valois, le soir de la bataille de Crécy. (M. le Marquis de Belleval, *page* 106.)

» Hugues de Hesdin (1), brullèrent le comble du beffroy, et toutes les cloches qui étoient
» bonnes et riches furent fondues. En oultre et en ung moment brullèrent l'église dudit
» lieu de Saint-Riquier, le clochier et wit cloches, c'est à savoir quatre grosses et quatre
» petites, qui estoient bonnes et excellentes et du meilleur son qu'il en y eust nulles ou
» pays, lesqueles furent touttes fondues. Avec ce brullèrent tous les édifices que ledit
» Abbé y avoit fait faire de son temps et aultres anciens ouvrages, comme la chambre
» du prévost, une chambre auprès que ledit Abbé avoit fait réédifier, la chambre nommé
» des Guilles, la chambre de l'office de l'ausmône, la chambre de la recepte, qui toutes
» estoient joignant à l'hostel dudit Abbé et à ladite église. En oultre brullèrent le chasteau
» de Drugy et partie de la ville, le chasteau de La Ferté, la cense et la ville de Buignies,
» Ouviler, Boisbergues, Willencourt et le molin à bled y séant avec la cense dudit Wil-
» lencourt, tous appartenans à la dite église, réservé le dit chastel de La Ferté, qui ap-
» partient au seigneur de Chastillon ; bruslèrent oultre tout le pays d'environ et jusques
» à Vacquerie le Boucg qu'ils bruslèrent de ce voyage et plusieurs aultres qu'il seroit
» trop long à escrire (2). »

L'historien Louandre observe (*Histoire d'Abbeville, tome I, page* 386), « que
» Pierre Le Prêtre ne dit pas quel fut le sort des habitants de Saint-Riquier et qu'il
» interrompt brusquement son récit, sans se préoccuper davantage de ces malheu-
» reux qu'on entraînait loin de leur ville. »

On ne le devine que trop : cette population de fugitifs se dispersa du moment qu'on
lui permit de se débander et chercha un asile auprès de ses amis. Les plus riches furent libérés après rançon. La misère et les maladies en tuèrent un certain nombre ;
ceux qui purent dans la suite revenir à Saint-Riquier relevèrent les ruines et réparèrent leur ville avec les secours que leur offrit la commisération publique : mais
Saint-Riquier ne recouvra plus son antique splendeur : c'est de cette calamité,
dont l'histoire n'offre que trop d'exemples, que nous datons sa décadence. Dès
lors sa population diminua considérablement et on ne regarda plus cette ville
que comme un poste sans importance sur les frontières de l'Artois. On y plaça
encore quelquefois des garnisons sous la direction d'un capitaine : nous verrons même
encore de glorieux sièges ; mais ce ne sera qu'une longue agonie: sans son monastère,
elle aurait été dès ce jour rayée de la liste des villes fortifiées comme tant d'autres villes
importantes. Nous voyons que l'abbaye fut complètement pillée : toutefois Pierre Le
Prêtre ne se plaint pas que la personne des moines ait été violée. Les Français avaient
voulu surtout se venger sur un Abbé Bourguignon, par la destruction de son église
et par le pillage des objets dont les moines étaient suffisamment pourvus : on respecta
l'habit religieux et on les laissa dans leur solitude sans s'inquiéter de leur dénûment.

(1) On raconte que cet hôtel fut épargné, parce que Hugues de Hesdin était partisan des Français et hostile aux Bourguignons. (M. le Marquis de Belleval. *Chronique de Pierre Le Prêtre, page* 106)

(2) *Fol.* 301.

Un cartulaire de l'Hôtel-Dieu de Saint-Riquier de 1476 parle de la *grande destruction de cette ville par les Anglais peu de temps avant cette année.* Y aurait-il erreur de copiste ou honte d'avouer que des Français ont pu se porter à de tels excès ? Les Anglais, il est vrai, ont pendant l'année 1475 parcouru la Picardie en divers sens. D'après Pierre Le Prêtre on les voit descendre à Calais, puis passer à Saint-Omer, Blangy-en-Ternois, Encre, Péronne, puis revenir près d'Amiens et à Picquigny, où fut de nouveau conclue une trêve sur le pont même de la ville, on sait dans quelles conditions et avec quelles précautions, en souvenir sans doute du guet-apens d'Arnoul, comte de Flandres et de la mort de Guillaume duc de Normandie. « Et entrèrent, dit Pierre Le
» Prêtre, les Anglois dedens Amiens, non pas les plus fors, pour aler en pèlerinage au
» chief de saint Jean et pour eux rabillier et faire grant chière(1), lesquels ils furent fort
» festoyés et mesmes leur envoya le roy de France en leur ost largement vins et vi-
» vres qu'il leur donna, et de là s'en retournèrent le plus hastivement qu'il leur fut possi-
» ble à Callais, sans faire grant dommage ou pays, sinon de vivres, de bledz et ad-
» vaines, qu'ils trouvoient meurs par les champs. »

Ce récit semble justifier les Anglais. D'ailleurs que restait-il à détruire après le passage des Français ?

Mais Pierre Le Prêtre n'a-t-il pas exagéré le dommage ? Nous n'oserions pas le soutenir. Quelques indications viennent même corroborer son témoignage et nous initier à la vie intime de cette année. C'est le compte des argentiers pour 1475. Tout incomplet qu'il est, il nous fournit des témoignages précieux. « Ainsi Jehan Lorice, chargé de cé-
» lébrer la messe pour les plaids de l'échevinage le lundi de chaque semaine, n'acquitte
» point son obligation pendant douze lundis, « que la dite ville estoit inhabitée du peuple
» à l'occasion du feu. » — Les aides des vins et menus breuvages sont modérés, « le
» feu ayant détruit la ville. » — Le Beffroy est recouvert d'estangles ou ardoises. —
» On est réduit à *torquer* et clore plusieurs tours. — On amène des troncs d'ormes à le
» fossé du Beffroy. — On a travaillé aux ponts et fossés de la ville. — On a acheté des
» poudres de canon. — Des terres n'ont pas été labourées. — Les exploits et amendes
» n'ont pas été recueillis. — Les aumônes dues par le Val n'ont pas été faites à cause
» de la destruction de la ville, mais employées aux affaires municipales. — On a payé
» spécialement pour avoir sonné la bancloque et les autres cloques du Beffroy, quand
» Monsieur le Vidame vint prendre possession pour le roi de la ville de Saint-Riquier.
» Les guetteurs de la ville reçurent une gratification pour avoir sonné le bancloque
» à une procession après le Sacrement, parce qu'on ne l'avoit point faite ledit jour,
» à cause des divisions qui estoient pour ledit jour de ladite ville, à cause des Franchois
» qui s'estoient parti ledit jour précédent. — On paie encore un demi-quarteron de

---

(1) Commynes dit, entr'autres choses, qu'il y avoit à la porte deux longues tables chargées de vin et de viande « cinq ou six hommes de bonne maison, fort gros et gras, pour mieulx plaire à ceux qui avoient envie de boire faisaient les honneurs. » (M. le Marquis de Belleval. *Chron. P. le P., pag.* 110.)

» fagots à faire un fudos au commandement de Monsieur d'Escœurdes pour le rapport
» que fit Le Borgne de Noircarmes et autres gens de guerre, lesquels disent que ledit
» sieur d'Escœurdes mandoit que l'on se fist feste et fuz pour la reddition que l'on
» disoit seure. — Jehan Lorice maitre et seigneur de la maison du Val paie XVIII écus,
» pour avoir des harquebuttes et VII écus au prévost de l'église, pour ayder à payer
» les canonniers que M. d'Esquerdes envoya (1). »

C'est, disent encore les chroniques, la première destruction de Saint-Riquier. Celle de 1487 consommera sa ruine et réduira la ville à la dernière nécessité. Il faut avouer que Louis XI avait cruellement puni les habitants de la Picardie, du Ponthieu, de Saint-Riquier et des environs jusqu'à l'Artois pour leur soumission envers Charles-le-Téméraire. On sait cependant qu'ils étaient les victimes d'un traité par lui consenti et imposé à leur grand déplaisir. La faculté de rachat qu'il s'était réservé rend sa conduite plus odieuse encore et le charge de toutes les iniquités de cette guerre déloyale.

Aussitôt qu'une nouvelle trève fut conclue et connue, Pierre Le Prêtre, quoique absent, se remit à l'œuvre avec la même ardeur et la même sécurité que par le passé. Les dernières ruines furent réparées : l'intérieur même de l'église fut orné avec un luxe presque inconnu pour l'époque. On sait la richesse et la splendeur des églises de la Flandre et de la Belgique. Quoique le temps et le vandalisme des guerres aient beaucoup détruit, la piété et le culte des beaux arts ont tant créé, qu'il reste encore des traces de l'industrie et de la ferveur de cette époque. La vue de toutes ces magnificences exalta l'âme si pieuse de Pierre Le Prêtre et il se résolut de profiter du talent d'artistes si distingués. Quoiqu'on ait pu conclure de certaines doléances de cet Abbé mélancolique, ses œuvres nous prouvent qu'il ne cherchait nullement à économiser et que la noble simplicité de ses mœurs amassait pour sa chère église, pour cette noble épouse sur laquelle se reposèrent toutes ses pensées, au milieu du cruel exil où le retenaient et ses infirmités et la peur des ennemis. Les travaux à la grande église du monastère sont à cette époque la partie la plus curieuse et la plus intéressante de ses chroniques, dont les dernières pages sont consacrées à rapporter les préoccupations chrétiennes et artistiques du savant Abbé, précieux détails qui seront encore le plus beau joyau de nos modestes et humbles annales de Centule.

« En ce temps, ung petit après Noël, Pierre Le Prestre, Abbé de l'église de Saint-Ri-
» quier, fist reffaire et refondre quatre grosses cloches et trois petites à son église, fist
» aussi reffaire sa ditte église de machonnerie, laquelle estoit par dedens toute cauffourée
» du fu qui y avoit esté, tant à cette fois comme aux précédentes passées, là où il y
» faloit grant ouvrage, et en fu marchandé à trois maistres manchons, c'est à savoir
» Phelippe de Bernay, maistre machon d'Abbeville, Jehan Lefebure et Jehan Pannier,
» lesquels du commencement quilz firent leurs hours par dedans le clochier (2), ilz ne les

---

(1) *Archives de la ville de Saint-Riquier.*

(2) Où était établi ce clocher ? Il serait difficile de le dire. Il n'y avait pas encore de tour : puis celui posé sur le transepts doit être postérieur, puisqu'on travaille après cet évènement au chœur et à la croisée.

CHAPITRE IV. — L'ABBÉ PIERRE LE PRÊTRE. 143

» asseurèrent point bien et montèrent sur le dith ourt VII ou VIII hommes, lequel hourt
» estoit bien hault, et qui plus est, par convoitise ils ne gettoient point aval la pierre
» qu'ils en ostoient, afin qu'ils n'eussent point de coust à la reporter amont pour rema-
» chonner, car ils avoient marchandé en tâche du dit ouvrage ; leur hourt s'ouvrit et
» fondit, par quoy il y eut un des maistres machons tué tout roide, et ung aultre son
» compagnon pareillement, et deux aultres navrés piteusement, dont l'un nommé Jehan
» Daullé (1) demoura impotent toute sa vie sans jamais pain gaignier (2).

« En ce temps (1476, quelques mois après), Pierre, Abbé de Saint-Riquier, marchanda
» de faire de carpentrie le comble du clochier de sa dite église, lequel il fist faire à
» aiguille, dont il n'y avoit jamais eu, là où il y entra bois sans nombre, comme
» l'on puet veoir (3).

« En ce temps ung petit devant Noël, Pierre, Abbé de la dite église de Saint-
» Riquier, envoia à sa dite abbaye deux navires d'ardoises qu'il envoia quérir à *Dourde-*
» *ret* (4) en Zellande, là où il y avoit IIII ˣˣ milliers et VIᶜ d'ardoises qui lui coustèrent en
» tout frès mieulx de IIIIᶜ et X écus, et estoit pour couvrir ledit clochier et la nouvelle
» église qu'il commençoit à réédifier, comme dist sera cy après.

« Quant la dite église de Saint-Riquier fut brullée, comme dist par avant, il y avoit ung
» commencement d'église, c'est à savoir cœur et croisye à la dite église, moult riche
» et qui avoit esté fait passé trois cens ans ; mais il sembloit aussi nouvel que s'il n'y eust
» que X ans, par quoy le dit Abbé emprint de le parmonter de machonnerie et en mar-
» chanda à trois maistres machons qui avoient refait le dit clochier, lesquelz y ouvrè-
» rent une saison, et n'eussent été les guerres, ils l'eussent eu parfait de l'aultre. Mar-
» chanda pareillement le dit Abbé de Saint-Riquier de faire les combles du dit cœur
» et de la croisye de carpentrie à ceulx qui avaient fait la carpentrie du dit clochier,
» marchanda oultre de faire deux demy combles aux deux esles du dit clochier qui y es-
» toient fort nécessaires. Marchanda en oultre de faire cayères au cœur de la nou-
» velle église, pour tant que les aultres avaient été brullées ; tous lesquels ouvrages se
» continoient à toute diligence, n'eust été la guerre, qui survint que Dieu par sa
» grâce veuille en bref apaisier (5). »

Les hostilités ne vinrent pas jusqu'à Saint-Riquier ; mais la crainte, comme il arrive en pareilles circonstances, tient tout en suspens et arrête les meilleures entreprises. Cette guerre c'est celle de Charles-le-Téméraire en Suisse, suivie de sa défaite à Murat, après quoi il s'en retourna « plus vite que le pas » en son pays de Bourgogne. Le chroniqueur parle aussi du siège de Nancy où le duc « fut mis en derroy. »

O vanité de la puissance humaine ! Ce puissant duc, naguères maître de tant de provinces, est frappé au hasard par une main inconnue, laissé agonisant sur le champ de

---

(1) Il existe encore à Saint-Riquier des maçons de ce nom.
(2) *Fol.* 303.
(3) *Fol.* 304.
(4) Dortrecht.
(5) *Fol.* 304.

bataille, sans que personne se soit aperçu d'une telle catastrophe, dépouillé comme le dernier de ses soldats, roulé au milieu de la boue et des glaces et n'est reconnu qu'aux cicatrices caractéristiques qu'il portait sur le corps. Les magnifiques funérailles qu'on lui prépara ne réparèrent point les humiliations de ce trépas à nul autre comparable.

On accusa Louis XI de s'être réjoui de la mort de ce prince. Quelle que fut son attitude, son ambition démesurée ne rencontrait plus d'obstacle. Les villes du littoral de la Somme, si longtemps disputées et presque toutes conquises, furent réunies pour jamais au domaine de la couronne. Les Bourguignons maîtres d'Abbeville furent obligés de céder au mouvement général, « et tantost que le roy de France fut adcertené de la dite
» desconfiture, il envoia le baron de Torsy, lequel résidant pour lors à Amiens en garni-
» son, à tout une compaignie de gens de guerre, vint à Abbeville sommer ceulx de ladite
» ville de eulx rendre au roy. Et après plusieurs parlements fais avec les seigneurs de
» guerre estant en la dite ville, et aussi ceulx d'icelle ville, se rendirent finablement au
» dit seigneur de Torsy au nom du roy. Pareillement le chastel du Crotoy qui estoit
» comme place imprenable ; mais incontinent que le dit seigneur de Torsy y envoia
» pour les sommer, ung nommé Jehan de May, natif d'Abbeville, qui longuement en
» avait été lieutenant, commis de par le seigneur d'Esquerdes qui en estoit le principal
» capitaine, le rendit sans aulcun contredit, dont le dit seigneur d'Esquerdes montra
» semblant d'en estre fort déplaisant ; et pareillement se rendit la ville de Rue dont
» le dit seigneur d'Esquerdes étoit capitaine (1). »

La réflexion de l'Abbé chroniqueur sur le seigneur d'Esquerdes ne manque pas d'à-propos ; car ce grand politique se rendit lui-même au roi après toutes ces villes et fut réintégré dans toutes ses dignités. Il mourut près Laon au service de Charles VIII, en 1494. On transporta son corps à Boulogne avec une pompe royale.

Pendant tous ces événements et pendant que Louis XI essayait de se rendre maître des villes d'Artois, Pierre le Prêtre continuait ses travaux, que la mort de Charles-le-Téméraire permettait de poursuivre avec plus de sécurité.

« Le dit Abbé de Saint-Riquier contendant de tout son pouvoir à réparer la dite église
» desmolye par les guerres, comme dist est, marchanda à ung ouvrier de Bruges de faire
» quatre colompnes de fin ouvrage de cuivre, deux travers pour mettre les cierges, quatre
» angles (anges), ung candélabre à VII branches pour mettre devant le grand autel avec
» une croche pour recepvoir le *Corpus Domini,* de tele fachon qu'il y en a une au grant
» autel de l'église Saint-Bertin en Saint-Aumer ; et doibt peser le dit ouvrage ensemble
» trois mil et de VI à VIIe libres : et fu marchandé que le dit Abbé payeroit pour cha-
» cune libre des quatre angles VI gros, monoie d'Artois, et pour chacune libre de
» tout l'autre ouvrage V gros, dont il bailla comptant pour erres cent et cinquante
» libres : et si paya comptant le dit Abbé pour aigle ewangillier au dit ouvrier, qu'il
» envoya incontinent à la dite église, pesant IIIIe XXXIII libres à II solz 6 deniers la li-

(1) *Folio* 306.

CHAPITRE IV. — L'ABBÉ PIERRE LE PRÊTRE.

» vre, LV libres XVIII solz 6 deniers. Aveuc ce fit le dit Abbé faire à ung ouvrier d'Ypre
» une oreloge pour mettre au clochier de la ditte église, pesant VIe libres dont il paya
» XL libres ; et se fist fondre le dit Abbé trois petites cloches entonnéez pour faire
» appeaux à la dite oreloge, pesant ensemble Ve LVII libres à 6 solz VI deniers la libre. »

D. Cotron a vu une inscription du candélabre, que nous allons transcrire.

Le pupitre pour les leçons, en cuivre ou en bronze, représentait la loi ancienne personnifiée en Moïse et la loi nouvelle figurée dans l'aigle de saint Jean.

> Révérend Père en Dieu Pierre le Prestre,
> En son vivant humble Abbé de cet estre,
> Moult appetant réparer son esglise,
> Qui par la guerre estoit lors au bas mise
> Fist à Brugens faire ce candélabre,
> Qui se veoit dreschiez en fourme d'abre :
> Quatre columpnes duisant au grand autel
> Et quatre angles servans d'office tel :
> Puis deux travers tout dung même style :
> Une aygle aussi pour chanter l'évangile :
> Un Moyse aux lichons asservi (1)
> Et une croche au *Corpus Domini* :
> Lesquels fit faire et accomplir du tout
> Le dit Abbé par Rouault Van Vendout,
> Qui de fondre cuivre mestier estet,
> L'an quatre cent soixante dix et sept.
> Dieux lui ottroie grâce à persévérer
> Si bien qu'enfin puist son âme sauver. — Amen.

« Ce Moyse, ajoute dom Cotron, n'existe plus (2). »

Nous croyons bien que toutes les autres décorations avaient disparu également : du moins elles ne furent pas respectées par l'Abbé d'Aligre.

« Item paia le dit Abbé en ce temps pour la taille d'une table d'autel, là où est la
» Passyon selon les VII heures du jour (3), comprins le bac et les huisses XL libres, et

---

(1) Les colonnes du grand autel indiquent un *Ciborium*. — Lichons pour leçons.
(2) D. Cotron. *Anno* 1476.
(3) Les vers suivants sur l'Office divin nous aideront à connaître les sujets :

Matutina ligat Christum, qui vincula solvit.
Prima replet sputis : causam dat *Tertia* mortis.
Sexta cruci nectit : latus ejus *Nona* bipartit.
Vespera deponit : tumulo *Completa* reponit.
Ainsi *Matines* nous rappelle l'invasion du Jardin

» pour le paindre XXIIII libres de gros avec aultres petits fres. Paia pareillement le
» dit Abbé pour ung tablet (1) pour mettre desseure sa sépulture, là où il y a ung
» image de Nostre Dame et un angle, représentant la pourtraitture du dit Abbé, ung
» saint Jehan, saint Pol et Joseph, et au dehors ung saint Pierre et saint Riquier, dont
» le dit Abbé paya en tout XXX libres. »

Cette table d'autel, avec ses emblêmes du Christ souffrant, nous représente un devant d'autel historié et mobile selon les fêtes.

« Item et si fist faire le dit Abbé, pour servir aux demy doubles et aux dymenches,
» XVI chappes, quatre chasubles, deux tuniques et deux domatiques, pour tant que les
» aultres avoient été perdues à la destruction de la dite église. Le dit ouvrage de tul-
» lich (sic), fait de brouderie de fleurs de lis et de roses et doublé de vermeille toille et de
» noire. Acheta pareillement le dit Abbé autant de carrel noir de Tournay, de la carrière
» d'Anthoing, qu'il lui en faloit pour le cuer et croisie de sa ditte église, dont il bailla
» pour erres au marchant, nommé Jacquemart Roteleur, LX libres : et si acheta autant
» de carrel blancq à ung marchant de Marequise, les dits carreaux de XIII paux descar-
» rure, dont il bailla ès mains de l'Abbé Nostre Dame de Boullongne XXXVI libres,
» lequel bailla pleisge pour le dit marchant ung sien parent nommé Symon Luselier ;
» et Jehan Sterbocq, bourgois de Saint-Aumer, est respondant pour le dit Jacquemart
» Rotteleur,

« Oultre, pour ce que le dit Abbé sentoit qu'il faloit encoires beaucoup d'ardoises à
» la dite église, il en acheta à deux marchans de Saint-Aumer, l'un nommé François
» Tudvincq et l'aultre Jehan Clais, deux navires de quatre-vingt milliers avec ung mil-
» lier de bois d'Irlande des meilleurs du pays, pour faire les chaières de la ditte église
» et pour lambrucier le cœur d'icelle et aultres affaires ; et leur bailla pour erres con-
» tant deux cents libres courans en Artois, tendant le dit Abbé tousjours à son pooir
» de réédiffler sa dite église, et aussi, que se Dieu le prendoit devant son intencion
» faicte, que la dite matière demourast à l'église pour y estre employé par son succes-
» seur Abbé et ses religieux (2). »

Le pauvre Abbé pensait que la mort seule pourrait l'arrêter. Il ne se doutait guère que ses ennemis conspiraient contre lui et méditaient sa ruine et celle de ses projets. Au moment où les villes du littoral faisaient leur soumission, ses infirmités l'empêchè- rent de revenir à son église. On connaissait ses dispositions : on le traita en rebelle, parce qu'il restait en pays ennemi. Louis XI disposa donc provisoirement de l'abbaye,

---

des Olives et la prise du Sauveur : *Prime*, les outra- ges dont il fut abreuvé : *Tierce*, la flagellation et les vociférations du peuple : *Sexte*, la crucifixion : *None*, la mort du Sauveur dont le cœur fut transpercé : *Vêpres*, la descente de Croix : *Complies*, la sépulture.

(1) Le tablet n'est rien moins qu'un tableau à volets, comme on en voit encore un si grand nom- bre en Belgique ; Notre-Dame au milieu : à ses pieds l'Abbé ; d'un côté saint Jean et de l'autre, saint Paul et saint Joseph : quand il est fermé, saint Pierre et saint Riquier sur la face extérieure.

(2) Fol. 305 à 307.

et par forme de sequestre, avec application spéciale des revenus en faveur du cardinal de Vienne, Angelo Catto, son grand aumônier, « prélat de grande vertu, dit le Père Ignace, qui eut, ce semble, révélation de la mort de Charles le Téméraire à l'heure même qu'il fut tué, car donnant la paix au roi à la messe qu'il célébrait dans l'église de Saint-Martin de Tours, il lui dit : « Sire, Dieu vous donne la paix, si vous la voulez, *quia* » *consummatum est*, votre ennemi le Duc de Bourgongne est mort et vient d'estre » tué (1). »

Il paraît, d'après des explications données plus loin, qu'avant de disposer du revenu de l'abbaye en faveur du cardinal de Vienne, des plaintes auraient été adressées et au Souverain Pontife et au roi sur le séjour de Pierre au milieu des ennemis de la France, que des monitions sévères lui auraient enjoint de rentrer dans son abbaye ; ce qu'il ne put faire, infirme comme il était. Dans cette hypothèse, le sequestre n'était aux yeux du roi que la punition d'une sorte de rebellion. Si des religieux ont participé à ces poursuites, Pierre ne s'en vengea que par un nouvel acte de dévouement.

Parmi les vertus du cardinal de Vienne, Pierre le Prêtre ne louerait certainement pas le mépris des biens du monde, car il est loin de nous le représenter comme un prélat désintéressé.

» En ce temps, le roy donna les fruicts de l'église et abbeye de Saint-Riquier au cardi-
» nal de Vienne, à cause que l'Abbé Pierre estoit en la ville de Saint-Omer, lequel
» Abbé estoit comme chartrier et impotent, sans pouvoir aler hors de son hostel à cause
» des goustes qui moult le travailloient journellement ; et lorsque ledit cardinal ot le don,
» tous les ouvrages cessèrent en ladite église, et print le cardinal tout à son prouffit,
» emporta le pontifical de l'église, croche et mytre, et demoura ladite église en totalle
» ruine, laquelle avoit esté démolye par les guerres comme dessus est dit, et ledit
» Abbé impotent, sans avoir aulcune provision de vivre. Dieux lui doint patience et
» aux aultres qui ainsi perdent par les dites guerres (2).

« Le dit Pierre Abbé de Saint-Riquier estant encoires à la dite ville de Saint-Omer
» et voiant qu'il n'estoit encoires aulcune apparence de paix, doubtant aussi fort la
» mort à cause de la maladie qu'il avoit, obtint du prinche et de la princhesse ung man-
» dement, afin que s'il aloit de vie à trépas durans les dittes divisions, fussent ses biens
» qu'il avoit par deçà et ceulx appartenant à sa dite église mis en mains saulve : et
» finablement réduits à sa dite église, duquel mandement la teneur s'ensuit de mot à
» mot.

(1) D. Cotron. *Anno* 1477. — P. Ignace. *Histoire des Mayeurs d'Abbeville*, page 571. — *Chron. Abrev. Cap.* LXX.

Angelo Catto, médecin de Louis XI, grand politique, habile dans les mathématiques et l'astrologie, demeura plus à Paris que dans son diocèse, et s'occupa plus de grossir sa fortune que de diriger les âmes. Il fut nommé archevêque de Vienne, à la prière de Louis XI, avec défense aux chanoines de s'occuper de son élection. Il fut interdit par Innocent VIII en 1490 et mourut en 1494. Il n'entra à Vienne qu'en 1482. Philippe de Commines lui dedia ses mémoires.

(2) *Fol.* 308.

» Maximilian et Marie, par la grâce de Dieu, ducz d'Austriche, de Bourgongne et de
» Lothoringie, de Brabant, de Lembourg, de Luxembourg et de Gueldres, contes de
» Flandres, d'Artois, de Bourgongne, palatins de Haynau, de Hollande, de Zellande, de
» Namur et de Zutphem, marquis du Saint-Empire, seigneurs de Frise, de Salins et de
» Malines, à Révérend Père en Dieu, nostre amé et féal conseiller l'Abbé de Saint-Ber-
» tin en nostre ville de Saint-Omer, salut et dilection. Receu avons humble supplica-
» cation de Révérend Père en Dieu, nostre très chier et bien amé Pierre, Abbé de Saint-
» Riquier lez Ponthieu, ad présent résident en nostre ditte ville de Saint-Omer, conte-
» nant comment dès l'an mil IIIIe LXXIIII il s'est retrait en nostre dite ville de
» Saint-Omer, pour tenir le bon parti de nostre très-chier seigneur et père, que Dieu
» absoilve, et de nous, sans soy oser tenir ne résider au dit lieu dit de Saint-Riquier
» pour doubte des François nos ennemiz, par lesquelz icelle ville de Saint-Riquier fut
» substraitte de l'obéissance de nostre dit feu seigneur et père, et depuis par eux pilliée,
» robée, ensamble la dite abbeye de Saint-Riquier brullée et destruitte grandement et à
» déplaisance du dit suppliant, lequel a eut et a grand désir et avoit singulièrement,
» auparavant les divisions présentes, de faire réédiffier le plus qu'il povoit la ditte église
» de Saint-Riquier et icelle décorer, et à ceste fin employer ce qu'il eut pu finer de re-
» couvrer; et en ensieuvant ce ait fait faire et édiffier plusieurs ouvrages tant tables d'au-
» tel, cloches, comme plusieurs aultres choses en grant nombre, et se ait acheté plusieurs
» ardoises, bois, dalle, marche et aultres choses, pour le tout estre employé à l'édification
» et décorement de la dite église, et sur ce paié et déboursé plusieurs deniers, et chas-
» cun jour fait et continué et encoires plus feroit et continueroit; mais il doubte
» que au moien de ce que, depuis le trépas de notre dit feu seigneur et père, la ditte ville
» de Saint-Riquier a été substraitte de rechief par les dits François et le pays à l'envi-
» ron, pour ce qu'il est anchien, fort occupé de maladie, alast de vie à trespas durant
» ces présentes divisions, que aulcuns soubz umbre de nos lettres de récompenses et à
» l'occasion que le dit abbeie est au dit lieu de Saint-Riquier en parti contraire, ne
» vaulsissent prendre, lever et pourffiter des choses dittes et les appliquier à eulx, sans
» les employer, après les dittes divisions passées et expirées, selon les intentions et vo-
» loir dudit suppliant, ensamble ses aultres biens meubles et immeubles, qui par son
» trespas demoureroient, qui seroit chose non tollérable et à quoy le dit suppliant à grand
» regret, meismes que pour tenir nostre bon party il fust frustré de sa bonne intencion,
» en nous requérant très humblement que entendu ce que dist est, mesmes en faveur et
» contemplacion de nostre mère sainte Eglise, l'augmentation et entretenement du
» saint service divin, nous voulsissions dès maintenant, pour le temps advenir, com-
» mettre et instituer aulcune personne notable, pour au cas qu'il advenist que le dit
» suppliant alast de vie à trespas durant ces dittes divisions présentes, prendre ou faire
» prendre tous les biens, baghes et aultres choses dessus dittes, qui par le trespas du
» dit suppliant demoureroient, et le tout garder et conserver au droit et pourfit du mo-

» nastère de la ditte abbéye de Saint-Riquier et estre employez selon l'intencion et voul-
» lenté du dit suppliant et sur ce luy faire expédier nos lettres patentes en fourme deue.
» Pour ce est-il que nous, ces choses considérées, en faveur et contemplacion mesme-
» ment de nostre mère sainte Eglise, et que de tout nostre povoir désirons le bien, aug-
» mentacion et entretenement du saint service divin, nous vous mandons et comet-
» tons par ces dittes présentes, s'il advenoit que icelluy suppliant alast de vie à trespas
» durant ces dittes divisions, que incontinent soit par vous ou aultres vos commis ad ce,
» vous faittes, de par nous et soubz nostre main, prendre, lever et appréhender tous les
» biens quelconques que trouverez appartenir au dit suppliant et à la dite abbeie, en
» quelque lieu quilz soient en nos pays et seignouries, en constraingnant et faisant cons-
» traindre réellement et de fait tous ceulx et celles que trouverez détenir iceulx biens,
» à en widier leurs mains, pour le tout par vous ou vos dits commis estre gardez et
» préservez soubz nostre ditte main, durant ces dittes divisions, sans en faire aulcune
» délivrance, jusques ad ce que par nous en soit aultrement ordonné, et ce pour le bien
» et augmentacion d'icelle abbeye et église, non obstant quelconques dons, promesses
» ou récompenses que en porrions cy après faire à qui que ce soit, sur quelque fourme,
» ou couleur ou paroles que les lettres en fussent ou soient faittes ; car nostre plaisir est
» tel ; et au dit suppliant de nostre plaine et espéciale grâce le avons ottroié et ottroions
» par ces dittes présentes ; et pour ce que l'en porra avoir de ces présentes en plusieurs
» lieux, nous voulons que au vidimus d'icelles fait soubz scel autenticque ou copie col-
» lationnée par l'un de nos secrétaires, foy soit adjoustée comme à cest présent original. —
» Donné en notre ville de Bruxelles le XXVI⁰ jour de décembre l'an mil IIII⁰ LXXVII.
« Ainsi signé par Monsieur le duc et Madame la duchesse à la relation du conseil
» puissant (1). »

Cette sage précaution de Pierre Le Prêtre nous montre où est son cœur dans son exil, malgré toutes ses infirmités et toutes les avanies dont il est actuellement l'objet, même à Saint-Omer. Car il fut aussi tracassé, on ne sait pour quelle raison, par les habitants et obligé de quitter sa maison où il ne se croyait plus en sûreté. Dans cette extrémité, il pria l'Abbé de Saint-Bertin de lui donner une chambre dans son monastère. Jean de Lannoy gouvernait alors cette illustre sœur de Saint-Riquier, autrefois dépositaire de son précieux corps et depuis plus d'un siècle unie dans une fraternelle association de prières. Moine de Saint-Bertin, bachelier en droit canon de l'Université de Paris en 1456, Abbé d'Auchy-les-Moines en 1467, puis de Saint-Bertin en 1473, conseiller intime des ducs de Bourgogne, chevalier de la Toison d'Or, Jean de Lannoy eut pitié de ce pieux vieillard, victime de la cause qu'il servait lui-même : il mit à sa disposition une petite habitation, dite la *Chambre des Jardins*. Pierre la fit restaurer et

---

(1) *Fol.* 314 à 316.
Ici finit la biographie de Pierre Le Prêtre dans sa chronique. La suite de sa vie nous a été transmise par Jean de la Chapelle, probablement témoin oculaire des événements, et plus tard par D. Cotron.

décorer proprement : il en fit même construire une seconde semblable en tout à la première avec un beau vestibule, couvert en ardoises. Au-dessus de ce vestibule flottait sa bannière, où l'on voyait ses armoiries et celles de son église. Son petit jardinet fut aussi enclos de murs. C'est ainsi qu'avec sa passion de bâtir il se prépara un tout petit palais dans le coin du jardin monastique. La chapelle de la sainte Vierge n'était pas bien eloignée ; c'est là qu'il allait faire ses dévotions. Mais pour un vieillard goutteux le trajet était encore trop long et bien dangereux, quand le temps était pluvieux ou humide. Pierre fit donc paver un chemin, au milieu duquel il éleva un petit cabanon, pour se reposer, quand il serait fatigué. C'est là qu'il allait converser de choses spirituelles au milieu des religieux à leurs heures de récréation, avec la gravité qui convient à un prélat (1).

C'est dans cette paisible retraite que sa main endolorie traça ou du moins termina sa chronique, comme il nous l'apprend lui-même dans le corps de l'ouvrage.

« Item. L'an mil IIIIe LXXVII le dit seigneur et Abbé estant en la ville de Saint-
» Aumer, absent de son abbeye et totalement exempt des prouffits de son dit bénéfice, pour
» l'impétueuse guerre qui lors estoit ou dit pays et ailleurs fist contrespcrire ce présent
» chronique et aultres livres pour passer le temps qui lors estoit divers (2). »

Les infirmités de Pierre allaient toujours croissant et lui faisant pressentir une mort prochaine, il ne voulut pas abandonner son abbaye aux chances d'une commende ; c'est pourquoi il consulta ses deux frères Jean et Hugues Le Prêtre et tous ses religieux et il leur demanda de lui désigner un successeur. On ne songea qu'à Jacques de Haudrechies, prieur et prévost du monastère, l'homme d'action, moine ferme et entreprenant, capable de dégager son monastère d'une suprématie anti canonique. Tous les suffrages se réunirent sur lui et on le demanda pour Abbé.

C'est le contemporain Jean de la Chapelle qui nous a transmis ces négociations (3) ; mais, d'après son récit, — on sait, du reste, qu'il écrit sous l'inspiration d'Eustache Le Quieux, compétiteur de Jacques d'Haudrechies,— Pierre Le Prêtre aurait été quelque peu scandalisé d'un semblable choix : il accusa même les religieux d'avoir obéi à des inspirations qui ne venaient pas d'en haut : *Nescio quo spiritu moti*. Des réflexions furent faites alors à Eustache Le Quieux, parent de Pierre Le Prêtre et aumônier du monastère. On alla jusqu'à lui conseiller de se rendre à Saint-Omer. Eustache était-il poussé par l'ambition ou par délicatesse de conscience? C'est ce qu'il nous est difficile de démêler dans le récit de Jean de la Chapelle. Toujours est-il qu'il n'osa d'abord se présenter devant Pierre Le Prêtre : il séjourna même pendant plusieurs jours à Saint-Omer sans se faire connaître. Un intermédiaire se chargea enfin d'informer l'Abbé de la visite de son parent et probablement il lui en révéla la cause et lui parla de l'opposition qu'il venait faire à la nomination du prieur.

(1) *Chron. Abrev. Cap.* LXXI.
(2) *Dixième note autob.* de Pierre Le Prêtre.
(3) *Chron. Abrev. Cap.* LXXII.

« Qu'on le fasse venir, dit alors Pierre Le Prêtre. » Eustache n'aborda son Abbé qu'en tremblant : il fut salué par des paroles sévères : « Que venez-vous faire ici ? Pourquoi, vous aussi, avez-vous donné votre suffrage à Jacques de Haudrechies ? Vous le jugiez donc digne ce jour-là ? » Eustache s'excusa du mieux qu'il put. Après l'avoir entendu, l'Abbé lui dit : « Vous avez bien fait de venir : vous aurez soin de ne point partir » avant de connaître mon intention. » Pierre prit le temps de réfléchir et de consulter. Il se détermina alors à nommer Eustache son vicaire au spirituel et au temporel et lui abandonna le gouvernement de son église de Saint-Riquier, à partir du 4 février 1478. Quelques jours après, ou quelques mois après, selon la version de Dom Cotron, il lui résigna son bénéfice et la dignité abbatiale, sous la réserve d'une pension annuelle et viagère de cinq cents écus d'or, de vingt muids de vin de Chevincourt, de trois muids de froment à la mesure de Saint-Riquier.

On porta la résignation en Cour de Rome et le pape Sixte IV créa cette pension *motu proprio* et par pure libéralité, pour éviter les frais qu'entraînerait une résignation. Dans ses bulles de provision il évita de parler de la sollicitation : il fit valoir pour raison déterminante le zèle de Pierre Le Prêtre, la pureté de sa vie et de ses mœurs, ses rares exemples de régularité et ses grands services. Cet éloge du Souverain Pontife sera celui de l'histoire. Les faiblesses physiques de son tempérament n'avaient pas détruit les belles qualités de son âme et le mérite de ses œuvres. Cette bulle est du 9 des calendes du mois de mars 1479 (1). Il y est question de l'exemption du monastère : il faut avouer qu'on n'en jouissait guère au temporel et que les intérêts spirituels souffraient singulièrement de cette oppression. Les biens et les fruits de l'abbaye ayant été concédés au cardinal de Vienne, celui-ci cessa-t-il d'en jouir après cette nomination canonique ? Nous ne le pensons pas, bien qu'Eustache Le Quieux eût présenté une requête au roi à l'effet d'obtenir une recréance ou jouissance provisoire de la pension. Cette nomination fut la source de grandes tribulations dont il sera question au commencement du livre suivant. Pierre Le Prêtre ne vit pas la fin de cette nouvelle épreuve ni le triomphe de son parent. L'arrêt de mort qui pèse sur notre pauvre humanité fut intimé à Pierre, dit la chronique, par un redoublement de souffrances. Se sentant défaillir, le pieux Abbé se fit administrer les derniers sacrements par le prieur de Saint-Bertin et s'endormit dans le Seigneur, le jour des Cendres de l'an 1480.

On fit à Pierre Le Prêtre des funérailles dignes de son rang : on l'inhuma dans la chapelle de la sainte Vierge de Saint-Bertin du côté droit, comme on le voit sur la pierre sépulcrale et sur son épitaphe placée près de la piscine.

« Sous ce marbre repose le vénérable Abbé Pierre Le Prêtre, en son temps Abbé de
» l'insigne monastère de Saint-Riquier-en-Ponthieu, né à Vacquerie-le-Boucq sur la
» Canche. Envoyé à Paris par Philippe, duc de Bourgogne, pour y faire ses études, pré-
» vost après son retour au monastère, il mérita pour ses grandes qualités d'être élevé à

(1) 21 février 1480 (V. st.) ; date postérieure à celles des lettres de Louis XI citées page 157.

» la dignité d'Abbé. Ce Pierre assit sur de solides fondements la pierre de son église ;
» lui prodigua les plus riches décorations ; répara les vieux murs de l'abbaye ; fit fruc-
» tifier avec loyauté le talent du Seigneur : il est mort en 1480. »

Sous ce marbre terrestre
Pose Pierre Le Prestre
Abbé de Saint-Riquier.
Jésus le veuille mettre
En son glorieux estre
Et bien le colloquer (1).

Pierre Le Prêtre avait fondé son obit au monastère de Saint-Bertin. On le faisait encore en 1588 et 1589 (2).

Nous ignorons si les moines de Saint-Riquier furent aussi fidèles à honorer la mémoire de leur généreux Abbé. Son tombeau si artistement préparé fut démoli par son successeur ; il n'en reste plus trace. Tous ses travaux furent également anéantis par la destruction de 1487. Son souvenir n'est plus attaché qu'aux grands murs de clôture destinés à braver les incendies, les injures du temps et les secrètes attaques des maraudeurs. Ils se dressent toujours menaçants, toujours indestructibles, faciles à préserver par quelques réparations de peu d'importance. Sur leurs assises de grand appareil rampent de beaux ceps de vigne qui s'épanouissent majestueusement au soleil du Midi. A l'extrémité se dresse l'éventail d'un poirier, sinon contemporain de Pierre Le Prêtre, au moins plusieurs fois séculaire. Puissent les touristes se rappeler quelquefois le souvenir du bon Abbé et lui adresser du fond du cœur l'expression de leur reconnaissance pour ce monument du XVe siècle.

L'auteur d'une de ces dramatiques épopées qu'on nomme *Mystères*, Simon Greban, mérite une notice spéciale dans cette histoire, bien que nos chroniques n'aient mentionné nulle part son nom. Il fut cependant, d'après l'affirmation commune de ses historiens, moine de Saint-Riquier ; mais ceux-ci ne nous expliquent pas à quel titre il devint, comme ils le déclarent ensuite, secrétaire de Charles d'Anjou, comte du Maine, sous Charles VIII et familier de la maison de ce prince. On peut difficilement allier des titres si divers. Faut-il supposer que Simon Greban a quitté le monde pour vivre dans la retraite et s'y sanctifier dans la pratique des vertus monastiques ? Cette hypothèse n'a rien de probable, parce qu'on montrait son tombeau dans la cathédrale du Mans. Il est plus vraisemblable que, fatigué des cruelles épreuves auxquelles était soumis son monastère, il aura fui ce séjour presque inhospitalier pour lui, afin de suivre les rêveries d'une imagination surexcitée par la passion de composer des vers.

(1) D. Cotron. *Anno* 1480.   (2) De la Plane. (*Histoire de Saint-Bertin*). Tome II, page 39.

CHAPITRE IV. — L'ABBÉ PIERRE LE PRÊTRE.

Les villes de Compiègne et du Mans se disputent la gloire d'avoir donné le jour à ce dramaturge fameux en son temps, ainsi qu'à son frère et collaborateur, Arnoul Greban.

Les deux Greban ont Le Mans honoré (1)....
Cesse Le Mans, cesse de prendre gloire
Des deux Greban, ces deux divins esprits (2).

« Tenons pour certain, dit à son tour M. Sorel, qui a fait une étude sur les frères Greban (3), qu'ils sont nés à Compiègne et non dans les environs de cette ville comme le dit l'auteur de l'Histoire du duché de Valois. » Ceux qui fixent la naissance de Simon Greban en l'année 1450 ont oublié que déjà son frère Arnoul publiait vers cette époque son grand Mystère de la Passion auquel on croit qu'il a collaboré.

« Simon, dit M. Sorel, alla étudier à l'Université de Paris et y reçut le grade de bachelier en théologie, puis se voua à la vie cléricale. » Mais, comme les autres historiens qui s'accordent à affirmer que « Maistre Simon de Compiègne fut moine de Saint-Richier, en Ponthieu, » il se tait sur cette particularité de sa vie.

Simon était, dit-on, d'une noble famille. C'est ce qui explique peut-être son séjour à la cour des princes. Toutefois les érudits, en cherchant à embellir sa vie, auraient de la peine à concilier tout ce qu'ils rapportent avec la chronologie de l'époque. Son monument dans la cathédrale du Mans, devant l'autel de saint Michel, atteste qu'il mourut dans cette ville et même, dit-on, dans un âge assez avancé. Ce monument fut détruit par les Calvinistes en 1562. Arnoul Greban était chanoine de cette cathédrale. Son frère Simon aura terminé sa carrière auprès de lui.

La plupart des drames composés par Simon Greban nous sont inconnus (4). Sa réputation est surtout fondée sur le Triomphant Mystère des Actes des Apôtres (5), « le poëme le plus beau de ce genre, dit M. Sorel, le mieux versifié après celui de la Passion. L'ouvrage, du reste, serait commun entre les frères, et le commencement, dit Pasquier, appartiendrait plus spécialement à Arnoul. »

---

(1) Pasquier. *Recherches...* page 613.

(2) Joachim Dubellay.

(3) M. Sorel, juge au Tribunal de Compiègne. *Notice sur les frères Greban.*

Le domaine de Saint-Riquier à Chevincourt et lieux circonvoisins, aux environs de Compiègne, expliquerait la profession religieuse de Simon Greban à Saint-Riquier. Ce serait un imitateur de Hugues de Chevincourt, de Giles de Machemont et sans doute d'autres moines plus obscurs.

(4) On lui attribue, outre les drames, des élégies, des complaintes, des *déplorations* ou des épitaphes sur la mort de Charles VII, en forme d'églogue et de pastorale. On cite deux poèmes sous son nom. La *Création du monde* et la *Sphère du monde*. On le dit aussi réviseur, sinon auteur d'un ouvrage intitulé le *Cuer de Philosophie*, publié en 1504.

(5) Le Triomphant Mystère eut plusieurs éditions La plus complète (*petit in-folio*) contient 778 pages. Sortie des presses des frères Angeliers, elle est divisée en neuf livres et renferme une troisième partie par Louis Choquet, « dans laquelle se dévoilent les mystères de l'Apocalypse saint Jehan l'Évangéliste, où ont comprinses les visions et révélations que icelui saint Jehan eut à l'isle de Pathmos »

Ce triomphant mystère est écrit en vers et divisé par livres. Il ne compte pas moins de 60,000 vers. Il eut un succès prodigieux : car il fut, dit Paulin Paris, l'expression de la scène chrétienne au temps de son grand éclat (1). La représentation demandait plusieurs jours. On aura quelque idée de cette immense composition, quand on saura que ce drame introduit sur la scène 494 personnages, parmi lesquels on voit figurer Notre-Seigneur Jésus-Christ, la sainte Vierge et Dieu lui-même. Les principaux événements de la vie des Apôtres en forment le cadre : mais une foule d'incidents s'y rattachent et font paraître sur le théâtre, entre autres personnages étrangers à l'Histoire-Sainte, des rois, des empereurs, des courtisans, des bouffons, etc. Le drame qui commence après l'Ascension se termine à la mort de Néron.

Dans ce triomphant Mystère, l'auteur donne cours à toutes les inventions d'une imagination exubérante. Les prodiges se succèdent continuellement, mêlés à des mariages, à des guérisons de possédés, que les esprits malins abandonnent en rugissant. Des martyrs y sont lapidés et mis en croix : la terre tremble, la foudre gronde. Ces grandes commotions de la nature sont l'accessoire inévitable des événements les plus tragiques.

Le ton du drame est solennel, mystique. Le récit est riche en souvenirs bibliques. Mais le langage parfois manque de réserve. Nos pères ne s'offensaient pas d'expressions que notre exquise urbanité ne pourrait supporter.

Le théâtre du Moyen-Age ne connaissait guère que les mystères. Les principaux magistrats de la commune et les seigneurs s'y complaisaient tellement qu'ils se faisaient apporter à manger sur leurs *hourds*, comme les Romains sur les gradins du cirque ; ils scellaient dans leurs huches les copies des mystères qu'ils avaient achetées à grand prix.

Le triomphant Mystère fut représenté à Paris et à Bourges en 1537, à Tours en 1541, etc., etc.

Guillaume de Bonneuil, bourgeois d'Abbeville, se rendit à Paris, dit M. Sorel, pour obtenir d'Arnoul Greban une copie du Mystère de la Passion, revue et corrigée par ce poète ; il la paya 10 écus (2).

---

(1) Cité par M. Sorel. Ibid.

(2) Voir la *Biographie universelle de Michaud*, au mot : Simon Greban ; *la nouvelle Biographie générale des FF. Didot*, au mot : Simon Gresban ; *l'Histoire d'Abbeville de Louandre. Tome* I, page 315.—Voir aussi dans la *Revue des Questions historiques* (Avril 1880) un article sur Arnoul Greban.

LIVRE XI.

LES ABBÉS DU SEIZIÈME SIÈCLE.

CHAPITRE PREMIER.

EUSTACHE II, LE QUIEUX, QUARANTE-HUITIÈME ABBÉ.

(1480 à 1511.)

Sa première éducation et ses études. — Sa lutte contre Jacques de Haudrechies et ses partisans. Intervention du comte d'Esquerdes. Triomphe d'Eustache. — Incendie de 1487. — Grands travaux de réparations et de construction à l'église et au monastère. — Le cartulaire et Jean de La Chapelle. — Les terres de Livry. — Les coutumes de 1507. — Mort accidentelle d'Eustache Le Quieux.

Eustache Le Quieux était issu d'une noble famille (1) et parent de Pierre Le Prêtre. La généalogie de cette famille est citée partout et plusieurs de ses rejetons ont laissé un souvenir dans l'histoire du pays. David Le Quieux, frère d'Eustache et bailli de l'abbaye de Saint-Riquier, pendant l'administration d'Eustache, laissa des descendants qui ont brillé dans la magistrature.

Le père de notre Abbé possédait la seigneurie de Fortel près Vacquerie-le-Bouc, à peu de distance de l'Authie, dans un enclave qu'on appelle le Wallon. C'est là que naquit Eustache et qu'il passa ses premières années ; mais à l'âge de cinq ans, suivant une antique et louable coutume approuvée par l'Eglise, il fut, sans doute par les conseils de Pierre Le Prêtre, offert à Dieu sur l'autel de Saint-Riquier. Son jeune cœur s'ouvrit facilement aux inspirations de la piété : il grandit dans la pratique des vertus monastiques : à l'âge où l'Eglise lui permettait de disposer librement de lui-même, il fit sa profession et s'engagea irrévocablement au service de Dieu.

Comme on reconnaissait dans Eustache Le Quieux les plus heureuses dispositions, on l'envoya à Paris où il fit avec beaucoup de distinction ses études de grammaire, de phi-

---

(1) Quelques auteurs écrivent Lequieu ou Lequieux. Nous suivrons l'orthographe des écrits du monastère.

Armoiries : *d'azur au chevron et à trois gerbes d'or, deux en chef et une en pointe.*

Cette famille fut anoblie en 1389.

Guerard Le Quieux, écuyer, eut trois enfants, David, Eustache (l'Abbé) et Marie, épouse de Bernard de Buigny.

David, écuyer, bailli du temporel de l'abbaye, seigneur de Villers-l'Hôpital en partie, l'un des cent gentilshommes de Louis XI, en 1476, fut mayeur de Saint-Riquier, confrère de Saint-Nicolas. Il habitait l'hôtel de Hangard et Fransu. Il eut trois en-

losophie, de théologie et de droit canon (1). De retour au monastère, il fut élevé au sacerdoce et pourvu bientôt après de la charge d'aumônier. Dans cet office il se montra un digne enfant de saint Riquier (2) : car, à l'exemple de son glorieux père, il subvenait aux besoins de tous les pauvres avec la plus grande libéralité (3).

Sa fidélité dans les petites choses lui mérita bientôt d'être élevé aux plus hautes fonctions de la maison de Dieu. Nous avons déjà vu dans quelles circonstances Pierre Le Prêtre lui avait résigné son abbaye de Saint-Riquier. Dès ce moment commença une lutte formidable entre l'ambition et l'esprit de dévouement aux intérêts du monastère. C'est ainsi que nous croyons devoir qualifier les sentiments si opposés des deux compétiteurs. Nous n'avons plus tous les documents propres à éclairer les diverses phases de ce grand drame. Toutefois nos recherches et nos observations sur les événements nous ont conduit à cette conclusion, à savoir que Pierre Le Prêtre, dans les douloureuses années de son gouvernement, n'avait pu ni suffisamment étudier ni connaître Jacques de Haudrechies et que son élection avait été une faute ; que cette élection était due à la pression d'une autorité despotique, à une crainte révérentielle plutôt qu'aux inspirations de la conscience et au désir de procurer le bien spirituel de la communauté; qu'Eustache Le Quieux a préservé son monastère de grands malheurs, en se dévouant pour ses frères et en prenant sur lui d'éclairer la conscience d'un Abbé droit, mais trop confiant. Un tragique dénouement a justifié toutes les démarches de l'antagoniste de Jacques de Haudrechies.

On ignore ce que fut l'administration du cardinal de Vienne et à quel moment il cessa de jouir des revenus. Mais quand Eustache Le Quieux recevait la provision canonique du pape Sixte IV, Jacques de Haudrechies avait toute autorité sur le monastère, qu'il gouvernait depuis vingt-trois ans avec le titre de prieur et de prévôt. Avant qu'il fût question d'Eustache, il avait été élevé à la dignité abbatiale par ses frères : car il avait de chauds partisans dans le monastère, et même la majeure partie de la communauté pour plusieurs raisons se groupa autour de lui. Dans la pensée des moines qui tenaient pour l'élection du prieur, la résignation de Pierre en faveur d'Eustache Le Quieux, jeune religieux sans expérience, à peine libéré de ses études théologiques,

fants : Antoine, Mathieu, religieux à Saint-Riquier. Marie qui épousa Nicolas Le Fuzelier, procureur du roi en la sénéchaussée d'Abbeville.

Antoine épousa Marie Louvel de Glisy, et acheta la terre de Moyenneville qu'il transmit à ses descendants.

On cite encore Antoine Le Quieux, chanoine d'Amiens et Abbé de Clairfay, un autre Antoine né à Paris en 1610. Ce dernier entra dans l'ordre de saint Dominique et institua la réforme appelée Congrégation de Saint-Sauveur. Il mourut en odeur de sainteté. (Voir le *Nobiliaire de Ponthieu* de M. de Belleval).

(1) D'après d'anciens statuts, les religieux bénédictins qui étudiaient à Paris, étaient confiés à un prieur spécialement désigné qui veillait sur eux comme leur supérieur, les avertissait de leurs fautes et leur en donnait l'absolution. (*Histoire de St.-Germain-des-Prés, page* 181)

(2) Dans son emploi d'aumônier, observe Jean de la Chapelle, on aurait dit un autre saint Riquier, car il remplissait toutes les œuvres de miséricorde. (*Chron. Abbrev. Cap.* xxiii)

(3) D. Cotron. *Anno* 1480.

n'était qu'une surprise ou une injure dont Jacques de Haudrechies devait demander raison. C'est pourquoi celui-ci soutint ses droits et se posa, non en compétiteur, mais en Abbé, avec d'autant plus d'espoir qu'il représentait le parti français, tandis que son adversaire pouvait être signalé comme un réactionnaire, un partisan de la faction bourguignone. « Non-seulement, dit la chronique, il empêcha Eustache de prendre posses» sion de son bénéfice, mais il lui refusa tous les revenus auxquels il pouvait préten» dre : il s'opposa à l'expédition de ses bulles ou du moins il en suspendit l'effet, en les » empêchant d'arriver à destination. Ce fut du moins la rumeur du temps. Fort de » la protection de Philippe de Crévecœur, gouverneur de Picardie et sénéchal de Pon» thieu, il se flattait de remporter un brillant triomphe (1). »

Rappelons en passant qu'après la mort de Charles-le-Téméraire, Philippe de Crévecœur, seigneur d'Esquerdes, s'était rallié à Louis XI et avait été maintenu dans toutes ses dignités et dans le gouvernement des places qu'il tenait en Picardie et en Artois. Le roi qui en tout temps lui avait témoigné une si grande estime qu'il avait demandé, à l'époque de sa captivité de Péronne, d'être confié à sa garde, l'avait investi des pouvoirs les plus étendus dans ces provinces, où il exerçait pour ainsi dire l'autorité d'un vice-roi.

La grande habileté de Jacques de Haudrechies dans les affaires, son esprit insinuant, son adresse à capter les faveurs des grands, l'aidèrent à gagner sa cause auprès du maréchal d'Esquerdes, lorsqu'il lui présenta son décret d'élection et lui dénonça les prétendues intrigues de son concurrent. On voit par des lettres du roi Louis XI au bailli d'Amiens, au sénéchal du Ponthieu, au prévôt de Saint-Riquier, quel succès avaient obtenu les démarches de Jacques de Haudrechies. Ces lettres doivent trouver leur place dans cette histoire.

« Nous savons de science certaine et ancienne, disait ce monarque, et la rumeur publique le redit partout, que frère Pierre Le Prêtre, Abbé de Saint-Riquier, depuis sa promotion, n'a résidé en son monastère qu'à de rares intervalles, se tenant le plus souvent à Abbeville, dans le temps où cette place était sous la domination du duc de Bourgogne. Aujourd'hui encore il demeure à Saint-Omer, où il a transporté ce qu'il a de plus précieux en meubles et ornements d'église : il vit au milieu de nos ennemis, contre la foi jurée à Dieu et à notre personne, et avec tant de pertinacité qu'il n'a jamais consenti à revenir à son monastère et à notre obéissance, comme c'est son devoir. Il a résisté nonseulement aux prières de ses moines, aux conseils de ses amis, mais même aux avertis-

(1) D. Cotron. *Anno* 1480. — Nous ferons remarquer au lecteur que cette lutte des deux rivaux éclata immédiatement après l'élection d'Eustache Le Quieux et avant la mort de Pierre Le Prêtre, démissionnaire le 6 février 1679, et qui se trouvait par conséquent sans autorité dans cette question. Les bulles de provision avaient été données par le pape Sixte IV le 9 des calendes de mars 1479, et Eustache Le Quieux ne fut bénit que le 19 décembre 1480. Jacques de Haudrechies sut par conséquent entraver son administration pendant près d'une année.

« Le récit qui va suivre est tiré, dit D. Cotron, d'un mémoire de D. Boulogne qui raconte toutes les péripéties de cette lutte. » C'est le premier prieur de Saint-Maur, qui gouvernait le monastère en 1659. Ce récit ne concorde pas tout-à-fait avec celui de D. Cotron.

sements, aux réprimandes, aux ordres de notre amé cousin, le maréchal d'Esquerdes, et même pendant les trêves on n'a jamais pu lui persuader d'accomplir ses devoirs. Bien plus, Jacques de Haudrechies, prévôt de son monastère, religieux remarquable par sa piété, sa science, sa noblesse, sa constante fidélité envers nous et notre royaume, comme nous en avons souvent fait l'expérience, a été destitué de ses fonctions de vicaire général, que Pierre Le Prêtre lui avait confiées avec une pleine spontanéité, de l'avis et du consentement de ses moines et avec notre approbation, fonctions qu'il a remplies pendant vingt-deux ans avec une grande habileté, à la satisfaction générale de ses frères et des personnes du dehors. C'est là un trait de malveillance et d'aveugle inimitié. Et quel est celui qu'il veut élever à la haute dignité d'Abbé à sa place ? Un jeune moine, nommé Eustache Le Quieux, l'aumônier du monastère, son parent : il l'a désigné sans consulter son chapitre, sans même en demander l'autorisation : ce qui ne nous est nullement agréable, ni rassurant pour nos sujets, dans la position du monastère de Saint-Riquier, situé sur les confins de l'Amiénois et de l'Artois. C'est pourquoi voulant pourvoir aux besoins du monastère et à la sécurité des pays voisins, réparer l'injure, le tort et le dommage causé à Jacques de Haudrechies par Pierre Le Prêtre, dans la nomination d'Eustache Le Quieux, personne que nous avons toute raison de tenir pour suspecte : nous mandons à tous et à chacun de vous en particulier, par la teneur des présentes, de prendre sous votre garde le monastère de Saint-Riquier, fondé par les rois nos prédécesseurs, avec tous ses biens, meubles et immeubles, de les mettre ou de les faire mettre en nos mains et notre possession, de les faire régir et administrer par Jacques de Haudrechies, aussi longtemps que Pierre Le Prêtre sera absent et au milieu de nos ennemis, ou jusqu'à ce que nous en aurons disposé autrement ; défendons à tous et à chacun en particulier de quelque qualité ou condition que ce soit, de troubler la possession de Jacques de Haudrechies, ou de s'opposer à l'exécution de notre ordonnance ; voulons, en outre, qu'Eustache Le Quieux lui-même et tous autres soient obligés d'obéir à cette ordonnance, sous peine d'encourir notre indignation, sous peine aussi de privation de tout bénéfice, de confiscation de biens, de prison ou même de châtiments plus graves : voulons qu'on emploie toutes voies et moyens accoutumés en nos États en pareilles circonstances, et autorisons toute opposition et tout appel. Vous donnerez à tous en général et à chacun en particulier, toutes et quantes fois que vous le jugerez bon, pleine puissance pour exécuter toutes et chacune des prescriptions de cette ordonnance, faculté d'appeler nos juges et nos sergents, tant civils que militaires, à qui nous vous mandons de donner aide et appui (1).

---

(1) D. Cotron. *Anno* 1481. — §. *Jacobo Haudrechio.*
Il est à remarquer que c'est le maréchal Philippe de Crévecœur qui a signé cette lettre au nom du roi. Jean de la Chapelle observe à ce sujet que ce gouverneur avait toute autorité pour conférer les bénéfices. — *Gubernabat Picardiam sub rege habebatque auctoritatem a rege ad beneficia conferenda, dum vacabant. (Chron. Abb. Cap.* LXIII.)

« Donné au Plessis-lès-Tours le 18 novembre de l'an de Notre Seigneur 1479, de notre règne le XIX°. Par le roy, le Mareschal. »

Après avoir parcouru ce factum, on se demande s'il est vraiment authentique et si, en présence des bulles pontificales, le roi très chrétien en était arrivé à cet excès de despotisme spirituel ; surtout lorsqu'on lit quelques pages plus haut dans D. Cotron (1) que Louis XI avait permis de lever le séquestre en faveur d'Eustache Le Quieux. Quel que soit le jugement que l'on doive en porter, ce qui est certain, c'est qu'il fut exécuté.

Aussitôt que le maréchal d'Esquerdes eut reçu cette ordonnance royale, il l'adressa au bailli d'Amiens, au sénéchal du Ponthieu et au prévôt de Saint-Riquier, pour la mettre à exécution en temps opportun. Il accomplissait en cela l'ordre du roi ; mais toutefois il ne voulut point s'en rapporter à d'autres qu'à lui-même pour la pleine réussite de ses desseins. C'est pourquoi, le 20 décembre 1479, il vint en personne à Saint-Riquier avec le bailli d'Hesdin. Après avoir réuni le chapitre du couvent sous la présidence du sous-prieur, il fit un magnifique éloge de Jacques de Haudrechies, il rappela comment Pierre Le Prêtre lui-même l'avait choisi pour administrer son monastère, au moment où il l'avait abandonné pour vivre à Saint-Omer sous les lois du duc de Bourgogne, l'ennemi le plus implacable du roi de France : comment le prieur avait été élu Abbé par tous les religieux, par Eustache lui-même et avec l'approbation du roi : il déclara ensuite que le roi venait de ratifier une décision de son conseil privé, d'après laquelle le monastère avec tous ses biens et revenus était mis sous la main du roi : qu'en outre Jacques de Haudrechies était investi de pleins pouvoirs pour l'administrer sans aucune responsabilité envers les personnes du monastère : qu'on agissait ainsi pour punir la contumace de Pierre Le Prêtre, qui n'avait voulu céder ni aux prières de ses frères, ni aux instances qu'ils avaient faites en cour de Rome, ni aux exhortations et injonctions souvent réitérées du Souverain Pontife et du roi, ni consentir à quitter Saint-Omer et à revenir en son monastère.

Après ce préambule du tout-puissant maréchal, l'ordonnance royale fut produite et lue par le bailli de Hesdin. La majorité des moines, la partie la plus saine, au dire de la relation que nous suivons ici, approuva tout ce qui se faisait, et par ses gestes et ses paroles témoigna sa reconnaissance pour l'intérêt que le roi portait au monastère et aux moines.

Eustache Le Quieux, informé à temps de l'arrivée du maréchal d'Esquerdes, s'était évadé la nuit précédente et réfugié dans un autre monastère ; mais il avait laissé une protestation aux religieux de son parti. C'est pourquoi le sous-prieur, D. Thomas Postel, et D. Eustache de Bailleul tenant en mains une procuration d'Eustache Le Quieux déclarèrent qu'ils faisaient opposition au nom de leur Abbé et qu'ils en appelaient au roi lui-

---

(2) D. Cotron. *Anno 1479 (Chapitre de Pierre Le Prêtre). Eustachius Le Quieux electus ad dimissionem Petri, cui pensionem solvere tenebatur, supplex rogavit dominum regem Ludovicum XI ut vindicias adduceret de bonis et fructibus hujus ecclesiæ sequestro commissis : quod libenter annuit.*

même. D. Gardin de la Warde, D. Simon de Péronne et D. Guy Le Févre s'associèrent avec une grande indépendance à cette motion.

Philippe de Crèvecœur et ses adhérents furent fort étonnés de cette opposition. On accabla d'injures et d'outrages ces moines récalcitrants ; on les traita d'insensés, de rebelles au roi, d'ennemis du monastère et de leur propre intérêt. On alla jusqu'à les renfermer dans une prison ; mais ils restèrent inébranlables et ne cédèrent ni aux menaces, ni aux promesses, ni aux prières.

Avant de quitter le monastère, Philippe de Crèvecœur ordonna qu'on les exilât à Rouen, avec défense absolue de les rappeler, sous quelque prétexte que ce fût, sans une permission ou un ordre du roi. Il rassura en même temps Jacques de Haudrechies et ses adhérents, en leur disant de ne point faire attention à cette provocation, car ce n'était qu'une bagatelle. « Du reste, ajoutait-il, vous connaissez la volonté du roi. Obéissez à Jacques de Haudrechies et non plus à Pierre, à qui j'interdis l'entrée du monastère et de toutes ses dépendances. Les opposants seront punis d'exil ou de châtiments plus graves encore (1) ».

Mais qui pouvait deviner les rouéries du roi Louis XI et compter sur sa parole ? La guerre qui se continuait depuis plusieurs années entre les Français et les Bourguignons, commençait à se ralentir : car ce roi diplomate, faisant moins de conquêtes par les armes que par les négociations, cherchait alors à ménager un mariage entre le dauphin et la fille de l'archiduc Maximilien : pour complaire à ce dernier, il permit à Eustache Le Quieux de porter sa cause devant le parlement. Son droit était clair ; il gagna son procès et Jacques de Haudrechies accusé de simonie fiduciaire fut destitué.

Après l'arrêt du parlement, les bulles de provision d'Eustache Le Quieux, insaisissables depuis dix mois, parurent au grand jour. Le nouvel Abbé à qui le Souverain Pontife permettait de se faire bénir par tout évêque catholique, en communion avec le Saint-Siège, reçut la bénédiction abbatiale dans la collégiale de l'Hôpital de Saint-Jacques, à Paris, des mains de l'évêque auxiliaire de *Libertine,* assisté des Révérends Pères Robert de l'Espinasse, Abbé bénédictin de Saint-Germain-des-Prés, et Jean, Abbé de Saint-Nicolas-au-Cloître, de l'ordre de saint Augustin (2).

Après avoir prêté serment d'obéissance au Souverain Pontife, le 17 décembre 1480 et ensuite au roi pour le temporel entre les mains du pronotaire de Trignac, Eustache Le Quieux présenta le dénombrement de son abbaye, donna une recréance pour le sequestre qui n'était pas encore levé et fut envoyé en possession légitime et régulière : il fut reçu au chapitre par tous les religieux, à l'exception pourtant de Jacques de Haudrechies et de quelques-uns de ses partisans les plus chauds. Ceux-ci formèrent opposition à leur

---

(1) D. Cotron. *Anno* 1481. *S. de Jacobo Haudrechio.*

(2) A ces deux Abbés il faut ajouter le nom de Jean Faivre, Abbé d'Arrouaise, aussi présent à cette cérémonie.

Robert de Lespinasse, noble Auvergnat, prodigue et dissipateur, se fit retirer l'administration de son abbaye qu'il résigna malgré lui, en 1482. (*Histoire de l'abbaye de St.-Germain-des-Prés, page* 179.)

tour par requête du 21 décembre 1480 ; mais cette requête n'arrêta nullement les commissaires royaux, envoyés pour assister à la prise de possession : ils déboutèrent Jacques de Haudrechies de ses prétentions et le déclarèrent déchu de ses fonctions d'administrateur du monastère.

A raison de leur résistance à la bulle du Souverain Pontife, Jacques de Haudrechies et ses partisans étaient frappés de censures ecclésiastiques ; le nouvel Abbé, guidé par le véritable esprit de saint Benoît, au lieu de les repousser, fit tous ses efforts et même des sacrifices pour les gagner. C'est pourquoi il consentit une transaction amiable aux conditions suivantes :

1° Jacques de Haudrechies, provisoirement investi de l'autorité sur le monastère, donnera en bonne et due forme une renonciation absolue à l'administration du temporel et du spirituel et s'engagera à ne point troubler Eustache Le Quieux canoniquement promu, agréé par le roi et régulièrement investi de l'autorité ;

2° En considération des bons et loyaux services de Jacques de Haudrechies pendant vingt-trois ans, Eustache, du consentement du couvent, s'oblige par serment à lui faire une pension de 400 livres de monnaie courante sur les revenus de l'église. Les domaines de Feuquières, Feuquerolles, Huppy, Omatre, Mayoc et Crotoy seront spécialement grevés de cette rente ;

3° Jacques de Haudrechies sera maintenu dans ses offices et charges de prieur claustral et de prévôt et dans tous les droits attachés à ces fonctions ; il sera libre de toute obéissance et soumission, comme l'Abbé lui-même ;

4° Tous les moines opposants depuis la promotion d'Eustache et frappés des censures de l'Eglise seront relevés des peines canoniques, après avoir fait leur soumission respectueuse à l'Abbé et demandé pardon. Eustache, en bon père, consent à oublier tout le passé.

Cette convention fut stipulée à Amiens, le 20 février 1481 (N. st.), dans l'église collégiale de Saint-Nicolas-au-Cloître, en présence de Nicolas de Conty, docteur en décrets, chanoine d'Amiens et préchantre, de Guy de Milly, licencié en droit canon, chanoine de Saint-Nicolas-au-Cloître et de plusieurs autres témoins : on communiqua ensuite tous ces articles aux moines de Saint-Riquier en chapitre. Un acte authentique fut dressé par Jean Doublet, notaire apostolique et tabellion impérial, en présence de David Le Quieux, frère de l'Abbé, de Thierry d'Orle et d'autres témoins à ce appelés, le 22 février 1481.

La chronique mentionne avec leur approbation les religieux présents, dont voici les noms: Pierre Roussel, Thomas Postel, sous-prieur, Jacques du Mont, trésorier, Eustache de Bailleul, Pierre Leschopier, Eustache Troynet, Jean du Mesge, Simon de Péronne, Gardin de la Warde, Eustache Vincent, Pierre Damiette, Guy Lefevre, Pierre Gredaine, tous prêtres ; puis Thibaut de Bayencourt, futur successeur d'Eustache Le Quieux, alors diacre ; Michel de Vy, aumônier, Philippe de Valois et Nicolas Pourchel : en tout 17 religieux. Si nous ajoutons l'Abbé Eustache, le prévôt Jacques de Haudrechies, Jean Warin, prieur de Bredenay et d'autres moines occupés dans les prieurés ou les censes, nous atteindrons le chiffre de 22 moines, indiqué un peu plus loin par la chronique (1).

Cette pacification, si volontairement acceptée par Eustache Le Quieux, rétablissait Jacques de Haudrechies dans ses prérogatives et le rendait apte à de nouveaux bénéfices. Le maréchal d'Esquerdes se souvint de lui, et peu de temps après, à sa demande, le compétiteur d'Eustache Le Quieux fut désigné pour remplacer l'Abbé de Saint-Valery, Waleran de Lannoy, qui touchait à la fin de sa carrière : on obtint même que le pape donnât une bulle de réserve ou d'expectative en sa faveur. La dignité abbatiale devenue bientôt vacante, comme on le pressentait, le pape lui-même recommanda Jacques de Haudrechies aux moines de Saint-Valery. L'élection réunit tous les suffrages sur sa tête, le 5 octobre 1481, et il fut enfin canoniquement Abbé.

C'est ce qui résulte de pièces authentiques et des lettres même de provision du Souverain Pontife. La bulle, datée du 14 des calendes de janvier 1482, loue spécialement les bonnes mœurs de Jacques de Haudrechies, son application aux choses spirituelles et sa prudence dans le maniement des affaires temporelles (2).

En partant de Saint-Riquier, Jacques de Haudrechies emporta avec lui l'esprit de dissension ; ce qui prouve qu'il avait fomenté la division. Malheureusement la discorde l'accompagna au monastère de Saint-Valery. Quelle en fut la cause ? C'est qu'on ne sentit point dans son gouvernement la main du bon pasteur, qui porte les âmes infirmes et leur épargne la verge. Au lieu de verser l'huile de la compassion sur les blessures du cœur, Jacques de Haudrechies aigrit les esprits déjà disposés à l'indiscipline.

Les moines, outrés de la hauteur et de la violence de son caractère, se soulevèrent contre lui. L'un d'eux surtout ne put lui pardonner de lui avoir ravi une dignité que son ambition convoitait depuis longtemps. Son ressentiment alla si loin qu'il médita contre son Abbé des projets homicides. L'ayant rencontré seul dans le cloître, il le frappa d'un coup de couteau. Ainsi la Providence ne permit pas qu'un fauteur de troubles et d'agitations dans son monastère pût vivre en paix et mourir tranquillement dans un autre.

Il ne reste aucun souvenir historique de son passage à Saint-Valery : il n'eut point du reste le temps de remplir les espérances qu'on avait pu concevoir d'après son habileté dans l'administration du monastère de Saint-Riquier. C'est en 1482 qu'il fut victime de cette atroce vengeance.

Faudrait-il faire retomber sur tout le corps monastique un semblable attentat ? Nous nous en garderons bien. Ces crimes abominables sont rares. Mais à côté des monstres que la religion elle-même ne peut adoucir, vivent des troupes de pénitents morts aux passions de la terre et constamment fidèles à Dieu. Leurs expiations font pencher la balance de la miséricorde et finissent souvent par changer ces cœurs endurcis. Gloire à Dieu dont

(1) D. Cotron. Anno 1481.   (2) *Gallia Christiana*. Tome x, page 238.

les desseins de justice et de clémence sont impénétrables! *Justus es, Domine, et rectum judicium tuum.*

Maître paisible de l'abbaye, Eustache Le Quieux chercha à s'en assurer la libre possession, en sollicitant et en obtenant la confirmation des privilèges et immunités de son monastère (1). Le pape Sixte IV, comme on le voit dans les archives, donna une bulle à ce sujet et excommunia tous ceux qui retiendraient les biens de l'Eglise. C'était sans doute dans un moment où Louis XI sentait le besoin de se rapprocher du pape. Du reste, on sait comment le pouvoir séculier traitait alors ces lettres pontificales ; elles pouvaient être opposées aux évêques des diocèses, mais point aux parlements ni aux justices séculières. Les privilèges du pape n'avaient plus cours en présence de la juridiction séculière.

La Providence, quoiqu'elle ait permis ces épreuves au début de sa carrière, paraît avoir suscité Eustache Le Quieux pour rendre une nouvelle existence au monastère de Saint-Riquier. C'est un de ces rares constructeurs dont les œuvres se perpétuent à travers les siècles et font bénir la mémoire des bienfaiteurs d'un établissement public. Pierre Le Prêtre avait beaucoup travaillé avec Jacques de Haudrechies ; mais il n'en reste plus de vestiges dans l'église ni dans le monastère. Nous doutons qu'Eustache ait fait plus. Seulement le temps a respecté ses travaux. Le monument qu'il a rajeuni étale encore aux regards des amateurs les splendeurs de son élégante architecture. Après trois siècles, à l'intérieur, à l'extérieur, sauf les dégradations du temps et du vandalisme révolutionnaire, le travail de cet infatigable réparateur paraît aussi vivant que si l'ouvrier venait de donner le dernier coup de ciseau.

L'Abbé Eustache, pendant les premières années de son gouvernement, ne songeait qu'à mettre la dernière main aux restaurations si somptueuses de Pierre Le Prêtre. Les plans étaient tracés, presque exécutés, et n'était l'interruption forcée pendant le sequestre ou la domination du cardinal de Vienne, on espérait la fin prochaine de ces dépenses supérieures aux revenus. Il en arriva tout autrement. « Le 5 août 1487, dit la chronique, toute la ville, le monastère et l'église furent une nouvelle fois la proie des flammes (2). » On n'assigne pas la cause de cet immense catastrophe, on ne sait si c'est une nouvelle invasion de soudards et de pillards, comme on en voit tant dans cette période, ou si c'est seulement un accident fortuit (3) : toutefois si l'histoire se tait sur cet événement, quelques notes éparses çà et là indiquent que ce fut une véritable destruction de la ville, qu'on comparait à celle de 1475. On l'appela même la seconde destruction. Nombre d'habitants furent réduits à errer çà et là, sans asile, ainsi qu'on l'apprend, d'une manière toute incidente, par une difficulté soulevée à l'occasion du mayeur élu le jour des brandons de 1487 (A. st. lisez 1488.)

(1) D. Cotron. *Anno* 1481.
(2) D. Cotron. *Anno* 1487.
(3) On ne voit pas dans les chroniques du temps que Saint-Riquier ait été envahi à cette époque. Ce silence est une présomption de preuve pour un accident d'incendie.

« Jean Briet, dit Gavain, bourgeois et échevin, après la seconde destruction qui fut le 5 août 1487, lui réfugié en la maison de Jean de Hesdin son neveu, qu'on appelle Thiboutost, qui est en notre seule juridiction et seigneurie, iceux de la ville le élurent leur mayeur, lequelle mairie fut par lui appréhendée de notre congiet, en compassion de la ditte destruction, pour cet an seulement, et sans que nous peust tourner à préjudice ni déroguier à nos autres compositions et seigneuries, et lesquelles, nonobstant la ditte licence, demoura comme non advenues, considéré que le dit Briet n'était ni propriétaire ni louagier d'ycelle maison, mais seulement réfugié, tant que la sienne fut réédiffiée (1). »

Pour réparer les calamités de ce grand désastre, rétablir le commerce et ramener les populations vers Saint-Riquier, on obtint du roi Charles VIII la permission d'établir un franc-marché ou foire franche de tout droit. Les habitants imitèrent en cela les villes et bourgs voisins, affligés comme eux par le passage des ravageurs de province. Le privilège fut donné à Rouen, au mois de décembre, l'an de grâce 1487. Cette foire se tenait le 16 mai, jour de la fête de saint Honoré (2).

Le jeune Abbé ne se laissa point abattre par ce revers imprévu : il se raidit au contraire avec un courage indomptable contre l'infortune. Il s'environna d'ouvriers habiles et bientôt les ruines disparurent. De nouvelles construction surgirent comme par enchantement. Eustache dirigeait lui-même les travaux et montrait une grande entente dans l'art de bâtir. Les édifices qu'il éleva joignaient l'élégance à la solidité. Il dépensa des sommes immenses autour de son église. L'incendie l'avait dévastée et ne laissait debout que des murailles calcinées jusqu'à une certaine hauteur. Toiture, clochers, nefs, tout était à refaire ou à reprendre en sous-œuvre. Il imprima par ces nouveaux travaux un tel cachet au monument qu'on écrit partout qu'il a rebâti entièrement l'église de Saint-Riquier.

« Nous sommes arrivés, dit Gilbert, à l'une des époques les plus remarquables de
» cette célèbre abbaye, celle à laquelle ses abbés devaient léguer à la postérité l'un
» des plus admirables monumens de la province. La Picardie avait vu successivement
» s'élever avec un noble orgueil, sur son sol, les magnifiques basiliques d'Amiens, de
» Beauvais, de Saint-Quentin, de Laon, de Soissons, de Noyon et de Senlis, lorsque
» les abbés de Saint-Riquier voulurent offrir encore aux regards de leurs contempo-
» rains l'un des derniers chefs-d'œuvre de ce genre d'architecture, improprement appe-
» lé gothique, qui expirait de toutes parts, pour faire place aux nobles conceptions de
» la renaissance, récemment importée d'Italie en France.
» L'église de Saint-Riquier et les bâtimens du monastère ayant été la proie des

(1) Lettres du maire et des échevins sous leur scel aux causes, l'an 1487, le 24 février. *Cart. St.-Riq. Fol.* 29.

(2) Louandre. *Histoire d'Abbeville.* (Tome II, page 387. — M. Prarond. *Histoire de Saint-Riquier, page* 141.

» flammes en 1487, Eustache Le Quieux, cinquante-quatrième Abbé, n'épargna ni
» soins ni dépenses pour faire rebâtir l'église dans des dimensions beaucoup plus
» grandes que celles de la précédente, par les plus habiles maîtres de cette époque,
» dont nous regrettons de ne pouvoir citer les noms (1). »

Nous en demandons pardon au fécond auteur des monographies de nos monuments vénérés ; mais l'église de Saint-Riquier, nous l'avons démontré au XIII° siècle, dans son plan et ses parties essentielles, est contemporaine de nos grandes cathédrales. Eustache Le Quieux n'est connu dans l'histoire que sous le nom de GRAND RÉPARATEUR DE CETTE ÉGLISE. Il la vit en ruines, mais encore debout. La postérité le remercie de l'avoir sauvée d'une complète destruction, d'avoir guéri toutes ses cicatrices et même d'avoir ajouté de notables embellissements. Faisons lui donc sa part dans l'histoire du monument avec autant d'exactitude qu'il nous sera possible.

Eustache Le Quieux, aidé par un maçon ou entrepreneur intelligent qu'on nommait Jean Leveillé (2), releva en partie les murailles de la croisée du chœur et du sanctuaire et le clocher. « Sous le tailloir de l'un des chapiteaux des colonnes qui se groupent en
» faisceau au-dessus du pilier du fond, côté de l'Evangile, on lit, dit Gilbert, en carac-
» tères gothiques la date suivante :

« An dni 1500. »

Ces mots que l'archéologue ajoute : « c'est la date de la construction du chœur » sont de trop (3). Pour tout visiteur tant soit peu instruit dans la science de l'archéologie, le chœur de Saint-Riquier révélera le style du XIII° siècle, avec des restaurations à l'effigie du XVI°. C'est ainsi qu'il faut interpréter la date précitée.

Les bas côtés de la nef sont l'œuvre de l'Abbé Eustache. La partie supérieure de la nef avec les fenêtres ogivales reposent sur des assises plus anciennes.

La chapelle de la sainte Vierge, ce petit chef-d'œuvre d'architecture, devant laquelle les artistes et les curieux stationnent avec tant de complaisance, est ajoutée à l'édifice principal, peut-être sur l'emplacement d'une autre chapelle, formant le pourtour du chœur, à la distance des autres. On dirait un *ex voto* de sa reconnaissance à Marie.

Eustache Le Quieux éleva aussi la grande tour sous laquelle s'ouvrent les portes de l'église, mais il n'eut pas le temps de la terminer.

Les travaux de décoration qu'il entreprit dans l'église suffiraient seuls pour illustrer la mémoire d'un grand Abbé. Signalons d'abord les jubés portés sur d'élégants *trifo-*

---

(1) Gilbert.— *Description de l'église de St.-Riquier*, page 45.

(2) Un Jean Leveillé fait hommage à l'Abbé de St-Riquier du fief de Vilmaret à Buigny-l'Abbé (1534.) C'est sans doute le fils de l'entrepreneur qui porte le même nom. — L'hommage est renouvelé en 1563 par un autre Jean Leveillé.

(3) Gilbert. *Ibid. page* 118.

« L'A du premier mot, dit encore Gilbert, a la forme d'une moitié de fleur de lys, mais cette inscription qui se trouve dans un endroit fort élevé, ne peut être lue qu'à l'aide d'une lunette. (*Ibid.*)

rium et formant étage dans la croisée ; puis la trésorerie, avec son beau Christ sculpté dans la fenêtre, avec ses ornements en reliefs, ses clefs de voûte écussonnées aux armes de ses bienfaiteurs, ses peintures murales toujours vivantes et animées, après quatre siècles d'existence, « son escalier ajourée », dit Taylor dans son travail monumental sur la Picardie. C'est à D. Cotron qu'il appartient de louer et de décrire ces travaux ; il en a vu les splendides restes. Il avait en mains des documentsspéciaux et son récit fait autorité.

« La chapelle de la sainte Vierge, nous dit-il, fut ornée de belles statues de vierges de grandeur naturelle, sculptées en pierre et placées sur les murailles de la chapelle. Les images des vitraux coloriés brillaient au soleil des plus vives splendeurs. La voûte étalait ses pendentifs finement sculptés et ses peintures d'un effet saisissant.

« La chapelle voisine dédiée à saint Pierre fut aussi embellie par des travaux d'une grande perfection : entre autres statues, l'Abbé Eustache Le Quieux fit placer celle de son patron, saint Eustache, dont on voyait les deux fils ravis par un lion et un loup (1). Dans les vitraux il avait fait représenter toutes les actions de ce célèbre martyr.

« Il n'est personne qui n'admire le travail et les statues du jubé et de la trésorerie : les guirlandes de fleurs et de fruits qui courent sur les murailles : les voûtes des bas-côtés ou nefs latérales où la pierre est taillée en forme de dentelle, où elle se couvre d'armoiries, d'écussons et de divers symboles : les grandes voûtes de la nef et du transsept avec leurs caissons dorés qu'on ne peut contempler, sans penser qu'on y a prodigué à grands frais toutes les richesses de l'art.

« Si nous sortons de l'église, nous voyons s'élever un chapitre monumental, puis un cloître élégant dont les voûtes, comme celles du chapitre, sont peintes et sculptées. A l'entrée de ce cloître on s'incline devant une grande statue de saint Riquier : on voit l'Abbé à genoux à ses pieds, et à sa suite du côté gauche ses vingt-deux religieux comme lui agenouillés et priant devant leur saint patron. Au-dessus du cloître on aperçoit le dortoir d'un côté et d'un autre la trésorerie (2). »

L'Évangiliaire, donné à saint Angilbert par Charlemagne, fut revêtu de nouvelles plaques d'argent : il est probable que celles de Beaudoin de Gaissart avaient excité la convoitise des pillards, qui se sont succédé à Saint-Riquier.

L'attention du généreux Abbé avait été tout d'abord attirée sur le saint livre nu et dépouillé. Il le fit recouvrir de nouveaux ornements et poser en relief sur une des plaques une petite statue de saint Jean, admirablement ciselée et d'un très grand prix. On avait placé au-dessous une relique de cet apôtre, enchâssée dans le cristal. Les femmes enceintes qui venaient la toucher et la baiser recevaient un secours surnaturel et éprouvaient du soulagement (3).

---

(1) La légende du Bréviaire Romain ne parle que de lions — *Eustachius una cum uxore et liberis leonibus objicitur* (*XX septembre*).

(2) D. Cotron. *Anno* 1510.
(3) D. Cotron. *Anno* 1510.

On voyait encore du temps de D. Cotron une statue d'argent, qui représentait saint Winoc en costume monastique ; elle avait un pied de hauteur avec un piédestal aussi d'argent. Comme on y remarquait les armes et le chiffre d'Eustache Le Quieux, on en concluait que c'était sous son administration et par ses ordres que ce reliquaire du saint avait été si richement travaillé.

L'Abbé Le Quieux avait fait commencer en 1507, entre les grandes colonnes du transsept de son église, dans un espace de 35 pieds environ, vingt-trois stalles de chaque côté, dont sept à l'entrée du chœur. Ces stalles étaient en tout semblables à celles de Saint-Lucien de Beauvais. Trois huchiers ou menuisiers d'Amiens, Adam de Bellonce, Bernard Le Barbier et Alexandre Huet en furent les entrepreneurs, moyennant neuf cents livres. Ils devaient employer du chêne d'Islande et rendre leur menuiserie à Pont-Remy, d'où les religieux se chargeaient de la faire transporter à Saint-Riquier. Ils avaient quatre ans pour achever leur travail, mais l'Abbé n'en vit pas la fin ; il mourut quelques jours avant que ce travail fût terminé (1).

Ces grandes entreprises de construction, de réparation et de décoration occupèrent toute la vie d'Eustache Le Quieux : comme nous le verrons plus loin, la mort vint le saisir encore plein de jours, avant qu'il eût réalisé tous ses projets : il périt, en quelque sorte sur le champ de bataille, de la manière la plus imprévue.

Nous ne serions pas fidèle narrateur, si nous passions sous silence son zèle pour les intérêts de son monastère. Ses droits lui furent aussi sacrés que ceux de son église : il suffit de jeter un coup-d'œil sur les annales de ce temps pour se faire une idée de son activité, de la fermeté de son administration temporelle. Nous allons attirer ici l'attention du lecteur sur quelques faits et premièrement sur le Cartulaire.

I. « Eustache Le Quieux, dit la chronique, fit compulser tous les titres anciens, fit préparer un répertoire très étendu ou un cartulaire en parchemin contenant une notice assez développée de toutes les fermes du monastère. Ce cartulaire a été écrit par Jean de la Chapelle, maître ès-arts, notaire apostolique et curé d'Oneux. » Est-ce lui qui a rédigé aussi l'analyse du cartulaire ? On serait porté à le croire par l'énoncé de la chronique ; cependant la note suivante en attribue tout l'honneur et aussi toute la responsabilité à l'Abbé lui-même. « Eustache Le Quieux, quarante-sixième Abbé de cette église, fit en
» personne et aida à faire cet extrait du cartulaire et répertoire, translata (traduisit) et
» mit en ordre tout le contenu en ce présent livre, pour ôter la confusion et pour faci-
» lement trouver de quoi on avait indigence (2). »

C'est le seul cartulaire qui reste de Saint-Riquier. Ce n'est même pas un cartulaire proprement dit, mais un répertoire et une analyse abrégée des titres. C'est lui que la chronique de D. Cotron et le rédacteur d'un autre répertoire des archives, écrit après 1780, suivent pas à pas en omettant cependant des faits importants. « Il en existait deux copies, dit D. Cotron, l'une en parchemin, l'autre en papier. » La première a disparu on

---

(2) D. Cotron. *Anno* 1507. (3) D. Cotron. *Anno* 1490 — *Cart. de St.-Riq. Fol.* 79.

ne sait à quelle époque ni de quelle manière, peut-être dans l'incendie des archives du district d'Abbeville. L'autre doit se trouver aux archives municipales d'Abbeville avec des additions : ou si ce n'est pas l'exemplaire dont parle D. Cotron, on peut assurer que la copie est très ancienne. Les archives d'Amiens en possèdent une copie du dernier siècle, d'une belle écriture. Le cartulaire d'Eustache Le Quieux est très précieux pour cette histoire : cependant il y a bien des fautes. Une chronique abrégée du monastère fut également rédigée par Jean de la Chapelle, sans doute sous l'inspiration de l'Abbé Le Quieux ; elle porte, dans l'introduction, la date de 1492 : nous nous sommes expliqué sur le mérite de cette élucubration informe ou plutôt de cet assemblage de matériaux ébauchés pour une chronique (1).

II. Le serment de frère Louis de Wicques, maître de l'Hôtel-Dieu, fut prêté en 1490 devant tous les religieux avec une très grande solennité, en face le grand autel de l'église. On nous le représente la main sur la poitrine, jurant, sur sa parole de prêtre et de religieux, et après avoir touché les saints Evangiles, qu'il gardera fidèlement les droits et privilèges du monastère.

La chronique donne les noms des principaux dignitaires du monastère présents à cette cérémonie avec l'Abbé Eustache. Ce sont D. Jean Warin, prieur claustral et prieur de Bredenay, D. Thomas Postel, trésorier, D. Eustache Troynet, chantre, D. Simon de Péronne, prévôt, D. Michel de Vy, aumônier, D. Guy Lefevre, prévôt d'Equemauville.

La chronique aime à rémémorer ces antiques usages. C'est le moyen d'empêcher la prescription et de conserver sous les yeux des droits qu'on ne consentirait point à aliéner (2).

III. Un autre fait nous rappelle un privilège du XII° siècle qui semblait perdu ou contre lequel on allait prescrire, si Eustache Le Quieux ne l'eût fait revivre. Nous avons dit

---

(1) *Introduction*, page xxxvii.

Jean de la Chapelle, maître ès-arts, notaire apostolique, n'est point étranger à l'histoire de Saint-Riquier dont il est originaire. Ses parents ont joui de quelque considération à cette époque : on y voit plusieurs prêtres, un religieux, de nobles alliances, des investitures de fiefs, tous les caractères d'une famille appartenant à la noblesse du pays, fixée peut-être en ce lieu par le service militaire comme tant d'autres. Lui-même est appelé noble homme. Il était curé d'Oneux. Jean de la Chapelle mourut en 1503.

1429. Jean de la Chapelle, moine à Saint-Riquier, visite Jeanne d'Arc à la Ferté.

Henri Carpentin, écuyer, seigneur de Barlette, sénéchal de Domart, épouse en 1431 Jacqueline de la Chapelle à Saint-Riquier (*Généalogie de Carpentin*)

Sire Pierre de le Capelle prêtre à Saint-Riquier (1495). — Sire Nicole de la Chapelle (1495). — Sire Raoul de la Cappelle (1495). — N. de la Capelle, curé de Mareuil, homme-lige de la Ferté (1507). — Relief d'un fief à la Ferté au profit de Jeanne de la Cappelle, mariée à N. de Quevauvillers en 1527, (*Archives de St.-Riquier*) — Ajoutons ici le fait suivant.

M° Jean de la Chapelle habitait le ténement du Grand Voire, au coin de la rue du Mont-Pèlerin.

(2) D. Cotron. *Anno* 1490.— Ajoutons ici le fait suivant :

« A la requeste de Pierre de Cezac, prieur de Saint-Pierre d'Abbeville, dit le P. Ignace (*Histoire des mayeurs d'Abbeville*, page 594), les reliques de saint Fabien, martyr, furent tirées de leur ancienne châsse et remises en une nouvelle, couverte de lames d'argent, par D. Eustache Le Quieux, Abbé de Saint-Riquier, et furent portées solennellement en procession.

CHAPITRE I. — L'ABBÉ EUSTACHE LE QUIEUX.

en 1194 que Robert de Boves avait exempté les religieux de Saint-Riquier de tout droit de travers sur ses terres. « En 1495, quatre siècles après, Charles d'Ailly, écuyer, vidame d'Amiens, seigneur et baron de Picquigny, Rayneval et Labroye, conseiller et chambellan du roi voulant, dit la chronique, témoigner sa tendre dévotion envers saint Riquier et sa grande affection pour son monastère et participer à tous les biens spirituels de la communauté, rédigea une charte dans laquelle il déchargea, sur le vu d'une lettre testimoniale, ledit monastère de tout droit de péage à Picquigny et laissa circuler librement les voitures chargées de denrées et provisions. C'est pourquoi quelques années après, en 1529, Antoine Le Sellier, bailli du vidame d'Amiens et de Picquigny fait restituer deux écus d'or que les officiers du vidame avaient exigé des serviteurs de l'abbaye pour droits de péage (1). »

IV. Sous Eustache Le Quieux l'abbaye de Notre-Dame de Livry-en-Laulnoy, de l'ordre de Prémontré, au doyenné de Chelles, diocèse de Paris, devient tributaire de notre monastère dans les conditions suivantes.

Un prêtre abbevillois, Martin Grevin, voulant s'éloigner de Paris pour renoncer au monde, entendit parler de la grande régularité des moines de Livry. Il se présenta donc à ce monastère et y fut admis à faire ses vœux. Martin Grevin possédait à Ivrench le fief Belleval qu'il avait hérité de Jean Grevin, marchand à Domart. Avant de faire profession solennelle de pauvreté, en 1501, il légua par testament à sa communauté un calice d'argent, des livres, les biens meubles et immeubles qu'il possédait à Abbeville et lieux circonvoisins, libéralités qui furent destinées à rebâtir l'église et les lieux réguliers. Le monastère de Livry était alors gouverné par Jean de Maubourne ou de Bruxelles, réformateur de plusieurs abbayes de son ordre en France et notamment de celle de Livry. Florent Le Picard lui avait succédé en 1503 ; c'est lui qui donna à l'Abbé de Saint-Riquier, comme homme vivant, Antoine Clarieux, bourgeois d'Abbeville. Le nom de Livry reparait encore ailleurs dans les annales de Saint-Riquier (2).

V. Appelé par le bailli d'Amiens à produire la coutume de l'abbaye (3) pour en faire

---

(1) *Ibid. Anno* 1495.

(2) D. Cotron. *Anno* 1503.— *Gall. Ch.* Tome VII, pag. 837.

Jean de Bruxelles fut un très docte et très pieux Abbé. Il laissa plusieurs ouvrages, entre autres *Rosetum spiritualium Exercitiorum, Auctore Joanne Mauburno Bruxellensi. Duaci*, 1620. cet Abbé fut l'ami de saint François de Paul et d'Erasme qui lui témoigna la plus vive affection, tout en reconnaissant qu'il était moins vertueux et moins porté à la perfection. Jean de Bruxelles mourut en 1502.

On vit longtemps la statue de Martin Grevin à Livry ; il était représenté à genoux devant saint Martin, son patron, revêtu du surplis et de l'aumusse. On lisait sur cette statue.

Hic tibi, dive parens, Picardus templa paravit,
Contulit et famulis arva domosque tuis.
(*Gall. Christ.* Tom. VII. pag. 842. 843.

Voici son épitaphe :

Hic dormit frater Martinus Grevin, quondam prior hujus Abbatiæ, qui nobis contulit ante suum religionis ingressum, calicem argenteum, libros.... plura de bonis suis mobilibus necnon et immobilibus.

Après sa mort (1543), Jean Grevin son frère voulut faire casser ce testament : il suscita un procès que Florent Le Picard encore Abbé gagna, et ainsi les biens restèrent acquis à l'abbaye de Livry.

(3) Cette coutume sera analysée au chapitre des domaines temporels.

un titre légal après approbation royale, Eustache Le Quieux révisa avec ses feudataires et ses tenanciers les divers articles de cette coutume. Après avoir écouté les observations et produit les titres de l'abbaye, on prépara par des concessions mutuelles et équitables un véritable recueil de législation pour la seigneurie de Saint-Riquier. Ces coutumes sont signées par plusieurs des seigneurs feudataires de l'abbaye, comme les De Belloy, les De Bouberch, les Lebel, les Du Maisniel, les Lesage, les De Saint-Souplis, les De Gaissart, les Le Fevre.

Au commencement d'avril 1511, Eustache Le Quieux poussant activement les travaux de son église était assis auprès des échafaudages dressés contre les murailles. Un ouvrier ayant envie, comme il le disait, de faire peur au Père Abbé, eut la mauvaise idée de jeter une pierre qui alla tomber non, ainsi qu'il le pensait, aux pieds d'Eustache Le Quieux, mais sur sa tête. Comme il n'y eut qu'une petite contusion au crâne, on pensa d'abord que ce n'était qu'une légère blessure ; mais le cerveau avait été endommagé et la mort s'ensuivit peu de temps après. « C'est du moins la tradition du pays, » dit D. Cotron. Un tableau, placé à la colonne près de laquelle l'accident arriva, en » fait foi jusqu'à ce jour. »

Eustache Le Quieux fut enterré au milieu de la nef. Son tombeau s'élevait à quatre pieds environ au-dessus du sol : il était orné de statues et de bas-reliefs. l'Abbé y était représenté en effigie. Ce monument lui fut élevé par Thibaut de Bayencourt, son successeur, qui avait même préparé son tombeau auprès de celui d'Eustache ; mais, hélas ! ses espérances ne se réalisèrent pas, comme on le verra en son lieu.

Dans l'incendie de l'église, en 1554, la voûte de la nef s'effondra et brisa le monument de l'Abbé Eustache. De l'épitaphe même il ne restait plus que ces mots au temps de D. Cotron.

> Ci-gist le corps de religieuse et vénérable
> Personne.... qui de ceste église
> fut grand réparateur (1).

Aujourd'hui, *Etiam periere ruinæ.*

(1) D. Cotron. *Anno* 1511.

CHAPITRE II.

THIBAULT DE BAYENCOURT, QUARANTE-NEUVIÈME & DERNIER ABBÉ RÉGULIER.

(1511 à 1536.)

Compromis avant son élection. — Ses bulles de provision. — Sépulture du seigneur de la Gruthuse dans l'église de Saint-Riquier. — Travaux de l'Abbé Thibaut à l'église et au monastère. — Incendie de 1518. Marché de Saint-Riquier. — Nombreux rachats de fiefs. — Grand relâchement sous cet Abbé : excès de Thomas d'Argies. — Thibaut de Bayencourt résigne son abbaye à Claude Dodieu. — D. Philippe de Valois et la Trésorerie.

Au moment où Eustache Le Quieux touchait à sa dernière heure, le seigneur de la Gruthuse, gouverneur de Picardie, qui affectionnait beaucoup le monastère de Saint-Riquier, — et il le prouva en y choisissant sa sépulture, — adressa une lettre aux religieux pour les engager à élire promptement un Abbé de grande famille et originaire de la France; il leur faisait entendre que c'était la seule chance d'éviter un Abbé commendataire, c'est que le chancre rongeur de la commende jetait alors ses racines sur tout le corps monastique et le menaçait d'une entière absorption.

C'est pourquoi, immédiatement après la mort de l'Abbé, on se réunit en chapitre. Avant de procéder à l'élection, tous les membres présents prirent d'un commun accord l'engagement suivant : « Celui qui sera élu Abbé devra s'obliger par serment à faire trois parts des produits des revenus de l'abbaye : la première pour les réparations et les charges du monastère: la seconde pour l'entretien et le vestiaire des moines : la troisième pour la mense abbatiale (1). »

Nous avons ici un blâme pour le passé, l'expression des craintes pour l'avenir. L'omnipotence et le faste de certains Abbés non-seulement anéantissait la puissance des couvents, mais retranchait même à la communauté régulière le nécessaire ou l'entretien décent. On voulait se prémunir contre de semblables abus : puis on sentait qu'il faudrait tôt ou tard courber la tête sous le joug que la commende imposait. On cherchait ainsi à lui opposer de sages règlements, des principes d'administration autorisée par de louables coutumes.

Après ce compromis, on écrivit les votes. Le choix tomba sur Thibaut de Bayencourt, religieux qui jouissait d'une grande considération et par l'éclat de sa naissance et pour ses qualités personnelles. Il serait sans contredit l'un des plus illustres Abbés de Saint-Riquier, s'il n'eût paru mettre les choses temporelles au-dessus des spirituelles, et si les éminents services d'une longue administration n'eussent été obscurcis ou plutôt ternis par une fin honteuse.

La famille de Bayencourt tirait son origine du village de ce nom, aux environs de

(1) D. Cotron. *Anno* 1511.

Doullens; elle est connue dans l'histoire dès 1200. Plusieurs de ses membres furent gouverneurs et châtelains de Doullens (1).

On voit dans les chroniques que Thibault avait fait le pèlerinage de Saint-Jacques-en-Compostelle en 1484, pour accomplir un vœu et gagner les indulgences attachées à ce pèlerinage.

Thibault, après son élection, ratifia la promesse de la division des biens en trois parts : aussi les moines lui firent hommage avec joie et empressement. Mais ce ne fut qu'une promesse stérile.

Le 25 avril 1511, en vertu d'une procuration faite au nom de Thibault et en celui de l'abbaye, son neveu Jean de Rony, chevalier, seigneur de la Boissière et de Marquivilliers, dans la prévôté de Montdidier, emprunta aux sieurs Ancelin et de Faulion, domiciliés à Paris, la somme de 7,800 livres tournois, soit pour payer les droits de l'abbaye vacante, soit pour la provision de ses bulles (2).

Ces bulles sont données par le pape Jules II, le 3 des ides de juin 1511, et datées de Lorette. On les voyait encore dans les archives, au temps de D. Cotron qui les cite textuellement. Le Souverain Pontife recommandait aux religieux de lui rendre obéissance et respect, de le recevoir comme le Père et le Pasteur de leurs âmes, d'écouter humblement ses conseils et ses avis salutaires et de les suivre courageusement : il les avertit que, s'ils encourent quelque peine et quelque censure ecclésiastique de la part de leur Abbé, il la ratifiera et la fera observer jusqu'à satisfaction convenable (3).

Quoique ces termes ne paraissent que des formules de chancellerie pontificale, applicables à toute promotion, nous avons cru cependant nécessaire de les rappeler, à la veille des graves scandales que nous aurons à raconter : si l'on avait exécuté de point en point les instructions du Souverain Pontife, on aurait peut-être retardé une grande catastrophe.

Dans une autre bulle du même jour, le pape recommande le nouvel Abbé à la bienveillance du roi Louis XII et le prie instamment de garder tous les droits, privilèges et prérogatives de l'abbaye, pour la gloire du Dieu vivant et éternel, auquel nous devons tous consacrer notre vie et nos œuvres (4). Jules II rappellait au roi de France des vérités dont sa cour n'avait guère le souci. Les bénéfices ecclésiastiques et surtout les abbayes devenaient ou l'apanage des fils de famille, auxquels ne suffisait pas l'héritage

---

(1) Cette famille eut ses représentants à Abbeville. Citons ici Jacques de Bayencourt, auditeur à Abbeville : Simon de Bayencourt, gouverneur de Doullens (1500) et seigneur de Bouchavesne, marié à Michelle de Ricourt, (le père de Thibault ?) : Antoine de Bayencourt, gouverneur de Doullens (1536) : Pierre de Bayencourt, neveu de Thibault, gouverneur de Doullens (1547) : sa sœur, Michelle de Bayencourt, épouse de Gabriel de Montmorency :

Isabeau, une autre sœur, épouse de Christophe de Lameth ; Jean de Rony (1531), neveu de Thibault. Citons encore en 1554 Jean de Bayencourt, Abbé de Reuilly.

Les armes de Bayencourt portent : *D'argent à 5 tours de gueules posées en sautoir.*

(2) D. Cotron. *Anno* 1511.
(3) D. Cotron. *Anno* 1511.
(4) *Ibid.*

paternel ou la récompense des services rendus à l'Etat. C'était un trafic abominable que l'Eglise elle-même fut impuissante à réprimer. Plutôt que de se briser contre cet écueil, elle toléra des abus qu'elle déplorait et attendit du temps le remède à ces maux.

Dans une troisième bulle, l'Abbé Thibault reçut la faculté de se faire bénir par tout évêque en communion avec l'Eglise romaine ; c'était un privilège spécial aux Abbés exempts de la juridiction épiscopale (1).

Le seigneur de la Gruthuse ne survécut guère à cette élection qu'il avait si chaleureusement appuyée et qu'il aurait pu entraver, s'il eût écouté les sollicitations de quelques courtisans. Il est probable qu'il portait déjà le germe de la longue maladie à laquelle il succomba et qu'il voulut en cette circonstance témoigner un intérêt spécial à un monastère dans lequel devait bientôt reposer sa mortelle dépouille.

Jean de Bruges, fils de Louis de Bruges, chambellan du duc de Bourgogne, son lieutenant en Hollande, joignait à son nom les titres de seigneur de la Gruthuse, de prince de Stennhuse, de seigneur de Famechon en Picardie, de Namps, de Frohen, de Brucamps, de Bray-sur-Somme (2), d'Auxi, de Flers, de Bazentin, de Mézières, de Fontaine-sur-Somme, etc. Il avait épousé en premières noces Marie d'Auxi, fille de Jean d'Auxi, le bienfaiteur et le bon père de Pierre Le Prêtre, et hérité conjointement avec sa femme des possessions d'Isabeau d'Auxi, mariée à Philippe de Crévecœur. Après la mort de Marie d'Auxi, il s'était conjoint à Marie de Melun. La naissance et la gratitude attachaient naturellement le seigneur de la Gruthuse au parti de Philippe de Bourgogne et de Charles-le-Téméraire : il parut avec éclat dans les guerres de l'époque et fut même prisonnier de Louis XI ; il passa néanmoins à son service avec Philippe de Crévecœur, après la reddition des villes engagées sur le littoral de la Somme ; ce qui lui valut de grandes dignités : car il devint successivement gouverneur du Louvre, grand maître des arbalétriers de France, chambellan du roi et lieutenant général en Picardie ; il acheva d'édifier à Abbeville un grand hôtel commencé par Philippe de Crévecœur et dont il a été dit :

Est domus ampla nimis centumque oculata fenestris.

Cet hôtel, qu'il acheta après la mort du grand maréchal et auquel on donna le nom d'hôtel de la Gruthuse, fut célèbre dans les annales de l'époque, surtout par le mariage de Louis XII avec Marie d'Angleterre en 1514 (3).

---

(1) D. Cotron. *Anno* 1511.

(2) Notons en passant que le frère de Jean de la Gruthuse, et Louise de Nesle, sa femme, avaient fait en 1487 un accord avec les mayeur et échevins de Bray sur les coutumes, franchises et privilèges de la ville.

(3) L'hôtel de la Gruthuse occupait et le terrain sur lequel on a bâti dans ces derniers temps le palais de justice et la place du champ de foire. Il était devenu l'hôtel du présidial d'Abbeville, puis du district d'Abbeville en 1790 ; il fut incendié dans la nuit du 4 au 5 janvier 1795. Ce qu'on y avait rassemblé de livres, de meubles, de tableaux et même d'habillements militaires fut abîmé dans les flammes.

D. Cotron rapporte que Jean de Bruges, s'étant rendu suspect envers l'Etat, fut condamné à mort pour crime de trahison ou de lèse-majesté, qu'on lui laissa le choix de son supplice et qu'il se fit ouvrir les veines (1). Cette assertion du prieur de Saint-Maur ne repose sur aucune preuve et est contraire à toutes les données historiques. Le seigneur de la Gruthuse mourut en son hôtel d'Abbeville, exténué par les souffrances d'une longue maladie. Ses funérailles furent très pompeusement célébrées dans l'église de Saint-Riquier, le 16 août 1512. Tous les seigneurs du pays y furent convoqués. L'évêque d'Amiens lui-même, Jean de Hallwin, les présida : ce qui donna occasion aux moines de renouveler les protestations de 1457.

Jean de Roussent, bachelier en décrets et notaire public apostolique, se présenta devant Révérend Père en Dieu François de Halewin, évêque d'Amiens, qui étoit venu comme invité « de grands prélats pour faire le service, obsèque et sépulture de deffunt Monsieur Jean de Bruges, en son vivant sieur de la Gruthuse et par le congiet de Messieurs les Abbés et couvent de chéans, » lequel a dit et protesté en présence de Révérend Père en Dieu, Monsieur l'Abbé de Saint-Josse-sur-mer, et honorables et discrètes personnes Maître Francois Parent et Marc de Calonne, licencié-ès-lois, avocat et bailli de cette église, « qu'il n'entendoit ne voloit entendre que che fust en aucune manière au préjudice d'icelle église ne en troublant icelle en liberté et franchise par quelque manière que ce fust (2). »

Le collier d'or de l'ordre saint Michel qu'il portait pendant sa vie fut suspendu au cou de la statue de saint Riquier, touchant hommage de piété et de dévotion du grand seigneur pour l'humble Abbé du monastère, qui du reste fut peut-être encore plus illustre que lui dans ce monde, qu'il lui avait appris à mépriser. Le tombeau de Jean de Bruges a été mutilé en 1698 par les grands travaux de l'Abbé d'Aligre. Les écussons aux armes de ce seigneur ont été grattés en 1793. Mais on peut encore lire à peu près son épitaphe (3).

Jean de Bruges laissa un fils, nommé Louis de Bruges et une fille, Marie de Bruges, qui épousa Jacques de Luxembourg.

« Thibault de Bayencourt, dit la chronique, marcha sur les traces de ses prédéces-

---

(1) D. Cotron. *Anno* 1511.
(2) *Cart. de St.-Riq.* Fol. 18.
(3) Voici cette épitaphe transcrite par Gilbert .

Messire Johan de Bruges,
Prince de Steenhuuse. Seigneu
de la Grutuse. r. et Chevalier.
de l'Ordre. Gouverneur.
et. lieutenãt. général. du roy.
ez. pays. de Picardie. et.
Capitaine. de cet. homes.
darmes. — trespassa. à Abbeville
en l'an mil V^{et} et XII et fust
grand et redouté. Seigneur.

Gilbert ajoute qu'on célébrait autrefois tous les ans à Saint-Riquier un service pour le repos de son âme. (*Description de l'Eglise de Saint-Riquier*, page 116.)

D. Grenier donne à Jean de Bruges le titre de seigneur de la Ferté. C'est une erreur manifeste. (D. Grenier. *Tome* XXVII, *fol.* 125.)

Armes de Jean de Bruges : *Ecartelé au premier et quatrième d'or, à la croix de sable ; au second et troisième de gueules, au sautoir d'argent.*

seurs et fit comme eux son œuvre capitale de la restauration de son église et de son monastère si cruellement éprouvé par des désastres de toute nature. » Les grands travaux d'Eustache Le Quieux restaient interrompus par sa mort. Le nouvel Abbé les reprit immédiatement. Les murs du portail de l'église et de la pyramide étaient achevés aussi bien que la maçonnerie de la nef et des voûtes ; mais ces parties de l'édifice restaient encore à couvrir. Thibault de Bayencourt fit venir des forêts voisines de Bray et de Chevincourt des poutres et les autres bois nécessaires. »

Les voûtes, si habilement exécutées par Eustache Le Quieux, furent donc abritées par une solide toiture. Tout l'édifice fut couvert de lames de plomb. Les belles et majestueuses fenêtres reçurent des vitraux richement coloriés et historiés des faits les plus touchants de l'Ancien et du Nouveau Testament. Un beau carrelage de marbre blanc et noir étendit et diversifia ses réseaux et ses labyrinthes sur la surface intérieure de l'église. D'élégantes statues en pierre ornèrent la façade de la tribune ou jubé. Les stalles commandées par Eustache se dressèrent au milieu du chœur, avec leurs sculptures et leurs bas-reliefs où l'on voyait une prodigieuse moisson de fleurs, de feuillages et fruits, des figures d'hommes et d'animaux d'une parfaite ressemblance (1). C'est l'époque des stalles de la cathédrale, c'est peut-être le travail des mêmes artistes et la même perfection. Pourquoi avons-nous à regretter de ne plus les voir dans cette antique église à leur place primitive ! N'accusons cependant que le malheur des temps. Après un siècle de ruines tout était délabrée par l'intempérie des saisons ; c'est pourquoi l'Abbé d'Aligre s'est vu obligé de les remplacer par d'autres plus modernes et portant l'effigie du xviie siècle.

L'Abbé Thibault de Bayencourt enrichit son église d'édifices, de revenus et de mobilier ; il y prodigua tous les embellissements, toutes les œuvres d'art qu'on est habitué à voir dans une splendide basilique ; il n'épargna ni travaux ni dépenses pour que celle de Saint-Riquier rivalisât avec toutes les églises des provinces voisines ou même qu'elle l'emportât sur les mieux ornées.

Signalons les acquisitions suivantes parmi toutes celles que put faire notre magnifique Abbé : 1° Quatre grosses cloches d'une harmonie parfaite, qu'il fit placer dans la grande tour élevée sur le portail (2) : 2° un orgue très puissant : 3° une belle collection de riches tapisseries aux armes de Bayencourt, pour couvrir tout le chœur de l'église. Énumérons encore avec la chronique les diverses châsses préparées pour les reliques des saints. 1° C'est une grande châsse en vermeil d'une architecture curieuse, en forme d'église avec des chancels ou barreaux recouverts d'émaux, des colonnes également espacées et entre chacune d'elles des images de saints, sur lesquelles resplen-

---

(1) D. Cotron. *Anno* 1511 à 1524.
Une gravure représentait ici dans la chronique de D. Cotron l'église de cette époque. Malheureusement on ne l'a point reproduite dans la copie de la Bibliothèque de Saint-Germain-des-Prés.

(2) Remarque importante, parce qu'il y avait un clocher sur le transsept.

dissaient des pierres précieuses. Thibault de Bayencourt y fit placer le corps de saint Riquier, en 1519, date qu'on lisait sur ce monument.

2° Une autre châsse en vermeil, ornée de pierres précieuses artistement enchâssées, représentait un buste soutenu par deux anges. Elle était destinée à recevoir le chef de saint Riquier. C'est à ce buste qu'on suspendit le collier de saint Michel qu'avait porté le sire de la Gruthuse. Elle portait la date de 1524.

3° Une châsse en argent reçut le corps de saint Vigor. Sur des bas-reliefs très bien ciselés on lisait les principaux traits de la vie du saint (1524).

4° Un autre buste en argent fut préparé pour le chef du même saint.

5° D'autres châsses moins grandes, mais non moins bien travaillées, remplacèrent des reliquaires détériorés ou moins riches.

Thibault de Bayencourt ne se lassait point de produire des chefs-d'œuvre. Il fit présent à son abbaye : 1° De deux bâtons de chantre en argent, avec des édicules au sommet en forme de tours, dans lesquelles on voyait les statues de saint Riquier et de saint Thibault ; 2° d'un baldaquin très précieux en drap d'or pour placer au-dessus de l'autel ; 3° d'une immense quantité de vases d'argent polis et ciselés, d'ornements de soie brochés en or du travail le plus fin, d'objets et ustensiles nécessaires au culte divin. « Tout cela tenait vraiment du prodige, dit la chronique ; on ne pouvait s'expliquer comment après tant de guerres, tant de dissensions domestiques, tant d'embarras de toute espèce qui avaient réduit le monastère à une extrême pénurie il trouva assez d'argent pour suffire à de telles dépenses. » Il faut ajouter à tous ces dons deux chappes violettes en velours, avec une chasuble et deux tuniques sur lesquelles on avait brodé des fleurs de lys : trois chappes, une chasuble et deux dalmatiques brochées en or et en soie : treize chappes blanches et huit rouges également en brocatelle et aux armes de Bayencourt (1).

L'âme se dilate et le cœur tressaille au récit de tant de magnificences : mais, hélas ! ces richesses disparaîtront bientôt, et c'est un Abbé commendataire qui dépouillera le premier ce riche sanctuaire, en attendant que les guerres consomment la spoliation.

Tous les travaux de Thibault de Bayencourt portent le cachet de la Renaissance. On a dit que cette architecture était une décadence de l'art : nous n'avons pas à discuter cette grave et délicate question : il nous suffira ici de louer et d'admirer la piété et la libéralité des grands Abbés et des grands Evêques, qui ont consacré leurs richesses et fait servir le talent des artistes à la décoration de la maison de Dieu. A ce titre, Thibault de Bayencourt mérite, comme ses prédécesseurs, une reconnaissance éternelle des amis de l'art.

Mais pendant que cet infatigable Abbé se livrait avec ardeur à ces restaurations si intelligentes, une nouvelle catastrophe faillit encore anéantir en quelques heures des labeurs de plusieurs années et replonger le monastère dans un abîme de maux. Le 29

---

(1) D. Cotron. *Anno* 1521 à 1524.

mai 1518, un incendie éclata tout à coup dans l'intérieur de la ville. De la forge d'un maréchal où il s'était allumé, la flamme gagna de proche en proche, souleva sur une immense surface de noirs tourbillons, menaçant toute la ville, le couvent et l'église elle-même, sans qu'il parût possible de sauver ces monuments. Dans cette nécessité extrême les moines coururent à l'église, le refuge le plus assuré des malheureux ; ils prirent entre les mains la pixide du Très Saint Sacrement et firent une procession à l'église Notre-Dame hors des murs : ils implorèrent le Sauveur avec tant de ferveur qu'avant leur retour la flamme, répandue par toute la ville et s'élançant déjà au-dessus des murs du monastère, s'était subitement arrêtée. Quelques instants après, l'incendie était éteint ; on y vit une protection toute spéciale du Sauveur (1). « C'est pourquoi longtemps encore après cet événement, dit D. Cotron, le dimanche qui suivit l'anniversaire de l'incendie, on faisait une procession solennelle à l'église Notre-Dame (2). »

Entre autres désastres, on déplora la destruction de l'échevinage et du beffroi. La cloche communale, destinée à appeler le peuple aux assemblées, fut fondue par la chaleur. Cette mention est l'expression d'un regret spécial : peut-être un souvenir de plusieurs siècles s'attachait à cette *bancloque* (3).

Malgré toute la compassion qu'on leur témoigna, les habitants de la ville n'eurent pas assez de ressources pour rétablir leur beffroy : il fallut avoir recours à l'emprunt. L'Abbé consentit à leur prêter 256 livres sur obligation et un engagement de payer un intérêt annuel de 16 livres et de rembourser ce capital au bout de dix ans. Il paraît que la ville n'exécuta pas fidèlement la condition ; car l'Abbé et le couvent réclamaient cinq ans après un intérêt de 80 livres. Le mayeur, bien loin de se montrer reconnaissant du bienfait, se prit à chicaner en prétextant que l'Abbé avait promis de ne point exiger les intérêts. Cette affaire traîna en longueur : un procès dont les détails sont assez curieux nous fera connaître de quelle manière le mayeur traitait le monastère.

En 1533, le mayeur fit citer l'Abbé et le couvent devant l'official d'Amiens : il leur réclamait une corde pour les cloches, de la valeur de 14 livres, six mille briques de la valeur de 16 livres, fournies pour les loges d'un colombier et les degrès d'un escalier. Les religieux déclinant cette juridiction, en vertu de leurs priviléges, l'official se déclara incompétent et condamna les mayeur et les échevins aux dépens, le 14 février 1539. Dans l'intervalle un autre procès sur divers points toujours litigieux fut concilié par Imbert de Saveuse, bailli d'Amiens (4).

A l'occasion de l'incendie nous avons une nouvelle ordonnance de François Ier pour

(1) D Cotron. *Anno* 1518.
(2) D'après le chapitre LXXIII de la chronique de Jean de la Chapelle, cette procession aurait eu lieu le dimanche dans l'octave du Saint Sacrement. L'Abbé porta lui-même le Saint Sacrement et célébra la messe dans l'église Notre-Dame.
(3) On lit dans Formentin que les flammes étaient portées par un vent impétueux jusqu'auprès d'Abbeville et que le mayeur envoya à Saint-Riquier un détachement de mariniers, qui éteignirent le feu avant qu'il eut atteint l'abbaye. Etait-il possible que ce secours pût arriver à temps pour préserver le monastère ?

(4) D. Cotron. *Anno* 1534.

le marché de Saint-Riquier ; c'est une preuve authentique de la vérité de nos chroniques. L'humble supplication de ses chers et bienaimés manants et habitants de la ville de Saint-Riquier en Picardie, apprend au roi de France que « naguère par for-
« tune de feu de meschef, advenu en l'abbaye dudit lieu (1), tout le bourg dudit Saint-
« Riquier, maisons et' édifices d'icelle ont esté bruslés, consommés et ont lesdits pau-
« vres suppliants perdu leurs biens et meubles, tellement que la pluspart sont à
« mendier leur vie, qui est une piteuse désolacion et ne se pourroit jamais ladite réédi-
« fier, ni mettre sus, sinon qu'ils eussent quelques grâces, priviléges et commodité
« pour y rappeler tous ceux qui y estoient desmourants lors dudit inconvénient du
« feu, qui se sont jà la plupart retirez ailleurs, que aussy d'autres que soy pourront
« venir habiter, et à cette cause nous ont lesdits suppliants humblement fait requérir
« que en ayant à ce regard, notre plaisir soit leur octroyer ung franc marché tous les
« mois de l'an, à tel jour le plus propice qui sera advisé et sur ce leur y impartir notre
« grâce et octroyer nos lettres. Pour ce est-il que nous, désirant en faveur de pitié et
« charité, aider et subvenir aux pauvres suppliants, à eux remettre heurt et repeupler
« ladite ville de Saint-Riquier, laquelle il est bien requis que soit bien édifiée et peu-
« plée, parce qu'elle est assise en pays de frontières et qui importe pour la sûreté de
« notre royaume : pour ces causes et autres bonnes considérations à ce nous mouvant,
« avons octroyé et octroyons de notre grâce espéciale, pleine puissance et autorité
« royale, par ces présentes, ledit marché franc par chacun mois de l'an, le troisième
« mercredi dudit mois, qui sont douze marchés chacun an (2). »

Ce marché est accordé à perpétuité : est-il différent de celui de 1487 ? Nous ne le pensons pas : c'est sans doute une nouvelle promulgation pour attirer les marchands. Nous avons, dans des pièces annexées, tout le cérémonial de l'entérinement des lettres et de leur promulgation (3).

Données par le roi et par le seigneur de Bonyvet, amiral de France, ces lettres sont adressées à Maître Raoul Hurault, chevalier, amé et féal conseiller du roi, général de ses finances et administrateur d'icelles tant ordinaires qu'extraordinaires en pays de Picardie, qui en consent l'entérinement et l'accomplissement, et à tant qu'il a pouvoir et consent à les faire remettre aux habitants de Saint-Riquier (9 juillet 1518).

Maître Jean Rohault, licencié-ès-lois, seigneur de Fransu, conseiller du roi, lieute-

---

(1) Est-ce une négligence de rédaction ou un faux exposé des habitants de Saint-Riquier pour se rendre plus intéressants ? Ce qui est certain, c'est que le monastère ne fut pas brûlé.

(2) *Archives de la ville.*

(3) *Archives de la ville.* — Ces formalités si minutieuses empêchaient le public d'être leurré par des promesses trompeuses. La franchise du marché consiste en exemption des droits prélevés au profit du seigneur et des villes, comme l'étalage, la palette ou minage, le travers, etc.; elle ne nuit en rien aux marchés ordinaires, à l'indict des foires ou autres fêtes patronales. Beaucoup de villes, à la suite des guerres, ont obtenu de semblables priviléges, notamment Abbeville pour douze francs-marchés qui subsistent encore aujourd'hui. Notons encore les bourgs de Dompierre, Senarpont, Pont-Remy, Hiermont, etc.

nant du bailli, sur le vu des lettres présentées de la part des pauvres manants et habitants de la ville de Saint-Riquier, sur le consentement du procureur du roi audit bailliage, enregistre ces lettres, ordonne qu'elles seront publiées à son de trompe et cri public, en tous les lieux qu'il appartiendra, par le premier sergent royal sur ce requis.

« Le même jour (15 août 1519), Jean-Henri, sergent royal accompagné de Florent de Morlencourt, trompette, à la requête des manants et habitants de Saint-Riquier impétrants, s'est transporté en cette ville d'Amiens en la maison de Guillaume de Flandres, faisant l'un des coins du carrefour de l'église Saint-Martin au Bourg et en la maison où pend pour enseigne les Rouges Chapeaux, située au-devant du Grand Marchez, lieu accoutumé à faire cri et publication en ladite ville d'Amiens ; en chacun desquels lieux, après avoir fait sonner par trois fois la trompette, en présence de grand nombre de peuple assemblé, il fit la lecture des lettres de don et octroy, des lettres de Monsieur le bailli, etc. » On fit aussi la même publication partout où les habitants de Saint-Riquier présentaient leurs lettres.

En 1358, après la prise d'Hesdin par les Français, pour ne pas compromettre le marché par une trop grande concurrence, on le fixa au second mardi comme nous le voyons encore aujourd'hui (1).

La catastrophe de l'incendie, que nous avons racontée avec toutes ses suites, n'arrêta pas l'élan imprimé aux travaux. Thibault de Bayencourt continua, ainsi que nous le lisons dans la chronique de D. Cotron, d'enrichir son église de revenus, d'y bâtir les édifices nécessaires, de procurer tous les ameublements que demandaient et le culte et les diverses parties ou offices du monastère, de prodiguer les embellissements qu'on est habitué à voir dans une splendide église et à l'aide desquels la piété chrétienne s'élève et apprend à admirer les infinies perfections et la souveraine majesté de l'Éternel.

Mais comment la mense monastique, que nous avons représentée quelquefois comme obérée et presque insuffisante aux besoins des religieux, a-t-elle pu se créer des ressources si considérables ? Non seulement Thibault de Bayencourt semble prodiguer ses richesses dans la restauration et l'ornementation de l'église, mais encore il rachète des fiefs et des terres aux tenanciers, aux seigneurs pressés par la nécessité, comme on le voit par la chronique de D. Cotron qui énumère avec complaisance toutes ces acquisitions. Sont retraits en effet à cette époque : les fiefs de Gaissart, de Sarton, des Aloyaux : une *Coulture* à Maison-Roland tenue par les chapelains de l'Université de la cathédrale, qui est payée 980 l. à sire Jean de Bournonville : 326 journaux de terre environ en divers lieux, dont on a payé la valeur aux censitaires. La chronique donne une explication de l'origine de toutes ces ressources : pour elle c'est le résultat d'une administration très active, jointe sans doute aux bienfaits de la paix et de la sécurité générale (2).

(1) *Archives de la ville.*   (2) D. Cotron. *Anno* 1511 à 1536.

Mais Thibault de Bayencourt s'égara dans ces ambitieuses conceptions. Après quelques années, il n'est plus un Abbé bénédictin : c'est un grand seigneur du monde, occupé à convertir un monastère en palais, et au moment où il croyait son abbaye à l'apogée de sa gloire il fut le témoin et l'auteur de sa ruine totale. C'est la chronique latine de D. Cotron qui nous a conservé l'histoire de cette lamentable fin. Nous l'avons traduite à peu près textuellement.

« Il est bien vrai, dit-elle, que Thibault de Bayencourt soutint avec une grande énergie les droits de son abbaye, qu'il fit payer exactement les redevances, qu'il augmenta considérablement ses domaines, qu'il orna l'église et le monastère de peintures, de sculptures, de nombreux objets d'art, des brillants emblèmes de la noblesse du siècle. Toutefois il poussa l'amour de ces choses jusqu'à la passion, jusqu'à l'oubli des devoirs de son état. Il méconnut sa règle et les préceptes de notre Saint Père Benoît, notre modèle dans la sollicitude des choses de la terre si vaines, si incertaines, si passagères. Mais du salut des âmes, mais de la discipline régulière, ces devoirs si impérieux pour un Abbé, il n'en était plus question (1). Aussi les âmes devenaient tièdes : c'est peu dire : elles étaient glacées. La régularité n'était point seulement en décadence, mais elle n'existait plus. Là où il fallait de la vigueur, il n'y avait plus que de la mollesse. Thibault vivait au milieu des tailleurs de pierres, des maçons, des charpentiers, des serruriers, des peintres, des sculpteurs et de tous les corps d'état. Il semblait n'éprouver de bien-être que dans leur société. Plus de rapports avec les moines, qu'il ne voyait plus qu'en passant. Comment les aurait-il exhortés par ses discours et par sa propre conduite à la pratique des vertus, lui qui négligeait la plus grande partie des devoirs de la vie monastique ? Il ne pouvait que les scandaliser par ses exemples ou les aigrir par ses ordres impérieux : car il était naturellement fier, et son contact avec de hauts personnages, aussi bien que la prospérité de son couvent, l'avaient encore rendu plus dédaigneux. Il affectait dans son langage et ses manières un faste et un orgueil dignes de pitié. Joignez-y les infirmités de la vieillesse, qui rendent le caractère difficile et morose, et vous pourrez peut-être vous figurer combien il était devenu odieux et méprisable.

« Tout en reconnaissant que le monastère avait prospéré sous sa direction, il faut avouer, pour être juste, que les moines s'étaient habitués à une vie de relâchement. Il aurait fallu une main vigoureuse pour les maintenir, et c'est justement ce qui manquait à Thibault de Bayencourt. Depuis le commencement de ces guerres désastreuses qui avaient démoralisé tout le pays, non seulement les observances régulières avaient été abandonnées, mais les religieux avaient été obligés plus d'une fois de s'éloigner de leur cloître, pour aller habiter à Abbeville ou ailleurs, selon l'occurence. Un séjour prolongé parmi les séculiers leur avait inoculé l'esprit du monde. En vivant au milieu des

---

(1) Dum plus æquo movet animum prædiis ordinandis, parvi pendit aut dissimulat salutem animarum sibi commissarum.... *Gall. Christ.* Tom. x, pag. 1261.

séculiers, ils s'étaient tellement remplis de leur esprit qu'ils rougissaient de porter l'habit religieux et qu'ils s'étaient revêtus du costume des gens du siècle : ils ne conservaient que le nom de moine. Après être rentrés au monastère, ils y avaient continué le genre de vie qu'ils avaient mené dans le monde. »

« Ces faits malheureux ne sont que trop prouvés par les comptes, par le tableau des dépenses, par la signature des intéressés eux-mêmes. Sur ces pages accusatrices, rien pour le culte religieux, rien pour les choses de Dieu, rien pour l'édification du prochain, rien pour la science et les études appropriées au genre de vie dont un religieux doit faire profession : tout pour le luxe et l'intempérance : tout trahit des habitudes contraires à la régularité qu'on voulait professer, en prononçant des vœux en face de l'Eglise. Voulez-vous vous faire idée du costume de l'Abbé ? Le capuchon de la coule était doublé de soie à l'intérieur, garni de fourrures au dehors ; le scapulaire, d'une ampleur démesurée, était doublé d'hermine du Pont. Je renonce à dire ce qu'il a coûté. Ajouterai-je que les visites et les réceptions ne cessaient pas. Puis quel équipage de chevaux ! A la fête des Rois, quelle profusion de vins en l'honneur du roi de la fève ! Aux bacchanales du Mardi-gras, quels festins ! J'omets bien d'autres scandales ; mais tout est écrit dans les comptes. La mauvaise réputation des moines de Saint-Riquier s'était ébruitée ; elle fut connue à Paris. A la requête de Claude Dodieu, évêque de Rennes, dont il sera question plus loin, les prieurs de Saint-Médard de Soissons, de Saint-Germain de Paris et de Saint-Martin furent désignés par le Parlement, pour venir établir la réforme au monastère de Saint-Riquier. Leur rapport signale bien d'autres désordres plus graves que ceux que nous venons d'indiquer. Après avoir appelé et interrogé tous les intéressés, ils n'hésitèrent pas à dire que ce monastère n'était plus un asile consacré au culte du Seigneur, mais une vraie taverne (1). Un seul exemple, du reste, fera connaître clairement l'état du monastère, à quel degré d'impuissance en était venue l'autorité de l'Abbé, si vénérée dans les maisons vraiment religieuses. C'est celui de Thomas d'Argies, le trésorier du monastère, d'un âge assez avancé pour qu'on ne puisse l'accuser d'avoir péché par légèreté de jeunesse. Ce moine, s'imaginant que son Abbé lui parlait d'une manière trop impérieuse, lui donna un soufflet. Après cet acte d'indicible effronterie, on ne put jamais l'amener à recevoir une correction ni à faire des excuses à son Abbé. Ceux des moines eux-mêmes, qu'il avait soulevés contre Thibault de Bayencourt, cherchèrent à le faire passer pour un vieux radoteur, tant ils étaient révoltés de cet excès ; mais leurs représentations ne produisirent aucun effet. L'Abbé en porta plainte au Souverain Pontife et l'examen de cette faute fut renvoyé à Nicolas Dey, archidiacre d'Amiens, docteur en droit canon et en droit civil. Après avoir entendu les parties, le juge délégué frappa le coupable de la censure que les sacrés canons avaient infligée pour de semblables excès. Elle parut trop douce à l'Abbé : il en appela au Souverain Pontife par son procureur. Ce fut pour son malheur : car dès ce

---

(1) *Popinam vel ganeam.*

jour il perdit le peu de considération qu'il avait recouvré à la suite de l'affront de Thomas d'Argies. Dès ce jour les moines furent encore plus exaspérés contre leur Abbé : ils conspirèrent contre sa puissance temporelle, en demandant au Parlement la séparation et le partage des biens, comme on l'avait décrété en chapitre au moment de l'élection ; ce qui fut accordé en 1537. C'était un acheminement tout naturel à la commende. A la requête de l'Abbé et des moines qui s'accordèrent sur ce point, le Parlement, par un autre arrêt, prescrivit la réforme du monastère : il décida que pour arriver à ce résultat on demanderait un bref apostolique au Souverain Pontife, dont l'exécution serait soumise à l'évêque d'Amiens, sans qu'il fût permis de porter atteinte aux priviléges de l'exemption. Le lieutenant du bailli devait être appelé à prêter aide et concours. Mais ces projets n'aboutirent point, par suite des divisions dont nous venons de parler et qu'on voyait s'accroître de jour en jour. »

« Qu'il est facile, quand on est aveuglé par la passion, de passer aux extrêmes ! Thibault de Bayencourt le prouva bien : il ne savait maîtriser ni sa douleur ni son ressentiment. Appelé par sa profession à marcher sur les traces de notre divin Maître et à pratiquer les conseils évangéliques, il ne se souvenait point de cette parole du Sauveur : « si on vous frappe sur la joue droite, présentez la joue gauche. » La charité lui interdisait de rendre le mal pour le mal. La prudence lui prescrivait d'attendre le temps favorable pour la correction, afin de ramener le coupable à de meilleurs sentiments et de ne point l'exposer à se perdre à jamais ; mais son orgueil humilié lui tenait un bandeau sur les yeux : il ne nourrissait plus que des désirs de vengeance. Ce fut là son idée fixe : il en parlait à quiconque se présentait au monastère ; il en faisait le sujet perpétuel de ses conversations. Ainsi la plaie s'envenimait de plus en plus : car Thomas d'Argies et ses partisans appartenaient tous à de nobles familles des environs de Saint-Riquier et comptaient sur le patronage et le secours de leurs amis. Quoiqu'ils entendissent l'Abbé répéter constamment qu'il les ferait jeter en prison et qu'il leur infligerait un châtiment exemplaire, ils méprisaient ses menaces et se riaient de ses efforts impuissants : ce qui redoublait sa fureur. Les pensées de vengeance qui se seraient assoupies avec le temps, s'il avait gardé le silence, s'enflammèrent de plus en plus au milieu de cette agitation fébrile. Le dénouement arriva d'une manière toute inattendue et très fâcheuse pour le monastère de Saint-Riquier. »

« Claude Dodieu, évêque de Rennes (1), confesseur de François Ier, habile diplomate, qui savait s'insinuer dans les bonnes grâces des autres et prendre le moment favorable pour avancer sa fortune, vint à passer par Saint-Riquier à l'époque de ces démêlés ; il ne manqua pas de saluer l'Abbé et fut bientôt obsédé de ses plaintes. Il lui fallut subir aussi la vieille histoire du soufflet, de son appel, de toutes ses peines intérieures. Dodieu pénétra son homme et vit de suite quel parti il pourrait tirer de ce ressentiment.

---

(1) Claude Dodieu ne fut évêque qu'en 1540. L'auteur du mémoire de D. Cotron commet ici une erreur de chronologie.

Loin de chercher à adoucir Thibault de Bayencourt il entra dans toutes ses combinaisons : il s'appesantit sur la gravité de la faute : il accorda qu'on ne pouvait laisser impuni un attentat scandaleux, inouï dans un monastère, qu'il fallait à tout prix obtenir justice de ce grand criminel, que c'était un devoir rigoureux pour un Abbé. Dodieu lui insinua ensuite que, pour mieux réussir dans la répression de ce fait et en finir plus promptement, il ferait bien de porter lui-même sa plainte au roi : que ses premiers juges ne lui ayant pas rendu justice, il devait de préférence s'adresser au conseil privé de Sa Majesté et que là il obtiendrait certainement un triomphe complet. Le prélat poussa même la complaisance jusqu'à lui proposer de monter dans son propre carrosse, lui promettant de l'introduire auprès du roi et de plaider efficacement sa cause. Ce langage, ces flatteries, ces avances si chaleureuses ranimèrent les espérances du vindicatif Abbé, et il se résolut à partir pour Paris avec Claude Dodieu. »

« Quand les femmes de Saint-Riquier apprirent le voyage du Père Abbé, elles accoururent à l'abbatiale et se rangèrent autour de sa voiture, en pleurant à chaudes larmes : triste présage que ces adieux de femmes éplorées ! Thibault lui-même en fut ému. Quelques mauvais pressentiments assiégèrent-ils alors son esprit ? On ne le sut pas ; mais il mêla ses larmes à celles de ces femmes ; on dit même qu'elles furent très abondantes. »

« Arrivé à Paris l'Abbé de Saint-Riquier reçut son audience de François I*er* et lui remit sa requête. Le roi lui promit de la faire examiner attentivement et de rendre une sentence équitable. »

« Les premières démarches de Thibault lui inspirèrent une grande confiance : il n'épargna ni son temps ni les dépenses pour la conclusion de cette affaire : il espérait la voir terminer en quelques jours ; mais le temps marchait et les obstacles succédaient aux obstacles. On prétend que Claude Dodieu savait les faire naître à point nommé et c'était là son but final. Son intérêt exigeait que sa victime se consumât d'ennui. En effet le pauvre Abbé éprouva après quelque temps un grand découragement. Il ne manquait pas d'entretenir son confident de ses regrets et de ses craintes, lorsqu'il entrevoyait qu'il lui faudrait peut-être rentrer au monastère avec la confusion de n'avoir rien fait. Le rusé négociateur ne manquait pas de le consoler, en feignant de prendre part à ses tristesses, en relevant ses espérances, en lui représentant les lenteurs inévitables des affaires importantes, surtout à la cour du roi et au parlement, en lui demandant encore quelques jours de patience. Quand il crut le moment favorable, Claude Dodieu redoubla ses caresses et ses avances. Après de nouvelles marques d'intérêt, des paroles plus captieuses, l'assurance d'une solution favorable, il le pria d'examiner sérieusement avec ses amis quel serait pour lui le parti le plus sage ou de retourner dans son monastère, pour vivre avec des moines insolents, révoltés, capables de le souffleter, de se porter même aux dernières extrémités, ou de se retirer honorablement dans un lieu tranquille où il lui serait agréable de terminer ses jours en paix. Puis il lui promit, — et c'était le point capital pour le fin diplomate, c'était le dénouement de tout ce long drame, — il lui promit de lui assurer une vengeance exemplaire des mauvais procédés de ces moines, à une condition, c'est qu'il résignerait son abbaye entre les mains du roi en sa faveur. Il ajouta qu'en vertu du concordat nouvellement conclu entre le roi et le pape, sa nomination serait certaine, et qu'une fois Abbé commendataire de Saint-Riquier il lui ferait une bonne pension qui lui serait payée où il voudrait, ou s'il aimait mieux, une réserve en nature sur des domaines qu'il désignerait lui-même, qu'il administrerait ou ferait administrer à sa volonté.

« Les difficultés de ces négociations n'avaient en rien diminué la soif de vengeance dans l'âme aigrie de Thibault de Bayencourt ; au contraire la passion était à son paroxysme. C'est pourquoi il se livra pieds et mains liés à son bourreau. Il fit ses conditions et il abdiqua en faveur de Claude Dodieu, évêque de Rennes. La résignation fut proposée au roi, puis au pape, et ratifiée immédiatement.

« C'est par ces iniques et occultes machinations que la commende s'est introduite au monastère de Saint-Riquier, pour en exprimer toute la substance jusqu'à sa destruction, ou tout au moins jusqu'au concordat librement accepté par l'Abbé d'Aligre, de pieuse mémoire (1).

Thibault de Bayencourt se retira à Chevincourt qu'il avait mis dans son lot : il y vécut encore trois ans dans l'obscurité et l'oubli d'une vie oisive. Il y mourut à l'âge de 80 ans, le 2 juillet 1539. »

Nous avons vu plus haut qu'Eustache de Bayencourt s'était préparé à grand frais, au milieu de la nef de son église, un magnifique tombeau auprès de celui d'Eustache Le Quieux. Ce tombeau, élevé de quatre pieds au-dessus de la terre, était décoré de sculptures, de bas-reliefs élégamment ciselés : il y avait même déjà fait placer sa statue de grandeur naturelle. Mais depuis sa démission, il changea de détermination. Il lui répugnait de laisser déposer son corps après sa mort dans un monastère d'où il s'était enfui pendant sa vie : c'est pourquoi il choisit sa sépulture au village de Bayencourt, dans le tombeau de ses ancêtres.

Celui qu'il avait élevé à Saint-Riquier fut brisé quelques années après, dans l'incendie des Espagnols, par la chute des voûtes. Thibault eut cependant une inscription sur ce monument auprès de D. Eustache Le Quieux. On ne pouvait plus lire que ces mots au temps de l'Abbé d'Aligre.

> . . . . *Corps de Monsieur Thibault de Bayencourt,*
> (Né à Bayen) *court, illec Abbé immédiatement après*
> *Trépas dudit* (Eustache)... *réparateur de ladite*
> *Esglise et trépassa le (*II*) juillet Mil V XXXIX* (2).

(1) D Cotron. *Anno* 1536.
Un Mémoire de la Bibliothèque nationale transcrit par D. Grenier et cité en partie par M. Prarond

(*Histoire de St-Riquier, page* 252), contient les mêmes faits, mais racontés d'une manière plus succincte.
(2) D. Cotron. *Ibid.*

Ces deux tombeaux, comme bien d'autres, ont disparu lors des restaurations de l'Abbé d'Aligre vers 1680.

Le prieur réformé de Saint-Maur ne flatte pas ses devanciers dans son récit et ne cherche pas à dissimuler la vérité. On y sent la verve et l'indignation d'un vrai religieux. Après de pareils scandales, ne serait-on pas en droit d'applaudir à la réflexion d'un des Pères du gallicanisme, le savant et judicieux Fleury, comme on l'appelle, toujours disposé à justifier les commendes, parce qu'il en possédait deux pour sa part? « On peut dire en faveur des commendes que les Abbés réguliers, hors quelque peu « qui vivent dans une observance très étroite, n'usent guère mieux des revenus du mo- « nastère que plusieurs commendataires. » Si la commende avait rétabli la discipline régulière, les amis des ordres religieux l'auraient certainement accueillie avec reconnaissance ; mais il n'en est point ainsi, comme nous le verrons plus loin. Ce fut au contraire la ruine des institutions religieuses, une véritable confiscation du patrimoine de l'Eglise, des pauvres et des monastères, en faveur des cadets de famille, des courtisans les plus cupides, des nobles obérés, des serviteurs des grands. Il était commode de les récompenser ou de les entretenir avec ces dépouilles opimes des âges de foi. On leur conservait, il est vrai, une apparence de destination religieuse, mais en réalité cette invention anticanonique de notre aristocratie, cet abus particulier à l'église de France, « transforma de riches et antiques monastères en faveurs royales. Par un partage léonin on sépara le terrestre du spirituel : on laissa le jeûne et la prière à la multitude des religieux et on dota de leur meilleur patrimoine un Abbé de cour qui n'avait souvent d'ecclésiastique que le collet (1). » On verra bien d'autres abus des commendes, lorsqu'elles seront accaparées par des hommes mariés et même par des hérétiques (2).

En rapportant la démission de Thibault de Bayencourt, d'après la narration de notre chronique ou le dire de Claude Dodieu, nous avons laissé insinuer une erreur. La commende n'est point le fait du concordat de 1517 entre le pape et François I*. Il est au contraire expressément stipulé au concordat que les abbayes et prieurés conventuels seraient donnés à des religieux de l'ordre, âgés au moins de 23 ans, sans détriment pour les abbayes qui ont conservé le droit d'élection : d'où il suit, d'après le concordat, que le roi ne pouvait conférer que des abbayes qui avaient perdu par la coutume leur

---

(1) Lemontey. (*Histoire de France*, page 558).

(2) Sous le dernier des Valois, les églises particulières, comme il est dit dans les remontrances faites au roi par le clergé, étaient sans pasteurs, les monastères sans religieux, les prêtres et les moines sans discipline. Les abbayes, les collégiales, les évêchés étaient entre les mains d'officiers militaires qui disaient *mon évêché, mon abbaye, mes prêtres, mes moines*, comme ils auraient pu dire : *mes chevaux et mes valets;* renversement si éloigné de ce que nous voyons dans l'état présent de l'Eglise, si éloigné même de nos idées qu'il passerait pour une hyperbole de déclamateur, si nous n'ajoutions pas ici des faits exacts et précis. Mais il est notoire par tous les monuments qu'en près de huit cents abbayes auxquelles le roi nommait alors, il n'y avait pas cent Abbés tant commendataires que réguliers ; encore la plupart d'entre eux ne faisaient que prêter leur nom à des seigneurs laïques qui jouissaient en effet des revenus. Bérault-Bercastel. *Histoire de l'Eglise. — Discours sur le quatrième âge de l'Eglise.*

droit d'élection et seulement à des religieux, et qu'il ne lui était pas permis de placer les autres sous la main royale (1).

Les procédés de Claude Dodieu étaient donc une violation flagrante du concordat. Du reste, les réserves de l'Eglise en faveur des Abbés réguliers ne furent guère respectées dans cette époque d'envahissement. En vain le concile de Trente protesta contre les commendes d'abbayes : on refusa de le recevoir comme loi d'Etat, sous prétexte qu'on y condamnait les commendes et plusieurs autres coutumes autorisées par la discipline établie dans le royaume (2).

On lit dans un répertoire de l'abbaye la remarque suivante : « L'abbaye de Saint-Riquier, enrichie de plusieurs droits attribués communément aux anciennes abbayes de fondations royales, maintint sa juridiction spirituelle immédiatement au Saint-Siège jusqu'en 1536 : elle est encore immédiate au roi pour sa juridiction temporelle. »

L'auteur de cette remarque nous donne, sans le savoir, la clef de la ruine de son abbaye. Par la commende, en effet, les derniers liens furent rompus avec la puissance suprême du siège apostolique. Ce n'est pas à dire toutefois que l'action du Souverain Pontife se fit bien sentir dans l'administration du monastère depuis que les ministres du roi avaient accaparé l'autorité judiciaire sur le temporel et favorisé l'indépendance spirituelle ; mais elle était encore nominale et on le prouvait par le subside de l'once d'or versé entre les mains des collecteurs apostoliques ; tribut qu'on opposait à l'évêque diocésain, quand il jugeait à propos d'intervenir dans les affaires du monastère. Ce dernier vestige de soumission immédiate disparut avec la commende et l'indépendance du monastère fut anéantie.

Pris dans les pièges que la convoitise et l'ambition tendent à la faiblesse humaine, les moines n'avaient plus d'armes pour se défendre ; quand il leur arrivait d'être gouvernés par un Abbé dépourvu du zèle du salut des âmes et esclave des grands du monde, la communauté était impuissante à résister. Le relâchement amenait la démoralisation et les scandales que nous avons racontés. Qui pourrait croire que, surveillé par un légat pontifical, comme le suppose l'exemption, averti et au besoin destitué par le successeur

---

(1) Un auteur bénédictin d'un ouvrage fameux sur la commende, pour lequel même il fut exilé, a prouvé avec évidence que l'usage des commendes pour les bénéfices réguliers étant contraire au droit naturel, aux lois de l'Eglise, aux décrets des Souverains Pontifes, aux pragmatiques-sanctions et aux concordats, ces commendes étaient une source d'abus et d'injustices criantes.

Voir aussi les observations de M. de Montalembert sur la commende. *Moines d'Occident. Tome* I, chapitre VII *de l'Introduction.*

(2) Godescard. — *Vie des Saints. Tome* XI, 4 novembre — *Notes sur le concile de Trente dans la vie de saint Charles Borromée.*

« Le concordat semblait remettre les bénéfices chacun dans leur ordre. Le concile de Trente a modéré l'usage des commendes : enfin elle se sont paisiblement introduites et font un droit commun parmi nous. Les canonistes n'ont regardé le concile de Trente que comme un conseil et non comme une prohibition. » Le mot *confidit* employé par le concile est le fondement de cette interprétation (*Mémoires du Clergé. Tome* XIII, *page* 384).

Il est vraiment commode ce gallicanisme pour les Abbés de cour !

de Pierre, inflexible gardien des constitutions monastiques, l'Abbé infidèle aurait ainsi perdu son monastère ? Qu'on se rappelle la conduite d'Urbain II en 1096, dans une circonstance à peu près semblable, et qu'on ose après cela jeter la pierre aux moines ou aux autorités ecclésiastiques, s'exerçant dans leur sphère avec l'indépendance que la religion chrétienne leur assigne. Nous ne saurions le répéter trop souvent ; la question est mal posée, quand on fait retomber seulement sur les institutions monastiques de semblables désordres. Il faut plutôt se demander si les moines pouvaient dans la circonstance se relever de l'oppression, s'il leur restait assez de liberté pour user des moyens extrêmes, que leurs constitutions avaient mis entre leurs mains. Malheureusement à l'époque de la commende, la révolution était faite dans les idées et l'esprit de saint Benoît était étouffé dans beaucoup de monastères par suite des guerres. Quelle puissance humaine eut pu souffler sur ces corps inanimés et les rappeler à la vie spirituelle, pendant que l'ambition guettait sa proie et ravissait, sous le nom de commende, l'autorité et l'indépendance avec les revenus des domaines, pendant qu'elle tenait le sépulcre fermé et le faisait garder par d'impitoyables régisseurs !

Le pacte de Thibault de Bayencourt ne fut pour Saint-Riquier que l'occasion de la commende et non la cause véritable. Le fruit était mûr : Claude Dodieu fut assez adroit pour le cueillir. En effet, quand on voit la commende s'établir à Corbie en 1506, à Saint-Valery en 1518, à Saint-Josse en 1523, au Gard en 1532, à Saint-Fuscien en 1533, pour ne citer que quelques abbayes voisines (1), on peut bien affirmer qu'à la mort de Thibault le monastère de Saint-Riquier aurait subi le sort commun. La mense était trop bien servie, pour ne pas exciter l'appétit des parasites de François Ier.

Laissons ce triste sujet pour parler d'autres maux, bien propres encore à énerver l'énergie des moines, et à les jeter dans des perplexités incompatibles avec la ferveur d'une vie régulière. Le Ponthieu fut tranquille pendant quarante ans et ceci nous explique la prospérité temporelle de l'abbaye après les grands désastres du siècle précédent. Mais les guerres de François Ier ensanglantèrent de nouveau les villes et les campagnes et ramenèrent des jours d'angoisses et de désolation. Les ennemis firent des courses aux environs de Saint-Riquier, d'Abbeville et de Pont-Remy. En 1521 on plaça une forte garnison à Saint-Riquier. En 1522 et 1523 les troupes rodaient encore dans les campagnes circonvoisines, et quatre cents Flamands, en 1524 et 1525, étaient surpris et exterminées dans les bois de Saint-Riquier (2).

Deux sièges, ou si l'on aime mieux, deux tentatives de siège, arrêtées par la valeur de la garnison et des habitants et même par l'initiative des femmes de Saint-Riquier

---

(1) *Gall. Christ. Tome* x. Voir ces diverses abbayes.

(2) Formentin (*Histoire manuscrite du Ponthieu*). — L'Achille de ces combats sans cesse renaissants, fut Antoine de Créquy, surnommé Pont-Dormy, parce qu'il occupait le château de Pont-Remy et qu'il s'y rendit inexpugnable. Il fut lui-même victime des stratagèmes de guerre qu'il avait préparés contre ses ennemis.

ont laissé un souvenir glorieux sur les derniers jours du *Castrum* du moyen-âge et occupé quelques instants les historiens de cette époque. Moins connues, moins célèbres que Jeanne Hachette de Beauvais, que les Catherine Poix ou Marie Fouré de Péronne, deux héroïnes de Saint-Riquier ont aussi courageusement tenu tête à l'ennemi et l'ont empêché de pénétrer dans la ville par la brèche qu'il avait préparée. Quelqu'incontestable que soit, à cette époque, le dévouement de deux femmes intrépides, il faut reconnaître que le rapprochement des faits ont brouillé le souvenir des annalistes. Est-ce dans le siège de 1524 ou dans celui de 1536 que cet acte de courage a mis l'ennemi en fuite ? moins d'accord sur l'année que sur le fait lui-même, plusieurs chroniqueurs indiquent 1524. Mais il nous semble que les meilleurs historiens se rallient à l'année 1536, et c'est l'opinion que nous suivrons dans cette diversité de sentiments (1).

Après toutes les courses dont il a été parlé plus haut, les Anglais avaient été repoussés de Montreuil, du gué de Blanquetaque, d'Abbeville et même de Pont-Remy où les attendait le brave Créquy surnommé Pont-Dormy. Pour dissimuler leurs échecs successifs et faire hommage à leur roi d'une conquête de quelque importance, ils tentèrent de s'emparer de Saint-Riquier qui avait jusque-là joui d'une grande réputation comme place de guerre (1524). On fit le siège, et lorsqu'on tenta l'assaut l'affaire fut chaude et meurtrière pour les assaillants; car quatre cents de leurs hommes restèrent sans vie dans les fossés de la ville. Effrayés de cet échec ils se pressèrent de fuir un lieu témoin de leur déshonneur, et pour s'en venger, ils brûlèrent le faubourg de Saint-Mauguille, les villages de Gapennes, Coulonvillers, la cense ou ferme d'Aimon et plusieurs autres villages, exploits plus faciles sans doute et plus profitables que l'escalade et l'assaut d'une place vaillamment défendue (2).

En 1531, les annales d'Abbeville signalent l'entrée solennelle de la reine Eléonore et de François I⁺ à Abbeville. Le roi vint à Saint-Riquier et félicita les habitants de leurs glorieux exploits et de leur dévouement à sa cause. On lit dans les notes recueillies par D. Grenier (3) que le roi François I⁺ visita Saint-Riquier en 1531, 1532, 1535. Nous pensons qu'il y a confusion dans les souvenirs que le docte bénédictin a rassemblés, sans trop contrôler leur véracité.

Le traité conclu après la bataille de Pavie n'amena point une paix durable. Les hostilités reprirent bientôt avec une nouvelle furie. Les Impériaux envoyèrent un corps de troupe au-delà de l'Authie. Le comte de Nassau, chef des lansquenets allemands, après le siège de Péronne, essaya, selon quelques historiens, avec un détachement d'hommes

---

(1) Pour 1524, D. Grenier, Rumet, Formentin, Devérité, la Biographie des hommes célèbres du département de la Somme. D. Grenier dans ses notes marque 1524, et 1526 pour 1536 sans doute, et met deux fois les femmes en scène dans ces combats : (*Tom.* XXVII, *fol.* 125.)

Pour 1536, Dupleix, Fenin, Paradin, Sagnier d'Abancourt, Louandre (*Histoire d'Abbeville. Tome* II, page 24).

(2) Louandre. *Ibid, page* 20.

(3) M. Prarond citant D. Grenier (*Histoire de St-Riquier*, page 83).

d'armes, et un corps de deux mille fantassins et quelques pièces d'artillerie, de s'emparer de Saint-Riquier (1536). D'autres historiens attribuent, avec plus de probabilité, au partisan Domitin le commandement de cette expédition.

Quand on vit qu'il n'était pas possible de pénétrer dans cette place sans en faire le siège, on prépara l'attaque et la brèche. La ville n'avait alors qu'une faible garnison de cent hommes commandée par un valeureux soldat, le capitaine Pierrequin (1). A la vue d'ennemis si nombreux les défenseurs de la ville et les habitants ne se laissèrent pas intimider. Jamais cause patriotique ne fut soutenue avec plus d'enthousiasme. On montra qu'on combattait pour ses foyers. On s'arma contre l'ennemi de tous les projectiles que la nécessité mettait sous la main. « Au moment où les assiégeants tentèrent l'as-« saut, ils eurent en présence non-seulement des guerriers couverts de leur armure, « mais des femmes travesties en hommes », dit Scipion Dupleix (2), « faisant avec le même courage, ajoute Devérité, ce que faisaient au fameux siège de Malte, sous Jean de la Valette, les Maltaises intrépides (3) », portant dans leurs chaudrons de ménage et des eaux bouillantes qu'elles versaient sur les assaillants et des cendres brûlantes de leurs foyers mêlées à des charbons ardents. Voyaient-elles un de leurs ennemis se cramponner aux créneaux des murailles, elles le repoussaient avec autant de vigueur que les hommes. Deux de ces femmes valeureuses enlevèrent deux drapeaux déjà plantés sur les murailles et les portèrent dans la ville, « exploit assez mémorable, ajoute un historien, pour humilier l'orgueil de ces rodomons qui se glorifient d'exceller sur le commun des hommes. » On dit même que l'une d'elles tua le porte-enseigne sur la brèche, « tant elle était en colère. » Une de ces héroïnes « la première à la bataille », qui combattait parmi les hommes et encourageait les bourgeois de la ville est nommée par l'historien Paradin. C'est Becquestoille, dont on a souvent depuis redit les louanges et le triomphe (4). Formentin donne le nom de l'autre héroïne de Saint-Riquier, qui rivalisa de courage avec Becquestoille au dire de plusieurs annalistes : il l'appelle Bellegueule.

L'attaque de la ville de Saint-Riquier coûta cher aux Espagnols repoussés par une si vigoureuse résistance : ils se retirèrent à Hesdin, laissant cent vingt-deux morts dans les fossés de la ville, ou même deux cents, d'après Sangnier d'Abancourt, et traînant à

---

(1) « L'abbé Buteux, dit M. Prarond, (*Histoire de St-Riquier, page* 120), prétendait que le capitaine Pierrequin qui repoussa en 1536 une attaque des Bourguignons sur Saint-Riquier, s'appelait Pierrequin Buteux. »

Un Pierrequin Buteux, écuyer, capitaine de 300 hommes, décédé en 1586 avait sa sépulture dans l'église de Coulonvillers.

La famille Buteux a longtemps occupé une place honorable dans les fonctions publiques de Saint-Riquier.

(2) Dupleix. *Tome* III, *page* 405.

(3) *Histoire du comté de Ponthieu. Tome* II, *page* 32.

(4) On connaissait un fief de ce nom à cette époque. Aurait-on consacré par ce titre le glorieux exploit d'une femme dont le souvenir doit vivre perpétuellement dans nos annales provinciales, ou bien cette femme appartenait-elle à la famille d'Aigneville qui possédait ce fief ?

leur suite quatre charettes pleines de blessés : la nuit suivante un de leurs détachements fut surpris dans les bois d'Abbeville et y perdit cent cinquante hommes (1).

Un annaliste ajoute que le clergé prit part à l'action comme les femmes, et qu'un prêtre de la ville, armé d'une arquebuse, tua pour sa part sept Espagnols (2).

Ce fait d'armes eut un grand retentissement en France et dans les pays voisins, mais surtout à la cour de François Ier. Brantome lui-même l'a proposé aux dames courageuses de son temps (3).

Dans une ordonnance de 1538 qui fixe le marché de Saint-Riquier au second mardi de chaque mois, François Ier semble y faire allusion lorsqu'il exprime dans les considérants, « toute la reconnaissance du roi pour la bonne loyauté, la grande et vraie « obéissance dont les habitants de Saint-Riquier ont usé envers lui et ses prédéces- « seurs et pour le courage qu'ils ont montré en soutenant et repoussant les assauts don- « nés à leur ville par ses ennemis (4). »

Nous finirons ce chapitre par un article de biographie sur le moine Philippe de Valois.

La famille de Valois d'Abbeville consacra à Dieu l'un de ses fils dans le monastère de Saint-Riquier. Philippe de Valois eut d'abord la charge de trésorier en 1521, puis on lui donna la prévôté d'Equemauville. Nous avons toute raison d'affirmer que c'est lui qui fit orner la trésorerie de l'église de ces belles fresques où l'on voit représentée la translation des reliques de saint Riquier avec plusieurs de ses miracles et le *Dit des trois Vifs et des trois Morts*, symbolique image des vanités humaines, vivant souvenir de la *Danse Macabre*. Ces fresques parfaitement conservées nous paraissent contemporaines de celle où Philippe est lui-même à genoux auprès de saint Riquier, à qui on donne deux clefs comme à saint Pierre, et qu'il compare à ce grand apôtre dans une dédicace gravée au bas de la fresque (5).

---

(1) Louandre (*Histoire d'Abbeville. Tome* II, *page* 34). M. Prarond citant Sagnier d'Abancourt (*Histoire de St-Riquier, page* 84). Formentin (*Histoire manuscrite de Picardie* (1524).

(2) Louandre. *Ibid.*

(3) Le récit de Brantome est de nature à intéresser quelques-uns de nos lecteurs. « Du temps de François Ier, la ville de Saint-Riquier en Picardie fut entreprise et assaillie par un gentilhomme flamand nommé Domrin, enseigne de M. de Ru, accompagné de cent hommes d'armes et de deux mille hommes de pied et de quelque artillerie. Dedans il n'y avait finalement que cent hommes de pied, qui estait fort peu ; et elle était prise, ne fut que les dames de la ville se présentèrent à la muraille avec eau et huile bouillante et pierre, et repoussèrent bravement leurs ennemis, bien qu'ils fissent tous leurs efforts pour entrer. Encore deux mêmes desdites dames levèrent deux enseignes des mains de l'ennemi et les tirèrent de la muraille dans la ville, si bien que les assiégeants furent contraints d'abandonner la bresche qu'ils avaient faite et les murailles, et se retirer et s'en aller, dont la renommée fut par toute la France, la Flandre et la Bourgogne. Au bout de quelque temps le roi François passant par là en voulut voir les femmes, les loua et les remercia. » (*De l'amour des braves pour les femmes courageuses ou Histoire des femmes galantes. Discours VI*).

(4) *Archives de la ville de St-Riquier.*

(5) Dom Philippi Walois Thesaurarii ad Beatissimum Patrem Richarium deprecatio.

Petri pari rutilans virtute, patrone Richari,
Pectora mellifluo nubila rore luis.
Imbre rigando graves salubri, precor, excute sordes,
Ut possit excelsos spiritus ire lares,

Le poète bronche tant soit peu sur la quantité, mais le sentiment rachète ce défaut.

Il appartenait en effet à un trésorier d'illustrer son nom au lieu où se conserve ce qu'un monastère renferme de plus précieux. Les revenus du trésorier et des dîmes d'Equemauville ont été sans doute appliqués à ces travaux vraiment remarquables.

Saint Marcoul est peint dans une autre fresque ; il est debout, la crosse abbatiale en main, ayant à ses pieds un roi de France, couronné d'un diadème, revêtu d'un manteau bleu parsemé de fleurs de lis et décoré du grand collier de l'ordre de saint Michel. Saint Marcoul lui touche le cou, sans doute pour communiquer au roi le pouvoir de guérir les écrouelles, comme le marque l'inscription au bas du tableau (1). Ne serait-ce pas un souvenir de la visite de François Ier au monastère de Saint-Riquier en 1531.

Le religieux debout, tenant un livre à la main, ne peut être autre que le donateur, Philippe de Valois.

CHAPITRE III.

CLAUDE DODIEU, ÉVÊQUE DE RENNES, PREMIER ABBÉ COMMENDATAIRE.
(1538 à 1558).

Biographie de Claude Dodieu. Récit de D. Cotron sur son administration. — Convention avec les moines. Ses réformes. Ses vicaires généraux. Jean de Lessau. Plaintes des moines aux conservateurs des droits du monastère. — Les guerres de cette époque. Ruine du monastère et de l'église. Les moines dispersés : leur retour. Leurs habitations autour de l'église et leurs offices dans la chapelle de la sainte Vierge. — Mort de Claude Dodieu. Procès à ses héritiers.

« Les religieux de l'abbaye, dit un Mémoire recueilli par D. Grenier, n'ont voulu
« prendre la peine de rien écrire du dit Abbé ni des autres suivants, attendu que ces
« Abbés n'ont jamais porté de leur charge que le nom et se sont contentés de jouir des
« biens temporels de cette abbaye, hors de l'abbaye même, comme des étrangers, et
« non comme de vrais Abbés et pasteurs du troupeau de Jésus-Christ, dont ils ont em-
« ployé le prix du sang à nourrir des chiens et des chevaux, au lieu d'en nourrir de
« bons religieux, suivant l'intention des fondateurs (2). »

Nous n'avons pas les mêmes motifs de discrétion. C'est pourquoi nous donnerons, dans la suite de notre histoire, un abrégé de la vie des Abbés commendataires. On ne connaîtra que mieux les abus de ce régime.

---

(1) O Marculphe, tuis medicaris cum scrofulosis
Quos redigis peregre partibus incolumes,
Morbiferas scrofulas Francorum rex patienti
Posse pari fruitur te tribuente medens.
Miraclis igitur qui tantis sæpe coruscas,
Astriferum mercar sanus adire polum.

Gilbert. — *Description de l'Eglise de Saint-Riquier*, page 138.

(2) Mémoire cité par M. Prarond (*Histoire de St-Riquier*, page 256).

Claude Dodieu, sieur de Vély, était originaire de Lyon. D'abord maître des requêtes au Parlement, il fut chargé de diverses négociations importantes pour la cour de France. Il fut ambassadeur de François Ier auprès du pape Paul III et de l'empereur Charles-Quint, qu'il suivit dans son expédition d'Afrique. En 1535, dans le consistoire célèbre où Charles-Quint défia François Ier à un combat singulier, pour terminer leurs différends, Dodieu ne fléchit en rien devant ce prince absolu ; il accepta au nom de son maître, ce qui obligea l'empereur à s'exprimer le lendemain dans des termes plus modérés. On croit aussi qu'il ménagea l'entrevue de François Ier avec Charles-Quint à Aigues-Mortes.

En récompense de ses services, Dodieu fut nommé d'abord coadjuteur de Rennes en 1540, puis il devint évêque titulaire en 1541. François Ier le choisit pour son confesseur et le nomma grand aumônier de France. Il fut aussi envoyé par ce monarque au concile de Trente, où il arriva pour l'ouverture avec plusieurs prélats français, tous disposés, comme ils le dirent aux légats, à se comporter en bons évêques, mais aussi à soutenir les prétentions du roi de France. Quelques retards, au moment de l'ouverture du concile, mécontentèrent François Ier : il rappela les évêques. Claude Dodieu fut le plus pressé à partir, malgré les prières et les observations des cardinaux légats, dans l'espérance de recevoir des louanges du roi. Après avoir tout quitté pour suivre les volonté de Sa Majesté, Claude Dodieu ne reparut plus au concile.

D'après Calvin il ne serait qu'un prélat ignorant et stupide. Mais Pallavicini en parle tout autrement (1). Le Père Daniel dans son Histoire de France en a fait plusieurs fois l'éloge.

Nous ne contesterons pas le dévouement sans bornes de Claude Dodieu à François Ier et sa grande habileté dans les négociations. Ces qualités le recommandent aux historiens qui n'envisagent que les intérêts de la politique humaine ; mais toutefois notre chronique, se plaçant à un autre point de vue, le flagelle très rudement, comme on le verra par le récit suivant de D. Cotron, et inflige à son nom, pour ses actes de spoliation dans le monastère, une tâche que ses grandes qualités ne sauraient effacer. Nous laisserons au moine bénédictin la responsabilité de ce récit.

« La célèbre abbaye de Saint-Riquier, gouvernée pendant près de mille ans par une longue suite d'Abbés que leur sainteté, leur piété et leur habileté dans les affaires avaient rendus si remarquables, fut dévorée par l'hydre affreux de la commende, au moment même où elle se relevait de ses ruines, où son église si magnifiquement restaurée, si splendidement ornée par trois Abbés, dont le désintéressement est au-dessus de tout éloge, faisait l'admiration de tous les connaisseurs. Peu soucieuse de la discipline régulière, de la vie spirituelle des moines et même de leur entretien, la commende n'avait l'œil ouvert que sur les revenus temporels : elle pillait les domaines et les dévastait

---

(1) *Histoire de l'Eglise Gallicane* en 1545. — Pallavicini (*Histoire du concile de Trente*, traduite dans la *Bibliothèque du clergé* de Migne. Tome III, page 320-324).

impitoyablement. Les fermes, le monastère, l'église elle-même, tout était négligé et offrait le spectacle de la plus triste désolation. Tels furent les effets de la commende à Saint-Riquier, comme en tant d'autres monastères. »

« Claude Dodieu reçut ses bulles en 1538, peu de temps avant la mort de Thibault de Bayencourt et il se hâta de prendre possession de son monastère. Les lions représentés sur ses armoiries n'étaient pas un vain symbole (1) : car il fut pour ce monastère, pour les religieux, pour les tenanciers, un lion terrible dont les rugissements effrayèrent toute la contrée. On ne saurait dire avec quelle avidité il se jeta sur les revenus de son abbaye, sur les biens mobiliers et les immeubles, sur les dîmes elles-mêmes; il obtint du pape Paul III, au mois d'août 1539, une bulle d'excommunication contre ceux qui avant ou après la mort de Thibault de Bayencourt auraient injustement dévasté les biens du monastère, se seraient emparés des croix, des calices, des patènes, des candélabres et autres vases d'or et d'argent, des châsses, des ornements, des cens, dîmes, habitations ou possessions quelconques ; et, de peur que le glaive spirituel ne fût émoussé pour quelques consciences plus rebelles, il eut soin de faire corroborer sa bulle par un édit royal de la même année. Bien plus il accusa le neveu même de son prédécesseur, Antoine de Bayencourt, chevalier, seigneur de Bouchavesnes, d'avoir soustrait le mobilier que son oncle avait laissé à Chevincourt à sa mort, et pour cela il le traîna en justice comme un criminel. »

« Là ne s'arrêta point la cupidité du premier Abbé commendataire. Non content de joindre aux revenus de sa mense épiscopale les revenus de l'abbaye de Saint-Riquier, il lui fallut encore le prieuré de Bredenay soumis au monastère : autre violation des saints canons ; autre attentat par lequel il se rendit coupable d'une double violence envers la mère et la fille. Il fit si bien par ses ruses et ses paroles doucereuses qu'il amena Mathieu d'Amerval, prieur de Bredenay, docteur en théologie, à résigner son titre entre ses mains. »

« Claude Dodieu n'était pas encore content: bon gré malgré il mit la main sur les revenus des offices claustraux, sur ceux des caritiers, destinés par les fidèles à réparer les fatigues des moines au jour des anniversaires et des fondations, sur ceux de l'aumônier qu'on distribuait manuellement aux pauvres. C'est en vain qu'on lui représenta que les officiers titulaires en avaient jusqu'alors paisiblement joui ; il se les appropria tous par les moyens les plus injustes. »

« Voilà pour les immeubles : venons maintenant aux objets mobiliers. Les châsses de l'église de Saint-Riquier étaient ornées d'un grand nombre de pierres précieuses; il les enleva et les remplaça par des pierres fausses. Sa main sacrilège arracha la table d'argent du grand autel : il emporta le bâton pastoral de l'Abbé, estimé 1200 livres, les précieuses tapisseries qui revêtaient les murs du chœur, douze coupes d'argent appar-

---

(1) Armoiries : *d'azur à la bande d'or, accompagnée de deux lions rampants aussi d'or.*

tenant aux religieux, deux bassins d'argent, deux burettes de même métal, dont l'une était dorée, tous les meubles trouvés à Chevincourt après la mort de Thibault de Bayencourt. Il fit abattre dans les bois de Chevincourt pour 7000 livres d'arbres de réserve. Ainsi le nouveau vainqueur se couvrait des dépouilles opimes du monastère de Saint-Riquier. »

« Claude Dodieu avait aussi promis à Thibault de Bayencourt de le venger des insultes de ses moines : voyons comme il tint parole. Les vexations ne furent pas épargnées, surtout à ceux qui avaient été les plus hostiles aux dépenses exagérées de Thibault. Des plans furent combinés pour les soumettre à une vie plus régulière, non qu'il se souciât d'établir la réforme ; mais une nouvelle organisation lui offrait la perspective de disposer à son gré de tous les revenus du monastère et d'établir sa domination absolue. Les religieux se soutinrent avec vigueur contre un Abbé dont les tendances étaient si contraires à leurs constitutions et l'esprit si opposé à celui de saint Benoît : ils luttèrent de toutes leurs forces contre les excès sacrilèges de sa cupidité et de son ambition : ils en appelèrent au roi en son conseil privé et demandèrent la division des deux menses. Comme on consacrait par là le principe de la commende, que le gouvernement favorisait de toutes ses forces, leur requête fut favorablement accueillie. Par décret du conseil privé du 11 juin 1543, la réforme fut introduite dans le monastère de Saint-Riquier et l'exécution en fut confiée au bailli d'Amiens. On régla donc la portion afférente à chacune des deux menses ; mais les calamités de la guerre pesant sur ces contrées et anéantissant une grande partie des revenus, une convention transitoire mit à la charge de l'Abbé l'entretien des moines jusqu'à la conclusion de la paix. Il fut arrêté : 1° que la mense conventuelle recevrait chaque année, sur le produit des domaines, 140 setiers de froment et du meilleur, 24 setiers d'avoine, deux charretées de foin ; 2° on assignait, pour les dépenses des caritiers, pour le vestiaire, pour les serviteurs et pour les hôtes, deux mille livres ; 3° les aumônes des pauvres devaient être distribuées aussi abondamment que par le passé ; 4° l'Abbé s'obligeait à entretenir dans le monastère quatorze prêtres et six novices. »

« Le concordat sur le partage des menses ne fut point mis à exécution : car l'Abbé ne consentit point à se dessaisir des domaines. Il stipula avec les moines de nouvelles transactions : il promit par écrit de concéder un revenu suffisant pour l'entretien de 24 moines et proposa un règlement de réforme conforme à celui qu'on venait d'établir à Jumièges. Il assignait à chaque moine six setiers de froment à la mesure de Paris, ce qui donnait au total 13 muids de froment : en outre trois muids de vin de bonne qualité formant un total de soixante-douze muids de vin, mesure de Paris : il y ajoutait encore onze muids de vin, mesure de Paris et en plus onze muids de vin, soit pour les messes, soit pour le remplissage. »

Après cela on comptait pour la cuisine, pour le four et autres foyers, 120 cordes de bûches et de gros bois et 2,500 fagots, dont la moitié en bourrées. Les autres dépenses annuelles de chaque moine pour la nourriture, le vestiaire et autres besoins journaliers furent évaluées à 65 livres, soit pour la communauté à 1,560 livres: pour l'infirmerie et les médecins, à 200 livres : pour le linge, à 35 livres une fois payées et à 18 livres pour purifier les linges d'autel : pour les gages et l'entretien des serviteurs, à 800 livres et à trois muids de méteil et 20 muids de bière ou cidre : pour les écuries, à trois muids d'avoine et quatre setiers, à 1,400 bottes de foin ou de paille (1).

Les réparations de l'église, des lieux réguliers, l'achat des ornements et toutes les autres charges non prévues dans les articles précédents, restaient au compte de l'Abbé.

Nous avons ici un aperçu d'un budget au seizième siècle. On comprend que quelques redevances comme celles du blé et du vin sont des produits bruts dont les religieux devaient disposer dans l'intérêt de leur mense. Tout ne pouvait être consommé sur place.

Après avoir consulté des religieux d'une vie régulière et édifiante, Claude Dodieu proposa aussi plusieurs articles de réforme d'une grande sagesse et d'une grande utilité pour la correction des mœurs : ces articles. conformes à la règle de saint Benoît, organisaient le service divin, la célébration des saints offices. On prescrivait en outre la table commune au réfectoire, même pour les principaux dignitaires du monastère, la lecture pendant les repas, le silence aux heures marquées dans la règle. L'entrée du monastère était interdite aux femmes. Pour extirper jusqu'à la racine les convoitises toujours renaissantes de l'esprit de propriété, l'administration de la mense conventuelle était confiée aux moines chargés par leur office du maniement des intérêts temporels. On les obligeait de rendre des comptes à l'Abbé.

Claude Dodieu avait conservé tous ses droits sur le monastère et les exerçait par lui-même ou par ses vicaires-généraux. Non-seulement l'obéissance était recommandée dans ces décrets de réforme ; mais on faisait même aux religieux une obligation de se confesser trois fois l'an à leur Abbé, à savoir à Noël, à Pâques et à l'Assomption. Le vicaire-général était-il admis à remplacer l'Abbé dans la direction des consciences ? Il faut le supposer, bien que la chronique ne le marque pas ; car si l'Abbé avait eu seul cette prérogative, il est douteux qu'il l'eût exercée suffisamment. On lui reproche d'avoir visiblement négligé l'ornement du temple spirituel par suite des absences imposées par ses charges et fonctions. Mais en pouvait-il être autrement ?

L'Évêque-Abbé eut successivement ou même simultanément, sans qu'on puisse les distinguer dans les actes, plusieurs vicaires chargés de le suppléer dans l'administration spirituelle et temporelle. Le premier en date, fut Jacques Waquenvalle, chanoine et doyen de Saint-Vulfran d'Abbeville: puis Noël Macquet, chanoine d'Amiens et prévôt de

---

(1) D. Cotron. *Anno* 1538, 1539, 1540.

l'église cathédrale exerça ces fonctions en 1545. Après lui on voit Jacques Duchemin, archidiacre de Beauvais et Abbé commendataire de Saint-Acheul, ensuite Jean de Lessau dont il sera parlé plus loin et enfin Robert Damnans (1).

Mais dans cette organisation tout est illusion et affaire de spéculation. Le moyen de faire fleurir cette réforme dont les règlements sont si sages, sous la direction de séculiers, étrangers aux observances régulières, occupés des devoirs de leur charges, d'emplois importants ? « Comment, remarque ici la chronique, auraient-ils pu ramener dans le sentier étroit de la vie spirituelle des moines rebelles et indisciplinés, eux qui étaient dépourvus de tout titre canonique de juridiction ? Qui ne voit l'absurdité d'un pareil système ? Les Abbés commendataires avaient beau légiférer, les moines ne faisaient que rire de leurs essais ridicules ; ils regimbèrent contre cet aiguillon sans force ; c'est pourquoi les Abbés y perdirent leur peine. »

Qui s'occupait alors de ces inconvénients et cherchait à y porter remède ? Hélas ! le saint Concile de Trente lui-même échoua contre le mauvais vouloir des rois et de ces Abbés de cour.

En 1550, fatigué des résistances des moines qu'il pressait en vain par ses remontrances, Claude Dodieu s'adressa au roi et obtint d'établir pour ses vicaires-généraux deux religieux d'une grande expérience, qui venaient de travailler efficacement à la réforme des monastères de Notre-Dame de Breteuil et de Saint-Médard de Soissons : il les envoya à Saint-Riquier. Leur passage y produisit des changements notables ; ils parvinrent surtout à mettre à la tête du monastère des moines d'une vie régulière et zélés pour la perfection de leurs frères, à relever la pratique des observances monastiques et à supprimer des abus révoltants ; il faut entr'autres signaler D. Jean de Lessau, prieur claustral du monastère, ou selon d'autres grand prieur sous Thibaut de Bayencourt. D. de Lessau avait déjà exercé ces fonctions pendant douze ans à la grande satisfaction des religieux : on lui rendit sa charge et sur lui désormais reposa toute la responsabilité des observances régulières. La sollicitude qu'il apporta à guider ses frères lui valut plus tard le titre de vicaire-général de l'Abbé. Toutefois ses sages conseils ne produisirent leur fruit qu'avec le temps.

« Jean de Lessau, dit la chronique, était d'Amiens, et même, si l'on en croit quelques traditions, arrière-petit-neveu de saint François de Paule. La famille de Lessau ou d'Alessio se rattachait à celle de ce grand saint par une alliance avec Brigitte de Martolite, sœur de saint François (2). »

Cette généalogie ambitieuse nous paraît bien douteuse. Nous ajouterons ici que la famille de Lessau était depuis longtemps à Saint-Riquier en possession de fonctions judiciaires et prévôtales. Ses rejetons ont pullulé à Saint-Riquier, à Abbeville, à

---

(1) *Gall. Christ. Tom.* x, pag. 327. — D. Cotron. *Anno* 1540.

(2) D. Cotron. *Anno* 1550.

Amiens. On ne saurait dire son vrai berceau. Il nous paraît plus probable d'affirmer que Jean de Lessau est né à Saint-Riquier (1). Ce grand prieur mourut le 27 février 1562 sous Charles d'Humières et fut inhumé dans la chapelle de saint Jean-Baptiste, qu'il avait fait décorer avec beaucoup de splendeur et de goût : il y avait fait placer des stalles qu'on transporta depuis dans la chapelle de la sainte Vierge et que l'Abbé d'Aligre a supprimées avec tant d'autres ornements de la piété des anciens religieux. Il sera encore question de D. Jean de Lessau dans la suite de cette histoire.

Après la visite des réformateurs envoyés par Claude Dodieu, il se produisit encore une réaction très puissante. Les vœux des moines n'étaient pas satisfaits. On négligeait les réparations essentielles à l'église et aux fermes. On ne distribuait plus les aumônes. Les revenus des caritiers étaient soustraits aux religieux. Le partage aurait été un remède efficace ; on le leur refusait toujours. Voyant ainsi tous leurs droits lésés, les religieux portèrent plainte au Parlement et demandèrent que les prieurs de Saint-Martin-des-Champs et de Saint-Germain-des-Prés à Paris, protecteurs du monastère depuis plusieurs siècles, fussent envoyés pour opérer le partage, pour augmenter le nombre des religieux, établir un vicaire-général au spirituel et au temporel, choisi par les moines eux-mêmes et dans l'ordre des Bénédictins (1531). La demande parut juste et raisonnable : elle fut agréée. Le Parlement rendit un décret dans lequel il arrêta que les prieurs de Saint-Martin et de Saint-Germain se transporteraient au monastère avec plein pouvoir d'examiner les nouveaux règlements que les réformateurs de Notre-Dame de Breteuil et de Saint-Médard de Soissons venaient d'établir, de les approuver ou de les changer, selon qu'ils le jugeraient à propos, de décréter les réparations nécessaires, sans avoir égard aux appels ou aux oppositions, de vérifier tous les titres de propriété et les baux, de statuer enfin sur la division des deux menses.

Les commissaires du Parlement exécutèrent consciencieusement le mandat confié à leur zèle : ils statuèrent que la communauté serait composée de 24 religieux dont seize prêtres et huit novices, que le vicaire-général de l'Abbé commendataire, choisi parmi les moines de l'ordre, serait investi de toute juridiction spirituelle et d'une autorité absolue pour corriger les délinquants et assurer le maintien de la discipline régulière et que ce vicaire-général ne pourrait être changé sans le conseil ou la permission des prieurs envoyés pour la réforme.

Ce décret fut remis au bailli d'Amiens, pour qu'il en assurât l'exécution, mais ce n'était pas le compte de l'Abbé commendataire. Le 12 mars suivant, celui-ci appela des décrets du Parlement et de ses commissaires au conseil privé du roi, afin de profiter du bénéfice d'un édit du roi de 1527. Comme le Parlement avait essayé de soutenir la pragmatique sanction et soulevé le clergé et les corps de l'Etat contre le Concordat, le roi lui

---

(1) D'après M. de Belleval (*Nobiliaire du Ponthieu*), Jean de Lessau était fils de Jean de Lessau, auditeur du roi à Saint-Riquier. Cette famille était noble. Elle aura sa notice dans notre histoire.

avait défendu de connaître des causes qui intéressaient les évêchés et les abbayes du royaume et en attribuait l'exercice et le jugement au Grand-Conseil. Le 5 mai, le roi en son Conseil prononça qu'il devait juger ce conflit en dernier ressort, et le 5 août un nouvel arrêt cassa toutes les décisions du Parlement et confirma les statuts des premiers réformateurs (1).

Cet arrêt fut sans résultat. Les événements politiques préparaient de nouvelles catastrophes au monastère. Reprenons les choses de plus haut.

La période qui s'était écoulée depuis le beau fait d'armes de Saint-Riquier avait été entremêlée de guerres, de trêves, de traités de paix entre les Espagnols et les Français; mais les rivalités ne pouvaient s'éteindre que dans des flots de sang : les deux partis étaient toujours en présence, toujours armés, toujours menaçants. Depuis longtemps déjà la politique foulait aux pieds tous les instincts religieux de l'époque et les nouvelles hérésies de Luther, de Calvin et de Henri VIII donnaient aux guerres un caractère plus atroce encore. Les haines religieuses se mêlant aux diverses passions que la politique mettait en jeu, les nouveaux adeptes de l'hérésie tout-puissants dans les armées espagnoles et anglaises, sous prétexte de détruire l'idolâtrie papiste, ravageaient les églises et les monastères, soumettaient aux plus cruels tourments les prêtres et les religieuses. On enlevait aux lieux saints les ornements les plus précieux en or et en argent. Les princes catholiques eux-mêmes n'étaient que trop portés à imiter leurs ennemis. C'est ainsi qu'en 1544, Charles de Bourbon, comte de Vendôme, gouverneur de Picardie et d'Artois, enleva dans l'hôtel de Saint-Riquier à Abbeville un grand crucifix d'airain qu'il fit fondre et convertir en canons (2). On brûlait aussi une étendue considérable de pays, afin de détruire les subsistances et d'affamer les armées ennemies : on massacrait sans pitié les personnes de tout âge et de tout sexe, Français ou ennemis : on poussait la cruauté jusqu'à enlever les pères de familles, les jeunes filles, les jeunes garçons. Personne n'était à l'abri des violences des bandits italiens à la solde de François Ier. La peste et la famine suivirent ces bandes indisciplinées et firent périr ceux que la guerre avait épargnés.

Tels sont les maux dont parle la chronique, lorsqu'elle remarque que le partage des biens est devenu impossible, parce que les terres ne produisent plus rien. Non-seulement ces désastres frappent le Ponthieu et le Vimeu, mais aussi les contrées voisines. Ainsi les domaines de Bray, de Chevincourt ne sont pas non plus épargnés. La ville de Bray est prise avec quelques villettes aux environs. Hesdin est occupée plusieurs fois par les deux partis. Montreuil, Boulogne portent tout le poids de la guerre. Thérouanne fut rasée par ordre de Charles-Quint et ne se releva jamais.

Il y eut alors des escarmouches, des combats singuliers aux environs de Saint-Riquier. La ville elle-même, dit Louandre, fut emportée d'assaut par 4,000 Anglais et

---

(1) D. Cotron. *Anno* 1552.   (2) D Cotron. *Anno* 1544.

brûlée (1). L'histoire, au milieu de ces massacres, de ces incendies de provinces entières n'a que ce mot pour Saint-Riquier. Nous apprenons par la chronique de l'Hôtel-Dieu que cet asile des infirmités humaines ne trouva point grâce devant les spoliateurs : « on y fit de grandes insolences ainsi qu'à la ville » et on y promena partout l'incendie. Tous les bâtiments furent consumés et la ville presqu'entière fut aussi la proie des flammes. Ce grand désastre est également mentionné dans les comptes de la confrérie de Saint-Nicolas ; la désolation était si grande que les confrères se privèrent de leurs innocentes agapes le jour de la fête de saint Nicolas (2). On ne dit pas que le monastère ait souffert de cet assaut ; mais s'il fut épargné et seulement rançonné, les Espagnols ne seront pas de si facile composition en 1554. Cette date donnée par D. Cotron, avec preuves à l'appui, ne saurait être révoquée en doute : il n'est pas possible de confondre les deux invasions.

De 1544 à 1554, les Flamans et les Hennuyers ou Hongrois saccagèrent tout le pays entre l'Authie et Saint-Riquier et brûlèrent un grand nombre de villages (3). Un jour cependant la garnison d'Abbeville tomba sur eux et, après avoir tué ou pris un grand nombre de ces maraudeurs, elle les obligea à repasser l'Authie. On les poursuivit jusque dans l'Artois, où l'on exerça les mêmes violences et les mêmes actes de barbarie. Huit cents Impériaux furent encore surpris une autre fois aux environs de Saint-Riquier. Mais en 1554, ces derniers furent plus hardis et pénétrèrent dans la ville : une lettre écrite d'Abbeville, le 17 septembre 1554 par un gentilhomme français, appelé de Salignac, nous fournit quelques détails sur les tentatives des Impériaux.

« Les ennemis vinrent le plus secrètement qu'ils peurent gaigner le passage de Olchy
» (Auxi-Le-Chasteau) sur Aultie où nos chevau-légers leur cheurent un gros escar-
» mouche et firent plusieurs des leurs prisonniers, par lesquels fut apprins que leur
» intention était d'assiéger Dorlens et que à cet effect l'Empereur avait proposé grand
» force de gens d'artillerie et de munitions de guerre.

» Leur armée entra le 1er jour de septembre deux lieues seulement dedans le pays
» par deça la rivière de Haultie et vint logier à Saint-Riquier, qui est à deux autres
» lieues de la rivière de Somme, sur laquelle Monsieur de Vendosme estoit dès le jour
» précédent venu prendre logis à Pont-Dormi et se résolut de leur empêcher le passage
» accommodant ses gens de guerre avecques tranchées au bout du pont. Mais les enne-
» mis comme estimant d'avoir beaucoup fait d'être seulement entrés en France, recu-
» lèrent le lendemain et prindrent leur retour à main gauche, contrebas la rivière
» d'Haultie, ce qui nous mit une fois en opinion qu'ils s'adresseroient à Monstreuil où
» la fortification n'étoit encore conduite en défense. Le quatrième septembre son armée
» repassa la rivière d'Aultie (4). »

(1) *Histoire d'Abbeville*, tom. II, page 30.
(2) *Archives de la fabrique de Saint-Riquier.*
(3) Formentin, *Histoire manuscrite du Ponthieu* en 1554.
(4) Cité par M. Dusevel. *Picardie*, 1863, *page* 7.

Ce ne serait que quelques jours après ces manœuvres que les Impériaux seraient tombés sur Saint-Riquier, d'après le récit de D. Cotron. « Le 14 septembre 1554, nous dit-il dans sa chronique (1), jour de l'Exaltation de la Sainte-Croix, les Bourguignons pour user de représailles envers les Français, qui avoient brûlé le monastère du Mont-Saint-Eloi près Arras, après le combat de Saint-Laurent (2), attaquèrent inopinément Saint-Riquier sous la conduite de Philippe, duc de Brabant, fils de Charles-Quint. Ils s'y livrèrent à des excès que des Vandales n'auraient pas surpassés. Le monastère fut livré au pillage et totalement incendié (3). Les flammes allumées par des mains sacrilèges dévorèrent la belle et riche église de Saint-Riquier, le chapitre, le dortoir, le réfectoire, l'abbatiale, en un mot, tous les édifices à l'usage des religieux et de leurs domestiques. L'Abbé venait de faire construire des appartements au sud du cloître, à l'endroit où l'on vit dans la suite la cuisine et le réfectoire : on y mit aussi le feu. Trois des moines furent pris ; les autres se sauvèrent dans les bois, où ils passèrent plusieurs jours et plusieurs nuits sans en sortir. »

Quand les Espagnols furent partis ne laissant que des ruines fumantes, sans qu'il restât au monastère un seul endroit convenable pour se loger, les moines se retirèrent au refuge d'Abbeville ; mais l'hôtel était insuffisant pour une si nombreuse communauté. On ne pouvait y suivre les exercices prescrits par les règlements de la réforme. C'est pourquoi l'Abbé Claude Dodieu demanda que ses religieux fussent disséminés en différents monastères, en attendant des temps meilleurs. C'était un excellent moyen de faire taire une opposition dont il était las. En payant une pension à chacun d'eux il jouissait sans contrôle des revenus du monastère. On leur signifia donc à tous un édit royal par lequel ils étaient obligés, sous peine de prison et de soustraction de pension, de se rendre au monastère qu'on leur désignait.

Nous relevons, d'après l'édit royal, le nom des religieux de cette époque et leur nombre. D. Nicolas Gaude et D. Pierre Burette étaient envoyés à Saint-Médard de Soissons ; D. Jacques Dellehain et D. Jean Courtois au monastère de Notre-Dame de Breteuil ; D. Jean de Lessau, prieur, et D. Thibault Asselin à Saint-Germain-des-Prés ; D. Mathieu Le Quieux, aumônier, et D. Jean Farcy à Saint-Martin de Séez ; D. Arnoul de Paris et frère Sébastien de Quièvre à Saint-Vincent du Mans ; frère Jean Riquier et frère Nicolas Si-

---

(1) D. Cotron. *Anno* 1554.

(2) L'armée française ayant à sa tête Jean de Conteville se rendit au Mont-Saint-Eloi et ruina le village et l'abbaye. Il ne resta des bâtiments claustraux que l'église, le dortoir, les deux réfectoires et quelques vieux édifices. La bibliothèque fut incendiée · les meubles, les bestiaux, les provisions livrés au pillage : les livres d'église, les archives livrés aux flammes. Les moines qui échappèrent au carnage, ne durent leur salut qu'à la fuite

(M. de Cardevaque. *Histoire de l'abbaye de Saint-Eloy*, page 87).

(3) « Incendie, en 1537, dit M. Prarond, cause par l'invasion espagnole après la bataille de Saint-Quentin. » M. Prarond cite ici une note de M. Lever. La narration circonstanciée de D. Cotron donne tort, ce semble, à M. Lever pour cette date.

M. Prarond cite aussi de D. Grenier cette note : « Saint-Riquier ruiné par les Impériaux. 1555 ou 1557.

monard à Saint-Sulpice de Bourges ; frère Nicolas d'Amiens et frère Vincent de Glisy, à Saint-Pierre de Jumièges. Nicolas de Fortmanoir, Nicolas Warmont et Jean de Huy, novices non profès, furent probablement rendus à leur famille ; car on ne leur assigne pas de domicile. Il y avait ainsi au monastère quatorze religieux et trois novices. C'était peu pour un si grand monastère : c'était beaucoup sans doute pour Claude Dodieu, qui était intéressé à ne pas en augmenter le nombre (1).

A cette nouvelle les religieux furent plongés dans une profonde consternation ; ils répondirent par une protestation qui honore leurs sentiments et les réhabiliterait au besoin dans l'esprit des lecteurs prévenus contre eux ; ils y témoignaient le vif désir de vivre et de mourir dans le monastère de Saint-Riquier ; ils priaient leur Abbé de relever les bâtiments claustraux, de leur procurer du linge, des habits, des lits, un chétif mobilier, pour leur permettre de retourner au monastère de Saint-Riquier, afin d'y accomplir, le mieux qu'ils pourraient, leurs engagements religieux et d'y vivre dans la pauvreté.

Les ordres les plus précis étaient imposés à la sénéchaussée d'Abbeville ; c'est pourquoi Jean Hutin, sénéchal du Ponthieu, leur déclara qu'il n'entrait point dans leurs querelles, mais qu'il était obligé d'exécuter son mandat et de les conduire à leur destination respective ; que s'ils faisaient opposition, leurs pensions alimentaires seraient mises sous la main du roi. En même temps il défendit à D. Robert Damnans, vicaire-général de l'Abbé Dodieu, à François Chanal, son intendant et à Robert Hecquet, receveur des cens, de leur distribuer aucun secours. Il fallut donc obéir et se disperser. Cette cruelle séparation eut lieu le 24 octobre 1534 (2). »

Les réparations nécessaires à l'église, à l'abbaye, aux fermes furent évaluées, après une estimation exacte, au chiffre de cent mille deux cents livres, dépense énorme pour l'époque, que l'Abbé Claude Dodieu ne manqua pas de laisser à la charge de son successeur. On lui reproche même d'avoir vendu à son profit, pour 538 livres, le plomb fondu qu'on avait recueilli parmi les décombres du monastère. En signalant ce trait d'avarice, les moines vouaient son nom aux anathèmes de la postérité et de l'histoire.

Cependant les exilés de Saint-Riquier restaient inconsolables, loin de leur monastère. Après avoir attendu quelque temps dans la patience, ils prouvèrent que la religion a ses nostalgies, autant que l'amour du pays, et que leur foi était assez ferme pour opérer des prodiges d'abnégation. Ils se concertèrent donc pour revenir au berceau sacré de leur profession religieuse. Sans s'amuser à pleurer sur ces ruines irréparables, ils se bâtirent de misérables huttes en torchis d'argile et de paille qu'ils adossèrent contre les grands murs de l'abbaye et contre les parois du cloître à l'Orient et ils les couvrirent avec quelques branches d'arbre, comme ils purent ; ils restaurèrent de la même manière et aussi misérablement la chapelle de la sainte Vierge et les deux chapelles adjacentes de saint

---

(1) D. Cotron. *Anno* 1534.   (2) *Ibid.*

Pierre et de saint Riquier. C'est là qu'ils recommencèrent à célébrer les divins offices, se servant, en guise de stalles, de quelques pauvres bancs sur le dos desquels ils avaient écrit l'expression de leur résignation, pour répéter souvent avec Job : *Le Seigneur nous avait donné des biens, le Seigneur nous les a ôtés : il est arrivé ce qui a plu au Seigneur. Que son saint nom soit béni* (1). On voyait aussi écrit à un autre endroit : *A Dieu seul, gloire, honneur et reconnaissance : notre secours est dans le Seigneur* (2).

Le successeur de Claude Dodieu installa plus convenablement les religieux, mais l'église ne fut pas relevée. D Cotron, en racontant, vers l'an 1670, cette dévastation, n'oublie pas de noter que tous les offices se faisaient encore dans la chapelle de la sainte Vierge.

Des restaurations en temps opportun auraient préservé l'église de graves accidents. Mais la commende n'en ayant souci, le temps continua l'œuvre de destruction de l'ennemi. Les voûtes découvertes de la nef, du sanctuaire, des bâtiments claustraux de la maison abbatiale se détrempèrent sous les pluies abondantes de l'hiver et la gelée, et quelque temps après elles s'écroulèrent et jonchèrent le pavé de leurs débris. Les voûtes seules de la croisées du transept résistèrent à l'intempérance des saisons ; mais comme on ne peut en douter, elles furent aussi fortement endommagées par les eaux.

Pour juger en quel état fut laissée l'église de Saint-Riquier pendant plus d'un siècle, il faut entendre des témoins oculaires. « C'est une perte si sanglante, disait longtemps après le P. Ignace, que la plaie en saigne encore. On ne peut regarder sans douleur le portail et les murailles, comme gémissantes de ce déplorable débris, car depuis ce temps-là on n'a pu les remettre en estat (3). » Formentin dit aussi dans ses Annales que l'abbaye de Saint-Riquier fut plus d'un siècle dans cet état de désolation et jusqu'à ce que l'illustre Abbé d'Aligre l'eût fait rebâtir (4).

Ces premiers essais de commende en disent assez, ce semble, au lecteur. Il ne sera plus permis de s'étonner des scandales qu'elle lui mettra de nouveau sous les yeux. Mais, une fois encore, nous répéterons que ces désordres sacrilèges procèdent d'une cause étrangère à la volonté des religieux. Ceux-ci, sauf de rares exceptions d'intrusion monastique par la cupidité des familles, voulaient, au jour de leur consécration solennelle, se dévouer au service de Dieu, comme ils le juraient à la face des autels, et embrasser les austérités de la règle. Qui les a arrêtés ? la calamité des temps, les commotions de ces guerres interminables, l'inquiétude si naturelle aux âmes douces et paisibles et surtout l'absence de direction. Que sont devenus les canons protecteurs de la liberté religieuse, cette sauvegarde des hommes étrangers au siècle? Ne voit-on pas ces brebis errantes et abandonnées sans pasteur, languir et s'émacier dans des pâturages dessé-

---

(1) D. Cotron *Anno* 1554. — *Dominus dedit, Dominus abstulit : sicut domino placuit, ita factum est. Sit nomen Domini benedictum.*

(2) *Soli Deo honor et gloria : Deo gratias. Sit nomen Domini benedictum.*

(3) *Histoire des Mayeurs d'Abbeville en* 1544, page 639.

(4) *Histoire manuscrite du Ponthieu*, 1544. — Ces deux historiens ont confondu cette ruine de Saint-Riquier avec l'invasion de 1544.

chés ? Ne sont-elles pas opprimées par la puissance laïque ? Que nous sommes loin de ces jours où un Abbé, rempli d'une sainte fermeté, pouvait opposer aux puissants du siècle les privilèges de l'exemption et les citait au tribunal du Souverain-Pontife! On n'invoque plus que les Parlements, que le Grand-Conseil du roi. Les ministres et les favoris des rois trafiquent des abbayes, des prieurés, de leurs revenus sans souci des intérêts spirituels des moines, et l'on ose jeter la pierre à ces derniers ! Les chroniques ne dissimulent pas leurs fautes, leurs scandales : nous en gémissons aussi, mais pourtant en adorant les jugements de Dieu, nous ne pouvons nous empêcher de louer et d'admirer ce qu'il y avait encore d'esprit religieux dans ces pauvres exilés, qu'on voit arriver des quatre points du ciel dans un monastère délabré, pour continuer de payer aux fondateurs le tribut de prières et d'expiation qu'ils avaient accepté pour toute leur vie. Cette immolation héroïque efface bien des traces de dissipation et doit peser dans les balances des divines miséricordes.

« Lorsque Claude Dodieu, dit le mémoire déjà cité (1), eut détruit la maison de Dieu qu'il avait charge de réédifier, la mort le mit au tombeau et il rendit compte de ses actions au Souverain Juge de l'univers. » Il trépassa à Paris le 4 septembre 1558 (2) et choisit sa sépulture dans l'église des P. Célestins de Paris. L'on voit son tombeau dans la chapelle des dix-mille Martyrs.

Après la mort de l'Abbé commendataire, les moines intentèrent un procès à ses héritiers, pour redemander tout ce qu'il avait emporté, comme le bâton pastoral, le rétable d'argent, les tapisseries et autres objets énumérés plus haut. Le procès finit par une transaction entre les parties. On rendit le moins qu'on put aux moines. On conféra, entre autres choses, le prieuré de Bredenay à Jean de Lessau, prieur claustral; ce qui n'empêcha point un procès entre le nouvel Abbé et le prieur titulaire au sujet de grosses dîmes de Bredenay ; mais tout s'arrangea enfin à l'amiable (3).

Pour embrasser l'histoire complète de Saint-Riquier, nous ajouterons que la ville dut souffrir aussi de l'invasion de 1554. Mais aucun souvenir ne nous a été transmis sur les pertes qu'elle essuya. En pleine décadence depuis 1475, elle ne compte plus parmi les places fortifiées. Si elle a quelque garnison et un capitaine, c'est plutôt un lieu d'hivernage et de repos qu'un vrai rempart contre les ennemis campés sur l'Authie. Les faits intéressants pour la localité, de 1554 à 1559, époque de la paix, sont perdus dans les faits militaires de plus haute importance. Bussy-Rabutin, qui a conservé quelque souvenir de ces faits, n'essaie pas de les raconter. « Cela, dit-il, nous serait impossible, d'autant que ces entreprises s'adressèrent en divers endroits et en divers lieux, les deux

---

(1) M. Prarond, *Histoire de Saint-Riquier*, page 256.

(2) D. Cotron 1558.
Claude Dodieu, dit Marteville dans son Histoire de Rennes, mourut à Paris le 15 avril 1558 — A qui s'en rapporter ? Nous croyons jusqu'à nouveaux renseignements les moines de Saint-Riquier mieux informés.

(3) D. Cotron. *Anno* 1558.

armées campant entre l'Authie et la Somme. » Les vrais faits d'armes aux environs de Saint-Riquier consistent plus en incendies qu'en combats. Parmi les villages brûlés à cette époque, on cite Le Boisle, Monstrelet, qui ne s'est probablement plus relevé, Moismont, Froyelles, Marcheville, Canchy, le château de Drucat (1).

CHAPITRE IV.

CHARLES D'HUMIÈRES, ÉVÊQUE DE BAYEUX, DEUXIÈME ABBÉ COMMENDATAIRE.
(1558 à 1571.)

Biographie de Charles d'Humières. — Les excès des calvinistes dans sa ville épiscopale : il vient se réfugier à Abbeville. — Aliénation de biens ecclésiastiques pour subvenir aux dépenses des guerres de religion. — Taxes imposées au monastère de Saint-Riquier. Vente d'un rétable d'argent, de terres et de revenus. — Zèle de Nicolas Rumet, bailli de l'abbaye. — Nouveaux statuts proposés aux religieux. — Mort de Charles d'Humières.

    Charles d'Humières est issu d'une des plus nobles familles de Picardie (2). Il était fils de Jean d'Humières, seigneur d'Humières et de Moui et de Françoise de Contay. Jean d'Humières, gouverneur des trois villes de Roye, Péronne et Montdidier, lieutenant-général pour le roi en Dauphiné et en Piémont, fut appelé par François Ier à gouverner ses fils et à surveiller leur éducation. Cette charge si honorable nous fait voir de quel crédit et de quelle autorité il jouissait à la cour pour sa sagesse, sa probité et sa prud'hommie, dit le P. Anselme (3). Aussi son fils Charles, destiné à l'état ecclésiastique fut amplement pourvu de bénéfices. Le roi récompensa dans le fils les services du père. Ce fut l'Eglise qui acquitta cette dette de reconnaissance.

    Pendant le cours de ses études, aussitôt qu'il eut reçu la tonsure cléricale, Charles d'Humières fut nommé Abbé commendataire de Saint-Martin-au-Bosc ou de Ravicourt, diocèse de Beauvais, puis il le devint de Saint-Quentin de Beauvais en 1534, puis de Saint-Barthélemy de Noyon, quand il fut élevé au diaconat. Les chanoines de Saint-Fursy de Péronne eurent l'attention de le choisir pour leur doyen, dignité qu'il accepta avec dispense du Pape et qu'il résigna, quand il fut nommé évêque de Bayeux en 1558, après la mort du cardinal de Trivulce. L'abbaye de Saint-Riquier lui fut alors offerte

---

(1) Louandre. *Histoire d'Abbeville*. Tome II, page 40.

(2) Les armes de la famille d'Humières : *d'argent,* *fretté d'azur.*

(3) P. Anselme. *Tome* VIII. Généalogie de d'Humières.

CHAPITRE IV. — CHARLES D'HUMIÈRES, ABBÉ COMMENDATAIRE.

comme un subside pour soutenir les honneurs de l'épiscopat et de la grande aumônerie qu'il venait d'hériter aussi de Claude Dodieu. Charles d'Humières, souvent retenu à la cour par ses fonctions, fit administrer son abbaye de Saint-Riquier au spirituel et au temporel par Jean de Lessau, son prieur claustral, et son évêché par Germain du Val, son grand vicaire, qui tint des synodes à Bayeux en 1550, 1551, 1556.

Voici quelques dates de son épiscopat. En 1548, il fonda le monastère de Notre-Dame d'Ecclimont, de l'ordre des Célestins. Le 10 juin 1549, au couronnement de Marie de Médicis, il assista le cardinal de Bourbon avec l'évêque d'Évreux ; il accompagna la reine à son entrée à Paris le 18 juin, faisant cortège avec le légat de Ferrare ; il siégea dans les Conseils du roi et dans les assemblées des Etats-Généraux, du mercredi 4 janvier 1557 et du samedi 14. Aux funérailles du roi Henri II, il fit les fonctions de diacre (1). Il assistait au colloque de Poissy en 1561.

La ville épiscopale de Charles d'Humières eut beaucoup à souffrir des excès des Calvinistes et lui-même faillit être victime de leurs cruautés. Rappelons ici, pour initier le lecteur à quelques faits subséquents de notre histoire, un nouveau genre de calamités pour le royaume et surtout pour l'Eglise, que nous allons voir dépouiller d'une partie de ses possessions. Les semences de révolte que Calvin, parjure à ses engagements, avait répandues dans la société, ne s'étaient que trop rapidement développées et la France commençait à ressentir les commotions qui avaient ébranlé l'Allemagne. Les Calvinistes levèrent la tête et demandèrent à partager l'autorité, afin d'anéantir toute vie catholique. On ne pourrait croire qu'ils fussent saisis d'une telle rage d'impiété, si l'histoire n'avait eu soin de raconter leurs exploits. En quelques années ils ont pillé quatre mille sanctuaires, ruiné cinq cents églises, volé l'or, l'argent, les pierreries des châsses. Jeter les reliques des saints dans la boue ou brûler leurs corps honorés par la dévotion des peuples, fouler aux pieds l'adorable Eucharistie, massacrer des prêtres, des moines, des vierges consacrées à Dieu, c'était pour eux faire acte de religion et de prosélytisme (2). Qui pourrait, sans montrer de la prévention en faveur de l'erreur, accuser le peuple catholique, protégé par les lois civiles et ecclésiastiques de l'époque, d'avoir usé d'une légitime résistance et vengé la gloire de Dieu insultée par tant d'impiétés ? N'était-ce pas une question de vie et de mort pour elle que l'anéantissement de son culte et de son sacerdoce, ainsi qu'on l'a vu partout où les nouveaux sectaires ont triomphé ? L'Eglise n'est point responsable, du reste, des fautes qu'on reproche à une politique qu'elle a souvent condamnée, ni des représailles que des militaires exaspérés ont exercées au milieu de ces guerres fratricides.

Le récit du sac de la ville épiscopale de Charles d'Humières nous dispensera d'autres preuves. Les 8 et 9 mai 1562, les Calvinistes de Bayeux, excités par les exemples de ceux

---

(1) *Gallia Christ.* Tom. xi, pag. 388.

(2) P. Ignace. *Histoire des Mayeurs d'Abbeville*, page 691.

de Rouen, envahirent les églises et les monastères : on y brisa les vitres historiées de la vie des saints, les orgues, les images et les tableaux. On abattit les statues du Sauveur et des saints patrons. Tous les ornements du culte furent sacrilègement souillés. On livra aux flammes les chaires et les confessionaux, les meubles de la sacristie, les missels et les livres destinés à l'office divin, les autels, les croix. Tous les signes de dévotion catholique furent renversés. Bèze lui-même dirigeait les iconoclastes. Il profana l'église Saint-Jean par ses séditieuses prédications, et interdit tout acte du culte catholique dans la ville et les environs.

Ces sacrilèges ne rougirent pas de demander le salaire de leurs forfaits : on le leur accorda. Forts de ces encouragements, ils démolirent les tombeaux élevés dans les églises et remuèrent la cendre des morts, afin de voler les objets précieux que la piété ou la tendresse avait déposés autour de restes vénérés. Les prêtres et les religieux ne furent pas épargnés. Les Calvinistes tuaient ceux qu'ils pouvaient rencontrer ; non contents encore de ce triomphe, ils exerçaient sur eux mille cruautés, ils les attachaient à la queue des chevaux pour les traîner dans la boue, ils coupaient leurs oreilles pour les fixer à leurs chapeaux.

L'évêque de Bayeux n'aurait pas été plus épargné que son clergé, s'il ne s'était mis à l'abri de leur fureur par un stratagème. Il fit partir ses équipages pour sa maison de campagne ; on les poursuivit et on les mit en pièces, croyant le saisir lui-même ; mais il s'était dirigé vers la mer. Aussitôt qu'on le sut, on se précipita de ce côté, espérant encore le saisir. Quand ils arrivèrent, il venait de s'embarquer avec sa suite ; à l'abri de leurs insultes, il vit plusieurs de ces forcenés, pour satisfaire leur rage, tirer des coups de mousquet dans la mer. La Providence permit qu'il put gagner Abbeville sans autre danger : il se retira en son refuge de Saint-Riquier avec Germain Duval, grand doyen de sa cathédrale et son grand vicaire et plusieurs autres chanoines (1).

Des reliques conservées en sa cathédrale depuis plusieurs siècles il ne put sauver que la chasuble de saint Regnobert, avec le coffre d'ivoire dans lequel elle était déposée.

Les hérétiques ayant manqué leur proie exercèrent leur vengeance sur le palais épiscopal, dont ils pillèrent les meubles. « Il seroit impossible, dit l'historien Hermant, de rapporter en détail tous les désordres, les pillages, les cruautés, les impiétés et épouvantables sacrilèges que ces misérables réformateurs commirent dans le diocèse pendant quatorze à quinze mois. Les barbares Normands, sous la conduite de Hastings, quoique idolâtres, ne commirent pas de tels excès. Les églises profanées demeurèrent désertes, et il n'y eut aucune sûreté à y entrer avant 1567. On ne sauva la cathédrale qu'en leur conseillant d'en faire leur temple et le lieu principal de leurs réunions (2).

Le duc de Bouillon, gouverneur de Normandie, quoique catholique de nom, avait de secrètes affinités avec les sectaires : il laissa tout faire. Bien plus, il les favorisa en pu-

(1) Hermant. *Histoire des Evêques de Bayeux* (2 *Ibid.*
(*Charles d'Humères*).

bliant qu'on eût à apporter à Bayeux les reliques des châsses du diocèse, les joyaux et ornements d'église pour les mettre en sûreté dans le château. On obéit sans défiance: mais le traître gouverneur, maître de ces trésors, fit prendre l'argenterie des châsses et la convertit en monnaie pour ses soldats : il est presque inutile d'ajouter que les reliques furent profanées et dispersées.

Le Ponthieu eût passé par les mêmes épreuves, si le gouverneur de la province eût fermé les yeux sur les premiers désordres : mais les instigateurs des mouvements furent punis du dernier supplice ; ce qui intimida les esprits remuants. Qu'on juge, du reste, du sort qui attendait les prêtres et les moines par le fait suivant. Le Calviniste Coqueville, envoyé en observation sur les bords de l'Authie par l'amiral de Coligny, exerça un affreux brigandage sur le pays qu'il devait protéger. Il pillait les lieux sacrés, massacrait les pasteurs et les clercs, quand il pouvait les surprendre, ou il les mutilait d'une manière sacrilège. Les églises d'Auxi-le-Château, de Conteville furent brûlées ainsi que celle de Dommartin. Jean de Hecquet, procureur du monastère, tomba entre les mains de ces hérétiques. Après l'avoir torturé pour qu'il leur découvrît ses trésors, Coqueville se fit un jeu cruel de lui remplir de poudre la bouche, les oreilles et les yeux, puis l'innocente victime fut horriblement mutilée au contact de la flamme. La peau et les chairs du visage furent déchirées et Jean de Hecquet mourut au milieu d'atroces douleurs. Ajoutons, pour soulager les âmes attristées, que quelque temps après la justice humaine put venger la société, en exécutant sur la place d'Abbeville avec ses principaux complices, ce monstre altéré de sang (1).

On voit comment la guerre civile fut allumée et entretenue, quels ennemis les princes catholiques avaient à combattre. Le trésor royal était épuisé par les guerres précédentes. L'Eglise vint généreusement au secours de l'Etat ; elle offrit au roi, en 1561, un don gratuit de neuf millons six cent mille livres (2). Pour cela elle s'engagea à prélever sur ses revenus quatre décimes annuels pendant six ans. On fit une répartition par diocèse et des commissaires ecclésiastiques furent établis pour lever ces décimes et imposer les divers établissements : le monastère de Saint-Riquier fut taxé à 8,000 livres qu'on de-

---

(1) P. Ignace *Histoire ecclés. d'Abbeville*, page 480. — Louandre. *Histoire d'Abbeville*. Tome II, page 52.
Cependant quelques seigneurs égarés par des idées d'indépendance ou trop comprimés par les maximes évangéliques osèrent se déclarer les adeptes des erreurs prescrites. Plusieurs noms trahissent leur haine pour l'Eglise et le culte des saints. On leur permit l'exercice de la religion réformée en quelques villages du Ponthieu, mais ils ne s'en contentèrent pas, comme on le voit dans l'histoire locale

(2) On lit dans Berault-Belcastel (*Histoire de l'Eglise*, Tome IX, page 505. Edition de 1830) . « On sait que les biens ecclésiastiques ne payaient pas l'impôt. Mais dans les besoins pressants de l'Etat, le clergé s'imposait des contributions qu'on appelait don gratuit. C'est le terme consacré depuis longtemps. Le clergé passait des contrats avec le roi et ces contrats étaient exécutés par les receveurs généraux. Le contrat de Poissy en 1560 est le plus remarquable (*Mémoires du Clergé, tome* x, page 608). On verra plus loin que ce Don ne suffisait point et qu'il fallut en venir à des extrémités plus fâcheuses.

vait laisser à la charge de l'Abbé, puisqu'il en percevait tous les profits; mais soit insuffisance du produit des fermes, soit impuissance de subvenir tout à la fois et aux réparations et au don royal, on aliéna les objets les plus précieux de l'église; on vendit de beaux domaines. Ainsi le rétable de vermeil du grand autel restitué par les héritiers de Claude Dodieu, fut de nouveau sacrifié. Ce magnifique monument, vrai chef-d'œuvre d'orfèvrerie, mesurant 13 pieds de long sur 7 pieds de hauteur, représentant en relief un grand crucifix au milieu et sur les côtés des traits de la vie de saint Riquier, passa dans les mains de Philippe du Quesnoy de Paris. Cet orfèvre, après l'avoir pesé, fit compte de 141 marcs d'argent et cinq onces, qu'il évalua au prix de 16 livres 10 sols de monnaie courante pour chaque marc, ce qui donnait un chiffre total de 2236 livres 16 sols. On enleva, pour le prix de la matière, ce beau travail d'art, en présence du prieur, du trésorier et de François Chanal, l'intendant de l'Abbé commendataire chargé de cette triste mission (1).

D'après l'énumération donnée par les archives et la chronique, pour satisfaire aux besoins de la guerre et exécuter les édits du roi, les commissaires du clergé vendirent, de 1563 à 1577, 586 journaux de terre en divers lieux, pour 15,496 livres. Les clauses de la vente réservaient le droit de réméré, mais avec complet remboursement; ce qui ne pouvait guère inquiéter les nouveaux propriétaires. Nous verrons toutefois comment les moines usèrent en temps opportun de cette faculté (2).

On a la valeur des terres dans le relevé de la vente. Le prix moyen est peu élevé; 26 livres par journal. C'est un minime progrès sur les prix anciens. On connaît, du reste, les charges des fermiers, leurs craintes dans la perspective des guerres, les injustices commises par les commissaires royaux. Sans cesse rançonnés et souvent ruinés, que pouvaient-ils payer au propriétaire?

Nous nous sommes engagé dans une suite de récits qui nous ont fait oublier l'inté-

(1) D. Cotron. Anno 1564.

(2) On indiquera au livre des domaines ce que l'on connaissait de biens aliénés, puis rachetés. Tout ne fut pas racheté : loin de là. Un édit de Charles IX, en 1563, portait qu'il serait fait aliénation des maisons, seigneuries, fiefs, justices, cens, rentes, terres, prés, vignes, bois et autres héritages, biens meubles, appartenant aux archevêques, évêques, chapitres et communautés, églises cathédrales et collégiales, abbayes, prieurés, commanderies, en un mot aux couvents de religieux de quelque ordre que ce soit. Armés de l'édit royal, les officiers de la couronne procédèrent à la vente des biens les plus commodes et les plus productifs pour le clergé. Ces biens étant évalués frauduleusement et cédés à vil prix, il y eut des lésions considérables et un grand préjudice pour le clergé. Jusque-là on passait des contrats avec le clergé; mais cette fois on aliénait sans avoir sollicité ses délibérations. Le roi et ses conseillers furent accusés de porter atteinte à la propriété ecclésiastique. Le nonce réclama au nom du pape, à qui seul il appartenait de délier les églises particulières de leur serment de défendre jusqu'à la mort les biens consacrés à Dieu. Pressé par les réclamations des évêques et les ambassadeurs des rois chrétiens, Charles IX demanda au pape Pie IV de ratifier une vente nécessaire pour protéger l'Eglise catholique contre les Hérétiques, en annonçant en même temps qu'il permettrait au clergé de racheter ses terres. Grâce à cette clause de rachat, le Souverain Pontife confirma l'aliénation par d'autres bulles. Les successeurs de Pie IV permirent de nouvelles aliénations en 1568, 1574, 1575.

CHAPITRE IV. — CHARLES D'HUMIÈRES, ABBÉ COMMENDATAIRE.

rieur du monastère : il est temps d'examiner l'administration de Charles d'Humières. Il avait constitué, avons-nous dit plus haut, pour son vicaire général au spirituel et au temporel D. Jean de Lessau, prieur claustral. Après sa mort en 1562, il donna cette charge à D. Thibault Asselin. Il eut pour bailli Nicolas Rumet d'Abbeville, dont le zèle fut au-dessus de tout éloge. Les recherches de ce bailli sur l'origine des biens et des propriétés furent très profitables au monastère, surtout à l'endroit des dîmes. Dans ces jours de détresse, Nicolas Rumet s'occupa beaucoup des dîmes qu'on négligeait depuis longtemps. Il fit réviser les contrats et réformer les abus. Ce fut l'occasion de transactions épineuses. Aussi actif que versé dans la science des lois, Rumet conduisit tout à bonne fin et reconstitua ainsi un chapitre important des revenus (1). L'intendant ou le trésorier de l'abbaye, dans cette période, fut François Chanal à qui de nombreuses économies permirent d'acheter une partie des domaines vendus à Saint-Riquier par les commissaires du clergé.

Charles d'Humières fit relever un bâtiment commencé par son prédécesseur et dévoré par les flammes en 1554, avant d'être achevé. Il le donna aux moines pour rétablir leur réfectoire, leur cuisine et les autres lieux réguliers nécessaires(2). Cette indication nous ferait supposer que les bâtiments claustraux furent déplacés par cette nouvelle organisation. Il faudrait ainsi chercher les anciens au Nord de l'église, vers la rue Saint-Jean, contre la grande muraille. La basse-cour était alors au midi vers La Ferté, sous des tours opposées à des étangs appartenant au château féodal. C'est, du reste, une tradi-

---

(2) La famille Rumet, alliée au plus nobles familles de Picardie et d'Artois, faisait remonter son illustration jusqu'à saint Louis. Nicolas Rumet était seigneur de Buscamps, Beaucarroy et Beaumaret. Mayeur d'Abbeville en 1560 et 1562, il eut l'honneur de recevoir Marie Stuart, lors de son passage à Abbeville quand elle retournait en Ecosse, et de la haranguer. Il se signala dans les luttes de l'époque par son attachement inviolable à la foi catholique et son zèle ardent à la défendre contre les entreprises des novateurs.

Nous ignorons pendant combien d'années Rumet fut bailli du temporel de l'abbaye de Saint-Riquier. Nous le voyons investi de cette charge dès 1553. En 1567, il soutint au bailliage d'Amiens les prérogatives et les privilèges du monastère. Jurisconsulte éminent, intendant de la justice au gouvernement d'Abbeville, Boulonnois et Artois sous Henri II, il scruta profondément les coutumes du pays et consigna ses observations et ses jugements dans quatre volumes de jurisprudence restés manuscrits. En feuilletant les annales pour connaître les droits de l'abbaye et ses possessions, il étudia les antiquités du monastère, recueillit les faits les plus remarquables. Il composa en latin une histoire du Ponthieu, que les annalistes des siècles suivants ont souvent citée. Toutefois cet ouvrage a plus d'érudition que de critique. Rumet inscrit sans contrôle tout ce qu'il a recueilli, soit dans les chroniques du monastère, soit dans d'autres ouvrages. Il est sous ce rapport de son siècle et il en a les défauts. Nicolas Rumet mourut en 1595, à l'âge de soixante-quatorze ans. Il laissa quatre fils qui marchèrent sur les traces de leur père. L'un d'eux, Louis Rumet, docteur en théologie et chanoine de Notre-Dame de Paris, a laissé un ouvrage pieux intitulé : *Celeste Viridiarium*. Le pape Urbain VIII l'avait nommé auditeur en cour de Rome. La mort prévint son départ.

L'hommage que nous rendons ici à Nicolas Rumet était bien dû à ce bailli intègre. On trouve le testament de Nicolas Rumet dans la collection de D. Grenier. (*Vol.* LIV. *Fol.* 218). C'est un document curieux.

(2) D. Cotron. *Anno* 1559.

tion conservée et attestée par un vieux familier du couvent que ce déplacement. Nous l'avons déjà fait remarquer en plusieurs endroits de cet ouvrage.

Trois petites cloches furent également procurées aux religieux pour annoncer les offices divins.

L'évêque de Bayeux fit aussi des statuts inspirés par un grand amour de la régularité : il en demanda l'observation au nom de l'obéissance jurée à l'Abbé. Nous devons les faire connaître, afin de suivre toutes les phases de réforme dans l'abbaye et rappeler les pratiques spéciales de la vie religieuse au seizième siècle. En voici le sommaire.

1° Les divins offices seront célébrés avec dignité et gravité : on fera la pause prescrite au milieu du verset et aussi dans le chant des épîtres et des évangiles.

2° On chantera Prime à six heures du matin ; puis le prieur tiendra le Chapitre où seront reprises et corrigées les fautes de la veille.

3° Pour éviter l'oisiveté, on consacrera le temps qui doit s'écouler jusqu'à la messe conventuelle à célébrer les messes basses, à réciter les prières auxquelles on est tenu envers les fondateurs, ou bien encore à méditer et à faire de saintes lectures.

4° Tous les prêtres auront voix active et passive au Chapitre : tous mangeront au réfectoire. On n'est dispensé de la table commune que pour indisposition ou d'autres nécessités prévues par la règle. Pendant le dîner et le souper on fera une lecture de piété ou une lecture sur des sujets désignés par le prieur.

5° Tous les samedis après le dîner, les comptes de la semaine seront rendus en présence de toute la communauté.

6° On distribuera aux religieux ce qui leur est nécessaire, sans distinction ni privilège. L'égalité sera aussi parfaite que possible.

7° Tous les moines se serviront des vêtements et des cordes prescrites depuis la réforme.

8° Après-midi, on donnera une heure à l'étude de la grammaire ou à une lecture sérieuse, si on le juge préférable. Le reste du temps jusqu'aux vêpres sera employé à d'honnêtes récréations ou à des exercices permis.

9° On chantera les vêpres à quatre heures et les complies à sept heures ; ensuite tous se rendront au dortoir. La porte sera fermée par le prieur qui seul gardera la clef.

10° L'argent de la mense conventuelle sera renfermé dans un coffre à trois clefs ; on donnera chaque semaine au cellérier ce qui sera nécessaire pour acheter les provisions : celui-ci en rendra compte en présence de la communauté, comme on l'a marqué plus haut.

11° Le prieur aura soin qu'on n'ait point trop de conversation avec les séculiers, surtout dans les lieux réguliers.

12° La conclusion de ces statuts sera celle de notre Père saint Benoit : « que tous » suivent la règle du maître et que personne ne se permette d'y déroger en quelque » chose que ce soit (1). »

(1) D. Cotron. *Ibid.*

Ces statuts furent confiés au zèle de Jean de Lessau, le 7 décembre 1560. Il jura devant les témoins nommés dans l'acte public de veiller spécialement à leur observation et d'user de tous les moyens possibles pour les faire observer par tous les religieux de son monastère.

Ces règlements nouveaux ne touchent pas aux points fondamentaux de la règle de saint Benoît. Les obligations restent entières, on veut seulement spécifier quelques abus introduits par le relâchement ou quelques dérogations aux usages généralement adoptés dans d'autres communautés.

Penser que ce soit là le code unique de la discipline régulière, qu'on omet le chant des Matines et des autres heures de l'office monastique pendant la nuit, qu'on se repose de 8 heures du soir à 6 heures du matin, ce serait imaginer un relâchement dont les monastères même non réformés n'ont point donné l'exemple. Autre remarque importante pour notre sujet: dans une seconde convention on réserve le poisson pour les religieux: ceci nous prouve que la loi d'abstinence était jusque là maintenue dans les monastères.

Faisons, si l'on veut, la part de la faiblesse humaine ; mais avouons en même temps que les corps monastiques sont toujours animés du même esprit, toujours disposés à marcher dans les sentiers tracés par leurs Pères, pour atteindre les sommets de la perfection. Donnez-leur la tranquillité de la solitude, des supérieurs de leur choix, et vous admirerez la prospérité spirituelle et temporelle de leurs maisons bénies du ciel. La décadence est presque toujours unie aux troubles importés du dehors par la guerre ou par l'oppression de l'Eglise.

Le monastère, pendant l'administration de Charles d'Humières, n'a souffert que des malheurs du temps. L'Abbé commendataire semble n'avoir recueilli que les revenus affectés à sa mense et laissé les moines se gouverner eux-mêmes. On ne pouvait guère espérer mieux. Charles d'Humières eut, du reste, bien d'autres préoccupations pendant son épiscopat, comme nous l'avons raconté plus haut.

Il mourut le 4 décembre 1571 et fut inhumé dans le chœur de sa cathédrale. Son cœur fut déposé devant l'autel des Cordeliers de Bayeux. Dans son testament il légua 500 livres pour la fondation d'un obit (1).

Charles de Bougueville l'appelle un digne évêque; il était prudent, vertueux et fort aumônier. On le regretta beaucoup dans son diocèse. Sur son tombeau on plaça une lame de cuivre avec cette épitaphe :

Hac sub humo Humerius genere et virtutibus ingens
Carolus obtegitur, pastor gregis optimus hujus.

Gabriel du Pré (*Patreolus*) lui dédia son livre des Sectes des Hérétiques en 1568.

(1) *Gallia Christiana.* Tom. xi, pag. 338.

Dans l'enquête sur les coutumes (1567), on le voit figurer comme seigneur des terres et châtellenies de Lully ou Lœuilly, Morcourt, Motte, Digny, Contay, Biencourt, Villers-sous-Corbie, Saint-Sauflieu, Acheux et Léalvillers (1).

VACANCE DE 1572 à 1577.

Il faut croire que les troubles et les confusions de ces mauvais jours empêchèrent de s'occuper des abbayes vacantes, dont les revenus, grâce au droit de régale, revenaient au trésor royal. Qui aurait songé à se plaindre de ce désordre? Les revenus de l'abbaye étant placés sous le sequestre, les commissaires préposés à la garde des possessions firent les actes conservatoires. Ainsi des baux à échéance fixe ont été renouvelés et passés sous leur nom et revêtus de leur scel.

Le 21 mars 1577, le siège abbatial était encore inoccupé, d'après les actes publics (2). Il est constaté que le prieur D. Asselin n'a plus que huit moines sous sa juridiction. Ainsi c'est un progrès dans la décadence, sous l'action corrosive des guerres et de la commende. La postérité jugera plus sainement que les contemporains les auteurs et les complices de ces dilapidations.

En cette même année 1577, on lit dans les cartulaires de l'Hôtel-Dieu que le monastère suscita un procès aux religieuses de l'Hôtel-Dieu, pour revendiquer des droits de juridiction ecclésiastique sur leur communauté. Les moines prétendaient, disent le maître et les religieuses, les assujettir à leurs processions, les obliger à offrir le pain bénit, à assister à la cérémonie du bois bénit, à payer la dîme de leurs poules, oisons, et autres menues dîmes sur leur maison d'habitation et leurs enclos. Condamnés en première instance par l'official d'Amiens, les moines en appelèrent à l'archevêque de Reims, mais la sentence fut confirmée.

(1) Jacques d'Humières, frère de l'évêque de Bayeux, marquis d'Encre, seigneur de Bray et de beaucoup d'autres lieux, chevalier des ordres du roi, gouverneur des trois villes de Péronne, Montdidier et Roye, lieutenant-général en Picardie pour Sa Majesté, fut l'un des plus célèbres, des plus chevaleresques seigneurs de son temps et le plus accrédité du pays. C'est lui qui a conçu l'idée de la Ligue ou du moins qui en fut le plus ardent promoteur en Picardie. On appelle ainsi l'association ou la sainte union des catholiques pour défendre la foi de leurs pères jusqu'à la mort et ne jamais souffrir qu'un prince hérétique possédât le royaume très chrétien de France. Quoiqu'on ait dit ou écrit depuis deux siècles contre cette entreprise si patriotique et si chrétienne, nous devons reconnaître que c'est elle qui a sauvé la foi catholique en France.

(2) D. Cotron. *Anno* 1577.

La chronique fixe à l'an 1277 l'avènement du successeur. Toutefois, nous avons trouvé dans les archives du monastère la note suivante sous l'année 1584 : « Laurent Simon, écuyer, sieur de Molâtre, commissaire député par le roi au gouvernement de l'abbaye, reçoit la saisine d'une terre à Gapennes. (*Répertoire. — Titres de Gapennes.*) » Est-ce que l'autorité des commissaires du clergé aurait primé celle de l'Abbé?

CHAPITRE V.

CHARLES DE LA CHATRE, TROISIÈME ABBÉ COMMENDATAIRE

SOUS LE NOM DE BENOIT RYMBAUT, SON FIDUCIAIRE.

(1577 à 1588.)

Charles ou plutôt Claude de la Châtre et son fiduciaire Benoît Rymbaut. — Aliénations nouvelles de biens ecclésiastiques. — Remontrances inutiles du clergé. — Claude de la Châtre cède sa commende à Henri de la Châtre.

A deux évêques vont succéder deux chevaliers célébres par leurs services envers l'Etat (1), Charles et Henri de la Châtre, comtes de Nançay, près Bourges. « Charles de la Châtre, dit la chronique, grand chancelier de France, obtint cette abbaye du roi en reconnaissance de ses mémorables services ; il se distingua sous quatre rois de France par les exploits les plus éclatants, mais surtout par une ambassade dont il fit seul tous les frais (2). »

Nous avons inscrit ici le nom de Charles de la Châtre par respect pour les traditions reçues. Mais nous ferons remarquer que ce nom ne se lit pas dans les généalogies connues de la famille. Le titre de chancelier qu'on lui attribue est aussi fautif. Charles de la Châtre ne figure nulle part parmi les chanceliers de la France. Nous croyons à une erreur de nom. Nous supposons que la chronique voulait désigner Claude de la Châtre, gouverneur du Berry et d'Orléans, serviteur zélé et actif des rois de France dans les guerres de religion. Son titre de maréchal de France le rend digne de tous les éloges dont le comble la chronique pour ses fonctions civiles et militaires.

Comme il était marié, Charles ou plutôt Claude de la Châtre eut besoin d'un prête-nom ou d'un fiduciaire. Il choisit un ecclésiastique, nommé Louis Rymbaut et c'est sous ce nom qu'il demanda ses bulles.

Tels étaient les abus et la perversité de ce temps ! Jamais, en effet, à aucune autre époque la simonie ne fut plus audacieuse ni les lois de l'Eglise violées avec plus d'impunité. Claude de la Châtre pouvait s'autoriser d'illustres exemples. François de Bourbon,

---

(1) Armes de la famille de La Châtre : *de gueules, à la croix azurée de vair.*

(2) D. Cotron *Anno* 1277. — Le P. Ignace omet le nom de Charles de la Châtre et nomme Benoît Rymbaut, puis Henri de la Châtre.

prince de Conty, frère du cardinal de ce nom, possédait l'abbaye de Saint-Germain-des-Prés sous le nom de Jean Percheron et de Louis Buisson. On verra plus tard Henri IV donner des abbayes à ses maîtresses, à ses bâtards et même à des calvinistes. Gardons-nous de trop remuer ces douloureux souvenirs.

Benoît Rymbaut, dont nous ne connaissons que le nom, établit en 1582 Thibaut Asselin, prieur claustral, son vicaire au spirituel et au temporel. Cette date mérite une observation. Le prieur claustral avait été continué dans son office, qu'il avait reçu de Charles d'Humières. Il est donc à croire que cet acte d'autorité est appelé par un contrat public qui réclame la présence d'un Abbé et d'un prieur. Jusque-là, sans doute, on administrait le temporel et on laissait les moines se gouverner comme ils l'entendaient. Dans cette période, les commissaires du clergé continuaient de vendre des biens pour soutenir la guerre contre les calvinistes. Domaines, cens, champart, tout fut jeté dans le gouffre, sans pouvoir le combler. On estime à plus de 5,000 livres pour le monastère le chiffre total de ces ventes ou inféodations.

Les religieux, le prieur et le couvent s'opposèrent de toutes leurs forces à ces aliénations. D. Martin et D. Simon le Bel, sous-prieur, furent chargés de présenter les réclamations des religieux, mais les commissaires du clergé n'y firent point attention et les ventes continuèrent avec d'autant plus de facilité que le pape Sixte V lui-même, le 30 février 1586, permit d'aliéner encore pour les subventions la valeur d'un million d'écus, à savoir 500,000 écus, à la réception de la bulle, et 500,000 plus tard, si la guerre continuait. Les évêques eux-mêmes faisaient des remontrances, mais la nécessité extrême et la loi du salut de l'Etat leur étaient opposées, et tout le clergé, courbant la tête sous ce joug, dut se réduire à vivre de privations, en attendant la fin des guerres civiles. Voilà le bilan des guerres de religion pour l'Eglise catholique, et c'est elle qu'on veut rendre responsable de ces calamités !

Charles de la Châtre disparut en 1588 et laissa, dit la chronique, la commende de Saint-Riquier à son fils Henri, avec les autres héritages (1). Henri de la Châtre n'eut qu'à continuer à Benoît Rymbaut sa protection et le prier de bien gérer ses intérêts (2).

---

(1) D. Cotron. *Anno* 1588.—Cette phrase demande un correctif. Henri de la Châtre était le neveu ou plutôt le fils de Claude. Celui-ci lui résigna l'abbaye de Saint-Riquier, car il ne meurt qu'en 1614.

(2) On conserve au musée de Cluny à Paris les volets d'un rétable d'autel en bois provenant, dit le catalogue du musée (1852, n° 228), de l'abbaye de Saint-Riquier et portant la date de 1587. Le rétable se compose de quatre panneaux dont chacun contient trois bas-reliefs. L'ensemble forme douze sujets qui sont le *Credo* en action ou la traduction des douze articles du symbole de foi catholique. Nous avons essayé de lire la pensée de l'auteur et nous allons la reproduire ici sous toute réserve, laissant à de plus savants archéologues l'avantage de donner une meilleure interprétation.

PREMIER VOLET.

1er ARTICLE. CREDO IN DEUM. Dieu, la création, la séparation des ténèbres et de la lumière, le soleil, la lune, les animaux, le paradis terrestre, l'arbre de la science du bien et du mal, Adam endormi, Ève qui se présente devant Dieu.

IIe ARTICLE. ET IN JESUM CHRISTUM. Notre-Seigneur J.-C. dans un vaste nimbe ou la Transfiguration, qui nous rappelle ces paroles : *Hic est filius meus...*

Moyse et Elie auprès du Sauveur : trois apôtres au second plan : un qui lit, un second qui est couché et le troisième en prières.

III⁰ ARTICLE. ET INCARNATUS EST.... L'Annonciation, l'archange Gabriel et la sainte Vierge : la Nativité, l'enfant Jésus, Marie, Joseph avec un long bâton ; les bergers, le bœuf et l'âne.

SECOND VOLET.

IV⁰ ARTICLE. CRUCIFIXUS,.. Une descente de croix avec les divers personnages qu'on représente ordinairement autour du Sauveur.

V⁰ ARTICLE. RESURREXIT... Le Christ ressuscité : plus bas, les gardes endormis, puis le Christ encore, tenant sa croix d'une main et de l'autre la main d'un apôtre qu'il conduit vers un enfant. Autour d'eux plusieurs personnes en prières.

VI⁰ ARTICLE. ASCENDIT IN CŒLOS. . L'Ascension. Au ciel la Sainte Trinité représentée par deux personnages et la colombe. Au-dessous des Anges : plus bas les apôtres et la sainte Vierge.

TROISIÈME VOLET.

VII⁰ ARTICLE. ITERUM VENTURUS EST... Le jugement dernier. Jésus-Christ, juge des vivants et des morts. Les élus montent au ciel, les réprouvés sont entraînés dans les enfers.

VIII⁰ ARTICLE. CREDO IN SPIRITUM SANCTUM... Après l'acte de foi en la divinité du Père et du Fils, le chrétien fait profession de croire au Saint-Esprit. La Pentecôte, Marie au milieu du tableau avec Marie-Madeleine. Les apôtres, dans diverses attitudes, attendent en prières la descente du Saint-Esprit.

IX⁰ ARTICLE. CREDO SANCTAM ECCLESIAM... L'Eglise représentée par divers personnages symboliques. D'abord la ville de Jérusalem, puis un homme qui lève le couvercle d'un coffre pour figurer peut-être le martyre de saint Etienne, ou la mort d'Ananie. un homme renversé, saint Paul ? Une femme avec son enfant dans une hotte ; divers personnages tenant des bourses à la main, un autre portant des pains sur la tête. N'est-ce pas ici l'image des biens vendus et de la charité des premiers chrétiens ?

QUATRIÈME VOLET.

X⁰ ARTICLE. REMISSIONEM PECCATORUM .. Le Baptême et la Pénitence. Le baptême des mères et des enfants, des voyageurs, d'un soldat qu'on reconnaît à son bouclier ; un personnage qui étend la main sur d'autres fidèles.

XI⁰ ARTICLE. CARNIS RESURRECTIONEM... La vision d'Ezéchiel ou bien un ange qui tient les mains élevées ; de tous côtés des squelettes sortent de leur tombeau.

XII⁰ ARTICLE. VITAM ÆTERNAM... La celeste Jérusalem ; des anges, des apôtres, le bon Pasteur au milieu de ses brebis qui cheminent vers le ciel. On sait que les fidèles sont souvent représentés dans les catacombes et les monuments de l'Église primitive sous la figure d'agneaux et de brebis.

Tout ce travail est plein de foi et de poésie biblique. Il nous a semblé cependant que dans l'exécution on reconnaît plutôt la main d'un huchier de cette époque que le ciseau d'un artiste. Quoiqu'il en soit, ces volets occupent une place d'honneur dans le musée de Cluny.

Au numéro 609 du catalogue du même musée, on se trouve encore en face d'une autre œuvre d'art du monastère de Saint-Riquier : une porte sculptée à jour (style du XVI⁰ siècle) nous offre dans un beau travail de menuiserie les quatre Evangélistes représentés aux quatre coins de la porte, mais d'une taille inégale, selon la hauteur des compartiments.

LIVRE XII.

LES ABBÉS DU DIX-SEPTIÈME SIÈCLE.

CHAPITRE PREMIER.

HENRI DE LA CHATRE, QUATRIÈME ABBÉ COMMENDATAIRE,

SOUS LE NOM DE BENOIT RYMBAUT ET DE GASPARD DE FONTAINES, SES FIDUCIAIRES.

(1588 à 1627.)

Henri de la Châtre et Gaspard de Fontaines. — Vains essais de réforme. — Les ligueurs à Saint-Riquier. — Soumission de la ville à Henri IV. — Les calamités de la fin du xvi° siècle. — Conférences à Saint-Riquier après la paix de Vervins. — Convention pour le rachat de la dîme d'Escameauville ou Equemauville. — Achat d'un domaine à Maison-Roland — Travaux à l'église. — Le petit Couvent. — La fête de Saint-Riquier.

Henri de la Châtre, neveu de Claude, comte de Nancey, seigneur de Sigonne et Bredoire, maréchal des camps et armées du roi, bailli et capitaine du château de Gré, né en 1574, fut fait gentilhomme de la chambre du roi lorsqu'il sortait de l'enfance. La châtellenie de Nancey relevant de la Tour d'Issoudun, les seigneuries de Neufvy et Sigonne en Berry, mouvant de Mehu-sur-Terre, furent réunies et érigées en comté en sa faveur, sous le nom de Nancey, par lettres du mois de juin 1609, registrées le 3 mars 1610. Henri était fils de Gaspard de la Châtre qui mourut en 1576 à la fleur de l'âge, après s'être distingué dans plusieurs batailles, et de Gabrielle de Batarnay. Claude de la Châtre lui résigna alors la commende de Saint-Riquier, pour subvenir aux besoins de la veuve et l'aider à faire l'éducation de son fils et de ses trois sœurs (1). Henri de la Châtre fut marié à Marie de la Guesle, fille de Jacques de la Guesle, conseiller du roi et seigneur de Laurain, le 15 juin 1605.

« Après le décès de messire Charles de la Châtre, dit le Mémoire déjà cité (2), messire

---

(1) Voir les généalogies diverses de la famille La Châtre.

(2) Nous rappelons ici la confusion de nom qui vient du Mémoire ou de D. Cotron et que nous avons signalée au chapitre précédent. Claude de la Châtre ne mourut qu'en 1614. On comprend qu'après la mort prématurée de Gaspard, neveu de Claude, ce dernier mu de compassion sur l'infortune de la veuve, lui ait procuré les avantages de cette commende.

Nous pensons qu'Edme de la Châtre, connu dans l'histoire des lettres pour ses mémoires curieux et intéressants, était fils d'Henri de la Châtre.

Henri de la Châtre, comte de Nancey, obtint le billet du roi sous le nom de ce même Benoît Rymbaut, qu'il a fait vivre longtemps après sa mort (1), ne prenant point la peine de renouveler les billets, tant le bénéfice était tenu comme partie du patrimoine de la famille (2). » On le posséda en effet pendant cinquante-quatre ans. Pour les seigneurs, une abbaye commendataire avait la valeur d'une récompense, méritée pour des services rendus à l'Etat.

Dans toute cette période, les essais de réforme si laborieusement préparés firent de nouveau place au relâchement. On n'entretenait qu'un petit nombre de moines : on en laissait assez pour constater l'existence d'une abbaye, mais on mettait des bornes à l'admission des novices, afin de s'assurer une plus grand part dans les revenus. L'ombre même de discipline régulière eût été une source de réclamations ; on les prévint en assignant à chaque moine une pension avec la liberté d'en user comme bon leur semblerait. « Je vous laisse à juger, dit ici la chronique, des désordres, des dissolutions et des abominations d'un pareil régime, de la décadence des bâtiments, des fermes, lorsque personne ne songeait à les entretenir (3).

De cette cause interne de ruine spirituelle et temporelle il faut rapprocher la commotion politique causée par la ligue ou plutôt par les guerres de religion. L'effervescence était à son comble en 1589. L'attentat de Jacques Clément, en dénouant brusquement une situation grosse de périls, faisait entrer la guerre civile dans une nouvelle phase. Les populations catholiques se croyaient obligées de repousser un roi légitime, mais hérétique. Ce que l'homme a de plus intime, les convictions sacrées de la conscience les poussèrent à cette extrémité. Le serment des ligueurs en 1576 en fait foi (4). L'ambition des chefs ligueurs n'eut pas suffi à soulever les masses pendant si longtemps et à les condamner à toutes les souffrances d'une guerre implacable. Il est facile aujourd'hui avec les écrits et les pamphlets du temps de jeter l'insulte aux principaux fauteurs de la ligue et de condamner les prédications du clergé, d'exagérer les excès auxquels se portèrent quelques esprits ardents ; mais quoi qu'en pensent certains hommes politiques, plus attachés aux intérêts présents qu'aux devoirs de la religion, il faut reconnaître que les masses combattaient pour les autels de leur Dieu et la foi de

---

(1) D'après D. Cotron, Benoît Rymbault était mort en 1507. On ne sait pas même en quelle année il fut remplacé. Le nom du successeur ne paraît que dans les actes nécessaires pour justifier les comptes de réparation de l'église et du monastère, de 1526 à 1528.

(2) M. Prarond. *Histoire de St-Riquier*, page 258.

(3) D. Cotron. *Anno* 1626.

(4) Voici ce serment : « Au nom de la Sainte Trinité et de la communication du précieux Corps de Jésus-Christ... nous jurons et promettons de nous employer de toutes nos puissances à remettre et maintenir l'exercice de notre dicte religion Catholique, Apostolique et Romaine, en laquelle nous et nos prédécesseurs avons esté nourris et voulons vivre et mourir. Et jurons et promettons toute obéissance, honneur et très humble service au roi Henri à présent régnant. Promettons encore d'employer vies et moyens pour la conservation de son auctorité et exécution de ses commandements. (P. Daniel. *Histoire de France*. Tome XI, page 62 — *Edition in-8.*)

CHAPITRE I. — HENRI DE LA CHATRE, ABBÉ COMMENDATAIRE.

leurs pères : si c'est un égarement, on est bien forcé de convenir qu'il n'en fut jamais de plus légitime. Le dévoûment des ligueurs fut récompensé par le triomphe de la cause qu'ils soutenaient. Nos pères n'ont fait leur soumission à Henri IV que lorsqu'il eut lui-même adhéré au principe catholique, pour lequel combattait la ligue dans ses jours les plus mémorables.

En 1589, quoique le duc de Longueville fût établi gouverneur de Ponthieu pour le roi, c'était le duc d'Aumale qui dominait dans le pays pour la ligue. Les luttes entre les deux partis replongèrent le Ponthieu dans les calamités de la guerre civile. Le pillage, les incendies, la destruction des récoltes enlevèrent encore au paysan son pain quotidien. Quoiqu'on se fût engagé, par un sentiment de compassion et par des services assez semblables à la trêve de Dieu, à assurer le repos des laboureurs et la sécurité des marchands, les passions politiques poussaient la guerre aux dernières extrémités et fermaient les cœurs à la pitié. Nous apprendrons un peu plus loin, par les comptes des argentiers, combien la petite ville agricole de Saint-Riquier eut à souffrir au milieu de cette commotion universelle.

Les nobles du Ponthieu dévoués à la ligue reçurent, en février 1589, l'ordre de se rendre à Saint-Riquier le 26 février, et ceux de la prévôté de Vimeu le 29, afin de se joindre à l'armée, sous peine de voir saisir leurs biens, d'être poursuivis et d'être déclarés traîtres à Dieu et à la patrie (1). La ville de Saint-Riquier devenait ainsi un centre de réunion, d'où l'on devait se porter sur les points les plus vulnérables.

Le seigneur de Hugueville ou de Roncherolles, châtelain de la Ferté, était gouverneur d'Abbeville pour la ligue et rendit son nom célèbre dans ces luttes par son activité et son zèle pour les intérêts de la religion et plus tard pour ceux du roi. Saint-Riquier avait embrassé aussi le parti de la ligue. Claude de Cacheleu, gouverneur de cette ville, la défendait avec une compagnie de cent hommes entretenus à ses frais (2).

Cependant la continuité des combats et les victoires de Henri IV jetèrent la division parmi les ligueurs du Ponthieu. Le duc d'Aumale devint suspect : on l'accusa de conspirer avec le duc de Parme pour faire monter la fille de Philippe II sur le trône de France ; on lui ferma les portes d'Abbeville. Peu de temps après il manifesta le désir de faire entrer les Espagnols à Saint-Riquier. On lui objecta vainement que la place était trop importante pour la remettre aux mains de ces étrangers. Ils y entrèrent soit par la trahison, soit par la violence des armes (3). Ce qu'ils firent dans Saint Riquier, Henri IV lui-même nous le révèle dans une lettre aux habitants de Saint-Riquier.

---

(1) Louandre. *Histoire d'Abbeville*. Tome II, page 663

(2) Prarond. *Histoire de St-Riquier*, page 87. Il est probable que Claude de Cacheleu défendit la ville pendant tout le temps du péril. On le retrouve au siège d'Amiens en 1597, comme on le voit par un certificat dans lequel Henri IV rend témoignage à sa bravoure.

(3) Louandre. *Histoire d'Abbeville*. Tome II, page 76. — Il est à remarquer que quelques régiments ligueurs passant par Saint-Riquier au mois de juin, afin de joindre l'armée de Mayenne, avaient pillé

« Après la soumission des habitants au roi, d'autant que par le long séjour et desgat
« que les Espagnols ont fait audit Saint-Riquier et environs, les habitants ont esté ab-
« solument spoliés de leurs biens, maisons ruinées et réduites en tel estat qu'ils sont

cette ville comme si elle eût été prise d'assaut, sous prétexte que ses habitants étaient attachés au roi légitime. Cet exemple commença à faire haïr les ligueurs dans le pays (Formentin. *Histoire du Ponthieu*, 1592).

Nous avons recueilli dans un travail très important de M. Prarond sur la Ligue a Abbeville, (*Mémoires de la Société d'Emulation d'Abbeville* 1867 à 1878), quelques notes qui ont rapport à Saint-Riquier. Nous les mettons ici sous les yeux du lecteur.

« On remarque dans un Mémoire de la municipalité d'Abbeville du 17 janvier 1589 que la tour du Plouy-lès-Saint-Riquier et la ville même de Saint-Riquier mériteraient bien d'y avoir quelques hommes pour les conserver et garder que les ennemis ne s'en emparent. » (*Tome* II, *page* 143.)

C'est sans doute après cette motion que le sire de Cacheleu occupa Saint-Riquier.

11 *décembre* 1590. La Ligue dans le Ponthieu était combattue par les armées de Henri IV. La ville de Corbie a été surprise. L'ennemi menace Saint-Valery : on décide dans une assemblée des notables « que l'on secourera de munitions les villes de Sainct-Wallery, Sainct-Riquier, Pondremy et aultres lieux d'ici allentour. » (*Ibid.*, page 329.)

« Le lendemain 12 décembre se présentent en la Chambre du Conseil d'Abbeville, par devers le maieur, le procureur fiscal de la ville de Saint-Riquier, assisté de l'un des échevins d'icelle, lesquels nous ont remonstré estre envoiés vers nous, affin de remonstrer la nécessité de prouvoir à la conservation de lad. ville, considéré le mauvais temps, et à ceste fin leur ordonner quelque quantité de pouldres, mesches et aultres munitions de guerre quy leur sont nécessaires pour la conserver contre l'ennemi, s'il se présentait. On décide en conséquence de la délibération de la veille, qu'il sera enlevé des greniers de cette ville où il se trouvera y avoir des grains appartenant à l'abbaie dud. Sainct-Riquier, le nombre de cent septiers de blé, qui seront vendus promptement, pour les deniers en provenant estre employés à l'achapt de quelque quantité de pouldre, mesches et aultres munitions de guerre qu'il conviendra pour la conservation de la place, sans préjudice neantmoings à lad. abbaie à les faire remplacer par lad.

ville de Sainct-Riquier, comme elle verra bon estre. » (*Ibid*, *page* 340.)

18 *octobre* 1591. « Les gens de guerre du parti du roi Henri IV viennent journellement jusqu'aux portes d'Abbeville, pillent et ravagent les gens des champs, les prennent prisonniers et mettent à rançon sans qu'il y soit donné aulcune résistance, même font mener les muisons des habitans ès villes de Corbie, Nœufchatel et aultres lenans leur party... Défenses faictes aux recepveurs de ne wider leurs mains des deniers de leurs receptes, que la gendarmerie ordinaire et garnisons de Sainct-Riquier, Saint-Wallery, Pontdremy, Rue, et aultres lieulx ne soient premièrement paiées. » (*Ibid.*, *page* 381-382.)

12 *decembre* 1591. « Entre autres moyens pour se procurer des ressources on décide dans l'échevinage d'Abbeville que l'on fera abattre et amener du bois pour faire gabions et facines, ès bois de Sainct-Riquier, Marœul et Pontdremy. » (*Ibid.*, *page* 408.)

Avril 1592. « L'armée du duc de Mayenne et de Parme était campée entre Abbeville, Rue et Saint-Riquier. » (*Ibid.*, *page* 453.) « Des corps volants menacent Saint-Riquier et Pont-Remy. » (*Ibid.*, *page* 471.)

Juin 1592. « On apprend à Abbeville que l'ennemi avait fait entreprinse sur Saint-Riquier et Pontremy On délibère s'il est plus utile de conserver ces places que de les démolir. » (*Ibid.*, *page* 475.) On n'indique pas la décision.

Juillet 1592. « On remonte au duc d'Aumale la licence des soldats, lesquels entrés en plusieurs villes, s'en estaient rendus maîtres, les avaient pillées et y vescu à discrétion sans que les conducteurs et chefs y pussent donner ordre ny aucun remède. »

En note, M. Prarond ajoute ceci : « Suivant Formentin, Saint-Riquier avait été pillé et saccagé peu de jours auparavant par quelques régiments en marche pour rejoindre le duc de Mayenne. (*Ibid.*, *page* 479.)

Les sieurs de Mautcaurel tenaient alors garnison à Saint-Riquier. (*Ibid.*, *page* 480.)

Le duc d'Aumale voulait passer par Abbeville avec des troupes : on refuse d'ouvrir les portes. Récriminations du duc d'Aumale, justification du

CHAPITRE I. — HENRI DE LA CHATRE, ABBÉ COMMENDATAIRE.

« contraints de les abandonner. » On ne saurait dire combien de temps les Espagnols demeurèrent à Saint-Riquier. Louandre nous apprend que de Saint-Riquier ils se répandirent dans le Vimeu, sans que nous puissions conclure qu'ils abandonnèrent entièrement la ville ; mais il faut le supposer, puisqu'après l'abjuration d'Henri IV et la soumission d'Abbeville nous voyons aussi Saint-Riquier au pouvoir du roi légitime.

En effet, le 23 avril 1594, les députés d'Abbeville se présentèrent devant Henri IV, pour lui présenter les clefs de la ville, en lui demandant le maintien de leurs privilèges et franchises, et le 26 du même mois nous avons des lettres patentes pour la remise des impôts à la ville de Saint-Riquier. Dans ces lettre le bon roi se montra clément et généreux. « Vu les requettes à nous présentées par nos chers et bien amez les habitants
« de nos ville et banlieue de Saint-Riquier, inclinant volontairement à icelles en consi-
« dération de très humble submission et obéissance que nous ont rendu les exposants,
« nous avons reçu les habitants desdites ville et banlieue de Saint-Riquier en nostre pro-
« tection et iceux remis et remettons en jouissance paisible et entière de leurs biens,
« privilèges, libertés et offices, dignités et bénéfices qui leur appartiennent, révocant
« à cet effet tous dons, concessions, transports qui pourraient en avoir été fait à l'oc-
« casion desdits troubles, leur remettant entièrement ce qui peut être deub ; et pour
« qu'ils aient moyen de se rehabituer en leurs maisons, nous leur avons fait don et re-
« mise de tout ce qu'ils nous peuvent devoir de tailles, aydes, subsides et impositions
« depuis le commencement de ces dits troubles jusqu'au premier jour de janvier der-
« nier. Attendu que nous ne pouvons entièrement décharger ce qui est deub du taillon et
« entretennement des prévosts, des maréchaux que nous exceptons des dons et remises

mayeur qui répondit : « Qu'on le suppliait vouloir croire qu'on n'avait faict aucune chose en intention de l'offenser, que la misère des voisins de Saint-Riquier (c'est-à-dire des habitants de Saint-Riquier leurs voisins), et ce qui s'estait passé auparavant en la ville faisait craindre quelques mauvais comportements de la part de gens dont on s'était plaint vivement depuis peu. » (*Ibid., page* 481.)

Comme on manque de provisions et de fonds on supplie le duc d'Aumale de faire faire les avances par les recepveurs des finances ou ceux des abbayes ou prieurés. (*Ibid., page* 480.)

Janvier 1594. Une trêve permet de négocier avec les partisans de Henri IV. La ligue va rendre les armes à Abbeville et à Saint-Riquier. On n'a plus la même confiance au duc d'Aumale. On délibère si on rasera les fortifications de Saint-Riquier ou bien si on y conservera des munitions et des gens de guerre. Quarante soldats formant la garnison de Saint-Riquier menacent de se retirer s'ils ne sont pas payés. Le duc d'Aumale veut y introduire des Espagnols. L'échevinage représente ce qui s'est passé lorsque les troupes étrangères y ont résidé et supplient de ne point envoyer de garnison étrangère : que s'il tient à la conservation de cette place, que ce soit des Français dont on puisse tirer quelques secours ou sinon qu'il leur plaise de la faire démanteler.

Malgré ces supplications le duc d'Aumale fait entrer des Espagnols dans Saint-Riquier. Les désastres que cause leur présence se devinent à la requête que les prévôt, procureur du roi, greffiers et autres officiers de justice présentent vers la fin de février à la commune d'Abbeville « pour qu'il leur soit permis d'exercer leur justice en ceste ville où ils se sont retirés par la misère du temps » (*Histoire de la Ligue. Tome* III, *page* 98 à 104.)

(3 *juillet* 1595). Le comte de Saint-Pol date de Saint-Riquier une commission pour garder la tour de Plouy-Domqueur : il est sans doute venu pour aviser au moyen de mettre en défense la ville de Saint-Riquier. (*Ibid., page* 269.)

« dessuts dits, payant par lesdits habitants la somme de cent escus en mains du re-
« ceveur de notre taillon, nous les quittons et les déchargeons de tous les arrérages, de
« ce qu'ils peuvent en debvoir jusqu'au premier jour de janvier dernier (1). »

Une faveur exceptionnelle cimentait le pacte de réconciliation. Les lettres patentes dérogent à un règlement du grand Conseil, d'après lequel on ne faisait pas la remise de la dette de 1592 : soit inattention, soit habitude de restriction, les trésoriers généraux d'Amiens exigèrent la rentrée des sommes exigibles pour cet exercice. Sur la réclamation du capitaine, du mayeur et des échevins, Henri IV rappela lui-même aux intendants des finances qu'il entendait que nonobstant le règlement de son conseil « dont il
« avait été bien commémoratif, lorsque ladite décharge avait été par lui accordée, les
« habitants de Saint-Riquier fussent exceptés et dispensés comme de chef de sa grâce
« spéciale, pleine puissance et autorité royale : car tel était son bon plaisir. »

Par lettres patentes du 29 septembre 1594 le roi accordait aussi au gouverneur, aux eschevins, manans et habitans de sa ville de Saint-Riquier, en reconnaissance de leur loyauté et fidélité, de réparer leurs fortifications. La demande des bourgeois de Saint-Riquier était sage. La France, en se réconciliant avec son roi, restait exposée aux fureurs des Espagnols, frustrés dans leurs ambitieux projets : ceux-ci le prouvèrent à Saint-Riquier en 1595, en venant encore tomber sur cette ville, peut-être avant que les murailles fussent en état de défense. Quand Formentin ne nous apprendrait pas que les Espagnols rançonnèrent encore les habitants de Saint-Riquier en 1595 et 1597, nous en aurions pour garants les registres de comptes (2). On cite un procès-verbal aujourd'hui perdu, « sur information des ruines et démolitions et pillages faites à la
« ville de Saint-Riquier en l'an 1595, par où l'on voit que l'abbaye a été pillée et
« Saint-Nicolas (la chapelle) tout rompu, portes, serrures, meubles et coffres brisés,
« par où l'on voit comme les originaulx, tittres et papiers ont esté perdus. »

L'abbaye, dans son état de délabrement, offrait peu de ressources à des pillards. Toutefois les moines réduits au plus strict nécessaire n'avaient pas besoin de cette nouvelle calamité : ils avaient bien de la peine à se relever de leur abjection et les années suivantes ne firent qu'aggraver les malheurs de ces populations accablées par tous les fléaux, la guerre, la peste, la famine. Abbeville perdit en 1596 huit mille habitants, victimes de la peste. A Montreuil diverses paroisses dépeuplées restèrent désertes et furent retranchées de la ville. En 1599 de nouvelles épidémies enlevèrent quatre mille personnes à Abbeville et huit mille dans les campagnes environnantes (3). On ne peut douter que la ville de Saint-Riquier n'ait eu sa part de ces épreuves ; il n'en reste pourtant aucune trace. Mais nous surprenons d'autres causes d'un malaise extraordinaire. Ainsi nous lisons dans les comptes de la confrérie de Saint-Nicolas « qu'en

---

(1) D. Grenier.—Voir *Histoire de Saint-Riquier* par M. Prarond qui rapporte au long les lettres patentes du roi (pages 87 à 89).

(2) *Archives municipales de la ville de Saint-Riquier*. Comptes de la confrérie de Saint-Nicolas
(3) Louandre. *Histoire d'Abbeville* Tome II, page 89.

« 1595 la confrairie ne reçut aucuns bleds, que les terres, à cause des guerres, ne fu-
« rent ni labourées ni ensemencées, qu'elles restèrent en friche et que le peu de ré-
« colte qu'on pouvait espérer fut pillé pendant trois années. Les comptes réclamés et
« rendus seulement en 1598, n'offrent en recettes que 38 setiers de blé et 6 setiers
« d'avoine, pour près de 80 journaux de terre (1). »

On sait que les redevances étaient généralement en nature. Les fermiers étaient donc dans l'impuissance d'acquitter toute leur dette et n'en payaient qu'une partie.

Dans le compte de 1599, à la marge de chacune des pièces dont on recueille le cens ou le fermage en nature, on lit ces mots qui accusent une souffrance continue et sans interruption : *Resté en friche.*

Les comptes de la ville laissent la même impression de tristesse et le même serrement de cœur. Les argentiers trahissent dans l'ensemble de leurs opérations le plus profond découragement : peu ou point de recettes pour les fermes de la ville : celle des vins ne produit rien ; ce qui est l'indice d'un dénuement universel. Les terres de la ville, comme les autres terres environnantes, restées en friche à cause des guerres et des ennemis, ne rendent aucun grain ni aucun revenu. La terre des Ratiaulx, dépendant du Val et située aux environs de Saint-Acheul et Montigny, est également abandonnée à sa stérilité naturelle. Le chapitre des droits seigneuriaux reste en blanc. On ne donne rien aux archers ni aux arquebusiers pour leur vin d'honneur. Le geai n'est point tiré. On continue de crier merci au gouvernement pour les tailles. On ne fait plus acquitter les messes pour les bienfaiteurs. Les recettes et les mises sont diminuées de plus des deux tiers sur les années communes (2).

Ne laissons pas néanmoins toutes les iniquités de la guerre à la charge des Espagnols : reconnaissons que les garnisons françaises du Ponthieu n'avaient guère plus de pitié pour le pauvre peuple des campagnes, qu'elles avaient la mission de protéger contre leurs ennemis. Les villages étaient détruits par les flammes et le peuple obligé de se réfugier dans les villes fortifiées. Enfin la paix de Vervins mit un terme à ces maux intolérables ou plutôt elle fut une halte dans cette voie douloureuse, que nos populations étaient appelées à parcourir, car les guerres civiles ou nationales les laisseseront encore bientôt toutes meurtries sous les pieds des cavaliers ou sous le glaive des fantassins.

Après ce traité de paix, des conférences furent nécessaires pour régler la mouvance du comté de Saint-Pol et autres différends relatifs aux limites du pays d'Artois et de Ponthieu. Une de ces conférences se réunit à Saint-Riquier, en 1602, pour traiter ces questions : on nous a conservé les procès-verbaux de ces réunions et les noms des négociateurs. Pour les Français, c'étaient Louis Lefèvre de Caumartin, conseiller du roi en son Conseil d'Etat et président en son grand Conseil, le père de François Caumar-

(1) *Comptes de la confrérie de Saint-Nicolas.*   (2) *Archives municipales de la ville de Saint-Riquier.*

tin, depuis évêque d'Amiens, et Claude Mango, aussi conseiller du roi et maître des requêtes en son hôtel : pour l'Autriche, c'étaient Jean de Renninck, président au conseil provincial de Luxembourg, Renou le bailly, conseiller ordinaire au conseil provincial d'Artois et Charles Malinens, conseiller fixe au conseil de l'amirauté (1). La première séance eut lieu le 11 mai 1602. Le 7 mars 1603, ces conférences furent transférées à Montdidier. La question n'était pas entièrement jugée en 1620 : car des procès-verbaux de cette époque indiquent de nouvelles conférences à Saint-Riquier sur le même sujet.

Dans les premières années du XVIIᵉ siècle, les religieux mirent fin à un long procès par une amiable transaction. On a vu au XIᵉ siècle que saint Gervin, dans un voyage en Normandie, avait reçu du duc Richard les revenus d'un village nommé Equemauville (2), au diocèse de Lisieux. Quoique ce bénéfice fût le titre d'une dignité dans le monastère, il est à peine question de cette possession dans la chronique. Les archivistes ont laissé égarer les papiers, quand ces papiers n'eurent plus d'intérêt pour eux. Les revenus du XIᵉ siècle ne produisaient plus à cette époque que des dîmes. Nous devons présumer que ces dîmes éloignées n'ont pas été recueillies exactement avant 1565, quand on révisa toutes ces redevances antiques. Le curé du lieu refusa de reconnaître les droits du monastère de Saint-Riquier. En 1570, on commença à plaider à la prévôté de Pont-l'Evêque et on continua ensuite au Parlement de Rouen. La question était encore pendante en 1605 ; on la régla alors avec Maître Léger Houset, curé du lieu. Les religieux reconnaissent dans une délibération du 8 juillet : 1° que de grands frais ont grevé leur mense pour un procès dont l'événement est douteux et incertain ; 2° que difficilement ils pourraient fournir des titres valables et suffisants à justifier des droits spéciaux à ces dîmes et surtout la possession et paisible jouissance pour le temps prescrit par le droit ; 3° que ces dîmes ne consistaient qu'en deux tiers de la portion recueillie sur certains héritages qu'on nomme la prévôté d'Escameauville, ne rapportant que 40 livres ; 4° que quand ils auront obtenu gain du procès, les grands frais et coûtages du procès diminueront encore ce revenu ; 5° que la paroisse d'Escameauville est éloignée de 45 à 50 lieues, qu'on ne saurait reconnaître ni indiquer quels héritages sont sujets à la dite prévôté ; 6° que le monastère n'a aucun domaine en la province de Normandie, ce qui les rend encore plus étrangers à ces dîmes. Pour toutes ces considérations, ils acceptent l'offre de 600 livres, qui leur est faite par le curé de cette paroisse ; ils s'engagent à employer cette somme en achat de rentes ou d'héritages de même nature, pour représenter à perpétuité cette fondation des premiers siècles de l'abbaye et conserver le titre de la prévôté ; ils promettent qu'ils feront ratifier le présent contrat « au sieur Abbé de ladite abbaye sous trois mois après qu'il aura pris possession d'icelle ; » ils renoncent à tout droit sur les dîmes et se dessaisissent entre les

---

(1) P. Lelong, *Bibliothèque de l'Histoire de France* au mot *St-Riquier*. — M. Prarond. *Histoire de St-Riquier*, page 93.

(2) *Scabelli-Villa* de la chronique d'Hariulfe. On lit dans les chroniques de cette époque *Escameauville* ou *Escamonville*. C'est aujourd'hui, croyons-nous, *Equemeauville*.

mains du curé et de ses successeurs de leurs revenus et du sequestre, sans rien réserver. Le prieur D. Martin sera envoyé à Rouen pour signifier le désistement de la communauté. En outre les religieux s'obligeaient par la teneur du contrat d'écrire à la marge du cartulaire et la présente transaction sur les dîmes et le remploi des fonds pour éviter procès à l'avenir. La somme de 600 livres fut immédiatement payée par Jacques Bertrand, écuyer, procureur de Maître Léger Houset, curé d'Escameauville et remise entre les mains de Michel de Bernay, bourgeois d'Abbeville, jusqu'au moment où elle serait employée dans les conditions ci-dessus stipulées.

Ce contrat fut passé au couvent de Saint-Riquier par devant Nicolas le Prevost et Antoine de Tigny, notaires royaux. Les religieux présents, tous prêtres, formant le nombre total de la communauté, ont signé au contrat: Jean Martin, prieur; Jean d'Estamisnil, sous-prieur et aumônier; Sanson de Bernay; Nicolas Bellenger, chantre; Adrien Le Vasseur; Pierre Le Febvre; Nicolas Vasseur; Adrien le Prévost, trésorier; Quentin de Cayeu; Antoine Bellenger; Jean Gaude; Philippe Waignart; Nicolas Perache, en tout treize religieux.

Dans un acte du 6 avril 1606 on lit que cette somme de 600 livres avait été acquise des héritiers de Nicolas Doresmieulx, procureur et notaire en la sénéchaussée de Ponthieu, que Maître Nicolas le Prévost et Jacques Carpentier, notaires royaux à Saint-Riquier en rendaient une rente de 45 livres au titre de 540 livres.

Adrien Le Vasseur, pourvu de la prévôté d'Escameauville par démission de Jean d'Estamesnil, demanda à entrer en pleine et entière jouissance de la rente acquise et du revenu de 60 livres, quand ce reliquat sera employé, mais le trésorier D. Adrien le Prévost, au moment de l'investiture de la prévôté, fit les réserves de l'abbaye, en déclarant que le rembours du sort principal, s'il a lieu, ne pourra jamais appartenir ni au prévôt actuel d'Escameauville, ni à ses successeurs, mais qu'il sera reçu conventuellement, et mis en main bourgeoise jusqu'au rachat de rentes ou d'immeubles de pareille destination, ce que la communauté approuva (1).

Le droit canon, comme on sait, avait environné les biens religieux de lois protectrices et n'en permettait point l'aliénation sans la permission du Souverain Pontife: d'autre part il fallait éviter de tomber sous l'excommunication dont les prêteurs usuraires sont frappés par l'Eglise. Nous avons ici quelques renseignements sur la stratégie financière de l'époque: on prête d'après cet acte à 8,33 0/0 : nouvelle preuve de la disette de numéraire et de la misère générale. Ces contrats de prêt étaient des aliénations de fonds, mais remboursables à volonté. Ce dernier contrat n'était point interdit par les théologiens de l'époque.

Quelques années après, le 30 septembre 1625, le prévost d'Escameauville acheta, à Maison-Roland, 49 journaux de terre pour 1,000 livres; il ajoutait, comme il le déclare, par le secours de ses bons amis, 400 livres aux 600 livres dont il jouissait de-

(1) *Cart. de St-Riq. Fol.* 191, 192.

puis 1606. C'est sur ce domaine que doit être constitué à l'avenir l'ancienne prévôté de Normandie : elle en portera le titre. Adrien Le Vasseur pour son aumône au monastère ne réclamait qu'une faveur ; c'était de participer aux prières et suffrages de la communauté et de ses successeurs. « C'est pourquoi, pour la rédemption de son âme, il oblige les futurs prévosts de faire chanter un office solennel le jour anniversaire de celui où il plaira à notre bon Dieu de l'appeler de ce monde, et les vigiles le jour précédent. Pour qu'on ne puisse en ignorer et s'excuser de l'office, on fera exactement les appeaux (*appels*) accoutumés : et pour aucunement reconnaître les religieux de leur assistance, ses successeurs seront tenus de présenter au couvent un écu d'or de quelque valeur qu'il puisse être : en outre ils donneront aux pauvres qui assisteront aux offices la somme de 30 sous, dont la distribution sera faite par l'aumônier. Il est à remarquer que ces deux sommes seront prélevées sur les plus clairs deniers des revenus du domaine. »

Ce testament d'Adrien Le Vasseur fut passé et consenti en chapitre et signé par les religieux dont les noms suivent : Martin, Levasseur, Ph. Waignard, Perache, Marcotte, Saulmon, Serveant, Le Fevre, Caron, Perache, Martin, Waignart, Prevost, Douville, Cacheleu, Tigny ; 17 religieux : ce qui indique un progrès, une amélioration dans la condition monastique (1).

En effet, dans les premières années du XVII° siècle, on jouissait de la paix et les lois reprenaient vigueur. La simonie qui marchait tête levée au milieu des agitations sociales fut obligé de s'effacer, de se dissimuler sous le masque d'un Abbé. C'est pour cela qu'on voit Gaspard de Fontaines produire des bulles après 1606 et signer les actes officiels comme Abbé commendataire (2). En outre, le comte Henri de Nancey, pour échapper à des menaces ou faire taire des plaintes qu'on ne pouvait toujours étouffer, fit travailler au monastère et à l'église. En 1606 il répara les cloîtres et on les couvrit d'ardoises. En 1626 il eut pitié de l'église. Depuis 1554 les voûtes du transept, bien défectueuses et ruinées en certains endroits, résistaient jusque-là aux intempéries des saisons : il consentit enfin à les mettre à l'abri et à faire une toiture. On travailla aussi aux nefs latérales et on les couvrit de tuiles. On y dépensa 8,000 livres. Les ouvriers d'Abbeville, en cette occasion, avaient été de meilleure composition que ceux de Saint-Riquier ; c'est pourquoi ils obtinrent la préférence. Malgré ces avances Gaspard de Fontaines ne put se faire pardonner le vice de son origine et l'abus scandaleux de la dignité abbatiale. Il fut révoqué en 1627 comme simoniaque et comme coupable, à ce titre, de posséder un bénéfice ecclésiastique. L'administration

---

(1) *Cart. de St-Riq. Ibid.* 192.—Le plus grand nombre de ces religieux et de ceux qui sont nommés plus haut nous représentent les noms de familles nobles ou bourgeoises d'Abbeville et de Saint-Riquier.

(2) On ne sait en quelle année mourut Benoît Rymbault, mais, d'après le Mémoire cité au commencement du chapitre, il était décédé depuis plusieurs années.

du temporel de l'abbaye fut remise entre les mains du prévôt de Saint-Riquier jusqu'à la nomination de son successeur. Du reste la mort de Henri de la Châtre, survenue en janvier 1628, mit bientôt un terme à ces difficultés.

De 1524 à 1527, les religieux firent quelques économies et profitèrent d'un arrêt des Requêtes de 1621 pour rentrer dans leurs domaines qu'on n'avait vendus qu'avec faculté de réméré. Ils commencèrent avec la permission de l'Abbé à retraire des biens au nom *du petit Couvent*. On appelait ainsi la part domaniale de la mense conventuelle, formée par des acquisitions dont les deniers venaient des moines. Il sera souvent question du petit couvent dans la suite. Ces revenus iront toujours croissant jusqu'à la suppression des monastères. On rachetait les biens aliénés, on les convertissait en fiefs avec redevance annuelle ; on en laissait la possession pendant une vie d'homme pour un cens de minime importance. C'est ainsi que le petit couvent rentra en possession de 80 journaux de terre à Saint-Riquier et pays environnants.

L'année 1626 nous a laissé un cahier des droits, coutumes et prérogatives de la ville de Saint-Riquier, rédigé par N. Lefevre. Le temps, en pacifiant les différends, avait établi des règles fixes d'administration. D'un commun accord les religieux et les mayeur et échevins mirent par écrit une espèce de code pratique qu'on consultait dans les doutes, afin de trancher les difficultés à l'amiable. Les différents arrêts des siècles précédents sont codifiés par articles et sous des titres généraux (1). Le résumé de cette législation locale sera analysé au chapitre des coutumes.

Du reste l'organisation communale du moyen âge tendait vers sa décadence, comme toutes les autres institutions : l'autorité municipale et l'autorité religieuse diminuaient chaque jour par le progrès de la centralisation. Quelques années encore et la mairie des villes, mise aux enchères, disparaîtra pour faire place à un office sous la main du pouvoir royal.

Au milieu des calamités de toute nature, dont furent affligés et le monastère et la ville, le culte de saint Riquier avait perdu de son éclat. Ses fêtes n'étaient plus célébrées avec la solennité des anciens temps. Les moines se crurent obligés de recourir à l'autorité diocésaine pour rétablir le précepte des fêtes patronales du saint fondateur et du plus grand bienfaiteur de la contrée. Geoffroy de la Marthonie, alors évêque d'Amiens, accueillit la supplique des moines. Le 31 mars 1609, par une ordonnance spéciale, il enjoignit au curé de Notre-Dame d'annoncer à son prône les fêtes de Saint-Riquier du XXVI avril et du IX octobre, puis de rappeler l'obligation de les célébrer comme fêtes de précepte, avec devoir d'assister aux offices et de s'abstenir d'œuvres serviles.

La juridiction du monastère sur la ville s'affirmait de nouveau par cette ordonnance ; mais le joug pesait-il plus aux habitants que dans les siècles précédents ? On est porté

---

(1) *Archives municipales de Saint-Riquier.*

à le supposer : car il fallut encore un siècle plus tard faire appel à l'autorité épiscopale qui n'imposa plus l'obligation de célébrer la fête de saint-Riquier qu'au IX octobre (1).

CHAPITRE II.

LE CARDINAL DE RICHELIEU, CINQUIÈME ABBÉ COMMENDATAIRE.
(24 Mars 1628 au 4 Décembre 1642).

Premières années de Richelieu. — Ses commendes. — Espoir des moines après sa nomination. — Leur déception. — Association de prières avec les moines de Dommartin. — Procès sur le quint denier. — La guerre aux environs de Saint-Riquier. — Ses excès. — Le refuge des carrières. — Mort de Richelieu.

Armand Jean Du Plessis-Richelieu, évêque de Luçon, cardinal, duc de Richelieu et Fronsac, pair de France, commandeur de l'ordre du Saint-Esprit, grand maître, chef et surintendant général de la navigation et du commerce, gouverneur et lieutenant général en Bretagne, premier ministre de Louis XIII, joignit à tous ces titres celui d'Abbé commendataire de Saint-Riquier et de plusieurs autres abbayes (2). Armand-Jean de Richelieu, fils de François Du Plessis, seigneur de Richelieu et de Suzanne de La Porte, était né le 5 septembre 1585 à Paris. Il étudia au collège de Navarre avec beaucoup de distinction et d'ardeur ; il fut nommé évêque de Luçon à 21 ans. Cet évêché était devenu à peu près héréditaire dans sa famille : plusieurs de ses oncles l'avaient possédé ; son frère aîné en avait déjà été pourvu et l'avait abandonné pour se faire Chartreux. Dans la suite, quand Armand Du Plessis-Richelieu fut ministre, il quitta les Chartreux et mourut cardinal-archevêque de Lyon. N'obtenant point ses bulles, Richelieu alla lui-même les solliciter à Rome. On a dit qu'il avait trompé le pape sur son âge.

On a aussi attribué au pape, qui lui accordait bien sciemment la dispense, cette parole : *æquum est ut qui supra ætatem sapis, infra ætatem ordineris*. C'est une assertion qui n'est pas plus vraie que la précédente, car Richelieu ne soutint sa thèse en Sorbonne pour le doctorat qu'après son retour de Rome, étant déjà évêque. Il prit possession de son diocèse en 1608, et pendant plusieurs années il l'administra avec une grande fermeté : il combattit l'hérésie par ses écrits aussi bien que par la prédication : il porta

---

(1) *Archives de l'église paroissiale de Saint-Riquier.*

(2) Armes de Richelieu : *d'argent, à trois chevrons de gueules.*

la parole au nom du clergé aux Etats Généraux de 1614, et demanda entre autres choses que les abbayes commendataires ne fussent plus données à des laïques et à des huguenots, et que le Concile de Trente fût reçu en France, ainsi que l'avait promis le feu père du roi.

Nous apprenons par lettres de Richelieu qu'il était pauvre à la Rochelle. « Nous sommes tous gueux en ce pays, disait-il, moi le premier, dont je suis bien fasché. » Tout était délabré dans son palais épiscopal et il manquait même du nécessaire pour le meubler convenablement : il y porta remède par son activité : le temps, comme il le disait, fit le reste, et on sait de quelle manière (1).

Après les Etats Généraux sa fortune fut rapide : il fut admis au conseil du roi comme secrétaire d'Etat de la guerre et des affaires étrangères, puis nommé aumônier de Marie de Médicis et, quelque temps après, de la reine Anne d'Autriche. En 1622 il fut créé cardinal, premier ministre d'Etat et chef des conseils du roi, titres qu'il conserva jusqu'à la mort. Il se démit de son évêché de Luçon ; mais la perte de cette dignité fut amplement compensée par des abbayes en commende. Nous en donnerons ici la liste, sans assurer qu'elle soit complète. En 1621, avant même d'être cardinal, Richelieu avait reçu la commende de la célèbre abbaye de Fleury-sur-Loire. On lui a reproché d'avoir exercé, en 1626, de grandes rapines sur le monastère et les bois du Tréfond. En 1624 il y ajouta celle de Saint-Pierre-au-Mont, puis celle de Ham : en 1628, celle de Saint-Riquier. En 1629 il réunit à ses autres abbayes celles de Valroy au diocèse de Reims ; en 1632 le prieuré de Saint-Martin-des-Champs de la filiation de Cluny. En 1630 il dévora, dit le *Gallia Christiana*, les revenus de Saint-Lucien de Beauvais. Les chefs d'ordre d'abbayes, comme Cluny et Citeaux, ne devaient jamais être conférés à des commendataires. Nous apprenons cependant par l'histoire que Richelieu en fut pourvu, ainsi que de celle de Marmoutier dont les riches domaines étaient enviés par les Abbés de cour. Richelieu marchait sur les traces de Mazarin, son prédécesseur (2).

Il faut croire que Richelieu, en disposant ainsi à son profit de ces puissantes dotations de la piété chrétienne, se formait la conscience par la pensée qu'il servait la République chrétienne en même temps que l'Etat, et que la splendeur de sa maison ajoutait à la dignité de sa position. On pourrait s'imaginer que portant sur les épaules le poids de toute l'Europe il abandonnait volontiers l'administration de ses commendes à ses intendants ; c'est une erreur. Il s'environnait sans doute d'auxiliaires pour le maniement d'aussi vastes domaines, mais il exigeait des comptes rigoureux : il s'occu-

---

(1) *Revue des Questions historiques. Janvier* 1869.
(2) *Gall. Christ. Passim. Aux noms des Abbayes.*
Successeur du cardinal de Berulle le 2 avril 1629, Richelieu introduisit la réforme de Saint-Maur dans le monastère en 1637.
1627. Louis Gouffier de Caravas lui résigna encore l'abbaye de Cormeric, mais sans qu'il en prît possession. Il la passa à son frère le cardinal archevêque de Lyon.

Colbert écrivait à Mazarin : « Votre Eminence trouvera que je suis chargé de l'administration et du détail de 23 abbayes qui composent 5 à 600,000 livres de revenu. Soit en moyenne 25,000 livres. (*Revue des Questions historiques. Avril* 1869, *page* 435.)

pait de ses intérêts privés avec un soin minutieux. Jusqu'à la veille de sa mort, dit un auteur, il donna une attention assidue à ses moindres affaires : toute sa vie il a mis dans l'accroissement et l'administration de sa fortune cette persistante et active surveillance dont nous trouvons sans cesse les preuves. On aurait dit qu'il n'avait que cela à faire (1).

C'est donc sur Richelieu lui-même que l'histoire fait peser les gémissements de tant d'abbayes, dont il a épuisé les revenus, comme nous le lisons dans l'histoire de Saint-Riquier. Il obtint les bulles pour cette commende le 24 mars 1628, et il en prit possession par procureur au mois d'août de la même année.

« On s'applaudit, dit la chronique, d'une telle nomination, et dans l'ivresse que
« causa la nouvelle de cet événement on rêvait déjà les plus beaux jours des siècles
« précédents et l'antique splendeur du monastère. Que ne pouvait-on pas attendre du
« patronage d'un si puissant Abbé et de ses libéralités ? Mais l'illusion fut de courte
« durée. Le gouvernement de l'Etat et les terribles guerres de cette époque lui créèrent
« bien d'autres soucis (2). » D'ailleurs une nouvelle commende n'était guère pour lui qu'un incident sans importance. On doute qu'il ait jamais visité Saint-Riquier. Quand il habita Abbeville, ce ne fut point dans l'hôtel de son abbaye, mais dans l'hôtel de la Gruthuse qu'il fit son séjour.

Continuons l'exposé de la chronique : elle en apprendra plus que nos réflexions. « Soit qu'il ne voulût pas ou qu'il n'eût pas le loisir, il ne s'occupa nullement de son
« monastère et ne répara rien. Aussi les édifices s'écroulaient de toutes parts : par
« exemple, le grand bâtiment joignant au logement abbatial du côté du Midi s'affais-
« sait sur lui-même et ainsi des autres. Jamais on ne vit spectacle plus hideux. Dans
« les environs, les fermes de Buigny, d'Oneux, de Senarmont, de Bersacques, de
« Noyelles étaient toutes délabrées : les bois de Saint-Riquier étaient dévastés par les
« paysans et les soldats : les grands arbres des forêts étaient abattus et enlevés sans
« que ses intendants et ses gardes eussent l'air de s'en apercevoir. Richelieu reçut
« d'une coupe ou d'une vente de bois de Chevincourt 30,000 livres pour la réparation
« de l'église ; il n'y dépensa rien : on se contenta de quelques travaux de peu d'impor-
« tance à l'hôtel d'Abbeville. Messire de Masles des Roches, chanoine et chantre de la
« cathédrale de Paris, intendant de la maison de Richelieu, reçut pour sa part 18,000
» livres, dont il ne put justifier l'emploi. C'est pourquoi après la mort de Richelieu les
« moines de Saint-Riquier attaquèrent ses héritiers ; ils prouvèrent qu'on avait payé
« sur cette avance une pension ou une redevance de 22,000 livres. On composa pour le
« reste et on se contenta de 12,000 livres qui furent employées à la reconstruction de
« l'église (3). »

(1) *Revue des Questions historiques*. Janvier 1869.
(2) D. Cotron. *Anno* 1628.
(3) *Ibid*. Cette somme s'éleva jusqu'à 14,200, sans doute en y comprenant les intérêts qui furent exigés.

De Masles, devenu prieur des Roches, par résignation de Richelieu en sa faveur, avait été attaché presque dès son enfance à la personne du cardinal, qui continuait, malgré ses fonctions officielles, de l'employer dans toutes sortes d'affaires, en le nommant son secrétaire : il était en effet l'un de ses plus anciens et plus intimes secrétaires. De Masles survécut à Richelieu et fut un des bienfaiteurs de l'Hôtel-Dieu de Paris (1).

Richelieu établit pour son vicaire général au spirituel D. Jean Martin, prieur claustral : ce bon et zélé fils de saint Benoît proposa des règlements de discipline régulière, conformes à ceux dont nous avons déjà parlé plus haut. Il en surveilla lui-même l'exécution : ce qui aida les moines à se ranimer dans l'amour de leurs devoirs et de l'abnégation religieuse. Les revenus des caritiers ou du petit couvent s'accrurent par sa sage administration : quoique réduits à une portion congrue, dès lors qu'ils vivaient dans les pratiques de la règle, les moines pouvaient économiser, racheter leurs biens aliénés pour la subvention et créer ainsi, comme le remarque la chronique, des ressources plus abondantes, qu'ils se proposaient de partager avec d'humbles chrétiens, désireux de s'associer à leurs pénitences, à leurs expiations et de participer à leur vie cachée et recueillie en Dieu. La chronique remarque que le nombre de religieux s'accrut sous la direction de D. Jean Martin. En effet, le levain d'une vie régulière dans une communauté fermente au milieu des peuples, et malgré la décadence de l'élément temporel, les âmes droites et pures sont gagnées à Dieu ; elles viennent se nourrir des sublimes enseignements des hommes parfaits. Ne cessons d'opposer au reproche de relâchement cette force expansive de l'exemple d'un prélat rempli de l'esprit de Dieu. La ferveur refleurissait dans les âmes qu'il cultivait. Plus tard, si l'on déplore encore des scandales, c'est que l'autorité aura été déposée dans des mains inhabiles ; c'est que le chef de la communauté n'attirera point ses frères à la suite de Jésus crucifié.

Outre le prieur D. Jean Martin, la chronique signale un autre vicaire général au spirituel et au temporel, Adrien Pecoul, docteur de Sorbonne et chanoine d'Amiens. Nous supposerons que Richelieu avait plusieurs vicaires généraux, l'un dans le monastère, et un autre à l'extérieur, avec des pouvoirs plus étendus. C'est la solution plus vraisemblable d'un point obscur de nos chroniques (2).

Une association de prières unit, en 1634, les religieux de Saint-Riquier et ceux de

---

(1) C'est sans doute sur le revenu du legs fait à l'Hôtel-Dieu qu'on prit les fonds nécessaires pour la restauration de l'Ecole de Médecine, d'autant plus volontiers que les médecins s'étaient eux-mêmes cotisés en 1744 pour la restauration de l'Amphithéâtre.

Le lundi 21 octobre 1867, le jour même ou nous écrivions ces lignes, nous lisions dans *le Monde* : « Les bâtiments de l'Ecole de Médecine de Paris et l'Amphithéâtre furent restaurés et en partie renouvelés à diverses époques. On lit en effet aujourd'hui sur la porte principale de l'Ecole.

« *Ære DD. Michaelis Le Masles, Regi a sanctioribus consiliis, pronotarii apostolici, præcentoris et canonici Ecclesiæ Parisiensis, Prioris ac Domini des Roches, etc. M. Antonio Lemoine Parisino decano. Anno R. S. H. MDCCLXXVIII.* »

Michel De Masles fut encore prieur de Montdidier en 1664 et vicaire général de Richelieu, cardinal de Lyon et grand aumônier de France.

(2) D. Cotron. *Anno* 1628.

Dommartin par les liens de la confraternité spirituelle (1). Frère D. Marsille, Abbé de Dommartin, donna une charte aux moines de Saint-Riquier « immédiatement soumis au Saint Siège apostolique, » d'après laquelle on voit que ces derniers ont envoyé solliciter au couvent de Dommartin l'aumône de la prière pour leurs frères défunts. La pieuse communauté de Prémontré, animée du même sentiment de compassion pour les moines exposés à souffrir dans les flammes du Purgatoire, établit l'association aux conditions suivantes : 1° on chantera un service solennel à trois leçons pour chaque membre défunt de la communauté associée, sans distinction de la qualité de prêtre, de clerc, convers ou même de novice ; 2° les religieux prêtres ou clercs réciteront le psautier de David : les frères convers, cinquante *Pater* et autant d'*Ave Maria ;* les novices, les vigiles entières des morts avec les neuf leçons ; 3° afin que cette association soit durable, deux religieux de chaque monastère se rendront tous les ans à la communauté associée, quand le supérieur le jugera convenable, pour relever sur le registre conventuel ou capitulaire le nom des frères défunts et examiner si les conditions de l'association ont été fidèlement remplies. « Nous promettons, ajoute l'Abbé, d'observer saintement, fidèlement et « loyalement les prescriptions de cette salutaire association que nous avons si longtemps « désirée de part et d'autre et que nous voyons établie selon nos vœux. Que les pères « la fassent connaître à leurs fils, et que ceux-ci, par leur zèle à la garder, la transmet- « tent de génération en génération jusqu'à la fin des temps, et célèbrent ainsi les bien- « faits du Seigneur et ses miséricordes. Daigne le Tout Puissant exaucer cette prière de « ses humbles serviteurs ! » Cet acte fut signé du sceau de l'Abbé et de la communauté, le 4 des calendes de février 1634 (2).

Que sont devenues les associations avec le chapitre d'Arras, avec les moines de Marchiennes, de Saint-Lomer, de Saint-Bertin, de Saint-Valery ? Ces touchantes relations de pieuse fraternité existaient-elles encore alors ? Nous nous permettons d'en douter : celle-ci subsista plus longtemps. Toutefois le changement introduit par la réforme de Saint-Maur aurait bien pu la faire disparaître comme les précédentes. Les engagements d'une communauté répandue par toute la France ne se seraient pas facilement accommodés avec ces observations anciennes.

Notons ici que les chanoines réguliers de Dommartin conservaient encore alors leur Abbé régulier. Ils ont eu l'insigne avantage de le maintenir jusqu'à la suppression des couvents. Le pays d'Artois, ne dépendant point de la France, n'a point été soumis à la confiscation de l'autorité abbatiale des commendes. Aussi ses monastères ont continué de prospérer et de faire respirer jusqu'à la fin la bonne odeur de Jésus-Christ.

Nous croyons devoir consigner ici un procès fameux sur le quint denier, lequel dura près de 15 ans, et mit en mouvement tous les feudataires de Saint-Riquier.

---

(1) Ils l'étaient déjà par leurs intérêts temporels ; mais les dissentiments soulevés par intervalle troublaient peut-être bien un peu l'harmonie des sentiments. Les droits paraissent mieux définis dans cette période et l'accord plus parfait. C'est pourquoi on cherche à se rapprocher.

(2) D. Cotron. *Anno* 1634.

On a vu aux siècles précédents que les reliefs et droits de vente, d'entrée et d'issue étaient payables à la merci du seigneur. Dans la suite la coutume fixa ces redevances. Celle du Ponthieu imposa le quint denier sur les reliefs en roture et sur les mutations en vente. L'Abbaye de Saint-Riquier la conserva, après sa réunion au bailliage d'Amiens : ainsi sa coutume sur ce point resta différente de celle d'Amiens, qui n'imposait sur les rotures qu'un relief égal aux cens, selon l'axiome : *tel relief, tel cens.*

Le procès dont il s'agit prit naissance à Aumatre, entre le seigneur Ives de Mailly et les marguilliers de l'église. Ceux-ci contestaient, en 1626, au seigneur de Mailly, propriétaire de la terre d'Aumatre, les droits de quint denier, en se fondant sur la coutume d'Amiens. La cause fut plaidée au bailliage d'Amiens et gagnée par les marguilliers. Comme la terre d'Aumatre provenait de l'abbaye de Saint-Riquier, ayant été vendue au seigneur de Mailly, à l'époque des aliénations pour subvention avec garantie de quint denier, Ives de Mailly se rejeta sur le couvent de Saint-Riquier et somma les religieux de venir à son aide ou de lui restituer des droits illégalement perçus. Sur sa demande, les religieux intervinrent au procès avec lui, et après la condamnation en appelèrent au Parlement de Paris, pour se faire maintenir dans le droit général et ancien de leur abbaye. Quand le Parlement eut examiné les pièces du procès, il étendit la question. Ne voulant point statuer sur ce droit extraordinaire et inconnu dans le bailliage d'Amiens, sans que tous les intéressés fussent entendus, on fit appel en conséquence à tous les tenanciers de l'Abbaye, soumis au quint denier comme ceux d'Aumatre : on fit assigner les tenanciers de Maison-Roland, Hautvillers, Buigny-l'Abbé, Neuville, Gapennes, Bussu, Noyelles, Villencourt, Huppy, Drugy, Oneux. Le 17 novembre 1638, assignation fut également donnée à issue de messe paroissiale « au nom du cardinal de Richelieu, du
« prieur, des religieux et couvent de Saint-Riquier, aux mayeur, échevins, bourgeois,
« manants et habitants de la ville de Saint-Riquier et faubourgs, tenanciers et occu-
« peurs de héritages, tenus et mouvans de l'abbaye, à comparoir pardevant nos sei-
« gneurs du Parlement à Paris, pour prendre communication du procès pendant à la
« dite cour entre mondit seigneur, les religieux, prieur et couvent de l'abbaye de
« Saint-Riquier et les curé, marguilliers, manants et habitants d'Omattre, à dire ce
« qu'ils aviseront bon répondre et procéder sur le tout suivant ledit arrêt. »

On voit dans la procuration des habitants de Saint-Riquier (1) qu'ils refusent d'intervenir au procès, donnant pour cause d'exception leurs titres particuliers, concordats, droits de bourgeoisie, etc. Les autres tenanciers se firent représenter et ne demandèrent pas mieux que d'appuyer les plaideurs d'Aumatre. Mais leur opposition n'était pas soutenable. Aussi le Parlement, dans son arrêt du 27 juillet 1640, infirma la sentence du bailly d'Amiens et reconnut l'obligation de quint denier pour les tenanciers de l'abbaye, selon l'usage immémorial, excepté pour les fiefs tenus des caritiers, pour les

(1) M. Prarond cite dans son Histoire de Saint-Riquier (*page* 175) cette procuration extraite des archives municipales de Saint-Riquier.

fiefs Robert-le-Jeune ou Pierre de Farcy, Sarton, et quelques autres assujettis à des règlements particuliers. Nous verrons cette question se réveiller encore au siècle suivant et se juger par les mêmes principes.

Ce procès ne fut pas le plus grand souci des religieux de Saint-Riquier et de leurs tenanciers. La guerre entreprise par Richelieu, pour abaisser la maison d'Autriche, ramena les troupes espagnoles et allemandes sur les bords de l'Authie. Pendant cinq années, on fut exposé à leurs incursions, et jamais cette partie du Ponthieu située entre Abbeville et l'Artois ne fut témoin de pareilles scènes d'horreur. Les armées espagnoles de cette époque se recrutaient en Allemagne et pays luthériens, de princes, comtes, seigneurs perdus de dettes, d'aventuriers, de pillards, de moines défroqués, de bretteurs, de banqueroutiers, de mendiants, de vagabonds et autres gens de cette espèce. Voici quelques-uns de leurs exploits dans les guerres de cette époque. On jetait par tas les pauvres paysans sans défense au milieu des flammes de leurs maisons incendiées ; on tuait, comme des chiens, ceux qui voulaient se sauver ; on pillait les églises ; on renversait les autels ; on foulait aux pieds le Saint Sacrement ; on graissait les souliers sanglants avec les saintes huiles et le saint chrême ; on violait publiquement les femmes, puis on les jetait dans le feu ; on tourmentait par des débauches abominables de jeunes enfants de neuf à dix ans, jusqu'à les laisser morts le long des grands chemins et dans les granges incendiées (1).

Tels sont donc les progrès de la civilisation, depuis que les peuples sont émancipés du joug de l'Eglise ! Qui songeait alors aux sauvegardes invoquées par l'Eglise en faveur des paisibles laboureurs et de leurs troupeaux? En face de ces horreurs, que ne connaissaient pas les siècles de fer tant décriés par les historiens modernes, nous relisons avec attendrissement le pacte de la trêve de Dieu. Sans prétendre que cette prescription fût exécutée à la lettre, nous croyons cependant qu'elle arrêta le torrent dans sa course impétueuse et qu'elle préserva la société de semblables calamités. C'est ce que n'avoueront jamais les historiens aveuglés par des préjugés et des haines implacables contre une autorité divine.

Ces données générales sur les guerres de ces temps ne sont que trop conformes aux traditions locales, conservées par le récit de témoins oculaires. Il fut constaté par des enquêtes, faites après la prise de Hesdin qui rejeta les ennemis sur les Flandres, que tout le pays situé entre l'Artois et la Somme, de Montreuil jusqu'à Saint-Quentin, fut complètement ruiné, dévasté, sans qu'il y restât la moindre récolte pour plusieurs années ni qu'il fût possible de cultiver et d'ensemencer. Les habitants, quand ils le pouvaient, se retiraient dans les villes, dans les forêts ou les souterrains. Une relation du siège de Corbie semble copiée trait pour trait sur l'historien Menzel (2).

---

(1) Menzel, *cité par Rohrbacher*, livre 87.

(2) Ingrediuntur Galliam avidi et rabidi, percurrunt furentes Picardiam, quidquid obvium devastant, pagos, villas igne consumunt : homines non satis visum occidere, ictibus et novis tormentorum generibus prius excruciatos dilaniant : inferunt vim mulieribus, stuprant religiosas, dein trucidant : non parcunt templis, nefarii ! diripiunt altaria, ape-

Les prévôts de Beauquesne et de Saint-Riquier, dans leurs rapports sommaires, nous révèlent quelques-unes de ces horreurs commises dans le ressort de leur juridiction. Nous nous contentons de citer celui de Mᵉ Michel Manessier, prévôt de Saint-Riquier et seigneur de Maison-Roland, conseiller du roi en l'élection d'Amiens.

« Depuis la guerre déclarée entre le roi de France et le roi d'Espagne, le prévost sait
« que dans plusieurs villages, notamment le village de Maison-Roland, qui sont situés
« dans sa prévôté à une ou deux lieues environ de Saint-Riquier, la plupart des terres
« sont en friche, que le village de Maison-Roland est situé à trois petites lieues d'Aussi
« le Château, pais ennemi dont la garnison fait depuis cinq à six mois tous les jours
« des courses tant audit village de Maison-Roland que autres circonvoisins ; ce qui a
« contraint les laboureurs et habitants d'icelluy village de quitter leurs labours, faire
« de grands frais pour bastir et creuser des carrières pour se mettre en seureté, que
« lesdits habitants et laboureurs ont été tant travaillez de peur et d'effroy que la plu-
« part sont mortz de maladie et ont perdu grand nombre de chevaux pour les avoir
« retenus dans les dites carrières, où les dits chevaux n'ayant pas accoustumé d'estre
« et n'ayant point d'air et ne pouvant respirer sont mortz ; que, plus sage que tous les
« autres, Trongneux, fermier, chapelain de l'église Notre-Dame d'Amiens, s'est retiré
« au village de Cramont. »

Pourquoi, demande ici M. Bouthors, à Cramont plus près d'Auxy-le-Château ? Parce qu'il était plus peuplé pour se défendre ou fortifié par un château. L'ennemi, lorsqu'il se présente avec des forces considérables, peut être à craindre pour les forteresses : car alors il traîne à sa suite une artillerie qui lui permet de les réduire ; mais lorsqu'ils ne fait que lancer des corps de partisans dans les campagnes, les châteaux, les grandes agglomérations d'habitants sont moins inquiétés et tout le fardeau de la guerre retombe sur les petits hameaux et les fermes isolées.

« Le curé de Gapennes, nommé messire Charles Cacheleu, continue Mᵉ Manessier,
« fut tué il y a environ deux mois par les troupes, au bout des haies du dit village de
« Gapennes. Le curé du village de Mesnil, nommé messire Jacques Passart, âgé de 77
« ans, fut pris des dits Croates et n'ayant pas trouvé d'argent sur lui et ne les pouvant
« payer, ils le brûlèrent si outrageusement que peu de jours après il en est mort. »

« Disant encore que plusieurs laboureurs ont été emmenés avec leurs chevaux au
« village d'Auxy-le-Château où ils ont perdu leurs chevaux et ont été contraints de
« payer grosses rançons pour sortir de prison : ce qui les a réduits à une telle pauvreté
« qu'ils sont contraints de quitter leurs labours et fermages : que la plupart des dites
« personnes moururent peu de jours après leur retour pour les douleurs qu'elles ont
« souffert et qu'on leur a fait dans les dites prisons et particulièrement le fermier de
« la ferme de Bersacles appartenant à l'abbaye de Saint-Riquier, lequel a été pri-

riunt capsas Sanctorum et reliquias projiciunt. *(Mémoire manuscrit dans les Mémoires de la Société des* *Antiquaires de Picardie*. Tome Iᵉʳ, page 408.)

« sonnier et a payé 900 livres de rançon et après son retour est mort à Saint-
« Riquier : que la plupart des moissons des villages de Ivrench, Noyelles-en-Cauchie,
« Gueschart, Berneuil et autres situés autour du dit Maison-Roland ont été brus-
« lées (1). Ce qui donne tant d'effroi et d'appréhensions aux laboureurs situés aux dites
« frontières et environs de Saint-Riquier que partie sont morts, partie se retirent
« dans les bois et les autres au-delà de la rivière de Somme, ce qui est cause que la
« plus grande et meilleure partie des terres est en friche ; que le déposant n'a rien
« reçu de son fermier de la Motte à une lieue de Saint-Riquier, attendu que son dit
« fermier a tout quitté, pour se retirer dans les forêts de Crécy et que pour ses fermiers
« des villages de Maison et de Domqueur il leur a remis une partie des redevances de
« l'année dernière et n'espère recevoir aucune chose cette année, d'autant que la plu-
« part des terres sont en friche (2). »

Toutes les autres relations concordent avec celle-ci. Nous lisons dans celle de Pierre
Fleur, procureur, notaire royal à Beauquesne, que les Croates commirent des cruautés
inouies « dans les environs de Domart, Cressy et Saint-Riquier, principalement au
« commencement de leur arrivée (3). »

Formentin ajoute qu'en 1636, pendant les courses de Jean de Werth jusqu'aux approches d'Abbeville, les Espagnols campèrent un jour à Saint-Riquier et n'en sortirent
qu'après avoir tiré-le plus d'argent qu'ils purent des habitants (4). Il est, ce semble, le
seul auteur qui parle de cette rançon de la ville de Saint-Riquier. Si l'on s'en rapportait aux récits des contemporains, la ville aurait été épargnée pour les raisons alléguées
par M. Bouthors. Mais peut-être Formentin fait-il allusion au pillage de Bersaques et
de quelques faubourgs.

La ferme de Bersaques pillée, ravagée par les Espagnols, ne fut pas relevée et peu de
temps après il ne restait plus de vestige du village mentionné dans les chroniques dès le
IX° siècle.

Les nombreuses carrières dont on constate l'existence sous les villages aux
environs de Saint-Riquier sont presque toutes contemporaines de cette grande invasion.
Nous ne pouvons en douter après le récit de Michel Manessier et les autres relations.
Celle d'Hiermont fut creusée après la ruine de son château. Ceux des habitants qui n'y
avaient point travaillé, furent obligés de payer à leurs concitoyens une partie des frais.
L'auteur de l'histoire d'Arras, D. Devienne, rapporte aussi que de 1635 à 1640 tout

(1) Louandre (*Histoire d'Abbeville, tome* II. *page*
115) citant une relation anonyme d'un habitant de
Domart, rapporte que les soldats Français eux-mêmes incendiaient les villages quand on leur refusait
de l'argent. « C'était pitié, dit-il, ils violaient force
femmes et filles, tuaient des hommes, imposaient
et tyrannisaient les pauvres paysans, en leur ro-
tissant et en leur grillant la plante des pieds au
feu. » Ces horribles excès furent défendus sous
peine de mort, mais le soldat comptait sur l'impunité et continuait ce brigandage.
(2) *Mémoires de la Société des Antiquaires. Ibid.*
(3) *Ibid.*
(4) M. Prarond. *Histoire de Saint-Riquier, pag.* 421.

le pays entre Arras et Doullens fut entièrement dévasté et que les habitants se sauvèrent dans les bois et dans les carrières qui avaient leurs entrées autour des églises, que les cimetières étaient environnés de hautes murailles défendues par des palissades, qu'on voyait dans les carrières des rues percées en ligne droite, où chaque famille se pratiquait une enceinte. Les paysans veillaient de la fenêtre du guet, ouverte au haut du clocher ; aussitôt qu'ils apercevaient le danger, ils donnaient le signal. Alors les habitants se retiraient dans les carrières avec leurs bestiaux (1). Tous ces refuges souterrains furent encore d'une grande ressource dans les guerres non moins inhumaines de 1708, 1709, 1710 et 1711, qu'on appelle *le temps de Malborough*. Outre les carrières il y avait encore des puits où l'on cachait ses meubles et que l'on tenait fermés, tant que l'ennemi n'avait point quitté le pays.

Signalons les carrières de Maison-Roland, Gueschard, Noyelles-en-Chaussée, Bussu, Buigny, Crécy, Nouvion, Forêt-l'Abbaye, Domléger, Hiermont, Bellancourt, Villers-sous-Ailly, Ergnies, Brucamps, Domqueur, Domquerolle, Francqueville (2).

Richelieu suivait de près toutes ces guerres impitoyables, sans se laisser attendrir et sans rien perdre de son idée fixe. Il habita longtemps Abbeville en 1635, en 1638, en 1639. C'est au milieu de tous ces désastres et de bien d'autres, qui ne sont que trop connus, que Louis XIII consacra son royaume à la Sainte Vierge, à Abbeville même. Le jour de l'Assomption, on y fit la première procession solennelle, à laquelle le roi assista avec une grande piété, environné de beaucoup d'évêques. Le cardinal Richelieu la présida. Les vœux du roi, des princes et des seigneurs de sa cour furent exaucés. Une paix glorieuse pour la France permit de réparer tous les maux de la guerre.

Le cardinal de Richelieu mourut le 4 décembre 1642, à l'âge de 58 ans, quelques mois seulement avant Louis XIII. Il repose sous un magnifique tombeau dans l'église de Sorbonne qu'il avait fait bâtir. Il serait difficile d'évaluer les richesses qu'il laissa à sa mort. Les seuls legs qu'il fit en argent comptant excédèrent 2,500,000 livres. Il légua au roi une somme de 1,500,000 livres, qu'il tenait toujours en réserve pour les besoins de l'Etat. Ses acquisitions ont été considérables, comme on le voit par son testament.

Les moines des grandes abbayes, qu'il avait reçues en commende, lui auraient par-

---

(1) Mais les ouvertures n'étaient pas toujours assez dissimulées pour que l'ennemi, en poursuivant le paysan, n'en découvrît l'issue ; alors il y pénétrait et massacrait sans pitié ces populations inoffensives ; d'autres fois il se faisait un jeu cruel d'accumuler à l'entrée des matières inflammables, soit pour étouffer ces réfugiés sans défense, soit pour les obliger à se rendre à discrétion. (*Manuscrit de Claude Godde, curé de Hiermont.)*

(2) Celles de Gapennes, sous l'église, paraissent plus anciennes. On sait que dans ces dernières années une partie des murailles de l'église s'enfonça dans ces carrières. On ne peut admettre qu'on ait creusé sous l'église d'une manière aussi imprudente. Il faut donc conclure qu'elles sont antérieures à sa construction et qu'on assit ses fondements sur la craie, sans se douter que le sous-sol avait été miné. (*La Picardie. Tome x, page* 227).

En 1880 le clocher de Cramont s'est également effondré dans des carrières creusées sous l'église.

donné ses longues dilapidations, s'il avait songé à réparer quelque peu les scandales de sa mauvaise administration par des fondations ou d'autres œuvres de bienfaisance après sa mort ; mais elles furent toutes oubliées dans son testament. Ses revenus des domaines ecclésiastiques, après avoir servi à élever un magnifique palais et à l'orner royalement, passèrent dans les mains de sa famille, qui devint ainsi une des plus considérables de France. Il faut avouer cependant que la duchesse d'Aiguillon, sa nièce, fit un pieux usage de sa fortune ; elle doit être comptée parmi les plus illustres bienfaitrices de l'humanité souffrante et les plus actives auxiliaires de Vincent de Paul.

Nous n'avons rien reproduit de la vie publique de Richelieu. Les grands événements de son ministère sont étrangers à notre travail : son nom au catalogue des Abbés de Saint-Riquier est la seule raison, pour laquelle nous mêlons son souvenir à cette histoire.

CHAPITRE III.

CHARLES D'ALIGRE, SIXIÈME ABBÉ COMMENDATAIRE.

(1644 à 1695.)

L'Abbé D'Aligre et sa famille. — Les Espagnols aux environs de Saint-Riquier. — La division des menses abbatiale et conventuelle. — La réforme de Saint-Maur à Saint-Riquier. — Grandes restaurations à l'église et au monastère : bibliothèque, chasses, reliquaires, saintes reliques, vases sacrés, ornements. — Mort de D. Cotron. Sa biographie. — Retrait des biens vendus dans les guerres de religion. — Rachat de maisons. — Palais abbatial. — Travaux à l'intérieur de l'Eglise. — Tableaux de l'Eglise. — Témoignages de reconnaissance et fondation en faveur de l'Abbé D'Aligre. — Mort de l'Abbé d'Aligre. — Procès du cellerier Etienne Nattin. — Principaux événements de l'époque. — La mairie de Saint-Riquier.

Charles D'Aligre est un de ces Abbés commendataires que louait l'Abbé Fleury, lorsqu'il disait en faveur des commendes que les Abbés réguliers, hors quelque peu qui vivent dans une observance très étroite, n'usent guère mieux des revenus des monastères que plusieurs commendataires (1). C'est à peu près le seul Abbé commendataire à Saint-Riquier qui ait témoigné de l'intérêt pour l'œuvre monastique et de l'affection pour les moines; aucun des Abbés, mêmes réguliers, ne fut plus libéral et plus magnifique dans ses restaurations.

Charles D'Aligre était fils et petit-fils de chanceliers de France (2) : par sa mère Jeanne Lhuillier, il se rattachait à la sainte famille qui donna au ciel Berthe Acarie, connue en

---

(1) Rohrbacher. *Histoire de l'Eglise*. Livre 88.
(2) Armes de Charles D'Aligre : *Burelé d'argent et d'azur de 10 pièces au chef d'azur chargé de trois soleils d'or.*

religion sous le nom de sœur Marie de l'Incarnation. Son père, Etienne d'Aligre (1), fut choisi par Louis XIV lui-même comme chancelier de France et reçut les sceaux de sa main, s'il faut en croire cette épigramme :

> Seguier comblé d'honneurs, de services, d'années,
> Mourant dans son illustre employ
> Eut pour successeur un grand Roy ;
> Mais d'Aligre succède aux têtes couronnées.

Etienne D'Aligre eut 18 enfants à pourvoir : il en donna plusieurs à l'Eglise. L'abbaye de Provins passa successivement dans les mains de Louis, de Michel et de François D'Aligre : ce dernier mourut en odeur de sainteté. Deux autres furent chevaliers de Malte. Deux des filles furent religieuses et l'une d'elles Abbesse de Saint-Cyr.

Charles D'Aligre fut désigné pour succéder à Richelieu dans la riche abbaye de Saint-Riquier. Ses bulles furent délivrées par Innocent X en 1644 et il prit possession le 14 septembre ; il n'avait alors que XII ans ; mais cet âge suffisait pour la cléricature. La première tonsure qu'on donnait à sept ans rendait apte aux bénéfices commendataires. L'austère probité des grands hommes d'Etat du grand siècle ne se faisait pas scrupule d'envahir le patrimoine ecclésiastique, pour se payer des services civils. Ils appartenaient à cette école de légistes, dont Louis XIV résume les doctrines dans les conseils qu'il donne à son fils, conseils qui n'ont été que trop fidèlement suivis à cette époque (2).

On ignore la première enfance de Charles d'Aligre, mais on connaît celle de son frère, Abbé de Provins (3). On peut croire qu'il fut l'imitateur d'un si beau modèle. Quand

---

(1) Etienne d'Aligre, chevalier, seigneur de Rivière et de Honvillers, fut avocat, puis conseiller au Grand Conseil, conseiller d'Etat ordinaire et d'honneur au Parlement, directeur des finances, ambassadeur à Venise, intendant de la justice en la généralité de Caen, chef du Conseil de la Marine, conseiller au Conseil royal des finances, doyen, puis chef des Conseils de Sa Majesté, garde des Sceaux et enfin chancelier de France.

(2) 1° « Vous devez être premièrement persuadé que les rois sont seigneurs absolus et ont naturellement la disposition de tous les biens qui sont possédés, aussi bien par les gens d'église que par les séculiers, pour en user en tout temps comme de sages économes, c'est-à-dire suivant le besoin général de l'Etat. »

2° « Il est bon que vous appreniez que le nom de franchises et libertés de l'Eglise, dont on prétend peut-être vous éblouir, regardent également tous les fidèles soit laïques, soit tonsurés qui sont également fils de cette commune mère, mais qui n'exempte ni les uns ni les autres de la sujétion de ses souverains, auxquels l'Evangile même leur enjoint d'être soumis. »

3° « Que tout ce qu'on dit de la destination particulière des biens de l'Eglise et de l'intention des fondateurs n'est qu'un scrupule, puisque ceux qui ont fondé des bénéfices n'ont pu, en donnant leur fonds, les décharger de la dépendance et de l'obligation, qui leur était naturellement attachée ni ceux qui les possèdent ne peuvent prétendre de les tenir avec plus de droit et d'avantage que ceux même qui les leur ont donnés. (*Œuvres de Louis XIV citées dans l'Histoire de l'Eglise de Rohrbacher. Livre* 88.

Quelles lumières sur les commendes, sur l'extension de la régale, sur la déclaration de 1682 ! Ce ne sont point des maximes isolées ; on en lit bien d'autres semblables dans ce mémoire.

(3) François d'Aligre, Abbé régulier de Saint-Jacques de Provence, en 1643, retraça les austérités des premiers anachorètes : il refusa l'évêché

il eut fini ses études de philosophie et de droit il fut nommé conseiller au parlement, puis membre du conseil privé du roi en 1672 (1) et conseiller d'honneur au parlement. On ne pouvait conserver une abbaye en commende qu'autant qu'on vivait dans la cléricature ; mais le titre d'Abbé n'interdisait pas les fonctions civiles compatibles avec celui de clerc et n'imposait d'autre obligation que de porter un habit ecclésiastique : encore il n'était pas rare qu'on s'en dispensât.

On loue la piété de l'Abbé d'Aligre, l'aménité de son caractère, ses grands services, son désir constant d'obliger le prochain : on lui a appliqué avec vérité ces vers :

Pectora conciliat VIRTUS, et in ardua semper
Tendit et exornat titulis florentibus ævum,
Et meritis tandem dignissima præmia solvit (2).

François Duchesne, fils d'André, lui dédia en 1680 son ouvrage sur les chanceliers de France. Quoiqu'une épitre dédicatoire ne soit guère qu'une page de louanges pompeuses et vides de sens, nous croyons cependant que les contemporains de Charles d'Aligre ont ratifié ce témoignage.

« Je retrouve en vous tous les talents de feu Monseigneur le Chancelier votre père, comme ceux de votre aïeul, aussi chancelier, s'étoient rencontré en lui. Si je vous envisage dans la société civile, je vois en vous la même douceur et le même accueil pour tout le monde : si je vous regarde comme magistrat, vous êtes l'image vivante de ses belles qualités et l'héritier de ses plus belles espérances et ressemblez à cette Minerve qu'on voyoit autrefois à Mégare, dont les mains n'étoient que d'ivoire, quoique le corps fût d'or massif. Vous rendez à chacun ce qui lui est dû sans acceptation et sans choix. Votre porte est toujours ouverte à ceux qui se présentent pour implorer votre justice : en un mot vos ancêtres revivent en vous : vous en ressuscitez l'éclat et le lustre et vous faites connoître par vos actions que vous êtes le très digne fils d'un très digne père (3). »

Comme présent d'installation le jeune Abbé donna à son monastère un encensoir d'argent avec sa navette, un ciboire d'argent, un devant d'autel avec un pavillon pour le tabernacle et des courtines en damas cramoisi, ornées de belles franges en soie (4).

La personne de Charles d'Aligre s'efface durant le cours de ses études ; il jouit de ses revenus et laissa les religieux se gouverner d'après leurs propres constitutions. Ce n'est qu'en 1657 que nous le voyons agir et prendre en main l'administration de son

---

d'Avranches auquel il fut nommé en 1672 : il répara son abbaye, enrichit l'église, forma une riche bibliothèque, dota trente orphelins qui devaient vivre en communauté. Il mourut à l'âge de 92 ans en 1712.

(1) *Gall. Christ.* Tome x. Page 1660.
(2) Le P. Ignace. *Histoire d'Abbeville*, page 461.
(3) Duchesne. *Les Chanceliers de France. Epitre dédicatoire.*
(4) D. Cotron. *Anno* 1644.

abbaye. C'est pour elle une époque de rénovation, dont nous ne voulons omettre aucune circonstance.

Notons seulement, avant d'entrer dans ce récit, qu'à la suite des guerres de la Fronde et de la révolte du grand Condé, les Espagnols, sous la conduite de ce dernier, envahirent encore le Ponthieu, brûlèrent l'abbaye de Forêt-Montier et renouvelèrent, entre la Somme et l'Authie, aux environs d'Abbeville et de Saint-Riquier, tous les excès de la dernière invasion. Nous n'avons rien de plus spécial sur Saint-Riquier ; mais les campagnes voisines pouvaient-elles supporter de telles avanies, sans que les revenus des terres de l'abbaye ne fussent totalement compromis et sans que des privations de toute nature ne vinssent ajouter aux craintes incessantes de l'attaque? Nous ne parlons pas des taxes de guerre, de l'encombrement des garnisons, de la cherté extrême des subsistances causée par la disette, par des agglomérations de troupes et par le brigandage des aventuriers français, succédant quelquefois aux bandes espagnoles, organisées pour l'incendie. On ne fut tranquille que lorsque l'ennemi fut rejeté au-delà de l'Artois.

Quand l'Abbé d'Aligre eut atteint sa vingt-cinquième année et compris la gravité de ses obligations envers l'abbaye, dont il s'appropriait les fruits, sans supporter aucun des sacrifices que les fondateurs avaient imposés en retour de leurs dons, il s'occupa de régulariser sa situation, de distribuer les revenus, comme les constitutions de l'Eglise et les règlements administratifs le prescrivaient, ou du moins le conseillaient à cette époque. Pour obéir à la voix de sa conscience, il proposa aux religieux un partage vraiment sérieux et aussi canonique que le permettait l'abus de la commende. Les religieux furent représentés à ce partage par D. Martin, prieur du couvent et D. François de Cachelèu, sous-prieur : l'Abbé d'Aligre par Reygnault Deswuart et Pierre Paré, notaires à Paris. On fit trois parts : l'une fut concédée aux religieux pour l'entretien de leur vestiaire et leur subsistance : les deux autres restèrent à l'Abbé, tant pour sa mense que pour les décimes exigées pour le gouvernement et pour les réparations ou autres charges. Ce partage fut remanié plusieurs fois dans les années suivantes ; mais le principe fut maintenu, et bien différent de tant d'autres Abbés commendataires, Charles d'Aligre le respecta scrupuleusement et y ajouta peut-être encore d'autres libéralités. On remarque quelque part que le domaine de Drugy fut spécialement affecté aux réparations ; mais on ne dit pas si ce fut un supplément ou bien seulement une destination d'ordre entre les terres dont les produits allaient à Paris. En 1661 le refuge d'Abbeville fut aussi partagé en trois parties par Nicolas Hemecq, maçon, et Louis Levillain, charpentier. Deux parts furent concédées à l'Abbé et la troisième aux moines. Ce partage fut ratifié par l'Abbé d'Aligre (1).

---

(1) « L'usage de partager les biens d'un monastère en trois lots paraît remonter au commencement du xvii⁰ siècle. »

« Un lot était attribué à l'Abbé commendataire, un autre aux religieux : le troisième était destiné à l'acquit des charges. Avant cette division les Abbés commendataires jouissaient de tous les revenus et faisaient distribuer aux religieux une quantité de

Nous ne pouvons passer sous silence deux incendies dans la ville, qui nous offrent chacun une particularité remarquable. Le premier fut allumé le 7 mai 1657 par une pauvre vieille infirme qui embrasa son lit, en cherchant à faire cuire un œuf avec de la paille et fut brûlée avec deux petits enfants. Le feu fit des progrès rapides et s'étendit dans la rue Montgorguet, dans la rue des Macheriers, dans la Grande Rue, depuis la maison de Jean de Wanel, le mayeur, jusqu'à l'hôtel de Saint-Nicolas, d'un côté : de l'autre, depuis l'hôpital jusqu'à la porte du Bois ou de Saint-Nicolas vers Abbeville. Les moines, dans cette grande catastrophe, implorèrent le secours du ciel, en portant le Saint Sacrement sur le lieu de l'incendie. Aussitôt, par une faveur extraordinaire, le vent tourna d'un autre côté, et le monastère et l'hôpital furent préservés de tout accident (1).

Le jour de la Pentecote (21 mai 1673), à dix heures du matin, un mauvais garnement, pour se venger d'un ennemi, eut la coupable pensée de mettre le feu à sa maison. Treize habitations furent la proie des flammes. Ce qui rendit cet incendie plus épouvantable, c'est qu'une torche enflammée vola sur la partie nord du clocher qui était alors couvert en paille. Tout fut consumé à l'instant, et les flammes s'élevant jusqu'au haut de la tour menaçaient tout le monastère. Les religieux eurent une seconde fois recours à Celui qui les avait protégés en 1657 : ils portèrent le Saint Sacrement en face de l'incendie : par une protection non moins manifeste de Notre Seigneur, le feu s'arrêta à la maison de Nicolas Buteux, puis le vent ayant changé de direction, une grosse pluie éteignit les flammes (2).

Ce que les moines osèrent dans ce pressant besoin pour conjurer un danger qu'aucune ressource humaine ne pouvait éloigner, leurs pères leur en avaient laissé la tradition. Ainsi l'histoire ecclésiastique rapporte que les moines de Cluny tenaient habituellement un corporal sur le coin de l'autel, afin qu'en cas d'incendie il fût sous la main, pour l'opposer au fléau destructeur. « Car plusieurs sont persuadés, disait Udalric, qu'un corporal qu'on tient étendu au-dessus du feu a beaucoup de vertu pour l'éteindre (3). »

Cette pratique, condamnée par des conciles comme une tentation de Dieu, se renouvela au XVIᵉ et au XVIIᵉ siècle d'une manière plus blâmable, parce qu'on portait Notre Seigneur lui-même et qu'on alla jusqu'à le jeter au milieu des flammes.

- On raconte des faits semblables dans l'histoire du monastère de Corbie. L'évêque

pain, de vin, et des autres choses nécessaires à la vie et à l'entretien. Cet ordre est expliqué dans un grand nombre de bulles pour l'ordre de Cîteaux. Il n'arriva que trop souvent que les Abbés commendataires ou leurs intendants spéculaient et retranchaient aux moines le nécessaire pour une existence convenable. C'est pourquoi ces derniers ont demandé le partage, qui fut souvent imposé par les cours souveraines, quoiqu'il n'y eût ni édit des rois ni règlement ecclésiastique qui l'imposât. (*Mémoires du Clergé. Tome* XIII, *page 336*).

En 1657, les religieux ont rendu à l'Abbé une somme de 18,000 dont la chronique ne dit pas la provenance. Il faut supposer que c'est pour rétablir l'équilibre du partage.

(1) D. Cotron. *Anno* 1657.
(2) Ibid. *Anno* 1673.
(3) *Histoire de l'Eglise Gallicane* en 1109.

d'Amiens François Faure renouvela les défenses des conciles, afin de mettre un terme à ces présomptions téméraires et à ces profanations sacrilèges (1).

L'année 1639 fut marquée par un événement dont les conséquences furent immenses pour l'abbaye. On y institua la réforme de Saint-Maur, comme on l'avait fait à Corbie en 1618, à Saint-Valery en 1644, à Saint-Fuscien en 1630. Qui eut l'initiative de cette féconde réforme ? Les moines ou l'Abbé d'Aligre ? Nos chroniques se taisent sur cette circonstance assez importante pour notre histoire; mais les auteurs du *Gallia Christiana* tranchent la difficulté en déclarant que l'Abbé d'Aligre souscrivit aux négociations entamées par les moines de Saint-Riquier et qu'il sanctionna le traité avec le supérieur général (2). Ainsi, malgré tant de défaillances et de causes de relâchement, cette communauté eut assez d'élan pour s'agréger à une association, dont le but était bien connu de tous les religieux. On voulait rajeunir un tronc presque épuisé, transfuser une sève de pénitence dans les membres qui tenaient faiblement à l'arbre et ramener tous les enfants de saint Benoît à l'institution primitive. Non-seulement les religieux de Saint-Riquier permirent cette régénération, mais ils l'appelèrent de tous leurs vœux et probablement s'associèrent pour la plupart aux fervents disciples de saint Maur. C'est ce que nous concluons de la marche de cette négociation, bien qu'il ne reste aucun document sur cette affiliation.

Faisons maintenant connaître la congrégation de saint Maur et cette nouvelle phase de la vie religieuse à Saint-Riquier.

Après les troubles et les désastres des guerres civiles, les âmes qui avaient faim et soif de justice poussèrent vers Dieu d'ardents soupirs et obtinrent une abondante effusion de grâces de l'Esprit-Saint sur notre patrie. Les historiens s'occupent des héros illustrés par des faits d'armes éclatants, des littérateurs, des beaux génies dont les clartés rayonnent autour de Louis XIV et ont donné le nom à son siècle. Les écrivains sacrés ont aussi traité de la résurrection religieuse du XVIII° siècle. Ils ont énuméré les œuvres saintes créées à cette époque et les congrégations religieuses d'hommes et de femmes, se vouant à la perfection chrétienne et au secours du prochain, sous l'inspiration de fondateurs ou de réformateurs animés du zèle le plus ardent et le plus désintéressé.

Qu'il nous suffise de rappeler ici que les religieux Bénédictins ne restèrent pas étrangers à ce travail surnaturel. Ce que l'Abbé de Rancé entreprit pour la résurrection de l'antique esprit de Cîteaux, Dom Didier de la Cour et Dom Tarisse l'avaient déjà fait avec un plein succès pour l'ordre Bénédictin. Le nouveau genre de vie qu'ils proposèrent n'eut point la rigueur de celui de la Trappe, mais il rétablissait les primitives observances de

---

(1) *Histoire de l'Eglise d'Amiens*. Tome I, page 368. — Migne. *Cours complet de Théologie*. Tome XX, page 340.

(2) L'Abbé d'Aligre, dit le *Gall. Christ.*, souscrivit, en 1660, à la réforme de Saint-Maur sur laquelle plusieurs anciens religieux s'étaient déjà entendus avec les supérieurs de la congrégation. (Tome X, page 1660.)

saint Benoît. La congrégation de Saint-Maur fut entée sur la souche de saint Vannes, et celle-ci avait elle-même adopté la constitution du Mont-Cassin, approuvée par les Souverains Pontifes. Aussitôt que ces saints apôtres eurent levé sur la France l'étendard du saint patriarche des moines de l'Occident et inscrit au frontispice de leur monastère : *Règle primitive de saint Benoît*, de nouveaux disciples surgirent de tous côtés, soit dans les anciens monastères, soit parmi les jeunes aspirants aux expiations de la vie religieuse. Les réformateurs acceptaient la scission opérée par la commende : séparant leurs intérêts de ceux que la convoitise séculière avaient usurpés, ils sauvaient les restes de la mense conventuelle et lui créaient de nouvelles ressources par les acquisitions du petit couvent. Cette organisation fut confirmée en 1621 par Grégoire XV. L'on remarque même qu'en 1672 une bulle de Clément X défendit, sous peine d'excommunication, aux moines de la congrégation de saint Maur de passer dans une autre religion. Le Souverain Pontife se réservait à lui seul la dispense de cette règle. D'après les bulles d'institution de Grégoire XV, les titres d'abbayes, de prieurés ou autres bénéfices à la collation du roi restèrent saufs entre les mains de l'autorité temporelle. La mense conventuelle et les offices claustraux formèrent la part de la réforme ; ces derniers furent supprimés à la mort des titulaires, et l'indépendance qu'ils pouvaient donner était ainsi tranchée par la racine. Les Abbés commendataires furent privés de toute juridiction sur les moines et les couvents. Le pouvoir spirituel et temporel résidait dans le prieur claustral. Celui-ci, élu d'après la constitution, était soumis aux visiteurs et au supérieur général. Toutes les juridictions n'étaient que triennales. L'élection les renouvelait et nommait d'autres supérieurs, selon le mode indiqué dans la constitution. Les religieux étaient réunis en quelques maisons spéciales pour le noviciat et les études ecclésiastiques, puis envoyés, selon les besoins des lieux ou la convenance des supérieurs, dans les couvents de la province, où ils s'adonnaient aux pratiques de la vie claustrale, mais restaient toujours révocables à volonté. Le chapitre général réuni tous les trois ans était investi du pouvoir d'établir les statuts les plus utiles à l'avancement des religieux, de réviser les comptes des monastères déjà inspectés par les visiteurs, de corriger les délinquants et de définir toutes les questions de haute administration (1). Des privilèges très étendus

---

(1) Voici encore quelques notes sur le mécanisme des constitutions de la congrégation de Saint-Maur. Un prieur régissait chaque monastère ; un visiteur inspectait chaque province ; un supérieur général gouvernait toute la congrégation. Un chapitre général se réunissait tous les trois ans pour traiter de la discipline régulière, de la correction des mœurs, des observances et affaires importantes de la congrégation, pour rédiger les règlements et statuts nécessaires. Tous les dignitaires de l'association remettaient leurs pouvoirs au chapitre : on y procédait à de nouvelles élections, même à celle du supérieur général.

Le chapitre général se composait du supérieur général, de ses assistants, des visiteurs, de quatre supérieurs députés par chaque province, soit trente-trois membres. Les supérieurs députés étaient nommés dans une Diète provinciale.

La congrégation était divisée en six provinces. Le chapitre général nommait neuf définiteurs qu'il investissait d'une autorité absolue avec plein pouvoir d'examiner tous les actes de l'administration du

et de nombreuses indulgences étaient accordés à ces nouveaux enfants de saint Benoît, qui se présentaient dans ces conditions au martyre de sa vie pénitente.

Les autorités ecclésiastiques et civiles se prêtèrent main forte, pour établir sur une vaste échelle des règlements d'une solide discipline. En 1622 le cardinal de la Rochefoucauld était député pour visiter et réformer les monastères des ordres de saint Benoît, de saint Augustin, de Cluny, de Citeaux, avec des pouvoirs illimités. Sa tache, du reste, toute épineuse que nous pouvons la supposer, offrait de délicieuses consolations à un cœur d'Apôtre. « Telle est, lit-on, dans la bulle de Paul V de l'an 1647, l'ardeur des moines pour la perfection et le nombre des monastères qui demandent la réforme qu'on espère qu'en quelques années elle aura pénétré partout. » En effet, la France fut sillonnée sur tous les points par ces augustes voyageurs. Au xvii° siècle, ils avaient déjà pris possession de tous les grands monastères. Il ne restait, en dehors de la réforme de saint Maur, que des établissements sans importance, sans avenir, destinés à périr au xviii° siècle, par un autre genre de transformation ou par le manque de sujets.

Toutefois cette œuvre de plus grande perfection, par une admirable condescendance de l'Eglise, n'était point imposée aux religieux, quand ils n'avaient pas entendu se lier par des vœux d'une abnégation absolue. On leur laissa pleine liberté, ou d'accepter les constitutions de Saint-Maur, ou de se réunir dans des communautés particulières avec une pension, pour vivre, dans l'observance de leurs premiers vœux, à côté de leurs frères, dont ils seroient entièrement séparés, et sans rapport avec eux. Cette mesure ne manquait pas de sagesse. Qui sait, si touchés par le spectacle de ces grands exemples de vertu, ils ne se seraient pas soumis quelque jour au joug que le Seigneur imposait à ses fervents serviteurs et qu'il adoucissait toujours par l'action de sa grâce ?

On comprend la puissance de cette nouvelle institution, tant qu'elle fut régie par une main ferme et humblement soumise aux lois de l'Eglise, à ses infaillibles décisions. Le relâchement pénètre plus difficilement dans des couvents où les chefs se succèdent avec régularité et maintiennent l'esprit de discipline, où les religieux eux-mêmes ne vivent qu'un temps, où les éléments d'ordre et d'énergie morale sont toujours si bien combinés que la mollesse et l'indépendance, tristes apanages de notre nature, même sous le froc religieux, sont continuellement harcelées et honnies. C'est donc encore ici un triomphe pour l'Eglise et un accablant témoignage contre les détracteurs des moines.

---

supérieur général, des visiteurs et des supérieurs locaux, de corriger, de punir, de disposer de tout selon qu'ils le jugeaient expédient devant Dieu et sur leur conscience.

Les définiteurs nommaient au scrutin secret le supérieur général, ses assistants, ses officiers ; ils nommaient également tous les autres dignitaires et officiers. Les mêmes supérieurs n'étaient rééligibles qu'une seule fois après leur triennal. Le supérieur général ne pouvait prendre ni le titre ni les insignes d'Abbé. Il était servi comme les autres religieux.

Les statuts de la congrégation fixaient l'autorité et les devoirs du supérieur général, des visiteurs, des supérieurs locaux, les conditions requises pour être appelé au gouvernement de la congrégation, aux fonctions de maître des novices, de prédicateur, de confesseur, etc.

Les Didier de La Cour et les Tarisse sont éclipsés dans l'histoire ecclésiastique par les Olier, les Berulle, les Vincent de Paul. Leurs noms sont restés ignorés en dehors de leur monastère ; mais cependant quel sillon lumineux ils ont tracé dans le siècle de Louis XIV ! Quelle génération s'élève autour d'eux, portant la double auréole de la science et de la vertu ! Ils sont les pères des Mabillon, des Montfaucon, des Martène, et d'une multitude d'autres pionniers de l'érudition moderne. Qui ne connaît les travaux des Bénédictins de Saint-Maur ? Qui ne les a loués ? Qui n'a cherché à s'éclairer auprès de ces modestes savants, dont les œuvres nous révèlent les secrets de l'antiquité, de l'histoire et de la doctrine des saints Pères ? C'est à Paris qu'on réunissait les hommes les plus éminents de la congrégation. C'est à Saint-Germain-des-Prés et aux Blancs-Manteaux que furent composés leurs doctes écrits. Mais c'est dans la province, dans le silence du cloître que se préparaient ces grands travaux et que s'amassaient les matériaux destinés à élever de si beaux monuments à la science. Chacune des communautés peut revendiquer sa part de la gloire de l'ordre, lors même que son nom ne paraît pas briller au premier rang. Il faudrait avoir suivi toutes les stations de ces pèlerinages intellectuels, pour connaître exactement quels couvents ont pour un temps abrités ces travailleurs infatigables.

Ce n'est pas à dire que la Congrégation de Saint-Maur fut toujours irréprochable. Malheureusement elle se laissa entraîner avec une partie du clergé français dans l'hérésie dominante au XVIII° siècle, mais jusque-là on ne peut qu'admirer la fécondité de l'esprit de Dieu sur les saintes âmes qu'elle a formées.

Par acte passé devant Nicolas et Jacques Buteux, notaires à Saint-Riquier, le 30 septembre 1659, les neuf religieux composant le chapitre du couvent remirent le monastère entre les mains de D. Harel, supérieur général de la congrégation de saint Maur et de D. Brachet son assistant, délégué à Saint-Riquier pour la prise de possession avec D. Jean-Baptiste Boulogne. Inscrivons ici les noms de ces neuf religieux dont l'abnégation fut si complète et se donnent eux-mêmes, comme nous le pensons, avec leurs possessions et leur monastère. Ce sont : D. Jean Martin, prieur ; D. François de Cacheleu, sous-prieur ; D. Jean de Tigny, prévôt ; D. Pierre Firmin, aumônier ; D. Pierre Marcotte ; D. Philippe Lefevre, chantre ; D. François Mercher ; D. Robert Cocu. Cinq ou six de ces noms semblent appartenir aux premières familles de Saint-Riquier. Des considérations terrestres auraient paru un obstacle invincible dans un monastère relâché ; elles n'arrêtent nullement des hommes animés du vrai et sincère désir de leur perfection (1).

Le 28 octobre suivant, D. Boulogne, nommé prieur, s'occupa des dispositions nécessaires pour l'installation de la nouvelle communauté. Enfin, le 10 octobre 1660, une petite colonie de sept moines réformés venait s'adjoindre aux anciens profès, heureux de

(1) D. Cotron. Anno 1659.

se renouveler par cette association dans l'esprit de leur institution. On nous a aussi conservé les noms de ces premiers enfants de saint Maur, c'étaient D. Grégoire Soyer, D. Basile de Lastre, D. Wulfran Retaud de Saint-Valery, mort à Saint-Riquier le 15 décembre 1682, D. Jean Bertran, D. Claude Monbreuil, prêtres, et frère Michel Doyneau, religieux profès. Leur installation eut lieu en l'absence du prieur, resté malade à Saint-Germain-des-Prés. On commença dès ce jour l'office au chœur, selon les prescriptions et les usages de la congrégation de Saint-Maur. Le culte divin fut célébré avec une gravité et une magnificence qu'on ne connaissait plus depuis longtemps ; les édifices claustraux et l'église se relevèrent promptement de leurs ruines ; on racheta une grande quantité de biens. Toute la vie d'une puissante association circula dans ce corps régénéré et les langueurs de l'isolement furent promptement guéries. Toutes les observances de la discipline régulière refleurirent sur ce sol bénit ; après dix siècles de gloire et d'humiliations, le monastère revoyait la splendeur de ses beaux jours. Il n'est point jusqu'aux remarques les plus insignifiantes qui ne nous édifient sur cette nouvelle organisation (1).

L'Abbé d'Aligre favorisait de toutes ses forces ces changements si utiles. Le 15 décembre 1661, il ratifia de nouveau le concordat conclu avec les anciens religieux, pour qu'il ressortît son plein effet dans la congrégation de Saint-Maur (2). On doit d'autant plus admirer sa coopération désintéressée qu'on scindait son abbaye, qu'on enlevait à son autorité et à sa juridiction toute la mense conventuelle, qu'on le plaçait en face d'une communauté puissante dans l'Etat et dans l'Eglise ; mais aucune considération humaine n'entrava l'action des restaurateurs : il la seconda de toutes ses forces, quand il ne prit pas l'initiative.

Ici les faits se pressent, divisons-les pour les présenter avec ordre au lecteur.

On sait que le premier et le plus précieux trésor d'un moine de Saint-Maur c'est sa bibliothèque. C'est là en effet que s'écoulent les heures qu'il ne passe pas au pied des autels : homme de prière, mais aussi d'étude, il consacre sa vie à extirper les landes du monde intellectuel, comme les disciples de Rancé défrichent les forêts incultes et fécondent les campagnes stériles. Pour nourrir la piété des âmes simples et ignorantes, arracher l'ivraie de l'erreur, débarrasser l'histoire de ses productions malsaines, il faut des livres, une vaste bibliothèque. Aussi nous voyons les moines de Saint-Maur, à peine établis à Saint-Riquier, se reconstituer cet arsenal spirituel. Les vieux manuscrits étaient dispersés, enfouis dans les greniers poudreux, à moitié rongés par les rats et les blattes ; ils les rassemblent ; ils les mettent en ordre ; ils découvrent, non sans étonnement, dans une cachette profonde, sinon le texte original, du moins une vieille

---

(1) On lit dans un Mémoire à consulter pour un procès. A Saint-Riquier, le jeûne est presque perpétuel : l'abstinence devient continuelle : les religieux sont frequés : ils ne connaissent plus les délicatesses des séculiers et ils ont retranché l'usage du linge. (*Procès du moine Nattin dont il sera parlé plus loin.*)

(2) D. Cotron. *Anno* 1661.

copie du texte d'Hariulfe, mais mutilée et lacérée. Nous avons dit pourquoi en un autre endroit (1). Ils coordonnent leurs titres de propriété, quelques fragments de leurs annales, de rares débris de la bibliothèque de saint Angilbert; ils revoient entre autres monuments un *Missel de saint Grégoire et de Gelase, arrangé par Alcuin* (2).

On les a accusés depuis d'avoir laissé égarer ce Missel et d'avoir par cette négligence causé une perte irréparrable pour la musique sacrée. Plaignons-les plutôt d'avoir été dépouillés de toutes leurs richesses par un affreux incendie en 1719.

Les moines de Saint-Riquier dépensèrent des sommes considérables pour leur bibliothèque. D. Montbaillard acheta pour 4000 livres la bibliothèque de M. de Huppy, médecin à Abbeville. L'Abbé d'Aligre lui prêta cette somme et les religieux lui constituèrent une rente de 200 livres au denier 20. Le chapitre général, en 1665, ratifia ce contrat. Il donna aussi 1400 livres pour celle de M. Manessier, intendant des eaux et forêts. Ce Manessier, l'ami et le correspondant de Du Cange pour l'histoire de Picardie, parlait ainsi de la nouvelle école bénédictine de Saint-Riquier. « J'ai déjà parlé au R. P. Prieur
» des réformés de Saint-Riquier ; il dit n'avoir pas de cartulaire : il m'a promis de
» s'appliquer, le carême prochain, à lire avec soin les principaux titres de cette abbaye
» et de marquer tout ce qui pourra servir à votre dessein. C'est un homme intelligent
» qui a été sous-prieur de Saint-Germain-des-Prés et prieur de Jumièges et qui est
» mon intime ami (3). »

Relevons ici des notes sur la bibliothèque de Saint-Riquier. Du Cange est venu la consulter : elle lui a fourni un gros manuscrit sur l'histoire des comtes d'Amiens, suivi d'un traité sur la régale ; c'est là qu'il a aussi puisé les principaux éléments de l'histoire des baillis d'Amiens et de leurs lieutenants, de l'histoire des comtes de Montreuil et Ponthieu, l'analyse de l'histoire des seigneurs de Saint-Valery, l'histoire de l'abbaye de Brayne, la notice historique de l'abbaye de Selincourt, manuscrit que Dom Grenier a copié. M. le Scellier de Riencourt y a pris aussi ce qu'il note : 1° sur l'étymologie du mot *Samarobriva* : 2° sur l'antiquité du mot *Ambianensis* : 3° sur les enceintes de la ville, les places, rues et portes : 4° sur la translation du siège épiscopal de Saint-Acheul dans la ville d'Amiens par saint Sauve (4). Tous ces documents de la bibliothèque de Saint-Riquier ont péri dans l'incendie de 1719.

Le fonds des deux bibliothèques de MM. de Huppy et Manessier s'accrut d'une multitude de volumes achetés de tous côtés. Les successeurs de ce prieur continuèrent avec les ressources assez abondantes que fournissait le monastère, et l'on était parvenu à en faire une des plus belles bibliothèques de la congrégation. Il fallut recommencer après 1719.

(1) *Livre* III, page 104.
(2) L'abbé Corblet. *Hagiographie. Tome* I, page 98.
(3) Lettre du 23 février 1663. *Picardie. Tome* VII, page 376.
(4) *Mémoires de la Société des Antiquaires de Picardie. Tome* II, page 396.

Le P. Papebroch, l'un des plus savants Bollandistes du XVII° siècle, visita aussi la bibliothèque de Saint-Riquier, le 27 novembre 1667. (*Act. Sanct.* 23 *Junii*). M. l'abbé Corblet. (*Tome* IV, page 357.)

CHAPITRE III. — CHARLES D'ALIGRE, ABBÉ COMMENDATAIRE.

Cet empressement des religieux de saint Maur à réunir ainsi dans leur bibliothèque d'immenses dépôts d'érudition nous rappelle la grande question sur les études monastique, soulevée à cette époque entre D. Mabillon et l'Abbé de Rancé. Aux arguments du rigide réformateur de la Trappe et du propagateur des traditions cisterciennes, D. Mabillon opposa les exemples d'une multitude innombrable de moines des siècles passés et des grands saints illustrés par leurs écrits et leurs lumières, comme les Chrysostôme, les Basile, les Augustin, les Grégoire, les Bède, les Anselme, les Lanfranc ; puis il opposa encore à son redoutable adversaire les Conciles et les Pères dont la doctrine sur les avantages des études monastiques est si solidement établie. De Rancé accusait les moines voués à l'étude de s'exempter sans scrupule des règles communes, de l'office divin, des obligations de la vie claustrale. D. Mabillon redresse cette erreur et justifie ses frères par des observations que nous jugeons utile de rappeler ici, afin que le lecteur connaisse plus intimement l'intérieur d'un monastère réformé par les observances de saint Maur.

» Il n'y a, disait D. Mabillon, que très peu de monastères où l'on travaille pour le
» public, dont celui de Saint-Germain est le principal De cinquante religieux qui com-
» posent la communauté il n'y en a qu'environ douze, qui soient occupés à ces sortes de
» travaux : de ces douze il y en a quelques-uns qui ne s'exemptent d'aucun exercice
» ni de jour ni de nuit : les autres n'ont point d'autres exemptions que les écoliers,
» c'est-à-dire de Matines, de Prime et de Complies alternativement. Du reste ils n'ont
» aucune dispense des régularités communes, et je puis bien dire sans faire tort aux
» autres, — et j'en prends à témoin tous ceux qui les connaissent, — que ce ne sont ni
» les moins réguliers ni les moins soumis, ni enfin les moins édifiants de la communauté. » D. Mabillon prouve encore ailleurs que les communautés réformées n'étaient que des écoles de piété et de vertu et non des académies de sciences, que le but des études n'était que la connaissance de la vérité et l'amour de la justice. Ce sont les seules fins qu'on se proposait. Qui ne voit combien dans ces derniers temps on avait besoin d'hommes solidement instruits et consciencieux pour éclaircir les difficultés que présente l'étude des Conciles des Pères et de l'histoire ecclésiastique (1) ?

Le monde savant applaudit à la défense et au triomphe de D. Mabillon. Quel dommage en effet pour la critique, pour toutes les branches des connaissances qui se rattachent à l'étude des choses spirituelles et surnaturelles, si le système de Rancé avait prévalu ! Qui pourrait nous prouver que les moines de saint Maur auraient amassé plus de mérites par les exercices corporels que par la continuité de ces obscurs travaux? On a dit, nous le savons, que la congrégation de saint Maur fit un triste naufrage dans ses études scientifiques et dans la question du Jansénisme. Nous ne chercherons pas à dissimuler ce coupable égarement, mais cette congrégation ne sombra point seule ; elle fut entraînée avec beaucoup d'autres ordres religieux et le clergé sé-

(1) Voir les Études Monastiques de D Mabillon.

culier. Ses chefs, et ce n'était pas toujours les maîtres de la science, manquèrent de prévoyance et se laissèrent circonvenir les premiers. Toutefois malgré la défection d'un grand nombre de religieux, il y eut d'éclatantes oppositions et d'ardents défenseurs de la doctrine catholique. Pour être conséquent, il faudrait condamner les études dans tous les corps religieux, puisqu'elles n'ont pas su les préserver des erreurs dominantes.

Pour montrer avec quelle religion les moines devaient garder le dépôt sacré des livres amassés par leurs pères, nous citerons ici une lettre déjà signalée dans l'Introduction (1). Il est question d'un cartulaire de Saint-Riquier réclamé par les Bénédictins pour leurs œuvres littéraires ou plutôt de la Chronique d'Hariulfe. Le 27 avril 1672, le supérieur général de la congrégation avait écrit aux Carmes Dechaux de Toulouse pour lui demander le cartulaire de Saint-Riquier qu'on disait conservé dans la bibliothèque du couvent. Voici une réponse du 27 juillet à cette lettre à la suite de plusieurs négociations. Elle est adressée à D. Audebert du couvent de Saint-Germain-des-Prés par son neveu frère Germain Larreau.

« Mon Révérend Père,

» J'ai vu le Père Prieur des Carmes Dechaux qui a dit que le pape devait donner la
» permission de séparer le Cartulaire de Saint-Riquier de leur bibliothèque et m'a mon-
» trée la bulle d'excommunication contre ceux qui feront autrement. A quoi je dys
» qu'estant donné à leur supplication, comme il est porté en termes exprès, le pape ne
» prétendait pas les obliger que de leur consentement : enfin il me promit d'obtenir
» lui-même les permissions nécessaires et de délivrer le cartulaire. Je lui promis les
» 10 tomes du *Spicilegium*. Il ne sera pas mal récompensé ; car ledit cartulaire n'est pas
» grand chose dans mon sentiment.

» Je souhaite, etc. Frère Germain C. Larreau, M. B. de Saint Alligre. »

Singulière révélation ! La chronique d'Hariulfe à Clermont, au Puy-de-Dôme, en Auvergne ! Quand le prieur déclarait quelques années auparavant à M. Manessier qu'on ne la possédait pas à Saint-Riquier, il ne se doutait guère qu'on l'aurait découverte si loin. Par qui fut-elle transportée en ce pays?.. Mais de Paris on aura dû en renvoyer l'original ou du moins une copie à Saint-Riquier. En effet, dans les archives de 1789, cette chronique est en tête de tous les documents.

Quand les moines de saint Maur arrivèrent à Saint-Riquier, la nef et les bas-côtés de l'église restaient toujours en ruines. Le monastère lui-même offrait à peine le nécessaire ; on se mit à l'œuvre avec empressement et bientôt tout changea de face. Il paraît que les voûtes et les toitures du chœur et du sanctuaire n'inspiraient point de sécurité aux nouveaux habitants du monastère : on commença par les réédifier. Les 14,200 livres restituées par les administrateurs de l'Hôtel-Dieu de Paris, que Michel de Marles,

(1) *Page* xxviii.

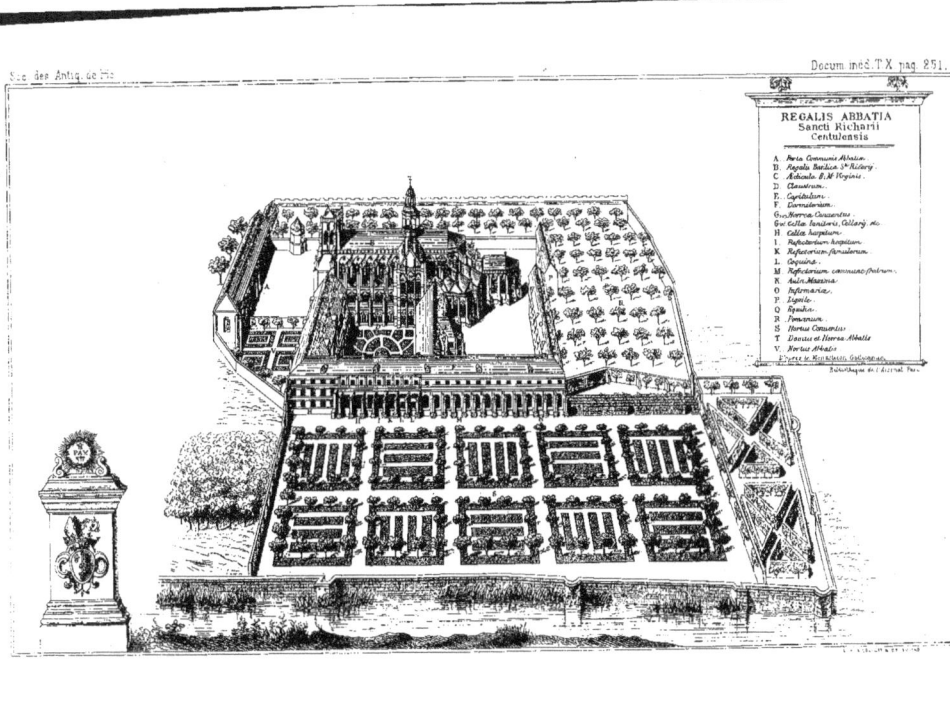

intendant de Richelieu, avait institués ses légataires universels, furent consacrées aux voûtes et aux toits du chœur et du sanctuaire, comme on le constate par les quittances des tailleurs de pierre et des charpentiers, délivrées en 1665 à ces administrateurs.

Le prieur D. Louis Boudan releva ensuite les toits et les voûtes de la nef principale et des nefs collatérales entièrement ruinées. (1). Une inscription de Jean Canu, charpentier, sur les murs de la grande tour, nous indique l'année 1665.

On doit à l'esprit libéral et éclairé des religieux de saint Maur d'avoir rétabli cette magnifique église dans ses belles proportions Ils sont vraiment dignes d'éloges, pour ne pas avoir à cette époque altéré le style primitif.

Le même prieur continua un grand édifice commencé sous Henri de la Châtre. C'est le bâtiment situé au Midi et parallèle à l'église. Il restait environ le tiers de ce bâtiment à édifier, il y construisit trois étages qu'il fit couvrir en ardoises. On établit le grand dortoir des religieux dans l'étage supérieur. Dans celui du milieu on voyait la bibliothèque très confortablement installée : au rez-de-chaussée l'infirmerie, le quartier des hôtes, le réfectoire avec la cuisine et ses dépendances. Cette distribution fut quelque peu changée après l'incendie de 1719. On dépensa pour ce travail plus de 14,000 livres (2).

« Ce prieur acheta, dit D. Cotron, presque toutes les chappes que nous possédons et
» les chasubles avec les dalmatiques et les tuniques. On remarquera surtout deux cha-
» subles en soie blanche avec leurs étoles et leurs manipules aussi en soie, rehaus-
» sées par une riche broderie de fleurs. Ajoutez encore quatre autres chasubles aussi
» brodées, une chappe verte et une autre violette, toutes deux d'un grand prix, des
» voiles très richement brodés et des ornements de toutes couleurs. »

Dans les années suivantes D. Monbaillard s'occupait et de la bibliothèque et de l'église. Il renouvelait le devant d'autel offert plus de vingt ans auparavant par l'Abbé d'Aligre et en achetait un autre en soie blanche avec des courtines d'un très bon goût.

En 1670 et 1671, un autre prieur, D. Julien Hermand, fit édifier une sacristie très convenable, voûtée, lambrissée, garnie d'armoires et ornée de tableaux, pavée en beaux carreaux. La porte divisée en plusieurs compartiments fut très élégamment sculptée. Ce travail coûta plus de 18,000 livres. En 1673, D. Cotron devenu prieur fit refondre à Amiens, par un habile ouvrier, la grosse cloche de l'église fêlée depuis plusieurs années. On la bénit solennellement le 10 avril 1673.

Au prix de ces travaux ajoutons une dépense de cinq cents livres pour restaurer les toits ruinés par un incendie et une autre somme de 300 livres pour réparer les grands murs de l'abbaye, que les moines avaient endommagés dans une nécessité extrême, lorsqu'ils employèrent les pierres pour rebâtir leurs modestes cellules.

(1) D. Cotron. *Anno* 1665.
(2) D. Cotron. *Ibid.* Le *Monasticum Gallicanum* nous a conservé la vue du monastère du xviie siècle. Nous le reproduisons ici.

Au mois d'octobre de la même année, on acheta aussi pour 640 livres deux chandeliers d'acolytes parfaitement ciselés (1).

Nous devons à D. Cotron un dénombrement complet ou un inventaire des reliques du monastère de Saint-Riquier et des richesses de sa trésorerie en 1673 (2). On pourra voir, si l'on tient à comparer, ce qui restait du temps de saint Angilbert à cette renaissance de saint Maur et ce qui a été pillé à la Révolution.

« 1° La châsse de saint Riquier contient son corps avec les corps de sainte Elevare et sainte Sponsare, vierges et martyres, compagnes de sainte Macre. Le chef du saint patron est séparé du corps aussi bien que plusieurs parties de ses reliques renfermées dans un petit reliquaire d'argent. Le don de Thibault de Bayencourt a été parfaitement conservé. » (3).

« 2° Il y a trois châsses de saint Vigor de la même époque et de la même richesse. Le 14 juillet 1671 le prieur D. Hermand, du consentement du couvent et du supérieur général, donna une insigne relique de saint Vigor au monastère de Saint-Vigor de Bayeux. C'était un omoplate ou un os de l'épaule. On y joignit une côte de saint Sulpice aussi évêque de Bayeux. Il y mit pour condition que ces reliques seraient religieusement conservées dans le monastère, afin d'être honorées au lieu où ce saint avait donné de si grands exemples de sainteté. La translation en fut faite avec une grande pompe. L'évêque de Bayeux reçut lui-même la relique renfermée dans une châsse d'argent et la porta au monastère avec tout le clergé de la ville. Cette cérémonie mémorable eut lieu le 17 juillet 1671 (4). »

« 3° La châsse de saint Mauguille en argent a trois pieds de long sur un pied de haut : elle est aussi ornée de bas-reliefs. Elle contient avec les reliques de saint Mauguille les corps de saint Caidoc et de saint Fricor : il y a aussi une châsse de bois doré au monastère du Tréport avec des reliques de ces trois saints, d'où il faut conclure qu'ils ne sont plus entiers. Toutefois on en possède la plus grande partie (5). »

« 4° Une châsse d'argent d'un pied de long et de dix-huit pouces de hauteur, en forme de maison carrée surmontée de son toit et environnée de statues très antiques, ciselées en bas-reliefs sur la moitié de la hauteur, renferme les reliques des saints apôtres Pierre, Paul et Philippe, des saints Thaddée, Timothée et Gui, de sainte Pétronille et de sainte Thècle et d'autres saints de la primitive Eglise. » Ce serait bien la *Sainte Prime* dont il est question sous les Abbés Anscher et Hugues de Chevincourt.

5° Un grand nombre de reliques de saints innommés étaient déposées dans une châsse de bois doré. D. Cotron présume que ce sont celles que l'Abbé Pierre Le Prêtre

---

(1) D. Cotron. *Annis* 1665 à 1673.
(2) Voir le livre XI de la chronique de D. Cotron. *Cap.* II et III.
(3) Voir plus haut page 175, 176.

(4) D. Cotron. *Anno* 1671.
(5) Voir au tome I (*page* 73) ce qui est dit de la translation des reliques de saint Mauguille au Tréport.

trouva en 1460 au grand autel de la chapelle de Notre-Dame de la Voûte ou de la crypte, ainsi qu'on peut le voir dans le procès-verbal qui fut dressé à cette occasion.

« 6° Une grande croix très ancienne, revêtue d'un côté de lames d'or parfaitement bien ciselées et de l'autre de lames d'argent, porte des reliques de la vraie croix dans un bras d'argent. On l'attribue à saint Eloi. »

« 7° Un petit bras d'argent renferme une relique inconnue. »

« 8° Un doigt de saint Marcou est enchâssé dans une statue du saint en argent, haute de 15 pouces et posée sur un stylobate ou pied en ivoire. Ce saint a aussi sa chapelle dans l'église de Saint-Riquier : des troupes de pèlerins viennent de pays lointains implorer son assistance au jour de sa fête. Le premier mai, le concours est si extraordinaire que l'église peut à peine contenir cette multitude d'étrangers. »

« 9° On possède des reliques de saint Eloi, évêque de Noyon, dans une châsse de bois recouverte de lames d'argent : sur une des faces, cette châsse représente une espèce de trèfle à quatre feuilles et sur l'autre un agneau pascal doré.

« 10° Des reliques de saint Etienne, premier martyr, sont enchâssées dans un vase de cristal que supportent trois tourelles dorées reposant sur un pied en cuivre. »

« 11° Des reliques de saint Paul, premier ermite, sont cloisonnées dans un cristal circulaire placé sur un pied en cuivre. »

« 12° Un autre reliquaire en cuivre orné de six lames d'argent abrite les reliques de saint Calixte, pape et martyr, de saint Lucien, évêque et martyr, de saint Jean-Baptiste et de saint Jean l'Evangéliste. »

« 13° Un reliquaire d'argent, monté sur un pied garni d'émaux, environne le cristal où sont contenues les reliques de saint Marc évangéliste et de sainte Barbe. »

« 14° Des reliques de saint Sulpice reposent en un vase de cristal protégé par un reliquaire de cuivre doré et orné de lames d'argent. »

« 15° Une petite châsse d'argent, longue de 8 pouces, a la forme d'une église. Au milieu est un vase de cristal rempli de reliques. Voici les noms : saint Barthélemy, saint Thomas de Cantorbéry, évêque et martyr, saint Benoît, le patriarche des moines d'Occident, (*Patris nostri*, dit D. Cotron). On y voit aussi une relique de la colonne à laquelle Notre Seigneur fut attaché pendant sa flagellation, une pierre du roc du Mont des Oliviers sur lequel il a prié, une relique de la vraie Croix, des reliques de la Bienheureuse Vierge Marie et de sainte Marie-Madeleine. Cette châsse porte des armoiries d'or et d'azur, à la fasce ou bande de gueules (1). »

« 16° Un reliquaire en cristal brisé par le haut porte les noms de saint Blaise, de saint Gandulfe, martyrs, et d'autres saints. »

17° Nous réunissons dans le même article le reliquaire de saint Pierre de

---

(1) *Stemma ex auro et cœruleo variatum cum tæniola miniata expressum.* Seraient-ce les armes de Ponthieu qui portait : *d'azur à trois bandes d'or, a la bordure de gueules ?*

Luxembourg, en cristal ; celui de saint Fiacre, en argent cloisonné par des cristaux et porté sur un pied de cuivre ; celui de saint Ghislain, de sainte Catherine, de sainte Agathe, de sainte Cécile, en argent, taillé en forme de côte.

« 18° Quelques parcelles des vêtements de saint Gervin sont conservés dans un reliquaire de cuivre. »

« 19° Des tablettes couvertes de lames d'argent, divisées en six cloisons, paraissent avoir servi à conserver un livre. Sur l'une d'elles on voit des reliques de saint Etienne, de saint André, de saint Quentin, des onze mille vierges, de saint Saturnin et de saint Gilles, de saint Calixte et de saint Nicanor, martyrs. Sur l'autre on distingue une relique de la côte de sainte Madeleine, des reliques de sainte Ausonne, de saint Laurent martyr, de saint Maurice et de ses compagnons martyrs, de saint Léger, des saintes Aure et Faustine, vierges et martyres, des saintes Perpétue, Félicité et Januaria, martyres. Une miniature de chaque saint est placée auprès de leurs reliques. »

« 21° On possède aussi des reliques de saint Winoc dans une statue d'argent, d'un pied de haut, faite à l'effigie du saint, et un autre fragment des reliques de sainte Marie-Madeleine. »

« 22° Le 14 juin 1671 Maître Antoine Daullé, doyen et curé de Notre-Dame, après s'y être fait autoriser par l'évêque d'Amiens, a donné au couvent une belle relique de saint Maur, Abbé de Glanfeuil, avec son reliquaire. Cette relique consiste dans la moitié de la noix du genou du saint ; ce qui est certifié par l'authentique. »

« 23° Le 15 novembre de la même année, D. Antoine Bourdon, prieur de Notre-Dame de Valloires, fit présent au monastère de Saint-Riquier d'une côte presque entière de saint Hain, confesseur et comte de Ponthieu. Il paraît que cette relique avait été volée et qu'elle fut restituée à un des religieux de Saint-Riquier à la condition de rester dans l'abbaye. D. Bourdon voulut bien ratifier par écrit authentique cette condition, toute déloyale qu'elle paraissait (1). »

D. Cotron, après cette longue nomenclature des reliques, fait celle des objets précieux, des vases sacrés et des ornements. En voici le détail :

1° L'Evangéliaire de saint Angilbert avec ses couvertures d'argent et sa relique de saint Jean l'Evangéliste, don d'Eustache Le Quieux à son monastère ;

2° Des vases sacrés d'une grande richesse. Enumérons trois calices d'argent très richement ciselés, avec leurs patènes d'argent, un soleil ou ostensoir, aussi élégamment travaillé et supporté par un ange. Le plus grand de ces calices pesait sept marcs d'argent, les deux autres chacun cinq marcs et le soleil quatorze marcs :

---

(1) D. Cotron. *Anno* 1671.
Les hagiographes sont très embarrassés sur ce comte de Ponthieu dont on nous révèle ici la sainteté. Aucun de ces puissants seigneurs de cette contrée ne nous est connu sous ce nom. N'y aurait il pas ici une confusion et ne voudrait-on pas parler de saint Bain, comte de Lorraine, ou de saint Bain, évêque de Thérouanne ? Nous proposons cette énigme aux savants.

3° Un petit calice en vermeil :
4° Deux chandeliers d'acolythe du poids de seize marcs :
5° Un grand ciboire en argent :
6° Des burettes et un grand bassin ou plat d'argent d'un beau travail :
7° Une boîte d'argent pour l'huile des infirmes :
8° Une croix d'argent pour les processions avec le bâton aussi en argent :
9° Deux bâtons en argent pour chantres, surmontés de deux tourelles où l'on avait placé les statues de saint Riquier et de saint Thibaut, présent de Thibault de Bayencourt. (Il reste aujourd'hui un autre bâton en cuivre doré avec ciselures aux armes de l'Abbé d'Aligre. A-t-on jugé à propos de refondre le premier pour rajeunir le mobilier de l'église ?)
10° Un encensoir en argent avec sa navette :
11° Une coupe d'argent bien ciselée servant pour la communion :
12° Deux verges de massiers ou bedeaux, ornées de lames d'argent :
13° Une lampe de cuivre doré d'un travail très fini.

Nous aurons encore d'autres objets à ajouter avant la fin de l'article de l'Abbé d'Aligre.

D. Cotron fait ensuite l'énumération des ornements.

On possédait alors au monastère 41 chappes, 21 chasubles, 16 tuniques ou dalmatiques en damas de diverses couleurs, telles que le prescrit la liturgie. Beaucoup étaient tissées ou brodées en or, d'autres en soie et or, d'autres en soie ou même en laine. On y voyait des lis, de grosses roses rouges et noires, des paysages ou ramages. Ajoutez des *antipendium* ou devants d'autel en soie de diverses couleurs avec des glands ou attaches en or, de grandes courtines ou rideaux avec leurs franges, des pavillons pour le tabernacle, un dais ou baldaquin en drap d'or avec son ciel ou ombrellino en laine cramoisie. Il est inutile de mentionner le reste du matériel.

La chronique de D. Cotron nous abandonne en 1673. La mort le surprit avant qu'il eût terminé son œuvre si précieuse pour l'histoire du monastère. Il est à regretter que ce travail n'ait pas été continué et qu'on ne nous ait laissé pour la suite de notre histoire que les titres si arides des contrats, procès et autres actes d'administration temporelle.

Nous devons une notice à ce savant prieur de notre monastère (1).

Dom Victor Cotron était né à Reims. Dieu l'appela à la vie parfaite et il se consacra à son service dans la célèbre abbaye de Saint-Remi de Reims, affiliée depuis peu à la congrégation de saint Maur : il y prononça ses vœux, le 10 août 1635.

Dom Victor Cotron fut un religieux exemplaire, très zélé pour l'observance régulière que le pieux réformateur de saint Maur avait introduite dans l'ordre bénédictin. Son mérite, sa prudence et sa piété l'appelèrent à la direction des monastères de l'ordre ; il

---

(1) Cette notice est empruntée à la bibliothèque générale des écrivains de l'ordre de saint Benoît. *Tome* I et IV, *au mot* D. Cotron.

fut successivement prieur de Ferrières, de Saint-Thierry, de Nogent-sous-Coucy, de Saint-Nicaise de Meulan et de Saint-Riquier. Il avait le goût de l'érudition bénédictine et quand les exercices réguliers et les devoirs de sa charge lui laissaient quelques instants de relâche, il les consacrait à des recherches sur les monastères qu'il dirigeait ou qu'il avait habités. Il composa plusieurs chroniques remarquables par l'élégance du style, par les connaissances qu'elles fournissent sur les faits les plus remarquables des monastères. On signale surtout la chronique de Sainte-Colombe de Sens composée en 1648, l'histoire des Abbés de Saint-Remi de Reims, la chronique de Saint-Germain d'Auxerre, la chronique de Saint-Nicaise de Meulun écrite en 1672 et enfin la continuation de la chronique d'Hariulfe de 1089 à 1673. La mort le surprit pendant la composition de ce dernier ouvrage, auquel il manque une partie des faits de sa propre administration et très probablement le dernier livre sur l'histoire civile de Saint-Riquier, dont on ne possède que les deux premières pages.

Tous les ouvrages de D. Victor Cotron sont restés manuscrits : ils étaient conservés dans les bibliothèques monastiques, et probablement on en a tiré des copies pour celle de Saint-Germain-des-Prés. La chronique de Saint-Riquier ayant disparu au moment de la confiscation du mobilier du couvent (1789), c'est dans ce fonds que nous l'avons retrouvée. On reconnaît en certains endroits que c'est une copie imparfaite, destinée à un genre particulier de recherches. Un travail de révision nécessaire a manqué à cette chronique pour faire disparaître quelques inexactitudes de dates empruntées à Jean de la Chapelle. D. Cotron mourut à Saint-Riquier le 10 mars 1679. C'est à tort que la matricule des religieux de l'ordre de saint Maur indique l'année 1674. Nous croyons les biographies mieux renseignées que ce catalogue posthume.

Pendant qu'ils réparaient les désastres des guerres sur le temple matériel, les moines de Saint-Riquier s'efforçaient aussi d'effacer les ruines spirituelles et de relever les âmes que le malheur des temps avaient trop privées d'instruction religieuse. C'est ainsi qu'à la demande de D. Montbaillard, et du consentement de l'évêque d'Amiens et du supérieur général de la congrégation, quatre religieux prêchèrent durant tout l'Avent de 1669 et encore quelque temps après des missions dans l'église de Saint-Riquier et dans les paroisses voisines. Ils catéchisaient les enfants ; ils faisaient des instructions aux grandes personnes ; ils entendaient les confessions et réconciliaient les ennemis : en un mot ils s'appliquaient à toutes les œuvres de charité. Le succès fut prodigieux ; ces exercices spirituels laissèrent une profonde impression dans les populations.

La réforme de Saint-Maur apporta dans l'administration des domaines la même activité que dans les restaurations du monastère. On se rendit compte de la situation ; on rechercha les titres, les redevances ; on arrêta la prescription. La rentrée des revenus s'opéra avec beaucoup plus d'exactitude, et l'on put, à l'aide d'économies, retraire quelques-uns des domaines aliénés un siècle auparavant.

Nous avons exposé en son lieu cette dilapidation des domaines monastiques : c'est bien ainsi qu'on doit appeler des ventes opérées violemment par les commissaires de la couronne, et les usurpations de la puissance séculière, condamnées par la cour de Rome et par les ministres des puissances étrangères. Nous avons observé aussi que les Souverains Pontifes, en confirmant ces aliénations, laissaient la faculté de racheter les biens vendus. Diverses ordonnances des rois à partir de 1586 permirent d'abord de rentrer dans les biens, lorsqu'il serait prouvé qu'il y avait lésion du tiers ; il suffisait alors de rembourser le prix de l'acquisition ou de le consigner en cas de refus. En 1606, on donna pouvoir aux ecclésiastiques de réunir à leurs bénéfices tous les domaines aliénés depuis 44 ans, sans faire preuve de lésion, à la condition seulement de restituer le prix principal, les frais et loyaux coûts, les impenses et les améliorations. En 1609 on permit aux corporations d'opérer les rachats, non-seulement sans le consentement de leurs chefs, mais même après refus. Sous Louis XIII, on prorogea de deux ans les lettres de rachat, puis on permit de laisser la jouissance aux acquéreurs pendant 16, 18 ou 20 ans, à la charge de les réunir ensuite à l'Eglise à perpétuité. Par lettres patentes renouvelées de cinq ans en cinq ans, puis de dix ans en dix ans, on prorogea cette faculté jusqu'en 1670. Mais dans les grandes guerres de Louis XIV, des dons considérables furent de nouveau demandés au clergé, qui s'imposa pour quatre millions cinq cent mille livres. En 1675, il restait à payer une somme de 400,000 livres. Le clergé, par contrat passé le 1er septembre, consentit à renoncer à la faculté de retirer pendant 30 ans les biens aliénés, à la condition qu'on imposerait sur les détenteurs une taxe représentant le huitième denier du prix principal de vente. Cette taxe était acceptée par le roi en compensation des 400,000 livres. Toutefois le clergé gardait aussi la faculté de racheter immédiatement les biens aliénés, en supportant cette taxe et les autres charges de droit. C'est ainsi que s'explique la déclaration du 31 octobre 1675 pour la recouvrance du huitième denier du prix des biens aliénés depuis 1556. Cette taxe du huitième denier fut payée deux fois dans ces trente ans. En 1702, au milieu des embarras de la guerre d'Espagne et de ses dépenses extraordinaires, Louis XIV, voulant encore imposer une taxe du huitième denier, fit proposer au clergé pour s'en exempter une renonciation absolue à la facilité de retirer ses biens aliénés pendant les guerres civiles. Le rachat dans ces conditions devenait extrêmement onéreux, puisqu'on était obligé de payer en taxe les trois huitièmes de la propriété, puis le prix de vente, les impenses et les améliorations, ce qui excédait la valeur vénale des terres. Le clergé consentit à abandonner ses droits et revenus à perpétuité, mais avec toute faculté de réméré et de retrait. Ce contrat laissait toutefois le choix aux bénéficiers : en manifestant dans les deux mois leur volonté de racheter ces domaines, ils étaient réintégrés dans leurs anciens droits. C'est ce que firent les religieux de Saint-Riquier pour certaines possessions, comme on le voit dans les archives et les annales. Ainsi, le clergé, sans être astreint à l'impôt, porta aussi le poids de toutes les guerres civiles et nationales : il y perdit une notable partie de ses anciens domaines. Les particuliers s'enrichirent avec ces biens, et alors même qu'ils furent sommés de les rendre, ils ne firent que les échanger contre le prix d'acquisition, y compris même le bénéfice des améliorations, si on parvenait à les constater. Par la date des retraits on peut suivre les années prospères du monastère et se faire aussi quelque idée de ses économies. Tous les biens ne furent pas rachetés, loin de là. Il suffit de comparer et les aliénations et les retraits pour s'en convaincre (1).

Si on ne consultait que le récit de D. Cotron, on croirait que l'Abbé d'Aligre restait à peu près étranger aux premiers travaux de restauration du monastère. Ce serait une erreur, car il était tenu par le contrat qui divisait les menses, aux charges les plus lourdes, et c'est lui qui sur son domaine de Drugy et d'autres revenus subvenait à toutes ces dépenses, pendant que les religieux consacraient leurs économies à augmenter le domaine du petit couvent. Mais la suite de l'histoire va montrer l'intervention plus directe de l'Abbé d'Aligre dans les dernières années de sa vie. Il semble que la construction de l'abbatiale et les grands embellissements de l'église soient son œuvre capitale et son plus beau titre de gloire et de reconnaissance des religieux. En effet, les travaux qu'on exécuta de 1680 à 1695 dans l'intérieur de l'église sont très remarquables et d'une perfection qui ne laisse rien à désirer. Le temps et les révolutions ne les ont nullement altérés. Nous les avons sous les yeux. Les boiseries et les marbres sont aussi frais que s'ils sortaient des mains de l'ouvrier. On aurait tort de se plaindre de l'anachronisme des styles : car premièrement on ne peut crier au vandalisme, puisque l'Abbé d'Aligre et les moines de cette époque ne sont que des restaurateurs, et en second lieu on n'aurait point, dans ce grand siècle dédaigneux pour l'art ogival, rencontré un seul artiste capable d'imiter les chefs-d'œuvre du XIIIe ou du XVIe siècle.

En étudiant des titres dont nous n'avons plus l'intelligence suffisante (2), nous voyons qu'en 1688 l'Abbé d'Aligre concéda aux religieux une somme de 65,000 livres pour être employée au rétablissement des lieux réguliers du monastère. Quelque temps avant sa mort, il se déclare obligé de payer 82,000 livres pour le monastère : un acte spécial engage sa succession avec hypothèque sur ses biens dans la sénéchaussée du Ponthieu. D'autre part, en 1691 et 1692, les religieux et l'Abbé d'Aligre font solidaire-

---

(1) Voir dans la chronique de D. Cotron les retraits année par année. Nous en indiquerons une partie au livre des domaines dans la notice de chaque seigneurie ou terre du monastère.

On aurait tort de faire un crime aux moines de cette sage prévoyance qui permettait de supporter de nouvelles dilapidations. Le petit couvent profitait seul de ces nouveaux acquêts. Rien de plus juste, puisqu'ils étaient le fruit des économies des moines.

Nous croyons devoir rappeler ici un acte de reconnaissance qui honore la famille d'Aligre. En 1675, l'Assemblée du Clergé déchargea MM. les Abbés de Saint-Riquier et de Saint-Jacques de Provins des décimes imposés sur leurs bénéfices, en considération de la dignité et du mérite de M. Etienne d'Aligre, leur père, de la protection qu'il donnait aux affaires de l'Eglise et des services qu'il lui a rendus en tout temps. (*Mémoires du Clergé*. Tome VIII, *page* 140.)

(2) Les détails qui suivent sont recueillis dans le Répertoire des domaines en quatre volumes aux archives du département, et surtout dans le tome I.

Le silence de la chronique peut s'expliquer par la mort de D. Cotron, qui n'a pas eu le temps de décrire les grands travaux de l'Abbé d'Aligre.

ment des emprunts très considérables, pour subvenir aux frais des travaux entrepris. En certains mois on paie aux ouvriers jusqu'à 4,888 livres. Pour user du bon vouloir d'un Abbé aussi bienfaisant, les religieux poussaient leurs travaux avec une célérité prodigieuse. C'est pourquoi ils empruntaient pour donner à l'ouvrier son pain de chaque jour. Cependant ils restent nantis eux-mêmes de sommes considérables (1). Ils attendent sans doute l'occasion de se libérer de leurs dettes au temps marqué, ce que nous voyons fidèlement exécuté ; car les remboursements se font toujours aux époques indiquées. Les prêteurs avaient du reste une pleine confiance en leurs débiteurs, comme on le conclut de leurs efforts pour renouveler leurs contrats et prolonger l'échéance de leurs obligations.

Les travaux de l'abbatiale et de l'intérieur de l'église occupèrent les dernières années de l'Abbé d'Aligre. Il existait autrefois sur le sol du jardin de la cour actuelle du petit séminaire, entre l'abbaye et l'enceinte, des murailles, tout un quartier autour de la place, du cimetière et de l'église Saint-Benoît démolie ou ruinée depuis longtemps. On y connaissait plusieurs rues bien bâties, très peuplées. Ces habitations s'étendaient en certains endroits jusqu'auprès du dortoir des religieux. En quelques années l'Abbé d'Aligre fit acheter toutes ces maisons avec leurs dépendances et les propriété communales des rues. Ces acquisitions englobèrent même un autre quartier situé à l'ouest aux environs de la Poissonnerie, entre la place du parvis de l'église et la rue du Mont-Pèlerin.

Le sol des habitations était en contre-bas des murs de l'abbaye ou du niveau des terrains circonvoisins. C'est dans ces espaces du quartier Saint-Benoît et de la Poissonnerie que furent créés les jardins modernes du monastère et le jardin de l'abbatiale, à l'aide de remblais très considérables et d'une puissance de plusieurs mètres, comme on a pu s'en convaincre en ouvrant la terre pour les fondations de la chapelle actuelle du petit séminaire. On remit à jour alors les restes des vieilles habitations enfouies depuis près de deux siècles sous des décombres. C'est dans cette partie située à l'ouest du monastère que l'Abbé d'Aligre fit construire le palais abbatial que nous voyons aujourd'hui. La porte d'entrée conservée jusqu'à ce jour porte encore le chiffre de Charles d'Aligre et le soleil de son écusson. On ignore quel séjour l'Abbé d'Aligre faisait à Saint-Riquier, mais, à la vue de ce luxe d'embellissement et de ces dépenses, on doit présumer qu'il visitait souvent son abbaye, qu'il aimait à y résider dans ses vacances et à donner à ses religieux un éclatant témoignage de son affectueuse bienveillance. Toute la splendeur du règne de Louis XIV se reflète sur son église abbatiale ; nous aurions peine à croire qu'en contribuant si largement à sa décoration il ne soit pas venu souvent sur les lieux pour encourager et même diriger les travaux.

(1) On voit par des chiffres énumérés dans le répertoire des domaines qu'en 1693 les religieux avaient en réserve 13,000 livres ; en 1694, 28,000 livres ; en 1695, 58,000 livres. Une somme de 120 mille livres a été payée aux entrepreneurs du temps de l'Abbé d'Aligre. Nous ignorons ce que D. Nattin, un cellérier dissipateur, a retenu sur divers comptes pour ses folles dépenses.

Nous savons que le gros œuvre de l'église a été achevé pendant les douze premières années de la réforme de saint Maur : il est question maintenant d'orner l'intérieur. Qu'on se figure l'état d'une église sans toit pendant plus de cent ans, ouverte par conséquent à toutes les intempéries des saisons. Les décombres des voûtes s'étaient amoncelées avec les débris annuels des plantes parasites : il fallait nettoyer ces montagnes d'immondices, réparer les piliers et les murailles, cimenter un nouveau pavé de pierres et de marbre. Les interstices des porphyres rouges et verts étaient disjoints, infiltrées de végétations fangeuses. On jeta dehors ces marbres précieux ; on put au commencement du siècle les ramasser par charretées autour de l'église et les transporter dans le musée d'un amateur abbevillois. On souffre de la dispersion d'un chef-d'œuvre du IXe siècle ; mais qui n'était persuadé alors qu'on faisait mieux? Tout autour du chœur des religieux on posa des stalles d'une architecture grecque, parfaitement sculptées et ornées des emblèmes religieux de l'époque. Elles remplacèrent des boiseries historiées du XVe siècle, dont la suppression sera longtemps regrettée des connaisseurs, si on en juge par ce qui nous reste des œuvres des huchiers de l'époque. Mais le lecteur ne doit pas oublier les avaries qu'elles ont subies. Qui aurait pu en supporter la vue dans cette basilique si gracieusement ornée? Il est permis de penser que la crypte de saint Gervin fut aussi sacrifiée dans ces restaurations : elle devait gêner les plans des architectes du XVIIe siècle.

Les murs du sanctuaire furent revêtus de riches incrustations en marbre. Girardon épuisa son génie sur le Christ de l'abside. Un concours provoqué par l'Abbé d'Aligre réunit dans l'église, pour l'ornement des autels du pourtour du chœur, les toiles tant vantées de Jouvenet, Bellenger, Paillet (1).

Le travail le plus précieux est sans contredit celui du grand autel en marbre blanc de Florence avec des mosaïques, de riches et fines sculptures, des symboles de l'Eucharistie. Il paraît que l'Abbé d'Aligre n'eut pas la consolation d'assister à la consécration de cet autel. Nous lisons dans les archives qu'il fut consacré par Daniel de Cosnac, son successeur, peu de temps après la mort de ce grand bienfaiteur de l'église abbatiale.

Toutes les chapelles latérales furent réparées, décorées de nouveaux autels, de boiseries, de grilles, soit sous l'Abbé d'Aligre, soit sous son successeur. Une inscription commémorative des libéralités du nouvel Angilbert comme on se plaisait à l'appeler,

---

(1) « Fils du chancelier d'Aligre, l'un des plus honnêtes hommes de la robe, l'Abbé d'Aligre s'adressa aux plus célèbres artistes de son temps, au sculpteur Girardon, aux peintres Jean Jouvenet, Antoine Coypel, Claude Guy, Hallé, Bon et Louis Boulogne. Tous répondirent à son appel. Ajoutons aux tableaux de ces maîtres Saint-André de Lépicié, Saint-Benoît de Subiaco, une très belle toile de Paillet. »

Ces œuvres d'art forment « un Musée inconnu que le respect des habitants a sauvé du vandalisme révolutionnaire. » — M. Charles Louandre. *Revue des Deux Mondes.* 15 Juillet 1873. (*Etude sur le Ponthieu.*)

nous apprend quels sont les autres dons qu'il offrit à son église; en voici la liste : 1° des canons d'autel en argent, enchâssés dans des cadres en cuivre ciselé et doré en or moulu et revêtus par derrière de nacre rouge d'un grand prix ; 2° deux Missels avec couvertures en cuivre doré et sculpté, représentant le Sauveur en croix et saint Pierre et saint Paul ; 3° des vases sacrés ou d'autres ustensiles pour le culte, en argent et en cuivre ; 4° six grands chandeliers pour l'autel principal, avec une croix et une lampe en cuivre doré aux armes de l'Abbé d'Aligre. On voit encore aujourd'hui sur l'autel ces beaux chandeliers, la croix sur une crédence et la lampe au milieu du chœur ; 5° toutes les grilles du chœur et du sanctuaire et les portes de l'église : le grand lutrin au milieu du chœur, dont l'aigle en bronze doré est actuellement dans un des Musées de l'Etat et a été remplacé par un pastiche sans valeur : 6° une châsse de saint Angilbert dont il leva le corps, afin d'exposer ses reliques à la vénération des fidèles, avec celles de saint Riquier et des autres patrons de l'église. La cérémonie de cette translation eut lieu le 9 septembre 1685 par François d'Aligre, Abbé de Provins, en présence de son frère, des religieux et d'autres personnages ecclésiastiques, ainsi que l'atteste le procès-verbal dressé en ce jour et renfermé dans la châsse du saint (1).

Quand l'Abbé d'Aligre se fut engagé envers la communauté de Saint-Maur pour une somme de 68,000 livres, les religieux n'ayant que leurs prières pour témoignage de reconnaissance fondèrent une messe toutes les semaines pour l'Abbé d'Aligre, avec un obit solennel au jour anniversaire de son trépas. Cette messe se célébrait tous les samedis en l'honneur du Saint-Esprit pendant sa vie. On s'obligeait à une messe de *Requiem* après sa mort. L'acte monumental de cette fondation fut gravé dans une plaque de cuivre et placé à l'entrée de la chapelle de la Sainte Vierge. Nous en avons vu longtemps une modeste copie sous son tableau. En voici le texte :

---

(1) Voir le procès verbal de cette translation dans les pièces justificatives.

D. Martène et D. Durand écrivent ce qui suit dans leur voyage littéraire lors de leur passage à Saint-Riquier, en 1713. « Puisque nous sommes tombés sur l'Abbé d'Aligre, je ne puis me dispenser de dire qu'on le regarde à Saint-Riquier comme le restaurateur du monastère, comme un second Angilbert. Avant l'introduction de la Réforme, l'abbaye était dans un si grand désordre et dans un état si pitoyable, qu'on hésitait si on accepterait cette maison. La Réforme l'a entièrement relevée et l'a mise en état d'entretenir un bon nombre de saints religieux. Mais M. l'Abbé d'Aligre s'est efforcé de lui rendre son premier lustre par les beaux bâtiments qu'il y a fait faire et par les décorations admirables dont il a [orné l'église, l'autel de marbre, le chœur et le sanctuaire, pavé de même manière. La riche argenterie, les chaises du chœur, les beaux grillages, la boiserie des chapelles, les admirables tableaux qu'on y voit sont des monuments éternels de sa piété et qui rendront sa mémoire immortelle dans le monastère. C'est par reconnaissance de tant de bienfaits que nos confrères lui ont fait dresser cette inscription dans l'église. (*Voyage littéraire. Tome* II.)

D. Mabillon, dans ses Annales bénédictines (*Tome* II, *pag*. 313) ne parle pas avec moins d'éloge de ce nouvel Angilbert et compare le monastère restauré à celui du IX° siècle, non pour le nombre des moines, mais au moins pour la beauté des édifices et la richesse du trésor.

D. O. M.
et ILLUSTRISSIMO ABBATI,
CAROLO D'ALIGRE,
STEPHANI CANCELLARII FILIO,
REGIS A SANCTIORIBUS CONCILIIS,
ANGILBERTO ALTERI,
QUOD BENEDICTINÆ DISCIPLINÆ RENOVANDÆ CURAM
ADHIBUIT.
VIOLATAM HOSTILI FURORE BASILICAM
RESTITUIT.
ARGENTEIS ÆNEISQUE VASIS AC LIBRIS
ORNAVIT.
ALTARE MARMORE, ARGENTEIS TABULIS, SACELLA PICTURIS,
DITAVIT.
CHORI SEDILIA, PULPITUM, PAVIMENTUMQUE
CONSTRUXIT.
CAPSAM, CANCELLOS, VALVAS MAGNIFICE
EREXIT.
MONASTERII MUROS SEPTUMQUE
AMPLIAVIT.
HORREA ET ABBATIS HORTUM DOMUMQUE
ÆDIFICAVIT,
PERFICIENDIS DENIQUE MONACHORUM ÆDIBUS LONGAM OPEM
CONTULIT.
TOT ACCEPTORUM BENEFICIORUM MEMORES
PRIOR ET MONACHI CENTULENSES
PRECATUM, SINGULIS HEBDOMADIS, SACRUM
CUM ANNUA, POST EXITUM, SOLEMNI MEMORIA
STATUERE.
XIII CAL. DEC. ANNO DOMINI MDCLXXXVIII (1).

Cette date est celle de la fondation. L'épigraphe, que M. Gilbert nomme à tort l'épitaphe de l'Abbé d'Aligre, nous semble postérieure, parce que plusieurs des travaux rappelés ici ne furent exécutés que dans les dernières années de l'Abbé d'Aligre.

Ce généreux protecteur mourut à Paris, le 20 mai 1695, à l'âge de 63 ans, laissant sa mémoire en bénédiction au monastère de Saint-Riquier et dans toute la congrégation de saint Maur, vrai modèle de l'Abbé commendataire par la gravité de ses mœurs, comme par son dévouement à l'Eglise, dont la protection royale lui avait confié la tutelle.

---

(1) Voir *Description de l'Eglise de Saint-Riquier*, par Gilbert (*page* 106). Cette inscription se lit encore dans un cadre à l'entrée de la chapelle de la Sainte-Vierge.

Les religieux eurent quelques difficultés avec ses héritiers et furent même obligés de plaider. Mais on mit fin au procès par une amiable transaction.

Un de ses agents au monastère, le cellérier Nattin causa plus de chagrin à ses confrères par ses malversations. Il y eut même un procès scandaleux et humiliant pour le corps auquel il appartenait. Nous allons rappeler ici les principaux faits.

D. Etienne Nattin, religieux profès de la Congrégation de saint Maur, après avoir rempli la charge de procureur au monastère de saint Fiacre, fut envoyé à Saint-Riquier. Comme on le savait très habile dans le maniement des affaires, on lui confia la charge de cellérier à une époque où les religieux avaient une grande manutention d'argent pour leurs constructions. Rusé, insinuant et ambitieux, il sut gagner les bonnes grâces de l'Abbé d'Aligre, qui s'en reposa sur lui pour l'administration de sa mense. Rassuré par la confiance que les religieux lui avaient donnée, ce bon Abbé se démit en sa faveur des prieurés de Bruyères-le-Chastel et de Courson pour une pension pécuniaire. L'homme de Dieu ne peut guère se livrer aux spéculations de la terre sans perdre le recueillement intérieur. La dissipation du monde est incompatible avec le renoncement du cloître et amène des désordres scandaleux. C'est ainsi qu'Etienne Nattin se dévoya, en se liant avec des gens de mauvaise vie, et perdit l'esprit de son état jusqu'au point de vouloir devenir Abbé. Dans cette pensée il détourna à son profit, en 1695, une partie considérable des revenus de l'abbaye de Saint-Riquier. C'est au mois de juillet 1696 qu'il exécuta son dessein. Ayant cédé à D. Montigny, Abbé commendataire de Moreuil (1), ses deux prieurés, celui-ci se démit en sa faveur. Alors Nattin secoua le joug de saint Maur et s'installa dans sa nouvelle dignité avec grande pompe; il prit carrosse et valets, et se meubla magnifiquement au compte de l'abbaye de Saint-Riquier. Quand éclata la nouvelle de cette scandaleuse transaction, on reconnut, mais trop tard, que les religieux et l'Abbé d'Aligre avaient été volés et ruinés. On intenta un procès à Nattin devant l'officialité de Paris, puis au parlement, et on le fit enfermer dans les prisons de l'officialité. Il résulta des enquêtes nécessaires pour l'examen de la cause qu'Etienne Nattin avait créé des billets sous des noms supposés et même flétris par la justice. Après avoir sollicité en vain plusieurs huissiers de Paris pour obtenir des sommations illégales, il ne put arriver à ses fins qu'en subornant un misérable réduit à la mendicité, adonné à la boisson, l'agent de tous les faussaires. Un acte passé à Paris fut contrôlé à Amiens, pour écarter plus facilement les soupçons. Il fut constaté par les mémoires judiciaires que les détournements frauduleux d'Etienne Nattin s'élevaient à plus de cent mille francs. On y voit les sommes payées pour ses bulles, son ameublement, son équipage, des pactes illicites et simoniaques. On y voit encore que, non content d'avoir fabriqué des faux billets, l'accusé a volé tout ce qu'il a pu emporter de titres et papiers de l'abbaye de Saint-Riquier, entre autres cent vingt mille livres de quittances, avec l'in-

---

(1) Etienne Nattin reçut l'abbaye de Moreuil en 1696 et fut destitué en 1698. *Gall. Christ. Tome* x, *page* 1813.

tention de faire payer une seconde fois des dettes déjà éteintes. Quand il fut sommé par les juges de rendre témoignage à la vérité, il fit un faux serment, mais son ami et son confident Jacques Menault, chanoine de Saint-Augustin d'Orléans, n'était point intéressé à étouffer le cri de sa conscience. Sa déposition mit à jour toutes ces menées hypocrites et accabla l'accusé. L'officialité de Paris condamna d'abord Etienne Nattin sur tous les chefs d'accusation ; mais comme on n'impose point de peine corporelle dans les tribunaux ecclésiastiques, on le déféra au Châtelet. Ce second tribunal ordonna par sa sentence que les titres et papiers seraient rendus aux religieux : quant aux vols et aux autres trafics criminels ils ne furent pas punis ; on lui fit seulement défense de récidiver. C'est pourquoi on appela aussitôt de cette sentence au nom des religieux et du procureur général. Nous ignorons l'issue de l'appel qu'il faudrait sans doute chercher dans les registres du parlement (1).

Tout occupé de l'administration intérieure de l'abbaye dans une de ses périodes les plus intéressantes, nous n'avons fait aucune allusion aux événements extérieurs. Ils sont encore bien douloureux et les populations des alentours mangent toujours un pain détrempé de larmes. La guerre de la Fronde ayant chassé de Paris le grand Condé, la soif de la vengeance le jeta dans le camp des Espagnols, et il fit expier à sa patrie la honte d'un orgueil humilié. Les Espagnols revinrent sur les bords de l'Authie et recommencèrent leurs sauvages exploits. Les habitants des campagnes furent obligés de rouvrir leurs carrières un instant négligées. On en a même creusé de nouvelles en divers endroits, notamment au village de Hiermont, ruiné dans les guerres précédentes. En 1651, les habitants d'Yvrencheux furent étouffés par des brigands dans leur carrière ; en 1667, celle de Domléger fut pillée par des soldats français et le grain qu'on y recueillit, fut vendu à Abbeville. Le 12 novembre 1653, les Espagnols brûlèrent l'abbaye de Forêt-Montier : en 1656 les soldats de Cromwel, en garnison à Abbeville, se livrèrent à tous les excès sacrilèges dont les protestants forcenés de cette époque pouvaient se rendre coupables.

En 1658 et 1659, Turenne lui-même gardait les frontières françaises et couvrait Abbeville de ses armes et de la réputation de son nom. On signale quelques faits d'armes aux environs de Saint-Riquier. Un camp volant avait été établi à quelque distance d'Abbeville sur le chemin de cette ville. Dix ou douze escadrons de cavalerie tombèrent à l'improviste sur ce corps d'armée, le mirent en déroute et poursuivirent les soldats jusqu'à Abbeville où ceux-ci cherchèrent un refuge. Les bandits de Balthasar de Fargues tentèrent un coup de main sur Abbeville. Ils avaient trop présumé de leur bravoure ; car non seulement on les châtia de leur témérité, mais on les poursuivit jusqu'à Saint-Riquier et la plupart d'entre eux furent faits prisonniers. Une autre bande fut plus heureuse quelques jours après. S'étant mise en embuscade dans le bois de Saint-Riquier, elle se

---

(1) Extrait d'un mémoire à consulter. (Voir Bibliothèque d'Amiens. Catalogue d'Histoire. Volume de Mélanges, coté 9596, pièce 40°.

présenta inopinément devant le détachement envoyé à sa recherche et le relança jusqu'à Abbeville avec grande perte. La paix des Pyrénées, attendue et souhaitée depuis si longtemps, fit disparaître les traces de ces sanglantes catastrophes (1660).

On connaît le gouverneur de Saint-Riquier à cette époque, c'est Jean Le Ver, chevalier, seigneur de Caux, de Hanchy, de Bernapré, de Halloy et autres lieux : il vivait encore en 1699. Son fils Jean-Hubert Le Ver, seigneur de Caux, capitaine d'infanterie dans le régiment du roi, est connu sous le même titre.

Mais la place de Saint-Riquier n'a plus aucune importance : on ne s'en occupe plus. On suit pas à pas sa décadence dans les comptes communaux ; ce ne sera bientôt plus qu'un bourg médiocre, dont les habitants gagneront péniblement leur vie à la sueur de leur front, et si le monastère ne répandait sur la ville quelques reflets de son ancienne splendeur, son nom serait oublié dans l'histoire de l'époque, comme dans les souvenirs militaires.

Nous terminerons ce chapitre par quelques réflexions sur les rapports de l'Abbé d'Aligre avec la commune de Saint-Riquier. L'admission dans la bourgeoisie d'une ville était encore à cette époque, malgré le mouvement des idées et les changements introduits dans les mœurs, affaire d'assez haute importance. Nous en donnerons pour exemple une composition passée le 26 juin 1667 entre l'Abbé d'Aligre représenté par Pierre Becquin, le couvent de Saint-Riquier par D. Simon Montbaillard son prieur, d'une part, et Octavien de Wanel, mayeur, Sulpice Du Boisle, ancien mayeur, agissant au nom de la ville, d'autre part.

Après l'institution de la congrégation de saint Maur au monastère de Saint-Riquier, les bourgeois et les religieux, pour sauvegarder leurs droits respectifs, firent régler les conventions suivantes :

1° Personne ne sera admis à jouir du droit de bourgeoisie, avant que sa demande n'ait été présentée par écrit à l'Abbé et aux religieux ; autrement la réception sera nulle et l'on ne pourra jouir de ces droits.

2° Les bourgeois qui vendront ou achèteront à un autre citoyen ne paieront que le droit exigé d'après la coutume : s'ils vendent à un étranger, la règle générale des mutations, issues et entrées, sera appliquée à ce dernier.

3° Les redevances, qui pèsent sur les propriétés tenues à cens dans la ville et la banlieue, ne seront pas imposées aux bourgeois : ceux-ci jouiront de leurs privilèges anciens soit pour les cens, soit pour les reliefs.

4° Les bourgeois jouiront des surcens en toute franchise, jusqu'à ce que les biens fassent retour au monastère, comme il est stipulé dans les concordats (1).

L'archiviste de 1789 a placé cette observation en tête de l'article : *Mairie de Saint-Riquier* : « Il paraît que l'abbaye de Saint-Riquier nommait autrefois le mayeur de Saint-

---

(1) *Archives de la Commune de Saint-Riquier.*

Riquier, mais ce droit ayant été contesté aux Abbés et religieux par les bourgeois, nous avons profité d'un arrêt du Conseil d'Etat pour acquérir cette charge dont le roi s'est attribué la propriété et pour laquelle il nous paie tous les ans 38 livres 5 sols 11 deniers sur les tailles de Doullens. » Cette note passablement défectueuse nous apprend ce qui s'est passé en 1693. L'autorité royale, sous l'action centralisatrice des parlements, s'est peu à peu substituée à toutes les administrations locales. Il ne restait à la fin du XVIIe siècle qu'une ombre de la juridiction des siècles précédents : l'heure est arrivée de porter un dernier coup à ce pouvoir indépendant. Par arrêt de son Conseil d'Etat (1), le roi déclare que les seigneurs peuvent acquérir des charges de mairie dans leurs terres et seigneuries, remplir les fonctions de maire ou les faire exercer dans leurs juridictions par des officiers de leur choix. En vertu de cet arrêt, l'Abbé d'Aligre acheta au profit de l'abbaye l'office de maire perpétuel de la ville de Saint-Riquier. On voit par une quittance de finances qu'il a payé au roi pour cela une somme de 1,536 livres 13 sols 4 deniers ; après quoi on expédia à l'Abbé d'Aligre des provision de maire perpétuel de Saint-Riquier. On décréta que cet office demeurerait incorporé à perpétuité à l'abbaye et on ordonna l'enregistrement des lettres patentes (2).

Il paraît que quelque temps après le roi racheta cet office dont on ne remboursa point le capital, mais pour lequel on servit une rente de 38 livres sur les tailles de Doullens. Ainsi, au XVIIIe siècle, l'autorité municipale s'exerce au nom de l'Abbé et plus tard au nom du roi. Mais quel que soit le maître des bourgeois, nous devons reconnaître que l'histoire communale se termine en 1693. Tout ce qu'on peut noter après cette date n'a trait qu'aux actes administratifs.

On avait attaqué les justices seigneuriales avant les mairies. Un nouvel épisode de la lutte engagée depuis des siècles entre la féodalité et la royauté impatiente de dominer, c'est l'arrêt de 1670 sur les justices seigneuriales, par lequel on enleva la connaissance des causes criminelles aux seigneurs. La question fut vivement disputée. On fit valoir l'incapacité des juges seigneuriaux, leur faiblesse dans la répression des crimes, leur impuissance en face de leurs maîtres, les dépenses très onéreuses pour le seigneur dans l'instruction des procès et l'exécution des peines afflictives. On réclama pour le roi le *jus gladii*, inhérent à la puissance souveraine. On ne prétendait pas d'ailleurs dépouiller les seigneurs de leurs droits utiles provenant des amendes et con-

---

(1) Quelques historiens remarquent que l'arrêt du Conseil d'Etat était un expédient pour reconstituer les finances épuisées par les guerres ruineuses de cette époque. On créa un grand nombre de charges vénales, au nombre desquelles il faut compter les mairies perpétuelles. « En 1694, dit Louandre, les magistrats municipaux cessèrent d'être électifs. Leurs charges furent érigées en titre d'office que le gouvernement vendait à deniers comptants. Godard de Beaulieu acheta la mairie d'Abbeville 5,000 livres et la retint jusqu'en 1717, époque à laquelle la ville reprit ses anciens privilèges. » (Louandre. *Les Mayeurs*, page 54.)

Dans le XVIIIe siècle les mairies subirent diverses vicissitudes que nous n'avons pas à examiner ici.

(2) Des droits d'hérédité devaient être payés à chaque mutation d'après une taxe du gouvernement.

fiscations : car on les leur attribuait comme propriétaires du sol et par une conséquence naturelle de la mouvance et du ressort. D'après cet arrêt il ne resta aux juges seigneuriaux que la justice civile (1).

Voici les noms de quelques prieurs claustraux de la congrégation de Saint-Maur, qui ont gouverné le monastère sous l'Abbé d'Aligre.—1659, D. Jean-Baptiste Boulogne. — 1664, D. Louis Boudran. — 1667, D. Simon de Montbaillard. — 1671, D. Julien Hermand. — 1674, D. Victor Cotron. — 1685, D. Claude de Lancy. — 1693, D. Anselme Clairé. — 1695, D. François Becquin.

(1) *Revue des Questions historiques.* Juillet 1869, page 131.

LIVRE XIII.

LES ABBÉS DU DIX-HUITIÈME SIÈCLE.

CHAPITRE PREMIER.

DANIEL DE COSNAC, SEPTIÈME ABBÉ COMMENDATAIRE.
(1695 à 1708.)

Courte biographie de Daniel de Cosnac. — Ses procès avec le monastère. — Procès du quint denier.

Après l'Abbé d'Aligre, dont les bienfaits sont gravés en caractères ineffaçables dans l'église de Saint-Riquier, le passage de Daniel de Cosnac fait ombre et contraste. C'était toutefois un personnage illustre en son temps. De Saint-Simon nous en a tracé le portrait suivant. « Personne n'avait plus d'esprit, ni plus présent, ni plus d'ac-« tivité, d'expédient et de ressources et sur le champ. Sa vivacité était prodigieuse : avec « cela très sensé, très plaisant en tout ce qu'il disait, sans penser à l'être et d'excellente « compagnie. Nul homme si propre à l'intrigue ni qui eût le coup d'œil plus juste. Au « reste peu scrupuleux, extrêmement ambitieux, mais avec cela haut, hardi, libre, et « qui se faisait craindre et compter parmi les ministres (1). » Vrai type du prélat de cour, ce n'est point par ses vertus sacerdotales qu'il s'est acquis une telle réputation et qu'il est devenu un des héros des mémoires du temps, mais par ses intrigues et les saillies originales de son esprit.

Daniel de Cosnac, né en 1726, d'après l'Abbé de Choisy (2), en 1730 d'après le *Gallia Christiana* (3), était fils de François, baron de Cosnac et d'Eléonore de Taleyrand de Chalais, petite-fille du célèbre Montluc (4). On comptait déjà douze évêques dans sa famille et un cardinal. C'était un encouragement pour le donner à l'Eglise et lui faire prendre la tonsure ecclésiastique. « Cadet et d'une bonne famille du Limousin, dit Choisy, né

---

(1) *Mémoires de Saint-Simon, cités par la Biographie Universelle, au mot Daniel de Cosnac.*
(2) *Mémoires de l'Abbé de Choisy. — Collection Petitot. Tome* xii, *page* 369.

(3) *Gall. Christ. Tom.* x, *pag.* 1263.
(4) Armes de Cosnac : *d'argent semé d'étoiles de sable au lion de même, brochant, lampassé, armé et couronné de gueules.*

sans biens, il fallait chercher ailleurs par industrie ce que ses parents ne pouvaient lui donner. » Il commença ses études à Poitiers. Après les avoir terminées à Paris au collège de Navarre, il fut admis dans la maison du prince de Conti, où il fit son chemin en montrant une rare aptitude pour les affaires et en s'insinuant dans l'esprit du prince par le charme de sa conversation. Sa nomination à l'évêché de Valence à l'âge de 24 ans, avant même qu'il fût dans les ordres sacrés, aurait été, d'après Choisy, extorqué à Mazarin par sa nièce, la princesse de Conti, sur les pressantes instances du rusé courtisan. Ses bulles lui furent expédiées en 1655, et il fut sacré à Senlis par Amé de Levis, archevêque de Bourges, mais il ne fit son entrée solennelle dans son évêché qu'en 1658. A quelque temps de là, nous retrouvons Daniel de Cosnac premier aumônier du duc d'Orléans, charge qui lui convenait parfaitement en ce qu'elle l'obligeait de demeurer à la cour et de n'aller guère dans son diocèse. En 1660, il accompagne les seigneurs qui se rendaient aux Pyrénées pour le mariage de Louis XIV. Le cardinal de Mazarin, qu'il réjouissait beaucoup par ses saillies, le mit dans son jeu pendant le voyage. Quelques intempérances de langue, des intrigues de cour lui firent perdre les bonnes grâces de Monsieur et l'obligèrent de *s'exiler* dans son diocèse (1668). Rentré à Paris *incognito* et contre la volonté du roi, surpris par la maladie, réduit à la dernière extrêmité, arrêté comme faux-monnayeur, il fut interné au Châtelet, d'où il ne sortit que pour être conduit à l'île Jourdain, au comté d'Armagnac. Il y fut détenu pendant quatorze ans, si l'on peut ajouter foi aux Mémoires de l'Abbé de Choisy : deux ans et huit mois seulement, d'après *le Gallia Christiana*. Les devoirs de l'épiscopat l'occupèrent tout entier après sa sortie de prison. Il s'attacha à la conversion des Calvinistes ; il suivit les soldats que le roi avait envoyés dans les montagnes du Vivarais et du Dauphiné : il réconciliait les habitants des villages qui abjuraient. Quand parut l'Edit de Nantes, il n'y avait plus un seul temple dans le diocèse de Valence.

Le roi avait oublié depuis longtemps les incartades de Daniel de Cosnac; mais quand il en aurait encore conservé quelque ressentiment, la conduite de l'évêque de Valence dans l'affaire de la Régale et dans l'assemblée de 1682 devait lui reconquérir toutes les faveurs d'un monarque si jaloux de sa suprême autorité. Louis XIV le fit demander pour député de sa province et il avoue lui-même dans ses Mémoires (1) que cette manière de députation ne lui paraissait pas trop glorieuse. Le roi lui ayant recommandé de suivre le sentiment de l'archevêque de Paris, il lui répondit : « Sire, je ne perdrai jamais « l'occasion de vous plaire. » Il le servit en effet de tout son pouvoir, témoin sa longue et schismatique harangue. « Il était regardé, dit l'Abbé Legendre, comme un des espions de M. de Paris, le pape en deçà les Monts, qui mettait le pape d'au-delà des

---

(1) Daniel de Cosnac a laissé des Mémoires dans lesquels il retrace lui-même le rôle qu'il a joué dans les affaires de la Régale en 1681 et dans l'assemblée de 1682. — Voir *les Souvenirs de M. le comte Gabriel de Cosnac* (1866, chez Madame veuve Renouard). — Voir aussi la *Revue des Sciences Ecclésiastiques* (février 1865), et les *Recherches historiques de M. Gerin sur l'Assemblée du Clergé en 1682*.

Monts sous ses pieds, et comme un enfant perdu dont cet habile président se servait dans les occasions, pour brusquer une affaire qu'il n'avait pas osé proposer » (1).

Pour le récompenser de toutes ses complaisances, on le nomma à l'archevêché d'Aix en 1687 (2) Il ne se fit pas scrupule d'accepter les pouvoirs d'administrateur, bien que ses bulles lui eussent été refusées par le Souverain Pontife, comme aux autres membres de l'assemblée de 1682 promus à des dignités ecclésiastiques.

Le Consistoire d'octobre 1693 ratifia le choix du roi. Au mois de novembre il reçut le *Pallium*. Il fit serment le 11 juin 1695 : peu de temps après (le 8 septembre), il fut gratifié de la commende de Saint-Riquier, en place de celle de Saint-Taurin d'Evreux qu'il résigna (3).

On ne conserva qu'un seul bon souvenir de Daniel de Cosnac au monastère dont il avait convoité les revenus. C'est la consécration du grand autel que l'Abbé d'Aligre n'eut pas le temps d'achever. Cette consécration eut lieu le 4 octobre 1695 (4). En dehors de cette cérémonie les archives n'ont consigné que des procès avec les moines. Daniel de Cosnac plaida à peu près continuellement avec eux. On pourrait supposer, sans porter atteinte à la vérité des faits, qu'il avait recommandé à ses intendants de pressurer la partie lucrative des bénéfices, de manière à en extraire tout le suc, sans songer nullement à l'avenir de ses copartageants.

Premier Procès. *Revenus de la mense abbatiale.* — Les religieux en firent suspendre le paiement jusqu'à ce que les sommes nécessaires pour les réparations eussent été versées (3). Cette question fut examinée et plaidée pendant plusieurs années, avec renfort d'enquêtes, de contre-enquêtes, de visites et d'estimations : il fut décidé enfin que l'Abbé était tenu aux deux tiers des charges, aux réparations de l'abbaye et des lieux claustraux. Ce procès commencé en 1694 ne fut terminé qu'en 1699. De Cosnac était sommé de s'exécuter et de déposer les sommes nécessaires : mais il n'en fit rien, comme on le verra plus loin.

Second Procès. *Coupe des bois de Chevincourt.* — Après l'arpentage et le mesurage des bois, Daniel de Cosnac donna des ordres pour qu'on vendit et qu'on abattit une plus grande quantité d'arbres que ne le permettaient les règlements sur la réserve. On l'arrêta dans ses projets ruineux pour l'abbaye. Les moines firent intervenir le Parlement, afin d'empêcher une telle destruction et on restreignit la coupe dans la mesure prescrite par le partage.

---

(1) *Mémoires de l'abbé Legendre*, page 104.

(2) De Saint-Simon se trompe en reculant cette promotion jusqu'en 1701. La *Biographie universelle* se trompe également en assignant cette même date pour sa nomination à la commende de Saint-Riquier.

(3) De Cosnac était aussi Abbé commendataire d'Orbiter au diocèse de Luçon : il passa cette commende à son neveu Gabriel de Cosnac le 24 décembre 1707.

(4) Voir aux pièces justificatives le procès-verbal de cette cérémonie

(5) On voit toutefois dans un acte des archives que M. Testu de Balincourt donna son consentement, en 1697, pour que M. de Cosnac pût toucher les fermages de l'Abbaye.

TROISIÈME PROCÈS. *Bois du monastère et droits des deux manses sur ces bois.* — Le bornage de 1698, après arpentage, accusait une contenance de 484 arpents de bois aux environs de Saint-Riquier. Daniel de Cosnac contesta le rapport des experts et en appela à la justice. Ce procès finit par une transaction amiable. A cette occasion on obtint de Daniel de Cosnac l'ornement qu'il devait donner à l'église, en exécution d'un article du concordat de 1661, d'après lequel il était statué entre les deux parties que chaque Abbé, à son avènement, offrirait aux religieux pour le service divin un ornement de 1800 livres.

Daniel de Cosnac mourut plus qu'octogénaire, le 18 janvier 1708 (1). Il était le doyen des évêques de France. « Il mourut fort vieux, dit Saint-Simon, mais la tête entière « et toujours le même. On trouva dans ses cassettes onze mille louis d'or au coin de « Louis XIII, qu'il avait gardés à cause de la beauté de la gravure qui était du célèbre « Varin (2). » Daniel de Cosnac fit des legs considérables à son séminaire, aux deux hôpitaux de sa ville épiscopale : il laissa aussi un souvenir de compassion aux pauvres de l'Hôtel-Dieu de Saint-Riquier : une somme de 4000 livres était destinée à les secourir dans leurs nécessités.

La pasquinade du temps lui fit cette épitaphe : *Requiescat ut Requievit.*

« Deux petites bagatelles, dit M. de Coulanges, rendirent l'oraison funèbre impossible : la vie et la mort. »

Les réparations, imposées à Daniel de Cosnac par sentence judiciaire, n'avaient pas été exécutées. Sa succession restait chargée de toutes ses obligations. On assigna son neveu Gabriel de Cosnac, évêque de Die depuis 1701, et plus tard évêque d'Orléans. Ce fut une nouvelle série de procédures judiciaires qui se prolongèrent jusqu'en 1738. L'Hôtel-Dieu, reconnu dans le testament de Daniel de Cosnac, vit son legs entravé et intervint aussi dans ce procès, ainsi que plusieurs autres particuliers qui s'étaient occupés des affaires de Daniel de Cosnac. Il est inutile de rappeler ici les dates, les péripéties et les complications de ce procès. Notons seulement que deux administrations, en opposition continuelle par ce contact d'intérêts, s'épiant avec des sentiments de défiance et d'animosité, ne manquèrent pas de surprendre en défaut la partie rivale et d'apporter un nouvel appoint aux griefs anciens. Les religieux furent eux-mêmes condamnés à leur tour et obligés de rembourser à la succession, mais une sentence définitive de la cour du parlement en 1734 fit à chacun sa part dans ce procès. L'évêque de Die fut condamné à payer aux religieux : 1° une somme de 1370 livres pour frais de visite aux bâtiments du monastère, avec intérêt à partir du 30 mai 1714 ; 2° solidairement avec l'Hôtel-Dieu et ses agents une somme de 7150 livres pour indemnité d'une condamnation prononcée à tort contre les religieux en 1728 ; tous les frais du procès à la charge des moines et à sa propre charge, avec les intérêts depuis 1714. D'autre part les reli-

---

(1) *Gall. Christ.* Tom. x, pag. 1263. On lit dans d'autres ouvrages le 23 janvier.

(2) *Mémoires de Saint-Simon. Ibid.*

gieux sont condamnés à acquitter une somme de 16,192 livres pour liquidation de comptes. Après 1738, les archives n'offrent plus rien concernant ce long procès, ce qui nous ferait croire que tout était alors terminé.

Ce serait à tort qu'on chercherait à incriminer les religieux au sujet de ces interminables procédures : ils soutenaient des droits sacrés, sur l'ordre des chapitres généraux de la congrégation de saint Maur. S'abstenir, c'était trahir leurs serments, la cause de l'Eglise et des pauvres. Evidemment les Abbés commendataires, ceux de cour surtout, ne tenaient aucun compte des remontrances des religieux dont les droits étaient lésés : ce sont eux surtout que doivent frapper les inflexibles jugements de l'histoire.

Qu'on nous permette encore la réflexion suivante. Ces tristes débats ne sont qu'un épisode des abus de la commende. Les Prélats et les Abbés de Cour, en se partageant cette portion opime des biens ecclésiastiques, se demandaient-ils souvent ce qu'ils faisaient pour acquitter le prix du péché, la rançon des âmes et la dette des prières ? L'Eglise prescrivait de donner le superflu aux pauvres, quand on avait prélevé sa nourriture et son entretien. Ces obligations rigoureuses étaient-elles remplies ? Faut-il admettre pour leur justification que l'Eglise, en tolérant la confiscation de la commende au profit du pouvoir séculier, déchargeait ces bénéficiers d'un ordre nouveau des devoirs imposés par les saints canons du concile de Trente et des conciles antérieurs ? Que de points noirs dans cette histoire !

Grand procès sur le quint denier en 1705. Appelants : les religieux de Livry, Hugues Du Val, Philippe Gaillard, les héritiers de Jacques Gaillard, seigneur de Seronville, Jean Tillette, seigneur de Buigny, Pierre Boucher, sieur du Catelet, François Le Roy, héritier de Demoiselle de Campagne, Nicolas Griffon, héritier de Catherine Vaillant, Louis Bail.

La question du quint denier soulevée et jugée au temps de l'Abbé d'Aligre renaît donc chaque jour sous une forme plus menaçante. Le Parlement était assiégé de réclamations. Les mœurs du temps se dessinent. On pressent que cette redevance féodale va devenir une cause de déclamation contre les religieux. Ils sont toutefois maintenus jusqu'à la Révolution dans leurs droits sur les treize fiefs primitifs de la fondation, savoir : Saint-Riquier, Drugy, Buigny-l'Abbé, Bussu-Yaucourt, Maison-Roland, Oneux, Noyelles-en-Chaussée, Estrées, Gapennes, Hautvillers, Huppy, Villencourt et Aumâtre.

Nous voyons qu'en 1703, les religieux de Saint-Riquier usèrent de l'alternative du droit de rachat laissé par les ordonnances royales (1). Nous n'avons aucune remarque à ajouter à ce qui a été dit plus haut.

---

(1) Arrêt du Grand-Conseil en 1703, qui portait commission de faire assigner les particuliers qui possédaient terres, fiefs, justices, seigneuries, domaines, héritages, rentes et autres droits appartenant à l'abbaye et qui ont été aliénés, à l'effet de se départir et désister au profit de la même abbaye, en remboursant auxdits particuliers, ce qu'ils justifieront avoir tourné au profit et utilité de la même abbaye, avec défense de procéder ailleurs qu'au Grand-Conseil. (*Inventaire des titres, page 77 à 82*).

Nous n'avons retrouvé que le nom d'un seul prieur claustral du temps de Daniel de Cosnac, c'est celui de Noël Brameret en 1699.

CHAPITRE II.

LÉON MOLÉ, HUITIÈME ABBÉ COMMENDATAIRE.

(1708 à 1716.)

Léon Molé et sa famille. — Prise de possession avant les bulles de provision. — Travaux à l'église. — Nouveau cérémonial.

Léon Molé né le 11 novembre 1786, fils de Louis Molé de Champlatreux, président à mortier au Parlement de Paris et de Marie-Louise Betault de Chemault, membre du clergé de Paris, reçut son billet du roi pour l'abbaye de Saint-Riquier, le saint jour de Pâques 1708. Nous voyons, en consultant les archives de la famille, parmi ses ancêtres, des évêques, des Abbés et un grand nombre de religieuses (1). Nous pensons que cette remarque de Saint-Simon sur l'année 1709, s'applique au père de notre Abbé : « Molé, président à mortier, mourut fort mal dans ses affaires (2). Il avait obtenu la survivance pour son fils fort jeune. Le roi n'avait jamais oublié les services que lui avait rendus, pendant les troubles de sa minorité, le président Molé à qui il donna les sceaux (3). » Léon Molé avait 22 ans, quand il fut nommé Abbé de Saint-Riquier. On eut évidemment intention de subvenir aux besoins de la famille, en lui conférant cette bonne commende.

Nos archives indiquent ici des irrégularités dont le *Gallia Christiana* nous donne la clef. « Léon Molé prit possession de l'abbaye de Saint-Riquier par ordonnance royale et

---

(1) Jean Molé, frère de Léon, fut Abbé de Saint-Mesmin près d'Orléans. Une de ses sœurs fut également religieuse. « Les Molé, dit le P. Anselme, ne s'épargnèrent pas dans la distribution des bénéfices.»

Armes de Molé : *Ecartelé au 1ᵉʳ et au 4ᵉ de gueules au chevron d'or, accompagné en chef de deux étoiles de même et d'un brassart d'argent en pointe, qui est de Molé : au 2ᵉ et au 3ᵉ, d'argent au lion sablé, couronné, lampassé d'or, qui est de Mesgrigny.*

(2) Le 3 janvier 1709.

(3) *Œuvres de Saint-Simon.* Tome VII, page 4.

par décret du grand conseil, avant d'avoir obtenu ses bulles (1). » C'est dans la chapelle du grand conseil et entre les mains de l'aumônier que se consomma cet acte anticanonique. On l'autorisa en même temps à faire assigner au grand conseil tous les possesseurs et détenteurs des biens de la mense abbatiale. Les religieux refusèrent de le reconnaître tant qu'il n'eut pas produit ses bulles, et de lui délivrer, autant qu'il était en leur pouvoir, les fruits de la mense abbatiale. Il s'ensuivit un procès. Par sentence contradictoire du bailliage d'Amiens, ils furent condamnés à lui payer une somme de 9,454 livres, sauf les répétitions de certains droits. D'autre part les économes séquestres du clergé demandaient aux religieux l'état des revenus de la mense abbatiale de 1709 à 1714 : preuve palpable de l'irrégularité de l'administration de cet Abbé commendataire.

Léon Molé obtint enfin ses bulles et prit possession en 1714 (2) par acte régulier devant Maisnel, notaire à Saint-Riquier. Il survécut peu de temps à ces démêlés si regrettables, mais si ordinaires aux Abbés commendataires. Plusieurs auteurs placent sa mort au 24 juillet 1716. Il n'était âgé que de 28 ans ; c'est à peine s'il avait terminé ses études ecclésiastiques et son séminaire; il n'avait encore obtenu que le grade de bachelier en théologie. Il fut enterré à Paris dans l'église de l'*Ave Maria*, où était la sépulture de sa famille. Il resta assez étranger aux intérêts et à l'administration de son abbaye (3).

Quelques lettres de peu d'importance nous mettent sur la trace de petits incidents que nous mentionnons en passant, faute de notices historiques plus sérieuses (4).

Leber, homme d'affaires d'Amiens, écrit au sieur Froissart, lieutenant général de la mense abbatiale, qu'il enverra de la poudre et du plomb, et il ajoute : « Je vous prie « de leur dire (aux religieux) que M. l'Abbé m'ordonne de lui mander de lui envoyer « du gibier : il va incessamment entrer au séminaire (30 novembre 1711). »

(Du 6 février 1712). Le même au même. « Nous ne saurions mieux faire que de joindre « dans ce procès-verbal de visite tout ce que vous trouverez pouvoir y entrer, qui aug« mente et grossisse l'objet des réparations et de l'envoyer au Père Poquelin, comme « la voie la plus prompte. » Quatre jours après (10 février), une autre lettre ajoute ce qui suit : « Ce que le Père Poquelin a mandé est par ordre de Monsieur l'Abbé... Ayez soin « surtout d'augmenter, autant que vous pourrez, les réparations et de faire monter la « dépense le plus haut que vous pourrez. N'oubliez point de mettre dans votre procès« verbal quelles ont été causées par le grand vent arrivé au mois de décembre dernier. « Monsieur l'Abbé a besoin de ce procès-verbal en diligence. Vous devinez bien que

---

(1) Bullis nondum obtentis, vi regii diplomatis et magni consilii decreto possessionem iniit, VXI novembris 1708. *Gall. Christ. Tom.* x, *pag.* 1263.

(2) *Répertoire des titres du monastère, page* 129.

(3) On lit toutefois dans le tableau chronologique de la Trésorerie de l'abbaye ce qui suit : « Léon Molé a toujours eu fort à cœur les intérêts de la maison : il y avait tout à espérer de lui, si la mort nous l'eût laissé plus longtemps. »

(4) Notes recueillies par M. Prarond. *Histoire de St-Riquier, page* 648.

« ce procès-verbal est fait d'intelligence, pour avoir la permission d'abattre les bois,
« mais gardez ce secret et ne le dites à personne. »

Ce que M. Prarond appelle des malices d'enfant en tutelle, c'est la rouerie employée parfois pour tromper les administrations supérieures, gardiennes des intérêts des établissements mineurs. Il fallait de l'argent à l'Abbé commendataire pendant son court passage : il ne lui répugnait pas de ruiner l'avenir et ses successeurs pour s'assurer de plus beaux bénéfices. Nous avons assez souvent caractérisé des actes de cette nature.

Léon Molé dans ses actes publics s'intitule : Maire perpétuel de Saint-Riquier (1). C'est son droit, puisque ce titre a été payé des deniers de l'abbaye. Nous remarquerons toutefois qu'en 1721 ce titre avait été aliéné, comme il est prouvé par une quittance de remboursement du 6 juin 1721.

Sous l'Abbé Molé (1710), se termina un grand et long procès entre les religieux et M. de Saisseval, seigneur de Feuquières, sur leurs droits seigneuriaux respectifs (2).

En relevant quelques comptes des archives nous apprenons que les moines, quoique abandonnés à eux-mêmes, continuaient leurs embellissements dans l'église, ornaient les chapelles du pourtour du chœur par des boiseries, des grilles, des tableaux commandés à de bons artistes (3).

Mais on ne s'occupait pas seulement de l'édifice matériel ; on voulait aussi que l'édifice spirituel reçût toute la perfection dont il était susceptible. Pour cela on dressa un cérémonial dans lequel on fit revivre les anciennes coutumes de l'abbaye, non usitées dans la réforme de saint Maur (1711). Ce cérémonial, examiné par le visiteur et approuvé par le chapitre général, devint obligatoire pour les moines de Saint-Riquier (4).

Mais ces formalités suffisaient-elles ? Etait-on dispensé de le soumettre à la révision de la Sacrée Congrégation des Rites ? On sait les règles sévères établies par l'Eglise Romaine sur la liturgie. Aucun office ne doit être introduit dans le culte public sans l'approbation expresse de la Sacrée Congrégation des Rites. Nous ne voyons pas que le propre des offices particuliers à la royale abbaye de Saint-Riquier, édité à Abbeville en 1685, porte le cachet de cette approbation authentique. C'est une des grandes fautes de la congrégation de saint Maur, exempte de la juridiction épiscopale et immédiatement soumise au Saint-Siège. C'est un blâme que nous devons lui infliger. Puisque cette congrégation nous apparaît, en 1708, aussi jalouse des prérogatives d'indépendance épiscopale que ses pères du XIe siècle, pour être conséquente avec ses principes, elle avait besoin de montrer un dévouement aussi filial envers le successeur de Pierre ; c'est ce qu'elle oublia en se laissant entraîner par le courant rapide vers les écueils contre lesquels l'Eglise de France allait se briser.

(1) *Inventaire des titres. — Mairie de Saint-Riquier*. page 765-767.
(2) *Ibid. Inventaire des titres Feuquières, pag.* 1908.
(3) *Ibid*, page 162-167.
(4) *Ibid*, page 1746.

La dévotion des moines, osons le dire, a manqué de discernement dans leur nouveau Calendrier des Saints : ils ont ajouté des fêtes et rendu un culte public à plusieurs Abbés dont on n'avait pas encore célébré les offices. Des additions manuelles sur un exemplaire de leurs offices propres indiquent des innovations dans le cours du XVIII° siècle. On a introduit le culte du Bienheureux Angelran, dont on fixe la fête au 10 décembre, et supprimé celui de saint Hildevert, parce que le progrès de la critique historique donnait tort à des opinions reçues au siècle précédent (1), ce qui nous prouve la sagesse de l'Eglise dans ses prescriptions liturgiques. Cette précaution contre l'esprit novateur et les entraînements des âmes ardentes et exaltées n'a rien de tyrannique ; elle prévient des fautes quelquefois irréparables et ferme la bouche aux hérétiques et aux ennemis de l'Eglise.

Vers la fin du siècle, la congrégation de saint Maur s'engagea bien plus avant dans la voie des innovations. Elle fit rédiger en 1787 un bréviaire spécial pour la congrégation. Elle confia cette mission au bénédictin Nicolas Foulon, convulsioniste enragé, qui se maria en 1793. Le nouveau rédacteur soumettait ce bréviaire : 1° au jugement de l'Eglise universelle, dont il se glorifiait d'être le fils très soumis : 2° à celui de ses confrères, dont il avait fort à cœur d'obtenir les suffrages : 3° à celui des lecteurs de tous les ordres. Les autres congrégations religieuses avaient déjà publié des bréviaires sous l'autorité de leurs Abbés ou supérieurs, mais sans aucun souci de l'autorité du Souverain Pontife. C'était un gallicanisme monastique qu'on n'aurait jamais soupçonné au XIII° siècle, lorsque les ordres religieux réclamaient si instamment des bulles pontificales pour la consécration de leurs droits.

Nous avons à inscrire dans ce chapitre un prieur claustral, D. Pierre Chevillard (1714).

(1) Notes manuscrites dans le *Propre des Offices de S. Riquier*. (*Bibliothèque d'Abbeville*).

CHAPITRE III.

CHARLES-FRANÇOIS DE CHATEAUNEUF-ROCHEBONNE,

Évêque de Noyon, puis Archevêque de Lyon, neuvième Abbé Commendataire.

(1717 à 1740.)

Grand incendie du monastère. Lettre de D. Cresson sur ce désastre. — Procès des habitants de Saint-Riquier. — Restauration du monastère. — La bibliothèque du chanoine Masclef. — Histoire du Jansénisme à Saint-Riquier. — Le testament spirituel de D. Troille. — Protestation des moines contre le chapitre de 1733. D. Edme Perreaut. — D. Lartisien. — Moines exilés à Saint-Riquier.

Charles-François de Châteauneuf-Rochebonne était évêque et comte de Noyon, pair de France, quand il reçut sa nomination à la commende de Saint-Riquier, le 18 novembre 1617. Il était fils de Charles-François de Châteauneuf, comte de Rochebonne, commandant pour le roi dans le Lyonnais, le Forez, le Beaujolais, et de Thérèse d'Adhémar de Grignon (1). On lui connaît cinq sœurs religieuses au couvent de la Visitation de Sainte Marie, dit des Chaisnes, à Lyon, un frère évêque de Carcassonne, fort maltraité par les jansénistes et deux autres frères morts sans postérité. L'Abbé commendataire de Saint-Riquier fut, au début de sa carrière ecclésiastique, comte-chanoine et préchantre de la Primatiale de Lyon, grand vicaire de Poitiers, docteur et sociétaire de la maison de Navarre. Il fut promu à l'évêché de Noyon en 1707 et à l'archevêché de Lyon en 1731. Il avait aussi obtenu l'abbaye d'Elant au diocèse de Reims, en 1710. Notre Abbé commendataire a mérité, comme son frère, toutes les invectives du parti janséniste pour ne s'être pas associé à leur révolte contre l'Eglise (2), pour les avoir combattus dans les diocèses qu'il a gouvernés, et notamment pour avoir exclu des cérémonies religieuses plusieurs religieux de saint Eloi, appelants de la bulle *Unigenitus*.

De Châteauneuf-Rochebonne n'eut guère d'autre souci de son abbaye que la gestion de sa mense abbatiale. Les réparations, cette source éternelle de divisions entre le chef et les membres, ont créé aussi des difficultés sous son administration. Les religieux

---

(1) *Gall. Christ.* Tom. x, pag. 1263. — P. Anselme. Tome ii, page 186.
Armes de Rochebonne : *d'or, à trois lions de gueules.*

(2) Un instant on croyait l'avoir conquis au parti janséniste, mais on avait abusé de sa signature. Il se hâta d'écrire à son clergé, pour protester contre le scandale de cette calomnie. Lettres pastorales, mandements, actes épiscopaux, tout prouve sa vigilance et sa juste sévérité contre les novateurs.

portèrent leur plainte devant les économes du clergé. Ce tribunal ecclésiastique décréta que les travaux ordonnés en 1709 seraient exécutés ; que c'était au nouvel Abbé à faire les diligences nécessaires contre la succession de Léon Molé et à réclamer des indemnités. Le nouvel Abbé ne fit ni poursuite contre son prédécesseur, ni satisfaction à ses religieux : il était sans doute plus commode de toucher les revenus annuels. La question des réparations se représenta encore en 1736 et 1738 ; mais tout aussi inutilement pour la communauté (1).

(1) On a retrouvé dans des archives le brouillon d'un bail de la commende de Saint-Riquier par les économes généraux du clergé en 1718. Nous en donnons ici une analyse.

Ce bail est fait au profit de Jacques Le Sénéchal, directeur des domaines de Picardie, de Françoise des Essarts, son épouse, et de Jacques Lefort.

L'Abbé commendataire, présent à la rédaction de ce bail, affirme aux preneurs tous les fruits et revenus temporels de la mense abbatiale, consistant en terres, seigneuries, domaines, héritages, bois, dîmes, champarts, droits seigneuriaux et féodaux, cens, rentes, et généralement tous autres biens, droits, revenus de la dite abbaye, pour ce qui appartient au seigneur Abbé, sauf les réserves exprimées plus loin.

Ce bail comprend, au profit des preneurs, l'hôtel abbatial d'Abbeville, l'ancienne et nouvelle maison abbatiale de Saint-Riquier avec les jardins en dépendants, moins les greniers de l'ancienne maison abbatiale. La seigneurie de Chevincourt et la ferme de Chinche près Compiègne sont aussi réservées, ainsi que les droits d'aubaine, d'épaves, de confiscation et quatre journaux de bois taillis par an pour divers usages.

Le bail est consenti pour neuf ans, moyennant la somme de 8,500 livres, payables chaque année en deux termes égaux, en espèces d'or et d'argent. Cette condition est tellement expresse que les preneurs renoncent à tout autre espèce de paiement permis par les édits, déclarations, etc.

Voici les charges de ce bail :

1° Les preneurs garniront les fermes des domaines de meubles, grains, chevaux, bestiaux en nombre suffisant ;

2° Ils acquitteront annuellement les redevances en grains dues par le seigneur Abbé, avec faculté de le décharger de ce qui ne serait pas dû ;

3° Ils feront à leurs dépens toutes les poursuites ordinaires pour le maintien des droits de l'abbaye jusqu'à sentence définitive. Le seigneur Abbé garde à sa charge les procès en Parlement ;

4° Avant de faire couper les deux tiers de bois appartenant à l'Abbé (l'autre tiers étant attribué aux religieux), ils se muniront des permissions qu'on est obligé d'obtenir auprès de l'intendant des eaux et forêts. Chacun des gardes aura droit à un journal de bois ;

5° Les preneurs ne troubleront point les curés dans la part de dîmes ou pensions à eux accordées sur les biens qui ne sont pas du lot de l'Abbé : ils paieront les charges foncières des terres de la mense abbatiale ;

6° Les preneurs ne contribueront aux réparations de l'hôtel d'Abbeville que jusqu'à concurrence d'une somme de 50 livres : ils ne sont tenus qu'aux menues réparations des maisons, des fermes, granges et métairies du seigneur Abbé ;

7° Le bail oblige les preneurs à payer, mais en déduction du prix de louage, les pensions et charges imposées à la mense abbatiale, d'après l'état écrit au présent bail. Toutefois le seigneur Abbé se réserve le droit de contester ces pensions et de protester, s'il le juge à propos ;

8° Si les preneurs dépossèdent les sous-fermiers, ils en supporteront les risques et périls, aussi bien que les indemnités stipulées ;

9° Les preneurs étant empêchés et troublés dans leur jouissance par des gens de guerre, inondations, grêle, stérilité, ou autres accidents, on se conformera à l'usage des lieux pour les indemnités ou diminutions, comme aussi tout accroissement de valeur pour le retour des fermes ou retrait de biens sera payé au-dessus du bail ;

10° On accorde aux preneurs la faculté de faire toutes les poursuites judiciaires qu'ils croiront profitables, mais à leurs risques et périls. Les bénéfices, si l'issue du procès est favorable, se partageront par moitié entre l'Abbé et les preneurs. On leur remettra pour cela, tous les titres, cueilloirs, papiers terriers, aveux, arrêts du Parlement, etc., sans que ces titres puissent jamais être

Dans l'intervalle une immense catastrophe fut également préjudiciable aux deux manses et exigea des sacrifices considérables : nous voulons parler du grand incendie de 1719. Une lettre de D. Pierre Cresson, religieux de Saint-Riquier, à un de ses confrères, nous a conservé un récit très circonstancié de ce désastre, dans un style presque épique et peut-être quelque peu exagéré. Nous en reproduisons les principaux traits (1).

« Les incendies, qui avaient malheureusement désolé cette abbaye dans les siècles précédents, n'ont rien de comparable à celui dont j'ai à vous entretenir. Depuis trente à quarante ans, le monastère, grâce à la munificence et aux libéralités de l'Abbé d'Aligre, avait recouvré toute sa splendeur et était redevenu très florissant. L'observance régulière s'était rétablie : on y gardait les jeûnes de la règle, on chantait les offices aux heures prescrites : mais la discipline extérieure ne suffit pas. Les cœurs de tous les religieux étaient-ils vraiment remplis de l'esprit de Dieu ? Ne s'en trouvait-il pas qui fussent capables d'attirer sur ce monastère une si épouvantable calamité ?... Ne scrutons pas les abîmes insondables des divins jugements ! Ce qui est manifeste pour les moines comme pour les habitants de Saint-Riquier, c'est que le 29 mars 1719, le mercredi de la Passion, vers neuf heures et demie du soir, près de trois heures après le coucher des moines, d'immenses tourbillons de flammes se firent jour à travers les combles et projetèrent des lueurs sinistres sur tous les environs. Quelle fut la cause d'un incendie si subit, si imprévu ? Dieu seul le sait. Jusqu'ici personne n'a pu s'en rendre compte. Mais c'est une chose vraiment prodigieuse qu'en deux ou trois heures quatre vastes corps de bâtiments se soient abîmés dans les flammes avec leurs toitures et

imposés au seigneur Abbé comme fin de non-recevoir ou actes propres à se libérer des obligations ;

11° Les preneurs seront tenus de remettre, à la fin du bail, de nouveaux papiers-cueilloirs, certifiés véritables, avec les noms des nouveaux propriétaires des censives, etc., les nouveaux tenants et aboutissants des biens, héritages sujets aux rentes, redevances et autres droits seigneuriaux à prendre sur ces héritages ;

12° En considération du présent bail, le seigneur Evêque reconnaît et confesse avoir reçu en livres d'or, livres d'argent et monnaie courante la somme de 20,000 livres, laquelle somme sera déduite sur les deux dernières années sans intérêt. L'Abbé conserve la faculté de rembourser cette somme. Dès lors le bail sera augmenté de 1,000 livres, si le remboursement est complet : s'il est partiel, sur le pied du denier vingt. Le remboursement doit être annoncé quinze jours à l'avance et ne pas coïncider avec la veille d'une diminution d'espèces. Si l'évêque meurt avant le remboursement, les preneurs se paieront jusqu'à concurrence de 20,000 livres avec ce qu'ils auront de deniers en leurs mains et seront privilégiés pour le reste avant toute autre charge ;

18° Un dédommagement convenable sera accordé aux preneurs, si le seigneur Abbé obtenait la permission d'abattre une réserve des arbres et s'il y avait détriment pour la vente.

Parmi les charges signalées plus haut nous ne noterons ici que les pensions imposées sur la mense abbatiale, savoir : 1° une rente de 1,500 livres à M. du Belloy, clerc du diocèse de Paris ; 2° une rente de 1,200 livres à M. Antoine de Chambon de Marsillac, chevalier de Notre-Dame du Carmel ; 3° une rente à M. Gaspard de Castellane du Paron, clerc du diocèse de Riez.

Ces rentes ou pensions avec les autres charges s'élèvent à la somme de 5,071 livres 10 sols. Ce qui réduit d'autant les revenus de la commende, estimés à la somme de 17,170 livres. (*Archives de M. l'Abbé Fricourt, curé de Saint-Riquier.*)

(1) D. Grenier. *Tome* XXVII, *fol.* 64.

leurs voûtes, et que cet immense amas de pierre et de bois ait été ainsi calciné et réduit en cendres. »

« Le vent soufflait alors du Nord avec violence et impétuosité. Est-ce lui qui a transporté dans les airs un tourbillon de feu capable d'envelopper ainsi tout le monastère en quelques instants, d'allumer si rapidement le dortoir, l'infirmerie, le chapitre, l'habitation des hôtes, la bibliothèque ? On ne saurait le dire : ce qui est certain, c'est que tout brûlait en même temps et que tout fut également anéanti. »

« Quelle perte pour les moines ! Que de gémissements et de pleurs on fit entendre en cette nuit de si douloureuse mémoire ! C'est à peine si les lamentations du poète sur la ruine de Troie pourraient suffire. »

« *Quis cladem illius noctis, quis talia fando*
Explicet, aut possit lacrymis æquare dolorem ! »

« Non-seulement chacun des moines perdit son mobilier, mais ce qu'on avait amassé avec tant d'efforts pendant plusieurs années fut détruit. Le monastère était complètement ruiné. »

« Parlons d'abord du dépôt des archives ou du vieux chartrier, dans lequel étaient précieusement conservés les anciens titres du monastère, les donations et les privilèges des rois et des seigneurs, les bulles des Souverains Pontifes, les arrêts du grand conseil et du parlement, bien d'autres monuments aussi sacrés, aussi respectables. Le feu n'en respecta aucune page. Une bibliothèque immense achetée à grand prix, augmentée pendant soixante ans de livres choisis, l'histoire autographe d'Hariulfe, moine de Saint-Riquier et grand nombre de manuscrits remarquables, des boiseries et des armoiries d'un travail élégant, des tableaux peints par des maîtres habiles, nous avons vu tout périr dans les flammes. »

« Que dirai-je de tant d'objets précieux renfermés dans la salle des hôtes, dans les chambres à coucher ? Que de vases artistement travaillés ! Que de fauteuils, que d'armoires remplies de linge, d'ustensiles d'un grand prix ! Tout y était poli, soigné, brillant : tout sortait des fabriques les plus renommées. Il n'en reste rien, absolument rien. Le feu a tout fondu, tout anéanti. Mais quelque regret que nous cause cette salle des hôtes, ce n'est rien en comparaison de l'infirmerie, la partie la plus importante d'une communauté. Celle de Saint-Riquier était admirablement organisée pour le service des malades : dans le triple étage du bâtiment on avait très convenablement disposé tout ce qui est nécessaire à ce genre d'appartements. Tout était commode pour les malades. Deux rangs de cellules parfaitement distinctes, avec leurs accessoires, permettaient aux malades de recevoir tous les soins, toutes les consolations, sans gêner en rien leurs voisins. Il y avait un oratoire récemment orné, où les convalescents et même les autres prêtres pouvaient dire la messe le dimanche et les autres jours de fête. Tout est perdu, détruit avec le reste. »

« S'il est trop long de parcourir tous les endroits du monastère que cet incendie a dévorés, il est nécessaire, toutefois, de mentionner la partie où il a fait plus de ravages, c'est surtout dans le chapitre qui se reliait au dortoir du côté du Midi. On y voyait de belles boiseries, enrichies d'élégantes sculptures, tous les livres journellement lus et consultés par les moines. Il y avait un dépôt où l'on serrait une partie du mobilier de l'église, afin que les objets usuels fussent continuellement sous la main des sacristains. On y conservait des cierges pour plusieurs années, des tapis, des coussins aussi riches par le travail que par la matière, des aubes de lin et des ornements de toute nature. Mais il n'y avait rien de plus remarquable que deux livres de chœur très bien enluminés, l'une des principales offrandes de l'Abbé d'Aligre. On ne saurait dire ce qui l'emportait de l'écriture ou de la fraîcheur et de l'état de la miniature. Les spectateurs et surtout les artistes ne pouvaient se lasser de les contempler. Hélas ! Ils ont eu le sort de beaucoup d'autres livres d'un moindre prix ! »

« Un jour entier ne suffirait pas pour décrire cette calamité et ma mémoire ne saurait se rappeler les pertes matérielles du monastère. Le grenier renfermait une réserve de treize cents setiers de froment : on n'en n'a pas sauvé un seul grain. Une provision considérable de bois fut consumée, ainsi que les planches serrées au grenier et destinées à la constructon d'un orgue. L'horloge du monastère, le réveil-matin des moines sont abîmés dans les flammes. Deux grands bénitiers du dortoir en marbre, sont détruits ou brisés. Il ne reste plus rien du linge et du mobilier du monastère ni dans le dortoir, ni dans l'infirmerie, ni dans les autres officines. Qui pourrait calculer le chiffre de ce dommage ? (1). »

« Toutefois admirons et bénissons la miséricorde divine. Du moins aucun moine n'a été victime de cette cruelle calamité. Aucun n'a été blessé, et l'admirable basilique de Saint-Riquier fut sauvée : elle est restée debout au milieu même de ce foyer incandescent, quoique des tourbillons de flammes l'aient environnée de tous côtés et aient projeté sur elle leurs ardeurs inextinguibles. Aussi que d'actions de grâces et de prières la communauté a adressées au Seigneur pour un si grand bienfait ! »

« Il n'est pas inutile d'ajouter que le feu a pris presqu'en même temps à plusieurs maisons de Saint-Riquier, couvertes soit en tuiles soit en chaume, et les a réduites également en cendres. Mais ce qu'on ne peut trop déplorer, c'est l'insouciance et l'apathie des habitants de la ville. S'ils avaient mis quelque empressement à garantir leurs maisons, pas une seule n'eût été consumée : car, malgré toute l'impétuosité du vent, ces masures étaient assez éloignées du monastère et assez couvertes par le palais abbatial, pour que le moindre secours eût paralysé l'action du feu. Il y eut cependant dans la

---

(1) D'après le tableau chronologique des Abbés, dans la Trésorerie, l'incendie fut estimé à 600,000 livres. Louandre évalue la bibliothèque à 40,000 livres et les livres de chant donnés par l'Abbé d'Aligre, à 4,000 livres.

ville une telle exaspération contre les moines qu'on leur intenta une action judiciaire, pour les rendre responsables des suites d'un incendie par lequel ils étaient eux-mêmes complètement ruinés. L'instigateur de ce grave procès, encore aujourd'hui pendant au Parlement, fut Pierre Froissart, maire de Saint-Riquier. »

« Depuis ce funeste événement, continue toujours D. Cresson, les moines se sont mis à l'œuvre avec énergie. Ils déblaient le terrain, afin de relever le monastère le plus tôt possible, selon leurs facultés, et de le rétablir dans son premier état. Fasse le ciel qu'ils triomphent de ce grand désastre et continuent de servir Dieu dans ce saint asile et à pratiquer les vertus de leur sainte profession. »

Le procès que les habitants de Saint-Riquier avaient si injustement intenté aux moines fut arrêté, lorsqu'ils comprirent qu'ils seraient déboutés de leur demande et condamnés à tous les frais : ou plutôt on composa avec eux, comme nous le conjecturons d'après une déclaration du supérieur général, qui autorisait un accommodement amiable sur les pertes et dommages. Pierre Froissart, Antoine Garbados, Georges Canu et maître Buteux ayant reconnu que l'incendie n'était pas le fait de la négligence ou d'un crime des religieux et que ceux-ci ne devaient pas de dommages et intérêts, les religieux offrirent alors quelques secours et quelques aumônes aux malheureuses victimes de cette catastrophe. Cet acte de compassion, qu'on ne saurait regarder comme l'aveu d'un délit, fit taire les plaintes et termina avantageusement des poursuites scandaleuses pour l'honneur des moines (1).

---

(1) *Répertoire des titres du monastère, pages* 176 à 181.

On lit ce qui suit dans le *Journal de Verdun, juin* 1719, *page* 147.

« Il y eut un incendie surprenant en Picardie à deux lieues d'Abbeville : voici les circonstances qu'on en a eues par une lettre du 6 avril. Sur les neuf heures du soir, le 29 mars, un nuage épais couvrit tout à coup l'aspect du ciel, qui quelques moments auparavant était fort serein : il sortit un tourbillon de feu qui tomba sur l'abbaye royale de Saint-Riquier, l'une des plus riches de Picardie. Le feu se prit au dortoir qui avait plus de 60 pieds de longueur, d'où il se communiqua à la bibliothèque et réduisit le tout en cendres. On ne sauva que l'église, la sacristie et ce qu'on nomme le trésor, qui ne furent pas endommagés, parce que le vent n'y portait point les flammes. Elles furent poussées dans le bourg de Saint-Riquier, dont plusieurs maisons des habitants furent aussi brûlées. On estime le dommage public ou particulier à plus de 250,000 livres. On assure que le lendemain, à la même heure, un semblable tourbillon avait aussi embrasé quelques villages de Picardie dont cette lettre ne marque pas les noms. »

M. Prarond donne à cette catastrophe une cause moins phénoménale : ce serait, d'après des bruits qui circulèrent alors, un accident très ordinaire.

« Le bruit, dit-il, courut que des passeurs de blé, occupés dans les greniers, avaient laissé tomber de leur pipe quelque étincelle dans un tas de mauvais grains qui, s'étant allumés, avaient communiqué le feu aux bâtiments. » (M. Prarond. *Histoire de St-Riquier, page* 202.)

Il résulte de ces diverses conjectures que la cause resta inconnue, mais que l'événement eut un immense retentissement.

Il existe aux archives d'Abbeville un procès-verbal sur une visite et description des bâtiments incendiés, avec un devis estimatif des ouvrages et réparations à faire, par Le Veneur, ingénieur des Ponts-et-Chaussées de la généralité d'Amiens, résidant à Amiens. Voici le préambule :

« Nous, ingénieur du roi pour les ponts et chaus-
« sées de la généralité d'Amiens, résidant à Amiens,
« en exécution de l'ordonnance de M. Chauvelin,
« intendant de la généralité, du 6 présent mois de
« septembre 1719, au bas de l'arrest du Conseil
« d'Etat du roi du 22 août de la dite année, qui

Le tiers des biens destiné aux charges et réparations ne pouvait fournir la somme nécessaire à la reconstruction qu'après un laps de temps considérable. On eut donc recours à d'autres expédients. L'Abbé abandonna une grande partie de ses droits sur les coupes des bois. On obtint la permission d'entamer les réserves de Chevincourt et de Saint-Riquier. Le clergé remit 1,000 livres sur les décimes ; c'est ainsi qu'on parvint presque à couvrir les devis souscrits par l'entrepreneur Godart et s'élevant à la somme de 78,000 livres. Les religieux se chargèrent de la réédification des lieux incendiés. Avec leurs économies sur leur mense conventuelle, ils se formèrent un nouveau mobilier, sinon aussi somptueux que l'ancien, ce qui n'était pas nécessaire, ce qui était même contraire à la pauvreté religieuse, au moins convenable et décent. Du reste les démarches nécessaires entraînèrent bien des lenteurs. En 1722 les bâtiments n'étaient pas encore couverts. Pendant cet intervalle nécessaire pour les travaux, les religieux se logèrent dans l'abbatiale. On voit encore dans les greniers les vestiges des plafonds de leurs cellules. Les nouvelles constructions, dont le plan en carton est conservé à la bibliothèque d'Abbeville, subsistèrent jusqu'après 1793. Notre génération en a vu les ruines et on a réédifié sur les mêmes plans et dessins. La toiture seule a reçu une forme plus étriquée et moins monumentale.

Le chanoine Masclef vint au secours de l'abbaye, privée du pain quotidien de l'intelligence, en lui léguant sa belle et volumineuse bibliothèque, dont on trouve les restes disséminés dans divers dépôts publics et même chez des particuliers, depuis la dilapidation de 1789. Masclef imposait des charges aux religieux, mais c'était peu de chose en comparaison du don (1). Du reste la bibliothèque du monastère se reconstitua dans le cours de ce siècle : moins importante peut-être qu'au siècle précédent, elle était en-

« ordonne que, par mondit sieur Chauvelin ou celui qu'il subdéléguera à cet effet, il sera procédé à la visite et dressé procès-verbal de l'état des bâtiments incendiés de l'abbaye de Saint-Riquier, avec un devis estimatif des ouvrages et réparations qu'il convient d'y faire. Nous nous sommes rendu, audit Saint-Riquier, le 12 de ce mois. » Suit le détail avec cette récapitulation. « Réparation de bâtiments, 115,638 livres 10 sols. Perte de meubles et effets dans les bâtiments, 100,000 livres Total : 215,638 livres 10 sols, sans compter l'embrasement du chartrier où étaient renfermées les anciennes chartes des rois de France, contenant les droits, privilèges, immeubles par eux accordés à l'abbaye, les bulles des papes pour les mêmes droits et érections de fiefs, les anciens aveux et dénombrements d'iceux, les arrests des cours souveraines, quittances des finances, surcens et autres titres concernant les dites seigneuries appartenantes aux deux menses de la dite abbaye. »

Fait à Saint-Riquier, le 23 septembre 1719.

Signé : LE VENEUR.

(1) Testament du 25 août 1728, déposé aux minutes de M° De Hangest, notaire à Amiens, le 19 novembre 1728. « Je donne aux Révérends Pères Bénédictins de l'abbaye de Saint-Riquier toute ma bibliothèque généralement, à l'exception de quelques livres doubles qui sont dans la décharge, dans une tablette entre deux fenêtres. Je leur fais ce don à la charge : 1° de payer à chacun des deux enfants du sieur Baudelocq et de sa femme Marie-Louise Vatel, ma nièce, à chacun la somme de 50 livres de pension par an, jusqu'à ce que chacun desdits enfants ait atteint l'âge de 20 ans, et pour aider à les nourrir et faire apprendre métier ; 2° de payer à Charles Vatel, mon nepveu, prêtre chapelain de l'Eglise cathédrale d'Amiens, la somme de

core assez bien fournie, comme on en peut juger par le catalogue manuscrit conservé à la bibliothèque d'Abbeville (1).

- La sympathie du janséniste Masclef pour les religieux de Saint-Riquier serait-elle uniquement fondée sur la compassion ? N'aurait-elle pas son explication dans d'autres affinités, dans une communauté d'idées et d'opposition à la bulle *Unigenitus* ? Nous ne serions pas éloigné de le penser : car le venin subtil de cette hérésie s'était aussi glissé dans le monastère de Saint-Riquier et avait infecté un grand nombre de ses moines, sinon le corps entier. Pour bien caractériser cette mauvaise phase de l'histoire de notre monastère, nous avons besoin d'analyser quelques faits généraux.

On connaît le caractère du Jansénisme, « l'hérésie la plus subtile que le diable ait tissée, disait un magistrat, ami de Fleury. » Après une guerre de subterfuges, de mensonges plus ou moins avérés, de restrictions mentales, la secte était arrivée, au commencement du XVIII° siècle, à lever le masque, parce qu'elle comptait sur ses propres forces et sur ses adeptes dans l'épiscopat et la magistrature. « Le Janséniste, dit de
« Maistre, avait l'incroyable prétention d'être membre de l'Eglise qui l'anathématisait,
« d'être l'Eglise catholique malgré l'Eglise catholique : il lui prouvait qu'elle ne con-
« naissait pas ses enfants, qu'elle ignorait ses propres dogmes, qu'elle ne comprenait

250 livres par an, sa vie durant, en deux termes pour pension viagère. » (*Communiqué par M. Dubois, membre de la Société des Antiquaires).*

On avait encore en 1789 (d'après l'*Inventaire des Titres, page* 176), sous la date de 1735, une quittance de Marie-Louise Vatel, portant reçu d'une somme de 400 livres pour les causes mentionnées au testament de François Masclef.

Une courte notice sur le bienfaiteur du monastère trouve ici sa place. François Masclef, savant hébraïsant, né à Amiens en 1663, se consacra à Dieu dès sa plus tendre jeunesse : son amour pour les livres sacrés le porta à apprendre le grec, l'hébreu, le chaldaïque, le syriaque et l'arabe. Quelques-unes de ces langues lui devinrent même très familières. Nommé curé de Raincheval, il partagea son temps entre les obligations du ministère et ses études favorites. Feydeau de Brou, évêque d'Amiens, le pourvut d'un canonicat ; lui confia, sinon la direction de son séminaire possédé par les prêtres Lazaristes, au moins la surveillance des études ecclésiastiques. Il lui offrit même une résidence au palais épiscopal. Masclef se laissa séduire par les fauteurs des nouvelles doctrines et adhéra publiquement à tous leurs appels. Sabatier de Castres, successeur de Feydeau de Brou, ne put le faire rentrer dans la soumission au Souverain Pontife et lui retira la confiance

dont il jouissait dans le diocèse. Son opposition était scandaleuse. Les *Nouvelles Ecclésiastiques*, journal janséniste, nous le signalent comme un des premiers appelants du diocèse. On l'exclut du chapitre et du chœur de la cathédrale, de toute voix active et passive dans la nomination des bénéfices. Son évêque le visita dans sa dernière maladie pour essayer de le ramener à des meilleurs sentiments, à cette heure suprême ; mais Masclef avait perdu la parole et peut-être aussi la connaissance. Aux exhortations charitables du prélat il répondit par un serrement de main que celui-ci accepta comme une rétraction. On ne crut pas devoir lui refuser la sépulture ecclésiastique. Il fut inhumé dans la cathédrale et on mit sur sa tombe ces paroles : Domine, propitius esto Francisco Masclef. Obiit 14 Novembris 1708.

On a dit que l'évêque voulut faire effacer cette inscription et que l'affaire fut portée au cardinal-ministre : on ignore si on a fait droit aux réclamations du prélat On signale, au contraire, l'existence de son épitaphe sous la chaire, en face même du siège du prélat.

On a de lui une Grammaire Hébraïque, des Conférences Ecclésiastiques et quelques autres opuscules.

(1) *Catalogue manuscrit formant 7 volumes.*

« pas ses propres décrets ; il en appelait de ses décisions ; il les foulait aux pieds en
« prouvant aux autres hérétiques qu'elle était infaillible. (1). »

Les corps religieux avaient respiré, comme le clergé séculier, l'atmosphère des doctrines délétères de Jansénius et de Quesnel. Fénélon les accuse ainsi dans un mémoire au Père Letellier. « Les Bénédictins de Saint-Maur et de Saint-Vannes, disait-il, l'Oratoire, les Chanoines réguliers de Sainte-Geneviève, les Augustins, les Carmes Déchaussés, divers Capucins, beaucoup de Récollets et de Moines sont prévenus par la doctrine janséniste. Cette contagion ne peut manquer de croître chaque jour (2).» Elle grandit surtout dans la congrégation de Saint-Maur par la négligence et la connivence des supérieurs généraux. L'histoire accuse, entre autres, Denis de Sainte-Marthe, l'un des plus savants et des plus célèbres. Il se rétracta, il est vrai, vers la fin de sa vie, mais pendant longtemps il fit cause commune avec les Appelants. Le second appel du monastère de Saint-Denis s'était fait principalement à sa demande et avait été signé sur son bureau. Pour éviter tout embarras dans la direction de sa congrégation, il ferma les yeux et fit en sorte que la diversité des sentiments sur les matières contestées ne produisît aucune division dans le corps. Pour cela on employait également tous les sujets capables, sans distinction d'appelants ou non appelants. Au milieu de cette confusion d'idées, le chapitre de 1720 donna la majorité aux appelants et continua la suprême dignité de la congrégation à Denis de Sainte-Marthe. Cependant, en sa qualité de supérieur général, Denis fut obligé de prêter serment à la constitution. « Effrayé, disent les novateurs, sur les malheurs d'un corps qu'il aimait et dont il était aimé, il oublia en cette occasion ce qu'il devait à sa conscience.» Mais quelle signification pouvait-on attacher à son serment, quand on avait eu le malheur de subir un joug si tyrannique, nous le voyons dans ces paroles pleines de fourberie : « Nos appels subsistent, disait Denis de Sainte-
« Marthe: Monseigneur l'archevêque de Cambray (le cardinal Dubois) m'a dit que non-
« seulement on ne demandait pas la rétractation des appels, mais que, si on savait un
« appelant disposé à se rétracter, on l'en empêcherait. » Denis de Sainte-Marthe, comme nous l'avons fait observer, déplora ses erreurs quelque temps avant sa mort, mais ses frères ne l'imitèrent pas. »

Les chapitres généraux de cette époque étaient très agités par suite de cette redoutable question : pendant ce temps la congrégation erra à l'aventure sans boussole, sans direction fixe et sans appui. D'après les constitutions, un commissaire Apostolique devait résider à Rome et servir d'intermédiaire entre le Souverain Pontife et la congrégation de Saint-Maur. Au moment où l'on avait le plus besoin de lumières et de conseil, on cessa de le nommer et on rompit ainsi avec les traditions de la congrégation, avec ses règles fondamentales, avec les prescriptions des Souverains Pontifes. Le supérieur général était chargé de pourvoir à cet office par le chapitre général. *Providebit ;* mais il n'en faisait rien et cette formule disparut même plus tard. Nous devons recon-

(1) De Maistre. *Du Pape. Livre III.*   (2) Fénélon cité par Rohrbacher. Livre 88.

naître que ce fut un coup mortel pour la congrégation de Saint-Maur. En se détachant de Rome et en maintenant son exemption de la juridiction épiscopale (1), elle tomba sous la main de la puissance laïque. Les ministres du roi devinrent seuls les arbitres et les juges de ses démêlés et de ses divisions intérieures. Les chapitres étaient présidés par des prélats, mais au nom du roi, et en toute circonstance la congrégation invoquait le secours du roi. Elle acceptait aveuglément toutes ses décisions. Ainsi dominée, elle fut impuissante à résister aux obsessions de l'hérésie, à la pression et aux influences des partis. Corps sans âme et sans vie propre, elle ne fut plus que l'ombre d'elle-même : elle languit sous la blessure mortelle qu'elle s'était faite par sa participation à la révolte contre l'Eglise et se traîna ainsi jusqu'à la Révolution où elle disparut avec tant d'autres institutions devenues inutiles, après avoir perdu l'esprit de leurs fondateurs.

Arrivons au chapitre de 1733, si fameux dans les annales bénédictines. Il fut convoqué sous la supériorité de Dom Alaydon, appelant exalté, qui abrogea le titre de procureur général à Rome. Ce supérieur d'une congrégation si honorée put entendre sans frémir ces étranges paroles du délégué de la cour et y souscrire. « Signez, mon père, je vous l'ai déjà dit, et continuez de penser ce que vous voudrez : on vous laisse à cet égard toute liberté.» Les appelants, au nombre de 800, selon quelques écrivains, de 1,200, selon d'autres, avaient beau jeu pour préparer des candidatures. Ainsi, quoiqu'on eût donné l'ordre d'exiler les appelants, ils se présentèrent en nombre. Sur 33 capitulants ou électeurs envoyés par les monastères de la congrégation, on en comptait 21.

Quand l'archevêque de Tours, Chapt de Rastignac, député par le roi pour présider le chapitre, proposa de signer le formulaire de soumission à la bulle, « afin de témoigner de leur respect et de leur soumission au roi et non à l'église, dit le Janséniste auquel nous empruntons ces détails, les capitulants, sincères amis de la vérité, protestèrent contre cette demande et se retranchèrent derrière leur mandat. On négocia avec eux : on leur fit remarquer qu'ils avaient à signer, non comme députés, mais comme simples particuliers, et que cette signature était le seul moyen de sauver la congrégation de sa ruine. » Telle était l'obstination de ces sectaires que trois seulement cédèrent à de si graves considérations et que dix-huit résistèrent à la voix de l'autorité. La signature des membres ralliés fut encore accompagnée d'une protestation, dans laquelle ils déclaraient qu'ils ne signaient pas comme députés, qu'ils n'envisageaient point la constitution comme règle de foi, mais qu'ils s'abstenaient de ce terme, qu'ils se gardaient bien de donner la moindre atteinte à la doctrine de saint Augustin sur la grâce efficace par elle-même et à celle de saint Thomas. Une lettre de cachet dispersa quelques-uns des

---

(1) D'après les bulles des Souverains Pontifes et les ordonnances des rois, l'évêque ne pouvait visiter les lieux réguliers des monastères de la congrégation de Saint-Maur. Cette visite appartenait aux supérieurs de la congrégation. Ces derniers avaient indiqué aux prieurs, dans des instructions spéciales, ce qu'ils avaient à répondre aux évêques qui demanderaient à visiter leurs monastères.

rebelles dans les monastères voisins. Les autres se retirèrent d'eux-mêmes en protestant contre la violation de leurs droits.

L'élection des supérieurs se fit par les 15 signataires du formulaire. Naturellement l'autorité des nouveaux chefs de ces congrégations fut contestée par les opposants. On traita de brigandage les opérations de ce chapitre, de cette minorité vendue au pouvoir laïque et ecclésiastique. La soumission à leur juridiction et à celle de leurs successeurs ne fut que passive et toujours accompagnée de constantes réclamations. C'est ce que nous voyons dans une signification de quelques moines de Saint-Riquier, du 24 juillet 1739. Nous avons là une des pièces curieuses de ce grand drame du XVIII° siècle ; elle nous révèle la vie intime des monastères, dont tant de membres avaient été séduits par le faux mysticisme de Jansénius et de Quesnel. Laissons parler le rédacteur des *Nouvelles Ecclésiastiques* (1).

« Les R. P. Bénédictins de la congrégation de Saint-Maur attachés à la vérité et à l'appel, ont suivi par rapport aux supérieurs qui ne le sont qu'en conséquence du chapitre de 1733, deux routes différentes, dont chacune a des partisans très sages et très zélés pour la bonne cause et dont nous n'avons garde de vouloir juger. »

On va voir dans l'événement suivant un exemple de l'une de ces deux manières d'agir.

« Les religieux de l'abbaye de Saint-Riquier (abbaye des plus considérables de la congrégation de Saint-Maur dans le Ponthieu en Picardie), déclarèrent le 24 juillet de l'année dernière au R. P. D. Edme Perreau (2) que ne pouvant en conscience reconnaître le dernier chapitre de la présente année (1739) pour canonique et régulier ni le regarder autrement que comme une suite et une continuité des deux précédents, ils ne pouvaient, en conséquence, le reconnaître lui (D. Perreau) pour légitime supérieur ; que cependant pour le bien de la paix, du bon ordre et de la police extérieure, comme aussi pour témoigner leur amour et leur attachement inviolable à la congrégation, ils lui obéiraient en tout ce qui concerne l'observance et la discipline régulière, sans toutefois (ajoutent ces RR. Pères) « que nous prétendions que cela puisse tirer à conséquence ni préjudicier ou déroger à nos actes et à nos protestations précédentes que

---

(1) *Nouv. Eccl. An.* 40, *page* 13.

Les *Nouvelles Ecclésiastiques*, « journal extravagant et incendiaire, créé en 1728 et paraissant chaque semaine : il contenait les faits les plus intéressants pour le parti avec des réflexions très virulentes. La clandestinité leur donnait un nouveau prix. Il eut une vogue immense en raison même de cette clandestinité. Un prêtre nommé Fontaine de la Roche dirigeait l'entreprise. Il s'était condamné à la plus obscure retraite et avait établi ses presses dans un bateau de la Seine. C'est de là que pendant soixante ans on lança des traits sur tout ce qui n'était pas favorable à la cause. On aurait peine à croire jusqu'où ce journal poussait la hardiesse. Sophismes, injures, artifices, calomnies, tout lui était bon, pourvu que son parti en tirât quelque avantage. En parcourant ces feuilles mensongères, on se sent souvent ému de pitié pour ceux que tant d'inepties et d'impostures pouvaient séduire. » (*Continuation de l'histoire de Berrault-Belcastel. Tome* I, *page* 124.)

Ce journal a été condamné plusieurs fois par l'Index.

(2) On a aussi écrit Perrault et Perreaut.

« nous ratifions de nouveau et que nous renouvellons en tant que besoin est. En foi de
« quoi... etc. »

Cet acte est signé par sept religieux : cinq prêtres et deux diacres, savoir : Dom J. Fleury, prêtre, D. Th. Ant. Tassart, prêtre, D. P. Le Sure, prêtre, D. Paul Susleau, prêtre, D. Cl. Treille, prêtre, (on avertit au bas de la signature de ce dernier qu'on lui a conduit la main gauche, parce qu'il est paralytique du côté droit), F. G. Desbirat, diacre, F. Hon. Cornet, diacre.

Cette déclaration était précédée d'un préambule fort étendu, dans lequel ces moines dévoilaient tous leurs sentiments. « Le silence, disaient-ils, et la patience étant devenus
« des remèdes insuffisants pour des maux qui s'accroissent et répandent de plus en plus
« leur contagion, ils se regarderaient comme prévaricateurs, s'ils ne s'opposaient de
« toutes leurs forces à l'iniquité et s'ils ne tâchaient d'en empêcher le progrès par leurs
« réclamations. C'est leur unique ressource dans ce péril extrême. Ils l'avaient déjà
« fait en 1733 contre l'assemblée des quatorze et avaient continué en 1736, persuadés
« que la prétendue liberté offerte alors n'était qu'un piège et que le voile dont on cher-
« chait à couvrir l'*horreur* de ce brigandage, loin de remédier aux maux, ne faisait que
« les fortifier. L'expérience a confirmé leurs conjectures et leurs craintes : rien ne les
« jette dans une plus grande *consternation* que de voir toute l'autorité des supérieurs de
« la congrégation émanant de celle que se sont arrogée les quatorze dans leur assemblée.
« Les chapitres qui se sont tenus depuis, loin de rien réformer, n'en ont pas même eu la
« pensée. La lettre de cachet, qui rendait cette ombre de liberté qu'on a fait sonner si
« haut, défendait de toucher à ce qui s'était fait à Marmoutier en 1733 : et ceux qui com-
« posaient cette assemblée, ayant été les maîtres dans celles qui ont suivi, n'ont eu garde
« de détruire leur propre ouvrage. De là, concluaient les religieux de Saint-Riquier, il
« s'ensuit qu'il n'y a plus dans la congrégation qu'une autorité usurpée, et cette auto-
« rité même, telle qu'elle est, n'étant en réalité fondée que sur l'acceptation de la bulle
« *Unigenitus*, ils ne peuvent ni se taire ni coopérer à ce *mystère d'iniquité*... Dieu nous
« préserve, ajoutaient-ils, d'une telle prévarication. Nous avons eu le bonheur d'appe-
« ler de la constitution *Unigenitus* au souverain tribunal de l'Eglise, nous nous en te-
« nons à cet appel et nous n'avons garde de rien admettre qui l'infirme, ni directement,
« ni indirectement ; non pas même le choix qu'on a fait de quelques-uns d'entre les
« appelants, pour les élever à la dignité de supérieurs. Car il est bien clair que si on
« les a choisis, ce n'a pas été par zèle pour l'appel, mais uniquement pour étouffer les
« réclamations universelles de tout le corps, qu'avaient excitées les excès énormes de
« 1733, et en même temps pour récompenser la facilité que ces appelants avaient eue à
« se désister de leurs protestations, et cela seulement en attendant que le nombre des
« acceptants se fût tellement accru, qu'il fût en état de ne plus craindre le petit reste
« des appelants. Il paraît bien, par toute la conduite du régime, que ce sont là les vues
« où tend sa politique et qu'on n'y travaille qu'à élever sur les débris de l'appel l'ac-

« ceptation de la constitution, mais d'une manière d'autant plus dangereuse qu'à la
« violence on fait succéder la plus artificieuse séduction. »

« En effet, cette attention à ne mettre dans les maisons de noviciats et de séminaires
« que des supérieurs, sous-prieurs et religieux acceptants, à ne donner aux jeunes re-
« ligieux que des maîtres de la même trempe, à éloigner tous les appelants de ces mai-
« sons, à ne substituer, à la place des appelants morts que l'on avait élevés aux charges,
« que des acceptants, cette attention n'est-elle pas une preuve suffisante du dessein qu'on
« a de tout corrompre? Quand les sources sont corrompues, il n'est pas possible que les
« ruisseaux qui en dérivent ne le soient pas. Tous ces maux et tant d'autres, qu'il serait
« trop long de déduire, nous font sentir plus que jamais que le chapitre de 1736 et le
« dernier de cette année n'ont fait que fortifier la séduction, et la nécessité de réclamer
« ne nous a jamais paru plus évidente. »

Trois de ces religieux, savoir : D. Susleau (1), D. Lesure, D. Gilbert Desbirat reçurent, peu de temps après ce manifeste séditieux, des obédiences pour d'autres monastères : ils étaient partis de Saint-Riquier avant la visite que D. Joseph Avril fit le 25 septembre 1739. Les trois autres (il n'est point ici question du paralytique Treille) présentèrent au R. P. visiteur une nouvelle protestation dont il ne voulut ni entendre la lecture ni donner acte, quoiqu'il en fût requis. « Nous n'avons pu comprendre
« jusqu'à présent, disaient-ils, comment le chapitre de l'année 1733 n'ayant point été
« légitimé dans sa tenue, ceux des années 1736 et 1739 qui en sont la suite nécessaire
« ont pu le devenir : car nous ne voyons pas que dans les deux derniers chapitres et
« dans les assemblées qui se tiennent, soit dans les monastères particuliers, soit dans
« les provinces, l'on ait pris des mesures pour corriger les nullités du chapitre de
« 1733 ni pour en prévenir de pareilles. C'est pourquoi, pour satisfaire à notre cons-
« cience, nous nous croyons obligés, mon Révérend Père, de vous déclarer que nous
« ne pouvons regarder votre institution dans la charge de visiteur comme légitime, at-
« tendu qu'elle est émanée d'un chapitre qui n'a d'autres pouvoirs que ceux qu'il a tirés
« des chapitres précédents des années 1733 et 1736. Nous vous déclarons en consé-
« quence que nous persistons dans tous les actes et toutes les protestations que nous
« avons faites contre les dits chapitres. Nous vous demandons acte de notre dite décla-
« ration, et en cas de refus nous le prenons, autant qu'il est en nous, pour servir et va-
« loir ce que de raison. Cependant pour le bien de la paix nous vous obéirons en tout
« ce qui pourra contribuer à la conservation du bon ordre et au maintien de l'obser-
« vance régulière dans la congrégation (2). »

---

(1) D. Susleau avait été renfermé à la Bastille en 1738. On lui saisit tous ses papiers imprimés ou manuscrits. La lecture de ces écrits dévoila un des plus actifs propagateurs de l'idée janséniste, et même après cette saisie on dut surseoir à la tenue du chapitre et à la nomination des supérieurs. Après le chapitre général on le relâcha. On le transféra ensuite à Saint-Riquier d'où il fut encore expulsé.

(2) *Nouvelles Ecclésiastiques*. Année 1740, page 13 et page 45.

Ces religieux protestaient aussi contre une com-

Après cet exposé, le rédacteur des *Nouvelles Ecclésiastiques* ajoute cette conclusion : « C'est ainsi qu'une partie des appelants de cette célèbre congrégation s'est conduite. D'autres ont cru devoir davantage s'abaisser, et, usant encore de plus d'économie et de condescendance, reconnaître, comme vrais supérieurs, des supérieurs qui ne le sont que par le violement de toutes les règles de la discipline monastique. Les uns et les autres, envisageant les choses sous divers points de vue, ont cru rendre également service à l'Eglise, à la vérité, à leur congrégation. »

Quel gâchis que cette confusion dans les monastères entre les acceptants et les appelants ! Quelle direction recevait-on dans les chapitres ! Quel oubli et quel mépris des règles les plus élémentaires de la discipline ecclésiastique ! Ce ne sont pas seulement les Jansénistes qui s'en rendent coupables, mais les orthodoxes eux-mêmes, en communiquant avec des Hérétiques notoires, des excommuniés incorrigibles.

On pratique, il est vrai, les devoirs extérieurs ; mais l'esprit d'humilité, de docilité, de soumission à l'Eglise a disparu ; c'est ainsi qu'une violation des règles fondamentales peu remarquée par les historiens, c'est-à-dire la nomination du commissaire apostolique a produit des désordres irréparables.

L'opposition des religieux à l'installation de D. Edme Perreau ne procédait que d'une disposition bien arrêtée de nier en toute occasion les actes du chapitre de 1733. Rien n'est plus manifeste, quand on considère les dispositions et les antécédents de ce nouveau prieur. En effet, D. Edme Perreau est un des appelants les plus célèbres de ce siècle. Toute sa vie a été consacrée à défendre, à propager les funestes erreurs que par un incroyable aveuglement on appelait la Vérité. Toutes les anomalies d'une administration dévoyée expliquent à peine de si étranges nominations. Qu'on en juge par le récit de la vie de ce prieur, que nous ne connaissons que par ses panégyristes.

D. Edme Perreau était né à Paris en 1675 : il entra dans la congrégation de Saint-Maur à l'âge de 18 ans et fit profession le 9 mars 1694. Un esprit vif, une mémoire heureuse, de solides études jointes à un bon naturel et à l'amour des choses de Dieu firent concevoir de grandes espérances sur ce jeune religieux : il montra surtout un goût prononcé pour la prédication. N'étant encore que jeune profès, il rassemblait ses confrères pendant la récréation, pour leur donner connaissance des sermons qu'il avait composés, et pendant qu'il les prononçait devant eux, il les captivait tous par le charme de sa voix et la grâce de son élocution. Appliqué à l'enseignement après les études de théologie, il s'en fit décharger pour suivre son attrait. Il prêcha avec beaucoup de succès dans plusieurs églises de Paris et fut applaudi dans les cathédrales de Paris, de Bayeux et de Rouen. On appela alors D. Edme Perreau au gouvernement de la cure de

mission donnée à deux religieux de Saint-Maur pour travailler à ramener à l'obéissance canonique les religieuses du Calvaire et contre un règlement qui excluait des charges les religieux non prêtres.

Avant ce règlement on éludait la soumission à la bulle *Unigenitus* qui n'obligeait que les prêtres à donner leur adhésion. (*Nouv. Eccl. Ibid.*)

Saint-Germain-des-Prés, où son éloquence attira un concours extraordinaire. Malheureusement le jeune orateur, sous des supérieurs trop faibles ou trop partisans de l'hérésie, s'était plutôt nourri des doctrines jansénistes que des doctrines catholiques. Quand on lui demanda de signer la constitution *Unigenitus*, il se rangea parmi les appelants. C'était au mois d'août 1727 : il fut exilé à Corbie. Le parti essaya de faire revenir le cardinal de Bissy, Abbé commendataire de Saint-Germain-des-Prés, sur cet acte d'autorité. Le cardinal de Noailles, fauteur trop scandaleux du Jansénisme, envoya jusqu'à deux fois redemander ce religieux. Les paroissiens, au nombre de 1,500, les pauvres, les enfants, allèrent se jeter aux pieds du cardinal ; mais les instances, les prières et les larmes ne triomphèrent point cette fois de l'orthodoxie.

Dom Edme Perreau ne fut pas muet dans son exil : il consacra sa plume et son talent à défendre le parti. Dans ses principaux écrits, il encouragea la révolte contre l'Église : il défendit les fauteurs de l'hérésie et combattit à outrance ceux de ses frères que la vraie foi captivait sous l'obéissance du Souverain Pontife. Faire connaître ses œuvres, c'est révéler la vie intime de ce trop fameux prieur de Saint-Riquier et de tous les hommes de son parti.

1° *Dénonciation des Lettres de D. Vincent Thuillier, bénédictin, contre l'appel de la bulle* Unigenitus ;

2° *Très Humbles Remontrances de plusieurs bénédictins de la Congrégation de Saint-Maur, à Son Eminence M. le cardinal de Bissy, à Monseigneur l'Archevêque d'Embrun, à MM. les évêques de Saint-Flour, d'Amiens, de Saint-Malo, d'Angers, etc., au sujet des approbations qu'ils ont données à la seconde Lettre de D. Vincent Thuillier.* Cette remontrance dit que les quatorze prélats ont autorisé par leurs suffrages une acceptation feinte, simulée et frauduleuse de la constitution *Unigenitus*, plusieurs erreurs contraires aux saintes Ecritures et à la tradition, des semences et des déclarations de schisme dans l'Église de France, des calomnies atroces contre des évêques et des personnes des plus respectables, plusieurs absurdités et contradictions. — 1731, 97 *pages in-4°.*

C'est sans doute lui aussi qui traita l'évêque d'Amiens de *schismatique*, parce que dans une visite à l'abbaye de Corbie en 1733, il refusa de voir les moines appelants.

3° *Traité philosophique et théologique de la Vérité (de feu M.Dupin, revu, mis en ordre et augmenté par Dom E. P.),* Utrecht en 1731.

La vérité se trouve, bien entendu, dans les enseignements de Jansénius et Quesnel. La doctrine de l'Eglise, c'est l'erreur, les ténèbres, la mort. Une soumission humble et respectueuse aux décisions du pape, c'est l'apostasie.

4° *Histoire des derniers chapitres généraux de la Congrégation de Saint-Maur, où l'on voit l'irrégularité de ces assembléees, l'opposition du corps à la bulle* Unigenitus *et par quelles intrigues on est enfin parvenu à faire souscrire un décret favorable à cette bulle dans le chapitre de 1733, pour servir de supplément à l'histoire de la Constitution* In-4°, 126 *pages.* (1736.)

N'est-il pas curieux de voir que le grand censeur des chapitres bénédictins, dénonçant à la France leur nullité, se fasse rappeler à l'ordre, quand il se présente pour exercer l'autorité émanée de ces mêmes chapitres ? Le Jansénisme était donc une école de palinodies et sous le masque du rigorisme on foulait aux pieds tous les principes d'honneur et de loyauté.

5° Dom Perreau a été regardé comme l'auteur de la *Dénonciation des Lettres Théologiques de Dom la Taste au chapitre général de* 1736. Ce dernier avait rétracté son appel et attaqué vivement les appelants qu'il mettait aux prises les uns avec les autres; il dévoilait en homme bien informé les faiblesses du parti, il stigmatisait les prétendus miracles du diacre Paris. D. Edme était trop attaché à la *Vérité* pour ne point relever le gant et s'efforcer d'accabler un téméraire et un sacrilège assez audacieux pour opposer la foi du pape et des évêques aux écarts de Jansénius et de Quesnel.

Le chapitre de 1736, après toutes ses protestations et ses serments catholiques, ne fit pas difficulté de nommer D. Edme Perreau prieur de Samer. Le parti vit dans de pareils choix une lueur de liberté et l'aurore de meilleurs jours. L'année suivante, en 1737, il fut transféré au monastère de Saint-Riquier. Il gouverna, pendant cinq ans, cette communauté révoltée et contre les lois de l'Eglise et contre ses propres supérieurs, sans chercher à guérir son mauvais esprit, s'efforçant au contraire de la confirmer dans sa rébellion, lui communiquant les doctrines malsaines dont il s'était pénétré dans ses méditations. Le saint évêque d'Amiens, Louis d'Orléans de La Motte, ce courageux défenseur de la foi catholique, dont le nom et l'activité étaient si redoutés du parti, le savait bien : il le prouva publiquement en interdisant la chapelle de l'Hôtel-Dieu aux moines de Saint-Riquier, en défendant aux religieuses de les admettre à célébrer la sainte messe, sous quelque prétexte que ce fût (1). C'est tout ce qu'il pouvait faire en face de ces rebelles, qui se prétendaient toujours immédiatement soumis au pape et exempts de la juridiction épiscopale. C'est ainsi qu'il avertissait les fidèles et les prémunissait contre des exemples et des prédications dangereuses.

« Sur son lit de mort, dit le rédacteur des *Nouvelles Ecclésiastiques*, D. Perreau fit observer que ses sentiments sur les affaires présentes de l'Eglise étaient connus : il déclara qu'il y persistait, confirmant ses anciennes démarches à cet égard, témoignant qu'elles étaient le motif le plus consolant de sa confiance pour aller paraître au terrible tribunal du juste juge, et ajoutant que, s'il plaisait à Dieu de lui rendre la santé, il était résolu, avec le secours de la grâce, de persévérer jusqu'à la fin de sa vie dans les mêmes sentiments (2). » C'est là ce qu'un autre auteur appelle mourir de la mort des justes. C'est le 17 octobre 1741 que le monastère de Saint-Riquier était affligé de cette mort si pieuse-

---

(1) Le parti appelait ceci un acte de schisme de la part de l'évêque d'Amiens.

(2) *Biographie empruntée en partie aux Nouvelles Ecclésiastiques,* 1742, *page* 46 *et* 114 *et en partie à la Bibliothèque Générale des Ecrivains de l'Ordre de Saint-Benoît. Tome* II, *page* 380.

ment scandaleuse et si effrayante pour ceux qui ont sondé les profondeurs de l'orgueil janséniste.

En parcourant quelques pages des écrits saturés du poison de l'hérésie, dans lesquels le parti canonise ses saints pour enflammer le zèle des opposants, et loue par des récits édifiants la rébellion de la dernière heure mêlée aux expressions d'une vive confiance, nous ne pouvons qu'adorer les impénétrables mystères de la divine justice. A peine osons-nous songer aux ineffables miséricordes du Sauveur pour des âmes aveuglées par une erreur de jugement plutôt que par la dépravation de la volonté. Nous ne pouvons que répéter ces paroles du royal prophète : *Judicia tua, Domine, abyssus multa*.

Il nous reste un testament de D. Claude Treille, moine de Saint-Riquier. Ce document appartient à notre histoire et nous montrera plus clairement que de longues dissertations quel était le jansénisme des moines de Saint-Riquier (1).

« Au nom du Père et du Fils et du Saint-Esprit.

« L'état d'infirmité où m'a mis depuis plusieurs années une paralysie, qui m'a ôté
« tout usage du côté droit, qui m'a presque entièrement privé de celui de la parole et
« qui m'a réduit à passer dans un fauteuil le reste d'une vie déjà fort avancée, m'oblige
« de prévenir toute surprise par une déclaration exacte et pieuse des sentiments dans
« lesquels j'espère de la miséricorde de Dieu vivre et mourir.

« 1° Je fais profession de la foi Catholique, Apostolique et Romaine, je suis plein de
« respect pour notre Saint Père le Pape, qui est successeur de saint Pierre et le pre-
« mier vicaire de Jésus-Christ, et je veux toujours demeurer attaché au Saint-Siège,
« centre de l'unité de l'Eglise et leur rendre en toute occasion l'obéissance et la sou-
« mission prescrites par les canons (2).

---

(1) Pour ne pas briser la suite des idées de ce testament spirituel, nous marquerons au bas de la page nos observations sur ce *factum* d'un moine hérétique.

« La coutume d'écrire un testament spirituel ou une déclaration de foi est à peu près complètement effacée de nos mœurs. A peine en reste-t-il quelques traces dans certaines familles religieuses, ce dont on peut s'étonner. Mais nous en voyons de nombreux exemples dans l'antiquité chrétienne et dès les premiers siècles de l'Eglise. Les Jansénistes, qui affectionnaient d'imiter les usages de l'Eglise primitive dont ils contredisaient la doctrine, écrivaient beaucoup de testaments spirituels.

D. Piolin. *article 5, dans les Testaments spirituels. Analecta Juris Pontificii. Mois de septembre et octobre 1878.*

(2) D'après les termes de cette profession de foi, le respect des Jansénistes pour notre Saint Père le Pape et l'Eglise égale celui des fidèles orthodoxes. Ce n'est donc pas leur faute s'ils sont repoussés de l'Eglise. Mais tous étaient dans les sentiments de Pascal, qui déclarait aussi qu'il voulait vivre et mourir dans la communion du pape, hors de laquelle il n'y a point de salut. Cependant, malgré cette protestation de respect, quand ses lettres furent condamnées à Rome, il ne renonça pas à croire que *ce qu'il condamnait dans son livre était condamné dans le ciel.*

Le successeur de Pierre, dit D. Treille, est le *premier vicaire de Jésus-Christ ;* d'où il suit que les apôtres et leurs successeurs sont également vicaires de Jésus-Christ, que le pape a la primauté d'honneur et non de juridiction universelle. C'est bien la doctrine du jansénisme et plus tard celle de la constitution civile du clergé.

« 2° Je reçois toutes et chacune des vérités que Jésus-Christ nous a enseignées par
« lui-même ou par ses apôtres ou qu'une tradition constante et non interrompue nous
« a transmises de siècle en siècle (1).

« 3° L'Eglise universelle à qui seule Jésus-Christ a promis l'infaillibilité ne pouvant
« jamais se tromper dans ses décisions, il n'en est aucune à laquelle je ne sois parfai-
« tement soumis. J'anathématise toutes les erreurs qu'elle condamne, et pour parler de
« ce qui se passe sous nos yeux, je rejette et condamne sans aucune restriction celles
« qu'elle condamne dans les cinq fameuses propositions, attribuées à Jansénius. Mais,
« comme elle peut se tromper dans les faits non révélés et que d'ailleurs elle n'a ja-
« mais décidé de celui de Jansénius, je reconnais avec douleur avoir fait deux grandes
« fautes, en signant par deux fois le formulaire purement et simplement, et j'en de-
« mande pardon à Dieu que j'ai offensé et à l'Eglise que j'ai scandalisée. Mieux instruit
« aujourd'hui, je révoque ces deux signatures et je n'ai garde d'attribuer lesdites pro-
« positions ni à la personne de Jansénius ni à son livre. Je déclare de plus que j'ai
« horreur de tout ce qui pourrait donner la moindre atteinte à la doctrine de saint Au-
« gustin, canonisée par l'Eglise, touchant les mystères de la grâce efficace par elle-
« même et de la prédestination gratuite (2).

« 4° Je n'ai jamais hésité sur ce que l'on devait penser de la bulle *Unigenitus*. Je l'ai
« toujours regardée comme un décret qui détruit la foi, la morale et la discipline de
« l'Eglise dans des points des plus essentiels, et je persiste dans mon adhésion à l'ap-

---

Le *Saint-Siège est le centre de l'unité de l'Eglise. On lui doit le respect et la soumission prescrite par les canons.* Quels canons ? Ceux de Florence, de Trente ou de 1682 ? Cette déclaration était le Palladium du Jansénisme. On sait qu'il ne fut pas étranger à cette manifestation gallicane. Ses principes avaient leurs adeptes partout. Le roi Louis XIV en subissait l'influence, tout en l'anathématisant.

(1) Cet article est plein de réticences. Il n'est question ici ni des décisions des conciles, ni des constitutions des Souverains Pontifes ; que signifie cette tradition non interrompue, seule règle de foi ? Qui en sera juge ? Le libre examen seul. Ainsi le voulaient les Jansénistes.

(2) L'Eglise universelle seule infaillible comprend-elle le pape et les évêques qui lui sont soumis ? On ne peut le conclure de l'énoncé de ces propositions. Leurs décisions, loin d'être infaillibles, sont erronées. La doctrine janséniste, la fameuse distinction du fait et du droit sont ici exposées dans toute leur crudité. Les Jansénistes avaient consenti à condamner les cinq propositions, mais à la condition qu'on ne les obligerait point à professer qu'elles sont dans le livre et la pensée de Jansénius. Le formulaire que D. Treille a signé deux fois en commettant une si grande faute est celui du pape Alexandre VII ainsi conçu : « Je soussigné me soumets à la constitution d'Innocent X, Souverain Pontife, du 31 mars 1653, et à celle d'Alexandre VII son successeur, du 16 octobre 1656, et je rejette et condamne sincèrement les cinq propositions extraites du *Cornelius Jansenius* intitulé *Augustinus* dans le propre sens du même auteur, comme le siège apostolique les a condamnées par les mêmes constitutions. Je le jure ainsi. Ainsi Dieu me soit en aide et les saints Evangiles. » Au XVII° et au XVIII° siècle, on était coupable de damnation, d'après D. Treille, pour signer un formulaire dressé par le premier vicaire de Jésus-Christ, auquel cependant on vouait le plus grand respect.

On sait ce qu'était pour les Jansénistes la grâce efficace par elle-même et la prédestination gratuite. On ne pouvait jamais résister à cette grâce et Jésus-Christ n'est mort que pour les seuls prédestinés.

« pel interjeté par nos seigneurs les évêques de Mirepoix, de Senez, de Montpellier et
« de Boulogne. Et le saint évêque de Senez n'ayant été jusqu'à sa mort dans les liens
« que pour la défense de la vérité, je renouvelle mon adhésion à sa personne persécu-
« tée et à la cause qu'il a soutenue, qui est indubitablement celle de l'Eglise (1).

« 5° Je m'unis de tout cœur à ceux de mes frères qui, attentifs à la conduite de
« Dieu sur son Eglise, ont vu avec joie et gratitude dans les miracles sans nombre opé-
« rés (et qui s'opèrent encore tous les jours par l'intercession du Bienheureux Fran-
« çois de Paris), une marque sensible de la protection de Dieu et de son amour pour
« ceux qui, comme ce saint diacre, se sont hautement déclarés contre la fatale consti-
« tution et de sa tendresse pour les simples fidèles, qui par là se trouvent en état de se
« décider sur le parti qu'ils doivent prendre. Tout ce que je viens de dire des miracles
« du saint diacre, je le dis avec la même joie et la même reconnaissance de ceux que
« Dieu a déjà bien voulu accorder à l'intercession du saint évêque de Senez (2).

---

(1) La bulle *Unigenitus* du 8 septembre 1713 condamnait *in globo* cent et une propositions extraites des réflexions morales du P. Quesnel, chef en son temps du parti janséniste. Ces propositions sont notées comme respectivement fausses, captieuses, malsonnantes, offensant les oreilles pieuses, scandaleuses, pernicieuses, téméraires, injurieuses à l'Eglise et aux puissances séculières, séditieuses, impies, blasphématoires, erronées, hérétiques, renouvelant des hérésies, etc.

D. Treille, dans son jugement sur cette bulle n'est qu'un obscur disciple des appelants, mais il nous donne l'esprit de cette levée de boucliers, de ce déchaînement de fureur d'appel au futur concile, qui mit un instant l'Eglise catholique en péril. Combien d'appelants partageaient ses sentiments, les uns égarés par des docteurs pervertis, les autres soudoyés par des hérétiques obstinés dans leur orgueilleuse opposition ? Ainsi la foi d'un simple écolier en théologie s'achetait en certains lieux pour 500 livres, mais on payait bien plus cher celle d'un curé, d'un chanoine, d'un religieux ou d'une religieuse, surtout quand on espérait que ces nouveaux adhérents entraîneraient dans le schisme une paroisse, un chapitre, une communauté. Cette explication nous dispense de tout commentaire. On dépensa plus de 18,000 livres dans ce sacrilège trafic.

L'évêque de Senez, dont il est ici question, c'est le trop célèbre Jean Soanen, disciple du P. Quesnel. Elu évêque en 1695, il fut condamné au concile d'Embrun en 1727, suspendu de toutes ses fonc-

tions et exilé à la Chaise-Dieu en Auvergne où il mourut en 1740 âge de 92 ans. Les Jansénistes le vénéraient comme un saint. Il signait ordinairement Jean, évêque de Senez, prisonnier de Jésus-Christ.

L'évêque de Montpellier, Charles-Joachim Colbert, neveu du grand Colbert, dans des lettres, des mandements, des instructions pastorales d'une violence extrême, accusait les évêques catholiques de soutenir des *propositions monstrueuses et abominables*. Il fut dénoncé au roi par le clergé de France pour ses principes, capables de ruiner tous les fondements de la foi : il poussa la passion jusqu'à attaquer le pape Clément XII lui-même dans une lettre pastorale. Tous ses écrits et son Catéchisme ont été condamnés à Rome.

Les deux autres évêques nommés par D. Treille, pour être moins connus, n'étaient pas moins vénérés dans le parti janséniste.

La Vérité. C'est l'expression consacrée par les fauteurs de l'hérésie. *Vitam impendere vero.* On rencontre sans cesse ce mot sous leur plume. Ce mot sacramentel suffit par lui-même pour juger certains ouvrages et certains auteurs.

(2) François Paris (et non de Paris) ayant embrassé l'état ecclésiastique, fit pendant quelque temps des catéchismes à la paroisse de Saint-Côme et des conférences aux jeunes clercs. N'ayant pu être nommé curé d'une paroisse, après avoir essayé de diverses solitudes, il se retira dans une maison du faubourg Saint-Marcel, où il se livra au travail des mains et consacra son temps à tisser

« 6° Pour ce qui est des convulsions, je suis du sentiment de ceux qui les regardent
« comme une œuvre dont Dieu est auteur en premier et qui discernent et rejettent
« tout ce que d'autres principes pourraient y mêler de défavorable et je me sens infini-
« ment éloigné de tout système, où l'on s'écarterait des bonnes règles par lesquelles
« seules il en faut juger (1).

« 7° Pour ce qui regarde nos chapitres généraux depuis 1733 inclusivement (2), je n'en
« reconnais aucun de canonique, à cause du défaut de liberté et je persiste dans toutes
« les protestations que j'ai faites, spécialement contre celui de 1733, où le violement des
« règles a été plus visiblement marqué, et contre ceux de 1736 et 1739, où aucuns des
« vices énormes du précédent n'ont été corrigés, et je m'unis à ceux de mes frères qui,
« pour remplir toute justice, ne se contenteront point de ne reconnaître aucuns supé-
« rieurs comme légitimes, mais qui ne prendront jamais de part aux élections des con-
« ventuels et qui protesteront contre toutes les assemblées, qui se tiendront comme au
« nom du corps et contre toutes leurs suites, jusqu'à ce qu'il plaise à la divine Provi-
« dence de leur ouvrir un tribunal où leurs griefs contre nos prétendus supérieurs
« seront jugés.

« Voilà en la présence de Dieu mes véritables sentiments, et en m'unissant d'avance
« à tous ceux qui n'omettront rien dans la défense de la vérité et de la justice, je
« prie le Seigneur de m'y conserver jusqu'à la fin, désavouant de nouveau tout acte
« contraire qu'on pourrait me surprendre ou me supposer dans la suite (3).

« En foi de quoi j'ai signé de ma gauche, en l'abbaye de Saint-Riquier, ce jourd'hui
« 14 décembre de l'année mil sept cent quarante et un.

« Signé : Fr. Claude Treille, prêtre (4). »

des bas pour les pauvres. Le diacre Paris étant mort à l'âge de 37 ans, en 1727, son frère lui fit ériger un tombeau dans le petit cimetière de Saint-Médard. Les dévots du parti s'y rendirent en pèlerinage et lui attribuèrent des guérisons merveilleuses. Il y eut aussi en ce lieu des convulsions dangereuses et ridicules, des jongleries dignes des saltimbanques de la halle. Le cimetière fut fermé par la police et les miracles cessèrent, de sorte qu'une simple ordonnance de police aurait suffi pour entraver la puissance divine, si jamais on eût pu ajouter foi aux miracles du diacre Paris. « Ne vit-on pas, dit un protestant converti,
« des anges descendre dans la prison des apôtres
« et les en tirer, lorsqu'ils étaient enfermés, parce
« qu'ils faisaient des miracles ; et l'Abbé Paris a été
« dans l'impuissance d'abattre un petit mur, au-
« delà duquel sa vertu miraculeuse fut déclarée
« impuissante ! »

(1) Des Jansénistes, considérés parmi les plus ardents, blâmèrent les convulsions ou plutôt l'œuvre des convulsions comme une école de démence, d'impureté et de libertinage. Est-ce qu'il y a rien de semblable dans les miracles des apôtres et dans ceux opérés au tombeau des saints ?

(2) Nous avons raconté au long l'histoire de ces chapitres et la part que les religieux de Saint-Riquier y ont pris.

(3) On gémirait sur l'aveuglement d'un chrétien, jouet de telles illusions ; mais de quelle tristesse n'est-on pas rempli, quand on pense au nombre de prêtres et de religieux ainsi abusés et persévérant jusqu'à la mort dans de semblables doctrines ? Qui oserait dire encore que le Jansénisme n'était qu'un fantôme ?

(4) *Nouvelles Ecclésiastiques*, 1742, *page* 139.

« Cet acte, dit le rédacteur des *Nouvelles Ecclésiastiques*, qui le rapporte tout entier, est une preuve de son attention à remplir toute justice : il souhaitait extrêmement qu'on le rendît public dans les *Nouvelles Ecclésiastiques* : il aurait même voulu qu'on l'y eût inséré de son vivant. Mais sur les représentations d'un de ses confrères, il consentit qu'on attendît après sa mort. Nous donnons cet acte en entier tant il nous paraît clair, précis, complet, et également propre à édifier, à instruire, à servir de modèle et à manifester de plus en plus l'orthodoxie et l'intégrité de la foi de ceux qui sont opposés à la constitution et à la signature pure et simple du formulaire (1). »

Quoique nous devancions un peu l'ordre des temps, nous devons placer la biographie de Claude Treille, à la suite de son testament, elle est écrite aussi par une plume janséniste de Saint-Riquier, probablement par le moine qui dicta ses déclarations et les lui fit signer de la main gauche. Nous citons sous toute réserve de sincérité ou de vérité.

« D. Claude Treille, prêtre, religieux bénédictin de la congrégation de Saint-Maur, né à Thiers en Auvergne, fit profession à l'âge de 18 ans dans l'abbaye de Saint-Augustin de Limoges, le 17 juillet 1695. Une piété persévérante et un attachement inviolable à tous ses devoirs, l'avaient conduit à la connaissance de la vérité, à laquelle il a rendu témoignage dans toutes les occasions (2). Il eut le 27 décembre 1737 une attaque d'apoplexie qui dégénéra en paralysie sur tout le côté droit. Il était alors à Saint-Valery, d'où il fut transféré l'année suivante à Saint-Riquier (3). L'accident qui le priva de l'usage de la moitié de son corps, ne lui était à charge qu'en ce qu'il le mettait dans l'impuissance d'assister aux offices divins et aux autres observances régulières, pour lesquelles il avait eu depuis son entrée en religion un attrait singulier. De saintes lectures faisaient alors toute sa consolation et il ne les interrompait que par de fréquentes prières. Autant il avait édifié par sa régularité avant son attaque, autant il édifiait par sa pénitence dans ses infirmités. Toute sa joie était d'entendre parler de Dieu, et la manière dont il le faisait marquait sensiblement et l'ardeur de sa piété et la vivacité de l'espérance des biens futurs, qui le soutenait dans ses tribulations. Il s'intéressait aux maux de l'Eglise jusqu'à verser des larmes aux récits qu'on lui en faisait. Quoique ses infirmités le dispensassent des lois communes, il avait arraché pour ainsi dire à ses supérieurs la liberté de garder toutes les abstinences prescrites par l'Eglise. Enfin il eut, la nuit du 15 au 16 mars 1742, une nouvelle attaque qui dura près de 24 heures et pendant laquelle il ne fut pas possible de tirer de lui le moindre signe de connaissance, de sorte qu'on ne put lui administrer que le sacrement de l'Extrême Onction. Il expira doucement dans cet état pendant que la communauté récitait les prières de l'agonie. »

Il est tout naturel de penser que la communauté partageait ses sentiments sous la

---

(1) 2 *septembre* 1742, page 139.

(2) Pourquoi l'auteur omet-il ici la soumission de D. Treille au formulaire imposé par le pape ? Il y eut au moins quelques heures de défaillance dans cette vie qu'on dit si dévoué à *la Vérité*.

(3) Est-ce pour le soustraire aux influences de la température inégale de la mer ou par crainte de nouvelles faiblesses ?

supériorité de D. Edme Perreau, l'un des prieurs les plus ardents pour la cause. Il n'aurait guère été possible à d'autres religieux de vivre en paix dans cette société pervertie.

L'histoire du Jansénisme à Saint-Riquier se termine par la mort de D. Lartisien, cellerier pendant près de 30 ans. C'est encore aux *Nouvelles Ecclésiastiques* que les moines transmirent les détails de cette fin aussi scandaleuse que les autres. Nous anticipons encore, afin de grouper ensemble tous les faits de ce douloureux épisode.

D. Mathieu François Lartisien était né, en 1699, à Saint-Valery-sur-Somme, et commença ses études au monastère de cette ville. Les disciples de saint Benoît avait toujours eu de petites écoles ouvertes aux enfants pieux et intelligents : il est sorti de là un grand nombre d'ouvriers apostoliques qui ont servi l'église dans le cloître ou dans les rangs du clergé séculier. Les études du jeune Lartisien furent partagées par un de ses frères, animé des mêmes sentiments. Tous deux s'agrégèrent à l'ordre régulier où ils avaient commencé à goûter les vérités éternelles.

D. Mathieu Lartisien avait l'esprit net, positif et propre aux affaires ; on l'établit procureur, puis cellerier au monastère de Saint-Riquier, vers l'an 1734. Il occupa cet emploi pendant plus de 30 ans et l'honora par une conduite irréprochable et une intégrité exemplaire. Telle était sa force de volonté que les devoirs de sa charge ne nuisaient en rien aux pratiques religieuses. Toujours le premier au chœur, le premier aux exercices de la communauté, il ne s'en dispensait que rarement et par une vraie nécessité. Plus attentif aux besoins des autres qu'aux siens propres, il s'oubliait constamment et pour le vivre et pour le vêtement. La simplicité de sa cellule prouvait son esprit de pauvreté et son parfait détachement. Quoiqu'il eût sous la main tous les moyens d'accorder quelque satisfaction à la sensualité, il mettait sa consolation dans la pratique de dures austérités. D'un caractère facile et obligeant, il traitait les affaires temporelles avec un parfait désintéressement : on était tellement persuadé qu'il était ennemi des procès et d'une équité incorruptible qu'on s'en remettait le plus souvent à son jugement et à sa décision. Il n'y eut que trois procès par le monastère pendant tout le temps de son administration (1). On ne saurait dire combien il a rendu de services à la ville et aux villages voisins. La reconnaissance de ses supérieurs lui donna vers la fin de sa vie le titre de sous-prieur.

Nous voudrions n'avoir rien à opposer à cet éloge du parti janséniste, mais nous devons ajouter que ces vertus religieuses de Lartisien perdent beaucoup de leur mérite, quand on sait quelles furent ses accointances avec les Jansénistes et son opposition à la bulle *Unigenitus*.

Son obstination dans sa désobéissance fut trop constante pour l'excuser. Jusque dans

---

(1) L'Abbé commendataire, Guillaume de Sanzay n'aurait point ratifié cette assertion, qui est bien contredite dans un mémoire sur ses démêlés avec les religieux de Saint-Maur. (*Nouv. Eccl. Dans la notice de D. Lartisien.*)

ses derniers moments il se montra rebelle aux avertissements les plus charitables. M. de Sansay, alors Abbé commendataire, vint d'Abbeville, dans l'espoir de réveiller en lui, aux premières lueurs des éternelles clartés, le sentiment d'humilité chrétienne qui dispose à accepter avec une pleine soumission les définitions de l'Eglise. Ses conseils, ses exhortations, ses prières furent dédaignées. D. Doublet, prieur du monastère, avait adhéré à la bulle, mais il faut croire que le silence respectueux eut plus d'empire sur lui que le zèle de la vraie foi catholique. En vain l'Abbé de Sansay lui représenta qu'il ne pouvait, sans trahir son mandat et se rendre coupable d'un grand scandale, donner les derniers sacrements à un hérétique condamné par l'Eglise. Ces conseils d'un Abbé, à qui il ne devait point l'obéissance, ne l'empêchèrent pas d'administrer son cellerier «inviolablement attaché à l'appel interjeté de la bulle *Unigenitus* (1). »

C'est ainsi que les hommes de transaction et d'accommodement dans la congrégation de Saint-Maur laissaient perpétuer, dans ce grand corps, les maximes de révolte et de désobéissance et contribuaient à la ruine de l'esprit de saint Benoît.

La modeste épitaphe de D. Lartisien est encore inscrite dans l'église sur un carré de pierre de quelques centimètres.

†
Hic jacet
D. M. Lartisien
De Hac Domo
Bene Meritus.
Obiit XVIII decemb.
Anno MDCCLXIV.

Cette nouvelle tirade du pamphlétaire hérétique nous apprend que le Janséniste dominait encore dans l'abbaye de Saint-Riquier en 1764. On ne parle plus d'appel. L'hérésie triomphe par les arrêts des Parlements. Toutes les rigueurs de la magistrature s'exercent alors sur les évêques et sur les prêtres fidèles à la bulle et à la voix du Souverain Pontife. Parce qu'ils ne gardent point le silence sur ces questions, parce qu'ils ne veulent pas sanctionner une paix que l'Eglise condamne comme une trahison, parce qu'ils refusent les sacrements à des enfants rebelles envers leur auguste mère, parce qu'ils ne consentent pas même à porter les sacrements, entre deux gendarmes, à des excommuniés non repentants, on les décrète d'exil, on confisque leur temporel, on leur suscite des persécutions violentes. Mais nous aurions tort de nous appesantir plus longtemps sur ces scènes scandaleuses, puisque tout se passe régulièrement dans les monastères, qu'on y reçoit les sacrements des mains de frères aussi dévoués à la cause et qu'on y meurt de la mort des justes, tout en protestant de sa persévérance dans la rébellion. Hélas ! Ces solitudes murées pour l'autorité ecclésiastique s'endurcissaient

(1) *Nouvelles Ecclésiastiques.* 1766, page 121.

dans leurs erreurs, sans que la répression devînt possible et sans qu'on songeât désormais à les ramener à de meilleurs sentiments !

Il nous reste à dire quelques mots sur les appelants exilés au monastère de Saint-Riquier dans la période la plus critique des appels.

Le premier est D. Norbert Jomart, né à Hesdin en Artois, sujet distingué de la congrégation, qui professa avec succès la philosophie et la théologie, prieur et curé de Fismes près de Lille : il combattit et par la parole et par des écrits de controverse les ministres protestants qui avaient séduit quelques catholiques après la prise de Lille. Malgré ses grandes qualités, il ne sut se préserver de l'erreur janséniste, et il fut obligé de quitter un poste important que l'Eglise défendait en vain contre les Calvinistes, du moment que ses ouailles respiraient une atmosphère corrompue par une autre contagion. Appelant en 1723, il fut en 1729 exilé par Monseigneur de Châteauneuf, évêque de Noyon, du monastère de Saint-Barthélemy de Noyon dans celui de Saint-Riquier. En 1736, il fut, quoique appelant, nommé prieur de Saint-Thierry de Reims, où il mourut en 1738. Il a laissé plusieurs ouvrages de controverse contre les protestants, des libelles en faveur du parti et un Spicilège ou recueil des privilèges de la congrégation de Saint-Maur (1).

Les *Nouvelles Ecclésiastiques* nous apprennent qu'en 1735 M. Baudichon, curé du diocèse de Tournay et M. Moncault, curé de Marquise dans le Boulonnais, furent exilés à Saint-Riquier. Confiés d'abord à D. Fossard, prieur de Saint-Riquier, aussi appelant, ils avaient la liberté de circuler dans le monastère, de s'entretenir avec les moines, de manger à leur table, de sortir du monastère pour rendre des visites dans la ville et se promener dans d'autres monastères bénédictins, où ils exerçaient librement leur propagande janséniste. Ramenés par D. Guillerand, successeur du précédent, à l'observation rigoureuse de la lettre de cachet, les exilés ne manquèrent pas de se plaindre. Le parti jeta les hauts cris, ne vit que persécution dans ces mesures d'ordre, accusa non-seulement le prieur à qui on faisait un crime d'avoir révoqué son appel, mais aussi le curé de Saint-Riquier, dont le frère était intendant de Monseigneur l'archevêque de Lyon, mais surtout Monseigneur de la Motte, évêque d'Amiens, dont l'orthodoxie était si cordialement détestée. Les deux appelants furent transférés ailleurs et moururent peu de temps après (2).

On prête à D. Edme Perreau cette réponse, au moment où ses supérieurs voulaient l'engager à jurer de bouche, tout en conservant ses sentiments au fond du cœur. « Saint Vincent, notre patron et tant d'autres auraient-ils mérité la couronne du martyre, s'ils avaient dit : j'offre de l'encens aux idoles ? » Il nous semble, malgré tout ce beau zèle, que la persécution contre les Jansénistes ne fut guère violente et que de pareilles lettres de cachet n'exposaient point à la palme du martyre, surtout lorsqu'on

---

(1) *Nouvelles Ecclésiastiques.* 1729, page 206. — Bibliothèque générale des Ecrivains de l'ordre de Saint-Benoît. Tome iv, page 125.

(2) *Nouvelles Ecclésiastiques.* 1735, page 35

retrouvait dans son exil une société de frères animés des mêmes sentiments et la vie qu'on avait embrassée. Nos Jansénistes étaient vraiment dignes de pitié, quand ils se posaient avec tant de fierté et affectaient les honneurs du martyre.

Le monastère de Saint-Riquier posséda, sous Monseigneur de Châteauneuf, un moine dont le nom eut quelque célébrité dans les annales de Saint-Maur, pour des services rendus à la science. Dom Jean-Louis-Pierre de Mongé, né en 1679 à Coulommiers, au diocèse de Meaux, d'une famille distinguée, remplissait les fonctions de cellerier à Saint-Riquier en 1732, comme on le voit par des inscriptions sur les pierres ou les boiseries de l'orgue de l'église. D. Louis de Mongé se chargea de l'histoire de Picardie, quand on pressa les supérieurs de la congrégation de Saint-Maur d'appliquer leurs religieux à l'étude de l'histoire nationale et surtout des faits et monuments inédits des provinces. On note qu'il fit des recherches considérables à Corbie, à l'Hôtel de Ville d'Amiens et dans les bibliothèques de Paris. Il eut pour collaborateurs et successeurs D. Caffiaux et D. Grenier : on sait que ce dernier est picard et originaire de Corbie. On connaît aussi ses immenses recherches : les événements l'ont empêché d'achever son œuvre colossale ; mais les érudits ne cessent de consulter ses collections : c'est le recueil le plus complet de nos origines picardes ; c'est l'arsenal où nos modestes historiens vont puiser toutes leurs munitions. Les cartons de D. Grenier contiennent un certain nombre de pièces sur Saint-Riquier, des titres, des documents de toute nature, des recherches sur ses fiefs, sur la généalogie des feudataires. Nous pouvons conjecturer avec quelque probabilité que tous ces renseignements ont été recueillis par D. Louis de Mongé pendant son séjour à Saint-Riquier et qu'il a tout laissé entre les mains de son associé. D. Louis de Mongé mourut en 1749 au monastère des Blancs-Manteaux, à Paris (1).

L'abbaye de Saint-Riquier resta en sequestre pendant quatre ans. Nous voyons que les économes du clergé font acte de juridiction, en signant un bail pour trois ans. L'Abbé commendataire était mort à Lyon en 1741, à l'âge de 70 ans.

Dans cet intervalle, un nouveau seigneur de la Ferté, le marquis du Châtelet, intenta un procès aussi ridicule qu'injurieux pour l'ordre monastique, au sujet de la proclamation des trois jours de la franche fête de Saint-Riquier. L'intrigue et les complications de ces étranges démêlés ont été développées ailleurs (2). Nous ne signalons ici dans cette attaque brusque et insensée de ce seigneur que l'un des premiers essais de la guerre impie et fanatique que la philosophie a déclarée aux ordres religieux. On a voulu faire du scandale, humilier d'inoffensifs solitaires et jeter sur leur passé l'odieux d'un crime imaginaire. Nous aurons bientôt occasion de nous expliquer sur d'autres convoitises des biens ecclésiastiques. Laissons le temps développer ces premiers germes de haine.

(1) *Bibliothèque générale des Écrivains de l'Ordre de Saint-Benoît.* Tome II, page 267.

(2) Voir le chapitre X du livre IV, pages 266-276.

Prieurs sous Charles-François de Châteauneuf de Rochebonne.
1720. D. Noel Brameret. — 1726, D. Frossard. — 1732, D. Pierre Lancheau. — 1735, D. Guillerand. — 1736, D. Jean Legrand. — 1739, D. Edme Perreau. — 1742, D. Ambroise Carnac, que les Annales nomment grand prieur.

CHAPITRE IV.

GUILLAUME DE SANZAY, DIXIÈME ABBÉ COMMENDATAIRE.

(1745 à 1767.)

L'Abbé de Sanzay à Abbeville et à Saint-Riquier. — Nouvelles cloches. — Relations avec le seigneur de Francières. — Présents et procès.— Mort de l'Abbé de Sanzay.

Guillaume de Sanzay, prêtre et docteur de Sorbonne, grand vicaire de Chartres, était originaire de Bretagne (1). Un évêque de ce nom occupait le siège de Nantes depuis quelques années (2), quand Guillaume obtint la commende de Saint-Riquier. Sa nomination porte la date du 24 avril 1745. Il fit prendre possession le 25 août par D. Hachette, prieur du monastère (3). On remarque qu'il demeurait ordinairement à Paris en son hôtel, rue

---

(1) *Gall. Christ.*, tome x, page 1263.

(2) Turpin de Cressé de Sanzay, évêque de Nantes, de 1728 à 1746, qui eut beaucoup à souffrir des colères des Jansénistes.

La famille de Sanzay remonte jusqu'à l'an 800.

Armes de Sanzay : *d'or à trois bandes d'azur, à la bordure de gueules, sur le tout en cœur un écusson échiqueté d'or et de gueules.*

(3) Le procès-verbal d'installation, que nous avons retrouvé, nous fera presque assister à cette cérémonie.

Le très révérend Père Jean-François Hachette, prêtre religieux bénédictin de la congrégation de St-Maur, grand prieur de l'abbaye royale de Saint-Riquier, chargé de la procuration de M. de Sanzay, présenta aux religieux assemblés en chapitre les lettres de nomination royale ; puis les bulles apostoliques de provision octroyées par le pape Benoît XIV, au mois de juillet précédent, puis le bref adressé aux religieux pour les aviser de la nomination et les engager à recevoir leur Abbé avec respect et soumission. Après la lecture et l'examen de ces différentes pièces, les religieux ont déclaré qu'ils recevaient avec joie et respect le seigneur de Sanzay pour leur Abbé. Alors le prieur prononça, au nom de l'Abbé, le serment de fidélité au Saint-Siège, serment qui a été prêté ou sera prêté par le nouveau titulaire devant l'archevêque de Paris, son ordinaire. Le procureur de l'Abbé, précédé de la croix et des religieux, se rendit ensuite devant la porte principale de l'église, où le peuple était assemblé et prit possession corporelle, réelle et actuelle de l'abbaye de St-Riquier, de ses droits, revenus, profits, émoluments, circonstances et dépendances, sans rien omettre ni réserver à personne, et sans que personne eût formé opposition. On lui présenta alors l'eau bénite et l'encens, puis il entra dans l'église, où il pria devant l'image du

Cassette, mais il passait aussi chaque année plusieurs mois à Abbeville, soit pour sa santé, soit pour le règlement de ses affaires temporelles. L'Abbé de Sanzay demeurait alors à l'hôtel de Saint-Riquier (1) : il allait de temps en temps à son monastère, et résidait à l'abbatiale. Quoiqu'il eût ses intendants et ses fermiers généraux, il s'occupait lui-même activement de la gestion de ses affaires et de l'administration de la mense abbatiale.

Nous voyons par les *Nouvelles Ecclésiastiques* (2) que Guillaume de Sanzay fut en tout temps fidèle aux traditions catholiques et ennemi juré des novateurs. Il eut même à subir leurs attaques et leurs plaisanteries. Pendant son séjour à Abbeville, son zèle n'était pas inactif. Non content de soutenir en toute rencontre les saines doctrines et le grand évêque d'Amiens, si indignement calomnié par les sectaires, il répandait, autant qu'il le pouvait, les instructions pastorales et les écrits que le Parlement avait flétris et dont la possession devenait aux yeux de ces juges passionnés un crime abominable. Les actes de l'assemblée de 1665, qu'on avait supprimés et que les catholiques recherchaient, furent parfaitement connus à Abbeville, parce qu'il eut l'adresse de les répandre partout où il savait qu'ils seraient favorablement accueillis. Son nom, son titre, ses vertus, ses grandes qualités réunissaient autour de lui une société choisie où il exerçait une heureuse influence. Il ne refusait jamais les œuvres du saint ministère qu'on pouvait réclamer de sa complaisance ou de sa piété. C'est ainsi qu'on a noté dans les mémoires du temps qu'il célébra l'office au Saint Sépulcre, les jours de la Nativité de la Sainte Vierge, du Sacré Cœur de Jésus et de saint Sébastien.

Quoiqu'il reste peu de traces de son passage, nous pouvons affirmer que les moines l'aimaient peu et ne pouvaient l'aimer. Lui-même ne les estimait guère, si nous pouvons en juger d'après une lettre inédite, où se manifestent ses dispositions pour ce corps déchu de son antique splendeur. « Je crois, disait-il, que Messieurs les moines ne songent plus qu'à rester tranquilles, je me déférai, quand je voudrai, de ceux qui ne me plairont pas. » Ces paroles font-elles allusion à son procès qu'il eut avec les moines vers la fin de sa vie et aux affaires du Jansénisme ? On ne saurait le deviner. Nous avons déjà mentionné le scandale de la mort de D. Lartisien : il n'était pas le seul survivant de ces vieilles querelles. Nous avons signalé aussi au chapitre précédent la faute du prieur D. Doublet, qui n'avait point fait preuve d'énergie en cette triste circonstance.

L'Abbé de Sanzay n'offrit son présent de joyeux avénement qu'en 1756. Les causes de ce retard nous échappent. En 1750, le monastère songea à se procurer de nouvelles cloches, afin de rappeler les majestueuses sonneries du xv° siècle. On ne possédait alors

---

Crucifix. Après avoir baisé l'autel, touché le tabernacle et le livre sacré des Evangiles, il s'assit dans la stalle abbatiale, sonna les cloches et observa les autres formalités prescrites en pareille circonstances. On rédigea le procès-verbal pour être conservé dans les archives du monastère. (*Archives de M. Fricourt, curé de St-Riquier*).

(1) *Manuscrits de Siffait cités par M. Prarond (Histoire de Saint-Riquier, page 264).*

(2) *Nouvelles Ecclésiastiques. Anno* 1766, *page* 124.

CHAPITRE IV. — GUILLAUME DE SANZAY, ABBÉ COMMENDATAIRE.

qu'une grosse cloche : les religieux en firent fondre trois autres pour les joindre à la première. C'est ce que nous apprenons par les inscriptions conservées dans les manuscrits de Siffait.

On lisait sur la plus grosse des nouvelles cloches : « En l'an 1751, j'ai été bénite et « nommée Marie par haut et puissant seigneur messire Guillaume-Marie de Sanzay, « prêtre, docteur de Sorbonne, abbé commendataire de l'abbaye royale de Saint-Ri- « quier, archidiacre de Dunois et chanoine en l'église cathédrale de Notre-Dame de « Chartres. » Cette cloche pesait dix huit cents livres.

On lisait sur la suivante : « En l'an 1751, j'ai été bénite et nommée Louise par haut « et puissant seigneur messire Marie-Guillaume de Sanzay, etc., et par haute et puis- « sante dame Madame Louise-Elisabeth le Texier de Hautteville, épouse de haut et « puissant seigneur Alexandre-Benoist de la Queute, comte de Monchy, baron de « Vismes, seigneur de Francières et autres lieux, sénéchal du Ponthieu. » Cette cloche pesait treize cents livres.

La troisième du poids de neuf cents livres portait la même inscription que la seconde (1).

On ne sait pourquoi l'Abbé commendataire n'assistait pas à cette cérémonie. Le curé de Saint-Riquier en eut les honneurs. L'Abbé et la dame de Monchy furent représentés par M. Lherminier, bailly de l'abbaye et par sa sœur. Il est fort probable que les religieux ont voulu obliger leur Abbé à présider cette cérémonie, mais qu'il s'y refusa pour ne pas communiquer avec des appelants. On ne comprend pas autrement la délégation accordée au curé de la paroisse. Etranger à l'abbaye, sans autorité en présence des moines, comment celui-ci aurait-il été appelé à présider une cérémonie aussi solennelle, s'il eût été possible de faire intervenir le prieur des religieux, en l'absence de l'Abbé ?

Le choix de Madame de Monchy nous met sur la voie des relations intimes de l'Abbé commendataire avec cette famille et de ses visites au château de Francières. Les religieux avaient cherché une personne agréable à leur Abbé et capable de peser sur lui.

Cette belle sonnerie ne trouva point grâce devant les révolutionnaires ; toutes les cloches furent descendues. Celle que l'église possède actuellement vient de la paroisse de Saint-Georges d'Abbeville.

Nous apprenons encore de Siffait (2) que l'Abbé de Sanzay fit présent à son église abbatiale de six chandeliers, d'une croix d'autel, d'une croix de procession, le tout en argent, d'une valeur de 27,000 livres et que les religieux les placèrent pour la fête de saint Riquier, le 9 octobre 1766. Cette acquisition nouvelle aurait remplacé six autres chandeliers et une croix en argent, décoration ancienne que les moines avaient abandonnée au roi avec le bâton de chantre, pour les besoins de l'Etat obéré par les guerres.

---

(1) *Manuscrits de Siffait. Cité par M. Prarond.* (2) *Ibid. page* 264.
Histoire de St-Riquier, page 315, 316.

On nous permettra d'émettre un doute sur cette riche offrande. Outre qu'il n'en est pas question dans l'inventaire de 1791, l'église possède encore les grands chandeliers et une croix de cuivre doré, aux armes de l'Abbé d'Aligre.

En 1766, l'Abbé de Sanzay était en procès avec les religieux. Nous ferons observer que les antichambres de Thémis ne conduisent guère aux sacristies et c'est encore pour nous une raison de douter de ce présent. C'est aussi aux manuscrits de Siffait qu'on doit la date exacte de la mort de Guillaume de Sanzay. « Le dimanche 1ᵉʳ février 1767, après avoir célébré la messe, il était rentré chez lui avec un ecclésiastique invité à sa table. Il était à peine assis dans un fauteuil qu'il se renversa sur le dos et mourut subitement. Il se trouvait alors à Paris et n'avait pu, par suite d'indisposition, venir passer l'hiver à Abbeville selon sa coutume. » Il était âgé de 57 ans et Abbé de Saint-Riquier depuis 1745 et non depuis 1740, comme Siffait l'affirme à la fin de sa note biographique (1).

Les religieux obtinrent une dernière fois la reconnaissance de la fête de Saint-Riquier, au commencement de l'administration de cet Abbé commendataire. Monseigneur de La Motte révisant, sur la requête du prieur et des religieux, l'ordonnance de messire Geoffroy de la Marthonie, qui avait prescrit aux habitants de Saint-Riquier de célébrer les deux fêtes de leur patron, réduisit l'obligation à la seule fête de la translation des reliques fixée au 9 octobre. Il enjoignait au curé de l'annoncer à son prône, le dimanche précédent, afin que les paroissiens eussent à solenniser comme fête de précepte celle de leur principal patron. Cette ordonnance est du 20 octobre 1745.

En 1750, un baron du Saint Empire Romain, Georges Phaff des barons de Phaffen-Hoffen, après un duel où il avait tué son adversaire, s'était enfui, pour se soustraire à la vindicte des lois ; il se réfugia à Abbeville et plus tard il vint habiter Saint-Riquier. Tous ses biens avaient été confisqués après sa condamnation par défaut. Réduit à l'indigence, il eut recours aux arts libéraux qu'il avait cultivés par récréation et se fit sculpteur pour gagner sa vie : il se maria à Saint-Riquier avec une demoiselle Hourdel de Bayart : il eut de ce mariage trois garçons et deux filles, dont l'éducation fut confiée à M. Duparc, prêtre à Saint-Riquier (2). Ce baron allemand mourut dans cette ville où l'on connaît encore de ses descendants (3).

Il reste de ce noble sculpteur plusieurs statues estimées : on montre encore à l'Hôtel-Dieu de Saint-Riquier plusieurs statues de saints et deux anges adorateurs, d'autres

---

(1) *Manuscrits de Siffait dans l'Histoire de Saint-Riquier. Ibid, page* 264.

(2) On lit ce qui suit, sous un portrait d'un seigneur de ce nom, à la Bibliothèque d'Abbeville. « Son Excellence, Jean-Georges, comte de Phaff des barons de Phaffen-Hoffen, Titres et Immédiats du Saint-Empire, Chevaliers d'honneur de l'ordre souverain de Malte, Chevalier de l'ordre royal et militaire de saint Louis, colonel de cavalerie au service de LL. MM. Impériale, Royale, Apostolique et très chrétienne et commandant général du régiment de son nom, au service de Sa Majesté Britannique. »

(3) Ce prince sculpteur était connu à Abbeville sous le nom familier et populaire de Faffe.

statues au monastère de Valloires (1) et à Saint-Vulfran d'Abbeville, où elles ont été rapportées de l'abbaye de Dommartin. On voit par là qu'il s'occupait surtout de sujets religieux.

Noms de quelques prieurs sous Guillaume de Sanzay.

1745, D. Jean-François Hachette, grand prieur ; — 1751, D. Jean-Baptiste Sarrasin ; — 1754, D. Claude Gosset ; — 1762, D. Louis Laclef ; — 1766, D. Doublet.

CHAPITRE V.

L'ABBAYE DE SAINT-RIQUIER EN ÉCONOMAT OU SEQUESTRE.

(1767 à 1789.)

La guerre aux monastères. — Décadence de la Congrégation de Saint-Maur. — Protestation contre les moines de Saint-Germain-des-Prés. — Régularité des moines de Saint-Riquier. — Procès du quint denier.

Diverses précautions pour la conservation et la garantie du temporel nous montrent une idée arrêtée de ne pas nommer à la commende de Saint-Riquier. Les candidats ne manquent pas ; mais les ministres du roi ont d'autres vues que nous allons exposer.

Une conspiration s'était formée contre les moines, ces hommes fainéants, disait-on, ces êtres inutiles, onéreux à la société, dont les propriétés immobilisées ne rendaient rien à l'Etat et n'étaient pas suffisamment cultivées. On voit l'esprit du siècle dans les procès intentés aux moines, dans les mémoires des avocats, dans les arguments qu'ils font valoir. Ces antiques institutions sont obligées de défendre leurs droits séculaires, mais le courant des idées nouvelles nous fait pressentir l'immense révolution qui se prépare. En vain, sous le nom de don gratuit, l'Eglise versait des millions dans le trésor de l'Etat. La cupidité des envahisseurs n'était point satisfaite. On capitalisait les revenus des abbayes ou plutôt on les confisquait au nom du roi. C'est ainsi que pendant vingt-deux ans (2) les revenus de l'abbaye de Saint-Riquier, par une extension inouïe du droit de régale, sont recueillis pour le profit de l'Etat. On pourrait

(1) Saint Bernard est représenté dans une de ces statues sous les traits de D. Conneau, prieur de Valloires, foulant un serpent, symbole de l'hérésie d'Abailard (*Hagiographie de M. l'Abbé Corblet, tome IV, page 186*).

(2) Notons ici que M. Prarond se trompe quand il affirme sur la parole de M. de Marsy que l'abbaye de Saint-Riquier fut en séquestre pendant 86 ans. Il est constaté par des dates certaines que ce régime ne dura que 22 ans.

citer bien d'autres exemples. Il ne reste plus d'autorité capable de s'opposer à ces envahissements. Quelques mois avant la mort de l'Abbé de Sanzay, le 31 juillet 1766, un édit royal avait établi une commission chargée d'examiner les abus introduits dans les maisons religieuses et de remédier aux désordres. Composée d'évêques, auxquels on avait associé des magistrats incrédules, sous la présidence du trop fameux Brienne, plus ami des nouveautés philosophiques que des vieilles traditions orthodoxes, cette commission, au lieu de consolider l'édifice qu'on lui donnait à restaurer, en ébranla les fondements, en adoptant un système de destruction graduelle des maisons religieuses. C'était déjà une faute que d'innover sans mission dans des règlements consacrés par les canons des conciles et en particulier du concile de Trente, de retarder l'âge de la profession religieuse, etc.; mais c'était le moindre souci des réformateurs. On supprima les maisons dans lesquelles il y avait moins de quinze religieux. On jeta la division entre les supérieurs et leurs subordonnés, et il fut ainsi plus facile d'obtenir des suppressions. Des couvents, des corps entiers de religieux disparaissent par l'application de règlements qui n'avaient, disait-on, d'autre but que d'épurer l'état religieux (1). Mille voix font écho à cette œuvre de destruction et provoquent de nouveaux désastres par des sarcasmes contre les religieux, par des accusations calomnieuses d'immoralité, semées à dessein. Sous ces coups répétés et cette réprobation de l'opinion publique, les vocations religieuses se tarissent, à la grande satisfaction des ennemis de l'état monastique. Chaque jour le cercle fatal se resserre autour des antiques maisons, autrefois fécondées par l'esprit de foi, aujourd'hui minées par l'indifférence et l'impiété. Le saint évêque d'Arles, Monseigneur Dulau, le glorieux martyr des journées de septembre, s'exprimait ainsi dans l'assemblée du clergé de 1780. « Sans parler de cette société cé-
» lèbre dont le sort a si justement excité les regrets honorables des assemblées précé-
» dentes, nous avons vu tomber et disparaître, en moins de neuf ans, neuf congrégations
» de l'ancien ordre de saint Benoît : on répand l'opprobre sur une profession sainte ;
» l'insubordination exerce au dedans ses ravages : la cognée est à la racine de l'institut
» monastique et va renverser cet arbre antique, déjà frappé de stérilité dans plusieurs
» de ses branches. » Vaines représentations ! On ne cesse point de frapper. L'œuvre de démolition avançait avec une rapidité effrayante. Reconnaissons-le, c'est moins à l'immoralité qu'à la haine de la philosophie et aux convoitises de la spéculation que l'ordre religieux doit sa décadence et sa ruine. Les calomnies amoncelées contre lui ne signifient rien en présence d'un tel acharnement. Les désastres enfantés par l'indiscipline, par l'insubordination, par l'isolement absolu d'avec le Saint-Siège apostolique ne

---

(1) Il existait depuis plusieurs siècles, à Saint-Riquier, une petite communauté de Cordeliers ou de frères de l'étroite observance. Vouée à la destruction comme tant d'autres couvents (octobre 1769), cette communauté fut en vain défendue par les descendants des fondateurs, ainsi que par plusieurs seigneurs et curés des environs. Pour justifier son arrêt de mort, Brienne dit avec un dépit visible que l'évêque d'Amiens ne paraissait pas opposé à son dessein, et les Cordeliers furent chassés de leur humble couvent. (*Revue des Questions historiques.* Juillet 1875, *page 92*)

prouvent pas que l'heure de la ruine avait sonnée. L'état monastique avait traversé bien d'autres crises. Si on avait rendu à l'Eglise, au Souverain Pontife, leur action efficace, il se serait promptement réveillé de cet engourdissement ; les vertus auraient recommencé à refleurir sur l'arbre émondé à temps et arrosé des salutaires enseignements de la doctrine ascétique. A toutes les déclamations sur les désordres des communautés religieuses, à toutes les considérations d'utilité publique, nous répondrons qu'on les a placées sur le penchant d'un abîme, sans contre-poids pour maintenir l'équilibre. Comment voudrait-on qu'elles ne fussent pas emportées ? Comment la fragilité humaine, cernée de tous côtés par des ennemis implacables et puissants, n'aurait-elle pas succombé ?

Plaignons les religieux qui ont affligé l'Eglise par des scandales : ils furent sans doute nombreux au milieu de ce grand naufrage ; mais admirons aussi ceux qui ont gardé leur vertu intacte et édifié par une vie irréprochable. Les jours de l'épreuve ont fait briller leur héroïque sainteté.

Revenons maintenant à la congrégation de saint Maur. L'esprit janséniste, en la séparant de Rome, avait ruiné en elle l'œuvre de D. Larisse et de ses premiers disciples. « Elle brilla, dit quelque part Grégoire XVI, un demi-siècle comme un flambeau d'é-« rudition : puis elle s'éteignit et elle éteignit autour d'elle la science et la foi (1). »

Ce qui nous resterait à dire n'est pas moins douloureux que ce qui précède. Nous ne voulons qu'effleurer le récit des scandales donnés par un certain nombre des membres d'un corps, qui comptait jusque-là tant d'hommes célèbres par leurs travaux.

Les doléances des moines les plus zélés de la congrégation nous prouvent l'impuissance d'une institution religieuse, même fondée sur des règlements éprouvés, quand elle ne s'appuie plus sur le roc inébranlable, que le Sauveur a posé à la base de l'Eglise catholique. Les fautes de relâchement qu'on est en droit de reprocher à cette congrégation ont été avant tout attribuées aux premiers supérieurs infidèles à leur mandat.

« Ceux qui sont appelés par leur position à remédier au mal, disait un mémoire curieux pour l'histoire de la congrégation de Saint-Maur à cette époque (2), sont les premiers à le développer. Qui ne pleurerait en voyant s'obscurcir une gloire si pure, et la congrégation se précipiter vers sa ruine par le relâchement des supérieurs ! Il n'y a que quinze ans que l'on voit les supérieurs généraux habiter une maison de campagne pendant trois mois, y appeler des compagnons. Genre de vie, dépenses, repas, tout y est séculier, et quelle dilapidation !... C'est un scandale

---

(1) Grégoire XVI, attristé par ces souvenirs, ne permit pas aux nouveaux bénédictins de France de reprendre le titre de congrégation de saint Maur.
(2) *Bibliothèque d'Amiens. Catalogue de l'Histoire des Religions.* N° 1077. Tome I. N° 23 *bis*.
On ne donne point la date de ce document, mais il appartient à cette période de notre histoire, probablement à l'année 1769.

pour les bons religieux et pour les supérieurs inférieurs, une occasion de se promener par toute la congrégation... Les assistants sont tenus de se trouver aux offices du jour et de la nuit. Ils auraient honte de s'y présenter en d'autres jours que les dimanches et fêtes. Leur exemple est imité par les visiteurs. Ceux qui, dans la visite des provinces, couchent au dortoir et assistent aux offices, font exception. Très sévères quand ils parlent de la règle, ils se montrent très indulgents pour eux-mêmes. Ils usent de viande, même quand ils sont en pleine santé, sous prétexte que c'est plus sain. Ils se font accompagner des prieurs et des celleriers pour vivre plus délicatement : ils dissimulent les fautes qu'ils pourraient remarquer. Non contents des frais affectés aux voyages, ils mendient de l'argent pour leur propre dépense. Les faveurs pleuvent sur les supérieurs généreux. Ils croient avoir rempli leurs devoirs, lorsqu'ils sortent du monastère ; ils déclarent froidement qu'on peut continuer, qu'il n'y a rien à réformer. »

« Voici qui est plus grave. Le pécule est la ruine du monastère ; les réformateurs l'ont impitoyablement proscrit. La règle défend au supérieur général de posséder un bénéfice, aux visiteurs de rien exiger au-delà du nécessaire, au supérieur local de tout prévoir, mais de ne jamais toucher d'argent. O douleur ! O honte ! On méprise ces statuts salutaires, on renverse la discipline de fond en comble. »

L'auteur du mémoire continue sur le même ton pendant plusieurs pages et fait le procès successivement au vicaire général, aux visiteurs, aux prieurs, aux chapitres généraux, aux élections provinciales.

Toute cette récrimination est-elle l'œuvre d'un esprit mécontent ou d'une conscience justement indignée ? Nous pensons que ces deux sentiments se sont confondus dans cette âme si remplie d'amertume. En admettant que l'exagération déborde dans ces plaintes, l'accusation est toutefois fondée : il est prouvé par d'autres documents que la congrégation a blâmé le chapitre général de 1765, pour avoir maintenu frauduleusement des supérieurs et des prieurs après un second triennat, avec la clause *Providebit*, c'est-à-dire à titre de commissaires, ce qui était défendu par les constitutions. La triennalité, pour parler le langage du temps, n'étant plus qu'un mot vide de sens, il s'en est suivi de grands désordres dans les monastères.

C'est vers cette époque que les moines de Saint-Germain-des-Prés donnèrent un autre scandale, en demandant au gouvernement du roi leur sécularisation. Ils accusaient leurs nouveaux législateurs d'avoir substitué mille pratiques minutieuses à la noble simplicité de l'Évangile, de leur avoir imposé un habit singulier et avili aux yeux du public, des austérités aussi étranges à l'esprit qu'à la lettre de la règle, d'avoir aussi enlevé à la noblesse une ressource qu'elle recherchait autrefois avec empressement. Les hérétiques, les impies, les mauvais chrétiens n'auraient pas raisonné autrement. On trouve au bas de cette pétition les noms de plusieurs des écrivains les plus distingués de cette époque, des rédacteurs du *Gallia Christiana*, du *Recueil des Historiens de France*, etc.

Cette motion souleva une vive controverse dans la congrégation. Beaucoup de religieux y prirent part. Cependant les supérieurs généraux combattirent ces frères indociles et orgueilleux. On fit circuler une protestation dans la congrégation contre cette téméraire motion (1) ; elle recueillit les adhésions du plus grand nombre des religieux. Ceux de Saint-Riquier la signèrent en masse (2).

Nous omettons ici bien d'autres scandales, auxquels les moines de Saint-Riquier paraissent étrangers. Ils ne s'inquiétaient pas du reste d'être privés d'un Abbé commendataire. Ils administraient leur part de domaines avec une pleine indépendance, autant qu'on le pouvait toutefois, sous le joug de la puissance royale, devenue si tracassière envers les ordres religieux.

La congrégation de saint Maur tirait du beau monastère de Saint-Riquier et de ses splendides constructions tout le parti possible. A différentes époques ce monastère reçut des étudiants en philosophie ou en théologie (3). Nous savons qu'en 1787 il y avait un noviciat.

Nous avons recueilli de la bouche même d'un témoin oculaire les faits suivants (4).

(1) Voici le texte de la protestation :
« Requeste présentée au roi par le Supérieur Général, le Régime et la plus nombreuse partie de la Congrégation de saint-Maur contre l'entreprise de 28 religieux de l'abbaye de Saint-Germain-des-Prés. 23 juillet 1765 ». ..

« Pénétrés de la plus tendre et de la plus vive
« reconnaissance, des vieillards, courbés sous le
« poids des années et blanchis dans l'étude de la
« religion et des lettres, viennent se prosterner aux
« pieds du trône et bénir avec des larmes de joie
« le monarque bienfaisant qui les console : avec
« eux l'élite d'une Congrégation longtemps res-
« pectée lève les bras au ciel et implore sur vous
« et sur votre auguste famille les grâces qui en
« sanctifiant les souverains font le bonheur des
« peuples »....

« PREMIÈRE PARTIE DE LA REQUÊTE. — Les statuts
« et les règles, dont on vous demande l'anéantisse-
« ment, ont reçu de votre autorité le caractère des
« lois publiques. Vouloir les en affranchir, c'est
« violer également le serment que nous avons fait
« à Dieu et les engagements que vous avez exigés
« de nous, lorsque vous nous avez conféré l'état
« civil et politique »....

« DEUXIÈME PARTIE.—La demande qu'on a osé faire
« tend à anéantir la Congrégation, à avilir tous ses
« membres et à nous ôter l'espérance de faire
« le bien qu'on peut encore attendre de leurs tra-
« vaux et de leurs talents. »

« La Congrégation de Saint-Maur est redevable

« de son existence à la protection dont les rois
« l'ont entourée, c'est pour tous les membres qui la
« composent un motif plus pressant encore pour
« recevoir, avec le respect qui lui est dû, les ordres
« de notre auguste monarque. »

Ainsi parlait D. Boudier, supérieur général.

C'est aussi par ordre du conseil royal qu'en octobre 1679 on remet à l'étude la constitution de saint Maur pour examiner quelles modifications elle pourra subir afin de s'accommoder aux idées modernes. On ne vit pas toutefois de changement notable.

(2) Nous donnons ici les noms des religieux qui ont signé le document.

D. Doublet, prieur. — D. Jacques Dubuat. — D. Michel Savoye. — D. E. Dumesme. — D. Gilbert Birat. — D. Th. An. Tassart. — D. P. de Flessel. — D. Jacques Vallois-Blémont — D. P. Gueudon. — D Henri Chénon. — D. P. Ch. Catelotte. — D. M. Devaques. — D. J. N. Follin. — D. E. Tenier. — D. J. Barbier.

Le nom de D. Lartisien encore vivant est absent. *Bibliothèque d'Amiens. Ibid. Tome* III. *Brochure* N° 9.

(3) Nous avons vu dans d'anciens registres de Saint-Maur qu'en 1776 on faisait à Saint-Riquier une seconde année de philosophie sous la direction de D. Joseph Playout. D. Pierre Paul Druon était professeur.

(4) Notes recueillies dans des conversations avec un ancien enfant de chœur du monastère, le sieur Piolé, gendarme retraité à Saint-Riquier. Après

« Le monastère de Saint-Riquier se conserva longtemps dans des principes de régularité religieuse. Les moines ne possédaient que des chemises ou tuniques en laine qu'ils lavaient eux-mêmes. On chantait les Matines à deux heures du matin, Prime à cinq heures, la première Messe à six heures, la Messe Conventuelle à dix heures, les Vêpres à trois heures et les Complies au soir. On entretenait dans l'abbaye même 14 enfants de chœur et quelquefois 15 : ils avaient la tête rasée comme les moines : ils étaient instruits et placés ensuite aux frais des religieux (1). De la Toussaint à Pâques on distribuait aux indigents 20 setiers de blé chaque mois : on donnait en outre d'autres secours aux indigents.

Toutefois on a accusé D. Carnac, grand prieur en 1784, d'avoir laissé introduire quelque relâchement sous son administration. Il menait lui-même le train d'un grand seigneur ; il se permettait le luxe du linge, de chevaux de prix. D. Guillaume Enocq, son second successeur et le dernier des prieurs réguliers, fut plus exact à ses devoirs et rétablissait les pratiques monastiques négligées.

Les moines avaient 10 domestiques à leur service pour les divers emplois du monastère.

Les novices ou les étudiants, au nombre de 20, sortaient tous les mercredis avec leur professeur pour se rendre à la promenade ; ils jouaient à la raquette au bosquet de la Ferté (2). »

L'abbaye de Saint-Riquier eut encore à subir un grand procès sur le quint denier contre les habitants de Noyelles et d'Oneux (1779 à 1788). Les mémoires des avocats sont en parfaite conformité avec les progrès philosophiques. Ce droit séculaire, fondé sur l'abandon des propriétés aux particuliers, à raison d'un cens et d'une redevance à chaque mutation du tenancier, ce droit si juste et si rationnel est traité d'exaction

---

soixante ans de services et les agitations des camps, le vieux gendarme n'avait aucun intérêt à tromper ceux qui pouvaient l'interroger.

(1) Un chapitre général avait établi le règlement suivant pour les enfants de chœur.

« Les petits offices du chœur seront exercés par de jeunes enfants dans les monastères de la congrégation L'office divin sera fait plus décemment et le chœur moins dégarni de religieux pour chanter l'office. L'écolâtre sera chargé de l'instruction de ces enfants. il leur apprendra, outre les éléments de lecture, d'écriture et de calcul, le catéchisme, les cérémonies de l'Eglise, le chant ecclésiastique et même les premières leçons des études latines jusqu'à la quatrième, s'ils sont susceptibles de cette instruction. On fera ensuite les démarches nécessaires pour les faire entrer dans un collège ou pour leur faire apprendre un métier. Ces en-

fants seront admis jusqu'à 15 ans : ils seront habillés uniformément et resteront au monastère depuis Prime jusqu'à Complies. Si le nombre des religieux est de quinze, ils seront conduits à la promenade. En sortant d'exercice, ils recevront un habillement complet et 150 livres de gratification. »

(2) Nous avons entendu raconter des choses scandaleuses sur les moines de Saint-Riquier. Nous ferons de nouveau remarquer au lecteur que la diffamation des moines entrait dans le plan de conspiration ourdie contre eux. Il fallait les rendre odieux par d'infâmes calomnies. Nous aimons mieux nous en rapporter à la relation d'un témoin oculaire qu'à des dires colportés par la mauvaise foi. Les moines de Saint-Maur ont donné des scandales, mais leur rigorisme janséniste ne saurait admettre ces accusations d'immoralité.

insolite, onéreuse, exorbitante, contraire aux principes de la liberté naturelle, blessant à la fois les règles de l'équité et les dispositions de la loi municipale. Ce n'est pour ces avocats qu'une image trop fidèle de l'esclavage affreux sous lequel les peuples gémissaient dans les premiers siècles de la monarchie française, « ces temps de désordre et d'anarchie où la partie la plus riche et la plus puissante de la nation accablait la partie la plus utile et la plus nombreuse sous le joug d'un despotisme intolérable, etc. »

Toutefois les juges ne se laissèrent pas encore persuader par ces grandes accusations de tyrannie et d'iniquité. Ils accordèrent gain de cause aux religieux ; mais bientôt après la Révolution sanctionna ces principes nouveaux, en décrétant l'abolition des droits seigneuriaux (1).

Nous apprenons par divers Mémoires que la commende de Saint-Riquier était destinée à doter un nouvel évêché à Abbeville. Les *Nouvelles Ecclésiastiques* insinuent même qu'on y aurait ajouté celle de Saint-Valery. Des négociations très actives eurent lieu à ce sujet vers 1783, sous l'épiscopat de M. de Machault. On ignore pour quelle cause elles n'aboutirent pas. En 1789, elles étaient abandonnées, puisqu'à l'époque même de la convocation des Etats Généraux, on nomma un abbé commendataire.

Noms de quelques prieurs dans cette période du sequestre : 1773. D. Ambroise Carnac. — 1778. D. Joseph Senez. — 1784. D. Ambroise Carnac, pour un second triennat (2). — 1787. D. Piot.

CHAPITRE VI.

ALEXANDRE-JOSEPH-MARIE-ALEXIS DE BRUYÈRE-CHALABRE,

Evêque de Saint-Omer, dixième et dernier Abbé Commendataire.

(1789 à 1791.)

Installation du nouvel Abbé. — Quelques souvenirs de l'administration communale.

Nous avons bien peu de renseignements sur cet Abbé commendataire (3). Nommé évêque de Saint-Omer le 14 juin 1778, sacré le 9 août suivant, installé le 25 août, il gouverna ce diocèse jusqu'en 1791. Le 2 janvier 1789 il fit un concordat avec les religieux de Saint-Bertin, d'après lequel il fut reconnu comme supérieur ecclésiastique or-

---

(1) *Bibliothèque d'Amiens. Catalogue d'histoire*, n° 3811, Tome II, n° 43. *Inventaire des titres*, fol. 1803, etc.

(2) Est-ce encore lui qui avait gouverné le monastère en 1742 ?

(3) Armes de Bruyère-Chalabre : *d'or au lion de sable à la queue fourchue, passée en sautoir.*

dinaire, avec le grand prieur pour son vicaire général dans l'administration religieuse du monastère (1).

On le dit pourvu, en 1787, de la commende de Saint-Riquier et cependant certains documents nous indiquent qu'en 1788 elle était encore en économat. Il faut donc rejeter après cette époque et en 1789 ses bulles de provision. Un témoin oculaire de son installation nous a rapporté qu'elle fut très pompeuse, qu'on y déploya un grand luxe et toutes les richesses du monastère. L'évêque était lui-même suivi d'un grand cortège et de 14 domestiques.

Nous ignorons ce que l'évêque de Saint-Omer devint pendant la Révolution.

Nous remplirons la lacune de ce chapitre par quelques faits particuliers de l'administration communale au xviii° siècle. La ville de Saint-Riquier, abandonnée comme place de guerre, a perdu tout le prestige que lui donnaient les remparts et les nombreuses tours de la vieille forteresse féodale. C'est en vain qu'on lui conserve son titre de ville. Nous la voyons réduite à la condition des communes rurales.

Les faits que nous allons analyser nous ont été en grande partie conservés dans les registres de la commune ; ils ont échappé à l'injure du temps et à l'insouciance des administrateurs pour les mémorables événements du passé.

L'autonomie du pouvoir communal fut supprimée, en 1693, sous l'Abbé d'Aligre. Nous avons vu que l'Abbé Molé s'intitulait encore maire perpétuel de Saint-Riquier ; et que sous son successeur, en 1721, cette juridiction fut enlevée aux Abbés et qu'une commission de maire fut donnée par l'autorité royale : le chef de la cité municipale devint alors responsable au pouvoir suprême (2).

Un mémoire à consulter de 1735, examine si les bourgeois jurés de la ville de Saint-Riquier doivent payer le quint denier tant en vente qu'en relief et à toute mutation d'homme pour les immeubles qui relèvent de la trésorerie du monastère. Trois avocats de Paris déclarent que les religieux n'étaient pas fondés dans leurs demandes, attendu qu'il n'existait plus de distinction entre les biens de la Trésorerie et ceux du corps de l'abbaye (3). Nous pensons que c'était une vaine chicane ; car on n'aurait pas attendu jusque-là pour trancher cette question de jurisprudence quotidienne.

L'Echevinage se composait alors de quatre échevins, d'un procureur fiscal, d'un procureur de ville et d'un greffier (4).

Les archives nous offrent un dernier vestige des comptes de la commune dans l'adjudication publique des fermes de la ville. Plusieurs des impôts communaux manquent

---

(1) *Histoire de Saint-Omer par Jean Derheims*. 1843.
(2) Louandre.
(3) M. Prarond. *Histoire de St-Riquier*, page 96.
Louandre, dans une notice sur les Mayeurs d'Abbeville, signale les changements que la législation de l'époque opérait dans l'administration municipale. En 1765 les maires étaient nommés pour trois ans et ne pouvaient être réélus qu'après un autre triennat. Le maire en exercice, les échevins, les notables constituaient l'administration pour chaque triennat.
(4) M. Prarond. *Ibid*.

d'enchérisseurs. Quel signe de décadence ! Que la cause provienne du peu de profit à tirer ou bien du mépris dans lequel sont tombées ces exactions des temps féodaux, le fait subsiste et nous prépare au régime nouveau (1).

Le sieur Douzenel, receveur de l'abbaye, imposé par la ville de Saint-Riquier, pour taille, capital et accessoires, sur une recette générale de 40,000 livres, réclamait contre le taux excessif de sa contribution de 400 livres et demandait que le chiffre en fût réduit à 200 livres, pour les raisons détaillées en sa requête. Il faisait en même temps savoir qu'il s'était pourvu en l'élection de Doullens (1781). L'assemblée communale, après en avoir délibéré, soutint son imposition, parce qu'elle portait, disait cette assemblée, non sur les tailles ordinaires, mais sur le centième de bénéfice de sa recette et elle donna pleins pouvoirs à M. de Fontaine, procureur du roi, de soutenir ses droits et s'engagea à payer les frais. Nous ignorons la solution de ce conflit (2).

Une délibération du 24 octobre 1785 nous montre encore la décadence de l'antique ville de Saint-Riquier : elle ne rétribuait plus qu'un seul sergent de ville pour surveiller et réprimer les contraventions journalières et exécuter les sentences de police. Il est vrai qu'on faisait appel à la sénéchaussée dans les cas extraordinaires ; mais ces auxiliaires coûtaient cher : il fallait payer cent sous par journée de chaque cavalier ; c'est pourquoi on trouva plus expédient d'établir deux sergents, afin de ne pas trop obérer le budget d'une ville dépourvue de ressources. On s'arrêta à la résolution de demander au ministre de la guerre et à l'intendant de la province deux soldats invalides, auxquels on pourrait allouer 9 livres par mois et en outre le logement avec le mobilier nécessaire (3).

La prison de Saint-Riquier était aussi dans un état de délabrement complet. On proposa de la restaurer, jusqu'à ce qu'il fût possible avec les revenus de la ville d'en édifier une nouvelle. Mais ce n'était pas seulement la prison qui appelait des restaurations. L'Hôtel-de-Ville et le Beffroy avaient aussi considérablement souffert des dégradations que pouvait causer la vétusté ou la mauvaise administration de la ville. Une municipalité plus active ou poussée par les circonstances décréta des plans et des devis, sollicita des secours auprès de l'intendant de la province et du comte de Ponthieu et décida que, si les dépenses n'étaient pas couvertes par la générosité des habitants, on contracterait un impôt. La délibération, pour intéresser le comte de Ponthieu, fit valoir que la ville de Saint-Riquier faisait partie de son apanage de Ponthieu.

Nous ignorons à quelle époque se fit cette restitution de la ville au comté de Ponthieu. Si jamais elle a eu lieu, elle ne fut qu'imparfaite, puisque la prévôté de Saint-Riquier resta toujours annexée au bailliage d'Amiens et à l'élection de Doullens. Quoiqu'il en soit, le comte de Ponthieu écouta favorablement la prière des bourgeois de

(1) *Archives municipales de St-Riquier.* (3) *Ibid.*
(2) *Ibid.*

Saint-Riquier, comme on le voit dans une délibération du 15 juillet 1787, par laquelle on vote des remerciements à M. le comte (1) « pour un don de 3,000 livres destiné au rétablissement des édifices publics, servant d'hôtel de ville, d'auditoire et de prison. » On se mit à l'œuvre, à l'aide de cette ressource extraordinaire, qui venait se joindre aux économies de la ville. Le Beffroy obtint la préférence des premières restaurations. On y dépensa 4,300 livres : il fut décidé alors que le Beffroy servirait d'Hôtel de Ville, d'auditoire, de prison et de logement de gardes, jusqu'à ce qu'il fût possible de réparer convenablement les autres édifices (2).

D'après une remarque des devis, le Beffroy mesure à l'extérieur 28 pieds 6 pouces carrés et 50 d'élévation. Les murs ont 7 pieds d'épaisseur dans le bas et 4 pieds au-dessus du glacis. Il y avait autrefois deux prisons, l'une souterraine, qu'on nommait *cul de basse-fosse*, actuellement supprimée, et l'autre superposée et engagée à demi dans le terrain escarpé de la colline, comme on la voit encore aujourd'hui (3).

Il faut croire qu'on se trouva assez convenablement installé dans le Beffroy. C'est pourquoi l'ancien Hôtel de Ville où se tenaient les assises de la police et celles de la prévôté royale, interdit depuis quelque temps pour sa vétusté et devenu inutile, fut baillé à surcens perpétuel et non rachetable, à raison de 33 livres de redevance annuelle, sans allégeance d'une censive de 8 livres, de deux chapons et de 8 boisseaux de froment, mesure habengue. Il paraît que la vente aurait emporté des frais supérieurs au revenu. C'est pourquoi on s'arrêta à ce genre d'aliénation. Ainsi, sans supporter les anciennes charges, on retirait encore quelque bénéfice (4).

D'après une location de 1777, la commune possédait alors environ 50 journaux de terre.

Des lettres royales furent adressées, en 1778, aux villes et paroisses de la France pour travailler à éteindre la mendicité : elles proposaient comme moyen la création de bureaux d'aumône et de charité (5). Les bourgeois de Saint-Riquier, pour répondre à cette sollicitude charitable du vertueux Louis XVI, fondèrent un bureau d'aumône sur les bases suivantes :

1° Outre les membres nés comme le maire, les échevins, le procureur du roi et le greffier de la ville, trois ecclésiastiques, savoir : le P. prieur de l'abbaye, le curé et son

---

(1) Le comte d'Artois, depuis Charles X, avait reçu à cette époque pour apanage le comté de Ponthieu.

(2) *Archives municipales.*

(3) « Le beffroi de Saint-Riquier présente extérieurement l'aspect d'une grosse tour carrée flanquée de quatre tourelles. La principale est surmontée d'un petit clocher d'une architecture qui annonce la pauvreté du style de l'époque : cet édifice en pierres blanches dont le soubassement est en grès est très solide. Témoin des vieilles querelles de l'échevinage, il peut encore braver les siècles. » —M. Prarond. *Histoire de St-Riquier, page* 296.

(4) *Archives municipales.*

(5) Les bureaux des pauvres existaient depuis longtemps dans les grandes villes de France ; on applique ici les règlements généraux des ordonnances royales.

Voir aussi les Actes du diocèse d'Amiens (*tome 2, pages* 505-517), pour le Mandement de Mgr de Machault et le règlement des bureaux des pauvres.

vicaire en faisaient partie de droit. On y joignit deux notables laïcs de la ville, réélus tous les deux ans et indéfiniment rééligibles. Les deux premiers notables furent les notaires Maisnel et Buteux.

2° Les administrateurs devaient se réunir à l'Hôtel de Ville, le dernier jour de chaque mois, pour former la liste des pauvres assistés, fixer la nature et la quotité des secours.

3° Le règlement portait que les aumônes versées au bureau, et toutes les distributions seraient inscrites sur deux registres, arrêtées à chaque réunion, augmentées ou diminuées selon les besoins. Les vieillards infirmes, les estropiés, les indigents privés de toute ressource, avaient droit aux premiers secours ; on n'entendait assister les pauvres valides que lorsqu'il serait constant que la paresse et la débauche ne les avaient pas réduits à la misère.

4° La caisse des secours devait être entretenue par les aumônes volontaires, et quand elles seraient insuffisantes, par des quêtes à l'église et à domicile, et même, s'il le fallait, par une contribution légale et autorisée.

5° Les administrateurs devaient s'efforcer d'obtenir par leur activité que la mendicité cessât au mois d'avril suivant (1779).

On n'avait pas attendu notre régime politique pour créer les bureaux de bienfaisance : on aurait tort de les regarder comme une conquête de la Révolution. Un hôpital bien renté, un monastère appelé par ses traditions et ses fondations à servir les pauvres, un bureau de bienfaisance organisé sur des bases solides, voilà certes de grands éléments d'assistance publique. Aussi, à Saint-Riquier, les indigents et les nécessiteux n'étaient pas à plaindre. On a même reproché cette surabondance d'assistance : on y a vu une prime à l'incurie, à la fainéantise, à l'esprit de dilapidation des ressources acquises par le travail.

N'est-il pas permis de se demander combien les pauvres ont gagné avec nos réformes sociales ? Les ressources publiques ont considérablement diminué ; mais on ne voit pas que l'économie se soit élevée en proportion. Hélas ! Notre pauvre humanité sera toujours entraînée par ses penchants originels, par ses convoitises innées. La religion seule l'avait régénérée ; seule elle recommencera ce travail et nous fera avancer dans la voie perfectible, dans laquelle le Sauveur nous a conduits par des exemples si efficaces.

Nous touchons au grand mouvement politique qui a modifié profondément l'état social de notre patrie. On y préluda par l'assemblée des notables en 1787 et 1788. Saint-Riquier faisait partie de la circonscription provinciale de Doullens.

Le prieur du monastère, D. Piot, fut l'un des trois représentants de l'ordre du clergé dans cette assemblée. Mais son mandat à Saint-Riquier finit pendant la session : nous ignorons quel fut son successeur.

On aime, en ce temps, à reproduire tous les vœux formulés par les Etats de provinces, par les villes, par les corps de la nation. Il sera peut-être assez curieux de lire ici ceux de la municipalité de Saint-Riquier, formulés par un de ses bourgeois les plus avancés, Charles-Nicolas-Norbert de Fontaine, procureur du roi en la prévôté de Saint-Riquier : en voici le résumé, extrait des archives de la mairie.

« Nous touchons, disait le procureur du roi, à une époque qui va décider du bonheur ou du malheur du Tiers-Etat dans le royaume de France, c'est-à-dire à l'époque de la tenue des Etats-Généraux. Plusieurs corps paraissent incertains sur la nature de leurs devoirs, sur l'étendue de leurs obligations envers notre monarque ; mais le Tiers-Etat n'a jamais varié dans ses devoirs : sa fidélité a résisté à toutes les épreuves ; il vient de nouveau la manifester dans ses délibérations. » L'orateur demande ensuite qu'on ne reconnaisse en France d'autre autorité légitime que celle du roi, chef suprême de la nation, souverain législateur, protecteur de la vie de ses sujets et de leurs droits. Il reconnaît au roi le pouvoir de décréter des lois pour la répression des crimes, des fraudes, des délits de justice, de les réformer, de les changer pour le bien de ses sujets ; mais il est plusieurs points de la constitution française auxquels il croit que le roi n'aurait pas le droit de porter atteinte, par exemple, l'ordre de la succession à la couronne en faveur de l'aîné de ses enfants, la garantie de la propriété ; il réclame au contraire pour les sujets le droit de voter l'impôt.

Après cette profession de foi monarchique, l'orateur fait l'éloge du Tiers-Etat, de son importance en France, des bienfaits qu'il procure à la patrie. En effet, dit-il, « c'est là qu'est le nerf de l'agriculture, du commerce, de la navigation. C'est par son travail que les manufactures ont donné l'essor à l'industrie et couvert le sol d'établissements, qui nous délivrent de la servitude de nos voisins. » Par ces motifs et bien d'autres qu'il croit inutile de développer, l'opinant réclame de la justice et de la libéralité du roi : 1° que dans la convocation des prochains Etats-Généraux les députés pour la ville et la prévôté royale de Saint-Riquier soient admis en nombre suffisant, proportionné à la richesse et à la population du ressort ; 2° que le nombre général des députés, élus par le Tiers-Etat, soit au moins égal à celui des deux ordres privilégiés ; 3° que les représentants du Tiers-Etat soient choisis exclusivement par les citoyens de leur ordre ; 4° que pour conserver l'égalité à ce dernier ordre, il soit réglé que les ordres demeurent réunis, qu'ils délibèrent en commun et que chaque ordre vote séparément.

L'assemblée adopta les conclusions de son procureur et les adressa à Laurent de Villedeuil, secrétaire d'Etat en Picardie, avec prière de les mettre sous les yeux du roi et de les appuyer de tout son crédit et de ses instantes recommandations (1).

(1) *Archives municipales.*

CHAPITRE VII

SUPPRESSION ET VENTE DU MONASTÈRE BÉNÉDICTIN DE SAINT-RIQUIER.

État du monastère en 1789. — Assemblée constituante. — Les biens ecclésiastiques mis à la disposition de la nation. — Suppression des ordres religieux. — Inventaire des biens du monastère de Saint-Riquier. — Interrogatoire des religieux et leurs déclarations. — L'église abbatiale devient église paroissiale. — Vente des biens — Départ des religieux. — Vente du monastère et de ses dépendances.

Avant de raconter la ruine d'un monastère que nous avons contemplé avec tant d'amour pendant douze siècles, arrêtons encore un instant le lecteur sur sa situation physique et morale. Parcourons avec lui par la pensée ces majestueux édifices, dont une main habile a reproduit le relief en miniature (1). Admirons, avant que la spéculation les ait ravagés, ces ombrages séculaires encore animés par la présence des hommes de la prière, cette solitude qu'ils avaient juré d'habiter toute leur vie et qui répétait si souvent cet écho des premiers âges monastiques. *O Beata Solitudo! O Sola Beatitudo!* Depuis la mort de Louis XIV, le repos dont jouissait la province avait ramené la prospérité et l'abondance. Le monastère était sorti des ruines de 1719, plus solide et plus élégant ; car l'architecte s'était inspiré de tous les progrès de l'art moderne.

Les querelles du Jansénisme s'étaient apaisées en face d'autres dangers et d'autres ennemis. Ce n'est pas que l'hérésie fut vaincue : elle triomphait plus que jamais: elle n'était plus à l'état de révolte ouverte. Elle avait si admirablement émoussé les âmes qu'on buvait le poison à cette coupe perfide, sans presque le soupçonner. Les membres de la congrégation de Saint-Maur étaient abandonnés à leur direction particulière. Les uns élevés dans ces traditions y restaient attachés de cœur, sans esprit de propagande : les autres étaient soumis à la doctrine de l'Eglise, ternie en France par ce vernis de rigorisme dont tout le clergé était alors recouvert.

Le monastère de Saint-Riquier comptait seize religieux, dont neuf prêtres et sept étudiants en théologie : il possédait un noviciat de vingt postulants. Il était gouverné par D. Guillaume Enocq, moine d'un grand mérite, qui avait été zélateur ou directeur du premier noviciat de Saint-Faron en 1752, directeur du séminaire de Corbie en 1761 et 1762, directeur du noviciat de Saint-Denis en 1776, visiteur de la province de Bourgogne en 1778 et pourvu sans doute d'autres charges dans l'intervalle de ces

---

(1) Ce plan est aujourd'hui conservé à la Bibliothèque communale d'Abbeville.

différentes fonctions. C'est lui qui porta la responsabilité d'une administration extraordinairement difficile et le poids des attaques sous lesquelles il devait succomber avec son monastère.

Les revenus de la mense conventuelle, d'après l'inventaire des commissaires de l'Assemblée Nationale, s'élevaient à environ 20,000 livres. C'était à peu près le chiffre des pouillés des dernières années. Ces revenus sont généralement égaux à ceux de la mense abbatiale ; car le tiers de la mense conventuelle s'était accru par des acquisitions ou des retraits que le couvent avait faits avec ses économies.

Le personnel du monastère s'élevait à près de 50 personnes. Les revenus étant estimés à 20,000 livres, calculez la part de chaque personne, après avoir prélevé les frais généraux et les aumônes. Est-ce là l'idéal du luxe et des dépenses par lesquels on s'efforçait de rendre les moines odieux ? Quels excès étaient possibles avec un si modique budget ! Quand on délibéra sur la vente du patrimoine séculaire des moines, on songeait à assurer à chaque religieux une pension bien supérieure. Les mandataires de la nation furent infidèles à leurs engagements, mais ils proclamèrent du moins que la plus modeste existence de pauvres moines exigeait une indemnité plus considérable que le revenu possédé par la communauté. Tout en déclamant contre les institutions les plus admirables du Christianisme, la philosophie victorieuse s'infligeait à elle-même un démenti.

L'assemblée constituante s'ouvrit le 4 mai 1789. Elle n'a pas manqué de panégyristes ni de détracteurs. Pour nous, qui écrivons l'histoire des vaincus dans ces luttes mémorables, nous ne chercherons point à juger son œuvre. Nous nous contenterons de raconter sans amertume, mais non sans tristesse, les dernières épreuves d'un corps religieux que l'Église avait pris sous sa protection, et dont elle a défendu les droits incontestables avec toute l'énergie que donne la foi catholique (1).

La nuit du 4 août est restée fameuse par l'abolition des décimes, des champarts, des cens, des reliefs, des justices seigneuriales, de tout cet ensemble de droits féodaux et de privilèges dont la noblesse et le clergé jouissaient de temps immémorial et qu'ils rachetaient ou par l'impôt du sang, le plus onéreux de tous, ou par des dons souvent supérieurs aux ressources disponibles. Dans cette nuit de généreux délire et d'ivresse parlementaire, les deux ordres offraient au Tiers-Etat une partie considérable de leurs revenus, de vraies dépouilles opimes : comment en furent-ils payés ? L'histoire est là pour l'apprendre aux générations futures.

Ce n'était que le prélude d'entreprises plus audacieuses contre la religion de nos pères. On convoitait surtout les biens du clergé séculier et du clergé régulier, et ce n'était déjà plus qu'une question de vote et de majorité. En effet, depuis longtemps la voix de la religion ne parlait plus à la conscience des meneurs de la Révolution. On n'osa pas

---

(1) Voir le Bref du pape Pie VI aux évêques de France sur la constitution civile du clergé.

toutefois décréter que la propriété des biens ecclésiastiques appartenait à la nation. Par un subterfuge bien propre à caractériser une politique pleine de réticences, on demanda que les biens du clergé fussent mis à la disposition de la nation.

Avant le vote, d'éminents orateurs furent tour à tour entendus et traitèrent la question sous toutes ses faces. L'Abbé Maury n'hésita point à engager la lutte contre Mirabeau. Dans les discours qu'il prononça sur ce sujet, son éloquence s'éleva à la hauteur de celle de Mirabeau. Les principes de la possession ecclésiastique furent tour à tour évoqués par l'orateur du clergé. Le don libre et perpétuel avec obligation de prières, les fondations, les aumônes, les travaux de défrichement, d'assainissement de lieux inhabitables, les acquisitions, titres sacrés de propriété, tout établissait un droit inviolable ; tout opposait une barrière infranchissable. L'Abbé Maury montra ensuite, comme conséquence de cette attaque au droit de propriété, le renouvellement des lois agraires, pour parler le langage du temps, ou si l'on aime mieux l'expression des idées modernes, le spectre du communisme, qui allait se dresser en face des spoliateurs et des possesseurs anciens.

Mirabeau, au contraire, s'efforçait de confondre les fondateurs avec la nation et les droits inaliénables de l'Etat. Il invoquait la raison d'utilité publique ; pour lui la loi était la seule base de la propriété. Il ne voyait dans les serviteurs de l'Eglise que des officiers de l'Etat, des fonctionnaires, des ministres de police religieuse au service du gouvernement. Maury réfuta aisément ces pitoyables sophismes.

« La loi, disait-il, nous autorise depuis quatorze cents ans à acquérir et à posséder les biens que la nation voudrait aujourd'hui envahir, comme par déshérence. Où sont ses titres ? Il n'est pas exact de dire que la nation a créé les corps : elle a reçu les ministres dans son sein ; nous possédions nos biens avant la conquête de Clovis. »

« Les individus, dit-on, existent sous la loi ; les corps ne subsistent que par elle. Quelle brillante métaphysique ! Mais jusqu'ici le clergé n'existait-il que par la volonté des peuples ? N'était-il pas reconnu par toutes les lois de l'Etat ? La suppression des biens ecclésiastiques ne peut être prononcée que par le despotisme en délire. Voudrait-on nous les prendre comme des épaves ou bien par droit de confiscation ? C'est l'idée la plus immorale... On prétend favoriser l'agriculture : est-il des terres mieux cultivées que les nôtres ? Comparez les provinces où l'Eglise possède des biens, vous verrez qu'elles sont les plus riches... »

La discussion était inutile. Les promoteurs des mesures de confiscation s'étaient comptés et ils étaient certains du succès. Le résultat du vote donna 566 voix pour le projet de loi et 346 pour la conservation du patrimoine ecclésiastique. La loi de spoliation fut votée le 2 novembre 1789.

Tous les biens du clergé qu'il était défendu d'aliéner dans les pays catholiques, sans l'autorisation du chef de l'Eglise, furent donc mis à la disposition de la nation, à la charge de pourvoir d'une manière convenable aux frais du culte, à l'entretien de ses ministres, au soulagement des pauvres, sous la surveillance et d'après les instructions des assemblées provinciales. On se réservait d'atténuer par d'autres propositions le chiffre des dépenses, en limitant le nombre des ministres salariés, en leur imposant une législation que leur conscience ne pouvait accepter. En effet, quelques jours après cette confiscation anticanonique, les meneurs de l'assemblée dirigèrent une attaque plus sérieuse contre les ordres religieux. Cette milice du Très-Haut, uniquement occupée de nos intérêts éternels, traçant au milieu de la société un sillon d'abnégation volontaire, d'humilité profonde et de vie surnaturelle, cette milice mêlée au peuple chrétien comme un sel incorruptible, n'avait pas trouvé grâce aux yeux de la philosophie dont elle condamnait les aberrations. Nous l'avons déjà fait remarquer : pendant un demi-siècle on l'avait souillée par toute espèce d'outrages ; il était temps de l'attaquer à face découverte.

Le 11 février 1790, on lut à l'Assemblée Nationale un rapport sur les ordres religieux, au nom du comité des affaires ecclésiastiques. On commença par louer les personnages célèbres et vertueux dont les noms illustraient les annales monastiques, les grands services rendus à la religion, à l'agriculture, aux lettres ; mais on ajouta bientôt que c'était le sort des institutions humaines de porter en elles-mêmes les germes de leur destruction. On prétendit que l'humilité et le détachement des choses terrestres avaient presque partout dégénéré en une habitude de paresse et d'oisiveté, qui rendait actuellement onéreux des établissements fort édifiants dans leur principe ; que la vénération des peuples pour ces institutions s'était convertie, pour ne rien dire de plus, en sentiment de froideur et d'indifférence. On attirait la compassion de l'Assemblée sur les religieux eux-mêmes. L'opinion publique, disait-on, en se prononçant fortement contre les ordres religieux, avait produit le dégoût dans le cloître, et les soupirs des pieux cénobites, embrasés de l'amour divin, n'y étaient que trop souvent étouffés par les gémissements des religieux qui regrettaient une liberté dont aucune jouissance ne compensait la perte. Par ces considérations et d'autres semblables, on arrivait à conclure que, sans abolir directement les congrégations religieuses et les vœux monastiques, la loi devait s'interdire de les reconnaître et se refuser à valider de tels engagements (1).

Quand la discussion fut ouverte : « Je suis chargé par mon cahier, dit l'évêque de Clermont, de demander que non-seulement les ordres religieux ne soient pas supprimés, mais encore qu'ils reprennent leur ancienne splendeur. Je dois à une mission aussi formelle de combattre l'avis du comité : sans elle, je le devrais à ma conscience. Je ne puis reconnaître que l'autorité publique ait le droit de briser des barrières qu'elle n'a point placées, de donner la permission de manquer à un engagement sacré, permission qu'il n'appartient qu'à l'autorité spirituelle d'accorder. Le décret proposé

---

(1) *Rapport du constituant Treillard.* — Voir l'*Histoire de France* d'Amédée Gabourd sur l'Assemblée constituante, page 387.

serait pour les religieux un moyen de tentation et d'apostasie et nous en serions responsables devant le ciel.

« Vous enlevez à la religion un abri, aux citoyens une ressource, à l'Evangile des apôtres ; vous renoncez à la glorieuse prérogative d'être gardiens des engagements formés avec le ciel. Il ne faut pas arracher un arbre qui a porté de bons fruits et peut en porter encore. Un décret qui semblerait proscrire les réunions d'hommes assemblés pour prier serait une atteinte à notre religion. L'Etat monastique est le plus propre à soutenir l'Empire, parce que les prières influent sur la prospérité des choses humaines et que leur efficacité est un article de notre foi et de notre symbole. »

D'autres orateurs religieux ne furent pas moins pressants : mais ces réclamations éloquentes étaient devenues un anachronisme : plus la parole si lumineuse de ces intrépides prélats relevait la dignité de l'ordre monastique, plus il était urgent pour les novateurs de frapper ces branches vigoureuses de l'Eglise. Après la confiscation des biens, les religieux n'auraient-ils pas été des témoins importuns d'une spoliation inutile ? On ne voulait que le vide des institutions catholiques pour arriver à la constitution civile du clergé, à la séparation de Rome, à l'Eglise nationale, vain simulacre de société religieuse, suffisant aux masses dont on respectait les solennités du culte, mais sans autorité sur les esprits indépendants qu'il fallait libérer de toute sujétion chrétienne et dogmatique.

L'Assemblée, après deux jours de délibération, vota le décret suivant : « L'Assemblée
» Nationale décrète, comme articles constituants, que la loi ne reconnaîtra plus les vœux
» monastiques et solennels des personnes de l'un et l'autre sexe, déclare en consé-
» quence que les ordres et congrégations de l'un et l'autre sexe demeureront suppri-
» més en France, sans qu'on puisse à l'avenir en établir d'autres.

» Les individus de l'un et l'autre sexe, demeurant dans les monastères, pourront en
» sortir, en faisant leur déclaration à la municipalité du lieu.

» Il sera pareillement indiqué des maisons pour ceux et celles qui préféreraient ne
» pas profiter des dispositions du décret.

» Déclare en outre l'Assemblée Nationale qu'il ne sera rien changé, quant à présent,
» à l'égard des ordres ou congrégations chargées de l'éducation publique ou du soula-
» gement des malades, jusqu'à ce que l'Assemblée ait pris un parti à ce sujet.

» Les religieuses pourront rester dans les maisons qu'elles ont aujourd'hui. » (Loi du 13 février 1790).

Ainsi d'un trait de plume on mettait hors la loi ces ordres et ces congrégations monastiques, qui sont la milice avancée de l'Eglise et qui pendant tant de siècles avaient distribué l'aumône, séché les larmes, conservé le dépôt des lettres et des sciences, couvert la France de monuments, livré à la culture une portion immense du pays.

On sent combien la position des moines devenait précaire ; ils pouvaient encore pratiquer leurs vœux, mais à quelle condition ? En tendant la main au gouvernement pour recevoir l'aumône de l'existence religieuse qu'on leur promettait (1); ils étaient soumis au joug d'une règle nouvelle, à la nécessité de mutations fréquentes; car dans les combinaisons des réformateurs philantrophes, on devait consacrer quelques maisons à recueillir ces malheureux débris d'institutions proscrites, sans possibilité de se perpétuer. On ne vivrait donc plus que dans une agonie perpétuelle. La mort devait, en resserrant chaque jour le cercle, anéantir successivement des communautés et amener de nouvelles recrues dans les maisons conservées. Ce n'est point à un joug si désespérant qu'on s'était lié par des vœux. Qui donc pourrait condamner les religieux, qui se sont soustraits à la tyrannie d'une loi oppressive et nulle en principe aux yeux de la conscience, et qui ont cherché dans le siècle, avec la dispense de vœux devenus impossibles, une existence plus libre et non moins chrétienne ? Qui pourrait accuser d'apostasie ou même d'infidélité un jeune religieux, parce qu'il n'aurait point voulu enchaîner toute sa vie à une si dure captivité ? Ceux qui sont tentés de les blâmer ne feraient-ils pas mieux de réclamer contre l'immixtion de la puissance civile dans le domaine spirituel ? Les moines exempts ne connaissaient qu'un seul maître, le Souverain Pontife; mais sa douce et paternelle autorité ne soutenait plus les institutions françaises. C'est dans cette nécessité extrême qu'on dut surtout comprendre le malheur de l'isolement. La cause principale de la ruine de l'Eglise de France, ce fut d'avoir laissé peser sur elle le pouvoir des Parlements et de ne s'être point rattaché au centre de l'unité catholique dans ses épreuves. Les nuages d'où jaillit la foudre ne s'étaient point condensés subitement. Les envahissements successifs de la juridiction séculière rendirent l'Eglise impuissante pour l'heure de la catastrophe suprême.

D'après le décret de l'Assemblée Nationale, les officiers municipaux reçurent l'ordre de se transporter dans toutes les maisons religieuses de leur territoire, de se faire représenter les comptes de régie, de les arrêter, d'établir les revenus avec les échéances, de dresser sans frais, sur papier libre, un état sommaire et descriptif de l'argenterie, de la sacristie, de la bibliothèque, des livres et des manuscrits, des meubles, du personnel des établissements, et ce en présence des religieux à la garde desquels tout devait être laissé. Les magistrats durent recevoir en même temps les déclarations des dettes de toute nature et des titres justificatifs. En outre, chacun des religieux était appelé à faire connaître ses intentions et à déclarer s'il préférait la vie commune à son indépendance dans le monde (2).

Cette mission fut rigoureusement exécutée par toute la France. Les opérations com-

---

(1) On promettait une pension à partir du premier janvier 1791 à ceux qui quitteraient le couvent Ces pensions étaient graduées, selon l'âge et les titres, de 500 livres à 1200 livres. Pour les religieux qui auraient choisi la vie commune, on leur assignait des maisons dans les villes, avec des jardins et avec des enclos dans la campagne jusqu'à concurrence de 6 arpents à la charge de réparations locatives. (Décret du 19 mars 1789.) M. de la Plane. *Histoire de Saint-Bertin*, tome II, page 489.

(2) *Ibid*.

mencèrent au monastère de Saint-Riquier le 4 mai 1790 et se continuèrent le lendemain. On dressa l'inventaire des domaines et des revenus, du mobilier du monastère et de l'église. On pesa l'argenterie des châsses et reliquaires, des vases sacrés, des chandeliers et des croix. Les ornements, le linge des autels et du sacrifice, tout figure dans cet inventaire douloureux. On ne toucha point toutefois à ce que les religieux avaient en propre. On apposa les scellés sur le chartrier, sur la bibliothèque, sur le bureau des celleriers. Tous les registres des recettes furent cotés et paraphés (1). Ensuite les religieux furent interrogés sur leurs intentions pour l'avenir. Tous répondirent qu'ils restaient fidèles à leurs engagements. Il y eut cependant des nuances ; quelques-uns déclarèrent que la condition qu'on leur faisait n'était point celle qu'ils avaient embrassée et qu'ils préféraient vivre dans le monde ; mais ils ajoutaient que, s'ils étaient inquiétés pour le spirituel et le temporel, ils rentreraient dans leur solitude.

C'était vraiment le moment décisif ; les religieux de Saint-Riquier ont donné un démenti éclatant aux assertions de nos modernes réformateurs. Il en fut ainsi dans toutes les communautés : ceux qui paraissent hésiter fondent leur détermination sur la nouvelle législation des communautés religieuses. Il y avait sans doute de quoi réfléchir dans des alternatives si douloureuses.

Ce qui est plus concluant pour les religieux de Saint-Riquier, c'est que tous étaient encore présents au monastère au 19 décembre, à l'époque d'une seconde interpellation. Nous réservons pour ce moment les détails de cette double et courageuse confession.

Reconnaissons ici qu'exécuteurs de la loi, obligés de remplir un mandat, les commissaires de la nouvelle municipalité de Saint-Riquier ne sauraient être accusés d'avoir manqué aux convenances envers les religieux. On voit qu'ils sont en présence de leurs pères et anciens seigneurs ; ils respectent cette autorité : leur rapport n'est empreint d'aucun sentiment de malveillance (2).

Quand tous ces inventaires eurent été vérifiés par l'Assemblée Nationale, il vint un ordre de peser et d'enlever tout ce qu'il y avait d'argent dans le trésor et la sacristie. Le 28 octobre 1790, le sieur Depoilly, orfèvre, fut envoyé par le district d'Abbeville. De tous les vases sacrés, reliquaires et autres argenteries, ainsi que des châsses de saint Riquier, de saint Angilbert, de saint Vigor et saint Mauguille, on retira 304 marcs sept onces et deux gros d'argent, ce qui donne une valeur de 152 livres pesant. Chaque marc était compté pour huit onces (3).

La Révolution s'annonçait de jour en jour plus effrayante. Le 12 juillet 1790, l'Assemblée Nationale avait voté sa schismatique constitution civile du clergé. La circons-

---

(1) Les officiers municipaux, après ces opérations, étaient obligés d'envoyer à l'Assemblée Nationale une expédition des procès-verbaux et des états mentionnés plus haut.

(2) Voir aux pièces justificatives le détail de l'inventaire.

(3) *Archives municipales de St-Riquier.*

cription des diocèses était changée. Les évêques et les curés étaient nommés par le peuple. On enlevait au pape la confirmation canonique des évêques, sauf à lui donner avis de chaque élection. C'était bien l'œuvre des Jansénistes et l'application de leurs systèmes théologiques. On assimilait l'Eglise de France à l'archevêché Janséniste et schismatique d'Utrecht, dont chaque titulaire ne manquait jamais, dit-on, de notifier son élection au Saint-Père, « comme dans le monde on envoie, en cas de mariage et de mort, des lettres de faire part à ses amis et connaissances (1). »

Les évêques et les curés étaient tenus de prêter serment à cette constitution schismatique, à la nation, à la loi et au roi. On ne parle pas des religieux; mais pour eux aussi quelle situation en 1790 ! Les vœux étaient supprimés, les portes des cloîtres ouvertes, des pensions étaient promises aux fugitifs. La réclusion attendait les moines fidèles à leurs engagements ; on vendait leurs domaines; on dépouillait leurs sanctuaires de toutes les richesses et même du nécessaire (2). Cependant les moines de Saint-Riquier s'obstinent à refuser l'indépendance ; ils aiment mieux gémir et prier dans des cellules dépouillées, se laisser traîner de prison en prison que de demander un asile au monde qu'ils ont librement abandonné. Il fallut donc, par de nouvelles tentatives, ébranler ces volontés obstinées. En vertu d'un décret de l'Assemblée nationale du 30 octobre, les officiers municipaux remplissent de nouveau l'office d'inquisiteurs. Le 19 décembre 1790, ils citent à leur tribunal les religieux les uns après les autres, pour s'assurer de leur détermination.

Assistons, autant que nous le pouvons, à l'aide de procès-verbaux, à cette lutte de l'indépendance monastique contre la force brutale. Ecoutons les réponses de chacun des prévenus.

Nous allons joindre ensemble les réponses au premier et au second interrogatoire, afin de faire mieux comprendre les fluctuations de certaines idées, au milieu du courant qui emportait toutes les institutions de nos pères.

D. Guillaume Enocq, prieur du monastère, âgé de soixante ans, né à Grevillers-Brevillers, diocèse d'Arras, a fait profession à Saint-Faron de Meaux en 1749, comme il le prouve par plusieurs actes légalisés : il déclare en mai et décembre qu'il veut rester fidèle à ses engagements et continuer la vie commune.

D. Pierre Chapelet, sous-prieur et sénieur de la maison, âgé de 48 ans, né à Dizy au diocèse de Laon, a fait profession à Saint-Faron de Meaux (1762) ; il déclare en mai qu'il veut rester fidèle à ses engagements, mais qu'il se réserve de s'expliquer plus tard,

(1) *Cameracum Christianum*, p. 131.
(2) « 14 septembre. Il n'est plus permis de porter le costume religieux ; on reste libre de se vêtir à son gré. Les moines réunis dans une communauté conservée élisent, sous la présidence d'un officier municipal et à la pluralité des voix, un supérieur et un économe ou procureur, dont le mandat se renouvelle après deux ans. On arrête un règlement commun à la majorité des suffrages. Ce règlement porte sur les heures des offices, des repas, de la clôture des portes. Une copie est adressée au greffe du district et à celui de la municipalité qui en surveille l'exécution » (De la Plane. *Ibid., tom.* II, pag. 489.)

s'il restera au monastère de Saint-Riquier ou s'il en sortira : en décembre, il choisit la vie commune.

D. Alexis-Joseph Margana, religieux prêtre, âgé de 63 ans, né à Bapaume, diocèse d'Arras, a fait profession à Saint-Faron de Meaux (1744) ; il déclare en mai et décembre qu'il continuera la vie commune et demande à habiter la maison dans laquelle D. Joseph Margana son frère établira sa résidence.

D. Jean-Louis Boubaix, religieux prêtre, procureur, cellerier et archiviste de l'abbaye, ancien prieur de Saint-Faron et de Saint-Nicolas-au-Bois, né à Cagnoncle, diocèse de Cambrai, âgé de 50 ans, a fait profession à Saint-Faron de Meaux (1761). En mai et décembre, il est disposé à garder ses engagements et à continuer la vie commune.

D. Dominique-Thimothée-Guillain Souilliart, religieux prêtre, sous-cellérier et dépositaire, né à Arras, âgé de 52 ans, a fait profession à Saint-Faron de Meaux (1761). En mai, il déclare qu'il restera fidèle à ses engagements et manifestera ultérieurement son choix : en décembre il renonce à la vie commune, pour aller se fixer à Arras.

D. Charles-Antoine-Joseph Gavrelle, religieux prêtre, secrétaire du chapitre et infirmier, né à Douai, âgé de 37 ans, a fait profession au monastère de Saint-Denis (1774). En mai, D. Gavrelle voyant que le genre de vie qu'on prépare aux moines n'était point celui qu'il avait embrassé, se montre disposé à profiter de la liberté accordée par l'Assemblée nationale, aussi longtemps qu'il ne serait point inquiété soit au spirituel soit au temporel. En décembre, après de nouvelles réflexions il se détermine à continuer la vie commune.

D. Jean-Baptiste Dauphinot, professeur de théologie et sénieur de la maison, né à Saint-Loup, diocèse de Reims, âgé de 34 ans, a fait profession à Saint-Faron de Meaux (1778). En mai, il attend l'époque où l'Assemblée nationale aura fixé la pension et désigné les maisons de retraite, pour se prononcer sur son futur genre de vie. En décembre, il est décidé à continuer la vie commune, jusqu'à ce qu'il trouve une place où il se rendra utile à la société.

D. François-Joseph Dubuisson, religieux prêtre, né à Fruges, diocèse de Boulogne, âgé de 29 ans, a fait profession à Saint-Faron de Meaux (1784). Il suit les inspirations de D. Gavrelle, dont il reproduit les réponses en mai et en décembre.

D. Louis-Isidore Lefèvre, religieux prêtre, né à Villiers-le-Bel, diocèse de Paris, âgé de 27 ans, a été admis à prononcer ses vœux à Saint-Denis (1784) ; il proteste en mai et décembre contre les décrets de l'Assemblée nationale, en déclarant que l'état qu'on lui impose n'est point celui qu'il a voué dans sa profession et qu'en conséquence il préfère rentrer dans le monde, plutôt que de vivre dans le cloître à de semblables conditions.

D. Adrien-Grégoire Pruvost, religieux prêtre, né à Humbercourt, ancien diocèse d'Arras, âgé de 29 ans, a fait profession au monastère de Saint-Faron de Meaux

(1784). Il déclare en mai et décembre qu'il ne veut pas se soumettre à un genre de vie tout différent de celui qu'il a embrassé et qu'il rentrera dans le monde.

Frère Constant Dalliet, religieux étudiant en théologie, né à Inchy en Artois, diocèse de Cambrai, âgé de 24 ans, a fait son noviciat et prononcé ses vœux à Saint-Remi de Reims (1789). Il paraît disposé au premier interrogatoire à profiter de la liberté que l'Assemblée nationale accorde aux religieux qui veulent sortir du cloître, mais il y ajoute une condition, qui ne permet point de l'accuser d'infidélité, c'est qu'il lui sera permis de rentrer au monastère, s'il est inquiété soit au spirituel soit au temporel. Au second interrogatoire il se prononce sans réserve pour la vie commune.

Frère Jean-Baptiste Cousin, religieux étudiant en théologie, âgé de 26 ans et né à Lynde, diocèse de Saint-Omer, est aussi profès de Saint-Remi de Reims (1789). Il n'a d'autre désir que d'accomplir ses vœux et de rester fidèle aux exercices de la vie commune, avant tout au monastère de Saint-Riquier; mais s'il arrive que le monastère soit supprimé, il se retirera dans une autre maison de la congrégation de Saint-Maur. En décembre, il ne fait point d'autres réponses à toutes les questions qu'on lui pose.

Frère Jean-Baptiste Pierre, religieux étudiant en théologie, né à Clermont-Ferrand en Auvergne, âgé de 26 ans, a fait son noviciat et sa profession à Saint-Faron de Meaux (1787). En mai il déclare qu'il n'a pas encore fixé sa détermination, mais en décembre il opte pour la vie commune, afin de participer aux épreuves et aux consolations de la vie religieuse.

Frère Joseph Rossy, religieux étudiant en théologie, âgé de 23 ans, né dans la paroisse de Saint-Jacques de Valenciennes, diocèse d'Arras, a fait profession à Saint-Riquier (1788), ainsi qu'il appert par l'acte des notaires royaux Desfontaines et Buteux, contrôlé par Lebon, légalisé par Legrand, prévôt royal à Saint-Riquier. En mai, il suspend sa détermination, attendant que les pensions soient fixées, qu'un décret de l'Assemblée nationale protège les religieux contre les censures des évêques ; en décembre, il déclare qu'il va rentrer dans le monde.

Ces réponses de Frère Joseph Rossy pourraient laisser planer quelques doutes sur ses sentiments. Toutefois, il n'a point quitté le monastère, lorsqu'on lui ouvrait la porte ; il n'est point prêtre. Ses craintes de censure ont plutôt pour motif la peur de ne point obtenir une dispense régulière qu'une sacrilège apostasie.

Frère Jean-François Dinand, religieux étudiant en théologie, âgé de 25 ans, né à Bouvilneghem, diocèse de Boulogne, a fait profession à Saint-Riquier (1788) avec Frère Rossy. Il déclare en mai qu'il est disposé à profiter de la liberté que l'Assemblée nationale accorde aux religieux qui veulent sortir de leur cloître, à condition néanmoins d'y rentrer, s'il est inquiété soit pour le spirituel soit pour le temporel. En décembre il persiste dans cette déclaration et quitte la vie commune.

Frère Jacques-Michel Wargniez, religieux étudiant en théologie, âgé de 25 ans, né à Manicourt, diocèse de Cambrai, s'est consacré à la vie monastique à Saint-Remi de Reims (1788). Ses réponses sont identiques avec celles du précédent (1).

A tous les religieux joignons Jacques Carpentier, né à Saint-Riquier le 31 octobre 1712 et âgé de 78 ans, serviteur perpétuel du monastère, dont il est devenu oblat par acte notarié du 28 septembre 1756. Jacques Carpentier accablé d'âge et d'infirmités remet son sort déplorable à la disposition de l'Assemblée nationale et aux administrateurs du district et du département (2).

Ainsi, sur seize religieux dont neuf sont prêtres et sept étudiants en théologie, dix demandent à continuer la vie commune : les autres, et cinq d'entre eux ne sont pas prêtres, ne consentent pas à traîner leur existence de prison en prison et à subir toutes les avanies d'un régime révolutionnaire. Aurons-nous le courage de les accuser, surtout quand ils demandent à rentrer dans la vie commune, s'ils sont inquiétés dans le monde ? L'Eglise elle-même délie des vœux, quand ils sont devenus impossibles ; et personne ne saurait nous affirmer qu'ils n'ont point gardé leurs engagements dans le monde.

Si du moins les vieillards avaient pu terminer en paix leur vie de prières et de sacrifices ! mais non. Que d'humiliations les attendent ! Ils voient le schisme à leur porte dans l'église paroissiale, puisque le clergé de la paroisse a adhéré à une constitution anticatholique ; bientôt leur église même ne leur appartiendra plus (3). La Commune l'a demandée à l'Assemblée nationale pour s'épargner des frais de restauration et ses vœux seront exaucés. Il faudra donc communiquer *in sacris* avec le curé, schismatique de bonne foi, tant qu'on voudra, mais pourtant rebelle à l'Eglise et infidèle aux serments de son ordination et aux avertissements du Souverain Pontife. Leur monastère est déclassé et peut-être livré à d'autres propriétaires ou envahi par l'autorité du district, comme on le voit dans une lettre du 18 août 1791, adressée par l'administration municipale d'Abbeville aux religieux.

« Nous avons l'honneur de vous prévenir que nous sommes adjudicataires de la mai-
« son que vous occupez, qu'obligés de payer les intérêts, nous ne pouvons nous dis-
« penser de tirer un loyer de cette propriété. En conséquence, nous vous prévenons
« qu'à partir du 1er de ce mois vous nous devrez le loyer, que nous bornerons à la
« somme de mille livres, et pour que vous ne soyez pas gênés pour le paiement nous
« le toucherons par quartiers sur vos appointements, chez le receveur du district. Si
« contre toute attente, ces conditions ne vous convenaient point, nous vous prions de
« nous en prévenir, afin que nous prenions d'autres mesures, pour assurer le bien de
« la Commune. Nous vous prévenons qu'une des conditions essentielles est que vous

---

(1) Il ne peut être question dans ces interrogatoires des postulants ni des novices. L'Assemblée constituante leur a rendu leur liberté et refuse de leur reconnaître aucun droit aux pensions qu'elle a décrétées.

(2) *Archives municipales.*

(3) Il sera question plus loin du clergé de St.-Riquier et de la destination de l'église abbatiale.

« ne pourrez occuper la dite maison qu'autant de temps qu'elle restera en notre pos-
« session. (1) »

Nous ne comprenons pas cette lettre en présence des enchères publiques du 28 octobre et du 12 novembre 1791. La ville a-t-elle été dépossédée d'une vente illégale ? Est-ce un artifice pour obliger les religieux à quitter l'établissement ? Ou bien est-il question de l'hôtel d'Abbeville ? Que le lecteur choisisse entre ces hypothèses.

Les biens des religieux sont successivement vendus sous leurs yeux : chaque semaine de nouvelles affiches leur apprennent que le domaine sacré des pauvres a subi l'outrage des enchères publiques et passé en des mains sacrilèges.

Le 16 août, on avait visité le chartrier et la bibliothèque. On accusait les moines d'avoir forcé le chartrier, d'avoir enlevé la chronique manuscrite de Saint-Riquier (celle de D. Cotron) qui, de notoriété publique, existait en l'abbaye. On les menaçait de toutes les peines de droit, s'ils ne la représentaient pas.

Combien d'avanies et d'émotions que nous ne saurions soupçonner, nous qui ne connaissons de ces longs jours de tribulations que la pâle rédaction d'un greffier illettré !

Depuis longtemps la mesure était comble et les nuages amoncelés dans cette atmosphère étouffante ne permettaient plus aux religieux d'y respirer. C'est pourquoi ils déclarent les uns après les autres qu'ils choisissent une autre résidence. Frère Jean-Baptiste Pierre était parti, le 30 avril, pour Versailles ; D. Chapelet le 31 mai pour Montcornet-sur-Serre, district de Laon ; Frère Constantin Dalliet le 14 juillet pour Inchy.

D. Guillaume Enocq, l'ex-prieur de Saint-Riquier, ainsi que le nomme le greffier, a bu la coupe d'amertume jusqu'à la lie. Des rumeurs sinistres se succédaient continuellement ; il se crut obligé de quitter ce séjour sacré où il espérait du moins reposer en paix après sa mort. Il se présente donc le 4 septembre 1791 devant les administrateurs de la Commune, pour leur signifier que le jour même il part pour Grevillers, son village natal. « Sa signature apposée sur le registre de la Commune, comparée avec celle
« qu'il donne en plusieurs endroits du manuscrit original, semble indiquer les poi-
« gnantes émotions qui bouleversaient son âme : en donnant cette fatale signature,
« ses yeux étaient voilés de larmes et sa main toute tremblante. On dirait la signature
« d'un vieillard illettré : on semble apercevoir la trace d'une larme sur le manuscrit,
« qui cette fois révèle la plaie profonde d'une âme ulcérée. Partout ailleurs la signature
« du prieur Enocq, bien que celle d'un vieillard, est encore ferme, surtout lorsqu'il
« déclare qu'il veut garder la vie commune. Ici le paraphe est changé et la main a
« appuyé si fort que les deux becs de la plume l'ont fait double. » *Observation du copiste du manuscrit* (2).

(1) *Registre aux délibérations de la Mairie d'Abbeville*, cité par M. Prarond. — *(Hist. de St-Riq., page* 265). — « La municipalité d'Abbeville veillait aussi aux ventes des coupes de bois, étant adjudicataire, au moins éventuelle du fonds.» *Ibid., page* 400.

(2) *Archives municipales de Saint-Riquier.*

Les adieux du prieur à ses frères, aux tristes débris de sa communauté presque anéantie, à son monastère tendrement aimé, nous présentent une scène des plus touchantes. Il embrassa, nous disait un témoin oculaire, non-seulement ses religieux, mais tous les employés du monastère ; il pleurait et tous sanglotaient autour de lui. Une seule espérance animait ces exilés de la vie monastique, la réunion au ciel : c'était là leur rendez-vous. Le pauvre Jacques Carpentier surtout, cet oblat invalide de 78 ans, était le plus inconsolable : il perdait son père, son appui et un consolateur : il restait seul, au milieu d'un monde nouveau, à la discrétion des indifférents et des spoliateurs de son monastère. Enfin Guillaume Enocq s'arracha à ses embrassements et quitta son monastère, seul, sans ressources, pour s'exiler au domicile de ses Pères, où il rentrait inconnu, persécuté, mort civilement, dépouillé de ses titres et dignités (1).

Après la sortie du prieur, il ne restait plus que cinq religieux ; le 4 octobre D. Dubuisson partit pour Thiembronne, district de Boulogne. Frère Jean-Baptiste Cousin quitta le 12 octobre pour se rendre à Lynde, district d'Hazebrouck.

Nous sommes sans renseignements sur la sortie des autres religieux. D. Boubaix, D. Gavrelle et D. Margana fixèrent leur domicile à Saint-Riquier.

Ce dernier était très faible d'esprit, il ne disait même pas la messe, quand il était en communauté. La tourbe des émeutiers s'empara de lui et le jeta dans une exaltation révolutionnaire qui fait pitié. Le 14 septembre 1792, quelques jours après les massacres, il jura d'être fidèle à la Nation, de maintenir de tout son pouvoir l'égalité et la liberté ou de mourir en la défendant, de quoi il a requis acte, disent les registres municipaux ; sous la Convention il fit le serment civique, comme ses deux confrères ci-devant religieux. Il s'associa au club de la Société Populaire et il fut même député à la municipalité, pour demander que la ci-devant église paroissiale fût convertie en temple de la Raison. Au milieu de toutes ces folies, il jouissait cependant encore du titre de vicaire de Saint-Riquier ; mais le 22 pluviose an II il renonça à ses fonctions qu'il déclara n'avoir exercé depuis deux ans qu'à défaut d'autre emploi et se déclara satisfait de son traitement de cy-devant religieux, élevé à 1,000 francs, parce qu'il était âgé de 66 ans. Mais D. Margana changeait sans vergogne avec la politique ; le 3 messidor an III de la République Française, il se présenta de nouveau à la municipalité pour reprendre son titre de vicaire et annoncer qu'il était de nouveau disposé à exercer le culte catholique, apostolique et romain, en se soumettant aux lois de la République. D. Margana après le Concordat s'est éteint dans le vieux presbytère de Notre-Dame, dépouillé de toute fonction.

(1) D. Énocq s'est fixé dans son pays natal où il vécut jusqu'à la fin de la Révolution ; il y fut honoré et vénéré. On se souvient encore à Grevillers de M. le prieur de Saint-Riquier et son portrait est conservé chez une de ses parentes à Arras. Un des neveux de D. Énocq fut curé de Grevillers, où il mourut en 1832, à l'âge de 80 ans. Un de ses frères avait été clerc-chantre de cette paroisse.

D. Boubaix et D. Gavrelle ne donnèrent aucun autre témoignage d'adhésion aux idées nouvelles que le serment civique. Le premier mourut pendant la Révolution. Le second fut économe et administrateur de l'Hôtel-Dieu pendant plusieurs années ; mais il ne reprit jamais ni l'habit ni les fonctions ecclésiastiques. Exact aux devoirs extérieurs de la vie chrétienne, d'une conduite honorable, il vécut cependant de longues années, sans participer aux sacrements. Mais dans sa vieillesse il fit sa paix avec son Dieu, et ses derniers jours furent animés des sentiments de la piété chrétienne.

Nous n'avons pu recueillir sur l'existence des moines qui émigrèrent de Saint-Riquier d'autres détails que le peu de mots rapportés plus haut sur le prieur D. Énocq.

La Révolution avait consommé son œuvre. Tous les religieux étaient expulsés et leurs biens vendus : il ne restait plus que les bâtiments du couvent, on les mit aux enchères le 28 octobre 1791. La première fois, il ne se rencontra point de soumissionnaire : le 12 novembre ils furent adjugés pour 40,000 livres aux sieurs Dorge et Cauchy d'Abbeville (1). La maison abbatiale fut mise à prix par l'Abbé Callé, curé de Saint-Riquier. Il en paya 4,000 livres.

Le même jour et de la même manière on mettait aussi en vente les bâtiments composant la vieille abbatiale de la ci-devant abbaye de Saint-Riquier, la chapelle de Saint-Nicolas y attenant, la basse-cour de l'abbatiale avec les remises, les écuries et le petit jardin en dépendant, « la dite basse-cour et dépendances et la chapelle de Saint-Nicolas tenant d'un côté à la grande rue Saint-Riquier, qui conduit à la porte de Doullens, d'autre côté à la place au-devant de l'église, d'un bout à la basse-cour et jardin de la maison conventuelle et d'autre bout à différentes maisons de particuliers (2) », lequel immeuble fut vendu à la charge par celui qui s'en rendait adjudicataire de démolir et déblayer les matériaux et décombres du bâtiment nommé le *Vieil Abbatial*, dans l'espace de deux années, pour que l'emplacement restât vide et fît partie de la place, au-devant de l'église de l'abbaye, où on a établi la paroisse de Saint-Riquier.

M. Callé curé de Saint-Riquier a tout acheté sur un premier feu, pour 1,520 livres : personne n'osa mettre de surenchère (3).

Un maître couvreur et un maître serrurier propriétaires de l'abbaye de Saint-Riquier ! Ce sont les précurseurs ou les premiers éclaireurs de la bande noire. Ils ont supputé ce que rapporteraient les matériaux après les travaux de démolition, ils ont parcouru toutes les parties de l'édifice, estimé la ferraille, les bois et autres matériaux de construction et bientôt après le marteau des démolisseurs a réveillé les échos silencieux de la maison de prières. Le cri strident de la scie et de la lime ont sans doute fait tressaillir les vieux moines dans leurs tombeaux de pierre. Le monastère s'écroula sous la

---

(1) *Archives du département.*

(2) L'ancienne abbatiale sur la place actuelle, fermait le monastère du côté de l'ouest. La porte de Saint-Nicolas s'ouvrait dans la maison qui fait le coin de la rue Saint-Jean. On voit encore les murailles de l'église Saint-Nicolas.

(3) *Archives du département.*

hache et le marteau des destructeurs, et la poussière dispersée dans les airs annonça au loin le triomphe des idées modernes sur l'ancien régime. Le chapitre, les cloîtres intérieurs, le réfectoire, le dortoir, l'infirmerie, tout fut abattu et ne présenta plus qu'un amas de décombres, au milieu desquels s'élançaient les arches de murailles que le marteau avait respectées, parce que la matière ne suffisait probablement point à rémunérer le travail de l'ouvrier. De ce vaste et splendide monastère il ne resta plus à la fin du siècle qu'un seul bâtiment, affecté à l'habitation du propriétaire. C'est celui qu'a retrouvé debout le courageux fondateur du Petit Séminaire, celui qu'ont habité les premiers élèves, pendant que son zèle relevait ces dortoirs qui ont abrité tant de générations d'écoliers. Les vieilles charmilles des jardins, les ombrages séculaires tombèrent sous la cognée du bûcheron. Tout cela accrut les ressources nécessaires pour solder le prix principal de l'acquisition.

Ruines et décombres sur une immense surface, jardin informe et dénudé, cultivé par des mercenaires aux gages des propriétaires ou de leurs locataires, tel fut le spectacle offert pendant un quart de siècle aux rares visiteurs qui pénétraient dans ce sanctuaire de la science et de la perfection chrétienne.

> Ah ! qui n'a parcouru d'un pas mélancolique
> Le dôme abandonné, la vieille basilique
> Où devant l'Eternel s'inclinaient ses aïeux ?
> Ces débris éloquents, ce seuil religieux,
> Ce seuil où tant de fois le front dans la poussière
> Gémit le repentir, soupira la prière.
> L'imagination à ces murs dévastés
> Rend leur encens, leur culte et leurs solennités,
> A travers tout un siècle, écoute les cantiques
> Que la Religion chantait sous ses portiques,
> Et le cloître attentif en redit les accents (1).

Quand Dieu, pour des raisons qui nous sont inconnues, veut hâter les ruines du monde, il ordonne au temps de prêter sa faulx à l'homme et le temps nous voit avec épouvante ravager dans un clin d'œil ce qu'il eût mis des siècles à détruire (2).

Adorons la justice du Tout Puissant. L'état monastique a usé son énergie dans des querelles inutiles : il a placé sa perfection dans l'indépendance de l'autorité suprême. Les princes de l'Eglise eux-mêmes, en cherchant la faveur des rois, en se tenant humiliés à leurs pieds, ont laissé altérer la vraie doctrine. Privé de ce sel vivifiant, le monde s'est corrompu et la société chrétienne, après avoir langui pendant près d'un siècle, éprouva une de ces crises que subissent les peuples, toutes les fois qu'ils déplacent les bornes

---

(1) Soumet. — *De l'Incrédulité.*
(2) Chateaubriant.— *Génie du Christianisme,* troi- sième partie, livre IV.

de l'autorité et qu'ils mettent César à la place de Dieu. L'Église surnagea toutefois, mais dans des flots de sang. Les moines infidèles à leur mission disparurent. Mais l'arbre dénudé a depuis poussé des rameaux, qui ont sauvé une institution essentielle à la constitution de l'Eglise. Ce fut une merveille de la puissance divine. Si de nouvelles tempêtes brisent les branches du palmier planté par saint Benoît, croyons d'une foi ferme qu'il refleurira sous la garde de Celui qui gouverne les empires et les élève ou les abaisse pour le salut de ses élus.

Justus ut palma florebit : sicut cedrus Libani multiplicabitur.

CHAPITRE VIII.

CONCLUSION DE L'HISTOIRE DES ABBÉS ET DES MOINES.

La vie religieuse des moines Bénédictins.

Le ive chapitre de la règle de Saint-Benoît. — Amour des moines pour Jésus-Christ. — Renoncement universel. — Veilles, prières, pénitences, pieuses lectures. travail, silence, jeûnes et abstinences. — Relâchement. Examen sérieux de ce reproche. Les principales causes indépendantes de la volonté des moines.

Les historiens de l'ordre religieux, fondé par l'illustre patriarche des cénobites de l'Occident, ont compté jusqu'à 52,000 abbayes militant sous la règle que saint Benoît donna à ses premiers disciples, et 44,000 moines honorés du titre de saints dans leur ordre, « puissants avocats, disent-ils, en la cour du ciel (1). » Notre monastère de Saint-Riquier ne sera qu'un atome à peine visible dans ce monde spirituel. Cependant, cette petite colonie a donné plusieurs milliers d'enfants à saint

(1) D. *Piolin* dans les *Analecta Juris Pontificii.* Sept. et oct. 1878.

D. Ludovisi distingue entre les monastères et les prieurés, et compte 37,000 abbayes et 15,000 prieurés. Dans ce grand nombre de saints, le Mont-Cassin en revendique 5,500, dont il conserve la dépouille mortelle.

Le monastère de Saint-Riquier peut se glorifier de posséder au moins huit saints de l'ordre bénédictin.

Il n'est pas déplacé d'ajouter ici les observations suivantes : « Les monastères de cet ordre étaient en si grand nombre en 1336 que le pape Benoît XII le divisa en trente-sept provinces, marquant des royaumes entiers pour une province, comme le Danemarck, la Bohême, l'Ecosse, la Suède, etc. Ce qui fait comprendre l'étendue prodigieuse de cet ordre et le nombre de ces monastères. »

« Voici quelque chose de plus frappant. Le pape Jean XXII, qui fut élu en 1316 et mourut en 1334, trouva, après une recherche exacte qu'il fit faire, que depuis la naissance de cet ordre, il en sortit vingt-quatre papes, près de deux cents cardinaux, sept mille archevêques, quinze mille évêques,

Benoît dans l'espace de douze siècles. Tous ont vécu de la même vie que leurs frères répandus sur la surface de la terre, tous ont combattu les mêmes combats et mérité la même couronne. Que de noms illustres dans le siècle ont été ensevelis dans l'obscurité de cette solitude ! N'est-il pas convenable de redire leur vie. En connaissant leurs œuvres, on bénira leur mémoire. Après avoir raconté, dans toutes ses phases, l'histoire de ce monastère, admiré les efforts de tant d'Abbés généreux pour élever au Très-Haut une basilique capable de rivaliser avec les sanctuaires les plus splendides, après avoir gémi sur ses désastres, applaudi à ses restaurations, déploré les scandales d'un relâchement passager, glorifié les époques de ferveur d'un si riche monastère, il nous sera permis de dire quelques mots sur la vie intime de ces athlètes du cloître. Nous trouvons dans le quatrième chapitre de la règle de Saint-Benoît l'abrégé de leurs devoirs, les plus belles leçons qui aient jamais été données aux chrétiens engagés, par le désir de leur sanctification, dans les voies ardues de la perfection.

Voici ce chapitre avec ses soixante-douze maximes empruntées aux livres saints et avec la traduction du xviie siècle (1).

Le premier devoir, avant toutes choses, est d'aimer Dieu de tout son cœur, de toute son âme, de toutes ses forces.

2 Ensuite, le prochain comme soi-même.

3 Ne tuer personne.
4 Ne commettre aucune fornication.
5 Ne point dérober.
6 Ne point convoiter.
7 Ne point porter faux témoignage.
8 Respecter tous ses semblables.
9 Ne pas faire à autrui ce que nous ne voudrions pas qu'on nous fît.
10 Renoncer à soi-même, pour suivre Jésus-Christ.
11 Traiter rudement son corps.

Primum instrumentum, in primis, Dominum Deum tuum diligere ex toto corde, totâ animâ, totâ virtute (2).

2 *Deinde, proximum tanquam seipsum* (3).

3 *Deinde, non occidere* (4).
4 *Non adulterari* (5).
5 *Non facere furtum* (6).
6 *Non concupiscere* (7).
7 *Non falsum testimonium dicere* (8).
8 *Honorare omnes homines* (9).
9 *Et quod sibi quis fieri non vult, alii non faciat* (10).
10 *Abnegare semetipsum sibi, ut sequatur Christum* (11).
11 *Corpus castigare* (12).

quinze mille abbés insignes dont la confirmation appartient au Saint-Siège, plus de quarante mille saints, etc.

(L'Abbé Gaume, *Catéchisme de persévérance*. tome 8, page 627.)

Il est bien clair que cette énumération contient toutes les familles monastiques qui ont suivi la règle de saint Benoît.

(1) Chapitre IV de la règle de saint Benoît, dans la Bibliothèque Générale des Écrivains de Saint-Benoît. Tome III. page 293.

Saint Benoît accommode le sens de la maxime de l'Écriture à sa pensée et ne donne pas le texte exact.

(2) Deut. 6. (3) Luc 10. (4) Deut. 5. (5) *Ibid.* (6) *Ibid.* (7) *Ibid.* (8) *Ibid.* (9) 1 Pet. 2. (10) Tob. 4. (11) Matth. 16. (12) 1 Cor. 9.

12 Fuir les délices,	12 *Delicias non amplecti* (1).
13 Aimer le jeûne.	13 *Jejunium amare* (2).
14 Assister les pauvres.	14 *Pauperes recreare* (3).
15 Vêtir les nuds.	15 *Nudum vestire* (4).
16 Visiter les malades.	16 *Infirmum visitare* (5).
17 Ensevelir les morts.	17 *Mortuum sepelire* (6).
18 Soulager ceux qui souffrent.	18 *In tribulatione subvenire* (7).
19 Consoler les affligés.	19 *Dolentem consolari* (8).
20 S'éloigner de la conduite et des actions du monde.	20 *A sæculi actibus se facere alienum* (9).
21 Ne rien préférer à l'amour de Jésus-Christ.	21 *Nihil amori Christi præponere* (10).
22 Ne point exécuter les mouvements de la colère.	22 *Iram non perficere* (11).
23 Ne rechercher point le temps de se venger.	23 *Iracundiæ tempus non reservare* (12).
24 Ne point nourrir de fraude ens on cœur.	24 *Dolum in corde non tenere* (13).
25 Ne point donner une fausse paix.	25 *Pacem falsam non dare* (14).
26 Ne se départir point de la charité.	26 *Charitatem non derelinquere* (15).
27 Ne jurer en aucune sorte, de peur qu'on ne se parjure.	27 *Non jurare, ne forte perjuret* (16).
28 Dire la vérité de cœur et de bouche.	28 *Veritatem ex corde et ore proferre* (17).
29 Ne rendre point le mal pour le mal.	29 *Malum pro malo non reddere* (18).
30 Ne faire injure à personne, mais souffrir avec patience celle qui nous est faite.	30 *Injuriam non facere ; sed et factam patienter sufferre* (19).
31 Aimer ses ennemis.	31 *Inimicos diligere* (20).
32 Ne maudire point ceux qui nous maudissent, mais plutôt les bénir.	32 *Maledicentes se non remaledicere, sed magis benedicere* (21).
33 Souffrir les persécutions pour la justice.	33 *Persecutiones pro justitiâ sustinere* (22).
34 N'être point superbe.	34 *Non esse superbum* (23).
35 Ni adonné au vin.	35 *Non vinolentum* (24).

(1) 2 Pet 2. (2) Dan 9. (3) Tob. 4. (4) Isa. 58. (5) Matth. 25. (6) Tob. 1. (7) Eccl. 7. (8) Eccli. 7. (9) Rom. 12. (10) Matth 10. (11) *Ibid.* 5. (12) Ephes. 4. (13) Prov. 12. (14) Psal. 27. (15) 1 Pet. 1, 4, (16) Matth. 5. (17) Psal. 14. (18) Rom. 12. (19) 1 Cor. 6. (20) Matth. 5. (21) 1 Pet.3. (22) Matth. 5. (23) Tob. 4. (24) 1 Tim. 3.

CHAPITRE VIII. — CONCLUSION DE L'HISTOIRE DES ABBÉS ET DES MOINES.

36 Ni grand mangeur.
37 Ni endormi.
38 Ni paresseux.
39 Ni murmurateur.
40 Ni médisant.
41 Mettre son espérance en Dieu.
42 Attribuer à Dieu, et non pas à soi-même, le bien qu'on voit en soi.
43 Mais reconnaître toujours qu'on est auteur du mal que l'on fait, et se l'imputer.
44 Craindre le jour du jugement.
45 Avoir appréhension de l'enfer.
46 Désirer la vie éternelle de toute l'affection de son âme.
47 Avoir tous les jours la mort devant les yeux, comme prête à nous surprendre.
48 Veiller continuellement sur les actions de sa vie.
49 Croire avec une entière certitude que Dieu nous regarde, en quelque endroit que nous soyions.
50 Rejeter toutes les mauvaises pensées qui nous viennent en l'esprit, en les brisant contre la pierre, qui est Jésus-Christ,
51 Et les découvrir à un ancien, qui soit spirituel.
52 Garder sa langue de tout discours mauvais et désordonné.
53 N'aimer point à parler beaucoup.
54 Ne dire point de paroles vaines, et qui soient propres à faire rire.
55 N'aimer le ris démesuré ou éclatant.

36 *Non multum edacem* (1).
37 *Non somnolentum* (2).
38 *Non pigrum* (3).
39 *Non murmurosum* (4).
40 *Non detractorem* (5).
41 *Spem suam Deo committere* (6).
42 *Bonum aliquod in se quum viderit, Deo applicet, non sibi* (7).
43 *Malum vero semper à se factum sciat, et sibi reputet* (8).
44 *Diem judicii timere* (9).
45 *Gehennam expavescere* (10).
46 *Vitam æternam omni concupiscentia spiritali desiderare* (11).
47 *Mortem quotidie ante oculos suspectam habere* (12).
48 *Actus vitæ suæ omni hora custodire* (13).
49 *In omni loco Deum se respicere, pro certo scire* (14).
50 *Cogitationes malas cordi suo advenientes, mox ad Christum allidere* (15),
51 *Et seniori spirituali patefacere* (16).
52 *Os suum à malo vel pravo eloquio custodire* (17).
53 *Multum loqui non amare* (18).
54 *Verba vana aut risui apta non amare* (19).
55 *Risum multum aut excussum non loqui* (20).

(1) Eccl. 31, 37. (2) Prov. 20. (3) Prov. 24, 26. (4) Sap. 1. (5) Prov. 4. (6) Psal. 36. (7) Jacq. 1. (8) Jerem. 2. (9) Job. 31. (10) Luc. 12. (11) Psal. 83. (12) Matth. 24. (13) Deut. 4. (14) Prov. 15. (15) Psal. 136. (16) Eccl. 8. (17) 19, 23, 38. (18) Prov. 10. (19) Matth. 12. (20) Eccl. 21.

56 Ecouter avec plaisir la lecture des choses saintes.	56 *Lectiones sanctas libenter audire* (1).
57 Vaquer souvent à l'oraison.	57 *Orationi frequenter incumbere* (2).
58 Confesser à Dieu tous les jours, dans la prière, avec larmes et gémissements, ses péchés passés, et s'en corriger à l'avenir.	58 *Mala sua præterita cum lacrymis vel gemitu quotidie in oratione Deo confiteri : et de ipsis malis, de cætero emendare* (3).
59 Ne point accomplir les désirs de la chair. Haïr sa propre volonté.	59 *Desideria carnis non perficere : voluntatem propriam odire* (4).
60 Obéir en toutes choses aux préceptes de l'abbé, encore (ce qu'à Dieu ne plaise) qu'il agisse autrement qu'il ne commande, car il faut se souvenir de cette parole de notre Seigneur : Faites ce qu'ils disent, et ne faites pas ce qu'ils font.	60 *Præceptis abbatis in omnibus obedire; etiamsi ipse aliter (quod absit) agat; memores illius Dominici præcepti : quæ dicunt, facite; quæ autem faciunt, facere nolite* (5).
61 Ne vouloir point être estimé saint, avant qu'on le soit; mais l'être auparavant, afin qu'on soit estimé tel, avec plus de vérité.	61 *Non velle dici sanctum, antequam sit : sed prius esse, quo verius dicatur* (6).
62 Accomplir tous les jours les commandements de Dieu, par ses actions.	62 *Præcepta Dei factis quotidie adimplere* (7).
63 Aimer la chasteté.	63 *Castitatem amare* (8).
64 Ne haïr ni ne trahir personne.	64 *Nullum odire nec prodire* (9).
65 N'être jaloux, ni envieux.	65 *Zelum et invidiam non habere* (10).
66 N'aimer point à contester.	66 *Contentionem non amare* (11).
67 Fuir la présomption.	67 *Elationem fugere* (12).
68 Honorer ceux qui sont avancés en âge.	68 *Seniores venerari* (13).
69 Aimer les jeunes pour l'amour que l'on porte à Jésus-Christ.	69 *Juniores diligere* (14).
70 Prier Dieu pour ses ennemis.	70 *In Christi amore pro inimicis orare* (15).
71 Se réconcilier avant le soleil couché, avec ceux avec qui on aurait eu quelque différend.	71 *Cum discordantibus ante solis occasum in pacem redire* (16).
72 Et ne désespérer jamais de la miséricorde de Dieu.	72 *Et de Dei misericordia nunquam desperare* (17).

(1) Luc. 11. (2) Luc. 18. (3) Psal. 6. (4) Gal. 5. (5) Matth. 23. (6) Matth. 6. (7) Eccl. 6. (8) 1 Tim. 5. (9) Lev. 19. (10) Gal 5. (11) 2 Tim. 2. (12) Psal. 130. (13) Lev. 19. (14) 1 Tim. 5. (15) Matth. 5. (16) Ephes. 11. (17) Ezech. 18.

« Voilà, continue saint Benoît, quelles sont les armes de la vie spirituelle. Si nous
« nous en servons pour travailler jour et nuit à notre salut, sans relâche, et si au jour
« du jugement nous les remettons entre les mains de Dieu qui nous les a données, il
« nous en rendra la récompense qu'il a promise, cette récompense, dont il est écrit
« que l'œil n'a point vu, l'oreille n'a point entendu, le cœur de l'homme n'a jamais
« conçu ce que Dieu a préparé pour ceux qui l'aiment. Or, le lieu où l'on pratique
« admirablement ces leçons divines, c'est le cloître d'un monastère avec la stabilité
« dans une communauté. »

En étudiant les maximes proposées dans ce chapitre, on suivra le travail qui s'opère dans une âme, lorsqu'elle se soumet à cette éducation religieuse. Elle commence par s'établir dans la pratique des préceptes du décalogue, puis elle s'applique aux œuvres de miséricorde. Elle apprend à pardonner, à se renoncer, à se mortifier, à souffrir : elle se nourrit de l'oraison, de saintes lectures, du souvenir de ses fins dernières, ce salutaire préservatif de tout péché. Les vertus d'humilité, d'obéissance, le support du prochain, la charité mutuelle, sont les degrés par lesquels les pécheurs justifiés s'élèvent au sommet de la perfection, d'où l'on aperçoit les premières splendeurs de l'éternelle Sion.

Nous devons nous borner dans l'examen de ces maximes spirituelles sur lesquelles on a écrit de si belles pages. Les services rendus à la société par ces héroïques exilés d'un monde esclave soit de la double concupiscence de la chair et des yeux, soit de l'orgueil de la vie, sont assez connus (1). Nous nous contentons de considérer le moine fidèle à sa vocation, marchant sur les traces de son père saint Benoît, sans autre ambition que de s'associer à l'immolation du calvaire, et de se fixer dans l'amour de la croix par ces trois liens qu'on nomme vœux de pauvreté, de chasteté et d'obéissance. Nous répondrons plus loin à ceux qui voient le type de moine dans les traînards de cette milice céleste, dans les déserteurs que les attaques des ennemis du salut mettent en fuite, dans les traîtres, qui violent leurs serments par une honteuse apostasie.

Maxime XXI. Nihil amori Christi præponere. — M° L. Cogitationes malas cordi suo advenientes mox ad Christum allidere.

Que cherche l'âme du religieux, lorsqu'elle obéit à une voix qui murmure à l'oreille intérieure de la conscience ; «abandonne ce que tu possèdes ici-bas, viens, suis-moi, ton sauveur et ton Dieu » le salut éternel dans l'imitation de la vie pénitente et pauvre de l'homme-Dieu. Sous l'impression d'une inspiration céleste, elle embrasse la *folie de la croix* (2), et lui voue les plus belles années de sa vie, les plus douces espérances de son avenir. C'est sur la croix qu'elle va poser l'édifice de la sanctification, comme sur la pierre angulaire qui unit la cité terrestre à la cité céleste. C'est contre cette pierre, qui

---

(1) Voir les *Moines d'Occident*, Tome VI. *Passim.*   (2) *Nos stulti propter Christum.* — S. Paul.

est le Christ(1), qu'elle brisera les mauvais instincts de la nature, les tentations de l'ennemi du salut, les affections de la famille. Il serait téméraire de chercher ailleurs le grand secret de ce dévouement qui épouvante la mollesse des hommes du monde. Le triomphe de l'esprit sur la matière, cet abandon universel, l'amour seul de Jésus-Christ peut les expliquer. « Ce Jésus, dit le comte de Montalembert, ce Jésus dont la divinité est tous les jours insultée ou niée, on la prouve tous les jours par ces miracles de désintéressement et de courage qui s'appellent des vocations. Des cœurs jeunes et innocents se donnent à lui pour le récompenser du don qu'il nous a fait de lui-même, et ce sacrifice qui nous crucifie n'est que la réponse de l'amour humain à l'amour du Dieu qui s'est fait crucifier pour nous (2).

Quel spectacle présentent à un philosophe chrétien les siècles et les nations où le règne du Christ s'établit par de semblables combats et d'aussi admirables triomphes ! L'enthousiasme de la foi qui a entraîné les chevaliers du Christ vers Jérusalem, afin de délivrer le tombeau de leur maître, ravi à la piété des fidèles de l'Occident, poussait aussi dans les cloîtres d'autres légions de serviteurs de la croix et multipliait, au moyen âge, ces oasis religieux où l'on apprenait, à l'école du Sauveur, à pratiquer l'humilité et l'obéissance. Clairvaux sous la discipline de saint Bernard, a envoyé en divers pays 160 colonies, et ce ne fut qu'une faible partie des filiations de Cîteaux, cette mère si féconde, qui a compté 2,000 monastères soumis à son Abbé général. Les fils des nobles, des princes, des rois, de jeunes vierges de toute condition s'ensevelirent dans ces solitudes, pour mourir avec Jésus-Christ et marcher comme lui, dans une voie nouvelle, vers cette résurrection glorieuse qu'il a promise à ses fidèles disciples(3). D'illustres guerriers venaient, précédés de la renommée de leurs faits d'armes, recommencer, à l'école du Christ, des campagnes bien autrement pénibles que les travaux de la guerre et s'assurer par là une gloire plus durable que celles de leurs victoires. Il n'est point d'annales monastiques qui n'ait possédé des rejetons de plusieurs de ces familles, dont l'histoire ne prononce le nom qu'avec reconnaissance et dont les blasons ont perpétué les bienfaits, dans l'ordre temporel comme dans l'ordre religieux (4).

Le monastère de Saint-Riquier a inscrit en tête de ses chroniques le nom de son fondateur, issu des plus nobles familles mérovingiennes, et celui du favori de Charlemagne, son insigne restaurateur. Sans ajouter plus de foi qu'elle ne mérite à une page de ces chroniques, où l'on nous dit que tous les moines de Saint-Riquier comptaient des parents parmi les premiers seigneurs de la contrée, que les fils même des rois venaient y puiser la science du salut avec la connaissance des lettres humaines, nous prouverons par les noms, qui ont échappé à l'oubli dans lequel on voulait les ensevelir, que pen-

---

(1) *Petra autem erat Christus.* — S. Paul.
(2) *Moines d'Occident.* Tome v, page 985.
(3) *Si enim mortui sumus cum Christo, credimus quia simul etiam vivemus cum Christo.* — *Epist ad Rom.* cap. vi, v. 8.
(4) Voir les *Moines d'Occident.* Tome vi. *Passim.*

CHAPITRE VIII. — CONCLUSION DE L'HISTOIRE DES ABBÉS ET DES MOINES.

dant plusieurs siècles, les puissants de la terre venaient, très-nombreux, s'enroler dans cette milice d'abnégation et de laborieuse pauvreté.

Ce qui démontre plus évidemment l'héroisme du dévoûment religieux, c'est le genre de vie proposé par saint Benoît et ses succcesseurs dans la direction des moines bénédictins à ceux qui venaient frapper à la porte des monastères. Écoutons les premières paroles qu'on adressait non-seulement au pauvre fils de l'homme du peuple accoutumé à de rudes travaux, mais aussi au brillant chevalier qui demandait à échanger les vêtements luxueux du monde contre la bure monastique: « Mon frère, avez-vous sérieusement pesé la démarche que vous faites aujourd'hui ? pourrez-vous jamais supporter le joug de notre règle? quelle croix vous allez charger sur vos épaules, si vous entrez ici ? Vous enchaînerez votre liberté pour la vie : vous perdrez votre empire sur vos yeux, sur vos mains, sur votre langue, sur tous vos membres ; vous serez condamné à jeûner, à vivre pauvrement ; pourrez-vous endurer les longues veilles de la nuit, haïr ce que vous aimiez dans le monde, vous résigner à ne plus voir votre famille qu'à de rares intervalles, et à ne plus jamais la visiter ? Mon cher frère, pourrez-vous bêcher la terre, manier la hache du bûcheron ou le lourd marteau du forgeron, porter du bois à la cuisine, garder des troupeaux dans les pâturages, vous rendre le serviteur de tous vos frères? Je veux que, sous l'inspiration d'une énergique résolution, vous essayiez de ce genre de vie, aurez-vous assez de constance pour rester dans cette maison, comme dans une prison, d'où il vous sera impossible de sortir, pour retourner dans le monde ? Ici personne ne s'occupera de vous, et l'on ne vous laissera pas même un instant pour vous en occuper vous-même. Allez-vous-en à un autre monastère où la vie sera moins dure, la nourriture moins chétive, où vous trouverez une habitation plus commode ; car ici on ne rencontre qu'une terre inculte, des bêtes sauvages, des croix et une extrême pauvreté. » D'autres fois on disait : « mon frère, vous vous êtes peut-être rendu coupable d'un grand crime, d'un vol, d'un adultère, et vous venez ici pour cacher votre honte ; vous cherchez aventure et vous espérez vivre dans l'oisiveté ; il vous sera impossible de vous plier à notre genre de vie et de garder les promesses sacrées qu'on exigera de vous ; vous tomberez dans le désespoir et vous vous damnerez. Sachez qu'il est bien plus épouvantable d'être précipité d'un monastère dans l'enfer que du milieu du monde. Allez expier vos fautes ailleurs et ne nous exposez pas au malheur d'être les témoins de nouveaux scandales (1). »

L'épreuve était dure : on voit que les disciples de saint Benoît n'allègent point la règle. On poussait encore plus loin cette épreuve, quand le postulant insistait. On le laissait pendant plusieurs jours à la porte du monastère, on lui disait des injures. Mais enfin, on cédait aux sollicitations et la porte s'ouvrait (2). Après ces humiliations, le postulant

---

(1) Voir dans la *Patrologie de Migne*, le commentaire de la règle de saint Benoît, par D. Marlène, *pag.* 810.

(2) Ergo si veniens perseveraverit pulsans et il-latas sibi injurias et difficultatem ingressus, post quatuor aut quinque dies, visus fuerit patienter portare, et persisterit petitioni suæ, tribuatur ei ingressus. *Règle de Saint Benoit. Cap. LVIII.*

devait bientôt comprendre qu'on allait l'assujettir à un joug que l'orgueil et la mollesse seraient incapables de porter. En effet, pendant une année, on lui imposait des travaux pénibles, auxquels un homme du monde n'eût pu se livrer sans une extrême confusion, et on examinait scrupuleusement si le novice les exécutait volontiers. Ce n'est qu'après s'être assuré que le désir de mener une vie crucifiée, sous le regard de Jésus crucifié, était bien affermi dans son âme, gravé en caractère de feu dans son cœur, qu'on lui permettait de contracter les engagements par lesquels il devenait membre de la famille monastique.

M° X. Abnegare semetipsum sibi, ut sequatur Christum. — M° XI. Corpus castigare. — M° XII. Delicias non amplecti. — M° XX. A sæculi actibus se facere alienum. — M° LX. Voluntatem propriam odire. — M° LXVIII. Elationem fugere.

Quand on avait promis devant Dieu et devant les saints la réforme des mœurs et la stabilité dans la vie religieuse, quand on avait déposé sur l'autel sa cédule signée de sa main, gage toujours subsistant de vœux irrévocables, on s'était obligé de vivre loin du monde. Le regard fixé vers le ciel ne s'abaissait plus sur la terre ni même sur la famille. La propriété personnelle serait devenue un crime, capable d'attirer la malédiction du ciel sur le monastère. L'argent du moine, s'il en avait, aurait été enfoui dans la terre avec son cadavre. On ne pouvait revendiquer la propriété d'aucun objet mobilier, pas même du stylet ni de la tablette donnée pour écrire.

Que l'auteur de l'Imitation, ce maître si goûté de la vie spirituelle, ait composé son livre au xiii° siècle ou au xv°, son témoignagne sur la pénitence monastique n'en est pas moins concluant. « Comment font tant d'autres religieux qui vivent si resserrés sous la règle de leur maison ! Ils sortent rarement ; ils vivent dans la retraite ; leur nourriture est très pauvre ; ils s'habillent grossièrement, travaillent beaucoup, parlent peu, veillent longuement, se lèvent de bonne heure, demeurent longtemps en prières, lisent beaucoup et gardent en toutes choses une exacte discipline. Voyez les Chartreux, les religieux de Cîteaux, et tant d'autres religieux et religieuses de divers ordres, ils se lèvent toutes les nuits pour chanter les louanges de Dieu (1).... »

Saint Augustin nous montre, du reste, le bonheur du renoncement et du sacrifice. « Souffrir les maux si nombreux qu'on rencontre dans la vie présente, se priver des choses que le vulgaire appelle des biens, ces deux vertus de patience et de continence qui purifient les âmes et les rendent capables de posséder la divinité, ont été pratiquées par les sages chrétiens avec plus de perfection et avec plus d'humilité que par les philosophes antiques. Qu'on nous prouve qu'ils n'étaient point des sages chrétiens, ceux qui se faisaient volontairement pauvres à l'exemple de Jésus-Christ, puis s'abreuvaient au calice de ses souffrances et n'étaient heureux qu'autant qu'ils l'avaient épuisé, qui se dépouillaient, par la pratique du renoncement de leurs vices, autant que de leurs biens,

---

(1) *De Imitat. Christi. Lib. I. Cap.* 25.

CHAPITRE VIII. — CONCLUSION DE L'HISTOIRE DES ABBÉS ET DES MOINES. 343

s'exerçaient à la tempérance par des jeûnes prolongés, éteignaient les fureurs de l'envie et de la malignité par les prévenances de la charité et le soulagement de toutes les misères humaines (1). .

Mais la langue d'un mortel, dirons-nous avec un autre Saint Père, pourrait-elle raconter les vertus des saints religieux qui vivent sur la terre comme des anges, et qui, tout en conversant avec les hommes, n'ont cependant que des pensées toutes célestes. Leurs mérites étaient divers, mais leur vie à tous brillait comme les astres du firmament. Dans la charité parfaite des uns on voyait qu'on était en présence des amis de Dieu. L'humilité des autres, en les prosternant aux pieds des plus jeunes moines, jetait le plus vif éclat sur les sommets de la perfection. La maîtresse de toutes les vertus, l'obéissance dominait tellement sur plusieurs que toutes leurs actions portaient l'empreinte d'un héroïsme vraiment prodigieux. Tous travaillaient à l'envi à leur sanctification et le désir d'attirer sur elles les regards de Dieu, embrasait ces saintes phalanges d'une telle ardeur que chacune faisait servir les industries de son zèle au progrès de la communauté et changeait le chaos ténébreux de ce monde en splendides illuminations pour l'âme (2).

Nous venons d'entendre exalter le mérite de l'obéissance, mais que n'a-t-on pas écrit contre l'obéissance religieuse, contre les droits que s'arrogeaient les supérieurs, contre cette servitude volontaire par laquelle on abdique sa liberté d'homme, le plus inaliénable de tous les biens, et qui permet à une autorité tyrannique d'abuser de la docilité, de la piété, de l'exaltation des membres d'une communauté ? Il est bien facile de réfuter ces déclamations téméraires et injustes, quand on les examine sérieusement. Quoiqu'on en dise, cette aveugle soumission n'est pas aussi absolue qu'on veut le faire croire. Les religieux se comprennent sur l'étendue de leurs promesses. Quel homme sensé voudrait soutenir qu'un supérieur pourrait commander une chose défendue par les commandements de Dieu et de l'Église ? Voilà une réserve qui domine singulièrement l'empire despotique d'un Abbé. Ensuite le pouvoir de commander ne s'exerce que dans le cercle tracé par la règle (3), et cette règle a été proposée au moine, expliquée, commentée avant sa profession. L'obéissance, ainsi comprise ne porte plus le nom de joug onéreux. Le moine l'a sollicitée pendant bien longtemps. Point de jour plus heureux que celui où il s'est dépouillé de sa volonté, c'est-à-dire, de la liberté de faire le mal, pour se laisser régir par une règle que son Abbé lui fait exécuter au nom de Dieu. Qui ne voit que l'arbitraire des supérieurs, leurs rigueurs, leurs cruautés ne sont que des chimères, des accusations inventées par la mauvaise foi et acceptées par l'irréflexion ? Mais comment faire comprendre la vérité à ceux qui voudraient ruiner les institutions de l'église catholique ?

La XX° Maxime prescrit au religieux de s'éloigner de la conduite et des actions du

---

(1) *Commentaire de la règle de Saint Benoit, page* 810

(2) S. Euloge. *Eloge de la Vie monastique.*
(3) *Commentaire de la règle*, pag. 333.

monde. Pour la faire pratiquer efficacement, la règle ne permet de sortir de l'enceinte du monastère qu'avec l'autorisation de l'abbé, de rentrer, autant que possible, le même jour ! Une sentence d'excommunication est portée contre celui qui mange hors du monastère, sans y être autorisé. En outre, on n'entreprenait un voyage qu'après avoir déclaré en chapitre en quel endroit on était appelé. Au retour, prosterné sur les dalles du chœur pendant les heures canoniques, le moine implorait humblement la pitié de ses frères, en leur demandant de l'aider à expier les fautes échappées à sa fragilité dans les regards, dans les conversations, dans une multitude de paroles oiseuses. Il était absolument interdit de rapporter ce qu'on avait vu ou entendu. La violation de cette défense était soumise à une punition prévue par la règle. On rendait compte à l'Abbé de l'emploi de son temps, des négociations, des visites, des conversations, des fautes commises. L'Abbé, après avoir approuvé ce qui était juste et équitable, faisait une correction pour les manquements, et appliquait les remèdes sur les plaies de l'âme blessée dans ce contact si dangereux.

Les rapports avec les parents étaient aussi soumis à des règles sévères. On ne recevait point de présent, ni même de lettres, sans la permission de l'Abbé. Loin de s'en effrayer, des religieux poussaient l'esprit d'abnégation jusqu'à jeter au feu des paquets de lettres qu'ils n'avaient point lues, en se disant : « de combien de pensées inutiles ces lettres seraient la source ! que de folles joies, que de tristesses infructueuses pour mon pauvre cœur ! Adieu donc, pensées de la patrie et de la famille ! brûlez, brûlez toutes ensemble et ne venez point réveiller des tentations que j'ai voulu étouffer en fuyant le monde (1). Quel chrétien oserait blâmer la conduite de ces hommes généreux ? Loin de nous des récriminations injustes, lorsqu'ils possèdent la paix, qu'ils sont venus chercher dans ces austères demeures qu'on appelle des cloîtres.

« C'est, suivant une belle réflexion du comte de Montalembert, le propre de la vie religieuse de transfigurer la nature humaine, en donnant à l'âme ce qui lui manquerait presque toujours dans la vie ordinaire. Elle ajoute par un don surnaturel le charme incomparable de l'enfant avec sa candeur naïve et caressante : et alors le regard attendri contemple sur un visage cette simplicité dans la beauté et cette sérénité dans la force, qui sont la plus belle parure de la vertu et du génie (2). » Voyez, par exemple, saint Guillaume, moine de Gellone ; il avait passé les plus belles années de sa vie dans des palais dorés ; chaque panneau de ses salons reflétait sa gloire autant que sa magnificence. Devenu moine, il habite, humble et inconnu, une pauvre cellule. Ce grand conquérant, ce législateur de vastes provinces, cet homme puissant en œuvres et en science, l'idole de ses soldats et de ses innombrables serfs, se laisse instruire, en toute patience, des pratiques monastiques ; tous lui font la leçon, même les plus jeunes religieux et les enfants. Il accepte avec patience les avertissements, il supporte même les injures, sans

---

(1) Comm. de la règle. Ibid. page 768.   (2) Moines d'Occident. Tome V. page 377.

que le moindre signe d'impatience se trahisse sur son visage. Soumis pour Dieu à toute créature, il vit heureux dans son esclavage. Comme l'or, dans le creuset, se purifie de tout alliage, ainsi saint Guillaume, par sa prompte obéissance, par une pratique constante de la règle, fait chaque jour d'admirables progrès dans la sainteté (1).

Citons encore quelques faits propres à démontrer la force de la grâce divine sous l'habit monastique. Le comte Bouchard, l'un des plus illustres ancêtres des Montmorency, l'ami de Hugues Capet, son auxiliaire dans l'expédition que ce futur monarque entreprit contre Arnoul, comte de Flandre, pour se faire restituer les corps de saint Riquier et de saint Valery, voulut consacrer à Dieu ses dernières années dans le monastère de Saint-Maur-des-Fossés qu'il avait réformé. Toute sa consolation fut de remplir l'office d'acolyte dans les offices publics. Comme les moines admiraient cette grande humilité, il leur répondit : « Quand j'avais l'honneur d'être chevalier, comte et chef de beaucoup d'autres chevaliers, je portais volontiers devant un roi mortel la lumière dont il avait besoin : combien plus ne dois-je donc pas, maintenant que je suis au service de l'immortel empereur du ciel, porter devant lui ces cierges comme un gage de ma respectueuse humilité (2). »

Romaric se fit moine de Luxeuil, après avoir distribué toutes ses terres aux pauvres et affranchi un grand nombre de ses serfs : il choisit les occupations les plus basses et surpassa tous ses frères par son assiduité à cultiver le jardin, tout en apprenant par cœur le psautier (3).

Un riche seigneur Anglais, parent et instituteur de saint Benoît Biscop, fondateur de Wearmouth, confondu avec les moines les plus humbles, se complaisait à battre le blé, à traire les brebis et les vaches, à travailler au four et à la cuisine, à forger le fer, à jardiner, à conduire la charrue, en un mot, à se livrer aux plus rudes travaux des champs (4).

« Sans doute, dit le savant historien de l'Abbaye de Morimond, les hommes de nos jours, avec leurs croyances mortes ou mourantes et leur immense orgueil, accoutumés à étouffer le cri de leur conscience avec tant de facilité, ne peuvent se faire une idée des phases étonnantes et prodigieuses de la vie de leurs aïeux ; ils ne conçoivent plus cette puissance de la foi et cette force terrassante du remords chrétien, qui jetaient un homme coupable du palais dans la cellule monacale, d'un lit de soie et de pourpre sur la cendre ou la paille, d'un trône sur un fumier, qui faisaient, en un mot, d'un duc de Bourgogne un cuisinier de Cluny, d'un prince de Savoie un décrotteur de sandales à Bonnevaux, et d'un comte de Mons, un gardien de pourceaux à Morimond (5).

---

(1) *In vita S. Guillielmi.*
(2) De Montalembert ajoute ce qui suit : « ces paroles de Bouchard ne rappellent-elles pas l'usage de bougeoir tel qu'il se pratiquait au coucher du roi à Versailles avant 1789 ? » *Moines d'Occident.*

Tome vi, *page* 44.
(3) *Ibid. page* 55.
(4) *Ibid. page* 57.
(5) *Histoire de l'Abbaye de Morimond, page* 69.

Suivons maintenant une journée d'un moine Bénédictin pour mieux comprendre encore sa pénitence.

M° XXXVII. Non somnolentum. — Les lits des moines n'étaient point disposés pour flatter la mollesse et inviter à un sommeil prolongé. Si les disciples de saint Benoît ne couchaient pas comme saint Jérôme sur la terre nue (1), leurs lits n'étaient guère plus confortables ; ils n'étaient garnis que d'une paillasse, d'une grosse bure, d'une couverture de laine et d'un traversin. Ces lits étaient visités souvent par l'Abbé, pour empêcher qu'on y ajoutât quelque chose de particulier. Les moines dormaient habillés, les reins ceints d'une corde, la tête couverte de leurs capuces à demi relevés, afin d'être prêts au premier signal et de descendre sans retard à l'église pour l'office de la nuit. Couchés à sept ou huit heures du soir, les moines étaient debout à leur stalle, à minuit ou deux heures du matin, selon la durée de l'office et la longueur des jours (2).

Remarquons, en passant, que malgré les reproches qu'il a pu mériter à certaines époques pour son relâchement, le monastère de Saint-Riquier pratiquait, au dernier siècle, les austérités de la règle de saint Benoît comme aux âges précédents. Nous en avons la preuve dans l'incendie de 1719 et dans les renseignements que nous avons recueillis sur les dernières années du monastère. Dans les périodes où l'on s'éloigna le plus des prescriptions du saint fondateur, on obligeait encore les moines à chanter les matines à quatre heures du matin.

M° LVII. Orationi frequenter incumbere. — Toute la vie des moines exhalait le suave encens d'une fervente prière. Après les matines ils se permettaient rarement de retourner dans leurs cellules, pour se livrer de nouveau au repos ; ils restaient en oraison devant le tabernacle, ils priaient à genoux aux autels des saints (3). Cet exercice était cher à ces voyageurs vers la céleste patrie, comme nous le voyons dans la vie d'un grand nombre d'illustres serviteurs de Dieu. Lorsque les premiers feux de l'aurore illuminaient de leurs douces clartés les vitraux des basiliques, on chantait la louange matinale (*Laudes*). A chaque veille du jour comme dans celles de la nuit, ces sentinelles du Très-Haut reprenaient leur place au chœur, pour offrir à Dieu le tribut des heures canoniales. Vers le soir, on interrompait le travail pour l'office des vêpres (*Vesperæ*), et avant de regagner la dure couche, où l'on accordait au corps fatigué un court repos, on remerciait le seigneur de ses bienfaits, dans l'office de Complies. Toutes les heures consacrées au chant des psaumes et des hymnes sacrées, à la célébration des divins mystères, ne suffisaient pas encore à la prière des moines. Ils avaient, en outre, la dévotion d'aller prier dans les oratoires du monastère. Le silence du cloître favorisait le recueillement et leur faim de méditation. Le travail, cette prière de l'âme pénitente, était aussi interrompu par de fréquentes élévations vers Dieu et des élans de reconnaissance.

---

(1) Si quando brevi cessassent lumina somno, Nuda, si quando Nuda humus ad tenuem sat erat subjecta soporem.

(2) *Règle de Saint Benoît. Cap. XXII.*
(3) Voir notre histoire. *Tome* 1, *page* 845.

Cette journée toute environnée d'une atmosphère de prière ne nous représente-t-elle pas ces anges terrestres, toujours debout devant le trône de l'éternel, comme ceux de la vision de saint Jean dans l'Apocalypse, autant du moins que le permettait leur fragile nature ?

M* LVIII. *Mala sua præterita cum lacrymis vel gemitu quotidie in oratione Deo confiteri, et de ipsis malis de cætero emendare.*—Que le monastère soit une école de pénitence, rien de plus évident d'après cette maxime. Passons ici sous silence les œuvres et les pratiques de pénitence, auxquels les moines se condamnaient, les mortifications volontaires, les châtiments infligés au corps rebelle, des macérations et des austérités que le monde ne saurait comprendre et qu'il ne cesse d'injurier. Signalons seulement ce qui lui est accessible, et d'abord la confession sacramentelle, sans laquelle les pécheurs ne seront jamais reconciliés avec Dieu. Aux larmes de la componction, aux gémissements, qui témoignent du repentir, se joignait la confession fréquente des négligences journalières et même des imperfections. La règle, dans beaucoup de monastères, imposait chaque semaine l'obligation de la confession. Dans les siècles où le relâchement éloigna de la pratique des sacrements, les bulles des Souverains Pontifes confirmèrent l'antique coutume de la confession fréquente dans les monastères, et préservèrent ainsi les religieux de la défaillance universelle d'où sortirent les plus grands excès.

On expiait les fautes d'inadvertance ou de légèreté par des humiliations devant la communauté. Tous les jours, au chapitre, après la lecture du martyrologe, ceux qui étaient accusés par leur Abbé ou leurs frères ou qui avaient le courage de s'accuser eux-mêmes, venaient se prosterner sur le pavé, recevaient une pénitence, avec l'espérance que Dieu agréerait cette confusion momentanée, en présence de leurs frères, et leur épargnerait celle du jour des vengeances, en face de l'univers entier.

Quand le relâchement avait fait tomber un moine dans une faute de rebellion, de désobéissance, d'orgueil, de murmure, etc., on suivait pour la correction l'ordre indiqué par l'Évangile. Après des avertissements secrets et publics, le coupable était excommunié, et, s'il persistait dans cet état, il était soumis à des peines corporelles.

L'excommunication monastique ne doit pas être confondue avec celle prononcée par l'église ; elle était infligée pour des fautes légères ou pour des fautes graves. La première privait le coupable de la table commune, celui-ci devant prolonger son jeûne à la discrétion de l'Abbé. La seconde privait de la table commune, de l'office du chœur, de tout rapport avec les autres religieux : on le laissait seul, pour qu'il eût la liberté de peser sa faute et de la laver dans les larmes de la pénitence. Quand on se rendait à l'église, il était en outre condamné à se tenir étendu de tout son long et la tête contre la terre, implorant ainsi les prières de tous ceux qui passaient (1).

Ces pénitences si rigoureuses, le moine les connaissait avant de contracter des enga-

---

(1) Règle de Saint-Benoît, *Cap.* xxi à xxx et xliv.

gements ; il les avait donc acceptées volontairement. Quelle force d'abnégation pour s'exciter à une telle humilité ! On pourrait, selon une belle expression de Montalembert, l'appeler un courage chevaleresque. C'est la force que cette milice invincible déployait chaque jour contre le péché, contre la fragilité humaine, que l'historien des Moines d'Occident exalte au-dessus de toutes les autres vertus (1).

M* LVI*. *Lectiones sanctas libenter audire.* — Rappelons ici la parole d'Hariulfe sur la bibliothèque de Saint-Riquier. « Voilà les richesses du cloître, voilà les trésors de la vie céleste qui engraissent l'âme par leur suave abondance, voilà comment nous accomplissons cet excellent précepte : « aimez la science des Écritures et vous n'aimerez pas les vices (2). » On pratiquait à la lettre cette maxime évangélique dans le cloître : « l'homme ne vit pas seulement de pain, mais de la parole de Dieu. » Pendant les repas, l'âme était fortifiée par cette céleste nourriture. Plusieurs heures de la journée étaient, en outre, consacrées à de pieuses lectures. On distribuait à chacun des moines les livres choisis pour les besoins particuliers de son âme ; on avait soin d'appliquer le remède au mal, lorsqu'on savait quelqu'un des frères exposé à des tentations violentes.

Saint Benoît n'avait recommandé à ses religieux que de saintes lectures, par exemple les divines écritures, l'histoire de la vie et des souffrances du Sauveur, toute pleine de leçons d'humilité, de charité, les *Passions* des martyrs, les vies des saints confesseurs, les écrits des pères et docteurs, si propres à former les mœurs et à diriger les âmes dans les voies de la perfection. On éloignait tous les autres livres des mains des religieux et surtout des jeunes. Que pouvaient demander aux livres des gentils, aux fictions romanesques des poètes, aux systèmes erronés des philosophes anciens ou à d'autres semblables écrits ces hommes ensevelis pour toujours dans la solitude du cloître, et éclairés de toutes les lumières de la révélation chrétienne ? De simples moines qui se seraient épris d'amour pour ces lectures frivoles auraient mérité les reproches que Pierre le Vénérable, Abbé de Cluny, adressait à Pierre de Poitiers : « O folles études ! pourquoi donc déclamer avec des comédiens ? pourquoi mentir avec les poètes et vous nourrir des mensonges des philosophes ? Vous vous livrez, dites-vous, à l'étude de la sagesse ; dites plutôt à l'étude de la folie : oui, vraiment de la folie, selon cette parole d'un vrai philosophe : « est-ce que Dieu n'a pas changé en folie la sagesse de ce monde ? » Cherchez donc, ô mon fils, cet unique fruit de toutes les philosophies, que le céleste médecin vous propose, à savoir, la félicité du royaume des cieux, qui ne s'acquiert que par la vraie pauvreté d'esprit. Pour être sage avec l'Apôtre, il faut participer à sa folie et ne point mettre sa gloire dans le verbiage des philosophes, dans les recherches curieuses des physiciens ou dans quelque autre futilité semblable, mais en Jésus-Christ et en Jésus-Christ crucifié (3). »

(1) *Moines d'Occident*, Tome 1. Introduction, page XXXVII.
(2) *Chronique d'Hariulfe citée dans les Moines d'Occident*, Tome VI, page 150.
(3) *Commentaire de la règle. Ibid. page* 328

Saint Pascal Radbert tenait à peu près le même langage à Odelman. « Ce n'est pas à notre âge, mon cher frère, disait-il, qu'on doit lire des mensonges et des galanteries. Notre profession nous impose d'autres devoirs. Ce qui nous convient à nous, c'est de pleurer nos péchés et de méditer les lamentations des prophètes sur les crimes des hommes. »

Alcuin avait lu dans sa jeunesse les livres des philosophes et les mensonges de Virgile. On sait qu'il en fut puni dans un âge plus avancé. Aussi fit-il exécuter sans pitié ce point de discipline monastique. Ses élèves ne purent jamais le faire fléchir dans l'application de cette défense. « Les livres sacrés, leur disait-il, nous suffisent à tous. Est-ce qu'il vous faut ternir la pureté de votre âme par la faconde voluptueuse d'un poète païen (2). »

Nous avons dit dans notre histoire (3) quelle impression saint Gervin avait ressentie de la lecture de Virgile dans sa jeunesse, et comme il pleura les fautes qu'il avait commises au souvenir de si dangereuses fictions.

Mais ne pourrait-on pas nous accuser ici de faire le procès aux moines qui ont rendu tant de services à la science littéraire et ont préservé du naufrage universel les écrits des anciens ? Ce serait à tort. Ce qu'il faut conclure de nos observations, c'est qu'on ne permettait pas indistinctement à tous les moines la lecture des livres païens ; mais on ne la condamnait pas en principe. Les moines assez intelligents pour se livrer à de hautes études pouvaient, avec le consentement de l'Abbé, lire les livres des païens. On leur confiait la mission de réfuter leurs erreurs et de confirmer les vérités de la foi par le tableau de leurs contradictions. En mettant en évidence les vérités que renfermaient leurs ouvrages, on était censé ravir les richesses des Égyptiens, comme les enfants d'Israël, pour les faire servir à l'ornement du temple du vrai Dieu (4). On ne se faisait pas scrupule de les faire copier à des calligraphes éprouvés et de les renouveler d'âge en âge, pour la gloire de Dieu et l'usage des philosophes chrétiens. Mais le commerce des moines avec les beaux génies de l'antiquité n'était point assez continuel pour former, suivant l'expression de D. Mabillon, *des Académies de science* dans les monastères ; ils tenaient, avant tout, à garder le nom d'*Ecoles de Jésus-Christ* (5).

Cette réserve ne touche point à la question des études et des écoles monastiques. Pour n'avoir pas adoré les œuvres des anciens, comme les écrivains de la renaissance, les moines n'ont pas rendu de moindres services à toutes les branches des connaissances humaines, dont ils ont favorisé les progrès et élargi le cadre. Il serait injuste de les rendre responsables des erreurs qu'il ne leur a pas été donné de corriger. Nous renvoyons aux apologistes des moines pour le développement de cette thèse.

(1) *Ibid*
(2) *Ibid* page 329.
(3) *Tome* I, page 333.

(4) *Commentaire de la règle. Ibid.* page 328.
(5) *Moines d'Occident, Tome* VI, page 217.

M° XXXVIII. Non pigrum. —Voici les termes dans lesquels saint Benoît avait imposé aux moines la dure loi du travail matériel : « L'oisiveté est l'ennemie de l'âme ; c'est pourquoi les frères doivent, à certaines heures, travailler de leurs mains, et dans d'autres s'occuper de saintes lectures. Si quelque nécessité locale ou la pauvreté oblige les religieux à faire par eux-mêmes leurs récoltes, qu'ils ne s'en affligent pas, car ils se montrent vraiment moines en vivant du travail manuel comme leurs pères et les apôtres ; mais que tout se fasse avec mesure, pour ne pas accabler ceux qui sont faibles sous le poids du travail. Toutefois, ces derniers ne doivent pas rester oisifs (1). »

La règle soumettait le moine bénédictin à la pénitence du travail, mais sans le courber sous le labeur incessant du mercenaire attaché à la glèbe. On lui accordait le temps nécessaire pour prier et entretenir la vie spirituelle de son âme. « Il était, dit un historien, tour à tour un contemplateur religieux, un artisan, un laboureur, un lettré ; il passait de l'église à l'atelier, de la culture des champs à l'étude des lettres. »

Saint Benoît interdisait surtout à ses moines l'oisiveté, mère de tous les vices. Aux heures du travail, les moines étaient occupés dans les offices de la cuisine, dans les jardins, dans les champs. Les Abbés eux-mêmes étaient les premiers aux champs, au milieu des moines laboureurs. « Parmi les Abbés placés à la tête des monastères, après les invasions barbares, il n'en est pas un, dit Montalembert, on le peut affirmer, dont le biographe n'ait constaté la participation aux travaux de la terre, au labourage, à la moisson, à la fauchaison (2). »

Ce n'est pas ici le lieu d'énumérer les services rendus par les moines à l'agriculture et aux art libéraux et mécaniques. Ajoutons seulement ici, avec l'auteur des *Moines d'Occident*, que pour eux la culture de la terre fut une immense aumône répandue sur toute une vaste contrée. Tour à tour charpentiers, maçons, architectes traçant le plan de vastes constructions, peintres et orfèvres employés à la décoration des églises, ingénieurs chargés de dessécher les marais, de diriger les cours d'eau, de renfermer les rivières dans leur lit, les moines, quand ces saintes œuvres étaient accomplies, redevenaient cultivateurs, bergers, vignerons plus infatigables que les plus rudes paysans de leur voisinage (3).

Quand, avec la permission de l'Abbé, le travail intellectuel avait la préférence sur le travail manuel, dans l'intérêt de l'église ou du couvent, le temps passé au *Scriptorium* pour copier des manuscrits n'était pas moins pénible à certains moines que les exercices du corps. « Celui qui ne sait pas écrire, disait un copiste, croit que ce n'est pas un travail, mais s'il n'y a que trois doigts qui écrivent, tout le corps fatigue. » N'était-ce pas une pénitence aussi que le travail silencieux d'un calligraphe, debout ou assis dans le *Scriptorium* et grelottant de froid dans la saison d'hiver, que l'attention continue du regard fixé sur le parchemin du manuscrit ou de la copie, que le soin scrupuleux de

---

(1) *Règle de Saint-Benoît, Cap.* XLVIII.   (3) *Ibid.*
(2) *Moines d'Occident, Tome* VI, *page* 272, 278.

transcrire l'original correctement. Mais la fin qu'on se proposait dans ce genre de travail faisait taire toutes les répugnances de la nature. « Quelle glorieuse fatigue, disait Cassiodore, que celle qui permet de prêcher aux hommes par les mains aussi bien que par la voix, de substituer les doigts à la langue, d'entrer en relation avec le reste du monde, sans sortir du silence, et de combattre avec l'encre et la plume les suggestions illicites du diable ! Car, chaque mot des saintes Ecritures transcrit par le moine studieux est une blessure faite à Satan. Un roseau taillé, en écrivant sur l'écorce, y trace la parole divine comme pour réparer l'injure de cet autre roseau dont le diable fit frapper, au jour de la passion, la tête du Seigneur (1).

Quand nous parlons de la vie laborieuse des moines, pouvons-nous passer sous silence leurs missions évangéliques et la part qu'ils ont prise à la civilisation des peuples barbares de l'Europe? Qui ne sait qu'ils ont converti toutes les contrées de l'Allemagne et les peuples Scandinaves, qu'ils ont dompté les *Rois des mers*, comme ceux-ci aimaient à s'appeler. Mais au prix de quelles fatigues, de quels sacrifices, de quels périls ont-ils détruit l'idolâtrie dans ces régions, formé des sociétés chrétiennes au milieu de « populations sanguinaires où l'on se faisait gloire de ne craindre ni la mer ni le ciel ! (2) » Qui saurait compter le nombre d'apôtres sortis des monastères Bénédictins depuis le vi° siècle jusqu'au xiii°, le nombre des martyrs qui ont arrosé de leur sang les autels et les champs de bataille de ces farouches guerriers, le nombre d'essaims emportés par un souffle divin et se fixant au milieu des forêts, des landes et des rochers, afin de fonder des filiations d'illustres abbayes et d'ouvrir les voies de la perfection aux disciples d'Odin, transfigurés en anges terrestres par les patients enseignements de ces abeilles spirituelles?

La réflexion d'un auteur ecclésiastique sur la puissance civilisatrice des moines dans les Gaules, trouve ici sa place. « Il est certain que saint Martin, par lui-même et par ses disciples, tous moines comme lui, a opéré une révolution immense en faveur de la religion chrétienne parmi les habitants des campagnes de la Gaule. Ce fait historique, trop peu remarqué par la plupart des écrivains ecclésiastiques eux-mêmes, est la principale gloire du monachisme. Avant l'organisation complète de cette sainte institution, une grande partie des paysans des provinces de l'Orient et de l'Occident avaient résisté à l'influence du christianisme. L'un des plus fanatiques tenants du polythéisme expirant, au commencement du v° siècle, déverse toutes ses fureurs contre ces ennemis des dieux, dont les communautés nombreuses et multipliées, dit-il, pervertissent jusqu'aux moindres hameaux de nos princes (3).

M° LIII. Multum loqui non amare. — « Faisons ce que dit le prophète, lit-on dans la règle de saint Benoît : j'ai résolu de me tenir sur mes gardes, pour ne point pécher par

---

(1) *Ibid.* page 216.
(2) *Œuvres d'Ozanam, Tome* iv, page 346.

(3) Zozime. *Livre* v. *Cap.* 2. *Revue des Questions Historiques*, octobre 1873, page 385.

la langue ; j'ai mis un frein à ma bouche, je me suis tu et humilié. Je me suis abstenu même de parler, lorsque je n'avais rien que de bon à dire. Qu'on accorde donc que rarement la liberté de parler aux disciples même parfaits, bien qu'il n'y ait rien que de bon, de saint et d'édifiant dans leurs discours (1).

L'Écriture-Sainte enseignant que le péché est inévitable, lorsqu'on parle beaucoup (2), on appelait la liberté illimitée de discourir la « *peste des communautés*, un foyer de désordre, d'où s'échappaient des feux capables de consumer toute une maison. » C'est pourquoi le silence n'était rompu chez les bénédictins qu'avec la permission de l'Abbé et était rigoureusement gardé pendant les travaux, dans les offices, dans le cloître, le réfectoire, le dortoir, dans l'église et ses dépendances.

En dehors des conversations autorisées, la coutume avait permis de parler à une heure spéciale, par forme de récréation, mais avec des réserves pour certains jours, et surtout pour l'Avent et le Carême. Les entretiens roulaient sur des choses édifiantes, utiles et instructives. Ceux qui avaient trait aux nouvelles du siècle, aux guerres, à la politique étaient interdits, à plus forte raison les plaisanteries, les paroles oiseuses, les mots pour rire. La règle les condamnait pour jamais, en quelque lieu que ce fût, et défendait aux moines d'ouvrir la bouche pour de semblables discours.

Toutefois, de saints religieux ne faisaient pas difficulté d'égayer leurs conversations par d'innocents badinages. Saint Bernard ne les reproche pas à Pierre le Vénérable ; il l'avertit seulement des conséquences de ce passe-temps pour la gravité religieuse. Le sourire paisible d'une âme tranquille n'était pas non plus défendu par saint Basile ; il permettait à ses religieux de manifester la joie du cœur par l'épanouissement du visage, ainsi que le dit l'Écriture, *corde exhilarato vultus floret* (3).

La violation de la règle du silence méritait une sévère punition. On expiait cette faute par le jeûne au pain sec et à l'eau, par la séparation de la communauté. En quelques monastères, pour s'imposer la pénitence d'un silence plus absolu, on avait inventé des signes de convention, du genre de ceux qu'on emploie aujourd'hui pour l'éducation des sourds-muets. Ce silence volontaire, que loue Guillaume de Saint-Théodore dans la vie de saint Bernard, remplissait d'admiration les gens du monde eux-mêmes, et l'on ne s'approchait de ces monastères qu'avec un respect religieux (4).

M° XXXV. Non vinolentum. — M° XXXVI. Non multum edacem. — XIII. Jejunium amare. Toutes les prescriptions de la vie religieuse tendaient à asservir le corps, à dompter les appétits charnels, à élever l'âme au-dessus des concupiscences de la vie sensuelle. C'est pourquoi saint Benoît s'était inspiré des conseils de saint Jérôme et de saint Basile, quand il fixa l'heure des repas et le menu de la table. Il avait lu dans leurs écrits que la nourriture d'un moine devait être simple et commune. « Gardez-vous,

---

(1) *Règle de Saint-Benoît. Cap.* vi.
(2) *In multiloquio non deerit peccatum.*

(3) *Commentaires de la règle. Ibid.* page 327.
(4) *Ibid.* page 369.

avaient dit ces grands saints à leurs disciples, d'user de mêts exquis, sous prétexte d'abstinence, d'employer des aliments de grand prix pour rendre vos tables plus somptueuses. Ce qui est strictement nécessaire, ce qu'on trouve à bon marché dans le pays, voilà ce qui convient à des pénitents. Réservez toutes vos douceurs pour vos malades ; que les moines se contentent de légumes et d'herbes, et ne mangent que le soir : qu'on leur permette seulement quelques petits poissons par intervalle, quand on voudra un festin plus délicieux. Celui qui cherche Jésus-Christ et se nourrit du pain du ciel n'a guère souci des besoins du corps (1). »

Saint Benoît ne créait donc point l'état religieux. Tout en mitigeant pour ses disciples les austérités des anciens moines de la Thébaïde, il lui fallait conserver les points fondamentaux de la vie cénobitique, le jeûne et l'abstinence de la chair. C'est pourquoi il établit dans sa règle (2) qu'au temps pascal il n'y aura point de jeûne, mais que depuis la Pentecôte jusqu'à l'Exaltation on jeûnera le mercredi et le vendredi. A partir du xiv septembre jusqu'à Pâques le jeûne était continuel, mais plus rigoureux encore en Carême que dans le temps qui précédait. Le premier repas ne se faisait jamais avant l'heure de sexte, c'est-à-dire, avant le milieu du jour et l'on soupait le soir. Lorsque les moines jeûnaient, le repas avait lieu après none, vers trois heures et plus tard encore en carême, à l'heure de vêpres. Mais, on réglait cette heure de manière que le repas se faisait à la clarté du jour. Dans les jeûnes de règle, on dînait à l'heure de sexte, quand les moines travaillaient aux champs ou lorsque la chaleur excessive de l'été les aurait exposés à un trop grand épuisement. On conseillait encore en carême, ce temps salutaire de pénitence, de se priver volontairement, dans la joie de l'esprit et avec la permission du supérieur, de quelque portion de son repas.

Le Bénédictin recevait pour sa journée une livre de pain et une hémine de vin, deux portions cuites en légumes, en œufs ou poisson, une portion de fruit, si la providence avait répandu sa bénédiction sur les arbres du verger monastique. Quand le temps permettait un second repas, le cellerier conservait le tiers du pain et du vin pour le souper.

Les malades et les infirmes n'étaient point compris dans la prescription de l'abstinence de la chair des animaux ; ce fut une dérogation aux usages monastiques dont les Grecs se scandalisèrent : car dans le concile de Lyon ils reprochèrent à l'église latine cette faculté d'user d'aliments gras, laissée aux malades des monastères.

On s'est demandé si saint Benoît, en défendant la chair des quadrupèdes (3), n'avait point concédé la permission de manger la chair des volatiles. Les sentiments des commentateurs de la règle sont partagés sur ce point ; car en quelques lieux la règle a été interprétée en faveur de l'usage de ces viandes. Il n'est point douteux qu'en cer-

---

(1) *Ibid page* 622.
(2) Règle de Saint-Benoît, *Cap.* xxxix, xli.
(3) Carnium vero quadrupedum omnino ab omnibus abstineatur comestio, præter omnino debiles et ægrotos. — *Règle de Saint-Benoît. Cap.* xxxix.

taines communautés on ait fait usage des volatiles ; mais ce ne fut qu'une exception probablement nécessitée pour des raisons particulières. Le concile d'Aix-la-Chapelle interdit la chair des oiseaux aux religieux qui n'étaient pas malades, et les souverains Pontifes, dans leurs constitutions de réforme, les ont rappelés à la première observance. Des peines plus ou moins graves furent infligées aux violateurs de cette règle, que des saints ont désignés sous le nom de religieux de la race des corbeaux ou des bêtes féroces. L'Abbé qui aurait favorisé ou toléré ce désordre était soumis à une pénitence. Si des bulles des souverains Pontifes ont autorisé l'usage de la viande dans certains monastères, ce ne fut que par des concessions particulières qui, loin de détruire la règle générale, ne faisaient que la confirmer.

Il y avait cependant dans des communautés même austères un adoucissement à cette règle, aux fêtes de Noël et de Pâques. Pendant quatre jours on servait à ces communautés la chair des volatiles. La joie chrétienne pénétrait ainsi sous les sombres voûtes du cloître avec les plus touchantes solennités de la religion. Les chroniques de Centule nous ont conservé une autre réminiscence des agapes chrétiennes : on offrait, le jour de Pâques, un agneau à la communauté. Était-ce un raffinement de luxe ? nullement. Nous n'y voyons qu'une pieuse allusion au sacrifice de l'Agneau rédempteur du monde.

Que le désordre des guerres civiles, que la présence des grands du siècle, ou d'autres causes semblables aient affaibli ou même ruiné pour un temps ce point de discipline régulière dans des monastères, nous ne le contesterons pas ; mais tout l'ordre bénédictin n'en est point complice. L'église veillait, et sa main puissante consolidait l'édifice chancelant, quand une force étrangère n'opposait point un obstacle à son action. Un fait qu'on ne saurait nier, c'est que, pendant bien des siècles, les moines de toute l'Europe se contentèrent de fruits, de légumes, d'herbes cuites, de repas grossièrement préparés par quelques frères, que l'obéissance envoyait chaque semaine à la cuisine. Dans le lait, le fromage, les œufs, le poisson, certaines communautés ne voyaient qu'un luxe réservé aux jours de fête. Les épices aromatisées, condiments de l'appétit, auraient paru un danger pour des pénitents, auxquels on rappelait sans cesse qu'ils étaient obligés de combattre la sensualité et non de la flatter. Le pain du moine était ordinairement pétri avec le son ; quelquefois le froment était mêlé avec le seigle ou l'orge : on ne servait du pain blanc qu'aux hôtes. Des réformes religieuses poussèrent beaucoup plus loin l'esprit de mortification et de jeûne, et égalèrent sous des climats plus rudes la pénitence des solitaires de la Thébaïde (1).

On s'est autorisé des plaintes éloquentes de saint Bernard, de saint Pierre Damien et d'autres saints aussi austères, pour accuser les moines de rechercher les délices de la table ; mais sait-on bien ce qui excite cette vive indignation de ces hommes de Dieu. Écoutez saint Bernard et jugez. « Dites-nous donc, ô vous qui examinez plus spécialement

---

(1) *Commentaire de la règle. Ibid.* page 625 à 630.

CHAPITRE VIII. — CONCLUSION DE L'HISTOIRE DES ABBÉS ET DES MOINES.

le service de la table que votre conduite, êtes-vous donc disciple d'Hippocrate ou de Jésus-Christ ? l'un vous commande de soigner votre corps, l'autre de le crucifier ; choisissez. Mais ne trahit-il pas ses sentiments celui qui va répétant sans cesse : ceci me fait mal à la tête ; cela me charge l'estomac. Voilà bien la sagesse de la chair, cette sagesse ennemie de Dieu, cette sagesse que l'Ecriture appelle la mort de l'âme. Devons-nous nous nourrir des maximes de Gallien et d'Epicure? Disciple de Jésus-Christ, je parle à un disciple de Jésus-Christ. Vraiment! il vous sied bien de renoncer aux voluptés du siècle et de vous inquiéter de vos tempéraments et des mêts qu'ils réclament. Quoi! nous ne trouverons pas d'aliments qui vous conviennent dans nos eaux et nos étangs, dans nos champs et nos celliers. Pensez, je vous prie, que vous êtes moine et non médecin. Grâce, mon cher frère, pour vous d'abord, puis pour les servants et pour la maison dont vous appesantissez les charges. Grâce, sinon pour votre conscience, au moins pour celle de vos frères. »

Le même saint Bernard disait à un de ses religieux : mon fils, si vous connaissiez les devoirs d'un moine, chacun des morceaux que vous portez à votre bouche serait arrosé de vos larmes. Nous entrons ici pour pleurer nos fautes et celles du peuple. En acceptant le pain que nos bienfaiteurs nous ont préparé à la sueur de leur front, nous prenons sur nous leurs péchés, pour les pleurer comme les nôtres. Que me parlez-vous d'infirmités, d'indispositions. Nos pères cherchaient pour construire leurs monastères des vallées humides. Les souffrances de cette température malsaine leur gravait plus efficacement le souvenir de la mort. Les anciens pères dans leurs maladies n'avaient guère recours aux remèdes. Leur confiance en Dieu était leur unique remède. Pourquoi auraient-ils désiré prolonger leur vie, puisqu'ils marchaient à grands pas vers le ciel (1).

Il serait facile de multiplier ces citations : si elles accusaient certaines âmes amollies par la souffrance, elles montraient aussi combien les ennemis des moines ont souvent abusé des exhortations des saints, pour calomnier leurs victimes, et combien sont futiles les reproches par lesquels les mondains voudraient déverser le mépris sur les saintes milices du cloître.

Nous avons analysé la vie des moines fidèles à leurs engagements. Chant des offices sacrés huit fois par jour, plusieurs heures d'oraison et de lectures spirituelles, voilà la part de Dieu. Veilles de la nuit, jeûnes et abstinence, travaux manuels et intellectuels, silence à peu près perpétuel, séparation du monde et de la famille, voilà la part du renoncement et de la pénitence. Tous ces exercices se renouvelaient chaque jour, selon la remarque d'un historien, « avec l'inflexible uniformité des corps célestes qui obéissent aux immuables volontés de Dieu (2).

Non-seulement la multitude des saints que nous avons signalée en tête de ce chapitre,

---

(1) *Ibid. page* 625. (2) *Histoire de l'Abbaye de Morimond, page* 130.

a prodigué à Jésus-Christ ces témoignages d'un amour inénarrable et marché a pas de géants sur les traces de Saint Benoît, leur père et modèle, mais des millions de moines ont porté le même joug. Si leur sainteté ne leur a point mérité d'aussi grands hommages de vénération et le même culte, du moins ils ont généreusement observé les conseils évangéliques, que nous avons rappelés dans le commentaire du quatrième chapitre de la règle de saint Benoit.

Le peuple chrétien n'a pas profité seulement pendant quelques années de ces admirables exemples de perfection, mais pendant des siècles. Oui, nous pouvons affirmer sans témérité que les moines Bénédictins ont servi le divin maître et porté leur croix à sa suite, aussi religieusement que le permet la fragilité humaine. Lorsqu'ils furent libres dans leur intérieur, dans l'élection de leurs Abbés, exempts de toute pression extérieure et de toute oppression de la puissance séculière, ils possédèrent dans leur organisation des moyens puissants pour réprimer les abus, relever les âmes amollies et punir les sujets rebelles.

La règle de saint Benoît, si riche en sages prescriptions pour l'administration spirituelle d'un monastère, n'avait point prévu, il est vrai, tous les abus, ni fermé toutes les issues ouvertes au relâchement ; mais entée sur le tronc de l'église elle y puisait sans cesse ses sucs nourriciers. Le Souverain Pontife et les évêques continuèrent l'œuvre du puissant fondateur dans les conciles généraux ou nationaux et ajoutèrent, selon les besoins des innombrables associations bénédictines, de nouveaux réglements, quelquefois même des adoucissements proportionnés aux lieux, aux climats, aux mœurs, à la vigueur ou à la décadence des sociétés.

Qui oserait condamner cette condescendance de l'église, qui n'otait rien à l'esprit intérieur d'abnégation, de pauvreté et de sacrifice, qui ne dispensait point les religieux de servir Dieu dans un détachement complet des choses du monde? Ceux qui ont approfondi cette partie si intéressante de l'histoire monastique pourront raconter comment la puissance ecclésiastique, par des jugements équitables, a rétabli l'harmonie entre le clergé séculier et le clergé régulier, quand elle était troublée, entre les Abbés et les princes temporels assez raisonnables pour reconnaître la justice de ces décisions. Tantôt l'église défendait les opprimés et menaçait de ses foudres les usurpateurs, tantôt elle citait devant leurs juges naturels les Abbés simoniaques, prodigues, prévaricateurs : elle leur infligeait les punitions prévues par les saints canons et rendait ses prérogatives à une communauté, injustement asservie ou scandalisée, avec la liberté de se sanctifier dans la paix. Ces châtiments exemplaires sont nombreux dans les actes des Conciles. L'exemption si souvent contestée et la soumission immédiate au souverain Pontife n'avaient point pour conséquence la facilité de dérober les coupables à la vindicte des lois ; car les yeux du successeur de Pierre toujours ouverts sur le monde chrétien et son bras vigoureux ne laissaient point les excès impunis : ses légats présents partout découvraient les désordres et prononçaient des sentences qu'on aurait en vain cherché à éluder.

Ces observations nous indiquent que l'ordre monastique ne fut pas exempt du relâchement ordinaire aux choses humaines : il ne nous coûtera point de l'avouer. Si dans le corps apostolique formé par le Sauveur lui-même, il s'est rencontré un traître, quoi d'étonnant que pendant quinze siècles, dans ces quelques milliers de monastères ou d'instituts religieux, qui se sont épanouis sur le sol de l'Europe, comme autant de tiges fécondes en fruits de sainteté, on puisse signaler des scandales et des disciples infidèles. Les scandales sont nécessaires, d'après la parole du Sauveur, même dans les sociétés les plus saintes, parce que tous les membres de ces sociétés portent le dépôt céleste de la grâce dans des vases fragiles. Qui ne veut plus marcher dans les voies de l'obéissance religieuse court à sa perte comme dans le monde, et même plus vite, par suite de l'abus des grâces, des résistances aux avertissements, et des froissements de l'orgueil.

L'ordre monastique ne saurait être responsable des fautes individuelles. Quand elles éclatent au grand jour, elles sont divulguées par les cent voix de la renommée. L'histoire les redit à tous les siècles et livre ainsi la communauté au mépris public. Pour la faute d'un seul ou de quelques membres doit-on oublier les trésors de vertus, de sciences cachés derrière ces murailles qu'on ne contemple plus qu'avec dédain ?

Notre histoire a signalé, dans le monastère de Centule, trois moines flétris par de cruelles et basses vengeances ; mais faudrait-il, pour ces scandales isolés pendant douze siècles, maudire tous les fidèles serviteurs du Christ, qui ont habité ce sol béni où tant d'âmes innocentes et pures ont pleuré sur le crime des coupables et négocié leur réconciliation avec le ciel ?

A-t-on toujours cherché à connaître la cause de ces vocations si malheureuses pour une communauté? a-t-on bien examiné par quelles secrètes avenues on introduisait furtivement dans le séjour de la prière des sujets que Dieu n'avait point prédestinés à ce genre de vie? On a reproché, dès le XII⁰ siècle, à des hommes puissants selon le monde, d'avoir imposé par calcul à l'église et aux ordres monastiques, des enfants qui auraient surchargé la famille, ou dont la présence au sein de la société l'aurait deshonorée. « Je pourrais, dit un chroniqueur aussi pieux que savant (1), vous nommer des moines qui n'ont pas atteint le développement de l'homme parfait : on les a consacrés à Dieu sans autre signe de vocation que des plaies d'écrouelles, des difformités corporelles. Nous sommes témoins de leur vie; elle ne brille point par l'amour de la discipline. Que devient une communauté avec de semblables moines, surtout quand ces hommes déclassés, réunis en grand nombre dans une communauté, parviennent à s'emparer du pouvoir ? Des ruines, des scandales dans diverses provinces de la Germanie vous l'apprendront. » Nous rapportons cet exemple pour montrer comment la prudence humaine et charnelle gros-

---

(1) *Spicilegium Veterum Scriptorum — Antiquiores Consuetudines Cluniacensis Monasterii.* Tom. ɪᴠ, pag. 11.

sit la liste des scandales, qu'on a reprochés à l'ordre monastique. Que les anathèmes de l'histoire les portent à l'actif des loups ravisseurs, poussés dans la bergerie pour dévorer le troupeau !

Quand on traite des fautes des moines, de leur relâchement, il faut y reconnaître des degrés : car ceux qui les signalent sont conduits par des sentiments bien opposés. Les uns en gémissent et les autres en triomphent. Ceux-ci veulent la spoliation des biens consacrés par l'aumône à l'entretien des moines ; ceux-là jettent le cri d'alarme pour appeler des sauveurs. Ne confondons point les accusations des Bernard, des de Rancé, des Bossuet, avec celles des hérétiques, des philosophes incrédules, des libres penseurs, des romanciers (1). Dans son zèle pour la réforme des moines, saint Bernard se plaint de la décadence de Cluny, gâté par son opulence ; ce qui ne l'empêche point de dire que les moines avec lesquelles il a conversé, sont remarquables par leur chasteté et leur modestie. Lorsque l'auteur de l'Imitation gémit sur la tiédeur des religieux de son temps, que leur reproche-t-il ? de n'accomplir que les prescriptions de leur règle, et de ne point s'élancer dans la carrière du sacrifice à la suite des Pères du désert, ces prodiges de sainteté qui ont étonné le monde par leurs austérités.

Est-ce bien aux détracteurs habituels des moines qu'il appartient de leur faire un crime de leur relâchement ? « Contez-nous donc vos efforts, disait Bossuet à certains détracteurs de son temps, ah ! si vous vouliez bien commencer par essayer de la règle la plus relâchée, pour vous astreindre aux observances de l'ordre le plus dégénéré, vous pourriez monter avec quelque autorité au tribunal de l'histoire, et votre âpre censure pourrait inspirer quelque confiance (2). » C'est à de semblables censeurs qu'il est permis d'appliquer cette observation de Fénelon : « Les imperfections du cloître qu'on

---

(1) On se défie de ses ennemis déclarés, mais on se laisse séduire facilement par les conteurs de nouvelles souvent imaginaires. Ces écrivains ont peut-être plus de légèreté que de fiel, mais ils ont l'habitude de rembrunir leurs tableaux. Leurs plaisanteries et leurs bons mots ont été trop souvent ramassés. A force de s'égayer aux dépens des moines, ils ont pu persuader à des esprits irréfléchis qu'il y avait dans les couvents des désordres graves et continuels.

« Le caractère d'un seigneur châtelain, dit Hurter, la gaîté des chevaliers animés par la bonne chère, le rire expressif d'une jeunesse ardente, une opposition avouée contre l'église, telle qu'il en régnait dans beaucoup de châteaux du midi de la France, pouvaient sans peine exciter la verve du troubadour errant, prêter à ses spirituelles saillies, à ses plaisanteries graveleuses, le charme du contraste, en les rattachant aux membres d'une profession à laquelle, dans une disposition d'esprit plus calme ou dans les circonstances plus importantes de la vie, on accordait d'abondantes marques d'estime et de confiance. De même qu'ici une joie effrénée dégénérait en une malice qui rejetait toute espèce de frein, recueillait les applaudissements par le contraste de la personne avec l'action qu'on lui attribuait, de même l'aversion et la haine parvenaient à se les assurer par l'habit qu'elle lui prêtait. C'est pourquoi les poètes français de cette époque et plus tard les *Novellieri* italiens aimaient à prendre pour héros de leurs aventures galantes des chanoines et des religieux et à les livrer, tantôt comme amants heureux, tantôt comme victimes de leurs passions, à l'indignation et à la raillerie des auditeurs et des lecteurs. (*Tableau des Institutions de l'Eglise au Moyen-Age*. Tome II, page 415.)

(2) *Moines d'Occident*. Tome I, page CXXXVI.

méprise tant sont plus innocentes devant Dieu que les vertus les plus éclatantes dont le monde se fait honneur (1).

Nous voyons ce qu'a pu, sous l'action de l'esprit divin, l'énergie monastique, au milieu même des abus et des désordres d'une société corrompue. L'olivier vigoureux, planté par saint Benoît, a poussé de nouveaux rameaux, chaque fois que les branches semblaient se dessécher, disons mieux, de nouveaux rejetons ont surgi sur les racines qui portaient ce tronc séculaire. Vingt-deux ordres religieux ont fondé leurs constitutions sur la règle de Saint-Benoît. Cluny, Cîteaux, Vallombreuse, Grammont, la Chartreuse et d'autres congrégations illustres dans l'église, ont ressuscité la ferveur des premiers disciples du patriarche des moines de l'Occident et ajouté de nouvelles austérités aux rigueurs de sa règle. Dans des temps plus voisins de nous, les congrégations de Saint-Vannes, de Saint-Maur, des Feuillants, des Trappistes, ont fait toucher du doigt que leurs pères étaient paralysés par la commende, et ils montré aux jeunes générations que l'esprit de grand fondateur pouvait enfanter des prodiges, au milieu d'un monde énivré des voluptés de la renaissance païenne.

Ainsi Dieu se suscite des adorateurs qui ont toujours faim et soif de la perfection chrétienne. Voyez, comme dans les sacrifices qu'imposent la pauvreté et les labeurs les plus pénibles de l'apostolat, ils s'en rassaient à l'école de saint Norbert, de saint Dominique, de saint François et des autres ordres mendiants. Puis lorsqu'il semble que la ferveur primitive de ces ordres s'est ralentie, voici venir les congrégations des clercs séculiers et réguliers, ayant à leur tête la Compagnie de Jésus, le marteau de l'hérésie du XVI° siècle, puis un siècle plus tard les prêtres de la Mission, les disciples des Olier, des Eudes, des Bérulle et enfin ceux de saint Liguori. Quelle immense chaîne dont tous les anneaux se tiennent ! Quelle belle succession de familles religieuses introduites dans l'église à chaque siècle par d'illustres saints ! A la vue de ces milices qui relèvent l'étendard de la croix, lorsqu'on s'aperçoit qu'il tombe des mains de soldats vaincus, n'est-il pas juste de reconnaître qu'un ennemi puissant a surpris et subjugué les milices du cloître et les tient sous une dure captivité ?

C'est ce qui est arrivé à diverses époques. Sous des rois forts et religieux les monastères se multiplient, et les phalanges sacrées des Chevaliers de l'Église marchent de triomphe en triomphe, au milieu des combats que leur livrent les ennemis du salut ; mais dans les temps de troubles et à la décadence des empires ils ressentent les contre-coups des commotions politiques. C'est alors surtout que les rois et les princes s'attribuent des droits sur les monastères et sapent l'esprit religieux dans sa base. Ecoutons le plus docte des écrivains monastiques. «D'abord, dit D. Mabillon, les moines avaient le droit d'élire leur Abbé. Pour réprimer l'usurpation des élections par des laïcs ou des

(1) *Ibid. page* CLXXVII.

clercs séculiers, on demanda des privilèges aux Souverains Pontifes, aux évêques et même aux rois; mais il n'en fut pas tenu compte. Dans des temps malheureux Charles Martel, épuisé par des guerres ruineuses, donna à des laïcs des abbayes et même des évêchés. Les domaines ecclésiastiques furent assimilés aux bénéfices séculiers. Dans les siècles suivants surgirent de nouvelles calamités. Les hommes du roi s'emparèrent encore des biens ecclésiastiques et les donnèrent selon leur caprice, même à des femmes, par exemple à Waldrade, concubine du roi Lothaire. »

Il faut entendre les vrais serviteurs du Christ sur ces calamités. « Quoi de plus indigne
« que de voir un laïc, un général, un préfet ou un comte revêtu d'une charge sécu-
« lière, s'emparer de vive force d'un monastère, quoiqu'il fût gouverné par son Abbé,
« le régir militairement et mettre la main sur un trésor qui est le prix du sang de
« Jésus-Christ. »

« Il eût été à désirer, après ce vol sacrilège de notre église, dit un autre moine, que le
« feu eût rasé tous les édifices du monastère ; il eût été plus facile de le rebâtir qu'il ne
« l'est de récupérer de si beaux domaines. La mense nourricière des soldats du Christ
« est devenue la pâture des chiens. Les revenus destinés à entretenir des lampes devant
« l'autel du Sauveur des hommes et des saints patrons sont convertis en baudriers, en
« bracelets, en éperons, en selles niellés sur or et argent. De tels maîtres sont pires que
« les païens. Ceux-ci brûlent les monastères, mais ils nous laissent du moins le sol.
« Ces Abbés, revêtus de l'habit militaire et non de la chappe, ne s'occupent guère des
« lois portées par les conciles. Vous les voyez environnés d'une meute de chiens et
« ardents à la chasse, l'arc à la main, toujours occupés à lancer des flèches sur les
« oiseaux. Ont-ils jamais songé qu'ils ont un monastère à gouverner ? »

« Ces lamentations se traduisent sous toutes les formes dans les écrits des moines. Elles sont répétées dans les assemblées d'évêques, dans les suppliques aux rois, aux souverains Pontifes, mais les nouveaux maîtres n'écoutent guère la voix des ministres du ciel ; ils jouissent de leurs faciles triomphes et les moines abandonnent leurs retraites, forcés qu'ils sont par les menaces et l'indigence. Les asiles de la prière sont convertis en désert et les biens distribués en précaires ou en fiefs. Les forteresses spirituelles où trois cents moines unis de cœur et d'âme, aguerris par les rudes combats de la pénitence, transfigurés dans les contemplations des célestes vérités, et comme déifiés, n'offrent plus que désolation, que l'aspect lamentable d'une ville prise d'assaut. » (1).

Ces attentats à la liberté monastique se commettaient au VIII⁰ et au IX⁰ siècle avant et après Charlemagne. C'est aussi l'époque des Abbés-Comtes, des clercs séculiers pourvus du gouvernement de plusieurs monastères. Ces nouveaux maîtres touchaient les revenus et laissaient l'administration des communautés à des prévôts ou des prieurs. Souvent

---

(1) *Acta Sanctorum*, Tome V, *Præf. pag.* LXXXIX *et passim.*

On peut lire dans les *Moines d'Occident*, (tome I, page CLXII) des faits non moins odieux à la charge de la commende du XVI⁰ siècle.

CHAPITRE VIII. — CONCLUSION DE L'HISTOIRE DES ABBÉS ET DES MOINES.

l'avarice ou la prodigalité mesurait parcimonieusement la nourriture aux serviteurs du Christ et n'hésitait pas à repousser les postulants. Par une habile division des menses, on laissait à l'Abbé commendataire une bonne partie des revenus.

Ainsi les entraves, posées par la puissance séculière à la liberté des moines, remonte assez haut, comme on le voit par ces lamentations. Cette source de calamités, de désorganisation, d'indiscipline et de scandale ne se tarit que longtemps après les Normands, lorsqu'on réintégra les moines dans le droit d'élire leurs Abbés et de jouir de tous les biens reconquis sur l'usurpation des mauvais jours. Hugues Capet procura ce bienfait à toutes les abbayes de ses domaines et on y vit la discipline refleurir pendant plusieurs siècles. La simonie et les investitures laïques troublèrent encore dans cette période la paix du cloître si chèrement achetée, mais l'église eut assez d'empire pour réprimer ces nouveaux attentats.

« A partir du xiv° siècle, dit Montalembert, la flamme qu'avait partout rallumée saint Bernard à l'aide de l'institut Cistercien s'étant amortie, le souffle d'en haut, le véritable esprit religieux parut abandonner les vieux ordres (1). »

Nous avons fait remarquer dans notre histoire le changement opéré dans les relations des monastères avec le Souverain Pontife sous Philippe le Bel. Ce fut pour eux un commencement de malaise que les recommandations des rois dans les élections et la guerre de cent ans ne firent qu'empirer. C'est par la pression de la puissance temporelle qu'en France on s'acheminait à la commende.

« Quand parut le protestantisme, il y avait plusieurs siècles, dit Bossuet, qu'on désirait la réformation de la discipline ecclésiastique (2). » On sait combien malheureusement elle fut éludée par cette confiscation des abbayes au profit de l'autorité royale, et comment après le concordat de 1517, dont les rois n'acceptèrent que les avantages, sans tenir compte des restrictions consenties, le mal atteignit les dernières limites.

Il faudrait un volume pour mettre en lumière « toutes les hontes de cette servitude ou plutôt de cette plaie infecte qui dura jusqu'à la Révolution (3). » Ce que nous avons dit dans notre histoire au sujet de la commende de Saint-Riquier, n'en donnera qu'une idée très imparfaite (4).

Une page d'annales de Saint-Riquier nous a redit l'effet de toutes ses oppressions sur notre monastère, en décrivant peut-être avec quelque exagération les scandales qui amenèrent la commende à Saint-Riquier (5). Nous n'avons pas eu la révélation d'autres faits aussi ignominieux pour la communauté des religieux pendant l'existence douze fois séculaires du monastère. Nous pouvons même opposer aux reproches de relâchement le retour généreux des moines exilés après la ruine de l'abbaye en 1554. Elles avaient une

---

(1) *Moines d'Occident*. Tome i, page cliii.
(2) *Histoire des variations*. Livre i. Chap. i.
(3) *Moines d'Occident*, tome i. page clx.

(4) *Voir Tome* i, pages 185, 192.
(5) *Ibid.* page 181.

grande énergie de foi ces victimes de l'avarice d'un Abbé commendataire, pour venir s'abriter autour de leur basilique bien-aimée sous des cabanes réédifiées à la hâte et les garantissant à peine des intempéries de l'air. Leurs successeurs, prêts à se dépouiller pour la réforme de Saint-Maur et à embrasser un genre de vie qu'ils n'avaient point voué dans leur profession, ne furent pas non plus des moines indignes des beaux âges de la vie religieuse. Le naufrage de la foi, que nous avons raconté au xviiie siècle, n'implique point le scandale du relâchement. Nous avons vu que les moines Jansénistes étaient loin de chercher dans leur révolte contre l'église un adoucissement à leur règle. Aux derniers jours nos fils de saint Benoît sont tombés en vrais confesseurs de la foi.

Nous terminons ici notre étude sur les désordres causés dans les monastères par le relâchement des religieux et par les envahissements de la puissance séculaire. Nous avons porté un jugement sévère sur les iniquités des commendes; mais nous ne prétendons pas excuser les moines coupables de la transgression de leurs règles ou de fautes plus graves. Nous les plaignons toutefois d'avoir le plus souvent subi l'oppression qui les poussait comme fatalement à leur perte. Si l'histoire les condamne, espérons que leur repentir aura mérité leur grâce au tribunal de celui qui scrute les consciences.

Notre conclusion sera empruntée à de Montalembert et à Voltaire.

« Il est incontestable, dit de Montalembert, que jusqu'à leur dernier jour les institutions monastiques continuèrent à produire un certains nombre d'âmes saintes et de grands esprits, dignes à jamais de l'admiration et de la reconnaissance des chrétiens. »

« Il n'est guère encore de monastères, avait dit Voltaire dans son *Essai sur les Mœurs*, qui ne renferment des âmes admirables, qui font honneur à la nature humaine. Trop d'écrivains se sont fait un plaisir de rechercher les désordres et les vices dont furent souillés quelquefois ces asiles de piété. Il est certain que la vie séculière a toujours été plus vicieuse, et que les grands crimes n'ont pas été commis dans les monastères; mais ils ont été plus remarqués par leur contraste avec la règle. Nul état n'a toujours été pur. »

« Quand il échappe à Voltaire de rendre justice à la religion, on peut l'en croire, dit encore de Montalembert (1). »

(1) *Moines d'Occident*, tome 1, page CLII.

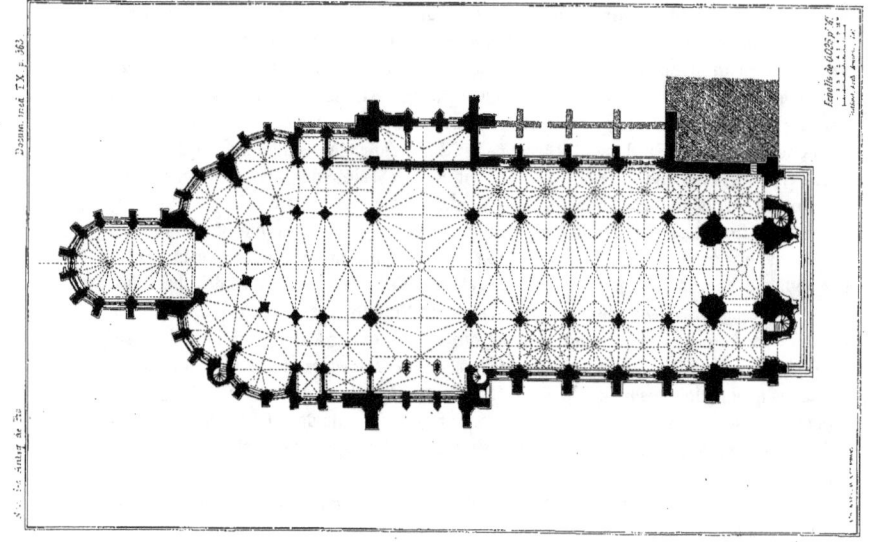

LIVRE XIV.

L'ÉGLISE ET LE MONASTÈRE DE SAINT-RIQUIER.

CHAPITRE I.

RÉSUMÉ DE L'HISTOIRE DE L'ÉGLISE ABBATIALE DE SAINT-RIQUIER.

On sait que dans ces grandes institutions, dont la religion a doté le christianisme, tout aboutit à l'Église, le symbole de l'empire de Dieu sur ce lieu. Redisons-le ici : tout se confond si bien dans l'Église que nos chroniques, quand elles parlent du monastère, n'ont point d'autre nom caractéristique que celui de l'Église de Saint-Riquier, expression qu'il est bon de retenir pour avoir toujours l'idée adéquate de l'écrivain et éviter toute confusion avec l'église paroissiale ou l'édifice matériel.

L'église de Saint-Riquier, l'un des plus beaux monuments de la Picardie et même l'une de ses merveilles, d'après Gilbert, est sans contredit la principale église du diocèse d'Amiens, après notre incomparable cathédrale, dont elle reproduit le plan, dans de moindres proportions sans doute, mais avec une parfaite ressemblance. Du reste la croix latine se retrouve dans presque tous les monuments du treizième siècle.

Résumons ici brièvement les idées développées dans notre histoire de Saint-Riquier. La magnifique église du monastère, dont les substructions, malgré de nombreux désastres, ont bravé les siècles, s'élève au lieu même où saint Riquier, né en 570, édifia un humble sanctuaire, dans lequel il réunissait ses premiers disciples. L'homme de Dieu non content de s'offrir lui-même à son Sauveur, voulut encore lui consacrer le domaine paternel, assigné par Clovis à l'un des chefs de la Milice mérovingienne, « afin, dit la chronique, qu'au lieu même où il avait reçu la vie terrestre, il donnât une naissance spirtuelle à de nombreux enfants de Dieu, à des héritiers de la céleste patrie » (1).

La première église de Saint-Riquier, destinée à une communauté naissante, ne suffisait plus pour les trois cents moines que saint Angilbert se proposait de réunir dans son monastère, richement doté par son ami, l'Empereur Charlemagne. Le septième abbé de Saint-Riquier, qu'on a si justement nommé un second fondateur, renversa donc ce modeste sanctuaire, afin d'édifier au même lieu une autre église beaucoup plus vaste, une des merveilles de l'époque carlovingienne. « Charlemagne, dit encore la chronique, lui permit de puiser à pleines mains dans ses trésors et les ouvriers manquèrent au grand Abbé plutôt que les ressources. Cette église fut aussi remarquable par la grande quantité de reliques, que saint Angilbert fit venir des plus célèbres basiliques du monde catholique, que par la richesse de ses décorations intérieures et des ornements destinés à relever la pompe du culte divin. Le pieux Abbé l'a dédiée au Sauveur du monde et à saint Riquier. Pour ne pas déshonorer la bienheureuse vierge Marie, que le saint fondateur avait instituée la patronne de son monastère, saint Angilbert fit bâtir une seconde église à la gloire de la Mère de Dieu dans l'enceinte même du domaine cénobitique ; un troisième sanctuaire fut dédié à saint Benoît, le patriarche des moines de l'Occident. » Il ne reste plus aujourd'hui aucun vestige de ces deux dernières églises (2).

Le monastère de Saint-Riquier fut pillé par les Normands en 881, incendié et à moitié ruiné. Il ne se releva que lentement, quand la tempête fut apaisée ; mais on ne lui rendit point les splendeurs du règne de Charlemagne. Ses cloîtres immenses firent place à une enceinte modeste, en dehors de laquelle on laissa les églises de Notre-Dame et de Saint-Benoît. L'église du Saint Sauveur et de Saint Riquier, un siècle après cette grande catastrophe, recouvra avec ses domaines les ressources nécessaires pour lui rendre quelques-uns des rayons de sa gloire première. L'immense mouvement religieux du XI° siècle eut dans saint Gervin un adepte enthousiaste. Ce grand Abbé, en voyant des églises souterraines et de mystérieuses cryptes, s'élever sur tous les points du royaume, ne put souffrir que son église restât inférieure aux plus célèbres monuments de l'époque : il creusa donc une crypte sous l'église de Saint-Angilbert et s'empressa de la dédier à la sainte Mère de Dieu ; il l'enrichit aussi de nouvelles reliques, avec non moins de dévouement que son glorieux prédécesseur (3). Cette crypte existait encore, non seulement au temps où Hariulfe en faisait la description, mais aussi sous Pierre-le-Prêtre et même sous l'Abbé d'Aligre. A-t-elle été ensevelie sous des décombres, ou seulement fermée et oubliée par l'indifférence des moines du dernier siècle? On ne saurait le dire. Des fouilles pratiquées en divers endroits de l'église n'ont rien révélé sur son emplacement.

(1) *Tome* i, *page* 38. (3) *Tome* i, *page* 341.
(2) *Ibid. page* 145.

L'église de saint Angilbert, fortement ébranlée par un incendie à la fin du xi° siècle, fut détruite par un autre incendie que Hugues Camp-d'Avesne alluma dans la ville de Saint-Riquier en 1131 (1). L'Abbé Anscher de la Ferté se chargea de la relever avec les ressources de son monastère. Combien de temps dura ce nouvel édifice? aucun document ne nous l'apprend. On sait seulement que l'Abbé Riquier II entreprit de grands travaux sous son règne (2), et qu'un siècle plus tard l'Abbé Giles de Machemont édifia le magnifique chœur et le transsept que nous admirons encore aujourd'hui et le fit consacrer par l'évêque d'Arras en 1274 (3).

Il nous est donc permis de dire que le plan de l'église et les premières assises remontent au xii° et au xiii° siècle, que les travaux de Pierre le Prêtre, anéantis à mesure que l'infatigable constructeur relevait des ruines, que ceux d'Eustache Le Quieux et de Thibaut de Bayencourt, sont des réparations extrêmement importantes, si l'on veut, et des additions, mais non une création nouvelle, ainsi qu'on le répète dans les ouvrages où il est question de l'église de Saint-Riquier (4). Passons sous silence le sacrilège désastre de 1554 et ses conséquences déplorables pendant plus d'un siècle, mais ne refusons pas un juste hommage à l'abbé d'Aligre qui a rendu à la maison de Dieu son éclat du xiii° et du xvi° siècle. Il a fait ce qui était humainement possible en son temps. Tout en regrettant des restaurations hybrides, nous ne cesserons de le louer de son zèle et de ses efforts. Ceux qui lui ont jeté la pierre ne se sont pas rendu compte de l'état du monument, quand il reçut la commende de Saint-Riquier, ni de la tache immense qu'il a accomplie et de l'impossibilité où il se trouvait de faire autrement.

Pour finir l'histoire de l'église de Saint-Riquier, nous dirons que le 11 novembre 1800 un ouragan extraordinaire y causa d'immenses dégâts, et ébranla la muraille du transsept méridional privé de ses points d'appui depuis la destruction de la sacristie et du chapitre.

La dépense nécessaire pour la réparation de ce grand désastre surpassant ses ressources, la commune de Saint-Riquier se détermina à un grand sacrifice. Pour sauver le monument en péril, on prit le parti d'abattre le clocher (5) situé au milieu du transsept. Par cette mesure que les amis de l'art ont peut-être quelque raison de regretter, mais qu'excuse la conservation du monument, on déchargea les murailles d'un poids énorme, et avec le prix des matériaux on pourvut aux réparations les plus urgentes.

« Cependant, ajoute l'auteur de la description de l'église de Saint-Riquier, malgré les efforts de l'abbé Callé, alors curé de Saint-Riquier, ce monument, chef-d'œuvre d'élégance, de grâce et de légèreté, négligé pendant une longue suite d'années, serait iné-

---

(1) *Ibid. page* 416.
(2) *Ibid. page* 457.
(3) *Ibid. page* 543.
(4) Voir sous les Abbés ici nommés les travaux à l'église de St-Riquier dans ce tome II°.
(5) Gilbert. *Description de l'église de Saint-Riquier. page* 83.

vitablement tombé en ruines, si l'évêque d'Amiens, de concert avec M. l'abbé Padé, qui avait acheté les ruines de cette abbaye, n'avait eu l'heureuse pensée d'y former un établissement ecclésiastique, où de jeunes lévites, l'espoir du sacerdoce, deviendraient le soutien de la religion dans son diocèse. Le Conseil général du département de la Somme s'associa à cette pensée et se rendit à cet égard l'organe du vœu de ce respectable prélat. Sur sa demande le gouvernement de la Restauration fit allouer en 1822, 1823, 1824, une somme de cent vingt mille francs, pour préserver l'église monumentale de nouveaux accidents et refaire à neuf des piliers, des arcs-boutants, des contreforts (1) ». En 1851 et 1852 le gouvernement donna encore une somme de vingt mille francs pour de nouvelles restaurations. En outre, chaque année, le Conseil général vote une allocation pour l'entretien de l'église, classée parmi les monuments historiques. A l'aide des secours du département, d'un impôt communal annuel, on continue les travaux de restauration qu'une sage économie et une direction intelligente ont rendus extrêmement féconds.

CHAPITRE II.

VUE EXTÉRIEURE DE L'ÉGLISE.

Dans les cathédrales du XIII° siècle, les chapelles forment autour du sanctuaire, où s'immole la grande victime de la nouvelle loi, comme une couronne glorieuse qui ceint la tête du Sauveur du monde. Le plan général trace aussi les lignes d'une vaste croix latine, dont les bras sont formés par le transepts qui porte le nom de croisée, le pied par la nef, ainsi que le sommet par la partie absidale. On a même remarqué que dans beaucoup d'églises l'axe du milieu s'infléchit par une légère déviation à droite ou à gauche, à partir du point d'intersection avec l'axe du transepts. On a voulu traduire ces paroles de l'évangile : *et inclinato capite emisit spiritum* (2). Telle est la dis-

---

(1) Gilbert. *Ibid.* page 50.
(2) Dans le symbolisme des constructions religieuses, dit Bourassé, nous avons toujours admis l'emblème des chapelles rayonnantes autour de l'abside. C'est la couronne glorieuse qui ceint la tête du Sauveur du monde. Le grand autel, où s'offre chaque jour le divin sacrifice, représente cette tête auguste,

dont la nef et les transepts rappellent le corps et les bras étendus. Cette belle et chrétienne idée de représenter Jésus en croix n'a jamais été contestée par personne. Pourquoi ne verrions nous pas une conséquence de cette idée dans l'inclinaison observée dans les plans de nos grandes cathédrales ? On a contesté cette intention ; c'est à tort, selon

position de l'église de Saint-Riquier dont le plan primitif appartient à cette époque d'architecture aussi remarquable par son mysticisme que par la largeur de ses conceptions. Au milieu du transsept, on avait élevé plus tard un clocher couvert en plomb, qui mesurait quatre-vingt pieds d'élévation au-dessous du comble (1). C'est celui qu'on a démoli en 1800 et qu'on voit représenté sur la planche du *Monasticum Gallicanum* (2). L'extérieur de l'édifice, bâti en pierre de taille (3) d'un moyen appareil et sans ornement, offre à l'œil une noble simplicité. Des arcs-boutants au nombre de dix-huit courent au-dessus des nefs latérales et ne reposent que sur des colonnettes qui remplissent le vide des rempants, ce qui leur donne une grande légèreté. Ceux qui s'appuyent sur le mur extérieur du pourtour du chœur se dégagent de pyramides très artistement travaillées et posées là pour dissimuler la maçonnerie qui contrebute les voûtes supérieures de l'édifice. En les contemplant, on ne fait plus attention à ces énormes masses de pierre dans lesquelles elles prennent leur point d'appui et qui seraient disgracieuses sans ces savantes combinaisons. L'art de nos architectes gothiques se révèle tout entier par le contraste que nous offrent les restaurations de leurs successeurs du commencement de ce siècle. On dira sans doute à leur décharge que les ressources, mises à leur disposition, ne leur ont pas suffi pour imprimer à leur œuvre le cachet du monument. Qu'on nous permette, toutefois, de faire observer que ces pierres unies par un ciment rouge ne prouvent pas une œuvre soignée ; on pouvait mieux faire sans sortir des limites d'une stricte économie (4).

L'édifice est divisé dans son élévation en deux étages : l'inférieur à la hauteur des basses-nefs, le supérieur à la naissance des combles. Les corniches très larges, recou-

nous. Ces paroles de l'évangéliste. *et inclinato capite tradidit spiritum*, « et ayant incliné la tête il rendit l'esprit » auraient été traduites pieusement par ces artistes entièrement pénétrés du génie chrétien, qui introduisaient dans leurs constructions une foule d'allusions mystiques. *Les Cathédrales de France, page* 490-491.)

(1) « Cette église étant bâtie en croix, la partie centrale du croisillon au-dessus du grand comble était anciennement surmontée d'un fort beau clocher en charpente couvert de plomb. Son élévation au-dessus du comble était d'environ quatre-vingt pieds. Il se composait d'une plate-forme bordée d'une balustrade à jour : huit consoles surmontaient cette plate forme et venaient aboutir, en décrivant une courbe, au centre commun, d'où s'élevaient huit pilastres dont l'ensemble présentait une pyramide terminée par une calotte oblongue surmonté d'une croix. (Gilbert, *Ibid. page* 83.)

(2) Voir le plan du Monastère et de l'Eglise.

(3) C'est la pierre du pays qui a servi à ces constructions : elle a été extraite de la belle carrière de Saint-Pierre, à Vaux dont il sera parlé dans les domaines de Saint-Riquier.

(4) Les nouveaux contreforts triangulaires extérieurs, construits (façade méridionale) pour maintenir les pignons des extrémités des bras de croix, coupent les moulures au pourtour des fenêtres et produisent par leur excessive nudité, le plus détestable effet Il n'est pas jusqu'aux corniches et aux fenêtres du même côté, qui ne portent des marques du mauvais goût qui a présidé à leur restauration. Les joints des pierres de ces corniches et de ces fenêtres, ainsi que les dais qui surmontent au portail les statues des douze apôtres, sont empreints d'une espèce de ciment rouge vif. d'un aspect fort désagréable Le cœur se serre quand on considère les ineptes réparations qui furent faites à l'église de Saint-Riquier de 1827 à 1842, et les amis de l'art chrétien s'étonnent avec raison de ce que l'autorité n'ait pas songé plus tôt à confier la direction de ces importants travaux à des mains habiles. (Dusevel, *l'Eglise de Saint-Riquier, page* 8.)

veites de plomb à leur base pour servir de chaineaux, garnies de balustrades évidées à jour, forment de belles galeries, d'où le visiteur considère à l'aise le panorama de la ville et des environs. On monte dans les galeries par quatre escaliers, dont deux sont situés dans la grande tour de la façade et les deux autres dans des chapelles latérales. En observant les grandes baies du transsept à l'extérieur, on ne peut s'empêcher de remarquer des signes caractéristiques de l'architecture du XIII° siècle dans les crosses, les larmiers en retraite, les grandes ogives à lancettes. Les belles et hautes croisées du nord et du midi, à part les travaux informes des temps modernes, ne permettent à personne de douter qu'elles appartiennent à cette époque (1).

Le pourtour du chœur avec sa petite forêt d'obélisques dentelés nous rappelle le travail des plus beaux monuments de l'art gothique. La gracieuse chapelle de la Sainte Vierge s'harmonise parfaitement avec le chevet et offre un aspect des plus pittoresques, soit qu'on considère le monument de près, soit que du haut du jardin du petit séminaire on embrasse d'un seul coup d'œil toute cette partie de l'édifice et ses absides superposées.

On peut dire que l'église couvrait de son ombre tutélaire tous les bâtiments de l'ancien monastère. C'est toujours avec un sentiment de respect religieux qu'on contemple cette majestueuse alliance de constructions séculaires, habitées par des hommes de Dieu. Peut-on mesurer du regard cette vaste enceinte, défendue au nord par la haute clôture que Pierre-le-Prêtre fit élever, il y a quatre cents ans, et protégée sur les autres points par les murs de la vieille ville, sans admirer la puissance de la religion, toujours inépuisable en ressources, soit qu'elle crée, soit qu'elle ressuscite ses monuments abattus par le vandalisme barbare ou scientifique? Avec les promesses d'immortalité que Dieu lui a prodiguées, la religion pourrait-elle jamais douter de l'avenir? Les tempêtes surgissent à l'heure fixée par la Providence, pour purifier l'atmosphère religieux ; mais combien de ces institutions saintes qu'elles ont renversées se relèvent tôt ou tard ! Monastères ou séminaires, elle les consacre sans cesse au progrès de la civilisation chrétienne. Que les âmes les plus généreuses et les mieux douées y viennent pour se consacrer à l'apostolat de la prière ou se préparer à l'apostolat de la prédication, elle y voit toujours une pépinière de saints. Qui serait assez indifférent pour ne pas bénir ces bienfaiteurs de l'humanité ?

---

(1) Les ogives du côté nord n'ont pas été sculptées et restent encore informes.

CHAPITRE III.

PORTAIL ET GRANDE TOUR DE LA FAÇADE.

La grande tour de la façade fut commencée par Eustache Le Quieux et terminée par Thibaut de Bayencourt (1500 à 1530). Le style flamboyant de la seconde époque a marqué de son cachet cette efflorescence de gracieuses sculptures. Festons trilobés, broderies d'une extrême finesse, pinacles en application d'un parfait travail, entrelacs, rinceaux, quatre-feuilles en compartiments flamboyants et pointus, balustrades à flammes allongées et serrées, tout dans cette façade offre un assemblage heureux de ce que cette architecture a créé de plus riche et de plus élégant. On y suit tous les progrès de la sculpture et de la statuaire (1). « Ce n'est point, dit Gilbert, une copie servile ni même une compilation de ce que nous possédons de mieux en ce genre, c'est une création du génie, une œuvre originale dont l'exécution a été confiée aux plus habiles artistes du temps, probablement sortis de l'école de Jean Joconde ou du Primatice (2).

Le nom de l'architecte n'est point parvenu jusqu'à nous. Mais d'abord y eut-il d'autres architectes que les abbés et les moines ? Ne sait-on pas que beaucoup de moines excellaient dans l'art de l'architecture. Eustache Le Quieux périt à l'œuvre. Thibaut de Bayencourt est accusé d'avoir perdu l'esprit religieux dans ses relations trop fréquentes avec les ouvriers et les artistes occupés aux travaux de l'église. On cite, il est vrai, le nom d'un Jean Léveillé, maître-maçon de Saint-Riquier, mais rien ne nous prouve qu'il fut l'architecte créateur de ces nouveaux plans. Quand même on lui assignerait le rôle d'entrepreneur, il n'aurait que la part d'un subalterne dans l'exécution de cette œuvre tant admirée des connaisseurs (3).

---

(1) L'architecture du portail est noble et élégante, dit le baron Taylor. La dentelle du grand porche est admirable par sa délicatesse, la difficulté de son refouillement et la hardiesse de sa saillie.

Malgré ses malheurs, malgré les dévastations plus récentes de son Abbaye, l'église de Saint-Riquier est un des monuments les plus intéressants de la France sous le rapport des arts et de l'histoire. — *Voyages pittoresques. Picardie.*

(2) Gilbert. *Ibid. page* 63.

Cette nouvelle description de l'Eglise fera çà et là des emprunts à Gilbert. Le travail de ce dernier étant devenu rare, nous pensons être agréable au lecteur en lui mettant sous les yeux quelques unes de ses meilleures idées.

(3) Jean Léveillé, d'après Dusevel, ne fut qu'un maître-maçon. Toutefois, ajoute-t-il, nous sommes heureux d'avoir pu tirer de l'oubli le nom de cet habile ouvrier pour rendre à son talent admirable l'honneur et la gloire qui lui sont si légitimement dus. (*Eglise de Saint-Riquier, page* 4.)

L'œil du spectateur est pleinement satisfait, quel que soit le point d'observation qu'il choisisse sur la vaste place qui précède l'église. Autrefois les murs de clôture dont on peut encore remarquer des traces obstruaient la vue. Cependant la place du parvis était même alors assez considérable pour qu'on pût considérer à loisir tous les détails de ce vaste tableau, dessiné sur la pierre avec d'autant plus de soin que le portail de l'ouest fut toujours dans les monuments religieux la partie la plus ornée de l'édifice extérieur. C'est par là, en effet, que les fidèles pénètrent dans la maison de Dieu. Il est bon qu'ils aient une image sensible de ses magnificences. *Pavete ad sanctuarium meum : Ego Dominus.* Dieu avait voulu que ces paroles fussent écrites sur les murs sacrés de son tabernacle terrestre. Les évêques et moines ne devaient-ils pas demander au peuple chrétien d'être aussi respectueux pour leurs églises que les enfants d'Israël l'étaient pour le temple de Jérusalem? C'est pourquoi ils faisaient graver ce solennel avertissement en grands tableaux sur la façade de la maison de Dieu.

Analysons autant qu'il nous sera possible tous les symboles du langage mystique dont nos monuments sacrés portent l'empreinte. Après avoir franchi la porte extérieure du monastère, on rencontrait d'abord l'enceinte sacrée qu'on appelait le *Paradis* et par abréviation le *Parvis*. On voulait que ce lieu de repos ou d'attente offrît aux regards du fidèle le souvenir des splendeurs du royaume céleste. En effet, levez les yeux sur la façade du temple, vous verrez partout des images de l'adorable Trinité, de la glorieuse Vierge Marie, des saints protecteurs, des saints apôtres, quelquefois le jugement dernier avec l'entrée triomphante des élus au céleste séjour.

L'architecte de la tour s'est donc inspiré de la tradition chrétienne: il a reproduit en très bon style les images si chères à la foi de nos pères : *O quam metuendus est locus iste! Vere non est hic aliud, nisi domus Dei et porta cœli !* Qu'on veuille bien nous permettre de semblables citations. L'art chrétien n'est que le commentaire de la liturgie.

L'impression qu'on ressent à la vue d'un monument, saisit vivement tous les esprits; mais, lorsqu'on cherche à se rendre compte, les détails ne sont pas accessibles à tous. La foule des visiteurs a besoin d'être guidée. C'est ce que nous allons faire dans une courte description.

La façade de l'église à laquelle on arrive par un très large perron élevé de cinq marches, mesure 84 pieds de largeur dans sa base et 150 pieds d'élévation. Dix pieds de moins pour l'élévation que la façade de Saint-Vulfran. «Les différents plans en sont disposés avec art, décorés d'un luxe de figures et d'ornements distribués avec une heureuse symétrie et séparés par de belles parties lisses qui en font ressortir la richesse avec avantage ; c'est une broderie d'un riche dessin (1). »

Cette façade peut se diviser en trois parties, d'après le nombre des portails et des vous-

---

(1) Gilbert. *Ibid. page* 64.

sures. Le portail principal offre lui-même, outre sa belle voussure, trois étages marqués distinctement par les galeries superposées, à la hauteur des basses nefs, de la grande nef et au sommet de la pyramide. Les galeries évidées à jour, parfaitement conservées et d'un beau style flamboyant, se dessinent avec ampleur au milieu des décorations.

On peut remarquer que le portail principal est placé entre deux grands piliers ou contreforts, dont les différentes retraites sont décorées de statues « portées sur des culs-de-lampe et surmontées de jolis dais ciselés et découpés à jour » (1). Ces piliers ont une épaisseur de dix-huit pieds sur une largeur de douze. Ce travail de maçonnerie est parfaitement dissimulé par les portes placées presque au milieu et par l'ornementation de la voussure, gracieuse industrie des architectes qui empêche la pensée du visiteur de s'y arrêter un instant. Deux escaliers en colimaçon accolés à ces piliers sont ingénieusement ménagés dans des tourelles octogones qui conduisent aux étages supérieurs. La cage de l'escalier à gauche se prolonge jusqu'au haut de la pyramide, en se détournant derrière l'éperon de la tour. On sort par un clocheton surmonté d'une grande couronne. La maçonnerie lisse de ces tourelles est décorée par des colonnettes surmontées de très jolis frontons arabesques.

La voussure du grand portail est appliquée sur des murailles revêtues de moulures prismatiques. Au centre l'arbre de Jessé est ajouré. Sous la voussure, des bas-reliefs rappellent différents faits de la vie de saint Riquier. L'arc d'ouverture ogivale est enrichi d'une dentelle délicatement découpée à jour, en festons trilobés. La moulure de l'ogive est ornée de rinceaux de chardon.

L'arbre généalogique de Jessé pourrait être appelé une traduction lapidaire du premier chapitre de l'évangile de saint Mathieu. Il affirme le mystère de l'Incarnation, dogme fondamental du christianisme : il met en action la gracieuse image de la prophétie d'Isaie : *Egredietur virga de radice Jesse et flos de radice ejus ascendet*. Cet arbre a été reproduit de diverses manières dans l'iconographie chrétienne ; car nos pieux architectes avaient une prédilection toute spéciale pour ce groupe d'une riche poésie biblique.

Au centre du tympan et en avant de l'arbre mystique, « sur un très-joli cul-de-lampe, décoré de niches et de pampre, on voit, à notre portail, Jessé, la tête appuyée sur la main droite et endormi (2). » Ne dirait-on pas que, dans une céleste vision, il entrevoit le Messie naissant de sa race et son auguste mère, donnant au monde cette fleur divine, dans la plénitude des temps. Jessé siège sur un trône : « il est vêtu d'un riche costume et porte un écusson aux armes de France, dont les fleurs de lys sont effacées ; il ne reste que le cordon de l'Ordre de Saint-Michel (3) », la plus riche décoration du XVI° siècle. De ce point central comme d'un tronc se détachent les branches dans diverses directions

---

(1) Gilbert. *Ibid.*
(2) Gilbert. *page* 68.

(3) Gilbert. *Ibid.*

et sur les branches douze rois sont représentés dans des attitudes diverses, sous les costumes princiers du xvi° siècle. « Les six rois à la droite du spectateur portent une chaîne autour du cou, emblème, dit Gilbert, de l'autorité royale (1) ». « Dans la cathédrale d'Amiens les rois, dit Raymond, portent les mêmes emblêmes, tant aux stalles qu'aux sculptures de l'enceinte à gauche (2) ». Les rameaux de l'arbre viennent converger au sommet vers la figure de la sainte Vierge Marie portant sur ses genoux l'enfant Jésus, qui s'appuie sur ses pieds et ses mains. Entre les branches de l'arbre, le jour pénètre dans l'église par des vitraux sous les reflets des couleurs les plus douces et les plus variées. « Le contour de l'arc ogive est décoré d'une riche dentelle, formant un encadrement d'un très bel effet (3). »

La grande porte, renouvelée sous l'Abbé d'Aligre, a été dépouillée de son symbolique trumeau, destiné à marquer la séparation des justes et des pécheurs. Dans les dormants on a sculpté, en style du xvii° siècle, deux médaillons représentant les bustes de Notre Seigneur et de sa bienheureuse Mère.

A l'arcature de la voussure, le spectateur peut étudier, dans une suite de petits groupes, exécutés avec infiniment de soin, quelques traits remarquables de la vie de saint Riquier. Nous ne saurions mieux les décrire que Gilbert, à qui nous laissons la responsabilité de l'explication. Nous nous permettrons cependant quelques corrections.

« Dans les compartiments à droite du spectateur sont sculptés les sujets suivants : 1° Saint Riquier dans le cours de sa mission en Angleterre visite la sainte veuve Rictrude et donne sa bénédiction à son fils », dont il est devenu le père spirituel par le baptême (4). « 2° Dans un compartiment placé de l'autre côté, le même saint monté en chaire travaille à la conversion des habitants de la Grande-Bretagne. Viennent ensuite les principales circonstances de la translation du corps de saint Riquier de Montreuil à Centule, telle qu'elle est représentée dans la trésorerie. Ces groupes sont sculptés dans les bandeaux de la voussure à droite du spectateur, et disposés de la manière suivante. En commençant par le bas : 1° l'arrivée du cortège à l'abbaye de Saint-Saulve de Montreuil ; 2° le comte Arnoul à genoux, faisant la remise du corps de saint Riquier ; 3° sa translation au monastère de Centule par Hugues-Capet, figurée dans deux groupes représentant une cavalcade, sculptée dans le deuxième bandeau. »

« Le surplus des bandeaux du côté gauche offrent plusieurs traits relatifs à la vie de saint Angilbert : 1° la mission dont cet Abbé fut chargé par Charlemagne auprès du Pape Adrien I" ; 2° sa réception par le Saint-Père, assisté d'un cardinal. Le pape a la tête coiffée d'une tiare, et tient un bâton surmonté d'une triple croix. Au-dessus on voit un autre groupe représentant la guérison miraculeuse d'un boîteux obtenue par l'in-

---

(1) Gilbert. *Ibid.*
Nous omettons les noms des rois donnés par Gilbert. Au lecteur à les deviner.

(2) M. Prarond. *Histoire de Saint-Riquier*, page 305.

(3) Gilbert. *Ibid.*, page 68.

(4) Nous ferons observer que sainte Rictrude habitait en Flandre, à Douai ou aux environs.

CHAPITRE III. — PORTAIL ET GRANDE TOUR DE LA FAÇADE. 373

tercession du saint (1). La plupart de ces groupes ont été plus ou moins mutilés ; les têtes sont en grande partie cassées » (2).

Première partie de la façade du portail —Le fidèle en levant les yeux remarquera d'abord au centre, au-dessus de l'arc ogival, un fronton dont l'arc est exhaussé. Qu'il fasse un acte de foi au mystère de la Sainte Trinité, en traçant sur lui le signe de la croix : les trois personnes divines sont représentées dans ce groupe. Dieu le Père assis sur son trône tient entre ses mains son fils attaché à la croix et l'offre à l'adoration de ceux qui entrent. La tête du Père éternel est pleine de dignité et coiffée d'une tiare au-dessus de laquelle le Saint-Esprit apparaît sous la forme d'une colombe. Nous retrouverons ailleurs sous le nom de Saint Sauveur une imitation de ce groupe. Sous son socle mutilé deux anges tiennent un écusson dont les armoiries sont grattées. Dans la partie supérieure, deux anges en adoration semblent répéter le *Trisagion* et inviter le chrétien à s'unir à eux. L'un des anges est tombé. « L'ensemble de ce groupe est surmonté d'un riche dais pyramidal, d'un travail très recherché, orné de filets et ciselé de découpures à jour » (3).

En dehors de ce groupe, mais tout auprès, deux autres adorateurs à genoux devant la Sainte Trinité semblent représenter tout le monastère et redire aux fidèles qu'ils entrent dans le sanctuaire de la prière et qu'on ne vient là que pour s'occuper des choses de l'éternité. Nous ne pouvons y reconnaître avec Gilbert saint Riquier et saint Angilbert, puisque leurs statues sont plus loin. Nous proposons une autre hypothèse. Ces deux moines ne seraient-ils pas Eustache Le Quieux et Thibaut de Bayencourt venant faire hommage de leur œuvre à la Sainte-Trinité ? Eustache était ainsi représenté dans le cloître à la tête de ses religieux qu'il offrait à notre Seigneur.

En contemplant les douze statues colossales placées à droite et à gauche, au dessus de ce fronton, dans des niches surmontées de fort jolis dais, on nomme tout naturellement les douze Apôtres, distingués entre eux par leurs attributs caractéristiques. Les apôtres, ces juges des douze tribus d'Israël, ces colonnes vivantes de l'Eglise catholique accompagnent toujours le Sauveur au grand portail de nos églises monumentales. Ces statues, d'une exécution soignée, nous montrent le progrès de l'art au xvie siècle, par la correction du dessin et le fini des détails. Dans les figures qui font suite aux Apôtres, Gilbert voit saint Riquier à droite et saint Angilbert à gauche. Le premier porte le costume d'un Abbé avec le bâton pastoral à la main ; à ses pieds un lion dressé sur ses pattes de derrière semble porter un écusson orné d'un chevron, emblème des armoiries d'Eustache Le Quieux. Le second tient un livre ouvert sur la poitrine et porte aussi le

---

(1) Nous émettons un doute sur cette explication. Nous pensons que ces groupes représentent le voyage légendaire de saint Riquier à Rome, sa visite au Pape et le miracle opéré à Arleux sur le fils d'un leude de ce pays qui venait de se noyer et qu'il ressuscita en présence du peuple. Voir notre Histoire. Tome 1, page 3. — P. Malbrancq. *De Morinis*. Tom. 1, page 257.

(2) Gilbert, *page* 65-67.

(3) Gilbert, *page* 72.

bâton pastoral (1). Un troisième Abbé à la gauche de saint Riquier rappellerait-il saint Gervin, dont la réputation de sainteté a traversé les siècles ? La statue voisine de saint Angilbert n'est point décrite par Gilbert. Ce n'est ni un Abbé ni un moine.

DEUXIÈME PARTIE DE LA FAÇADE. — LE COURONNEMENT DE LA SAINTE VIERGE. — Les gloires de la mère de Dieu, si souvent rappelées dans la chaire chrétienne et si bien décrites par les écrivains mystiques, offraient un magnifique thème à l'imagination des artistes. Aussi les a-t-on reproduites sous mille formes. Au milieu d'un grand fronton triangulaire, immense nimbe, qui semble envelopper la divinité, se détachent trois belles statues, placées dans des niches surmontées de trois dais, dont les couronnes sont découpées à jour. La sainte Vierge est placée entre le Père éternel et son fils. Un diadème céleste est suspendu sur sa tête par deux anges. Le Saint-Esprit, sous la forme d'une colombe, semble apporter ce diadème pour le déposer lui-même sur le front de celle que l'on se plait à appeler son auguste épouse.

A la gauche de la Vierge on reconnaît le Père Éternel à sa tiare et le Fils à la droite. Celui-ci a la main posée sur la poitrine, pour indiquer son humanité et l'autre main levée pour bénir.

« Parmi les trois statues de ce groupe d'une exécution admirable, dit Gilbert, on distingue particulièrement celle de la Vierge, modelée avec art, et dont le caractère de tête est empreint de cette expression tout à la fois céleste et virginale, que le statuaire a saisi avec tant de vérité. »

« Le fronton en saillie se détache sur un fond lisse, coupé par de fines colonnettes terminées par des trèfles. Les rampants de ce fronton sont décorés de chardons très délicatement découpés, ainsi que les frises régnant en dedans (2). »

TROISIÈME PARTIE.—AU-DESSUS DE LA DEUXIÈME GALERIE. — La balustrade qui circule à la base du toit de l'Eglise vient couper la monotonie de cette haute façade par des entrelacs et des flammes découpées à jour. Un peu plus haut se terminent les pinacles des contreforts, les tourelles d'escaliers surmontées de leurs pyramides et ornées de crosses et de têtes de choux. Derrière les balustrades se dessinent les formes d'une grande tour quadrangulaire, servant actuellement de clocher. Sur chacune de ses faces, deux grandes baies garnies de trois abavents semblent destinées primitivement à laisser échapper le son des cloches ; ce qui nous fait supposer que ce beffroi a toujours possédé les grosses cloches de l'Eglise abbatiale et que le dôme et la flèche élevés au-dessus du cintre de la croisée ne servirent qu'à l'ornement et symbolisaient les élans de la prière vers le Ciel.

Remarquez sur le trumeau central, à astragales ornés de moulures, une colossale statue cuirassée de pied en cap, tenant de la main droite une longue croix avec laquelle

---

(1) *Ibid. page* 73.
(2) Gilbert. *Page* 74. Les figures, ajoute Dusevel, offrent encore des traces des couleurs qui les couvrirent. *Eglise...*
Ibid., page 15.

elle terrasse le dragon infernal. La tête est nue, mais on voit à son côté un armet, «espèce de casque fort en usage dans le seizième siècle (1). « Est-ce saint Michel, le premier des archanges, le chef des armées du Très-Haut, triomphant du démon et de ses légions rebelles, criant au peuple chrétien : Quis ut Deus? Est-ce le Sauveur du monde lui-même, vainqueur de la mort et du démon qu'il vient de précipiter au fond des enfers? *Videbam satanam cadentem sicut fulgur.* Ces deux opinions ont été émises à l'aspect de cette statue. Nous croyons qu'on a plutôt voulu représenter l'archange saint Michel, protecteur de la France et rappeler la chapelle qu'on lui avait élevée à la porte occidentale du monastère. A la droite de Saint-Michel, nous reconnaissons Adam et Eve couvrant leur nudité de la main gauche et témoignant dans leur attitude si humiliée toute leur confusion et leur repentir. On ne peut s'empêcher de gémir avec eux, quand on aperçoit le fruit fatal dans la main d'Eve et le geste d'Adam indiquant qu'il a été séduit par sa compagne, dont il semble regretter la création : *Mulier, quam dedisti mihi, decepit me.* Ils sont les représentants de l'humanité sous la loi naturelle.

De l'autre côté, à la droite du spectateur, nous avons la loi et les prophètes figurés par Moïse, portant les tables de la loi, et par David s'aidant de la harpe pour chanter ses cantiques inspirés par l'esprit de Dieu. On a cru reconnaître aussi Moyse et Aaron dans ces statues. Nous préférons la première explication ; elle est plus liturgique et plus traditionnelle. Gilbert accuse le faire de ces statues, qu'il trouve lourd et incorrect (2). Que le spectateur se prononce lui-même ; mais s'il est vrai que ces deux sculptures ne font pas honneur à l'artiste, du moins le regard se reposera avec plaisir sur les ornements que l'architecte a jetés à profusion sur le sommet de la tour, comme une riche broderie autour d'un vêtement précieux.

Nous n'avons rien à dire de la pyramide en bois qu'on a hissée, au commencement du siècle, sur la tour d'Eustache Le Quieux : elle prouve surabondamment le goût de son époque. « Il est vraisemblable, ajoute Gilbert, que cette tour devait être terminée par une flèche en pierre. Le système pyramidal qui domine généralement dans sa composition semble l'indiquer et l'appeler, pour donner plus d'élévation à la tour évidemment trop basse par rapport à son soubassement » (3).

Cette remarque nous paraît très juste ; en effet en examinant de près les dernières assises de la tour, nous avons cru voir que tout se préparait pour cette flèche, mais qu'elle n'a jamais été construite. Thibault de Bayencourt n'eut pas le temps de parfaire son œuvre. Les successeurs eurent d'autres ambitions que les abbés, qui les avaient immédiatement précédés.

Un mot sur les cloches ou plutôt sur la cloche de l'église paroissiale actuelle de Saint-Riquier : car de ces sonneries et de ces carillons dont l'histoire nous a fait l'éloge, il ne

(1) Gilbert, *page* 75.   (3) *Page* 76.
(2) *Page* 75.

reste qu'une cloche digne du monument, et elle n'appartenait pas même à Saint-Riquier; elle vient, dit-on, de la paroisse Sainte-Catherine d'Abbeville. Elle pèse 3,000 livres et fut fondue en 1760 par Philippe et Florentin Cavillier, fondeurs à Carrépuits. Leurs œuvres ont fait une renommée séculaire à ce nom. Elle donne le ton de *mi*. Voici son inscription (1) :

PHILIPPE ET FLORENTIN CAVILLIER
FONDEURS A CARRÉPUITS, PRÈS ROYE.
DEUM LAUDO, PLEBEM VOCO, DEFUNCTOS PLORO.
DEMONES FUGO. FESTA DECORO.
ME CATHARINAM VOCAVERUNT D. ANT. DE LATTRE
PASTOR HUJUS ECCLESIÆ
ET D^ᵉ ANNA BELLART, VIDUA H. ADR. RICOUART
S^r DE GUIBERMESNIL, BRUCAMPS, etc.
RECEVEURS ET MARGUILLIERS EN CHARGE,
LES Srs ISIDORE GAMBET, BRIDOUX, LEBEL.
1760 †.

Ces noms appartiennent à Abbeville plutôt qu'à Saint-Riquier.

Les deux autres petites cloches venaient de l'ancienne église paroissiale de la ville ; elles ont été rapportées dans l'église abbatiale, pour appeler aux offices quotidiens. Il serait permis de demander pourquoi on ne leur laisse pas cette destination. Est-ce que le son harmonieux de la grosse cloche n'éveillerait point dans l'âme des fidèles les sentiments religieux aussi efficacement que les sons discordants de trois cloches qui agacent le tympan de l'oreille ?

L'horloge de l'église se compliquait d'un mécanisme qui, s'adaptant à un cylindre noté, faisait jouer des petits timbres ou clochettes placés dans le clocheton supérieur. Ce joyeux carillon ne se fait plus entendre : les timbres eux-mêmes sont dispersés ; il n'en reste plus que trois. Appelons de nos vœux le jour où ils reparaîtront, avec les refrains qui charmèrent nos pères et dont nos petits enfants ne seraient pas moins amis. Les harmonies de la cloche avec nos âmes sont indéfinissables. On ne se lassera jamais d'entendre un beau carillon.

Avant de considérer les portiques latéraux, faisons une courte station devant les contreforts dont nous avons déjà signalé l'épaisseur et dont les faces sont ornées de statues non moins dignes d'intérêt que celles du grand portail. Ces statues, au nombre de cinq sur chaque contrefort, placées au-dessous des apôtres et autres personnages, dont il a été parlé plus haut, sont posées sur des piédestaux ornés de bas-reliefs et sur-

---

(1) Dusevel *Eglise et Châteaux*, page 7.

montées de très jolis dais, découpés et festonnés de trèfles. Les personnages sculptés sur les bas-reliefs ne sauraient être décrits dans leur état présent de mutilation.

Les deux premières statues de chaque côté, fort difficiles à reconnaître, représentent, selon les conjectures de Gilbert, saint Benoît patriarche des moines d'Occident et saint Maur, fondateur de l'ordre bénédictin en France. C'est certainement leur place dans le grand livre où l'amour et la reconnaissance ont écrit les noms des bienfaiteurs de la religion (1). A côté d'eux, Louis XII à gauche et François Ier à droite. Louis XII est revêtu d'habits royaux et décoré du collier de l'ordre de saint Michel. François Ier, son successeur, se reconnaît à son habit court et à son manteau royal. Cette tour fut bâtie sous leur règne. Le monastère n'avait-il pas éprouvé assez de malheurs pour devenir l'objet de leurs royales libéralités?

La tête de François Ier et la jambe gauche ont été brisées. Nous n'osons dire que c'est un acte de vandalisme. Croyons plutôt à des accidents ou à des espiègleries d'enfants (2).

Les trois statues qui suivent celle de François Ier, à la droite du spectateur, représentent, dit Gilbert, saint Vigor, saint Eloi et l'abbé Symphorien recevant saint Angilbert au monastère de Centule. Notre archéologue a confondu ses notes en cet endroit. Il faut lire saint Eloi, saint Firmin, saint Marcoul ; on croit reconnaître saint Firmin à l'attribut des deux licornes placées à ses pieds, qu'on retrouve dans les armes d'Amiens.

Les moines de Saint-Riquier possédaient plusieurs objets d'orfévrerie religieuse qu'ils disaient fabriqués par saint Eloi. Est-ce pour cela qu'on voit sa statue au portail? N'est-il pas permis de penser qu'il aurait visité Saint-Riquier avec le roi Dagobert? Dans une prière qui est parvenue jusqu'à nous, saint Angilbert invoque saint Riquier et saint Eloi, avec un enthousiasme qui nous révèle des affinités spéciales entre les deux serviteurs de Dieu. Pour nous le troisième personnage, avec un enfant à ses pieds serait, non l'Abbé Symphorien, mais saint Marcoul : cette statue a de l'analogie avec une autre statue de saint Marcoul placée dans sa chapelle.

Aux attributs des trois statues placées à la gauche du spectateur après celle de Louis XII, Gilbert a cru reconnaître saint Nicolas, saint Wulfran et saint Firmin. Les trois enfants enserrés dans un baquet sont certainement le symbole iconographique le plus populaire et le plus répandu du saint évêque de Myre. Son culte existait à Saint-Riquier depuis plus de quatre siècles. On lui avait consacré une chapelle au monastère et l'église de l'Hôtel-Dieu était dédiée sous son nom. Nous sommes d'un avis différent pour les deux autres personnages. Nous pensons que saint Nicolas est accompagné de saint Vigor à sa gauche et de saint Vulfran à sa droite (3).

---

(1) On pourrait, à la vue de ces statues, se demander si Gilbert les a bien comprises. Nous en doutons. Elles n'ont plus de tête.

(2) Remarquons aussi avec Dusevel que les vents de mer exercent une action délétère sur les statues et les bas-reliefs du portail.

(3) Voir Gilbert, pages 69-71.

L'attribut iconographique de saint Vigor est un dragon enchaîné. La légende est-elle caractérisée par le symbole iconographique ou le symbole est-il dû à la légende ? C'est ce qu'il serait difficile de discerner, en présence de témoignages contradictoires sur ce sujet (1).

PORTAIL DE DROITE DÉDIÉ A LA SAINTE-VIERGE. — La statue placée au tympan de la porte a disparu ; mais le groupe de vierges qui environnent la reine des cieux ne permet pas au spectateur de chercher une autre destination. Remarquons d'abord sainte Marie-Madeleine portant son vase de parfums. La vue de cette insigne pécheresse, à laquelle beaucoup de fautes ont été pardonnées, parce qu'elle a beaucoup aimé, fait renaître l'espérance dans les âmes coupables ou séduites par l'attrait du plaisir. Du côté opposé, sainte Catherine avec la roue (2), instrument de son supplice, semble dire aux âmes pures que, pour rester unies à Jésus-Christ, elles doivent être disposées à souffrir même la mort la plus cruelle. Ces deux statues richement costumées sont décorées, comme toutes les autres, dans le goût du XVI° siècle.

Les bandeaux plus ou moins mutilés des voussures reproduisent divers traits de la légende de Notre-Dame : 1° Le mariage de saint Joachim et de sainte Anne, père et mère de la Sainte-Vierge, dont le culte a toujours été très populaire dans l'Eglise ; 2° L'éducation de la Sainte-Vierge écoutant les enseignements de sa mère et apprenant à lire dans un livre ouvert sur les genoux de sainte Anne ; 3° Le mariage de la Sainte-Vierge, autant qu'on peut le conjecturer, à l'aspect du bas-relief tristement défiguré ; 4° L'Annonciation ; 5° L'adoration des bergers qu'on voit en face du divin enfant couché sur une natte ; 6° L'adoration des Mages.

La statue qui ornait le fond du cadre ogive n'existe plus. L'intérieur du tympan est divisé en quatre compartiments. Les arabesques, des dernières années de Thibault de Bayencourt sans doute, nous indiquent dans une ornementation nouvelle le progrès de l'art vers les idées de la renaissance.

Sur le contrefort extérieur la statue de sainte Anne, de grandeur naturelle, offre encore aux pieux enfants l'image de la mère chrétienne instruisant ses filles, réponse péremptoire à ceux qui accusent nos ancêtres d'avoir laissé grandir les générations de ce temps dans l'ignorance des connaissances les plus essentielles d'une société civilisée. Le dais de cette statue n'est pas moins élégamment fouillé que ceux du grand portail. Le temps a continué aussi sur cette statue son travail de destruction ; il n'en reste plus que le corps et quelques traces de la statue de la sainte Vierge.

Au dessus de l'arc ogive, une belle statue représentant soit une reine, soit une guer-

---

(1) Voir la légende de Saint-Vigor. Tome I, page 305. Gilbert se trompe en supposant que saint Vigor est contemporain de Saint-Riquier.

(2) La roue a été enlevée par un ouragan : il ne reste plus que le fer d'attache.

rière, est devenue une énigme pour les antiquaires des derniers siècles et des temps présents. Quelques-uns ont cru reconnaître Jeanne d'Arc, dont on aurait voulu immortaliser le passage à Saint-Riquier (1). D'autres au contraire ont pensé qu'il vaudrait mieux mettre le nom de sainte Hélène, mère de Constantin le Grand, au bas de cette statue. Leur opinion a d'autant plus de poids qu'ils placent l'empereur Constantin sur un pilier au portique opposé (2).

Au dessus d'une petite balustrade percée à jour, une fenêtre fermée était ornée à son sommet d'un écusson armorié qu'on ne peut plus distinguer.

PORTIQUE DE SAINT-RIQUIER, A GAUCHE. — Ce portique, dit Gilbert, dans le même style de décoration que le précédent, nous montre d'abord, au-dessus de l'arc d'ouverture, une statue du saint patron de l'Eglise.

L'architecte, en lui donnant le costume des grands seigneurs du seizième siècle, avait voulu écrire sur la pierre la légende qui rattache sa royale origine à la famille de Clovis et de sainte Clotilde. Nous retrouverons encore plusieurs fois le fondateur du monastère sous ce costume princier. On voyait à ses pieds deux jeunes enfants. On ne saurait dire s'ils sont lacérés par un lion et par un loup, ou s'ils se jouent avec les deux bêtes cruelles. Dans la première hypothèse, il y aurait une allusion au martyre des enfants de saint Eustache, patron d'Eustache Le Quieux ; dans l'autre, une peinture de la paix chrétienne, d'après la prophètie d'Isaïe : *Leo cum agno accubabit*. Nous avons en vain cherché ce touchant symbole. Statue et enfants, tout a disparu.

En considérant les statues et les petits groupes de figure de ce portique, il est permis de conjecturer qu'on a devant soi un *ex-voto* de reconnaissance à la gloire des saints qu'on invoque avec confiance contre la peste. Ici, dit Gilbert, c'est saint Antoine vêtu de sa tunique traditionnelle, avec son compagnon dressant contre lui ses pattes de derrière (3). Là, en face, c'est saint Roch avec son chien resté seul fidèle, lorsque tout l'abandonne dans sa maladie. Les bas-reliefs rappellent quelques faits de la vie de ces deux saints. On ne peut mettre en doute le souvenir d'une protection signalée, à l'époque des pestes qui ont ravagé le Ponthieu, lorsqu'on voit ces mêmes statues sculptées dans l'église sur les murs de la tribune méridionale du transsept.

Une autre statue, bien dégradée aujourd'hui par les intempéries de l'air et placée sur un pilier buttant a éveillé dans les souvenirs de Gilbert, à l'aspect de son manteau et de son armure, le nom de Constantin le Grand, premier empereur chrétien (4).

(1) Voir quelques notes à ce sujet. Tome II, page 99

(2) Le visiteur peut remarquer un cierge allumé dans la main droite de cette statue. Aucun archéologue n'en a encore donné l'explication. C'est l'attribut de sainte Geneviève ; elle aurait bien droit à une place auprès de Marie.

(3) Nous nous permettrons encore de l'accuser d'erreur sur cette statue. L'attribut est un oiseau. Nous ne savons à qui donner cet attribut.

(4) Est-ce que la statue ne porte pas un livre ou une pierre plutôt qu'une armure ?

Disons aussi nos conjectures. Puisque nous faisons de l'histoire locale, pourquoi ne pas voir Clovis et sainte Clotilde dans ces deux royales statues qu'on cherche à personnifier sous les noms de sainte Hélène et de Constantin ? A une époque où l'on se faisait gloire de rattacher l'origine de Saint-Riquier aux fondateurs de la dynastie mérovingienne, les statues de Clovis et de sainte Clotilde n'avaient-elles pas leur place dans l'église du plus illustre rejeton de leur famille ?

CHAPITRE IV.

INTÉRIEUR DE L'ÉGLISE.

Sous le vestibule. — *Sursum corda.* Touriste chrétien, vous êtes dans le temple du Dieu vivant et éternel. *Hæc est domus Dei et porta cœli!* Dieu seul est grand, dirons-nous, à la vue de ces majestueuses perspectives (1)! L'architecte s'est inspiré de cette sublime idée. En considérant son œuvre, le fidèle s'élève comme instinctivement vers le créateur de l'univers, dans lequel l'homme n'occupe qu'un si petit espace. Soit que le regard embrasse toute l'étendue de l'édifice, en suivant ces voûtes si hardies, ces ogives si multipliées, soit que contemplant l'intérieur, il s'égare au milieu de cette forêt de colonnes entre lesquelles la lumière étincelle de mille feux à travers les vitraux, ou se réfracte en couleurs prismatiques, toujours et partout il admire la légèreté et l'élégance de la structure, la justesse et l'heureux accord des proportions. Dans ce grand style de l'art chrétien, s'il était tenté de blâmer des détails quelque peu hétérogènes, qu'il pardonne aux restaurateurs d'avoir travaillé pour leur temps. Au lieu de leur demander un effort de génie, dont nous sommes à peine capables avec notre art si perfectionné, qu'il leur rende grâce d'avoir respecté les admirables conceptions de nos pères.

La richesse, la délicatesse, le luxe des ornements dans les colonnes, là où on ne

(1) Nous pouvons appliquer à notre Eglise ce qu'un auteur a dit des cathédrales :

« Lorsque placé sous le portique d'une cathédrale, l'œil saisit tout l'aspect du temple dans lequel pénètre la clarté mystérieuse du jour, assombri par les vitraux peints; qu'il parcourt la nef centrale, glisse avec étonnement sous ces voûtes à la fois légères et gigantesques, pour venir se perdre dans le lointain, où apparaît le rond-point ; on ne peut se défendre d'une vive exaltation, d'une sorte de tressaillement. L'aspect d'une basilique frappe les sens comme le ferait une poésie sublime ou une belle mélodie ». (De Jolimont. *Description des Cathédrales de France.*)

Société des Antiquaires de Picardie P. N° 1.

GRANDE NEF VUE DU PORTAIL.

demande qu'une noble simplicité et la symétrie des parties seraient un hors-d'œuvre. Les pierres solides, qui forment le grand squelette d'un édifice gothique, résisteraient trop au ciseau du sculpteur. D'ailleurs l'obscurité répandue par les vitraux, qu'il faut toujours supposer dans une église monumentale, empêcheraient l'effet de ces décorations trop éloignées de l'œil. Mais qu'on se rassure ; l'architecte saura racheter dans les détails cette grave sévérité des parties essentielles de l'édifice.

On fera bien de remarquer la projection si hardie des voûtes principales et la largeur de la nef.

En ce point l'église de Saint-Riquier l'emporte sur beaucoup d'autres et notamment sur celle de Saint-Wulfran d'Abbeville qu'on dit contemporaine, mais qui ne l'est qu'accidentellement par suite des réparations de notre église, puisque le dessin primitif de Saint-Riquier remonte beaucoup plus haut.

Il faut se rappeler aussi que les voûtes, effondrées en 1554, n'ont été relevées que plus de cent ans après par l'abbé d'Aligre. C'est ce qui explique l'absence de pendentifs armoriés, dont l'abbé Eustache Le Quieux aura certainement orné ces voûtes.

« Il existe ici, dit Gilbert, un rapport direct entre les proportions générales et particulières, qui mérite d'être signalé à l'attention. L'ensemble de cet édifice forme dans son élévation et sa largeur un triangle équilatéral, base du système d'architecture gothique et l'un des caractères primitifs et distinctifs de ce style. Ainsi la nef principale a précisément en largeur la moitié de la hauteur de la grande voûte et les ailes latérales ont tout juste en largeur la moitié de celle de la nef principale. Il en est de même pour les proportions relatives des autres parties de l'église (1). »

Gilbert a-t-il bien saisi l'idée mère de ce triangle équilatéral dont il parle ? Ce triangle n'est-il pas ici une image de l'adorable Trinité? Nous avons vu que le nombre trois fut reproduit partout dans les églises édifiées par saint Angilbert, comme un acte de foi au mystère de la sainte, une et indivisible Trinité, et que cet illustre abbé partageait dans ces combinaisons les conceptions des artistes de son temps, si vivement pénétrés des vérités religieuses. Ces traditions n'ont jamais dû s'oublier dans le monastère. A défaut de livres, les pierres parlaient à l'intelligence du moine : car on ne manquait pas de commenter dans les conférences monastiques la théologie mystique des édifices.

DIMENSIONS DE L'ÉGLISE. — Nous donnons ici les principales dimensions des diverses parties de l'église et d'abord du plan équilatéral dont il a été parlé plus haut. Du pavé de la nef à la clef de voûte 80 pieds (2) ; différence en moins avec l'église de Saint-Wulfran, 16 pieds. Largeur de la nef et des bas-côtés, 80 pieds, savoir 40 pieds pour la grande nef et 20 pieds pour chaque nef latérale qui se prolonge autour du chœur dans la même étendue.

(1) Gilbert, *page 86*.
(2) On lit ailleurs 72 pieds. Nous préférons la version de Gilbert et celle de M. Padé

Longueur totale de l'édifice 312 pieds, dont 20 pour le vestibule, 122 pour la grande nef, 96 pour le chœur y compris ses murailles de clôture, 54 pour la chapelle de la Sainte-Vierge qui a 27 pieds de largeur.

L'élévation du monument, depuis le pavé jusqu'au faîtage du comble de la nef, mesure 130 pieds.

Le clocher central dominait ce faîtage de 80 pieds. De la base à son sommet, la grande tour mesure 150 pieds.

L'ancienne sacristie, dont le terrain appartient à l'église, avait 30 pieds carrés.

Les transepts ou bras de la croix sont limités à la base par les murs du triforium. Celui du nord a 40 pieds en longueur et environ 15 pieds de profondeur. Le clocher élevé sur le transsept avait 80 pieds de haut. On compte 22 grosses colonnes, dont les fûts mesurent chacun 4 pieds 6 pouces de diamètre. Les quatre gros piliers angulaires ou du transsept ont chacun 7 pieds de diamètre (1).

D'après les observations des plus savants architectes, cette basilique est une des plus grandes églises abbatiales de la France (2).

La chapelle de la Sainte Vierge dévie avec l'axe de la grande voûte de la nef, de 7 à 8 pieds du côté du Nord-Est. C'est, comme nous l'avons insinué, la traduction de cette parole de l'Evangile : *Et inclinato capite tradidit spiritum.*

Parcourons maintenant : 1° les trois nefs : 2° le chœur : 3° le transsept : 4° les chapelles.

LA GRANDE NEF. — Cette nef, en dehors du vestibule, se compose de cinq travées soutenues par dix piliers ronds, cantonnés de quatre petites colonnes dont les chapiteaux sont richement sculptés. Les ornements des chapiteaux et de la frise appartiennent au règne végétal ou animal et à la période de l'architecture ogivale (3).

Les méneaux des fenêtres relevées par Eustache Le Quieux projettent à leur sommet des gerbes de flammes. Dans les fenêtres du bas-côté méridional l'artiste a croisé les fleurs de lys dans les arcs flamboyants. Des balustrades découpées à jour courent tout autour des nefs et du chœur et forment comme une ceinture horizontale d'entrelacs enflammés. Ces balustrades, bien qu'elles ne soient pas accolées au mur, ne forment cependant pas galerie.

La chronique nous dit qu'au XVI° siècle toutes les fenêtres étaient ornées de vitraux

---

(1) Nous avons lu, au bas du gros pilier du côté de l'Évangile, auprès d'une croix, ces mots : AVE MARIA, que nous croyons gravés au jour de la pose de la première pierre du chœur.

(2) Trois églises abbatiales du XII° siècle qui subsistent encore ont respectivement 375, 335, 314 pieds de long. (*Moines d'Occident*, tome 6, page 245).

(3) « Un ornement courant, composé de feuillages, de quadrupèdes et d'oiseaux fantastiques enrichit leurs chapiteaux. Quelques scènes grotesques viennent de côté et d'autre fixer les regards sur cette espèce de frise. Celle qu'on voit sur le second pilier à droite, en entrant dans l'église, est des plus comiques : elle offre une femme qui bat avec sa quenouille son mari, qu'elle tient par l'oreille, pour l'empêcher sans doute de se soustraire à ses coups. Il serait curieux d'avoir l'explication de cette étrange emblème qu'on rencontre sur plusieurs monuments en Picardie. — Dusevel. *Eglises et Châteaux*, page 8.

historiés, racontant les principaux faits de l'ancien testament. Non seulement on puisait de graves enseignements dans ces tableaux, dont le peuple lui-même comprenait le sens mystique, mais encore le grand jour était tempéré par les couleurs opaques des vitraux et cette demi-obscurité favorisait, comme on le sait, la prière et le recueillement dans les âmes déjà pénétrées du sentiment de la grandeur de Dieu. Aujourd'hui tout a disparu. Le grand jour et les rayons du soleil pénètrent à travers des vitres incolores et sans aucune expression du sentiment religieux. Gilbert rejette sur l'incendie de 1719 cette vaste ruine ; il a tort. Ce sont, dirons-nous avec plus de raison, les religieux eux-mêmes, qui suivant le torrent des mauvaises coutumes du xviii° siècle, ont voulu rajeunir ce vitrage trop sombre, trop compliqué et peut-être aussi trop délabré,— ce qui les excuserait un peu, — et ont entassé dans leurs greniers ces restes précieux de l'ornementation créée par leurs pères. Quand on a vendu le monastère en 1791, l'acquéreur retrouva ces vitraux et s'en débarrassa, en les cédant à vil prix.

L'auteur de la monographie de Saint-Riquier accuse aussi les religieux d'avoir fait disparaître des murs la teinte historique empreinte par les siècles, en les couvrant d'un lait de chaux. Si tant de désastres n'avaient altéré la vraie physionomie de la basilique, nous leur reprocherions avec vraisemblance de s'être rendus coupables d'un plus grand outrage contre l'art et d'avoir fait disparaître des peintures murales. C'est un reproche qu'on peut adresser à tous les badigeonneurs du xviii° siècle.

La nef est pavée en carreaux de pierre de Senlis. Un nivellement, rendu peut-être nécessaire au xvii° siècle, a fait disparaître de belles pierres tombales, entre autres les monuments d'Eustache Le Quieux et de Thibaut de Bayencourt, justement loués pour la perfection du travail. Nous ignorons ce qui reste caché sous les bancs plancheyés, rapportés de l'église paroissiale, dont la disposition offense les yeux des amateurs. On ne remarque plus actuellement dans la nef d'autre vestige du passé que l'épitaphe d'Eustache Le Quieux, en style lapidaire des derniers siècles, et la plaque de marbre posée sur le tombeau de saint Angilbert.

On lit vers le milieu de la nef :

HIC JACET
D. EUSTACHIUS
LE QUIEUX, ABBAS
QUI OBIIT
ANNO DNI
1511.

A la porte du chœur :

CORPUS

SANCTI ANGILBERTI

HIC RECONDITUM, ANNO DNI DCCCXLII (1).

ELEVATUM EST NONO SEPTEMBRIS

MDCLXXXV (2).

La chaire, achetée à Abbeville après la Révolution, n'a rien de remarquable. Du temps des moines, la nef était vide et l'aspect du monument n'était que plus grandiose.

En se retournant vers la porte, le touriste remarque le buffet d'orgue, un grand seize pieds, porté par une arcade en maçonnerie très lourde, d'un style Louis XV très disparate avec l'édifice. Mais ne serait-il pas superflu de blâmer ici ce que les artistes de l'époque proclamaient divin ?

Il parait que deux trophées d'instruments de musique, placés au centre avec un groupes d'Anges, sont une copie d'un travail semblable sculpté sur l'orgue de l'Abbaye de Saint-Denis.

Le buffet d'orgue n'a point été offert par l'Abbé d'Aligre, ainsi que l'affirme Gilbert.

---

(1) Et non DCCCXIV, ainsi qu'ont écrit Gilbert, Dusevel, Louandre. M. Prarond a copié DCCCXIII.

« L'erreur qu'on a commise, écrivait M. Fricourt, curé de Saint-Riquier à M Corblet, est facile à comprendre. L'inscription tenant à la première marche du chœur, est placée dans un endroit de la nef souvent foulé aux pieds. Le marbre s'est usé et aujourd'hui on ne voit plus que les lettres

« DCCCXI II (DCCCXLII). »

« Le frottement des pieds a fait disparaître une partie de L qui s'est métamorphosé en I. Comme il existe un vide entre cet I et les deux suivants, on aura supposé qu'il y avait eu un quatrième I entre le premier et le troisième ce qui aurait fait DCCCIIII. Mais, en y bien regardant, on voit que le vide correspond parfaitement à la place nécessaire pour restituer la partie inférieure de l'L, qu'il n'y a aucune trace de ce quatrième I qui aurait dû être creusé aussi profondément que les autres, c'est-à-dire à plus d'un millimètre ; que la partie restante de l'L a exclusivement la même configuration que les autres I. de l'inscription ; que si la partie inférieure de l'L a disparu, c'est qu'elle était gravée moins profondément, de même que l'un des jambages de l'X dont on ne voit plus que les deux extrémités. »

« Les auteurs du *Voyage Littéraire de deux Bénédictins* (2ᵉ partie, p. 174), en reproduisant cette inscription, en ont bien lu la date de 842. (*Hagiographie* tome I, page 165.) »

(2) « Dans les fouilles exécutées en 1861 pour retrouver la crypte de saint Gervin, on découvrit le tombeau de saint Angilbert. Ce tombeau touche les premières marches du chœur. C'est un cercueil en pierre dure, recouvert d'une autre pierre qu'on peut assimiler au marbre et qui fut sans doute brisée, quand on ouvrit le tombeau Une ancre sculptée sur le couvercle n'est plus entière. On n'a point fouillé le tombeau et on n'en a découvert que l'extrémité. Auprès de la sépulture de saint Angilbert, à 40 centimètres environ de ce tombeau, on a trouvé les restes d'une épaisse muraille qui pourrait appartenir à un des deux grands dômes élevés par saint Angilbert dans la grande église du Saint Sauveur et de Saint Riquier. » (*Note de M. l'Abbé Fricourt*).

Société des Antiquaires de Picardie．　　　　　　　P. No 2.

GRANDE NEF VUE DE LA GRILLE DU CHŒUR.

Société des Antiquaires de Picardie　　　　　　　　　　P. N° 5.

SAINT CHRISTOPHE.

CHAPITRE IV. — INTÉRIEUR DE L'ÉGLISE. 385

Il lui est postérieur de près de 40 ans. Les archives de l'abbaye nous disent qu'il a été posé en 1730 (1).

Sous la tribune de l'orgue deux statues colossales, placées sur des colonnes torses accouplées et surmontées de fort jolis dais d'un travail recherché, représentent saint Christophe et saint Jacques-le-Majeur. La naïve légende du *Porte-Christ* est reproduite au naturel dans cette statue (2). Nos pères croyaient pieusement que la vue de saint Christophe préservait de maladie contagieuse et de mort subite.

« Cette manière de représenter saint Christophe, toute symbolique, dit Gilbert, est l'emblème de l'amour qu'il portait dans son cœur à Jésus-Christ, et que les artistes du moyen-âge ont caractérisé sous un sens matériel, afin de rendre plus palpable aux yeux du peuple l'Esprit saint dont il était animé (3).

L'explication n'est-elle pas un peu maniérée ? Pourquoi ne pas dire que les artistes n'inventaient pas les symboles, mais qu'ils copiaient les légendes populaires?

La vue du patron des pèlerins, saint Jacques de Compostelle, réjouit le cœur du chrétien énervé par les fatigues du voyage. Cette statue avait tout naturellement sa place dans une église aussi fréquentée que celle de Saint-Riquier par les populations, qui accouraient de tous les villages du Ponthieu au glorieux tombeau du patron de la contrée.

L'Apôtre tient le livre des Evangiles de la main gauche et la pannetière du pélerin est suspendue au côté droit. L'Evangile entre les mains de cet Apôtre n'est point précisément son attribut iconographique, mais ici il avertit sans doute le fidèle que la dévotion chrétienne n'a d'autre fondement que la prédication de la vérité évangélique par les Apôtres.

LES NEFS LATÉRALES. — Aux piliers prismatiques des nefs latérales on reconnaît la création d'Eustache Le Quieux. C'est lui qui a renouvelé entièrement les nefs latérales.

---

(1) L'orgue de Saint-Riquier a été réparé en 1854 et augmenté de plusieurs jeux par les frères de Valloires, au compte de la fabrique, avec le généreux concours de M. de Tanlay, préfet de la Somme, et du conseil général, et avec les libéralités de M. l'Abbé Padé, curé de Saint-Riquier.

(2) Un géant d'une taille extraordinaire s'était rendu esclave de Satan, puis placé au service du Sauveur des hommes, parce que le prince des enfers tremblait devant une croix. Il se condamna, pour expier son crime, à vivre près d'un fleuve et à passer jour et nuit tous les voyageurs qui se présenteraient. Un jour, appelé plusieurs fois, sans jamais voir personne, Christophe trouva enfin un enfant au bord de l'eau. Mettre l'enfant sur ses épaules, s'appuyer sur son bâton et pénétrer dans le fleuve fut pour lui une chose facile. Mais voilà que l'eau s'élève peu à peu, que l'enfant pèse sur les épaules du géant d'une manière excessive, jusqu'au point d'arrêter sa marche, et de lui faire craindre qu'il ne puisse atteindre le bord opposé. Christophe aborde enfin et dit à l'enfant, en le déposant sur la terre : « Tu m'as mis dans un grand péril, enfant, tu m'as « surchargé d'un tel poids qu'il me semblait que je « portais le monde entier sur mes épaules.» L'enfant lui répondit : « rien d'étonnant, tu portais sur tes « épaules celui qui a créé le monde. Je suis le Christ, « ton Roi, celui pour qui tu accomplis ta rude péni- « tence. Pour preuve de la vérité de mes paroles, « plante ton bâton dans le sable et demain tu le « verras couvert de feuilles et de fleurs.» A l'instant le céleste voyageur disparut. Christophe ayant enfoui son bâton dans le sable, le retrouva le lendemain fleuri, comme un palmier, et couvert de dattes. — *La Légende Dorée*, 25 juillet.

(3) Gilbert *Ibid.* Page 96.

Les voûtes de ces nefs ont conservé leur cachet primitif et la variété de leurs motifs, comme les étoiles, les croix de Jérusalem, les enroulements en forme de cables et autres figures à sections coniques. Mais ce qu'il y a de plus parfait et de plus délicat, c'est l'ornementation guillochée de deux travées de voûtes sous le vestibule, à droite du spectateur, lorsqu'il entre dans l'église. Une tradition rapporte, dit Gilbert, que deux religieux du monastère avaient consacré leurs loisirs à cette laborieuse tache, mais que la mort les surprit avant qu'ils eussent parcouru le pourtour de l'église (1). Nous n'avons aucune raison pour combattre la première partie de cette affirmation ; mais l'examen des lieux nous prouve que cette dentelle tissée sur la pierre n'est qu'un reste d'un plus vaste travail. Le raccord des voûtes, à la deuxième travée, nous fait supposer une ruine dans la basse nef, soit en 1554, soit en 1719. La partie abritée sous le vestibule est restée intacte et nous montre les différentes variétés des richesses artistiques du xvi° siècle. Cette époque est sans contredit inférieure au xiii° pour la conception de ses monuments, mais est-ce lui faire une trop belle part que de dire qu'elle l'emporte pour le fini et la perfection de ses détails ?

Le chœur et le sanctuaire. — Nous arrivons à la partie la plus auguste du temple chrétien. Dans cette enceinte réservée aux ministres sacrés on chante jour et nuit les louanges de Dieu. Des chœurs d'anges terrestres répètent avec des transports d'amour les hymnes de la céleste patrie. C'est là aussi que se renouvelle sans cesse le sacrifice adorable de la loi nouvelle, que l'agneau de Dieu efface les péchés du monde. Rien d'étonnant que l'art sacré y prodigue surtout des richesses de décoration.

Trois âges d'architecture ont laissé leur empreinte dans le chœur de cette église. Le xiii° siècle sur les quatre piliers angulaires et sur les autres piliers, aussi bien que sur le gros-œuvre : le xvi° dans les restaurations d'Eustache Le Quieux, qui en a perpétué le souvenir sur un pilier du sanctuaire : le xvii° dans le revêtement intérieur du chœur, du sanctuaire, dans l'autel et l'ameublement, où le style grec étale toute la perfection et les grâces de sa sculpture. (2)

Le pourtour du sanctuaire est de forme hexagonale. Les chapiteaux des piliers sont très soignés et nous laissent voir sur les colonnes du xiii° siècle des réparations du xvi° et même du xvii°. Arrêtez vos regards sur les piliers de l'entrée du sanctuaire et vous y reconnaîtrez facilement les têtes si placides des bonshommes du xii° et du xiii° siècle, que les artistes de cette époque se plaisaient à sculpter sur leurs chapiteaux (3).

Décrire le chœur et le sanctuaire de l'église de Saint-Riquier, c'est raconter les magnificences ajoutées par l'Abbé d'Aligre au plan primitif. Nous laisserons certains

---

(1) Gilbert, page 90.
(2) Voir les chapitres de Gilles de Machemont, d'Eustache Le Quieux et de Charles d'Aligre.

(3) Sur le pourtour extérieur, quelques têtes sont du xvii° siècle.

Société des Antiquaires de Picardie P. N° 4.

BAS-COTÉ DROIT. PARTIE DE VOUTE PRÈS LE PORTAIL.

artistes blâmer ce hors-d'œuvre. Pour nous, nous ne cesserons de le redire : tout en admettant la valeur de leurs considérations et en regrettant autant qu'eux cette création hybride d'un siècle trop dédaigneux de l'art chrétien, nous ne pouvons nous empêcher de rendre grâces à la piété d'un abbé commendataire. Avant la fin même de ces travaux, les moines voulant lui témoigner leur reconnaissance fondèrent une messe hebdomadaire pour le repos de son âme et burinèrent sur le bronze l'énumération de ses libéralités. La table de bronze a disparu avec les moines, mais cette page d'histoire a été reproduite dans l'Eglise ; on la lisait au bas du portrait de l'Abbé d'Aligre (1). C'est à tort que Gilbert donne cette inscription sous le nom d'épitaphe. Datée de 1688, elle précède de sept ans la mort de l'Abbé d'Aligre.

Nous allons analyser ici tous les travaux dont les moines ont fait hommage à l'Abbé d'Aligre, d'après cette inscription si mémorable.

1° *Disciplinæ renovandæ curam adhibuit.* — LA RÉFORME. — Si cet Abbé ne fut pas le premier promoteur de l'établissement de la réforme de Saint-Maur, il la favorisa du moins de toutes ses forces et commença avec les nouveaux moines les grandes restaurations que nous avons déjà signalées.

2° *Argenteis æneisque vasis ac libris ornavit.* — LES VASES D'ARGENT ET D'AIRAIN. — Tout a disparu dans le tourbillon révolutionnaire ; il reste cependant sur l'autel six grands chandeliers en cuivre, armoriés de l'écusson de la famille d'Aligre, autrefois dorés, aujourd'hui argentés, et en outre une grande croix placée sur le tabernacle, du temps des moines, et, depuis qu'on a mis là une gloire pour l'exposition du Saint-Sacrement, posée sur une crédence en beau marbre, autre don du même Abbé (2). La lampe du sanctuaire, d'un travail qui fixe les regards des visiteurs, porte également l'écusson de la famille d'Aligre.

LES LIVRES. — L'Abbé commendataire avait donné à son monastère des livres de chant du prix de 4,000 livres, somme considérable pour cette époque. En examinant des livres de chant de Corbie conservés à la bibliothèque communale d'Amiens, on peut se faire quelque idée de la perfection du travail d'un scribe de cette époque. Il reste encore dans le trésor de l'église de Saint-Riquier des couvertures d'Épistolier et d'Évangéliaire offerts par l'Abbé d'Aligre. Des bas-reliefs en cuivre, dont l'un représente le Christ en croix, et l'autre les Apôtres saint Pierre et saint Paul, ornaient ces précieux volumes. On conserve aussi un bâton cantoral en cuivre doré, d'un poids considérable, d'un travail très soigné, dans lequel on remarque des soleils entremêlés aux fleurs de lys.

3° *Altare marmore, argenteis tabulis, ditavit.* — L'AUTEL. — Le maitre-autel élevé de trois marches en marbre, d'une longueur de treize pieds, nous offre sur le palier des médaillons ou une mosaïque de porphyre de l'ancien pavé du chœur, que saint Angilbert avait fait venir de Rome à grands frais. L'autel lui-même est disposé en forme de tombeau et

---

(1) Voir cette inscription plus haut, page 262. Nous ne citons ici que la partie de l'éloge qui concerne l'église.

(2) La croix est de nouveau au milieu de l'autel.

revêtu de marbres précieux. *L'Antipendium* ou partie antérieure du tombeau, qu'on formait autrefois avec de riches étoffes, est divisé en deux panneaux oblongs en mosaïque, que l'Abbé d'Aligre fit exécuter à Florence, sur le modèle de celui de la cathédrale de cette capitale. Entre ces panneaux et au milieu de l'autel, une large corbeille en marbre blanc est garnie de fleurs, du milieu desquelles émergent des épis de blé et des grappes de raisin, symbole et matière de l'Eucharistie. Un regard attentif découvrira sur un des angles de cette partie centrale un petit groupe en miniature, dans lequel l'artiste a très gracieusement ciselé la Sainte Famille fuyant en Egypte : on voit très bien la sainte Vierge avec l'enfant Jésus et saint Joseph conduisant l'âne par la bride.

Le marbre du tabernacle indique par ses veines une brèche d'Alep. Ce marbre d'Orient est d'autant plus rare que les carrières d'où il était tiré sont aujourd'hui presque épuisées. L'artiste, s'inspirant des traditions liturgiques, a ciselé sur la porte de cuivre l'Agneau de l'Apocalypse immolé et devenu ainsi la victime et la nourriture du peuple chrétien sauvé par sa mort.

Des canons d'autel. — On a pu sauver et l'on conserve précieusement les canons d'autel, donnés également par le pieux restaurateur du monastère. Les prières sont gravées sur des plaques d'argent, dont les cadres sont de cuivre ciselé et doré en or moulu ou repoussé. Les revers sont incrustés dans des plaques en écaille.

Ne quittons pas l'autel sans indiquer les précieuses reliques exposées dans de très pauvres châsses de bois doré. On conserve dans les deux châsses plus proches du tabernacle les glorieux chefs de saint Riquier et de saint Vigor et dans les deux autres des fragments des chefs de saint Angilbert, des saints Mauguille, Caïdoc et Adrien ou Fricor.

4° *Sacella picturis ditavit*. — Des tableaux. — Il en sera parlé dans la description des chapelles. Mais l'œuvre d'art sans contredit le plus remarquable, c'est le Christ de Girardon placé au dessus du grand autel. François Girardon, professeur, recteur et chancelier de l'Académie de peinture sous Louis XIV, ne voulut point refuser son concours au fils d'un chancelier de France pour l'embellissement de son église abbatiale(1). Son œuvre a échappé au vandalisme qui a tant détruit en France : elle est là, sous nos yeux, exprimant la majesté, la bonté, la souffrance, la résignation de l'homme-Dieu mourant pour la rédemption du genre humain. L'auteur semble s'être inspiré du texte du prophète Isaïe : « Il a été immolé, parce qu'il l'a voulu. » C'est bien l'image du maître de la vie, qui la dépose quand il lui plaît. Ceux qui connaissent l'anatomie déclarent que le Christ est un chef d'œuvre de sculpture. La tête en particulier ne le cède en rien à celle du Guide, dont la réputation est si connue pour ce genre de travail (2).

(1) Girardon orna de ses œuvres le palais royal de Versailles et le Trianon. Son chef d'œuvre est le mausolée de Richelieu dans l'église de la Sorbonne. On avait omis de signaler ce Christ de Girardon dans la première notice sur ses œuvres. On a reparé cet oubli dans la seconde édition.

(2) « La beauté de ce Christ, dit Dusevel, calme un peu les regrets qu'on éprouve, en songeant qu'autrefois le grand autel de l'église de Saint-Riquier était décoré d'un magnifique rétable en argent

Ce Christ fut béni le 6 octobre 1695 par Daniel de Cosnac, successeur de l'Abbé d'Aligre.

5° *Chori sedilia, pulpitum, pavimentumque construxit.*—LES STALLES.—On remarque que les stalles sont adossées contre une muraille assez lourde, de style dorique. « On blâme beaucoup ces massifs qui interceptent la vue des deux bras de la croix et celle des deux élégants portiques qui en décorent les extrémités (1). » Faut-il accuser le décorateur du XVII° siècle pour cette construction ? Nous ne le croyons pas. Ces stalles succédaient à d'autres placées au même lieu par Eustache Le Quieux et détériorées dans les désastres de l'Eglise. Il est aussi probable qu'à partir du XV° siècle tout le chœur fut fermé et orné de divers bas-reliefs dont le tombeau de Jean de la Gruthuse faisait partie.

Les décorations des églises subissent fatalement toutes les vicissitudes des travaux artistiques. L'office conventuel, comme l'office canonial des cathédrales, avait appelé ces défenses contre les rigueurs de l'hiver, contre les atteintes souvent meurtrières de l'air glacial qui circule à travers les grandes nefs de ces vastes édifices. Le XIII° siècle si hardi dans ses conceptions n'avait point prévu ces inconvénients, ni même nos stalles, modernes et commodes soutiens de la faiblesse humaine, dont la ferveur et la vigueur de nos pères n'avaient point senti le besoin. On sait du reste les adoucissements exigés par les progrès d'une civilisation plus raffinée. Les moines n'avaient pas fait de l'art pour l'art, comme le voudraient certains archéologues de nos jours, fort peu soucieux des pratiques religieuses : ils ont accommodé leurs églises aux besoins réclamés par les mœurs publiques, sans se douter que des touristes trop superficiels leur en feraient un crime.

Les stalles, de style ionique, au nombre de 68, disposées sur deux rangs, dont 40 sont supérieures et 28 inférieures, occupent de chaque côté toute la largeur du transsept et leurs lambris s'appuyent sur le mur de soutènement. Construites en beau chêne de Hollande, d'un travail très soigné, parfaitement conservées, elles charment par leur grâce et leur élégance les regards des spectateurs. La menuiserie, assemblée par tenons et moulures emboîtées à la colle, ne laisse paraître aucune trace de clous.

Les panneaux sont décorés des instruments de la passion, des figures du Sauveur et de sa sainte Mère. Les écussons aux armes de France ont disparu. A l'entrée du chœur, l'artiste a sculpté quatre médaillons avec des bas-reliefs représentant les quatre Evangélistes, qu'on distingue par leurs attributs caractéristiques. Sur les accoudoirs des extrémités et aux portes du milieu, des lions dévorent divers quadrupèdes qu'ils tiennent terrassés sous leurs pieds, symboles de la force victorieuse du Christ, appelé dans l'Ecriture le Lion de la tribu de Juda. « *Ecce vicit Leo de tribu Juda.* »

L'artiste s'inspirant des traditions du XVI° siècle a sculpté sur les médaillons placés aux extrémités des stalles, vers le sanctuaire, deux scènes de la vie de saint Angilbert.

représentant le Christ en croix et les principaux traits de la vie de Saint-Riquier » (*Eglises et Châteaux, page* 15.)

(1) Gilbert. *Page* 117

Dans le premier, du côté de l'Evangile, Charlemagne, tenant son sceptre, confère à Angilbert le commandement militaire des provinces maritimes de la France qu'il lui montre. Le second médaillon, du côté de l'épitre, représente le même empereur offrant, dit-on, à Angilbert, son gendre, le globe du monde qu'il tient à la main, figure de la souveraineté qu'il veut partager avec lui, n'espérant pas, dit Gilbert, trouver dans son fils un prince digne de lui succéder (1).

Cette explication de l'auteur de la monographie de Saint-Riquier ne nous a pas convaincu sur la vérité de ce fait On se souviendra peut-être que nous avons combattu l'alliance de la fille de Charlemagne avec Angilbert. L'art peut s'applaudir d'un si glorieux rapprochement; mais l'historien ne peut s'empêcher de rappeler le lecteur à la vérité. Du reste, cette assertion contredit toutes les données historiques de cette époque.

LE PUPITRE OU LUTRIN. — Humble image du riche *Lectorium* d'Angilbert, le *pulpitum* qu'on appelle aussi lutrin, s'étalait au milieu du chœur sur un socle en marbre de forme triangulaire. Ce socle supportait trois petits anges, ou ce qui est plus exact, quoique moins liturgique, trois petits génies en bronze doré en or moulu, qui servaient d'accompagnement à la tige. Sur leur tête reposait un aigle servant de pupitre aux chantres. On dit que l'ancien aigle, en bronze doré et modelé avec art, fut enlevé pendant la grande révolution et porté au musée des monuments français. N'est-il pas plus probable qu'il a été vendu, puis légué par un amateur avec des collections à un musée national? Est-ce que l'administration de l'époque n'aurait pas enlevé le monument entier, au lieu d'isoler l'aigle de ses parties accessoires qui ne sont pas sans mérite? Est-ce que cet aigle, dont la pose était si majestueuse, n'aurait pas gagné à être replacé sur son piedestal? (2)

PAVÉ ET MARBRES. — Tout le pavé de l'Eglise est dû à l'Abbé d'Aligre. Ce généreux bienfaiteur fit carreler la nef et le pourtour du chœur en belles pierres de Senlis. Le damier du chœur en marbre noir et blanc veiné d'Italie produit encore, après deux siècles, un bon effet. Pour l'époque, ce fut certainement un travail d'une grande richesse. En dehors du pavé, nous avons aussi à remarquer les colonnes et les pilastres du sanctuaire, en marbre de Flandre, ainsi que l'entablement, avec champ en marbre blanc d'Italie veiné, ce qui a fait de ce chœur un des plus beaux et plus riches sanctuaires de France.

Capsam, cancellos, valvas magnifice erexit. — GRILLES. — Le travail de ces

(1) *Ibid. page* 119.
Dusevel voit dans ce groupe une allusion au voyage de saint Angilbert à Rome, pour féliciter le Pape saint Léon de son avénement au Souverain Pontificat et lui porter des présents. (*Eglises et châteaux. Page* 13).

(2) Gilbert 120.
Dusevel dit au contraire que cet aigle fut brisé par un bon citoyen qui voyait avec peine qu'on allait l'enlever et le porter à Abbeville. Nous n'avons pu contrôler ni l'une ni l'autre de ces assertions. (*Eglises et châteaux Page* 18).

grilles modernes, moins délicat et moins fini que celui des grilles du style gothique, ne mérite d'éloges qu'autant qu'il nous prouve les libéralités de l'abbé commendataire. Le chœur et le sanctuaire furent fermés par ces nouvelles clôtures plus incommodes pour les religieux et pour leurs offices du chœur ; mais ainsi le voulait l'architecture du temps. Plusieurs impostes des grilles sont décorées des armes de l'Abbé d'Aligre. A la grille d'entrée vers la nef, M. l'Abbé Padé fit placer celles de Mgr de Chabons, bienfaiteur du petit séminaire. On les a conservées jusqu'à ce jour avec un religieux respect (1).

Les châsses (2). — L'acrotère de l'entablement du sanctuaire semble avoir traversé toutes les vicissitudes des révolutions architecturales et remonte à la construction première de l'édifice. On l'utilisa pour y déposer les châsses des saintes reliques qu'on gardait autrefois dans le trésor. Sans blâmer cette innovation, nous pensons que l'usage antique favorisait plus la piété des fidèles et amenait plus de populations aux pèlerinages. Mais il n'est question actuellement que de décrire l'état présent de l'église. Six châsses très pauvres aujourd'hui, par comparaison avec ce que racontent les chroniques anciennes, renferment les reliques les plus précieuses du monastère, heureusement sauvées par M. l'Abbé Callé, alors curé de Saint-Riquier. Nous croyons pouvoir affirmer que la majeure partie des habitants de la vieille Centule ne vit dépouiller l'Eglise abbatiale qu'avec un extrême déplaisir. Quand il fut en effet question de céder aux commissaires du gouvernement les châsses séculaires d'or et d'argent ornées de pierreries et de diamants, on eut la facilité d'en extraire les reliques et de les cacher pour des jours meilleurs. Elles furent replacées dans l'église, dès 1795, sans que personne songeât à inquiéter le zélé pasteur.

La première châsse, du côté de l'Evangile, contient le corps de saint Riquier. On sait que le vénérable Abbé se retira à Forêt-Montier et qu'il y finit saintement sa vie le 26 avril 645. Mais peu de temps après ses moines firent une translation solennelle de ses restes mortels dans son premier monastère. Il s'opéra en ce lieu un si grand nombre de miracles que le nom de saint Riquier s'identifia avec celui de la ville. Le pèlerinage au tombeau durait pendant trois jours au mois d'octobre et y réunissait une foule considérable de pieux fidèles, arrivant de tous les villages du Ponthieu, du Vimeu et de l'Artois.

La seconde châsse contient le corps de saint Mauguille, l'un des disciples de saint Furcy. Ce corps précieux fut rapporté à Saint-Riquier, de son ermitage de Monstrelet sur les bords de l'Authie. Dans cette châsse on conserve également une grande partie

---

(1) Armes de Mgr de Chabons : *D'azur au lion d'argent, à la fasce de sinople chargée de trois besants d'argent, brochant sur le tout.*

(2) Le mot *capsam* de l'inscription ne se rapporte qu'à la châsse préparée pour les reliques de saint Angilbert. Ici nous parlons des six châsses de l'acrotère.

des corps de saint Caïdoc et de saint Fricor. Leur fête se célébrait au monastère le 30 mai.

La troisième châsse, du même côté, indique par son titre de PLURIMI SANCTI qu'elle renferme ce qu'on a pu conserver des nombreuses reliques apportées de Rome par saint Angilbert, ou données par d'illustres églises de l'empire Romain. Ces reliques ont été décrites par Hariulfe dans sa chronique.

Une autre châsse, sous le même titre de PLURIMI SANCTI, placée au-dessous du grand Christ de l'abside, renferme les reliques recueillies dans la crypte de saint Gervin par Pierre le Prêtre, au moment où il fit préparer sa sépulture.

Sur la première châsse du côté de l'Epître on lit : S. ANGILBERTUS. Elle contient tout ce qui reste des reliques de saint Angilbert. L'Abbé d'Aligre avait fait lever le corps du saint déposé à l'entrée du chœur et l'avait placé dans une châsse dont il fit présent au monastère (1).

La seconde châsse porte ce titre : SANCTUS VIGOR. Le corps de saint Vigor y est religieusement gardé. On peut lire dans l'histoire de Saint-Riquier de quelle manière l'Abbé Ingelard devint possesseur de cette précieuse relique (2).

La troisième châsse sous le nom de PLURIMI SANCTI, renferme aussi une partie des reliques que nous avons signalées un peu plus haut sous le même titre (3).

Les soleils qu'on remarque dans les armoiries des pilastres répandent sur le nom de l'Abbé d'Aligre un éclat immortel. Ils apprendront aux générations futures, à bénir sa mémoire et ses bienfaits comme l'ont fait celles qui ont précédé. Au moins cette fois les armoiries ne sont pas le symbole d'un fol orgueil. A leur vue la pensée s'élève plus haut et le cœur tressaille d'allégresse, au souvenir de ce grand restaurateur de l'église de Saint-Riquier.

LE TRANSSEPT. — En sortant du chœur, contemplez, soit à gauche, soit à droite, les deux croisillons du transsept avec leurs ornements. Remarquez d'abord le style rayonnant des fenêtres ogivales. S'il vous semble qu'elles ont été ouvertes dans le cours du XVI° siècle, examinez de plus près les murailles extérieures, vous verrez des raccords et même la place d'ouvertures antérieures; vous serez ainsi ramenés avec l'histoire au XIII° siècle.

Les deux jubés ou tribunes latérales (*Odeum* de D. Cotron) ont été élevés dans la croisée au XVI° siècle par l'Abbé Eustache Le Quieux. Le style concorde avec les assertions de la chronique. Du côté de l'Evangile ou du Nord, la tribune est supportée par trois arcades ogivales d'une belle structure, dont les contours sont ornés d'une dentelle de

---

(1) On a parlé d'une châsse d'argent pour recevoir les reliques de saint Angilbert : c'est une erreur. Celle que nous possédons est la châsse de l'Abbé d'Aligre, moins les lames d'argent enlevées en 1791.

(2) Tom. I, page 301.
(3) Voir aux *Pièces justificatives* des procès-verbaux de reconnaissance de ces reliques à différentes époques.

trèfles courants, découpés à jour. Les arcs ogives reposent eux-mêmes sur deux piliers d'une grande légèreté.

La ressemblance qui existe entre les sujets traités sur la façade de cette tribune, modèle d'élégance et de légèreté, et ceux du grand portail ne laisse aucun lieu de douter qu'ils aient été exécutés par les mêmes artistes (1). « Trois niches surmontées de dais abritent, dit Gilbert, les statues de saint Mauguille, vêtu en moine bénédictin, de saint Louis, roi de France, et de sainte Rose. » Nous n'avons pas vu un moine bénédictin avec Gilbert, mais plutôt une sainte richement vêtue, probablement sainte Marguerite (2).

Du côté méridional, la tribune repose en partie sur les voûtes de la trésorerie et en partie sur le sommet de l'escalier conduisant au chapitre des religieux, bâti dans l'intérieur du monastère. La façade des murs qui nous cache la trésorerie est ornée d'arcades simulées, de sculptures et de statues dans lesquelles nous croyons reconnaître, comme au portail, un *ex-voto* d'un temps de peste ou d'épidémie. L'association de Saint-Sébastien, de Saint-Roch et de Saint-Antoine en sont pour nous une preuve manifeste. Saint Sébastien est représenté attaché à une colonne, tenant à la main une flèche renversée, instrument de son supplice (3). On reconnaît saint Roch à la vue de son compagnon fidèle qui lui apportait son pain quotidien, pendant qu'il conversait avec les Anges dans sa solitude. A la droite de saint Roch, on voit un Ange qui le guérit de la peste et lui communique la vertu de guérir ceux qui s'adressent à lui avec confiance. Saint Antoine, avec son animal symbolique au milieu des flammes, nous rappelle la puissance de son intercession à l'époque du mal des Ardents ou du feu sacré. C'est dès lors qu'on l'a invoqué par toute l'Europe pour être préservé de la contagion des maladies pestilentielles. En 1545, la peste fit de grands ravages en Ponthieu. Le duc d'Orléans fils de François Ier en mourut à Forêt-Montier, après une tentative téméraire. Gilbert pense que cet *ex-voto* fut exécuté à cette époque (4).

Au bas de la statue de saint Sébastien, nous remarquerons, au milieu d'un grand collier de l'ordre de saint Michel, un écusson soutenu par deux anges revêtus de robes flottantes (5). Que ces anges sont bien plus modestes et plus gracieux que ces jeunes garçons nus et à têtes joufflues que nous présente la sculpture moderne ! Malheureusement l'écusson est gratté comme tant d'autres.

(1) Il semble, dit Dusevel, que l'habile ouvrier à qui on la doit, ait voulu montrer, en le décorant, jusqu'où pouvait aller sa brillante et fertile imagination, (*Eglises et Châteaux*, page 16.)

(2) Est-ce pour rappeler la visite du saint roi avec sa vertueuse épouse, en 1260, qu'on aurait sculpté ce couple royal ?

(3) Dusevel, blâme à tort, ce semble, cette flèche dans la main de Saint-Sébastien. Sa légende, dit-il, porte qu'il souffrit le martyre au milieu d'un champ et qu'on lui lança tant de flèches qu'il en fut tout rempli comme un hérisson. » Les sculpteurs ne sont pas toujours esclaves de la légende.

(4) Gilbert, *page* 112.

(5) Le collier d'or de l'ordre de saint Michel était fait de coquilles entrelacées d'un double lacs, posées sur une chaîne d'or où pendait une médaille représentant l'archange saint Michel.

A gauche de ces statues, la Bienheureuse Vierge Marie pose les pieds sur le globe de la lune qu'un ange tient suspendu au milieu (1). L'Abbé, en plaçant au-dessous l'écusson du monastère, semble lui faire hommage de ses travaux et de son abbaye.

Saint Riquier est représenté en pied sous son habit religieux, à gauche du groupe des trois saints. Cette statue est d'une fort belle exécution. Le sculpteur a surtout parfaitement réussi la tête, à laquelle il a donné une sérénité vraiment béatifique. Une crosse et trois fleurs de lys portées par des Anges nous font reconnaître les armes du monastère. Thibaut de Bayencourt eut à cœur de se dire l'humble serviteur du glorieux patron de son monastère. A droite et à gauche de ces cinq statues, quelques allégories, aujourd'hui mutilées, semblent nous remettre sous les yeux, sauf meilleure explication, diverses tentations, symboles parlants que nos pères aimaient à placer en divers lieux, pour élever leurs regards, lorsqu'ils les contemplaient, vers celui qui nous rend victorieux dans ces combats spirituels.

Pourrions-nous, dans la visite de cette partie du transsept que ces ex-voto ont rendue si vénérable, oublier une inscription qui doit unir dans un juste tribut d'hommage et de reconnaissance les deux grands bienfaiteurs de cette Eglise au XIXe siècle.

D. O. M.

ET

ILLUSTRISSIMO AC REVERENDISSIMO IN CHRISTO

PATRI

DE GALLIEN DE CHABONS, ECCLESIÆ AMBIANENSIS

EPISCOPO

LABENTIS HUJUS BASILICÆ

PROTECTORI

DOMÛSQUE CENTULENSIS IMPIETATE EVERSÆ

RESTAURATORI

MEMOR AC GRATUS

L. PADÉ

CATHEDRALIS ECCLESIÆ AMBIANENSIS

CANONICUS

TITULARIS ECCLESIÆ SANCTI RICHARII

PAROCHUS

PRIMUSQUE MINORIS HUJUS SEMINARII

SUPERIOR.

1838.

---

(1) Gilbert pense que cette statue, d'un style plus moderne que celui du groupe de l'*ex-voto*, a remplacé une statue de saint Louis qu'on invoquait aussi en temps de peste, *page* 112.

Société des Antiquaires de Picardie P. N° 3.

BAS-COTÉ, AUTOUR DU CHŒUR, COTÉ GAUCHE.

Société des Antiquaires de Picardie   P. N° 6.

FONDS BAPTISMAUX.

CHAPELLES DU POURTOUR DU CHŒUR. — On compte neuf chapelles autour du chœur, y compris la chapelle absidale de la Sainte-Vierge. Les boiseries et les grilles de ces chapelles ne font pas partie des travaux exécutés sous l'Abbé d'Aligre. L'impulsion donnée aux restaurations et aux embellissements intérieurs à cette époque continua sous ses successeurs, grâce à la générosité des moines ; car les Abbés commendataires du xviii° siècle n'ont attaché leur nom à aucune décoration : ils n'ont guère marqué leur passage dans l'abbaye que par les procès-verbaux de leur installation, par les quittances que leurs procureurs libellaient en leur nom et par leurs démêlés avec les moines. Des comptes de la communauté, en 1710, nous indiquent des travaux divers aux chapelles. Plusieurs tableaux ont été acquis aussi sur les revenus de la mense conventuelle.

I. CHAPELLE DE SAINT MICHEL. — En commençant la visite des chapelles du côté de l'Evangile, on rencontre d'abord la chapelle des Fonts Baptismaux ou de Saint Michel. C'est dans un endroit vide, à l'entrée de cette chapelle, qu'on a placé les fonts baptismaux, lorsque l'église du monastère devenue paroissiale recueillit le mobilier de Notre-Dame, et en particulier les bancs, la chaire, les fonts baptismaux, les confessionnaux, quelques statues, le groupe de la Trinité, des reliques, etc.

La cuve baptismale de forme octogone semble appartenir au xvi° siècle. On distingue quelques mystères de la vie de Notre Seigneur ou de la Sainte Vierge : 1° l'Annonciation : 2° la Visitation de la Sainte Vierge : 3° la Naissance du Sauveur des hommes : 4° l'Adoration des Mages : 5° la Circoncision : 6° le Baptême de Notre Seigneur par saint Jean-Baptiste. Le choix de ces motifs prouve chez l'artiste une grande intelligence du symbole de la régénération humaine. Une pyramide en bois, d'un travail plus moderne, accompagnée d'obélisques, forme le couvercle. Ce petit monument a été débarrassé de son triste badigeon, ce qui en double la valeur artistique.

Près des fonts, un bas-relief en bois et en albâtre, d'un agencement que le bon goût pourrait critiquer à cause de l'union de parties disparates, nous met sous les yeux, entre les statues de saint Jean-Baptiste, de saint Pierre, de saint Louis, roi de France, et de Marguerite de Provence, plusieurs mystères de la vie du Sauveur, comme sa Naissance, l'Adoration des Mages, le Crucifiement, la Sépulture et la Résurrection. Ce travail de groupes d'albâtre est estimé : tout y respire la vie, la piété, laisse de profondes impressions et fait voir des caractères bien dessinés (1). Point de doute que ce soit une œuvre étrangère à l'Église monastique.

Le tableau de saint Michel, peint en 1712 par Louis Silvestre, disciple de Lebrun, représente le chef de la milice céleste terrassant Lucifer. L'ange rebelle tombe à la renverse dans les abîmes de l'enfer, foudroyé par l'Archange armé d'une épée de feu. La

---

(1) Quelques notes placées en divers endroits de l'église pour renseigner les visiteurs ont été insérées dans cette partie de notre travail.

figure des deux combattants forme un contraste parfait. On se rappelle encore ici avec frémissement cette parole de l'Apocalypse : QUIS UT DEUS ? (1)

Il est facile de remarquer, quand même nous n'avertirions pas le visiteur, que les boiseries des chapelles cachaient des objets d'art, des sculptures et des peintures murales. Mais le xviii° siècle les condamnait et préférait des boiseries du style grec. Nous ne pouvons exprimer ici que des regrets superflus.

II. CHAPELLE DE SAINT ANGILBERT. — Le tableau de l'autel est dû au pinceau de Bon Boullogne. On en fixe la date à l'an 1690. Gilbert se trompe en l'attribuant à Boulanger et à l'an 1670. Il faut lire : *Boullogne inv. fec.*

Saint Angilbert, revêtu d'un costume militaire, dépose son épée et son casque aux pieds de Symphorien, son prédécesseur, qui lui présente l'habit de Saint-Benoît. La figure de l'Abbé est admirable de candeur monastique. La ferveur du nouveau converti est parfaitement exprimée dans ses traits et ses regards. On peut contester la vraisemblance historique de cette scène, dans laquelle Angilbert se dépouille du costume des princes du royaume des Francs, et élever des doutes sur les événements auxquels le peintre fait allusion, mais la légende l'autorisait à peindre son héros dans cette attitude (2).

On a placé dans cette chapelle, au-dessus des lambris et sur des consoles en pierre, une suite de statues provenant de l'ancienne église. En voici l'ordre : 1° sainte Véronique, portant le voile sur lequel est empreinte la Sainte Face, image à l'aspect grave et sévère, dit Dusevel, mais cependant moins curieuse que celle de l'église de Corbie : 2° sainte Hélène, mère de Constantin, tenant en main la croix qu'elle a retrouvée : 3° saint Benoît, patriarche des moines d'Occident : 4° saint Vigor, avec le dragon enchaîné ; 5° saint Riquier en costume de prince : 6° saint Jacques posé au-dessus du rétable de l'autel.

III. CHAPELLE DE SAINT GERVIN. — Le tableau de cette chapelle a été peint par Louis Silvestre. Il représente une reconnaissance des reliques de saint Angilbert sous

(1) Gilbert ne parle pas de ce tableau qui porte bien le nom de Silvestre. *Silvestre pinxit* 1712. « Comme peinture méritoire, dit M de Chennevières, il est bien méconnaissable. La tête de l'Archange et toute la partie haute de son corps, son aile droite, sa cuirasse, son épée flamboyante ont été refaites par le restaurateur. La tête a naturellement perdu la beauté probable. » — Ph. de Chennevières. — L'*Artiste*. Sept. 1850, page 115.

(2) « Dans la restauration qu'ont fraîchement subie ces intéressants tableaux, le *Saint Angilbert* a été frotté gratté, lavé jusqu'à la toile rouge qui reparaît au dessous ; encore quelques restaurations semblables, rien ne restera. C'est grand dommage en vérité ; car cela était peint grassement. Le paysage, la tenture du dais abbatial montraient de beaux et larges tons Les mains et les têtes ont presque été recurées jusqu'à l'effacement. »
Ph de Chennevières *Ibid*.

« D'Argenville nous apprend, dit encore M. de Chennevières, que Louis Boullogne avait peint pour l'Abbaye de Saint-Riquier, une belle *Annonciation*, en concurrence de son frère, de Jouvenet, de Hallé et d'Antoine Coypel. Nous n'avons pas, que je sache, rencontré là-bas de belle Annonciation. Encore une recherche à faire.

saint Gervin (1). La pierre tumulaire du tombeau est levée. Le corps du saint est retiré de la terre. L'Abbé Gervin en l'examinant découvre dans les narines une inscription. Un moine tant soit peu antiquaire montre le rapport de ces mots avec les quatre vers gravés sur le tombeau du saint. Gilbert et ceux qui l'ont copié se sont trompés sur le sujet de ce tableau. Les manégliers de l'Eglise qui retirent les ossements, les religieux qui les reconnaissent et constatent l'authenticité sont remarquables d'expression. Ils sont pénétrés du plus profond respect, à la vue des précieuses reliques (2). On lit au bas les mots : *Rex, Lex, Lux, Pax* (3).

IV. CHAPELLE DE SAINT BENOÎT. — Pour bien comprendre le tableau de saint Benoît et l'une des scènes les plus pittoresques de la légende du grand fondateur de l'ordre monastique en Occident, il faut relever le texte de saint Grégoire-le-Grand : *Cœperunt etiam tum ad eum concurrere Romanæ urbis nobiles suosque filios omnipotenti Deo nutriendos dare. Tunc quoque bonæ spei suas soboles Æquitius Maurum, Tertullus vero Patricius Placidum tradidit.*

Nous voyons au premier plan la noble et grande figure de saint Benoît tendant les bras aux deux jeunes patriciens. Derrière lui un moine, et Subiaco en perspective. Le petit enfant qui s'incline, c'est saint Maur, parfait modèle d'obéissance. Saint Placide regarde son père en Dieu saint Benoît, et semble déjà s'offrir au martyre. Equitius montre le ciel du doigt et semble dire à saint Benoît qu'il ne lui demande d'autre faveur, que celle de graver dans le cœur de Maur la crainte de Dieu et de l'élever pour le ciel. Tertullus se tient derrière Placide. L'artiste introduit une mère dans cette scène des temps héroïques du christianisme. Son attitude exprime la grandeur de son sacrifice et sa résignation.

Ce tableau devant lequel l'âme chrétienne semble ravie par une céleste vision est dû au pinceau d'Antoine Paillet, de l'Académie de peinture de Paris. Indépendamment de son mérite artistique, on peut dire que jamais le sens religieux de l'offrande des enfants à la vie monastique n'a été mieux saisi ni mieux rendu (4).

(1) Gilbert, *pag.* 101.—Voir notre *Histoire. Tom. I, page* 343.

(2) Dusevel se trompe également en plaçant cette reconnaissance de reliques sous l'Abbé d'Aligre. Le peintre a rappelé fort à propos ce fait de la légende de saint Angilbert, à l'occasion de la translation des reliques de ce saint Abbé, du temps de Charles d'Aligre, mais il n'a pas confondu les deux époques.

(3) « L'artiste a signé : *Siluestre pinxit* 1712. Sur la même pierre se lisent ces mots : *Rex, Lex, Lux, Pax.* C'est là une peinture large et grasse. Les restaurations par malheur en ont été faites sans aucun soin et sans boucher les écaillures de la toile.

Dans le fond à droite on voit l'église abbatiale.

« Louis Silvestre est de la célèbre famille des graveurs et maîtres à dessiner des enfants de France. » — Ph. de Chennevières. *Ibid.*

(4) « Ce tableau est signé. *Paillet in. et pinxit.* La peinture de Paillet est lourde, sèche et sénile. Elle rappelle, avec correction s'entend, la plus faible manière de Mignard. »

« Paillet est un peintre qui n'a point laissé de grandes œuvres et celle qui rappellera peut-être le plus souvent son nom à la mémoire humaine est le portrait de Corneille qui a été gravé d'après lui. » — Ph. de Chennevières. *Ibid.*

En dehors de la chapelle, on remarque, dans l'angle à droite du spectateur, une statue de sainte Scholastique et du côté opposé une statue de saint Honoré, patron de la corporation des boulangers, avec un écusson sur lequel on a gravé les symboles de cette profession. Il est permis de se demander si ces deux œuvres d'art n'ont pas été aussi rapportées de l'ancienne église de Notre-Dame.

V. CHAPELLE DE SAINT PIERRE. — Le tableau de l'autel peint par Hallé, directeur de l'Académie de peinture, représente le Christ donnant à saint Pierre, agenouillé et accompagné de deux apôtres, les clefs du royaume des cieux. *Tibi dabo claves regni cœlorum : quodcumque ligaveris super terram, erit ligatum et in cœlis : et quodcumque solveris super terram, erit solutum et in cœlis.* Par une ingénieuse pensée du peintre l'homme-Dieu ne remet entre les mains de son apôtre que la clef qui doit ouvrir le ciel qu'il montre avec *l'index*, tandis qu'il cache derrière ses vêtements celle qui doit lier les consciences, témoignant par cette attitude qu'il ne la donne qu'à regret et qu'il ne faut en user qu'à la dernière extrémité.

Ce tableau dont les têtes sont gracieuses, le dessin correct, le coloris frais et le clair-obscur ménagé avec beaucoup d'intelligence, est parfaitement goûté par les artistes (1).

Eustache Lequieux avait autrefois dédié cette chapelle à son patron saint Eustache. La légende de l'illustre martyr avait été reproduite dans les vitraux. Les huit statues qui la décorent maintenant ne paraissent plus occuper toutes leur place primitive. Toutefois il n'est pas possible aujourd'hui de dire de quel lieu elles ont été rapportées. Les deux statues à l'entrée, peintes à la manière du xvi° siècle, représentent saint Pierre et saint Léon. A droite on reconnait à leurs emblèmes, à savoir aux clefs, au glaive à deux tranchants et au costume de pèlerin, saint Pierre, saint Paul et saint Jacques-le-Majeur. Ces trois statues sont surmontées de dais d'un style gothique parfaitement ornementé. Du côté opposé on reconnaît le Père Eternel portant le globe de la terre créé par sa parole. Près de lui se tient à sa droite le Sauveur avec sa croix, symbole de son sacrifice et de son triomphe. A sa gauche un vénérable vieillard à longue barbe, symbolisé par son livre et son bâton pastoral un Abbé, dans lequel on pourrait voir saint Riquier ou peut-être saint Thibaut, que le donateur invoque à genoux comme son patron (2).

Nous devons une mention spéciale au groupe placé dans l'intérieur de la chapelle, que de nombreux pèlerins viennent vénérer le jour de la Sainte Trinité. Ce groupe, qu'on appelle le Saint-Sauveur, représente en réalité la Sainte Trinité. Le Père Eternel tient entre ses bras son fils crucifié pour la rédemption du genre humain. Le Saint-Esprit apparaît au-dessus sous la figure d'une colombe.

(1) M. de Chennevières ne partage pas cette opinion. « Ce tableau peu harmonieux est daté et signé du nom de Hallé. La remarque de Gilbert sur les mains du Christ est une interprétation ingénieuse, peut-être un peu forcée Claude Gui Hallé a beaucoup peint pour Abbeville. Voir l'indicateur de ses tableaux. » *Ibid.*

(2) Dusevel fait observer que le rétable conservé au musée de Cluny et décrit à la page 214 de notre histoire avait été placé dans cette chapelle. (*Églises et Châteaux, page* 21).

Un savant archéologue a cru voir dans ce groupe un spécimen de la décadence de l'art au xvi° siècle. Il nous semble qu'un examen superficiel l'a induit en erreur. Ce groupe rustique, probablement rapporté de l'église paroissiale, ne nous offre aucun des caractères d'une œuvre d'art ; il est vraiment taillé à la serpe, si on peut employer cette expression triviale ; c'est un menuisier de village qui a fait ces figures avec son ciseau ou son couteau. Il serait difficile de porter un autre jugement, pour peu qu'on sache l'origine de beaucoup de statues de nos églises de campagnes et de nos vieux sanctuaires. Faut-il rejeter ces vulgaires statues ? Gardons-nous-en bien. La foi chrétienne ne vénère pas l'œuvre d'art, mais l'image destinée à lui rappeler les mystères de sa foi, les espérances de ses nombreux sacrifices et les faveurs accordées à la confiance.

VI. Chapelle de la Sainte Vierge. Nous avons déjà dit qu'Eustache Le Quieux avait bâti cette chapelle au xvi° siècle, à la place peut-être d'une autre plus petite, décorée sous Pierre Le Prêtre. Par son étendue elle sort des proportions ordinaires du xiii° siècle. On croirait presque voir une seconde église, dont la riche architecture fait un des plus beaux ornements du majestueux monument. L'élégance et la hardiesse de la voûte soutenue par des piliers très légers et éclairée par neuf grandes fenêtres, les nervures croisées en divers sens et formant des compartiments variés, tout produit à l'œil du spectateur un effet très gracieux. L'autel, en forme de tombeau, est revêtu d'un marbre de Lumachelle gris à coquillages et a été placé au xviii° siècle.

Les peintures des murailles sont cachées par une menuiserie d'ordre ionique. Au-dessus de la corniche, à l'aplomb des chapiteaux des pilastres, sont posées douze statues en pierre dont les bas-reliefs ont été coloriés, ainsi que plusieurs de ces statues. A l'exception de celles de deux apôtres, toutes représentent des vierges ou de saintes femmes. On aime à se rappeler, à cette vue, le riche diadème de la mère de Dieu, ou si l'on aime mieux, la mère de Dieu assise sur son trône et environnée de sa cour céleste.

Suivons l'ordre adopté par l'artiste. A gauche près de l'entrée : 1° sainte Geneviève avec son mouton : 2° sainte Marguerite terrassant le démon sous la forme d'un dragon : 3° sainte Marie, mère de Cléophas : 4° sainte Catherine tenant sous le pied un philosophe : 5° sainte Agnès au visage empourpré du sang de l'Agneau (1) : 6° sainte Cécile avec son luth : 7° sainte Marie Madeleine, ajoutant à un riche costume une cordelière de l'époque et portant le vase aux parfums qu'elle va répandre sur les pieds du Sauveur, acte d'humilité dont elle sera louée dans toute la suite des siècles : 8° sainte Marthe avec son bénitier et la tarasque qu'elle foule aux pieds : la Tarasque, c'est le monstre dont elle a délivré la Provence : 9° sainte Marie-Egyptienne tenant des pains, symbole des trois pains qu'elle emporta après sa conversion miraculeuse pour

(1) Traduction de ces paroles de la liturgie Romaine : *Sanguis ejus ornavit genas meas.*

son long voyage au désert: 10° sainte Appolline qu'on invoque contre les maux de dents, tenant à la main des pinces ou des tenailles, emblèmes de son martyre.

Les deux statues sous les arcs surbaissés des voûtes représentent saint Pierre et saint Paul. Aux deux angles deux culs-de-lampe nous offrent Samson terrassant un lion et un autre personnage vaincu par un monstre, images parlantes de l'humanité en face de ses ennemis invisibles, plus furieux que les bêtes féroces de ce bas-monde.

Les statues des vierges sont richement drapées en costume du XVI° siècle: on a choisi pour modèles des reines et des princesses.

Les consoles ou culs-de-lampe sur lesquels sont posées les vierges sont décorés de bas-reliefs dorés qui portent des écussons armoriés. On y distingue plusieurs faits de la vie de la sainte Vierge : 1° sa Présentation au temple : 2° l'Annonciation : 3° la Visitation : 4° la Naissance du Sauveur (1) : 5° l'Adoration des bergers et celle des Mages : 6° la Circoncision : 7° la Fuite en Egypte : 8° le Couronnement de la sainte Vierge : 9° Marie dans le ciel, protectrice de l'Eglise représentée par une barque qu'une tempête secoue et fait entrer au port.

A la voûte les anciennes armoiries enlevées pendant la révolution ont été remplacées par des emblèmes de la Sainte-Vierge, tirés de ses litanies, et posés dans ces derniers temps.

La statue de la Sainte-Vierge au-dessus de l'autel a été offerte à l'église en 1862. Un tableau demandé au Gouvernement, en 1847, par M. Dutens, alors député d'Abbeville, représente la Sainte-Vierge apparaissant à sainte Philomène dans sa prison et lui annonçant qu'elle va recevoir la couronne céleste et la palme du martyre. Ce tableau a obtenu, dit-on, une médaille d'or à l'exposition ; il a un mérite unique peut-être dans les fastes de l'art, c'est d'avoir été peint par le Lillois Ducornet, né sans bras. Le tableau en face représentant le Sauveur couronné d'épines est une copie du Titien ; il a été donné en 1860 par l'empereur Napoléon III.

Derrière l'autel, à l'endroit où l'on voit actuellement une porte de sortie, il existait autrefois un sépulcre ou tombeau du Christ. Les statues ont disparu depuis longtemps. Il reste encore quelques traces de peinture murale d'un beau coloris, et entre autres figures celle du Christ.

VII. CHAPELLE DE SAINT-JEAN-BAPTISTE. Le tableau de cette chapelle a été peint en 1690 par Coypel, premier peintre du roi et directeur de l'Académie royale de peinture, On ne saurait se tromper sur le sujet : c'est le baptême du Sauveur. La figure du saint précurseur est admirable d'humilité ; il semble dire au divin maître : « C'est moi qui dois être baptisé par vous, et vous venez à moi. » On connaît la réponse de Jésus. *Sic*

---

(1) La bienheureuse Vierge Marie adore à genoux l'enfant qu'elle vient de mettre au monde et que les animaux réchauffent On croit voir saint Joseph entrant, une chandelle à la main

nos decet implere omnem justitiam ; et il s'incline pour recevoir comme un pécheur le baptême de Jean.

Dans le haut du tableau, le Père Éternel, sous la figure vénérable de l'ancien des jours, semble pleurer sur les humiliations de celui qu'il proclame son fils bien-aimé, l'objet de toutes ses complaisances : on admire la grâce des figures d'ange qui servent le Seigneur.

Ce tableau se distingue par la justesse, la variété, la noblesse de l'expression, par le brillant du coloris et la facilité de la touche (1).

VIII Chapelle de Saint Marcoul (2). Le tableau dont elle a été gratifiée est le plus

---

(1) « Ce tableau est signé : *Coypel*, 1690. Au-dessus du Christ, à demi agenouillé vers saint Jean, se voient une gloire d'anges, le Saint-Esprit et au plus haut une agréable figure du Père éternel. Ce tableau qui, au dire de d'Argenville, balança longtemps la victoire, ne m'a paru que peu digne d'un tel honneur, à moins toutefois que le lavage à cru qu'il a subi nouvellement, comme le Jouvenet et tous ses confrères, n'en ait encore plus altéré les glacis et les délicatesses. »
Ph. de Chennevières, *Ibid.*

(2) Le culte de saint Marcoul est trop ancien à Saint-Riquier pour ne pas donner ici quelques faits de sa biographie (490 à 558).

« Le nom de Marcoul, en latin *Marculphus*, indique, dit Montalembert, une origine franque. Ce saint était issu d'une race riche et puissante, établie dans le pays de Bayeux, et tout dans le reste de sa vie témoigne de l'union contractée chez lui par la fière indépendance du Franc avec la rigoureuse austérité du moine. Il avait été élevé avec soin dans la piété et les lettres ».

« Après la mort de ses parents il quitta son pays et renonça à ses biens, pour se mettre sous la conduite de saint Possesseur, évêque de Coutances. Initié aux saints ordres, Marcoul consacra la première moitié de sa vie à prêcher la foi aux habitants du Cotentin : puis on le voit partir, monté sur un âne, pour aller trouver Childebert, roi de Paris, en un jour de grande fête, au milieu de ses leudes, et lui demander un domaine à l'effet d'y construire un monastère où l'on prierait pour le roi et pour la république des Francs... « Paix et « miséricorde à toi, de la part de Jésus-Christ, lui « dit-il, prince illustre ; tu es assis sur le trône de « la majesté royale, mais tu n'oublieras pas que tu « es mortel et que l'orgueil ne doit pas te faire mé- « priser tes semblables. Rappelle-toi le texte du

« sage : Les hommes t'ont constitué prince ; ne « t'élève pas, mais sois l'un d'eux au milieu d'eux, « sois juste jusque dans ta clémence, et aie pitié « jusque dans tes justices. » Childebert exauça sa demande. Le monastère fut construit à Nanteuil, dans le Cotentin, près la mer.

« Les austérités de Marcoul étaient effrayantes : un peu de pain d'orge et d'herbes crues faisaient toute sa nourriture : encore, loin de rassasier sa faim, il prolongeait quelquefois ses jeûnes pendant plusieurs jours ; il couchait sur la terre nue et n'avait qu'une pierre pour oreiller. »

« Pour mieux goûter les attraits de la solitude, ce grand serviteur de Dieu se réfugie dans une île du littoral de la Bretagne, à peine habitée par une poignée de pêcheurs. Une bande nombreuse de pirates Saxons était venue s'abattre sur cette île; les pauvres bretons accoururent se jeter aux genoux du moine franc. «Ayez bon courage, leur dit-il, et, « si vous m'en croyez, prenez vos armes, marchez « contre l'ennemi et le Dieu qui a vaincu Pharaon « combattra pour vous ». Ils l'écoutèrent, mirent en fuite les Saxons et une seconde fondation marqua l'emplacement de cette victoire de l'innocence et de la foi enflammées par le courage d'un moine sur la piraterie païenne. »

« Avant de mourir, saint Marcoul voulut aller demander au roi la confirmation des nombreuses donations que les monastères fondés par lui avaient déjà reçues. Comme il approchait de Compiègne, où résidait alors Childebert et que, pour se reposer des fatigues de la route, il s'était arrêté dans un pré sur les bords de l'Oise, voici les veneurs du roi qui viennent à passer en poursuivant un lièvre. La bête, après maints détours, court se réfugier sous la robe de l'abbé. A cette vue l'un des chasseurs l'apostrophe grièvement : « Comme oses-tu, prêtre, « t'approprier le gibier du roi ? Rends ce lièvre, ou

beau chef-d'œuvre de ce petit musée dont nous décrivons successivement les richesses. Il appartient à un grand maître du xviie siècle, à Jean Jouvenet, directeur et recteur perpétuel de l'Académie royale de peinture. Ce célèbre artiste remporta la palme dans un concours où se rencontrèrent, comme nous l'avons déjà remarqué, les meilleurs peintres de l'époque. L'abbé d'Aligre avait promis une médaille de 200 l. au dessin le plus parfait. Celui de Jouvenet remporta la palme.

On sait qu'il existe en bien des lieux une grande dévotion à saint Marcoul, invoqué surtout pour les écrouelles. Le monastère possédait une relique de ce saint abbé et le 1er mai les pèlerins accouraient de tous les villages du Ponthieu, et surtout du littoral de la mer, pour implorer leur guérison en buvant de l'eau d'une source qui lui était consacrée (1). Une confrérie agrégeait au culte du saint et à son servage ces pieux pèlerins.

« Tel est dit D. Cotron au xviie siècle, le concours des fidèles que cette église ne suffit pas pour les contenir. Ce pèlerinage se continue pendant tout le mois. » Il s'est perpétué jusqu'ici. Moins nombreux qu'autrefois, les fidèles se pressent encore dans la grande basilique, au 1er mai, et prient avec la même dévotion que leurs pères. On remarque surtout la persistance des pèlerins qui accourent des bords de la mer où le *mal de Saint-Marcou* continue toujours de faire des ravages.

On sait que saint Marcoul conféra aux rois de France le privilège de guérir les écrouelles par le simple attouchement des malades, en prononçant ces mots : *Le Roi te touche, Dieu te guérisse* ! On ne peut révoquer en doute l'efficacité de cet acte religieux. Trop de guérisons ont été prouvées par des témoignages authentiques, pour qu'un homme sérieux puisse les nier et contester le privilège (2).

« je te coupe le cou ». Marcoul lâche la bête, mais les chiens deviennent tout-à-coup immobiles et le veneur brutal tombe de cheval et en tombant se fend le ventre. A la prière de ses compagnons de chasse, le saint le relève et le guérit. Puis le roi qui chassait d'un autre côté, ayant appris ce qui se passait, va au devant de son ami, met pied à terre dès qu'il l'aperçoit, sollicite sa bénédiction, l'embrasse tendrement, le ramène au château de Compiègne pour y passer la nuit et lui accorde tout ce qu'il demande, par un acte dont la reine Ultrogothe et tous les leudes présents furent les témoins et les garants.

Moines d'Occident, Tome II, pages 3, 5, 417. — *Act. S. S. O. S. Ben.* Tom. page 124.

Les reliques de saint Marcoul ont été portées à Corbeni, au diocèse de Reims, à l'époque des invasions normandes ; elles y sont honorées, avec une dévotion extraordinaire, à cause des grâces insignes que le Ciel accorde aux pèlerins.

(1) Cette source est placée, dit-on, sous la chapelle de saint Marcoul. On y arrive par d'anciennes caves du monastère. L'entrée est actuellement dans une cave du petit séminaire. Non seulement on boit sur place de l'eau de cette fontaine, mais on en emporte chez soi.

(2) « Benoît XIV reconnaît et signale ce privilège des rois de France pour montrer que des grâces miraculeuses peuvent être accordées, non à raison de la sainteté ni par une vertu innée, mais par une grâce donnée gratuitement, soit à Clovis lorsqu'il embrassa la foi, soit dans la suite lorsque saint Marcoul l'obtint pour tous les rois de France. Dans ces circonstances, remarque un historien, c'est plutôt la foi, la confiance et l'humilité du malade qui est exaucée de Dieu que le désir de celui qui est l'instrument de sa miséricorde.» — L'abbé Lequeux.—*Antiquités religieuses du diocèse de Soissons*, Tome I, page 187.

Voici le témoignage de Guibert de Nogent sur ce

Le tableau de Jouvenet nous fait assister à la présentation des malades au roi. Il est facile de reconnaître ici Louis XIV. La figure exprime le sentiment religieux dont il est pénétré dans cette auguste cérémonie. La foi et la confiance sont empreintes dans le regard de celui dont le roi touche le front. On remarque dans ce tableau de jolis costumes et des bonnes figures d'enfants ; c'est bien là le pinceau ferme et vigoureux de Jouvenet, sa touche spirituelle et gracieuse. Tous les personnages, dit-on, sont frappants de ressemblance. Nous sommes en 1690. Le grand dauphin lui-même présente les malades à son père ; Madame de Maintenon est à genoux, tenant devant elle le duc du Maine son élève. Les gardes entourent Louis XIV (1).

privilège extraordinaire : Que dire des miracles que le roi Louis notre maître opère tous les jours sous nos yeux? J'ai vu des infirmes, affligés du mal des écrouelles à la gorge ou dans d'autres parties du corps, arriver par troupes pour obtenir leur guérison par son attouchement. Je voulais les empêcher, mais sa bonté naturelle ne le souffrait pas. Il leur tendait la main et faisait sur eux le signe de la croix avec beaucoup d'humilité. Son père Philippe a fait pendant quelque temps les mêmes miracles ; mais il a perdu ce don, je ne sais par quelle faute, mais ce que je sais, c'est que le roi d'Angleterre n'ose rien faire de semblable. — *De Pignoribus sacris. Caput I.*

Un médecin de Henri IV, dans un livre sur cette prérogative, assure en 1609 que ce roi touchait et guérissait plus de quinze cents malades par an.

Formentin rapporte que Henri IV en 1535 et Louis XIII en 1620 touchèrent les écrouelles à Abbeville.

Dans une savante dissertation, M. l'abbé Lecerf, membre de l'Académie de Reims, se propose ces trois questions : 1° les rois de France ont-ils réellement touché les scrofuleux ? 2° ont-ils réellement guéri plusieurs de ces malades ? 3° par quelle voie ont-ils opéré ces guérisons ?

Pour lui, la première de ces questions est un fait certain et indubitable. Il affirme ensuite que la seconde est attestée par de nombreux témoins oculaires et la croyance universelle des peuples chrétiens, que la troisième n'a d'autre solution que le privilège octroyé par saint Marcoul. — *Académie impériale de Reims,* 1867.

Ce qui confirme la prérogative dont saint Marcoul a doué les rois de France, c'est qu'ils n'ont pas joui seuls de la faveur que nous signalons ici. Tous les lieux que le grand Thaumaturge a sanctifiés par sa présence ou par ses reliques sont devenus, comme Corbeni, des centres de pèlerinage où couraient les foules, surtout pour obtenir la guérison d'un mal si rebelle à toutes les prescriptions de la médecine, qu'on l'a appelé le *Mal de saint Marcoul.*

Ajoutons que saint Marcoul avait aussi à Amiens une chapelle dans l'église paroissiale de saint Firmin-le-Confesseur. On a retrouvé à Amiens une médaille commémorative d'une épidémie de peste. Saint Marcoul y est associé aux saints spécialement invoqués dans ces jours de grande panique, à savoir saint Sébastien, saint Roch, saint Adrien et saint Christophe.

M. Corblet, *Hagiographie. Tome IV, pages* 430-433. — *Mémoires de la Société des Antiquaires de Picardie. Tome XIX, page* 531.

La croix de saint Marcoul à Nesle est un monument toujours subsistant de la visite des reliques du saint à Péronne, Nesle et villes voisines.

(1) Voici le jugement de M. de Chennevières sur le *Victorieux* tableau de Jouvenet. « Peintre et saint, voilà certes une chapelle bien Normande et qui méritait à tous titres mes premières dévotions. Témoignez, mon ami, que je lui ai donné plus de temps qu'à tout autre. Je ne pouvais me rassasier de ce curieux et charmant tableau de chevalet, qui serait digne à la fois du Louvre et de Versailles, et qui représente Louis XIV, le grand roi, héritier de Clovis, touchant les écrouelles. Louis XIV, en costume royal, et portant assez bien sur son profil allongé ses cinquante-deux années d'âge, est à côté d'un saint moine dont la figure rayonne. Derrière lui sont ses hallebardiers, et sur le premier plan, à droite, des malades. Le roi touche le front d'un gentilhomme à genoux qui lui est présenté par un courtisan en habit rouge ; derrière eux, à la gauche, se tiennent des gardes et un homme vêtu de noir. Au milieu du premier plan, une jeune fille à robe dorée doublée de rouge, d'un éclat presque dur,

Il faut chercher aujourd'hui le tableau de Jouvenet dans la Trésorerie. Que voyons-nous à sa place? une peinture à fresque représentant Notre-Seigneur en croix : au pied de cette croix vivifiante, les compagnons des souffrances de l'Homme-Dieu, saint Jean l'Évangéliste et Marie-Madeleine ; un peu plus loin et au-dessous apparaissent à demi deux personnages à droite, le donateur sans doute derrière saint Nicolas, son patron : de l'autre côté, une sainte abbesse, ceinte de l'auréole, très probablement la patronne de la donatrice. Il y a encore quelques personnages que la boiserie ne permet pas assez d'examiner. Que d'autres peintures sont probablement cachées derrière les boiseries du xviii° siècle!

On voit aussi dans cette chapelle une statue de saint Marcoul, abbé de Nanteuil. Il donne à un roi de France, qui lui fait hommage de son sceptre et de sa couronne, le privilège de guérir les écrouelles. Le reliquaire dans lequel était enchâssé un doigt de saint Marcoul est encore sur l'autel, mais la relique a disparu depuis longtemps.

Le personnage en costume de prince avec deux clefs, emblèmes peut être du pouvoir spirituel et temporel, est saint Riquier. Les autres statues de cette chapelle nous offrent les images de saint André, avec le signe caractéristique de son supplice, et de sainte Barbe avec la tour dans laquelle elle fut enfermée et décapitée par un père barbare. Evidemment ces statues peintes, mais sans culs-de-lampe ni dais, ne sont plus à leur place primitive. Viennent-elles de l'ancienne église de Saint-Riquier ou de l'église, même avant sa restauration par Eustache Le Quieux ou par l'abbé d'Aligre ? Qui le dira aujourd'hui ?

IX. Chapelle de Saint-André. — Cette chapelle n'était autrefois qu'un passage du chapitre à l'Eglise. Nous l'avons vu décorer. Son tableau, le martyre de saint André, appartenait à l'église paroissiale de Saint-André d'Abbeville dont il ornait le maître-autel. Il devint en 1822 la propriété de M. l'abbé Padé qui le donna à l'Eglise.

Ce tableau fut peint par Lépicié, professeur de l'Académie royale de peinture et de sculpture de Paris. Il est signé : *Lépicié* 1771. « La décoration en est très vigoureuse ; elle rappelle à la fois la paleur et la verve de palette de Delhays, dit M. de Chennevières (1). » On sent, en le voyant de loin, que le clair-obscur de l'église Saint-André

admire les miracles du droit divin. Le tableau est signé : *Jouvenet*, p. 1690. »

« On admire beaucoup, à Paris, *La Messe de l'abbé Delaporte* et le tableau de *L'Extrême-Onction* ; celui-ci les vaut de reste. Il a autant de largeur et de fini, et peut-être plus de richesse de ton, de transparence et d'harmonie. La figure du roi et celle du gentilhomme aux écrouelles sont toutes deux d'une grande beauté d'expression... J'ai écrit autrefois que Jouvenet était un admirable peintre de chevalet, et qui traitait avec un charme merveilleux de pinceau et de sentiment les scènes familières. Le Louis XIV de Saint-Riquier, chef-d'œuvre en ce genre, ne m'en fait point dédire. » — *L'Artiste*. Septembre 1850, *page* 114.

(1) *L'Artiste. Ibid., page* 113.

« Ce tableau, ajoute M. de Chennevières, le plus grand que nous ayons vu de la main de ce maître, qui a surtout réussi dans les scènes familières, a environ cinq pieds et demi de hauteur sur quatre de largeur, (*Page* 113). »

lui était nécessaire. Les soldats qui occupent le premier plan, vus à mi-corps, sont assez remarquables par leur solidité. Le saint sur la croix semble s'élever dans le ciel, où un ange lui prépare une couronne. On murmure, à la vue de l'apôtre crucifié, cet antique chant de la liturgie Romaine : *O bona crux*.

Dans un des coins du tableau on aperçoit la tête d'un des disciples qui envie le bonheur de son maître.

La critique de Gilbert sur ce tableau n'est-elle pas trop sévère? (1)

Pourtour extérieur du sanctuaire. — Sur les tailloirs des chapiteaux qui couronnent les piliers du sanctuaire on a placé plusieurs statues de l'ancienne église, dans l'ordre suivant, à partir de la chapelle de Saint-André : 1° Saint Jacques-le-Majeur, auquel une chapelle et une confrérie étaient dédiées dans l'église Notre-Dame : 2° Sainte-Catherine : 3° La sainte Vierge : 4° Saint Éloi, évêque de Noyon, patron des serruriers, des maréchaux et des laboureurs : 5° Saint Louis, roi de France : 6° Notre Seigneur Jésus-Christ.

Tombeau de Jean de Bruges. — Plusieurs riches monuments d'abbés, répandus çà et là dans l'église, attiraient les regards des pèlerins. Les restaurations de l'abbé d'Aligre ont tout effacé. Il ne reste que l'encadrement du tombeau de Jean de Bruges, lieutenant-général de la Picardie. Comme il avait choisi sa sépulture dans l'église de Saint-Riquier, on y célébra son anniversaire jusqu'en 1789 (2).

CHAPITRE V.

LA TRÉSORERIE.

L'escalier qui prend naissance auprès de la chapelle de Saint-André conduisait au cloître qui communiquait avec le chapitre et avec la trésorerie. Le chapitre n'existant plus, l'entrée a été fermée.

On appelle *Trésorerie* ou *Trésor* le lieu dans lequel on conservait anciennement les

---

(1) « Ce tableau, dit cet archéologue, a été peint en 1771 par Lépicié. Il se ressent du mauvais goût qui régnait encore dans les productions de cet art, jeté dans une fausse route par les Natoire, les Vanloo et les Boucher, qui pervertirent l'école française et la plongèrent dans un état de dégradation complète.» *(Page 110).* Aux artistes à contrôler ces jugements.

(2) Voir en l'an 1511 ce qui concerne la sépulture de Jean de Bruges *(page 173)*.

châsses, les reliquaires, les vases sacrés et l'argenterie servant à la célébration des saints mystères. C'est Eustache Le Quieux qui la fit orner de ses principales peintures et de ses sculptures. Son successeur y ajouta quelques groupes. Nous conjecturons, non sans raison, que la trésorerie communiquait par une porte avec des cloîtres supérieurs et les autres parties du monastère.

La trésorerie ayant été dépouillée de ses richesses au temps de la terreur, cet appartement a été converti en chapelle qu'on nomme la chapelle de saint Riquier. Tout y parle en effet du saint fondateur. Les murs sont couverts de fresques qui attestent et ses prodiges et la séculaire vénération des populations du Ponthieu. Ce petit sanctuaire est voûté en ogive à compartiments, avec nervures croisées formant des étoiles. Les clefs de voûte sont ornées d'écussons armoriés, parmi lesquels on reconnaît ceux du monastère, ceux d'Eustache Le Quieux (1).

La lumière pénètre dans la trésorerie par deux fenêtres de moyenne dimension. La première à gauche porte un Christ, faisant corps avec le meneau du centre (2). La figure est très expressive de résignation. Un ange reçoit dans un calice ou une coupe le sang qui découle du côté percé de la lance. Au sommet de la croix est attachée la sentence de mort portée contre le genre humain, sentence que le sang de l'Homme-Dieu a effacée. Fixée par un clou, elle se déroule autour de la croix.

« Les statues de la Sainte-Vierge et de saint Jean, dit Gilbert, placées aux côtés du Christ sont d'un beau travail et inspirent la plus tendre dévotion. »

Gilbert et ceux qui l'ont copié ne se trompent-ils pas dans la désignation des personnages qui accompagnent le Christ? Ne faut-il pas y voir plutôt les statues du patron et de la patronne du donateur, ou les donateurs eux-mêmes dans leur costume du xvi° siècle? On ne peut y reconnaître ni la mère des douleurs, ni le disciple bien aimé. Saint Jean n'est jamais représenté portant l'épée qu'on voit à moitié brisée au côté du personnage de la droite. Les emblèmes de mort, sculptés sur les piédestaux, indiquent plutôt un *ex-voto* de trépassés. Si l'écusson n'avait pas été gratté ou effacé, on aurait probablement reconnu la famille.

Une statue sans tête n'a rien dit à Gilbert. D'après notre guide, une quatrième statue toute voisine, représente saint Fiacre (3).

(1) Ces écussons ont été décrits dans plusieurs ouvrages. Louandre a cru reconnaître les armoiries de Bourgogne France et Bourgogne-Moderne, d'Avignon ou Valois ancien et moderne, de Berry, de Hainaut, d'Artois, de Bourgogne, de Flandre, de Champagne.

Voir aussi Dusevel. — *Eglises et châteaux, page* 30.

(2) Le meneau est composé de deux pierres. La première est au-dessous du Christ, la seconde qui porte le Christ s'élève jusqu'au milieu de l'ogive et forme les dessus de l'arc ogive. Le Christ a été taillé dans la pierre même, de manière à adhérer complètement à la croix et au meneau. Toutefois, nous ne voulons pas cacher au lecteur que, vers 1835, on eut la malheureuse idée de scier la croix pour l'appliquer sur le mur du fond avec l'autel et les deux statues qui l'accompagnent. En 1862, la croix a été remise à sa place avec les statues et l'autel qui attend une place plus convenable, quand on aura des ressources

(3) Gilbert, *Ibid., page* 126.

La statue de saint Riquier est placée au-dessus de la porte d'entrée dans une niche. Comme ce travail est contemporain de l'époque où la légende le fait comte de Ponthieu, parent de Clovis et de sainte Clotilde, l'artiste lui donne un riche costume de gentilhomme, avec les deux clefs. L'inscription suivante est découpée en lettres gothiques dans le contour de l'ogive :

𝔒ra pro nobis 𝔅eatissime 𝔓ater 𝔑ichari 𝔄bbas.

Entre les deux fenêtres de la trésorerie, un bas-relief ovale parfaitement sculpté représente, dit-on, le seigneur du Hamel au milieu de ses domaines. On voit ce seigneur en danger dans plusieurs circonstances de sa vie. Ici il tombe de cheval : là il est sur le point d'être dévoré par une bête féroce : plus loin il est attaqué par des loups. Au milieu de tous ces périls, il a recours à saint Riquier qui le délivre. En reconnaissance de ces bienfaits, le seigneur du Hamel fait une riche donation, figurée par la corbeille qu'il tient à la main.

On sait que le Hamel était un hameau dépendant de Saint-Riquier aux environs de Drugy. Le nom de ce lieu est resté inscrit au cadastre d'un canton.

Nous racontons cette légende sans lui donner plus de créance. Les armes d'Eustache Le Quieux indiquent que c'est sous son administration que cet *ex-voto* fut offert.

La version de Gilbert ne manque pas de poésie. Est-elle plus vraisemblable ? « Le seigneur du Hamel, dit le savant monographe, voulant se libérer injustement d'une redevance censuelle et annuelle de trois gerbes de blé par journal de terre, fut en punition de sa faute attaqué à la chasse par une bête féroce et n'échappa à la mort qu'en promettant d'expier sa faute par une réparation solennelle. Pour l'accomplissement de son vœu, il vient faire amende honorable en l'église de Saint-Riquier, accompagné de ses gens. On le voit avec une chaîne au cou et une corbeille remplie de pain dans les mains. Il est faux qu'indépendamment de cette réparation le seigneur du Hamel ait fait don par testament de ses domaines à l'abbaye » (1).

Les peintures à fresque que nous voyons dans la trésorerie ont près de quatre siècles d'existence et leur coloris est toujours vif et frais (2). Les unes appartiennent à l'époque d'Eustache Le Quieux, les autres sont dues à Philippe de Valois, trésorier du monastère sous son successeur.

Le premier ordre des fresques du mur latéral opposé aux fenêtres nous représente

---

(1) Emettons aussi notre opinion sur ce groupe. Eustache Le Quieux, qui a laissé son empreinte sur ce petit monument, a voulu mettre sous les yeux du visiteur la légende de son patron. Le personnage en pied n'est autre que saint Eustache Nous voyons sur les côtés, à droite et à gauche, les deux fils de l'illustre général sous la dent ou la griffe du lion et du loup. Quel spectacle pour le père si durement éprouvé !

(2) « Peintures curieuses et naïves, dit Dusevel, mais médiocres. Les règles de la perspective ont été méconnues. » (*Picardie, tome* x, *page* 58).

en dix tableaux la translation des reliques de Saint-Riquier au x° siècle (1) et quelques miracles contemporains.

Nous allons expliquer ici les sept tableaux de la translation de Saint-Riquier.

Le peintre ne s'occupe que de son glorieux patron.

Premier tableau. — Saint Valery revêtu des insignes de la dignité abbatiale et tenant la crosse à la main apparaît à Hugues Capet pendant son sommeil. Celui-ci se réveillant en sursaut se dresse sur son lit, pour recueillir les paroles de l'apparition, et nous laisse voir avec l'étonnement dont il est saisi tout le désordre de sa couche.

> Sainct Wallery vit anuchier *(vint annoncer)*
> A Hue Cappet le bon roy
> Pour ravoir le corps Sait Richier
> Que Arnoul cote *(comte)* prit p. desroy (2).

Second tableau. — Hugues Capet, sans perdre de temps, assemble son conseil et lui fait part de la révélation. Sept personnes forment ce conseil.

> Quat le dit Hue eut après soy
> Considéré la chose telle
> Dit à son Conseil sur ma foy
> J'ai eu de Saint-Rich; nouvelle.

Troisième tableau. — Après ce Conseil, Hugues Capet envoie des ambassadeurs au comte Arnoul, afin de lui redemander les précieuses reliques, ravies par son aïeul.

Le tableau représente cinq personnes. On distingue surtout trois cavaliers dont l'un porte un oriflamme rouge avec la croix.

> Incontinent à grand querelle
> Envoya hiraulx et messages
> Scavoir s'il tenroit en tutelle
> Le corps Saint-Rich; à ses gages.

Quatrième tableau. — Le comte de Flandre effrayé des menaces de Hugues Capet consent à se dessaisir des corps saints ; il sort en procession de la ville de Montreuil avec une grande multitude de peuples mandés pour faire cortège aux serviteurs de Dieu. On voit la porte de la Ville et les murailles garnis de leurs créneaux.

---

(1) Voir *tome* 1, *page* 290.   (2) Désastre, infortune.

Neuf personnages sur le premier plan, dont deux clercs, l'un revêtu d'une chappe rouge et l'autre d'une chappe bleue, avec un livre noté à la main. Un clerc en aube porte la croix.

> Quât le conte Arnoul sas oultrages
> Eut ouï leur conclusion
> Manda par villes et villages
> Qu'on vint faire procession.

Cinquième tableau. — Arnoul marche à la tête de la procession et porte lui-même le corps de Saint Riquier. Huit personnages dans le tableau, dont deux portent la châsse de Saint Riquier sur un branchard richement décoré.

> Luy meisme sans rebellion
> Compagniet honorablement
> Se mit en grand dévotion
> Apportant le corps dignemet.

Sixième tableau. — Hugues Capet était allé à la rencontre du comte de Flandre. Celui-ci, à genoux, remet au duc de France la châsse de Saint Riquier. Onze personnages. Arnoul est à genoux devant Hugues Capet qu'on reconnaît au riche manteau dont il est revêtu. On revoit les deux clercs sous les mêmes chappes.

> A donc vint Hues habilemet
> Rechepvoir le corps préchieulx
> Que le dit Arnoul humblement
> Lui rendit sage et gratieulx.

Septième tableau. — Hugues Capet, portant la châsse sur ses épaules, arrive processionnellement au monastère. Huit personnages et beaucoup d'autres fidèles sur le second plan. Quatre seigneurs dont deux portent la châsse. Hugues Capet est un de ceux-ci. Les moines sortant de l'abbaye viennent à leur rencontre. Deux jeunes moines en aubes portent la croix et le livre des Evangiles ; deux autres plus âgés sont revêtus, l'un d'une chappe rouge et l'autre d'une chappe verte.

Derrière la porte de la ville on distingue très bien les créneaux des tours avec leurs toits aigus et couverts de tuiles rouges ; dans le lointain une église : sur la gauche, un château avec ses fortifications ; un paysage et des arbalétriers.

> Que Cappet moult fort joyeulx
> De la bonne relation
> Rapporta le corps glorieulx
> En icelle relligion.

On sait que la veille on avait rendu le corps de Saint Valery à son monastère avec la même pompe.

Les trois tableaux qui suivent ont été décrits au tome I, pages 327, 390.

Le second ordre de peinture nous représente : Le dit des trois morts et des trois vifs. Ce n'est pas à proprement parler une danse macabre, mais une moralité du même genre, plus ancienne, dit M. Dusevel, mais moins compliquée et moins satyrique (1). Le dit des trois morts et des trois vifs a été représenté en plusieurs églises, en beaucoup de cimetières et même sur des enluminures de livres d'heures. C'est un tableau très animé de notre néant et de la vanité des grandeurs humaines. Nous remarquons dans cette peinture trois squelettes, dont l'un porte une flèche ailée, destinée à frapper trois jeunes cavaliers, le second une pique pour creuser leur fosse, et le troisième une bêche pour combler cette fosse. Chacun d'eux adresse successivement aux vivants les paroles suivantes :

> Nous vous denonchons tout pour voir
> Quils vous convient mort rechepvoir
> Tels come un taps no sumes
> Et tels serez come nous somes.

> Vous qui estes oultrecuidiez
> Plus briefuemet que ne cuidiez
> La mort en tous taps vous espie
> Pour vous oster du corps la vie.

> O folles gens mal aduisées
> Qui estes du hault lieu prisiées
> Pensez à la mort très certainne
> Et leschiez la joye mondaine.

(1) Voir Gilbert. *Ibid.* page 132.

Dans le deuxième compartiment, trois jeunes seigneurs à cheval, richement vêtus, portant le costume du XVIᵉ siècle et partant pour la chasse, semblent rencontrer à l'improviste ces trois fantômes, dans un carrefour indiqué par une croix fleurdelisée. Leur trouble et leur effroi se peignent sur leurs traits. Leur chevaux se cabrent, le faucon perché sur la main de l'un d'eux s'est envolé. Leurs sentiments religieux se réveillent et ils font leur acte de contrition tour à tour.

> Mon pauvre cueur de paour tremble
> Quāt trois morts ainsy voy ensemble
> Défigurez hideux divers
> Tous pourris et mangiés de vers.

> Ostons du monde les plaisirs
> Malvais voloirs et faulx désirs
> Car de la mort tous les destrois
> Nous passerons cōme ces trois.

> Il n'y a point de reconfort,
> Obéir il nous fault à la mort
> Par quoi nous tous jēnes et vieux
> Aions la mort devāt les yeulx.

Toutes les figures de ces tableaux nous rappellent parfaitement le type et la bonté d'âme de nos ayeux. Jamais la nature ne fut mieux exprimée par la peinture.

Nous avons analysé en son temps le travail de Philippe de Valois (1).

Un tableau d'un mètre de haut, peint sur bois et récemment placé dans la trésorerie, représente l'Assomption de la Sainte Vierge. Marie est reçue dans le ciel par les trois personnes divines, avec lesquelles elle a eu des rapports ineffables. Les chœurs des Anges forment le cortège de leur reine. Les bienheureux Apôtres, encore sur la terre, contemplent le triomphe de la mère de Dieu et recommandent l'Eglise à sa toute puissante protection.

Dans un coin du tableau on aperçoit un Ange qui descend du ciel, apportant de la part de Marie, le scapulaire à saint Simon Stock, général de l'Ordre des Carmes, qui vivait en 1200. Ce tableau a été restauré par les libéralités de M. Tripier d'Eaucourt et

---

(1) Voir plus haut, *page* 190.

de M. Joly de Saint-Riquier, son beau-père, à l'occasion de la naissance de leur fils et petit-fils en 1853.

La trésorerie s'est encore enrichie d'un tableau offert en 1850 par une dame Devigne. Ce tableau provenait de M. Judcy, médecin à Abbeville, dont la famille était originaire de Saint-Riquier. Une famille anglaise l'avait gratifiée de cette toile qui rappelle d'illustres souvenirs. La famille catholique d'Anster, alliée à Marie Stuart, reine d'Ecosse, dont on sait les malheurs et la fin tragique, échappe comme par miracle à la persécution de la reine Elisabeth et débarque à Calais, après bien des périls. On la voit prosternée dans le cimetière de cette ville, devant un calvaire, pour remercier Dieu de sa délivrance. D'un côté on peut remarquer le chef de la famille Anster à genoux sur un prie-Dieu, sur lequel on voit ses armoiries, son âge et l'année 1607. On y lit aussi ces paroles du psaume : *Spes mea, altissimum refugium*. Ses deux fils sont derrière lui et plus haut on reconnaît saint Antoine, son patron, dont la figure est pleine d'expression.

La Dame Anster est aussi à genoux de l'autre côté, sur un prie-Dieu indiquant également ses armoiries, son âge, l'année 1608. On lit sur le tapis du prie-Dieu ces autres paroles du psaume : *Expectatio mea, Domine*. Ses filles se tiennent aussi derrière elle, et plus haut sainte Hélène, sa patronne, semble protéger ce petit groupe.

Une armoire, placée dans le vestibule de la trésorerie, renfermait autrefois plusieurs objets dignes de fixer l'attention des connaisseurs. L'armoire elle-même, actuellement partagée en deux parties, remonte jusqu'au XVIIe siècle. Elle est tapissée intérieurement d'un cuir doré et argenté qu'on appelait *or basané*. Ce genre de décoration était employé autrefois dans les châteaux et les maisons bourgeoises. Il en reste çà et là des vestiges dans les vieux manoirs féodaux (1).

On lui a substitué dans la trésorerie une autre armoire d'un très beau travail. C'est celle-ci qui renferme actuellement plusieurs reliquaires anciens et quelques objets remarquables. 1° Un reliquaire en cuivre doré, ciselé sur un pied orné de médaillons en émail représentant diverses circonstances de la passion du Sauveur. La partie supérieure façonnée en forme de lanterne est accompagnée de deux tourelles semblables à celles d'un vieux château et percées de trèfles découpés à jour (2). On reconnaît au style de ce reliquaire un travail du XIIIe siècle.

2° Un autre reliquaire en argent doré, dont le pied est enrichi de médaillons émaillés, représente plusieurs personnages parmi lesquels on croit distinguer le symbole de saint Eloi, évêque de Noyon. La relique était renfermée dans un petit vase de cristal de roche (3).

---

(1) Gilbert. *Ibid. page* 140.

(2) *Ibid. page* 141.

(3) Gilbert, *Ibid. page* 141. Ces deux reliquaires remarqués à une exposition d'objets antiques en 1860 ont été décrits ainsi :

« Ces deux reliquaires sont en cristal de roche. »

« L'un a la forme d'une coupe montée à facettes sur un pied circulaire, orné de médaillons niellés et surmonté d'un couvert conique, portant également des sujets niellés, des dragons formant anses, réunissant la base et le couvercle. »

3° Un crucifix en bois, à double croisillon ou à la croix de Lorraine, est vulgairement appelé la croix de saint Eloi : c'est à tort toutefois qu'on attribuait ce reliquaire à saint Eloi, il n'est guère que du xv° siècle. « La figure du Christ, dit Gilbert, est d'un mauvais goût de dessin et d'une forme incorrecte (1). » Une relique précieuse de la vraie croix était autrefois renfermée dans ce crucifix.

4° Un bâton cantoral en cuivre qu'on fait remonter à tort au temps de Charlemagne. L'ornementation avec des soleils nous prouve que c'est un don de l'Abbé d'Aligre. Il existait auparavant d'autres bâtons destinés au même office et donnés par Thibaut de Bayencourt, avec des statuettes de son patron et de saint Riquier.

5° Une pomme chauffe-mains du moyen-âge, bien ciselée et bien travaillée, pourrait appartenir à l'époque de Charlemagne. On a donné ce nom à une boule dans laquelle on entretenait une lampe, si bien entrelacée dans des cercles qu'elle ne pouvait se renverser, même quand elle aurait roulé sur la terre. Cette boule s'attachait à une tige mobile. On la posait sur l'autel et le prêtre dans les froids rigoureux pouvait poser ses mains dessus, quand il n'était point occupé à quelque cérémonie. Dans l'inventaire de Charlemagne on parle de trois pommes d'or: *Tria poma aurea* (2).

6° Une plaque d'ivoire, fermant peut-être un reliquaire. Quelqu'incorrect qu'en soit le dessin, elle est cependant bien caractéristique du style du xii° siècle. On a représenté sur cet ivoire la Passion et la Résurrection du Sauveur. Dans la partie supérieure on voit le Christ en croix, la Sainte Vierge et Saint Jean ; à gauche le Soleil, Sol, et à droite la Lune, Luna... Deux vers gravés au sommet sont ainsi conçus :

> Sitio. (3) — mater. — Deus es? — Sum. — Cur ita pendes?
> — Ne genus humanum Tendat ad Interitum.

Au second plan, un tombeau surmonté d'une lampe et trois femmes avec des vases de parfums.

On lit au-dessus du tombeau :

> Quem lapis hic texit, mortem vicit moriendo.
> Credite, surrexit, inferni claustra premendo.

7° Une chasuble en velours du xv° siècle et probablement du temps de Pierre Le Prêtre. La croix est brodée en or, en argent et avec d'autres fils de diverses couleurs.

« L'autre est un prisme à bossages, monté à peu près comme le précédent. Des ornements au repoussé y remplacent les nielles, sur le pied et sur le couvercle et deux tourelles à jour, portées par des volutes feuillagées, se dressent de chaque côté de ce reliquaire.

Ces deux pièces sont dues à l'art du xiii° siècle (*Mémoires de la Société des Antiquaires de Picardie*).

(1) Gilbert. *Ibid, page* 141.
(2) Voir *Tome* i, *page* 168.
(3) Le premier mot est presque illisible. Nous avons cru pouvoir lire : *Sitio*.

Les broderies imitent une peinture et représentent plusieurs personnages. Au haut de la croix on voit le Père Eternel, le Saint-Esprit et au-dessous Jésus crucifié. Des anges à droite et à gauche reçoivent dans des coupes le sang qui coule des mains et du côté. La Sainte Vierge et Marie-Madeleine sont debout auprès du Sauveur.

Sur le second plan on pourrait reconnaître dans deux autres personnages, sainte Hélène portant une croix et devant elle le donateur ou l'empereur Constantin sous un costume du xv° siècle.

Sur le devant de la chasuble, les broderies figurent quatre autres personnages, aussi sur deux plans, d'abord un martyr et probablement le donateur et plus bas saint Barthelemi avec une scie et un livre et près de lui un autre personnage.

8° Signalons encore une autre chasuble donnée à la fabrique, provenant du musée de M. l'abbé Dairaine et décorée de figures de la Renaissance : un chaperon de chappe où l'on voit au milieu d'une belle broderie en bosse le couronnement de la Sainte-Vierge : plusieurs voiles de calice : une aube d'un très beau travail : un pignon de reliquaire en cuivre de l'époque bizantine, représentant encore le Christ en croix avec la Sainte-Vierge et saint Jean et des anges aux ailes éployées et cette inscription au bas :

I. H. S. X. R. D. (1).

9° Pour ne rien oublier des curiosités de la Trésorerie, arrêtons les regards du visiteur sur un vaste tableau en parchemin. Les noms de tous les abbés du monastère y ont été écrits au dernier siècle par un religieux. Ce tableau a échappé à la dévastation générale du monastère avec le siège abbatial placé au-dessous et rappelle en abrégé toutes ses vicissitudes pendant douze siècles (2).

(1) Ne pourrait-on pas lire : *Jesus Christus Redemptor* ?

(2) « M. Herbault a dressé un grand Album de l'église de Saint-Riquier en sept planches. Portail : plan horizontal, voûtes, coupe transversale, coupe de l'aile : projet de flèche : parallèle de trois églises, la Cathédrale, Saint-Vulfran et Saint-Riquier. »

« En y ajoutant les curieux dessins des statues, des bas-reliefs et des anciennes peintures, exécutés par MM. Letellier et Duthoit, on formerait une monographie complète de ce magnifique monument, l'un des plus beaux édifices religieux qui existent en France. »

Dusevel. *Eglises et Châteaux*, page 38.

Un grand travail sur l'Eglise de Saint-Riquier a été confié par le gouvernement à M. Duthoit, architecte de l'église de Saint-Riquier. Puisse-t-il être bientôt exécuté ! Nous aurons alors un Album monumental de notre antique Église abbatiale.

CHAPITRE VI.

LA BASILIQUE BÉNÉDICTINE CONVERTIE EN ÉGLISE PAROISSIALE.

Suivons maintenant les nouvelles destinées de l'église abbatiale après la dispersion des moines. Des réparations urgentes à l'église paroissiale de Saint-Riquier obligeaient la municipalité de cette ville à une dépense de neuf mille livres. Les habitants effrayés, à la vue d'un devis si considérable pour un édifice exposé par sa vétusté à tomber en ruine, peu de temps après, malgré sa restauration, jetèrent un regard de convoitise sur la grande basilique, que menaçait une prochaine destruction. Le 26 mars 1791, on présenta, en conséquence, une requête à l'Assemblée nationale et aux administrateurs du département de la Somme. On demandait que, dans l'hypothèse où la maison des religieux Bénédictins ne serait point conservée pour une communauté de moines décidés à mener la vie commune, l'église abbatiale fût cédée à la commune de Saint-Riquier, en lieu et place de l'église paroissiale et de la chapelle Saint-Nicolas. Les considérants montraient tout l'avantage de cette combinaison. On faisait remarquer : 1° Que la commune de Saint-Riquier n'avait pour paroisse qu'une église située dans un faubourg, au milieu du cimetière, lieu aquatique et malsain, souvent inondé par des eaux sauvages, inabordable en certains jours et dans la mauvaise saison, presque toujours environné d'une épaisse couche de limon et d'eaux fangeuses ; 2° Que l'Eglise de la ci-devant abbaye des Bénédictins était un édifice solidement bâti, aussi frais que s'il sortait des mains de l'architecte, placé au centre de la paroisse, d'un facile accès pour les habitants et les populations voisines qui avaient l'habitude d'y assister à l'office : 3° Que cette église remarquable par la solidité de ses murailles pourrait suffire à contenir les habitants de plusieurs villages, si on croyait expédient de réunir d'autres paroisses à celle de Saint-Riquier : 4° Que la Nation serait dispensée des réparations considérables qu'on sollicite en ce moment, que les matériaux de deux églises et le terrain de l'une d'elles, avantageusement situé sur la place publique, devant produire un bénéfice de huit à neuf mille livres, il serait opportun de profiter pour la Nation et la commune des ressources qu'une semblable combinaison allait créer ».

Des députés furent envoyés au district d'Abbeville, à l'administration centrale du département et à l'Assemblée Nationale, pour solliciter des suffrages en faveur de la motion. Les archives se taisent sur les péripéties d'une négociation aussi audacieuse : mais l'évènement nous prouve qu'elle eut un plein succès. L'église abbatiale ne fut pas comprise dans la vente des biens nationaux, tandis que l'église paroissiale a disparu, nous ne savons en quelle année. Les religieux encore présents à Saint-Riquier furent témoins de cette proposition si amère pour eux, et dévorèrent ce nouvel affront avant de quitter leur saint asile.

Toutefois si nous blâmons l'injustice de l'expédient au jour où il fut imaginé, nous devons reconnaître que cette mesure a été justifiée par le temps. Elle a sauvé l'Eglise d'une destruction inévitable et assuré à la ville du moyen-âge la perpétuité de sa gloire antique. Ainsi la main de la Providence dirigeait les hommes à leur insu et préparait une restauration inattendue et inespérée : car c'est à la présence de l'Eglise qu'est due la création du Petit Séminaire, cette nouvelle corne d'abondance pour une ville déchue et ruinée par le départ des religieux Bénédictins.

Le terrible ouragan du 11 novembre 1800 causa d'affreux dégâts à l'église abbatiale. Le Conseil municipal, après avoir visité le monument, chargea M. Callé de rassembler les épaves arrachées par la violence du vent et dispersées çà et là, comme les plombs, les fers, etc. Mais que pouvaient produire ces débris sans valeur, pour réparer des avaries qui menaçaient l'édifice d'une ruine prochaine ? Privés de toute espèce de ressource, les principaux habitants de la commune s'ingénièrent à chercher des subsides, mais inutilement. Les finances publiques étaient trop épuisées pour subvenir à une dépense si considérable, et la commune de Saint-Riquier était elle-même dans l'impuissance de s'imposer une si lourde contribution. Il paraît que, dans cette nécessité extrême, quelque citoyen de la ville proposa d'abattre le sanctuaire et le chœur de l'église pour réparer la nef avec le prix des matériaux : on cite même un projet de délibération dans ce sens. Le Conseil municipal ne signa point cette mutilation sacrilège et honteuse (1). Gloire à lui de n'avoir pas désespéré de l'avenir, même sous l'empire du culte constitutionnel, ou si l'on aime mieux, sous la tolérance d'un culte qui n'était pas même officiellement reconnu par le Directoire et le premier Consul. On comprend du reste un pareil projet, au milieu des négociations que nécessitait cette fâcheuse extrémité.

Le culte catholique fut peu après légalement reconnu par le concordat et protégé par l'Etat. L'Eglise était sauvée. On se contenta de descendre le clocher dont le poids écrasait sans doute les piliers du transsept et dont l'éboulement faisait craindre de plus grands désastres. On consolida les murs du transsept par les ancres en fer qu'on aperçoit encore aujourd'hui en certains endroits. Le prix des bois, des fers, des plombs du clocher aida à réparer provisoirement tous les dégâts causés dans le chœur et la nef. Le temps a fait le reste. Le gouvernement a pris le monument sous sa protection et délivré la commune de Saint-Riquier de toute sollicitude sur son avenir.

(1) *Archives de la Ville de Saint-Riquier*. Ce ne fut donc qu'un mauvais rêve, dit avec raison une glose sur cette triste page des archives

CHAPITRE VI. — LA BASILIQUE BÉNÉDICTINE CONVERTIE EN ÉGLISE PAROISSIALE

La piété de nos pères s'est inspirée de la sainte et salutaire pensée de prier pour les morts. Les fondations ont été nombreuses à Saint-Riquier dans les beaux âges de foi ; elles étaient partagées entre le monastère, la paroisse, la chapelle de Saint-Nicolas et l'Hôtel-Dieu. Nous avons rappelé dans le cours de cette histoire quelques-unes de ces libéralités pour le soulagement des âmes du purgatoire. Ajoutons ici plusieurs autres fondations dont nos annales nous ont conservé le pieux souvenir.

1288. Pierre le Farcy avait vendu à Jean de Foucaucourt 14 ¹ 4 ˢ 6 ᵈ de cens sur plusieurs ténements et sur des terres. L'Abbé les laissa au couvent à la charge d'un obit annuel.

1333. Adrien Le Personne a légué au monastère 60 ¹ 6 ˢ, à prendre sur Robert de Noyères ou sur ses biens meubles, sur des cens et surcens qu'il possédait à Saint-Riquier ; il demandait pour ce don un annuel de messes et quatre messes de *Requiem* à perpétuité.

1343. Dix jˣ de terre ont été légués par demoiselle de Prestoye demeurant à Saint-Riquier, à raison de deux obits par an.

1381. Pierre Scourion a donné à l'église de Saint-Riquier la moitié d'un fief de XLIV jˢ de terre sis à Nuelmont, avec quelques cens et huit muids de blé. On ne connaît pas les charges.

1419. Jeanne le Prétresse, veuve de Jean de L'Hôpital, a donné par entrevifs à l'abbaye une maison avec ses dépendances, tenue de Guy Becquet, écuyer, par 16 ¹ 6 ˢ de cens, à la charge de quatre messes à perpétuité. Ce cens fut racheté en 1440.

1423. Jean Flevin, prêtre, a légué différents immeubles à Noyelles pour deux obits solennels, à l'intention du donateur, de ses parents et de ses amis.

1424. Demoiselle Jeanne Le Parmentier, veuve de Pierre de Montreuil, bourgeois de Saint-Riquier, a fondé un anniversaire pour son mari, pour ses deux fils, Pierre et Jean de Montreuil, pour Guillaume Le Parmentier, son frère, pour ses autres parents et pour elle. Elle a donné à cet effet xxxv jˣ de terre sis à Surcamps et à Domart. Le legs fut ratifié par les seigneurs, à condition de donner homme vivant et mourant.

1453. Mahieu Le Vault, bourgeois de Saint-Riquier, a légué à la trésorerie de l'église abbatiale de Saint-Riquier huit provendiers de nonnette(1) pour faire restaurer les corps saints : il demandait deux messes à l'autel de Saint-Riquier.

1460. Périne Lentuelle, épouse en secondes noces de Raoul de Lessau et en premières noces de Jean Pottier, a laissé par testament aux caritiers et au couvent XI jˢ de terre, au terroir de Belleval, tenus de la Demoiselle D'Yaucourt et de Pierre du Maisniel par indivis, à la charge de deux obits par an à perpétuité.

1699. Pierre Le Febvre et demoiselle Marie de Ribeaucourt ont donné par entrevifs le fief de Valobin au monastère, à la condition d'y chanter deux messes solennelles d'obit, l'une le 5 janvier et l'autre le 16 janvier de chaque année.

(1) Provendier . ancienne mesure de grain — *Nonnette* : variété de froment.

D'après le cérémonial du monastère revu en 1711, on chantait, le 20 décembre, une messe solennelle des défunts pour tous les bienfaiteurs et principalement pour les comtes du Ponthieu.

Des lettres anciennes parlent aussi des obits de Jean d'Yaucourt, de Remiaules de Ponthoile ; de Jean de Gueschart, de Denise Chrétienne de Saint-Riquier, qui donna x j* de terre à la charge de deux messes par an, de Guillaume de Hesdin, qui avait fondé 24 messes par an pour le repos de son âme.

Autre indication de prières pour les défunts sous le cadre qui contient l'inscription à la gloire de l'abbé d'Aligre :

Vingt-trois messes sous la rubrique : OBITUAIRE *des Messes de la Chapelle de la Sainte-Vierge ;* entre autres : *Missa de Beata pro Congregatione*; *de S. Benedicto pro Congregatione* ; *de Spiritu sancto* ; *de S. Richario* ; *de S. Gregorio* ; *de S. Livino* ; *de S. Arnulpho* ; *de S. Marculpho* ; *de S. Eligio* ; *de S. Nicolao.*

Missa singulis hebdomadibus pro D. D. Carolo D'Aligre, Abbate et Benefactore nostro.

Missa singulis hebdomadis *pro Petro Presbytero.*

Missæ pro fratribus in scedula notatis.

CHAPITRE VII.

MARTYROLOGE DE SAINT-RIQUIER.

Le culte des saints a commencé sur le tombeau des martyrs, en face des restes glorieux de ces illustre témoins de la divinité de Jésus-Christ, de ces athlètes que la foi aux réalités invisibles, donnait en spectacle à Dieu, aux anges et aux hommes. Les fidèles, aux jours de persécution, s'excitaient par des hymnes sacrées et des exhortations chaleureuses à mépriser la mort et à braver les supplices. Quand la paix fut rendue à l'église, ils célébrèrent les généreux combats de leurs frères par des fêtes et d'innocentes agapes. Le jour de leur mort, ou plutôt de leur naissance au ciel, était consacré chaque année par le sacrifice eucharistique: *Pro Natalitiis*, dit Tertullien, *annua die facimus.* Admirable pensée que celle de célébrer le jour de la mort par des réjouissances qui accompagnent ailleurs la naissance. Toute la foi de nos pères se révèle dans cette expression ; ils croyaient, avec une certitude infaillible, que la couronne de l'immortalité était posée sur le front des vainqueurs, au moment même où les durs labeurs de pélerinage terrestre finissaient au milieu des supplices : ils savaient que les disciples de Jésus-Christ n'étaient point déçus dans leurs espérances, puisque la mort leur ouvrait les portes d'une vie que leurs persécuteurs seraient impuissants à ravir.

Comme ces luttes héroïques se multipliaient avec les conversions, l'église consigna dans ses annales les noms des nobles victimes de sa foi, le jour de leur victoire, les principales circonstances de cette immolation volontaire. On a appelé Martyrologe le livre d'or dans lequel la reconnaissance publique écrivait les noms de ces nouveaux citoyens de la céleste patrie.

Dans la suite des siècles, on ajouta aux noms des martyrs ceux des pontifes, des cénobites, des confesseurs, des vierges qui illustrèrent l'église de leur temps par leurs vertus et leur éclatante sainteté. Chaque cathédrale, chaque monastère voulut avoir son martyrologe : dans les offices divins on récitait les noms des saints au jour de leur confession glorieuse et de leur naissance au ciel : on copiait avec les modifications nécessaires les martyrologes qui portent encore aujourd'hui les noms vénérés de saint Jérôme et de Bède.

Le martyrologe le plus célèbre du moyen-âge fut sans contredit celui du moine Usuard (1), compilé au neuvième siècle dans d'autres plus anciens et resserré dans des limites plus convenables à l'office de prime. Ce martyrologe a été reproduit dans la série des monuments liturgiques, sous les formes les plus diverses.

Le monastère de Saint-Riquier, célèbre entre tant d'autres, occupe un des premiers rangs par son martyrologe spécial. Les Bollandistes nous l'ont conservé tout entier dans leurs suppléments à l'édition d'Usuard. Les observations du P. Sollier nous font connaître que le martyrologe de Saint-Riquier avait le titre suivant : *Incipit Martyrologium secundum Bedam per anni circulum*. D'après cet énoncé, le P. Bollandus avait conclu qu'il était calqué ou copié sur celui de Bède, mais un examen plus attentif, au moment de la publication, a prouvé au P. Sollier que l'auteur s'est surtout inspiré du martyrologe d'Usuard, qu'il avait sous les yeux et qu'il a même copié tous les jours (2). Ce n'est pas une compilation servile ; car l'auteur du martyrologe de Centule use du texte de son modèle, selon les vues et les dévotions de son monastère : il supprime des noms, il en ajoute d'autres, il transporte les noms d'un jour à l'autre. Il s'attache surtout à abréger Usuard, ce qu'il fait presque tous les jours. Le Père Sollier le considère, du reste, comme un des meilleurs martyrologes, comme un des plus conformes à l'original parmi ceux qui n'ont pas été copiés servilement. C'est pourquoi le savant jésuite, par un privilège spécial, le donne tout entier chaque jour dans son supplément (3).

(1) Usuard, moine de Saint-Vincent de Paris, a composé son martyrologe vers l'an 875, d'après D. Mabillon, et l'a dédié à Charles-le-Chauve.

(2) Fefellit Bollandum, dit le P. Sollier, titulus. Evincunt primi dies nihil in toto illo martyrologio haberi quod ad Bedam ullo modo pertineat. *Prolegomena ad Usuardum. Artic. IV n° 225. Patrologie de Migne. Tome CXXIII.*

(3) P. Sollier. *Ibid.* n° 226.

A quel siècle appartient ce martyrologe? « En ne considérant, dit le P. Sollier, que l'écriture serrée, élégante, la forme du parchemin, les premières feuilles usées, les grands caractères, on le croirait très ancien et on n'hésiterait pas à le dire du xii° siècle ; mais, ajoute-t-il, quand on lit le nom de saint Pierre Martyr, au 29 avril, de saint Louis, roi de France, au 25 août, de sainte Elisabeth, au 19 novembre, on est obligé de le rapporter tout au plus tôt au commencement du xiv° siècle. Les quelques additions qu'on distingue çà et là trahissent une autre main, mais les noms qu'on vient d'indiquer appartiennent à l'écriture primitive. »

Le martyrologe dont parle ici le savant éditeur d'Usuard appartenait au monastère de Saint-Wast d'Arras. C'est le P. Rosweyde qui en a tiré une copie de sa propre main, et c'est sur l'intitulé de cette copie que s'étaient fondés cet hagiographe et Bollandus pour déclarer sans autre recherche qu'il était une compilation de Bède. Leur erreur, comme nous l'avons remarqué plus haut, a été redressée par le P. Sollier. Ce dernier, en possession d'une copie du martyrologe de Saint-Riquier, a-t-il consulté l'original? Il a oublié de nous le dire dans ses notes. Il serait donc bien possible que l'exemplaire de Saint-Wast ne nous donnât point le dernier mot sur l'âge du martyrologe de Saint-Riquier. Le manuscrit consulté par le P. Rosweyde appartient, dit-on, au xiv° siècle. Nous nous garderons bien de contester l'opinion de critiques aussi compétents, mais ceci ne préjuge point l'époque à laquelle peut appartenir l'original conservé dans la bibliothèque de Saint-Riquier ; car rien ne nous indique qu'il ait été perdu alors. Or, à part l'énoncé de trois noms qu'on peut ajouter sur une copie postérieure de plus d'un siècle, nous ferons observer que le travail de l'auteur de ce martyrologe s'arrête à la première moitié du xii° siècle : à l'époque d'Hariulfe et de la canonisation de saint Arnoul, évêque de Soissons, provoquée par les travaux et les instances de ce même Hariulfe, successeur de ce grand Pontife dans le gouvernement de l'Abbaye d'Oudenbourg : à l'époque de la translation des reliques de saint Nicolas, de la grande diffusion de son culte en Occident; enfin à l'époque de la grande catastrophe du monastère de Saint-Riquier, brûlé par Hugues Camp d'Avesne en 1131. On n'y voit pas les noms des grands patriarches de la vie monastique du xiii° siècle, ni même celui de saint Bernard, canonisé en 1165. On n'y lit même pas le nom de saint Gervin, Abbé de Saint-Riquier, bien que D. Mabillon le dise inscrit sur un indicateur des fêtes du monastère, vieux de cinq cents ans. Mais on signale au 23 octobre le miracle annuel du noisetier de saint Gratien, poussant en une nuit des feuilles, des fleurs et des fruits pourprés, coïncidence remarquable avec d'autres témoignages du commencement du xii° siècle sur ce fait prodigieux, qui ne se renouvelle plus, dit D. Mabillon, depuis longtemps (1). Si on nous objectait le nom de saint Thomas de Cantorbéry, il nous serait facile de répondre qu'il se trouve là par la même raison que ceux des trois autres saints du xiii° siècle.

(1) *Ann. Bened. Tome V. page 284.*

L'opinion émise ici n'est donc point infirmée par celle du P. Sollier sur le manuscrit de Saint-Wast, nécessairement postérieur et peut-être de plus d'un siècle à l'original de Saint-Riquier (1). D'autres auteurs nous font supposer un martyrologe plus ancien se rattachant à celui de Bède. Il n'est point douteux pour nous que ce dernier n'ait été connu et possédé à Saint-Riquier. Nous avons même entre les mains une copie du petit martyrologe versifié du vénérable Bède. Cette copie, empruntée à l'Annuaire de 1842 du baron de Reiffenberg, a été extraite par ce célèbre archiviste de Bruxelles d'un manuscrit du IX° siècle provenant de Saint-Riquier (2). Ce martyrologe fait partie des œuvres de l'écolâtre Michon et nous offre la particularité de plusieurs vers intercalés à l'honneur de Saint-Riquier. Ainsi, au 26 avril, on a ajouté ce vers au texte de Bède.

Senis (Cal.) Richarii colitur natalis et almi.

Et cet autre au 9 octobre :

Ipsis (Sept. Ibid.) Richarii sancti Translatio claret.

Arrêtons ici nos considérations générales. Nous ne reproduirons pas le martyrologe de Saint-Riquier intégralement. Les lecteurs qui auraient intérêt à le consulter le trouveront dans les Bollandistes et la Patrologie de Migne (3). Nous nous contentons de signaler ici les mentions spéciales au monastère, au diocèse d'Amiens et à quelques monastères voisins, l'exposition caractéristique de quelques fêtes de Notre-Seigneur et de la Sainte-Vierge, et enfin quelques noms auxquels se rattachent des souvenirs hagiographiques ou historiques qu'on peut accuser d'erreur, mais qui servent de jalons pour rendre compte des opinions du moyen-âge (4).

D'abord honneur et vénération au glorieux patriarche de l'ordre bénédictin : quatre fois chaque année on rappelle ce nom si cher aux enfants du cloître.»

Saint Riquier a trois jours de fête dans son monastère : saint Angilbert, deux : saint Vigor, deux.

Il faut que l'enthousiasme de l'abbé Hariulfe, à l'époque de la canonisation de saint Arnoul, se soit communiquée au monastère de Saint-Riquier ; il est question deux fois dans notre martyrologe de saint Arnoul, quoique ce saint soit étranger aux moines de Centule et inconnu dans la contrée. Serait-il téméraire de conjecturer que le pieux chroniqueur a travaillé à la rédaction de ce monument liturgique ?

(1) Nous avons signalé dans notre histoire en 1897 un nouveau cérémonial pour le monastère. Le martyrologe aurait-il aussi été remanié à cette époque et une copie serait-elle tombée entre les mains des moines de Saint-Wast d'Arras?

(2) Voir nos extraits de ce martyrologe dans les Addenda de ce volume.

(3) Boll. VII et VIII jun. — Patrol. Tom. CXXIII, CXXIV.

(4) Quand dans nos énoncés nous emprunterons le texte pur d'Usuard, nous le noterons à la suite de ce texte.

Le culte de saint Nicolas s'est propagé au xii° siècle avec une ardeur incroyable dans la Picardie et à Saint-Riquier en particulier. Ses fêtes se sont multipliées. Le martyrologe en signale trois dans ses énonciations. Il indique aussi plusieurs fêtes de saints plus spécialement honorés dans la contrée. Nous attirons l'attention du lecteur sur ces jours que notre martyrologe proposait à la piété des moines.

JANVIER.

I Jan. Octava Nativitatis Jesu Christi Domini Nostri et Circumcisio ejusdem.
II Jan. Octava S. Stephani (1).
III Jan. Octava Beatissimi Joannis Evangelistæ. — Parisiis sanctæ Genovefæ.
IV Jan. Octava SS. Innocentium (2).
VI Jan. In territorio Remensi, Passio S. Macræ (3) Virginis (*Usuard*).
VII Jan. Relatio Pueri Jesu ex Ægypto (*Usuard*).
VIII Jan. In Belvaco, S. Luciani (4) Maximiani et Juliani (*Usuard*).
XIII Jan. Depositio S. Remigii, Archiepiscopi et Confessoris. — Ambiani, **Inventio** S. Firmini Episcopi.
XVI Jan. Parrona Monasterio, S. Fursæi confessoris, qui satis clarus et verbo extitit et exemplo.
XVIII Jan. Cathedra S. Petri Apostoli qui primum Romæ sedit (*Usuard*)
XIX Jan. Hierosolima, Marthæ et Mariæ sororum Lazari (*ex Hieron.*).
XXVIII Jan. Alexandriæ, B. Cyrilli Martyris (5).
XXIX Jan. Octava S. Vincentii Martyris (*Usuard*).

FÉVRIER.

II Febr. Ypapanti Domini, quod est complexio sive susceptio Domini Salvatoris.
VI Febr. Atrebas, S. Vedasti Episcopi et confessoris.— Cœnobio Helnone, S. Amandi Episcopi et confessoris.
X Febr. Apud Castrum Cassimum, sanctæ Scolasticæ, sororis sancti Benedicti.
XV Febr. In territorio Morinorum, depositio S. Silvini, Tolosani Episcopi et confessoris (6).

---

(1) Peu de martyrologes de cette époque indiquent cette octave ainsi que celle de saint Jean.

(2) Ainsi à Saint-Riquier, dès cette époque, les fêtes de l'Eglise primitive avaient la même solennité qu'aujourd'hui.

(3) Au deux mai, on trouve encore une mention de sainte Macre *cum aliis Virginibus Sacris*. La chronique d'Hariulfe affirme que sainte Elévare et sainte Sponsare, dont on possédait les corps dans le monastère de Saint-Riquier, avaient partagé les combats et la glorieuse mort de sainte Macre ; mais notre martyrologe se tait sur cette circonstance de leur martyre, au 6 janvier et au 2 mai.

(4) Sans indication d'époque.

(5) Nous citons S. Cyrille pour la circonstance du martyre qu'on ne voit guère signalée ailleurs.

(6) Usuard indique cette fête au xvii févr. C'est à tort que quelques martyrologes font de saint Silvin un évêque de Toulouse ou de Thérouane ; il n'était qu'évêque régionnaire.

xviii Febr. Cœnobio Centulæ, depositio sancti Angilberti Abbatis, qui septimus post Beatum Richarium Centulense monasterium feliciter rexit ; cujus corpus, cum viginti octo annis esset sepultum, incorruptum inventum est (1).

xxii Febr. Apud Antiochiam, Cathedra S. Petri Apostoli (*Usuard*).

xxiv Febr. Inventio Capitis Præcursoris Domini (2), tempore Martiani Principis (*Usuard*).

MARS.

xvii Mart. Nivigellæ, S. Gertrudis Virginis (3).

xx Mart. Cœnobio Fontanella, depositio S. Wulfranni, Senosensis quondam Episcopi et confessoris.

xxi Mart. Apud Cassinum Castrum, Natalis S. Benedicti Abbatis, cujus vitam virtutibus et miraculis gloriosam B. Papa scribit Gregorius. Centulæ, Translatio S. Vigoris Episcopi (Bajocensis) et confessoris.

xxii Mart. In Galliis, civitate Narbona, S. Pauli Episcopi et confessoris quem B. Paulus Apostolus ordinavit et ibidem direxit (4).

xxv Mart. In Nazaret civitate Galyleæ, Annunciatio Dominica, quando Angelo annuntiante et virtute altissimi superveniente, Virgo intemerata filium Dei vivi paritura concepit. Eodem die, Jerosolymis, idem Deus Dei filius crucifixus est a Judæis.

xxvii Mart. Jerosolymis, Resurrectio D. N. J.-C. secundum carnem (5).

AVRIL.

i April. In pago Vimacensi, Translatio S. Walarici Abbatis, miræ sanctitatis viri.

ix April. Transitus Beatissimæ Mariæ Ægyptiacæ, quæ juvante gloriosa domina nostra semper Virgine, Dei Genitrice, reliquit omnes illecebras carnis et facta est vas electionis.

xxii April. Parisiis, inventio SS. Dionisii, Rustici et Eleutherii martyrum.

xxv April. Romæ, Letania Major ad sanctum Petrum (*Usuard*).

xxvi April. In pago Pontivo, cœnobio Centula, Natalis sanctissimi Patris nostri Richarii, sacerdotis et fundatoris nostri loci, qui miræ abstinentiæ et incessabilis præ-

---

(1) D'après ce texte S. Angilbert serait le huitième Abbé de Saint-Riquier. On ne trouve cependant dans tous les historiens que cinq noms entre saint Riquier et saint Angilbert.

(2) Usuard ajoute cette note à sa légende : *quando idem præcursor duobus monachis primum, ubi idem ejus caput celatum jaceret, revelavit.*

Voir Ducange : *Traité du Chef de saint Jean-Baptiste.*

(3) La mémoire de cette sainte Vierge a été de tout temps vénérée au monastère de Saint-Riquier.

(4) Ce témoignage contredit celui de S. Grégoire de Tours.

(5) Cette énonciation des jours de la mort et de la Résurrection de Notre Seigneur est empruntée à d'anciens martyrologes.

dicationis sectator longe lateque miraculis claruit, ac tandem, Domino sibi revelante, vitam relinquens cœlestia regna conscendit.

xxviii April. Mediolani, S. Petri Martyris ab hæreticis coronati (1).

MAI.

i Maii. S. Marculfi Abbatis. Eodem die in Flandria Translatio S. Arnulphi Suessionensis Ecclesiæ Episcopi et confessoris.— (*Dies Natalis XV Augusti. Colitur Aldenburgi in Flandria*, dit le P. Sollier). Eodem die, Jerosolymis, S. Judæ per quem sacra Crux Domini reperta est. (*Voir 3 Mai.*)

ii Maii. S. Macræ. (*Voir 6 Janvier*).

iii Maii. Jerosolymis, Inventio S. Crucis quam solemniter celebrari S. Romana Ecclesia decreto sancivit.

v Maii. Castro Duaci, S. Mauronti Abbatis, viri genere et sanctitate spectabilis, qui legitur in baptismate S. Richarii filius.

viii Maii. Translatio S. Gentiani Martyris.

ix Maii. In Apulia, apud Barium civitatem, adventus et exceptio corporis B. Nicolai Myrensis Episcopi et confessoris.

xii Maii. Martianis, depositio Beatissimæ Rictrudis comitissæ.

xvi Maii. Ambiani, S. Honorati Episcopi et confessoris.

xxx Maii. Cœnobio Centula, SS. Chaidoci, Frichorii et Magdegisili confessorum, quorum duo primi B. Richario ad initium sanctæ conversationis fuerunt.

JUIN.

ii Jun. Relatio Walerici Abbatis de Flandria ad proprium locum.

iii Jun. Cœnobio Centula, gloriosa relatio sancti Patris nostri Richarii sacerdotis egregii atque pretiosi Confessoris.

vii Jun. In pago Pontivo, S. Wulfagii presbyteri et confessoris.

xiv Jun. In territorio Suessonico, Passio SS. Rufini et Valerii sub Rictio-Varo (*Usuard*).

xxiv Jun. Nativitas S. Joannis Baptistæ, cujus inestimabilem sanctitatis dignitatem Salvator noster Christus Dominus proprio sermone commendat dicens: Non surrexit inter natos mulierum major Joanne Baptista.

xxv Jun. Translatio S. Eligii Episcopi et Confessoris (*Usuard*).

xxvii Jun. Roya (2) Monasterio, S. Florentii Confessoris. — Ambianis civitate, in-

---

(1) On indique plus communément le xxix avril.

(2) On lit *Hoya* dans le martyrologe de Centulo et dans quelques autres *Hoya insula*. Celui d'Amiens porte *Roia*, celui de Reims *Oya*.

ventio Beatorum martyrum Fusciani, Victorici et Gentiani. Ipso die Nativitas sancti Nicolai Archiepiscopi.

xxix Jun. Romæ, Natale Beatorum Apostolorum Petri et Pauli qui passi sunt sub Nerone (*Manu recentiori*, dit le P. Sollier, *super erasis verbis, Basso et Tarso consulibus*). Tradunt vero antiqui et sanctissimi patres quod hi duo magni Ecclesiarum principes non post anni revolutionem, sed eodem anno una eademque die in una urbe, alter cruce, alter gladio triumphavit.

xxx Jun. Lemovicas, sancti Martialis Episcopi, qui Romæ a beato Petro ordinatus et ad præfatam urbem episcopus transmissus est (1).

JUILLET.

i Jul. Octava sancti Joannis Baptistæ.

vii Jul. S. Marculfi, Abbatis.

ix Jul. S. Patris nostri Effrem dyaconi, magnarum virtutum et excellentis ingenii viri.

xi Jul. In Galliis, cœnobi Floriaco, adventus et translatio corporis Sanctissimi Patris Benedicti Abbatis simulque B. Scolasticæ Virginis sororis ejus (2).

---

(1) Témoignage contraire à celui de saint Grégoire de Tours.

(2) Les moines de Fleury ou de Saint-Benoît-sur-Loire affirment que les reliques de saint Benoît ont été transportées dans leur monastère par le moine Aigulfe en 655, et que depuis cette époque ils sont restés gardiens de cet inestimable trésor. Les moines du Mont-Cassin contestent la vérité de cette affirmation.

D. Chamard, moine bénédictin de France, s'efforce de jeter un nouveau jour sur cette question dans de savants articles publiés par le *Contemporain (Revue française)*. Nous ne mentionnons ce fait que pour relever ici une attestation de saint Gervin, abbé de Saint-Riquier. Ce passage ajoute un nouveau fleuron à l'éloge historique de notre éminent abbé. Nous remercions M. l'abbé Roze, curé de Tilloy-lès-Conty de nous avoir fait connaître ce témoignage.

Voici ce que raconte André, moine de Fleury, « En ce temps-là (1056) j'ai appris d'une personne d'une véracité au-dessus de tout soupçon et d'une manière également digne de foi le fait que je vais raconter. Il s'agit d'une vision du vénérable Richard, abbé du Mont-Cassin. Gervin, abbé de Saint-Riquier a été de nos jours la gloire et l'ornement de l'ordre monastique. Or, voici ce qu'il affirmait avoir appris de la bouche vénérable du pape Léon IX de pieuse mémoire, en présence du susdit abbé du Mont-Cassin. Une discussion s'était élevée vers cette époque entre les moines du très saint monastère du Mont-Cassin au sujet de l'opinion qui déniait à cette abbaye la possession du corps de son fondateur. D'un commun accord, un jeûne de trois jours est ordonné pendant lequel avec un cœur contrit et un esprit humilié, accompagné de pieuses protestations et de gémissements plaintifs, d'oraisons multipliées et de psalmodies prolongées pendant la nuit, ils prièrent Dieu, le plus dévotement qu'il leur fut possible, de faire cesser leur hésitation à vénérer en son tombeau le corps de leur père. Or, à la fin du troisième jour de jeûne, voici que le très clément père Benoît apparaît en vision au susdit abbé Richard, il était accompagné de deux vénérables personnes. Interpellant le susdit abbé, le saint patriarche lui parla en ces termes : Reconnais-tu ces deux personnes que tu vois ? ce sont le saint Précurseur et le bienheureux Martin, qui, par leurs saintes prières, gardent et protègent ce lieu. Tu as pris la résolution de faire tout ton possible pour avoir le bonheur de palper de tes mains les membres de mon corps ; mais cette violation de mon sépulcre déplairait à Dieu. En effet, par la volonté agissante de mon Dieu tout

xv Jul. Atrebas, relatio B. Vedasti ad proprium locum.
xviii Jul. Octava S. Benedicti patris nostri (1).
xix Jul. S. Patris nostri Arsenii, vita et moribus Christo Domino per omnia digni.
xxii Jul. Natale Beatissimæ Mariæ Magdalenæ, de qua, ut Evangelium refert, septem dæmones ejecit Dominus (2).
xxv Jul. In pago Pontivo, inventio corporis S. Judoci confessoris.

AOUT.

vi Aug. Transfiguratio Domini Nostri Jesu Christi in monte Thabor, quando resplenduit facies ejus et vestimenta facta sunt alba sicut nix.

xv Aug. Gloriosæ Dominæ Mariæ nostræ semper Virginis Dei Genitricis felix et beata dormitio, cujus sacratissimum corpus, etsi super terram non inveniatur, tamen pia mater Ecclesia venerabilem ejus memoriam peragit sic festivam, ut pro conditione carnis eam migrasse non dubitet (3).

puissant dont la Providence règle toutes choses, et par la libre élection que j'en ai faite moi-même, mes ossements reposent, dignement ensevelis, dans l'abbaye de Fleury en France. Du reste soyez bien persuadés que je suis réellement présent ici, d'autant plus que la très miséricordieuse bonté de Dieu m'a commis à la garde de l'un comme de l'autre monastère, et, en conséquence de cette double mission, je prends soin jour et nuit des deux sanctuaires. »

« Efforcez-vous donc les uns et les autres de remplir les prescriptions de la sainte règle, afin qu'un jour, par le secours de mes prières, vous puissiez être éternellement heureux avec le Christ. Qu'il vous suffise, à vous, que je vous sois présent spirituellement et gardez-vous de vouloir jamais violer mon sépulcre. »

« Tel est le fait que nous raconta à nous-mêmes le susdit Gervin, abbé de Saint-Riquier, en présence d'illustres personnages : à savoir Ragnerius, abbé du monastère de Fleury ; Hugues, abbé de Saint-Denis ; Raynaud, ex-abbé de Saint-Médard de Soissons, et d'un grand nombre de personnes de haute distinction. »

« L'abbé Gervin, ajoute D. Chamard, suivit en effet Léon IX, lorsque le Pontife retourna de France à Rome en 1049. »

« André de Fleury n'est également que l'écho fidèle de l'histoire lorsqu'il décerne à ce vénérable abbé de Saint-Riquier le titre d'*Ornement insigne de l'Ordre monastique au XIe siècle.* »

« Il n'est pas moins vrai que cet abbé et Richard, abbé du Mont-Cassin se sont rencontrés en présence du pape Léon IX, puisqu'en 1050, ils assistaient l'un et l'autre au Concile de Rome. Du reste, le saint Pontife devait nécessairement admettre dans son intimité le pieux abbé de Saint-Riquier, qu'il avait attaché à sa Cour, précisément dans le but de profiter de ses conseils »

D. Chamard. *Les Reliques de Saint-Benoît*, dans le *Contemporain. Décembre* 1881, *page* 1073.

Ce récit est tiré des ouvrages d'un moine de Fleury nommé André, contemporain de saint Gervin. Ibid. *De Miraculis S. Benedicti VII*, 15.

Nous voyons dans la bibliothèque de Saint Gervin (*Chron. Cent. Lib. IV. Cap. XXXII*) l'histoire de la translation de saint Benoît, offerte sans doute par l'auteur au pieux abbé de Saint-Riquier.

(1) Cette octave n'est pas indiquée dans Usuard.

(2) Sainte Marie-Madeleine n'est pas ici confondue avec la sœur de Lazare, dont la fête est indiquée au 1er janvier. Voir les notes du P. Sollier au 22 juillet.

(3) Conforme à Usuard qui ajoute : *Quo autem illud venerabile Spiritus Sancti templum nutu et consilio divino occultatum sit, plus elegit sobrietas Ecclesiæ cum pietate nescire, quam aliquid frivolum et apocryphum inde tenendo docere.* (En partie empruntée à Saint Adon.

xvi Aug. In Flandria, depositio S. Arnulfi Suessionensis Episcopi, qui inter cætera miraculorum præconia ortum regis Francorum Ludovici et orando impetravit et præscius prophetavit (1).

xx Aug. Herio insula, S. Philiberti Abbatis, qui a militia temporali Christi tyrocinio mancipatus, monasteriorum extitit fundator devotus (*Usuard*).

xxii Aug. Octavæ sanctæ et gloriosæ semper Virginis Dei Genitricis, quæ superno nuntio clarificata et Spiritu Sancto fœcundata, ab eo qui de illa carnem sumpsit præ omnibus sublimata, in æternum veneratur benedicta.

xxv Aug. In Francia, S. Ludovici regis Francorum ac gloriosissimi confessoris.

xxvi Aug Ab Incarnatione Domini mcxxxi anno, combusta est Ecclesia sancti Richarii cum tota villa et fere cum trecentis promiscui sexus viris et mulieribus, feria iv, vii calendis septembris (2).

xxviii Aug. Africa, civitate Hippona, S. Augustini Episcopi et Confessoris, qui talenta sibi credita adeo multiplicavit, ut nemo fuerit qui omnia ejus scripta se fateatur legisse.

SEPTEMBRE.

i Sept. Ambianis, S. Firmini Episcopi et confessoris. S. Ægidii Abbatis quem ob meritum sanctitatis omne genus humanum quærit et veneratur.

v Sept. In territorio Morinorum, S. Bertini Abbatis, magnæ sanctitatis et innocentiæ viri.

vii Sept. Apud Alesiam quæ olim fortissima civitas fuerat, sed a Cæsare Julio est destructa, S. Reginæ Virginis (3) quæ sub Olybrio præside pro fide plurima sustinens finita est.

viii Sept. Nativitatis sanctæ Dei Genitricis et perpetuæ Virginis Mariæ quam Spiritus Sanctus custodivit et electam sanctificavit ut ex utero illius nasceretur Homo-Deus excelsus.

xv Sept. Octava nativitatis Beatæ Mariæ.

xxiv Sept. Conceptio S. Joannis Baptistæ (*Usuard*) (4).

xxv Sept. Passio sancti Firmini martyris, primi illius civitatis Episcopi (*Usuard*).

xxix Sept. In monte Gargano, venerabilis memoria Beati Michaelis Archangeli, ubi ipsius consecrata ab eodem Archangelo habetur Ecclesia, vili facta schemate, sed cœ-

---

(1) Probablement Louis VI.

(2) Ce chiffre est bien inférieur à celui des chroniques. Faudrait-il admettre ici une erreur de copiste ou ailleurs une exagération? Il n'est pas facile de trancher cette question.

(3) Alise-Sainte-Reine (dép. de la Côte-d'Or, canton de Flavigny). Témoignage du xii° siècle dans la grande controverse sur l'emplacement d'*Alesia*. Usuard n'est pas aussi explicite dans sa légende de Sainte-Reine.

(4) Cette énonciation se trouve dans presque tous les martyrologes anciens.

lesti prædita virtute. Item Romæ, Dedicatio oratorii sancti Michaelis Archangeli quod Pontifex Bonifacius dedicavit in summitate circi, miro opere altissime porrectum (1).

OCTOBRE.

1 Oct. Remis Francorum Metropoli, translatio S. Remigii Archiepiscopi et confessoris. Atrebas translatio S. Vedasti Episcopi et confessoris. In pago Pontivo, Natalis S. Wulflagii presbyteri et confessoris.

II Oct. In territorio Atrebatensi, Passio S. Leodegarii Augustodunensis Episcopi et Martyris. Item ipso die sancti... (*deest nomen ac recentiori manu appositum*: *Huini*...(2) *forte voluit dicere Gerini martyris, de quo superius*).

III Oct. Natalis Beati Dionysii Episcopi et Martyris (3).

IX Oct. In cœnobio Centula, optabilis translatio preciosi corporis sanctissimi Patris nostri Richarii de heremo in locum cœnobii à se olim fundati, ut Christi milites sua præsentia roboraret, quos verbo et exemplo antea educavit.—Parisiis, Beatorum Martyrum Dionysii, Rustici Archipresbyteri et Eleutherii Archidiaconi, qui securibus decapitati martyrium compleverunt.

xv Oct. Monasterio Fontanella, translatio sancti Wulfranni, Senonensis quondam Episcopi et confessoris.

xvi Oct. Octava Beati nostri Richarii confessoris Domini gloriosi. — Civitate Belvaci, sanctorum Luciani, Maxiani et Juliani Martyrum.

xvii Oct. In territorio Bellovacensi, sancti Justi pueri et Martyris de tempore Rictiovari.

xix Oct. Cœnobio Centula, Dedicatio orientalis cryptæ in honorem Beatæ Mariæ et sancti Richarii, sacerdotis gloriosi.

xxiii Oct. Ambianis civitate, S. Domitii confessoris. — In territorio ejusdem civitatis, sancti Gratiani, martyris, ad cujus sanctitatem comprobandam Dominus quotannis arborem corilum sub unius noctis spatio facit frondere, flores et nuces producere.

xxv Oct. In Galliis, civitate Suessionis, Passio sanctorum Crispini et Crispiniani martyrum, qui sub Maximiano crudeli exanimatione decertarunt.

xxxi Oct. Vigilia omnium sanctorum (*recentiore manu in margine*). — In Galliis, oppido Veromandensi, Passio sancti Quintini, viri genere, fide et martyrio gloriosi.

---

(1) Emprunté au martyrologe de S.-Adon.

(2) Huini pour Hain¹. On possédait à Saint-Riquier des reliques de saint Hain. Saint Gérin, martyr, que le père Sollier mentionne ici, est nommé dans beaucoup de martyrologes.

(3) La légende d'Usuard de ce jour s'applique à saint Denis l'Aréopagite. La révélation d'Hilduin ne l'avait pas encore convaincu, ni ceux qui ont distingué deux saints Denis, celui du III et celui du IX octobre.

NOVEMBRE.

I Nov. Festivitas omnium sanctorum. — Civitate Bajocas, depositio sancti Vigoris Episcopi et Confessoris, cujus corpus divino nutu translatum in Pontivum et in Ecclesia sancti Richarii multorum amore et honore celebratum (1).

IV Nov. Cœnobio Centula, translatio S. Angilberti Abbatis qui post viginti octo obitus sui annos incorruptus repertus est.

VIII Nov. Octava sancti Vigoris.

XIII Nov. Cœnobio S. Bertini, sancti Folquini confessoris.

XVIII Nov. Octava Beati Martini Episcopi Turonis, S. Gregorii Episcopi, qui multas diversorum sanctorum passiones et vitas descripsit et priora Francorum gesta memoriæ commendavit.

XX Nov. Ambianis, Inventio et translatio sanctorum Warlusii et Luxoris confessorum.

XXI Nov. In Italia, Bobio monasterio, sancti Columbani Abbatis admodum sanctæ vitæ et doctrina viri.

XXIX Nov. Apud Tholosam, S. Saturnini Episcopi et Martyris sub Decio Cæsare (2).

DÉCEMBRE.

I Decem. In Francia, civitate Noviomo, Transitus Beatissimi atque sanctissimi Eligii, antistitis preciosi, cujus vitam atque gesta Beatus Audoenus Episcopus veraci stylo describit.

II Decem. Cœnobio Centula, magna et præclara sublimisque festivitas, decollatione sanctorum in eodem cœnobio diversis temporibus congregatorum, quorum dies, quia singillatim non poterant celebrari, statuit papa Adrianus ut in die hac eorum solemnitas duceretur (3).

IV Decem. Cœnobio Floriaco, depositio sanctissimi corporis Beati Patri nostri Benedicti (4).

VI Decem. Natale Beati Nicolai Mirreorum Liciæ Archiepiscopi, viri fonte caritatis et totius pietatis repleti.

VII Decem. Octava sancti Andreæ Apostoli.

VIII Decem. Exordium humanæ Redemptionis et initium nostræ Illuminationis præconatur hujus solemnitas noctis ac dici, quando propitiante Deo concepta est mater et

---

(1) Usuard indique la fête de saint Vigor à Bayeux.
Le martyrologe d'Amiens mentionne saint Vigor à Centule.

(2) Ici notre martyrologe a copié saint Grégoire de Tours.

(3) Saint Angilbert avait rassemblé, comme on le voit en sa vie, une grande quantité de reliques. La consécration de cette fête par le Pape saint Adrien la rendait infiniment vénérable.

(4) Confirmation de la tradition signalée au 11 juillet.

Virgo Maria, paritura filium Dei (1). Treviris, S. Eucharii Episcopi et Confessoris quem Beatus Petrus Romæ ordinavit et in Gallias cum Materno et Valerio misit.

xi Decem. In civitate Ambianis, sanctorum Fusciani, Victorici atque Gentiani Martyrum, qui gloriosam fidei confessionem sanguine Passionis decoraverunt.

xii Decem. In pago Vimacensi, sancti Walarici Abbatis, qui juxta Somonam fluvium heremeticam vitam ducens etiam miraculis claruit.

xiii Decem. In pago Pontivo, sancti Judoci sacerdotis et confessoris, qui de culmine regni sibi hæreditarii ad Christi paupertatem se redegit et vitæ laudabilis cursum sanctissime consummavit.

xix Decem. Alexandriæ, Beati Clementis presbyteri, qui in divinarum eruditionum scolis quam maxime floruit, cujus etiam auctoritas in divinarum historiarum narrationibus sæpissime antefertur.

xxv Decem. Jesus-Christus Filius Dei in Bethleem Judæ nascitur, anno Cæsaris Augusti quadragesimo secundo, hebdomada juxta Danielis prophetiam sexagesima sexta, Olympiadis centesimæ nonagesimæ tertiæ (*Usuard*).

xxviii Decem. Natalis sanctorum Innocentium quos Herodes, cum Christi nativitatem Magorum indicio cognovisset, anno regni sui trigesimo quinto interfici jussit, inter quos duos filios enecavit.

xxix Decem. Arelate, sancti Trophymi Episcopi et confessoris, quem Beatus Paulus Apostolus ordinavit et eidem civitati destinavit (2), Ipso die Passio sancti Thomæ Cantuaris Archiepiscopi.

xxxi Decem. Senones, sanctæ Columbæ Virginis sub Imperatore Aureliano (3).

CALENDRIER DU XIIIᵉ SIÈCLE.

Fêtes propres au monastère de Saint-Riquier, d'après un calendrier manuscrit d'un psautier provenant du monastère.

xviii Febr. Transitus sancti Angilberti Abbatis.

xxvi April. Depositio SS. Patris Nostri Richarii.

v Maii. S. Maurontii.

xii Maii. Stæ. Rictrudis.

xxx Maii. SS. Madegisilli, Caidoci et Adriani confessorum.

iii Jun Relatio SS. Patris Nostri Richari.

ix Oct. Translatio SS. Patri Nostri Richarii.

xvi Oct. Octava Translationis.

---

(1) On voit par cette légende que la fête de la Conception de la Sainte Vierge fut célébrée à Saint-Riquier dès les premiers temps de son institution en Occident.

(2) Dernier démenti à saint Grégoire de Tours.

(3) On sait les rapports qui ont existé entre les monastères de Saint-Riquier et de Sainte-Colombe de Sens.

ı Nov. S. Vigoris Episcopi.
vııı. Nov. Octava S. Vigoris.
ıı Déc. Commemoratio omnium SS. Reliquiarum sancti Richarii (1).

LITANIES DES SAINTS.

En tête des noms des confesseurs :

S. Richari (*bis*).
S. Vigor (*bis*).

Après les noms des confesseurs :

S. Madegisile.
S. Caidoce.
S. Adriane.

CALENDRIER DU XVIIe SIÈCLE (1685).

Fêtes propres au monastère de Saint-Riquier.

vııı Février. Saint Lomer, Abbé de Saint-Lomer, semi-double.

xvııı Février. Saint Angilbert, double de 1re classe, de 1er ordre.

ııı Mars. Saint Gervin Abbé, double de 3e ordre.

xvııı Mars. Sainte Sponsare et sainte Elévare, sœurs et martyres, double de 3e classe, de 3e ordre.

xxvı Avril. Déposition de saint Riquier, Abbé et fondateur du Monastère, double de 1re classe et de 1er ordre.

ı Mai. Saint Marcoul Abbé, double de 2e classe, de 2e ordre.

x Mai. Saint Mauront Abbé, semi-double.

xııı Mai. Sainte Rictrude veuve, semi-double.

xxvıı Mai. Saint Hildevert, double.

xxx Mai. Saint Mauguille, saint Caydoc et saint Adrien, confesseurs, double de 2e classe et de 2e ordre.

ııı Juin. Fête de la relation de saint Riquier, double de 2e classe et de 2e ordre.

---

(1) On lit dans le martyrologe d'Amiens (*Patrologie*, tome cxxiv, page 529. *Die xv Septemb*) *Cœnobio Centulæ dedicatio Ecclesiæ Beatæ Mariæ Virginis et Beati Petri Apostolorum principis et sancti Richarii Confessoris.* — Il est bien étonnant, dit le P. Sollier, qu'une telle dédicace d'église ne soit pas relatée dans le martyrologe du monastère.

Il est question ici de l'Eglise paroissiale de Notre-Dame, qui n'appartenait plus au monastère après les invasions des Normands. La première dédicace de cette église eut lieu le 8 septembre, sous saint Angilbert. Il faut supposer que la dédicace de cette église fut renouvelée après une seconde reconstruction.

VII Juillet, Translation de saint Marcoul Abbé, semi-double.

XVI Septembre. Translation de saint Angilbert (1).

IX Octobre. Translation de saint Riquier, double de 1re classe et de 1er ordre, avec Octave.

XVI Octobre. Octave de saint Riquier, double.

XIX Octobre. Dédicace de l'Eglise de Saint-Riquier, double de 1re classe et de 1er ordre avec Octave (2).

XXVI Octobre. Octave de la Dédicace.

III Novembre. Saint Vigor, double de 2e classe et de 2e ordre.

II Décembre Fête des Saintes Reliques du Monastère, double de 2e classe et de 2e ordre.

X Décembre. Saint Iduvert (Hildevert), Abbé de ce monastère, double de 3e ordre.

CHAPITRE VIII.

LE MONASTÈRE.

Les bâtiments du monastère élevés au sud de l'Eglise sous saint Angilbert, LA SALA ou palais abbatial, tous les édifices disséminés autour de l'Église et dans l'intérieur de la clôture, n'ont laissé aucune trace de leur existence. Nous savons que, sous l'Abbé Ingélard, l'habitation princière des moines du IXe siècle a été resserrée dans d'étroites limites. Il parait certain que les édifices claustraux ont été pendant des siècles placés entre l'Eglise et la rue Saint-Jean. Le temps n'a point effacé entièrement l'action du feu sur les grands murs du jardin. De larges fondations de murailles, découvertes par des travaux récents dans la cour actuelle du Petit-Séminaire, prouvent jusqu'à l'évidence qu'une grande construction occupait la partie du jardin qui longe les grands murs. Ainsi l'état des lieux confirme les assertions de notre histoire. Ajoutons qu'il est constaté par des actes publics du XIIIe siècle et des siècles suivants que la basse-cour occupait la partie sud du monastère où se trouve aujourd'hui la grande cour des élèves du Petit-Séminaire. Tout un quartier de la ville, le quartier Saint-Benoît, a été

---

(1) Cette translation ne serait pas celle de l'Abbé Ribbodon, fixée au IV novembre dans le martyrologe, et pour laquelle nous ne voyons nulle part qu'on ait établi une fête

(2) Cette date rappelle la dédicace de la crypte, sous S. Gervin, plutôt que celle de l'Eglise qui avait eu lieu au 1er janvier.

renfermé dans les jardins actuels du Petit-Séminaire, ainsi que des rues percées et habitées, entre les remparts et les murs du monastère. Nous savons, par d'anciens documents, qu'un manoir, rue de la Poterne, était enclavé dans la basse-cour (1268) ; qu'un manoir amasé tenait à la porte de la basse-cour (1278) ; qu'une maison de pierre appartenant à Henri Lucas était sise en la basse-cour, rue de la Poterne (1286). On parle encore de tènements enclavés en la basse-cour en 1401. Nous avons cité des accords entre la ville et le monastère où il est marqué que la basse-cour confine aux tours qui regardent la propriété de la Ferté. Sur un autre point, des maisons sont enclavées dans les grands jardins : elles appartiennent à la rue du Moustier (1276). Que ces maisons aient été accensées et rachetées, peu importe ici. Nous ne constatons qu'un état des lieux. Nous avons parlé, au chapitre de l'Abbé d'Aligre, de toutes les acquisitions faites à cette époque et de l'agrandissement nécessité par la construction du palais abbatial. Tout cela a causé la suppression de nombreuses maisons et de plusieurs rues. Le grand bâtiment actuel qui fait face au midi, rebâti en 1719, avec ses grandes arcades à plein cintre, avait été édifié à la même place, en partie sous Henri de la Châtre et en partie sous l'Abbé d'Aligre, de si glorieuse mémoire.

Une planche du *Monasticon Gallicanum* reproduit l'ensemble des constructions au XVIIe siècle, après les belles restaurations des moines de Saint-Maur et de l'Abbé d'Aligre. Il n'y a de différence avec les bâtiments actuels que les légères modifications apportées dans le style de l'architecture.

En 1789, l'entrée du monastère était fermée par le *vieil abbatial,* dont les attaches au palais abbatial actuel subsistent encore, et par d'autres constructions. Une grande porte cintrée et armoriée s'ouvrait devant la place du parvis de l'Eglise abbatiale. A l'extrémité du parvis et près de l'Eglise, on rencontrait de chaque côté deux portes cintrées d'un beau style que les démolisseurs ont quelque peu respectées. Ces portes conduisaient à droite au palais abbatial ou dans la maison conventuelle, à gauche dans les remises et la basse-cour.

En pénétrant sous la sombre voûte de l'habitation conventuelle, on arrivait en présence des logements des hôtes. Après la chambre du tailleur-portier, on rencontrait, au rez-de-chaussée, quelques chambres qui précédaient le salon de réception. Au premier étage, à droite en sortant de l'escalier, on avait installé sous une voûte cintrée le chartrier du monastère et du côté opposé les chambres et les bureaux du receveur et du cellérier. On peut encore reconnaître des armoires dans lesquels ceux-ci déposaient provisoirement les papiers des domaines. Les noms sont encore inscrits sur les casiers. Tout le second étage était consacré aux logements des hôtes, auxquels on avait réservé quatre ou cinq chambres convenablement meublées. Une belle bibliothèque, dans laquelle les religieux, malgré tous les désastres d'un vaste incendie, avaient pu rassembler plus de dix mille volumes, occupait tout le troisième étage (1).

(1) Le catalogue de cette bibliothèque existe encore à la bibliothèque d'Abbeville, relié en 7 volu-

On connait la splendeur et la majesté des constructions bénédictines, même sous l'empire du style grec rajeuni. Le monastère de Saint-Riquier en a conservé un des types les plus remarquables en notre siècle. On le voit à la restauration de la façade principale des bâtiments claustraux du xviiie siècle. Trente et une arcades de dix-huit à vingt pieds de haut, dans lesquelles s'ouvraient autant de croisées, donnaient au rez-de-chaussée l'aspect et l'ampleur des plus beaux monuments. En parcourant ce vaste édifice, mesurant plus de cent mètres de long sur douze de largeur, on y rencontrait la cuisine avec ses dépendances, la gouverne et la dépense, un réfectoire de quatre-vingt-quatre pieds sur la même largeur, précédé d'une avant-salle de quarante-deux pieds. La suite de ce bâtiment jusqu'à la porte charretière était occupée par une très grande salle de 117 pieds. Toute cette partie était voûtée, lambrissée et pavée en très beaux carreaux de pierre de Caen. A la suite de la porte charretière par laquelle on descendait au jardin, on avait établi la boulangerie avec ses accessoires, comme la bluterie, la graineterie, la chambre de boulanger et même un grenier aux oignons. Sous ce vaste édifice il existait une cave voûtée de deux cent vingt-quatre pieds de long, servant de bûcher, de caves aux liquides et d'autres magasins de réserve.

Les trente et une croisées du rez-de-chaussée étaient répétées au premier étage où se trouvait le dortoir des moines. On n'en fixe pas la longueur, mais on y comptait trente cellules ou chambres, dont cinq avec cheminées, cabinet, alcôve, armoires et double croisée.

Un grenier au second étage avait quatre cent vingt pieds de longueur, grâce à un retour d'équerre de trente-six pieds, et trente six pieds de largeur. Le tout reposait sur un double plancher, que fortifiaient des ancres puissantes et que recouvrait un toit d'ardoises.

Un troisième corps de bâtiment d'une longueur de cent deux pieds était affecté au service de l'infirmerie. On y voyait une chapelle, plusieurs chambres d'infirmes avec cabinets, « une salle superbe avec des cheminées, » une grande cuisine et autres dépendances. Les étages étaient reliés par un grand escalier.

Le préau situé entre le grand bâtiment central et l'église était fermé par le quadrilatère du cloître monastique, il portait le nom de cimetière dans un inventaire de 1789 ; car c'est là qu'on inhumait les moines (1).

Le Chapitre édifié au milieu de la cour intérieure bornait le cloître à l'Orient; il avait quarante-cinq pieds sur trente-six. Le rez-de-chaussée, autant que nous pouvons le conclure de la description un peu abrégée de l'inventaire, servait de bûcher, de chauffoir, et contenait une chambre destinée aux enfants de chœur, joignant sans

mes. Une partie des livres transportés au chef-lieu du district se reconnaît au chiffre du chanoine Masclef, qui avait légué sa belle bibliothèque au monastère de Saint-Riquier.

(1) Nous donnons plus loin, d'après un dessin conservé à la bibliothèque d'Abbeville. le plan de ce cloître, avec les tombes et les noms des moines qui y ont été enterrés.

doute à la sacristie. Un escalier conduisait au premier étage où l'on avait placé la salle du chapitre, communiquant par un escalier avec l'intérieur de l'église et aussi avec les promenoirs des cloîtres supérieurs. Cette salle était lambrissée et pavée en carreaux. La voûte était soutenu par six piliers.

La famille des moines ou les domestiques du monastère avaient leurs appartements derrière l'Eglise. Un ordre de constructions plus simples, mais pourtant solidement édifiées et bâties pour des siècles, présentait un vaste ensemble de cuisine et de chambres pour domestiques, d'écuries pour les chevaux, de greniers, de remises, de hangars. Il y avait une brasserie, un pressoir, deux pigeonniers. Tout était marqué au coin d'une splendide habitation monastique(1).

Le vandalisme des acquéreurs n'a respecté que le bâtiment placé en face du palais abbatial et devenu leur logement. Tout le reste est tombé sous la pioche et le marteau des démolisseurs, pour assouvir une sacrilège spéculation. Quel profit en ont-ils tiré après le prix de la main d'œuvre ? Un minime bénéfice, a-t-on dit. La surface du sol exploitable n'y a rien gagné.

Le prix d'acquisition, payé par M. l'abbé Padé, fut supérieur à celui de la première adjudication, vu l'état des ruines ; mais les nouveaux propriétaires bénéficiaient de la confiance inspirée par un gouvernement légitime et du rétablissement du calme, plutôt que de la valeur vénale de la propriété (2).

Les jardins et plans « d'une contenance de six journaux environ », dit l'inventaire, ont été ravagés comme les édifices. De belles allées d'arbres, dont l'ombrage abritait les silencieuses méditations des moines, sont tombées sous la hache du bûcheron. On n'a respecté que les pommiers du verger, dont nous avons longtemps contemplé la vigueur et le poirier plusieurs fois séculaire, dont les branches encore pleines de vie couvrent plus de cent mètres de surface. Ce vieux débris d'un glorieux passé fait toujours l'admiration des visiteurs et pourrait être signalé comme le plus vieux poirier de la contrée.

Le palais abbatial, construit par l'abbé d'Aligre et respecté par les acquéreurs qui se sont succédé, a fait retour à la propriété conventuelle, sans avoir subi de changement depuis deux siècles.

La porte d'entrée conserve encore le chiffre de l'Abbé Charles d'Aligre. Les chambres, les salons, les boiseries, le grand escalier, tout a gardé le cachet de son époque. Cet édifice avait été vendu, sous la condition de démolir le mur de clôture de la cour abbatiale, afin de laisser une entrée à la maison conventuelle. Cette condition, malgré des sommations légales, n'a jamais été exécutée. C'est pour cette raison que la maison conventuelle est restée jusqu'à nos jours sans autre porte d'entrée que celle qu'elle emprunte au pourtour de l'Eglise.

---

(1) Cette description est empruntée à un état des lieux rédigé, pour la vente du monastère, par les premiers acquéreurs.

(2) M. l'Abbé Padé racheta la maison conventuelle en 1823.

Nous ferons suivre cette description des lieux, avant 1789, des noms des moines recueillis dans les cartulaires et les archives du monastère. Nous ne commençons qu'au xii° siècle ; car auparavant, en l'absence des noms de famille, nous n'avons rien qui puisse se graver dans la mémoire. Cette liste est bien incomplète, mais elle pourra cependant avoir quelque intérêt pour les généalogies des familles.

XII° SIÈCLE.

Anscher de La Ferté, abbé.
Hariulfe, moine, puis abbé d'Oudenbourg.
Hariulfe le chantre ou le jeune.T.I.(442).
Hugues de Millencourt.(441, 444, 445).
Robert d'Abbeville. (I, 441).
Gautier de Vaux. (I, 442, 444, 445).
Arnoult de Mybourg.(I, 441).
Urson ou Ursé de la Cressonnière, abbé. (I, 441).
Robert Poley. (I, 444).
Gautier de Friaucourt. (I, 463).
Hugues de Chevincourt. (I, 463), plus tard abbé.
Gautier I de Gaissart (I, 463), plus tard abbé.

XIII° SIÈCLE.

Gautier II de Gaissart, abbé.
Robert le Bailly.
Pierre le Mansel.
Hue li Vieille.
Bernard de Candas, prévôt de Mayoc.
Jean de Villers, exilé outre-mer.

XIV° SIÈCLE.

Eustache de Pollehoye, d'abord prévôt, puis abbé.
Mathieu de Bernières. (II, 4. 5).
Eudes Crouset. (II, 5).
Jean de Foucaucourt, abbé.
Beaudoin de Gaissart, abbé.
Bernard de Famechon.
Jean du Fay.
Gilles de Fourdrinoy.
Bernard de Feuquières, prévôt de Mayoc.
Adam de Brailly. (II, 39).
Jean de Chambly.
Etienne du Maisniel. (II, 39).
Nicole de Videmont.
Jean de Cauroy.
Buart de Vilane.
Bréant de Ceizolles.
Robert de Noyères, prévôt.
Henri de Brailly. (II, 47).
Jean de Canteleu, prévôt.
Pierre de Chissey. (II, 52).
Pierre de Gredainville.
Robert de Fayel. (II, 66).
Jean Humbert. (II, 72).
Thomas Quillet. (II, 72).
Jean de Tingry. (II, 72).

XV° SIÈCLE.

Robert le Regnault, dit d'Amiens.
Thomas d'Arech, prévôt. (II, 76, 77, 80).
Pierre de Vacousins, prieur claustral. (II, 75, n. 77).
Pierre Hordesier, prieur de Bredenay. (II, 77).
Robert Matiffas. (II, 80).
Jean Anselme, prieur. (II, 80).
Jean Roussel.
Baudin Roussel. (II, 115).
Guillaume le Mangnier.
Guérard de Haynault.

Robert Cremont ou Lerremont, dit d'Amiens, prieur de Bredenay.
Nicolas Bourdon (voir la table générale).
Pierre Le Prêtre, abbé.
Henri de Vignacourt, né à Saint-Riquier. (II, 112).
Jean Warin, de Drugy. (II, 112, 162).
Adrien Le Tieulleur, grand prieur du monastère.
D. Franchois, chapelain de l'abbé Pierre Le Prêtre.
Jacques d'Haudrechies, prévôt (voir la table générale).
Hugues de Pommereuil. (II, 119, n.).
Jean de la Chapelle. (II, 98).
Eustache Le Quieux, aumônier, puis abbé.
Simon Greban. (II, 152, 154).

XVIe SIÈCLE.

Sous Eustache Le Quieux.

Noms des moines présents au chapitre du 22 février 1480 et à celui de 1490. (II, 161, 168).
Pierre Briet.
Eustache le Carpentier.
Michel de Croy.
Nicole de Biencourt.
Nicolas Rohaut.
Thibaut de Bayencourt.
Philippe de Valois. (II, 190).

Sous Thibaut de Bayencourt.

Jean de Lessau, longtemps prieur.
Nicolas Pourrier.
Michel Le Vasseur.
Thomas d'Argies. (II, 181).
Henri du Biez.
Jacques Farsy.

Jean Courtois, chapelain de l'Abbé.
Jean Testu.
Georges Royel.

Sous Claude Dodieu.

Noms des moines expulsés en 1554. (II, 200).
Jean de Vy.
Jean Macquet.
Adrien de Canteleu.
Mathieu d'Amerval, prieur de Bredenay. (II, 193).
Thibault Asselin, prieur en 1562. (II, 209, 214).
Thomas Desprès.
Simon Le Bel. (II, 214).
Jean Gaude.

Sous Charles de la Chatre.

Pierre Riquier.
Robert d'Estalmesnil.
Antoine Groult.

XVIIe SIÈCLE.

Sous Henri de la Chatre.

N. Martin, prieur de Leuilly.
Jean Martin. (II, 214, 225, 231, 241, 246).

Sous Richelieu.

Moines en 1606. (II, 225, 226).
Gabriel Prévot,
Philippe Waignard.
Antoine Waignard, neveu du précédent.
Philippe Prévot.
Georges Saulmon, prieur de Leuilly.
Giles Royel.

Adrien Le Vasseur, prévôt d'Escamonville. (II, 225).
Georges Roger.

Sous l'Abbé d'Aligre.

Il restait neuf religieux en 1659. (II, 246).

Congrégation de Saint-Maur.

Les religieux ne sont plus fixés dans un monastère particulier. Ils reçoivent des missions dans les maisons de la congrégation, à la volonté des supérieurs. Nous donnons ici quelques noms de ceux qui ont vécu dans le monastère de Saint-Riquier. N'ayant point retrouvé de registres matricules, il y aura bien des lacunes.

Noms des premiers religieux. (II, 247).
Prieurs claustraux. (T. II, 267).
Antoine Bourdon.
Charles Bailly.
Mathieu Etienne (d'Abbeville), décédé à Saint-Riquier. (1662).

Claude Pécord, de Paris, décédé à S. R. (1681).
Jean Bethelard, diacre, décédé à S. R. (1684).
Jean Dimbechand.
Antoine Le Bègue.
François Gosset.
Jean d'Harcourt.
Charles Possel.
Henri-Constant de Brossart.
François Gorron, longtemps procureur.
Jean Soudan.
Gui de Monceau d'Auxi, prieur de Leuilly.
François-Nicolas Vernage, décédé, à S. R. (1693).
Etienne Nattin, cellérier. (II, 263).

XVIIIᵉ SIÈCLE.

Sous Daniel de Cosnac.

Ildefonse Claré de Saint-Valery, décédé à S. R. (1695) (1).
Noël Brameret, prieur en 1694 et 1720.
Arnault Blouyn d'Angers (2), décédé à S. R. (1699).

---

(1) Anselme Claré, prieur en 1693, décédé aussi à S. R. (1693), était également de Saint-Valery.

(2) M. l'abbé Bernault, de Blois, nous a communiqué la note suivante sur ce religieux.

« Enfin, au chapitre général » (de la congrégation de St-Maur) « de 1672, on pourvut à un supérieur « pour Solesmes ; toutefois, il ne reçut pas encore « officiellement le nom de prieur (claustral), mais « simplement celui d'*Administrateur* ». Ce fut Dom « *Arnauld Blouyn*, né à Angers et fils de Gabriel « Blouyn, seigneur de Vion, et de Marguerite « Constant de Crespy. Il avait fait profession à St-« Remy de Rheims, et mourut à St-Riquier, le « 9 juin 1699, à soixante-six ans. »

« Sous son administration ses parents firent don

« à l'église priorale de quatre reliquaires ornés de « statues en argent représentant les saints mar-« tyrs dont Gabriel de Sourches » (le précédent prieur commendataire) » avait donné les reliques « au prieuré. Ils offrirent aussi un encensoir d'ar-« gent, et un nombre assez considérable de volumes « choisis pour la bibliothèque. La translation des « saintes reliques dans les nouvelles châsses eut « lieu, en 1673, par une messe solennelle, et une « pompeuse procession dans laquelle on porta les « corps saints et même la sainte Épine que tenait « Dom Arnauld Blouyn lui-même. Le concours du « clergé et du peuple fut considérable. Le MS. de la « bibliothèque royale rapporte qu'une jeune fille « de dix-huit ans, de la ville de Sablé, atteinte

CHAPITRE VIII. — LE MONASTÈRE.

Sous l'Abbé Molé.

D. Labitte, prieur de Bredenay.
Pierre Chevillard, prieur en 1714, 1717, visiteur en 1720, définiteur en 1726.

Sous de Chateau-Neuf-Rochebonne.

Prieurs. (II, 303).
Pierre Cresson. (II, 280).
Gui d'Hauvoile, prieur de Leuilly.
Louis Demangeot.
Guillain François Castellan, prieur de Bredenay.
André Genest.
Louis de Mongé, cellérier.
D. Compier.
Pierre Detancheau.
D. Goulin, prieur de Leuilly.
Adrien Voisin.
Eustache Gombaud.
Ambroise Carnac, grand prieur en 1742, 1745, 1776, 1784 (303, 312, 313).
François Cornet. (II, 289).
J. Fleury. (II. 289).
Th. Ant. Tassart. (II, 289).
D. P. Le Sure. (II, 289).
Paul Susleau. (II, 289, 290).
G. Desbirat. (II, 289).
D. Jomart. (II, 301).
E. Dumesme.

Sous Guillaume de Sanzay.

Prieurs (II, 307).
Maximilien Duez, décédé à Leuilly (1743).
Jean-Ignace-Joseph Mercier, de Mons-en-Hainaut, prieur de Bredenay.
Robert Racine.
D. Faille de Nions.
Mathieu Lartisien, décédé, à S. R. et inhumé dans l'Eglise. (II, 299).

Sous le sequestre (1767 à 1789).

Prieurs. (II, 313).
1769. Noms des moines qui ont protesté contre la motion des moines de Saint-Germain. (II, 311).
D. Dollez, cellérier.
D. Josse.
D. Rivard.
Louis-Joseph Tailliar, prieur de Leuilly.
Claude du Buisson.
D. Wallet, cellérier.
D. Iseux, décédé à S. R. 1787.
Joseph Playout. (II, 311).
Pierre-Paul Druon. (II, 311).
Derniers religieux en 1789. (T. II, 326-328).

« depuis quatre ans d'une maladie incurable, re-
« couvra en cette circonstance l'usage de ses mem-
« bres. Cette guérison miraculeuse fut constatée
« non seulement par ses parents, mais encore,
« ajoute le manuscrit, par le médecin et le phar-
« macien de la ville ; et la personne, objet de ce
« prodige venait, chaque année, visiter l'église du
« prieuré le jour de la fête des saints martyrs aux-
« quels elle devait sa guérison ».

« L'entrée de la congrégation de St-Maur à So-
« lesmes fut aussi un évènement heureux pour le
« temporel du monastère. Bientôt on releva les
« bâtiments qui croulaient de vétusté, principale-
« ment le dortoir, les logements des infirmes et des

« hôtes, le réfectoire, la porte extérieure du mo-
« nastere et divers autres édifices. Ces travaux
« eurent lieu en 1670 et années suivantes. Deux
« des cloches, qui étaient en mauvais état, furent
« remises à la fonte. La sacristie reçut d'amples
« armoires, et on renouvela les ornements sacrés.
« Le chœur fut carrelé en entier de marbre rouge
« et noir ; une balustrade en fer fut établie pour
« séparer de la nef le chœur et les deux chapelles,
« dans lesquelles on plaça, avec plus de zèle que de
« goût, deux énormes autels en marbre noir qui
« ont été transportés dans l'église paroissiale. »
Essai historique sur l'Abbaye de Solesmes, 1846, *pages* 71-72. Chez Fleuriot, au Mans.

A cette nomenclature nous ajouterons celle des religieux inhumés dans le cloître pendant le xviiie siècle. Si on inhumait encore dans l'Eglise, nous ne connaissons guère que D. Lartisien qui ait joui de cet honneur.

NOMS DES RELIGIEUX INHUMÉS DANS LE CLOITRE.

N° 1 D. Claude Treille, mort paralytique, 17 mars 1742, âgé de 55 ans (1).

N° 2 F. Louis-Savinien Chereau, clerc, mort hydropique, 25 juin 1746, âgé de 25 ans.

N° 3 D. Charles Etienne, mort d'une fluxion de poitrine, 5 novembre 1743, âgé de 63 ans.

N° 4 D. Simon-Joseph Beauval, mort pneumonique, 31 octobre 1746, âgé de 49 ans.

N° 5 F. Etienne Coulon, sous-diacre, mort le 7 avril 1743, âgé de 67 ans.

N° 6 D. Claude Baudin, mort d'un squirre, 22 août 1738, âgé de 43 ans (2).

N° 7 D. Augustin Saint, mort de pourpre, le 1er mars 1732, âgé de 38 ans.

N° 8 D. Germain Denis, mort d'apoplexie, le 25 novembre 1749, âgé de 71 ans.

N° 9 D. Jean Fournier, mort de fluxion de poitrine, le 2 mars 1750, âgé de 66 ans.

N° 10 D. Mathieu Joret, mort de phthisie, 17 décembre 1751, âgé de 59 ou 60 ans.

N° 11 D. Charles Maladré, mort le 7 février 1759, sous-prieur et sacristain en 1744.

N° 12 F. Jean-François Cabrillon, mort le 1er novembre 1759.

N° 13 D. Philippe Labie, mort le 24 janvier 1756.

N° 14 D. Charles-Aloph Héron, mort subitement, le 25 septembre 1723, âgé de 47 ans.

N° 15 D. Robert Lenain, mort le 7 mars 1721, âgé de 67 ans.

N° 16 D. Nicolas Olivier, mort le 5 décembre 1756.

N° 17 D. Bernard Picquet, mort le 8 octobre 1715, âgé de 65 ans.

N° 18 D. Paul Juslien, mort le 7 novembre 1757.

N° 19 D. Michel Vatou, mort le 3 septembre 1711 d'apoplexie, âgé de 70 ans.

N° 20 D. Edmond Duret, mort le 23 mars 1758 (3).

---

(1) Voir son testament spirituel, page 294.

(2) Il était professeur au monastère depuis 1717.

(3) Faisons connaître D. Duret à nos lecteurs par une note que nous transmet M. l'abbé Bernault, de Blois.

D. Jean-Baptiste Duret, de la congrégation de Saint-Maur, fut prieur de Solesmes. « Nous ignorons si les moines de Solesmes eurent à se louer des procédés de ce confrère ou s'il leur causa quelques chagrins ; mais nous savons par l'*Histoire Littéraire de la Congrégation de Saint-Maur* que ce religieux avait embrassé avec chaleur le parti Janséniste. Son opposition très active à la bulle *Unigenitus* attira sur lui des mesures de rigueur de la part de l'autorité, par suite desquelles il se vit contraint de se démettre de son prieuré de Solesmes. Nous n'avons pu découvrir l'année précise en laquelle cette démission eut lieu. Mais nous trouvons dans les archives de l'Abbaye de Solesmes un titre qui fait foi que *D. Edme Duret* résidait en 1730 dans son prieuré. Il mourut à l'abbaye de Saint-Riquier le 27 mai 1758, étant âgé de quatre vingt-deux ans.

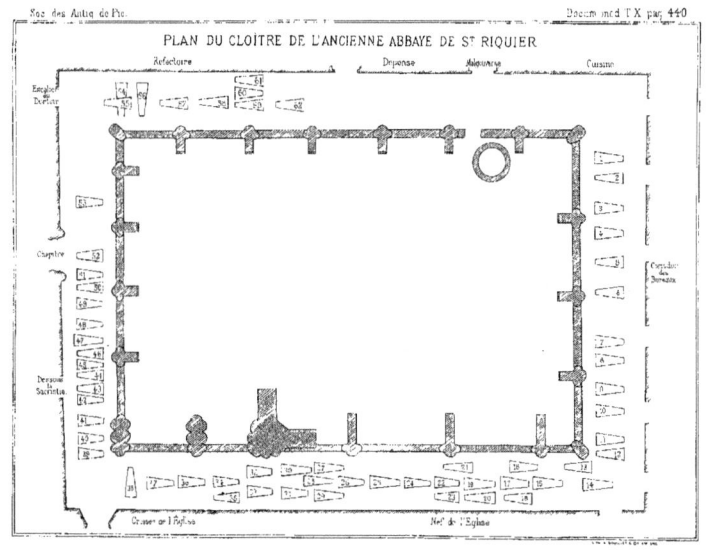

CHAPITRE VIII. — LE MONASTÈRE.

N° 21 D. Joseph Fleury, mort le 23 décembre 1758.
N° 22 F. Claude Gaubert, diacre, mort du pourpre, le 19 août 1749, âgé de 30 ans.
N° 23 D. Pierre La Vacquerie, mort le 28 août 1759.
N° 24 D. Joseph Coquille, mort du pourpre, le 3 mars 1711, âgé de 35 ans.
N° 25 D. François Champenois, mort le 20 février 1711, âgé de 52 ans.
N° 26 D. Jacques Hautems, mort le 20 janvier 1760.
N° 27 D. Nicolas Maupin, mort de fièvre, le 4 janvier 1729, âgé de 52 ans (1).
N° 28 D. Jean Gillotin, mort le 1ᵉʳ février 1709, âgé de 80 ans.
N° 29 D. Eustache Gombaut, mort le 7 décembre 1759.
N° 30 D. Claude Christophle, mort le 28 novembre 1760.
N° 31 D. Giles Gernard, mort le 23 août 1727, âgé de 65 ans (2).
N° 32 D. Alexandre Poquelin, mort de pneumonie, le 15 mars 1728, âgé de 64 ans (3).
N° 33 D. Joseph Becquin, mort le 14 novembre 1703, âgé de 73 ans (4).
N° 34 D. Jacques Dupui, mort le 23 juillet 1703, âgé de 35 ans.
N° 35 D. Honoré Lemaire, prêtre, mort le 23 novembre 1760.
N° 36 D. Jacques d'Arest, mort en enfance, le 19 janvier 1753, âgé de 72 ans.
N° 37 D. Arnoul de Lovain, mort le 9 juin 1699, âgé de 65 ans.
N° 38 F. Eustache Turquette, mort le 21 janvier 1764.
N° 39 .... Mort en 1689. (Le nom manque).
N° 40 D. Louis Hautemps, mort le 13 mars 1764.
N° 41 D. Robert Cocu, ancien, mort le 10 décembre 1683.
N° 42 D. Nicolas-Vulfran Rotard, mort le 14 décembre 1682 (5).
N° 43 D. Jean-Marie Dufour, diacre, mort le 27 août 1765.
N° 44 D. Clément Chevillon, mort d'un contrecoup, le 26 octobre 1714, âgé de 64 ans.
N° 45 D. Jacques Soudan, mort le 19 juillet 1765, âgé de 40 ans.
N° 46 D. Jacques Valois Marcotte, mort le 3 décembre 1765.
N° 47 D. François Berquier, prêtre, mort le 23 mars 1711, âgé de 77 ans (6).

L'*Histoire Littéraire* nous atteste qu'il persista jusqu'à son dernier soupir dans les erreurs qu'il avait professées. »
Essai Historique sur l'abbaye de Solesmes, page 81.
La *Bibliothèque générale des écrivains de l'Ordre de Saint-Benoit* donne aussi une notice sur ce religieux qu'elle dit collaborateur de D. Mabillon et professeur très distingué de philosophie et de théologie. Une édition des œuvres de Tertullien qu'il avait commencée resta inachevée. Ses lettres, dissertations etc., formeraient bien 15 volumes.
D. Duret était de Paris où il naquit le 18 novembre 1671 ; il prononça ses vœux dans l'abbaye de Saint-Faron de Meaux, le 6 juillet 1687.
Il n'est point question dans ce dernier ouvrage du Jansénisme de D. Duret. Il est inutile d'en donner la raison : elle se devine.

(1) Il est question d'un moine de ce nom dans la *Bibliothèque générale des écrivains de l'Ordre de Saint-Benoit*, tome II, page 225.
(2) D. Gernard ou Genard fut longtemps cellérier au monastère.
(3) Des titres que nous avons eu sous les yeux indiquent que D. Poquelin fut cellérier. Voir aussi Histoire de Saint-Riquier, par M. Prarond, *page* 648.
(4) D. Becquin était d'Abbeville.
(5) Rotard. Nous avons écrit Retaud, *page* 247.
(6) D. Berquier était originaire de Tilloy, du diocèse d'Amiens ; il fut prieur en 1695.

N° 48 D. Armand Graillet, mort de pourpre, le 27 mai 1735, âgé de 37 ans.

N° 49 D. François de la Joscade, mort de la goutte, le 22 décembre 1711, âgé de 60 ans.

N° 50 D. Pierre Flessel, prêtre, mort le 30 décembre 1766.

N° 51 D. François Chevillard, mort le 7 juin 1715, âgé de 61 ans (1).

N° 52 D. Marie de Vaouers, prêtre, mort le 21 février 1768.

N° 53 D. Thomas Boucher, mort d'un asthme, le 3 mai 1734, âgé de 65 ans (2).

N° 54 D. Louis-Emmanuel Régnier, sous-diacre, mort le 23 mai 1766.

N° 55 F. Antoine Pilon, convers, mort de pourpre, le 12 septembre 1711, âgé de 30 ans.

N° 56 F. Jacques Mars, convers, le 14 mars 1764.

N° 57 Pierre Legrand, commis, mort le 26 décembre 1743, âgé de 58 ans.

N° 58 Michel Mallet, commis, mort le 17 décembre 1742, âgé de 41 ans.

N° 59 Jean Racine, portier, mort de pleurésie en mai 1746.

N° 60 Homo Cuisinier, mort le 8 mars 1748.

N° 61 Pierre Vaquet, mort le 14 avril 1764.

N° 62 Denis Brule de Prasier, mort le 23 janvier 1753 (3).

Ne pourrions-nous pas ajouter aux noms des religieux de Saint-Riquier, les suivants : Pierre-François Buteux, de Saint-Riquier, qui fit profession à Jumièges, le 12 septembre 1625, à l'âge de 20 ans, et mourut à Saint-Germain en 1670 (4) :

D. Joseph Buteux, de Saint-Riquier, qui fit profession à Corbie en 1682 à l'âge de 20 ans et mourut à Saint-Valery, le 8 avril 1722 :

Les deux frères Hourdel, prêtres de la Mission :

D. Jacques Hourdel, qui fit profession en 1688 à Saint-Faron à l'âge de 22 ans (5):

Frère Jean Toulouse, religieux Augustin, originaire de Saint-Riquier (1580):

Frère Garbados, religieux dominicain (1628).

Combien de noms de cette courte nomenclature de moines pendant sept siècles

---

(1) D. Chevillard était de Paris.

(2) D. Thomas Boucher. Une lettre adressée à D. Mabillon sur des tombes découvertes à S. R. au IX° siècle porte le nom de D. Boucher. Est-ce lui dont il est ici parlé ?

(3) Nous empruntons à D. Cotron la remarque suivante sur les sépultures des moines avant la reconstruction des cloîtres. « Dans les temps antérieurs, les abbés, les prieurs, les dignitaires et plus tard tous les moines furent inhumés dans l'intérieur de la basilique, par respect pour le caractère sacerdotal.

« On ne voit que quatre pierres sépulcrales dans le cloître, dont deux sont près du chapitre. Sur l'une d'elles on voit l'effigie d'une femme qui porte une couronne. L'autre a été tellement usée par les passants qu'on ne distingue plus rien. Les deux autres sont voisines de la porte du monastère. » *Chron. Lib .XI. Cap. IX.*

(4) Il est auteur d'une histoire manuscrite de l'Abbaye de Josaphat, qui est conservée à la bibliothèque de Chartres sous le n° 71. C'est à tort qu'on indique sa mort en 1652. Il vécut jusqu'en 1670.

Rien ne s'oppose donc à ce que la date 1668 donnée à ce manuscrit soit une preuve que c'est bien l'original et non une copie.

(5) Probablement de la même famille que les prêtres de la Mission.

appartiennent à la ville de Saint-Riquier ou aux familles des feudataires du monastère ? Nous ne saurions le dire. Mais au nombre de prêtres séculiers que la ville a produits, nous pouvons conjecturer que les cloîtres ont aussi abrité bien des transfuges du siècle et que les vertus des religieux ont enfanté des vocations dans la longue suite des générations qui ont été témoins de grands exemples d'abnégation et de prières continuelles.

CHAPITRE IX.

JEAN HOURDEL DE SAINT-RIQUIER, PRÊTRE DE LA MISSION.
APPENDICE AU LIVRE DE L'ÉGLISE ET DU MONASTÈRE.

La famille Hourdel était venue s'établir à Saint-Riquier où ses alliances l'avaient honorablement posée. Michel Hourdel, père de notre missionnaire, y remplissait des fonctions importantes, et l'austérité de ses mœurs nous laisse entrevoir une alliance étroite entre l'esprit du christianisme et la probité du magistrat. Chef d'une famille bénie du Ciel, il eut sept ou huit enfants. Deux de ses fils embrassèrent la vie religieuse et un troisième, après la mort de son épouse, essaya du noviciat de la même vie, comme frère convers. Les besoins de ses jeunes enfants, lorsqu'il sentit que l'appui de ses grands parents leur ferait défaut, l'empêchèrent seuls de suivre les inspirations de sa piété. Une de ses filles se consacra au service des pauvres malades dans l'Hôtel-Dieu de Saint-Riquier. Un autre de ses fils s'allia à la famille Dargnies d'Abbeville, qui donnait des chanoines et des vicaires-généraux au diocèse d'Amiens, au xviie et au xviiie siècle. Enfin un prince allemand, exilé en Ponthieu par suite d'un duel, ne crut point se déshonorer en choisissant pour compagne de sa vie une des petites filles de Michel Hourdel (1).

Après cette première donnée sur la famille Hourdel, nous laissons la parole à l'auteur de la biographie de Jean Hourdel. Humble copiste de ces pages embaumées d'un parfum de piété du xviie siècle, nous ne chercherons point à les défigurer. Il nous suffira de faire quelques liaisons dans les extraits que nous en donnons, en regrettant de

---

(1) Voir dans ce volume, page 306.

ne pouvoir citer des lettres, dans lesquelles brille la flamme de foi dont fut prématurément consumé le cœur de ce fervent missionnaire.

« Jean Hourdel étoit natif de Saint-Riquier, diocèse d'Amiens. Monsieur son père, bailly dudit lieu et conseiller du roi, s'appeloit Michel Hourdel et sa mère damoiselle Sallé. Il fut baptisé le 5 juin 1655. Dès son enfance il fut extrêmement enclin à la vertu, comme on peut le voir par deux lettres que M. Louis Hourdel son frère en a écrites, datées des 15 et 28 novembre 1694. »

« J'ai appris avec bien de la tristesse le décès de mon frère, supérieur à Richelieu. Mais comme c'est un frère avec lequel j'ai été élevé dans ma jeunesse et pour lequel j'avois toute l'estime, le respect et l'amour que l'on peut avoir pour un tel frère, et qu'il ne me reste de lui que quelques lettres qu'il m'a écrites pendant dix-huit années qu'il a été dans la mission, je souhaite avoir un recueil des plus belles actions qu'il a faites depuis ledit temps, sa manière de vivre et les vertus qu'il a le plus exercées. Je vous prie, M. T. C. F. de ne pas me refuser cette consolation pour l'édification de ma famille ; parce que je crois que, s'il a été incomparable dans sa jeunesse, Notre Seigneur lui aura continué sa grâce pour faire de plus belles actions. Mais comme peut-être quelques personnes de sa connoissance désireront savoir quelque chose de sa jeunesse, et que l'on ne peut avoir un témoin plus mémorable de ses actions que moi, puisque j'ai été nourri avec lui pendant sa jeunesse, je dirai donc à sa louange et à sa mémoire que c'étoit un enfant sans aucune malice, dans une grande simplicité, détaché entièrement de toutes choses et des maximes du monde. Il étoit toujours dans une grande modestie et dans la solitude. C'étoit à lui une peine de prendre quelque récréation. Il passoit presque les nuits en prières, se levant quelques heures après être couché. Mais comme je m'en étois plaint à ma mère, parce qu'il m'interrompoit dans mon repos, il me fit de grands reproches amiablement ; ce qui fut cause que je ne dis plus rien. Il pria cependant ma mère de lui permettre d'avoir une chambre seul, pour mieux s'adonner à l'oraison ».

« Quoique mon père ait été toujours un juge équitable, mon frère ne laissait pas de vouloir être toujours en son étude pour le presser de rendre la justice sans retardement et j'admirois que mon père prenoit bien souvent son conseil dans de certaines affaires. Il parloit comme un oracle. C'étoit comme un autre Joseph envers Jacob. C'étoit lui qui donnoit toujours des conseils à mondit père, à ma mère, à mes frères et à mes sœurs pour vivre chrétiennement. Il falloit que tout allât d'ordre chez nous et que l'on ne vît aucune apparence de mal. Enfin je puis dire que jamais je n'ai vu un tel prédicateur qui m'eût donné de si bons sentiments ».

« En l'année 1667, — il pouvoit avoir douze ans, — mon frère aîné, procureur du roi au bailliage de Crécy, eut une jambe cassée ; ce qui l'empêcha d'aller à l'audience. Il se chargea de ses causes et plaida pour mon frère ; et plusieurs vieillards m'ont dit que c'étoit une chose étonnante de voir un petit garçon plaider contre de vieux procureurs.

Un peu plus avancé en âge il entendit un sermon d'un jacobin d'Abbeville, au sortir duquel il entra dans sa chambre et écrivit ce sermon mot à mot ».

« De toutes les vertus qui paroissoient en lui en ce bas âge, l'amour de la chasteté étoit la principale. Il ne regardoit jamais aucune personne du sexe, pas même mes sœurs qui vivoient comme des religieuses. Allant consoler une de mes sœurs religieuse sur la mort de notre cher frère, elle me dit qu'elle n'avoit jamais remarqué en lui aucune faute et qu'elle étoit assurée qu'il avoit conservé son innocence baptismale ».

« Voici un autre témoignage de M. François Hourdel prêtre de notre congrégation, le plus jeune des frères de notre cher défunt qui a été aussi élevé avec lui. On l'a vu dès sa jeunesse retiré du libertinage, porté à la dévotion et encourageant ses compagnons. Il aimoit à parler de Dieu; il fréquentoit très souvent les sacrements et obéissoit ponctuellement à ses parents. Il se prosternoit souvent aux pieds de mon père et de ma mère pour leur demander pardon, même devant mes sœurs. Je me souviens qu'après qu'il étoit couché il se levoit sans s'habiller et prioit Dieu bien longtemps ».

« A l'âge de 15 ans, il fut envoyé à Paris par son père chez une personne de qualité, pour lui faire voir un peu le monde, parce qu'il étoit dans une grande simplicité, sans attache. Mais il n'y fut pas longtemps ; parce que, disoit-il à son retour, il y avoit vu bien du désordre et il ajoutoit qu'il étoit bien difficile de faire son salut à Paris, et de fait il n'a jamais conseillé à personne des nôtres d'y aller pour demeurer chez un grand seigneur. A son retour de Paris on le fit étudier chez les Bénédictins de Saint-Riquier. Dans cette abbaye, le P. Georges, maître des novices, eut tant d'amitié pour lui qu'il le prit sous sa conduite, et je crois que ce fut par son moyen qu'il entreprit d'être bénédictin en 1672. Il fut mené en l'abbaye de Saint-Faron de Meaux, pour entrer au noviciat des Bénédictins, par mon frère de Saint-Riquier, auquel il disoit en chemin qu'il ne se sentoit pas appelé pour travailler à sa perfection seule, mais qu'il auroit souhaité d'être prédicateur et confesseur, pour travailler au salut du prochain. Il fut renvoyé de cette abbaye de Saint-Faron après quelques mois, parce que, disoit-on, il étoit trop scrupuleux et qu'il ne pouvoit pas vivre d'une vie aussi austère. Il retourna à la maison paternelle environ huit jours devant la mort de ma mère, où il fit des merveilles pour l'exhorter à bien mourir. Il n'y avoit ni curé, ni vicaire qui fît mieux son affaire. Il fut ensuite à Paris pour faire sa philosophie où il eut un peu de peine, parce que mon frère fort âgé ne vouloit pas le faire étudier, tant pour avoir la consolation de le voir auprès de lui qu'à cause de deux de mes frères plus âgés qui avoient fait leurs études et n'avoient pas voulu continuer. Il paroit aussi que M. Gillot le prit avec lui pour écrire toutes ses lettres et dire son office. On lui donna un canonicat à Amiens qui lui fut contesté. Il n'y avoit pourtant aucune difficulté ; mais pour éviter procès il l'abandonna pour une petite chapelle qu'il a toujours possédée ».

« Monsieur Gillot, docteur de Sorbonne, avoit un petit collège de jeunes clercs qu'il faisoit étudier. Ce n'est pas sans une grande difficulté que Jean Hourdel y fut admis, mais comme il le vit un sujet de bonne espérance, il lui donna moyen d'achever sa philosophie. C'est aussi sur le conseil de M. Gillot que ce jeune homme prévenu de tant de grâces demanda son admission dans la Congrégation de la Mission ».

« Allez, mon enfant, lui dit M. Gillot, Dieu vous demande à Saint-Lazare ».

« Environ un an après qu'il y fut reçu, son père étant allé le voir, lui fit quelque reproche de ce qu'il l'avoit quitté ainsi. Il lui fut facile de prouver qu'il ne l'avoit fait qu'avec prudence et discrétion, et même après avoir consulté plusieurs fois le P. Julien Hermand, qui avoit été supérieur à Saint-Riquier et qui étoit pour lors à Saint-Germain-des-Prés à Paris, duquel il tira le certificat suivant: « Je connois depuis 6 ans
« en çà le sieur Hourdel, originaire de la ville de Saint-Riquier-en-Ponthieu, issu
« d'honnête famille, doué de bonnes mœurs et d'une vivacité d'esprit non commune
« qu'il a fait paroître, n'ayant commencé d'étudier la grammaire qu'à 15 ans, et avant
« 17 ans il étoit fort capable de la rhétorique. Je me souviens qu'en cet âge il me té-
« moigna un grand désir de se consacrer à Dieu et de s'employer aux exercices de la
« mission. Je lui repartis que la pensée étoit bonne et sainte, mais eu égard à son bas
« âge et à son peu d'étude et que pour lors il n'y avoit dans cette contrée de Picardie
« ni missions ni missionnaires, il y avoit à douter que cette vocation vînt du Ciel et
« qu'il falloit instamment recommander cette affaire à Dieu par prières et commu-
« nions dévotes. Quelque temps après, ne voyant aucun jour pour effectuer son pre-
« mier dessein, il postula pour entrer au noviciat des Bénédictins de la Congrégation
« de Saint-Maur, dans laquelle je le fis admettre, étant pour lors supérieur indigne du
« dit lieu de l'abbaye de Saint-Riquier. Dans son noviciat il fut presque continuelle-
« ment travaillé de certaines inquiétudes d'esprit, qui l'obligèrent à sortir. Depuis ce
« temps il a fait son cours de philosophie avec assez de succès. Et sentant revivre et
« fortifier de jour en jour dans son cœur les pensées de sa première vocation, comme
« il me l'a communiqué en divers entretiens qu'il a eus avec moi depuis six mois, je
« l'ai porté à se retirer vers Messieurs de Saint-Lazare et à leur déclarer ce pieux des-
« sein. C'est le témoignage qu'en tout cas je rends à la vérité. Ce 22 octobre 1675.
« Signé : F. Julien Hermand, humble souprieur de St-Germain ». Le lendemain 23 octobre il fut reçu avec bien de la joie au séminaire.

« Après son admission, dit son frère, il revint au pays sans rien dire de son dessein à personne, de crainte d'être détourné, sinon à sa sœur la religieuse et à moi qui le fus conduire à cheval. Et en me quittant, il me dit que peut-être nous ne nous reverrions plus. Il étoit dans une grande joie de son dessein. Je crois que les Bénédictins l'eussent voulu ravoir, ainsi qu'il me paroît par une lettre à lui écrite par un religieux.

« Nous n'avons rien de précis de la manière qu'il s'est comporté dans son séminaire. Voici seulement ce qu'un visiteur de notre Congrégation, qui était au séminaire de son temps, m'en a écrit. « Je me souviens, dit-il, confusément en gros, qu'il faisoit
« paroître sa dévotion dans les conversations qu'il passoit saintement, et dans les con-

« férences et répétitions, etc., où il parloit avec beaucoup d'onction. Il avoit déjà dès
« ce temps-là beaucoup de zèle pour son avancement spirituel et pour celui de ses
« frères. Nous remarquions beaucoup en lui la vertu de simplicité et on peut dire
« qu'il avoit les vertus qui composent l'esprit du séminaire, etc. ».

Parlant plus loin de sa foi, son biographe dit « qu'il étoit si récolligé à l'office divin qu'un de ses frères a assuré que l'étant venu voir avec son père dans le temps qu'on chantoit vêpres, et que lui étant dans la chapelle avec plusieurs clercs de Saint-Lazare, à cause des ordinands qui occupoient le chœur, il se mit à ses pieds et le considéra presque continuellement, à cause de la grande affection qu'il lui portoit, sans que jamais ce fervent séminariste levât les yeux pour le regarder, ne faisant pas même attention s'il y avoit quelqu'un auprès de lui, comme il le déclara à sondit frère, qui lui demandait s'il ne les avoit pas vus pendant les vêpres, il répondit simplement que non ».

« Comme le grand désir qu'avoit M. Hourdel d'avancer à pas de géant dans la voie de la perfection, joint à l'avidité insatiable qu'il avoit de gagner les âmes que son maître a rachetées de son précieux sang, lui avoit fait trouver le temps de son séminaire si court, ce même désir et ce même zèle le porta à faire avec une ferveur extraordinaire les vœux par lesquels il se consacroit avec une consolation ineffable au service de la Congrégation, en laquelle il trouvoit enfin la paix de son cœur et l'asservissement de ses désirs qu'il n'avoit pu trouver ailleurs. Son cœur n'étant pas capable de contenir lui seul une si grande joie, il en fit part à sa sœur religieuse en ces termes :

« Ma très chère sœur pour la parenté et plus que très chère en Jésus-Christ, enfin
« la grande grâce que je reçus de Dieu en ce temps et la grande joie que je conçois
« me fait secouer la négligence que j'ai eue jusqu'à présent de vous écrire, pour vous
« prier de rendre mille actions de grâces et de louanges à notre bon Dieu pour moi de
« ce bienfait, et vous inviter à vous en réjouir avec moi pour l'intérêt que vous prenez
« à mon bien. Cette grâce signalée est ma réception en la Congrégation de la Mission,
« que j'estime plus que tout ce que le Ciel et la Terre me peuvent donner après la
« grâce de Dieu. C'est une vocation qui me donne toutes les occasions et les moyens
« d'imiter Notre-Seigneur en sa vie mortelle. Ainsi ne vous étonnez pas si je l'estime
« tant, puisque l'honneur d'imiter le divin Sauveur causeroit de la jalousie même
« aux anges, s'ils en étoient capables. Cette Congrégation a pour but principal de pro-
« curer le salut des pauvres gens de la campagne et de tous ceux qui sont délaissés,
« par les missions, les prédications, catéchismes, confessions, etc., et faisant tout cela
« sans rétribution. Et aussi c'est à présent que je vous puis bien appeler en toutes
« les manières ma très chère sœur, puisque toute notre vocation est toute conforme
« et que pendant que vous pouvez travailler à guérir les corps des pauvres, nous fai-
« sons tout ce que nous pouvons pour procurer la vraie guérison de leurs âmes...
« Quelle indicible consolation d'être dédiés à servir ceux en qui Jésus-Christ fait telle-
« ment sa demeure qu'il tient fait à soi ce que nous faisons pour leur amour !... Je vas

« à présent m'appliquer aux études. Priez Dieu que je réussisse, si c'est son bon plai-
« sir... ».

« M. Hourdel avoit eu la consolation de faire ses vœux le 24 octobre 1677. Il fut ensuite appliqué à l'étude de la théologie scolastique et morale, et en moins de deux ans il fit tant de progrès qu'il étoit capable de l'enseigner. C'est pourquoi on l'avança dans les ordres sacrés et on lui fit recevoir la prêtrise à l'ordination de septembre 1679 ; et il dit sa première messe le jour de saint Michel auquel il étoit très dévot, en sorte que dans la suite il a procuré que la chapelle de la maison de Montmirail fût dédiée sous l'invocation de ce grand saint ».

« Après la retraite de la même année 1679, il fut destiné pour travailler aux missions, et on l'envoya en la maison de Crécy-en-Brie, où il demeura environ un an. On le fit revenir ensuite à Saint-Lazare, où il fit sa retraite spirituelle, à la fin de septembre 1680, et après il fut envoyé en la maison du Mans pour être employé et au séminaire et aux missions, et il y demeura jusqu'à la fin du mois d'août 1683, qu'il fut envoyé en la maison de Luçon pour les missions, auxquelles il travailla jusqu'au mois d'octobre 1685, qu'il vint à Angers, où les prêtres de la mission n'avoient point d'autre emploi que les missions ; il travailla dans ce grand diocèse jusqu'au mois de décembre 1689 que M. Jolly le rappela à Saint-Lazare, où il arriva le 29 du même mois et y fut appliqué au travail des missions jusqu'au 4 octobre 1690, qu'on l'envoya supérieur en la maison de Montmirail, malgré toutes les répugnances qu'il ressentoit pour être mis en office, aimant mieux être inférieur que supérieur. Et comme il fut constitué en peu, la maison étant petite, s'étant bien acquitté de ce premier office, on le constitua sur beaucoup, ayant été fait trois ans après supérieur de la maison de Richelieu, l'une des plus considérables de la Congrégation, où Dieu a couronné ses glorieux travaux par une mort précieuse, au bout de 7 ou 8 mois de séjour en cette ville, où s'il eut vécu, il eût été fait visiteur de la province de Poitou. En tous les lieux et en tous les emplois, il a été un prêtre d'un grand travail et qui ne s'épargnoit aucunement, parce qu'il étoit animé d'un très grand zèle et d'une fervente mortification intérieure et extérieure et de toutes les autres vertus qui font un homme vraiment apostolique, comme on le va voir dans la suite de cet abrégé de sa vie et de ses vertus. »

Nous ne suivrons pas le biographe dans l'examen qu'il fait des vertus de son héros, de sa foi, de sa confiance en Dieu, de sa charité, de sa dévotion, de son zèle. Nous détacherons seulement quelques épis de cette gerbe spirituelle, c'est-à-dire quelques traits propres à faire encore mieux ressortir son zèle apostolique et les industries de sa charité.

« Un frère plus jeune que lui l'ayant suivi dans la Congrégation de la Mission en 1682, il lui écrivit plusieurs lettres pour l'encourager dans sa vocation : il lui parlait ainsi des vertus de sa sainte vocation : « Un missionnaire doit avoir tant et de si fortes
« vertus que les deux ans du séminaire destinés à les acquérir doivent lui sembler

CHAPITRE IX. — JEAN HOURDEL DE SAINT-RIQUIER, PRÊTRE DE LA MISSION. 449

« courts et ils le sont en effet. Un missionnaire doit être enraciné dans la crainte de
« Dieu, dans l'horreur du péché, dans la défiance de soi-même, comme les rochers de
« la mer dans les entrailles de la terre ; autrement il n'échappera jamais de faire nau-
« frage par quelque chute funeste dans le péché, au milieu des tempêtes et des tourbil-
« lons où il est souvent exposé. Un missionnaire doit avoir un respect si profond pour
« la majesté de Dieu qu'il soit en état de former durant toute sa vie des ecclésiastiques
« qui l'adorent en esprit et en vérité ; il doit avoir un amour si ardent pour Dieu et le
« prochain qu'il doit employer toute sa vie à anéantir le péché, sauver le prochain et
« glorifier Dieu sans en être jamais empêché, ni par les dégoûts, ni par les humilia-
« tions, ni par les travaux, ni par les défauts de ceux avec qui on travaille, ni par la
« rusticité, malice ou ignorance de ceux avec qui il est occupé ».

« Nous fumes envoyés, dit un compagnon de ses travaux, dans un lieu plein de ca-
« tholiques, qui depuis deux ans s'étoient quasi tous pervertis. Il prit dans cette mission
« une peine que je ne puis exprimer, pour tâcher de ramener à l'Eglise ces pauvres
« dévoyés. Il marchoit nuit et jour pour les visiter. Il y avoit dans ce lieu deux églises.
« Celle où étoient les pervertis étoit éloignée d'une demi-lieue de celle où nous faisions
« actuellement mission. Mais ce zélé missionnaire alloit, que dis-je, il couroit tous les
« jours plusieurs fois dans ce lieu, pour tâcher de convertir quelqu'un de ces pauvres
« gens. Il a même visité deux ou trois paroisses dans lesquelles l'esprit de l'hérésie se
« glissoit, et je l'ai vu partir, un dimanche de grand matin, faire à pied deux à trois
« grandes lieues pour en ramener quelqu'un au giron de l'église. Il a tant fait par ses
« soins que plusieurs se sont convertis et ont fait un serment solennel de ne plus fré-
« quenter les hérétiques ».

« Son amour envers Dieu a surpassé toutes ses autres vertus et il paraissoit non-
seulement dans une tendresse et une délicatesse de conscience, telle qu'elle le poussoit
à se confesser presque tous les jours avec beaucoup de préparation, mais encore dans
le zèle très ardent qu'il avoit du salut des âmes. Ce fut le désir de gagner des âmes à
Dieu qui lui fit demander d'être envoyé en Barbarie après la mort de M. Montmasson,
sans s'étonner des tourments effroyables que les infidèles lui avoient fait souffrir et cela
pour l'assistance de pauvres esclaves chrétiens. On peut dire que c'est ce grand zèle
qui l'a dévoré. C'est lui qui l'empêchoit de dormir et qui le rendoit inquiet sur l'assistance des malades de la paroisse de Richelieu. C'est le zèle qui souvent et pour l'ordinaire le faisoit lever la nuit, quand on sonnoit à la porte, afin d'être le premier à courir aux malades, craignant que par la lenteur du portier il arrivât que quelque malade
mourût sans sacrements ».

« Ce qui occupoit le plus Jean Hourdel, c'étoient les pauvres les plus abandonnés.
Dans l'extrémité de la misère où étoient réduits les pauvres étrangers qui se réfugioient
à Richelieu, il avoit coutume de les porter à se venir confesser à la maison ; quand il
en trouvoit dans la rue qui étoient défaits ou malades ; il leur procuroit quelque au-

mône corporelle, sans qu'elle parût venir de lui. Il en a confessé plusieurs fois sous la halle, à la vue de tout le peuple qui s'édifioit fort de la manière tendre et amoureuse avec laquelle il le faisoit. Mais rien n'a tant fait éclater son zèle et sa charité que le soin qu'il a pris d'une pauvre fille obsédée et qui ne respiroit rien ou presque rien de l'esprit ni presque de la figure de l'homme. Elle faisoit une plainte continuelle de jour et de nuit, mais si lamentable et si forte que tout le monde en étoit touché. Elle ne l'interrompoit que pour dire des injures et demander ses besoins qui étoient grands, étant toute pourrie, aussi bien que la paille sur laquelle elle étoit. Elle fut de cette sorte tout l'hiver ; mais le zèle de notre pasteur charitable excita d'honnêtes femmes à en prendre un peu plus de soin, et lui-même fit tant par son application et par le moyen des exorcismes et des prières de l'Eglise, qu'elle revint à soi ; elle ne proféra plus d'injures ni de paroles fâcheuses et reçut enfin tous les sacrements et écouta toujours les avis de salut qu'elle avoit jusqu'alors rejetés ».

« Sa charité pour les pauvres étoit grande. Quoique nous fissions en cette maison des aumônes assez considérables selon nos moyens, il étoit néanmoins dans de continuelles inquiétudes qu'on ne manquât en cela à la charité. Il en écrivit à M. Jolly, notre très honoré père, et n'eut pas de repos que le visiteur à qui je le remis n'eût déterminé ce qu'il falloit donner, et lui-même au bout de l'an voulut voir si la somme marquée pour les pauvres y avoit été exactement employée. Il a écrit plusieurs fois à M. Dupuich, son prédécesseur en la cure de Richelieu, pendant l'année que le blé étoit si cher qu'il valoit 50 ou 60 fr. le setier, — ce qui mettoit les pauvres dans une disette extrême de pain, — à ce qu'il demandât à notre très honoré père M. Jolly la permission de vendre l'argenterie de l'église de Richelieu pour assister les pauvres de la ville et les empêcher de mourir de faim, tant il avoit de compassion pour les nécessiteux ».

L'éloge du zèle de notre saint prêtre se trouve dans tous les mémoires adressés à son biographe. En voici un qui nous apprend qu'il agissait avec une grande prudence ; malgré la vivacité de son zèle, « quand il préchoit, il disoit des choses solides et qui
« touchoient, quoiqu'il le fît d'une manière simple. J'ai vu plusieurs fois ses auditeurs
« fondre en larmes ; il confessoit avec tant d'exactitude qu'on pouvoit bien dire, quand
« une personne étoit passée par ses mains, qu'elle étoit en sûreté. J'ai remarqué sur-
« tout qu'il aimoit à confesser les pauvres et j'ai remarqué aussi plus de six fois qu'en
« ayant refusé quelques-uns, parce que le temps ne lui permettoit pas de les entendre,
« cela lui donnoit de l'inquiétude ; il n'avoit pas de repos qu'il ne les eût envoyé cher-
« cher pour les confesser. Je crois que vous savez qu'il a composé un livre sur le zèle
« chrétien : il est digne d'être mis en lumière, et ceux qui le liront connoîtront de quel
« zèle son auteur était animé ».

Le biographe remarque ailleurs que ce traité n'a point été terminé ; il contenait cinq parties ou cinq livres. La mort l'a empêché d'écrire les deux derniers. L'ouvrage embrassait un vaste cadre : 1° Des motifs du zèle ; 2° Des personnes qui devaient s'y employer et des choses qu'elles devaient faire ; 3° Des choses qui devaient servir de matière au zèle ; 4° Des vertus et des exercices que doivent pratiquer ceux qui sont obligés de travailler au salut des âmes et des vices qu'ils doivent éviter ; 5° Des fonctions ecclésiastiques dans lesquelles on peut déployer son zèle.

Le biographe termine son récit par ces pieuses réflexions. « Jean Hourdel étoit un homme uni à Dieu, duquel il avoit à cœur les intérêts comme une chaste épouse a à cœur ceux de son époux, qui ne vouloit vivre que pour lui et en lui. Sa volonté le portoit avec une douce et secrète violence à le servir, à lui obéir, à se conformer à ses volontés, à s'efforcer de lui plaire en toutes choses, à n'avoir d'autre joie que son contentement, à être prêt à donner sa vie pour cet objet de son unique amour qui le desséchoit de douleur à la vue des offenses de Dieu et des prévarications des pécheurs. On lui peut attribuer ces paroles, dites en la personne de son divin maître et Sauveur, qu'il avoit toujours en vue pour l'imiter parfaitement : LE ZÈLE DE VOTRE MAISON M'A DÉVORÉ.

« Oh ! l'heureuse fin que d'être ainsi consumé en holocauste par un feu dévorant du saint zèle, comme l'a été ce serviteur de Dieu et de l'Eglise auxquels il étoit pour rendre de si grands services ! Mais la divine majesté s'est contenté de sa bonne volonté et a fait *qu'en peu de jours ou d'années il a vécu et rempli beaucoup de temps* ».

« M. Hourdel mourut ayant 39 ans, le 15 juin 1694. Quand on fit son enterrement dans l'église de Richelieu, presque toute la ville y assista, regrettant la mort d'un prêtre qui avoit en peu de temps gagné les cœurs de ses paroissiens par sa charité envers les pauvres et par la sainteté de vie qu'ils remarquoient en lui. Les officiers de justice, tant de l'élection que du duché, assistoient par honneur à ses funérailles, en **robe de palais** ».

« Pour conclusion voici la lettre que M. Jolly, supérieur de la Congrégation de la Mission, écrivit à M. Hourdel, procureur du Roy à Crécy, frère du saint missionnaire. »

De Paris, ce 22 Juin 1694.

« Monsieur,

« Vous me fîtes l'honneur de venir céans il y a trois semaines ou un mois. Vous me demandâtes des nouvelles de messieurs vos frères et je vous répondis qu'ils se portoient bien, comme c'étoit la vérité ; mais les choses ont bien changé ; car fort peu de temps après, M. Jean Hourdel qui étoit supérieur en notre maison de Richelieu tomba malade, et il a plu à Dieu de nous le retirer le 15 de ce mois.

« Nous avons fait en sa personne une très grande perte, car c'étoit un excellent sujet, fort vertueux et plein de zèle. Il est regretté universellement de tous ceux qui l'ont connu ; mais c'est nous qui sentons singulièrement sa perte. Je suis assuré que vous la ressentirez aussi beaucoup, parce que vous l'aimiez et il vous honoroit. Il faut maintenant que vous et nous, Monsieur, adorions la conduite de Dieu et nous nous y soumettions agréablement. Il nous l'avoit donné, il nous l'a ôté ; son saint nom soit béni ! Il lui seroit inutile que nous nous affligeassions de sa mort qui a été précieuse devant Dieu. Nous le recommanderons à sa divine majesté et la supplierons qu'il nous le veuille remplacer, ce qui ne nous seroit pas bien aisé, car c'étoit, comme j'ai dit, un homme de vertu et de mérite. Aidez-nous en ceci, s'il vous plaît, par vos prières et continuez-nous l'honneur de votre amitié.

« Je suis avec beaucoup de respect, Monsieur, etc. (1) ».

(1) *Extrait des Archives de Saint-Lazare-lès-Paris*, ce 29 septembre 1696.

LIVRE XV.

DES SEIGNEURIES ET DES DOMAINES DU MONASTÈRE DE SAINT-RIQUIER.

La chronique d'un monastère touche à tant de questions d'histoire, de droit, de coutumes locales, que nous croyons utile de donner ici quelques notions générales sur les possessions des monastères et d'en faire l'application au gouvernement de cette petite seigneurie, placée dans les derniers rangs de la hiérarchie féodale. Les mœurs des temps historiques que nous avons parcourus sont toutes différentes des nôtres. Le système de centralisation dont nous jouissons fut complètement inconnu à nos ancêtres. Notre mécanisme social si uniforme et, par une conséquence toute nécessaire, destructeur de toute liberté, ne peut nullement nous initier à la science des coutumes du moyen-âge.

Nous allons traiter dans ce livre : 1° de la nature, de l'origine, de la destination des biens monastiques ; 2° de la législation féodale appliquée aux biens monastiques ; 3° des revenus et des charges du monastère ; 4° puis faire l'énumération des domaines relevant du monastère.

CHAPITRE I.

DE LA NATURE, DE L'ORIGINE, DE LA DESTINATION DES BIENS MONASTIQUES.

La première espèce de biens que possède un couvent c'est la dotation des fondateurs. Partout où la piété a voulu établir une réunion d'hommes voués à la prière, l'église est intervenue avec les canons de ses conciles et a demandé une dotation suffisante pour le culte divin et l'entretien des moines. On devait prévoir les dépenses nécessaires pour le nombre des serviteurs de Dieu qu'on voulait admettre dans l'asile sacré. Quand on recevait de nouvelles offrandes, on s'engageait à augmenter le nombre des moines. La charité envers les pauvres avait toujours sa part éventuelle et d'autant plus abondante que les ressources étaient plus accrues. Plus tard des ordres religieux professèrent sous le nom d'Ordres Mendiants le dépouillement absolu et renoncèrent à toute possession ; mais, à l'origine de l'état monastique, ce genre de vie n'eût pas été permis, soit que les conciles eussent craint pour la perpétuité de l'œuvre, soit qu'on n'eût point voulu essayer de la vie nomade dans le monde, à une époque où la société chrétienne n'était pas encore assez fermement constituée.

On voit dans les chartes que des biens sont concédés aux monastères et aux églises en *Aumônes : Eleemosynæ*. On appelle ainsi des domaines et des revenus donnés avec charge de prières pour l'âme du donateur, pour tous ses parents vivants et trépassés (1).

Ce que les Abbés acceptent sous le nom d'*Aumône* est consacré à Dieu perpétuellement, exempt de l'hommage, des charges et redevances du fief. Ravir l'aumône, c'est s'attaquer à Dieu lui-même et charger sa conscience d'un vol sacrilège. Les Juges ecclésiastiques, même quand l'Etat fît invasion dans ces questions, étaient seuls appelés à se prononcer sur les litiges des biens donnés en aumône.

Les fidèles, afin de s'assurer des prières, ont souvent disposé dans leur testament en faveur des monastères. Qui pourrait s'élever contre cette sollicitude des mourants pour leurs intérêts spirituels et faire un crime aux moines de ces pieuses libéralités, auxquelles on attachait souvent des charges perpétuelles et dont les revenus finissaient par s'amoindrir au milieu du mouvement continuel des choses humaines !

Enfin les moines ont joui des offrandes, des autels et des dîmes ecclésiastiques ; mais ces revenus souvent chargés de redevances onéreuses n'augmentant pas le domaine des couvents, ne pourraient être incriminés que par ceux qui cherchent à saper la religion et à dépouiller ses ministres.

On a accusé les moines de cupidité ; on a dit qu'ils avaient accaparé les biens des fidèles et fondu leurs héritages dans leurs immenses domaines. Qu'on se rassure : l'Église ne permettait pas qu'on dépouillât la veuve et l'orphelin, elle prenait sous sa protection leurs possessions et les défendait contre tout envahissement. Ecoutons les évêques de France au concile de Tours en 813.

« On impute à quelques-uns de nos frères de céder à des désirs d'avarice, de porter des personnes à renoncer au siècle, afin qu'elles donnent leurs biens à l'Église. Qu'on sache, au contraire, que l'Eglise, loin de spolier les fidèles, se croit obligée, comme une bonne mère, de nourrir les pauvres, les infirmes, les orphelins et les veuves, parce que les biens ecclésiastiques sont la rançon des péchés, le patrimoine des pauvres, la solde des clercs qui vivent en communauté. Les évêques ne doivent pas s'en servir comme de leurs biens propres, mais comme de biens dont l'administration leur est confiée. Nous

---

(1) *Glossaire de Du Cange*, au mot *Eleemosyna*

déclarons qu'on mettrait en pénitence ceux qui auraient extorqué pour l'Église les donations des personnes qu'ils auraient engagées à se consacrer à Dieu, et que ces biens seront rendus à leurs héritiers (1). »

« Nous avons examiné avec soin, sur la demande de notre sérénissime Empereur, si parmi les fidèles qui se disent déshérités, quelqu'un pouvait se plaindre justement que son père, sa mère ou son frère ou quelqu'un de ses proches l'eût privé de ses biens par une donation à l'Église ou si des précaires avaient été reçues en leur nom par les pasteurs de l'Eglise. Nous n'avons reçu aucune réclamation. Il est rare qu'un fidèle fasse une donation à l'Église, sans recevoir en précaire des biens de l'Église, autant qu'il a donné et même le double et le triple. Il est convenu qu'après sa mort ses enfants et ses parents jouiront du même droit. Tels sont nos usages et telle notre conduite. Nous avons même décidé d'offrir à des héritiers de rentrer dans les possessions des domaines donnés par leurs parents, bien qu'ils soient dépossédés actuellement par la loi. Nous avons aussi recommandé aux pasteurs de ne recevoir en bénéfice que ce qui suffira pour l'entretien de la vie (2). »

Ce texte nous prouve le désintéressement de l'Église ; on ne cherchait que le nécessaire. Les annales monastiques sont remplies de traits semblables. Après avoir renoncé aux biens du monde par un acte de foi héroïque, comment les religieux pouvaient-ils s'attacher à enrichir leur communauté? Les Abbés ignoraient-ils que le luxe des dépenses introduit le relâchement, et que l'abondance des biens de la vie énerve la discipline ? Chose étonnante ! aussitôt que la tribu sainte se fait accuser de relâchement au service de Dieu, la piété des fidèles cesse de se dépouiller en faveur des religieux indignes de leur vocation, incapables d'intercéder pour le peuple chrétien ; mais aussitôt que la régularité revit et que les vertus monastiques brillent d'un nouvel éclat, les donations affluent, tant il est vrai qu'un instinct supérieur à toutes les vues d'intérêt conduit le peuple chrétien dans la distribution de ses aumônes et la dotation des monastères.

Rien de plus touchant que les actes d'offrande de certains princes aux monastères. On sent dans leur langage tout ce que la foi et la pénitence peuvent enfanter de prodiges. Hugues de Troyes fait aux églises de grandes donations pour les raisons exprimées dans sa charte. « Au nom de la sainte et indivisible Trinité. Après avoir éprouvé de grandes « souffrances à la suite de blessures graves, je désespérais de ma guérison et n'attendais

---

(1) Le P. Labbe, *Sacro-sancta Concilia*. Tome VII. *Concile de Tours* (813).

(2) Le P. Labbe. *Ibid.*

Ajoutons ici avec Thomassin que les saints de cette époque regardaient l'accroissement des biens temporels, non comme un sujet de joie, mais de crainte religieuse et même de peine et de tristesse. Walafrid Strabon, Abbé de Fulde, pose en principe qu'aucune offrande faite aux églises et aux monastères ne devait être reçue, si elle ne provenait pas de personnes qui obéissent aux préceptes de J.-C. avec un cœur pur.

Nous ne devons pas omettre une autre remarque; c'est que dans les temps de grande munificence envers l'église, l'histoire n'accuse point de misères parmi le peuple, d'apres ce proverbe, que donner pour Dieu n'appauvrit jamais un homme.

« jue la mort. Cependant Dieu m'a rendu la santé. Considérant que j'ai offensé la bonté
« de mon Dieu en tant de manières et que j'ai justement mérité ce châtiment pour mes
« péchés, considérant encore que j'en ai mérité de plus grands, j'ai résolu après ce bien-
« fait de témoigner ma reconnaissance par des aumônes aux Eglises du Seigneur (1). »

Les guerriers de Charlemagne, en demandant que les évêques fussent exemptés d'aller à la guerre, s'exprimaient en ces termes : « Ce n'est pas que nous voulons sous ce prétexte envahir les biens de l'Eglise, nous souhaiterions plutôt de les augmenter ; nous savons que ce sont des biens sacrés, les oblations des fidèles et la rançon des péchés. En effet, quiconque de nous donne ses biens à l'Église, c'est à Dieu qu'il les donne. Mettant son écrit sur l'autel et le tenant à la main, il dit aux prêtres et aux supérieurs du lieu saint : « j'offre et je consacre à Dieu les biens marqués en cet écrit
« pour la rémission de mes péchés, ceux de mes ancêtres, de mes enfants, pour être
« employés au service de Dieu, à la célébration de l'office divin, à l'entretien du luminaire, à la nourriture des pauvres et des clercs. » Si quelqu'un, ce qu'à Dieu ne plaise, enlève ces biens, il sera coupable d'un sacrilège dont il rendra un compte rigoureux au tribunal de Dieu. Nous déclarons donc que si quelqu'un s'empare des biens de l'Eglise, les demande au roi ou les retient sans le consentement de l'évêque, nous ne mangeons plus avec lui : nous n'irons avec lui ni à la guerre, ni à l'église, ni à la cour. Nous ne souffrirons pas que nos gens aient communication avec ses serviteurs, ni même que nos chevaux et nos troupeaux paissent avec les siens (2). »

Des malédictions étaient également portées contre les religieux et les prêtres qui auraient aliéné ces biens. « Nous demandons et supplions, au nom du Tout-Puissant, que cette terre ne soit ni vendue, ni donnée, ni aliénée de quelque manière que ce soit. Que celui qui se rendrait coupable de ce sacrilège soit maudit, que son séjour soit avec le démon de l'enfer où le feu ne s'éteint jamais, où le remords rongeur ne périt pas. »

Après avoir parcouru un grand nombre de chartes des âges de foi, après avoir lu cette formule sacrée : « Je donne pour le remède de mon âme pour le salut de mon âme, de
« l'âme de mes pères, enfants, frères et amis : je donne à perpétuité : je demande des
« prières à perpétuité ; » on comprend parfaitement cet axiome de la foi chrétienne, ce principe fondamental de la propriété ecclésiastique et monastique, « les biens de
« l'Eglise sont les oblations des fidèles, le prix des péchés, le patrimoine des pauvres (3). »

S'il est donc une possession sacrée pour la conscience d'un chrétien, c'est celle des biens des églises et des monastères. Que la propriété soit fondée sur un contrat de vente ou d'échange, ou bien sur un titre de donation, elle appartient à Dieu et à l'Eglise d'une manière inaliénable et à perpétuité : elle est destinée aux besoins spirituels et temporels des enfants de Dieu. Les Evêques, les Abbés, les prêtres n'en sont que les administra-

---

(1) *Les Ages de foi.* Page 117.
(2) Rohrbacher. *Histoire de l'Eglise.* Liv. LIV.
(3) *Res Ecclesiæ vota sunt fidelium, pretium peccatorum, patrimonium pauperum*, et ailleurs, *Redemptio animarum.*

teurs. Le vicaire de Jésus-Christ, entre les mains duquel repose la plénitude du pouvoir ecclésiastique, peut seul en transférer le domaine, dans l'intérêt de la société chrétienne. Au moment de la consécration à Dieu, et avant de recevoir l'investiture canonique, les Evêques et les Abbés jurent, en face des saints autels et en présence de l'assemblée des fidèles, de respecter la volonté des fondateurs (1) et de ne jamais souffrir qu'on dépouille les églises de leurs biens.

En faisant son offrande au monastère ou à l'église, le pieux fidèle rendait au Tout-Puissant un dépôt qu'il lui avait confié dans sa miséricorde (2). D'autres fois il rachetait ses péchés par l'aumône et c'est une autorité divine qui avait consacré ce mode de pénitence. Faut-il faire un crime aux souverains Pontifes, aux Conciles, aux directeurs des âmes, d'avoir imposé quelquefois des donations aux lieux saints, des dotations de monastères pour la réparation de graves injustices et l'expiation de péchés énormes contre Dieu et la société ? Est-ce que ces grands coupables n'avaient pas besoin d'être aidés dans leur pénitence et de se présenter au jugement de Dieu, sous la robe tutélaire de ses généreux et puissants serviteurs. En outre, qui n'admirerait point la puissance de la grâce divine dans le changement inopiné que la crainte des jugements de Dieu opère dans des âmes longtemps insensibles et rebelles? En transférant, dans une noble indignation contre lui-même, à des institutions qui sauront en sanctifier l'usage, des propriétés dont il ne s'était servi que pour entretenir en son âme les feux d'une criminelle concupiscence, un pécheur est-il donc si répréhensible aux yeux de la raison ? Ces terres ne seront plus aliénées par le caprice de la prodigalité, dilapidées par de folles dépenses, ni les serfs et les colons asservis à un joug cruel et impie. Quelle consolation de créer pour les pauvres un patrimoine et de leur ouvrir une source intarissable d'aumônes !

Les louanges, qu'on prodigue aux bienfaiteurs de nos hospices, ne sont-elles pas reversibles sur les fondateurs des monastères ?

Ce qui ajoutait à l'espérance du pardon, c'était l'obligation d'une prière perpétuelle imposée à la donation, d'où il suit que l'aumône aux monastères, aux églises, avait toute la force d'un contrat onéreux. Pour des grâces spirituelles on donnait des secours temporels. La parole de Dieu y était engagée. L'on avait la certitude de partager des trésors de bonnes œuvres, amassés par les oraisons, les austérités, les travaux

---

(1) Possessiones ad monasterium meum pertinentes non vendam, nec donabo, neque impignorabo, nec de novo infeudabo, nec aliquo modo alienabo, etiam cum consensu conventus monasterii, inconsulto Romano Pontifice. Et si ad aliquam alienationem devenero, pœnas in quadam super hoc edita Constitutione contentas eo ipso incurrere volo. *Pontif. Romanum. De Benedictione Abbatis.*

(2) Il arriva, dit le concile d'Aix-la-Chapelle (816), que pour guérir les langueurs de leurs âmes et exciter en eux les désirs de la céleste patrie, des fidèles embrasés d'amour pour J.-C. ont donné leurs biens à l'église dans le but de nourrir les soldats de J.-C., d'orner ses églises, de soulager les pauvres, de racheter les captifs. Mal user de ces biens, ou en disposer selon ses caprices c'est imiter les prêtres juifs qui trafiquaient du prix du sang de Jésus-Christ. — Le P. Labbe. *Ibid. Tome* VII, page 1390.

des serviteurs de Dieu se succédant de siècle en siècle et arrosant de leurs larmes et de leurs bénédictions ce sol purifié et sanctifié par le séjour des âmes pénitentes.

On a voulu contester aux monastères leur droit de propriété. On a dit que la nation pouvait, sous l'impulsion de nouvelles idées, reprendre un dépôt qu'elle avait remis entre les mains des moines. On sent, d'après tout ce que nous venons de dire, la frivolité de ce sophisme. Pendant dix-huit siècles on a donné à l'Eglise le droit de posséder aux mêmes titres que les particuliers. On a fait plus, on a consacré ce droit par l'amortissement. On a retiré, pour ainsi dire, du commerce toutes leurs propriétés, on les a rendues inaliénables. On sait, en effet, que la loi civile reconnaissait les corporations religieuses, sanctionnait les dotations et acquisitions, et, en faisant payer un droit d'impôt à l'Etat, leur assurait toute sa protection.

Ainsi la doctrine qui permet d'annuler les actes d'une volonté libre, de délier ce que l'Eglise a scellé de son sceau divin, est aussi moderne qu'elle est antichrétienne. Jusqu'à ces derniers temps la conscience catholique parlait aux peuples et personne ne se serait arrogé le droit de confisquer les biens au nom du haut domaine de l'Etat. Les grands rois, dont l'histoire a glorifié les noms, entendaient aliéner irrévocablement les parties de leur domaine, dont ils gratifiaient les églises ou dotaient les monastères.

Du reste, quand on étudie les titres des propriétés monastiques, et qu'on remonte à la création même de ces asiles inviolables de la prière, on constate que ces biens sont plus souvent des offrandes des particuliers que des fondations royales. Si jamais il eût été permis de résilier le contrat, de quel droit réclamer pour l'Etat des biens qui ne lui appartenaient pas? Quand on considère ensuite la quantité de terres incultes, stériles, converties en désert, qu'on a abandonnées aux moines comme au premier occupant et dont on consentait à légitimer la possession par acte authentique, serait-il convenable de leur disputer une propriété arrosée de leurs sueurs et fécondée par leur industrie ? (1)

L'inviolabilité, dont les lois ecclésisastiques couvrirent les biens consacrés à Dieu, fut encore marquée dans les communautés religieuses d'un caractère bien plus vénérable. Relisez la règle de saint Benoît ; vous verrez que tout ce qui appartient aux monastères est digne du respect qu'on rend aux vases sacrés. C'est ainsi qu'aux yeux des anciens moines les biens de la communauté étaient sanctifiés par leur consécration spéciale au seigneur. C'est le même esprit que celui des pères du désert, proclamant que tous les objets du monastère sont saints. Pour ces grands chrétiens les vignes, les terres, les fruits, les troupeaux, les instruments de tout genre, les lieux réguliers, tout est à

---

(1) De grands biens furent donnés aux moines ; mais ces vastes domaines n'étaient guère productifs. Les chefs Francs, perdus au milieu de vastes solitudes qui ne leur produisaient presque rien, en abandonnèrent sans grande difficulté diverses parts aux fondateurs d'abbayes et d'églises. La stérilité de ces terres est prouvée par les études des historiens sérieux à qui nous devons l'étude de ces temps. — M. de Cardevaque. *Histoire de l'Abbaye de St-Vast.* Tome I, page 123.

Jésus-Christ, époux de l'Eglise, souverain maître du couvent, roi béni de l'ordre monastique. Que le frère, disaient-ils, sache, quand il touche avec trop peu de respect à ce que la religion lui remet entre les mains, qu'il n'aura d'autre sort que celui du roi impie qui a profané, avec ses compagnons de débauche, les vases de la maison de Dieu et qu'il redoute tôt ou tard un semblable châtiment. « Il est sacrilège, dit saint Basile, celui qui abuse des instruments qu'on lui a confiés ; sacrilège aussi celui qui les perd, car ils sont consacrés à Dieu. » Ainsi pensaient les moines d'Egypte. « Le religieux ne s'appartient plus. Tout ce qui est à son usage est consacré à Dieu ; tout ce qui entre au monastère devient saint et digne du respect, il n'est pas jusqu'aux moindres ustensiles de cuisine qu'on ne doive conserver saintement, car on rendra compte des négligences, non-seulement à son prévôt, mais à Dieu lui-même. » Il est impossible de porter plus loin la délicatesse de conscience. On lit encore dans Cassien qu'un frère employé à la cuisine fut dénoncé à l'Abbé, pour avoir laissé choir trois grains de lentille, accusé pour cette négligence de dilapider les biens des saints et même éloigné de la prière commune pendant quelque temps.

De pareils exemples se reproduisent dans la vie d'illustres Abbés d'Occident. Saint Benoît d'Aniane était tellement soigneux que, lorsqu'il rencontrait sur son passage quelques grains de légumes, des feuilles de choux ou quelques racines chevelues de poireau, il adressait à l'instant une sévère monition, afin que le coupable comprît toute sa faute, et quand en lui versant de l'eau sur les mains, on la répandait trop abondamment il accusait son frère de ne pas se tenir dans les limites de la discrétion.

Dans la vie de saint Etienne d'Obazine, on signale la même sévérité. S'il apercevait dans le cloître ou en d'autres lieux des herbes ou des légumes perdus par incurie ou foulés aux pieds, il se baissait et ramassait tout, grain par grain, tige par tige, puis il appelait les coupables et les gourmandait très vertement sur cette négligence. Souvent il imposait des pénitences et un jeûne plus rigoureux. Nous demanderons à ceux qui seraient disposés à rire d'une simplicité si scrupuleuse, s'il est permis d'accuser d'ambition et de cupidité des hommes qui se sont fait volontairement esclaves de règles si minutieuses, et si la mauvaise foi et l'injustice de leurs détracteurs ne se réfute pas d'elle-même.

Mais d'autre part, n'est-il pas tout naturel que des hommes dirigés par une si haute philosophie et veillant si soigneusement sur les plus petits détails, soutiennent énergiquement tous leurs droits et luttent contre les envahisseurs, disputent le terrain pied à pied, invoquent les principes inviolables de la justice, prient l'Église d'user de ses armes spirituelles, s'attachent à leur sol avec une tenacité désespérante, quand le flot de la barbarie a disparu. Que de fois, en défendant ainsi la cause de Dieu et des pauvres, l'héritage sanctifié par la prière des saints, ils ont triomphé des convoitises les plus obstinées !

Est-ce donc pour s'assurer une vie commode qu'ils réclament avec tant de persévérance les biens qu'on leur dispute ? Nullement.

Leurs maisons sont vastes et ressemblent à des palais. Pour embellir la salle des hôtes et surtout l'Eglise, ils paient un énorme tribut aux Beaux-Arts. La sculpture, l'architecture, la peinture presque toujours aux gages d'un luxe indécent, offrent ici des beautés qu'on peut admirer. Mais après avoir parcouru ces beaux édifices, entrez dans les cellules. Quelle simplicité dans ces chambres étroites, sans meuble, sur ces dures couchettes ! Les règles monastiques ne permettent que des vêtements grossiers, une nourriture frugale, une abstinence perpétuelle. Pour l'entretien de leur vie pénitente et mortifiée ils ne prélèvent que le strict nécessaire : le reste s'écoule dans le sein des pauvres. Imitateurs des anciens cénobites d'Orient, qui à l'époque de la moisson amassaient du froment avec l'intention de le distribuer aux nécessiteux ou de l'envoyer à Alexandrie aux prisonniers et aux indigents, les enfants de Saint-Benoît se sont fait admirer dans tous les siècles par leur charité envers les pauvres. Dans beaucoup de couvents on leur réservait la dîme de tous les produits, des revenus et de l'argent ; à eux aussi la dîme du froment, du pain, du vin, des agneaux. C'est le dépôt inviolable de la charité ; on le confie à l'aumônier du monastère avec défense d'y toucher, soit pour l'entretien des serfs, soit pour l'usage des nobles. En d'autres monastères le budget de l'aumône est bien plus large. On destine aux amis du Sauveur le cinquième ou le tiers des revenus. Tous les jours, après chaque repas, on distribue aux mendiants assis à la porte du couvent les restes du pain et du vin, la moitié des autres aliments. La libéralité de certains abbés, franchissant les limites fixées par une sage prévoyance, interdit toute réserve. La Constitution Apostolique de Benoît XII fit plus tard une loi de cette pratique si miséricordieuse.

Les vieux vêtements déposés au vestiaire étaient fidèlement distribués aux indigents, quand ils venaient implorer ce genre d'assistance.

Il serait superflu d'énumérer ici les aumônes vraiment extraordinaires de certains abbés. Signalons seulement ici une remarque d'Hariulfe. «Aux jours de la splendeur de Centule, la vie des moines était pauvre, bien qu'ils fussent riches en terres et domaines, parce que les revenus du monastère étaient consacrés au soulagement des indigents.»

Que de fois on a raconté les industries de la charité des anciens religieux pour soulager la misère si commune aux diverses périodes de notre histoire, pour consoler les malades privés d'air et de ressources dans de sombres et infectes chaumières, pour racheter les captifs traînés sur tous les marchés de l'Europe par les pirates du Nord ! Leurs mains n'ont cessé de répandre les trésors que la providence multipliait sous leurs pas, tant qu'ils ont eu la libre disposition de leurs biens, c'est-à-dire jusqu'à l'époque des guerres civiles du xiv° siècle, jusqu'au temps des abbés commendataires, véritables usurpateurs, insatiables sangsues convertissant en leur propre substance des biens destinés aux pauvres, dévorant seuls la nourriture d'une multitude d'indigents.

C'était aussi un usage généralement suivi dans les couvents de donner l'hospitalité aux étrangers et aux voyageurs pendant plusieurs jours. Les couvents étaient les seules hôtelleries connues dans l'Occident. Tous les étrangers y étaient reçus comme Jésus-Christ lui-même. On se souvenait de cette parole : « J'ai été étranger et vous m'avez reçu. » On ne fermait la porte qu'aux hérétiques, aux criminels et aux femmes. Chacun était traité selon son rang et sa dignité. Les Papes, les Evêques, les princes et les rois eux-mêmes furent les hôtes des moines. Si quelquefois leur présence entraînait d'excessives dépenses, parce que des abbés, pour se conformer aux usages du monde, déployaient trop de faste et de magnificence, on crut aussi en bien des lieux leur plaire et les édifier, en les recevant avec une simplicité toute monastique et en laissant aux pauvres une plus large part du patrimoine.

Tel était l'esprit des saints et de l'Eglise dans les institutions monastiques. Disons donc, une nouvelle fois, anathème aux auteurs des scandales et des relâchements. Mais, répétons aussi cet anathème contre ceux qui, poussés par la sacrilège soif de l'or ont flétri les moines et les ont ensuite dépouillés sans aucun sentiment de compassion.

Nous avons dit dans notre histoire que le monastère de Saint-Riquier fut abondamment doté par son glorieux fondateur. Celui-ci, en effet, lui donna toute la ville et toutes ses possessions des environs. Quand on examine la carte des domaines on voit qu'elle forme un large périmètre tout autour du monastère ; c'est bien, ce nous semble, la part de conquête abandonnée par un roi Franc à quelqu'un de ses soldats ou de ses officiers. Centule fut le point central de ce petit canton. Tout autour de nombreux groupes de colons et de serfs cultivaient le sol pour le leude, sous les yeux de ses intendants ou de ses maires, jusqu'au jour où le domaine fut consacré à Dieu.

C'est donc à Saint Riquier lui-même que son monastère doit la plus belle partie de ses propriétés (1). Deux rois puissants, Dagobert et Charlemagne, ont augmenté ce beau domaine. Dagobert a offert au serviteur de Dieu plusieurs possessions aux environs de Centule. Parmi les villes, les bourgs et les manses répandus sur la surface des territoires du Vimeu, du Ponthieu, de l'Amiénois, du Vermandois et même de la Flandre, quels sont les domaines que Charlemagne annexa au monastère de Centule ? on ne saurait le dire, mais il paraît à peu près certain que toutes les possessions du monastère remontent au moins jusqu'à cette époque. On ne connaît aucune grande fondation postérieure.

Les privilèges et chartes des rois Carlovingiens ne sont que des titres qui confirment une propriété contestée ou des règlements d'attribution aux deux manses, les biens étant déjà divisés au ix° siècle entre l'abbé commendataire et ses moines. Dans les âges

---

(1) « S. Evroul, S. Junien, S. Wandrille, S. Riquier, S. Germer, qui dotèrent de célèbres fondations de leur patrimoine, de leurs noms et de leur exemples, étaient tous sortis de la haute noblesse franque. — *Moines d'Occident. Tome* iv, *page* 50.

suivants les moines de Saint-Riquier abandonnent volontiers des fiefs à des communautés naissantes ou des terres sans valeur, qu'ils ne sont plus capables d'exploiter. Les acquisitions de l'époque des croisades ne sont guère, comme nous l'avons remarqué, que des actes conservatoires de la propriété, des subventions accordées aux héroïques défenseurs du tombeau de Notre Seigneur.

Faisons ici une remarque très importante. Quand saint Angilbert se vit accablé des libéralités de son royal protecteur et ami, chargé de la redoutable mission d'intercéder pour son empereur, pour sa famille, pour la stabilité et la conservation du royaume des Francs, il songea tout de suite à agrandir son monastère, à rassembler le nombre de moines nécessaires pour répondre à une si haute destinée : c'est pourquoi il décréta dans de sages règlements que trois cents moines et cent enfants seraient entretenus à Centule et y prieraient le jour et la nuit pour le très Auguste Empereur des Francs. Admirable conception bien digne d'un si noble génie ! Mais hélas ! le *Laus perennis* de Centule, si souvent célébré dans les annales monastiques, ne dura pas longtemps. L'œuvre de saint Angilbert périt sous les faibles successeurs de Charlemagne. Les domaines, envahis par les princes de la maison impériale et par des seigneurs puissants sous le nom d'abbés commendataires, furent profanés et servirent à des usages souvent sacrilèges. Dans la division des manses les abbés se firent la part du lion et s'arrangèrent si bien que le nombre des moines diminua rapidement. Les temps devinrent bien plus mauvais encore après les invasions normandes. Les vieux cloîtres des fils de saint Riquier ne se relevèrent que sous Hugues Capet ; mais avec toutes les capitulations d'une guerre désastreuse et des ruines séculaires et irréparables. On pleura longtemps sur ces calamités. La Providence toutefois veillait sur l'héritage du fondateur de Centule et, sous de grands abbés, le monastère, aux âges de foi, fut éclairé de quelques reflets de sa première splendeur.

CHAPITRE II.

DE LA LÉGISLATION FÉODALE APPLIQUÉE AUX DOMAINES DES MOINES.

A l'époque où saint Riquier fondait le monastère de Centule, l'administration des possessions gauloises subissait de grandes transformations.

La législation rurale importée par les Romains n'était pas tout-à-fait abolie, mais les coutumes des nouveaux maîtres sortis des forêts de la Germanie créaient de nouveaux rapports. On suit dans les chartes, dans les capitulaires, dans les décrets des conciles, ces changements inévitables et en même temps l'action de l'élément chrétien qui commence à se faire sentir.

Nous nous garderons bien de nous appesantir sur ces données générales : nous supposerons que le lecteur n'est pas étranger à la notion des bénéfices, des précaires, des fiefs, de l'état de servage sous l'empire des Romains et sous la domination des Francs. Nous ne toucherons en passant que les points qui se rattachent aux coutumes de notre monastère.

Les domaines religieux étaient soumis aux lois générales, quand on n'avait pas stipulé des privilèges. La condition des vassaux, des colons, des serfs des métairies, des habitants des villes, était celle des sujets des villes ou des métairies royales et princières. On travaillait, on cultivait les domaines pour le couvent, sous la direction des religieux et des maires ou intendants laïcs préposés à la surveillance (1).

Ici se montre l'action de la Providence sur le monde moderne. Tout va changer de face entre les mains des moines et l'homme recouvrera la dignité de son origine (2).

En effet, ceux qui ont tout quitté pour sauver leurs âmes, s'occuperont principalement des intérêts éternels de leur famille spirituelle. Leur ravir une terre consacrée à Dieu, avec ses habitants dont ils sont responsables au Sauveur, c'est les blesser à la prunelle de l'œil et commettre la plus sacrilège injustice : car ils savent bien que ces puissants barons, qui appesantissent leur bras de fer sur les domaines de l'Eglise, n'ont pas pour premier souci la pensée de moraliser leurs nouveaux serfs. Loin de là ils vont pressurer cette matière corvéable, taillable à merci, et par des travaux insupportables exprimer goutte à goutte toute la substance de ces pauvres mercenaires.

---

(1) Les maires, *Majores Villarum*, officiers subalternes, dont les fonctions pourraient être représentées par celles de contre-maîtres, étaient chargés de donner une impulsion aux travaux, de faire exécuter les ordres des moines ou des intendants supérieurs dans les conditions laïques, de faire toujours et partout respecter les droits de leurs seigneurs.

On remarque que beaucoup des domaines exploités sous les yeux des moines avaient leurs maires dotés d'un *manse spécial*, qu'ils cultivaient à leur profit. Plusieurs maires avaient acquis une certaine importance sous la féodalité. Les moines ont racheté les mairies, en divers temps, quand l'occasion s'est présentée.

Les maires étaient donc les vrais chefs des villages ou hameaux; ils jouissaient de droits réels et de certains profits procurés par les amendes, les bornages, les poids et mesures ; ils furent, dit M. Guérard, chargés à la fois de la justice, de l'administration de la police, des finances, dans une sphère peu étendue.

(2) Les découvertes de l'érudition moderne ont mis hors de doute ce résultat inattendu, que la condition matérielle de la population inférieure non libre n'était ni toujours ni partout très dure. Les travaux n'étaient ni plus rudes, ni la rémunération moindre que de nos jours.

Aux moines surtout l'honneur d'avoir fait pénétrer dans les mœurs et les lois cette sollicitude pour les rangs inférieurs du peuple trop souvent absente du cœur des puissants du monde. Plus l'influence religieuse ou monastique grandissait au sein de la Nation, plus l'adoucissement des souffrances et la réparation des injustices devenaient des lois ou des habitudes générales. (*Voir Moines d'Occident*. Tome I, *page* 187.)

Comme les domaines des monastères appartenaient en toute propriété aux moines, ceux-ci, aux premiers âges de cette institution chrétienne, cultivaient eux-mêmes ou faisaient cultiver ce qu'ils n'avaient pas donné en bénéfice : ils percevaient le revenu de leurs domaines comme les seigneurs laïcs, aux mêmes charges et aux mêmes conditions. Ils avaient comme eux leurs colons et leurs serfs attachés à la glèbe.

On sait que, quand on donnait des alleux (1) aux monastères ou un bénéfice, on y comprenait les serfs avec leurs femmes et leurs enfants employés à la culture des terres ou à la garde des troupeaux (2). Il arrivait aussi que des propriétaires de petits alleux se donnaient ou se vendaient avec leurs terres aux monastères, afin de se libérer de la servitude ou de la tyrannie de certains seigneurs. Des familles entières s'offraient pour la même raison aux monastères avec leurs biens, par *obnoxiation* (3), pour devenir colons de l'Eglise : ils étaient sûrs de trouver des maîtres dont le gouvernement serait empreint d'une douceur inconnue dans la société séculière et des compagnons de leurs travaux dans ceux mêmes qui allaient les commander ; ils échappaient ainsi à la rapacité des agents de l'autorité seigneuriale : ils jouissaient de la paix et de la sécurité, tandis qu'autour d'eux toutes les économies disparaissaient dans la confusion universelle.

Rappelons ici que les hommes d'Eglise jouissaient alors du privilège de l'exemption, et étaient libres de toute juridiction séculière, de toute charge envers les seigneurs. C'est dans ce sens qu'Hariulfe parlait des grands domaines de Saint-Riquier, de ses propriétés primitives, lorsqu'il disait : « ces domaines ne sont pas des villages, *villæ*, mais plutôt des villes, *oppida*, je dirai presque des cités, *civitates* ; parce qu'ils n'ont rien à redouter des injustes prétentions des seigneurs étrangers, sur la superficie des domaines où il n'y a ni bénéfice, ni possesseur indépendant du monastère. » On remarque, en effet, dans l'énumération des privilèges destinés à maintenir la perpétuité des propriétés monastiques qu'il n'est jamais question de ces lieux inviolables. Il faut croire que dans les autres seigneuries où il y avait des feudataires, on craignait leurs entreprises ambitieuses ; c'est pourquoi on s'armait continuellement de titres qu'on pût opposer à la cupidité des usurpateurs.

Les moines, pour administrer plus facilement leurs biens, établirent des prieurés dans les lieux les plus éloignés et des prévôtés en d'autres endroits.

Le prieuré, appelé aussi *cella, obedientia*, était un petit couvent sous la direction d'un

---

(1) **Alleux.** *Franc-Alleu* (Allodium). Propriétés de famille transmises par héritage, exemptes de toute charge, redevance et service militaire. Les alleux sont opposés aux *bénéfices* donnés à vie par un seigneur, avec des charges qu'impose la loi et la coutume. Les alleux sont devenus rares sous la féodalité.

(2) L'hérétique Elipand reprochait à Alcuin, l'ami d'Angilbert, de posséder 20,000 serfs ; mais c'était, selon la remarque d'un auteur, une parole d'insigne mauvaise foi, car tout ce personnel de serfs n'était que la famille des serviteurs des monastères dont il était l'abbé.

(3) Espèce de servage volontaire.

moine nommé prieur et investi d'une juridiction spéciale, mais dépendant de l'abbé. Un certain nombre de moines y étaient députés pour un temps et y célébraient les offices réguliers. On y administrait les biens du domaine ; on y formait les serfs à la vie chrétienne. On consommait sur place les revenus de la propriété. Pour augmenter la splendeur du culte divin au IXe siècle, on y entretenait sous le nom de clercs ou chanoines un certain nombre de personnes religieuses, auxquelles on imposait l'obligation de chanter les louanges divines pendant le jour et la nuit. C'est dans ces conditions que le monastère de Saint-Riquier avait établi des prieurés à Forêt-Montier, à Encre, à Bours en Artois. Après les invasions normandes, il n'est plus question des prieurés d'Encre et de Bours, mais on voit aux siècles suivants ceux de Leuilly, de Peyrane ou Pagrave en Angleterre et de Bredenay en Flandre.

Quand les prieurés n'offrirent plus de ressources suffisantes, même pour trois moines, condition indispensable pour former une communauté (1), ces centres de vie régulière devinrent des titres de bénéfice ecclésiastique, dont on gratifia des moines sans les obliger à la résidence, mais en leur imposant toutefois la charge de faire acquitter les prières et les services religieux imposés par les fondateurs.

Il existait une distinction fondamentale entre les prévôtés et les prieurés. Le titre de prieur conférait une juridiction ecclésiastique reconnue par l'Eglise ; le prévôt ne jouissait d'aucune prérogative canonique. Le moine investi de cet office n'était qu'un administrateur du temporel de la seigneurie. Des auxiliaires choisis parmi ses frères vivaient avec lui, quand l'abbé le jugeait opportun. On permettait même d'ériger un oratoire dans la prévôté, afin d'y célébrer l'office divin, mais sans détriment de l'office paroissial. Le peuple, à cause de la résidence de plusieurs moines, a donné le nom de couvent à quelques prévôtés, ce qui a embarrassé plus d'un historien, étonné de ne plus retrouver de trace de monastère.

Les prieurés soumis à Saint-Riquier sont parfaitement connus. Il n'en est pas de même des prévôtés. Les derniers pouillés n'ont pas conservé de trace de cet office. Mais les prévôtés de Chevincourt en Beauvoisis, de Mayoc, de Villencourt, de Feuquières en Vimeu, de Huppy, de Noyères, de Gapennes, de Monchy-le-Breton en Artois, d'Equemauville en Normandie, etc., sont suffisamment désignées par des fiefs connus sous ce nom dans les titres anciens. A l'administration directe par les moines succéda celle des agents des monastères. Les moines, étant devenus moins nombreux dans les derniers siècles, ne s'occupaient plus que de choses spirituelles ou intellectuelles.

---

(1) On demandait au moins six moines dans les prieurés au IXe siècle et trois au XIIIe. Les Conciles avaient statué que ces moines rentreraient au monastère, quand ce chiffre ne serait pas atteint. On faisait alors desservir le prieuré, s'il n'était pas aliéné, par un vicaire à portion congrue. Les clercs réguliers de Prémontré restèrent, jusqu'à la suppression de leur ordre, curés-prieurs, amovibles, *ad nutum Abbatis*.

Les canons des conciles ayant interdit aux moines les fonctions paroissiales, nous les voyons édifier des églises sur leurs domaines. On y attachait un prêtre auquel on donnait un manse plus ou moins étendu, avec des serfs et des chevaux pour l'exploitation de ce petit domaine. Huit choses étaient confiées à la garde de ce prêtre : la paroisse, le manse, l'atrium, le cimetière, le temple, l'autel, le calice avec la patène, les espèces sacramentelles. Plus tard les revenus de la cure des âmes furent constitués d'une autre manière. Le monastère retenait une partie des offrandes et des dîmes, s'il les trouvait trop abondantes, et donnait au prêtre, sous le nom de *portion congrue*, une part convenable à la décence de son ministère.

Les fondateurs des églises en gardaient ordinairement le patronage et appelaient à administrer la paroisse un prêtre de leur choix. Bien que le patronage n'indique pas nécessairement un fondateur, à cause de la mobilité des choses humaines, cependant il faut y attacher la plus haute importance ; c'est une grande présomption du droit primitif de fondation.

Quand le système féodal eut anéanti la législation des siècles précédents, les abbés des monastères devinrent des seigneurs féodaux, soumis à toutes les conditions de la suzeraineté et du vasselage. La terminologie féodale envahit toutes les chartes et toutes les conventions.

La seigneurie de la terre est le caractère distinctif des possessions féodales : elle confère la souveraineté avec tous ses droits. Le seigneur exploite ses possessions par ses serviteurs, il les cède en fief à des vassaux et à des hommes liges, avec des droits plus ou moins restreints ou seulement en cotterie et en rôture à des tenanciers et fermiers de la campagne.

L'énumération des droits féodaux attachés à la propriété sont très nombreux et très divers, selon les lieux et les coutumes. Nous les énumérerons en expliquant les coutumes du monastère de Saint-Riquier rédigées en 1507, comme nous l'avons noté en son lieu.

Ces coutumes formaient la base des rapports des moines avec tous ceux qui habitaient sur leurs propriétés : elles ont subi sans doute l'action du temps ; les faire connaître ici, c'est redire l'histoire des possessions du monastère pendant plusieurs siècles (1).

Article Ier des coutumes du monastère. — « Premièrement, dient lesdits reli-
« gieux abbé et couvent qu'ilsz ont de noble et ancienne fondation, dotation et admor-
« tissement royal, responsables sans moyen, à cause de leur spiritualité, au Saint-Siège
« Apostolique de Romme et, en temporalité, au roy nostre sire, à cause de quoy ilz ont plu-
« sieurs beaux droits espirituels et temporels, et en icelluy leur temporel, ont toute justice

---

(1) Pour les *Coutumes locales de l'Abbaye de Saint-Riquier en 28 articles*, voir les *Coutumes locales du Bailliage d'Amiens*, publiées par M. Bouthors et l'*Inventaire de St-Riquier pour les articles IX à XX omis par M. Bouthors.*

« haulte, moyenne et basse, noblesses, prééminences, prérogatives, seigneuries et
« droix, hommes féodaulx et cottiers, bailly, sergens et officiers pour icelle leur justice
« garder et exerser et tous droix, amendes, escéances et exploix à telle justice appar-
« tenans. »

L'histoire des immunités spirituelles nous est connue par les luttes que nous avons racontées. Il n'en sera point question dans ces observations.

Les moines de Saint-Riquier, en reconnaissant que leur monastère est de fondation royale, établissent leur prééminence sur ceux qui ont été dotés par les barons, les comtes et les seigneurs ; s'ils voulaient dire davantage, on pourrait les accuser d'avoir oublié leur propre histoire. Ils seraient coupables d'ingratitude envers le patron du monastère qui l'a fondé dans ses propres domaines et doté de l'héritage paternel. Les rois ont ajouté à ces domaines, mais ils ne sont en réalité que des bienfaiteurs.

On sait que par l'*amortissement* les biens devenaient inaliénables et se perpétuaient de génération en génération dans la même destination, servant constamment à l'entretien des serviteurs de Dieu et de leurs œuvres de piété et de charité. En outre l'amortissement brisait tous les liens de la sujétion féodale au profit de la corporation et assurait les droits seigneuriaux sur tous les biens de main-morte. La sauvegarde royale était une autre conséquence des amortissements concédés à tous les degrès de la hiérarchie intermédiaire ; elle plaçait dans la mouvance directe du souverain les abbayes auxquelles elle était accordée.

Nobles et seigneurs, les moines de Saint-Riquier jouissaient de tous les droits honorifiques et lucratifs des seigneuries : ils avaient toute justice sur leurs terres, le droit de créer des fiefs ou de donner leurs propriétés en cotteries. C'est ce qu'ils ont fait constamment, comme on le verra dans la suite.

Le droit le plus haut et le plus sacré de la souveraineté, c'est sans contredit celui de la justice. Tous ceux qui faisaient partie de la seigneurie de Saint-Riquier devaient comparaître au tribunal du bailli, excepté quand la justice avait été concédée eux feudataires.

Les coutumes générales et locales attribuaient aux seigneurs suzerains la haute, moyenne et basse justice (1). Comme le plus souvent les sentences de condamnations infligeaient des amendes au profit du seigneur, il s'ensuivait que le droit de justice formait une des branches importantes du revenu féodal et qu'on n'aurait jamais laissé contester ou entamer impunément cette haute prérogative. Les seigneurs ecclésiastiques rendaient la justice par leurs avoués ou vidames : plus tard ils la rendirent par leurs

---

(1) La haute justice connaissait de toutes les causes civiles et criminelles. La moyenne justice, des causes civiles, personnelles ou réelles des tenanciers : elle s'appellait encore foncière, parce qu'elle s'exerçait sur les domaines et les personnes qui les font valoir. La basse justice recevait et baillait des saisines ou des dessaisines sur les immeubles, recevait les lods et ventes, faisait payer les censives et faisait procéder par saisie à l'exécution des jugements

baillis. Ceux-ci avaient leurs plaids ou cours de justice, comme les rois, les ducs et les comtes. Les justiciables n'avaient pas le droit d'appeler de leurs sentences : mais les justices parallèles ou indépendantes, quand elles se croyaient lésées, avaient recours contre les justices seigneuriales, pour abus d'autorité ou délits non réprimés, aux juridictions prévôtales, aux assises des baillis ou des Parlements.

La haute justice conférant le droit de connaître de toutes les causes criminelles, d'appliquer les peines les plus graves, comme la mort, l'exil, la mutilation des membres, reconnaissait aux seigneurs suzerains le droit d'élever des fourches patibulaires et d'exécuter les criminels. Il est vrai que l'autorité royale, en développant dans la suite des temps son action sur les fiefs soumis à sa haute suzeraineté, restreignit peu à peu les droits des justices seigneuriales et se réserva, sous le nom de *Cas privilégiés*, le jugement des causes criminelles et de quelques causes civiles ; mais elle laissa aux seigneurs respectifs le profit des condamnations et pendant longtemps l'odieux et la dépense des peines afflictives et capitales.

Article ii. — « Item, tous et chascun desquelx de leurs hommes-liges et féodaulx
« tenant noblement, doivent auxdits relligieux, abbé, et couvent de chascun fief
« lx solz parisis et xx solz parisis de chambrelaige, pour relief, et le quint denier de
« ventes : avœuc doibvent en leurs personnes servir les plaiz de quinzaine en quin-
« zaine, en la court du bailliage de la dite Eglise, quant ilz sont suffisamment adjour-
« nez, juger les causes et matières audit siège introduites, contribuer aux mises rai-
« sonnables qui à ceste fin se font ; doibvent service à ronchin, servir la feste de
« Saint-Riquier sy adjournez y sont, et payer pour deffault sur service de plaiz v sols
« parisis, et lx sols parisis pour le deffault de servir ladite feste ; doibvent serment de
« fidélité et faire hommage quand sommez et requis en sont, se n'est que par lettres ou
« fait espécial soit apparu de plus grandes ou mendres charges ».

L'abbaye de Saint-Riquier possédait trois espèces de fiefs, savoir: les fiefs nobles qui ne devaient aucune rente ou redevance annuelle ; les fiefs restreints chargés d'une redevance annuelle en grains ou en argent ; les fiefs réunis que les abbés ou moines avaient retraits et dont ils jouissaient eux-mêmes (1).

Depuis la division des menses, les abbés jouissaient, sauf quelques exceptions, des deux tiers des fiefs et les moines de l'autre tiers (2).

Il faut considérer dans le fief noble la donation gratuite du domaine utile d'un immeuble, sous certaines charges et réserves. Personnel et viager dans le principe, il devint dans la suite patrimonial, héréditable et aliénable, sous la condition du quint denier en cas de vente ; il se perdait par la confiscation, par le défaut de relief ; le seigneur avait aussi le droit de le retirer, s'il était vendu, en remboursant le prix stipulé avec l'ache-

---

(1) Archives du monastère. (2) *Ibid.*

CHAPITRE II. — LA LÉGISLATION FÉODALE APPLIQUÉE AUX DOMAINES DES MOINES. 469

teur. La coutume locale énumère dans l'article II l'obligation des vassaux gratifiés des fiefs nobles et les résume en trois services bien distincts, savoir : le service de la guerre, le service de cour et le service de justice.

Le service militaire, dont il ne reste plus de trace dans les coutumes des derniers siècles, jouait un grand rôle dans le système féodal et semble même la raison première de l'institution des fiefs (1). Quand un danger menaçait l'abbaye, les vassaux étaient appelés à prêter le secours de leurs armes et de leurs hommes : on leur imposait le service avec un nombre déterminé de guerriers. C'était là une des forces de résistance dans les luttes du moyen-âge.

Le vassal s'en exemptait-il sans motif suffisant, il était puni par la confiscation du fief. Cette peine rigoureuse fut dans la suite remplacée par une amende pécuniaire.

Le service à ronchin de notre coutume constituait l'obligation d'offrir un cheval à son suzerain et conservait ainsi la mémoire des anciens services militaires.

Le vassal du monastère, ainsi ajourné pour servir la fête de Saint-Riquier au mois d'octobre, devait ce service en personne et à cheval. Les chroniques anciennes mentionnaient en outre les fêtes de Pâques, de la Pentecôte et de Noël. La Cour abbatiale s'élevait alors au niveau des cours princières et comptait parmi ses vassaux de grands officiers, auxquels on donnait des titres équivalents à ceux des hauts dignitaires des rois et des grands seigneurs du royaume. Tel était le concours que la fête de Saint-Riquier attirait à son tombeau que la présence de tous ces chevaliers bardés de fer n'était point inutile pour maintenir l'ordre et réprimer toute tentative de tumulte et de violence. En outre le cortège de tous ces hommes d'armes rendait la fête plus imposante et plus majestueuse. Mais au XVIe siècle, ces vieilles traditions de foi et de respectueux hommage s'étaient déjà bien affaiblies, comme la coutume semble l'indiquer.

Le service des plaids a survécu au service militaire et au service des fêtes, mais, comme les précédents, il s'oblitérait de siècle en siècle, en présence de l'action centralisatrice des parlements et des officiers royaux.

Les plaids, *placita*, sont aussi anciens que la monarchie. Le nom générique des anciens lits de justice est passé dans le langage féodal. De même que le roi rassemblait tous les ordres du royaume pour traiter des affaires de l'Etat, ainsi les seigneurs et les abbés réunissaient leurs vassaux autour d'eux pour écouter les plaintes, examiner les coutumes et terminer les différends. L'abbé de Saint-Riquier avait des plaids aux grandes solennités religieuses dont nous avons parlé plus haut. En outre, le bailli de l'abbaye, à l'instar des comtes et des vicomtes de l'ancienne monarchie et des baillis ou sénéchaux du système féodal, tenait ses plaids ou assises judiciaires tous les quinze

---

(1) « La plus grande, la plus ancienne et la plus noble de toutes les obligations dues par le vassal à son seigneur consistait en l'assistance militaire. Le service militaire constituait la puissance même du seigneur » — *Revue des Questions historiques*. Octobre 1879, page 419.

jours. Les vassaux étaient obligés de s'y rendre, quand ils étaient convoqués. L'exemption formait un privilège spécial que le dénombrement ne manquait pas de signaler. Une amende était imposée au délinquant. Les vassaux, hommes-liges ou hommes de fief (1), représentants nés de la coutume étaient des témoins compétents et appelés à déposer sur l'existence et la valeur des coutumes anciennes. C'était sur leur dire et leurs serments qu'on jugeait les questions de droit, de contenance, de possession (2).

Après la mort du donataire, le fief, comme nous l'avons noté plus haut, revenait à la table du seigneur (3), c'est-à-dire retombait au pouvoir du suzerain qui aurait pu le conserver; mais on le rendit héréditaire, sous la condition du relief, *relevium*, modique reconnaissance pour les fiefs nobles de l'abbaye, mais par laquelle le droit de haut domaine se perpétuait, sans que le vassal pût jamais arguer d'un droit absolu de propriété.

Le chambellan du seigneur chargé de recevoir les vassaux, de les présenter, de les interroger, de noter leurs réponses, de recueillir le prix du relief, de sceller les lettres d'hommage, avait droit à un manteau, à l'origine de l'organisation féodale. On stipula dans la suite une redevance en argent qu'on fixa à 20 s. p. pour les fiefs nobles et dont on exempta les fiefs restreints.

La coutume laissait la faculté d'aliéner le fief. Le suzerain, pour reconnaître cette cession, exigeait un droit qu'on nomme le *quint denier*, c'est-à-dire la cinquième partie du prix de la vente que l'acquéreur seul supportait, si on stipulait que la vente aurait lieu francs deniers. La coutume permettait encore d'ajouter le cinquième de ce droit féodal sous le nom de *requint*. Les suzerains soupçonneux ne manquaient pas d'user de ce droit, quand ils s'imaginaient qu'on fraudait sur le prix de vente (4).

---

(1) *Hommes-liges, Hommes féodaux :* ceux qui, à raison d'un fief, contractent l'obligation de servir un maître et sont tenus à toutes les obligations énumérées dans la coutume.

(2) Article xv de la coutume qui concerne les hommes-liges, les plaids, jugements, sentences ou appointements et amendes. « En cas d'appel d'une sentence, si la sentence est infirmée, lesdits hommes-liges encourent lx sols parisis par chacune fois, et si la sentence est confirmée, l'amende est de lx solzs parisis envers lesdits sieurs et religieux. »

Le fol appel est celui qui n'est pas reconnu valable ou qui ne repose pas sur des motifs sérieux.

(3) Article xi de la coutume. — « Incontinent après le décès de leurs hommes et tenans, tant féodaux que cottiers, les biens dont ils étaient saisis retournent de plein droit et à la table et domaine desdits sieurs religieux et couvent, et en peuvent percevoir les fruits, savoir des fiefs après quarante jours et des cotteries après sept jours et sept nuits, après lequel temps passé, s'il s'approche quelqu'un pour relever, il doit à la dite abbaye lx solzs parisis pour chacun fief, et pour chaque ténement ou pièce de terre cottière vii solzs et vi deniers avec les droits tels qu'ils sont ci-dessus déclarés ».

A l'assemblée plénière de 1507, les assistants ont déclaré qu'il n'y avait point d'amende ni en fief ni en cotterie pour n'avoir point relevé, mais seulement les frais depuis le décès jusqu'au relief.

Cet article diffère de la coutume générale en ce qu'il déclare que le bien revient de plein droit au domaine de l'abbé *sans saisie*.

(4) Article xxi de la coutume « Lors de la création d'hypothèque, de rente, sur les fiefs de la dite seigneurie, il est dû le quint denier du prix de la vente d'icelle rente auxdits religieux et l'on

Le vassal devait à son suzerain outre le service et le relief, l'hommage de fidélité, cérémonie solennelle et sacrée, accompagnée du serment et de l'investiture.

Pour le serment, le vassal, genou en terre, nue tête, sans épée ni éperons, les mains tenues ès-mains du seigneur, en reconnaissance de sa supériorité, jurait qu'il devenait son homme-lige et qu'il lui serait en tout et toujours fidèle jusqu'à lui donner sa vie. Après quoi le Seigneur le baisait à la bouche (1).

Point de plus lâche trahison au moyen-âge que le crime de félonie. Il emportait la confiscation du fief et imprimait au front du coupable une tâche indélébile.

L'investiture, dont il ne reste plus d'autre trace dans les derniers temps que l'acte notarié de prise de possession, se faisait à l'origine d'une manière palpable et par des symboles parlants, comme une motte de terre, un gazon, une branche d'arbre, une paille, des clefs, etc. L'*aveu* accompagnait l'investiture. On appelle de ce nom le dénombrement de toutes les redevances et obligations attachées au fief, des revenus, de l'étendue et des limites des terres, etc.

Tous les feudataires n'ayant pas les mêmes droits, ni les mêmes devoirs, leur aveu fixait leur position dans la hiérarchie féodale et les prérogatives que le monastère conservait sur leurs terres, ainsi qu'on le voit dans l'article suivant de la coutume.

Article III. — « Et ont les aucuns desdits féodaulx haulte justice, aucuns justice
« vicomtière, et les autres en la pluspart justice fonsière jouxte qu'ilz font apparoir
« par récépissé ou autrement deuement ; et posé qu'ilz doibvent lesdits plains reliefs et
« services, ilz ne se peuvent néantmoins auctoriser d'aultre justice que approuvée leur est
« par lesdits relligieux, abbé et couvent ou que aultrement deuement ilz en font apparoir ».

Articles IV et V. — « Item, ad cause des ténemens et terres cottières tenues de
« la dite eglise, lesdits relligieux ont en usaige et coustume dès long tamps de joyr
« de droix seigneuriaulx et avoir relief de fait : asçavoir quand leurs tenans cottiers

« est obligé de la tenir en fief et à pareil hommage,
« services et droitures dudit fief. »

Cet article est conservé de la coutume du Ponthieu.

Article XXII. « Si un fief succède et échoit à une
« femme mariée, elle doit le relief de propriété
« avec le droit de chambellage, comme si elle
« était non mariée et doit son mari son relief du
« bail sans chambellage, et ainsi use-t-on pour
« mineurs d'âge, si relever vœulent. « (*Coutume du Ponthieu.*)

(1) Et doit l'homme dire ces paroles. « Sire, je viens à votre hommage et vous promets foi et loyauté envers tous et contre tous et garder votre droit en mon pouvoir. »

Voici l'hommage qu'on faisait à l'Abbé de Saint-Riquier dans ces derniers temps et le serment des hommes-liges.

« N. tient et avoue tenir de M. l'Abbé et couvent de l'Eglise de Saint-Riquier par hommage de bouche et de main, par service de ronssin, de soixante sols parisis de relief et vingt sols parisis de chambellage, le tout faisant quatre livres, et par les plaids avec les hommes-liges de la dite église, de quinze en quinze jours, quand il est suffisamment adjourné, c'est-à-dire averti. » — D. Cotron, *Cap. V. De feodis.*

L'hommage réservait les droits des suzerains dans la hiérarchie et surtout du premier suzerain. Le seigneur devait aussi protection à son vassal dans les mêmes conditions

« vont de vye à trespas, ilz ont de celluy ou ceulx qui se dient habilles et se approchent
« à rellever, soit en tiltre de héritier ou légat, le quint denier de la vallue des ténemens,
« amasemens et autres amendissements et ainsy des terres campestres et des labeurs
« estant sus; et se appressient par gens congnoissans et assermentez : et se ténemens
« héritables se vendent ou transportent, prendent lesdits seigneurs le quint denier de la
« vendue ou prisie se n'est que par previlège ou fait espécial, l'on leur faie apparoir du
« contraire : — comme peuvent faire les bourgois de Saint-Riquier qui deuement et
« sans fraude usent de previlège de bourgeoisie, par certains accordz confermez par
« la court de Parlement, doibvent seulement de relief, pour chacun journel de terre,
« IV solz parisis. Lesquels bourgois et autres habitans de ladite ville et banlieue de Saint-
« Riquier et autres qui y ont ténement tenu du corps de la dite église doibvent, quand
« le cas sy offre, de relief, asçavoir du ténement qui vauldroit LX solz parisis à
« louage pour un an, LX solz tournois et ainsy du plus ou du moins et le quint denier
« de ventes. »

On appelle *rotures*, *terres cottières* ou *vilaines* celles qui sont données par un seigneur à l'un de ses sujets non nobles, sous l'obligation de certaines redevances établies par la coutume ou par convention spéciale. Comme il n'y avait pas dans l'organisation féodale de terre sans seigneur, il s'ensuivait que toute cotterie était soumise à un seigneur et payait des droits seigneuriaux.

La division de la propriété des fiefs fut un des progrès du système féodal. Au lieu de faire exploiter ses domaines pour son propre intérêt par des personnes qu'on nommait serfs, les seigneurs féodaux augmentèrent le nombre des colons : ils permirent aux serfs gratifiés d'un commencement de liberté de les cultiver à leur profit, sous des conditions onéreuses, il est vrai, mais pourtant préférables au servage antique ; ils appelèrent aussi des étrangers (1) pour peupler leurs domaines ; ils leur procurèrent des habitations autour de la résidence féodale, sous la protection de ses murs et de leurs hommes d'armes. L'ensemble des rapports, établis entre le seigneur féodal et ses *vilains* ou hommes de la *villa* et des redevances exigibles, forme ce qu'on appelle les droits seigneuriaux. Les charges et les impôts se sont modifiés de mille manières sous la volonté toute puissante du seigneur. Les coutumes locales furent l'expression de traditions devenues séculaires, de mœurs tout à la fois patriarchales et demi-barbares. L'ardeur vivifiante de la civilisation chrétienne tempéra peu à peu ce qu'il y avait de tyrannique dans l'absolutisme féodal et prépara l'affranchissement complet des temps modernes.

Le seigneur réclame du tenancier, auquel il a cédé le droit d'exploiter les propriétés utiles de son domaine, une partie des fruits, sous le nom de censives, quelquefois une partie de son temps, sous le nom de corvée : il maintient son droit de propriété par le

---

(1) *Hostes, hospites*: hostes, oltes couquans et levans dessous un seigneur, ostellains.

relief exigible à chaque mutation après décès, et par le quint denier, lorsqu'il y a vente.

Les censives donnent droit : 1° aux prestations des fruits de la terre ; soit en grains, ce qu'on appelle rente ; soit en gerbes, ce qu'on appelle terrage ou champart, *campipars*. Le champart est une des redevances les plus connues et les plus universelles. Le seigneur prélève le plus souvent huit gerbes sur un cent. Le tenancier ne peut enlever sa récolte (1), sans que le seigneur ait emporté son droit de champart ; 2° aux prestations d'animaux, connues sous le nom de *mort et vif herbage* ; 3° aux prestations de volailles qu'on désigne dans les actes sous le nom de redevances de *chapons*, *poules* ou *gelines*, *poulets* ; 4° même à des prestations d'œufs, de fromage, de beurre. Ces diverses redevances ont été rachetées souvent par de l'argent ; 5° aux prestations de meubles, qu'on a appelées *queue-à-court*, et qui obligeaient à livrer des literies et tout ce qui était nécessaire pour fournir le château féodal, quand le seigneur devait héberger des hôtes distingués.

Le *cens* est encore une autre espèce de censive imposée primitivement sur les habitations ou ténements. Le cens s'étendit ensuite aux terres cultivées. La propriété cédée avec un droit de cens et transmissible par héritage ou vente rapportait des arrérages annuels en argent ou en nature. Le tenancier qui avait reçu le domaine ou ténement à charge de cens, pouvait aliéner avec la faculté de retirer à son profit un sur-cens. C'est ainsi qu'on voit presque toutes les maisons de Saint-Riquier baillées à cens et à surcens, c'est-à-dire chargées d'un cens envers le seigneur propriétaire et de surcens de divers prix envers d'autres seigneurs ou des particuliers. Il en est de même d'une certaine quantité de terres cottières ou roturières.

Le cens donnait droit à la jouissance pour un temps illimité, sans obligation de relief (2).

Les corvées d'hommes et de chevaux (3) s'appliquaient habituellement à l'agriculture. De perpétuelles qu'elles étaient sous le régime du servage, elles devinrent temporaires. Pendant longtemps, les tenanciers furent soumis à un travail de trois jours de la semaine au profit du seigneur (4). Mais peu à peu leur position s'améliora et devint plus indépendante. Dans les derniers temps, les corvées étaient réduites à quelques jours

---

(1) L'article xix de la coutume concerne le champart et l'avertissement. Faute d'avertissement préalable avant l'enlèvement des grains, ceux qui doivent ledit champart encourent l'amende de lx solz parisis. »

On n'exigeait pas ici, comme dans la coutume générale, que le champart fût conduit aux granges.

(2) D'après M. Guérard, la terre accensée a perdu le septième du prix moyen. Le cens était donc estimé le septième de la valeur de la terre.

(3) *Angariæ et perangariæ*.

(4) Quelquefois les corvées servent au plaisir du seigneur féodal, à son repos, à sa sûreté, comme lorsqu'il requérait les paysans pour traquer les bêtes fauves, rabattre le gibier, battre les étangs pendant la nuit afin d'arrêter le lugubre et importun coassement des grenouilles, pour faire le guet sur les remparts en temps de guerre, curer les fossés, conduire des bagages et provisions à l'armée, etc.

seulement pendant l'année. Ainsi les vestiges de l'esclavage s'effaçaient successivement. Toute trace en eût disparu, même sans les commotions de 1789. Les terres données par les seigneurs à leurs tenanciers pouvaient être soumises à d'autres redevances arbitraires, comme le don, la past, des cierges, etc. Les dénombrements sont remplis de ces charges.

D'autres droits seigneuriaux seront encore indiqués dans la suite des coutumes.

Nous avons parlé plus haut de relief féodal. La main du seigneur s'est appesantie beaucoup plus sur les terres cottières que sur le fief. Le relief de celui-ci ne nous apparaît que comme le symbole de la suzeraineté, tandis que le relief des roturiers prélève une part véritable de l'héritage sous le nom de quint denier. L'Abbé de Saint-Riquier et le Seigneur de la Ferté, qui suivaient généralement la coutume d'Amiens, ont conservé de celle du Ponthieu sur le relief ce qu'elle avait d'avantageux pour eux et ont maintenu les vieux usages, sans jamais céder aux réclamations des tenanciers, sauf en certains lieux où les redevances avaient été allégées, comme on le note expressément dans la coutume de Saint-Riquier (1).

Ce relief, si lourd en tout temps, paraissait bien plus pesant au xvii° et au xviii° siècles. Des procès célèbres ont donné occasion de réclamer contre la rigueur de cette coutume ; mais les baillis et les parlements ont constamment jugé en faveur des droits séculaires du quint denier. Les titres des moines de Saint-Riquier étaient si clairs et si précis qu'on a pu dire qu'il n'y avait pas de seigneur en France qui en ait jamais produit de pareils et de plus sûrs (2). On comptait plus de dix mille particuliers qui possédaient des héritages sujets au quint-denier dans l'étendue des treize seigneuries où cette redevance avait cours.

---

(1) La coutume d'Amiens fixait le relief d'après cet axiome : *tel cens, tel relief* : 12 s. *de cens,* 12 s. *de relief.*

(2) Nous rappellerons ici quelques arguments des plaidoiries. « On sait que les fiefs, dans leur origine, ne furent que de simples concessions à vie, et que les héritages roturiers n'étaient pareillement donnés que pendant la vie des censitaires. Il est vrai que depuis on s'est écarté de cette origine. La possession des fiefs et domaines fut d'abord continuée aux héritiers des vassaux et censitaires et ensuite transmise à leurs ayant-cause. Cette transmission ne fut pas gratuite : il fallait racheter du seigneur suzerain le fief en héritage. Ce rachat était arbitraire et à sa volonté. De là le nom de *relief à mercy* ou *à la miséricorde du seigneur*. Pendant plusieurs siècles il est question dans les annales, de fief à mercy. Dans la suite des temps, il fut fixé à une redevance à chaque mutation, soit par l'usage, soit par une convention amiable entre les seigneurs et les vassaux. On ne saurait assigner l'époque, mais c'est avant 1597. »

« Personne, dans la coutume de Picardie, n'acquiert la possession d'un héritage qu'en obtenant la saisine du seigneur. On feint dans cette saisine que l'héritage est retourné au seigneur, soit par la mort du censitaire ou du vassal, soit par vente, donation, aliénation de l'héritage, et que le seigneur en investit un nouvel acquéreur ou successeur. A chaque mutation, on paie ce droit de relief, qui est à la vérité fort modique par le droit commun de la coutume, mais ici fort onéreux et néanmoins fort légitime ; car tous les arrêts antérieurs ont maintenu les seigneurs dans ces droits extraordinaires et non contenus dans la coutume voisine des habitations dont ils étaient en possession. »

Voir un mémoire sur le quint denier en 1700. (*Bibliothèque d'Amiens, Catalogue d'histoire*, n° 3596, pièce 41.

Ce droit inhérent à la coutume du Ponthieu n'était contesté que sur les terres situées dans le bailliage d'Amiens. Treize seigneuries de la fondation primitive y étaient soumises, et dans ces seigneuries quelques fiefs en étaient affranchis par titre singulier. A part ces exceptions, la possession de ce droit fut établie par l'aveu des communautés entières, par les dénombrements de tous ceux qui possédaient des héritages dans l'étendue de ces seigneuries, par des saisines, des reliefs de compte qui justifiaient depuis plusieurs siècles le paiement du quint denier, à chaque mutation de père en fils.

Les ventes étaient chargées du même droit seigneurial, lorsqu'il n'y avait point eu de concession gracieuse.

Article vi. — « Item, ont en ladite ville et banlieue de Saint-Riquier plusieurs droix
« et francises et previlèges par appointemens faitz d'ancienneté avec ceulx de ladite
« ville, confermez par la court de parlement et autrement deuement, ont vicomte
« contre celluy du roy et de la Fretté-lez-St-Riquier qui usent de plusieurs droix ; ont
« une france feste durant trois jours, asçavoir la veille, le jour et lendemain de la
« Saint-Denis et Saint-Riquier, neuviesme jour d'octobre, dont lesdits drois sont proli-
« xement déclarés es accordz et appointemens sur ce passez par lesdits religieux, abbé
« et couvent, ledit seigneur de Le Ferté, les maire, échevins, bourgois et commune
« dudit St.-Riquier. »

Il a été souvent question dans l'histoire des privilèges de ces trois jours de la fête de Saint-Riquier.

Article vii. — « Item, sont lesdits religieux, abbé et couvent seigneurs des frocqz(1)
« et flegars de la dite ville et banlieue, sans que aucuns les puist empescher, y picquer,
« hauer, ne assir nouvel édifice ny autre respondant sur iceulx, faire huvellas, treilles
« à boche, bouches et entrées de celliers, que par le congié et grace des dits religieux,
« abbé et couvent et en leur payant les droix accoutumez. »

Article viii. — « Item, sont seigneurs de la rivière qui sourt de Bourfontaines,
« depuis le pont assiz sur la dite rivière servant à aller à l'église Nostre-Dame, paroisse
« de la dite ville, jusques à la terre de Caours, ont la pescerie et amendes qui sy
« engendrent ; ont sur icelle molins à blé et à draps et autres, ausquelz leurs molins
« à blé sont banniers leurs subgetz des villaiges circonvoisins, distans d'une lieue à la
« rivière. »

La rivière ou plutôt la source de Bourfontaine coulait sur le domaine de la Ferté jusqu'au pont Notre-Dame. Le procureur de la Ferté et les habitants contestèrent cet article à la rédaction des coutumes ; mais il fut maintenu.

---

(1) *Frocc, froccus,* terre vague et inculte, voisine des habitations seigneuriales.

Flégars, toute terre vague et inhabitée.

Huvellas, saillie en forme de toit qui surplombait les ouvertures du rez-de-chaussée des maisons et servait d'abat-jour aux boutiques des marchands.

Treilles à boche, c'est-à-dire à bouche.

Des moulins assez nombreux exploités sur le cours de la rivière, deux seulement furent épargnés par le temps, le grand et le petit moulin, que le monastère a possédés jusqu'à la révolution.

La servitude de la banalité ou l'obligation imposée aux tenanciers d'un fief de moudre leur blé au moulin du ban ou banal, exploité par le seigneur ou loué à son profit, de faire cuire le pain au four banal, fut rachetée par les boulangers, les communes et les particuliers, à l'époque où les bases de l'organisation féodale s'écroulaient sous les coups redoublés que lui portait une autre centralisation.

Article XIII (1). — « Les dits religieux sont seigneurs froquiers par toutes leurs « terres, même des chemins, voyes et sentes ; ils ont les amendes qui peuvent échoir « sur leurs dites terres et seigneuries, soit de débats et autres, et ès chemins hors la « ville et banlieue de Saint-Riquier, là où ils ont droit de justice contenue ès composi- « tions. Pareillement les hauts-justiciers et vicomtiers jouissent desdits droits et amen- « des et sauf sur les chemins où le seigneur de la Ferté a la garde et seigneurie. »

Article XIV. — « Lesdits religieux ont droit par prévention et accoutumée jouir « des amendes des nouvelles chutes, des puits à marne, fosses, canaux périlleux, dont « danger se pourrait ensuivre sur gens ou bestiaulx, qui sont de LX solz parisis « chacun et pour chacune fois qu'on peut les contraindre à retoupper lesdits puits et « fossés... »

Article XVI. — Il est question dans cet article de *mort et vif herbage*. « Celui qui « a dix bêtes à cornes et au-dessus en doit une. Le nourretier a le choix de la pre- « mière et les sieurs religieux ou leurs commis la seconde, et si le droit est refusé, ice- « lui nourretier avec ledit droit doit l'amende de VII solz VI deniers envers ladite « abbaye. »

Voilà pour le vif herbage. « Pour le mort herbage, les personnes qui n'ont que neuf « bêtes à laine et au-dessous pernoctans doivent une obole de la pièce, payable la « veille de Saint Jean-Baptiste ; et, si ledit droit n'est pas payé ledit jour, ils encourent « envers lesdits sieurs religieux l'amende de LX solz parisis. (2) »

Article XXIII (3). — « Ceux qui vendent et délivrent bestiaulx hors lieu francq, en

---

(1) Les articles IX et X regardent les domaines de Senermont et Feuquières. — Pour l'article VI, voir page 470 en note. — Pour l'article XII, voir p. 470 en note.

(2) Cet article était contenu dans la coutume du Ponthieu. Celle d'Amiens ne levait le vif herbage que sur vingt bêtes à laine et au-dessus et n'imposait pas d'amende.

Ce droit, dit une glose, est attribué à celui qui a la haute ou moyenne justice pour les permissions qu'ont les tenanciers cottiers de faire pâturer leurs bêtes à laine non seulement sur les terres qui leur appartiennent en propriété, mais sur tout le territoire de la seigneurie, sans néanmoins faire dommage aux grains croissants sur les terres labourables ni aux prés ou pâtures.

(3) Les articles XVII et XVIII, XXIV, XXV concernent les bois.—Article XIX, voir plus haut page 473. —Article XX, dîmes et champarts des seigneuries de Feuquières et Bussu. — Article XXI et XXII, voir plus haut page 470 et 471.

« ce qui est au demaine de ladite seigneurie et en ce qui en est mouvant, hors la haulte
« et moïenne justice des vassaux d'icelle eglise, doibvent pour tonlieu (1) et acquit de
« chascun cheval ou jument deux deniers parisis, de chascune bête d'aubmaille un de-
« nier parisis, de chascun pourceau ou truye une obole parisis, de chascune beste à
« laine une obole parisis ; et pareillement les achetteurs en doibvent autant, et se doibt
« payer ledit droit par dedans le soleil couché du jour de la délivrance, sur peine de
« LX solzs parisis d'amende pour chascune fois. »

ARTICLE XXVI. — Les dits religieux, abbé et couvent ont partout leurs terres et sei-
« gnouries droit de confiscation, fourfaiture, choses espaves, acquitz, tonlieux,
« forages (2), afforages, estallages, admission de fiefz, admendes et autres droitures
« appartenantes à hauts justiciers. »

La série des impôts seigneuriaux est bien longue, comme on le voit par cette nouvelle nomenclature, et elle n'est pas complète ; car il y avait encore à Saint-Riquier même des impôts sur d'autres professions et notamment sur les bouchers, dont les redevances sont accusées jusque dans les derniers temps, avec les amendes dont sont frappés les délinquants.

Nous nous demandons si ces droits ont été véritablement abolis par la révolution ou seulement transformés. Bien des lecteurs répondront sans doute qu'on paie aujourd'hui au gouvernement ce qu'exigeaient les possesseurs des domaines, que les droits de marché, que les octrois, les droits d'enregistrement, le timbre, les patentes, les autres contributions directes et indirectes prélèvent sur le reveuu ou le travail des particuliers des sommes presque égales sinon supérieures à celles que l'organisation féodale avaient imposées à nos ancêtres. Nos budgets modernes sont-ils bien inférieurs aux redevances seigneuriales ?

ARTICLE XXVII. — « Si aucuns vassaux de la dite abbaye, sujets ou rentiers ou
« autres voulaient dénier les dittes coutumes, usages, droits, justices et seigneuries ou
« parties d'icelles, lesdits religieux ont offert de faire apparoir si avant que de raison,
« afin d'être conservés et maintenus en leurs droits. »

ARTICLE XXVIII. — Dans ce dernier article, les religieux affirment « leurs privilèges
« et leurs droits spirituels sur les prieurés, cures et chapelles, sur leurs patronages,

---

(1) Droit de tonlieu, droit de marché que les seigneurs se sont réservés sur leurs terres.

Bêtes d'aubmaille ou aumaille, gros bétail, vaches, bœufs, etc.

La coutume de la Ferté était conforme sur cet article à celle de l'abbaye.

(2) *Forages*, droit exigible quand on met en perce un tonneau de vin ou d'autre liquide.

Afforages, impôt prélevé sur les taverniers ou gens vendant de la boisson à broc ou à débit.

Les seigneurs exigeaient encore sur les brasseries, boissons et fabriques de liqueurs un droit spécial qu'on nommait *Gambage* ou *Cambage*.

Nous ne voulons pas oublier le droit de chasse, droit féodal qui n'appartenait qu'aux personnes de condition noble. Le seigneur seul pouvait chasser sur ses domaines ou donner cette permission à d'autres. Les procès de chasse sont nombreux dans les archives ; quelques-uns même sont mémorables.

Le droit de garenne n'appartenait qu'aux seigneurs hauts justiciers.

« dispositions et droits de collation, sur leurs droits d'oblation, dixmes grosses et
« menues que la dite abbaye possède en icelles cures et paroisses, non compris dans
« les dittes coutumes ; et ces coutumes ont été approuvées par les féodaux et sujets de
« la même abbaye, sous les réserves reprises au procès-verbal d'assemblée tenue en
« l'Eglise de Saint-Riquier (1).

Résumons, après cet exposé des coutumes, les revenus et les charges du monastère de Saint-Riquier pendant toutes les périodes de son existence.

CHAPITRE III

DES REVENUS ET DES CHARGES DU MONASTÈRE.

I. — REVENUS

1° *Les offrandes au tombeau de Saint-Riquier.* Aux âges de foi, elles s'élèvent à des sommes extraordinaires pour cette époque ; elles ne cessent pas dans la suite des temps, mais elles diminuent progressivement ; on n'en connait le chiffre que sous Charlemagne.

2° *Offrandes dans les églises de Saint-Riquier* (2). L'Abbé en prélève une grande partie aux jours de fête et les deux tiers aux funérailles. Au dernier siècle, la cure paroissiale jouissait seule des offrandes et du casuel.

3° *Les dîmes.* L'origine de la dîme est religieuse : elle était destinée à l'entretien des ministre du Seigneur. Libre dans le principe, s'il faut en croire quelques auteurs, elle devint dans la suite obligatoire. Les conciles n'ont cessé de rappeler aux fidèles le précepte que l'Église leur imposait de payer le tribut du Seigneur.

Dans des époques de trouble, les laïcs se sont emparés des dîmes et les ont fait recueillir à leur profit, soit en totalité, soit en partie, ou les ont inféodées pour des redevances en argent. L'abus de cette sacrilège invasion, toujours combattue dans les conciles, fut corrigé par l'empire que la voix de l'Église exerçait sur les consciences. Les conciles de Latran s'occupèrent sans relâche de cette question et firent restituer la plus grande partie des dîmes inféodées. Les moines possédaient les dîmes au même titre

---

(1) Les deux derniers articles sont omis par M. Bouthors.

(2) Au x° siècle, on appelait : *Eglises* les terres et autres revenus fixes des Eglises ; *Autels* les offrandes des fidèles. Mais ces deux termes quelquefois distincts sont souvent confondus. *Ecclesiæ*, dit le pape Urbain II au Concile de Clermont, *quæ vulgari vocabulo apud eos Altaria vocantur.*

que les autels ; on leur en donna considérablement au xie et au xiie siècle, quand les seigneurs se sentirent pressés de rendre à l'Église ce qui appartenait à l'Église.

Le monastère de Saint-Riquier jouissait des dîmes sur les terres dont il avait la seigneurie. Bien qu'il eût des co-décimateurs en plusieurs endroits, il tirait cependant des revenus considérables de ces offrandes. Nous ignorons ce qu'il recouvra ou reçut en dons au moment de la restitution des dîmes. C'est peut-être cet acte de justice qui lui assura quelques dîmes dans les lieux où il n'avait pas d'autre tribut.

On distinguait les grosses dîmes des menues dîmes. Les premières étaient perçues sur le bled, sur le vin, sur les récoltes principales d'une terre ; les secondes sur les menues denrées, sur les fruits des jardins, les volailles : celles-ci appartenaient le plus souvent aux curés des paroisses. Cependant les archives du monastère indiquent quelques menues dîmes recueillies par le monastère.

Quand, par suite de restitution de dîmes inféodées à des monastères ou à d'autres bénéfices, les grosses dîmes d'une paroisse sont partagées entre plusieurs co-décimateurs, il n'est rien de plus complexe dans la jurisprudence que cette division des dîmes ; point de source plus fréquente de procès. Jugées primitivement par les tribunaux ecclésiastiques, comme les conciles et la raison le demandaient, les causes des dîmes en France, après une déclaration royale de 1656, furent plaidées devant les juges séculiers, sous prétexte que le temporel des églises dépendait de la puissance séculière.

Les dîmes furent quelquefois abandonnées aux curés pour leur part de subsistance ; plus souvent, elles étaient partagées avec eux ou même réservées au monastère, à la condition de fournir aux curés une subsistance honnête, connue sous le nom de *portion congrue*.

4° *Les fermages des domaines*. Longtemps exploités sous la surveillance des moines et à leur bénéfice, les domaines, dans les derniers temps, furent affermés au accensés aux habitants des villages. La location se payait en argent, en grains, en fourrage. Ce fut, sans contredit, dans cette période, la grande ressource des monastères. Ces revenus fixes, s'accroissant continuellement avec les progrès de la culture, ne pouvaient manquer ; et c'est ainsi que les institutions religieuses, longtemps languissantes et gênées, se relevèrent et entrèrent au xviiie siècle dans une voie de prospérité.

On a dit, quand on cherchait à les rendre odieux, que les domaines des moines se détérioraient par une mauvaise culture ; grossière imposture qui se réfute d'elle-même. En quoi leurs fermiers le cédaient-ils à ceux des seigneurs pour l'intelligence et l'activité ? Les baux étaient assez avantageux pour leur assurer des bénéfices considérables et améliorer le sol. Les anciens fermiers des moines tenaient le premier rang dans la classe des cultivateurs de l'époque. Leurs épargnes leur ont facilité l'achat d'une grande partie des domaines religieux ; ceux à qui leur conscience n'a point permis de participer à des adjudications condamnées par les lois de l'Église, n'en tiennent pas moins le premier rang dans l'aristocratie des propriétaires de la campagne.

5° *Les droits féodaux*. Nous les avons énumérés sous le nom de censives, reliefs, quint denier, etc. Ces droits éventuels n'offraient pas de revenus fixes, mais ils s'équilibraient dans une période déterminée. Nous en verrons les diverses redevances dans l'aperçu que nous donnerons de ces droits sur chaque fief ou village.

Faisons ici une remarque importante. Quand on énumère les domaines du monastère de Saint-Riquier, on est étonné du grand nombre de terres ou de fiefs perdus ou aliénés. Dans beaucoup d'autres, les redevances sont devenues presque insignifiantes. Ainsi sans doute le veut une loi mystérieuse de la Providence, qui ramène toujours les corps religieux à l'esprit primitif, à la pratique réelle de la pauvreté qu'ils ont solennellement vouée à Dieu et à l'Église. Ce que les saints n'oseraient proposer, ce qu'ils ne pourraient oser eux-mêmes sans sacrilège, le Tout-Puissant le laisse exécuter par les passions humaines, et par là un certain équilibre se rétablit dans la société.

Nous avons recueilli çà et là quelques chiffres des revenus du monastère à certaines époques, sans toutefois trouver d'autre chiffre officiel que celui de la déclaration de 1730, pour l'assise des décimes payées au roi. Nous le croyons authentique, à moins que les calculs n'aient été élevés d'un côté et abaissés de l'autre pour alléger la contribution des décimes.

La manse abbatiale déclare un revenu de 22,000 l. et la manse conventuelle un revenu de 25,791 l. 15 s. 9 d. et 540 l. de revenu en Flandre. Mais il faut en déduire les charges : pour la manse abbatiale, 3,474 l. 10 s.; en outre 3,500 l. de pension et 3,500 l. de réparations extraordinaires de ferme : pour la manse conventuelle, 7,118 l. 11 s. 10 d. en France et 161 l. en Flandre (1).

II. — CHARGES DU MONASTÈRE

Nous venons d'anticiper sur les charges afin de ne pas scinder un compte. Nous allons en énumérer les diverses sortes. Quelques-unes furent supprimées, d'autres étaient inhérentes à la propriété et à sa gestion.

Sous la première race des rois, les bénéfices ecclésiastiques étaient soumis envers le roi aux mêmes charges que les bénéfices distribués aux guerriers ; ils devaient le service militaire. Quand il fut réglé que les hommes d'armes des seigneurs ecclésiastiques seraient placés sous la conduite des vidames ou de leurs avoués, on fut obligé de donner à ceux-ci pour récompense ou prix de leurs services des bénéfices qui leur formèrent dans la suite des temps une dotation. C'est ainsi qu'on retrouve dans le domaine des seigneurs de la Ferté un grand nombre de fiefs de la première dotation du monastère.

(1) Voir M. Darsy (*bénéfices de l'Eglise d'Amiens*. Tome II, pages 244, 252 et Tome I, page LIII pour la taxe des décimes.)

CHAPITRE III. — REVENUS ET CHARGES DU MONASTÈRE.

Les droits de procuration ou de *gîte* et de *past* occasionnaient quelquefois des frais tellement excessifs, à cause de la suite des princes qui usaient de ces coutumes, qu'on se vit obligé de limiter le nombre des personnes et des équipages avec lesquels on devait entrer dans le monastère.

Les biens ecclésiastiques jouissaient, comme les biens nobles, du privilège d'être exempts des charges publiques et en particulier de l'impôt ; mais qu'on se garde bien de croire qu'ils ne contribuaient point à ces charges. Les dons gratuits et plus tard les décimes et les pensions sur les revenus égalèrent les impôts les plus onéreux.

Les évêques, les abbés et les seigneurs, possesseurs de bénéfices, donnaient communément de l'argent, des chevaux, des habits, quelquefois des livres. Ces offrandes sur lesquelles on inscrivait le nom des donateurs, étaient chaque année portées aux plaids royaux. Dans l'origine peut-être, le don était volontaire, mais comme il se renouvelait chaque année, ce mot n'était plus qu'un euphémisme. Le don s'était converti en véritable tribut. « Nous nous rendons vraiment ridicules, disait Salvien ; l'or que nous pesons, nous l'appelons présent ; nous déclarons qu'il y a don, lorsque le prix en a été convenu d'avance, et quel prix pour une condition si dure et si misérable ! »

Aux dons succédèrent des décimes ou subsides imposés sur les biens ecclésiastiques. A l'époque de certaines guerres onéreuses pour le trésor royal, une somme assez ronde était mise à la charge du clergé. Des agents les distribuaient par diocèses et par bénéfices, à raison du revenu (1). Les subsides des guerres de religion ruinèrent les monastères et amenèrent la destruction d'une partie considérable des domaines. Quelques communautés en rachetèrent plus tard quelques-uns avec leurs économies, mais on ne retira pas tous les biens vendus. Outre les décimes ordinaires, on demandait encore dans les crises politiques des dons extraordinaires. Les réclamations du clergé n'étaient plus écoutées, et il vint un temps où les comptes accusèrent un déficit. Les gros décimateurs étaient tenus de réparer et d'entretenir en bon état les chœurs des églises paroissiales dans les lieux où ils levaient leurs dîmes. Ils étaient aussi obligés de fournir les calices, les ornements et les livres nécessaires, quand les revenus des églises ne suffisaient pas aux frais du culte. La mauvaise volonté des décimateurs ne restait pas impunie : on saisissait leurs dîmes. L'obligation des co-décimateurs était solidaire jusqu'à concurrence du revenu. Point d'appel pour les récalcitrants, après la sentence de condamnation prononcée.

Enfin, les biens des monastères avaient des charges perpétuelles dans l'entretien des fermes, la réparation des bâtiments, la garde des bois, les honoraires des officiers de justice et des employés de toute nature. Ajoutez encore des rentes et des pensions que le roi imposait aux abbés, aux monastères, pour rémunérer les services des abbés de

---

(1) M. Darsy. *Bénéfices de l'Eglise d'Amiens*. Tome II, page 244.

cour, et vous serez quelquefois étonné de la diminution du revenu produite par toutes les sangsues qui s'attachent à ce corps livré sans défense à leur insatiable appétit.

CHAPITRE IV.

ÉNUMÉRATION DES DOMAINES DU MONASTÈRE DE SAINT-RIQUIER ET DES FIEFS.

On a donné dans plusieurs ouvrages les seigneuries, les fiefs et les domaines du monastère de Saint-Riquier (1). Dans ces nomenclatures plus ou moins complètes, des noms ont été altérés par l'ignorance des copistes. Des traductions fautives de la langue vulgaire dans la langue latine ont défiguré les formes primitives. Hariulfe a nommé les Cent-Fidèles ou Féaux qui jouissaient chacun d'un bénéfice du monastère, sans indiquer le chef-lieu de leur domaine. Ces noms sont devenus une énigme pour les générations suivantes. Les pouillés modernes ont dû recueillir des épaves de ces fiefs que le chroniqueur n'a pas désignés.

Comment, en l'absence de documents contemporains, suivre les modifications que le temps, les usurpations, les révolutions, les contrats ont apporté dans les possessions monastiques? Beaucoup des domaines primitifs ont été perdus. Dans beaucoup d'autres, dont Hariulfe affirmait la propriété libre de toute inféodation, il ne restait en 1789 que de minimes redevances. Quelques parts de dîmes, des fiefs, des droits seigneuriaux ont été aliénés ou rachetés. Les terriers, les inventaires des derniers temps sont les seuls guides qui peuvent diriger les recherches dans le dédale des coutumes féodales, souvent embrouillées par les coutumes locales.

Nous proposons un pouillé de l'antique domaine du monastère sur un plan nouveau : nous le croyons plus rationnel, plus utile que les anciens. Au lecteur de prononcer.

ARTICLE PREMIER. — Les treize seigneuries de la fondation primitive soumises à la redevance du quint denier.

1° SAINT-RIQUIER. — *Les fiefs claustraux*. Les Caritiers, la Trésorerie, le fief de l'Aumône, le fief de la Couture, le fief des Potages ou du Bedeau.

Les Fiefs séculiers. Les Amourettes. — Friaucourt ou Scourion. — Gredainville.

(1) Voir Jean de la Chapelle, le P. Malbrancq, le P. Ignace, M. Prarond, etc.

— Hamel ou Bayard. — Grand et Petit Patronville. — Rouge-Maison. — Saint-Mauguille. — Thiboutot. — Le Bel Hôtel.

Les Fiefs anciens.— Moulin Angoulan.— Le Tonlieu.— Le fief de la garde de la fête de Saint-Riquier. — Fief du Pain d'Abbeville. — Fief Brissac ou flos du Queval. *Autres Fiefs.* — Francières. — Saveuse. — Soiecourt. — Saint-Riquier. — Blencourt. — Borfontaine : — Tonvoy : — La Croix : — Havecourt. — Autres fiefs innommés.

2° DRUGY ET NEUFMOULIN. — *Fiefs.* Mairie de Drugy. — Les Aloyaux. — Coulombeauville. — Francamp. — Polagache ou le Tilleul. — La Vassorerie. — Moulin des Raques. — Ostremencourt. — Montigny en deux fiefs. — Le Priel ou Grand Moulin. — Offinicourt.

3° BUIGNY-L'ABBÉ. — *Fiefs.* Bellegente. — L'Epine. — Les Marettes ou Hémimont. — Valmaret ou Vilmaret. — *Fiefs anciens :* Haudrechies. — Le Chambellage.

4° BUSSU-YAUCOURT-VAUX. — *Fiefs.* Chapelle d'Hémimont. — Mairie de Bussu. — Thoras ou Cacheleu. — Fief d'Yaucourt. — Fief de Vaux-lès-Saint-Manguille. — *Fiefs anciens.* Le Bois de Loche. — Belflos.

5° ESTRÉES. — *Fiefs.* Estrées.— Seronville. — La Vieville. — Terres dépendant de la seigneurie à Crécy et Fontaine-sur-Maye.

6° GAPENNES. — *Fiefs.* La Prévôté. — Le Four de Gapennes. — Moriamesnil. — Bois Annette. — Domvast. — A cette seigneurie appartenait aussi la ferme du Quesnay, propriété des Clercs Réguliers de Dommartin.

7° HAUTVILLERS. — *Fiefs.* Valines et Réalmont. — *Fiefs anciens.* Ouville. — Lamotte. — Hermel. — La seigneurie s'étendait aussi sur Le Titre, Flibeaucourt et Nouvion.

8° HUPPY. — *Fiefs.* Margny ou Marigny. — Tilly. — Belleval. — Vulce ou Onicourt. — *Fief ancien.* Acheux.

9° MAISON-ROLAND. — *Fiefs.* Mairie de Maison-Roland. — Fief des Chapelains de la Cathédrale. — Prévôté d'Escamonville.

10° NOYELLES EN CHAUSSÉE. — *Fiefs.* Mairie de Noyelles. — Mairie de Portes. — Fief de la prévôté de Noyelles et de Portes. — Brasigny. — Pollehoye. — Saint-Riquier. — Le Petit Bellinval. — Terres de Valloires. — *Fiefs anciens.* Fief Colard. — Fief Manessier. — Fief du Grand Bellinval.

11° ONEUX ET NEUVILLE. — *Fiefs.* La Mairie d'Oneux. — Pommereuil ou Avène. — Valobin. — *Ancien fief.* Les grandes et petites Bonances.

12° VILLENCOURT, VILLEROY ET VITZ. — *Fiefs.* La prévôté de Villencourt. — Le vicomté de l'église et du presbytère de Monstrelet. — Dîmes d'Auxi-le-Château. — *Fiefs anciens.* Aoust et Alsy.

13° Aumatre, vendu en 1613 à Yves de Mailly. — *Fiefs anciens*. Fiefs de la Seigneurie du moulin d'Aumâtre. — Des Censives. — Du petit Saint-Riquier.

Article II. — Les seigneuries, domaines et fiefs soumis aux coutumes locales. Le plus grand nombre de ces possessions environnaient Saint-Riquier. Quelques-unes étaient plus éloignées. Commençons par les premières.

Millencourt. — *Fiefs*. Millencourt ou Flamermont. — Le Moustier ou Molinet. — Saint-Souplis ou Hesdin. — La haute et basse Salle. — Mirandeuil ou Petit Moulin. — Bersaques. — *Fiefs anciens*. Houdencourt. — La Couture du Quesne.

Agenvillers. — *Fiefs*. Le Grand et le Petit Hellencourt. — Nuellemont. — *Fiefs anciens*. Embry. — Villers. — Mont de Villers. — Hayes de Villers. — Motte du Moulin de Villers.

Gueschard. — *Fiefs*. Gueschard, Bours et Francières. — Gourguechon. — Saint-Riquier. — *Fiefs anciens*. Robert-le-Jeune. — Sarton.

Yvrench. — *Fiefs*. Yvrench. — Belleval. — Bellifontaine. — Yvrencheux, Grambus et Picotelle réunis. — Le Festel. — Tillencourt. — *Fief ancien*. Bayardes.

Coulonvillers. — Fief de Senarmont.

Boisbergues. — *Fiefs*. Mairie de Boisbergues. — Le Quesnel. — Luchuel et Beaurepaire.

L'Etoile. — *Fiefs*. L'Anneau d'or réunissant les domaines de l'Etoile, Condé et Folie-Bas. — Fontaine-Thauraude. — Le fief du Chapitre.

Mouflers. — Fief Alix.

Fontaine-sur-Somme. — Fiefs des Trotins.

Feuquières. — *Fiefs*. Feuquières ou Cany-Dreuil. — Courville. — Hocquelieu.

Crotoy et Mayoc. — *Fiefs*. Le Tarteron. — Saint-Jean-des-Prés. — Cantegny. — Fermes de Mayoc, de Rouatte, etc. La seigneurie s'étendait aussi sur Regnière-Ecluse et sur Vercourt.

Buire-en-Halloy.

Arleux et Bray. — Seigneurie démembrée du prieuré d'Encre. — *Fiefs*. Etinehem. — Herleville. *Fiefs anciens*. Fief du Bus-Livre.

Cette seigneurie avait également des droits seigneuriaux ou des dîmes à Proyart, Herleville, Vauvillers, Framerville, Rainecourt, Foucaucourt, Chuignolles, etc.

Chevincourt (Oise). Prévôté ou grand domaine, avec des droits seigneuriaux sur plusieurs villages voisins, du moins dans les temps antérieurs.

Article III. — *Dîmes*.

Dîmes sur Ailly-le-Haut-Clocher, Alliel et Famechon, sur Villers-sous-Ailly, Vauchelles et Surcamps, Mesnil-Domqueur, Longvillers, Gezaincourt, Bretel et Bagneux.

Article IV. — *Prieurés*. — Bredenay en Flandre. — Lœuilly.

CHAPITRE IV. — ÉNUMÉRATION DES DOMAINES ET DES FIEFS. 485

Prieurés anciens.— Encre ou Albert avec des domaines aux environs. — Forêt-Montier, élevé plus tard au rang d'abbaye.— Bours-en-Ternois (Pas-de-Calais), avec des dépendances dont plusieurs ont été conservées probablement jusqu'en 1789. Nous pensons que plusieurs des domaines qui suivent ont appartenu à ce prieuré, ainsi que d'autres dont les noms ont été connservés dans les archives.

Monchy-le-Breton.

Obin ou Aubin-Saint-Vast. — *Fiefs.* Le Rondel. — La grande et petite vicomté d'Obin.

Article V. — *Domaines perdus.*

1° *Sur la Somme ou aux environs.* — Abbeville. — L'Heure. — Epagne. — Eaucourt-sur-Somme.— Nielle.— Long et Longuet.— Vieulaines.— Bouchon.— Bourdon. — Dreuil-les-Amiens. — Amiens. — Bresle.

2° *Sur l'Authie ou aux environs.* — Valloires et ses dépendances, — Mésoutre. — Préaux. — Monflières. — Montigny. — Argoules.— Villers-sur-Authie. — Avesnes. — Bernay. — Euhott. — Ponches. — Biencourt. — Wawans. — Maison-Ponthieu. — Conteville. — Hardinval.

3° Domart-en-Ponthieu et pays voisins. — Roquemont.— Saint-Léger. — La Haye. — Fienvillers. — Domqueur et Plouy.

4° *Domaines en Artois.*— Sorrus.—Conchil.— Verton. — Waben. — Merlimont ou Merles. — Rollencourt. — Fillièvres. — Pernes. — Ligny-sur-Canche. — Frévent. — Capelle. — Frevin-Capelle ou Tilly-Capelle.— Nœux ou Nedon. — Mingoval. — Auxi-les-Moines, etc.

5° *Domaine en Normandie.* — Equemauville.

6° *Domaine en Angleterre.* — Prieuré de Pagrave avec toutes ses dépendances.

7° *Plusieurs domaines au pays de Liège et sur la Lys.*

Article VI. — Eglises paroissiales et chapelles sous le patronage de l'abbé de Saint-Riquier.

Eglises paroissiales. — 1° Notre-Dame de Saint-Riquier.

2° Notre-Dame d'Ailly-le-Haut-Clocher.

3° St-Aubin de Villers-sous-Ailly.

4° Notre-Dame de Vieulaines.

5° Notre-Dame de Rivières, près Béthencourt.

6° St-Michel du Quesnoy-sous-Airaines (1).

7° St-Martin de Lœuilly.

(1) D Cotron ne s'est-il pas trompé sur le présentateur de cette paroisse. Les pouillés désignent le prieur d'Airaines. N'y aurait-il pas confusion avec la chapelle que les Clercs Réguliers de Dommartin auraient érigé dans leur domaine de Quesnoy près Gapennes ?

8° St-Martin de Boisbergues (1).
9° St-Mauguille de Monstrelet.
10° St-Nicolas de Bray-sur-Somme.
11° Notre-Dame de Bredenay.
12° Sainte-Catherine de Wuast, au diocèse de Bruges.

Chapelles. — 1° St-Benoit de Saint-Riquier.
2° St-Nicolas de Saint-Riquier.
3° St-Riquier de Bredenay dans l'Eglise paroissiale.
4° St-Sauveur du Bredenay (*Ibid.*) (2).

(1) D. Cotron écrit : *Bardoye, alias Calerges.*   (2) D. Cotron. Lib XI, cap IV

PIÈCES JUSTIFICATIVES

Des Tomes I & II.

N° 1. — Tome I. Page 66.

OFFICE DE SAINT-RIQUIER.

Extrait d'un manuscrit du XIIIe siècle à la bibliothèque d'Abbeville, intitulé HORÆ DIURNÆ DE SAINT-RIQUIER.

On lit dans Hariulfe : *Albinus* (Alcuinus) *antiphonas quoque et responsoria vel hymnos de eodem sancto composuit, ut magni Patris festivitas nihil minus congrui officii habere videretur.* (*Chron. lib. II, cap. XI*).

Nous pensons que cet office, aujourd'hui incomplet par l'absence de quelques pages, est celui dont parle Hariulfe ; ce qui lui donne un mérite tout spécial dans l'histoire de Saint Riquier.

Ad primas Vesperas desunt antiphonæ.

HYMNUS.

Lux nova mundo prodit :
Occasus ortum protulit,
Dum Lucifer Richarius
Fulsit marinis plebibus.

Hunc clementi concilio
Occidentali populo,
Christus ceu sidus lucidum
Fixit in maris terminum.

Cultor divini numinis
Dat signum veri luminis,
Queis naufragosis imbribus
Absorbet mundus impius.

Hic namque corpus proprium,
Dum vitæ traxit spatium,
Afflixit tanta macie
Quam dictu sit mirabile.

Vestis fuit cilicium :
Pastus cinis et hordeum :
Hac usus alimonia
Longa traxit martyria.

Potus aqua cum lacrymis
Stratus infecti pulveris ;
Sic domans membra propria
Fit Christi vivens hostia.

O Doctor admirabilis,
Clemens, pius, amabilis,
Vita pollens miraculis
Et celebranda populis.

Cœlo sedet pro meritis,
Digne gaudens cum superis :
Qui te frequentant gaudiis,
Utile fac sic famulis.

Sit Trinitati gloria,
Richarioque plurima,
Da posse ujus precibus
Jungamur cœli civibus.
                                        Amen.

℣. Justus ut palma florebit....

In Evangelio antiphona.

Rector orbis et Redemptor, nostra dele crimina qui sancti tui Richarii lætamur præsentia, cujus pro nobis rogamus assit intercessio.

Psalmus : *Magnificat anima mea Dominum.*
Oratio: Da nobis, æternæ consolationis Pater...

(Deest folium.)

AD MATUTINUM.

Invit. et hymnus desunt.

IN PRIMO NOCTURNO.

Psalmi David. Cum invocarem (IV). Verba mea (V). Domine Deus meus (VII). In Domino (X).

Antiphona. — Richarius Christi miles, clarus confessor extitit, atque digne Deo sacerdotium ministravit.

℣. Amavit eum Dominus...

Lectio Prima.

Igitur prædicatoris officio in Britannia transacto, cum multiplici verbi Dei fructu, Beatus Richarius reversus est in patriam, ne dum in aliena messe quæreret mercedem, in propria perderet. Et tanto se ardentius servituti Dei subegit quanto viciniorem sibi diem remunerationis esse præsensit.

Responsorium. Dilectus est in omnibus et laudibus et actibus * et modo suis meritis præsidium populis. ℣. Confessor fuit inclytus et clarus in virtutibus. * Et modo suis meritis...

Lectio II.

Nam seipsum quotidianis jejuniis maceravit, mortificatione carnis constrinxit, vigiliis afflixit, orationibus munivit, caritate confirmavit, spe roboravit, fide armavit.

℟ Cum quidam claudus parvulus privatus, suis gressibus, sancti sepulcrum Richarii contigisset fide, * sanatus est continuo. ℣. Fide munda qui ad eum convenerat et puro obsecraverat corde. * Sanatus est continuo.

Lectio III.

Nulli malum pro malo vir Dei reddens, nullius adulator, neminem contempsit, ut viam veritatis prior incederet, quam cæteris prædicator monstraverat.

℟ Dum vincti viam transeunt, catenis collo subditis, Sanctum Dei precantes Richarium, * protinus sæva illius meritis vincula solvuntur. ℣. Efferimus, inquiunt, te laudibus et postulamus precibus ut tuis nos suffragiis liberes a piaculis. * Protinus sæva...

Lectio IV.

Sic vir Dei galea salutis indutus, et gladio verbi Dei accinctus, et lorica justitiæ undique circumdatus, et scuto fidei armatus, calceatusque in præparatione Evangelii pacis, processit in prælium publicum contra antiquum hostem, omnia tela ejus ignita fortissimo fidei umbone repellens, cotidianisque triumphis spolia multa victo hoste reportavit in Ecclesiam Christi.

℟ Agmina sacra Angelorum, lætamini pro concive vestro Richario, * de quo gaudet Christi ecclesia feliciter et exultat gaudenter. ℣. Omnes virtutes et omnis militia cœlorum merito glorianur cum beato Richario. * De quo gaudet...

IN II NOCTURNO.

Antiphona. Gaude, sancte Rickari.

Psalmi David. Domine quis habitabit (XIV).. Domine in virtute tua (XX). Domini est terra (XXIII). Exaudi, Deus, orationem meam (LXII). Te decet hymnus, Deus, in Sion (LXIV). Bonum est confiteri (XCIV)

Antiphona. — Gaude, Sancte Richari, lugentium consolator, peregrinorum portus et captivorum redemptor.

℣. Justum deduxit....

Lectio V.

Quam metuendus est humani generis inimico ! quam humano generi pernecessarius, ut pote qui non suorum tantum, sed multorum quæsivit salutem !

℟ Dum sæva quondam patriam clades voraret, plurimos oppressit et quosdam graviter sancti Dei de famulis.* Sed ejus sacri tumuli tactu salutem capiunt. ℣ Fide munda quotquot ad eum confugerant et puro obsecraverant corde, nullus ex eis periit. * Sed ejus sacri...

Lectio VI.

Justum est ut multorum ore in Christo laudetur multorum per Christum redemptor, cujus non tanti est miracula narrare quæ ab eo gesta sunt, quanti miraculorum agnoscere virtutem, quæ cœlesti regi in diebus suis multum acquisivit populum.

℟ Richari, tu nostrum decus, fretus divino miraculo, * tu contempsisti sæculum et invenisti Deum. ℣ Paupertas tibi placuit, mundi pompa displicuit, non tibi quicumque defuit, mens tua Deum habuit. * Tu contempsisti...

Lectio VII.

Nam officium prædicationis omni signorum ostensione majus esse non dubium est, licet non defuerit pro temporis opportunitate vel rerum convenientia signorum perpetratio, quæ divina per eum peregit clementia.

℟ Verbis fultus et sensibus et dogmatum mysteriis repletus supernis et pietate extitit, * cujus ante mausoleum tetri fugantur dæmones. ℣ O pretiosa sacerdotum gloria ! O magna lux Ecclesiæ ! * Cujus ante mausoleum...

Lectio VIII.

Extat usque hodie in pago Pontivo villa Sigetrudis vocata, in qua venerabilis pater Richarius consueverat mansionis habere hospitium, cum æquoreos Oceani campos transfretare studeret, partim salutiferæ insistens prædicationi regionis Britanniæ, partim captivorum studens redemptioni.

℟ Laudemus Dominum in beati Richarii confessoris meritis gloriosum. * Ad sepulchrum ejus ægri veniunt et sanantur. ℣ Mirabilis Deus, qui assiduis beatum Richarium virtutum miraculis coruscare facis. * Ad sepulchrum...

IN III NOCTURNO.

Antiphona. Causa.

Cantica. I. Beatus vir qui in sapientia morabitur et qui in justitia meditabitur et in sensu cogitabit; circumspector est Dei.

Cibabit illum pane vitæ et intellectus et aqua sapientiæ salutaris potabit illum.

Et firmabitur in illo et non flectetur et continebit illum et non confundetur, et exaltabit illum apud proximos suos.

Et nomine æterno hæreditabit illum Dominus Deus noster. *Gloria patri.*

II. Benedictus vir qui confidit in Domino et erit Dominus fiducia ejus. *Gloria.*

Et erit tanquam lignum quod transplantatur super aquas, quod ad humorem mittit radices suas et non timebit, cum venerit æstus.

Etenim folium ejus viride, et in tempore siccitatis non erit foliatum, nec alium desinet facere fructum.

Psalmus David (sic). (Eccl. XXXI, 8).

III Beatus vir qui inventus est sine macula, et qui post aurum non abiit, nec speravit in pecuniæ thesauris.

Quis est hic et laudabimus eum ? fecit enim mirabilia in vita sua.

Qui probatus est in illo et perfectus inventus est, et erit illi in gloria æterna,

Qui potuit transgredi et non est transgressus, facere mala et non fecit.

Ideo stabilita sunt bona illius in Domino et eleemosynas illius narrabit omnis ecclesia sanctorum. *Gloria.*

Antiphona. Causa prædicationis degens in Britannia, de servis suis prophetat quos habebat Gallia.

℣ Justus ut palma florebit....

Lectio IX.

Secundum Lucam.

In illo tempore, dixit Dominus Jesus discipulis suis. Nemo lucernam accendit et in abscondito ponit, neque sub modio ; sed super candelabrum ut qui ingrediuntur lumen videant. Et reliqua.

Omilia venerabilis Bedæ presbyteri de eadem lectione.

De sermone Dominus hæc loquitur, ostendens nequaquam lucis suæ claritatem fidelibus occultandam. Ipse quippe lucernam accendit, qui testam humanæ naturæ flamma suæ divinitatis implevit.

℟ Confessor Christi fueras et seculum contempseras. * Sequendo evangelium scandisti cœlum arduum. ℣ O Richari, tu decus nostrum, fretus divino oraculo. * Sequendo evangelium...

Lectio X.

Quam profecto lucernam nec credentibus abscondere, nec modio supponere, hoc est sub mensura legis includere, vel intra veteris Judæx gentis terminos voluit cohibere, sed super candelabrum, inquit, ut qui ingrediuntur, lumen videant.

℟ Efferimus te laudibus, sancte pastor Richari, et postulamus, Precibus, * ut tuis nos suffragiis liberes a piaculis. ℣ Dilectus Deo in omnibus et laudibus et actibus tuis, profusis gemitibus te imploramus. Precibus *, Ut tuis nos suffragiis...

Lectio XI.

Candelabrum Ecclesiam dicit, cui lucernam superposuit, quæ nostris in frontibus fidem suæ Incarnationis afficit; ut qui Ecclesiam fideliter ingredi voluerint, lumen veritatis palam queant intueri.

℟ Ecce vir prudens qui ædificavit domum suam super petram, in cujus ore non est inventus dolus ; * Quia Deus elegit eum in sacerdotem sibi. ℣ Ecce vere Israelita in quo dolus non est. * Quia Deus...

Lectio XII.

Qua sententia Judæorum quoque proceres condemnat, qui signa quærentes, externis apertam lucis januam noluerunt intrare credendo. Denique præcipit non opera tantummodo, sed ut cogitationes et ipsas cordis intentiones mundare et castigare meminerint.

℟ Sancte Richari Christi confessor, audi rogantes servulos ; * Et impetratam cœlitus tu defer indulgentiam. ℣. O sancte Richari, sidus aureum, Domini gratia servorum gemitus solita suscipe clementia. * Et impetratam...

In Laudibus.

Antiphona. Debilis ad sancti veniebat sæpe sepulchrum quidam contractus ; meritis salvatus est ejus.

Psalmus. Dominus regnavit, *cum aliis.*

Item alia antiphona. Richarius famulus Christi confessor fuit inclytus, amabilis in omnibus, et clarus in virtutibus.

Capitulum. Christus purgavit. *Ut supra*
℟ Amavit eum Dominus....
℣ Stola gloriæ.... * Amavit .. Gloria patri.
Hymnus. O doctor...(*ut supra.*) *Deest folium.*
℣ Justus germinabit....

Antiphona. Dignum est namque ut multorum ore laudetur in Christo, multorum per Christum Redemptor.

Psalmus. Benedictus.

Ad Tertiam.

Antiphona, Quia moriebantur plures, dum peste laborat frater, salvatur, tumulum dum contigit ejus.

Alia Antiphona. Dilectus Deo in omnibus et laudibus et actibus, et modo tuis meritis præsidium confer populis.

Ad Sextam.

Antiphona. Vir sanctus Domino fundens pia verba precatur ; produxit fontem sterili de cespite vivum.

Alia Antiphona. Verbis fuit et sensibus et dogmatum mysteriis Dei repletus, spiritu et pietate utilis.

Ad sextam Capitulum

Non est inventus similis illi, qui conservaret legem excelsi. Ideo jurejurando fecit illum Dominus crescere in plebem suam.

℣ Justum deduxit...

Oratio.

Concede, quæsumus, Omnipotens Deus, Beati Richarii confessoris tui nos ubique intercessionibus adjuvari, cujus nos doctrinis ad agnitionem tui sancti nominis pervenire donasti, per Christum...

Ad Nonam.

Antiphona. Nexus culparum nostrarum solve, Redemptor, qui sancti meritis rupisti vincula ferri.

Item alia Antiphona. Confessor Christi fueras et sæculum contempseras ; sequendo evangelium scandisti cœlum arduum.

Capitulum.

Iste sanctus in multitudine electorum habebit laudem et inter benedictos benedicetur.

℣ Justus germinabit sicut lilium....

Oratio.

Sanctissimi Richarii confessoris tui, quæsumus, Domine, nos oratio sancta conciliet quæ sacris virtutibus refulget, per Christum,..

Ad Vesperos.

Antiphona. Debilis ad sancti. *In laudibus, Sola.*

Alia Antiphona. Richarius. *In primo nocturno. Sola.*

Capitulum.

Christus purgavit.... *ut supra ad I Vesperos.*

℟ Justum deduxit Dominus per vias rectas.
℣ Et ostendit illi regnum Dei. ℣ Gloria patri.
Hymnus. Lux nova. *Ad I Vesperos.*
℣ Justus ut palma...

Antiphona. Interventu, Christe, sancti poscimus Richarii, nos ab omnibus noxiis absolve reatibus, ad cœlum quem sublimasti floridum virtutibus.

Psalmus. Magnificat.

In commemoratione Sancti Richarii.
Die Dominica.

Ad Psalmos Antiphona. Causa prædicationis.

Ad Vesperos antiphona In terris merito te Christicolæ venerantur, cœlica quem socium lætatur habere caterva

Feria secunda.

Post Laudes Antiphona. Nexus culparum nostrarum...

Post Vesperos Antiphona, Votis supplicibus te, Pastor sancte, rogamus : Commenda Christo quos doctrinis genuisti.

Feria tertia.

Post Laudes Antiphona. Pauperes satiabat, nudos quoque operiebat, infirmos visitabat et mortuos sepeliebat.

Post Vesperos Antiphona. Gaude, sancte Richari. *In secundo nocturno.*

Feria quarta.

Post Laudes Antiphona. Non immerito iste Sanctus laudatur, qui semetipsum ut aurum in fornace probavit.

Feria sexta.

Post Laudes Antiphona. Confirmavit eum Dominus caritate, spe roboravit, fide armavit.

Post Vesperos Antiphona. Commendent tua, Richari, suffragia Christo lætifica, proprios quos tua præsentia servas.

SABBATO.

Post Laudes Antiphona. O pretiosa sacerdotum gloria ! ô magna lux Ecclesiæ !

Post Vesperos Antiphona. Jam regnaturus cum Christo, celsa petisti : Ora pro nobis, ne detineamur ab imis.

℣ *Post Laudes et post Vesperos.* Ora pro nobis, Beate Pater Richari....

Oratio post Vesperos.

Deus, qui Beatum Richarium confessorem tuum meritis, vita laudabili decorasti, et in cœlis etiam gloria sublimasti, ejus, quæsumus, suffragantibus meritis, vita nostra apud te commendetur ; per Dominum Christum ..

Oratio post Laudes.

Sanctissimi Richarii confessoris tui, nos quæsumus, foveat beata præsentia et tuo dignos reddat obsequio ; per Dominum...

DE SANCTO RICHARIO, PASCHALI TEMPORE.

Ad Vesperos Responsorium. Justus ut palma florebit. Alleluia, alleluia, alleluia. ℣ Et sicut cedros Libani. Alleluia, alleluia, alleluia. Gloria Patri.

AD MATUTINUM.

Invitatorium. Alleluia, alleluia, alleluia.

Pour le troisième nocturne, la leçon de l'Évangile qu'on lit dans le bréviaire romain pendant le temps pascal, au commun d'un martyr, avec l'homélie de saint Augustin. Les répons au commun, excepté le XII°, qui est le même que celui de l'année. Sancte Richari.

Après cette homélie, on lit l'évangile de saint Jean, indiqué dans nos offices au commun de plusieurs martyrs, pour le temps pascal, puis l'Evangile. Nemo lucernam accendit. (Luc, XI.)

L'office de matines se termine par le Te decet laus .. et par l'oraison. Da nobis æternæ.

Nous ignorons si tout l'office du temps pascal finit là. La page suivante contient les psaumes pénitentiaux ; il est possible que plusieurs feuillets soient arrachés.

N° 2. — Tome I. — Page 82.

MÉMOIRE DES SS. MAUGUILLE, CAÏDOC ET ADRIEN.

Même manuscrit que celui de l'office de Saint-Riquier.

Antiphona. Corpora sanctorum in pace sepulta sunt et vivent novissima eorum in æternum.

℣. Exultent justi in conspectu Dei. ℟. Delectentur in lætitia.

Oratio.

Propitiare, quæsumus, Domine, nobis famulis tuis, pro sanctorum confessorum tuorum Maldegisili, Caidoci et Adriani (*meritis*), quorum corpora, membra vel reliquiæ in præsenti requiescunt Ecclesia gloriosa, ut eorum pia intercessione ab omnibus semper protegamur adversis. Per Christum.

N° 3. — Tome I. — Pages 107, 239.

NOMINA ABBATUM SANCTI RICHARII USQUE AD FINEM DUODECIM SECULI.

Ex Chronic. Hariulfi. — *Præfatio.*

1. Sanctus Richarius abbas et fundator primus.
2. Ocialdus abbas.
3. Coschinus abbas.
4. S. Guitmarus abbas.
5. Aldricus abbas.
6. Symphorianus abbas.
7. S. Anghilbertus abbas et reædificator.
8. Nithardus abbas et comes.
9. Hericus abbas.
10. Helizachar abbas.
11. Ribbodo abbas.
12. Illudoguicus abbas.

13. Hruodolfus abbas et comes.
14. Helgaudus abbas et comes.
15. Guelfo abbas.
16. Karlomannus abbas.
17. Hertbertus abbas.
18. Hedenoldus abbas.
19. Gerbertus clericus abbas.
20. Fulchericus abbas.
21. Ingelardus abbas.
22. Angelrannus abbas.
23. Geruinus abbas.
24. Geruinus abbas.

Qui sequuntur alia manu erant exarati in cod. ms.

25. Anscherus abbas.
26. Joannes abbas.
27. Gelduinus abbas.
28. Petrus abbas.
29. Guifredus abbas.
30. Richerus abbas.
31. Laurentius abbas.
32. Ursus abbas.
33. Richerus abbas.

O quot sanctorum tegit urnas discipulorum,
Aula patens patrio principe Richario!

N° 4. — Tome I. — Page 255.

PRIVILEGIUM HLUDOVICI DE CIVINOCURTE.

Ex Chronic. Hariulfi. Lib: III, cap. XIII. Anno 867, pro 879.

« In nomine Domini Dei æterni : et Salvatoris nostri Jesu Christi, Hludovicus misericordia Dei rex. Notum sit omnibus sanctæ Dei Ecclesiæ fidelibus, et nostris, præsentibus scilicet atque futuris, quoniam Guelfo venerabilis abbas et consanguineus noster charissimus, ad nostram accedens Serenitatem, precatus est ut propter hospitum oppressionem facere juberemus præceptum nostræ auctoritatis ex villâ fratrum Sancti Richarii nomine Civinocurte ; quatenus nemo ibi mansionaticum faciat, nec in hostem vadens, nec iterans, sed libera sit jam dicta villa ab omni oppressione hospitum, et liberè possit suis senioribus deservire. Nos itaque ejus petitionibus assensum præbentes propter amorem Dei, et reverentiam prædicti loci, et remedio animæ nostræ, et ob jam dicti Abbatis Guelfonis charissimi consanguinei nostri dilectionem, ita et fecimus. Præcipientes igitur jubemus per hoc præceptum nostræ auctoritatis, ut nullus in prædictam villam ex omni regno nostro introeat causâ ullius mansionatici sine voluntate prædictorum fratrum, sed liberè ab omnium hospitum oppressione maneat sine ullâ resultatione. Si quis verò hoc nostrum præceptum infringens quidpiam sine licentiâ fratrum ex prædictis fecerit, argenti libras xxx coactus exsolvat. Et ut hæc nostræ concessionis auctoritas per omnia tempora inviolabiliter ab omnibus conservetur, annuli nostri impressione subter eam sigillari jussimus.

« Audacher notarius ad vicem Gauzlini recognovit et subscripsit.

« Datum III Kalend. Januarii. Indictione XV. Anno II. Regnante Ludovico gloriosissimo rege.

« Actum Compendio Palatio in Dei nomine feliciter. Amen. »

N° 5. — Tome I. Pages 229 et 288.

PRIVILEGIUM HLOTARII PRO HUGONE DUCE (974).

Ex Chronic. Hariulfi. Lib. III, Cap. VI. et Rer. Gall. veter. Script. Tom. IX, page 638.

« In nomine sanctæ et individuæ Trinitatis. Hlotharius divinâ providente clementiâ Francorum rex. Si servorum Dei justis et rationabilibus petitionibus benignitatis nostræ assensum præbemus, regiæ celsitudinis opera frequentamus ; ac per hoc facilius nos æternæ beatitudinis gloriam adepturos liquidò credimus. Quocirca noverit omnium sanctæ Dei Ecclesiæ fidelium atque nostrorum tam præsentium quam futurorum solertia, quia Dux Hugo nobis per omnia fidelis unâ cum monachis ex Centulo Monasterio præclarissimi scilicet confessoris Christi Richarii, culminis nostri adeuntes serenitatem expetierunt quatinùs villas quasdam ex eâdem Sancti Richarii abbatiâ, quas ipse Dux Hugo stipendiis et usibus monachorum pro remedio suæ animæ addiderat, ut nullius aliquando Abbatis vel cujuscunque personæ minoratione illis subtrahantur, imperiali præceptione pleniter firmaremus. Quorum denique preces ob amorem Dei et jam dicti militis ejus sancti Richarii, necnon et ob dilectionem charissimi consanguinei nostri Hugonis Ducis clementer audivimus, et ita illis in omnibus concessisse notum esse volumus. Qnin etiam reverentiæ nostræ scriptum hoc speciali conditione fieri jussimus, per quod memoratas villas in pago Targonensi sitas, hoc est Botritium cum omni integritate suâ, Rolleni etiam curtem in jam dicto pago cum omnibus appendiciis suis vel quidquid ad supra dicta loca justè et legaliter aspicere videtur, sicut à jam dicto Duce et ejusdem loci Abbate statutum est, usibus et stipendiis monachorum in præfato loco Christo famulantium, concedimus atque firmamus : videlicet ut nulli liceat unquam ab eorum dominio ex eisdem villis aliquid abstrahere aut minuere aut in alios usus convertere, nec paratas aut lidimonium aut hostilicium aut alias quaslibet redhibitiones aliquis ullomodo præsumat exigere : sed, sicut dictum est, eo modo atque tenore quo à nobis atque à prædicto Duce statutum est, ita nostris et futuris temporibus securè illas teneant et quietè possideant : quatinùs eosdem servos Dei in præfato monasterio Domino militantes pro salute genitoris nostri ac felicitate nostrâ, conjugis proleque, seu stabilitate regni nostri incessanter piissimi Judicis misericordiam implorare delectet. Et ut hæc autoritas per futura tempora inviolabilem atque inconvulsam obtineat firmitatem, manu propriâ subter firmavimus, et annuli nostri impressione assignari jussimus.

« Actum Compendio palatio regio, anno Dominicæ Incarnationis DCCCXIII, Indictione II (1).

(1) Cette charte que la chronique de Saint-Riquier place en l'an 853, Indiction VI, *Le Recueil des Historiens de la France* la place à l'an 974, Indiction II. seule date possible. L'erreur ou plutôt la faute

Regnante gloriosissimo rege Hlothario anno XXI.
« *Signum Domini Hlotharii gloriosissimi Regis.*

Ego Adalbero regius notarius ad vicem domni Adalberonis, Remorum Archiepiscopi et summi Cancellarii, recognovi. »

N° 6. — Tome I. — Page 426.

ÉPILOGUE DE LA CHRONIQUE D'HARIULFE.

Ex Chronic. Hariulfi. Lib. IV. Cap. Ultim.

Toto corde meo te, Centula mater, amavi.
Traditus à puero, mea sub te colla ligavi.
Fœdera juravi quibus in te vota dicavi.
Pignus habens fidei, tua sat contraria cavi.
Fratribus et Dominis tunc lætitiam generavi ;
Gesta Patrum scribens, pro viribus ista paravi ;
Atque Dei laudes super istis multiplicavi.
Nobilis es palma, quia de te fructificavi.
Ecce tuos natos quot laudibus amplificavi :
Thesaurosque tuos nullis priùs æquiparavi.
RICHARIUM sanctum laudando clarificavi.
Cerne piis oculis quam rem tibi magnificavi.
Quo si nobilior, nulli te consociavi.
Conscriptis Patribus fore magnam nobilitavi.
Mater agens famulum, qui te sic mirificavi ;
Exime jam culpis, per quas me commaculavi,
Meque tuis socia, quos jure beatificavi.
Fratribus intersim, Dominos quos desideravi.
Projiciar nec his, quibus antea me copulavi.
RICHARIUS foveat me, sub quo sanctificavi,
Ut Christo placeam, me cui sacrificavi.

N° 7. — Tome I. — Page 325.

RECOGNITIO CHARTARUM MONASTERII CENTULENSIS.

Vide Annal. D. Mabillon. Tom. V, page 628.
Anno 1098.

est donc manifeste. Les auteurs du *Recueil*, etc. ajoutent « *Hinc conjicere licet Hugonem Francorum* « *Ducem. S. Richarii Abbatiam tunc tenuisse.* »

N° 8. — Tome I. — Page 387.
ELOGIUM ANSCHERI, ABBATIS CENTULENSIS.

Vide Annal. D. Mabillon. Tom. V, page 623, Anno 1098.

N° 9. — Tome I. — Page 407.
CHARTE DE RÉPARATION AUX MOINES DE SAINT-RIQUIER PAR GUI, COMTE DE PONTHIEU.

Circa Ann. 1100. Gallia Christiana. Tom X, page 299.

In nomine Sanctæ et Individuæ Trinitatis, Patris et Filii et Spiritus Sancti. Amen.

Ego Wido permittente Deo comes Pontivorum, advocatus monasterii Sancti Richarii gloriosi confessoris, cujus totum fuerat quod patres mei tenuerunt, dum multum temporis exegissem in gravi languore, et viderem me de proximo moriturum, cœpi nimium pavere et angustiari, torquente me conscientia propter horrorem gravium criminum meorum, pro quibus formidabam incurrere incendia tormentorum, ac idcirco rogavi ad me venire abbatem præfati S. Richarii, communis scilicet patris et patroni nostri, et toto animo exoravi tam abbatem quam monachos, ut ignoscerent malis meis, nec reputarent infelici animæ meæ tot et tanta mala quæ assidue intuleram rebus et villis atque colonis ecclesiæ Beati Richarii. Quibus prudenter respondentibus posse me veniam assequi, si eisdem malis finem darem : bona spe confortatus, remisi et indulsi ac omnino perdonavi quidquid prave vel injuste in rebus illorum villisque et colonis hactenus præsumpseram : et quod remisi ab amicis fidelibusque meis remissum esse sub fidei confirmatione testificari mandavi, ita videlicet ut sive in oppide Centula, sive in villis, sive in terris, quidquid male ac tortuose acceperam, amodo in perpetuum sit indultum, et gladio anathematis pereat quicumque meorum hæredum voluerit a nobis indulta repetere, et mala a me commissa ad renovationem nequitiæ tentaverit renovare.

Hujus indulgentiæ Beato Richario impensæ, immo magis ab eo per orationes fratrum meis reatibus condonatæ, testes invoco cœlum et terram, proceres quoque Pontivorum, Simonem, Hugonem senioratum, Godardum Areniensem, Godardum de Transan .. abbatem Anscherum, priorem Warinum, a quibus et coram me facta est excommunicatio, quos, etc.

N° 10. — Tome I. — Page 407.
CHARTE DE L'ABBÉ ANSCHER,

Pour réprimer les entreprises de la commune contre le monastère.

Ex Chronic. D. Cotron. Anno 1126.

In nomine Sanctæ et Individuæ Trinitatis. Amen.

Ego, Anscherus Sancti Richarii Abbas et totus monachorum ejusdem sancti conventus, notum fieri volumus tam futuris quam præsentibus quod venerabilis Francorum rex Ludovicus apud Sanctum Richarium venit, et causa utilitatis nostræ inter homines nostros Communiam ibi constituit et statuta illa discessit. Postea Burgenses in suâ multitudine confidentes, consuetudines et jura nostra, videlicet talionem de exercitu regis et pastum ejusdem et mensuras et relegia nostra, quæ ab antiquo tenueramus, nobis auferre conati sunt. Rursus homines curiæ nostræ ante Communiam a fossis, ab excubiis, a talione liberos, omnibus consuetudinibus suis injuste subdiderunt. Unde nos graviter commoti Dominum nostrum Regem Francorum precibus sollicitavimus, ut iterum ad nos rediret, et in pristinam libertatem res nostras revocaret, et ecclesiam nostram ab exactione et consuetudine injusta liberaret. Rex igitur nostræ depressioni compatiens ad nos venit, omnemque seditionem quæ inter nos orta fuerat, ut debuit, sedavit : eo tamen tenore, quod talionem de exercitu regis sive minimam sive magnam, cum evenerit, reddendam, et pastum sive minimum sive magnum communiter a Burgensibus et rusticis reddendum et mensuras et relegia, sicut libere ante Communiam tenueramus, et consuetudines alias ipsi Burgenses a modo libere nobis tenere in perpetuum concesserunt. Præter hæc vavassores nostros qui cum armis feodum suum deserviunt, a prædictis consuetudinibus, a talione videlicet, a fossis, ab excubiis assensu Burgensium privavimus. Famulos siquidem nostros de pane Sancti Richarii viventes et rusticos omnes extra corpus villæ commorantes de Communia exire fecimus. Si quis liber rusticus in Communiam intrare voluerit, domino suo jus proprium reddet, et terram suam dimittet et sic in Communiam intrabit. Capitaneus autem et capite censitivi Sancti Richarii homines, sine assensu Abbatis, nunquam in eam intrabunt.

Item in præsentia regis statutum est quod Comes Pontivensis Guillelmus extra Communiam in perpetuum habeatur, et quod nullus principum habens castrum sine assensu regis et nostro, in Communiam introeat; nec major inter Burgenses sine assensu regis et nostro amodo statuatur; et si statutus fuerit, nunquam in majoratu suo, nisi quantum nobis placebit, morabitur. Præterea Robertus de Miloburgo et fratres sui præfectura et Vicecomitatu et omni potestate perpetuo privabuntur. Postremo sancitum est, ne quis Burgensium a modo in ecclesiam nostram pro aliquâ offensione, nisi tantum orationis causâ, unquam introeat, neque campanas nostras pulsare sine assensu nostro ulterius præsumat. Hæc omnia ita determinata Burgenses fide et sacramento se exequi promiserunt, et inde nobis obsides donaverunt, sicut comes Flandriæ Carolus et Stephanus regis dapifer qui aderant, vivâ voce disposuerunt.

Ego Ludovicus Dei misericordiâ Francorum rex hæc omnia præscripta statui et confirmavi, et ne possent oblivione deleri vel a posteris infirmari sigilli nostri auctoritate et nominis nostri charactere subter firmari præcepi.

Actum apud Sanctum Richarium publice, anno Incarnati Verbi millesimo centesimo vigesimo sexto, regnante Ludovico rege vigesimo.

Signum Stephani Dapiferi.
Signum Gislteberti Buticularii.
Signum Hugonis Constabularii.
Signum Alberici Chamerarii.
Signum Mathei Comitis de Bello Monte.
Signum Guidonis de Turre.
Signum Ninardi de Pissi.
Signum Guillelmi de Tria.
Signum Tomæ Agathomis.
Data per manum Stephani cancellarii.

Sigillum inferiori diplomatis parti insertum præ vetustate ceciderat.

N° 11. — Tom. I, — Page 424.

TESTAMENT DE ROBERT DE LA FERTÉ.

Ex Chronic. D. Cotron. Anno 1129.

A ☩ ω   In nomine Sanctæ et Individuæ Trinitatis.

Robertus ex nobilibus nobilis veluti ex patre Anschero, optimo quondam milite et ex Liedselima matre natus, cum annos plurimos peregissem in prosperitate et pace, ac tandem jubente Deo languore depressus, cum sentirem me viam mortis subiturum, convocavi uterinum fratrem meum Anscherum, Abbatem cœnobii Sancti Richarii. Convocavi etiam nepotes meos, scilicet Vuidonem, Ursionem, Ingelrannum, Hugonem, ac Henricum, filios Mathildis sororis meæ, Henricum filium Aniciæ sororis meæ et reliquos nepotes ac propinquos quorum multitudine fulciebar, quibus coram me astantibus, testamentum hoc confeci, in quo testor atque testificatus sum coram Deo et Sanctis Angelis, quia omnem terram arabilem quam tenebam in parochiâ de Froocourt et mansos quos intra oppidum Centulæ, quoquomodo tenueram, ad usus elemosynæ cum sui integritate condonavi, tradidi et delegavi sancto Richario quatenus fructus elemosynæ peccatorum meorum remissio, et animæ meæ salus sit et redemptio. Ne vero parva esset nepotum meorum et amicorum præsens cognitio, ipsum quoque Pontivorum Comitem Guidonem ad idem testamentum convocavi, et ut opus meum perficeret, enixius obsecravi : qui ingenuâ liberalitate prompte paruit, et ut stabile fieret donum istud ratumque persisteret, testamentum hoc suâ auctoritate confirmavit. Illorum etenim mansorum quos intra oppidum possideram et quos ad donum elemosynæ confero debitos census, talis est : Ingelrannus Vavassor, VI denarios in festo Sancti Joannis Baptistæ VIII kal. julii, V denarios in natali Domini, minam frumenti et duos capones : Gualo Dalbin, in festo Sancti Johannis VI denarios, in natali Domini VI denarios, minam frumenti, duos capones : Wualterus filius Wetoldi, in festo Sancti Joannis VI denarios, natali Domini VI denarios, minam frumenti, duos capones : Gerardus tamizator, in festo Sancti Joannis XXIIII denarios, natali Demini XXIIII denarios : Hugo de Cathordo in festo Sancti Joannis XII denarios, natali Domini XII denarios : Hugo fornarius, in festo Sancti Joannis VI denarios, VII idus octobris sex solidos emendationum, in natali Domini sex denarios : Hugo de Menil unum multonem de herbacio : in festo Sancti Joannis XII denarios, natali Domini XII denarios, minam frumenti et quatuor capones : Mainerus filius Germeri in festo Sancti Joannis quatuor denarios et obolum, in natali Domini similiter, Camba Bernardi Bubulci per singulos quindecim dies debet tres hamelicos cervisiæ.

Hujus donationis testes et adjutores plures nobiliorum fuerunt quorum nomina subscribuntur. —Wido comes. —Vuido Fontanensis. — Ingelrannus frater ejus. — Ursio frater eorum. — Henricus de Villa-Regis. — Eustachius de Vuabenno. — Godardus de Vinario. — Hugo filius Adelæ. — Vualterus Venator.

Post pactam talem largitionem obiit vir nobilis Robertus XVI kalendas novembris, cujus sepulturæ interfuit Dominus Guarinus, Ambianensium episcopus cum Radulfo archidiacono suo et quibusdam de clero, Anscherus quoque frater germanus ipsius Roberti cum suis monachis. A quo Episcopo et Abbate et a presbyteris multis facta est excommunicatio super illos quicumque donationem hanc dissolvere aut rescindere voluerint.

Actum in Ecclesiâ Sancti Richarii, XVI kalendas novembris, anno dominicæ Incarnationis millesimo centesimo vicesimo nono, indictione septima.

N° 12. — Tom. I. — Page 420.

LETTRE DE L'ARCHIDIACRE DE TOURNAY.

Érection d'une chapelle dans l'église de Saint-Riquier de Bredenay en faveur d'un moine, à la suite de l'incendie de Saint-Riquier.

Ex Chronic. D. Cotron. Anno (1131).

R. Dei gratiâ Tornacensis Archidiaconus, sanctæ matris Ecclesiæ filiis in perpetuum. Præsentis scripti attestatione charitati fidelium notum fieri volumus, quod in anno quando apud sanctum Richarium flebilis excessus et execrabilis et multorum utriusque sexus lugubris interitus contigit, Prior de Bredena, W. petitionem domni Ascheri venerabilis abbatis sancti Richarii, totiusque ejusdem cœnobii conventus ad nos detulerit, et ut in ecclesiâ apud Bredenagum unum tantum parochialem sacerdotem jura parochialia tenere permitteremus humiliter postulavit, ita tamen ut alterius sacerdotis vices (erant enim antea duo) monachus unus missarum celebratione et in aliis obsequiis quæ rite per monasticam personam fieri possent fideliter compleret. Sane petitionem hanc non dignam perpendentes repulsâ, etiam propter prænotatam calamitatem, communicato consilio hujusmodi indulgentiam fecimus et præsentis paginæ assertione confirmavimus, ut deinceps sacerdos unus parochialis inibi deserviat et monachus, quemadmodum præfatum est, cooperator existat. Porro ne in aliquo jus pontificale et nostram nostrorumque ministrorum diminutionem aliquam patiatur, utrinque collaudatum est et confirmatum ut, pro sublato sacerdote id quod sacerdos fecerit, per omnia ecclesiæ faciat et respondeat.

N° 13. — Tom. I. — Page 420.

CHIROGRAPHE DE GELDUIN, ABBÉ DE SAINT-RIQUIER, POUR L'ABBAYE DE VALLOIRES.

Ex Chronic. D. Cotron. Anno 1147.

A B C D E F G H I K (*Litteris media parte scissis.*)

Notum sit omnibus præsentibus et futuris sanctæ Ecclesiæ filiis, quod ego Gelduinus sancti Richarii abbas, totius Capituli assensu, Rogero abbati et toti conventui de Balanciis, in territorio de Troschencourt tantum terræ quantum duabus carrucis excoli potest, vel si plus terræ quæ sine calumpnia sit ibidem possunt excolere, nos jure hæreditario ad terragium libere obtinere concessimus. Si vero ibidem domum ædificare volunt, quot jugera terræ in mansione suâ occupaverint, tot duodecim nummos de singulis jugeribus possessis, singulis annis pro censu ad natale Domini persolvent.

Actum est autem istud anno Verbi Incarnati millesimo centesimo quadragesimo septimo.

Affuerunt ibi personæ quorum nomina conscripsimus. Gelduinus abbas. — Stephanus prior. — Robertus de Abbatis Villa. — Alulfus. — Gauterus camerarius. — Haimericus. — Guido. Arnulfus. — Thesardus. — Hugo Rufus.

N° 14. — Tom. I. — Page 440.

CHIROGRAPHE DE PIERRE, ABBÉ DE SAINT-RIQUIER.

Cet Abbé engage ou hypothèque des terres du monastère à l'abbaye de Valloires pour un prêt de 40 livres.

Ex Chronic. D. Cotron. Anno 1150.

CIROGRAPHUM. *Litteris per mediam partem divisis.*

In nomine Sanctæ et Individuæ Trinitatis. Ego Petrus Dei gratia sancti Richarii abbas et totus ejusdem cænobii conventus, tam præsentibus quam futuris notum fieri volumus quod nos communi utilitate compulsi et Romam ituri, Rogerum abbatem Balanciarum adivimus, ut quadraginta libras ad auxilium viæ nostræ nobis accommodaret, totius capituli nostri assensu rogavimus. Ipse vero familiaritatem Ecclesiæ nostræ adtendens, consilio fratrum suorum petitioni nostræ satis benigne adquievit, eo siquidem tenore quod quidquid Ecclesia sancti Richarii in cunctis redditibus tenet à Ponto-Valle quæ surgit ab Alteia (1) usque ad exitum ejusdem vallis, et de exitu vallis inter campum de Buireis (2) et Haiam sancti Richarii usque ad Moflieras (3) et a Mofleriis usque ad novam abbatiam et quidquid in Pincemonte (4) Ecclesia sancti Richarii possidet, et quidquid infra istud præscriptum confinium usque ad Alteiam continetur, insuper et viginti tres solidos et dimidium et anguillas et quod pro Moxultra et pro molendino et aqua nobis annuatim persolvebant, usque ad decem annos pro quinquaginta solidis nobis annuatim in festo sancti Richarii, quæ est in mense octobri reddendis, pro cunctis redditibus supradictis et pro omni censu quem nobis debebant, ecclesiæ Balanciarum obtinere concessimus ; ita quod redditus illi et census ille usque ad decem annos non redimentur et unoquoque anno istorum decem annorum triginta solidos de quinquaginta supradictis, nobis et ecclesiæ nostræ persolvent ; viginti vero alii solidi de prædictis quadraginta libris minuentur. Transactis vero decem annis, triginta libræ quæ remanent in prædicto festo sancti Richarii reddendæ sunt. Quod si tunc redditæ non fuerint, nonnisi de anno in annum et eo die et die proprio sancti Richarii reddi poterunt. Infra vero præscriptum confinium in omnibus redditibus sive in terra sive in aquis, quos eis præfato modo habendos concessimus, abbatiam sancti Judoci nihil omnino tenere cognoscimus, præter campum Galteri fratris Fulchonis, quem pro viginti solidis nos ei excolendum salvo redditu nostro concessimus. Si quis vero in omnibus his calumpniam vel infesta-

(1) Rivière d'Authie.
(2) Buires.
(3) Monflières, village détruit.
(4) Pinchemont.

tionem aliquam eis ingesserit, nos pro posse nostro in omnibus locis coadjutores et defensores erimus. Cum vero triginta libras quæ post decem annos remanent simul persolverimus, et tunc si redditus illos extra manum nostram ponere voluerimus, prius illos abbati Balantiarum offeremus, et si tantumdem quantum et alter facere voluerit, qui pro aggravatione prædictæ domus non fecerit, illos habebit. Quod si ipsa ecclesia Balanciarum super hoc se gravari conquesta fuerit, convocabimus quatuor abbates, duos nostri ordinis et duos sui, quorum consilio et consideratione res tractabitur. Si vero ordinatione vel dispositione istorum quatuor abbatum res in eorum manus venerit, de pretio quod nobis dabunt, centum solidi computabuntur pro palefrido (1) quem nobis ad auxilium viæ nostræ tradiderunt.

Hujus rei testibus Wa. Stephano priore et Guidone fratre ipsius, Waltero camerario, Haimerico et Hugone de Millencourt, Roberto de Abbatis Villa et Alberto Villano, Arnulfo de Medio-Burgo et Urso de Crusenenria et Oilardo monacho de Corbeiâ : et de Burgensibus Hugone filio Hildiardis et Henrico de Gaissart, Roberto de Valle, et Durando cellerario, Wualtero filio Eremberti, Odone filio Bosonis et Wualtero filio Vulfranni. Argentum receperunt isti duo.

Facta est carta xij Kal. Novembris, anno ab Incarnatione Domini millesimo centesimo quinquagesimo. Appendet sigillum sic expressum, sub duplici lacu menbraneo, ubi representatur manus baculum pastoralem gerens. (*Deest sigillum.*)

N° 15. — Tom. I. — Page 443.

BULLE DU PAPE ALEXANDRE III.

Le Pape confirme à l'abbaye de Saint-Riquier ses droits sur Forêt-Montier.

Ex Chronic. D. Cotron. Anno 1162.

Alexander Episcopus, servus servorum Dei, dilectis filiis.... Abbati et Fratribus sancti Richa-

(1) Palefroi, cheval de prix garni de ses harnais.

rii salutem et apostolicam benedictionem. Precibus et petitionibus vestris quæ rationi conveniunt, prompto nos decet animo condescendere et eis benignum impertiri favorem, ut a nobis in his non videamini sustinere repulsam. Quæ ratione prævià postulatis, eapropter, dilecti in domino filii, vestris justis postulationibus gratum impertientes assensum, monasterium Foreste quod vestri juris existit, cum omnibus bonis et possessionibus suis quas in præsentiarum juste et canonice possidet, aut in futurum justis modis præstante Domino poterit adipisci, sub Beati Petri et nostra protectione suscipimus. Et idem monasterium, sicut ipsum rationabiliter possidetis, vobis et monasterio vestro auctoritate apostolicâ confirmamus et præsentis scripti patrocinio communimus, statuentes ut nulli omnino hominum liceat hanc paginam nostræ confirmationis infringere vel ei aliquatenus contraire. Si quis autem hoc attemptare præsumpserit, indignationem Omnipotentis Dei et Beatorum Petri et Pauli apostolorum ejus se noverit incursurum.

Datum Anagniæ xv Kal. Augusti.

Plumbum appendet sub duplici lacu bombicino crocei coloris.

N° 16. — Tom. I. — Page 443.

CHARTE DE GAUDEFROY, ABBÉ DE SAINT-RIQUIER.

Partage de dimes avec les Templiers.

Ex Chronic. D. Cotron. Anno 1164.

In nomine Sanctæ et Individuæ Trinitatis. Ego W. Sancti Richarii Abbas, cunctis fidelibus tam futuris quam præsentibus præsenti scripto notificamus, quod tertia pars decimarum de terrritoriis quæ Roselflos, et Villa, et Roschemont nuncupantur, quæ etiam antiquitus juris nostræ Ecclesiæ fuerant, in manus et possessionem Hospitalium Fratrum per incuriam et negligentiam antecessorum nostrorum devenerunt longoque tempore jam tenuerunt. Nos vero considerantes quod facile non esset tandiu ab eis absque legali contradictione possessa ab eorum manibus eruere, hanc tandem compositionem consilio et assensu monachorum et hominum nostrorum cum eis fecimus ; quod medietatem prædictæ decimæ in pace tenendam eis concessimus, et aliam medietatem Ecclesiæ nostræ, cujus etiam antiquis temporibus extiterat, restituimus. Quosdam autem qui huic nostræ compositioni inter fuerant, subscribi in testimonium fecimus, Domnus Abbas Corbiensis Joannes : Bernardus de sancto Gualarico.

Appendent duo sigilla, utrumque sub duplici lacu pelliceo.

N° 17. — Tom. I. — Page 445.

CHIROGRAPHE DE GAUDEFROY, ABBÉ DE SAINT-RIQUIER, SUR LA TERRE DE BAYARDES.

Ex Chronic. D. Cotron. Anno 1166.

In nomine Sanctæ et Individuæ Trinitatis. Ego W. Dei gratia Sancti Richarii Abbas totusque ejusdem sancti conventus, omnibus sanctæ Ecclesiæ filiis tam præsentibus quam futuris, notum fieri volumus quod nos medietatem totius nemoris et terræ, quam in territorio Bayardarum in nostro dominio habemus, Domino Gualtero Seniorato et successoribus suis, jure hæreditario in perpetuum de nobis in feodo tenendam, consilio hominum et procerum nostrorum concessimus : ipsam vero omnem terram, id est nostram et præfati G. partem, more et jure mediatoris excolendam tradidimus cuidam converso (1) Sancti Judoci de Nemore, nomine Roberto de Hanceiis, quam ipse, ubicumque necessarium fuerit, emendans fertilem efficiet stercoribus appositis et marlis Cum autem colligendæ messis tempus advenerit, prædictus conversus pro stercoribus impositis unam medietatem, sicut mediator, solus accipiat, et alteram nobis et prædicto G. Seniorato iterum inter nos partiendam dimittet, exceptis duabus garbis decimæ, de quibus nec ipse Gual. nec præfatus conversus R. ullam omnino partem capient, sed nos eas, eo tenore eaque libertate quæ hactenus in pace libere et quiete possedimus, ita etiam totas et integras absque ulla alicujus partitione amodo

(1) Frère convers du monastère de Saint-Josse.

possidebimus. Erit autem in nostra voluntate utrum partem nostram ante trituram in garbis, vel post, in vasis accipere velimus. Ipse vero supradictus Gal. Seniorator, hoc tanto a nobis beneficio sibi illato, quod de nobis tenebat præfatam terram concessimus, mitior et lætior effectus et ad benefaciendum nobis aliquantulum plus solito provocatus, quasdam consuetudines quas ad vicecomitatum suum pertinere dicebat, quas etiam ipse injuste et violenter in nostra curte accipere volebat, et inde nostram Ecclesiam multum inquietaverat, omnes beatissimo patri nostro Richario et nobis dimisit, et quod nec ipsas nec quaslibet alias consuetudines in prædicta nostra curte amplius exigeret, ante altare beati patris nostri Richarii, Deo et ipsi Sancto et nobis, multis coram positis testibus, promisit et spopondit. Hoc autem, ne longinqua annorum revolutione oblivioni tradatur, litteris mandare studuimus, quosdam etiam qui huic pactioni præsentes adfuere testes subscribi fecimus.

Ego ipse W. sancti Richarii abbas. — Hinfridus tunc prior. — Guitundus. — Hugo de Millencourt. — Radulphus. — Gualterus de Vallibus. — Guido et Fulchardus et alii omnes monachi. De clericis autem, Eustachius de sancta Maria, et Petrus de sancto Nicholao, et Gualterus de sancto Benedicto, præsbyteri. — Magister Guifridus et Gualterus, Decanus de Abbatis-Villa, canonici. — Magister Gillebertus et Joannes et quam plures alii clerici. De militibus vero, ipsemet Gualterus Seniorator et duo fratres ipsius, Hugo scilicet de Outrebois et Odo. — Anselmus de Alsci. — Galterus Pochol. — Ibertus de Senarmonte. — Anscherus de Vallibus. — Henricus de Gaissart. — Simon Mayor. — Hubertus Vicecomes. — Hugo de Belflos. — Hugo de Vilair. — Bernardus de Petrâ, et plures alii milites. — De Burgensibus autem Henricus de Viconovo. — Harnulfus. — Wuillelmus de Brasli. Odo de Altaribus. — Simon Mayor. — Hugo Canete. — Arnulfus Austais. — Odo Cornesardus. — Girardus Palpebre. — Galterus villanus. — Seguinus cambarius, omnes tunc Schivinarii. Hugo etiam filius Hildiardis. — Lambertus de Alsci. — Vuillelmus et Richerus Harnas et Durandus cellelarius frater eorum. — Galterus de Curte.

— Gerardus Forbator. — Ingelardus, filius Arnulfi cocci et multi alii Burgenses.

Actum est istud anno Verbi Incarnati millesimo centesimo lxvj, decem novenalis circuli VIII, Indictione quarta decima.

Appendebat ejusdem Galteri Senioratus sigillum, ut infra ad annum 1167 expressum. (*Deest Sigillum.*)

N° *18.* — Tom. *I.* — Page *459.*

BULLE DU PAPE ALEXANDRE III POUR LE DOMAINE DE LŒUILLY.

Ex Chronic. D. Cotron. Anno 1170.

Alexander episcopus, servus servorum Dei, dilectis filiis Laurentio Abbati et capitulo sancti Richarii salutem et apostolicam benedictionem. Cum Ecclesiæ vestra nobis sit nullo mediante subjecta, dignum est, conveniens et honestum ut ejusdem Ecclesiæ jura præter commune debitum conservemus et Apostolici favoris patrocinio muniamus. Eapropter, dilecti in domino filii, vestris justis postulationibus gratum impertientes assensum ecclesiam sancti Luciani de Lulliaco cum pertinentiis suis, sicut eam canonice possidetis, vobis et Ecclesiæ vestræ auctoritate Apostolica confirmamus. Nihilominus etiam possessiones omnes quas in territorio Castri de Lulliaco, ex dono nobilis viri Gradulfi legitime possidetis, sicut in ejus scripto auctentico continetur, et alias quas in eodem territorio in præsentiarum pacifice possidetis, vobis duximus confirmandas. Nulli ergo omnino hominum liceat hanc paginam nostræ confirmationis infringere vel ei aliquatenus contraire. Si quis autem hoc attemptare præsumpserit, indignationem Omnipotentis Dei et Beatorum Petri et Pauli Apostolorum ejus se noverit incursurum.

Datum Anagniæ, undecimo kalendas septembris.

Sub duplici lacu bombicino purpurei croceique coloris appendet sigillum plumbeum, in quo, ut moris est, repræsentatur ex una parte facies Sanctorum Petri et Pauli Apostolorum : ex alterâ vero hæc habetur inscriptio.

ALEXANDER PP III.

N° 19. — Tome I. — Page 462.

LETTRE DE THIBAUT, ÉVÊQUE D'AMIENS SUR LE CROTOY.

Ex Chronic. D. Cotron. Anno 1176.

Ego Theobaldus, Dei miseratione Ambianensis dictus episcopus, tam præsentibus quam futuris, notum facio quod nobilis vir Joannes Comes Pontivi et dilectus in Domino Laurentius Abbas venerabilis Sancti Richarii, cum pro Castello de Crotoy inter eos contentio et controversia haberetur, quæ utique ad audientiam Regiæ Excellentiæ jam pervenerat, de bono pacis diligenter admoniti, tandem ante me et magistrum Gofridum de ordinanda inter se concordia compromiserunt, quæ in hac forma de communi assensu, per Dei gratiam studio nostro facta est, et ab eis concorditer suscepta. Si quidem Abbas et monasterium Sancti Richarii per totam villam illam sive castellum universorum redituum, tam in censu hospitum quam in furnis, cambis, foragio, stalagio, et cæteris hujusmodi, medietatem ex integro in perpetuum possidebit, excepta taullia quæ par laicam manum in angaria exigitur, et ad jus ecclesiasticum minus pertinere videtur, salvis tam abbati et monasterio quam comiti et hæredi suo, navium et quadrigarum omnibus antiquis eorum consuetudinibus. Porro in villa illa sive castello nullus hospitum de Mayoch aliquo tempore recipietur. Ad hæc Comes recognovit et adfiduciavit et in scriptum redigi et memoriæ voluit commendari in tota terra sancti Richarii nihil se debere postulare nomine vel titulo advocationis. Ad quorum supradictorum tenendam memoriam et habendam firmitatem, præsens scriptum facimus et sigillo nostro communimus.

Hujus rei testes sunt monachi Gualterus de Vaux, Hugo Rufus, Joannes, Simon magister, Gofridus, magister Ingelrannus, Drogo capellanus, Boduinus : de militibus Henricus de Caumont, Ingelranus Wivrenchius, Hugo de Gaissart, Balduinus de Drucat. Guillelmus de Corileto.

Actum anno Incarnati Verbi millesimo centesimo LXXVII. Data per manum Roberti Cancellarii, Appendet sigillum sic impressum. (*Deest Sigillum.*)

N° 20. — Tome I. — Page 460.

COMPOSITION DE LAURENT, ABBÉ DE SAINT-RIQUIER, AVEC LE PRIEUR DE SAINT-AMAND,

Pour des terrages ou champarts à Chevincourt.

Ex Chronic. D. Cotron. Anno 1180.

In nomine Sanctæ et Individuæ Trinitatis, Patris et Filii et Spiritus Sancti, Amen. Ego Laurentius Dei miseratione Sancti Richarii Minister, tam præsentibus quam futuris notum facio quod Ecclesia Sancti Amandi plures terrarum portiunculas in diversis locis ad jus Ecclesiæ Sancti Richarii pertinentes possidebat, unde inter nos contestatio et controversia habebatur : tandem de bono pacis et de ordinanda inter nos concordia tractavimus : quæ in hac forma per Dei gratiam facta et concorditer est suscepta. Prædictas terras ad censum duodecim minarum, quarum medietas erit hibernagii et medietas avenæ ad festum Sancti Remigii solvendarum, jam dictæ Ecclesiæ concessimus, quem censum de Ecclesia Sancti Amandi ad horreum Civinocurte nostro vehiculo asportabimus. Notandum etiam duximus quod si prænominata Ecclesia, a tempore pactionis hujus aliquid ad jus Ecclesiæ nostræ quod spectet quoquo modo acquisierit, ad censum quo tenens tenebat sive ad censum qui in carta affixus est, pro quantitate possessionis tenebit. Quod si Monachi, loci illius a nobis requisiti fuerint contra beneplacitum nostrum, ultra unius anni spatium tenere non poterunt Vendere tamen colono, non Ecclesiæ vel militi, unde dammum nobis fieri possit, eis non licebit. Hæc sunt terræ et redditus de quibus hanc compositionem facimus... Apud Corbinæ Campum unus sextarius, et una foraria quaternium seminaturæ continens, paulo plus minusve. Subtus Bretennas duo mencoti, unum arpentum duarum minarum et dimidiæ juxta arpentum Sancti Amandi. Tres mencoti in uno arpento, quod est cum uno arpento Sancti Sulpitii, cum uno Sancti Stephani, et plenus mencotus super molendinum. Unus sextarius de terra Leduidis. Juxta Fontenellam Radulfi, unus mencotus, paulo plus minusve. Unus mencotus Inimerval. Unus mencotus subtus Hostes. Unus sextarius subtus Englenval, Unus sextarius ad Annellos. Tres Mencoti de terrâ Wuiardi et unus mencotus ad pressorium Sancti Stephani. Duæ forariæ unde duos manipulos habebamus ad Juccentum (1), minus quaternium, unde erat dissensio. Ad Crucem de Melencort tres minæ in quarum una terragium et decimam clamabamus, juxta murum super molendinum, unde babebamus tres denarios census quos quiete præfatæ Ecclesiæ dimittimus. Hujus pactionis testes adfuerunt Gauterus prior, Hugo subprior, Gualterus de Vaux, Joannes camerarius, Rainerus Præpositus terræ de Civincort, Renaldus cellerarius, Ingelrannus. Tres pueri. Robertus, Guifredus.

Ut ergo hæc pactio rata permaneat, sigillo capituli nostri et sigillo capituli Tornacencis roboramus.

Actum anno Verbi Incarnati millesimo centesimo octuagesimo.

No 21. — Tome I. — Page 466.

CHIROGRAPHE D'URSÉ, ABBÉ DE SAINT-RIQUIER.

Suppression d'un past à Feuquières.

Ex Chronic. D. Cotron. Anno 1186.

Sciant universi tam præsentes quam futuri, quod ego Ursio Dei gratia Sancti Richarii Abbas totusque Conventus, querelam quæ inter nos et Dominum Gosselinum de Asseu de pastu quem clamabat in Ecclesia Sancti Richarii in festo ejusdem Sancti in autumno, assensu et voluntate ipsius G. et uxoris suæ et consilio amicorum ejus, in hunc modum terminavimus ; quod nos et successores nostri singulis annis in perpetuum viginti solidos Pontivensis monetæ ei et hæredibus suis dabimus in domo præpositi nostri de Filcheriis, in festivitate omnium Sanctorum recipiendos et sic de prædicto pastu quieti remanebimus. Ab anno autem Domini Incarnationis, qui modo est millesimus centesimus octuagesimuş sextus in decem annos, de prædictis viginti solidis pacem cum eo fecimus per viginti quatuor libras denariorum quas simul ei dedimus. Præfatus autem G. et Simon et Hugo et Theobaldus fratres ejus hanc conventionem se fideliter observaturos fiduciaverunt et super altare sancti Richarii obtulerunt : uxor etiam ipsius G. hæc concessit. Statutum est etiam sub prædictæ fidei interpositione quod hæredes ejus, quando ætatem habebunt, prædictam conventionem facient tenere et confirmari.

Pacto affuerunt ex parte Sancti Richarii, U., Ingelranus monachus, totus conventus : Ingelrannus miles de Movilla, Laimoldus, famuli regis : ex parte autem prædicti G , affuerunt Robertus Decanus de sancto Maxentio, Hugo miles de Fresciruaule, Hugo miles, filius Domini Bernardi de Sancto Walalico, Gauterus de Huppi, Guifridus miles de Huppi, Ingelardus le Pareur, Joannes Wargnes. Et hoc recognitum fuit in præsentia domini Theobaldi Ambianensis Episcopi et sigillo ejus confirmatum.

Actum est hoc sub anno Dominicæ Incarnationis millesimo centesimo octuagesimo sexto, mense octobri, XII Kalendas novembris.

No 22. — Tome I. — Page 467.

CHARTE DE PHILIPPE-AUGUSTE, ROI DE FRANCE, POUR LA COMMUNE DE SAINT-RIQUIER, AVEC *vidimus* DE CHARLES V. (1289, 1365.)

Ordonnances des Rois, par Secousse. Tome IV, page 548.

Philippus Dei gracia Francorum Rex : Noverint universi presentes pariter et futuri, quod pacem et Communiam donamus Burgensibus Sancti Rikarii, ad rationabiles usus et consuetudines quibus ipsi antea uti solebant. Concedimus eciam ut Majorem faciant in Communia sua, quandocunque voluerint vel sibi viderint expedire. Quod

(1) Au Jouquoy ou à Jonquières.

ut firmum et ratum perpetuo maneat, salvo jure nostro et Ecclesiarum et ingenuorum hominum, Sigilli nostri auctoritate, et Regii nominis caractere inferius annotato, fecimus confirmari.

Actum Compendii, Anno ab Incarnacione Domini 1189. Regni nostri Anno undecimo. Astantibus in Palacio nostri (*sic*) quorum nomina supposita sunt et signe (*signa*).

Signum Comitis Theobaudi Dapiferi nostri.
Signum Guidonis Buticularii.
Signum Mathei Camerarii.
Signum Radulphi Constabularii.
Data vacante Cancellaria.

Confirmation par Charles V (1365).

Carolus, etc., Notum facimus universis presentibus et futuris, Nos infrascriptas Litteras vidisse, formamque sequitur, continentes.(*Voir les lettres plus haut.*)

Nos igitur, ad supplicationem Majoris et Scabinorum ville sancti Riquarii predicti, supra scriptas Litteras, omniaque et singula in eisdem contenta et expressa, quatenus et modo quo ipsi eisdem usi sunt, de nostris auctoritate et potestate Regia, de specialique gracia, tenore presentium confirmamus : Mandantes Bailivo Ambianensi, ceterisque Justiciariis et Officiariis nostris atque Regia, vel eorum Loca-tenentibus, presentibus et futuris, et cuilibet eorumdem, quatenus Majorem et Scabinos dicte ville, modernos et eorum successores, vel alios quorum intererit, contra tenorem presentium, nullatenus inquietent vel molestent, inquietarive aut molestari quomodolibet paciantur : Quidquid in contrarium factum vel attemptatum repererint, ad statum pristinum et debitum celeriter reducendo. Quod ut roboris perpetui stabilitate firmetur, Litteras presentes Sigilli nostri fecimus appensione muniri : nostro in aliis et alieno in omnibus jure salvo.

Actum Parisius, Anno Domini 1365 et Regni nostri secundo, mense Aprilis Sig. (*sic*) signata. Per Regem ad relationem Consilii MONTAGU. — Collacio facta est.

N° 23. — Tome I. — Page 484.

PRIVILÈGE DU PAPE INNOCENT III SUR LES CONTRATS D'IMPIGNORATION DE FIEFS.

Ex Chronic. D. Cotron. Anno 1219.

Innocentius Episcopus, servus servorum Dei, dilectis filiis... abbati et conventui sancti Richarii in Pontivo, salutem et apostolicam benedictionem. Justis petentium desideriis dignum est nos facilem præbere consensum, et vota quæ a rationis tramite non discordant effectu prosequente complere. Eapropter, dilecti in domini filii, vestris justis precibus inclinati præsentium vobis auctoritate concedimus, ut possessiones quæ sunt de Monasterii vestri feodo liceat vobis tenere nomine pignoris, earum fructibus non computandis in sortem, ita tamen quod quamdiu fructus percipietis, eosdem ii qui possessiones easdem in feodum a monasterio ipso tenent, a servitio quod propter hoc vobis seu eidem monasterio exhibere tenentur, penitus sunt immunes. Nulli ergo omnino hominum liceat hanc paginam nostræ concessionis infringere vel ei ausu temerario contraire. Si quis autem hoc attemptare præsumpserit, indignationem omnipotentis Dei et beatorum Petri et Pauli apostolorum ejus se noverit incursurum.

Datum Perusii VII Kalendas Junii, pontificatus nostri anno nono decimo.

Plumbum appendet sub duplici lacu bombicino.

Ex virtute hujus bullæ quum plures feodi in hujus ecclesiæ dominium revoluti fuerint, ut ex sequentibus patebit.

N° 24. — Tome I. — Page 489.

BULLE DU PAPE HONORIUS III SUR LES DÎMES NOVALES.

Ex Chronic. D. Cotron. Anno 1223.

Honorius Episcopus servus servorum Dei dilectis filiis. . Abbati et conventui sancti Richarii in Pontivo salutem et apostolicam benedictionem.

Justis petentium desideriis dignum est nos facilem præbere consensum et vota quæ ab orationis tramite non discordant effectu persequente complere. Eapropter, dilecti in Domino filii, vestris justis precibus inclinati, percipiendi decimas novalium parrochiarum vestrarum, in quibus vobis veteres sunt concessæ, in ea portione in qua illas percipitis, auctoritate apostolica liberam vobis concedimus facultatem ; quia ubi majus conceditur, minus quoque videtur esse concessum. Nulli ergo omnino hominum liceat hanc paginam nostræ concessionis refringere, vel ei ausu temerario contraire. Si quis autem hoc attemptare præsumpserit, indignationem Omnipotentis Dei et beatorum Petri et Pauli apostolorum ejus se noverit incursurum.

Datum Laterani, Idus Februarii, pontificatus nostri anno octavo.

Plumbum appendet ut supra.

N° 25. — Tome I. — Page 489.

BULLE DU PAPE HONORIUS III

Confirmation de tous les privilèges accordés au monastère de Saint-Riquier.

Ex Chronic. D. Cotron. Anno 1224.

Honorius Episcopus, servus servorum Dei, dilectis filiis Hugoni abbati sancti Richarii ejusque fratribus tam præsentibus quam futuris regularem vitam professis in perpetuum.

Ideo sumus, licet immeriti, ad universalis Ecclesiæ regimen providentia supernæ dispositionis assumpti, ut pro universarum ecclesiarum statu vigili deberemus cura satagere et earum maxime quæ specialiter ad apostolicæ sedis et nostram dispositionem respiciunt et tutelam. Eapropter, dilecti in domino filii, vestris justis postulationibus clementer annuimus et monasterium vestrum in quo divino mancipati estis obsequio, ad exemplar felicis recordationis Alexandri papæ tertii prædecessoris nostri, sub beati Petri et nostra protectione suscipimus, et ipsum quod specialiter apostolicæ sedis et nostri juris existit, præsentis scripti privilegio communimus, statuentes ut quascumque possessiones, quæcumque bona idem monasterium in presentiarum juste et canonice possidet aut in futurum concessione pontificum, largitione Regum vel principum, oblatione fidelium seu aliis justis modis, præstante domino poterit adipisci, firma vobis vestrisque successoribus et illibata permanerent. In quibus hæc propriis duximus exprimenda vocabulis : villam Sancti Richarii, in qua idem monasterium situm est cum tota ecclesiastica justitia, et quadam parte forensis, cum parrochiali Ecclesia sanctæ Mariæ et capellis ejusdem villæ : Forestense monasterium : villam Bognoti (1) cum duabus partibus decimarum frugum : Novam Villam : Busseium : Buigniacum : Drusiacum : Maioc : Noerias : Riverias : Argoviam : Civencort cum altari, terris, vineis et nemoribus : terras, vineas et nemora Sansiaci (2) : altare Luilliaci cum curte et pertinentiis suis : altare Brahii : altare Alliaci : Bredenense cœnobium cum appendiciis suis et parrochiali ecclesia in Episcopatu Tornacensi : villam, quæ dicitur Capella : in Leodicensi Episcopatu villam quæ dicitur Mater Mortua cum curte et appendiciis suis : molendina de Grier-Curth (3) : Villencort : Basberguas : decimam Ahii montis, Wiwrencii, Columviler, Grambusii, Gaspanarum, Millencurth, Nebulosi Montis, et de Vallibus. Indictum autem, sicut hactenus Ecclesia vestra secunda feria post diem Pentecostes celebrare consuevit, vobis confirmamus, et ne quis eos qui ad ipsum indictum convenerint in bonis vel personis offendere vel molestare præsumat, auctoritate apostolica prohibemus. Obeunte vero te nunc ejusdem loci abbate vel tuorum quolibet successorum, nullus ibi qualibet surreptione, astutia seu violentia præponatur, nisi quem fratres communi consensu vel fratrum pars consilii sanioris, secundum Dei timorem et beati Benedicti regulam, de eodem vel de collegio alterius cœnobii, si ibi aliquis ad hoc regimen dignus repertus non fuerit, providerint eligendum, qui juxta antiquam Ecclesiæ vestræ consuetudinem, a quocumque malueritis Episcopo, absque professione et

(1) Lieu inconnu.
(2) Lieu inconnu.
(3) Moulin de Griocourt à Villencourt.

promissione cujuslibet obedientiæ consecretur, Chrisma vero, oleum sanctum, consecrationes altarium seu basilicarum, ordinationes monachorum seu clericorum, qui ad sacros ordines fuerint promovendi, a diocœsano suscipietis Episcopo, si quidem catholicus fuerit et gratiam atque communionem apostolicæ sedis habuerit, et ea gratis et absque ulla pravitate voluerit exhibere : alioquin liceat vobis quemlibet malueritis adire antistitem, qui nostra fultus auctoritate, quod postulatur indulgeat. Præterea præsenti scripto sancimus ut nullus Archiepiscopus vel Episcopus seu Archidiaconus vel Decanus in præscripto monasterio vel presbiteris seu Burgensibus ejusdem villæ contra antiquam libertatem potestatem vel jurisdictionem quamlibet audeat exercere aut in eadem villa contra eamdem libertatem jus parrochiale requirere. Sane novalium vestrorum, quæ propriis manibus aut sumptibus colitis sive de nutrimentis vestrorum animalium, nullus a vobis decimas præsumat exigere. Præterea auctoritate apostolica prohibemus ne alicui liceat possessiones quas a vestro monasterio tenet, sine licentia abbatis et capituli, cuiquam in vita vel in morte alienando concedere. Decernimus ergo ut nulli omnino hominum liceat præfatum monasterium temere perturbare aut ejus possessiones auferre vel ablatas retinere, minuere, seu quibuslibet vexationibus fatigare : sed illibata omnia et integra conserventur, eorum pro quorum gubernatione ac sustentatione concessa sunt usibus omnimodis profutura, salva sedis apostolicæ auctoritate. Ad indicium autem quod vestrum monasterium specialiter ad jus et proprietatem beati Petri pertineat et perceptæ a Romana Ecclesia libertatis, nobis nostrisque successoribus unciam auri annis singulis persolvetis. Si qua igitur in futurum ecclesiastica, secularisve persona, hanc nostræ constitutionis paginam sciens, contra eam temere venire temptaverit, secundo, tertiove commonita, nisi præsumptionem suam digna satisfactione correxerit, potestatis honorisque sui dignitate careat, reumque se divino judicio existere de perpetrata iniquitate cognoscat et a sacratissimo corpore ac sanguine Dei et Domini Redemptoris nostri Jesu Christi aliena fiat atque in extremo examine districtæ ultioni subjaceat.

Cunctis autem eidem loco sua jura servantibus sit pax Domini nostri Jesu Christi quatenus et hic fructum bonæ actionis percipiant et apud districtum judicem præmia æternæ pacis inveniant. Amen. Amen. Amen.

Ego Honorius Catholicæ Ecclesiæ Episcopus.

Ego Pelagius Albanensis Episcopus.

Ego Nicolaus Tusculanus Episcopus.

Ego Leo Sanctæ Crucis in Jerusalem præsbiter cardinalis.

Ego Guala Sti Martini præsbiter cardinalis.

Ego Stephanus basilicæ duodecim apostolorum præsbiter cardinalis.

Ego Gregorius titulo Stæ Anastasiæ præsbiter cardinalis.

Ego Thomas titulo Stæ Sabinæ præsbiter cardinalis.

Ego Joannes titulo Stæ Praxedis præsbiter cardinalis.

Ego Octavius Sti Sergi et Bacchi diaconus cardinalis.

Ego Gregorius Sti Theodori diaconus cardinalis.

Ego Romanus Sti Angeli diaconus cardinalis.

Ego Stephanus Sti Adriani diaconus cardinalis.

Ego Petrus Sti Georgi ad velum aureum diaconus cardinalis.

Datum Laterani per manum magistri Guidonis domini papæ Notarii, VIII calendas Junii, Indictione XII, Incarnationis dominicæ anno millesimo ducentesimo vigesimo quarto, pontificatus vero domini Honorii papæ tertii anno octavo.

Plumbum appendet sub duplici lacu bombicino rubei croceique coloris.

Ejusdem bullæ habemus transsumptum notarii apostolici chyrographo subscriptum.

N° 26. — Tome I. — Page 489-490.

BULLE DU PAPE HONORIUS III.

Il définit les droits d'exemption de l'Abbé de Saint-Riquier.

Ex Chronic. D. Cotron. Anno 1225.

Honorius Episcopus, servus servorum Dei, dilectis filiis.... Abbati et conventui monasterii sancti Richarii, Ambianensis diœcesis, salutem et apostolicam benedictionem. Mota olim a bonæ memoriæ... Ambiani Episcopo super vestri subjectione monasterii quæstione ac coram felicis recordationis Innocencio papa prædecessore nostro aliquandiu agitata, nos tandem, cum quæstio eadem ad nostrum devenisset examen, monasterium ipsum, de fratrum nostrorum consilio, liberum decrevimus et ad solum Romanum pontificem pertinere; sed venerabilis frater noster.... Ambianensis Episcopus proponens quod vos secundum privilegium bonæ memoriæ Alexandri papæ prædecessoris nostri chrisma et oleum sanctum, consecrationes altarium seu basilicarum, ordinationes monachorum vel clericorum, qui ad sacros ordines sunt promovendi, ab eo petere ac recipere debeatis, quasdam super hoc a nobis contra vos litteras impetravit ; cumque per venerabilem fratrem nostrum... Silvanectensem Episcopum et ejus collegam quos super iis vos et idem Episcopus arbitros elegistis, ad nos partem utramque mandaverimus evocari, vestro tandem et alterius partis procuratoribus in nostra præsentia constitutis, in recipiendis consecrationibus altarium seu basilicarum et ordinationibus monachorum vel clericorum ab Ambianensi Episcopo, communicato fratrum nostrorum consilio, vos decrevimus non teneri : super receptione chrismatis et olei, taliter providentes quod ea ab Ambianensi recipiatis Episcopo, si ea vobis gratis et sine pravitate aliqua voluerit exhibere : alioquin liceat vobis quemcuinque malueritis catholicum adire antistitem, gratiam et communionem apostolicæ sedis habentem, qui nostra fretus auctoritate vobis quod postulatur impendat. Ambianensis tamen Episcopus, ex hoc quod præmissa vobis exhibet in monasterio vestro, quod ad nos, ut dictum est, specialiter pertinet, nullam jurisdictionem sibi valeat vindicare. Nulli ergo omnino hominum liceat hanc paginam nostræ definitionis infringere vel ei ausu temerario contraire. Si quis autem hoc attemptare præsumpserit, indignationem Omnipotentis Dei et beatorum Petri et Pauli apostolorum ejus se noverit incursurum.

Datum Reate, nonis Januarii, pontificatus nostri anno decimo.

Plumbum appendet sub duplici lacu serici ac rubei croceique coloris.

Istius bullæ duplex habetur exemplar.

N° 27. — Tome I. — Page 491.

LETTRE D'ARBITRAGE ENTRE L'ABBÉ HUGUES ET L'EVÊQUE DE BEAUVAIS.

Droit de procuration réclamé sur la prévôté de Chevincourt.

Ex Chronic. D. Cotron. Anno 1228.

Thomas Præpositus, magister Christianus, canonici Ambianenses, universis Christi fidelibus ad quos præsentes litteræ pervenerint salutem in vero salutari. Noverit universitas vestra, quod cum religiosi abbas et conventus sancti Richarii in Pontivo Ambianensis diœcesis, venerabilem patrem M., Dei gratia Episcopum Belvacensem auctoritate apostolica coram nobis traxissent in causam super dampnis et injuriis sibi ab eodem Episcopo illatis, ut dicebant, occasione procurationis quam idem Episcopus in curte ipsorum, in villa de Civincort sita in diocesi Belvacensi, ab eis sibi petebat impendi, dicens locum ipsum esse prioratum et ipsos in Ecclesia parochiali ejusdem villæ jus patronatus habere, et æstimabant dicti abbas et conventus dampna dicta et injurias ad summam sexaginta librarum parisiensium, die eidem Episcopo assignata ad respondendum, tertio collega nostro magistro B., archidiacono in Pontivo, causa studiorum absente, comparens coram nobis magister Berengarius, præfati Episcopi legitimus procurator, confessus est in jure memoratum Episcopum diligenter inquisisse quod locus ille prioratus non erat, nec ipse ad ejusdem loci visitationem accedere debebat, nec ratione ejusdem loci seu parrochialis Ecclesiæ de Chevincort dictus abbas et conventus ad aliquam procurationis præstationem eidem Episcopo tenebantur. Nos igitur, audita ipsius procuratoris confessione supradicta, communicato prudentum virorum et in jure peritorum consilio, sæpe dictos abbatem et conventum a præstatione procurationis quantum ad locum memoratum seu præfatam Ecclesiam sententialiter duximus absolvendos, Episcopo Belvacensi super hoc perpetuum silentium imponentes. In cujus rei memoriam præsentem paginam super hoc confectam sigillorum nostrorum munimine duximus roborandam.

Actum anno gratiæ millesimo ducentesimo vigesimo octavo, mense septembris.

Appendent eorum sigilla.

N° 28. — Tome I. — Page 504.

CHARTE DE FONDATION DE LA CHAPELLE DE SAINTE MARGUERITE, AU VAL DES LÉPREUX.

Ex Chronic. D. Cotron. Anno 1238.

Universis præsentes litteras inspecturis magister Alermus de Nolliaco, canonicus et officialis Ambianensis, salutem in Domino. Noverit universitas vestra quod cum Hugo Lichos vendidisset Richaldi Perache viginti tria jornalia terræ sita in territorio de le Loche, quæ tenebat in feodum a Raynero d'Yeucort, qui Raynerius eadem cum aliis terris tenebat ab abbate et conventu Sancti Richarii in Pontivo in feodum pro octoginta libris parisiensibus, hæredis Hugonis et uxoris suæ interveniente consensu, ipso Raynero præsenti et assensum præstante et omne jus quod habebat in dicta terra quittante ; eamdem terram caritatis intuitu concesserunt dicti abbas et conventus ad opus capellaniæ pro animabus Ingeranni Perache et Richaldis uxoris suæ instituendæ, in terra supra dicta solam decimam eo modo quo prius habebant sibi reservantes ; cui etiam venditioni, Hugonis concessioni, ac quittationi præfati Rayneri benignum præbuerunt assensum. Præterea sciendum est quod eadem Richaldis ad opus capellaniæ prædictæ emit a Manessero de Nolliaco quinque jornalia terræ sita in territorio de Noeriis juxta terram beatæ Mariæ de Troussencort, quæ a prædictis abbate et conventu tenebat idem Manasserus ad terragium, decimam et corveias, quas eidem Richaldi quittaverunt, sibi solam decimam et terragium reservando. Sciendum est insuper Bernardum vavassorem vendidisse dictæ Richaldi octo jornalia terræ sita in territorio de Troussencort juxta terram Radulphi Perache ad opus dictæ capellaniæ, quæ dictus Bernardus tenebat ab eisdem abbate et conventu, per terragium, decimam et corveias, quæ dictæ Richaldi quittaverunt omnia, solam decimam et terragium, sicut superius est expressum, sibi reservantes. Sciendum est etiam Hugonem Basin et uxorem ejus in decim jornalia terræ sita in territorio de Noeriis quæ tenebat a Roberto de Noeriis, quæ etiam idem Robertus ab iisdem abbate et conventu tenebat in feodum, vendidisse prædictæ Richaldi Perache ad opus capellaniæ prænotatæ, salvo jure prædictorum abbatis et conventus in his undecim jornalibus, eo modo sicut ante venditionem habebant et istam terram cum aliis supradictis caritatis intuitu concesserunt prædicti abbas et conventus ad opus capellaniæ pro animabus Ingeranni Perache et Richaldis uxoris suæ instituendæ, ita quod quicumque in dicta capellania fuerit pro tempore institutus, solvat supradictis abbati et conventui pro servitio quolibet anno triginta solidos parisienses in festo depositionis Sanctissimi patroni sui Richarii in Aprili, et pro relevagio quislibet capellanus de novo institutus, in eodem festo primo sequenti novam institutionem suam, semel quoad vixerit, unum cereum duarum librarum ecclesiæ eorum persolvet, in propria persona deferens, nisi probabili impedimento fuerit impeditus, in quo casu per alium ad eos deferre tenebitur. Si vero capellanus pro tempore institutus in solutione dicti servitii et relevagii existeret in defectu, ipsi tanquam domini dictas terras possint saisire, donec eisdem de servitio vel relevagio esset plenarie satisfactum, non obstante eleemosina in manibus et potestate episcopi Ambianensis ad usum capellaniæ in perpetuum conferendæ resignata; nec possunt prædicti abbas et conventus aliquid in dictis terris ultra, præter servitium et relevagium reclamare, nec fructus quacunque alia occasione arrestare : imo capellano instituto prædictum servitium et relevagium tenentur contra omnes qui lege et jure stare voluerint, quantum ad dictas terras tanquam domini garandire. Præterea sciendum est quod in capellania ista quicumque fuerit institutus, nullo modo poterit terras prænotatas vendere nec alienare nec in manus religiosorum transferre, nec sine assensu prædictorum abbatis et conventus hospitibus tradere, et sciendum est quod, quicunque fuerit capellanus institutus, nec tenetur ad placita et judicia eorumdem interesse, nec expeditionem aliquo casu eisdem solvere, salvo tamen jure prædictorum abbatis et conventus in decimis et terragiis, servitio et relevagio prædictarum terrarum eo modo sicut superius est expressum. In cujus rei testimonium et munimen has præsentes litteras confici fecimus, sigillo curiæ Ambianensis roborari.

Actum anno domini millesimo ducentesimo tricessimo octavo, mense junio.

Sigillum appendet sub duplici lacu bombicino rubri coloris.

Richarii corpore pretioso, quod miraculorum fulgens diversitate, locum ipsum et honoris plenitudine et perspicua dignum constituit dignitate. Cum itaque in ipso monasterio cultus vigeret divini nominis et vitæ splenderet observantia regularis, nos pie volentes ut ipsum circa Deum et Romanam ecclesiam sincera semper devotione proficiat, et apud homines famoso decore concrescat, tuis precibus inclinati, mitræ, annuli, tunicæ, dalmaticæ ac sandalium usum nec non potestatem benedicendi pallas altaris, calices, et indumenta sacerdotalia tibi, tuisque successoribus ad opus monasterii, in perpetuum duximus concedendum. Nulli ergo omnino hominum liceat hanc paginam nostræ concessionis infringere, vel ei ausu temerario contraire. Si quis autem hoc attentare præsumpserit, indignationem omnipotentis Dei et beatorum Petri et Pauli apostolorum ejus se noverit incursurum.

Datum Perusii, die X calend. Martii, Pontificatus nostri anno decimo.

Plumbum pendet ut supra. (*In aliis litteris apostolicis*).

N° 29. — Tome I. — Page 501.

BULLE DU PAPE INNOCENT IV.

Privilège des insignes pontificaux accordés à l'abbé de Saint-Riquier.

Ex Chronic. D. Cotron. Anno 1253.

Innocentius episcopus, servus servorum Dei, dilecto filio Galtero abbati monasterii sancti Richarii in Pontivo, ordinis sancti Benedicti, ad romanam ecclesiam nullo medio pertinentis, Ambianensis Diœcesis, salutem et apostolicam benedictionem. Locis pia religione conspicuis, in quibus divinæ gloria majestatis frequentia devotæ laudis attollitur et virtutum studio deservitur, debet apostolicæ sedis circumspecta benignitas super iis quæ sunt honoris et gratiæ ad illorum decorem perpetuum se munificum exhibere. Sane monasterium tuum, ad jam dictam sedem nullo pertinens mediante, glorioso thesauro mirabilis in sanctis Dominus insignivit, beati scilicet

N° 30. — Tome. I. — Page 50.

BULLE DU PAPE INNOCENT IV.

Protection générale apostolique.

Ex Chronic. D. Cotron. Anno 1253.

Innocentius episcopus, servus servorum Dei, dilectis filiis abbati et conventui monasterii sancti Richarii in Pontivo, ordinis sancti Benedicti ad Romanam ecclesiam nullo medio pertinentis, Ambianensis Diœcesis, salutem et apostolicam benedictionem. Cum a nobis petitur quod justum est et honestum, tam vigor æquitatis quam ordo exigit rationis, ut id per sollicitudinem officii nostri ad debitum perducatur effectum. Eapropter, dilecti in Domino filii, vestris justis postulationibus grato concurrentes assensu, personas vestras et locum, in quo divino estis obsequio mancipati, cum omnibus bonis quæ in præsentiarum rationabiliter possidetis aut in futurum justis modis præstante domino poteritis adipisci, sub beati Petri et nostra protectione suscipimus, specialiter autem terras, possessiones, redditus vestros et alia bona vestra, sicut ea omnia juste et pacifice possidetis, vobis et per vos monasterio vestro auctoritate apostolica confirmamus, et præsentis scripti patrocinio commisimus. Nulli ergo ommino hominum liceat hanc paginam nostræ protectionis et confirmationis infringere vel ei temerario ausu contraire. Si quis autem hoc attentare præsumpserit, indignationem Omnipotentis Dei et beatorum Petri et Pauli apostolorum ejus se noverit incursurum.

Datum Perusii, XIV calend. Januarii, Pontificatus nostri anno decimo.

Plumbum appendet ut supra.

N° 31. — Tome I. — Page 509.

BULLE DU PAPE INNOCENT IV.

Dispense de quelques constitutions trop onéreuses.

Ex. Chronic. D. Cotron. Anno 1253.

Innocentius episcopus, servus servorum Dei, dilecto filio... Abbati monasterii sancti Richarii in Pontivo, ad Romanum ecclesiam nullo medio pertinentis, ordinis sancti Benedicti, Ambianensis Diœcesis, salutem et apostolicam benedictionem Ex parte tua fuit nobis humiliter supplicatum ut cum observantia tui ordinis ab ipsa sui institutione multum sit rigida et difficilis ad ferendum, fuerintque post modum per felicis recordationis Gregorium Papam prædecessorem nostrum superaddita statuta gravia diversarum pænarum adjectione vallata, ne contingat sub tantis oneribus deficere onerati, providere super hoc paterna sollicitudine curaremus. Attendentes igitur quod expedit calamum quassatum non conteri et in erasione æruginis vas non frangi, devotionis tuæ precibus inclinati, præsentium tibi auctoritate concedimus, ut super observatione statutorum ipsorum quæ de tuæ substantia regulæ non existunt, tu ac successores tui cum monasterii tui, ejusque membrorum monachis præsentibus et futuris libere dispensare possitis, iis casibus duntaxat exceptis, super quibus in eadem regula est dispensatio interdicta : in quibus casibus dispensandi super pœnis adjectis et irregularitatibus quas tui subditi hactenus incurrerunt vel incurrent de cetero, eosque absolvendi ab excommunicationis vinculo, quo ipsos ob transgressionem prædictorum statutorum involvi contigit vel contingit, injuncta sic absolutis pœnitentia salutari, libera sit tibi et eisdem successoribus de nostra permissione facultas dandi subpriori nihilominus monasterii tui ac ipsius successoribus hujusmodi dispensationis et absolutionis beneficium, si fuerit opportunum, indulgentes auctoritate præsentium potestatem, non obstantibus aliquibus litteris ad venerabilem fratrem nostrum... Ambianensem episcopum vel quemcumque alium ab apostolica sede sub quocumque tenore directis et processibus habitis per eosdem de quibus forsitan oporteret fieri mentionem et etiam obtinendis. Nulli ergo omnino hominum liceat hanc paginam nostræ concessionis infringere vel ei ausu temerario contraire. Si quis autem hoc attentare præsumpserit, indignationem Omnipotentis Dei et Beatorum Petri et Pauli apostolorum ejus se noverit incursurum.

Datum Perusii, X Calend. Aprilis, pontificatus nostri anno decimo

Plumbum appendet ut supra.

N° 32. — Tome I. — Page 515

ARRÊT DE LOUIS IX

Droits respectifs de l'abbé de Saint-Riquier et des mayeurs et échevins sur la commune.

Ex Chronic. D. Cotron Anno 1256.

Ludovicus Dei gratia Francorum rex. Noverint universi præsentes pariter et futuri, quod cum contentio esset inter religiosos viros, abbatem et conventum Sancti Richarii in Pontivo ex una parte, maiorem, juratos ac communiam ejusdem villæ ex altera, super quibusdam articulis inferius contentis, tandem de bonorum consilio inter ipsos pacificatum fuit super iisdem articulis in hunc modum De primo enim articulo, qui talis est : scilicet quod dicti abbas et conventus contra dictos maiorem et juratos et eorum communiam proponebant, quod in tribus diebus festi sancti Richarii in octobri tota juridictio, dominium et commodum festi ejusdem ad ipsos abbatem et conventum pertinebat, quæ dicti maior et jurati ad plenum non confitebantur, ordinatum est quod tota juridictio, dominium totum et commodum festi ejusdem ad dictos Abbatem et conventum, quantum ad vicecomitatum pertinet, pertinere debet, hoc excepto quod, quidquid in hoc erit judicandum, judicari debet per maiorem et juratos prædictos. De secundo enim articulo qui talis est : scilicet quod dicti Abbas et conventus contra dictos maiorem et juratos et communiam proponebant, quod ipsi abbas et conventus in dicto festo tres vicecomites ad ipsorum voluntatem ponere poterant et debebant et ex adverso dicti maior et jurati dicebant quod in dicto festo unus solus vicecomes esse debebat et quod ipse vicecomes homo de eorum communia esse debebat. Ordinatum est quod unus vicecomes in dicto festo amodo erit : et ex parte dictorum abbatis et conventus ac etiam pro eorum voluntate ponetur ibidem, dum tamen clericus vel ipsorum homo nobilis non existat ; qui etiam vicecomes illos, quos in dicto festo capit, durante festo eodem, in prisione dictorum abbatis et conventus facta infra muros villæ sancti Richarii et in villa extra ambitum abbatiæ et grangiæ imprisionabit, prout hactenus fieri est consuetum. De tertio vero articulo qui talis est : scilicet quod dicti abbas et conventus contra dictos maiorem et juratos et communiam proponebant quod toti frocci villæ S^{ti} Richarii et ipsorum froccorum juridictio ac commodum ad ipsos pertinebat, ordinatum est quod dicti abbas et conventus dare licentiam possunt, tamquam domini, operandi seu ædificandi in froccis ejusdem. Et dicti maior et jurati ire possunt ad locum de quo operandi seu ædificandi data erit licentia, et utrum in dampnum villæ hoc cedat vel non videre : et hoc, si in ipsius villæ dampnum cedat, contradicere. Item possunt ipsi abbas et conventus in froccis ipsis furcos ad fimos capere, prout hactenus ab eis fieri est consuetum. Possunt etiam ipsi abbas et conventus stalla portabilia capere, prout ab ipsis hoc fieri est hactenus consuetum, in duobus vicis, scilicet a porta Hairon S^{ti} Richarii usque ad Hospitale villæ ejusdem, et a prima porta vici Habengue usque ad domum Thomæ cellerarii, salvo in aliis locis villæ ejusdem jure abbatis et conventus, ac Burgensium prædictorum, hoc insuper excepto quod dicti abbas et conventus stalla ipsa levare, durante festo S^{ti} Richarii prædicto, non possunt. De quarto vero articulo qui talis est, quod dicti abbas et conventus contra dictos maiorem, juratos et communiam proponebant quod ipsorum abbatis et conventus servientes et de ipsorum mensa viventes a villa sancti Richarii banniebant et capiebant et justiciabant, quæ de jure facere non poterant, ut dicebant abbas et conventus prædicti, ordinatum est quod maior et jurati prædicti servientes ipsorum abbatis et conventus infra abbatiam et extra in locis eorum manentes et de pane ipsorum viventes, mercede eorum conductos, bannire, capere aut etiam justiciare non possunt, nisi et in præsenti ceperint delicto, in quo casu ipsos justiciabunt, dum tamen delictum ipsum tantum existat, quod ex ipso debeat fieri justitia. Si vero delictum ipsum dubitabile exstiterit, scilicet non notorium neque manifestum, liberabuntur servientes dicto abbati, secundum dicti delicti quantitatem puniendi et tunc ipse abbas secundum ipsius delicti quantitatem punire debet eosdem. Quod si non fecerit abbas prædictus, de defectu ipso maior et jurati trahere possunt ad Baillivum Ambianensem, vel domini regis servientem in loco ipso existentem. Si vero contingeret dictos abbatem et conventum excipere aliquem de communia in servientem, maior et jurati justiciabunt eum tamquam unum alium de communia, quantum ad communiam pertineret. Item ordinatum est quod dicti maior et jurati homines abbatis et conventus de extra eorum banleuca coram ipsis non possunt citare, nec etiam eos occasione defectus ipsius citationis ex villa S^{ti} Richarii bannire. Non possunt etiam, ut ordinatum est, maior et jurati homines ipsorum abbatis et conventus eorum banleuca coram ipsis citare, nisi ratione delicti vel obligationis, facti vel factæ infra banleucam, tantum in quibus casibus licitum erit ipsis maiori et juratis justiciare eosdem, De quinto vero articulo qui talis est : scilicet quod dicti maior et jurati contra dictos abbatem et conventum proponebant quod ipsi abbas et conventus a Burgensibus villæ S^ti Richarii de eisdem terras et domos tenentibus relevia, ingressus et exitus, quando de terris et domibus ipsis accidebant, ultra modum debitum et usum et consuetudinem patriæ levabant seu capiebant; ordinatum est, quod ipsi Burgenses de ipsis abbate et conventu tenentes pro relevio cujuslibet jornalis terræ, qui ab ipsis abbate et conventu tenetur, quatuor solidos parisienses solvent amodo eisdem ; item et similiter totidem ab emptore ejusdem pro ingressu solventur in posterum eisdem. Item pro relovio cujuslibet domus quæ antea ab eis abbate et conventu habebant, ipsi abbas et conventus in posterum valorem locationis unius anni domus ejusdem ad turonensem scilicet, ut si domus ipsa per annum de locatione quadraginta solidos parisienses valuerit, quadraginta solidos turonenses pro relevio suo habebunt, vel si plus, plus, et si minus, minus. Itaque semper ipsius domus locationis pretium in parisiensibus, eisdem diminuetur in turonensibus. Item et simili modo habebunt dicti abbas et conventus totidem pro singula domo quæ tenetur ab eisdem et venditur, totidem ab emptore ejusdem de ingressu, et totidem a venditore ejusdem de exitu in futurum. Et sciendum est quod si ille qui dictam domum relevare debebit, eam relevare noluerit aut nequiverit, dicti abbas et conventus jam pro relevio suo per annum tenebunt eam vel commodum suum per ipsum facient annum ex eadem. Ordinatum est insuper quod annuæ cerchæ villæ sancti Richarii seu ipsius villæ circumstantiarum, quæ ante compositionem seu ordinationem hujusmodi dictis abbati et conventui, secundum usum et consuetudines solvi solebant, solvantur ex nunc et in futurum eisdem, compositione seu ordinatione hujusmodi non obstante.

Nos autem ad instantiam partium prædictarum ea quæ superius continentur volumus et concedimus et auctoritate regia confirmamus, salvo jure nostre in omnibus ac etiam alieno.

Quod ut ratum et stabile permaneat in futurum, præsentes litteras sigilli nostri fecimus impressione muniri. Actum Parisiis anno Domini millesimo ducentesimo quinquagesimo sexto, mense novembri.

N° 33. — Tome I. — Page 530.

BULLE DU PAPE URBAIN IV.

Excommunication des fauteurs d'une procession sacrilège le lundi de la Pentecôte.

Chronic D. Cotron. Anno 1263.

Urbanus episcopus, servus servorum Dei, venerabili fratri episcopo Atrebatensi salutem et apostolicam benedictionem. Ne glorientur reprobi suæ perversitatis opera sine condignis meritorum stipendiis præteriri, gementibus virtuosis filiis, quod per alios probrosis gravati fuerint detrimentis, decet providentiam sedis apostolicæ super hoc ad iniquorum terrorem et consolationem personarum humilium opportunum remedium adhibere. Significantibus siquidem dilectis filiis... Abbate et conventu monasterii sancti Richarii in Pontivo ad romanam Ecclesiam nullo medio pertinentis, ordinis sancti Benedicti, Ambianensis diœcesis, cum multo dolore cordis audivimus et narramus quod cum ipsi, de antiqua et approbata consuetudine et hactenus pacifice observata, corpus ipsius beati Richarii et Vigoris in duabus capsis ac caput et brachium ipsius sancti Vigoris, quæ in monasterio habentur eodem, in duobus vasis argenteis per villam sancti Richarii processionaliter annis singulis, secunda feria post Pentecosten, faciant deportari, ac post deportationem hujusmodi dicta corpora, caput et brachium, circumcincta pannis deauratis et cortinis, in Ecclesia dicti monasterii per certos dies in honorificentia et reverentia debitis conserventur, universitas hominum ipsius villæ ad certum judicium pravitatis hæreticæ, quæ ipsorum mentes damnabiliter præsumitur infecisse, quamdam capsam exprimentem similitudinem capsæ, in qua prædictum corpus sancti Richarii est reconditum, et quoddam brachium ligneum mentiens brachium supradictum, a quibusdam laicis indutis superpelliceis, prædicta feria quasi processionaliter, aqua per eos benedicta, quin potius maledicta, per dictam villam deferri nequiter procurarunt, et ante dictam capsam depositam in certo loco dictæ villæ, duos homines ipsius qui ad invicem sibi inimicari fingebantur, venire, prout cum eis condixerant, facientes exclamarunt ; senex sancti Richari, non transibis ultra, donec hos discordantes ad concordiam revocabis, et post clamorem hujusmodi, dictis duobus in signum pacis inter eos reformatæ sese osculantibus, dixerunt ipsi ac alii adstantes quod in reformatione pacis illorum fuerat dicta capsa fictitia miraculum operata. Nec iis contenti homines prædictæ villæ quamdam mensam erigentes detestanda vesania in altare, illamque ornantes cortinis, prædictam capsam fictitiam, brachium ligneum ac equorum ossa, quæ reliquias mentiebantur, sanctorum mensæ supposuerunt eidem, et oblationes a peregrinis et viatoribus non sunt veriti petere ac recipere, sub nomine corporis sancti Richarii supradicti insistendo, ante dictam mensam ornatam magnis luminaribus, duabus noctibus vigiliis, choreis et aliis inhonestis et per biduum etiam hujusmodi contumeliis vacaverunt, maiore et scabinis dictæ villæ præsentibus, consentientibus et ad hoc dantibus consilium, auxilium et favorem in gravem Dei et sanctorum prædictorum contumeliam et in eorumdem abbatis et conventus opprobrium et honestatis ecclesiasticæ detrimentum. Verum cum super hujusmodi perversitatis excessu, illius disciplinæ sit exercenda severitas per quam et cauti fiant humiles et deliquisse pœniteat pestilentes, sicque devotis det solatium, quod vindictam viderint impiorum, fraternitati tuæ per apostolica scripta mandamus, quatenus si tibi de plano et sine strepitu judicii constiterit de prædictis tam supra dictos reprobos et iniquos, qui auctores tam horrendi sceleris exstiterunt, quam eos qui superpelliceis ipsis induti prædictam capsam fictitiam et brachium ligneum taliter deferre, ac illos qui prædictorum ossa equorum nominatæ mensæ imponere præsumpserunt, et dictos maiorem et scabinos, qui cum possint, non curarent, prout ad eos pertinet, tam manifesto facinori obviare et dictos duos homines ac alios etiam quos hujusmodi sceleris inveneris esse participes, quod dictis abbati et conventui de injuriâ tam enormi plenariam satisfactionem impendant, et alias humiliter pœnitentiam illam adimpleant, quam de aliquorum religiosorum et aliorum prudentum virorum consilio, eis duxeris imponendam, monitione præmissâ per censuram ecclesiasticam, appellatione remotâ, præviâ ratione compellas. Provide ne in universitatem prædictam excommunicationis vel interdicti sententiam proferas, nisi a nobis super hoc mandatum receperis speciale. Quod si forte in eos excommunicationis sententiam fieri contigerit, et ipsi rem per unum mensem animo sustinuerint indurato, tu rem ex tunc singulis diebus dominicis et festivis, pulsatis campanis et candelis accensis, usque ad satisfactionem condignam in locis in quibus videri expedire solemniter publicari facias et illos ab omnibus arctius evitari, invocato contra eos, si protervia eorum exegerit, auxilio brachii secularis.

Datum apud urbem Viterbium, VII calendas Junii, pontificatus Urbani anno tertio.

Habetur aliud exemplar ejusdem bullæ ubi nonnihil diversum videtur, datum apud Urbem Viterbium, VI Idus Januarii, pontificatus anno tertio. Cui plumbum appendet sub duplici lacu canapeo.

N° 34. — Tome I. — Page 540.

ARRÊT DU ROI PHILIPPE-LE-BEL

L'abbé de Saint-Riquier est maintenu dans la possession de prendre les malfaiteurs les trois jours de la fête de Saint-Riquier.

Ex Chronic. D. Cotron. Anno 1275.

Philippus Dei gratia Francorum rex. Notum facimus universis tam præsentibus quam futuris, quod cum abbas et conventus sancti Richarii proponerent coram nobis contra... Majorem et scabinos ejusdem villæ, quod erant in saisina custodiendi nundinas sancti Richarii, quamdiu extant, quæ durant tribus diebus, et capiendi malefactores in eisdem nundinis delinquentes, ac eosdem recta via ad suum prisionem ducendi, et quod is major et scabini prædicti in impediendo contra justitiam dictarum nundinarum sancti Richarii custodiam sive gardiam, et saisinam suam prædictam indebite perturbando, portas villæ sancti Richarii clausas tenebant seu teneri faciebant de nocte et inhibuerant portarum ipsarum custodibus ne aperirent easdem, et peterent quod, dictis nundinis durantibus, ipsas portas tam die quam de nocte facerent apertas teneri, cum ad eas de nocte custodiendas evidens utilitas immineret, præcipue pro infinita multitudine animalium quæ de nocte extra portas in ipsis nundinis remanebant; petentes insuper eosdem majorem et scabinos ad desistendum ab impedimento et perturbatione prædictis, et ad prædicta sibi emendenda compelli, necnon quasdam rescussas, videlicet unam per Bernardum dictum Pinchon, tunc majorem seu majoris locum tenentem de die factam cuidam servienti eorumdem abbatis et conventus de quodam homine, qui vocabatur Forteris, in dictis nundinis capto propter delictum ejusdem, et aliam per eumdem Bernardum, tunc etiam majorem seu majoris locum tenentem, et per scabinos dictæ villæ de nocte factam de quodam alio homine de gentibus prædictorum abbatis et conventibus : ipsi abbas et conventus a dicto Bernardo etiam majore et a scabinis prædicta sibi petebant similiter emendari ; eisdem majore et scabinis dicentibus ex adverso quod dicti abbas et conventus non erant super iis audiendi cum ipsi solummodo per tres dies et non noctibus intermediis haberent dictas nundinas custodire et ad ipsos majorem et scabinos dictæ villæ sancti Richarii custodia pertineret et sic de nocte dictas portas clausas tenere et de nocte delinquentes in dictis nundinis capere poterant et debebant ; cæterisque allegatis ab ipso majore et scabinis quæ ex parte dictorum abbatis et conventus fuerunt proposita contra ipsos, ipsi majores et scabini proponerent quod erant et fuerant, a tempore, a quo memoria non existit, in saisina recipiendi juramentum a vicecomite ipsorum abbatis et conventus, quoties ad dictas nundinas custodiendas constituitur ab eisdem, de hujusmodi officio fideliter exercendo, petentes ab eorum vicecomite sibi præstari hujusmodi juramentum, ipsis abbate et conventu saisinam hujusmodi negantibus. Auditis et intellectis omnibus et singulis, propositis hinc et inde visaque inquesta super iis de mandato curiæ nostræ facta, per ipsum curiæ nostræ judicium pronuntiatum fuit quod dicti abbas et conventus sunt et remanere debent in saisina capiendi, ut dictum est, malefactores in dictis nundinis delinquentes et eos recta via ducendi ad prisionem suum et quod major et scabini prædicti tenere debent dictas portas apertas tam de die in dictis nundinis quam de nocte et insuper quod major et scabini prædicti debent et tenentur prædictas rescussas dictis abbati et conventui emendare. Necnon pronuntiatum est per idem judicium quod dicti major et scabini sunt et remanebunt in saisina recipiendi juramentum prædictum, ut dictum est, a vicecomite nominato. In cujus rei memoriam præsentibus litteris nostrum fecimus apponi sigillum.

Actum Parisiis anno Domini millesimo ducentesimo septuagesimo quinto, mense Augusto.

Sigillum appendet, simile sancti Ludovici sigillo supra ad annum 1269, excepto quod in adversi sigilli facie decem lilia repræsentantur.

N° 35. — Tom. I. — Page 523.

BULLE DU PAPE NICOLAS IV.

Il permet aux religieux de Saint-Riquier de conserver leurs biens après leur profession à l'exception des fiefs.

Ex Chronic. D. Cotron. Anno 1278.

Nicolaus Episcopus, servus servorum Dei, dilectis filiis.. abbati et conventui sancti Richarii in Pontivo, ordinis sancti Benedicti, Ambianensis diocœsis, salutem et apostolicam benedictionem. Devotionis vestræ supplicationibus inclinati, ut possessiones et alia bona mobilia et immobilia quæ personas liberas fratrum vestrorum ad monasterium vestrum, mundi relicta vanitate, convolantium et professionem facientium in eodem, si remansissent in seculo, jure successionis vel quocumque alio justo licite contigissent, si ipsi potuissent, aliis libere elargiri, feodalibus dumtaxat exceptis, petere, retinere ac recipere libere valeatis, sine juris præjudicio alieni, auctoritate vobis præsentium indulgemus. Nulli ergo omnino... (ut in aliis litteris...).

N° 36. — Tome I. — Page 552.

ARRÊT DU ROI PHILIPPE LE BEL.

Le roi rétablit l'abbé de Saint-Riquier dans ses droits de justice, usurpés sur le domaine de Feuquieres par le comte de Ponthieu et le roi d'Angleterre.

Ex Chronic. D. Cotron. Anno 1280.

In parlemento Pentecostes, anno Domini millesimo ducentesimo octogesimo, abbas et conventus sancti Richarii in Pontivo dicebant contra nobilem virum Dominum Joannem de Nigella, comitem Pontivi tunc temporis, et illustrem Dominam olim reginam Hispaniæ et comitissam tunc temporis Pontivi, et præter hæc contra illustrem virum Dominum regem Angliæ, nunc comitem Pontivi, et ejus uxorem filiam et heredem dictæ comitissæ, quod dicti abbas et conventus erant et fuerant in possessione totius justitiæ villæ de Feuquieres et pertinentiarum ejusdem, et explectandi eamdem : dictis Joanne et ejus uxore et dicto rege Angliæ et ejus uxore hoc negantibus, et dicentibus se esse in possessione justitiæ prædictæ et explectandi eamdem : auditis et visis rationibus et probationibus partium prædictarum, adjudicata fuit per curiam Franciæ possessio prædictæ justitiæ abbati et conventui prædictis. Deinde subsequitur inquesta facta super damnis, violentiis, injuriis factis in villa de Feuquieriis per homines Abbatis Villæ. Ordinatum fuit, quod bailluvus Pontivi, qui tunc erat, et major et scabini nomine suo et dictæ villæ Abbatis Villæ emendabunt hoc domino regi ad voluntatem suam, et inde habebit rex decem millia librarum turonensium pro emenda et emendabunt Furceio de Peronâ servienti Domini regis injuriam sibi factam ibidem. Et Dominus rex dabit ei centum libras turonenses de dictis decem millibus libris. Et quod emendabunt abbati sancti Richarii, quum constiterit quod ipse habeat omnimodam justitiam in dictâ villâ de Feuquieriis de quibus liquebit per eorum juramenta, additis cuilibet eorum de Feuquieriis duobus vel tribus conjuratoribus de vicinis suis fide dignis.

N° 37. — Tome I. — Page 524.

BULLE DU PAPE MARTIN IV.

Le Pape réprime des usurpations sur les fiefs de Saint-Riquier dans les diocèses d'Amiens et d'Arras.

Ex Chronic. D. Cotron. Anno 1281.

Martinus episcopus servus servorum Dei dilecto filio .. abbati monasterii sancti Medardi Suessionensis salutem et apostolicam benedictionem. Sua nobis dilecti filii abbas et conventus monasterii sancti Richarii in Pontivo ad Romanam ecclesiam nullo medio pertinentis, ordinis sancti Benedicti, petitione monstrarunt quod nonnulli clerici et laici Ambianensis et Attrebatensis diocœsis terras, vineas, prata, nemora, domos, possessiones, et res alias quæ ab eodem monasterio in feodum vel sub annuo censu reddito tenent, quandoque locis religiosis, ecclesiis ac personis ecclesiasticis, interdum vero laicis, nec non personis secularibus seu potentibus vendere vel donare et ad perpetuum censum concedere ac de ipsis alios infeodare et alias eadem alienare, necnon quibusdam et dictis possessionibus novas servitutes imponere de facto, cum de jure nequeant absque ipsorum abbatis et conventus consensu legitimo, præsumpserunt, sicque ipsi prætextu venditionis, donationis, concessionis et infeodationis hujusmodi in terris et aliis præmissis quodammodo jus dominii sibi vindicare contendunt, dum per ipsas eadem in aliis et per illos sæpe in personam tertiam et deinceps, ipsis abbate et conventu irrequisitis nec consentientibus, sunt translata, unde cum ex hoc dictum monasterium non modicam sustineat læsionem, iidem abbas et conventus nobis humiliter supplicaverunt, ut providere super his indemnitati ipsius monasterii paterna sollicitudine curaremus. Quocirca discretioni tuæ per apostolica scripta mandamus quatenus, si est ita, et infeodationes ac alia præmissa taliter ab eisdem clericis et laicis sint contra justitiam attemptata, et in irritum revocare, ne ab eis similia attemptentur, auctoritate nostra firmiter inhibere procures, contradictores per censuram ecclesiasticam, appellatione postposita compescendo. Testes autem qui fuerint nominati, si se gratia, odio, vel timore subtraxerint, per censuram ecclesiasticam, appellatione cessante, compellas veritati testimonium perhibere. Datum apud Urbem Veterem, quinto idus decembris, pontificatus nostri anno primo.

N° 38. — Tom. I. — Page 556.

ARRÊT DU ROI PHILIPPE-LE-BEL

Le roi intime à Mathieu de Roye, seigneur de La Ferté, la défense de troubler l'abbé de Saint-Riquier dans sa possession de garder les trois jours de fête de Saint-Riquier, au mois d'octobre.

Ex Chronic. D. Cotron. Anno 1287.

Philippus, Dei gratia Francorum rex, universis litteras presentes inspecturis salutem. Notum facimus quod cum contentio mota esset inter Matheum de Roya militem ex una parte, et abbatem et conventum sancti Richarii ex altera, habendi custodiam festi et capiendi et arrestandi justitiando personas, in quibus cadit prisia, vel arrestum, vel vindicta vel aliud, si casus se offert, et quod opporteret facere prisiam, justitiando ubicumque festum se extendit et in quacumque terra sit, et in feodis dicti Mathei de Roya et in aliis et de hoc usi fuerunt per tantum tempus quod debet eis valere ad habendum jus saisinæ : dicto Matheo in contrarium dicente, quod locus de quo mentio facta fuit, est in feodis suis, in quibus habet justitiam de jure communi, et etiam dicente quod ipse usus fuit, et est in bona saisina capiendi et arrestandi justitiando et explectandi prisias semper, cum casus se obtulit in suo feodo et in aliis locis ejusdem conditionis, durantibus tribus diebus festi et in alio tempore, quum casus se obtulit, et custodiendi feodum suum cum armis, quando sibi placuit et usus fuit a tanto tempore quod debet sibi valere ad habendum jus saisinæ : tandem super præmissis facta inquesta et visa, pronuntiatum fuit per curiæ nostræ judicium, dictos abbatem et conventum intentionem suam melius probavisse quam dictum Matheum quantum ad saisinam, et ideo ipsos abbatem et conventum in saisina sua prædicta remanere debere. In cujus rei testimonium præsentibus litteris nostrum fecimus apponi sigillum.

Actum Parisiis, anno Domini millesimo ducentesimo octogesimo septimo, mense Augusto.

Sigillum appendet ut supra impressum.

N° 39. — Tome I. — Page 558.

DONATION TESTAMENTAIRE DE GILES DE MACHEMONT AUX CARITIERS DU MONASTÈRE.

Ex Chronic. D. Cotron. Anno 1287.

Universis præsentes litteras inspecturis, Egidius permissione divinâ Abbas monasterii sancti Richarii, salutem in Domino. Noveritis quod nos attendentes fore bonum quod pitantiis sive caritatibus nostri conventus, cum quo volente Domino longo tempore viximus vitæ nostræ, caritatem aliquam faceremus, donamus in perpetuum ad usus ipsarum pitantiarum sive caritatum omne illud quod habebamus in molendino de Tannoye et in toto vinario de supra, seu juxta ipsum molendinum, per caritarium ipsius monasterii amodo recipiendos ad opus dictarum caritatum, seu pitantiarum, omnes proventus qui ex prædicto molendino et vinario modo quocumque potuerint provenire. Nos autem, prior et conventus dicti monasterii, præsenti donationi interfuimus et rem volumus et approbamus et in ea consentimus expresse. Iis autem interfuerunt præsentes. magister Robertus dictus Marescallus clericus, Petrus de Guri clericus, Urso de Domibus, Joannes et Colardus dicti sommelarii et plures alii. In quorum omnium testimonium, nos abbas et conventus et prædicti præsentibus litteris sigilla nostra duximus apponenda.

Datum die mercurii post natale Domini, anno gratiæ millesimo ducentesimo nonagesimo.

Appendet sigillum, in quo ex unâ facie representatur abbas dextra pedum pastorale, sinistra librum ad pectus gerens, ex altera vero facie, tria lilia sic disposita, cum inscriptione sancti Richarii. (*Deest hoc sigillum.*)

N° 40. — *Tome II.* — *Page 19.*

FONDATION D'UNE CHAPELLE AU CHATEAU DE
LA FERTÉ.

Ex Chronic. D. Cotron. Anno 1316.

Universis præsentes litteras inspecturis Balduinus permissione divina monasterii sancti Richarii in Pontivo abbas humilis totusque ejusdem loci conventus salutem in Domino sempiternam. Notum facimus universis, quod cum bonæ memoriæ dominus Mattheus de Roya, quondam dominus de Feritate miles, in sua ultima voluntate qua decessit quamdam Capellaniam in castro seu domo sua de Feritate fundandam decrevit, in quo loco jus patronatus non est dubium ad nos etiam de antiqua hactenus approbata consuetudine dignoscitur pertinere, cujus etiam capellaniæ collationem seu præsentationem suis hæredibus reliquit, si super hiis nostrum vellemus assensum benigniter impertiri, pium in hac parte ejusdem militis propositum attendentes, ut cultus divinus in oratorio seu capella dicti loci vel castri augmentetur, et dicti militis ultima voluntas debitum sortiatur effectum, ad preces etiam et obtentu nobilis mulieris, Domicillæ Margaritæ de Pinchonio, Domicellæ de Feritate, præmissa omnia et singula volumus, consentimus ac etiam, quantum in nobis est, approbamus ac omne jus, quod nobis et successoribus nostris competit aut potest quomodolibet ratione nostri patronatus, in collationem seu præsentationem capellaniæ prædictæ competere, dictæ domicellæ primo, quandiu dicta domicella vitam duxerit corporalem, deinde hæredibus et successoribus, dominis tamen de Feritate, ex nunc conferimus in perpetuum per præsentes, ex gratia speciali, jure nostro generali patronatus loci prædicti in omnibus capellaniis seu beneficiis aliis quæ possent ibi fundari, præmissis non obstantibus, et aliis nostris juribus ac jure parochiali dicti loci penitus manentibus illæsis : hoc etiam adjecto, quod capellanus, quicumque fuerit, cui dicta capellania collata fuerit, et omnes alii capellani, qui de cætero et in perpetuum in dicta capellania fuerint instituti, super conservatione jurium nostrorum ac jurium parochialis Ecclesiæ sancti Richarii prædictæ, videlicet Beatæ Mariæ in sancto Richario, antequam possent fructus dictæ capellaniæ recipere, aut in eadem capella libere ministrare, nobis Abbati prædicto, et successoribus nostris solemne venient præstare juramentum. Sic etiam facient capellani mercenarii, quicumque per ipsos capellanos vel eorum parte ad deserviendum eidem capellaniæ fuerint constituti. In quorum omnium testimonium et munimen præsentes litteras ad perpetuam rei gestæ memoriam confici fecimus sigillorum nostrorum munimine roboratas.

Datum anno Domini millesimo trecentesimo decimo sexto, quarto nonas julii.

N° 41. — *Tome II.* — *Pages 33 et 34.*

ACCORD ENTRE LES RELIGIEUX DE SAINT-RIQUIER
ET LE CORPS DE VILLE.

Manuscrit de la Bibliothèque d'Abbeville (1340).

Philippus, Dei gratia Francorum rex, notum facimus universis tam præsentibus quam futuris quod a partibus infrascriptis concordatum extitit in audientia nostra, prout in quadam cedula ab ipsis partibus dictæ audientiæ nostræ tradita, dictarum partium sigillata continetur, cujus tenor sequitur in hunc modum :

C'est li traittiés faiz par nous Fremin de Coquerel, conseillier du Roy nostre sire, ajoint avecques nous Mikiel le Caisne, balhf de Chapitre d'Amiens, par la licence de la Cour et du consentement des parties, entre religieuses personnes l'abbé et couvent de saint Rikier d'une part, et le maïeur, eschevins, et communauté de la dite ville d'autre. Premièrement sur le débat de la limitation de la banlieue au costé vers bos de Guincamp et le Hamel, lesdiz religieux disans que du bourne lequel est assis au bout du pont Huelin, devers la ville, dusques au bourne qui siet au bout du courtil Maroie Daubine, en allant à ligne, aussi que par la roe du moulin de Tanvoie, le dite banlieue s'estendoit et non oustre, li dit maire et eschevins disans au contraire que assés plus loing li anchien bourne de la dite banlieue avoient piéchà esté assis, les quelz avoient esté ostés selon ce qu'il disoient. Nous veu yceulz lieus, contemptions, oys grant foison de témoigns, tant d'une partie comme d'autre, avons accordé en la manière qui s'ensuit : que à l'endroit du dit bourne séant au bout du pont Huelin devers les camps, d'autre part le cauchie devers les près, s'assirra une autre bourne à désigner, que la cauchie qui est devers la ville dedens les deux bournes demoura de la banlieue, et che qui est devers le pont et oultre demourra aus diz religieux et dudit bourne assis devers les près, comme dit est, pour désigner la distinction de la cauchie, en allant à la rue de l'yaue tout droit selon la cauchie au rès de l'arche, se mettra un autre bourne, si que tous les manoirs courtiz et terres qui sont au dessous de la cauchie, jusques à la rue de l'yaue et dusques au dit moulin de Tanvoie au lès devers la ville, sont et seront en et de la banlieue des diz maieur et eschevins et fera la rue par devers la ville, ainsi que elle s'estent jusques au moulin, la limitation de la banlieue et dudit moulin, ou au plus près dudit moulin que nous pourrons, au lès dessus ès fiefs des diz religieux, en asséant un bourne, jusques au bourne qui est au bout du courtil Maroie Daubine se fera ligne, et aussi dudit bourne assis emprès le dit moulin dusques au bourne du pont Huelin devers les champs devant dit, se fera ligne pour tel cause. Car autant de terre que on trouvera que il ara plus de la dite ligne jusques à la dite rive entre le bourne assis d'encosté le moulin dessus dit, et le bourne qui est au bout du pont Huelin devers les champs, autant à aler à ligne dudit bourne assis encosté le dit moulin dusques au bourne qui siet au bout du courtil Maroie Daubine, on s'avalera devers la ville en rettraiant, le dit bourne séant au bout du courtil de le dite Maroie, tant que li dit religieux soient récompensés de l'eslarguissement devant dit que nous leurs faisons, en mesurant pié pour pié en lonc et en lé, comme on mesure bourne quarré. (1)

Item, sur ce que li dit religieux se doloient de ce que li dit maire et eschevins avoient contraint ou voulu contraindre Pierre de Sanchi à payér maletaute de draps qu'il avoit faiz et venduz hors de le banlieue en la justice des diz religieux, si que il disoient : avecques ce avoient li dit maire et eschevins contraint et voulu contraindre potiers d'estain qui avoient vendus pos d'estain en leur église depuiz les troiz jours de la feste de St-Rikier durans ; Accordé que tout le plait sur che chesseroit, et que tout che sera mis au nient, aussi que se il ne feust oncques avenuz sanz préjudice de l'une partie ne de l'autre, ne que l'une des parties se puist de che ne pour che aidier l'une contre l'autre ou temps a avenir.

Item, sur ce que li diz religieux se doloient de ce que li dit maire et eschevins ont contraint et voulu contraindre plusieurs personnes demourans en la justice des diz religieux et hors de le banlieue de la dite ville pour pain qu'ils avoient vendu dessous la porte de la dite église ; Accordé est que touz procés sur ce faiz et commenchiés chesseront et que tout soit mis au nient sanz préjudice de nulle des parties, et se garderont li diz religieux de recevoir vendeurs en tel cas ou semblable qui n'ont pas été accoustumé à recevoir.

Item, sur ce que li dit religieux se doloient de ce que li dit maire et eschevins ont contraint ou voulu contraindre le mesureur de la dite église d'avoir le mesurage des grains de la dite église appartenant au caretier, ou aumosnier, ou autre religieux de la dite église, touz procés sur ce commenchiés chessera, et sera mis au nient che qui a été fait par les diz maieur et chesseront le dit maieur et eschevins de faire ainsi dores en avant.

Item, sur ce que li dit religieux se doloient de ce que li dit maieur et eschevins ont contraint Gille Poulain, vicomte pour le roi, en le franque feste St Rikier, pour le débat ou opposition fait entre les diz religieux d'une part et le seigneur de la Ferté d'autre part, à amender par devers aulz maïeur et eschevins ce qu'il avoit jugé les troiz jours de la dite feste durans ; Accordé est que touz procès sur ce faiz sera mis au nient et que par ce qui fu faiz par les ditz maieur et eschevins nul préjudice ne sera engenrés aus diz religieux ne aus diz maïeur et eschevins, nulz droits nouviaux acquis, ne li anchiens droits diminués en riens.

Item, sur ce que li dit religieux se doloient de ce que li dit maire et esckevins avoient édiffié une maison en le rue que on dit le rue Abœngue, outre le porte de France, sur une des helles de pierre de le dite porte, lequelle étoit sur l • frocs et assise sanz le congié des ditz religieux, si comme ils disoient ; Accordé est que à la prière de nous traitteur, elle demourra ainsi que se on eust prins congié aus diz religieux, sans porter préjudice à nulle des parties, ne aus compositions sur ce faites, maiz seront les compositions gardées et demourront en estat.

Item, sur ce que li dit maire et esckevins se doloient de ce que li diz religieux ou leurs gens en le justice et seigneurie des diz maire et eskevins ont prins ou fait prendre une pelle à Denys de Roen, merchier, de laquele il nettioit devant son estal à sa merchierie, et une autre pelle à Gillot le merchier pour nettoier devant la maison sin père ; Accordé est que li procès sur ce fait sera mis au nient, et se chesseront li dit religieux de faire tels œuvres dores en avant.

Item, sur ce que li dit maieur et eskevins se doloient de ce que li dit religieux avoient prins une pelle à Mahieu de le Porte qui de le dite pelle prenait boe pour festir se maison, et le fist et festi, lequele ce pooit faire sanz prendre congié aus diz religieux, si comme li dit maieur et eskevins disoient ; Accordé est que on se chessera du tout du plait sur ce fait ou encommenchié, et se aucuns habitans de la dite ville prent de semblable cose pour festir se maison, il en demandera congié au froquier des diz religieux et ne le pourra reffuser, et se débaz estoit du congié demandé ou non demandé, chil qui le dite boe ara emportée en sera creuz par sen serment.

Item, sur ce que li dit religieux avoient caupé ou fait cauper une vigne emprès terre assise et plantée de prèz l'espace de vint ans avoit ou environ, en la propre terre et gardin et dedens le haie de Pierre le Gay en le ville de St-Rikier, justice et seigneurie des diz maieur et eskevins, que li dit religieux ne pouvoient faire, si comme li dit maire et eskevins disoient ; Accordé est que on se chessera du procès, et se chesseront li dit religieux de faire semblables œuvres dores en avant.

Item, sur ce que li dit maire et eschevins se doloient de che que li dit religieux avoient dépéchié ou fait dépéchier une fenestre ès parois de Jehan Paillart, assise en le propre terre dudit Jehan, sans marchir, joindre, ou acostir au froc de la dite ville, mais estoit quatre piés ou plus par dedens ses bournes, si comme li dit maieur et eskevins disoient ; ensemblement, de ce que li dit religieux ont caupé ou fait cauper kevilles en une maison ou demouroit Colars li Fèvre, en le ville et justice des diz maieur et eschevins, sur lesqueles chevilles li diz Colars mettoit chascun jour une ays à vendre œus, et fourmage, comme eschopiers, lequeles kevilles on ostoit toux les jours au vespre. Avec ce, se doloient de ce que li dit religieux avoient caupé ou fait cauper vij arbres en la dite ville en une rue que on nomme Frieuecourt en le justice de la dite ville et dépéchié à cuignies et guisarmes, et six autres qui avoient esté plantés passé à vint ans ou plus, pour esbatement, et caupé un autre arbre en une rue que on dit Hémenporte, qui demoure et esté y avoit douze ans et plus, et caupé une perche qui soustenoit le vigne de Raoul le Gay, si comme toutes ces choses li dit maire et eskevins dient ; Accordé est que on se chessera du procès ou des procès sur ce fais, et che que li dit religieux en ont fait ne portera nul préjudice aus diz maieur et eskevins, ne se porront aidier li dit religieux de ches faiz contre les diz maire, eskevins, et habitans, ne li maires et eschevins contre les diz religieux, mais seront wardées les compositions sur ce faites de point en point.

Item, sur ce que li dit maire et eskevins se doloient de ce que li religieux ont caupé ou esrachié de la couverture de le maison ou apentis Henry Polart trois cavrons et une coulote, que il avoit fait mettre à une siene vièse maison ou appentis, li dit maieur et eschevins disoient ; Accordé est que on se chessera du procès sur ce fait, et che que li dit religieux en ont fait ne portera nul préjudice as diz maieur et eskevins, ne s'en porront li dit religieux aidier de che fait contre les diz maieur et eskevins, ne li dit maire et eskevins contre les diz religieux, maiz seront les compositions sur ce faites wardées de point en point et sera li édeffice reffais, s'il ne l'est, sanz ce que l'une ne l'autre partie s'en puist aidier l'un contre l'autre en possession ne en saisine sur ce ou temps avenir.

Item, sur ce que li diz religieux ont prins en le dite ville un pic à Henri le Fèvre, en une rue que on dit du Moustier, en la justice de la dite ville, picant en temps d'iver glace et gelée, qui estoit en une fosse devant sen huys nécessaire à sen métier, sans empirier le froc, si comme li maire et eskevins disoient; Accordé est par nous, oys le serment du dit Henri, de l'accort des parties, li quelz a juré que il n'avoit point piquié oultre li anchienne fosse, que on se chessera du procès sur ce fait et sera ce que fait a esté mis au nient.

Item, sur ce que li dit religieux avoient prins douze deniers d'un chercle ou enseigne mise à la maison Pierre Hardi, bourgoys et tavernier de le dite ville, à ce que les gens trespassans par la la dite ville y puissent et sachent assener, et en chelle manière de Climent Labbé que li dit religieux ne pouvoient faire, si comme li dit maire et eskevins disoient ; Accordé est que tout ce que fait en a esté sera mis au nient, sans porter préjudice à nulle des parties en temps présent ne avenir.

Item, sur ce que li diz maire et eskevins s'étoient complains de che que li dit religieux avoient prins ou fait prendre fourques et peles en li court de Mehaut, femme jadiz Martin le Porquier, desquelles Mikiel li Merchier assaulloit et carguoit amendement, que le dite Mehaut li avoit vendu, tout li procès sur ché faiz sera mis au nient, sanz préjudice de nulle des parties ne ne s'en pourront aidier l'une contre l'autre en temps avenir, maiz sera tout compté pour nient, sauves les compositions, lesquelles remainent en estat.

Item, sur toutes les complaintes faites des fourques et peles prinses par le froquier de le dite église, pour fiens mis hors des maisons, manoirs et cours de la dite ville, et assavoir des fourques et peles Mikiel le Merchier prinses devant sen huys et une autre prinse en la rue Notre-Dame, ensemblement autres prinses à Jehan d'Ailly, pour fiens qu'il faisoit assembler; ensemblement, autres fourques et peles à Pierre de Bellancourt, et à le femme qui fu Fremin Hardi, que faire ne povoient, si que li dit maire et eskevins disoient, les diz religieux disant que prendre les povoient après que li dit amendement avoit demouré trois jours sur le froc et li diz maire et eskevins disoient que on les y povoit laissier quinze jours, sanz ce que li dit religieux peussent les dites fourques et peles prendre : Est accordé des parties que faite no relation à la court de la confession que li prévost de la dite église et aussi l'ottroy que li Abbés de la dite église a faite, la cour a ordonné cinq jours.

Item, sur ce que li dit maire et eschevins s'étoient complains de ce que li ditz religieux avoient prins ou fait prendre un pic à Ricart Hyron qui en abatoit un turel par lequel achoppoient et quéoient, et disoient li dit maire et eskevins que il ne le povoient faire et li dit religieux disoient du contraire; Accordé est que tout che que fait a esté par les diz religieux soit mis au nient aussi que se onques n'eust esté fait, sanz porter préjudice a l'une partie ne à l'autre.

Item, il est accordé entre les dites parties que, se ou temps avenir il aloient contre aucune des compositions, ordenances et des coses dessus dites, que pour chacune foiz il encourroit en tel poine que se il aloient contre arrest du parlement.

Item, ont accordé les dites parties l'une à l'autre que elles ne se pussent ensaisiner l'une contre l'autre, ne saisine acquerre contre les choses contenues en cest présent accort, et que toutes les compositions et actes que les dites parties ont l'une contre l'autre, demeurent en leur vertu et accepté ce que en cest présent accort est expressé.

Quod ut firmum et stabile permaneat in futurum, sigillum nostrum præsentibus duximus apponendum.

Actum Parisiis in Parlamento nostro anno Domini millesimo CCC° quadragesimo, mense martio.

Au dos : Mars 1340. Le darrain droit de l'église et de la ville. — Hangest. — Pour les religieux, — Concordatum.

N° 42. — Tome II. — Page 49.

LETTRES DE SAUVEGARDE DONNÉES PAR LE ROI JEAN II A LA VILLE DE SAINT-RIQUIER OU NOMINATION DE GARDIENS PARTICULIERS ET SPÉCIAUX POUR LES HABITANTS DE SAINT-RIQUIER.

Ordonnances des rois, tome IV, page 26 (1350).

Johannes Dei gratia Francorum rex. Si fidelium atque subditorum nostrorum justis postulacionibus favorabiliter assensum prebemus, regiam exercemus consuetudinem, ipsosque subditos ad nostre fidelitatis obsequia reddimus prumpciores. Notum facimus igitur universis tam presentibus quam futuris, quod Nos ad supplicationem dilectorum nostrorum Majoris, Scabinorum et totius Communitatis Burgencium et habitanclum Ville nostre sancti Ricardi in Pontivo, immediate justiciabilium et subditorum nostrorum, quos una cum eorum et dicte Communitatis bonis et rebus universis, in et sub nostre protectionis clipeo ac Salvagardia speciali, ad suorum et dicte Communitatis jurium conservacionem, suscipimus per presentes, eisdem Majori, Scabinis ac burgensibus et habitatoribus totique Communitati prefate, damus et concedimus Gardiatores speciales ; videlicet, Johannem de Donno-Medardi, Petrum de Bonberch et Stephanum Harnaz Servientes nostros in Prepositura nostra S. Ricardi in numero ordinacionis Servientium nostrorum dicte preposhture nominatos insolidum et eorum quemlibet, exhibit. præsencium, ad manutenendum et conservendum dictos supplicantes et dicte Communitatis juribus, bonis, justis possessionibus, usibus, consuetudinibus, franchisiis, libertatibus et saisinis in quibus ipsos esse predecessoresque suos fuisse ab antiquo pacifice, repererint, necnon ad deffendendum ipsos ac eorum Communitatem predictam, ab omnibus injuriis, gravaminibus, violenciis, oppressionibus, molestationibus, vi armorum, potentia laycorum et aliis indebitis novitatibus quibuscunque et, ad ponendum debata, si qua in casu novitatis oriri contingat inter Partes, resque contenciosas in manu nostra tanquam superiori, et ad faciendum, quotiens casus exigunt, loca resaisiri contensiosa, ac etiam ad ordinandum Partes ad certos et competentes dies, coram judicibus eorum ordinariis, tam super principali quam super recredencia, processuras ut fuerit racionis. Damusque et concedimus dictis Gardiateribus et eorum cuilibet tenore presencium, plenariam potestatem presentem nostram Salvam-gardiam significandi et publicandi omnibus locis et personis de quibus fuerint requisiti, ipsisque personis sub certis penis Nobis applicandis, inhibendi ex parte nostra, ne dictis supplicationibus aut eorum dicteque Ville et Communitatis bonis, vel jurisdictioni quomodo libet forefacere presumant, et quicquid in ipsorum supplicantium prejudicium factum fuerit, ad statum pristinum et debitum reducendi ; et generaliter omnia alia et singula faciendi, que ad specialem Gardiatorum officium pertinere noscuntur. Nolimus tamen quod dicti Gardiatores de hiis qui Cause cognitionem exigunt, se aliqualiter intromittant. Ab omnibus autem justiciariis et subditis nostris, dictis Gardiatoribus in premissis pareri volumus et mandamus. Quod ut firmum et stabile permaneat in futurum, presentibus litteris sigillum Castelleti nostri Parisiensis. in abscntia magni, duximus apponendum.

Actum Parisius, Anno Domini millesimo trecentesimo quinquagesimo, mense Decembris.

Per Consilium in quo erat D. Episcopus Laudunensis. — Tassin.

N° 43. — Tome. II. — Page 101.

CONFIRMATION DES PRIVILÈGES DU MONASTÈRE PAR LE CONCILE DE BALE.

Ex Chronic. D. Cotron. Anno 1435.

Sacrosancta generalis synodus Basiliensis in Spiritu Sancto legitime congregata, universalem Ecclesiam representans, dilectis ecclesiæ filiis abbati et conventui monasterii sancti Richarii in Pontivo, ordinis sancti Benedicti, Ambianensis diœcesis salutem et Omnipotentis Dei benedictionem. Cum a nobis petitur quod justum est et honestum, tam vigor æquitatis quam ordo exigit rationis, ut id per ministerium nostrum quo universali ecclesiæ afficimur, ad debitum perducatur effectum. Sane pro parte vestra nobis humiliter supplicatum fuit quatenus vobis ac monasterio vestro super privilegiis, indulgentiis, bonis, libertatibus, immunitatibus, consuetudinibus honestis et præscriptis dudum vobis concessis ut illibata permanerent, robur nostræ confirmationis et renovationis adjicere, de benignitate nostra dignaremur : nos igitur qui pro tuitione et defensione ecclesiarum, bonorum, et consuetudinum præscriptarum ac personarum ecclesiasticarum ferventer laboramus, hujusmodi supplicationibus inclinati, omnes libertates, gratias, immunitates, prærogativas, consuetudines laudabiles et præscriptas, indulgentias, bona, privilegia, et indulta a Romanis pontificibus per apostolicas aut alias quascumque litteras vobis ac monasterio vestro prædicto concessas et concessa, tenores omnium habentes, præsentibus pro expressis, sicut ea juste et pacifice possidetis, vobis et eidem monasterio vestro auctoritate nostra confirmamus, illasque et ea renovamus ac præsentis scripti patrocinio communimus. Nulli ergo omnino homiuum liceat hanc paginam nostræ confirmationis, renovationis et communionis infringere, vel ei ausu temerario contraire. Si quis autem hoc attentare præsumpserit, indignationem Omnipotentis Dei et universalis ecclesiæ se noverit incursurum.

Datum Basileæ sexto Calend. Maii, anno a Nativitate Domini millesimo quadringintesimo trigesimo quinto.

Appendet plumbum sub duplici lacu canapeo sic expressum. (*Deest sigillum*).

N° 44. — Tome II. — Page 112.

Fac-simile de l'Ecriture de l'abbé Pierre Le Prêtre.

Chronique de Pierre Le Prêtre. (Année 1438).

En l'an mil IIII^c XXXVIII, le jour Saint Mor el XVe jour de janvier, Perrotin le Pbre, lequel avoit ung frere nomme Jehan Pbre, serviteur de Monsgr d'Auxi, qui avoit tenu ledit Perrotin aux escoles depuis le trespas de son père jusques audit an, tant audit Auxi, Hesdins, comme alleurs, fut par le moyen et à la requeste de mondit sieur d'Auxi religieux et abitué en l'eglise de Monseigneur Saint-Requier lès Ponthieu, et le presenta mondit seign d'Auxi en personne ledit jour en capitre à Révérend Père en dieu Monseigneur Hugues, lors Abbé, natif de Borgongne, de la Ville de Poligny en Arbois, en la présence de tout le couvent, et aveuc lui furent vestus ung nommé Hugues de Wignacort, natif de Saint Requier et Jehannet Warin, natif de Drugy, à présent prieur de Bredenay.

Voir sur ce texte, tome II, page 111.

N° 45. — Tome II. — Page 227.

ORDONNANCE DE GEOFFROY DE LA MARTHONIE, ÉVÊQUE D'AMIENS, POUR LA FÊTE PATRONALE DE SAINT-RIQUIER.

Archives paroissiales. (*13 mars 1619.*)

Geoffridus de la Martonie, Dei et sanctæ sedis Apostolicæ gratia, Ambianensis Episcopus, rectori Parochialis Ecclesiæ Beatæ Mariæ urbis sancti Richarii, nostræ diœcesis Ambianensis, salutem in domino. Ut festa ejusdem sancti Richarii sub cujus nomine et invocatione fundatum est monasterium dictæ urbis decenter celebrentur, diebus scilicet vigesima sexta Aprilis et nona Octobris, vobis mandamus quatenus eadem festa in pronis vestrarum missarum parochialium annuntietis parochianis vestris et dictæ urbis habitantibus, ut illa devote solemnisare habeant et eisdem diebus ab operibus manualibus abstineant, sicut faciunt in aliis festis ab ecclesia præceptis, non intendentes alios subditos nostros ad id obligare.

Datum Ambiani anno millesimo sexcentesimo nono, die ultima mensis Martii.

De mandato præfati reverendissimi domini mei domini Ambianensis Episcopi.

RICARD.

Attendu la négligence de l'ordonnance ci-dessus, est intervenue cette suivante, en conséquence de la requête présentée par MM. les prieur et religieux de cette abbaye.

Nous, Evêque d'Amiens, vû la requête présentée par MM. les prieur et religieux de Saint-Riquier du 23 octobre dernier et l'ordonnance de Messire Geoffroy de la Martonie, l'un de nos prédécesseurs, pour faire chommer les deux fêtes de Saint-Riquier par la ville qui en porte le nom dans notre diocèse, avons ordonné et ordonnons que la feste dudit saint, comme premier et principal patron de la ditte ville, laquelle arrive le neuf octobre, sera chommée par tous et chacun des habitants de ladite ville et paroissiens de Notre-Dame audit Saint-Riquier; pourquoi nous enjoignons au sieur curé de la ditte paroisse Notre-Dame de la ville de Saint-Riquier d'annoncer à son prosne ladiste feste, le dimanche qui précède le neuf octobre, pour que ses paroissiens ayent à la solemniser et la chommer ainsi que les autres festes commandées par l'Eglise.

Donné à Amiens, ce deux novembre mil sept cent quarante-cinq.

Signé : Louis-François-Gabriel, Evêque d'Amiens.

Et plus bas, par Monseigneur, Maurice, pro-secrétaire. *(avec paraphe.)*

N° 46. — Tome II. — Page 261.

PROCÈS-VERBAL DE LA TRANSLATION DES RELIQUES DE SAINT ANGILBERT.

Déposé dans la châsse après contrôle légal.
(*1685.*)

L'an mil six cent quatre-vingt-cinq, le neufvième septembre, jour de dimanche sur les quatre heures après-midi, issue de Vêpres, Messire François d'Aligre, Abbé de Saint-Jacques de Provins, ayant commission de Monsieur l'Evêque d'Amiens, insérée à la fin des présentes, en présence de Messire Charles d'Aligre, son frère, conseiller d'Etat ordinaire et d'honneur au Parlement, Abbé commendataire de l'Abbaye de Saint-Riquier, toute la communauté des religieux de la dite abbaye aussi présents et les témoins soussignés, ledit Messire François d'Aligre étant revêtu des ornements du célébrant, assisté de diacre et sous-diacre, chantres, revêtus de tuniques et chappes, s'est transporté au-devant de la porte du chœur de l'église de la dite Abbaye, lieu du sépulchre où reposaient depuis huit cent-quarante-deux ans les reliques et ossements de saint Angilbert, septième Abbé de la dite abbaye (auquel lieu ledit saint corps a été transféré par Ribodo lors Abbé, vingt huit ans après son décès arrivé le 18 février 814, ayant ordonné sa première inhumation au-devant de la grande porte de l'Eglise qu'il avait fait magnifiquement bâtir, aussi bien que toute l'abbaye où il a gouverné saintement jusques au nombre de quatre cents religieux), où étant parvenu aurait fait ôter les terres et découvrir ledit tombeau où se sont trouvées deux plaques qu'il s'est fait apporter à lire, sur l'une desquelles, qui est la plus petite est gravé : ANGILBERTUS ABBAS, et sur la seconde large d'un pied est gravé : ANNO AB INCARNATIONE DOMINI MCXXVIIII, A DOMNO ANSCHERO ABBATE APERTUM EST HOC SEPULCRUM S. ANGILBERTI ET CORPUS EJUS ADSTANTI POPULO OSTENSUM AC DENUO CLAUSUM... par lesquels le dit seigneur Abbé de Saint-Jacques aurait déclaré que dans le sépulcre reposent les ossements dudit saint Angilbert et qu'on y devait ajouter pleine et entière foi ; pourquoi il les a honorés et encensés et fait chanter quelques antiennes propres dudit saint Angilbert, et a ensuite fait lever les ossements et cendres dudit corps saint, qui se sont trouvés dans ledit sépulcre, les a fait mettre décemment dans une châsse préparée, pendant laquelle action tout le chœur desdits religieux continuait de chanter des antiennes et répons propres à icelle et ayant enveloppé ladite relique dans des estoffes précieuses de soie, a fermé ladite chasse et fait porter dans le trésor de ladite abbaye où reposent les reliques des autres saints qui y sont, et ayant fait chanter le *Te Deum* en actions de grâces, la cérémonie s'est achevée.

En foi de quoi ledit seigneur Abbé de Saint-Jacques a ordonné d'en dresser le présent acte qui a été fait par moi Jacques Buteux, notaire royal au bailliage d'Amiens, demeurant en la ville de Saint-Riquier, en présence de Claude Buteux, praticien, de Jean Duquesne, bourgeois demeurant en la dite ville et de plusieurs autres témoins soubsignéz à ce appelés, faute d'un autre notaire, lequel a esté pareillement signé par lesdits seigneurs Abbés et lesdits religieux et moi notaire susdit, lesdit jour et an que dessus.

S'ensuit la teneur de la lettre de l'Evêque d'Amiens....

Signé : François d'Aligre, Abbé de Provins.
Charles d'Aligre.
Dom François, ancien prieur.
F. Claude de Lancy, prieur.
F. François Becquin.
Jean Duquesne.
Buteux, notaire.
F. Louis de St...
F. François Gosset.
F. Jean Dimbechand.
F. Joseph Becquin.
F. Antoine Lebègue.
F. Jean d'Arcourt.
Dubuillon.
Buteux.

N° 47. — Tome II. — Page 271.

PROCÈS-VERBAL DE LA CONSÉCRATION DU GRAND AUTEL,

Tiré des archives de Saint-Riquier (1695).

L'an 1695, 4 octobre, Monseigneur Daniel de Cosnac, Archevêque d'Aix, nommé par sa majesté à l'Abbaye royale de Saint-Riquier, du consentement de l'Evesque d'Amiens, en présence de toute la communauté des religieux de la ditte abbaye et des témoins soubsignez, a procédé à la bénédiction du chœur et consécration du grand autel de l'Eglise de ladite Abbaye avec les cérémonies ordinaires et accoutumées, et ensuite s'est transporté dans le trésor de la dite Abbaye où il a transféré les reliques et ossements de saint Angilbert, septième Abbé de la dite Abbaye, de la chasse où ils avaient été déposés par Messire François d'Aligre, abbé de Saint-Jacques de Provins, en vertu de la commission de mondit seigneur Evesque d'Amiens, suivant le procès-verval qui a été dressé le neuf septembre mil six cent quatre-vingt-cinq, dans une autre chasse de bois noir, couverte et enrichie de lames d'argent, le tout avec les cérémonies ordinaires, dont procès-verbal signé des témoins.

PIÈCES JUSTIFICATIVES.   525

Signé : Daniel de Cosnac, archevêque d'Aix, nommé par le Roy à l'Abbaye de Saint-Riquier.

F. François Berquier, prieur.   F. Nicolas Vernage, sous-prieur.
F. Joseph Becquin.   F. François Gosset.
F. Henri-Constance de Brossard.   F. Charles Possel.

Seguin, prêtre, curé de l'église de Notre-Dame de Saint-Riquier.

Delahaye, prêtre et administrateur de l'Hôtel-Dieu.

Me François Marcotte, prestre, clercq d'icelle paroisse.

Maistre Jean du Boisle, commissaire de la ville dudit lieu.

Me Antoine Buteux, procureur du Roy.

Maitre Claude Maisnel, procureur en la prévôté.

Fœdericq Judcy, échevin. — Antoine Piollé, bourgeois, marchand.

Jacques Buteux, notaire.

Contrôlé le 15 octobre par C. Maisnel.

N° 48. — Tome II. — Page 283.
PROCÈS-VERBAL SUR UNE VISITE ET DESCRIPTION DES BATIMENTS INCENDIÉS EN 1719.
Extrait d'un manuscrit des archives municipales d'Abbeville. II. N° 222.

Nous, ingénieur du roi pour les ponts-et-chaussées de la généralité d'Amiens, résidant à Amiens, en l'exécution de l'ordonnance de M. Chauvelin, Intendant de la généralité, du 6 présent mois de septembre 1719, au bas de l'arrêt du Conseil d'Etat du roi du 22 août de la dite année, qui ordonne que, par mondit sieur Chauvelin ou celui qu'il subdéléguera à cet effet, il sera procédé à la visite et dressé procès-verbal de l'état des bâtiments incendiés de l'abbaye de Saint-Riquier, avec un devis estimatif des ouvrages et réparations qu'il convient de faire, nous nous sommes rendu audit Saint-Riquier, le 12 de ce mois.

Premièrement. Nous avons visité le bâtiment de pierre de taille joignant le grand portail de l'église, faisant face à la maison abbatiale, ayant 84 pieds de longueur sur 44 pieds de largeur hors œuvre et eslevée de 4 étages y compris le grenier.

Nous avons trouvé que le premier étage du rez-de-chaussée contient l'entrée principale de l'abbaye, une chambre pour le portier, les offices du depositaire, du procureur et du scellerier, une petite salle à feu pour les hotes, un escalier pour communiquer aux étages supérieurs et un corridor voûté servant à la communication des lieux cy dessus marquez.

Que le second étage contient trois chambres destinées pour les hotes, ayant chacune une cheminée, une petite chambre pour les domestiques desdits hotes et un corridor pour communiquer auxdits appartemens.

Que le troisième étage contient aussi un corridor et que le surplus de la largeur, sur la longueur du batiment estoit la bibliotèque, et que le quatrième étage était le grenier. Et nous avons trouvé que le feu a consommé totalement toute la charpente du comble de ce batiment, ruiné une lucarne de pierre de taille, endommagé les cinq autres, de même matière, calciné touttes les pierres formant l'entablement, ruiné entièrement les trois cheminées et l'escalier sur toutte sa hauteur, brûlé le plancher et plat fond de la bibliotèque et les deux planchers au dessous, sa grande porte, ses lambris et sept croisées, les refens du second étage, cinq portes et cinq croisées, et ruiné une partie du pavé de carreaux de Caen du corridor, que la voûte au-dessus de la principale entrée est entièrement ruinée par la chute des matières, et sa grande porte de menuiserie brûlée, que la voute de l'office du scellerier et le plancher de la petite salle pour les hôtes, avec leurs murs de refends, sont aussy entièrement ruinées, que la porte de lad. salle des hotes et celle de l'escalier du costé de la maison abbatiale, avec deux croisées de menuiserie ont été brulées, que la voute du corridor de ce premier étage est endommagée en plusieurs endroits, que le pavé de carreaux de Caen de la principale entrée, celuy de l'office du scellerier, et de la petite salle des hotes est presque tout ruiné, et que les arrestes intérieures de touttes les croisées de ce batiment, du costé de la maison abbatiale ont été calcinées.

Deuxièmement. — Plus nous avons remarqué que le feu ayant communiqué de ce batiment à l'église, a brulé la charpente de la couverture du bas costé joignant deux contrevents à la croisée dud. bas costé sur le portail, deux abats vents à la croisée du clocher au dessus du bas costé, et quatre abats vents aux deux croisées dud. clocher au dessus du portail de lad. église.

Troisièmement. — Nous avons pareillement visité le batiment aussy de pierre de taille faisant face au jardin, ayant 356 pieds de longueur sur 36 de largeur hors œuvre, joignant en retour d'equaire celuy ci dessus marqué, avec lequel il fait un avant corps du costé de la maison abbatiale de 12 pi. de saillie, nous avons trouvé que le dessous de son rez de chaussée contient plusieurs caves et buchers, qui à l'exception de la place des lieux communs règnent dans toute la longueur de ce batiment et sont divisez en dix parties suivant la distribution des murs de refens faisant la séparation des pièces au dessus, dont une de ces parties joignant le bâtiment des infirmeries sert de boulangerie et de brasserie, et que sur lesd. caves et bucher le dit batiment est élevé de trois étages y compris le grenier.

Que le premier étage contient les lieux communs qui sont dans l'extrémité regardant la maison abbatiale, une salle à feu pour donner à manger aux hôtes, un corridor vouté en continuation de celuy du rez de chaussée du précédent batiment, une cuisine, deux petites offices ; une dépense avec une entresolle servant de fruitterie, un réfectoire pour les relligieux, un grand parloir ou vestibule avec son peron pour descendre au jardin, une grande salle avec une cheminée au bout, un passage vouté pour aller de la cour au jardin, un lavoir aussy vouté, et en entresolle au dessus dud. passage et du lavoir, le chartrier, et ensuite un magasin pour serrer les farines.

Que le deuxième étage servant de dortoir était divisé par un refend au milieu de la largeur de ce batiment régnant dans toutte sa longueur, formant du costé regardant l'église un corridor, et du costé du jardin trente et une chambres pour les religieux.

Et que le troisième étage est le grenier régnant dans toutte la longueur dud. batiment.

Et nous avons trouvé que le feu a aussy consommé toutte la charpente du comble de ce batiment, le petit clocher en dome à huit pans au milieu d'iceluy dans loquel étoit la cloche servant aux exercices des relligieux, le plancher du grenier, les 31 chambres et le corridor du dortoir avec 52 croisées de menuiserie et 4 portes qui communiquoient aud. dortoir.

Que la voute de la salle ou l'on donnait à manger aux hôtes est très endommagée par la chute des matières qui ont tombées dessus, que sa porte et ses deux croisées de menuiserie ont été brulé et son pavé de carreaux de Caen brisé.

Que la chute des tuyeaux de la cheminée de la cuisine et des matières qui étoient embrasées a enfoncé la voute de la dépense et de la fruiterie et brûlé ses refends, planchers et portes, ses deux croisées de menuiserie, celle vis à vis les deux offices et les deux portes du réfectoire joignant lad. dépense.

Que dans le réfectoire les arrestes de la voute ont esté un peu endommagées par la chaleur qu'elle a souferte au dessus, que pour empecher la continuation de cet embrazement on a démonté avec toute la diligence requise en pareil cas les lambris, les tables et bancs dud. réfectoire dont plusieurs panneaux ont été endommagez.

Que dans la grande salle et joignant la cheminée, la chute du tuyeau de cette cheminée a non seulement enfoncée une grande portion de la voute de cette salle, mais aussy celle du bucher au dessous et a mis le feu au revestement de lad. cheminée, les lambris de lad. salle ayant été démontez comme ceux du réfectoire.

Que la chute du tuyeau de la cheminée du lavoir avec les matières qui étaient embrazées ont enfoncées une partie de la voute du chartrier, et a porté le feu aux armoires qui renfermoient les papiers les plus préticux de l'abbaye qui ont été entièrement brulez ainsi que les chassis de ses deux croisées, et a aussy enfoncé une partie de la voute du magasin aux farines et du plancher au dessous, et enfin que le feu a très endommagé les 16 lucarnes de pierre de taille qui sont au batiment, calciné touttes les pierres des entablements, et touttes les arrestes intérieures des pieds droits, apuis et arrières voussures des fenêtres particulièrement à celles qui sont du côté du jardin.

Quatrièmement. — Nous avons aussi visité le batiment de pierre de taille appellé les infirmeries, faisant un retour d'équerre à l'extrémité de celuy dont nous venons de parler, ayant de longueur 111 pieds sur 30 de largeur hors œuvre, et quatre étages sur sa hauteur, nous avons trouvé que le premier étage du rez de chaussée contient les lieux communs joignant l'autre batiment, un escalier pour communiquer aux étages supérieurs, un réfectoire pour les infirmes, une cuisine et une apoticairerie.

Que le second estage contient un corridor depuis l'escalier jusques à l'extrémité de ce batiment pour communiquer à trois chambres à feu pour les infirmes et à une gallerie pour aller dud. corridor au jardin.

Que le troisième étage qui est au niveau du grand dortoir contient aussy un corridor pour communiquer à une chapelle, et à trois chambres à feu pour les infirmes.

Et que le quatrième étage est le grenier à niveau avec celui du dessus du dortoir du batiment joignant.

Et nous avons trouvé que le feu comme aux deux batimens cy dessus marquez a consommé totalement toutte la charpente du comble, les lieux communs jusques au dessous du plain pied du grand dortoir, l'escalier dans toutte sa hauteur, le plancher et les refends formant les corridors des chambres et de la chapelle des deux étages au dessous les tuyaux des cheminées avec leurs plattes bandes, gorges et hotes, et généralement toutes les portes et croisées de menuiserie dud. batiment, et que le même feu a très endommagé les six lucarnes de pierres de taille, calciné touttes les pierres de l'entablement et les arrestes intérieures des pieds droits, apuis, platte bandes et arrière voussures de presque toutes les fenêtres.

Cinquièmement. — Nous avons pareillement visité un autre batiment aussy de pierre de taille joignant le cloitre faisant face à celuy des infirmeries, tenant d'un bout à l'église et de l'autre au grand batiment du jardin ayant 84 pieds de longueur et trois étages sur sa hauteur ; nous avons remarqué ;

Que le premier étage au rez de chaussée du cloitre contient le grand escalier pour monter au dortoir et au chaufoir, le chapitre, la sacristie et un petit cavot au dessous ;

Que le second étage qui est de plain pied au dortoir contient la cage dud. escalier, le dessus du chapitre qui au moyen des refens formoient dans sa superficie le chaufoir, la chambre commune avec son vestibule, le bucher et un corridor pour communiquer à ces pièces et a une chambre a costé au dessus de la sacristie servant de garde meuble pour sa décharge ;

Et que le troisième étage est le grenier régnant de niveau avec celuy du dessus du dortoir ;

Et nous avons aussi trouvé que le feu a brulé la charpente du comble, le plancher et les refends formant au dessus du chapitre le chaufoir, la chambre commune, le bucher et le corridor, le plancher et le corridor du garde meuble servant de décharge à la sacristie et tous les lambris, croisées et portes de menuiserie de ce batiment.

Que le tuyeau de la cheminée du chaufoir s'étant divisé en deux parties, une est tombée sur le grand escalier et a rompue totalement une rampe d'iceluy, brisée et escornée les marches et pierres des autres rampes au dessous, et l'autre partie a tombée sur le chapitre et a endommagée quatre quartiers d'une de ses voutes soutenue par une colonne en sorte que les pierres formant les quatre arcs doubleaux, les quatre branches et le chapiteau de lad. colonne sont entièrement brisées par l'étonnement du coup de cette chute.

Que la violence du feu a entièrement ruinée la maçonnerie de la chambre commune jusques au dessous des plattes bandes et arrière voussures de la croisée, les entablements et la lucarne au dessus la platte bande de la cheminée du chauffoir et celle du garde meuble, endommagé les autres lucarnes de ce batiment, touttes les pierres des entablements et les arrestes intérieures des pieds droits, apuis et arrière voussures des croisées.

Ensuite nous avons visité les galleries au-dessus de celles du rez-de-chaussée du cloître qui sont au nombre de quatre, entre l'église et le grand bâtiment faisant face au jardin et entre le batiment vis à vis la maison abbatiale et celuy ou est le chapitre, nous avons trouvé ;

Que la première qui est le long du bâtiment faisant face à la maison abbatiale a 84 pieds de longueur sur 13 pieds de largeur, et qu'elle est distribuée en quatre chambres pour loger les religieux mandians qui passent, lesquelles sont couvertes de plomb en manière de terrasse ;

Que la seconde, qui est le long d'une partie du grand bâtiment faisant face au jardin, a 96 pieds de longueur, et qu'elle est couverte de tuille ;

Que la troisième qui est le long du chapître, et par où les religieux vont du dortoir à l'église étoit aussi couverte de tuille et qu'il y avoit une lanterne en dome couverte de plomb, au-dessus de l'angle formé par ces deux dernières galleries pour y donner du jour ;

Et que la quatrième gallerie joignant à l'église n'a que ses petits comblets couverts de tuille.

Et nous avons trouvé que le feu du batiment faisant face à la maison abbatiale a fondu une partie des tables de plomb de la couverture des quatres chambres servans aux religieux mendians passagers et presque toutes les soudures des anciennes tables qui restent sur ladite couverture, que la chute des matières embrazées provenant du grand batiment faisant face au jardin a brisé la plus grande partie de la couverture de tuille de la seconde gallerie, joignant ce batiment et brulé quelques pièces des bois qui soutenoient cette couverture ; que la lanterne en dome qui donnoit du jour à cette seconde gallerie et à la troisième a été totalement brulée, que la chute des matières en provenans, ont ruinées et cassées touttes les marches de grais de l'escalier au-dessous, et que la charpente qui soutenoit la couverture de tuille de la troisième gallerie a été toutte brulée par le feu du batiment contre lequel elle est adossée. . . . .

. . . .

Suit le devis estimatif des réparations à faire aux bâtimens par suite de l'incendie arrivé le 29 mars entre 9 et 10 heures du soir.

Le total général est de 115,628 l. 10 s.

Plus les religieux nous ont représentez et déclarez avoir perdu par la même incendie :

1° La Bibliotèque remplie d'un nombre considérable de touttes sortes de livres, ornée de quelques tableaux rares et d'un revestement de menuiserie très riche et très recherchée et quils estimoient cette perte à. . . . 40 000 l.

2° Tout les meubles des chambres des hotes au-dessous de ladite Bibliotèque, les armoires remplies du linge servant au réfectoire de la communauté et à l'usage desd. hotes, la vaisselle et autres ustenciles qu'ils estimoient à . . 8.000 l.

3° Tous les meubles à la monastique de trente-et-une chambres du dortoir avec les livres et hardes appartenans à chaque religieux, qu'ils estimoient à 500 l. pour chaque chambre, l'une portant l'autre, ce qui fait pour les trente et une . . 15.000 l.

4° Tous les meubles des six chambres de l'infirmerie, ceux de la chapelle avec les ornemens qui y servoient, ceux de l'apoticairerie avec les drogues en provision qui y étoient renfermez et ceux de la cuisine et du réfectoire ensuite, avec toutte la vaisselle et ustencils particuliers qu'ils estimoient. . . . 12.000 l.

5° Tous les meubles et livres qui sont ordinairement dans la chambre commune au-dessus du chapitre qu'ils estimoient . . . . . . 3.000 l.

6° Tous les meubles d'une chambre à costé de celle cy-dessus servant de décharge à la sacristie

A reporter. . . 78.000 l.

Report . . . . 78.000 l.
au-dessous avec les riches et beaux livres de l'église que feu M. l'abbé Daligre avait donnez, qui revenoient à plus de 4.000 fr , quatre autres livres de moindres prix, vingt cinq aubes neuves, deux tapis très riches avec leurs coussins pour les festes du premier et second ordre, trois autres coussins de velours violet, toutte la provision de cierge et de cire pour plusieurs années avec les vases et outils propres à les façonner et plusieurs autres effets qui étoient renfermez dans ce garde meuble qu'ils estimoient à . . . 10 000 l.

7° Et environ 15.000 setiers de bled mesure d'Abbeville qui estoient dans les greniers des batimens incendiez, qu'ils estimoient à 8 l. le septier, fait . . . . 12.000 l.

Total des meubles et effets perdus par led. incendie . . . . . 100.000 l.

RÉCAPITULATION

Réparations des batimens. . 115.638 l. 10 s.
Perte des meubles et effets renfermez au dedans desd. batimens 100.000 l. »

Total général de la perte que led. incendie a causée. . . . 215.638 l. 10 s.

Sans compter l'embrazement du chartrier, ou étoient renfermez les anciennes chartres des Roys de France contenant les droits, privilèges et immunitez par eux accordez à l'abbaye, les bules des papes pour les memes droits, les errections des fiefs, les anciens aveux et dénombremens d'iceux, les arrests des cours souveraines, quittances de finances, sentences et autres titres concernans diverses seigneuries appartenantes aux deux manses de lad. abbaye.

Fait à Saint-Riquier le 23 septembre 1719.

Signé : LE VENEUR.

INGÉNIEUR DES PONTS ET CHAUSSÉES DE LA GÉNÉRALITÉ D'AMIENS (1).

(1) Ajoutons ici aux suppositions émises sur la cause de cet incendie, la note suivante, extraite du

N° 49. — Tome II. — Page 324.

INVENTAIRE DU 4 ET 5 MAI 1790 AU MONASTÈRE DE SAINT-RIQUIER.

Archives municipales de Saint-Riquier.

L'an mil sept cent quatre-vingt dix, le quatrième jour de mai, sur les huit heures du matin, Nous, officiers municipaux de la ville de Saint-Riquier, en présence de François-Alexandre Leullier, fabriquant de bas et bourgeois de ladite ville, que nous avons pris pour commis-greffier et qui a prêté par devant nous le serment au cas requis, attendu la vacance de l'office de secrétaire greffier de la municipalité, sur la réquisition et accompagné du procureur de la commune et en exécution de *l'Article cinq des lettres patentes du Roy, données à Paris, le 26 mars dernier, sur un décret de l'Assemblée Nationale du vingt du mois de mars dernier*, NOUS SOMMES TRANSPORTÉS dans la maison conventuelle de MM. les religieux de cette ville, ordre de Saint-Benoit, congrégation de St-Maur, où nous avons trouvé dom Guillaume Enocq, prêtre, prieur et religieux de la dite communauté, à qui nous avons annoncé le sujet de notre mission, et qui en conséquence et sur la réquisition du procureur de la commune a fait assembler tous les religieux de sa communauté pour être présents à nos opérations. Lecture ayant été faite à toute l'assemblée des lettres patentes du Roy dudit jour vingt-six mars dernier, et pour y satisfaire lesdits sieurs prieurs et religieux nous ont d'abord représenté les registres et comptes de régie que nous avons arrêté ainsi qu'un registre intitulé

répertoire d'un notaire de Saint-Riquier, à la date de 1719,

« Le 29 mars 1719, sur les neuf heures trois quarts le feu a pris dans l'abbaye; tous les combles de la maison ont été consommés en entier.

« Le lendemain à la même heure il a paru au ciel un grand feu et on a entendu comme des cousts de canon provenant du ciel, ce qui est arrivé bien loin et dans les autres pays le même jour et à la même heure.»

LIÉVE déclaration ou papier de recette de tous les biens et revenus des religieux, prieur et couvent de l'abbaye, d'où il résulte que ladite abbaye possède :

1. La ferme et château de Drugy affermée en argent, 750 l. et en bled muison 75 septiers, en orge 12 septiers, mesure d'Abbeville, (1) etc. censives, reliefs et droits seigneuriaux, 1,000 l.

2. La maison et ferme de Bussu, affermée en argent ; 7,000 l. et 500 gerbées. D. S. et Censives, 1,000 livres.

3. Les Dixmes d'Agenvillers et Hellencourt, argent 300 l., bled, 20 sept., Avoines, 4 sept.

4. Le tiers du bois tant de haute que de basse futaye, 2500 l. pour les taillis seulement.

5. Une dixme à Longvillers, 30 l.

6. Une dixme au Mesnil, 100 livres.

7. Une dixme à Auxi-le-Château, 200 l.

8. Le seigneur d'Harvillers en Santerre doit annuellement 600 l.

9. XXXVII j^x de terre à Bray-sur-Somme, 270 l.

10. Un droit de champart à Huppy, 150 l. D. S. et C. estimés 80 l., à cause des non valeurs.

11. Une dixme à Coulonvillers, 180 l., bled muison, 20 sept., avoine, 15 sept.

12. Une dixme à Neufmoulin et Caux, 280 l., bled muison, 45 sept.

13. Une dixme à L'Etoile et Bout-de-Ville, 450 l.

14. LXXX j^x de terre à Neuville, avec un droit de dixme et de champart, 400 l., froment, 15 sept., bled muison, 120 sept., orge, 8 sept., avoine, 8 sept.

15. Le grand moulin situé près de Neufmoulin, 20 l, bled muison, 82 sept., dont 22 sept. 12 boisseaux de renvoy à l'Hôtel-Dieu.

16. LXXV j^x de terre à Bersacq, 300 l., froment, 3 sept., bled muison, 25 sept.

17. Le petit moulin près Drugy, 120 l., 65 sept., en bled du moulin, dont 22 sept. douze boisseaux de renvoy à l'Hôtel-Dieu.

(1) Nous omettons ici dans plusieurs articles l'énumération de quelques droits de peu de valeur ; ce qui sera mentionné ailleurs.

18. Le droit de mort et vif herbage sur tous les sujets non francs demeurant dans l'étendue de ses seigneuries de Mayoc et Crotoy, 13 l.

19. Une rente de 50 s., une autre de 3 l. 15 s., une de 12 sept. d'avoine, mesure d'Abbeville, à prendre sur les domaines de Sa Majesté à Amiens pour des prières.

20. Un droit de champart à Beaurepaire et Luchuel, 40 l.

21. Un droit de dixme et de champart à Yvren et Yvrencheux avec XXVI j^x de terre. 360 l., froment, 12 sept., bled muison 160 sept., orge 14 sept., avoine 40 sept.

22. VIII j^x de terre appelés les Prés de Tonvoy, à Saint-Riquier, 200 l.

23. Le jardin de l'Aumône de la contenance de III j^x et X j^x de près à Drugy, exploités par les religieux.

24. VIII j^x de terre faisant partie de la ferme de Bersacq, 40 l., bled muison, 7 sept.

25. XXXVI j^x de terre faisant partie de la ferme de Bersacq, 200 l., froment, 4 sept., bled muison, 36 sept.

26. Les jardins et pâtures où étaient anciennement la ferme de Senarmont avec les bois y joignant, contenant environ XVIII j^x, plus CLXVIII j^x de terre labourable, portion de dixme et champart dépendants de la ferme, 1370 l.

27. LXVI j^x de terre faisant aussi partie de la ferme de Senarmont avec une petite portion de dixme et de champart, 730 l, avoine, 15 sept.

28. Droits de dixme et de champart à Vaux-lès-Saint-Riquier avec XXIV j^x de terre, 600 l., bled muison, 65 sept., avoine 25 sept., D. S. 200 l, attendu les non valeurs.

29. Un droit de dixme à Vauchelles-sous-Ailly et Surcamp, 900 l.

30. Biens de Fontaine-sur-Somme, consistant en censives et droits seigneuriaux, 60 l.

31. Un droit de dixme à Regnier-Ecluse, 48 l.

32. Une portion de dixme et de champart, à Vis, Willencourt et Villeroy, 260 l., C. et D. S., 130 l.

33. Droits de dixme et de champart, mort et vif herbage avec CXXVII j^x de terre au terroir de Boisbergue et Outrebois, 1300 l, C. et D. S. 300 l.

34. Les biens d'Estrées-lès-Cressy et Fontaine-sur-May consistant en censives, champart recarsé, D. S., 150 l., attendu les non valeurs et les procès survenus.

35. Une portion de dixme à Gezaincourt, Bretel et Bagneux, 200 l.

36. Droit de champart seigneurial recarsé, de toutes espèces de censives et droits seigneuriaux au terroir d'Herleville, Foucaucourt, Proyart, Chuignes, Chuignolles et environs, 80 l.

37. Une portion de dixme à Bray-sur-Somme, 250 l.

38. XLII j^x de terre à Chuignolles avec une petite portion de champart, 300 l.

39. Une portion de champart sur XLI j^x de terre au terroir d'Harleux et Proyart, 60 l.

40. XIII j^x et demi de terre labourable, au terroir d'Herleville, 148 l. 10 s.

41. Une rente due par les chapelains de l'Eglise Saint-Quentin d'Amiens sur les dixmes de Framerville et Ruïscourt (Rennecourt), 120 l.

42. Droits de dixme à Bredene et Ostende et environs, 1530 l. 5 s., plus le prieuré consistant en ferme, terres, dixmes, 700 l.

43. Un droit de dixme sur le terroir de Vauvillers, 50 l.

44. XXII j^x de terre au terroir de Bussu, 120 l.; bled muison, 15 sept.

45. Le fief du Potage, acquis par les religieux, bled muison, 10 sept. et 8 boisseaux, plus 5 l. payées par M. l'abbé de Saint-Riquier.

46. Le fief de Valobin au terroir du Festel, contenant XLVIII j^x de terre, 525 l.

47. Le bois de Fayel et le bois Guillard, xxx à xxxII j^x exploités par les religieux.

48. II j^x et demi de terre près le bois de Fayel, 24 l.

49. XVIII j^x de terre au terroir de... (*non indiqué*), 120 l., bled muison, 27 sept.

50. LXIII j^x de terre au terroir de Genvillers, 200 l., froment, 12 sept., bled muison, 60 sept.

51. XXIV j^x de terre au terroir de Noyelleen-Chaussée, 120 l., bled muison, 17 sept.

52. VII j^x de terre au terroir de Millencourt, partie du fief de la Vassorie, 12 l., bled muison, 7 sept.

53. XIII j^x de terre à Saint-Riquier, dixmage de Gapennes, 40 l., bled muison, 11 sept.

54. XVI j^x de terre au terroir de Gapennes, 60 l., froment, 3 sept., bled muison, 13 sept.

55. XX j^x de terre environ au terroir de Millencourt, 50 l., bled muison, 20 sept.

56. Le fief de la Vassorie, consistant en terre et seigneurie, 1550 l., froment, 50 sept., bled muison 225 sept, avoine 24 sept.

57. La mairie de Saint-Riquier, acquise des deniers des religieux, convertie en une rente de 38 l. 8 s. 11 d., payable à Paris sur les tailles d'Amiens.

58. Le marché du Crinquet, situé au terroir de Millencourt, 120 l.,

Fin de la première vacation à midi avec la signature des commissaires.

Seconde vacation à deux heures.

59. Un journal 17 verges de manoir et les terres situés à Drugy, 30 l.

60. La prévôté de Camontville, consistant en LIII j^x de terre au terroir de Maison-Roland, 100 l., bled muison, 44 sept.

61. La Trésorerie consistant en censives, droits seigneuriaux et reliefs, 90 l.

62. Une petite portion de dixme dans les jardins de Nicamp à Saint-Riquier, affermés 30 l.

63. Le Prieuré de Saint-Lucien de Leuilly consistant en une chapelle, maison et XXLIII j^x et demi de terre avec les deux tiers de la dixme de Leuilly, 1550 l., et quelques censives, y compris les droits seigneuriaux, 60 l.

64. Les censives et droits de champart recarsé sur les terroirs de Crotoy, Mayoc et environs, 700 l.

Nota. — Sur le produit du revenu ci-dessus, il est bon d'observer que les religieux paient 1646 l. 4 s. 4 d. en pension curiale et vicariale, non compris celle que les fermiers sont obligés d'acquitter par leurs baux (1).

COMPTE DE RÉGIE DU 1er TRIMESTRE DE 1790.

1° *Actif*. En dépôt au 1er janvier, 2009 l. 5 s. 8 d.
Recette tant en argent qu'en grains, 11,036 l. 10 s.

(1) L'inventaire de la manse abbatiale n'a pas été retrouvé à Saint-Riquier.

Total 13,045 l. 13 s. 8 d.

2° *Passif*. Dépense pendant le même trimestre 11,985 l. 13 s. 8 d.

Reste au 1er avril 1,060 l. 2 s.

Dettes actives. Recette depuis le 1er avril, en argent et grains, 5,164 l. 4 s. 3 d. Cette somme jointe au dépôt des mois précédents forme le total de 6,224 l. 6 s. 3 d.

Dépense pendant le mois d'avril 4,741 l. 2 s. 6 d.

1° Il reste au premier mai en argent monnoyé 1,483 l. 3 s. 9 d., qui a été représentée par les religieux.

2° Il reste dû au premier mai 1790 par les fermiers, soit pour termes échus, soit pour arrérages des années précédentes, 11,426 l. 12 s 4 d.

3° Il reste dû par M. Douzenel, ancien receveur de la manse abbatiale sur les bois taillis de l'abbaye, à cause d'un procès, 3,000 l.

4° Il reste dû par le sieur Aclocque, receveur actuel de la manse abbatiale, pour le même objet aussi contesté, 7,000 l.

5° Il reste encore dû par le sieur Aclocque sur les réparations du quart de réserve, dont il s'est rendu adjudicataire en novembre 1787, lesquelles réparations ont été exécutées et payées par MM. les religieux, en conséquence d'un billet de transport qui est entre les mains de M. le cellérier, la somme de 2,800 l.

Ainsi le total des dettes actives s'élève à 24,226 l. 12 s. 4 d.

Il peut encore être dû, pour arrérages de censives, droits seigneuriaux et de relief, la somme de 20,000 l.

Dettes passives. L'Abbaye n'a point de rentes constituées : elle doit à différents particuliers, suivant la déclaration détaillée du comptable, 7,188 fr. 12 s.

Après que M. le cellérier a fait les déclarations ci-dessus mentionnées, M. le sous-cellérier, chargé de la partie des grains a dressé l'état des réserves qui étaient peu importantes.

Argenterie de l'église.

Dans la sacristie, 2 calices : dans la trésorerie, 2 calices dont un en vermeil : un bénitier avec le goupillon : 2 chandeliers pour les acolites . un encensoir avec sa navette : une croix processionelle : une croix d'autel : le vase des saintes huiles : une pixide : une coupe : 2 bâtons de chantre : un soleil en vermeil : un bassin avec deux burettes : le chef de Saint-Riquier avec la mitre garnie de pierres précieuses ; un bras où il y a des reliques du même saint : une petite châsse qui renferme des reliques de saint Pierre et saint Paul : quatre bras dans lesquels il y a des reliques de plusieurs saints : un doigt de saint Marcoult dans une figure d'argent : une figure de la Sainte Vierge d'un pied et demi de hauteur : une petite châsse contenant les reliques de saint Vmoc : une autre qui renferme les reliques de saint Benoît : un livre très ancien des quatre évangélistes, écrit en lettres d'or, sur vélin pourpré, couvert d'un côté de lames d'argent et de l'autre aussi de lames d'argent relevées en bosse ; le chef de saint Vigore en argent : un bâton de chantre de cuivre doré et six châsses autour de l'église couvertes de leurs boîtes.

Effets de la sacristie.

Six ornements riches, de toutes couleurs, composés de six pièces dont un neuf en drap d'or.

Parmi les ornements communs, on énumère 12 chasubles, 8 dalmatiques ou tuniques, 8 chapes, deux missels pour les jours solennels, deux livres d'épîtres et d'évangiles, deux tapis pour le célébrant, trois pour les chapelles, trois miroirs dans la sacristie, six tableaux dans la sacristie, trois banquettes pour le célébrant et les deux chantres, un chapier, trente-deux ôbes à dentelles et trente-cinq unies, un dai à quatre pentes de drap et d'argent, quinze nappes d'autel.

Sur l'article des ôbes, les sieurs religieux nous ont fait observer que dans le cas où ils sortiraient de la communauté ils espéraient que l'assemblée ne leur refuserait pas leurs ôbes pour célébrer les Saints mistères dans leur pays.

Ensuite nous nous sommes transportés en la bibliothèque, que nous avons trouvé en très bon état, qui contient neuf à dix milles volumes de différents formats, y compris cent cinq manuscrits de différents formats, suivant le catalogue qui nous a été représenté par M. Enocq, prieur de la dite abbaye.

La vacation est close à 7 heures, et l'inventaire signé par les commissaires

Troisième vacation, le 5 mai sur les huit heures du matin.

Introduits dans une première salle tenant à la chambre du portier, nous n'avons visité qu'une cheminée garnie en marbre, n'ayant jamais été occupée.

Dans la salle à manger, nous avons trouvé une cheminée garnie en marbre et une table de marbre et quatre tableaux.

Dans la salle de compagnie nous avons visité une cheminée et une table de marbre, avec un trumeau en trois pièces au dessus de la cheminée, un buffet, un canapé, quatre dessus de porte et quatre fauteuils en tapisserie.

Dans le réfectoire, boiserie sculptée, garnie de tableaux au nombre de huit et huit tables de bois de chêne.

Dans la cuisine ou nous n'avons pas été introduit, les dits religieux nous ont déclaré qu'il n'y existoit qu'une batterie de cuisine peu importante : les ayant sommé de nous la représenter, ils ont été refusant de le faire, ainsi que de nous représenter le linge de table.

Dans la chapelle de l'infirmerie, trois tableaux.
Dans la chapelle d'en haut, trois tableaux.

Passant à l'hôtellerie ou sont six chambres d'hôtes, nous les avons trouvé toutes les six garnies d'une cheminée de marbre, d'un lit garni, d'une table et autres petits meubles très simples.

Dans un batiment tenant à l'écurie, nous y avons trouvé un très beau pressoir, une pile à cheval avec tous leurs ustensiles.

Dans la brasserie, nous avons trouvé deux chaudières, une cuve et tous les ustensiles nécessaires à la dite brasserie.

Quant à l'argenterie de table, que les religieux nous ont dit consister seulement en couverts, nous n'avons pu en faire l'énumération ni la constater, attendu qu'ils ont refusé de nous la

représenter, prétendant qu'elle leur appartenait comme l'ayant apporté en entrant dans leur corps.

Et quant aux autres effets mobiliers et papiers qui peuvent se trouver dans le chartrier et dans les chambres du dortoire, numérotés jusqu'au nombre de trente, où ainsi que dans les autres appartements de la maison conventuelle, nous n'avons pu en faire l'énumération ni les constater, attendu que les dits religieux ont fait refus de nous y introduire.

Et nous avons laissé à la charge et garde des dits religieux tous les objets ci-dessus inventoriés, qui ont déclarés s'en charger comme dépositaires et promis le tout représenter.

ÉTAT ET DÉCLARATION DES RELIGIEUX PROFÈS QUI HABITENT LA MAISON ET LEUR AGE *(Voir Tome II, pages 326).*

Fait clos et arrêté en la dite maison conventuelle le 5 may mil sept cent quatre-vingt-dix sur les midy, et ont lesdits sieurs prieurs et religieux signé avec nous, ensemble le procureur de la commune et le commis greffier.

Signature des religieux et du prieur.
Signature des commissaires. — Defontaine, maire. — Cantrel, procureur de la commune. — Defontaine, officier municipal. — Cantrel. — Leullier, commis greffier.

N°. 50. — Tome II — Page 332.

VENTE DE LA MAISON CONVENTUELLE DE L'ABBAYE DE SAINT-RIQUIER.

Archives du département, du petit séminaire et de la commune de Saint-Riquier.

Aujourd'hui vingt-huit octobre mil sept cent quatre-vingt onze, trois heures de relevée, nous administrateurs du directoire du district d'Abbeville, en conformité des décrets de l'assemblée nationale, qui ordonne la vente des domaines nationaux et en conséquence des affiches apposées en cette ville d'Abbeville, à Saint-Riquier et à l'environ et audit Saint-Riquier, chef-lieu de canton : portant que ce jourd'hui, heure présente, il sera procédé à la requête de M. le Procureur Général Syndic du département de la Somme, poursuite et diligence de M. le Procureur syndic du district d'Abbeville, à la réception des premières enchères, en détail et en totalité, et de préférence en détail des domaines nationaux ci-après détaillés, qui seront vendus dans l'état qu'ils se trouvent, sans aucun fournissement par corde et mesure, aux charges et conditions prescrites par les décrets de l'assemblée nationale, notamment d'entretenir les baux, s'il s'en trouve de légitimement faits, de payer dans la quinzaine de l'adjudication l'accompte prescrit par lesdits décrets et le reste en douze annuités égales, si mieux n'aiment les acquéreurs payer comptant; lesquels biens seront vendus francs de tout droit, cens, rentes, champarts, dettes, hipothèques et autres quelconques.

Suit le détail des dits biens. La maison conventuelle de la cidevant abbaye de Saint-Riquier, la cour, bâtiments et jardins qui en dépendent, le tout de la contenance d'environ six à sept journaux, laquelle maison et dépendances tient d'un côté et d'un bout aux fossés de la ville, d'autre côté à la grande rue du chemin de Doullens, dite rue Saint-Jean et d'autre bout à à la basse cour et petit jardin de l'abbatiale, à l'Eglise de l'abbaye, qui est réservée de la présente vente, à la cour de la nouvelle abbatiale et à son jardin, le mur duquel jardin sera mitoyen avec celui qui acquerera ladite nouvelle abbatiale et celui qui sera adjudicataire de ladite maison conventuelle.

Lequel immeuble sera vendu à la charge pour celui qui s'en rendra adjudicataire de laisser le tour de l'échelle de la dite Eglise réservée avec sa sacristie, lequel tour d'échelle aura quinze pieds de largeur des murs de ladite Eglise et huit pieds seulement au pourtour du cul-de-lampe et sans tour d'échelles à la tête des deux gros piliers, ni au pourtour de la sacristie; lequel terrain relevé appartiendra à l'Eglise avec liberté néanmoins à l'adjudicataire de démolir les bâtiments qui se trouvent sur ledit terrain, sans nuire à ladite Eglise, à la charge encore de recevoir les eaux de la susdite Eglise, ainsi que celles de la rue Saint-Jean, qui ont toujours passé par le jardin ;

Sur l'estimation et soumission de vingt mille livres, ci . . . . 20.000 liv

Pour parvenir auxquelles réceptions d'enchères, nous avons fait faire lecture de ce que dessus et de la dite affiche, en l'absence d'aucun commissaire, la municipalité de Saint-Riquier n'en ayant pas envoyé, quoique prévenue : après quoi nous avons fait crier ladite maison conventuelle, et personne n'ayant mis d'enchères, nous avons déclaré que nous procéderions à la réception des dernières enchères et adjudication définitive, le douze novembre prochain, neuf heures et demie du matin et le présent procès verbal a été signé.

Signé : Poirier, Maurice, Lendarguiet et Wallois.

Du douze novembre mil sept cent quatre-vingt onze, neuf heures et demie, nous administrateurs du directoire du district d'Abbeville, en continuation du procès verbal ci-dessus et des autres parts, et en conséquence des deuxièmes affiches, portant que ce jourd'hui, heure présente, il sera procédé à la réception des dernières enchères et adjudications définitives de la maison conventuelle de la cidevant abbaye de Saint-Riquier, cour, bâtimens et jardin en dépendant, aux charges reprises au susdit procès verbal, dont nous avons fait faire lecture, en présence du sieur Garin, officier municipal dudit Saint-Riquier.

Après quoi il a été observé qu'on réserve de la présente les livres de la bibliothèque avec tous ses rayons, tablettes, chariots, tables et autres meubles qui se trouvent dans ladite bibliothèque, que l'adjudicateur sera tenu de souffrir en elle jusqu'au mois d'août prochain, qu'on réserve également les armoires, secrétaires et tables qui servaient aux archives, qu'on enlèvera, quand même ces différents meubles de la bibliothèque et archives se trouveroient attachés à fer et à clous.

Ensuite nous avons fait crier ladite maison conventuelle à vingt mille livres, prix de la soumission et estimation.

Elle a été portée sur un premier feu par

François Copin, laboureur à Doullens à trente mille cent livres :

Par le sieur Pierre François Dorge, maître couvreur, demeurant à Abbeville, sur un deuxième feu, à trente deux mille huit cent livres :

Par François Courtois, couvreur demeurant à Saint-Riquier, sur un troisième feu, à trente trois mille huit cent livres.

Par ledit sieur Dorge, sur un quatrième feu, à trente cinq mille livres.

Par ledit sieur Courtois, à trente cinq mille cent livres.

Par ledit sieur Dorge, sur un cinquième feu, à quarante mille livres.

Et un sixième feu, s'étant éteint sans enchère, ladite maison conventuelle de Saint-Riquier s'est trouvée définitivement adjugée au sieur Pierre Charles Dorge pour ladite somme de quarante mille livres, dernière enchère, lequel a à l'instant déclaré pour command de la moitié de la présente adjudication le sieur Louis François Cauchie, maître serrurier demeurant à Abbeville, qui pour ce comparant, a accepté ladite moitié, moyennant vingt mille livres, moitié des quarante mille livres, prix de ladite adjudication.

Le présent procès verbal a été clos et signé par lesdits sieurs Dorge et Cauchie coadjudicataires, ledit sieur Garin, officier municipal de Saint-Riquier et les administrateurs.

       Signé : François Cauchie, Dorge, Garin, Poirier, Lendarguiet, Meurice et Wallois.

Enregistré à Abbeville le 14 novembre 1791 par Biauzé, qui a perçu les droits.

       Pour expédition conforme,
       Le secrétaire général de la préfecture,
       Signé : BERVILLE.

Place du cachet de
la Préfecture.

En marge le mot vu avec paraphe.

Et plus bas, 3 l. 15 s.

N° *51.* — *Tome II.* — *Page 392.*

DIVERSES RECONNAISSANCES DES RELIQUES HONORÉES AU MONASTÈRE DE SAINT-RIQUIER ET DANS L'ÉGLISE PAROISSIALE DE LA MÊME VILLE.

Tout ce que nous transcrivons ici est extrait d'un procès-verbal de 1859, déposé aux archives paroissiales

Monseigneur Boudinet, Évêque d'Amiens, par ordonnance épiscopale du 20 mai 1859, commit M. le curé de Saint-Riquier pour faire de concert avec M. le supérieur du Petit Séminaire et les prêtres du Petit Séminaire qu'ils jugeraient à propos de s'adjoindre, et en outre avec un membre de la fabrique et deux médecins, les opérations préliminaires de la reconnaissance des reliques que possède l'église paroissiale de Saint-Riquier.

D'après la même ordonnance, M. l'abbé Fricourt, curé de Saint-Riquier, après les opérations préliminaires terminées, devait avertir Monseigneur l'Évêque, pour que par lui-même ou par un délégué, fussent vérifiés les reliques, les titres, les procès-verbaux, et qu'il fût procédé à la reconnaissance canonique desdites reliques dans la forme prescrite par les lois de l'Église.

Nous donnons ici une copie des pièces les plus importantes qu'on a retrouvées dans les châsses des saints ou dans les reliquaires, sans nous occuper de la fin du procès de reconnaissance.

Il a été constaté d'abord que toutes les reliques de l'église abbatiale et de l'église paroissiale ont été soustraites au vandalisme de la Révolution et sauvées par M. l'abbé Callé, curé de Notre-Dame, conservées chez lui pendant plus de deux années, puis rétablies dans l'église abbatiale vers 1795.

Le 7 octobre 1827, sous Mgr Jean-Pierre-Gallien de Chabons, évêque d'Amiens, on a fait la reconnaissance des reliques de l'église de Saint-Riquier, en présence de M. Pierre Callé, curé de la paroisse de Saint-Riquier, de M. Hubert Macquet, chapelain de l'Hôtel-Dieu de Saint-Riquier, de Louis Padé, supérieur du pensionnat ecclésiastique de Saint-Riquier, de Louis Leleu, de Césaire Boutté, de Jean-Baptiste Van-Hemel, de Valery Moitrelle, prêtres et directeurs dudit pensionnat.

On les a de nouveau enveloppées dans des ornements de soie et déposées dans leurs châsses.

Il n'est resté aucun inventaire de cette reconnaissance dans les archives de la fabrique.

Chasses de Saint-Riquier.

Il n'existe dans les châsses de Saint-Riquier aucun parchemin. L'authenticité de ces reliques, si religieusement conservées dans le monastère, ne pouvait jamais être mise en doute, tant que les moines en étaient restés dépositaires.

On y lit ce peu de mots, de la main de M. Callé, curé de Saint-Riquier : « Ce chef est le chef « de Saint-Riquier que j'ai retiré de l'Eglise le « 14 janvier 1794. Il était renfermé dans une « boîte d'argent doré qu'on a pris pour la Na- « tion. »

Une note plus explicite est datée de 1825 et signée : *Callé, curé*. Elle est identique à celle que l'on a trouvée dans la grande châsse de Saint-Riquier et que nous allons transcrire ici.

« Le Soussigné, curé de Saint-Riquier, certifie que la châsse placée dans le sanctuaire de l'ancienne église de l'abbaye de Saint-Riquier, du côté de l'Evangile, la première après le Christ, construite en bois couleur d'ébène et vitrée aux quatre faces, contient véritablement les reliques du corps de Saint-Riquier, que j'ai sauvées des fureurs de la révolution, en les retirant moi-même de la châsse précieuse où elles étaient depuis plusieurs siècles pour les replacer dans celle où elles se trouvent aujourd'hui, la première ayant été enlevée et portée au district d'Abbeville

» Saint-Riquier, le 1er juillet 1825.

CALLÉ, curé. »

La pièce suivante équivaut presque à une reconnaissance officielle.

L'an de Notre Seigneur 1801, neuvième jour d'octobre, nous soussigné, curé de Saint-Sépulcre, doyen de chrétienneté d'Abbeville et vicaire-général de Mgr de Machaut, évêque d'Amiens, après avoir fait l'ouverture d'une châsse de bois, celle où se trouvent les présentes et cela présents les sieur Callé, curé de Saint-Riquier, Dufestel, curé de Brailly-Cornehotte et Lecomte, prêtre de ce diocèse, y avons trouvé les ossements qui composoient le corps de Saint-Riquier, que ledit sieur curé de Saint-Riquier nous a assuré avoir lui-même enlevé d'une châsse d'argent doré, ainsi que le chef du même saint, qui étoit renfermé dans un buste aussi de vermeil, qu'il a déposé dans une châsse en bois, en présence de Procope Masse son paroissien, pour éviter que ces saintes reliques ne fussent prophanées, reconnaissant en outre avoir extrait de ladite châsse de bois, du consentement dudit sieur curé, plusieurs portions desdites reliques, savoir : deux morceaux de l'épine du dos, dites vertèbres, avec deux morceaux de côtes, pour être exposées à la vénération des fidèles, tant dans l'Eglise paroissiale dudit Saint-Sépulcre, notre paroisse, que dans celle de Fontaines-sur-Somme, qui a le saint abbé pour patron titulaire. »

« En témoignage de quoi j'ai signé le présent acte avec les témoins susdits en ladite ville de Saint-Riquier les jours et an susdits. »

« Lecomte, prêtre, curé-doyen de Saint-Sépulcre et vicaire général.

Dufestel, curé de Brailly.

Callé, curé.. . »

Quatre autres attestations, dont trois de M. Callé, indiquent des distributions de reliques de Saint-Riquier.

« 1° En 1801, 17 octobre, un morceau de vertèbre de la chêne du dos, en faveur de l'église Saint-Gilles d'Abbeville, à la demande de M. Louis Dumont, son curé. »

« 2° Le 1er août 1806, un ossement de vertèbre lombaire, donné à M. Folquint-Cressent pour la paroisse de Quœux, canton d'Auxi-le-Château.

« 3° Le 16 juillet 1812 une autre partie de vertèbre lombaire, donnée à M. Leguai, curé de Millencourt, pour sa paroisse. »

« 4° 1er mai 1833, deux os de la colonne vertébrale et un de la main ont été donnés par M. Padé à trois ecclésiastiques pour propager le culte du serviteur de Dieu. »

ETAT DES RELIQUES DE SAINT RIQUIER EN 1859.

1° La tête de Saint-Riquier dans un état parfait de conservation avec deux grosses molaires, qu'on a rapportées de la grande châsse dans celle où l'on a placé le chef.

2° Du corps de Saint-Riquier, on a trouvé 16 vertèbres, les os du bassin complets, les deux fémurs, les deux rotules, les deux tibias, les deux péronés, les deux omoplates, les deux clavicules, les deux humérus, les deux cubitus, les deux radius, le sternum, 16 côtes complètes, 29 fragments de côtes et d'os divers, dont quelques-uns très petits, un calcanéum, deux astragales, 39 os tant des mains que des pieds, quelques morceaux de bois, sans doute du Sépulcre.

Tous ces ossements appartiennent à un même individu, dont la taille était très élevée et le corps bien constitué, au dire des médecins : ils sont dans un bon état de conservation.

CHASSE DE SAINT ANGILBERT.

« Dans le tombeau de saint Angilbert, dit l'acte de reconnaissance de 1859, on a trouvé deux plaques de plomb, l'une plus petite avec cette inscription : ANGILBERTUS ABBAS. On n'a pu caractériser le siècle de l'écriture, mais on la croit ancienne. L'autre, large d'un pied et demi, indiquait que le tombeau avait été ouvert en 1129 (voir plus haut, page 524) ; de l'autre côté on lit cette autre inscription : *Anno ab Incarnatione Domini 1795 a Domino Petro Callé repositum est.*

Sur une feuille de papier timbré on lit le procès-verbal de 1685 (voir page 524).

Pièces signées de la main de M. Callé.

« Le 18 février 1794, je soussigné curé de
« Saint-Riquier certifie avoir déposé dans ce lieu
« toutes les reliques que j'ai trouvées dans une
« chasse noire avec les procès-verbeaux qui
« constatent que ce sont les reliques de saint
« Angilbert. J'y ai placé aussi deux petites plaques de plomb pour éviter qu'elles soient profanées ».

« Dans ce même lieu, disait M. Callé en 1791,
« se trouvent trois petites caisses, dont la plus
« grande avec un couvert en forme de toit renferme les os du corps de saint Riquier, la moyenne
« dont le dessus est plat renferme ceux de saint
« Vigor et la troisième plus petite renferme les
« ossements de saint Mauguille et autres.

« *Signé* : Callé. »

Depuis, les reliques de saint Riquier et de saint Vigor ont été replacées dans leurs châsses ainsi que l'indiquent les procès-verbaux déposés dans leurs châsses.

« Le 13 septembre 1795, en présence du
« peuple chrétien de la paroisse de Saint-Riquier,
« avant de chanter la grande messe paroissiale,
« j'ai replacé les ossements du corps de saint
« Angilbert dans la chasse noire d'où je les avais
« ôtés, avec les procès-verbaux et deux plaques
« de plomb pour éviter qu'elles soient profanées
« dans ces derniers temps de calamités et la dite
« chasse renfermant les ossements a été replacée
« solennellement dans l'église de Saint-Riquier,
« où elle était ci-devant placée, par les soins du
« sus-nommé au procès-verbal.

« En foi de quoi nous avons signé : Callé curé,
« Thuillier prêtre, Margana prêtre, Masse, Hiver.»

« 1er Janvier 1825 : Je soussigné curé de Saint-
« Riquier certifie que la chasse, placée dans le
« sanctuaire de l'ancienne église de l'abbaye de
« cette ville, du côté de l'épître, la première après
« le Christ, construite en bois d'ébène et vitrée
« aux quatre faces, contient véritablement les
« reliques du corps de saint Angilbert que j'ai
« sauvées des fureurs des révolutionnaires, qui
« n'ont enlevé que les ornements de cette chasse.»

« A Saint-Riquier, le 1er janvier 1825. »

La reconnaissance des reliques du 12 octobre 1827 indique que les reliques de saint Angilbert sont enveloppées dans une étoffe de soie rouge,

On a trouvé en 1859 dans la chasse de saint Angilbert : 1° un morceau de soie verte contenant une multitude de fragments d'ossements dont beaucoup appartiennent à la tête; 2° un autre morceau de soie de la même couleur, mais beaucoup plus petit renfermant des cendres de reliques de saint Angilbert; 3° un autre morceau encore plus petit enveloppant 6 dents; 4° des ossements dont voici les détails : Un fragment assez considérable de la tête, — quinze vertèbres et un morceau de vertèbre, — un fragment du sternum, — une clavicule, — le tiers de la clavicule gauche, — dix-sept fragments de côtes, — un humérus presque complet, — la partie inférieure des deux humérus, — l'omoplate droit presque entier, — un radius, — la partie supérieure du cubitus gauche, — les deux tiers inférieurs du fémur droit, — la tête du fémur gauche, — deux péronés dont un en plusieurs morceaux, — la partie d'un tibia, — le sacrum, — un os du bassin, — quatre fragments d'os du bassin, — vingt ossements du pied.

Chasse de saint Vigor.

La belle châsse de Thibaut de Bayencourt fut emportée avec toutes les autres richesses du Trésor, ainsi que le prouve le billet suivant : « Je « soussigné curé de Saint-Riquier certifie que la « chasse placée dans le sanctuaire de l'ancienne « église de l'abbaye de Saint-Riquier, du côté de « l'épître, la seconde après le Christ, construite « en bois doré et sculpté contient véritablement « les reliques que j'ai sauvées des fureurs de la « révolution, en les retirant moi-même de la « chasse où elles étaient alors renfermées, pour « les placer dans celles où elles sont aujour-« d'hui. »

« A Saint-Riquier le 1er janvier 1825. — Callé, « curé de Saint-Riquier. »

Un autre feuille de papier atteste aussi la conservation du chef de saint Vigor.

« Ce chef, dit M. Callé, a été renfermé dans la « boîte qui contient les ossements de saint Vigor, « laquelle était enfermée dans une grande chasse « d'argent que les administrateurs du district « d'Abbeville ont enlevée de cette église, le 28 no-« vembre 1793, pour envoyer ce métal à la tré-« sorerie nationale. Tous les ossements ont été « déposés chez moi, au 14 de janvier 1794, pour « les soustraire à la fureur des impies ; ils ont « été conservés religieusement et reportés ensuite « à l'église, au lieu où ils étaient ci-devant, le 31 « octobre 1795. »

« En foi de quoi j'ai signé avec Pierre Hiver « qui m'a accompagné dans le transport et le re-« ligieux Alexis Margana. »

« *Signé* : Callé, curé de Saint-Riquier, Hiver, « A. Margana. »

Sur le dos d'une carte à jouer on lit encore : « Ce chef était renfermé dans une boîte « d'argent ; il portait l'inscription du chef de saint Vigor retiré de l'église pour sûreté, le 14 janvier 1794. — *Signé* : Callé, curé de Saint-Ri-« quier. »

On a ajouté sur un parchemin de 1671 (que nous donnons plus loin), « que le 1er août 1806 « M. Callé, en présence de Nicolas Hiver, sacristain, donna au curé de Saint-Jean-de-Queux, au « diocèse d'Arras, un ossement, dit vertèbre dorsal, du corps de saint Vigor, pour être exposé à « la vénération des fidèles ».

« *Signé* : Callé. — Hiver. — F. Folquin Cressent, prêtre curé de Notre-Dame de Queux. — « Ducaurroy, prêtre du diocèse d'Arras. »

De la reconnaissance des reliques de saint Vigor en 1827, il reste un procès-verbal sommaire, dans lequel on marque que le corps de saint Vigor fut enveloppé dans une soie de couleur verte et déposé dans un coffre de bois de chêne, scellé des armes de Mgr de Chabons, sur un ruban de couleur rouge en forme de croix.

Le procès-verbal de 1859 indique en détail tous les ossements contenus dans la chasse de saint Vigor : la tête de l'humérus gauche sciée en deux, — douze côtes entières ou presque entières et deux fragments de côte, — le bassin entier, — les deux fémurs, — les deux tibias, — le péroné gauche, — un sacrum que les médecins pensent à cause de sa structure appartenir à une personne du sexe féminin. Ce serait probablement la conséquence du mélange des os de sainte Elevare et de sainte Sponsare avec ceux de saint Vigor.

On indique aussi l'omoplate gauche ; mais nous verrons plus loin qu'il a été donné à Saint-Vigor de Bayeux. Est-ce une erreur de scribe ou le mélange d'autres ossements?

Cette châsse contient encore des restes de linge tombant de vétusté.

Le chef de saint Vigor est dans une autre châsse ; il est presque entier. Il ne manque que la machoire inférieure, l'angle postérieur du pariétal droit et un peu du pariétal gauche. Etat parfait de conservation.

1218. Translation des reliques de saint Vigor, par Gui de Vaux-Cernai, évêque de Carcassonne.
(*Extrait des titres de la châsse des reliques.*)

Guido, Dei gratia Carcassonensis ecclesiæ minister humilis, omnibus in hoc sacro loco militantibus præsentibus et futuris, æternam in Domino salutem.

Noverit universitas vestra quod ad petitionem Hugonis Abbatis et conventus sancti Richarii translatum est per manus nostras corpus sancti Vigoris, Baiocensis civitatis episcopi, de capsa veteri in qua reconditum habebatur, in novam auro, argento et gemmis paratam, in die sancto Pentecostes, præsente clero et populo villæ dicti sancti, in ecclesia sancti ipsius Richarii, anno dominicæ Incarnationis MCCXVIII, Domini Honorii Papæ tertio anno, sed et regnante Philippo Rege Francorum Serenissimo, anno XXXIX, III Non, Junii.

Don d'une relique de saint Vigor aux religieux de Saint-Vigor-les-Bayeux. (*Extrait des titres de la châsse.*)

Nous soussignez humble prieur et séniors du monastère royal de Saint-Ricquier en Ponthieu, Ordre de Saint Benoit, Congrégation de Saint-Maur, diocèse d'Amiens, immédiat au Saint-Siège, à tous ceulx qu'il appartiendra, salut en Notre-Seigneur. Savoir faisons qu'ayant égard à la pieuse et très instante requeste qui nous a esté présentée de la part du Révérend Père D. Pierre Richer, prieur claustral, et de la communauté du monastère de Saint-Vigor-lès-Bayeux, Ordre et Congrégation susdits, en date du treizième du mois d'avril dernier, tendantes à ce qu'il nous plust comme dépositaires, depuis près de sept cents ans, des précieuses reliques du glorieux Saint Vigor, autrefois évêque dudit Bayeux, leur en vouloir accorder et départir quelque parcelle, pour enrichir leur église et augmenter la vénération qu'ils ont vers leur dit patron, nous, désirans contribuer à l'augmentation de la plus grande gloire de Dieu et à l'accroissement de l'honneur et vénération dudit très saint évêque dans le pays, où il s'est sanctifié, après avoir obtenu de notre très Révérend Père Supérieur Général les permissions en tel cas requises, nous nous sommes transportés aux lieux où reposent les membres sacrés dans une chasse d'argent, devant laquelle ayant fait nos prières, revestus convenablement à une action si sainte, les cierges allumés et autres cérémonies observées, avons décemment ouvert la dite chasse, et ensuitte tiré avec la plus grande révérence qu'il nous a été possible l'os appelé *omoplate gauche*, que nous avons enveloppé dans un linge blanc, puis mis dans une boitte que nous avons fermée et cachetée du sceau des armes de ce monastère et adressée audit Révérend Père Richer, pour faire enchasser dignement la dite relique et exposer à la vénération des peuples, après avoir obtenu les permissions requises de monseigneur l'Illustrissime et Révérendissime Évêque de Bayeux, digne successeur de notre grand Saint Vigor. Ce fait, nous avons fait mettre une copie du présent acte dans la susdite chasse, pour servir à la postérité avec les autres procès verbaux qui s'y sont trouvés, faisant foi de pareilles ouvertures et translations faites en divers temps, lequel nous avons fait signer des témoins y dénommés, comme ils ont pareillement soubsignez avec nous une seconde coppie pour être jointe à la dite relique et servir de certificat audit P. Prieur et communauté dudit St-Vigor et à tous ceux à qui il appartiendra.

Fait et passé en la dite abbaye de Saint-Ricquier, le dixième jour du mois de mai, l'an mil six cent soixante-onze et scellé du scel ordinaire de ladite abbaye de Saint-Ricquier.

F. Julien Hermand, prieur.
F. Jean de Bertrand, sénieur.
Marcotte.

Vulfran Rotord, sous-prieur.
F. Charles Bailly, sénieur.
Judcy, cirurgien.
Place du sceau et des armes de l'abbaye.

*Nous venons de citer deux parchemins anciens, attestant, l'un une translation de reliques, l'autre un don d'une relique à Saint-Vigor de Bayeux : en voici un troisième dont l'importance historique n'échappera à personne . il est aussi renfermé dans la châsse de saint Vigor.

Omnibus tum præsentibus quam futuris has litteras spectaturis notum facimus quod nos frater Anselmus Clairé, humilis prior Regalis Abbatiæ sancti Richarii Centulensis in Pontivo, Ordinis sancti Benedicti, Congregationis Sancti Mauri, ad Romanam sedem nullo medio pertinentis, visa instanti ac digna christianæ pietatis petitione nobilissimi viri Henrici Caroli De Beaumanoir, Marchionis de Laverdin, pro Christianissimo Francorum Rege Ludovico Magno ad Summum Pontificem nuper legatione fungentis, viso et supplici libello tum ecclesiæ parochialis Conliensis Cænomanorum diocesis, pastoris, et sacerdotum, tum Marchionis Lavardini, primarii prætoris cæterorumque tam forensium administratorum quam incolarum, quibus erogabant sibi ipsis largiri a nobis quamdam portionem sacrarum sancti præsulis Vigoris reliquiarum quæ adservantur hocce in monasterio, ut eas decenter ornatas reponerent in dicta Conliensi ecclesia, Deo sub nomine prædicti S. Vigoris dicata, tanti viri illustrissimi Marchionis pietati votisque satisfacere volentes, populique cultum erga suum ipsorum patronum augere cupientes, et ut magis magisque honorificetur Deus in sanctis suis, summa cum veneratione prædicti sancti Vigoris capsam argenteam auro et lapillis ornatam aperuimus, adsistente toto hujus abbatiæ monachorum conventu, ex eaque extraximus unam ex duodecim pectoris costam, decimo tertio calendas Junii anni ab Incarnatione Domini millesimi sexcentesimi nonagesimi tertii, re prius toti monachorum conventui proposita eorumque consensu præhabito, obtentaque Illustrissimi Caroli d'A-ligre Abbatis nostri, Regi a sanctioribus supremique senatus honorarii consilii superiorumque nostrorum super his licentia. In quarum fidem presentes litteras manu nostra subsignavimus subsignarique jussimus a duobus senioribus, sacrarii custode, scriba capituli, doctore medico et chirurgo jurato, magnoque hujus Abbati sigillo muniri die et anno quo supra.

F. Anselmus Clairé prior.
F. Josephus Becquin senior.
Retard Doctor medicus regius.
F. Franciscus Gorro scriba.

F. Nicolaus Vernage subprior.
F. Thomas Boucher sacrarii custos.
Fædericq Judcy, chirurgus.

Appendet sigillum Abbatiæ.

Procès-verbal de translation de reliques sous Thibaut de Bayencourt. Sans cachet ni signature.

Anno Dei Millesimo quingentesimo trigesimo, die omnium Sanctorum et etiam die depositionis sancti Vigoris, translatum fuit corpus ejusdem sancti de capsa veteri in novam auro et argento paratam, per Dominum Abbatem Theobaldum, præsente clero et populo villæ sancti Richarii, regnante Francisco Rege Francorum.

CHASSE DE SAINT MAUGUILLE.

Note de M. Callé. « Les ossements des S. S.
« Mauguille, Caidoc et Adrien ses compagnons,
« renfermés dans cette boite, ont été replacés
« dans cette église le 31 octobre 1795, d'où elles
« avaient été retirées par moi, le 14 janvier 1794,
« pour sûreté. Les reliques étaient alors dans
« une châsse couverte de lames d'argent qu'on a
« prise pour la nation. »

Signé Callé, sur une carte à jouer.

1825. « Je soussigné curé de Saint-Riquier,
« certifie que la châsse placée dans le sanctuaire
« de l'ancienne église de l'abbaye de Saint-Riquier, du côté de l'Evangile, la seconde après
« le Christ, construite en bois doré et sculpté,
« contient véritablement les reliques de Saint
« Mauguille ou Magdégisile, que j'ai sauvées des
« fureurs de la révolution, en les retirant moi-

« même de la châsse où elles étaient renfer-
« mées, pour les placer dans celle où elles sont
« aujourd'hui. »
« Saint-Riquier, 25 janvier 1825. »

Reconnaissance en 1827 par Mgr de Chabons, dans laquelle on lit que ces reliques ont été déposées dans un coffre de bois de chêne et liées avec un ruban de couleur rouge. La soie qui les renferme est de couleur verte :

Reconnaissance de 1859. « On a trouvé une
« multitude d'os calcinés et un paquet contenant
« les cendres de Saint Mauguille ainsi que celles
« de Saint Caidoc et Saint Adrien, dont les reli-
« ques avaient été déposées avec celles de Saint
« Mauguille. Ces ossements ont trop souffert
« pour qu'il soit possible d'en faire l'énuméra-
« tion. »

« L'os du bassin de Saint Ham, donné par le prieur de Valoires en 1672 est déposé dans cette châsse avec les authentiques dont voici la copie. »

« Nous soussignez humble prieur de l'abbaye
« de Valoires ordre de Citeaux et diocèse
« d'Amiens, certifions à tous qu'il appartiendra
« que pour la piété et dévotion que nous avons
« envers l'Eglise et Abbaye du glorieux Saint
« Riquier, nous avons donné et concédé aux Ré-
« vérends Pères Bénédictins de la Congrégation
« de Saint-Maur establie en la dite abbaye un os
« de la hanche de saint Ham, confesseur et comte
« de Ponthieu, dont le sacré corps repose en cette
« abbaye, affin que par cette concession ce
« glorieux saint soit aussi honoré en celle dudit
« Saint-Riquier.

« En foy de quoi nous avons signé le présent
« certificat avec notre secrétaire de la dite abbaye
« de Valoir, le quinzième novembre mil six cent
« soixante-douze. »

Signé F. Antoine Boudon, prieur susdit.
F. Louis Guilbart.

Au dos du parchemin. Reliques de saint Ham, 1672.

Voir Tome II, page 254.

DEUX CHASSES INTITULÉES *PLURIMI SANCTI.*

Les reliques sont dans deux boîtes, l'une en plomb et l'autre en os. Monsieur Callé les avait retirées de leurs châsses, le 30 juin 1792. Le 22 septembre 1827 il atteste leur identité. Mgr de Chabons en fait la reconnaissance le 7 octobre 1827 et les déclare authentiques le 30 juin 1828.

Ces reliques appartiennent aux saints de la primitive église. Ce sont des reliques de Notre-Seigneur, de la Sainte-Vierge, de Saint Jean-Baptiste, des Apôtres, de Saint-Etienne, de Saint-Laurent, etc... déjà mentionnées en plusieurs endroits.

UNE AUTRE CHASSE AU PIED DU GRAND CHRIST.

Ces reliques sont renfermées dans une châsse en bois doré, posée au pied du grand christ. Les sceaux étaient apposés sur des boîtes dans dans la châsse. Des attestations de M. Callé rappellent qu'ils les a retirées de leurs châsses le 30 juin 1792 ; qu'il les a placées dans la chapelle de Saint Angilbert au-dessus de l'autel ; que ces reliques étaient renfermées dans une châsse d'argent longue d'un pied et demi ; que l'argenterie avait été envoyée au trésor national pour les besoins de l'Etat. M. Callé fait remarquer que c'étaient des reliques de la primitive église, auxquelles s'était trouvé ajouté un os de Saint Vigor ; qu'il avait lui-même renfermé dans cette châsse trois reliques renfermées dans des bras d'argent. Pour un temps M. Callé renferma aussi dans cette châsse les reliques de Saint Mauguille, de Saint Vigor, de plusieurs martyrs, avec leurs boîtes.

Un morceau de parchemin de 1225 donne l'énumération suivante : « Hæ sunt reliquiæ · De
« ligno Domini. — De Sepulcro Domini. — De
« Vinculis Domini. — De Cunabulis Domini.
« — De Capillis Beatæ Mariæ Virginis — De
« Vestimentis ejus. — De Dente Beati Johannis
« Baptistæ et de pulvere ejus. — De Sanctis In-
« nocentibus. — De Brachio S. Pauli — De S.
« Stephano. — De Craticula S. Laurentii. — De
« saxis quibus S. Stephanus lapidatus fuit. —
« De Sanctis Marco et Martha. — De S. Aqui-

« leio Archiepiscopo, partem capitis. — De S.
Supantio martyre. — De S. Luciano martyre. — De S. Emiliano martyre. — De Vestimentis S. Thomæ Archiepiscopi Cantuaren-
sis et de suo sanguine. — De XI Mille Virginibus. — De carne brachii S. Luciani qui revelavit corpus sancti Stephani. — De S. Arnulfo episcopo et confessore. — De S. Wul-
franno. Præterea requiescunt in capsa ista
reliquiæ sanctorum et multa corpora confessorum, martyrum, virginum quorum scripta
nomina habuimus, sed modo non habemus

« Anno Domini millesimo vigesimo quinto
facta est impositio istarum reliquiarum in
capsa ista sub Hugone de Cevinocurte sancti
Richarii in Pontivo abbate, die festo passionis S. Thomæ Apostoli. »

Reconnaissance de 1859. « Dans les trois
châsses intitulées PLURIMI SANCTI, nous avons
trouvé une foule d'ossements dans une boîte de
plomb, dans une boîte d'os et dans plusieurs
boîtes de carton. Il y avoit en outre des fioles,
des linges, des morceaux d'anciennes étoffes de
soie. Mais comme il n'y avait aucune indication
qui permît de reconnaître à qui appartenaient ces
ossements ou ce que contenaient ces fioles, ni
d'où venaient les linges et les étoffes de soie, nous
avons laissé ces reliques dans l'état où nous les
avons trouvées. »

« Il y avait dans un parchemin : *De corpore
Sti Arnulfi episcopi et confessoris. Depositio
K. Septembris, transl. K. Maii.* On lisait aussi
dans l'intérieur du couvercle d'une boîte : Reliques de plusieurs Sts recueillies par St Angilbert : Relique de St Léon - *De junctura S. Petri.
— De ligno ubi Dominus fuit flagellatus. — De
Carne S. Luciani,* etc., et d'autres étiquettes
illisibles ; mais rien ne pouvait faire reconnaître
à quelle partie des reliques s'appliquaient ces
inscriptions.

Quatre reliquaires carrés longs en forme de
tableau, renfermant des reliques de S. Clément et
de Ste Concorde martyre, données le 18 juin 1760
à l'église paroissiale de Saint-Riquier, par Gabriel Farsure, prêtre de la congrégation de la
Mission, directeur des Missions de la dite congrégation dans le diocèse d'Amiens. Le procès-verbal
de Mgr Gabriel de La Motte du 9 juin 1760 leur
confère l'authenticité canonique.

Un reliquaire en argent avec une relique de la
Sainte Colonne à laquelle Notre Seigneur fut attaché. L'authentique porte la date du 8 juin 1816.
Cette relique vient de Rome et a été reconnue
par Mgr Ferugini, évêque de Porphyre, *Præfec-
tus sacrarii Apostolici,* prélat de la mission de
sa sainteté. (*Reconnaissances par Mgr de Chabons en 1833 et 1834.*)

RELIQUAIRES DE LA VRAIE CROIX.

1° Un reliquaire en argent avec un morceau
de la vraie croix. Ce reliquaire est muni d'un
verre de cristal bombé qui grossit la relique. On
remarque dans ce reliquaire deux parcelles, l'une
assez importante, l'autre beaucoup plus faible.
La première reconnaissance du 24 mai 1819
porte que le reliquaire contient une relique de la
vraie croix, des reliques du manteau de St
Martin, des os de St Georges, de St Magnus, de
St Prosper, de St Séverin, de St Malo. Mais une
autre reconnaissance indique que, le 3 août 1821,
la vraie croix a été extraite du reliquaire par
M. Buré, chanoine de Paris, secrétaire de l'archevêché et placée dans le reliquaire actuel, reconnue le 4 mars 1823 par Mgr l'évêque d'Amiens.
Cette relique a dû appartenir à M. Padé.

2° Autre relique de la vraie croix. « Je soussigné
curé de Saint-Riquier, certifie que le 15 janvier 1794
lorsque les administrateurs du district d'Abbeville,
au nom du gouvernement républicain, me forcè-
rent de leur remettre l'argenterie de l'église de
l'Abbaye, j'ai retiré un morceau de la vraie croix de
Notre-Seigneur Jésus-Christ, qui avait été placée
dans une croix d'argent par le révérend père
D. Gombaut, prieur de l'abbaye de Saint-Riquier.
J'ai de suite replacé le morceau de la vraie croix
dans une boîte de fer blanc, dont j'ai garni le
fond d'un morceau de velours en soie rouge sur
lequel j'ai attaché cette précieuse relique, par les
deux extrémités avec du fil doré. J'y ai ensuite
mis cette inscription : BOIS DE LA VRAIE CROIX

DE N. S. J. C.: puis j'ai couvert cette boîte d'un verre de chrystal qui provenait du grand ostensoir que j'ai été aussi obligé, par le même gouvernement, de remettre avec d'autres vases de l'Eglise. J'ai retiré du pied de la croix, où était placée la sainte relique, les titres qui en constatent l'authenticité. »

Premier titre. « Demande de D. Edme Perreau prieur de Saint-Riquier, au nom de dix-neuf religieux de l'abbaye, au prieur de Saint-Lucien de Beauvais, d'une relique de la vraie croix. Il paraît que cette relique de saint Lucien était considérable. (20 octobre 1741.) »

Second titre. « Réponse de D. Robert, prieur de saint Lucien pour l'envoi de la relique remise à D. Edmond Duret : 17 religieux ont signé. (9 novembre 1741.) »

Troisième titre. « Attestation de D. Gombaut, prieur et successeur de D. Perreau. La relique est remise dans une croix d'argent, de la façon du sieur Depoilly, orfèvre à Abbeville. (13 février 1742.) »

Quatrième titre. « Le 13 février 1742, en présence du R. P. D. Gombaut, prieur de cette maison et de plusieurs religieux, a été posé dans cette croix d'argent un morceau de la vraie croix qui nous a été donné par la communauté de Saint-Lucien de Beauvais, D. Jean-Baptiste Robert étant prieur, selon qu'il est marqué dans sa lettre signée de tous ses religieux, en date du 9 novembre 1741, laquelle est transcrite dans l'histoire du livre de la maison, avec ce qui s'est fait en ce jour. »

« C'est pourquoi, ajoute M. Callé, je déclare que la présente relique est la même qui était honorée à l'abbaye de Saint-Riquier, avant la Révolution, et que je ne l'ai retirée de son reliquaire d'argent que pour la soustraire au malheur des temps, et la conserver à la vénération des fidèles. Je supplie donc humblement Monseigneur notre Evêque d'y apposer son sceau, après en avoir examiné et constaté l'authenticité, et d'en permettre aussi l'exposition publique. A signé avec moi le présent acte D. Charles Gavrel, ancien religieux de l'abbaye de Saint-Riquier, qui atteste que la présente déclaration est en tout conforme à la vérité. »

« Saint-Riquier, le 21 février 1823. Gavrelle, Callé. »

AUTRES RELIQUES RECONNUES PAR MGR DE CHABONS.

« 1° Reliquaire de Saint Jean-Baptiste: 1° *Ex ossibus Sti Joannis Baptistæ* ; une petite parcelle de ses ossements ; 2° moitié d'une dent molaire. »

« 2° Relique de Saint Benoît : *Ex ossibus Sti Benedicti*, partie assez importante. »

« 3° Relique de Saint Louis de Gonzague : *Ex vestibus Sti Aloysii Gonzagæ*. Authentique du 26 mai 1834. Le sceau a été brisé et le paquet ouvert. On y voit un très petit morceau d'une étoffe de soie. »

« 4° Relique de Saint Stanislas Kostka : minime parcelle des ossements. »

« 5° Relique du vénérable Berchmans : *Ex manica Sotaniæ*, étoffe de laine très grosse. Le sceau a été brisé. Authentique du 26 mai 1834. »

« 6° Petit médaillon ovale en argent dans une châsse de bois renfermant une relique de Saint Vincent-de-Paul : parcelle d'ossement. »

« 7° Relique de Saint Martin de Tours : parcelle d'ossement sans authentique. »

« 8° Reliques de St Roch et de Ste Colombe : parcelles d'ossements avec authentique de Mgr de Chabons. »

« 9° Relique de St Sébastien : très petite parcelle d'ossement. »

« 10° Reliques de St Maurice et de Ste Constance : parcelles d'ossements. »

« 11° Deux reliques de St Pierre, dont l'une appartient aux doigts. »

« 12° Relique de St André : très petite parcelle d'ossement dans le socle d'une statue de St André. »

« 13° Deux reliques de St Paul dans le socle d'une statue. Sur l'une de ces reliques une écriture du XII° au XIV° siècle porte : *De brachio Sti Pauli*. Le second paquet renferme une faible partie d'ossement. »

« 14° On lit sur le socle d'une statue :
« Relique de Saint Jean l'Evangéliste. Mais cette relique a disparu. »

« 15° Châsse de bois couverte en papier doré. Sur les coussins des reliques on lit les noms suivants : St Martin de Tours, St Riquier, St Maurice, Ste Constance. »

« 16° Relique de Ste Vénérose, vierge et martyre : un morceau de côte avec cette inscription : *Reliquiæ Stæ Venerosæ Virginis et martyris ex authenticis extractæ, 15 Aprilis 1805*. Signé : Leleu, prêtre. »

« 17° Relique de Saint Nicolas : petite fiole sur laquelle on lit : *Ex ipsius tumba manna*. La fiole porte le cachet I H S. Sans authentique. »

« 18° Reliquaire de Saint Eloi, dont la relique a disparu. »

« 19° Dans un paquet portant l'inscription : *Ex ossibus S. Wulfranni*, sans la relique, on lit *Bois de la figure du Crucifix de Rue*. On y voit aussi une fiole, divers paquets de soie, divers ossements, des cachets détachés, toutes les traces d'un vol de reliques. »

« 20° Reliquaire en ovale renfermant une relique de la colonne où Notre-Seigneur fut attaché.

« 21° Relique de la Ste-Couronne d'épines dans un petit reliquaire rond en cuivre. »

ADDENDA AU IXme SIÈCLE.

UN MANUSCRIT DU MONASTÈRE DE SAINT-RIQUIER CONTENANT, ENTRE AUTRES ŒUVRES, DES POÉSIES DU IXme SIÈCLE.

Un article d'une Revue allemande (1), (numéro d'août 1877), nous a indiqué qu'il existait à la bibliothèque royale de Bruxelles un manuscrit du monastère de Saint-Riquier remontant au xme siècle et comprenant un certain nombre de pièces de son histoire du IXme siècle. La revue ajoutait que les poésies de l'époque carlovingienne qu'il renferme avaient été éditées par Bethman pour les *Monumenta Germaniæ* de G. Pertz (2) et qu'elles faisaient l'objet d'une étude approfondie par le baron de Reiffenberg, dans l'Annuaire de la Bibliothèque royale de Belgique (Tome IV, page 104 à 122).

La partie de notre histoire de Saint-Riquier qui appartient à ce siècle était alors imprimée. Toutefois cet article n'a pas moins piqué notre curiosité et nous a engagé à faire des recherches pour connaître ce qui était contenu dans ce document plus de dix fois séculaire. Nous espérions y trouver des éclaircissements sur quelques faits qui nous ont beaucoup embarrassé et dont nous n'avions pas une bonne solution. N'ayant pu nous procurer les *Monumenta Germaniæ* dont il est question plus haut, nous avons eu, grâce à l'obligeance des RR. Pères Bollandistes de Bruxelles, la facilité de consulter l'Annuaire de la Bibliothèque royale de Bruxelles.

(1) Anzeiger fur Kunde der deutschen Vorzeit.
(2) Nous les avons cherché en vain dans le grand ouvrage de Pertz, intitulé *Monumenta Germaniæ*. La revue fait allusion à d'autres publications.

A la fin de son analyse sur cet *important manuscrit* de notre abbaye, le baron de Reiffenberg nous apprit qu'il provenait de la bibliothèque de Gembloux ou Gemblours. Ce renseignement nous fit conclure que ce n'était qu'une copie du manuscrit, probablement sollicitée par Sigebert, moine de ce monastère, dont les bibliographes signalent le zèle infatigable pour rechercher des livres anciens. Nouveau Philadelphe, disent-ils, il enrichit prodigieusement sa bibliothèque et eut la gloire d'en faire l'une des plus considérables du temps. Il fut facile à Sigebert de se mettre en rapport avec les abbés de Saint-Riquier, à l'époque où ceux-ci possédaient des domaines au territoire de Liège et les visitaient pour renouveler leurs contrats. Qui sait s'ils ne demandaient pas même l'hospitalité aux moines de Gemblours dans leurs voyages, selon la louable coutume des moines de cette époque, appelés loin de leurs couvents. Le célèbre annaliste de ce siècle et le sage Angelran ou le pieux Gervin ont donc pu se rencontrer et faire échange de leurs livres.

Dans la persuasion que le manuscrit dont nous nous occupons n'était qu'une copie, j'ai demandé à M. le Conservateur de la Bibliothèque de Bruxelles quelques renseignements sur l'âge de ce précieux volume. Non content de satisfaire ma curiosité, autant qu'il le pouvait, M. le Conservateur poussa l'obligeance jusqu'à me faire transcrire des notes que l'érudit Bethman laissa sur le manuscrit, après l'avoir examiné soigneusement. Je me fais un devoir de lui en témoigner ici ma gratitude. M. le Conservateur me fit d'abord observer qu'il lui était impossible de savoir où le baron de Reiffenberg avait appris que le manuscrit 10470-10473 de la bibliothèque de Bruxelles est originaire de Gembloux; que le catalogue des provenances monastiques de la bibliothèque royale était muet à ce sujet et qu'il n'y avait plus dans le manuscrit qui a été relié à nouveau, en 1841, sous l'administration du baron de Reiffenberg, la moindre marque de provenance et que rien ne lui indiquait qu'il y en eût autrefois.

« Le catalogue, ajoute ensuite M. le Conser-
« vateur, attribue à ce manuscrit d'une écriture
« minuscule de plusieurs mains la date du IXme
« siècle. Bethman le rapporte au Xme : il serait dif-
« ficile, sinon impossible, de se prononcer entre
« les deux époques : car il est généralement re-
« connu que les écritures minuscules se ressem-
« blent beaucoup depuis le IXme siècle jusqu'au
« XIme. »

Le savant Bethman, après avoir collationné ce manuscrit, a laissé, à la suite de son examen, la note suivante sur l'un des feuillets de garde, pendant son séjour à Bruxelles (décembre 1839 — mars 1840) :

« Alter hujus operis grammatici Miconiani co-
« dex, sæculo XII exaratus in monasterio Hamers-
« lebiensi diœc. Halberstadensis, jam extat in
« bibliotheca gymnasii Halberstadensis signatus
« N° 69, teste Pertz (dans les *Archives de la*
« *Société d'Histoire* de l'Allemagne, publiées à
« Hanovre 1863 (Tome VIII, page 655) (1).
« Continet ille *Alcuini rhetoricam et libellum*
« *Miconis*, scilicet ea tantum modo quæ in hocce
« codice Centulensi, cui hæc inscribo, leguntur
« f. 1-35. Ibidem (VIII, 584). Monui hujusce ip-
« sius codicis Centulensis partem esse codicem
« Burgundicum (est Bruxellensem) N. 10859,
« qui continet quaterniones signat. XIII usque ad
« XXI. Interciderunt igitur quat. XII et quinque
« priora folio quat. XIII. — Bethman.

M. Bethman a aussi donné une analyse de notre manuscrit dans les archives de la Société

(1) Archiv der Gesellschaft für Deustsche Gesch.

d'Histoire ancienne de l'Allemagne (1) sous la direction de G. H. Pertz (Hanovre 1843, Tome VIII, pages 534, 535). Nous allons en rendre compte, quand il y aura lieu, conjointement avec celle du baron de Reiffenberg.

Notons seulement, avant d'entrer en matière, que le collaborateur de Pertz attribue toute la rédaction de ce manuscrit à l'écolâtre Michon dont nous avons donné la vie au tome 1er de notre histoire, ce qu'il conclut de l'uniformité d'écriture. Le baron de Reiffenberg n'est pas tout à fait de cet avis : il attribue une partie des poésies à un autre moine de Saint-Riquier; et ceci lui paraît plus probable d'après la diversité des écritures indiquée plus haut. C'est là une observation de détail qu'il était bon de signaler, mais qui a peu d'importance dans la question présente. Une circonstance à noter encore, c'est que le diacre Michon, qui mourut en 865, avait déjà écrit une grammaire en 825, d'où l'on peut conclure qu'il eût une belle et laborieuse carrière au monastère de Saint-Riquier.

Les auteurs de la Bibliothèque des Ecrivains de l'ordre de Saint-Benoit, après avoir annoncé d'après l'abbé Trithéme, que l'écolâtre Michon avait composé quatre livres d'épigrammes, collectionné des extraits des poètes latins intitulés *Flores Poetarum* et un volume de lettres, ajoutent qu'on ne trouve plus ces ouvrages. Ce que nous rapportons ici nous prouvera que, s'ils sont perdus dans les bibliothèques de France, ils existent encore dans celles d'Allemagne. Le manuscrit de Bruxelles répond aux regrets exprimés par notre biographie bénédictine et c'est ce qui en augmente le prix.

Nous arrivons maintenant à nos extraits de l'analyse du baron de Reiffenberg sur le manuscrit de Saint-Riquier. Après avoir fait ressortir les ressources que la Bibliothèque royale de Bruxelles offre à l'érudition historique et philologique, il s'occupe du manuscrit inscrit sous les n°s 10470-10476.

(1) Archiv der Gesellschaft für altere Deutsche Geschichtskunde herausgegeben von G. H. Pertz. VIII Band. Hannover, 1843, pp. 534, 535.

Ce manuscrit en parchemin in 4° est indiqué dans l'inventaire de la manière suivante :

I. 10470. *Gradus ad Parnassum, avec citations. IX° siècle.*

II. 10471. *Donati Grammatica. IX° siècle.*

III. 10472. *Fredigardi collectio Poematum de festibus* (lisez *de festis*) *anni, IX° siècle.*

IV. 10473. *Rathberti Poemata et Epitaphia. IX° siècle.*

« Or cette désignation, remarque le baron de
« Reiffenberg n'est pas tout à fait ce qu'elle
« devrait être. Le contenu du manuscrit pourrait
« être plus correctement représenté. » Voici un signalement plus fidèle. « Il reste 85 *folios* de ce
« manuscrit ; mais le commencement et la fin
« manquent. La première feuille qui est déchirée
« contient la conclusion d'un poème et une
« oraison pour la communion, la fin d'une poésie
« théologique, dit Bethman.

Folio 2. — « Espèce de *Gradus ad Parnassum,*
ou choix d'exemples en vers tirés de différents
« auteurs, suivant l'ordre alphabétiquede certains
« mots, dont on veut faire connaître la quantité.
« Les auteurs ou ouvrages mis à contribution
« sont cotés en marge : Ce sont : Juvenal, Virgile,
« Ovide, Lucain, Sid. Apollinaris, P. Allobroga,
« Paulin, Prudence, Venantius, Fortunatus, Martial, Arator, Horace, M. Aconita, P.Agamenno,
« Agenor, P. Ardea, Prosper, Stace, Licentius,
« Favinius, Lucrèce, Alchim. (Alcimus), Ecdicius,
« Avitus ou Saint Avit, Avienus, Félix Cap.,
« P. Castor, Demoniac., Cicéron, Smaragdus,
« Perse, Flavianus, Priscien, Salluste (pour un
« exemple unique en prose). »

Smaragdus florissait vers l'année 810. Ce recueil doit être postérieur à cette époque. Il répond bien, ce semble, au *Flores Poetarum* de l'abbé Trithème. Du reste l'auteur se nomme à la fin

Ipse Micon paucos studui decerpere sticos,
 Alfaque per Betum figere marginibus
Nomina doctorum simul et diversa notare,
 Ut foret accensis suffragium pueris.

Folio 12. — *Martyrologe ou Calendrier.*

Le baron de Reiffenberg hésite à se prononcer sur l'auteur de ce martyrologe. Nous sommes certain que c'est le petit calendrier du vénérable Bede. Nous l'avons comparé avec celui que renferment les ouvrages de ce père de l'Eglise, et nous n'y avons trouvé que quatre vers particuliers aux Saints du monastère : Les voici :

26 april. Senis (1) Richarii colitur natalis et
[almi.
9 octob. Septenis superat *Dionisius* idibus hostes.
 Ipsis Richarii sancti translatio claret.
31 decemb. Virgo *Columba* simul Senonis venera [ratur in urbe.

Folio 13. — *Grammatica Latina.* Elle commence ainsi : *Jam quia retro aliquid tetigi metrice de correptione et productione syllabarum, lector, volo, anne etiam breviter, prosaice parum peraddere, partim juxta Prisciani dicta, partim etiam veluti a modernis philosophis per diversa repperi loca. Ille parcat, oro, talia tractanti Miconi parvulo.*

« Il est clair par ce début et par la forme de ce qui suit que ce morceau est de Michon et qu'il ne fallait point par conséquent l'intituler : *Donati Grammatica,* sans compter que Donat est connu. Voilà donc un grammairien de plus pour le *Corpus Grammaticorum* de M. F. Lendeman (2) »

Cette grammaire commencée au folio XIII ne finit qu'au fol. XXXV. Il serait superflu de nous arrêter davantage sur ces éléments de langue latine.

Bentham fait observer que Michon déclare lui-même avoir composé cette grammaire en 825.

Folio 35. — « Poésies diverses d'un auteur, qui
« se nommant lui-même Fredigardus, ne peut être
« le Reinhard dont parle M. de Pertz (3). Rien
« n'explique, selon nous, pourquoi dans l'in-

(1) Id est, Senis Kalendis.
(2) Nous avertissons une fois pour toutes que les lignes entre guillemets sans autre indication appartiennent à l'annuaire du baron de Reiffenberg.
(3) Reinhard est nommé dans une pièce *ad Hildebertum.* Page 58.

 Ad finem te Reinhardus deposcit habere.

« ventaire, après avoir nommé Fredigardus, on
« attribue les épitaphes à un certain Radbertus,
« tandis que c'est dans cette partie que le nom
« de Fredigardus se trouve répété. »

Interrompons ici le baron de Reiffenberg pour rappeler au lecteur que Paschase Radbert, aux jours de ces luttes douloureuses qui l'engagèrent à se démettre de la dignité abbatiale, vint se reposer de ses ennuis au monastère de Saint-Riquier (tome I, voir page 238) et que ce n'est point une erreur historique que de lui attribuer une partie de ces pièces de poésies. On a dû recueillir avec respect ces *Nænia* tombées de sa plume. C'est le nom que Bentham donne à ces épitaphes, aux inscriptions, aux pièces badines conservées dans notre manuscrit.

Reprenons l'analyse de l'Annuaire. « Il paraît
« que Frédigardus était un religieux qui florissait
« vers 880 et qui vivait dans l'abbaye de Saint-
« Riquier, où les moines se vouaient avec zèle à
« la transcription des livres. Il doit y avoir exercé
« les fonctions de gardien ou de portier,
« puisqu'il dit folio XIV :

Jam bini revoluti anni mihi sunt quoque, postquam
  Stat commissa hujus porta monasterii,
Reddere quam desidero...

« Il fait itérativement allusion à ses fonctions au folio LXXIV dans ces vers :

Sæpe sacer portarum specto foramina bina,
Attentasque tenens aures, carissime, semper
Opperiens donec robo et quis jam venit. Ecce
Expectatus enim Guntlandus nimium Fredigardo. »

« Quoiqu'il en soit, Frédigardus n'est, comme Michon, qu'un nouvel auteur à ajouter à l'histoire littéraire tracée par M. J. C. F. Bache et tous ceux qui ont traité le même sujet »

Nous rapporterons quelques-unes de ces poésies; mais nous ne justifierons pas les brèches que l'auteur fait aux règles de la prosodie.

Folio 35 et suivants. — Des poésies intitulées *Nænia* contenant des inscriptions, V. G. *In domo scriptorum. In setico. In figuris. In Crucifixo. Supra diploma. In cingulo. Super lectum. Versus de cuculo. In domo pomorum.* Des épitaphes.

Voici l'inscription sur le *Scriptorium* de Saint-Riquier :

Hæc domus officii scriptorum in honore dicata :
Hanc adiens aliquis Dominum deposcat abunde,
Pellat hoc quod scriptoribus officit ex hac,
Atque libros valeant inibi sulcare sacratos.
Ad decus æterni Regis (1) atque beatæ...
Ipsius sponsæ (2) servit conjunctio Patrum.
Hac etiam residens studeat servare beati
Legem permissam Benedicti nocte dieque.
(3) Hic quidam residet calamis ornatus honestis,
Cum quibus assidue haud laborare piget.
Has Christi species ob amorem fingere jussi.
  Simplex in trigono (3) qui colitur numero.

Folio 36. — L'auteur adresse une espèce de dédicace à son père et à son frère : *Pater et germanus Adelfus.* Est-ce à son Abbé et à son frère moine ou bien à son père ou à l'un de ses frères restés dans le monde qu'il adresse ses poésies ? Il serait difficile de le deviner. Ce qui est certain c'est qu'il est séparé de ce père et de ce frère, comme on le verra par la fin de la lettre. Il est plus probable toutefois que le religieux est dans une école séparée du monastère avec quelques compagnons.

Oro in prima fronte nostræ inceptionis, mi pater atque adelfe, ne cuilibet cornicatori nostram propaletis næniam, ut ex hoc minime valeat pelle inflata ac fronte rugata crispare concinnum. Quin magis humiliter flagito quo nostram corrigatis inertiam ; atque subpresse plurimas stilo calamove denotate mendas, quum, fateor, non adeo de hoc insipido curavi scripto, nisi tantum ut tempus redemissem vacuum

Folio 46. — *Oro in fine hujus functionis, ita loquor, si libet caritati vestræ, ut mihi per præsens unam studeatis mittere cucullam cum geminis pedulis aut unde fieri possit, causâ nos-*

(1) Vers incomplet.
(2) La sainte Vierge ?
(3) A la marge on lit : *In figuram.*
(4) Une autre main a écrit au-dessus de ce mot *sacro*, mais le mot seul n'indique-t-il pas assez une allusion au mystère de la Trinité ?

*træ necessitatis, absque ulla calliopistia, quum
satis, fateor, indigeo ejus et sit ita precor. Vestrum velle, uti scio, est facere posse. Exin efflagito ut hi apiculi presse legantur, ne nostri
nostram rideant inertiam. Valete et cum secundis successibus.*

Folio 46. — Épitaphe de Nithard.

Hic rutilat species Nithardi picta sagacis,
    Nomen rectoris qui modico tenuit.
Eheu ! quod subito in bello rapuit gemebundo
    Mors inimica satis seu furibunda nimis !
Invidia (1) si quidem multatus hostis iniqui,
    Qui primus nocuus perstitit innocuis.
Astu nam belli viguit quasi fortis athleta,
    Necnon et sophia floruit ipse sacra.
Extitit elatos rigidus mitis humilesque
    Contra, commissum pacificansque (2)
        gregem :
Cujus de Caroli gremio (3) processit origo,
    Nobilis ac celsa Cæsaris egregii.
Occubuit junii octavo decimoque Kalendas
    Hostili gladio : hac requiescit humo.

Cette épitaphe est pour nous une bonne fortune.
« Ce Nithard, dit le baron de Reiffenberg, dont on trouve ici l'épitaphe, est celui dont nous avons une histoire de son temps, de 814 à 843, et qui fut Abbé de Saint-Riquier comme son père Angilbert, gendre de Charlemagne. »

Le baron de Reiffenberg a suivi l'opinion commune. Cette épitaphe, ou plutôt ces vers qui accompagnent un portrait de Nithard, inconnus aux érudits du XVII° siècle et publiées pour la première fois sans doute par le baron de Reiffenberg, appellent quelques observations. 1° Nous n'hésitons pas à rétracter l'opinion émise dans nos assertions du chapitre I du livre II et du chapitre V du livre IV, si l'on juge qu'elle est condamnée par ce document. 2° Guerrier valeureux, Nithard mourut dans une guerre, mais sans que ces vers permettent de préciser l'époque.

(1) *Invidia* peut se rapporter au vers précédent ou à ce même vers.

(2) Ou *pacificus*.

(3) Le baron de Reiffenberg donne cette version puis une autre, *de Carolo gemino*, moins probable.

Nous pouvons adhérer aux traditions qui rapportent qu'il a succombé dans les luttes meurtrières des invasions normandes. 3° Nithard a gouverné le monastère de Saint-Riquier, mais pendant si peu de temps qu'il n'a pas trouvé sa place dans le catalogue des Abbés. S'il a succédé à Saint Angilbert, il est impossible qu'il ait composé l'*Histoire des divisions des fils de Louis-le-Débonnaire*. Il resterait aussi prouvé qu'Hariulfe a commis une grave erreur historique, en insérant dans sa chronique le passage où l'auteur de cet ouvrage se dit le fils d'Angilbert et de Berthe. Si Nithard a vécu sous Charles-le-Chauve, on ne comprend pas pourquoi il n'aurait pas sa place parmi les Abbés de l'époque et comment les religieux ne lui ont consacré qu'une note posthume à la marge du chapitre IV de la chronique d'Hariulfe. 4° Admettons-le pourtant avec beaucoup d'auteurs : alors il est certain, d'après cette épitaphe, que Nithard fut un prince de la famille de Charlemagne, mais on ne peut en conclure qu'il fut fils d'Angilbert et de Berthe. L'auteur a dû connaître le livre des *Divisions des fils de Louis-le-Débonnaire*. De son silence sur l'origine de Nithard qui l'avait pourtant proclamée si haut, il ne sera pas facile de tirer un argument capable de détruire des raisonnements appuyés sur des bases solides et inattaquables. 5° En toute hypothèse, nous n'aurons qu'à nous féliciter d'avoir contribué par la publication de cette épitaphe à répandre quelques rayons de lumière sur cette partie de notre histoire.

A la suite de l'*Épitaphe* de Nithard, on peut en citer plusieurs autres dont les noms sont ensevelis dans l'oubli. Voici celle d'un moine du nom d'Ermenra.

Præcipuus scriba, vivax lector fuit atque
Insuper accentor necnon numerator opimus.
Ter denas decimo octobris obiitque kalendas (1).

Epitaphe de Walathimus (*Egregii juvenis monachi*).

Optimus ex multis mechanica doctus in arte,
Auctor etiam diversarum pulcherrimus ipse
Artium. Aprilis hic obiit quinto kalendas.

(1) Vers incompris par l'éditeur.

Epitaphe d'Angilbert.

Nous l'avons donnée tome I, page 228. Elle est reproduite dans plusieurs collections, comme le *Gallia Christiana* —*Acta SS.O.S. Benedicti* — *Ann. Bened.* « Leyserus, ajoute ici le baron de Reiffenberg, l'attribue à Gui Evêque d'Amiens, « l'auteur du poème sur la conquête de l'Angle- « terre par Guillaume de Normandie. » Cette assertion ne pourrait être soutenue qu'autant qu'on croirait à l'inspection du manuscrit qu'il était du XIe siècle. Alors nous serons bien près d'Hariulfe.

Epitaphe de Leutgardus, jeune moine enlevé par une mort prématurée.

Fistula metri astu pollebat jure magistri,
In qua florebat velut unus Porphirianus,
Ortus trans Sequanem (sic), nostra hac tellure sepultus.
Octavo decimo maias obiitque kalendas.

Ad nostrum Archimandritam.

Dans cette pièce dont on ne donne que le titre, on voit de nouveau que Saint Riquier était le patron de la maison religieuse qu'habitait Fredigardus.

Ipsius in sacra festivitate patris,
Nostri Richarii, confessoris quoque Christi.

Folio 52. — *Ad Hucbertum.*

Dignas, summe sacer, simul immensasque salutes.
Lego tibi, custos ego Fredigardus, egenum
Biblum; quem repetis procul est a finibus almi
Richarii. Modo de libris studeo neque quidquam.
Debeo sed potius Christi præbere receptum,
Pauperibusque manum nec non stipem dare
[largam
Juxta quod potis est nostrum, carissime pater,
Aut tempus dictat vacuum aut permittit habere.
Odelricus adest, librorum claviger atque
Cartarum custos et earum scriptor honestus.

Folio 56, verso. — *Stichi, apti in fronte pandectinis (une bible).*

In hoc quinque libri retinentur codice Mosis,
Bella ducis Josue, seniorum et tempora Patrum,
Ruth, Job, Regum etenim bis bini namque libelli,
Atque prophetarum sancti bis octo libelli, etc.

Folio 59.— *Ad Carolum Calvum, Monachorum lucernam* (Tome I, page 258).

O Regale decus, Francorum spes procerumque
Cujus præclarum nomen in orbe cluit,
Nobilis ac celsa cujus processit origo,
Floribus almorum candiferisque Patrum,
Scilicet Arnulfi, Karoli martyris, almi
Atque Mederici presulis egregii....

Il y a là des allusions qui nous échappent. Faisons suivre ces vers de ceux que le poète adressa à son fils Carloman. (Tome I, page 258).

Folio 63. — *Ad vest filium Caroli Regis.*

O Regis soboles Karoli, salveris, amœna,
Plurima per sæculi curricula cupidi:
Ad decus Ecclesiæ, vestri genitoris honorem,
Qui vos in sorte fecit inesse Dei,
Ac ovium Christi Pastorem digne in ovile
Adfore degentum præcipuis locis,
In quibus assidue fratres, sed maxime nostri
Pro vestra dominum prosperitate rogant,
Et merito eximia quum permissio vestra
Nos erga hilariter accelerata manet.
Felix illa dies nobis in quo reboavit
Vox : urt! (1) regis pastor adest genitus.
Jam quia Domnus abest Welpho memorabilis
[Abba,
Qui quondam nostrum rexit amando gregem.

. . . .

Vos vestri circa pro patris amore sciatis,
Nos qui bis denos rexit feliciter annos.

On peut conclure de ces vers que Carloman fut nommé pour gouverner le monastère de Saint-Riquier pendant une absence de Guelfe, trafic dont ne se faisait pas scrupule l'empereur Charles-le-Chauve. Mais à qui appartiennent les vingt ans d'heureux gouvernement, dont il est parlé dans les deux derniers vers? à Guelfe ou à Charles-le-Chauve? On ne saurait guère les concilier avec la chronologie des abbés de Saint-Riquier. Nous remarquerons aussi que les quatre derniers vers ne peuvent appartenir au compliment d'installation ou de nomination royale de Carloman. Enfin la poésie est aussi répréhensible que la vie de l'abbé improvisé.

(1) On lirait aussi bien : *Vestri.*

ADDENDA AU IXme SIÈCLE.   551

Folios 60, 66, 67. — Plusieurs épitaphes qui n'ont rien de remarqable

Folio 62. — *Ad Ansegisum* (Tome I, page 162).

Munificum patrem nimium deposco valere,
Ansegisum, Karoli degentem regis in aula,
Lege poetarum redimitum jure magistri ...

Folio 63. Demande d'un livre.

Claudiani librum mihi vestrum mittite, quæso,
Per quem corrigere nostrum valeam malefalsum :
Gratia nam Christi vobis remanebit et almi,
Ex hoc Richarii nostri summi patroni
Hic normam sancti recitat lector Benedicti.

Folio 67. — *Epitaphium Magenardi Monachi* (Tome I, page 256) *mortuus anno DCCCLXXI, XVIII Kalendas februarii.*

L'épitaphe manque dans l'annuaire du baron de Reiffenberg : nous voulons seulement relever ici la date de la mort de Magenard, moine très considéré en son temps et prévôt du monastère de Saint-Riquier.

Folio 69. — *Envoi de vin à une famille amie.*

Unde amore Dei hodie, geniti, oro, bibatis,
Qui vos tribuat longos deducere soles
Felici cum conjuge, posteritate sequaci.

Folio 73. — *Stichi exhortarii ad combenniones nostros (compagnons d'études).*

Ces vers n'ont pas été relevés.

Mention d'un manuscrit avec miniature.

Nous supposons que le texte suivant n'est pas bien copié, nous ne le citons que pour le nom d'Alcuin.

Pastores Christi Richarii eximii...
Antiquus noster codex nec sic breviatus,
  Ceu mansit nostra hactenus incuria,
Quo partim miracula picta videntur honeste
  A quodam Albino nomine doctiloquo.

C'est ainsi que, cinquante après sa mort, on désigne à Centule l'illustre écrivain qui a laissé une si belle vie de Saint Riquier, qu'on lisait chaque année aux pèlerins qui se pressaient à son tombeau !

Folio 75 — *Epitaphe de l'abbé Rodolfe* (Tome I, page 249).

Tempore sub magno Lhudowici vixit honore
  Ipsius auletis Cæsaris egregiis.
Nec minus in sceptro Karoli regis decoratus
  Mansit consilio pace fideque bona.

Folio 77. — Odulphe le zélé gardien de l'église, (Tome I, page 161) a aussi son souvenir dans ces poésies, et non seulement dans les deux vers suivants, mais dans d'autres pièces.

Hanc tabulam custos sancti reparavit Odulfus,
  Ad decus ipsius Richarii....

Folio 81. — *Vers au poète ou à un écolâtre, comme au folio 74.*

Nous les citons pour les noms qu'il renferme.
Ut valeas etiam mandant tibi plurime nostri,
Codex, Grapinus, Cradulfus et ipse Gothendach,
Asclipius, necnon Gisulfus prospera dicunt,
Calvellus que tuus, siquidem Marculfus.
Tisulfus, Boso........ ....
Sint memores Teodingus, Lurgo, Guntlandus,
Hericius. . . . .

Folio 84. — *Ad Combenniones (ses compagnons).*

O Socii, mecum studeatis ludere, quæso,
  Non trocho infantum sed calamo juvenum.
Interim libeat tibi, flagito, munus amici,
Rhetoris exemplum ; placeat memorare Catonis
Munus perparvum.

« C'est toujours, ajoute ici le baron de Reiffenberg, le zélé copiste Fredigardus, qui peut-être parmi ses propres vers en a copié quelques-uns composés par d'autres ou du moins qu'on leur attribue, tels que l'épitaphe d'Angilbert »

Nous avons émis la conjecture d'une copie plus moderne pour quelques pièces, mais il reste certain que le plus grand nombre de ces poésies nous fait vivre au monastère en plein IXe siècle.

Bentham (*folio 36-85*) au contraire ne voit que la plume de Michon dans tous ces petits poèmes ; mais il ajoute qu'ils sont tous à transcrire, car pour lui ils n'ont pas moins d'importance que ceux de Sedulius (*Confer. Archives, VII, 1000, 1006*). Le *Glossarium* de Michon, selon lui, tout-à-fait de la même écriture que ce manuscrit, dont il faisait originairement partie, forme maintenant le n° 10,859 (*Bibliothèque de Bruxelles*).

Le baron de Reiffenberg n'attache pas moins d'importance à toute cette partie du manuscrit et affirme qu'elle est digne d'être étudiée.

Note sur Saint Angilbert. Pont-de-ce-nom à Poitiers.

« En continuant à remonter le boulevard du Nord au sud de Poitiers, nous arriverons au pont *Joubert* nommé aussi dans les vieilles chartes St-Angibert ou St-Enjoubert, du nom d'un saint abbé de Saint-Riquier en Ponthieu, mort en 814. Sur le pont, à droite, est une petite chapelle dédiée à la Vierge, un peu au dessous du pont, on voit un petit monument ogival surmonté d'une croix en pierre et couvrant la source nommée *Fontaine du Légat*. C'est par ce pont que les évêques nouvellement nommés faisaient leur entrée solennelle dans Poitiers.

Poitiers et ses monuments, par le docteur Foucart, doyen de la Faculté de droit dans cette ville. Broch. gr. in-8°, pub'iée en 1841 par l'éditeur Pichot —Communiqué par M. l'abbé De Cagny.

Note sur le culte de Saint-Riquier a Richebourg-en-Artois (xixe siècle).

La dévotion des habitants de cette paroisse fut excitée vers 1833 par la guérison miraculeuse d'une petite fille, due à l'intercession de Saint Riquier. Pour accomplir un vœu, la famille de l'enfant bâtit une chapelle en son honneur. Aussitôt des pèlerins y vinrent invoquer le saint abbé pour les enfants et spécialement pour demander la guérison du rachitisme. L'affluence des fidèles devint de jour en jour plus nombreuse ; elle a encore augmenté dans de grandes proportions depuis que l'église possède une relique du saint, obtenue par les démarches empressées de M. l'abbé Riquier, alors directeur au collège Saint-Bertin à Saint-Omer et aujourd'hui curé de Candas, au diocèse d'Amiens. Ce fut le 29 juillet 1879 qu'eut lieu la translation de cette relique avec une pompe extraordinaire. La relique fut portée triomphalement dans les rues pavoisées, au milieu des hymnes et des cantiques d'un chœur de 200 chanteurs; elle était escortée d'autant d'archers et d'une foule de 4,000 fidèles. M. l'abbé Riquier adressa la parole à cette nombreuse assemblée en plein air et raconta avec une érudition pieuse et éloquente les faits principaux de la vie du saint et certaines particularités locales qui s'y rapportaient. La sainte relique resta exposée pendant neuf jours à la vénération du peuple dans cette modeste chapelle et environnée de lumières offertes par la piété des pèlerins. Chaque soir on y célébrait un salut solennel. Depuis, la relique de Saint Riquier est honorée à l'église paroissiale. On y fait toucher les vêtements que les pèlerins présentent à la bénédiction du prêtre. C'est par milliers qu'ils accourent, non pendant une neuvaine spéciale, mais chaque jour selon leurs besoins et leur dévotion. C'est surtout pour les enfants rachitiques et noués qu'on vient invoquer ce puissant serviteur de Dieu.

Dans les paroisses de Bourecq et de Lozinghem (*diocèse d'Arras*), où l'on possède des reliques de Saint Riquier, patron de ces paroisses, il est aussi invoqué pour les mêmes infirmités des enfants. (*Note de M. le curé de Richebourg, communiquée par M. l'abbé Riquier*)

TABLE DES CHAPITRES

LIVRE IX

CHAPITRE I. — L'Abbé Eustache I, de Polleboye, trente-neuvième abbé (1297 à 1302).
Election de l'abbé Eustache. — Privilèges et exemptions. — Appel de la ville de Saint-Riquier au futur Concile. — Engagement de l'abbé Eustache pour ses bulles. — Nouveaux acquêts. — Confrérie de Saint-Nicolas 1

CHAPITRE II. — Jean II, de Foucaucourt, quarantième abbé (1303 à 1312).
Eloge de l'Abbé Jean. — Association de prières avec les moines de Saint-Valery. — Annuités payées au Saint-Siège. — Le Calendrier et le Cérémonial du Monastère. — Bénédictions réservées et funérailles. — Procès des Templiers. Leurs crimes sacrilèges. — Luttes avec la commune. — Arrêt de 1312. 6

CHAPITRE III. — Beauduin de Gaissart, quarante-et-unième abbé (1312 à 1343).
Eloge de l'Abbé Beauduin. — Les Abbés de la Province au Concile de Reims. — La procession du Saint-Sacrement à Saint-Riquier. — Accords de pacification avec l'abbaye de Valloires. — Les chevaliers de Saint-Jean de Jérusalem. — Les seigneurs de Bray. — La haute justice, les nouveaux acquêts. — Les Anglais au Crotoy. — Luttes avec la commune. — Thomas de Brailly. — Les immunités 15

CHAPITRE IV. — Pierre II, des Allouenges, quarante-deuxième abbé (1343 à 1360).
Notice sur cet Abbé et son administration. — Association de prières avec le monastère de Saint-Bertin. — Entreprise du Cardinal Guy de Boulogne sur Chevincourt. — La guerre de cent ans en Ponthieu. — La bataille de Crécy. Faits particuliers aux environs de Saint-Riquier. — La peste noire. — L'Abbé Pierre aux Etats-Généraux. — Démêlés avec le seigneur de Bray, avec la Commune de Saint-Riquier. 36

CHAPITRE V. — Philippe du Fossé, quarante-troisième abbé (1360 à 1372).
Assemblée des Moines Bénédictins des Métropoles de Reims et de Sens. — La maltôte au Crotoy. — Les Anglais chassés du Ponthieu. — Hommages. — Démêlés avec la commune de Saint-Riquier. — Philippe du Fossé, abbé de Fécamp. — Sa mort. 51

CHAPITRE VI. — Hugues II, de Roigny, quarante-quatrième abbé (1379 à 1393).
Maux causés par le grand Schisme d'Occident — Divers faits de justice féodale. — Charte de l'Abbé de Valloires pour une redevance d'anguilles —Démêlés et pacifications avec la commune. — Mort de Hugues de Roigny 58

LIVRE X

LES ABBÉS DU QUINZIÈME SIÈCLE.

CHAPITRE I. — Guiscard de Sales, quarante-cinquième abbé (1393 à 1410).
Guiscard de Sales appelé de Cluny au gouvernement de l'abbaye de Saint-Riquier. — Il part pour la croisade de Hongrie avec le duc de Bourgogne. — Biens d'Angleterre perdus. — Répression de fraudes à Chevincourt. — Le curé de Saint-Riquier et les confrères de Saint-Nicolas arrêtés dans leurs empiètements. — L'Église de Noyelles réconciliée. — Droits d'afforage. — Guiscard de Sales procureur de Cluny en divers lieux. — Chapitre de Moines Bénédictins. — Fondation et mort de Guiscard de Sales. 69

CHAPITRE II. — Jean de Bouquetot, Abbé nommé, non intrônisé (1410 à 1411) . ., 78

CHAPITRE III. — Hugues III, Cuillerel, quarante-sixième abbé (1411 à 1457).
Bulles de provision canonique. — Notice sur cet Abbé. — Grands désastres de cette époque. Les moines soumis aux subsides de guerre. — L'empereur Sigismond et le roi d'Angleterre à Saint-Riquier — Siège mémorable de Saint-Riquier en 1421. Indemnités au monastère. — Jeanne d'Arc à Saint-Riquier. — La paix d'Arras. — Acquisition de l'Hôtel d'Abbeville. — Saint-Riquier soumis au duc de Bourgogne. — Le concile de Bâle. — Son privilège pour le monastère. — Jean d'Auxi capitaine de Saint-Riquier. — Guerre des Anglais. — Pierre Le Prêtre, procureur de l'Abbé Hugues. Celui-ci lui résigne son abbaye et se retire à Paris. — Mort de Hugues Cuillerel. — Notice sur Nicolas Bourdon, prévôt de l'abbaye. — Bray et Crotoy 79

CHAPITRE IV. — Pierre Le Prêtre, quarante-septième abbé (1457 à 1480).
Autobiographie de Pierre Le Prêtre. — Ses premières années et ses premières charges. — Hugues Cuilleret lui résigne son abbaye. Sa bénédiction par Ferry de Beauvoir dans l'église Notre-Dame. — Travaux de l'Abbé dans la crypte. — Louis XI rachète les villes données en 1435 au duc de Bourgogne. — Louis XI à Saint-Riquier en l'absence de l'Abbé. — Guerres en Ponthieu. Réclamations de Pierre Le Prêtre après l'occupation de Drugy par les soldats français. — Pierre Le Prêtre s'éloigne de Saint-Riquier et se réfugie à Saint-Omer. Il revient à Abbeville. — Le refuge de Saint-Riquier au pouvoir des Bourguignons. — Les Anglais, puis les Bourguignons à Saint-Riquier. — Fuite de Pierre Le Prêtre la nuit de la Toussaint. Sa maladie. Ses dernières dispositions — Travaux à l'église et à l'hôtel abbatial. — Aumônes. — Pierre Le Prêtre se retire à Saint-Omer à la nouvelle de nouveaux préparatifs de guerre ; ce qui ne l'empêche pas de poursuivre ses travaux à l'église et au monastère. — Saint-Riquier pris et repris par les Bourguignons et les Français et ruiné en 1475. — Nouveaux travaux à l'église. — L'abbaye enlevée à Pierre Le Prêtre qui se met sous la protection du duc de Bourgogne. — Election de Jacques de Haudrechies. — Résignation de Pierre Le Prêtre en faveur d'Eustache Le Quieux. — Sa mort à Saint-Omer. 109

LIVRE XI

LES ABBÉS DU SEIZIÈME SIÈCLE.

CHAPITRE 1. — EUSTACHE II, LE QUIEUX, quarante-huitième abbé (1480 à 1511).
Sa première éducation et ses études. — Sa lutte contre Jacques de Haudrechies et ses partisans. Intervention du comte d'Esquerdes. Triomphe d'Eustache. — Incendie de 1487. — Grands travaux de réparations et de construction à l'église et au monastère. — Le cartulaire et Jean de La Chapelle. — Les terres de Livry. — Les coutumes de 1507. — Mort accidentelle d'Eustache Le Quieux 155

CHAPITRE II. — THIBAULT DE BAYENCOURT, quarante-neuvième et dernier abbé régulier (1511 à 1536).
Compromis avant son élection. — Ses bulles de provision — Sépulture du seigneur de la Gruthuse dans l'église de Saint-Riquier. — Travaux de l'Abbé Thibault à l'église et au monastère. — Incendie de 1518. Marché de Saint-Riquier. — Nombreux rachats de fiefs. — Grand relâchement sous cet Abbé : excès de Thomas d'Argies. — Thibault de Bayencourt résigne son abbaye à Claude Dodieu. — D. Philippe de Valois et la Trésorerie 171

CHAPITRE III. — CLAUDE DODIEU, Évêque de Rennes, premier abbé commendataire (1538 à 1558).
Biographie de Claude Dodieu. Récit de D. Cotron sur son administration. — Convention avec les moines. Ses réformes. Ses vicaires généraux. Jean de Lessau. Plaintes des moines aux conservateurs des droits du monastère. — Les guerres de cette époque. Ruine du monastère et de l'église. Les moines dispersés : leur retour. Leurs habitations autour de l'église et leurs offices dans la chapelle de la sainte Vierge. — Mort de Claude Dodieu. Procès à ses héritiers. 191

CHAPITRE IV. — CHARLES D'HUMIÈRES, Évêque de Bayeux, deuxième abbé commendataire (1558 à 1571).
Biographie de Charles d'Humières. — Les excès des calvinistes dans sa ville épiscopale : il vient se réfugier à Abbeville. — Aliénation de biens ecclésiastiques pour subvenir aux dépenses des guerres de religion. — Taxes imposées au monastère de Saint-Riquier. Vente d'un rétable d'argent, de terres et de revenus. — Zèle de Nicolas Rumet, bailli de l'abbaye. — Nouveaux statuts proposés aux religieux. — Mort de Charles d'Humières. 204

CHAPITRE V. — CHARLES DE LA CHATRE, troisième abbé commendataire, sous le nom de BENOIT RYMBAUT, son fiduciaire (1577 à 1588).
Charles ou plutôt Claude de La Châtre et son fiduciaire Benoît Rymbaut — Aliénations nouvelles de biens ecclésiastiques. — Remontrances inutiles du clergé. — Claude de la Châtre cède sa commende à Henri de La Châtre. 213

LIVRE XII

LES ABBÉS DU DIX-SEPTIÈME SIÈCLE.

CHAPITRE I. — HENRI DE LA CHATRE, quatrième abbé commendataire, sous le nom de Benoît Rymbaut et de Gaspard de Fontaines, ses fiduciaires (1588 à 1627).

Henri de La Châtre et Gaspard de Fontaines.— Vains essais de réforme.— Les ligueurs à Saint-Riquier.— Soumission de la ville à Henri IV.— Les calamités de la fin du XVIᵉ siècle.— Conférences à Saint-Riquier après la paix de Vervins.— Convention pour le rachat de la dîme d'Escameauville ou Equemauville.— Achat d'un domaine à Maison-Roland.— Travaux à l'église. Le petit Couvent.— La fête de Saint-Riquier 217

CHAPITRE II. — Le Cardinal DE RICHELIEU, cinquième abbé commendataire (24 mars 1628 au 4 décembre 1642).
Premières années de Richelieu. — Ses commendes.— Espoir des moines après sa nomination.— Leur déception.— Association de prières avec les moines de Dommartin.— Procès sur le quint denier.— La guerre aux environs de Saint-Riquier.— Ses excès.— Le refuge des carrières.— Mort de Richelieu 228

CHAPITRE III.— CHARLES D'ALIGRE, sixième abbé commendataire (1644 à 1695).
L'Abbé D'Aligre et sa famille.— Les Espagnols aux environs de Saint-Riquier.— La division des menses abbatiale et conventuelle. — La réforme de Saint-Maur à Saint-Riquier.— Grandes restaurations à l'église et au monastère : bibliothèque, châsses, reliquaires, saintes reliques, vases sacrés, ornements.— Mort de D. Cotron. Sa biographie.— Retrait des biens vendus dans les guerres de religion.— Rachat de maisons.— Palais abbatial. — Travaux à l'intérieur de l'Eglise.— Tableaux de l'Eglise. — Témoignages de reconnaissance et fondation en faveur de l'Abbé D'Aligre.— Mort de l'Abbé D'Aligre.— Procès du cellérier Etienne Nattin.— Principaux événements de l'époque.— La mairie de Saint-Riquier 238

LIVRE XIII

LES ABBÉS DU DIX-HUITIÈME SIÈCLE.

CHAPITRE I.— DANIEL DE COSNAC, septième abbé commendataire (1695 à 1708).
Courte biographie de Daniel de Cosnac.— Ses procès avec le monastère. — Procès du quint denier 269

CHAPITRE II.— LÉON MOLÉ, huitième abbé commendataire (1708 à 1716).
Léon Molé et sa famille.— Prise de possession avant les bulles de provision.— Travaux à l'église.— Nouveau cérémonial. 274

CHAPITRE III.— CHARLES-FRANÇOIS DE CHATEAUNEUF-ROCHEBONNE, Evêque de Noyon, puis Archevêque de Lyon, neuvième abbé commendataire (1717 à 1740).
Grand incendie sur ce monastère. Lettre de D. Cresson sur ce désastre. — Procès des habitants de Saint Riquier.— Restauration du monastère.— La bibliothèque du chanoine Masclef. — Histoire du Jansénisme à Saint-Riquier.-- Le testament spirituel de D. Treille.— Protestation des moines contre le chapitre de 1733.—D. Edme Perreau.—D. Lartisien.— Moines exilés à Saint-Riquier 278

CHAPITRE IV.— GUILLAUME DE SANZAY, dixième abbé commendataire (1745 à 1767).
L'Abbé de Sanzay à Abbeville et à Saint-Riquier.— Nouvelles cloches.— Relations avec le seigneur de Francières.— Présents et procès — Mort de l'Abbé de Sanzay 303

CHAPITRE V. — L'Abbaye de Saint Riquier en économat ou séquestre (1767 à 1789).
La guerre aux monastères.— Décadence de la Congrégation de Saint-Maur.— Protestation contre les moines de Saint-Germain-des-Prés.— Régularité des moines de Saint-Riquier.— Procès du quint denier 307

CHAPITRE VI. — Alexandre-Joseph-Marie-Alexis DE BRUYÈRE-CHALABRE, Evêque de Saint-Omer, onzième et dernier abbé commendataire (1789 à 1791).

Installation du nouvel Abbé. — Quelques souvenirs de l'administration communale . . . 313

CHAPITRE VII. — Suppression et vente du monastère bénédictin de Saint-Riquier.

Etat du monastère en 1789. — Assemblée constituante. — Les biens ecclésiastiques mis à la disposition de la nation. — Suppression des ordres religieux. — Inventaire des biens du monastère de Saint-Riquier. — Interrogatoire des religieux et leurs déclarations. — L'église abbatiale devient l'église paroissiale. — Vente des biens. — Départ des religieux. — Vente du monastère et de ses dépendances 319

CHAPITRE VIII. — Conclusion de l'Histoire des Abbés et des Moines. — La vie religieuse des Moines Bénédictins.

Le IVe chapitre de la règle de Saint-Benoît. — Amour des moines pour Jésus-Christ. — Renoncement universel. — Veilles, prières, pénitences, pieuses lectures, travail, silence, jeûnes et abstinences. — Relâchement. Examen sérieux de ce reproche. Les principales causes indépendantes de la volonté des moines. 334

LIVRE XIV

L'ÉGLISE ET LE MONASTÈRE DE SAINT-RIQUIER.

CHAPITRE I. — Résumé de l'Histoire de l'Eglise abbatiale de Saint-Riquier. 363
CHAPITRE II. — Vue extérieure de l'Eglise 366
CHAPITRE III. — Portail et grande tour de la façade.

Grande tour. — Portail. — Parvis. — Façade et ses diverses parties. — Statues. — Clocher. 369

CHAPITRE IV. — Intérieur de l'Eglise.

Sous le vestibule. — Dimension de l'Eglise. — Grande nef et nefs latérales. — Chœur et sanctuaire. — Travaux de l'Abbé d'Aligre. — L'Autel. — Les Stalles. — Les Châsses des saints. — Le Transsept. — Inscription commémorative. — Les Chapelles du pourtour du chœur. Leurs ornements et leurs tableaux. — Pourtour extérieur du sanctuaire 380

CHAPITRE V. — La Trésorerie.

Statues. — Peintures à fresque. — Translation des reliques de Saint-Riquier. — Dits des trois Morts et des trois Vifs. — Reliquaires et ornements 405

CHAPITRE VI. — La Basilique Bénédictine convertie en Eglise paroissiale.

L'Eglise depuis 1789. — Les Fondations 415

CHAPITRE VII. — Martyrologe de Saint-Riquier.

Martyrologe du XIIe siècle. — Les Saints spécialement honorés à Saint-Riquier. — Anciens calendriers des saints du monastère. 418

CHAPITRE VIII. — Le Monastère.

Les bâtiments du monastère depuis l'incendie de 1789. — Noms de moines. — Le Cloître, avec les noms des moines qui y furent inhumés. 432

CHAPITRE IX. — JEAN HOURDEL de Saint-Riquier, Prêtre de la Mission. Appendice au livre de l'Eglise et du Monastère.

M. Hourdel et sa famille. — Ses études. — Son noviciat religieux. — Ses vœux. — Ses missions. — Sa mort. 443

LIVRE XV

DES SEIGNEURIES ET DES DOMAINES DU MONASTÈRE DE SAINT-RIQUIER.

CHAPITRE I. — De la nature, de l'origine, de la destination des biens monastiques 453
CHAPITRE II — De la Législation féodale appliquée aux domaines des moines.
    Le monastère. — Les prieurés. — Les coutumes de l'Abbaye de Saint-Riquier. — Les fiefs
    avec leurs droits et leurs obligations 462
CHAPITRE III. — Des revenus et des charges du monastère 478
CHAPITRE IV — Enumération des domaines du monastère de Saint-Riquier et des fiefs. . . 482

PIÈCES JUSTIFICATIVES

TOME I

1 Office de Saint-Riquier 487
2 Mémoire des SS. Mauguille, Caïdoc et Adrien 492
3 Nomina Abbatum sancti Richarii usque ad finem duodecim seculi 492
4 Privilegium Hludovici de Civinocurte. 493
5 Privilegium Hlotarii pro Hugone Duce (974). 493
6 Epilogue de la Chronique d'Hariulfe. 494
7 Recognitio chartarum monasterii Centulensis 494
8 Elogium Anscheri, abbatis Centulensis 495
9 Charte de réparation aux moines de Saint-Riquier par Gui, comte de Ponthieu 495
10 Charte de l'Abbé Anscher sur la Commune. 495
11 Testament de Robert de La Ferté 497
12 Lettre de l'Archidiacre de Tournay au sujet de l'incendie de Saint-Riquier 498
13 Chirographe de Gelduin, abbé de Saint-Riquier, pour l'abbaye de Valloires. 498
14 Chirographe de Pierre, abbé de Saint-Riquier pour un prêt 498
15 Bulle du pape Alexandre III sur Forêt-Montier 499
16 Charte de Gaudefroy, abbé de Saint-Riquier. Partage de dîmes avec les Templiers . . . 500
17 Chirographe de Gaudefroy, abbé de Saint-Riquier, sur la terre de Bayardes 500
18 Bulle du Pape Alexandre III pour le domaine de Lœuilly 501
19 Lettre de Thibaut, Evêque d'Amiens, sur le Crotoy 502
20 Composition de Laurent, abbé de Saint-Riquier, avec le prieur de Saint-Amand . . . 502
21 Chirographe d'Ursé, abbé de Saint-Riquier, pour un past à Feuquières. 503
22 Charte de Philippe-Auguste, roi de France, pour la commune de Saint-Riquier, avec *vidimus*
    de Charles V (1189-1365). 503
23 Privilège du Pape Innocent III sur les contrats d'impignoration de fiefs. 504
24 Bulle du Pape Honorius III sur les dîmes novales 504
25 Bulle du Pape Honorius III. Confirmation des privilèges de l'abbaye 505
26 Bulle du Pape Honorius III. Droits d'exemption de l'abbé de Saint-Riquier. 507

TABLE DES CHAPITRES.   559

27 Lettre d'arbitrage entre l'Abbé Hugues et l'Evêque de Beauvais sur des procurations à Chevincourt 507
28 Charte de fondation de la chapelle de Sainte-Marguerite, au Val des lépreux 508
29 Bulle du Pape Innocent IV. Privilège des insignes pontificaux à l'abbé de Saint-Riquier . . 509
30 Bulle du Pape Innocent IV. Protection apostolique générale. 509
31 Bulle du Pape Innocent IV. Dispenses de quelques constitutions. 510
32 Arrêt de Louis IX. Droits respectifs des Abbés et de la Commune 510
33 Bulle du Pape Urbain IV sur un sacrilège commis à Saint-Riquier 512
34 Arrêt du roi Philippe-le-Bel sur la fête de Saint-Riquier 513
35 Bulle du Pape Nicolas IV sur les biens des moines 514
36 Arrêt du roi Philippe-le-Bel sur les droits de justice à Feuquières 515
37 Bulle du Pape Martin IV sur des usurpations de fiefs 515
38 Arrêt du roi Philippe-le-Bel sur la fête de Saint-Riquier 516
39 Donation testamentaire de Giles de Machemont aux cantiers du monastère 516

TOME II

40 Fondation d'une chapelle au château de La Ferté 517
41 Accord entre les religieux de Saint-Riquier et le corps de ville 517
42 Lettres de sauvegarde données par le roi Jean II à la ville de Saint-Riquier ou nomination de gardiens particuliers et spéciaux pour les habitants de Saint-Riquier 521
44 Confirmation des privilèges du monastère par le Concile de Bâle. 521
44 Fac-simile de l'Ecriture de l'Abbé Pierre Le Prêtre. 522
45 Ordonnance de Geoffroy de la Marthonie, évêque d'Amiens, pour la fête patronale de Saint-Riquier. 523
46 Procès-verbal de la Translation des reliques de Saint-Angilbert 523
47 Procès-verbal de la consécration du grand autel. 524
48 Procès-verbal sur une visite et description des bâtiments incendiés en 1719. 525
49 Inventaire du 4 et 5 mai 1790 au monastère de Saint-Riquier. 529
50 Vente de la maison conventuelle de l'abbaye de Saint-Riquier. 533
51 Diverses reconnaissances des reliques honorées au monastère de Saint-Riquier et dans l'église paroissiale de la même ville 535
Addenda au IXe siècle. — Un manuscrit du monastère de Saint-Riquier contenant, entre autres œuvres, des poésies du IXe siècle 545

ERRATA.

TOME I

Page xxxvii, *ligne* 7, lievrs, *lisez* : livres.
P. 6 et 7. Hariulphe, *lisez* : Hariulfe.
P 8, *ligne* 10. Saint-Riquier, *lisez* : saint Riquier.
P. 95, *ligne* 8, *lisez* : Pépin, fils de Charles-Martel.
P. 169, *note* 2, *lisez* : Dictionnaire d'Orfévrerie, etc.
P. 173, *ligne* 33, *après* minuscules, *ajoutez* : le commencement des évangiles en lettres romaines majuscules....
P. 174, *note* 2, *lisez* : 3. Note 3, *lisez* : 2. Dans la note 2 actuelle, *ligne* 5, *lisez* : preuve.
P. 193 à 209. Erreur de chapitres ; ils sont rétablis à la table.
P. 203, *ligne* 2, *lisez* : siècles.
P. 215, *ligne* 36 : N° 4 au lieu de 1.
P. 228, *notes*, 2me *colonne, ligne* 1, *lisez* : 162. A la ligne suivante, *lisez* : *recondi jussit*.
P. 242. *Chapitre* VI. *Titre* : écrire : Rodolfe.
P. 255, *note* 3, *ligne* 3, *lisez* : de celles qu'Ansegise.
P. 257, *ligne* 12, *lisez* : Charles-le-Chauve.
Id. *ligne* 22, *lisez* : Carloman était fils de Louis-le-Bègue et régna avec son frère Louis.
P. 272, *ligne* 22, *lisez* : le Moulin, la Motte.
P. 283, *ligne* 32, Hebert : on lit plus souvent Herbert.
P. 290, *ligne* 10, *lisez* : *quid agis ?*
P. 298, *ligne* 13, *lisez* : Notker, évêque.
P. 331, *ligne* 6, *lisez* : D. Thierry Ruinart.
P. 360, *ligne* 4, *lisez* : chaire de pestilence.
P. 361, *ligne* 3, *lisez* : croyant.

P. 374, *ligne* 29. Ce n'est point l'Église d'Amiens qui fut troublée par des menées criminelles, mais l'Eglise de Thérouanne par celles de son évêque Lambert que Robert comte de Flandre favorisait. Retrancher *l'alinéa*.
P. 401, *ligne* 14, *lisez* : dragon.
P. 409, *ligne* 25, *lisez* : 1126.
P. 431, *ligne* 22, *lisez* : détail des actes de Gervin.
P. 445, *ligne* 30, *lisez* : demander à nous ni en notre cour.
P. 447, *ligne* 10, *lisez* : ne pourrait résoudre.
P. 460, *note* 3. Cette note appartient à l'alinéa suivant.
P. 483, *ligne* 5, *lisez* : jusqu'à ce qu'on le leur ait rendu.
P. 517, *ligne* 13, *lisez* : 1126.
P. 519, *ligne* 9, *lisez* : 1292.
P. 539, dernière ligne, *lisez* : 1275.

TOME II

P. 13, *ligne* 27, *lisez* : l'arrêt de 1312.
P. 32, *ligne* 13, *lisez* : coupable.
P. 81, *ligne* 5, *lisez* : casuel des funérailles.
Ibid., *note* 4, *ligne* 3, *lisez* : *humanos*.
P. 108, *ligne* 18, *lisez* : *Mittit ad Virginem*.
P. 110, *note* 2, 2me *colonne, ligne* 39, *lisez* : 1418.
P. 111, *note* 2, 2me *colonne, ligne* 11, *lisez* : il ne s'ensuit pas.
P. 168, *ligne* 12, *lisez* : en face du grand autel.
P. 205, *ligne* 29, *lisez* : pour lui.

ERRATA.

P. 229, *note* 2, *ligne* 4, *lisez* : monastère de Marmoûtier.
P. 237, *ligne* 20, *lisez* : le cardinal de Richelieu.
P. 246, *ligne* 17, *lisez* : abrité.
P. 247, *ligne* 3, *lisez* : Retord.
P. 251, *ligne* 24, *lisez* : Montbaillard.
P 256, *ligne* 9, *lisez* : Meulan.
P. 275, *note* 1, *lisez* : xvi.
P. 281, *ligne* 22, *lisez* : armoires.
P. 285, *note*, 1re *colonne*, *lisez* : 1728.
P. 299, *ligne* 8, *lisez* : avaient.
P. 305, *ligne* 30, *lisez* : Sainte-Catherine, au lieu de Saint-Georges.
P. 313, *ligne* 22, *lisez* : onzième abbé
P. 346, *note* 1, au deuxième vers, *retranchez* : *Nuda, si quando*.
P. 363, *ligne* 2, *lisez* : sur ces lieux.
P. 366, *ligne* 20, *lisez* : transsept.
P. 367, *note* 8, *lisez* : Saint-Pièrre-à-Vaux.
P. 379, *ligne* 21, *lisez* : figures.
P. 382, *ligne* 9, *lisez* : transsepts.
P. 409, *ligne* 1 et suivantes, *lisez* : chape et non chappe.
P. 416, *ligne* 18, *lisez* : inutilement.
P. 425, *ligne* 14, *lisez* : Cœnobio.
P 426, *note* 3, *ligne* 4, *lisez* : *aliquid*.
P. 440, *note* 3, 2me *colonne*, *ligne* 11, *lisez* : quatre-vingt-sept ans.

P. 441, *notes*, 1re *colonne*, *ligne* 14, *lisez* : 1689.
P. 445, *ligne* 32, *lisez* : mon père fort âgé.
P. 474, *ligne* 4, *lisez* : le past.
P. 483, *ligne* 9, *lisez* : La Vassorie.
P. 488, 1re *colonne*, *ligne* 3, *lisez* : *cujus precibus.*
P. 488, 2me *col.*, *ligne* 1, *lisez* : *parvulus, privatus suis gressibus.*
P. 488, 2me *col.*, *ligne* 36, *lisez* : LXIII.
Id. — *ligne* 38, *lisez* : XCXI.
P. 489, 2me *col.*, *ligne* 25, *lisez* après *fructum. Gloria.*
P. 490, 1re *col.*, *ligne* 21, *lisez* : JUDÆÆ.
P. 496, 2me *col.*, *ligne* 4, *lisez* : *Domini* Gisleberti.
P. 503, 2me *col.*, *ligne* 32, *lisez* : (1189-1365).
P. 504, 1re *col.*, *ligne* 22, *lisez* : *Regia.*
P. 504, 1re *col.*, *ligne* 25, *lisez* : *Regni.*
P. 508, 1re *col.*, *ligne* 25, *lisez* : *Richaldı.*
P. 511, 2me *col.*, *ligne* 44, *lisez* : *Banleucæ.*
P. 513, 1re *col.*, *ligne* 5, *senex* : il faudrait : *Senior.*
P. 516, 2me *col.*, *ligne* 20, Tannoye, *lisez* : Tanvoie.
P. 540, 1re *col. ligne* 22, *lisez* : Lavardini.
P 547, 2me *col.*, *ligne* 33, *lisez* : Bethman et aussi page 548, 1re colonne, et page 551, 2me colonne.

FIN DU TOME SECOND.

www.ingramcontent.com/pod-product-compliance
Lightning Source LLC
Chambersburg PA
CBHW072019240426
43667CB00044B/1487